D1267906

A
B
C
D
E
F
G
H
I
J
K
L
M
N
O
P
Q
R
S
T
U
V
W
Z

LANGENSCHEIDT'S
POCKET POLISH
DICTIONARY

ENGLISH-POLISH
POLISH-ENGLISH

by
PROFESSOR TADEUSZ GRZEBIENIOWSKI
New Edition
Revised and updated by
Dr Andrzej Kaznowski

LANGENSCHEIDT
NEW YORK · BERLIN · MUNICH · WARSAW

© 1999 Langenscheidt KG, Berlin and Munich
Printed in Germany

CONTENTS – SPIS TREŚCI

PRZEDMOWA

Nowa edycja *Pocket Polish Dictionary* opracowana została na bazie słownika *Pocket Polish Dictionary* profesora Tadeusza Grzebieniowskiego, wydawanego ostatnio przez Langenscheidta. Od chwili ukazania się *Pocket Polish* wiele milionów egzemplarzy tego słownika sprzedano zarówno w Polsce jak i poza jej granicami.

W stosunku do poprzedniego obecne opracowanie zostało poszerzone i zaktualizowane o nowe wyrazy z takich dziedzin jak informatyka, biznes, finansowość, zajęcia rekreacyjne i sporty. Słownik zawiera około 50 000 haseł i zwrotów oraz osobne spisy nazw geograficznych i powszechnie używanych skrótów. Część angielsko-polska obejmuje ponadto wykaz czasowników o nieregularnej odmianie, zestawienie brytyjskich i amerykańskich miar i wag. Nowy słownik *Pocket Polish Dictionary* przeznaczony jest dla szerokiego kręgu polsko- i anglojęzycznych odbiorców: biznesmenów, dziennikarzy, turystów, studentów i uczniów, zarówno dla zaawansowanych w nauce jednego z tych języków jak i dla początkujących.

PREFACE

The new edition of the *Pocket Polish Dictionary* was compiled on the basis of Professor Tadeusz Grzebieniowski's *Pocket Polish Dictionary*, which had been recently published by Langenscheidt. Since its publication, millions of copies of the *Pocket Polish* have been sold both in Poland and abroad.

In comparison with its original the revised edition has been enlarged and brought up to date to include terms relating to computer science, business, finance, leisure activities and sports. The dictionary contains about 50,000 entries and phrases as well as lists of geographical names and common abbreviations. The English section also includes a list of irregular verbs and charts of British and American weights and measures. The new *Pocket Polish Dictionary* is intended for a wide range of Polish and English speaking users: for business people, journalists, tourists, university and secondary/high school students, for both advanced learners and beginners of either of the two languages.

Part One

English-Polish

GUIDE TO THE USE OF THE DICTIONARY
WSKAZÓWKI DLA UŻYTKOWNIKA
1. Headwords
1. Hasła

The headwords are printed in boldfaced type in strictly alphabetical order. They are labelled by pertinent abbreviations indicating the grammatical categories to which they belong. Other symbols denote particular branches of learning or the special uses.

Wyrazy hasłowe podaje się pismem półgrubym w porządku ściśle alfabetycznym. Po haśle odpowiednim kwalifikatorem zaznacza się kategorię gramatyczną, do której zalicza się wyraz. Inne kwalifikatory wskazują na przynależność do poszczególnych dziedzin wiedzy lub na specjalistyczny zakres użycia wyrazu.

If an English word is invariable in form irrespective of its grammatical category, e.g. **love** (as a noun) = miłość and **love** (as a verb) = kochać, its Polish equivalents are arranged, within the same entry, according to the grammatical order, e.g.:

Jeżeli wyraz hasłowy występuje w charakterze różnych części mowy identycznych pod względem formy (jak np. **love** = miłość i **love** = kochać), to w takim przypadku podano go w jednym artykule hasłowym z polskimi odpowiednikami uszeregowanymi według ustalonej w gramatyce kolejności, np.:

hand [hænd] *s* ręka, dłoń...; *vt* (*także* ~ **in**) wręczyć...

If the English headword is followed by several Polish equivalents, it is the basic meaning or the earliest one etymologically that comes first, e.g.:

Jeżeli wyraz hasłowy ma kilka odpowiedników polskich, na pierwszym miejscu podano znaczenie bliższe lub pierwotne, a potem kolejno, znaczenia dalsze lub pochodne, np.:

gath·er ['gæðə] *vt vi* zbierać (się); wnioskować; (*o rzece*) wzbierać; (*o wrzodzie*) nabierać; narastać

Homonyms are given as separate entries and marked with successive numerals, e.g.:

Homonimy podano w osobnych hasłach oznaczonych kolejnymi cyframi, np.:

grave 1. [greɪv] *s* grób
grave 2. [greɪv] *adj* poważny, ważny

If the headword belongs to various grammatical categories, these are separated by means of a semicolon, and labelled by a pertinent grammatical abbreviation, e.g.:

Jeżeli wyraz hasłowy należy do różnych kategorii gramatycznych, oddzielono je średnikiem oraz oznaczono odpowiednim kwalifikatorem gramatycznym, np.:

af·ter·noon [ˌɑːftə'nuːn] *s* popołudnie; *adj attr* popołudniowy...

Nouns

Hasła rzeczownikowe

Many English nouns denoting persons have been rendered in Polish as masculine only, e.g. **teacher** ‚nauczyciel'; the feminine equivalent ‚nauczycielka' is not given.

Znaczna część rzeczowników angielskich ma jednakową formę dla rodzaju męskiego i żeńskiego, np. **teacher** ‚nauczyciel', ‚nauczycielka'. Dla uproszczenia polskie odpowiedniki podano tylko w formie rodzaju męskiego.

Regular plurals have not, as a matter of course, been included. It is only the irregular plural forms that have been inserted, as well as those that might seem questionable (given in round brackets), e.g.:

Tylko regularne formy liczby mnogiej zostały pominięte. Formy nieregularne lub nasuwające wątpliwości podano w nawiasach okrągłych, np.:

   goose [gu:s] *s* (*pl **geese*** [gi:s]) gęś

Adjectives

Hasła przymiotnikowe

The degrees of comparison have been consistently shown within the entries for irregular adjectives.

Przy przymiotnikach stopniowanych nieregularnie podano formy stopnia wyższego i najwyższego.

Adjectives used only as attributes or as predicatives are provided with the labels *attr* and *praed*, respectively.

Przymiotniki, których można użyć tylko przydawkowo lub tylko orzecznikowo, oznaczone są odpowiednio skrótami *attr* i *praed*.

Verbs

Hasła czasownikowe

The basic forms of the regular verbs, ending in **ed, ed** (**d, d**), have been omitted. As far as the irregular verbs are concerned, three main forms have been given: infinitive, simple past tense and past participle. The asterisk * placed before the entry refers to the list of irregular verbs.

Pominięto podstawowe formy fleksyjne czasowników, które tworzy się regularnie przez dodanie końcówki **ed, ed** (**d, d**). Jeśli chodzi o czasowniki o odmianie nieregularnej, to w słowniku podaje się trzy podstawowe formy: bezokolicznika, czasu przeszłego i imiesłowu czasu przeszłego. Poprzedzający hasło asteryks (*) odsyła do spisu czasowników z odmianą nieregularną.

The syntactic category of the verb in a sentence, as exemplified in the present dictionary, is given in round brackets immediately after its Polish equivalent, e.g.:

Różnice w składni czasowników zaznaczamy za pomocą odpowiednich zaimków i przyimków, w nawiasach okrągłych, tuż po polskim odpowiedniku, np.:

   agree [ə'griː] *vi* zgadzać się (***to sth*** na coś); układać się, umawiać się, porozumiewać się (***on, upon sth*** w sprawie czegoś) ...

2. Phonetic Transcription

2. Transkrypcja

The headwords are followed by the phonetic script, each particular English word being transcribed and placed within square brackets. The symbols used here are those of the International Phonetic Association, based on the recent editions of British dictionaries (*Longman Pronunciation Dictionary* by J. C. Wells and *English Pronouncing Dictionary*, edited by P. Roach and J. Hartman). Phonetic transcriptions in this book have all been simplified towards the Jones/Gimson standard.

Przy każdym wyrazie hasłowym podano w nawiasie kwadratowym jego transkrypcję fonetyczną. Zastosowano symbole ogólnie przyjętej transkrypcji międzynarodowej, w oparciu o najnowsze wydania słowników brytyjskich (*Longman Pronunciation Dictionary* opracowany przez J. C. Wellsa oraz *English Pronouncing Dictionary*, pod redakcją P. Roacha i J. Hartmana). Zapis fonetyczny w niniejszym słowniku został nieco uproszczony zgodnie ze standartem Jonesa/Gimsona.

samogłoski

znak graficzny dźwięku	zbliżony polski odpowiednik	przykład użycia i wymowa
iː	i	eat [iːt]
ɪ	y	sit [sɪt]
e	e	bed [bed]
æ	a/e	bad [bæd]
ɑː	a (długie)	half [hɑːf]
ɒ	o (krótkie)	not [nɒt]
ɔː	o (długie)	law [lɔː]
ʊ	u (krótkie)	put [pʊt]
uː	u (długie)	food [fuːd]
ʌ	a (krótkie)	luck [lʌk]
ɜː	e (długie)	first [fɜːst]
ə	e (nieakcentowane)	ago [ə'gəʊ]

dwugłoski

eɪ	ei (łącznie)	late [leɪt]
əʊ	eu (łącznie)	stone [stəʊn]
aɪ	ai (łącznie)	nice [naɪs]
aʊ	au (łącznie)	loud [laʊd]
ɔɪ	oi (łącznie)	point [pɔɪnt]
ɪə	ie (łącznie)	fear [fɪə]

| eə | ea | hair [heə] |
| uə | ue | tour [tuə] |

niektóre spółgłoski

tʃ	cz	chin [tʃɪn]
dʒ	dż	just [dʒʌst]
v	w	voice [vɔɪs]
θ		thing [θɪŋ]
ð		then [ðen]
ʃ	sz	sharp [ʃɑːp]
ʒ		vision ['vɪʒn]
ŋ	n (nosowe)	sing [sɪŋ]
w	ł	wet [wet]

3. Spelling
3. Pisownia

The spelling used throughout the present dictionary is that of Great Britain and most English speaking countries except the U.S.A.

W słowniku niniejszym zastosowano pisownię brytyjską, przyjętą powszechnie w Wielkiej Brytanii i w innych krajach mówiących po angielsku z wyjątkiem Stanów Zjednoczonych.

Some slight variants found both in Britain and in the U.S.A., e.g. **cosy** or **cozy**, **gipsy** or **gypsy** are, as a rule, provided with the equals sign (=).

Pewne oboczne formy ortograficzne, spotykane zarówno w pisowni brytyjskiej, jak i amerykańskiej, takie jak np. **cosy** albo **cozy**, **gipsy** albo **gypsy**, oznaczone są znakiem równości (=).

ABBREVIATIONS
SKRÓTY

adj	przymiotnik	adjective
adv	przysłówek	adverb
am.	amerykański	American
anat.	anatomia	anatomy
arch.	architektura	architecture
astr.	astronomia	astronomy
attr	przydawka, przydawkowy	attribute, attributive
bank.	bankowość	banking
biol.	biologia	biology
bot.	botanika	botany
bryt.	brytyjski	British
chem.	chemia	chemistry
comp	stopień wyższy	comparative (degree)

conj	spójnik	conjunction
dent.	dentystyka	dentistry
dial.	dialekt	dialect
dod.	znaczenie dodatnie	positive (meaning)
dosł.	dosłownie	literally
druk.	drukarstwo	printing
elektr.	elektryczność	electricity
f	(rodzaj) żeński	feminine (gender)
filat.	filatelistyka	philately
film	film	film
filoz.	filozofia	philosophy
fin.	finansowość	finances
fiz.	fizyka	physics
fot.	fotografia	photography
fut	czas przyszły	future tense
genit	dopełniacz	genitive
geogr.	geografia	geography
geol.	geologia	geology
górn.	górnictwo	mining
gram.	gramatyka	grammar
handl.	handlowy	commerce, trade
hist.	historia	history
imp	forma nieosobowa	impersonal form
inf	bezokolicznik	infinitive
int	wykrzyknik	interjection
interrog	pytający	interrogative
kin.	kinematografia	cinematography
kolej.	kolejnictwo	railways
komp.	komputery	computers
lit.	literatura, wyraz literacki	literature, literary use
lotn.	lotnictwo	aviation
łac.	wyraz łaciński	Latin word
m	(rodzaj) męski	masculine (gender)
mal.	malarstwo	painting
mat.	matematyka	mathematics
med.	medycyna	medicine
miner.	mineralogia	mineralogy
mors.	morski	marine (term)
mot.	motoryzacja	motoring
muz.	muzyka	music
n	(rodzaj) nijaki	neuter (gender)
neg.	forma przecząca	negative form
nieodm.	wyraz nieodmienny	indeclinable (unconjugated) word
num	liczebnik	numeral
p	czas przeszły	past tense, preterite
part.	partykuła	particle
pieszcz.	pieszczotliwy	term of endearment
pl	liczba mnoga	plural
poet.	wyraz poetycki	poetic use

polit.	polityka	politics
por.	porównaj	compare
pot.	wyraz potoczny	colloquialism
pp	imiesłów czasu przeszłego	past participle
ppraes	imiesłów czasu teraźniejszego	present participle
praed	orzecznik, orzecznikowy	predicative
praef	przedrostek	prefix
praep	przyimek	preposition
praes	czas teraźniejszy	present tense
prawn.	termin prawniczy	law
pron	zaimek	pronoun
przen.	przenośnie	figuratively
reg.	regularny	regular
rel.	religia	religion
rów.	również	also
s	rzeczownik	substantive, noun
sb, sb's	ktoś, kogoś	somebody, somebody's
sing	liczba pojedyncza	singular
skr.	skrót	abbreviation
s pl	rzeczownik w liczbie mnogiej	plural noun
sport	sport	sports
sth	coś	something
suf	przyrostek	suffix
sup	stopień najwyższy	superlative (degree)
szk.	szkolny	school word
teatr	teatr	theatre
techn.	technika	technology
uj.	ujemny	pejorative
uż.	używany	used
v	czasownik	verb
v aux	czasownik posiłkowy	auxiliary verb
vi	czasownik nieprzechodni	intransitive verb
v imp	czasownik nieosobowy	impersonal verb
vr	czasownik zwrotny	reflexive verb
vt	czasownik przechodni	transitive verb
wojsk.	wojskowy	military
wulg.	wulgarny	vulgar, obscene
wyj.	wyjątek	exception
zam.	zamiast	instead of
zbior.	rzeczownik zbiorowy	collective noun
zdrob.	wyraz zdrobniały	diminutive
znacz.	znaczenie	meaning
zob.	zobacz	see
zool.	zoologia	zoology
zw.	zwykle	usually
żart.	żartobliwy	humorous (usage)

EXPLANATORY SIGNS
ZNAKI OBJAŚNIAJĄCE

'   The upper stress mark denotes that the following syllable bears the primary stress.

Kreska u góry (w zapisie transkrypcyjnym hasła) oznacza że główny akcent leży na następującej po niej zgłosce.

,   The lower stress mark denotes that the following syllable bears the secondary stress, weaker than the primary.

Kreska u dołu oznacza, że na następującej po niej zgłosce leży słabszy od głównego akcent poboczny.

·   The dot is a sign of syllable separation. Thus it shows how to divide the word in written text.

Kropka określa zasady dzielenia wyrazów zgodnie z ortografią angielską.

*   The asterisk, placed before the verb, refers to the list of irregular verbs.

Gwiazdka przy czasownikach nieregularnych odsyła do tabeli czasowników z odmianą nieregularną.

[ ]   Square brackets are used to indicate the phonetic transcription of the headword.

W nawiasach kwadratowych umieszczono transkrypcję fonetyczną wyrazów hasłowych.

( )   Round brackets contain explanatory information, irregular forms of the headwords, or words and letters which can be omitted.

W nawiasach okrągłych umieszczono objaśnienia, nieregularne formy wyrazu hasłowego, wyrazy i litery, które mogą być opuszczone.

< >   Angular brackets enclose words and parts of expressions which are interchangeable.

W nawiasach trójkątnych umieszczono wymienne wyrazy lub człony związków frazeologicznych.

=   The equals sign refers the reader to the entry containing the desired equivalents.

Znak równania odsyła użytkownika do hasła, w którym znajdzie potrzebne mu odpowiedniki.

~   The tilde replaces the headword.

Tylda zastępuje w zwrotach hasło.

1., 2.   Numerals denote the sequence of headwords with the same spelling, but differing in etymology and meaning.

Cyfry po hasłach wskazują na odrębność znaczenia i pochodzenia wyrazów o tej samej pisowni, podanych jako osobne hasła.

;   The semicolon is used to denote distinct meanings of two or more equivalents of the headword and to separate particular items of grammatical information and grammatical categories.

14

Średnik oddziela odpowiedniki o całkowicie różnych znaczeniach, związki frazeologiczne oraz objaśnienia i kategorie gramatyczne.
The comma is used to separate equivalents close in meaning.
Przecinek oddziela odpowiedniki bliskie pod względem znaczeniowym.

THE ENGLISH ALPHABET
ALFABET ANGIELSKI

a [eɪ]	f [ef]	k [keɪ]	p [piː]	u [juː]
b [biː]	g [dʒiː]	l [el]	q [kjuː]	v [viː]
c [siː]	h [eɪtʃ]	m [em]	r [ɑː]	w ['dʌbljuː]
d [diː]	i [aɪ]	n [en]	s [es]	x [eks] y [waɪ]
e [iː]	j [dʒeɪ]	o [əʊ]	t [tiː]	z [zed, am. ziː]

A

a [ə, eɪ] *przedimek nieokreślony* (*przed spółgłoską*); *zob. także* **an**

a·back [ə'bæk] *adv* wstecz, do tyłu, z tyłu, na uboczu; **taken ~** zaskoczona

ab·a·cus ['æbəkəs] *s* (*pl* **abaci** ['æbəsaɪ] *lub* **abacuses** ['æbəkəsɪz]) liczydło

a·ban·don 1. [ə'bændən] *vt* opuścić, zaniechać; zrezygnować; *vr* ~ **oneself to sth** oddać się, poddać się (czemuś)

a·ban·don 2. [ə'bændən] *s* żywiołowość

a·ban·don·ment [ə'bændənmənt] *s* opuszczenie, porzucenie; zaniedbanie; rezygnacja

a·bash [ə'bæʃ] *vt* zawstydzić, zmieszać

a·bate [ə'beɪt] *vt* opuścić, obniżyć; zmniejszyć; *vt* opaść; osłabnąć; zmniejszyć się

ab·bey ['æbɪ] *s* opactwo (*klasztor lub kościół przyklasztorny*)

ab·bot ['æbət] *s* opat

ab·bre·vi·ate [ə'briːvɪeɪt] *vt* skracać

ab·bre·via·tion [ə,briːvɪ'eɪʃn] *s* skrót, skrócenie

ABC [,eɪbiː'siː] *s* alfabet; podstawy wiedzy, nauki

ab·di·cate ['æbdɪkeɪt] *vt* rezygnować (**the office** z urzędu); abdykować (**the throne** z tronu)

ab·di·ca·tion [,æbdɪ'keɪʃn] *s* zrzeczenie się, abdykacja (**of the throne** <**office**> z tronu <urzędu>)

ab·do·men ['æbdəmən] *s* brzuch

ab·duct [æb'dʌkt] *vt* uprowadzić, porwać

ab·duc·tion [æb'dʌkʃn] *s* upro-

wadzenie, porwanie

ab·er·ra·tion [,æbə'reɪʃn] *s* zboczenie (z właściwej drogi), odchylenie; aberracja

a·bet [ə'bet] *vt* podjudzać, podżegać, współdziałać (w przestępstwie)

a·bey·ance [ə'beɪəns] *s* stan zawieszenia, niepewności

ab·hor [əb'hɔː] *vt* czuć wstręt, żywić nienawiść (**sb, sth** do kogoś, do czegoś)

*****a·bide** [ə'baɪd] *vt* (**abided, abided** *lub* **abode, abode** [ə'bəud]) wytrzymywać, znosić; oczekiwać; *vi* pozostawać, przebywać; ~ **by sth** dotrzymywać czegoś, trzymać się czegoś

a·bid·ing [ə'baɪdɪŋ] *adj* trwały, stały

a·bil·i·ty [ə'bɪlətɪ] *s* zdolność; *pl* **abilities** talent, uzdolnienie; **to the best of my** <**abilities**> jak potrafię najlepiej, w granicach moich możliwości

ab·ject ['æbdʒekt] *adj* podły, nikczemny, godny pogardy; nędzny; nieszczęsny

ab·jure [əb'dʒuə] *vt* wyrzec się (**sth** czegoś)

a·blaze [ə'bleɪz] *adv adj praed* w płomieniach; płonący

a·ble ['eɪbl] *adj* zdolny, zręczny, nadający się; **to be ~** móc, być w stanie, potrafić

a·ble-bod·ied [,eɪbl'bɒdɪd] *adj* silny, zdrowy

ab·ne·ga·tion [,æbnɪ'geɪʃn] *s* abnegacja, zaniedbanie

ab·nor·mal [æb'nɔːml] *adj* anormalny, nieprawidłowy

a·board [ə'bɔːd] *adv i praep* na pokładzie (statku, samolotu), na pokład; *am. także* w pociągu, do pociągu

a·bode 1. *zob.* **abide**

a·bode 2. [ə'bəʊd] *s* miejsce pobytu, siedziba; ***to take up one's* ~** zamieszkać

a·bol·ish [ə'bɒlɪʃ] *vt* znieść, usunąć, skasować, obalić

a·o·li·tion [,æbə'lɪʃn] *s* zniesienie, usunięcie, obalenie; *am.* zniesienie niewolnictwa

a bomb ['eɪ bɒm] *s* (= ***atomic bomb***) bomba atomowa

a·bom·i·na·ble [ə'bɒmɪnəbl] *adj* wstrętny, obrzydliwy; **~ *snowman*** yeti

a·bom·i·nate [ə'bɒmɪneɪt] *vt* czuć wstręt (***sth*** do czegoś); brzydzić się (***sth*** czymś)

a·bom·i·na·tion [ə,bɒmɪ'neɪʃn] *s* wstręt, obrzydzenie, odraza; przedmiot wstrętu

ab·o·rig·i·nal [,æbə'rɪdʒənl] *adj* pierwotny mieszkaniec (*zw.* w Australii)

ab·o·rig·i·nes [,æbə'rɪdʒɪniːz] *pl* tubylcy, pierwotni mieszkańcy (*zw.* w Australii)

a·bor·tion [ə'bɔːʃn] *s* poronienie; *przen.* nieudane dzieło

a·bor·tive [ə'bɔːtɪv] *adj* poroniony; *przen.* nieudany

a·bound [ə'baʊnd] *vi* obfitować (***in, with sth*** w coś); ***he* ~s *in courage*** jest pełen odwagi

about [ə'baʊt] *adv* dookoła, wokół, tu i tam; mniej więcej, około; ***to be* ~ *to do sth*** mieć (zamiar) coś zrobić, zabierać się do zrobienia czegoś; *praep* przy, dookoła; odnośnie do, w sprawie; ***I have no money* ~ *me*** nie mam przy sobie pieniędzy; ***what* ~ *leaving?*** a może byśmy wyszli?

a·bove [ə'bʌv] *adv* w górze, powyżej; *praep* nad, ponad; *adj attr* powyższy, wyżej wymieniony

a·bra·sion [ə'breɪʒn] *s* otarcie (skóry), starcie; wytarcie

a·breast [ə'brest] *adv* w jednym rzędzie, obok, ramię przy ramieniu; ***to keep* ~ *of*** dotrzymywać kroku, być na bieżąco

a·bridge [ə'brɪdʒ] *vt* skrócić, streścić

a·broad [ə'brɔːd] *adv* za granicą, za granicę; na zewnątrz, poza dom(em), szeroko i daleko; ***there is a rumour* ~** rozchodzi się pogłoska

ab·rupt [ə'brʌpt] *adj* oderwany; nagły, niespodziewany; (o wzniesieniu) stromy; szorstki (*np.* ton), opryskliwy

ab·scess ['æbses] *s* (*pl* ~*es* ['æbsesɪz]) wrzód

ab·sence ['æbsns] *s* nieobecność, brak; ~ *of mind* roztargnienie

ab·sent ['æbsnt] *adj* nieobecny, brakujący; *vr* [əb'sent] ~ *oneself* być nieobecnym; ~ *oneself from school* być nieobecnym w szkole

ab·sent·ee [,æbsn'tiː] *s* osoba nieobecna

ab·sent-mind·ed [,æbsnt-'maɪndɪd] *adj* roztargniony

ab·so·lute ['æbsəluːt] *adj* absolutny, bezwarunkowy, bezwzględny; stanowczy; ~ *value* *mat.* wartość bezwzględna; *s* absolut

ab·so·lute·ly ['æbsəluːtlɪ] *adv* absolutnie, bezwarunkowo, bezwzględnie; stanowczo; *int* na pewno!, oczywiście!

ab·so·lu·tion [,æbsə'luːʃn] *s rel.* rozgrzeszenie; darowanie winy

ab·so·lut·ism ['æbsəluːtɪzm] *s* absolutyzm

ab·solve [əb'zɒlv] *vt* zwolnić (***sb from sth*** kogoś od czegoś), darować (***sb from sth*** komuś coś); rozgrzeszyć

ab·sorb [əb'sɔːb] *vt* absorbować, wsysać, pochłaniać; ***he is* ~*ed in tennis*** pochłania go tenis

ab·sorp·tion [əb'sɔːpʃn] *s* wchłonięcie; zaabsorbowanie (***in sth*** czymś)

ab·stain [əb'steɪn] *vi* powstrzymywać się (***from sth*** od czegoś)

ab·stain·er [əb'steɪnə] *s* abstynent

ab·sti·nence ['æbstɪnəns] *s*
wstrzemięźliwość, trzeźwość

ab·stract ['æbstrækt] *adj* abstrakcyjny, oderwany; niejasny; *s*
wyciąg, skrót; *vt* [əb'strækt] odrywać, odciągać, odejmować

ab·strac·tion [æb'strækʃn] *s* abstrakcja, abstrahowanie, oddzielenie; roztargnienie

ab·surd [əb'sɜːd] *adj* niedorzeczny, głupi; absurdalny

ab·sur·di·ty [əb'sɜːdətɪ] *s* niedorzeczność

a·bun·dance [ə'bʌndəns] *s* obfitość

a·bun·dant [ə'bʌndənt] *adj* obfity

a·buse [ə'bjuːs] *s* nadużycie;
obraza, zniesławienie; *vt* [ə'bjuːz]
nadużywać; obrażać; zniesławiać

a·bu·sive [ə'bjuːsɪv] *adj* obrażający, obraźliwy, obelżywy

a·bys·mal [ə'bɪzml] *adj* bezdenny,
przepastny; okropny, fatalny

a·byss [ə'bɪs] *s* przepaść, otchłań

a·ca·cia [ə'keɪʃə] *s* akacja

ac·a·dem·ic [ˌækə'demɪk] *adj*
akademicki; teoretyczny; *s* akademik, uczony

a·ca·de·mi·cian [əˌkædə'mɪʃn] *s*
członek akademii

a·cad·e·my [ə'kædəmɪ] *s* akademia, zakład naukowy, uczelnia

ac·cede [æk'siːd] *vi* przystąpić,
dołączyć się; zgodzić się; przystać
(**to sth** na coś); wstąpić (**to the
throne** na tron); objąć (**to a
post** stanowisko)

ac·cel·er·ate [ək'seləreɪt] *vt vi*
przyspieszać

ac·cel·er·a·tion [əkˌselə'reɪʃn] *s*
przyspieszenie

ac·cel·er·a·tor [ək'seləreɪtə] *s*
akcelerator; *mot.* pedał gazu

ac·cent ['æksnt] *s* akcent, przycisk; sposób wymawiania; *vt*
[æk'sent] akcentować, kłaść nacisk, podkreślać

ac·cen·tu·ate [ək'sentʃʊeɪt] *vt*
akcentować, podkreślać, uwy-
puklać

ac·cept [ək'sept] *vt vi* przyjmować, zgadzać się; akceptować (*np.
weksel*)

ac·cept·a·ble [ək'septəbl] *adj* do
przyjęcia; znośny, zadowalający;
pożądany

ac·cept·ance [ək'septəns] *s*
(chętne) przyjęcie; zgoda (**of sth**
na coś), uznanie; *handl.* akcept

ac·cess ['ækses] *s* dostęp, dojście,
dojazd; **easy of ~** łatwo dostępny; **~ to power** dojście do
władzy; *attr* dojazdowy; **good ~
roads** dobre drogi dojazdowe; **~
time** *komp.* czas dostępu (do
dysku)

ac·ces·si·ble [ək'sesəbl] *adj*
dostępny; przystępny

ac·ces·sion [æk'seʃn] *s* przy-
stąpienie; zgoda (**to sth** na coś);
dojście (**to power** do władzy);
objęcie (**to the throne** tronu, **to
an office** urzędu)

ac·ces·so·ry [æk'sesərɪ] *adj praed*
dodatkowy; *s* wspólnik przestępstwa; *pl* **accessories** akcesoria,
dodatki, wyposażenie

ac·ci·dent ['æksɪdənt] *s* wypadek, nieszczęśliwy wypadek;
przypadek, traf; **by ~** przypadkowo; **to meet with an ~** ulec
wypadkowi

ac·ci·den·tal [ˌæksɪ'dentl] *adj*
przypadkowy; nieistotny; **~
death** śmierć na skutek nie-
szczęśliwego wypadku

ac·claim [ə'kleɪm] *vt* przyjmować
z uznaniem; oklaskiwać

ac·cla·ma·tion [ˌæklə'meɪʃn] *s*
aklamacja, poklask; **to carry by
~** uchwalać przez aklamację

ac·cli·mate ['ækləmeɪt] *am.* =
acclimatize

ac·cli·ma·tion [ˌæklaɪ'meɪʃn] *s*
am. = **acclimatization**

ac·cli·ma·ti·za·tion [əˌklaɪmə-
taɪ'zeɪʃn] *s* aklimatyzacja

ac·cli·ma·tize [ə'klaɪmətaɪz] *vt vi* aklimatyzować (się)

ac·com·mo·date [ə'kɒmədeɪt] *vt* dostosować; zaopatrzyć (**with sth** w coś); ulokować, zakwaterować

ac·com·mo·dat·ing [ə'kɒmədeɪtɪŋ] *adj* zgodny, kompromisowy; uprzejmy, usłużny

ac·com·mo·da·tion [ə,kɒmə'deɪʃn] *s* dostosowanie; zaopatrzenie; wygoda; kwatera, pomieszczenie; nocleg; ~ **bureau** biuro zakwaterowań

ac·com·pa·ni·ment [ə'kʌmpənɪmənt] *s* dodatek; *muz.* akompaniament

ac·com·pa·ny [ə'kʌmpnɪ] *vt* towarzyszyć; *muz.* akompaniować

ac·com·plice [ə'kʌmplɪs] *s* wspólnik (przestępstwa), współwinny

ac·com·plish [ə'kʌmplɪʃ] *vt* wykończyć, wykonać, spełnić

ac·com·plished [ə'kʌmplɪʃt] *adj* skończony, doskonały; dobrze wychowany <ułożony>, wykształcony

ac·com·plish·ment [ə'kʌmplɪʃmənt] *s* wykonanie, wykończenie; majstersztyk; *pl* ~**s** wykształcenie; walory towarzyskie

ac·cord [ə'kɔːd] *s* zgoda, harmonia; *muz.* akord; **with one** ~ jednomyślnie, jednogłośnie; **in** ~ **with...** zgodnie z...; **of one's own** ~ dobrowolnie, samorzutnie; *vt* uzgodnić (**to sth** z czymś); dać, przyznać, użyczyć; przyzwolić; *vi* harmonizować; zgadzać się (**with sth** z czymś)

ac·cord·ance [ə'kɔːdns] *s* zgodność, zgoda; **in** ~ **with sth** zgodnie z czymś, stosownie do czego

ac·cord·ing [ə'kɔːdɪŋ] *praep w zwrocie:* ~ **to** według, zgodnie z; *conj w zwrocie:* ~ **as** według tego <w miarę> jak

ac·cord·ing·ly [ə'kɔːdɪŋlɪ] *adv* zgodnie z tym, stosownie do tego; odpowiednio; zatem

ac·cor·di·on [ə'kɔːdɪən] *s* akordeon

ac·cost [ə'kɒst] *vt* zwrócić się, zbliżyć się (**sb** do kogoś), zagadnąć, zaczepić

ac·count [ə'kaunt] *s* rachunek, konto; obliczenie; sprawozdanie, relacja; *pl* ~**s** księgi (rachunkowe); księgowość; porachunki; **balance of** ~**s** zamknięcie rachunków handlowych, bilans handlowy; **current** ~ rachunek bieżący; **savings** ~ rachunek oszczędnościowy; *am.* **checking** ~ rachunek czekowy; **to keep** ~**s** prowadzić księgowość; **to leave out of** ~ nie uwzględniać, nie brać pod uwagę; **to make much** ~ **of sth** przywiązywać dużą wagę do czegoś; **to take into** ~ brać pod uwagę, uwzględniać; **to turn to good** ~ obrócić na korzyść; **to give** ~ **of** zrelacjonować, wyjaśnić; **of great** ~ wiele znaczący; **of no** ~ bez znaczenia; **on all** ~**s** pod każdym względem; **on** ~ **of** na rachunek; ze względu na, z powodu; **on no** ~ za żadną cenę, w żadnym wypadku; *vt* obliczać; **he** ~**s himself clever** on uważa się za zdolnego; *vi* zdawać sprawę (**on sth** z czegoś); wytłumaczyć (**for sth** coś), wyliczyć się (**for sth** z czegoś)

ac·count·a·ble [ə'kauntəbl] *adj* odpowiedzialny (**to sb** przed kimś, **for sth** za coś); (*o fakcie*) dający się wytłumaczyć

ac·count·an·cy [ə'kauntənsɪ] *s* księgowość, rachunkowość

ac·count·ant [ə'kauntənt] *s* księgowy, prowadzący rachunki

ac·cre·dit [ə'kredɪt] *vt* upełnomocnić, akredytować; przypisać (**sb with sth** komuś coś)

ac·crue [ə'kruː] *vi* (*o dochodach*) narastać; płynąć (**from sth** z czegoś)

ac·cu·mu·late [ə'kju:mjʊleɪt] *vt* gromadzić, akumulować; *vi* gromadzić się, narastać

ac·cu·mu·la·tion [ə,kju:mjʊ'leɪʃn] *s* nagromadzenie, akumulacja; *primary* <*primitive*> ~ akumulacja pierwotna

ac·cu·ra·cy ['ækjʊrəsɪ] *s* dokładność, ścisłość; punktualność

ac·cu·rate ['ækjʊrət] *adj* dokładny, ścisły; punktualny

ac·cu·sa·tion [,ækjʊ'zeɪʃn] *s* oskarżenie, skarga; *to bring an* ~ wystąpić z oskarżeniem

ac·cu·sa·tive [ə'kju:zətɪv] *s gram.* biernik

ac·cuse [ə'kju:z] *vt* oskarżać (*sb of sth* kogoś o coś), winić

ac·cus·tom [ə'kʌstəm] *vt* przyzwyczajać; *to become* <*get*> ~*ed* przyzwyczajać się

ace [eɪs] *s* (*w kartach i przen.*) as; *within an* ~ *of* o włos od

ache [eɪk] *s* (ciągły) ból; *vi* boleć

a·chieve [ə'tʃi:v] *vt* osiągnąć (z trudem), zdobyć, dokonać

a·chieve·ment [ə'tʃi:vmənt] *s* osiągnięcie, dokonanie; zdobycz; *this is impossible of* ~ tego się nie da osiągnąć

A·chil·les' heel [ə'kɪli:z 'hi:l] *s* pięta Achillesa

a·cid ['æsɪd] *s chem.* kwas; *adj* kwaśny, kwasowy; ostry (*w smaku*); żrący; *przen.* zgryźliwy; *the* ~ *test* próba na kwasowość; *przen.* sprawdzian (wartości); ~ *rain* kwaśny deszcz

ac·knowl·edge [ək'nɒlɪdʒ] *vt* uznawać, przyznawać; potwierdzać; wyrażać podziękowanie (*sth* za coś)

ac·knowl·edg·ment [ək'nɒlɪdʒmənt] *s* uznanie, przyznanie; potwierdzenie; podziękowanie; *in* ~ *of* w dowód uznania <wdzięczności>

a·corn ['eɪkɔːn] *s* żołądź

a·cous·tic [ə'ku:stɪk] *adj* akustyczny

a·cous·tics [ə'ku:stɪks] *s* akustyka

ac·quaint [ə'kweɪnt] *vt* zaznajomić; donieść (*sb with sth* komuś o czymś); *to* ~ *oneself, to get* <*become*> ~*ed* zaznajomić się (*with sb, sth* z kimś, z czymś); poznać (*with sb, sth* kogoś, coś)

ac·quaint·ance [ə'kweɪntəns] *s* znajomość; znajomy (człowiek); *I made his* ~, *I made* ~ *with him* zawarłem z nim znajomość

ac·qui·esce [,ækwɪ'es] *vi* pogodzić się (*in sth* z czymś), przystać (*in sth* na coś)

ac·qui·es·cence [,ækwɪ'esns] *s* zgoda, przyzwolenie

ac·quire [ə'kwaɪə] *vt* nabywać, osiągać, zdobywać; przyswajać sobie

ac·quire·ment [ə'kwaɪəmənt] *s* nabycie; osiągnięcie; sprawność (nabyta); *pl* ~*s* nabyte rzeczy, nabyta wiedza, umiejętności

ac·qui·si·tion [,ækwɪ'zɪʃn] *s* nabycie; zdobywanie; nabytek, dorobek

ac·qui·si·tive [ə'kwɪzətɪv] *adj* żądny zysku, zachłanny

ac·quit [ə'kwɪt] *vt* uwolnić, zwolnić; spłacić, uiścić; uniewinnić (*of a crime* od zbrodni); *vr* ~ *oneself* wywiązać się (*of sth* z czegoś)

ac·quit·tal [ə'kwɪtl] *s* zwolnienie; uniewinnienie

a·cre ['eɪkə] *s* akr (*miara powierzchni*)

ac·rid ['ækrɪd] *adj* ostry, żrący; cierpki; gryzący; *przen.* zjadliwy

ac·ri·mo·ny ['ækrɪmənɪ] *s* zjadliwość, szorstkość (*słów, postępowania*); *przen.* gorycz

ac·ro·bat ['ækrəbæt] *s* akrobata

ac·ro·bat·ic [,ækrə'bætɪk] *adj* akrobatyczny

ac·ro·bat·ics [,ækrə'bætɪks] *s* akrobatyka

a·cross [ə'krɒs] *praep* przez, poprzek, po; *to come* ~ *sth* natknąć się na coś, trafić przypadkiem na coś; *adv* na krzyż; wszerz, na szerokość; po drugiej stronie; na przełaj; **with arms ~** ze skrzyżowanymi ramionami

act [ækt] *s* czyn; uczynek; czynność; akt; ustawa; dokument; *teatr* akt; **in the ~ of** w trakcie; **~ of God** siła wyższa; *vi* działać, czynić, postępować, zachowywać się; występować, grać (na scenie); **to ~ upon sth** kierować się czymś, postępować według czegoś; *vt* odgrywać, grać (rolę); udawać

ac·tion ['ækʃn] *s* akcja; działanie; czyn; ruch; sprawa (sądowa); *wojsk.* bitwa; **to take ~** podjąć kroki <działania>; **to take <bring> an ~** wytoczyć sprawę (**against sb** komuś); **to put in ~** wprawić w ruch, uruchomić; **killed in ~** poległ w walce <na polu chwały>

ac·tive ['æktɪv] *adj* aktywny, czynny, żywy; realny, rzeczywisty; **~ voice** *gram.* strona czynna

ac·tiv·i·ty [æk'tɪvətɪ] *s* czynność, działalność, aktywność; *pl* **activities** zajęcie, sfera działalności

ac·tor ['æktə] *s* aktor

ac·tress ['æktrɪs] *s* aktorka

ac·tu·al ['æktʃuəl] *adj* rzeczywisty, faktyczny; **in ~ fact** w rzeczywistości, w istocie

ac·tu·al·ly ['æktʃuəlɪ] *adv* naprawdę; faktycznie

ac·tu·ate ['æktʃueɪt] *vt* wprawiać w ruch; podniecać, ożywiać; wpływać (**sth** na coś)

ac·u·men ['ækjumən] *s* bystrość (umysłu)

ac·u·punc·ture ['ækju͵pʌŋktʃə] *s* akupunktura

a·cute [ə'kjuːt] *adj* ostry; bystry; przenikliwy; dotkliwy

ad [æd] *s pot.* = **advertisement**

ad·age ['ædɪdʒ] *s* przysłowie, powiedzenie

ad·a·mant ['ædəmənt] *s* coś twardego (*np. kamień*); *adj praed* niewzruszony, twardy

a·dapt [ə'dæpt] *vt* dostosować, przystosować, adaptować; przerobić

add [æd] *vt vi* dodawać; dołączać; powiększać; wzbogacać (**to sth** coś); **to ~ up** dodawać, sumować

ad·den·dum [ə'dendəm] *s* (*pl* **addenda** [ə'dendə]) uzupełnienie, dodatek (*w publikacji*)

ad·der ['ædə] *s zool.* żmija

ad·dict [ə'dɪkt] *vr* **~ oneself** oddawać się (**to sth** czemuś), uprawiać (**to sth** coś); *vt* **to be ~ed to sth** uprawiać <robić> coś nałogowo; *s* ['ædɪkt] nałogowiec; **drug ~** narkoman

ad·dic·tion [ə'dɪkʃn] *s* nałóg

ad·di·tion [ə'dɪʃn] *s* dodatek; dodawanie; **in ~** dodatkowo, również, ponadto

ad·di·tion·al [ə'dɪʃnəl] *adj* dodatkowy, dalszy

ad·dress [ə'dres] *s* adres; przemówienie; odezwa; *vt* adresować; zwracać się

ad·dres·see [͵ædre'siː] *s* adresat

ad·duce [ə'djuːs] *vt* przytaczać, cytować

ad·e·quate ['ædɪkwət] *adj* odpowiedni, stosowny, trafny

ad·here [əd'hɪə] *vi* przylegać, trzymać się, dotrzymywać (**to sth** czegoś), usilnie popierać (**to sb, sth** kogoś, coś)

ad·her·ent [əd'hɪərnt] *s* zwolennik, stronnik; *adj* lgnący; przynależny

ad·he·sion [əd'hiːʒn] *s* przyleganie; przynależność; poparcie

ad·he·sive [əd'hiːsɪv] *adj* przylegający, przyczepny; **~ tape** przylepiec, plaster

ad·ja·cent [ə'dʒeɪsnt] *adj* przyległy, sąsiedni

ad·jec·tive ['ædʒɪktɪv] *s gram.* przymiotnik

ad·join [ə'dʒɔɪn] *vt* przyłączyć, dołączyć; *vi* przylegać

ad·journ [əˈdʒɜːn] *vt* odroczyć; zawiesić; *vi pot.* przenieść się (na inne miejsce)

ad·just [əˈdʒʌst] *vt* uporządkować, uzgodnić, dostosować; załatwić (spór)

ad·min·is·ter [ədˈmɪnɪstə] *vt* administrować, zarządzać; sprawować; wymierzać (*sprawiedliwość*); podawać (*lekarstwo*)

ad·min·is·tra·tion [əd,mɪnɪˈstreɪʃn] *s* administracja, zarząd; wymiar (sprawiedliwości); podawanie (lekarstwa); *am.* rząd

ad·mi·ra·ble [ˈædmərəbl] *adj* godny podziwu, wspaniały

ad·mi·ral [ˈædmrəl] *s* admirał

ad·mi·ral·ty [ˈædmərəltɪ] *s* admiralicja (*ministerstwo marynarki*); gmach admiralicji

ad·mi·ra·tion [,ædməˈreɪʃn] *s* podziw; przedmiot podziwu

ad·mire [ədˈmaɪə] *vt* podziwiać

ad·mir·er [ədˈmaɪərə] *s* wielbiciel

ad·mis·si·ble [ədˈmɪsəbl] *adj* dopuszczalny

ad·mis·sion [ədˈmɪʃn] *adj* dopuszczanie; wstęp, dostęp; przyznanie; **~ free** wstęp wolny

ad·mit [ədˈmɪt] *vt vi* dopuścić, przyjąć; przyznać (się) zezwolić (**of sth** na coś)

ad·mit·tance [ədˈmɪtns] *s* dopuszczenie; dostęp; przyjęcie; **no ~** wstęp wzbroniony

ad·mon·ish [ədˈmɒnɪʃ] *vt* upominać; ostrzegać (**against, of sth** przed czymś)

ad·mo·ni·tion [,ædməˈnɪʃn] *s* upomnienie; ostrzeżenie

a·do [əˈduː] *s* hałas, wrzawa; rwetes; kłopot

ad·o·les·cence [,ædəˈlesns] *s* młodość, wiek dojrzewania

ad·o·les·cent [,ædəˈlesnt] *s* młodzieniec, dziewczyna; *adj* młodzieńczy

a·dopt [əˈdɒpt] *vt* adoptować; przysposabiać; przyswajać (sobie), przyjmować

a·dop·tion [əˈdɒpʃn] *s* adopcja

a·dop·tive [əˈdɒptɪv] *adj* przybrany, łatwo przyjmujący

a·dor·a·ble [əˈdɔːrəbl] *adj* godny uwielbienia

a·dor·a·tion [,ædəˈreɪʃn] *s* adoracja, uwielbienie

a·dore [əˈdɔː] *vt* uwielbiać, czcić; *pot.* bardzo lubić

a·dorn [əˈdɔːn] *vt* zdobić, upiększać; być ozdobą (**sth** czegoś)

a·drift [əˈdrɪft] *adv* na falach, na fale; *przen.* **to turn ~** rzucić na los szczęścia, wyrzucić na bruk

a·droit [əˈdrɔɪt] *adj* zręczny; pomysłowy

a·dult [ˈædʌlt] *adj* dorosły, dojrzały, pełnoletni; *s* dojrzały <dorosły> człowiek

a·dul·ter·ate [əˈdʌltəreɪt] *vt* podrabiać, fałszować (*zw. napoje, żywność*)

a·dul·ter·y [əˈdʌltərɪ] *s* cudzołóstwo

ad·vance [ədˈvɑːns] *vt* posuwać naprzód; poprawiać, udoskonalać; wypłacić, płacić z góry; pożyczać; przedstawiać, zgłaszać (*np. wniosek*); podwyższać (*np. cenę*); *vi* posuwać się naprzód, robić postępy; (*o cenach*) iść w górę; *s* postęp, posuwanie się naprzód; udoskonalenie; awans; wniosek; zaliczka, pożyczka; podwyższenie (*np. ceny*); *pl* **~s** uprzejmości, zaloty; **in ~** zawczasu, z góry; na przedzie; **to be in ~** wyprzedzać (**of sb, sth** kogoś, coś), przekraczać; *adj attr* przedni; okazowy

ad·vanced [ədˈvɑːnst] *zob.* **advance** *v*; *adj* wysunięty naprzód; zaawansowany; postępowy; **~ in years** starszy wiekiem

ad·vance·ment [ədˈvɑːnsmənt] *s* posunięcie naprzód, postęp; zaliczka; awans

ad·van·tage [ədˈvɑːntɪdʒ] *s* korzyść, pożytek; przewaga; **to have an ~** górować (**over sb** nad kimś); **to take** ~ wykorzystać (**of sth** coś); nadużyć, wykorzystać (**of sb** kogoś); **to turn to** ~ obrócić na korzyść; **to** ~ korzystnie; **to the best** ~ jak najkorzystniej

ad·van·ta·geous [ˌædvən-ˈteɪdʒəs] *adj* korzystny

ad·ven·ture [əd'ventʃə] *s* przygoda; ryzyko; *vt* ryzykować (**sth** coś); narażać (**sb** kogoś); *vi* ryzykować, odważyć się (**upon sth** na coś)

ad·ven·tur·er [əd'ventʃərə] *s* poszukiwacz przygód; ryzykant

ad·verb [ˈædvɜːb] *s gram.* przysłówek

ad·ver·sa·ry [ˈædvəsəri] *s* przeciwnik

ad·verse [ˈædvɜːs] *adj* przeciwny, wrogi, nie sprzyjający

ad·ver·si·ty [əd'vɜːsəti] *s* zły los, nieszczęście, bieda

ad·ver·tise [ˈædvətaɪz] *vt* zawiadamiać, ogłaszać; reklamować, anonsować; *vi* poszukiwać za pomocą ogłoszenia (**for sb, sth** kogoś, czegoś)

ad·ver·tise·ment [əd'vɜːtɪsmənt] *s* ogłoszenie, reklama

advice [əd'vaɪs] *s* rada; *am. handl.* zawiadomienie, nota; **a piece of** ~ rada; **to take** <**seek**> **sb's** ~ posłuchać czyjejś rady; **on sb's** ~ za czyjąś radą

ad·vis·a·ble [əd'vaɪzəbl] *adj* godny polecenia, wskazany, pożyteczny, rozsądny

ad·vise [əd'vaɪz] *vt* radzić (**sb** komuś); *handl.* zawiadamiać

ad·vis·er [əd'vaɪzə] *s* radca, doradca; **legal** ~ radca prawny

ad·vo·cate [ˈædvəkət] *s* adwokat, obrońca; *vt* [ˈædvəkeɪt] podtrzymywać, bronić, występować w obronie (**sth** czegoś), przemawiać (**sth** za czymś)

aer·i·al [ˈeərɪəl] *s* antena; antena satelitarna; *adj* powietrzny; napowietrzny; *przen.* nierzeczywisty, bezcielesny

aer·o·bics [eə'rəubɪks] *s* aerobik

aer·o·plane [ˈeərəpleɪn] *s* samolot

aer·o·sol [ˈeərəsɒl] *s* aerozol

aes·thete [ˈiːsθiːt] *s* esteta

aes·thet·ic [iːs'θetɪk] *adj* estetyczny

aes·thet·ics [iːs'θetɪks] *s* estetyka

a·far [ə'fɑː] *adv w zwrotach:* ~ **off** w oddali; **from** ~ z dala

af·fa·ble [ˈæfəbl] *adj* uprzejmy

af·fair [ə'feə] *s* sprawa, interes; romans, flirt; *pl* ~**s** sprawy (*np. państwowe*)

af·fect 1. [ə'fekt] *vt* wzruszyć; dotknąć; oddziaływać, wpływać (**sb, sth** na kogoś, na coś); **to** ~ **one's health** odbić się na czyimś zdrowiu

af·fect 2. [ə'fekt] *vt* udawać (**sb, sth** kogoś, coś), pozować (**sb** na kogoś); przybierać pozory <cechy> (**sth** czegoś)

af·fec·ta·tion [ˌæfek'teɪʃn] *s* afektacja, poza, udawanie

af·fect·ed [ə'fektɪd] *zob.* **affect 1., 2.**; *adj* afektowany; usposobiony; dotknięty

af·fec·tion [ə'fekʃn] *s* przywiązanie, uczucie, sentyment, miłość

af·fi·da·vit [ˌæfɪ'deɪvɪt] *s* affidavit (*pisemna deklaracja pod przysięgą*)

af·fil·i·ate [ə'fɪlɪeɪt] *vt* afiliować; łączyć, przyłączyć; ~**d society** filia

af·fil·ia·tion [əˌfɪlɪ'eɪʃn] *s* afiliacja

af·fin·i·ty [ə'fɪnɪti] *s* pokrewieństwo, powinowactwo; sympatia

af·firm [ə'fɜːm] *vt vi* potwierdzać, zapewniać; twierdzić

af·fir·ma·tion [ˌæfə'meɪʃn] *s* twierdzenie, zapewnienie

af·fir·ma·tive [ə'fɜːmətɪv] *adj* twierdzący, pozytywny

af·fix [ə'fɪks] *vt* przytwierdzić, przyczepić, przybić; dołączyć

af·flict [ə'flɪkt] *vt* gnębić, dręczyć;

dotknąć (chorobą); **~ed with sth** chory na coś

af·flic·tion [əˈflɪkʃn] s przygnębienie; nieszczęście; cierpienie; choroba

af·flu·ence [ˈæfluəns] s obfitość, bogactwo; zgromadzenie; natłok

af·flu·ent [ˈæfluənt] adj dostatni; zasobny (**in sth** w coś); s dopływ (rzeki)

af·ford [əˈfɔːd] vt dostarczyć, użyczyć, dać; zdobyć się, pozwolić sobie (**sth** na coś); **I can ~ it** stać mnie na to

af·front [əˈfrʌnt] vt obrażać; s obraza, afront

Af·ghan [ˈæfgæn] s Afgańczyk (mieszkaniec Afganistanu); adj afgański

a·field [əˈfiːld] adv w pole, w polu; daleko

a·flame [əˈfleɪm] adv adj praed w płomieniach; płonący; przen. w podnieceniu

a·float [əˈfləʊt] adv adj praed na falach, na wodzie; w powietrzu; płynący; unoszący się; przen. w obiegu

a·foot [əˈfʊt] adv adj praed pieszo, na nogach

a·fore·said [əˈfɔːsed] adj wyżej wspomniany

a·fraid [əˈfreɪd] adj praed przestraszony; **to be ~ of sth** bać się czegoś; **I'm ~ I can't do it** przykro mi, ale nie mogę tego zrobić

a·fresh [əˈfreʃ] adv na nowo

Af·ri·can [ˈæfrɪkən] s Afrykanin; adj afrykański

af·ter [ˈɑːftə] praep po; za; według; o; **~ all** mimo wszystko; a jednak; adv potem, następnie; w tyle; z tyłu; conj kiedy, skoro, po tym, jak; adj attr późniejszy, tylny; **~ hours** po godzinach (pracy)

af·ter-ef·fect [ˈɑːftərɪˌfekt] s skutek (np. po zażyciu), następstwo

af·ter·life [ˈɑːftəlaɪf] s życie pozagrobowe

af·ter·math [ˈɑːftəmæθ] s pokłosie; przen. żniwo, następstwa

af·ter·noon [ˌɑːftəˈnuːn] s popołudnie; adj attr popołudniowy; **~ tea** podwieczorek

af·ter·shave [ˈɑːftəʃeɪv] s płyn po goleniu

af·ter·taste [ˈɑːftəteɪst] s posmak

af·ter·thought [ˈɑːftəθɔːt] s refleksja (po fakcie); spóźniona refleksja

af·ter·ward(s) [ˈɑːftəwəd(z)] adv następnie, później

a·gain [əˈgen] adv znowu, jeszcze raz; prócz tego, również; z drugiej strony; **~ and ~** raz po raz; **never ~** nigdy więcej; **as much ~** drugie tyle

a·gainst [əˈgenst] praep przeciw; wbrew; o; na

a·gate [ˈægət] s agat

age [eɪdʒ] s wiek; epoka, czasy; **what is your ~?** ile masz lat?; **to come of ~** osiągnąć pełnoletność; **of ~** pełnoletni; **under ~** niepełnoletni; vi starzeć się; vt postarzać; **~d seventy years** w wieku lat siedemdziesięciu; **for ~s** od wieków

ag·ed [ˈeɪdʒɪd] adj stary, sędziwy

age·long [ˈeɪdʒlɒŋ] adj odwieczny; długotrwały

a·gen·cy [ˈeɪdʒənsɪ] s działanie, środek działania, siła działająca; agencja; **by ~ through~ the ~ of sb, sth** za pośrednictwem kogoś, czegoś; **travel ~** biuro podróży <turystyczne>

a·gen·da [əˈdʒendə] s pl plan zajęć, terminarz; porządek dnia

a·gent [ˈeɪdʒənt] s agent, pośrednik; siła działająca, czynnik

ag·gra·vate [ˈægrəveɪt] vt obciążyć, utrudnić, pogorszyć; rozdrażnić

ag·gra·va·tion [ˌægrəˈveɪʃn] s obciążenie, utrudnienie, pogorszenie; rozdrażnienie, gniew

ag·gre·gate ['ægrɪgeɪt] *vt vi* gromadzić (się), łączyć, tworzyć całość; wynosić, liczyć w sumie; ['ægrɪgət] agregat; masa; całość, łączna liczba; *adj* łączny, zbiorowy

ag·gres·sion [ə'greʃn] *s* napaść, agresja

ag·gres·sive [ə'gresɪv] *adj* napastliwy, agresywny, zaczepny

ag·gres·sor [ə'gresə] *s* napastnik, agresor

ag·grieve [ə'griːv] *vt* zmartwić, przygnębić, skrzywdzić

a·ghast [ə'gɑːst] *adj praed* przerażony, oszołomiony, osłupiały

a·gi·le ['ædʒaɪl] *adj* zwinny, ruchliwy, obrotny

ag·i·tate ['ædʒɪteɪt] *vt* poruszać, niepokoić, podniecać, podburzać; denerwować, roztrząsać, dyskutować (gwałtownie); *vi* agitować

ag·i·ta·tion [,ædʒɪ'teɪʃn] *s* poruszenie; podniecenie, roztrząsanie, dyskusja (gwałtowna); agitacja

ag·nos·tic [æg'nɒstɪk] *s* agnostyk; *adj* agnostyczny

a·go [ə'gəʊ] *adv*: **long ~** dawno temu; **two years ~** dwa lata temu

ag·o·nize ['ægənaɪz] *vt* męczyć, dręczyć; *vi* przeżywać śmiertelne męki, wić się w bólach

a·go·ny ['ægənɪ] *s* gwałtowny ból, cierpienie; udręka, męczarnia; rozpaczliwa walka; agonia; ~ **column** *bryt.* szpalta przeznaczona dla czytelników zwracających się do gazety ze swoimi kłopotami

a·gra·ri·an [ə'greərɪən] *adj* agrarny, rolny

a·gree [ə'griː] *vi* zgadzać się (**to sth** na coś); umawiać się, porozumiewać się (**on, upon sth** w sprawie czegoś); odpowiadać (**with sth** czemuś); służyć; **this food does not ~ with me** to jedzenie mi nie służy; *vt* uzgadniać, ustalać, umawiać; **on the ~d day** w umówionym dniu; **~d!** zgoda!

a·gree·a·ble [ə'griːəbl] *adj* przyjemny, miły; zgodny (**to sth** z czymś)

a·gree·ment [ə'griːmənt] *s* zgoda, umowa, układ; **in ~ with...** zgodnie z...

ag·ri·cul·tu·ral [,ægrɪ'kʌltʃərl] *adj* rolniczy, rolny

ag·ri·cul·ture ['ægrɪkʌltʃə] *s* rolnictwo

ag·ro·nom·ic [,ægrə'nɒmɪk] *adj* agronomiczny

ag·ro·no·my [ə'grɒnəmɪ] *s* agronomia

a·ground [ə'graʊnd] *adv* na mieliźnie, na mieliznę; **to run <go> ~** osiąść na mieliźnie

a·gue ['eɪgjuː] *s* febra, dreszcze

a·head [ə'hed] *adv* przed siebie, naprzód; na przedzie; dalej; **to be <get> ~ of sb** wyprzedzać kogoś; **the task ~ of us** zadanie, które nas czeka; **to go ~** robić postępy, kontynuować

aid [eɪd] *s* pomoc; pomocnik; zasiłek; **teaching ~s** pomoce naukowe; **first ~** pierwsza pomoc; **~ station** punkt pomocy lekarskiej; *vt* pomagać (**sb** komuś)

aide [eɪd] *s* pomocnik; doradca (*zw.* rządowy)

ail [eɪl] *vt* boleć, dolegać; **what ~s him?** co mu jest?; *vi* cierpieć, chorować

ai·le·ron ['eɪlərɒn] *s lotn.* lotka

ail·ment ['eɪlmənt] *s* niedomaganie, dolegliwość, choroba

aim [eɪm] *vi* celować, mierzyć; mieć na celu; dążyć (**at sth** do czegoś); *vt* mierzyć, rzucać; kierować (**uwagę**); *s* cel, zamiar; **to take ~** celować (**at sth** do czegoś)

air 1. [eə] *s* powietrze; **by ~** drogą powietrzną; **on the ~** (nadany) przez radio; **to take the ~** przejść się; **~ force** siły lotnicze; **~ terminal** dworzec lotniczy; *vt* wietrzyć; suszyć (na wietrze)

air 2. [eə] *s* aria, pieśń

air 3. [eə] *s* wygląd, mina; zachowanie; *zw. pl* ~**s** poza; **to put on** <**give oneself**> ~**s** pozować; pysznić się

air·base ['eəbeɪs] *s* (wojskowa) baza lotnicza

air·borne ['eəbɔːn] *adj* w powietrzu, w locie; (*o wojsku*) spadochronowy

air con·di·tion·ing ['eəkən'dɪʃnɪŋ] *s* klimatyzacja

air·craft ['eəkrɑːft] *s* samolot; *zbior.* lotnictwo

air·craft car·ri·er ['eəkrɑːft‚kærɪə] *s* lotniskowiec

air·field ['eəfiːld] lotnisko, pole startowe

air·host·ess ['eə‚həʊstɪs] *s* stewardessa

air·i·ly ['eərəlɪ] *adv* impertynencko; lekko, beztrosko

air·ing ['eərɪŋ] *s* wietrzenie; **to take an** ~ przewietrzyć się

air·lift ['eəlɪft] *s* transport <most> powietrzny

air·line ['eəlaɪn] *s* linia lotnicza

air·lin·er ['eəlaɪnə] *s* regularnie kursujący samolot komunikacyjny

air·mail ['eəmeɪl] *s* poczta lotnicza

air·man ['eəmən] *s* (*pl* **airmen** ['eəmən]) lotnik

air·plane ['eəpleɪn] *s am.* = **aeroplane**

air·port ['eəpɔːt] *s* lotnisko

air·proof ['eəpruːf] *adj* hermetyczny, szczelny

air raid ['eəreɪd] *s* nalot lotniczy

air-raid shel·ter ['eəreɪd‚ʃeltə] *s* schron przeciwlotniczy

air route ['eəruːt] *s* trasa lotnicza

air·screw ['eəskruː] *s* śmigło

air·ship ['eəʃɪp] *s* statek powietrzny

air·sick ['eəsɪk] *adj* chory wskutek lotu samolotu

air·tight ['eətaɪt] *adj* szczelny, hermetyczny

air·way ['eəweɪ] *s* linia lotnicza; *górn.* wentyl

air·wor·thy ['eə‚wɜːðɪ] *adj* (*o samolocie*) zdolny do latania

air·y ['eərɪ] *adj* przewiewny, lekki; (*o człowieku*) próżny, beztroski

a·jar [ə'dʒɑː] *adj praed* (*o drzwiach, bramie*) półotwarty

a·kin [ə'kɪn] *adj praed* krewny; podobny

a·lac·ri·ty [ə'lækrətɪ] *s* żwawość, gotowość

a·larm [ə'lɑːm] *s* alarm; strach, popłoch, oszołomienie; **to take** ~ ulec panice; *vt* alarmować, niepokoić

a·larm clock [ə'lɑːmklɒk] *s* budzik

a·las [ə'læs] *int* niestety!

al·bum ['ælbəm] *s* album

al·bu·men ['ælbjumen] *s biol. chem.* białko

al·che·my ['ælkəmɪ] *s* alchemia

al·co·hol ['ælkəhɒl] *s* alkohol, napój alkoholowy

al·co·hol·ic [‚ælkə'hɒlɪk] *adj* alkoholowy; *s* alkoholik

al·der·man ['ɔːldəmən] *s* (*pl* **aldermen** ['ɔːldəmən]) radny miejski

ale [eɪl] *s* jasne (mocne) piwo

a·lert [ə'lɜːt] *adj* czujny; żwawy; *s zw. lotn.* alarm; pogotowie; **on the** ~ na straży, w pogotowiu

al·ge·bra ['ældʒɪbrə] *s* algebra

al·go·rith·m ['ælgərɪðəm] *s* algorytm

a·li·as ['eɪlɪəs] *adv* inaczej; *s* przybrane nazwisko

al·i·bi ['ælɪbaɪ] *s* alibi

al·ien ['eɪlɪən] *adj* obcy; cudzoziemski; *s* cudzoziemiec

al·ien·ate ['eɪlɪəneɪt] *vt* przenieść (*majątek na kogoś*); odstręczyć, zrazić; oderwać

al·ien·a·tion [‚eɪlɪə'neɪʃn] *s* alienacja; wyobcowanie

a·light [ə'laɪt] *vi* schodzić, zstępować; spadać; wysiadać; (*o samolocie, ptaku*) lądować z powietrza

a·lign [ə'laɪn] *vt* ustawiać w rząd, szeregować; *vi wojsk.* równać

a·like [ə'laɪk] *adj praed* podobny, jednakowy; *adv* podobnie, jednakowo; zarówno

a·li·men·ta·ry [,ælɪ'mentrɪ] *adj* odżywczy; spożywczy; żywiący, utrzymujący; *the ~ canal* anat. przewód pokarmowy

a·li·mo·ny ['ælɪmənɪ] *s* alimenty

a·live [ə'laɪv] *adj praed* żywy; żwawy; pełen życia; *to be ~ to sth* być wrażliwym na coś <świadomym czegoś>

al·ka·li ['ælkəlaɪ] *s chem.* zasada; *pl ~s* alkalia

al·ka·line ['ælkəlaɪn] *adj chem.* alkaliczny

all [ɔːl] *adj i pron* wszystek, cały, całkowity, każdy, wszelki; *after ~* mimo wszystko; ostatecznie; *but* prawie że, niemal; *~ in ~* całkowicie, razem wziąwszy; *~ of us* my wszyscy; *at ~* w ogóle; *before ~* przede wszystkim; *for that* mimo wszystko; *in ~* w całości, ogółem; *most of ~* najbardziej, przede wszystkim; *not at ~* wcale nie, nie ma za co (dziękować); *once for ~* raz na zawsze; *s* wszystko, całość; *adv* całkowicie, w pełni; *~ right* wszystko w porządku, dobrze; *~ the same* wszystko jedno; mimo wszystko; *~ the better* tym lepiej; *~ over* wszędzie, na całej przestrzeni; *it is ~ over with him* koniec z nim; *~ told* w sumie, wszystko razem; *pot. ~ round <around>* ogólnie, całościowo; wszechstronnie

al·lay [ə'leɪ] *vt* uśmierzyć, uspokoić, złagodzić; osłabić

al·lege [ə'ledʒ] *vt* twierdzić (bez dowodów); przytaczać, powoływać się (*sth* na coś)

al·leged [ə'ledʒd] *adj* rzekomy, domniemany

al·le·giance [ə'liːdʒəns] *s* wierność, lojalność

al·le·gor·i·cal [,ælɪ'gɒrɪkl] *adj* alegoryczny

al·le·go·ry ['ælɪgɒrɪ] *s* alegoria

al·ler·gy ['ælədʒɪ] *s* alergia (*to sth* na coś)

al·le·vi·ate [ə'liːvɪeɪt] *vt* ulżyć, złagodzić; zaspokoić

al·ley ['ælɪ] *s* aleja; uliczka; przejście; *blind ~* ślepy zaułek

al·li·ance [ə'laɪəns] *s* przymierze; związek; pokrewieństwo

al·lied ['ælaɪd] *adj* sprzymierzony; pokrewny, bliski

al·li·ga·tor ['ælɪgeɪtə] *s* aligator

al·lit·er·a·tion [ə,lɪtə'reɪʃn] *s* aliteracja

al·lo·cate ['æləkeɪt] *vt* przydzielić; wyznaczyć

al·lot [ə'lɒt] *vt* przydzielić, przyznać; wyznaczyć; rozdzielić; rozparcelować

al·lot·ment [ə'lɒtmənt] *s* przydział; cząstka; kawałek gruntu, działka

al·low [ə'laʊ] *vt* przyzwalać; przyznawać; przeznaczać, uznawać; *vi ~ of sth* dopuszczać do czegoś, zgadzać się na coś; *~ for sth* brać coś pod uwagę, uwzględniać coś

al·low·ance [ə'laʊəns] *s* przydział, racja; (przyznany) fundusz, dotacja; renta; bonifikata; kieszonkowe; tolerowanie, pozwolenie; *family ~* dodatek rodzinny; *to make ~s for sth* brać coś pod uwagę

al·loy [ə'lɔɪ] *vt* mieszać (*metale*); tworzyć stop; *s* ['ælɔɪ] stop; próba (*np. złota*)

all-pur·pose ['ɔːl,pɜːpəs] *adj* uniwersalny, wszechstronny

al·lude [ə'luːd] *vi* robić aluzję (*to sth* do czegoś)

al·lure [ə'ljʊə] *vt* nęcić, uwodzić

al·lu·sion [ə'luːʒn] *s* aluzja, przytyk

al·ly [ə'laɪ] *vt* połączyć, sprzymierzyć; skoligacić; *vi* połączyć się, być sprzymierzonym; *s* ['ælaɪ] sprzymierzeniec

al·ma·nac ['ɔːlmənæk] *s* almanach, kalendarz

al·might·y [ɔːl'maɪtɪ] *adj* wszechpotężny, wszechmocny

al·mond ['ɑːmənd] *s bot.* migdał

al·most ['ɔːlməʊst] *adv* prawie

alms [ɑːmz] *s sing i pl* jałmużna

a·loft [ə'lɒft] *adv* w górę, w górze

a·lone [ə'ləʊn] *adj praed* sam, sam jeden; *to leave <let> sb, sth ~* pozostawić kogoś, coś w spokoju, dać spokój komuś, czemuś; *adv* tylko, jedynie; *let ~* zwłaszcza, a co dopiero

a·long [ə'lɒŋ] *praep* wzdłuż; *all ~* na całą długość; przez cały czas; *~ the street* ulicą; *~ with* razem, wspólnie, wraz z; *adv* naprzód, dalej; *come ~!* chodź tu!; *to take ~* zabrać

a·long·side [ə‚lɒŋ'saɪd] *adv* w jednym rzędzie, obok; *praep* wzdłuż, obok, przy

a·loof [ə'luːf] *adv* z dala; na uboczu

a·loud [ə'laʊd] *adv* głośno, na głos

al·pha·bet ['ælfəbet] *s* alfabet

al·pha·bet·i·cal [‚ælfə'betɪkl] *adj* alfabetyczny

al·pine ['ælpaɪn] *adj* alpejski; górski

al·pi·nist ['ælpɪnɪst] *s* alpinista

al·read·y [ɔːl'redɪ] *adv* już; poprzednio

al·so ['ɔːlsəʊ] *adv* także, również

al·tar ['ɔːltə] *s* ołtarz

al·ter ['ɔːltə] *vt vi* zmieniać (się)

al·ter·a·tion [‚ɔːltə'reɪʃn] *s* zmiana

al·ter·nate 1. [ɔːl'tɜːnət] *adj* co drugi, kolejny, odbywający się na zmianę

al·ter·nate 2. ['ɔːltəneɪt] *vt* zmieniać kolejno, robić *coś* na zmianę; *vi* następować kolejno, zmieniać się

al·ter·na·tive [ɔːl'tɜːnətɪv] *s* al-

ternatywa; *adj* alternatywny; niekonwencjonalny

al·though [ɔːl'ðəʊ] *conj* chociaż, mimo że

al·ti·tude ['æltɪtjuːd] *s* wysokość

al·to ['æltəʊ] *s muz.* alt

al·to·geth·er [‚ɔːltə'geðə] *adv* całkowicie, w pełni; ogółem

al·tru·ism ['æltruɪzm] *s* altruizm

al·um·nus [ə'lʌmnəs] *s* (*pl alumni* [ə'lʌmnaɪ]) wychowanek, absolwent

al·ways ['ɔːlweɪz] *adv* zawsze, ciągle

am *zob.* **be**

a·mal·ga·mate [ə'mælgəmeɪt] *vt vi* łączyć (się), jednoczyć (się)

a·mass [ə'mæs] *vt* zbierać, gromadzić

am·a·teur ['æmətə] *s* amator

a·maze [ə'meɪz] *vt* zdumieć

a·maze·ment [ə'meɪzmənt] *s* zdumienie

a·maz·ing [ə'meɪzɪŋ] *ppraes i adj* zdumiewający

am·bas·sa·dor [æm'bæsədə] `s` ambasador; minister pełnomocny; poseł (*to France* we Francji; *in Paris* w Paryżu)

am·ber ['æmbə] *s* bursztyn

am·bi·gu·i·ty [‚æmbɪ'gjuːətɪ] *s* dwuznaczność, dwuznacznik, niejasność

am·big·u·ous [æm'bɪgjʊəs] *adj* dwuznaczny, niejasny

am·bi·tion [æm'bɪʃn] *s* ambicja

am·bi·tious [æm'bɪʃəs] *adj* ambitny

am·bu·lance ['æmbjʊləns] *s* karetka pogotowia; szpital polowy

am·bush ['æmbʊʃ] *s* zasadzka; *vt* napadać z zasadzki; robić zasadzkę

a·mel·io·rate [ə'miːlɪəreɪt] *vt vi* poprawiać (się), polepszać (się)

a·men [‚ɑː'men] *nieodm.* amen

a·me·na·bi·li·ty [ə‚miːnə'bɪlətɪ] *s* odpowiedzialność sądowa; uległość, powolność

a·me·na·ble [ə'miːnəbl] *adj* odpowiedzialny (wobec prawa); uległy, powolny; dostępny

a·mend [ə'mend] vt poprawiać, usprawniać, wnosić poprawki; vi poprawiać się; s pl ~s zadośćuczynienie, kompensata; **to make ~s for sth** zrekompensować coś; naprawić coś (np. krzywdę)

a·mend·ment [ə'mendmənt] s poprawa, naprawa; prawn. poprawka, nowela

A·mer·i·can [ə'merıkən] s Amerykanin; adj amerykański

am·e·thyst ['æmıθıst] s ametyst

a·mi·a·bi·li·ty [ˌeımıə'bılətı] s uprzejmość, miłe obejście

a·mi·a·ble ['eımıəbl] adj miły, uprzejmy

a·mi·ca·ble ['æmıkəbl] adj przyjacielski; polubowny

a·mid [ə'mıd], **a·midst** [ə'mıdst] praep pomiędzy, pośród

a·miss [ə'mıs] adv fałszywie, błędnie, nieodpowiednio; **to come ~** przybyć nie w porę; **sth is ~ with him** z nim jest coś nie w porządku; **to take ~** brać za złe

am·i·ty ['æmətı] s przyjaźń; **a treaty of ~** układ o przyjaźni

am·mo·nia [ə'məunıə] s chem. amoniak

am·mu·ni·tion ['æmju'nıʃn] s amunicja

am·ne·si·a [æm'nı:zıə] s amnezja, utrata pamięci

am·nes·ty ['æmnəstı] s amnestia; vt udzielić amnestii

a·moe·ba [ə'mı:bə] s zool. ameba

a·mok [ə'mɒk] adv = **amuck**

a·mong [ə'mʌŋ], **a·mongst** [ə'mʌŋst] praep między, wśród

am·o·rous ['æmərəs] adj zakochany; pot. kochliwy

a·mor·phous [ə'mɔːfəs] adj bezpostaciowy, bezkształtny

a·mount [ə'maunt] vi stanowić (sumę), wynosić; równać się (**to sth** czemuś); **the bill ~s to £ 100** rachunek wynosi 100 funtów; **this ~s to nothing** nic z tego nie

wychodzi; s suma, ilość; wartość, znaczenie, wynik

am·phib·ian [æm'fıbıən] s płaz, zwierzę ziemnowodne; lotn. wojsk. amfibia

am·phi·the·a·tre ['æmfı,θıətə] s amfiteatr

am·ple ['æmpl] adj obszerny, obfity; wystarczający, dostatni; rozłożysty

am·pli·fi·er ['æmplıfaıə] s wzmacniacz

am·pli·fy ['æmplıfaı] vt rozszerzać, powiększać; elektr. wzmacniać; vi rozwodzić się (**on sth** nad czymś)

am·pli·tude ['æmplıtu:d] s zasięg; obfitość; fiz. amplituda

am·pu·tate ['æmpjuteıt] vt amputować

a·muck [ə'mʌk] adv w szale; **to run ~** wpaść w szał

a·muse [ə'mju:z] vt zabawiać

a·muse·ment [ə'mju:zmənt] s rozrywka, zabawa; am. **~ park** wesołe miasteczko

an [ən, æn] przedimek nieokreślony (przed samogłoską); zob. także **a**

a·nach·ro·nism [ə'nækrənızm] s anachronizm

a·nach·ro·nis·tic [ə,nækrə'nıstık] adj anachroniczny

a·nae·mi·a, a·ne·mi·a [ə'nı:mıə] s anemia, niedokrwistość

an·aes·the·sia, an·es·the·sia [,ænıs'θı:zıə] s anestezja, znieczulenie

an·aes·thet·ic, an·es·thet·ic [,ænıs'θetık] adj znieczulający; s środek znieczulający

a·nal·o·gous [ə'næləgəs] adj analogiczny

a·nal·ogue ['ænəlɒg] adj techn. analogowy

a·nal·o·gy [ə'næləjı] s analogia

an·a·lyse ['ænəlaız] vt analizować

a·nal·y·sis [ə'næləsıs] s (pl **analyses** [ə'næləsı:z]) analiza; gram. rozbiór

an·a·lyze ['ænəlaɪz] *vt am.* = **analyse**

a·narch·ic(al) [ə'nɑːkɪk(l)] *adj* anarchiczny

an·ar·chy ['ænəkɪ] *s* anarchia

a·nath·e·ma [ə'næθəmə] *s* klątwa

an·a·tom·ic(al) [,ænə'tɒmɪk(l)] *adj* anatomiczny

a·nat·o·my [ə'nætəmɪ] *s* anatomia

an·ces·tor ['ænsɪstə] *s* przodek, antenat

an·ces·tral [æn'sestrəl] *adj* dziedziczny, rodowy

an·ces·try ['ænsɪstrɪ] *s zbior.* przodkowie; ród

an·chor ['æŋkə] *s* kotwica; *vt* zakotwiczyć; *vi* stać na kotwicy

an·chor·age ['æŋkərɪdʒ] *s* miejsce zakotwiczenia; kotwiczne (opłata)

an·chor·ite ['æŋkəraɪt] *s* pustelnik

an·cho·vy ['æntʃəvɪ] *s zool.* sardela

an·cient ['eɪnʃənt] *adj* dawny, stary, starożytny; wiekowy

and [ænd, ənd, ən] *conj* i, a; z; **for hours ~ hours** całymi godzinami; **better ~ better** coraz lepiej

an·droid ['ændrɔɪd] *s* android (*w literaturze fantastycznonaukowej: robot w ludzkiej postaci*)

an·ec·dote ['ænɪkdəut] *s* anegdota

a·new [ə'njuː] *adv* na nowo, powtórnie; inaczej

an·gel ['eɪndʒl] *s* anioł

an·gel·ic [æn'dʒelɪk] *adj* anielski

an·ger ['æŋgə] *s* gniew; *vt* gniewać, złościć

an·gi·na [æn'dʒaɪnə] *s med.* angina

an·gle 1. ['æŋgl] *s* kąt; *przen.* punkt widzenia

an·gle 2. ['æŋgl] *vi* łowić ryby (*na wędkę*)

an·gler ['æŋglə] *s* wędkarz

An·gli·can ['æŋglɪkən] *adj* anglikański; *s* anglikanin

An·glo-Sax·on [,æŋgləu'sæksn] *s* Anglosas; *adj* anglosaski

an·gry ['æŋgrɪ] *adj* zagniewany; gniewny; **to be ~ with sb <at sth>** gniewać się na kogoś <na coś>; **to get ~** rozgniewać się

an·guish ['æŋgwɪʃ] *s* lęk, męka, ból

an·gu·lar ['æŋgjulə] *adj* kątowy; narożny; kanciasty; kościsty

an·i·mal ['ænɪml] *s* zwierzę, stworzenie; *adj* zwierzęcy; zmysłowy

an·i·mate ['ænɪmeɪt] *vt* ożywiać; pobudzać; **~d cartoon** kreskówka, film rysunkowy; *adj* ['ænɪmət] ożywiony, żywy, żwawy

an·i·ma·tion [,ænɪ'meɪʃn] *s* ożywienie

an·i·mos·i·ty [,ænɪ'mɒsətɪ] *s* animozja, niechęć, uraza

ani·seed ['ænɪsiːd] *s* anyżek

an·kle ['æŋkl] *s anat.* kostka (*u nogi*); **~ deep** po kostki

an·nal·ist ['ænəlɪst] *s* kronikarz

an·nals ['ænlz] *s pl* rocznik, kronika

an·nex ['æneks] *s* (*także* **annexe**) aneks, dodatek; przybudówka; *vt* [ə'neks] dołączyć, przyłączyć; anektować

an·nex·a·tion [,ænek'seɪʃn] *s* przyłączenie; aneksja

an·ni·hi·late [ə'naɪəleɪt] *vt* niszczyć, unicestwiać, niweczyć

an·ni·ver·sa·ry [,ænɪ'vɜːsrɪ] *s* rocznica

an·no Dom·i·ni [,ænəu 'dɒmɪnaɪ] roku pańskiego; naszej ery

an·no·tate ['ænəteɪt] *vt* objaśniać, komentować

an·no·ta·tion [,ænə'teɪʃn] *s* adnotacja, uwaga, komentarz

an·nounce [ə'nauns] *vt* zapowiadać, ogłaszać, zawiadamiać

an·nounce·ment [ə'naunsmənt] *s* zawiadomienie, zapowiedź, ogłoszenie, komunikat

an·noun·cer [ə'naunsə] *s* konferansjer; **radio ~** spiker

an·noy [ə'nɔɪ] vt dokuczać, niepokoić, drażnić

an·noy·ance [ə'nɔɪəns] s utrapienie, udręka; dokuczanie, złośliwość; **to subject sb to ~** dokuczać komuś

an·noyed [ə'nɔɪd] zob. **annoy**; adj zagniewany, rozdrażniony; **to be ~ with sb** gniewać się na kogoś; **to get ~ at sth** zmartwić <zirytować> się czymś

an·nu·al ['ænjʊəl] adj roczny, coroczny; s rocznik

an·nu·i·ty [ə'njuːɪtɪ] s roczna suma; renta; **life ~** renta dożywotnia

an·nul [ə'nʌl] vt anulować, unieważniać

an·nun·ci·a·tion [ə,nʌnsɪ'eɪʃn] s oznajmienie; rel. zwiastowanie

a·noint [ə'nɔɪnt] vt namaścić (ceremonialnie)

a·nom·a·lous [ə'nɒmələs] adj nienormalny, anormalny, nieprawidłowy

a·nom·a·ly [ə'nɒməlɪ] s anomalia

a·non·y·mous [ə'nɒnɪməs] adj anonimowy; **~ letter** anonim

an·o·rak ['ænəræk] s anorak

an·oth·er [ə'nʌðə] adj i pron inny, drugi, jeszcze jeden; **in ~ way** inaczej; **~ two hours** jeszcze dwie godziny

an·swer ['ɑːnsə] s odpowiedź (**to sth** na coś); rozwiązanie; vt odpowiadać (**sth** na coś); spełniać, zaspokajać (życzenie); służyć (celowi); pot. **to ~ (sb) back** odpowiadać (komuś) niegrzecznie; vi być odpowiedzialnym (**for sth to sb** za coś przed kimś); odpowiadać (**to sth** na coś); (**phone**) **~ing machine** automatyczna sekretarka

an·swer·a·ble ['ɑːnsərəbl] adj odpowiedzialny (**for sth to sb** za coś przed kimś)

ant [ænt] s zool. mrówka

an·tag·o·nism [æn'tægənɪzm] s antagonizm

an·tag·o·nize [æn'tægənaɪz] vt sprzeciwiać się, przeciwdziałać; wzbudzać wrogość

Ant·arc·tic [æn'tɑːktɪk] adj antarktyczny; s **the Antarctic** Antarktyda

ant·eat·er ['ænt,iːtə] s zool. mrówkojad

an·te·ce·dent [,æntɪ'siːdnt] adj poprzedzający (**to sth** coś), poprzedni; s poprzedzająca okoliczność; gram. poprzednik

an·te·cham·ber ['æntɪ,tʃeɪmbə] s antyszambr; przedpokój; poczekalnia

an·te·date ['æntɪdeɪt] vt antydatować

an·te·lope ['æntɪləʊp] s antylopa

an·ten·na [æn'tenə] s (pl **antennae** [æn'teniː]) antena; zool. czułek; **drag ~** antena wysuwana

an·te·ri·or [æn'tɪərɪə] adj poprzedzający (**to sth** coś); wcześniejszy (**to sth** od czegoś), poprzedni

an·te·room ['æntɪrʊm] s przedpokój; poczekalnia

an·them ['ænθəm] s hymn

ant·hill ['ænthɪl] s mrowisko

an·thol·o·gy [æn'θɒlədʒɪ] s antologia

an·thro·pol·o·gy [,ænθrə'pɒlədʒɪ] s antropologia

an·ti·air·craft [,æntɪ'eəkrɑːft] adj attr przeciwlotniczy; s artyleria przeciwlotnicza, działo przeciwlotnicze

an·ti·bi·ot·ic [,æntɪbaɪ'ɒtɪk] s antybiotyk

an·ti·bod·y ['æntɪ,bɒdɪ] s przeciwciało

an·tic ['æntɪk] s zw. pl **~s** błazenada

an·tic·i·pate [æn'tɪsɪpeɪt] vt antycypować, uprzedzać; przewidywać

an·tic·i·pat·ed [æn'tɪsɪpeɪtɪd] zob. **anticipate**; adj przedterminowy; handl. wykupiony przed terminem

an·ti·ci·pa·tion [æn,tɪsɪ'peɪʃn] *s* uprzedzanie, przewidywanie; zapłata z góry, zaliczka; *in* ~ z góry; *handl.* przedterminowo

an·ti·dote ['æntɪdəʊt] *s* antidotum, odtrutka

an·tip·a·thy [æn'tɪpəθɪ] *s* antypatia

an·ti·qua·ry ['æntɪkwərɪ] *s* antykwariusz, zbieracz antyków

an·ti·quat·ed ['æntɪkweɪtɪd] *adj* przestarzały

an·tique [æn'tiːk] *adj* starożytny, antyczny; staroświecki; *s* sztuka starożytna; antyk

an·tiq·ui·ty [æn'tɪkwətɪ] *s* starożytność; antyk

an·ti·Sem·ite [,æntɪ'siːmaɪt] *s* antysemita

an·ti·sep·tic [,æntɪ'septɪk] *s* środek odkażający; *adj* antyseptyczny

an·tith·e·sis [æn'tɪθəsɪs] *s* antyteza

ant·ler ['æntlə] *s* róg (*np. jelenia*)

an·to·nym ['æntənɪm] *s* antonim

a·nus ['eɪnəs] *s anat.* odbyt

an·vil ['ænvɪl] *s* kowadło

anx·i·e·ty [æŋ'zaɪətɪ] *s* niepokój, trwoga (*for <about> sth* o coś); troska; dążenie, pożądanie

anx·ious ['æŋkʃəs] *adj* niespokojny, pełen troski (*for <about> sth* o coś); pożądający, pragnący (*for <about> sth* czegoś)

an·y ['enɪ] *pron* jaki, jakiś, jakikolwiek; wszelki; każdy; którykolwiek; *not* ~ żaden; *adv* nieco, trochę, jeszcze; ~ *farther* trochę dalej; *not* ~ *farther* ani trochę dalej; *it is not* ~ *good* to się na nic nie przyda

an·y·bod·y ['enɪ,bɒdɪ] *pron* ktokolwiek, ktoś; każdy

an·y·how ['enɪhaʊ] *adv* jakkolwiek, w jakikolwiek sposób; byle jak, w każdym razie

an·y·one ['enɪwʌn] *pron* = *anybody*

an·y·thing ['enɪθɪŋ] *pron* cokol-

wiek, coś; wszystko; *z przeczeniem* nic

an·y·way ['enɪweɪ] *adv* = *anyhow*

an·y·where ['enɪweə] *adv* gdziekolwiek, gdzieś; wszędzie; *z przeczeniem*: nigdzie

a·part [ə'pɑːt] *adv* oddzielnie, na boku, na bok; osobno; w odległości; ~ *from* pomijając, abstrahując, niezależnie od, oprócz; *to get* ~ oddzielić; *to set* ~ odłożyć; *to take* ~ rozkładać, rozbierać na części

a·part·heid [ə'pɑːtheɪt] *s* segregacja rasowa; apartheid

a·part·ment [ə'pɑːtmənt] *s* pokój, mieszkanie; ~ *house* dom mieszkalny (czynszowy), kamienica

ap·a·thet·ic [,æpə'θetɪk] *adj* apatyczny, obojętny

ap·a·thy ['æpəθɪ] *s* apatia, obojętność

ape [eɪp] *s* małpa (człekokształtna); *vt* małpować

ap·er·ture ['æpətʃə] *s* otwór, szczelina

a·pex ['eɪpeks] *s* (*pl* ~*es* ['eɪpeksɪz] *lub* *apices* ['eɪpɪsiːz]) szczyt, punkt szczytowy

aph·ro·dis·i·ac [,æfrə'dɪzɪæk] *s* afrodyzjak, środek podniecający seksualnie

a·piece [ə'piːs] *adv* za sztukę; na każdego, na głowę

a·poc·a·lypse [ə'pɒkəlɪps] *s* apokalipsa

a·pol·o·gize [ə'pɒlədʒaɪz] *vi* usprawiedliwiać się (*to sb for sth* przed kimś z czegoś), przepraszać

a·pol·o·gy [ə'pɒlədʒɪ] *s* usprawiedliwienie, przeproszenie; obrona

ap·o·plex·y ['æpəpleksɪ] *s* apopleksja

a·pos·tle [ə'pɒsl] *s* apostoł

a·pos·tro·phe [ə'pɒstrəfɪ] *s* apostrof; apostrofa, zwrot

ap·pal [ə'pɔːl] *vt* trwożyć, przerażać

ap·pa·ra·tus [ˌæpə'reɪtəs] *s* (*pl* ~ lub ~**es** ['æpə'reɪtəsɪz]) aparat, przyrząd, urządzenie; (*w organizmie*) narząd

ap·par·ent [ə'pærənt] *adj* widoczny, oczywisty; pozorny

ap·peal [ə'piːl] *vi* apelować, zwracać się, wzywać, usilnie prosić (**to sb for sth** kogoś o coś); nęcić, pociągać; oddziaływać (**to sb** na kogoś); *s* apel, wezwanie; odwołanie, apelacja; zainteresowanie, pociąg; *popular* ~ popularność; *sex* ~ atrakcyjność, powab (płci); *an* ~ *to a higher court* apelacja do sądu wyższej instancji; *an* ~ *from a decision* odwołanie od (czyjejś) decyzji; *to make an* ~ *for help* prosić <błagać> o pomoc

ap·pear [ə'pɪə] *vi* zjawiać się, pokazywać się; występować; wydawać się, zdawać się; okazywać się

ap·pear·ance [ə'pɪərəns] *s* wygląd zewnętrzny; zjawienie się; wystąpienie; pozór; *at first* ~ na pierwszy rzut oka; *to keep up* ~*s* zachowywać pozory

ap·pease [ə'piːz] *vt* uspokoić, uśmierzyć, złagodzić; uciszyć; zaspokoić

ap·pease·ment [ə'piːzmənt] *s* uspokojenie, uśmierzenie, złagodzenie; *policy of* ~ polityka łagodzenia (sporów międzynarodowych)

ap·pend [ə'pend] *vt* dołączyć, dodać

ap·pen·dage [ə'pendɪdʒ] *s* dodatek, uzupełnienie

ap·pen·di·ci·tis [əˌpendə'saɪtɪs] *s med.* zapalenie wyrostka robaczkowego

ap·pen·dix [ə'pendɪks] *s* (*pl* ~**es** [ə'pendɪksɪz] *lub* **appendices** [ə'pendɪsiːz]) dodatek, uzupełnienie; *anat.* wyrostek robaczkowy

ap·per·tain [ˌæpə'teɪn] *vi* należeć, odnosić się

ap·pe·tite ['æpətaɪt] *s* apetyt (**for sth** na coś)

ap·pe·tiz·er ['æpətaɪzə] *s* zakąska, małe danie

ap·pe·tiz·ing ['æpətaɪzɪŋ] *adj* apetyczny

ap·plaud [ə'plɔːd] *vt* oklaskiwać; przyklasnąć; *vi* klaskać

ap·plause [ə'plɔːz] *s* aplauz, oklaski; pochwała

ap·ple ['æpl] *s* jabłko; ~ *of the eye* źrenica; *przen.* oczko w głowie

ap·pli·ance [ə'plaɪəns] *s* zastosowanie, użycie; narzędzie, instrument; *pl* ~**s** przybory

ap·pli·ca·ble ['æplɪkəbl] *adj* dający się zastosować, stosowny

ap·pli·cant ['æplɪkənt] *s* petent; kandydat

ap·pli·ca·tion [ˌæplɪ'keɪʃn] *s* aplikacja; podanie; zastosowanie, użycie; uwaga; pilność; *komp.* program użytkowy; ~ *form* formularz (podaniowy)

ap·ply [ə'plaɪ] *vt* stosować, używać; poświęcać (uwagę, trud); *vi* zwracać się (**to sb for sth** do kogoś o coś), starać się (**for sth** o coś); dać się zastosować, odnosić się; oddawać się (**to sth** czemuś); *vr* ~ *oneself* przykładać się (**to sth** do czegoś); ~ *within* tu udziela się informacji

ap·point [ə'pɔɪnt] *vt* wyznaczać; mianować; określać

ap·point·ment [ə'pɔɪntmənt] *s* wyznaczenie; nominacja; określenie; zarządzenie; stanowisko; umowa; umówione spotkanie; *to keep an* ~ przyjść na spotkanie; *to make <fix> an* ~ umówić się na spotkanie; *by* ~ do uzgodnienia, po wcześniejszym uzgodnieniu

ap·po·site [ˌæpəzɪt] *adj* stosowny, trafny

ap·po·si·tion [ˌæpə'zɪʃn] *s* przyłożenie, zastosowanie; *gram.* dopowiedzenie

ap·praise [ə'preɪz] *vt* szacować, cenić

ap·pre·ci·a·ble [ə'priːʃəbl] *adj* godny zauważenia, znaczny

ap·pre·ci·ate [ə'priːʃɪeɪt] *vt* ocenić, oszacować; uznawać; wysoko sobie cenić; dziękować, być wdzięcznym (**sth** za coś); *am.* podnieść wartość; *vi* zyskiwać na wartości

ap·pre·ci·a·tion [ə,priːʃɪ'eɪʃn] *s* ocena; uznanie; wdzięczność, podziękowanie; *am.* podwyższenie <wzrost> ceny

ap·pre·hend [,æprɪ'hend] *vt* obawiać się; chwycić, pojmać; rozumieć, pojmować

ap·pre·hen·sion [,æprɪ'henʃn] *s* obawa; ujęcie; pojmanie; pojętność, rozumienie; **beyond** ~ nie do pojęcia

ap·pre·hen·sive [,æprɪ'hensɪv] *adj* bojaźliwy, niespokojny (**about <for>** *sb* o kogoś, **of sth** o coś); pojętny, bystry, rozumiejący (**of sth** coś)

ap·pren·tice [ə'prentɪs] *s* uczeń, terminator; *vt* oddać do terminu, na naukę

ap·pren·tice·ship [ə'prentɪsʃɪp] *s* terminowanie, nauka (*rzemiosła*), praktyka (*w zawodzie*)

ap·proach [ə'prəʊtʃ] *vt* zbliżać się, podchodzić (**sb, sth** do kogoś, do czegoś); zagadnąć (**sb** kogoś); *vi* zbliżać się, nadchodzić, być bliskim; *s* zbliżenie, podejście; dostęp, wejście, wjazd; **easy of** ~ łatwo dostępny

ap·pro·ba·tion [,æprə'beɪʃn] *s* aprobata, uznanie

ap·pro·pri·ate [ə'prəʊprɪət] *adj* odpowiedni, stosowny; *vt* [ə'prəʊprɪeɪt] przywłaszczać sobie; przypisywać sobie; użyć, przeznaczyć (**to sth** na coś); wyasygnować

ap·pro·pri·ate·ness [ə'prəʊpriətnɪs] *s* stosowność, odpowiedniość; **with** ~ stosownie, trafnie, właściwie

ap·pro·pri·a·tion [ə,prəʊprɪ'eɪʃn] *s* przywłaszczenie; asygnowanie (*zw. kredytów*)

ap·prov·al [ə'pruːvl] *s* uznanie, aprobata; *handl.* **on** ~ na próbę

ap·prove [ə'pruːv] *vt vi* aprobować, uznawać (**sth, of sth** coś)

ap·prox·i·mate [ə'prɒksɪmeɪt] *vi* zbliżać (się), podchodzić (**to sb, sth** do kogoś, do czegoś); *vt* zbliżać; *adj* [ə'prɒksɪmət] przybliżony

a·pri·cot ['eɪprɪkɒt] *s bot.* morela

A·pril ['eɪprəl] *s* kwiecień; ~ **Fools' Day** prima aprilis

a·pron ['eɪprən] *s* fartuch; płyta lotniska

apt [æpt] *adj* odpowiedni; skłonny; zdolny; nadający się (**for sth** do czegoś)

ap·ti·tude ['æptɪtjuːd] *s* stosowność; skłonność; uzdolnienie, zdolność

aq·ua·plane ['ækwəpleɪn] *s* deska do surfingu

a·quar·i·um [ə'kweərɪəm] *s* akwarium

A·quar·i·us [ə'kweərɪəs] *s* Wodnik (*znak zodiaku*)

aq·uat·ic [ə'kwætɪk] *adj* (*o zwierzętach, roślinach, sportach*) wodny

Ar·ab ['ærəb] *s* Arab; (*koń*) arab

A·ra·bian [ə'reɪbɪən] *adj* arabski; *s* Arab

A·ra·bic ['ærəbɪk] *adj* arabski; *s* język arabski

a·ra·ble ['ærəbl] *adj* orny

ar·bi·ter ['ɑːbɪtə] *s* arbiter, rozjemca

ar·bi·tra·ry ['ɑːbɪtrərɪ] *adj* arbitralny; dowolny, samowolny

ar·bi·trate ['ɑːbɪtreɪt] *vi* być sędzią polubownym; *vt* załatwić polubownie, rozstrzygnąć

ar·bi·tra·tion [,ɑːbɪ'treɪʃn] *s* arbitraż, postępowanie rozjemcze arc [ɑ:k] s mat. łuk; ~ **light** światło łukowe

ar·cade [ɑ:ˈkeɪd] s **shopping ~** bryt. pasaż handlowy

arch 1. [ɑ:tʃ] s arch. łuk, sklepienie; vt vi wyginać (się) w łuk; nadawać <przybierać> formę łuku

arch 2. [ɑ:tʃ] adj wisusowski, łobuzerski

arch 3. [ɑ:tʃ] praef arcy; archi

ar·chae·ol·o·gy [ˌɑ:kɪˈɒlədʒɪ] s archeologia

ar·cha·ic [ɑ:ˈkeɪk] adj archaiczny

ar·cha·ism [ˈɑ:keɪɪzm] s archaizm

arch·an·gel [ˈɑ:k,eɪndʒl] s archanioł

arch·bish·op [ˌɑ:tʃˈbɪʃəp] s arcybiskup

arch·duke [ˌɑ:tʃˈdju:k] s arcyksiążę

arch·er [ˈɑ:tʃə] s łucznik

arch·er·y [ˈɑ:tʃərɪ] s łucznictwo

ar·chi·pel·a·go [ˌɑ:kɪˈpeləgəʊ] s archipelag

ar·chi·tect [ˈɑ:kɪtekt] s architekt

ar·chi·tec·ture [ˈɑ:kɪtektʃə] s architektura

ar·chives [ˈɑ:kaɪvz] s pl archiwum

arc·tic [ˈɑ:ktɪk] adj arktyczny; s **the Arctic** Arktyka

ar·dent [ˈɑ:dnt] adj płonący, gorący; zapalony, żarliwy

ar·dour [ˈɑ:də] s żar; żarliwość, zapał

ar·du·ous [ˈɑ:djʊəs] adj męczący, trudny; (o skale itp.) stromy

are [ɑ:] zob. **be**

a·re·a [ˈeərɪə] s przestrzeń, powierzchnia, płaszczyzna, plac; zakres; okolica; strefa

a·re·na [əˈri:nə] s arena

aren't [ɑ:nt] = **are not**; zob. **be**

ar·gen·tine [ˈɑ:dʒəntaɪn] adj srebrny, srebrzysty

Ar·gen·tine [ˈɑ:dʒən,ti:n], Ar·gen·tin·i·an [ˌɑ:dʒənˈtɪnɪən] adj argentyński; s Argentyńczyk

ar·gue [ˈɑ:gju:] vt roztrząsać; uzasadniać, argumentować; wnioskować; wmawiać (**sb into sth** komuś coś), przekonywać (**sb into sth** kogoś o czymś); perswadować (**sb out of sth** komuś coś); vi argumentować (**for sth** za czymś, **against sth** przeciw czemuś); sprzeczać się (**about, for sth** o coś)

ar·gu·ment [ˈɑ:gjʊmənt] s argument, dowód; dyskusja, sprzeczka; teza

ar·ia [ˈɑ:rɪə] s muz. aria

ar·id [ˈærɪd] adj suchy, jałowy

Ar·ies [ˈeəri:z] s Baran (znak zodiaku)

a·right [əˈraɪt] adv słusznie, prawidłowo, dobrze

*a·rise [əˈraɪz] vi (**arose** [əˈrəʊz], **arisen** [əˈrɪzn]) wstawać, powstawać; ukazywać się, wyłaniać się; wynikać

ar·is·toc·ra·cy [ˌærɪˈstɒkrəsɪ] s arystokracja

ar·is·to·crat [ˈærɪstəkræt] s arystokrata

a·rith·me·tic [əˈrɪθmətɪk] s arytmetyka

ark [ɑ:k] s arka

arm 1. [ɑ:m] s ramię; ręka; poręcz krzesła, oparcie; konar; ~ **of the sea** odnoga morska; ~ **in** ~ ramię w ramię, pod rękę

arm 2. [ɑ:m] s (zw. pl **~s**) broń; **in ~s** pod bronią; **to bear ~s** odbywać służbę wojskową; **a call to ~s** powołanie do służby wojskowej; vt vi zbroić (się)

ar·ma·ment [ˈɑ:məmənt] s uzbrojenie, zbrojenie; pl **~s** zbrojenia; ~ **race** wyścig zbrojeń

arm·chair [ˈɑ:mˌtʃeə] s fotel

arm·ful [ˈɑ:mfʊl] s naręcze

ar·mi·stice [ˈɑ:mɪstɪs] s zawieszenie broni, rozejm

ar·mour [ˈɑ:mə] s zbroja, pancerz; vt opancerzyć

ar·moured [ˈɑ:məd] adj pancerny; zbrojony (np. beton)

ar·mour·y ['ɑːmərɪ] s magazyn broni, arsenał; *am.* fabryka broni

arms [ɑːmz] s pl herb

ar·my ['ɑːmɪ] s wojsko; **the ~** armia; **to join the ~** pójść do wojska

a·ro·ma [ə'rəʊmə] s aromat

ar·o·mat·ic [ˌærəʊ'mætɪk] *adj* aromatyczny

a·rose *zob.* **arise**

a·round [ə'raʊnd] *adv i praep* naokoło, dookoła; na wszystkie strony; *am.* tu i tam

a·rouse [ə'raʊz] *vt* wzbudzać, podniecać, aktywizować; budzić (ze snu)

ar·raign [ə'reɪn] *vt* pozwać do sądu, oskarżyć

ar·range [ə'reɪndʒ] *vt* urządzać, porządkować, układać; umawiać, ustalać; załatwiać, łagodzić (*np. spór*); *vi* układać się, umawiać się

ar·range·ment [ə'reɪndʒmənt] *s* urządzenie; układ, umowa; uporządkowanie; *zw. pl* **~s** plany, przygotowania; **to make ~s to...** poczynić kroki, aby...

ar·ray [ə'reɪ] *vt* stroić; ustawiać w szyk (bojowy); *s* strój; szyk bojowy; procesja; *mat.* tablica

ar·rears [ə'rɪəz] *s pl* zaległości; długi

ar·rest [ə'rest] *vt* aresztować; zatrzymywać; przykuwać (*uwagę*); *s* areszt, zatrzymanie; zahamowanie; **under ~** aresztowany

ar·ri·val [ə'raɪvl] *s* przybycie, dojście (**at, in sth** do czegoś); przybysz; rzecz, która nadeszła

ar·rive [ə'raɪv] *vi* przybyć, dojść (**at, in sth** do czegoś); osiągnąć (**at sth** coś)

ar·ro·gance ['ærəgəns] *s* arogancja

ar·ro·gant ['ærəgənt] *adj* arogancki

ar·row ['ærəʊ] *s* strzała, strzałka

arse [ɑːs] *s bryt. wulg.* dupa, tyłek; (*także* **arsehole**) odbyt; głupek

ar·se·nic ['ɑːsnɪk] *s chem.* arsen; arszenik

ar·son ['ɑːsn] *s* podpalenie (*przestępstwo*)

art [ɑːt] *s* sztuka; zręczność; chytrość; *pl* **~s** nauki humanistyczne; **fine ~s** sztuki piękne

ar·te·ry ['ɑːtərɪ] *s anat.* arteria

art·ful ['ɑːtfl] *adj* zręczny; chytry

ar·thrit·ic [ɑː'θrɪtɪk] *adj* artretyczny

ar·thri·tis [ɑː'θraɪtɪs] *s* artretyzm

ar·ti·choke ['ɑːtɪtʃəʊk] *s* karczoch

ar·ti·cle ['ɑːtɪkl] *s* artykuł; rozdział, punkt; paragraf; przedmiot; *gram.* rodzajnik, przedimek

ar·tic·u·late [ɑː'tɪkjʊleɪt] *vt vi* artykułować, (wyraźnie) wymawiać; *adj* [ɑː'tɪkjʊlət] artykułowany; jasno wyrażony <wyrażający się>

ar·tic·u·la·tion [ɑːˌtɪkjʊ'leɪʃn] *s* artykulacja, wymawianie

ar·ti·fice ['ɑːtɪfɪs] *s* sztuka, sztuczka; zręczność; chytrość; pomysł, podstęp

ar·ti·fi·cial [ˌɑːtɪ'fɪʃl] *adj* sztuczny

ar·til·ler·y [ɑː'tɪlərɪ] *s* artyleria

ar·ti·san [ɑːtɪ'zæn] *s* rzemieślnik

ar·tist ['ɑːtɪst] *s* artysta

ar·tis·tic [ɑː'tɪstɪk] *adj* artystyczny

art·less ['ɑːtləs] *adj* prosty, niewyszukany; naturalny; niedoświadczony

Ar·y·an ['eərɪən] *adj* aryjski; *s* Aryjczyk

as [æz, əz] *adv* jak; jako; za; *conj* ponieważ, skoro; jak; jako; kiedy, (podczas) gdy; chociaż; w miarę, jak; **as ... as** jak, równie ... jak; **as far as** aż do, o ile; **as for** co się tyczy; co do; **as if, as though** jak gdyby; **as it is** faktycznie, rzeczywiście; **as it were** że tak powiem; **as a rule** z reguły, zasadniczo; **as much <many>** as aż tyle; **as soon as** skoro tylko; **as to** co się tyczy, odnośnie do; *as well* również; także; *as well as* równie dobrze, jak również; *as yet* jak dotąd; *so ... as* tak ... jak (*zw. w przeczeniu* *not so ... as* nie tak ... jak); *so as* (*przed inf*) tak, ażeby <że>; *be so good as to tell me* bądź łaskaw powiedzieć mi

as·cend [ə'send] *vi* wznosić się, iść w górę; wspinać się; *vt* wstąpić (*the throne* na tron)

as·cend·ant [ə'sendənt] *s: to be in the ~* mieć przewagę, górować

as·cen·sion [ə'senʃn] *s* unoszenie się ku górze; wstąpienie (*to the throne* na tron); *rel. the Ascension (Day)* Wniebowstąpienie

as·cent [ə'sent] *s* wznoszenie (się); wchodzenie (na górę), wspinanie się (na szczyt)

as·cer·tain [ˌæsə'teɪn] *vt* ustalić, stwierdzić

as·cet·ic [ə'setɪk] *adj* ascetyczny; *s* asceta

as·cribe [ə'skraɪb] *vt* przypisywać

a·sep·tic [ə'septɪk] *adj* aseptyczny; *s* środek aseptyczny

ash 1. [æʃ] *s* (*zw. pl ~es* ['æʃɪz]) popiół; *Ash Wednesday* środa popielcowa, Popielec

ash 2. [æʃ] *s bot.* jesion

a·shamed [ə'ʃeɪmd] *adj praed* zawstydzony; *to be ~* wstydzić się (*of sth* czegoś, *for sth* z powodu czegoś)

ash·en ['æʃn] *adj* popielaty

a·shore [ə'ʃɔ:] *adv* na brzeg, na brzegu, na ląd, na lądzie; *to run <be driven> ~* osiąść na mieliźnie

ash·tray ['æʃtreɪ] *s* popielniczka

A·si·at·ic [ˌeɪʃɪ'ætɪk] *adj* azjatycki; *s* Azjata

a·side [ə'saɪd] *adj* na bok, na boku; *to put ~* odkładać

ask [ɑ:sk] *vt* pytać, prosić, upraszać (*sb* kogoś, *sth* o coś); żądać (*sth* czegoś); *to ~ a question* zadać pytanie; *vi* prosić (*for sth* o

coś), pytać (*for sb, sth* o kogoś, o coś); pytać, dowiadywać się (*about <after> sb, sth* o kogoś, o coś); *to ~ to dinner* prosić na obiad; *pot. to ~ for trouble* szukać kłopotu

a·skance [ə'skæns] *adv* ukosem, na ukos; w bok; *to look ~* spoglądać podejrzliwie

a·skew [ə'skju:] *adv* krzywo

a·slant [ə'slɑ:nt] *adv* skośnie, na ukos

a·sleep [ə'sli:p] *adj praed i adv* śpiący, pogrążony we śnie; (*o nogach*) zdrętwiały; *to be ~* spać; *to fall ~* zasnąć

as·par·a·gus [ə'spærəgəs] *s* szparag

as·pect ['æspekt] *s* aspekt; wygląd; widok; zapatrywanie; wzgląd; *gram.* strona; postać (*czasownika*)

as·pen ['æspən] *s bot.* osika

as·phalt ['æsfælt] *s* asfalt

as·pir·ant ['æspɪrənt] *s* aspirant, kandydat

as·pi·ra·tion [ˌæspə'reɪʃn] *s* aspiracja, dążenie (*after, for sth* do czegoś)

as·pi·rin ['æsprɪn] *s* aspiryna

ass 1. [æs] *s* osioł; *to make an ~ of oneself* robić z siebie durnia

ass 2. [æs] *s am. wulg.* dupa, zadek; (*także asshole*) odbyt; głupek

as·sail [ə'seɪl] *vt* napadać, atakować

as·sail·ant [ə'seɪlənt] *s* napastnik

as·sas·sin [ə'sæsɪn] *s* morderca, skrytobójca

as·sas·si·nate [ə'sæsɪneɪt] *vt* mordować (skrytobójczo)

as·sault [ə'sɔ:lt] *s* napad, atak; pobicie; *~ and battery* napad z pobiciem; *vt* napaść (nagle), zaatakować; pobić

as·say [ə'seɪ] *s* badanie, próba (*np. metali*); *vt* badać, robić próbę

as·sem·ble [ə'sembl] *vt* gromadzić, zbierać; składać, montować; *vi* gromadzić się, zbierać się

as·sem·bler [əˈsemblə] *s komp.* asembler

as·sem·bly [əˈsemblɪ] *s* zebranie, zgromadzenie; zbiórka; montaż

as·sent [əˈsent] *vi* zgadzać się, przyzwalać (**to sth** na coś); *s* zgoda, przyzwolenie

as·sert [əˈsɜːt] *vt* potwierdzać; bronić (*np. sprawy*); twierdzić; *vr* **~ oneself** bronić swych praw; żądać zbyt wiele; wywyższać się

as·ser·tion [əˈsɜːʃn] *s* twierdzenie (stanowcze); obrona (swych praw)

as·sess [əˈses] *vt* szacować, taksować; nakładać (*np. podatek*)

as·sess·ment [əˈsesmənt] *s* oszacowanie; opodatkowanie; podatek

as·ses·sor [əˈsesə] *s* asesor; urzędnik podatkowy

as·set [ˈæset] *s* wartość, zaleta, plus; zabezpieczenie; rzecz wartościowa; *pl* **~s** aktywa; własność

as·sid·u·ous [əˈsɪdjuəs] *adj* wytrwały, pilny, pieczołowity

as·sign [əˈsaɪn] *vt* wyznaczać; ustalać, określać; przydzielać; przypisywać

as·sig·na·tion [ˌæsɪɡˈneɪʃn] *s* wyznaczenie; ustalenie; przydział, asygnacja

as·sim·i·late [əˈsɪmɪleɪt] *vt vi* asymilować (się), upodabniać (się)

as·sist [əˈsɪst] *vt* asystować; pomagać; *vi* być obecnym

as·sist·ance [əˈsɪstəns] *s* asysta; pomoc, poparcie; obecność

as·sist·ant [əˈsɪstənt] *s* pomocnik, asystent; **~ manager** wicedyrektor; **shop ~** ekspedient; *adj* pomocniczy

as·so·ci·ate [əˈsəʊʃɪeɪt] *vt* łączyć, wiązać, kojarzyć; *vi* obcować, współdziałać, łączyć się; *s* [əˈsəʊʃɪət] towarzysz, współuczestnik; *adj* związany; dołączony

as·so·ci·a·tion [əˌsəʊʃɪˈeɪʃn] *s*

stowarzyszenie, zrzeszenie; skojarzenie; obcowanie; związek; *sport* **~ football** *sport* piłka nożna (*w odróżnieniu od rugby i futbolu amerykańskiego*)

as·sort·ment [əˈsɔːtmənt] *s* asortyment, dobór

as·sume [əˈsjuːm] *vt* przyjmować; brać na siebie; obejmować (*np. urząd*); przybierać; przypuszczać, zakładać; udawać

as·sump·tion [əˈsʌmpʃn] *s* przyjęcie; objęcie; przypuszczenie, założenie; udawanie; zarozumialstwo; *rel.* **Assumption** Wniebowzięcie

as·sur·ance [əˈʃʊərəns] *s* zapewnienie; pewność (siebie); *bryt.* ubezpieczenie

as·sure [əˈʃʊə] *vt* zapewniać; *bryt.* ubezpieczać; **to rest ~d** być spokojnym

as·ter·isk [ˈæstərɪsk] *s druk.* gwiazdka, odsyłacz

a·stern [əˈstɜːn] *adv* w tyle okrętu

asth·ma [ˈæsmə] *s* astma

a·ston·ish [əˈstɒnɪʃ] *vt* zdziwić, zdumieć

a·stound [əˈstaʊnd] *vt* zdumiewać

as·tra·khan [ˌæstrəˈkæn] *s* karakuł

a·stray [əˈstreɪ] *adj praed adv dosł. i przen.* zabłąkany; **to go ~** zabłąkać się; **to lead ~** wywieść na manowce

as·trol·o·gy [əˈstrɒlədʒɪ] *s* astrologia

as·tro·naut [ˈæstrənɔːt] *s* astronauta

as·tron·o·my [əˈstrɒnəmɪ] *s* astronomia

as·tute [əˈstjuːt] *adj* chytry; bystry

a·sun·der [əˈsʌndə] *adv* oddzielnie; w kawałkach; na kawałki; w różne strony

a·sy·lum [əˈsaɪləm] *s* azyl; przytułek

at [æt, ət] *praep* na oznaczenie

miejsca: przy, u, na, w; **at school** w szkole; **at sea** na morzu; **at the Rhetts'** u państwa Rhett; **at my mother's** u mojej matki; *na oznaczenie czasu*: w, o, na; **at nine o'clock** o godzinie dziewiątej; *na oznaczenie sposobu, celu, stanu, ceny*: na, za, z, po, w; **at once** natychmiast; **at last** w końcu; nareszcie; **at least** przynajmniej

ate *zob.* **eat**

atel·ier [ə'teljeɪ] *s* atelier

a·the·ism ['eɪθɪɪzm] *s* ateizm

a·the·ist ['eɪθɪɪst] *s* ateista

a·the·is·tic [,eɪθɪ'ɪstɪk] *adj* ateistyczny

ath·lete ['æθliːt] *s* sportowiec

ath·let·ic [æθ'letɪk] *adj* sportowy; wysportowany; mocny, silny

ath·let·ics [æθ'letɪks] *s* sport; lekkoatletyka

At·lan·tic [ət'læntɪk] *adj* atlantycki; *s* Atlantyk

at·las ['ætləs] *s* atlas; **road ~** atlas drogowy

at·mos·phere ['ætmə,sfɪə] *s* fiz. i *przen.* atmosfera

at·mos·pher·ic [,ætməs'ferɪk] *adj* atmosferyczny

at·om ['ætəm] *s* atom; *przen.* odrobina

a·tom·ic [ə'tɒmɪk] *adj* atomowy

a·tom·iz·er ['ætəmaɪzə] *s* rozpylacz (kosmetyczny)

a·tone [ə'təʊn] *vi* odpokutować; rekompensować (**for sth** coś), zadośćuczynić

a·tro·cious [ə'trəʊʃəs] *adj* okrutny; okropny

a·troc·i·ty [ə'trɒsətɪ] *s* okrucieństwo; okropność

at·tach [ə'tætʃ] *vt* przywiązać, przymocować; dołączać; *vi* być przywiązanym <dołączonym>

at·tach·ment [ə'tætʃmənt] *s* przywiązanie, więź (uczuciowa); dodatek, załącznik

at·tack [ə'tæk] *vt* atakować; *s* atak

at·tain [ə'teɪn] *vt vi* osiągnąć, zdobyć, dojść (**sth, to sth, at sth** do czegoś)

at·tain·ment [ə'teɪnmənt] *s* osiągnięcie; zdobycie; *pl* **~s** wiadomości, sprawność

at·tempt [ə'tempt] *vt* próbować, usiłować; *s* próba, usiłowanie

at·tend [ə'tend] *vt* towarzyszyć (**sb** komuś); uczęszczać (**school** do szkoły, **lectures** na wykłady); służyć pomocą (**sb** komuś); pielęgnować; leczyć; obsługiwać; być obecnym (**a meeting** na zebraniu); *vi* usługiwać (**on, upon, to sb** komuś), obsługiwać (**to sb, sth** kogoś, coś); uważać (**to sth** na coś), pilnować (**to sth** czegoś); przykładać się (**to sth** do czegoś)

at·tend·ance [ə'tendəns] *s* uwaga; obsługa; pomoc, opieka; frekwencja

at·tend·ant [ə'tendənt] *adj* towarzyszący; *s* osoba obsługująca; pomocnik, asystent

at·ten·tion [ə'tenʃn] *s* uwaga; opieka; grzeczność; **to pay ~** zwracać uwagę (**to sth** na coś); **~!** baczność!; uwaga!

at·ten·tive [ə'tentɪv] *adj* uważny; troskliwy; uprzejmy

at·ten·u·ate [ə'tenjueɪt] *vt* łagodzić; pomniejszać, osłabiać

at·test [ə'test] *vt* stwierdzać, zaświadczać; zaprzysięgać; *vi* świadczyć (**to sth** o czymś)

at·tes·ta·tion [,æte'steɪʃn] *s* zaświadczenie; świadectwo; zaprzysiężenie

at·tic ['ætɪk] *s* poddasze, mansarda

at·tire [ə'taɪə] *vt* ubierać; zdobić; *s* ubiór, strój; ozdoba

at·ti·tude ['ætɪtjuːd] *s* postawa, stanowisko, stosunek

at·tor·ney [ə'tɜːnɪ] *s am.* obrońca, adwokat; rzecznik, pełnomocnik; **letter <power> of ~** pełnomocnictwo; **Attorney General** *am.*

prokurator generalny; minister sprawiedliwości

at·tract [ə'trækt] *vt* przyciągać, pociągać

at·trac·tion [ə'trækʃn] *s* atrakcja; pociąg; atrakcyjność; przyciąganie

at·tract·ive [ə'træktɪv] *adj* atrakcyjny, pociągający; przyciągający

at·trib·ute [ə'trɪbju:t] *vt* przypisywać; *s* ['ætrɪbju:t] atrybut, właściwość; *gram.* przydawka

at·tri·tion [ə'trɪʃn] *s* tarcie; zużycie, zdarcie; wyniszczenie

at·tune [ə'tju:n] *vt* stroić, dostroić; zharmonizować (**to sth** z czymś)

au·burn ['ɔːbən] *adj* kasztanowaty

auc·tion ['ɔːkʃn] *s* aukcja, licytacja; *vt* sprzedawać na licytacji

auc·tion·eer [,ɔːkʃə'nɪə] *s* licytator

au·da·cious [ɔː'deɪʃəs] *adj* śmiały, zuchwały

au·dac·i·ty [ɔː'dæsətɪ] *s* śmiałość, zuchwalstwo

au·di·ble ['ɔːdəbl] *adj* słyszalny

au·di·ence ['ɔːdɪəns] *s* publiczność, słuchacze; audiencja

au·dit 1. ['ɔːdɪt] *s handl.* kontrola bilansu; *vt* sprawdzać bilans

au·dit 2. ['ɔːdɪt] *vt uczestniczyć w zajęciach uniwersyteckich bez obowiązku zdawania egzaminów*

aug·ment [ɔːg'ment] *vt vi* powiększać (się)

aug·men·ta·tion [,ɔːgmen'teɪʃn] *s* powiększenie, wzrost

Au·gust ['ɔːgəst] *s* sierpień

au·gust [ɔː'gʌst] *adj* dostojny, majestatyczny

aunt [ɑːnt] *s* ciotka

aunt·ie ['ɑːntɪ] *s* ciocia

au pair (**girl**) [,əʊ'peə,gɜːl] *s dziewczyna ucząca się języka angielskiego w Anglii, pracująca jako pomoc domowa*

aus·pic·es ['ɔːspɪsɪz] *s pl* piecza, patronat; **under the ~ of** pod auspicjami

aus·pi·cious [ɔː'spɪʃəs] *adj* dobrze wróżący, pomyślny

aus·tere [ɔː'stɪə] *adj* surowy, srogi; prosty; szorstki

aus·ter·i·ty [ɔː'sterətɪ] *s* surowość, prostota; szorstkość

Aus·tra·li·an [ɒ'streɪlɪən] *adj* australijski; *s* Australijczyk

Aus·tri·an ['ɒstrɪən] *adj* austriacki; *s* Austriak

au·then·tic [ɔː'θentɪk] *adj* autentyczny

au·then·ti·cate [ɔː'θentɪkeɪt] *vt* poświadczać, nadawać ważność

au·then·ti·ci·ty [,ɔːθen'tɪsətɪ] *s* autentyczność

au·thor ['ɔːθə] *s* autor

au·thor·i·ty [ɔː'θɒrətɪ] *s* autorytet, władza; upoważnienie; wiarygodne świadectwo; źródło; *pl* **local authorities** władze miejscowe

au·thor·i·za·tion [,ɔːθəraɪ'zeɪʃn] *s* autoryzacja, upoważnienie

au·thor·ize ['ɔːθəraɪz] *vt* autoryzować, upoważniać

au·thor·ship ['ɔːθəʃɪp] *s* autorstwo

au·to ['ɔːtəʊ] *s am. pot.* auto, samochód

au·to·bi·og·ra·phy [,ɔːtəbaɪ'ɒgrəfɪ] *s* autobiografia

au·toc·ra·cy [ɔː'tɒkrəsɪ] *s* samowładztwo, autokracja

au·to·graph ['ɔːtəgrɑːf] *s* autograf

au·to·mat ['ɔːtəmæt] *s am.* bar samoobsługowy

au·to·mat·ic [,ɔːtə'mætɪk] *adj* automatyczny, mechaniczny

au·to·ma·tion [,ɔːtə'meɪʃn] *s* automatyzacja

au·tom·a·ton [ɔː'tɒmətən] *s* (*pl* **automata** [ɔː'tɒmətə]) automat

au·to·mo·bile ['ɔːtəməbiːl] *s am.* samochód

au·ton·o·mous [ɔː'tɒnəməs] *adj* autonomiczny

au·ton·o·my [ɔː'tɒnəmɪ] *s* autonomia

au·top·sy ['ɔ:tɒpsɪ] s autopsja, sekcja zwłok

au·tumn ['ɔ:təm] s jesień; adj attr jesienny

aux·il·ia·ry [ɔ:g'zɪlɪərɪ] adj pomocniczy; ~ **verb** gram. czasownik posiłkowy

a·vail [ə'veɪl] vt przynosić korzyść, pomagać; vi przedstawiać wartość, mieć znaczenie; vr ~ **one-self** korzystać (**of sth** z czegoś); s korzyść, pożytek; **of no** ~ bezużyteczny; **without** ~ bez korzyści, bez powodzenia

a·vail·a·ble [ə'veɪləbl] adj do wykorzystania, dostępny, osiągalny

av·a·lanche ['ævəlɑ:nʃ] s dosł. i przen. lawina

av·a·rice ['ævərɪs] s skąpstwo

av·a·ri·cious [,ævə'rɪʃəs] adj skąpy

a·venge [ə'vendʒ] vt pomścić

av·e·nue ['ævənju:] s aleja, szeroka ulica

av·er·age ['ævərɪdʒ] s mat. przeciętna; przeciętność; **on** (**an**) ~ przeciętnie; adj przeciętny; vt wynosić przeciętnie; znajdować przeciętną

a·verse [ə'vɜ:s] adj przeciwny; **to be** ~ **to sth** czuć niechęć <odrazę> do czegoś

a·ver·sion [ə'vɜ:ʃn] s odraza, niechęć

a·vert [ə'vɜ:t] vt odwrócić; zapobiec (**sth** czemuś)

a·vi·a·tion [,eɪvɪ'eɪʃn] s lotnictwo

a·vi·a·tor ['eɪvɪeɪtə] s lotnik

av·id ['ævɪd] adj chciwy (**for, of sth** czegoś)

av·o·ca·do [,ævə'kɑ:dəʊ] s awokado

a·void [ə'vɔɪd] vt unikać

a·void·ance [ə'vɔɪdəns] s unikanie, uchylanie się

av·oir·du·pois [,ævədə'pɔɪz] s angielski układ jednostek wagi

a·vow [ə'vaʊ] vt otwarcie przyznawać (się), wyznawać

a·vow·al [ə'vaʊəl] s przyznanie się

(**of sth** do czegoś), wyznanie (winy)

a·wait [ə'weɪt] vt oczekiwać, czekać

*a·wake 1. [ə'weɪk] vt (**awoke** [ə'wəʊk], **awoken** [ə'wəʊkn]) dosł. i przen. budzić; vi budzić się; uświadomić sobie (**to sth** coś)

a·wake 2. [ə'weɪk] adj praed czuwający, obudzony; świadomy (**to sth** czegoś)

a·wak·en [ə'weɪkən] = **awake 1.**

a·ward [ə'wɔ:d] vt przyznawać, przysądzać; s przyznana nagroda; wyrok (w wyniku arbitrażu)

a·ware [ə'weə] adj praed świadomy, poinformowany; **to be** ~ uświadamiać sobie (**of sth** coś)

a·way [ə'weɪ] adv hen, na uboczu; poza (domem); am. **right** ~ natychmiast; **far and** ~ o wiele, znacznie; **to make** <do> ~ pozbyć się (**with sth** czegoś); **two miles** ~ o dwie mile; ~ **with it!** precz z tym!

awe [ɔ:] s strach, trwoga; vt napawać trwogą

aw·ful ['ɔ:fl] adj straszny, okropny

a·while [ə'waɪl] adv krótko, chwilowo

awk·ward ['ɔ:kwəd] adj niezgrabny; niezdarny; zażenowany; niewygodny; przykry; kłopotliwy

awl [ɔ:l] s szydło

awn·ing ['ɔ:nɪŋ] s dach płócienny, markiza

a·woke zob. **awake 1.**

a·wry [ə'raɪ] adj praed przekręcony, przekrzywiony, opaczny; adv krzywo, na opak

ax, axe [æks] s siekiera

ax·i·om ['æksɪəm] s aksjomat

ax·is ['æksɪs] s (pl **axes** ['æksi:z]) mat. polit. oś

ax·le ['æksl] s oś (np. wozu)

ay, aye [aɪ] int tak!; s głos za; **the** ~**s have it** większość głosów jest za (wnioskiem)

az·ure ['æʒə] s lazur; adj błękitny, lazurowy

B

bab·ble ['bæbl] *vt vi* paplać, gadać; *s* paplanina, gadanie

babe [beɪb] *s* niemowlę

ba·boon [bə'bu:n] *s zool.* pawian

ba·by ['beɪbɪ] *s* niemowlę, osesek

ba·by·hood ['beɪbɪhʊd] *s* niemowlęctwo

ba·by·sit·ter ['beɪbɪˌsɪtə] *s osoba wynajmowana na kilka godzin do opieki nad dzieckiem*

bach·e·lor ['bætʃələ] *s* licencjat (*posiadacz niższego tytułu uniwersyteckiego w krajach anglosaskich*); kawaler, nieżonaty

ba·cil·lus [bə'sɪləs] *s* (*pl* **bacilli** [bə'sɪlaɪ]) bakcyl

back [bæk] *s* tył, odwrotna strona; plecy; grzbiet; *sport* obrońca; **at the ~** z tyłu; **to be on one's ~** chorować obłożnie; **to put one's ~ into sth** ciężko nad czymś pracować; *adj* tylny; zaległy; odwrotny; powrotny; *adv* w tyle, z tyłu; z powrotem; do tyłu; **to go ~ on one's word** cofnąć słowo, obietnicę; *pot.* **~ to the salt mines** z powrotem do roboty (*zw. po okresie wypoczynku*); *vt* popierać; cofać (*np. auto*); (*w grze*) stawiać (*sth* na coś); *fin.* indosować; **to ~ the wrong horse** postawić na niewłaściwego konia; **~ up** stawiać (*w grze*); popierać (*sb* kogoś); *vi* cofać się, iść do tyłu; **~ out** wycofać się, wykręcić się (*of sth* z czegoś)

back·bite ['bækbaɪt] *vt* oczerniać, obmawiać

back·bone ['bækbəʊn] *s* kręgosłup

back·door [ˌbæk'dɔː] *s* tylne drzwi; tajne wyjście; *adj attr* tajemniczy, skryty; zakulisowy

back·ground ['bækgraʊnd] *s* dalszy plan; tło (*także polityczne, społeczne*); pochodzenie, prze-

szłość; **against a ~ of...** na tle...

back·hand ['bækhænd] *s sport* (*w tenisie*) bekhend

back·ing ['bækɪŋ] *s* poparcie; podpora; *handl.* pokrycie (*w złocie*)

back·pay·ment ['bækpeɪmənt] *s* wypłata zaległości

back·slide [ˌbæk'slaɪd] *vi* sprzeniewierzyć się (*zasadzie*); zgrzeszyć (*ponownie*)

back·stage [ˌbæk'steɪdʒ] *adj adv* zakulisowy; za kulisami

back·stairs [ˌbæk'steəz] *s pl* tylne schody; tajne schody; *adj attr* skryty, podstępny

back·up ['bækʌp] *s* wsparcie; zaplecze

back·ward ['bækwəd] *adj* tylny, położony w tyle; zacofany; opieszały; **~(s)** *adv* w tył, ku tyłowi, z powrotem, wstecz

back·woods ['bækwʊdz] *s pl* dziewicze lasy, ostępy

ba·con ['beɪkən] *s* boczek, słonina, bekon

bac·te·ri·um [bæk'tɪərɪəm] *s* (*pl* **bacteria** [bæk'tɪərɪə]) bakteria; zarazek

bad [bæd] *adj* (*comp* **worse** [wɜːs], *sup* **worst** [wɜːst]) zły, w złym stanie; niezdrowy; bezwartościowy; przykry; lichy; dokuczliwy; (*o dziecku*) niegrzeczny; **a ~ headache** silny ból głowy; **a ~ need** gwałtowna potrzeba; **to be ~ at sth** nie umieć czegoś, nie orientować się w czymś; **to be taken ~** zachorować; **to go ~** zepsuć się; **~ language** język wulgarny

bade zob. **bid**

badge [bædʒ] *s* oznaka, odznaka; symbol

badg·er ['bædʒə] *s* borsuk

bad·ly ['bædlɪ] *adv* źle; bardzo; **to**

B

be ~ off być biednym; *to need ~* gwałtownie potrzebować

bad·min·ton ['bædmɪntən] s badminton, kometka

baf·fle ['bæfl] vt udaremniać, krzyżować (plany); łudzić; wprawiać w zakłopotanie

bag [bæg] s worek, torba (*papierowa itp.*); torebka (damska); vt włożyć do worka, zapakować; *pot.* buchnąć, zwędzić; vi wydymać się; (*o ubraniu*) wisieć jak worek; *pot.* **doggie ~** torebka na nie dokończony posiłek, który chce się zabrać do domu)

bag·ful ['bægful] s pełny worek (*czegoś*)

bag·gage ['bægɪdʒ] s am. bagaż; *~ room* przechowalnia bagażu

bag·pipes ['bægpaɪps] s pl muz. kobza, dudy

bail [beɪl] s kaucja, poręka; poręczyciel; zakładnik; *to go <stand> ~* ręczyć (*for sth* za coś); *on ~* za kaucją; vt *~ sb (out)* zwolnić za kaucją, uzyskać zwolnienie za kaucją

bail·iff ['beɪlɪf] s zarządca; am. funkcjonariusz sądowy podległy szeryfowi; bryt. komornik

bait [beɪt] s przynęta, pokusa; popas; vt nęcić; łapać na przynętę; drażnić, szczuć; karmić i poić (konie); vi popasać

bake [beɪk] vt vi piec (się)

ba·ker ['beɪkə] s piekarz; *~'s dozen* trzynaście; *to give a ~'s dozen* dać dodatkowo, dołożyć

bak·er·y ['beɪkərɪ] s piekarnia

bal·ance ['bæləns] s waga; równowaga; saldo; bilans; *~ of payments <accounts>* bilans płatniczy; *~ of trade* bilans handlowy; *to strike a ~* zestawić bilans; vt ważyć; równoważyć; bilansować, wyprowadzać saldo; vi zachowywać równowagę, balansować; ważyć się; wahać się

bal·co·ny ['bælkənɪ] s balkon; teatr. balkon, amfiteatr

bald [bɔːld] adj łysy; przen. jawny, jasny, prosty

bald·head ['bɔːldhed] s (człowiek) łysy

bald·ly ['bɔːldlɪ] adv prosto z mostu, otwarcie

bale 1. [beɪl] s bela (*sukna, papieru*)

bale 2. [beɪl] s nieszczęście, zguba

bale·ful ['beɪlfl] adj nieszczęsny, zgubny

balk [bɔːk] s belka; przeszkoda; niepowodzenie; vt zatrzymać; udaremnić, pominąć, zlekceważyć; vi (*o koniu*) opierać się (przed przeszkodą)

ball 1. [bɔːl] s piłka; kula, kulka; kłębek; pl *~s* wulg. jaja; bzdury; *~ of the eye* gałka oczna

ball 2. [bɔːl] s bal

bal·lad ['bæləd] s ballada

bal·last ['bæləst] s balast; równowaga psychiczna; vt obciążyć balastem; doprowadzać do równowagi

ball bear·ing [,bɔːl'beərɪŋ] s techn. łożysko kulkowe

bal·let ['bæleɪ] s balet

bal·loon [bə'luːn] s balon; vi nadymać się jak balon

bal·lot ['bælət] s kartka do głosowania; tajne głosowanie; vi tajnie głosować

bal·lot box ['bælətbɒks] s urna wyborcza

ball·point ['bɔːlpɔɪnt], **ball·point pen** [,bɔːlpɔɪnt'pen] s długopis

balm [bɑːm] s balsam; środek łagodzący; przen. pociecha

balm·y ['bɑːmɪ] adj balsamiczny; łagodzący

bal·us·trade [,bælə'streɪd] s balustrada

bam·boo [bæm'buː] s bambus

bam·boo·zle [bæm'buːzl] vt okpić; *pot.* nabrać

ban [bæn] vt publicznie zakazać, zabronić; rzucić klątwę; s klątwa; banicja; *the ~ of public opinion* pręgierz opinii publicznej; potępienie (przez opinię publiczną)

ba·nal [bə'nɑ:l] *adj* banalny

ba·nal·i·ty [bə'nælətɪ] *s* banał

ba·na·na [bə'nɑ:nə] *s* banan; **go ~s** *pot.* zbzikować, zwariować

band 1. [bænd] *s* wstążka, taśma; opaska; pasmo; *vt* obwiązywać (*wstążką, taśmą*)

band 2. [bænd] *s* grupa, gromada; banda; orkiestra; *vt vi* grupować (się), zrzeszać (się); **brass ~** orkiestra dęta

band·age ['bændɪdʒ] *s* bandaż; *vt* bandażować

ban·dan·na [bæn'dænə] *s* (kolorowa) chustka (*noszona na szyi bądź wokół głowy*)

ban·dit ['bændɪt] *s* bandyta

band·mas·ter ['bænd,mɑ:stə] *s muz.* kapelmistrz

bands·man ['bændzmən] *s* (*pl* **bandsmen** ['bændzmən]) muzyk

ban·dy 1. ['bændɪ] *vt* przerzucać, odrzucać; wymieniać (*słowa, ciosy*)

ban·dy 2. ['bændɪ] *adj* (*o nogach*) krzywy

bane [beɪn] *s* jad, trucizna; zguba

bang [bæŋ] *s* głośne uderzenie; trzask; huk; *vt* walić; trzasnąć, huknąć; *adv* gwałtownie; z hukiem; *pot.* w sam raz, właśnie; *int!* buch!; bęc!

ban·ish ['bænɪʃ] *vt* skazać na banicję, wygnać, wydalić, usunąć; pozbyć się (strachu)

ban·ish·ment ['bænɪʃmənt] *s* wygnanie, banicja

ban·jo ['bændʒəʊ] *s muz.* banjo

bank 1. [bæŋk] *s* wał, nasyp; brzeg; ławica piaszczysta; zaspa śnieżna

bank 2. [bæŋk] *s* bank; *adj attr* bankowy; *vt* składać w banku; *vi* trzymać pieniądze w banku

bank·er ['bæŋkə] *s* bankier

bank hol·i·day [,bæŋk'hɒlədɪ] *s bryt.* dzień wolny (*jeden z czte-*

rech dni w roku dodatkowo wolnych od pracy poza niedzielami i świętami)

bank·ing ['bæŋkɪŋ] *s* bankowość

bank·note ['bæŋknəʊt] *s* banknot

bank·rupt ['bæŋkrʌpt] *s* bankrut; *adj* zbankrutowany

bank·rupt·cy ['bæŋkrəptsɪ] *s* bankructwo

ban·ner ['bænə] *s* sztandar, chorągiew, transparent

banns [bænz] *s pl* zapowiedzi (przedślubne)

ban·quet ['bæŋkwɪt] *s* bankiet

ban·ter ['bæntə] *vt* drażnić, nabierać, żartować sobie (**sb** z kogoś); *vi* przekomarzać się; *s* żarty, przekomarzanie

bap·tis·m ['bæptɪzm] *s* chrzest

bap·tize [bæp'taɪz] *vt* chrzcić

bar [bɑ:] *s* belka, sztaba, pręt, listwa; bariera; rogatka; zapora; przeszkoda; rygiel, zasuwa; *muz.* takt; trybunał sądowy; ława oskarżonych; adwokatura, palestra; *am.* bufet z wyszynkiem, bar; *pl* **~s** krata; **~ code** kod paskowy (*umieszczany na towarach*); *vt* zagradzać, odgradzać, przeszkadzać, hamować; ryglować; wykluczać; *praep pot.* oprócz, z wyjątkiem

bar·ba·ri·an [bɑ:'beərɪən] *adj* barbarzyński; *s* barbarzyńca

bar·bar·i·ty [bɑ:'bærətɪ] *s* barbarzyństwo

bar·ba·rous ['bɑ:bərəs] *adj* barbarzyński

bar·be·cue ['bɑ:bɪkjuː] *s* rożen; przyjęcie towarzyskie (*zw. w ogrodzie, z daniami z rożna*)

barbed [bɑ:bd] *adj* (*o drucie*) kolczasty

bar·ber ['bɑ:bə] *s* fryzjer (męski)

bare [beə] *adj* goły, nagi, obnażony; otwarty, jasny; jedyny; pozbawiony (**of sth** czegoś); **to lay ~** odsłonić; *vt* obnażać, odsłaniać

bare·foot ['beəfut] *adj* bosy; *adv*
boso

bare·foot·ed [ˌbeə'futɪd] *adj*
bosy

bare·head·ed [ˌbeə'hedɪd] *adj* z
odkrytą <gołą> głową

bare·ly ['beəlɪ] *adv* ledwo, tylko

bar·gain ['bɑːɡɪn] *s* interes,
transakcja; okazyjne kupno; *into
the* ~ na dodatek; *to strike a* ~
ubić interes, dobić targu; *vi* robić
interesy; targować się; umawiać
się; spodziewać się (*for sth* czegoś)

barge [bɑːdʒ] *s* barka

bark 1. [bɑːk] *s* kora; *vt* odzierać z
kory

bark 2. [bɑːk] *vi* szczekać; *s* szcze-
kanie

bar·ley ['bɑːlɪ] *s* jęczmień; *hulled*
~ pęczak

bar·maid ['bɑːmeɪd] *s* bufetowa,
barmanka

bar·man ['bɑːmən] *s* (*pl barmen*
['bɑːmən]) bufetowy, barman

barn [bɑːn] *s* stodoła

ba·rom·e·ter [bə'rɒmɪtə] *s* barometr

bar·on ['bærən] *s* baron

bar·rack ['bærək] *s* (*zw. pl* ~**s**) ba-
rak(i), koszary

bar·rage ['bærɑːʒ] *s* zapora, grobla; *wojsk.* ogień zaporowy

bar·rel ['bærəl] *s* beczułka; rura;
lufa; *techn.* cylinder, walec

bar·ren ['bærən] *adj* jałowy, suchy; bezużyteczny

bar·ri·cade ['bærɪkeɪd] *s* barykada; *vt* ['bærə'keɪd] barykadować

bar·ri·er ['bærɪə] *s* bariera, zapora, przeszkoda

bar·ring ['bɑːrɪŋ] *praep* *pot.*
oprócz, wyjąwszy

bar·ris·ter ['bærɪstə] *s* adwokat

bar·row 1. ['bærəu] *s* taczka

bar·row 2. ['bærəu] *s* kopiec, kurhan

bar·ter ['bɑːtə] *s* handel wymienny; *vt vi* wymieniać towary, handlować

base 1. [beɪs] *s* baza, podstawa; *vt*
opierać, gruntować, bazować

base 2. [beɪs] *adj* podły; niski

base·ball ['beɪsbɔːl] *s sport* baseball

base·less ['beɪslɪs] *adj* bezpodstawny

base·ment ['beɪsmənt] *s* fundament; suterena

bash·ful ['bæʃfl] *adj* bojaźliwy,
wstydliwy, nieśmiały

ba·sic ['beɪsɪk] *adj* podstawowy,
zasadniczy; ~ *English* uproszczony język angielski

ba·sin ['beɪsn] *s* miska, miednica;
basen; rezerwuar

ba·sis ['beɪsɪs] *s* (*pl bases* ['beɪ-
siːz]) baza, podstawa; zasada;
podłoże

bask [bɑːsk] *vi* wygrzewać się (na
słońcu)

bas·ket ['bɑːskɪt] *s* kosz

bas·ket·ball ['bɑːskɪtbɔːl] *s* koszykówka

bass [beɪs] *s muz.* bas

bas·set ['bæsɪt] *s zool.* jamnik

bas·soon [bə'suːn] *s muz.* fagot

bas·tard ['bæstəd] *s* bastard, bękart; *pot.* drań, łobuz

bat 1. [bæt] *s zool.* nietoperz

bat 2. [bæt] *s* kij (*w krykiecie*)

batch [bætʃ] *s* wypiek (*chleba*);
partia, paczka, grupa

bath [bɑːθ] *s* (*pl* ~**s** [bɑːðz]) kąpiel
(*w łazience*); wanna; łazienka; *pl*
~**s** łaźnia

bathe [beɪð] *vt vi* kąpać (się); *s*
kąpiel (*morska, rzeczna*)

bath·room ['bɑːθrum] *s* łazienka

bath·tub ['bɑːθtʌb] *s* wanna

bat·on ['bætɒn] *s* batuta, pałeczka; buława

bat·ter ['bætə] *vi* gwałtownie stukać, walić (*at sth* w coś); *vt* druzgotać, tłuc

bat·te·ry ['bætrɪ] *s* bateria; akumulator; pobicie; uderzenie

bat·tle ['bætl] *s* bitwa; ~ *dress*
mundur polowy; *vi* walczyć

bat·tle·field ['bætlfi:ld] s pole bitwy

bat·tle·ship ['bætlʃɪp] s mors. wojsk. pancernik

bawl [bɔ:l] vi vt wykrzykiwać, wrzeszczeć; s wrzask

bay 1. [beɪ] s bot. wawrzyn, laur (także przen.)

bay 2. [beɪ] s zatoka

bay 3. [beɪ] s wnęka; wykusz

bay 4. [beɪ] s ujadanie; wycie; osaczenie; **to be <stand> at ~** być przypartym do muru <osaczonym>; **to bring to ~** zapędzić w kozi róg; przycisnąć (kogoś) do muru; **to keep at ~** trzymać w szachu; vi wyć, ujadać

bay 5. [beɪ] adj (o koniu) gniady

bay·o·net ['beɪənɪt] s wojsk. bagnet

ba·zaar [bə'zɑ:] s wschodni targ; bazar

*be [bi:], **am** [æm, əm], **is** [ɪz], **are** [ɑ:], **was** [wɒz], **were** [wɜ:], **been** [bi:n] v aux być; w połączeniu z pp tworzy stronę bierną: **it is done** to jest zrobione; w połączeniu z ppraes tworzy Continuous Form: **I am reading** czytam; w połączeniu z inf oznacza powinność: **I am to tell you** powinienem <mam> ci powiedzieć; w połączeniu z przysłówkiem **there** być, znajdować się: **there are people in the street** na ulicy są ludzie; w połączeniu z niektórymi przymiotnikami oznacza odpowiednią czynność: **to be late** spóźnić się; vi być, istnieć; pozostawać, trwać; mieć się, czuć się; kosztować; (o pogłosce) krążyć; (o chorobie) panować; **how are you?** jak się masz?; **I am better** czuję się lepiej; **how much is this?** ile to kosztuje?; **be about** być czynnym; być w ruchu; być zajętym; **be off** odchodzić, odjeżdżać; **be over** minąć

beach [bi:tʃ] s brzeg (płaski), plaża

bea·con ['bi:kən] s sygnał ogniowy <świetlny>; latarnia morska; boja; znak drogowy; sygnał radiowy

bead [bi:d] s paciorek, koralik; kropla (np. potu); pl **~s** różaniec

beak [bi:k] s dziób (ptaka)

beak·er ['bi:kə] s plastikowy kubek; chem. zlewka

beam 1. [bi:m] s promień; radosny uśmiech; techn. (radio) fala kierunkowa, zasięg; vi promieniować, świecić; radośnie się uśmiechać

beam 2. [bi:m] s belka

beam·ing ['bi:mɪŋ] adj promienny, lśniący; radosny

beam·y ['bi:mɪ] adj promienny; (o statku) masywny, szeroki

bean [bi:n] s (zw. pl **~s**) bot. fasola; **broad ~s** bot. bób

bear 1. [beə] s niedźwiedź

*bear 2. [beə] vt (**bore** [bɔ:], **borne** [bɔ:n]) nosić; znosić; (zw. pp **born** [bɔ:n]) rodzić; unieść, utrzymać (ciężar); przynosić, dawać (owoce, procent); być opatrzonym (podpisem, pieczątką); **to be born** urodzić się; vi ciążyć, uciskać; mieć znaczenie; odnosić się (**on sth** do czegoś); **~ down** przezwyciężyć, pokonać; **~ out** potwierdzać; **~ through** przeprowadzić; **~ up** podpierać; wytrzymać; trzymać się; **~ with** znosić cierpliwie, godzić się (z czymś); **to ~ company** dotrzymywać towarzystwa; **to ~ resemblance** wykazywać podobieństwo; **to ~ witness** świadczyć; **to ~ in mind** mieć na myśli; **to bring sth to ~ on** użyć <zastosować> coś; vr **~ oneself** zachowywać się

bear·able ['beərəbl] adj znośny

beard [bɪəd] s broda; zarost

bear·er ['beərə] s posiadacz (np. paszportu); okaziciel (np. czeku)

bear·ing ['beərɪŋ] s wytrzymałość; postawa, zachowanie, postępowanie; aspekt (sprawy);

kierunek; godło; *techn.* łożysko; *pl* ~**s** położenie geograficzne; szerokość geograficzna

beast [bi:st] *s* zwierzę, bydlę, bestia

beast·ly ['bi:stlɪ] *adj* zwierzęcy; brutalny; wstrętny; *adv* brutalnie; *pot.* wściekle

***beat** [bi:t] *vt* (**beat** [bi:t], **beaten** ['bi:tn]) bić, uderzać, stukać; tłuc; kuć, obrabiać (*metal*); pobić (*wroga, rekord*); wybijać (*takt*); *vi* (*o sercu, wietrze*) walić, łomotać, tłuc się; (*o pulsie*) bić; (*o burzy*) szaleć; walić (**at sth** w coś); ~ **away** odpędzić; ~ **back** odbić; odeprzeć (*atak*); ~ **down** złożyć (zboże); (*o słońcu*) prażyć; ~ **off** odbić; odpędzić; ~ **out** wybić, wyrąbać, wymłócić, wydeptać; ~ **up** ubić; **to** ~ **a** <**the**> **retreat** trąbić na odwrót; **to** ~ **the streets** chodzić po ulicach; **to** ~ **about the bush** *pot.* owijać (słowa) w bawełnę; *s* uderzenie, bicie; chód (*zegara*); obchód, rewir (*policjanta*); *muz.* takt, wybijanie taktu

beat·en ['bi:tn] *zob.* **beat**; *adj* wybity; wymęczony; zużyty; oklepany, powszechnie znany; *techn.* obrobiony; (*o szlaku*) utarty

be·at·i·fy [bɪ'ætɪfaɪ] *vt rel.* beatyfikować

beat·ing ['bi:tɪŋ] *s* bicie; *pot.* lanie

beau·ti·ful ['bju:təfl] *adj* piękny

beau·ti·fy ['bju:təfaɪ] *vt* upiększyć

beau·ty ['bju:tɪ] *s* piękność; piękno; ~ **parlour** salon piękności <kosmetyczny>

bea·ver ['bi:və] *s zool.* bóbr

be·came *zob.* **become**

be·cause [bɪ'kɒz] *conj* ponieważ; *praep* ~ **of** z powodu

beck·on ['bekən] *vt vi* skinąć (**sb, to sb** na kogoś); wabić, nęcić; *s* skinienie

***be·come** [bɪ'kʌm] *vi* (**became** [bɪ'keɪm], **become** [bɪ'kʌm])

zostać (*czymś*), stać się; **what has** ~ **of him?** co się z nim stało?; *vt* wypadać, licować; być do twarzy, pasować; **it does not** ~ **you to do this** nie wypada ci tego robić

be·com·ing [bɪ'kʌmɪŋ] *zob.* **become**; *adj* stosowny, właściwy, twarzowy (*np. strój*)

bed [bed] *s* łóżko; grzęda; warstwa; *techn.* łożysko; **to make the** ~ posłać łóżko; ~ **and board** mieszkanie i wyżywienie; ~ **and breakfast** nocleg i śniadanie; *vt* kłaść do łóżka; układać, składać; osadzać

bed·clothes ['bedkləʊðz] *s pl* pościel

bed·lam ['bedləm] *s* wrzawa, zamieszanie; *pot.* dom wariatów

bed·rid·den ['bed,rɪdn] *adj* złożony chorobą

bed·room ['bedrʊm] *s* sypialnia

bed·side ['bedsaɪd] *s w zwrocie:* **at sb's** ~ przy łóżku chorego

bed·spread ['bedspred] *s* kapa (na łóżko)

bed·stead ['bedsted] *s* łóżko (*bez materaca i pościeli*)

bed·time ['bedtaɪm] *s* pora snu

bee [bi:] *s zool.* pszczoła; *przen.* **to have a** ~ **in one's bonnet** mieć bzika

beech [bi:tʃ] *s bot.* buk

beef [bi:f] *s* wołowina

beef·eat·er ['bi:f,i:tə] *s* strażnik zamku londyńskiego

beef·steak ['bi:fsteɪk] *s* befsztyk

beef tea [,bi:f'ti:] *s* bulion wołowy

bee·hive ['bi:haɪv] *s* ul

been *zob.* **be**

beer [bɪə] *s* piwo

beet [bi:t] *s zool.* burak

beet·le ['bi:tl] *s zool.* chrząszcz, żuk

beet·root ['bi:tru:t] *s bot.* burak ćwikłowy

***be·fall** [bɪ'fɔ:l] *vt vi* (*formy zob.*

fall) wydarzyć się, zdarzyć się (*sb* komuś)

be·fit [bɪˈfɪt] *vt* pasować, być odpowiednim

be·fore [bɪˈfɔː] *praep* przed; ~ *long* wkrótce; ~ *now* już przedtem; *adv* z przodu; przedtem, dawniej; *conj* zanim

be·fore·hand [bɪˈfɔːhænd] *adv* z góry, naprzód; *to be ~ with sb* wyprzedzać kogoś; *to be ~ with sth* załatwić coś przed terminem

beg [beg] *vt vi* prosić (*sth of* <*from*> *sb* kogoś o coś); żebrać; *to ~ leave* (*to do sth*) prosić o pozwolenie (zrobienia czegoś); *I ~ your pardon* przepraszam (nie dosłyszałem); *I ~ to inform you* pozwalam sobie pana poinformować

be·gan *zob.* **begin**

be·get [bɪˈget] *vt* (*begot* [bɪˈgɒt], *begotten* [bɪˈgɒtn]) płodzić, tworzyć

beg·gar [ˈbegə] *s* żebrak; *lucky ~ pot.* szczęściarz

beg·gar·ly [ˈbegəlɪ] *adj* żebraczy, dziadowski

be·gin [bɪˈgɪn] *vt vi* (*began* [bɪˈgæn], *begun* [bɪˈgʌn]) zaczynać (się); *to ~ with* na początek, przede wszystkim

be·gin·ner [bɪˈgɪnə] *s* początkujący, nowicjusz

be·gin·ning [bɪˈgɪnɪŋ] *s* początek

be·gone [bɪˈgɒn] *int poet.* precz!, wynoś się!

be·got, be·got·ten *zob.* **beget**

be·grudge [bɪˈgrʌdʒ] *vt* zazdrościć; skąpić (*sb sth* komuś czegoś)

be·guile [bɪˈgaɪl] *vt* oszukiwać, mamić; skracać <przyjemnie spędzać> czas; zabawiać (*kogoś*)

be·gun *zob.* **begin**

be·half [bɪˈhɑːf] *s* korzyść, sprawa; *on* <*in*> *sb's ~* na czyjąś korzyść, w czyjejś sprawie; *on ~ of sb* w czyimś imieniu

be·have [bɪˈheɪv] *vi* zachowywać (się), postępować (*towards sb* w stosunku do kogoś); dobrze się zachowywać; *vr ~ oneself* dobrze się zachowywać

be·hav·iour [bɪˈheɪvjə] *s* zachowanie, postępowanie

be·head [bɪˈhed] *vt* ściąć głowę (*sb* komuś)

be·held *zob.* **behold**

be·hind [bɪˈhaɪnd] *praep* za, poza; ~ *schedule* z opóźnieniem; ~ *the times* zacofany, przestarzały; *adv* z tyłu, do tyłu, wstecz; *to be ~* zalegać, być opóźnionym; *to leave ~* zostawić za sobą

be·hind·hand [bɪˈhaɪndhænd] *adv* w tyle, z opóźnieniem; *adj* opóźniony, zaległy

be·hold [bɪˈhəʊld] (*beheld, beheld* [bɪˈheld]) *vt lit.* spostrzegać, oglądać

be·hold·er [bɪˈhəʊldə] *s* widz

be·hove [bɪˈhəʊv], *am.* **be·hoove** [bɪˈhuːv] *vt imp* wypadać, być właściwym, koniecznym; *it ~s you* (*to do sth*) wypada ci (coś zrobić); trzeba (abyś coś zrobił)

beige [beɪʒ] *s* beż; *adj* beżowy

be·ing [ˈbiːɪŋ] *s* istnienie, istota; *human ~* istota ludzka; *for the time ~* chwilowo, na razie

be·lat·ed [bɪˈleɪtɪd] *adj* opóźniony

belch [beltʃ] *vt* wypluwać, gwałtownie wyrzucać; *vi* czkać; *pot.* bekać

Bel·gian [ˈbeldʒən] *adj* belgijski; *s* Belg

be·lief [bɪˈliːf] *s* wiara; przekonanie, zdanie (*na jakiś temat*)

be·lieve [bɪˈliːv] *vt vi* wierzyć (*sb* komuś, *sth* czemuś, *in sth* w coś); myśleć, sądzić; *to make ~* udawać; pozorować

be·lit·tle [bɪˈlɪtl] *vt* pomniejszać

bell [bel] *s* dzwon, dzwonek; *pot. to ring the ~* zadzwonić; *pot. to ring a ~* przypominać (*komuś*), kojarzyć się (*komuś*), majaczyć w pamięci

belles let·tres [,bel 'letrə] *s* beletrystyka

bel·li·cose ['belıkəus] *adj* wojowniczy

bel·lig·er·ent [bə'lıdʒərənt] *adj* prowadzący wojnę; *s* państwo prowadzące <strona prowadząca> wojnę

bel·low ['beləu] *vi* ryczeć

bel·ly ['belı] *s* brzuch

be·long [bı'lɒŋ] *vi* należeć; tyczyć się; być rodem, pochodzić (*to a place* z danej miejscowości)

be·long·ings [bı'lɒŋıŋz] *s pl* rzeczy osobiste; dobytek, własność

be·lov·ed [bı'lʌvıd] *adj* umiłowany, ukochany

be·low [bı'ləu] *praep* pod; *adv* niżej, poniżej

belt [belt] *s* pasek; pas (bezpieczeństwa); strefa; *vt* opasać, przymocować pasem

be·moan [bı'məun] *vt* opłakiwać

bench [bentʃ] *s* ława, ławka; sąd, trybunał

*bend [bend] *vt vi* (**bent, bent** [bent]) zginać (się), uginać (się), pochylać (się), skręcać; *s* zgięcie; kolanko; zagłębienie; zakręt (*drogi*)

be·neath [bı'ni:θ] *praep* pod, poniżej; *adv* niżej, w dole, na dół

ben·e·dic·tion [,benı'dıkʃn] *s* błogosławieństwo

ben·e·fac·tor ['benıfæktə] *s* dobroczyńca

be·nef·i·cent [bı'nefısnt] *adj* dobroczynny

ben·e·fi·cial [,benı'fıʃl] *adj* pożyteczny, korzystny

ben·e·fit ['benıfıt] *s* dobrodziejstwo; korzyść; zasiłek (dla bezrobotnych *itp.*); *vt* przynosić korzyść, pomagać; *vi* ciągnąć korzyść, korzystać (**by** <**from**> **sth** z czegoś)

be·nev·o·lence [bı'nevələns] *s* życzliwość, dobroczynność

be·nev·o·lent [bı'nevələnt] *adj* życzliwy, dobroczynny

bent 1. *zob.* **bend**

bent 2. [bent] *s* wygięcie, nagięcie; skłonność, zamiłowanie (**for sth** do czegoś); napięcie łuku; wielki wysiłek; *adj* zgięty, wygięty; skłonny, zdecydowany (**on sth** na coś)

be·numb [bı'nʌm] *vt* spowodować odrętwienie; oszołomić; sparaliżować; **~ed by cold** zdrętwiały z zimna

ben·zene ['benzi:n] *s chem.* benzen

ben·zine ['benzi:n] *s chem.* benzyna

be·queath [bı'kwi:ð] *vt* zapisać w testamencie, przekazać

be·quest [bı'kwest] *s* zapis (w testamencie); spuścizna

be·reave [bı'ri:v] *vt* pozbawić (**of sth** czegoś); osierocić, osamotnić

be·reft [bı'reft] *adj* pozbawiony (**of sth** czegoś)

be·ret ['bereı] *s* beret

ber·ry ['berı] *s bot.* jagoda

berth [bɜ:θ] *s* łóżko (*w wagonie*), koja (*na statku*); miejsce zakotwiczenia (*statku*); *przen.* **to give sb a wide ~** trzymać się z dala od kogoś

*be·seech [bı'si:tʃ] *vt* (**besought, besought** [bı'sɔːt] *lub* **beseeched, beseeched**) błagać, zaklinać

*be·set [bı'set] *vt* (**beset, beset** [bı'set]) oblegać, otoczyć, osaczyć; napastować

be·set·ting [bı'setıŋ] *zob.* **beset**; *adj* dręczący; nałogowy

be·side [bı'saıd] *praep* obok, poza, oprócz; w porównaniu z

be·sides [bı'saıdz] *adv* oprócz tego, poza tym; *praep* oprócz, poza

be·siege [bı'si:dʒ] *vt* oblegać; nagabywać

be·smear [bı'smıə] *vt* zasmarować, zapaprać

be·sought *zob.* **beseech**

***be·speak** [bɪ'spiːk] *vt (formy zob.* **speak**) świadczyć (**sth** o czymś)

be·spoke [bɪ'spəʊk] *zob.* **bespeak**; *adj* zrobiony <robiący> na zamówienie

best [best] *adj (sup od* **good**) najlepszy; ~ **man** drużba; *adv (sup od* **well**) najlepiej; *s* najlepsza rzecz; to, co najlepsze; **to make the ~ of sth** wyciągać z czegoś wszelkie możliwe korzyści; **at ~** w najlepszym razie; **to do the one can, to do one's ~** zrobić, co tylko można; **to the ~ of my power** <**my ability**> najlepiej jak mogę <jak potrafię>

bes·ti·al ['bestɪəl] *adj* zwierzęcy

be·stir [bɪ'stɜː] *vt* ruszać, wprawiać w ruch; *vr* ~ **oneself** zwijać się, krzątać się

be·stow [bɪ'stəʊ] *vt* nadać; użyczyć; okazać (**sth upon sb** komuś coś)

best-sel·ler [ˌbest'selə] *s* bestseller

***bet** [bet] *vt* (**bet, bet** [bet]) zakładać się; **I ~ you a pound** zakładam się z tobą o funta; *vi* stawiać (**on, upon sth** na coś); *s* zakład; **to make** <**hold**> **a ~** zakładać się; **you ~!** no chyba!

be·to·ken [bɪ'təʊkən] *vt* oznaczać, zapowiadać, wskazywać

be·tray [bɪ'treɪ] *vt* zdradzać; oszukiwać; ujawniać

be·tray·al [bɪ'treɪəl] *s* zdrada

be·troth [bɪ'trəʊð] *vt* zaręczyć; *zw. w stronie biernej:* **to be ~ed** być zaręczonym (**to sb** z kimś)

be·troth·al [bɪ'trəʊðəl] *s* zaręczyny

bet·ter ['betə] *adj (comp od* **good**) lepszy; (*comp od* **well**) zdrowszy, będący w lepszym stanie; *adv (comp od* **well**) lepiej; **to be ~** czuć się lepiej, być zdrowszym; **to be ~ off** być w lepszej sytuacji materialnej; ~ **and ~**

coraz lepiej; **all the ~** tym lepiej; **you had ~ go** lepiej byś poszedł sobie; *s* lepsza rzecz, korzyść; przewaga; **for the ~** na lepsze; **to get the ~ of sb** wziąć górę nad kimś; **his ~** lepszy <mądrzejszy, mocniejszy *itp.*> od niego; *vt* poprawić, ulepszać

be·tween [bɪ'twiːn] *praep* między; *adv* pośrodku, w środek

bev·el ['bevl] *s* skos, kant; *adj* skośny; *vt* ścinać skośnie

bev·er·age ['bevrɪdʒ] *s* napój

bev·y ['bevɪ] *s* stado (*ptaków*); gromada, grono (*osób*)

be·wail [bɪ'weɪl] *vt* opłakiwać

be·ware [bɪ'weə] *vi (tylko w inf i imp)* strzec się, mieć się na baczności (**of sth** przed czymś)

be·wil·der [bɪ'wɪldə] *vt* wprawić w zakłopotanie, zmieszać, zbić z tropu

be·witch [bɪ'wɪtʃ] *vt* zaczarować

be·yond [bɪ'jɒnd] *praep* za, poza, po tamtej stronie; nad, ponad; ~ **measure** nad miarę; ~ **belief** nie do uwierzenia; ~ **hope** bez nadziei, beznadziejny; *adv* dalej, hen, tam daleko

bi·as ['baɪəs] *s* ukos; skłonność, zamiłowanie; pochylenie; uprzedzenie; *vt* ściąć ukośnie; skłonić, nachylić; wywierać ujemny wpływ; uprzedzić, źle usposobić

Bi·ble ['baɪbl] *s* Biblia

bib·li·cal ['bɪblɪkl] *adj* biblijny

bib·li·og·ra·phy [ˌbɪblɪ'ɒɡrəfɪ] *s* bibliografia

bick·er ['bɪkə] *vi* sprzeczać się (**about sth** o coś)

bi·cy·cle ['baɪsəkl] *s* rower; **folding ~** (*rower*) składak; *vi* jeździć rowerem

***bid** [bɪd] *vt* (**bade** [bæd], **bidden** ['bɪdn] *lub* **bid, bid** [bɪd]) kazać; wzywać; proponować; życzyć; licytować; podać cenę; **he bade me come** kazał mi przyjść; **to ~ sb goodbye** żegnać się z kimś; **to ~ welcome** witać; **to ~ joy** życzyć szczęścia; *vi* oferować cenę (na licytacji); **~ up** podbić cenę; zapowiadać; **to ~ fair** dobrze się zapowiadać, zanosić; *s* oferta, cena oferowana na licytacji; (*w kartach*) zapowiedź; licytacja; **no ~** (*w kartach*) pas; **to make a ~** zabiegać (**for sth** o coś)

bid·der ['bɪdə] *s* podający cenę na licytacji; **the highest ~** oferujący najwyższą cenę

bid·ding ['bɪdɪŋ] *zob.* **bid**; *s* rozkaz; zaproszenie; licytacja (*w kartach*)

bi·det ['biːdeɪ] *s* **bidet**

bier [bɪə] *s* mary, karawan

big [bɪg] *adj* duży, gruby, obszerny; ważny; **~ with consequences** brzemienny w następstwa <w skutki>

big·a·my ['bɪgəmɪ] *s* bigamia

bike [baɪk] *s pot.* rower

bi·ki·ni [bɪ'kiːnɪ] *s* bikini, (damski) kostium kąpielowy (*dwuczęściowy*)

bi·lat·er·al [ˌbaɪ'lætrəl] *adj* dwustronny

bile [baɪl] *s* żółć; *przen.* gorycz; zgryźliwość

bil·ious ['bɪlɪəs] *adj* żółciowy; zgryźliwy

bill 1. [bɪl] *s* dziób

bill 2. [bɪl] *s* projekt ustawy; rachunek; poświadczenie, kwit; afisz; program; *am.* banknot; (*także* **~ of exchange**) trata, weksel; lista; deklaracja; **~ of fare** jadłospis; *vt* rozklejać afisze; ogłaszać

bil·let ['bɪlɪt] *s* kwatera; nakaz kwaterunkowy; *vt* zakwaterować

bil·liards ['bɪljədz] *s pl* bilard

bil·lion ['bɪljən] *s bryt.* bilion; *am.* miliard

bil·low ['bɪləʊ] *s lit.* duża fala, bałwan; *vi* falować; (*o falach*) piętrzyć się

bi·month·ly [ˌbaɪ'mʌnθlɪ] *adj* dwumiesięczny; dwutygodniowy; *adv* co dwa miesiące; co dwa tygodnie; *s* dwumiesięcznik; dwutygodnik

bin [bɪn] *s* skrzynia, paka, kosz (na śmiecie)

bi·na·ry ['baɪnərɪ] *adj mat.* binarny, dwójkowy

*bind [baɪnd] *vt* (**bound, bound** [baʊnd]) wiązać, przywiązywać; oprawiać (*książki*); (*zw.* **~ up**) bandażować; (*zw.* **~ over**) zobowiązać do stawiennictwa w sądzie; **to be bound to...** być zmuszonym do...; *vi* (*o cemencie*) wiązać się; (*o śniegu*) lepić się; *vr* **~ oneself** zobowiązać się

bind·er ['baɪndə] *s* wiązanie, opaska; snopowiązałka

bind·ing ['baɪndɪŋ] *s* wiązanie; opatrunek; oprawa (*książki*)

bi·noc·u·lars [ˌbaɪ'nɒkjʊləz] *s pl* lornetka

bi·og·ra·phy [baɪ'ɒɡrəfɪ] *s* biografia

bi·ol·o·gy [baɪ'ɒlədʒɪ] *s* biologia

bi·ped ['baɪped] *s* dwunożne stworzenie

birch [bɜːtʃ] *s bot.* brzoza

bird [bɜːd] *s* ptak; **~'s-eye view** widok z lotu ptaka

birth [bɜːθ] *s* urodzenie, narodziny, rozwiązanie; pochodzenie; **to give ~** urodzić, stworzyć; **by ~** z urodzenia, z pochodzenia

birth-con·trol ['bɜːθkən,trəʊl] *s* regulacja <kontrola> urodzeń

birth·day ['bɜːθdeɪ] *s* narodziny, urodziny; rocznica urodzin

birth rate ['bɜːθreɪt] *s* liczba urodzeń, przyrost naturalny

bis·cuit ['bɪskɪt] *s* herbatnik, biskwit

bish·op ['bɪʃəp] *s* biskup; laufer, goniec (*w szachach*)

bit 1. *zob.* **bite**

bit 2. [bɪt] *s* kąsek; kawałek; odrobina; *komp.* bit; **a ~** nieco, trochę; **~ by ~** po trochu, stopniowo; **a good ~** sporo; **not a ~** ani trochę; **a ~ at a time** stopniowo

bit 3. [bɪt] s wędzidło; ostrze (*narzędzia*)
bitch [bɪtʃ] s suka; **son of a ~** *wulg.* skurwysyn, sukinsyn
*bite [baɪt] *vt vi* (*bit* [bɪt], *bitten* ['bɪtn]) gryźć, kąsać, dziobać; szczypać; docinać; (*o bólu*) piec; *s* ukąszenie; kęs; *pot.* zakąska
bit·ter ['bɪtə] *adj* gorzki; zawzięty; (*o mrozie*) przenikliwy
bi·tu·men ['bɪtʃumən] *s chem.* bitum
bi·week·ly [ˌbaɪ'wiːklɪ] *adj* dwutygodniowy; *s* dwutygodnik
bi·zarre [bɪ'zaː] *adj* dziwaczny
blab [blæb] *vi vi* paplać, gadać
black [blæk] *adj* czarny; ponury; czarnoskóry; **a ~ eye** podbite oko; *s* czerń; czarny kolor; *przen.* czarnoskóry (*Murzyn*), ciemnoskóry; *vt* czernić; **~ out** zaciemnić; zamazać
black·ber·ry ['blækbərɪ] *s bot.* jeżyna
black·board ['blækbɔːd] *s* tablica (szkolna)
black·en ['blækən] *vt* czernić; oczerniać; *vi* czernieć
black·guard ['blægaːd] *s* łajdak; *adj attr* łajdacki, podły
black·head ['blækhed] *s* wągier (*na skórze*)
black·ing ['blækɪŋ] *s* czarna pasta (*do butów*)
black·leg ['blækleg] *s* łamistrajk; *am.* szuler, oszust
black·mail ['blækmeɪl] *s* szantaż; *vt* szantażować
black·out ['blækaut] *s* zaciemnienie, zgaszenie świateł
black·smith ['blæksmɪθ] *s* kowal
blad·der ['blædə] *s* pęcherz
blade [bleɪd] *s* ostrze; miecz; liść; źdźbło; płaska część (*np. wiosła*)
blame [bleɪm] *vt* ganić, łajać; *s* nagana; wina
blame·less ['bleɪmləs] *adj* nienaganny
blanch [blaːntʃ] *vt* bielić; *vi* blednąć

bland [blænd] *adj* miły, łagodny; schlebiający
bland·ish ['blændɪʃ] *vt* schlebiać, pieścić
blank [blæŋk] *adj* pusty, nie zapisany; biały, blady; ślepy (*nabój*); biały (*wiersz*); (*o twarzy*) bez wyrazu, obojętny, bezmyślny; zaskoczony, zmieszany; *s* puste <nie zapisane> miejsce; pustka, próżnia
blank·et ['blæŋkɪt] *s* koc (wełniany); pokrycie
blare [bleə] *vt vi* huczeć, trąbić; wrzasnąć; *s* huk, trąbienie
blas·pheme [blæs'fiːm] *vt vi* bluźnić
blast [blaːst] *s* silny podmuch wiatru, prąd powietrza; zadęcie (*na trąbie*); wybuch; nagła choroba, zaraza; *vt* wysadzić w powietrze; zniszczyć, zgubić
blast fur·nace ['blaːstˌfɜːnɪs] *s* piec hutniczy
bla·tant ['bleɪtnt] *adj* krzykliwy; rażący
blaze 1. [bleɪz] *vi* płonąć; świecić; **~ up** buchnąć płomieniem; *s* płomień, błysk, wybuch; blask
blaze 2. [bleɪz] *vt* rozgłaszać
blaz·er ['bleɪzə] *s* marynarka sportowa
bleach [bliːtʃ] *vt* bielić, pozbawić koloru; ufarbować (*włosy*); *vi* bieleć
bleak [bliːk] *adj* ponury, smutny
bleat [bliːt] *vi vt* (*o owcy, kozie*) beczeć; *przen.* bąkać, mamrotać
*bleed [bliːd] *vi* (*bled, bled* [bled]) *dosł. i przen.* krwawić; *vt* puszczać krew
blem·ish ['blemɪʃ] *vt* splamić; zniekształcić; skazić; *s* plama, skaza, błąd
blend [blend] *vt vi* mieszać (się), łączyć (się), zlewać (się); *s* mieszanina, mieszanka
blend·er ['blendə] *vt* mikser
bless [bles] *vt* błogosławić
bless·ing ['blesɪŋ] *s* błogosła-

B

wieństwo; dobrodziejstwo

blew zob. **blow**

blight [blaɪt] vt niszczyć, tłumić, udaremniać; s śnieć (na zbożu); zaraza; zniszczenie

blind [blaɪnd] adj ślepy; vt oślepić; s zasłona (okienna); ~ to ob., ~ alley ślepa (uliczka); po omacku; ~ **man's buff** ciuciubabka (zabawa dziecięca)

blind·fold ['blaɪndfəuld] adj i adv z zawiązanymi oczami; vt zawiązać oczy

blink [blɪŋk] vi vt mrugać; mrużyć; przymykać oczy (**sth** na coś); s mruganie; mrużenie (oczu)

bliss [blɪs] s radość, błogość, błogostan

blis·ter ['blɪstə] s pęcherzyk

blithe [blaɪð] adj poet. radosny, wesoły

blitz [blɪts] s błyskawiczna wojna; nalot; vt niszczyć błyskawiczną wojną; dokonać nalotu

bliz·zard ['blɪzəd] s burza śnieżna

bloat [bləut] vt vi nadymać (się), nabrzmiewać

blob [blɒb] s kropelka (np. farby); plamka

bloc [blɒk] s polit. blok

block [blɒk] s blok, kloc; duży budynek, grupa domów; przeszkoda, zapora; druk. ~ **letters** wersaliki

block·ade [blɒˈkeɪd] s blokada

block·head ['blɒkhed] s pot. bałwan, tuman

blond [blɒnd] adj (o włosach) jasny; s blondyn

blonde [blɒnd] s blondynka

blood [blʌd] s krew; natura; pokrewieństwo; pochodzenie; **in cold** ~ z zimną krwią

blood·hound ['blʌdhaund] s pies gończy, ogar

blood·shed ['blʌdʃed] s przelew krwi

blood·shot ['blʌdʃɒt] adj (o oczach) nabiegły krwią

blood·suck·er ['blʌdˌsʌkə] s zool. przen. pijawka

blood·thirst·y ['blʌdˌθɜːstɪ] adj żądny krwi

blood ves·sel ['blʌdˌvesl] s anat. naczynie krwionośne

blood·y ['blʌdɪ] adj krwawy; wulg. bryt. przeklęty, cholerny, pieprzony

bloom [bluːm] vi kwitnąć; s kwiecie, kwiat

bloom·er ['bluːmə] s pot. gafa

bloom·ing ['bluːmɪŋ] adj kwitnący; wulg. przeklęty, cholerny

blos·som ['blɒsəm] s kwiecie, kwiat; vi kwitnąć

blot [blɒt] s plama, skaza; vt plamić; ~ **out** wykreślić, usunąć, zatrzeć

blotch [blɒtʃ] s plama, skaza; krosta, wrzód

blot·ting pa·per ['blɒtɪŋˌpeɪpə] s bibuła

blouse [blauz] s bluza, bluzka

blow 1. [bləu] s uderzenie, cios; **at a** ~ za jednym uderzeniem, naraz; **to strike a** ~ zadać cios; ~ **up** fot. powiększenie

*****blow 2.** [bləu] vi (**blew** [bluː], **blown** [bləun]) dąć, wiać; vt nadmuchać; rozwiewać; ~ **out** zgasić; ~ **over** przeminąć, pójść w zapomnienie; ~ **up** napompować; wysadzić w powietrze

*****blow 3.** [bləu] vi (**blew** [bluː], **blown** [bləun]) vi kwitnąć

blown zob. **blow 2.** i **3.**

bludg·eon ['blʌdʒən] s pałka

blue [bluː] adj błękitny; pot. przygnębiony, smutny; **true** ~ wierny swym zasadom; **once in a** ~ **moon** rzadko, od święta; s błękit; błękitna farba; **navy** ~ kolor granatowy

blue·print ['bluːprɪnt] s druk. światłodruk; przen. plan, projekt

bluff 1. [blʌf] s stromy brzeg, stroma skała; adj stromy; szorstki, obcesowy

bluff 2. [blʌf] s oszustwo, nabieranie, zastraszenie, blaga, blef; vt vi

bolt

blagować, zastraszać, blefować

blu·ish ['blu:ɪʃ] *adj* niebieskawy

blun·der ['blʌndə] *s* błąd; *vi* popełnić błąd <gafę>

blunt [blʌnt] *adj* tępy, stępiony; ciężko myślący; nieokrzesany; prosty, niewymuszony; *vt* stępić

blur [blɜ:] *s* plama; niejasność; *vt* splamić, zamazać, zamącić, zatrzeć

blurb [blɜ:b] *s* notka (*na obwolucie, przedstawiająca treść książki*)

blurt [blɜ:t] *vt* (*zw.* ~ **out**) wygadać, zdradzić (sekret)

blush [blʌʃ] *vi* rumienić się; *s* rumieniec

blus·ter ['blʌstə] *vi* rozbijać się, szaleć, huczeć; *s* hałaśliwość, huk, wrzask

boar [bɔ:] *s zool.* dzik; knur

board [bɔ:d] *s* deska; utrzymanie, wyżywienie; ciało obradujące; władza naczelna, rada, komisja; tablica do naklejania ogłoszeń; karton, tektura; pokład; burta; *komp.* płyta, karta; *pl* ~**s** deski sceniczne; *full* ~ całkowite utrzymanie; ~ *of trade* ministerstwo handlu; ~ *of trustees* rada powiernicza; *vt* szalować, okładać deskami; stołować; wchodzić na pokład statku <do pociągu, tramwaju *itp.*>; *vi* stołować się

board·er ['bɔ:də] *s* pensjonariusz; stołownik

board·ing house ['bɔ:dɪŋhaus] *s* pensjonat

board·ing school ['bɔ:dɪŋsku:l] *s* szkoła z internatem

boast [bəust] *s* samochwalstwo; *vt vi* wychwalać się, przechwalać się; chwalić się, szczycić się (*sth, of sth, about sth* czymś)

boat [bəut] *s* łódź, statek; *by* ~ łodzią, statkiem; *to be in the same* ~ być w takim samym położeniu; *to burn one's* ~**s** spalić za sobą mosty; *vi* płynąć łodzią

boat race ['bəutreɪs] *s* wyścigi wioślarskie, regaty

boat·swain ['bəusn] *s mors.* bosman

boat train ['bəuttreɪn] *s* pociąg mający połączenie ze statkiem

bob [bɒb] *s* wisiorek; krótka fryzura (*kobieca*); drganie; podskok; *vi* kiwać się; drgać; podskakiwać; *vt* krótko strzyc

bob·bin ['bɒbɪn] *s* szpulka

bob·by ['bɒbɪ] *s bryt. pot.* policjant

bob·sleigh ['bɒbsleɪ] *s sport* bobslej

bode 1. *zob.* **bide**

bode 2. [bəud] *vt* wróżyć, zapowiadać

bod·ice ['bɒdɪs] *s* stanik (*sukni*)

bod·ily ['bɒdɪlɪ] *adj* cielesny, fizyczny; *adv* fizycznie; osobiście; gremialnie; w całości

bod·y ['bɒdɪ] *s* ciało; oddział, grupa ludzi; ogół, zasadnicza część; *mot.* karoseria; ~ *language* język ciała

bod·y build·ing ['bɒdɪ,bɪldɪŋ] *s* kulturystyka

bod·y·guard ['bɒdɪgɑ:d] *s* ochrona osobista; ochroniarz; straż przyboczna

bog [bɒg] *s* bagno

bog·ey, bo·gy ['bəugɪ] *s* straszydło, strach

bo·gus ['bəugəs] *adj* fałszywy, oszukańczy

boil [bɔɪl] *vi* gotować się, wrzeć, kipieć; *vt* gotować; ~*ing point* temperatura wrzenia

boil·er ['bɔɪlə] *s* kocioł

bois·ter·ous ['bɔɪstərəs] *adj* hałaśliwy, burzliwy

bold [bəuld] *adj* śmiały, zuchwały; wyraźny, rzucający się w oczy; *to make* ~ ośmielić się

bol·lard ['bɒləd] *s* słupek drogowy

bol·ster ['bəulstə] *s* podgłówek

bolt 1. [bəult] *s* zasuwa, rygiel; *vt* zamknąć na zasuwę, zaryglować

bolt 2. [bəult] *s* piorun; grom; nagły skok, wypad; ucieczka; *vi* gwałtownie rzucić się, skoczyć

bomb [bɒm] s bomba; vt obrzucić bombami

bom·bard [bɒm'ba:d] vt bombardować

bom·bast·ic [bɒm'bæstɪk] adj. napuszony, pompatyczny

bomb·er ['bɒmə] s bombowiec; bombardier

bomb·shell ['bɒmʃel] s bomba; przen. rewelacja, niespodziewana wiadomość

bon·bon ['bɒnbɒn] s cukierek (zw. czekoladowy z nadzieniem)

bond [bɒnd] s więź; zobowiązanie; obligacja

bond·age ['bɒndɪdʒ] s niewolnictwo

bond·hold·er ['bɒnd,həʊldə] s posiadacz obligacji, akcjonariusz

bone [bəʊn] s kość; ość; **a ~ of contention** kość niezgody

bon·fire ['bɒn,faɪə] s ognisko

bon·net ['bɒnɪt] s czapka (damska), czepek (dziecięcy); mot. maska (samochodu)

bon·ny ['bɒnɪ] adj dial. piękny; miły; krzepki

bo·nus ['bəʊnəs] s premia; dodatek

bon·y ['bəʊnɪ] adj kościsty

book [bʊk] s książka, księga; vt księgować, zapisywać, rejestrować; kupować bilet w przedsprzedaży, rezerwować miejsce (np. w pociągu, teatrze)

book·bind·er ['bʊk,baɪndə] s introligator

book·case ['bʊkkeɪs] s szafa na książki, biblioteka; regał

book·ing of·fice ['bʊkɪŋ,ɒfɪs] s kasa biletowa

book·ish ['bʊkɪʃ] adj książkowy, naukowy

book·keep·er ['bʊk,ki:pə] s księgowy, buchalter

book·keep·ing ['bʊk,ki:pɪŋ] s księgowość, buchalteria

book·let ['bʊklət] s książeczka

book·mak·er ['bʊk,meɪkə] s bukmacher

book·mark ['bʊkma:k] s zakładka (do książki)

book·sel·ler ['bʊk,selə] s księgarz

book·shelf ['bʊkʃelf] s półka na książki

book·shop ['bʊkʃɒp] s księgarnia

book·stall ['bʊkstɔ:l] s kiosk z książkami

book·stand ['bʊkstænd] s półka na książki, regał

book·store ['bʊkstɔ:] s am. księgarnia

boom [bu:m] s dźwięk; huk; nagła zwyżka kursów <cen>; ożywienie gospodarcze; vi vt huczeć; podbijać ceny; szybko zwyżkować; dorabiać się, rozkwitać

boom·e·rang ['bu:məræŋ] s bumerang

boon [bu:n] s dar, łaska, błogosławieństwo

boor [bʊə] s prostak, gbur

boor·ish ['bʊərɪʃ] adj prostacki, gburowaty

boost [bu:st] vt podnieść (przez poparcie); forsować przez reklamę, podnosić wartość <znaczenie>

boost·er ['bu:stə] s wzmocnienie, pobudzenie

boot [bu:t] s but (z cholewką); mot. tylny bagażnik (w samochodzie)

boot·black ['bu:tblæk] s czyścibut

booth [bu:ð] s budka (z desek); kabina; stragan, kiosk; am. budka telefoniczna

boot·leg·ger ['bu:t,legə] s am. przemytnik alkoholu (w okresie prohibicji)

boot pol·ish ['bu:t,pɒlɪʃ] s pasta do butów

boots [bu:ts] s posługacz (hotelowy), czyścibut

boot·y ['bu:tɪ] s łup, zdobycz

booze [bu:z] s pot. wóda, coś mocnego

bor·der ['bɔ:də] s granica; brzeg;

krawędź; rąbek; vt ograniczać, otaczać; obrębiać; vi graniczyć, sąsiadować (**on sth** z czymś)

bor·der·land ['bɔːdələnd] s kresy, pogranicze

bore 1. [bɔː] s otwór, wydrążenie; vt wiercić, drążyć

bore 2. [bɔː] s nudziarstwo, nuda; nudziarz; vt nudzić; **to be ~d to death** być śmiertelnie znudzonym

bore 3. zob. **bear**

bore·dom ['bɔːdəm] s nuda, znudzenie

born, borne zob. **bear 2.**

bor·ough ['bʌrə] s miasteczko; am. miasto o pełnym samorządzie; bryt. hist. królewskie wolne miasto

bor·row ['bɔrəu] vt vi pożyczać (od kogoś), zapożyczać się

bos·om ['buzəm] s łono

boss [bɔs] s pot. szef, kierownik; vi vt rządzić (się), dominować

bot·a·ny ['bɔtənɪ] s botanika

both [bəuθ] pron i adj oba, obaj, obie, oboje; **~ of them** oni obydwaj; **~ (the) books** obydwie książki; adv conj **~ ... and ...** zarówno ..., jak i ...; nie tylko ..., ale i ...; **~ he and his brother** zarówno on, jak i jego brat; **~ good and cheap** nie tylko dobre, ale i tanie

both·er ['bɔðə] vt niepokoić, dręczyć; zanudzać; vi kłopotać, martwić się (**about sth** o coś), zawracać sobie głowę; s kłopot, udręka, zawracanie głowy

bot·tle ['bɔtl] s butelka; **hot water ~** termofor; vt butelkować

bot·tom ['bɔtəm] s dno, grunt; dół, spód; fundament, podstawa; siedzenie; **~s up!** pot. do dna! (wypić do końca); **~ up** do góry dnem; **at (the) ~** w gruncie rzeczy; vi vt i dosł. i przen. sięgnąć dna; złębić

bough [bau] s konar

bought zob. **buy**

boul·der ['bəuldə] s głaz

bounce [bauns] vi vt podskakiwać; odbijać (się); wpadać, wypadać (jak bomba); am. pot. wyrzucać (np. z posady, z lokalu); s uderzenie; odbicie (się), odskok; chełpliwość

bounc·er ['baunsə] s pot. bramkarz (w lokalu)

bound 1. [baund] s granica; vt ograniczać, być granicą

bound 2. [baund] s skok; odbicie (się); vi skakać, odbijać (się)

bound 3. [baund] adj skierowany (do), przeznaczony (do), odjeżdżający, udający się (do); (o statku) płynący (do)

bound 4. zob. **bind**

bound·a·ry ['baundrɪ] s granica

boun·ti·ful ['bauntɪfl] adj hojny

boun·ty ['bauntɪ] s hojność; dar; premia

bou·quet [buː'keɪ] s bukiet

bour·geois ['buəʒwɑː] s należący do burżuazji; adj burżuazyjny

bour·geoi·sie [,buəʒwɑː'ziː] s burżuazja

bou·tique [buː'tiːk] s butik

bow 1. [bəu] s łuk; smyczek; kabłąk; tęcza; kokarda, muszka

bow 2. [bau] s ukłon; vt zginać, naginać, pochylać; vi kłaniać się; zginać się, uginać się

bow 3. [bau] s dziób (łodzi, statku, samolotu)

bow·el ['bauəl] s jelito, kiszka; pl **~s** wnętrzności

bow·er ['bauə] s altana; lit. buduar

bowl 1. [bəul] s czara, miska, waza

bowl 2. [bəul] s kula do gry w kręgle; pl **~s, ~ing** gra w kręgle; vt vi toczyć, rzucać kulę (w grze)

bowl·er ['bəulə] s melonik

bow·string ['bəustrɪŋ] s cięciwa (łuku)

bow tie [,bəu'taɪ] s muszka

box 1. [bɔks] s pudełko, skrzynia; kasetka; budka; loża; kabina; boks (w stajni, w garażu); vt pakować, wkładać

box 56

B

box 2. [bɒks] s uderzenie (*dłonią*); vt uderzać, boksować; vi boksować się

box·er ['bɒksə] s bokser, pięściarz

box·ing ['bɒksɪŋ] s boks, pięciarstwo

Box·ing Day ['bɒksɪŋdeɪ] s święto obchodzone w Anglii w pierwszy powszedni dzień tygodnia po Bożym Narodzeniu

box of·fice ['bɒks.ɒfɪs] s kasa (*w teatrze, kinie itp.*)

boy [bɔɪ] s chłopiec; boy, chłopiec do posług

boy·cott ['bɔɪkɒt] s bojkot; vt bojkotować

boy·friend ['bɔɪfrend] s sympatia, chłopak (*z którym się chodzi*)

boy·hood ['bɔɪhʊd] s chłopięctwo, lata chłopięce

boy·ish ['bɔɪɪʃ] adj chłopięcy

bra [brɑː] s pot. stanik

brace [breɪs] s klamra; wiązadło; podpora; para (dwie sztuki); pl **~s** ['breɪsɪz] bryt. szelki; vt przytwierdzać; spinać; wiązać; podpierać; wzmacniać, krzepić; vr **~ oneself up** zbierać siły

brace·let ['breɪslət] s bransoleta

brack·et ['brækɪt] s konsola; podpórka; kinkiet; (*zw. pl* **~s**) nawias

brag [bræg] vt vi chełpić, przechwalać (się); s chełpliwość, przechwałki

brag·gart ['brægət] s samochwał

braid [breɪd] s (*także pl* **~s**) am. splot; warkocz; wstążka; lamówka; vt splatać; obszyć lamówką

brain [breɪn] s (*także pl* **~s**) mózg; umysł; zdolności; rozum; **to have sth on the ~** mieć bzika na punkcie czegoś; **to rack one's ~s (about sth)** łamać sobie głowę (*nad czymś*); **~ drain** drenaż mózgów

brake [breɪk] s hamulec; **emer·gency ~** hamulec bezpieczeństwa; vt vi hamować

bran [bræn] s zbior. otręby

branch [brɑːntʃ] s gałąź; od-

gałęzienie; filia; vi (*także* **~ away <forth, off, out>**) rozgałęziać się, odgałęziać się

brand [brænd] s głownia; znak firmowy; piętno; gatunek; vt piętnować, znakować

bran·dish ['brændɪʃ] vt wymachiwać, potrząsać

brand-new [.brænd'njuː] adj nowiuteńki

bran·dy ['brændɪ] s brandy

brass [brɑːs] s mosiądz; **~ band** orkiestra dęta

bras·si·ere ['bræzɪə] s biustonosz

brat [bræt] s pot. bachor

brave [breɪv] adj śmiały, dzielny; vt stawiać czoło

brav·er·y ['breɪvərɪ] s dzielność, męstwo

brawl [brɔːl] s awantura, burda; szum (*wody*); vi awanturować się; (*o wodzie*) szumieć

brawn·y ['brɔːnɪ] adj muskularny, krzepki

bra·zen ['breɪzn] adj mosiężny, spiżowy; bezczelny

Bra·zil·ian [brə'zɪlɪən] s Brazylijczyk; adj brazylijski

breach [briːtʃ] s złamanie, zerwanie; wyrwa, wyłom; naruszenie, przekroczenie

bread [bred] s chleb; **to earn one's ~** zarabiać na życie; **~ and butter** [.bredn'bʌtə] chleb z masłem; przen. środki utrzymania

breadth [bredθ] s szerokość; **to a hair's ~** o włos

bread·win·ner ['bred.wɪnə] s żywiciel

*break [breɪk] vt vi (**broke** [brəʊk], **broken** ['brəʊkən]) łamać (się), rozrywać (się); przerywać (się); kruszyć (się); tłuc (się); niszczyć, rujnować; rozpoczynać (się); (*o dniu*) świtać; (*o pogodzie*) zmieniać się; naruszać (*całość, przepisy*); zbankrutować; zerwać przyjaźń (**with sb** z kimś); **~ away** oddzielić się, oderwać się, uciec; **~ down** załamać (się), przełamać, zniszczyć, zburzyć; zepsuć (się); **~ in** włamać (się), wtargnąć; wtrącić się; **~ into** włamać się; **~ into tears** wybuchnąć płaczem; **~ off** odłamać (się); przerwać; zaniechać; ustać; **~ out** wybuchnąć; **~ through** przedrzeć (się); **~ up** rozbić (się); przerwać; rozwiązać; zamknąć (się); zlikwidować; ustać; rozpocząć wakacje (szkolne); rozejść się (np. o uczestnikach zebrania); **to ~ loose** uwolnić się, zerwać pęta; **to ~ the news** oznajmić nowinę, zakomunikować; **to ~ the record** pobić rekord; **to ~ the way** torować drogę; s złamanie, przełamanie; rozbicie; wyłom; luka; przerwa; wybuch; zmiana; **~ of day** świt

break·age ['breɪkɪdʒ] s złamanie, rozbicie; zbior. rzeczy połamane <potłuczone>

break·down ['breɪkdaʊn] s załamanie się; rozstrój nerwowy; zniszczenie; upadek, klęska; awaria, defekt, wypadek

break·er ['breɪkə] s techn. łamacz; fala przybrzeżna

break·fast ['brekfəst] s śniadanie; vi jeść śniadanie

break·through ['breɪkθruː] s wyłom, przerwa; przełom

break·up ['breɪkʌp] s rozpadnięcie się, zawalanie się, upadek; koniec nauki, początek wakacji

break·wa·ter ['breɪkˌwɔːtə] s falochron

breast [brest] s anat. pierś

breath [breθ] s dech, oddech; **in one ~** jednym tchem; **out of ~** zadyszany; **to take ~** zaczerpnąć tchu; **to waste one's ~** mówić na próżno

breath·a·lys·er ['breθəlaɪzə] s alkomat, pot. balonik (testujący zawartość alkoholu u kierowcy)

breathe [briːð] vt vi oddychać; odetchnąć; (także **~ in**) wdychać;

(także **~ out**) wydychać; szeptać; **to ~ one's last** wydać ostatnie tchnienie

bred zob. **breed**

breech·es ['brɪtʃɪz] s pl. bryczesy, spodnie

*breed [briːd] vt vi (**bred, bred** [bred]) płodzić, rodzić; rozmnażać (się); wychowywać; hodować; s pochodzenie; rasa; chów

breed·ing ['briːdɪŋ] s hodowla, chów; wychowanie

breeze [briːz] s lekki wiatr, bryza

breez·y ['briːzɪ] adj wietrzny; odświeżający, rześki; wesoły

breth·ren ['breðrən] s pl bracia (np. klasztorni)

brev·i·ty ['brevətɪ] s krótkość, zwięzłość

brew [bruː] vt dosł. i przen. warzyć, gotować; vi w zwrocie: **to be ~ing** wisieć w powietrzu, grozić; s odwar, napar

brew·er·y ['bruːərɪ] s browar

bri·ar, bri·er 1. ['braɪə] s bot. dzika róża

bri·ar, bri·er 2. ['braɪə] s bot. wrzosiec; fajka z korzenia wrzośca

bribe [braɪb] s łapówka; vt dać łapówkę, przekupić

brib·er·y ['braɪbərɪ] s przekupstwo

brick [brɪk] s cegła; kawałek (np. lodu); pot. fajny gość <facet>

brick·lay·er ['brɪkˌleɪə] s murarz

bri·dal ['braɪdl] s wesele, ślub; adj attr weselny, ślubny

bride [braɪd] s panna młoda

bride·groom ['braɪdgruːm] s pan młody, nowożeniec

bridge 1. [brɪdʒ] s most; przen. pomost; vt połączyć mostem, przerzucić most <pomost> (**sth** przez coś)

bridge 2. [brɪdʒ] s brydż

bridge·head ['brɪdʒhed] s wojsk. przyczółek

bri·dle ['braɪdl] s uzda, cugle; vt okiełznać; przen. opanować

B

brief 1. [bri:f] *adj* krótki, zwięzły; **to be ~** mówić zwięźle, streszczać się; **in ~** słowem; *s pl* **~s** majtki, slipy

brief 2. [bri:f] *s* streszczenie skargi sądowej; (*o adwokacie*) **to hold ~ for sb** prowadzić czyjąś sprawę

brief·case ['bri:fkeɪs] *s* teczka, aktówka

brief·ing ['bri:fɪŋ] *s* odprawa; instrukcja

bri·gade [brɪ'geɪd] *s* brygada

brig·a·dier [ˌbrɪgə'dɪə] *s wojsk.* brygadier

brig·and ['brɪgənd] *s* rozbójnik

bright [braɪt] *adj* jasny, promienny; błyszczący; wesoły, żwawy; bystry, inteligentny

bright·en ['braɪtn] *vt vi* (*także* **~ up**) rozjaśnić (się); ożywić (się); rozweselić (się)

bril·liant ['brɪljənt] *adj* lśniący; wspaniały; znakomity

brim [brɪm] *s* krawędź, brzeg; rondo (*kapelusza*)

brine [braɪn] *s* solanka

*bring [brɪŋ] *vt* (**brought**, **brought** [brɔ:t]) przynosić; przyprowadzać; przywozić; wnosić (*np. skargę*); **~ about** powodować; dokonać; wywołać (*skutek*); **~ back** przypomnieć; **~ down** opuścić; osłabić; powalić; zestrzelić; upokorzyć; obniżyć (*np. ceny*); **~ forth** wydać na świat; ujawnić; wywołać; **~ forward** przedstawić; wysunąć; **~ (sth) home** uświadomić (coś); unaocznić (coś); **~ in** wnieść, włożyć, wprowadzić; **~ on** sprowadzić, wywołać, spowodować; **~ out** wykryć, wydobyć (na światło dzienne); wydać (*książkę*); wystawić (*sztukę*); wyjaśnić; **~ together** złączyć, zetknąć; **~ under** pokonać, opanować; **~ up** wychować; poruszyć (*temat*); **to ~ to light** odkryć

brink [brɪŋk] *s* brzeg, krawędź

brisk [brɪsk] *adj* żywy, żwawy; rześki; *vt vi* (*także* **~ up**) ożywić (się)

bris·tle ['brɪsl] *s* szczecina; *vi* jeżyć się; sierdzić się; *vt* nastroszyć

Brit·ish ['brɪtɪʃ] *adj* brytyjski; *s pl* **the ~** Brytyjczycy

Brit·ish·er ['brɪtɪʃə] *s* Brytyjczyk

Brit·on ['brɪtn] *s lit.* Brytyjczyk

brit·tle ['brɪtl] *adj* kruchy

broach [brəʊtʃ] *vt* otworzyć, przedziurawić; poruszyć (*temat*)

broad [brɔ:d] *adj* szeroki, obszerny; (*o aluzji itp.*) wyraźny; (*o regule*) ogólny; pikantny, sprośny, rubaszny (*np. dowcip*)

broad·axe ['brɔ:dæks] *s* topór

*broad·cast ['brɔ:dkɑ:st] *s* transmisja radiowa, audycja; *vt vi* (**broadcast, broadcast** *lub* **broadcasted, broadcasted**) transmitować, nadawać (przez radio); rozsypywać, rozsiewać; szerzyć (*np. wiadomości*)

broad·en ['brɔ:dn] *vt vi* rozszerzać (się)

broad·mind·ed [ˌbrɔ:d'maɪndɪd] *adj* (*o człowieku*) tolerancyjny, o szerokich poglądach

broad·shoul·dered [ˌbrɔ:d-'ʃəʊldəd] *adj* barczysty

broil 1. [brɔɪl] *vt vi* piec, smażyć (się)

broil 2. [brɔɪl] *s* hałas, awantura

broke 1. *zob.* **break**

broke 2. [brəʊk] *adj pot.* zrujnowany, zbankrutowany, bez grosza; **to go ~** zbankrutować

bro·ken *zob.* **break**

bro·ken-down ['brəʊkəndaʊn] *adj* wyczerpany; zrujnowany; schorowany; załamany (duchowo); (*o maszynie*) zużyty; uszkodzony

brok·en-heart·ed [ˌbrəʊkən-'hɑːtɪd] *adj* zrozpaczony, załamany

bro·ker ['brəʊkə] *s* makler, pośrednik

build

bro·ker·age ['brəʊkərɪdʒ] s pośrednictwo; *handl.* prowizja

bro·mide ['brəʊmaɪd] s *chem.* brom

bron·chi ['brɒŋkaɪ] s pl *anat.* oskrzela

bron·chi·tis [brɒŋ'kaɪtɪs] s *med.* bronchit

bronze [brɒnz] s brąz, spiż

brooch [brəʊtʃ] s broszka

brood [bru:d] s wyląg; potomstwo; plemię; vi wylęgać; *przen.* rozmyślać

brook 1. [brʊk] s potok, strumyk

brook 2. [brʊk] vt znosić, cierpieć

broom [bru:m] s miotła

broth [brɒθ] s rosół, bulion

broth·el ['brɒθəl] s *wulg.* burdel

broth·er ['brʌðə] s brat

broth·er·hood ['brʌðəhʊd] s braterstwo, stowarzyszenie

broth·er·in·law ['brʌðərɪnlɔ:] s szwagier

brought [brɔ:t] zob. **bring**

brow [braʊ] s brew; czoło

brown [braʊn] adj brunatny, brązowy

brown·ie ['braʊnɪ] s krasnoludek, duszek; harcerka (*z grupy zuchów*)

browse [braʊz] vi paść się; vt skubać (*trawę*); *przen.* czytać dla rozrywki, przeglądać (*książkę*)

bruise [bru:z] vt vi potłuc (się), nabić guza, zadrasnąć, zranić się; s stłuczenie, siniak

brunch [brʌntʃ] s *pot.* śniadanio-obiad (*połączenie śniadania z obiadem, zw. w sobotę lub niedzielę*)

bru·nette [bru:'net] s brunetka

brunt [brʌnt] s główne natarcie, najsilniejszy cios; **to bear the ~** przyjąć ciężar uderzenia, wytrzymać główne natarcie

brush [brʌʃ] s szczotka, pędzel; krzaki, zarośla; vt szczotkować, pędzlować, czyścić szczotką; **~ aside** odsunąć; **~ away** sczyścić; **~ up** wygładzić, odświeżyć (*np. wiadomości*)

brusque [bru:sk] adj obcesowy, szorstki

Brus·sels sprouts [,brʌslz'spraʊts] s pl *bot.* brukselka

bru·tal ['bru:tl] adj brutalny

bru·tal·i·ty [bru:'tælətɪ] s brutalność

brute [bru:t] s bydlę; brutal; adj bydlęcy; brutalny

bub·ble ['bʌbl] s balonik, bańka (*np. mydlana*); vi kipieć, bulgotać

buc·ca·neer [,bʌkə'nɪə] s pirat, korsarz; vi uprawiać korsarstwo

buck 1. [bʌk] s kozioł; jeleń; samiec (*zwierzyny płowej*); dandys; elegant

buck 2. [bʌk] s *am. pot.* dolar

buck·et ['bʌkɪt] s wiadro

buck·le ['bʌkl] s klamerka, sprzączka; vt spinać; vi zapinać się

buck·wheat ['bʌkwi:t] s gryka

bud [bʌd] s pączek; vi (*także* **to be in ~**) pączkować

budge [bʌdʒ] vi poruszyć (się); vt zw. w zdaniach przeczących: **I can't ~ him** nie mogę go ruszyć

budg·et ['bʌdʒɪt] s budżet; vi robić budżet, planować wydatki

buf·fa·lo ['bʌfələʊ] s bawół

buff·er ['bʌfə] s bufor

buf·fet 1. ['bʌfɪt] s kułak; *dosł. i przen.* cios; vt okładać kułakami, uderzać

buf·fet 2. ['bʊfeɪ] s kredens; bufet (*dania dla gości*)

buf·foon [bə'fu:n] s bufon, błazen

bug [bʌg] s pluskwa; *am.* insekt; *przen. pot.* pluskwa (*urządzenie podsłuchowe*); *komp. pot.* błąd w programie vt podsłuchiwać

bug·bear ['bʌgbeə] s straszydło

bu·gle ['bju:gl] s róg, fanfara, trąbka; vi trąbić

*build [bɪld] vt vi (**built, built** [bɪlt]) budować, tworzyć; **~ up** rozbudować; wzmocnić; rozwinąć; s konstrukcja, kształt, budowa

B

build·er ['bɪldə] s budowniczy
build·ing ['bɪldɪŋ] s budynek
built zob. **build**
bulb [bʌlb] s cebulka; żarówka
Bul·gar·i·an [bʌl'geərɪən] adj bułgarski; s Bułgar
bulge [bʌldʒ] s nabrzmienie, wypukłość, wydęcie; vi nabrzmiewać, pęcznieć, wydymać (się); vt nadymać; napychać
bulk [bʌlk] s wielkość, objętość, masa (zw. duża); większa <główna> część
bulk·y ['bʌlkɪ] adj duży, masywny; nieporęczny
bull 1. [bʊl] s byk
bull 2. [bʊl] s bulla
bull 3. [bʊl] s bzdura
bull·dog ['bʊldɒg] s buldog
bull·doz·er ['bʊldəʊzə] s buldożer, spychacz
bul·let ['bʊlɪt] s kula, pocisk
bul·le·tin ['bʊlətɪn] s biuletyn
bul·lion ['bʊlɪən] s złoto <srebro> w sztabach
bul·lock ['bʊlək] s wół
bull's eye ['bʊlzaɪ] s okrągłe okienko; bulaj; środek tarczy strzelniczej
bull·shit ['bʊl‚ʃɪt] s int wulg. bzdety, brednie, bzdury
bul·ly ['bʊlɪ] s osobnik terroryzujący słabszych; zbir; vt terroryzować, znęcać się
bul·rush ['bʊlrʌʃ] s sitowie
bul·wark ['bʊlwək] s wał ochronny, przedmurze, osłona
bum 1. [bʌm] s bryt. pot. tyłek
bum 2. [bʌm] s am. pot. tramp, włóczęga, kloszard; także **bummer**
bum·mer ['bʌmə] = **bum 2.**
bump [bʌmp] vt vi gwałtownie uderzyć (**sth, against sth** o coś); wpadać (**sb, sth** lub **into sb, sth** na kogoś, na coś); toczyć się z hałasem; s uderzenie, wstrząs; guz; pot. **~ of locality** zmysł orientacyjny
bump·er ['bʌmpə] s pełna szklanka <pełny kielich> wina; mot. zderzak
bump·kin ['bʌmpkɪn] s pot. gamoń, fujara
bump·tious ['bʌmpʃəs] adj zarozumiały, nadęty
bun [bʌn] s słodka bułka
bunch [bʌntʃ] s wiązka, pęk, bukiet
bun·dle ['bʌndl] s wiązka; tłumok; pęk; plik; vt vi wiązać, zwijać (się); bezładnie pakować, wciskać; wyprawiać (**sb** kogoś); (zw. **~ off**) uchodzić w pośpiechu
bun·ga·low ['bʌŋgələʊ] s domek (zw. parterowy z werandą)
bun·gle ['bʌŋgl] vt vi partaczyć; s partactwo
bunk [bʌŋk] s łóżko (w pociągu), koja
buoy [bɔɪ] s boja; vt (zw. **~ up**) utrzymywać na powierzchni; przen. podnosić na duchu
buoy·ant ['bɔɪənt] adj pływający, pławny; radosny; podniecający, pokrzepiający
bur·den ['bɜːdn] s ciężar, brzemię; istota (sprawy, myśli itp.); vt obciążyć
bur·den·some ['bɜːdnsəm] adj uciążliwy
bu·reau ['bjʊərəʊ] s biuro, urząd; bryt. biurko, sekretarzyk
bu·reau·cra·cy [bjʊə'rɒkrəsɪ] s biurokracja
burg·er ['bɜːgə] = **hamburger**
bur·glar ['bɜːglə] s włamywacz
bur·i·al ['berɪəl] s pogrzeb
bur·i·al ground ['berɪəl graʊnd] s cmentarz
bur·lesque [bɜː'lesk] s burleska; adj attr burleskowy, komiczny
*****burn** [bɜːn] vt vi (**burnt, burnt** [bɜːnt] lub **burned, burned** [bɜːnd]) palić (się), zapalać, płonąć; sparzyć (się); opalać (się)
burn·er ['bɜːnə] s palnik; **gas ~** palnik gazowy
burnt zob. **burn**

bur·row ['bʌrəʊ] s nora, jama; vt kopać norę; vi ukrywać się w norze

bur·sar ['bɜːsə] s kwestor

bur·sa·ry ['bɜːsərɪ] s kwestura; szk. stypendium

*****burst** vi (**burst, burst** [bɜːst]) pękać, trzaskać; wybuchać; vt spowodować pęknięcie, rozsadzić, rozerwać; **to ~ with laughing, to ~ into laughter** wybuchnąć śmiechem; **~ in** wpaść; **~ out** wybuchnąć; s pęknięcie, wybuch

bur·y ['berɪ] vt grzebać, chować

bus [bʌs] s autobus; komp. szyna; **articulated ~** autobus przegubowy; komp. **data ~** szyna danych

bush [bʊʃ] s krzak, gąszcz; busz

bush·el ['bʊʃl] s buszel (miara pojemności)

bush·y ['bʊʃɪ] adj pokryty krzakami; krzaczasty

busi·ness ['bɪznəs] s interes(y); zajęcie; obowiązek; sprawa; zawód; przedsiębiorstwo handlowe; **~ hours** godziny zajęć <urzędowe>; **it is none of my ~** to nie moja sprawa; **mind your own ~** pilnuj swoich spraw; **on ~** w interesie, w sprawie; służbowo

busi·ness·man ['bɪznəsmən] s (pl **businessmen** ['bɪznəsmən]) kupiec, przemysłowiec; człowiek interesu

busk·er ['bʌskə] s muzyk <grajek> uliczny

bust 1. [bʌst] s popiersie; biust

*****bust 2.** [bʌst] vt (**bust, bust** lub **busted, busted**) pot. rozbić

bust 3. [bʌst] vt pot. aresztować

bus·tle ['bʌsl] vi i krzątać się, uwijać się; vt popędzać do roboty; s krzątanina, bieganina

bus·y ['bɪzɪ] adj zajęty, czynny, ruchliwy, mający dużo roboty; zajęty (**about, over, with sth** czymś); **I am ~ writing a letter** zajęty jestem pisaniem listu; vr

~ oneself krzątać się

bus·y·bod·y ['bɪzɪ,bɒdɪ] s wścibski człowiek

but [bʌt, bət] conj ale, lecz; jednak; poza tym, że; jak tylko; **I cannot ~ laugh** nic mi nie pozostaje, jak tylko się śmiać, mogę tylko się śmiać; **~ yet** jednakże, niemniej jednak; **there was no one ~ laughed** nie było nikogo, kto by się nie śmiał; **I never utter a word ~ I think first** nigdy nie powiem słowa, zanim nie pomyślę; **he would have failed ~ that I helped him** on by przepadł, gdybym mu nie pomógł; praep oprócz, poza; **all ~ me** wszyscy oprócz mnie <poza mną>; **the last ~ one** przedostatni; **anywhere ~ here** gdziekolwiek, tylko nie tu; **~ for** bez; **~ for him** bez niego, gdyby nie on; **~ for that** gdyby nie to; **~ then** ale za to; adv dopiero, tylko; **~ now** dopiero teraz, dopiero co; **I have seen him ~ once** widziałem go tylko raz; **all ~** prawie; **he all ~ died of hunger** o mało co nie umarł z głodu

butch·er ['bʊtʃə] s rzeźnik; **~'s shop** sklep mięsny; vt mordować, zarzynać

butch·er·y ['bʊtʃərɪ] s rzeźnia; rzeź, masakra

but·ler ['bʌtlə] s szef służby

butt 1. [bʌt] s tępy koniec (broni, narzędzia, kolby); niedopałek (papierosa, cygara)

butt 2. [bʌt] s tarcza strzelnicza; cel (kpin, pośmiewiska)

butt 3. [bʌt] vi vt uderzać głową (**at, against sth** o coś), bóść; **~ in** wtrącać się

butt 4. [bʌt] s beczka

but·ter ['bʌtə] s masło; vt smarować masłem

but·ter·cup ['bʌtəkʌp] s bot. jaskier

but·ter·fly ['bʌtəflaɪ] s zool. motyl

but·ter·milk ['bʌtəmɪlk] *s* maślanka

but·tock ['bʌtək] *s* pośladek; *pl* ~s zad (*konia*); siedzenie (*człowieka*)

but·ton ['bʌtn] *s* guzik; *vt vi* (*zw. ~ up*) zapinać się

but·ton·hole ['bʌtnhəʊl] *s* dziurka od guzika; butonierka; *vt przen. pot.* nudzić, wiercić dziurę w brzuchu

but·tress ['bʌtrəs] *s* przypora; *vt* podtrzymywać

***buy** [baɪ] *vt* (**bought, bought** [bɔːt]) kupować; ~ **off** opłacać; ~ **up** wykupić (*towar*)

buy·er ['baɪə] *s* nabywca

buzz [bʌz] *s* brzęczenie; gwar; *vi* brzęczeć, buczeć

buzz·er ['bʌzə] *s elektr.* brzęczyk; *pot.* syrena (*fabryczna*)

by [baɪ] *praep* przy, u, obok; nad; przez; do; po, za; **by the day** przy drzwiach; **by the sea** nad morzem; **by moonlight** przy świetle księżyca; **by 5 o'clock** najdalej do godziny 5; **by then** do tego czasu; **by metres** na metry; **paid by the week** opłacany za tydzień <tygodniowo>; **one by one** jeden za drugim; **older by 10 years** starszy o 10 lat; **by day** w ciągu <za> dnia; **by night** w nocy, nocą; **by name** z nazwiska; **by hearsay** ze słyszenia; **by myself, all by myself** ja sam, sam (jeden); **by train, by bus, by land, by sea** *etc.* (podróżować) pociągiem autobusem, lądem,

morzem *itp.*; **by steam, by electricity** *etc.* (poruszany) parą, elektrycznością *itp.*; **by letter, by phone** *etc.* (komunikować) listownie, telefonicznie *itp.*; **by hand** *etc.* ręką, ręcznie *itp.*; **step by step** krok za krokiem; **by degrees** stopniowo; **by chance** przypadkiem; **by heart** na pamięć; **by right** prawnie, sprawiedliwie; **by far** o wiele; **little by little** po trochu; *adv* obok, mimo; **near by, hard by** tuż obok; **by the way, by the by** przy okazji, przy tej sposobności, mimochodem; **by and by** wkrótce, niebawem

bye-bye [,baɪ'baɪ] *int pot.* cześć!, na razie

by(e)-e·lec·tion ['baɪɪ,lekʃn] *s bryt.* wybory uzupełniające

by·gone ['baɪgɒn] *adj* miniony

by·law ['baɪlɔː] *s* rozporządzenie <przepisy> lokalne

by·pass ['baɪpɑːs] *s* objazd, droga objazdowa; *med.* bypass, połączenie omijające; obejście; *vt* objeżdżać, omijać

by·path ['baɪpɑːθ] *s* boczna droga

by·prod·uct ['baɪ,prɒdʌkt] *s* produkt uboczny

by·stand·er ['baɪ,stændə] *s* widz, świadek

byte [baɪt] *s komp.* bajt

by·way ['baɪweɪ] *s* boczna droga

by·word ['baɪwɜːd] *s* powiedzonko, przysłowie

By·zan·tine [baɪ'zæntaɪn] *adj* bizantyjski

C

cab [kæb] *s am.* taksówka, dorożka

cab·a·ret ['kæbəreɪ] *s* kabaret

cab·bage ['kæbɪdʒ] *s* kapusta

cab·in ['kæbɪn] *s* kabina, kajuta; chata

cab·i·net ['kæbɪnət] *s* gabinet; serwantka, szafka; *polit.* gabinet

ca·ble ['keɪbl] s kabel; *pot.* telegram; *vt vi* depeszować; **~ car** kolejka linowa; **~ television** <**TV**> telewizja kablowa

cab·man ['kæbmən] s (*pl* **cabmen** ['kæbmən]) taksówkarz

cache [kæʃ] s *komp.* (*także* **~ memory**) pamięć podręczna <typu cache>

cack·le ['kækl] *vi* gdakać; rechotać

ca·det [kə'det] s kadet; **~ corps** *bryt.* szkolne przysposobienie wojskowe

ca·dre ['kɑːdə] s *wojsk.* kadra

Cae·sar·e·an sec·tion [sɪˌzeərɪən 'sekʃn] s cesarskie cięcie

ca·fé ['kæfeɪ] s kawiarnia, bar

caf·e·te·ri·a [ˌkæfɪ'tɪərɪə] s restauracja samoobsługowa; bar szybkiej obsługi

cage [keɪdʒ] s klatka; winda (w kopalni); *vt* zamknąć w klatce

cais·son ['keɪsn] s *techn.* keson; *wojsk.* jaszcz

ca·jole [kə'dʒəʊl] *vt* przypochlebiać, uwodzić, pochlebstwami skłaniać do *czegoś*

cake [keɪk] s ciasto, ciastko; tort

ca·lam·i·ty [kə'læmɪtɪ] s klęska, plaga

cal·ci·um ['kælsɪəm] s *chem.* wapń

cal·cu·la·tion [ˌkælkjʊ'leɪʃn] s obliczenie, kalkulacja

cal·cu·la·tor ['kælkjʊleɪtə] s kalkulator

cal·cu·lus ['kælkjʊləs] s *mat.* rachunek

cal·en·dar ['kælɪndə] s kalendarz

calf 1. [kɑːf] s (*pl* **calves** [kɑːvz]) cielę; skóra cielęca; **~ love** cielęca miłość

calf 2. [kɑːf] s (*pl* **calves** [kɑːvz]) łydka

cal·i·bre, *am.* **cal·i·ber** ['kælɪbə] s kaliber

cal·i·co ['kælɪkəʊ] s rodzaj perkalu

call [kɔːl] *vi* wołać; odezwać się;

budzić; (*także* **~ up**) telefonować; wstąpić, odwiedzać (**on sb** kogoś); przybyć, przyjść (**for sb, for sth** po kogoś, po coś, **at sb's house** do czyjegoś domu); wymagać, wzywać; żądać, domagać się (**for sth** czegoś); *vt* zawołać, przywołać, powołać, wywoływać; wezwać, zwołać; nazwać; **to be ~ed for** do odebrania na żądanie, (*na listach*) poste restante; **~ back** odwołać; **~ forth** wywołać; **~ in question** zakwestionować; **~ into being** powołać do życia; **~ into play** wprowadzić w grę; **~ off** odwołać; **~ out** wołać, wyzwać; **~ over** odczytywać listę (obecności); **to ~ sb's attention** zwrócić czyjąś uwagę (**to sth** na coś); **to ~ sb to account** zażądać od kogoś rachunku, pociągnąć kogoś do odpowiedzialności; **to ~ the roll** odczytywać listę nazwisk; **~ up** przypominać, przywodzić na pamięć; powołać do wojska; **to ~ sb names** przezywać, wymyślać; **to ~ to mind** przypomnieć (sobie); s wołanie; krzyk; wezwanie, zew; rozmowa telefoniczna; wiadomość; wizyta, powołanie; apel; powód, potrzeba; **~ collect** *am.* rozmowa przez telefon na koszt osoby odbierającej; **advised ~** rozmowa telefoniczna z przywołaniem; **long-distance ~** rozmowa międzymiastowa; **here is no ~ for worry** nie ma powodu do zmartwienia; **at** <**within**> **~** do usług, na wezwanie, pod ręką; **~ of nature** *żart.* naturalna potrzeba

call box ['kɔːlbɒks] s (*także* **phone box**) budka telefoniczna

call·er ['kɔːlə] s odwiedzający, gość

call girl ['kɔːlgɜːl] s prostytutka (*zamawiana przez telefon*)

call-in ['kɔːlɪn] s *am.* audycja radiowa z udziałem słuchaczy

call·ing ['kɔ:lɪŋ] s wołanie; powołanie; zawód, zajęcie

cal·lis·then·ics [ˌkælɪs'θenɪks] s gimnastyka (*wspomagająca zdrowie i urodę ciała*)

cal·los·i·ty [kæ'lɒsətɪ] s stwardnienie, zrogowacenie skóry

cal·lous ['kæləs] adj twardy, stwardniały; zatwardziały; gruboskórny; nieczuły

cal·low ['kæləʊ] adj nieopierzony; *przen.* młody, niedoświadczony

calm [kɑ:m] adj cichy, spokojny; s spokój, cisza; vt vi (*także ~ down*) uspokoić, uciszyć (się)

cal·or·ie, cal·or·y ['kælərɪ] s kaloria

ca·lum·ni·ate [kə'lʌmnɪeɪt] vt oczerniać, spotwarzać

cal·um·ny ['kæləmnɪ] s oszczerstwo, potwarz

calves zob. **calf**

came zob. **come**

cam·el ['kæml] s zool. wielbłąd

cam·e·ra ['kæmərə] s aparat fotograficzny

cam·e·ra·man ['kæmrəmæn] s (*pl* **cameramen** ['kæmrəmen]) fotoreporter

cam·ou·flage ['kæməflɑ:ʒ] s maskowanie; vt maskować

camp [kæmp] s obóz, kemping, obozowisko; vi (*zw. ~ out*) obozować, mieszkać w namiocie

cam·paign [kæm'peɪn] s kampania; vi prowadzić kampanię

cam·phor ['kæmfə] s kamfora

camp·ing ['kæmpɪŋ] s kemping, obozowanie; **to go ~** wybrać się na kemping; **~ equipment** sprzęt turystyczny

cam·pus ['kæmpəs] s teren szkoły <uniwersytetu>

can 1. [kæn, kən] v aux (*p* **could** [kʊd]) móc, potrafić, umieć; **I ~ speak French** znam (język) francuski; mówię po francusku; **I ~ see** widzę; **I ~ hear** słyszę; **that ~'t be true!** to niemożliwe!

can 2. [kæn] s kanister; am. pusz-

ka do konserw; vt am. puszkować

Ca·na·dian [kə'neɪdɪən] adj kanadyjski; s Kanadyjczyk

ca·nal [kə'næl] s kanał; kanalik; przewód (*np. pokarmowy*)

ca·nard [kæ'nɑ:d] s kaczka dziennikarska, plotka

ca·na·ry [kə'neərɪ] s kanarek

can·can ['kænkæn] s kankan

can·cel ['kænsl] vt kasować, unieważniać, skreślać; odwoływać; stemplować (*np. znaczki*); **~ out** *mat.* skracać (*np. ułamek*); **to ~ an indicator <a flasher>** wyłączyć kierunkowskaz

can·cer ['kænsə] s *med.* rak; *także* **Cancer** Rak (*znak zodiaku*); **tropic of Cancer** Zwrotnik Raka

can·did ['kændɪd] adj szczery, prostolinijny, uczciwy

can·di·date ['kændɪdət] s kandydat

can·di·da·ture ['kændɪdətʃə] s kandydatura

can·dle ['kændl] s świeca

can·dle·pow·er ['kændl,paʊə] s *fiz.* świeca (*jednostka miary światła*)

can·dle·stick ['kændlstɪk] s lichtarz, świecznik

can·dour ['kændə] s szczerość, uczciwość

can·dy ['kændɪ] s am. zbior. słodycze; vt kandyzować

cane [keɪn] s trzcina; laska; pałka; vt chłostać

ca·nine ['keɪnaɪn] adj psi; **~ tooth** kieł

can·ker ['kæŋkə] s wrzód; *przen.* niszczycielski wpływ, zguba; vt żreć; niszczyć, gubić; vi niszczeć

canned [kænd] zob. **can 2** ; adj am. konserwowy

can·ni·bal ['kænɪbl] s kanibal, ludożerca; adj ludożerczy

can·non ['kænən] s działo, armata; *przen.* **~ fodder** mięso armatnie

can·non·ade [ˌkænəˈneɪd] s kanonada; vt ostrzeliwać z dział

can·not [ˈkænət] *forma przecząca od can* **1.**

can·ny [ˈkænɪ] adj sprytny, chytry; ostrożny

ca·noe [kəˈnuː] s czółno (*z kory drzewa lub wydrążonego pnia*); vi płynąć czółnem

can·on **1.** [ˈkænən] s rel. druk. kanon; kryterium; ~ **law** prawo kanoniczne

can·on **2.** [ˈkænən] s kanonik

can·on·ize [ˈkænənaɪz] vt rel. kanonizować

can·o·py [ˈkænəpɪ] s baldachim; sklepienie

can't [kɑːnt] = **cannot**

cant [kænt] s obłuda, hipokryzja; żargon

can·teen [kænˈtiːn] s kantyna, stołówka; bryt. menażka

can·vas [ˈkænvəs] s płótno żaglowe, płótno malarskie; obraz olejny; ~ **shoes** tenisówki

can·vass [ˈkænvəs] vt vi badać, roztrząsać; ubiegać się (**for sth** o coś); kaptować, zjednywać sobie; przygotowywać wybory, zabiegać (**for votes** o głosy wyborcze); s badanie; prowadzenie kampanii wyborczej; obliczanie głosów

can·yon [ˈkænjən] s kanion

cap [kæp] s czapka; wieko, pokrywa; kapsel; vt nakładać czapkę <wieko, kapsel itp.>; ukłonić się (**sb** komuś)

ca·pa·bil·i·ty [ˌkeɪpəˈbɪlətɪ] s zdolność

ca·pa·ble [ˈkeɪpəbl] adj zdolny, nadający się (**of sth** do czegoś), podatny (**of sth** na coś); u- zdolniony

ca·pa·cious [kəˈpeɪʃəs] adj pojemny

ca·pac·i·ty [kəˈpæsətɪ] s zdolność (**for sth** do czegoś); pojemność; nośność, charakter; kompetencja; **in the ~ of...** w charakterze...; **fil- led to ~** szczelnie wypełniony

cape **1.** [keɪp] s peleryna

cape **2.** [keɪp] s przylądek

ca·per [ˈkeɪpə] vi podskakiwać, fikać koziołki; s podskok, sus

cap·i·tal [ˈkæpɪtl] adj główny; wybitny, duży; wspaniały, kapitalny; stołeczny; ~ **letter** duża litera; ~ **punishment** kara śmierci; s stolica; kapitał; duża litera

cap·i·tal·ism [ˈkæpɪtlɪzm] s kapitalizm

cap·i·tal·ist [ˈkæpɪtlɪst] s kapitalista

cap·i·tal·is·tic [ˌkæpɪtlˈɪstɪk] adj kapitalistyczny

cap·i·tal·ize [ˈkæpɪtlaɪz] vt dostarczać kapitału; pisać dużą literą; **to ~ on sth** wyciągać z czegoś korzyść

ca·pit·u·late [kəˈpɪtʃuleɪt] vi kapitulować

ca·pit·u·la·tion [kəˌpɪtʃuˈleɪʃn] s kapitulacja

ca·pon [ˈkeɪpən] s kapłon

ca·price [kəˈpriːs] s kaprys

ca·pri·cious [kəˈprɪʃəs] adj kapryśny

Cap·ri·corn [ˈkæprɪkɔːn] s Koziorożec (*znak zodiaku*); **tropic of ~** Zwrotnik Koziorożca

cap·size [kæpˈsaɪz] vt vi (*o statku, łódce itp.*) wywrócić (się)

cap·tain [ˈkæptɪn] s kapitan; dowódca, naczelnik

cap·tion [ˈkæpʃn] s tytuł, napis, podpis

cap·ti·vate [ˈkæptɪveɪt] vt pojmać; zniewolić; urzec

cap·tive [ˈkæptɪv] adj pojmany, uwięziony; s jeniec

cap·tiv·i·ty [kæpˈtɪvətɪ] s niewola

cap·ture [ˈkæptʃə] vt pojmać, zawładnąć; s zawładnięcie; zdobycz

car [kɑː] s samochód; wagon; wóz; ~ **park** parking; **sports** ~ samochód sportowy; ~ **restaurant** wagon restauracyjny

car·a·mel [ˈkærəml] s karmel; karmelek

car·at ['kærət] s karat

car·a·van ['kærəvæn] s mot. karawana; przyczepa mieszkalna (*do samochodu*)

car·bon ['kɑːbən] s chem. węgiel (*pierwiastek*)

car·bon pa·per ['kɑːbən ˌpeɪpə] s kalka (maszynowa)

car·bu·ret·tor [ˌkɑːbjuˈretə] s mot gaźnik

car·cass ['kɑːkəs] s ciało zabitego zwierzęcia; ścierwo; szkielet (*np. budynku*)

card [kɑːd] s karta, kartka; bilet; *identity* <*ID*> ~ dowód osobisty, karta tożsamości; *visiting* ~ wizytówka; *credit* ~ karta kredytowa

card·board ['kɑːdbɔːd] s tektura, karton

car·di·ac ['kɑːdiæk] adj sercowy; s środek nasercowy

car·di·nal ['kɑːdnəl] adj główny, podstawowy; *four* ~ *points* cztery strony świata; s kardynał

care [keə] s troska; opieka; dozór; ostrożność; niepokój; staranność; (*w adresie*) ~ *of* (zw. skr. *c/o*) z listami, na adres, do rąk; *to take* ~ *of sb, sth* o kogoś, o coś), uważać (*of sb, sth* na kogoś, na coś); strzec się (*of sb, sth* kogoś, czegoś); vi troszczyć się, dbać (*for sb, for sth* o kogoś, o coś), być przywiązanym, lubić (*for sb, for sth* kogoś, coś); *do you* ~? zależy ci na tym?; *who* ~*s*? kogo to obchodzi?; *take* ~*!* trzymaj się!

ca·reer [kəˈrɪə] s zawód, zajęcie; kariera; losy, kolej życia; bieg, jazda; ~ *woman* kobieta pracująca zawodowo

ca·reer·ist [kəˈrɪərɪst] s karierowicz

care·free ['keəfriː] adj beztroski

care·ful ['keəfl] adj troskliwy; ostrożny

care·less ['keələs] adj beztroski, niedbały, niechlujny

ca·ress [kəˈres] vt pieścić; s pieszczota

care·tak·er ['keəˌteɪkə] s dozorca, stróż

care·worn ['keəwɔːn] adj zgnębiony troskami

car·go ['kɑːgəʊ] s ładunek (*statku, samolotu*)

car·i·ca·ture ['kærɪkətʃʊə] s karykatura; vt karykaturować

car·ies ['keəriːz] s med. próchnica (zębów)

car·na·tion [kɑːˈneɪʃn] s bot. g(w)oździk; róż (*kolor*)

car·ni·val ['kɑːnɪvl] s karnawał

car·ol ['kærəl] s kolęda; vi kolędować

car·ol·ler ['kærələ] s kolędnik

ca·rou·sel [ˌkærəˈsel] s podajnik bagażu (*na lotnisku*); am. karuzela

ca·rouse [kəˈraʊz] vi hulać

carp [kɑːp] s zool. karp

car·pen·ter ['kɑːpɪntə] s stolarz; cieśla

car·pet ['kɑːpɪt] s dywan

car·riage ['kærɪdʒ] s wóz; powóz; wagon; podwozie; przewóz; postawa, zachowanie

car·ri·er ['kærɪə] s roznosiciel; posłaniec; tragarz; nosiciel (*zarazków*); transportowiec; lotniskowiec; bagażnik; chem. nośnik; pl ~*s* firma transportowa

car·ri·on ['kærɪən] s padlina

car·rot ['kærət] s marchew

car·ry ['kærɪ] vt nosić, przenosić; wozić, dostarczać; doprowadzić; przeprowadzić (*np. uchwałę*); vi (*o broni*) nieść; (*o głosie*) rozlegać się; ~ *about* <*along*> nosić ze sobą; ~ *away* uprowadzić, porwać; ~ *off* uprowadzić, zabrać; zdobyć (*np. nagrodę*); ~ *on* prowadzić dalej, kontynuować; ~ *out* wykonać, przeprowadzić; ~ *over* przenosić; ~ *through* przeprowadzić, doprowadzić do końca; *to* ~ *into effect* wprowadzić w czyn; przen. *to* ~ *the day* wziąć

górę; **to ~ weight** mieć wagę
<znaczenie>
car·ry·out ['kærɪaʊt] = **takeaway**
cart [kɑːt] s wóz, fura; **to put the
~ before the horse** stawiać
sprawę na głowie, robić rzeczy w
odwrotnej kolejności
car·tel [kɑː'tel] s ekon. kartel
car·ter ['kɑːtə] s woźnica
cart·load ['kɑːtləʊd] s ładunek
wozu
car·ton ['kɑːtn] s karton (np.
papierosów)
car·toon [kɑː'tuːn] s karykatura;
rycina, szkic
car·toon film [kɑː'tuːn fɪlm] s
film rysunkowy
car·tridge ['kɑːtrɪdʒ] s nabój;
blank ~ ślepy nabój; **ball ~** ostry
nabój
carve [kɑːv] vt rzeźbić; krajać
carv·er ['kɑːvə] s rzeźbiarz;
snycerz
case 1. [keɪs] s wypadek; przypadek; położenie; sprawa (np. sądowa); **in ~ of** w przypadku; **in any
~** w każdym bądź razie; **to have
no ~** nie mieć podstaw; **~ history**
historia choroby
case 2. [keɪs] s pudełko; skrzynia;
walizka; futerał; **dressing ~** neseser
cash [kæʃ] s gotówka; zapłata;
pot. pieniądze; **in ~** gotówką; **~
down = c.o.d.** (= **cash on
delivery**) płatne przy odbiorze;
out of ~ bez gotówki; **~ register**
kasa (w sklepie); vt spieniężyć;
opłacić; inkasować
cash-book ['kæʃbʊk] s księga ka-
sowa
cash·ier [kæ'ʃɪə] s kasjer
cas·ing ['keɪsɪŋ] s oprawa; pokrowiec; powłoka; obudowa
ca·si·no [kə'siːnəʊ] s kasyno
cask [kɑːsk] s beczułka
cas·ket ['kɑːskɪt] s kasetka, szka-
tułka; am. trumna
cas·sette [kə'set] s kaseta; **video**

~ wideokaseta; **~ recorder
<deck>** magnetofon kasetowy
*****cast** vt (**cast, cast** [kɑːst]) rzu-
cać; zarzucać (sieci); techn. odlewać; sport powalić (przeciwnika);
~ away odrzucić; **~ down**
ściągnąć, spuścić; przygnębić; **~
off** odrzucić; **~ out** wyrzucić,
wypędzić; **~ up** obliczyć; **to ~ a
vote** oddać głos; s rzut; odlew;
teatr obsada
cast·a·way ['kɑːstəweɪ] adj
odrzucony, wyrzucony; s wyrzutek; rozbitek
caste [kɑːst] s kasta
cast i·ron [,kɑːst'aɪən] s żeliwo;
adj attr żeliwny; przen. twardy,
niewzruszony
cas·tle ['kɑːsl] s zamek; wieża (w
szachach); przen. **~s in the air**
zamki na lodzie; vi robić roszadę
(w szachach)
cas·tor oil [,kɑːstər'ɔɪl] s olej rycynowy
cas·trate [kæ'streɪt] vt kastrować; s kastrat; rzezaniec
cas·u·al ['kæʒʊəl] adj przypadkowy, doraźny, dorywczy; sezonowy (pracownik); niedbały;
zdawkowy; **~ clothes** ubranie na
co dzień
cas·u·al·ty ['kæʒʊəltɪ] s nieszczęśliwy wypadek; ofiara wypadku; pl **casualties** straty w ludziach
cat [kæt] s kot; **it rains ~s and
dogs** leje jak z cebra
cat·a·clysm ['kætəklɪzm] s kataklizm
cat·a·logue ['kætəlɒg] s katalog;
vt katalogować
cat·a·lys·er ['kætlaɪzə] s katalizator
cat·a·ma·ran [,kætəmə'ræn] s
katamaran
cat·a·ract ['kætərækt] s katarakta, duży wodospad; med. zaćma,
katarakta
ca·tarrh [kə'tɑː] s katar, nieżyt
nosa

C

ca·tas·tro·phe [kə'tæstrəfɪ] s katastrofa

***catch** [kætʃ] *vt* (**caught**, **caught** [kɔːt]) łapać; łowić; ująć; pojąć, zrozumieć; dosłyszeć; zahaczyć, zaczepić; trafić, uderzyć; nabawić się (*choroby*); zarazić się (*chorobą*); *vi* chwytać się, czepiać się (**at sth** czegoś); ~ **sb up** dogonić kogoś; ~ **up with sb** dogonić kogoś, dorównać komuś; **to** ~ **cold** zaziębić się; **to** ~ **fire** zapalić się, stanąć w płomieniach; **to** ~ **hold** pochwycić (**of sth** coś); **to** ~ **sight** zobaczyć (**of sth** coś); s chwyt; uchwyt; łapanie; połów; łup

catch-22 [,kætʃ twentɪ'tuː] s błędne koło

catch·ing ['kætʃɪŋ] *adj* zaraźliwy

catch·word ['kætʃwɜːd] s hasło; slogan

catch·y ['kætʃɪ] *adj* pociągający; zwodniczy

cat·e·chis·m ['kætɪkɪzm] s katechizm

cat·e·gor·i·cal [,kætɪ'gɒrɪkl] *adj* kategoryczny

cat·e·go·ry ['kætɪgərɪ] s kategoria

ca·ter ['keɪtə] *vi* dostarczać żywności <rozrywki> (**for sb** komuś); obsługiwać (**for sb** kogoś)

ca·ter·er ['keɪtərə] s dostawca artykułów spożywczych

cat·er·pil·lar ['kætəpɪlə] s *zool. techn.* gąsienica

ca·the·dral [kə'θiːdrəl] s katedra

cath·o·lic ['kæθəlɪk] *adj* uniwersalny, powszechny; liberalny; katolicki; *s* **Catholic** katolik

cat·kin ['kætkɪn] s *bot.* bazia, kotek

cat·tle ['kætl] s bydło (rogate)

Cau·ca·sian [kɔː'keɪzɪən] *adj* kaukaski; *s* mieszkaniec Kaukazu

caught zob. **catch**

cau·li·flow·er ['kɒlɪ,flaʊə] s *bot.* kalafior

caus·al ['kɔːzl] *adj* przyczynowy

cause [kɔːz] s przyczyna; powód (**of sth** czegoś, **for sth** do czegoś); sprawa, proces; *vt* powodować

cause·way ['kɔːzweɪ] s droga na grobli; grobla

caus·tic ['kɔːstɪk] *adj* żrący; zjadliwy, kostyczny

cau·tion ['kɔːʃn] s ostrożność; przezorność; ostrzeżenie; uwaga; *vt* ostrzegać

cau·tious ['kɔːʃəs] *adj* ostrożny, rozważny, uważny

cav·a·lier [,kævə'lɪə] *adj* swobodny; szarmancki; nonszalancki

cav·al·ry ['kævlrɪ] s kawaleria

cave [keɪv] s pieczara, jaskinia; *vt* drążyć; *vi* zapadać się

cav·ern ['kævən] s jaskinia, jama

cav·i·ar ['kævɪɑː] s kawior

cav·il ['kævl] *vi* czepiać się (**at sb, sth** kogoś, czegoś), ganić (**at sb, sth** kogoś, coś); s złośliwa uwaga

cav·i·ty ['kævətɪ] s wydrążenie; *dent.* dziura

caw [kɔː] *vi* krakać; s krakanie

cease [siːs] *vi* przestawać, ustawać; *vt* przerwać, zaprzestać, skończyć

cease·less ['siːsləs] *adj* nieustanny

ce·dar ['siːdə] s cedr

cede [siːd] *vt* ustąpić, odstąpić, cedować

ceil·ing ['siːlɪŋ] s sufit

cel·e·brate ['selɪbreɪt] *vt* świętować, obchodzić (*np. uroczystość*), sławić

cel·e·brat·ed ['selɪbreɪtɪd] *adj* sławny, powszechnie znany

ce·leb·ri·ty [sə'lebrɪtɪ] s znakomitość, sława

ce·les·tial [sə'lestɪəl] *adj* niebiański, boski

cel·i·ba·cy ['selɪbəsɪ] s celibat

cel·i·bate ['selɪbət] *adj* bezżenny; s osoba żyjąca w celibacie

cell [sel] s cela, komórka; *elektr.* bateria

cel·lar ['selə] s piwnica

cel·lo ['tʃeləu] s *muz.* wiolonczela

Celt [kelt, *am.* selt] s Celt

Cel·tic ['keltɪk, *am.* 'seltɪk] *adj* celtycki

ce·ment [sɪ'ment] s cement; *vt* cementować; *przen.* utwierdzać

cem·e·ter·y ['semətrɪ] s cmentarz

cen·sor ['sensə] s cenzor; *vt* cenzurować

cen·sor·ship ['sensəʃɪp] s cenzura

cen·sure ['senʃə] s osąd, nagana, krytyka; *vt* ganić, krytykować, potępiać

cen·sus ['sensəs] s spis ludności

cent [sent] s *am.* cent (*1/100 dolara*); **per ~** na sto; **at 5 per ~** na 5 procent

cen·te·na·ri·an [,sentə'neərɪən] *adj* stuletni; s stuletni starzec

cen·te·na·ry [sen'tiːnərɪ] s stulecie; *adj* stuletni

cen·ter ['sentə] *am.* = **centre**

cen·ti·grade ['sentɪgreɪd] *adj* stustopniowy; **100 ~** 100 stopni Celsjusza

cen·ti·me·tre ['sentɪ,miːtə] s centymetr

cen·tral ['sentrl] *adj* centralny, główny, śródmiejski

cen·tral·ize ['sentrəlaɪz] *vt* centralizować

cen·tre ['sentə] s centrum, ośrodek; **~ of gravity** środek ciężkości; *vt vi* umieszczać w środku; skupiać (się), koncentrować (się)

cen·trif·u·gal [sen'trɪfjʊgl] *adj* odśrodkowy

cen·trip·e·tal [sen'trɪpɪtl] *adj* dośrodkowy

cen·tu·ry ['sentʃərɪ] s stulecie, wiek

ce·ram·ic [sɪ'ræmɪk] *adj* ceramiczny

ce·ram·ics [sɪ'ræmɪks] s ceramika

ce·re·al ['sɪərɪəl] *adj* zbożowy; s (*zw. pl* **~s**) produkty mączne <zbożowe>

ce·re·bral ['serəbrəl] *adj* mózgowy

cer·e·mo·ni·al [,serə'məunɪəl] *adj* ceremonialny; s ceremoniał, obrzędek

cer·e·mo·ny ['serəmənɪ] s ceremonia, uroczystość

cer·tain ['sɜːtn] *adj* pewny; określony; przekonany; niejaki, pewien; **for ~** na pewno; **to make ~** ustalić, upewnić się; **he is ~ to come** on na pewno przyjdzie

cer·tain·ly ['sɜːtnlɪ] *adv* na pewno, bezwarunkowo; *int* ~**!** oczywiście!; **~ not!** nie!, nie ma mowy!

cer·tain·ty ['sɜːtntɪ] s pewność; **on a ~** *pot.* na pewniaka; bez ryzyka

cer·tif·i·cate [sə'tɪfɪkət] s zaświadczenie, świadectwo

cer·ti·fy ['sɜːtɪfaɪ] *vt vi* zaświadczać, poświadczać; **this is to ~ that...** niniejszym poświadcza się, że...

cer·ti·tude ['sɜːtɪtjuːd] s pewność

ces·sa·tion [se'seɪʃn] s przerwa, ustanie; wygaśnięcie (*terminu*)

chafe [tʃeɪf] *vt vi* trzeć (się), drażnić, jątrzyć (się)

chaff [tʃɑːf] s sieczka, plewy; żarty, kpiny; *vt* żartować, droczyć się

cha·grin ['ʃægrɪn] s zmartwienie; *vt* martwić się

chain [tʃeɪn] s *dosł. i przen.* łańcuch; łańcuszek; *vt* przymocować łańcuchem; skuć; *przen.* uwiązać

chair [tʃeə] s krzesło, fotel; katedra (*uniwersytecka*); krzesło <miejsce, funkcja> przewodniczącego; **to be in the ~** przewodniczyć

chair·man ['tʃeəmən] s (*także* **chairperson**) (*pl* **chairmen** ['tʃeəmən]) przewodniczący, prezes

chaise [ʃeɪz] s lekki powóz, bryczka

chalk [tʃɔːk] s kreda; kredka; *vt* znaczyć kredą; szkicować

chal·lenge ['tʃæləndʒ] s wyzwanie; wezwanie; próba sił; *vt* wyzywać; wzywać

cham·ber ['tʃeɪmbə] *s* sala, pokój; izba; komora; ~ *music* muzyka kameralna

cham·ber·lain ['tʃeɪmbəlɪn] *s* szambelan

cham·ber·maid ['tʃeɪmbəmeɪd] *s* pokojówka

cha·me·le·on [kə'miːlɪən] *s* kameleon

cham·ois (**leath·er**) [ˌʃæmɪ ('leðə)] *s* ircha

cham·pagne [ʃæm'peɪn] *s* szampan

cham·pi·gnon [tʃæm'pɪnɪən] *s bot.* pieczarka

cham·pi·on ['tʃæmpɪən] *s* (*także pot.* **champ** [tʃæmp]) *sport* mistrz, rekordzista; orędownik

chance [tʃɑːns] *s* traf, przypadek; możność, okazja; szansa; ryzyko; *by ~* przypadkiem, przypadkowo; *to give sb a ~* dać komuś szansę; *to take one's ~* próbować, ryzykować; *~ of a lifetime* szansa życiowa; *adj attr* przypadkowy; *vi* zdarzać się; natknąć się (*on, upon sb, sth* na kogoś, na coś); *vt* ryzykować

chan·cel·ler·y ['tʃɑːnsəlrɪ] *s bryt.* urząd kanclerza; biuro ambasady

chan·cel·lor ['tʃɑːnslə] *s* kanclerz; rektor (uniwersytetu); *bryt.* **Chancellor of the Exchequer** minister finansów; **Lord Chancellor** sędzia najwyższy

chan·cer·y ['tʃɑːnsərɪ] *s bryt.* rejestr publiczny; **Chancery** Sąd Lorda Kanclerza

chan·de·lier [ˌʃændə'lɪə] *s* żyrandol; kandelabr

change 1. [tʃeɪndʒ] *s* zmiana; wymiana; przemiana; przesiadka; drobne pieniądze, reszta; *small ~* drobne; *for a ~* dla urozmaicenia, na odmianę; *vt vi* zmieniać (się), wymieniać; odmieniać (się); przebierać się; *to ~ trains* przesiadać się z pociągu na pociąg; *to ~*

hands zmieniać właściciela; *to ~ one's mind* rozmyślić się

change 2. [tʃeɪndʒ] *s* (*także* **Exchange**, **Stock Exchange**) giełda

change·a·ble ['tʃeɪndʒəbl] *adj* zmienny

chan·nel ['tʃænl] *s* kanał (*zw. morski, telewizyjny*); koryto (*rzeki*); kanalik; *przen.* droga, sposób; *the English Channel* kanał La Manche

chant [tʃɑːnt] *s* pieśń (*zw. kościelna*); *vt vi* śpiewać (*pieśni, psalmy*)

cha·os ['keɪɒs] *s* chaos

cha·ot·ic [keɪ'ɒtɪk] *adj* chaotyczny

chap [tʃæp] *s pot.* facet, gość

chap·el ['tʃæpl] *s* kaplica

chap·lain ['tʃæplɪn] *s* kapelan

chap·ter ['tʃæptə] *s* rozdział (*np. książki, życia*)

char·ac·ter ['kærɪktə] *s* charakter; postać, rola; osobistość; dobre <złe> imię, reputacja; cecha charakterystyczna; znak, litera; dziwak; *pot.* indywiduum, typ

char·ac·ter·is·tic [ˌkærɪktə'rɪstɪk] *adj* charakterystyczny, znamienny; *s* rys charakterystyczny

char·ac·ter·ize ['kærɪktəraɪz] *vt* charakteryzować, cechować; scharakteryzować, opisać (*sb, sth* kogoś, coś)

cha·rade [ʃə'rɑːd] *s* szarada

char·coal ['tʃɑːkəʊl] *s* węgiel drzewny

charge [tʃɑːdʒ] *s* obciążenie, ciężar; ładunek; zarzut, oskarżenie; obowiązek, powinność; opieka; atak, szarża; nabój; koszt, opłata; *bryt.* **to reverse the ~s** rozmawiać przez telefon na koszt osoby przyjmującej; *on a ~ of* pod zarzutem (*sth* czegoś); *at a ~ of* za opłatą; *to be in ~* opiekować się, zarządzać (*of sth* czymś); *to take ~* zająć się (*of sth* czymś); *free of ~* bezpłatny;

vt obciążać; ładować; oskarżać (**with sth** o coś); polecić, powierzyć (**sb with sth** komuś coś); policzyć, pobrać (kwotę); *vi* cenić, podawać cenę; atakować; *how much do you ~ for it?* ile za to żądasz?

char·i·ot ['tʃæriət] *s* rydwan, wóz

char·i·ta·ble ['tʃærɪtəbl] *adj* dobroczynny, miłosierny

char·i·ty ['tʃærəti] *s* dobroczynność, miłosierdzie; jałmużna; *to live on ~* żyć z jałmużny

charm [tʃɑːm] *s* czar, wdzięk, urok; *vt* vi czarować, urzekać

chart [tʃɑːt] *s* mapa morska; wykres

char·ter ['tʃɑːtə] *s* karta; statut; przywilej; patent; *vt* nadać patent; przyznać (*prawo, przywilej*); frachtować (*statek*); wynajmować (*zw. samolot*)

char·wom·an ['tʃɑːˌwumən] *s* sprzątaczka

chase 1. [tʃeɪs] *s* pogoń; polowanie; *vt* gonić, ścigać; polować (**sth** na coś)

chase 2. [tʃeɪs] *s* lufa; rowek; oprawa, ramka

chasm ['kæzm] *s* rozpadlina, przepaść, otchłań

chas·sis ['ʃæsi] *s* mot. podwozie

chaste [tʃeɪst] *adj* niewinny, cnotliwy, czysty; prosty, bez ornamentów

chas·ten ['tʃeɪsn] *vt* oczyszczać; doświadczać, karać

chas·tise [tʃæ'staɪz] *vt* karać; poskramiać; chłostać, smagać

chas·tise·ment [tʃæ'staɪzmənt] *s* kara; chłosta

chas·ti·ty ['tʃæstəti] *s* czystość, niewinność

chat [tʃæt] *s* swobodna rozmowa, pogawędka; *v* **show** *bryt.* debata (*radiowa lub telewizyjna z udziałem znanych osób*); *vi* gawędzić, pogadać

chat·tels ['tʃætlz] *s* pl *prawn.*

ruchomości; (*zw.* **goods and ~**) mienie, dobytek

chat·ter ['tʃætə] *vi* świergotać, szczebiotać; paplać, trajkotać; szczękać; *s* szczebiot; paplanina; szczęk

chat·ter·box ['tʃætəbɒks] *s pot.* gaduła

chauf·feur ['ʃəufə] *s* szofer

chau·vin·ism ['ʃəuvɪnɪzm] *s* szowinizm

cheap [tʃiːp] *adj* tani, marny, bezwartościowy; *adv* tanio

cheap·en ['tʃiːpən] *vt* obniżyć cenę; *vi* potanieć

cheat [tʃiːt] *vt vi* oszukiwać; *s* oszustwo; oszust

check [tʃek] *vt* wstrzymywać, hamować; trzymać w szachu; kontrolować, sprawdzać; *am.* oddać na przechowanie za pokwitowaniem, nadać (*np. bagaż*); **~ in** zameldować się (*w hotelu*); **~ out** wymeldować się; *s* zatrzymanie, zahamowanie; szach; kontrola; żeton; pokwitowanie; *am.* czek; rachunek; numerek (*w szatni itp.*)

check·er ['tʃekə] *s am.* = **chequer**

check·mate ['tʃekmeɪt] *s* mat; *vt* dać mata; *przen.* udaremnić (*zamiary*); unicestwić

check·point ['tʃekpɔɪnt] *s* punkt kontrolny

cheek [tʃiːk] *s* policzek; *przen.* bezczelność, zuchwalstwo

cheek·y ['tʃiːki] *adj* bezczelny, zuchwały

cheer [tʃɪə] *s* (*zw. pl* **~s**) radosne okrzyki, oklaski; radość; samopoczucie; jedzenie, dobry posiłek; **~s!** na zdrowie! (*wznosząc toast*); *to be of good ~* być dobrej myśli; *what ~?* jak się czujesz?; *vt* rozweselać, zachęcać, dodawać otuchy; (*także* **~ up**) przyjmować z aplauzem, robić owację; *vi* wiwatować; (*zw.* **~ up**) nabierać otuchy; **~ up!** głowa do góry!; rozchmurz się!

cheer·ful ['tʃɪəfl] adj radosny, pogodny, zadowolony

cheer·i·o [,tʃɪərɪ'əʊ] int cześć!; sto lat! (przy toastach)

cheer·lead·er ['tʃɪə,liːdə] s zw. am. wodzirej; osoba organizująca doping publiczności na zawodach sportowych

cheer·less ['tʃɪələs] adj posępny, ponury, smutny

cheer·y ['tʃɪərɪ] adj pełen radości, wesoły

cheese [tʃiːz] s ser

cheese·cake ['tʃiːzkeɪk] s sernik

chef [ʃef] s szef kuchni

chem·i·cal ['kemɪkl] adj chemiczny; s pl ~s chemikalia

chem·ist ['kemɪst] s chemik; bryt. aptekarz; ~'s shop apteka

chem·is·try ['kemɪstrɪ] s chemia

cheque [tʃek] s bryt. czek; **traveller's** ~ czek podróżny

cheq·uer ['tʃekə] s szachownica; deseń w kratkę; vt kratkować

cher·ish ['tʃerɪʃ] vt lubić, pielęgnować, żywić (np. uczucie, nadzieję)

cher·ry ['tʃerɪ] s wiśnia, czereśnia; ~ **brandy** wiśniówka

chess [tʃes] s szachy

chess·board ['tʃesbɔːd] s szachownica

chest [tʃest] s skrzynia, kufer; klatka piersiowa, pierś

chest·nut ['tʃesnʌt] s kasztan

chew [tʃuː] vt vi żuć

chew·ing-gum ['tʃuːɪŋgʌm] s guma do żucia

chick·en ['tʃɪkɪn] s kurczę

chick·en·pox ['tʃɪkɪnpɒks] s med. wietrzna ospa

chic·o·ry ['tʃɪkərɪ] s cykoria

*chide [tʃaɪd] vt (**chided** lub **chid** [tʃɪd], **chided** lub **chidden** ['tʃɪdn]) ganić, łajać, besztać

chief [tʃiːf] s szef, wódz, głowa; adj główny, naczelny

chief·tain ['tʃiːftən] s wódz, herszt

child [tʃaɪld] s (pl **children** ['tʃɪldrən]) dziecko

child·birth ['tʃaɪldbɜːθ] s poród

child·hood ['tʃaɪldhʊd] s dzieciństwo

child·ish ['tʃaɪldɪʃ] adj dziecinny

chil·dren zob. **child**

chill [tʃɪl] s chłód; dreszcz; **to catch a** ~ dostać dreszczy, przeziębić się; **to take the** ~ **off** podgrzać; adj chłodny, przejmujący dreszczem; vt chłodzić, studzić; vi stygnąć, oziębiać się

chill·y ['tʃɪlɪ] adj chłodny, przejmujący dreszczem

chime [tʃaɪm] s kurant; harmonia, zgoda; (zw. pl ~s) dźwięk dzwonów; vt vi dzwonić, wydzwaniać; **to** ~ **in with** harmonizować z

chim·ney ['tʃɪmnɪ] s komin

chim·ney sweep ['tʃɪmnɪswiːp] s kominiarz

chim·pan·zee [,tʃɪmpæn'ziː] s zool. szympans

chin [tʃɪn] s podbródek, broda

chi·na ['tʃaɪnə] s porcelana

Chi·na·town ['tʃaɪnətaʊn] s chińska dzielnica (miasta)

Chi·nese [,tʃaɪ'niːz] s Chińczyk; język chiński; adj chiński

chink 1. [tʃɪŋk] s brzęk; vt vi brzęczeć, dźwięczeć, pobrzękiwać

chink 2. [tʃɪŋk] s szpara, szczelina; vi pękać; vt uszczelniać

chip [tʃɪp] s wiór, drzazga, skrawek; układ scalony; komp. pot. kość; pl ~s frytki; vt vi strugać; łupać; kruszyć (się); szczerbić (się)

chirp [tʃɜːp], **chir·rup** ['tʃɪrəp] vt vi świergotać; s świergot

chis·el ['tʃɪzl] s dłuto; vt dłutować; rzeźbić (dłutem)

chiv·al·rous ['ʃɪvlrəs] adj rycerski

chiv·al·ry ['ʃɪvlrɪ] s rycerstwo, rycerskość

chlo·ride ['klɔːraɪd] s chem. chlorek

chlo·rine ['klɔːriːn] *s chem.* chlor
chlo·ro·form ['klɒrəfɔːm] *s* chloroform
chock-full [ˌtʃɒk'fʊl] *adj pot.* wypełniony po brzegi
choc·o·late ['tʃɒklət] *s* czekolada; *adj* czekoladowy
choice [tʃɔɪs] *s* wybór; chęć; dobór; rzecz wybrana; **to make one's ~** wybierać; *adj* wyborowy, wybrany
choir ['kwaɪə] *s* chór (*zespół śpiewaczy i chór kościelny*)
choke [tʃəʊk] *vt vi* dusić (się); głuszyć, tłumić; (*także ~ up*) zatykać; *s* duszenie (się), dławienie (się)
chol·e·ra ['kɒlərə] *s med.* cholera
cho·les·te·rol [kə'lestərɒl] *s* cholesterol
*choose [tʃuːz] *vt* (**chose** [tʃəʊz], **chosen** ['tʃəʊzn]) wybierać, dobierać; *vi* mieć wybór; woleć; **if you ~** jeżeli masz ochotę
chop [tʃɒp] *vt* krajać, siekać, rąbać; **~ off** odciąć, odrąbać; **~ through** przeciąć, przerąbać; *s* cięcie, rąbanie; płat; zraz; kotlet
chop·per ['tʃɒpə] *s* tasak; *am. pot.* helikopter
chop·stick ['tʃɒpstɪk] *s* pałeczka (*do jedzenia*)
cho·ral ['kɔːrəl] *adj* chóralny
chord [kɔːd] *s* struna; cięciwa; akord
cho·rus ['kɔːrəs] *s* chór; **in ~** chórem; refren
chose, cho·sen *zob.* **choose**
Christ [kraɪst] *s rel.* Chrystus
chris·ten ['krɪsn] *vt* chrzcić
Chris·tian ['krɪstʃən] *adj* chrześcijański; *s* chrześcijanin
Christ·mas ['krɪsməs] *s* Boże Narodzenie; **~ Eve** Wigilia; **~ tree** choinka; **Merry ~** Wesołych Świąt
chron·ic ['krɒnɪk] *adj* chroniczny
chron·i·cle ['krɒnɪkl] *s* kronika
chron·o·log·i·cal [ˌkrɒnə'lɒdʒɪkl] *adj* chronologiczny

chro·nol·o·gy [krə'nɒlədʒɪ] *s* chronologia
chrys·a·lis ['krɪsəlɪs] *s* poczwarka
chub·by ['tʃʌbɪ] *adj* pucołowaty
chuck 1. [tʃʌk] *vt* cisnąć, rzucić; **~ out** wyrzucić; *pot.* wylać
chuck 2. [tʃʌk] *vi* gdakać; zwoływać ptactwo domowe; cmokać (*na konia*); *s* maleństwo, kurczątko
chuck·le ['tʃʌkl] *s* chichot; *vi* chichotać
chum [tʃʌm] *s* serdeczny kolega; *pot.* kumpel; *vi* przyjaźnić się, być w zażyłych stosunkach
chunk [tʃʌŋk] *s* kawał (*np. chleba*); kloc, bryła
Chun·nel ['tʃʌnl] *s pot.* = **Channel Tunnel** (tunel pod Kanałem La Manche)
church [tʃɜːtʃ] *s* kościół
church·yard ['tʃɜːtʃjɑːd] *s* dziedziniec kościelny; cmentarz (*przy kościele*)
churl [tʃɜːl] *s* gbur, grubianin, skneria
churn [tʃɜːn] *s* maślnica; *vt vi* robić masło; wzburzyć (się)
ci·der ['saɪdə] *s* jabłecznik (*napój*)
ci·gar [sɪ'gɑː] *s* cygaro
cig·a·rette [ˌsɪgə'ret] *s* papieros
cig·a·rette case [ˌsɪgə'retkeɪs] *s* papierośnica
cig·a·rette hol·der [ˌsɪgə'rethəʊldə] *s* cygarniczka
cin·der ['sɪndə] *s* (*zw. pl* **~s**) popiół, żużel
Cin·der·el·la [ˌsɪndə'relə] *s* Kopciuszek
cin·e·ma ['sɪnəmə] *s* kino
cin·e·ma·goer ['sɪnəməˌgəʊə] *s pot.* kinoman
cin·na·mon ['sɪnəmən] *s* cynamon
ci·pher ['saɪfə] *s* cyfra; zero; szyfr; *vi* rachować; *vt* zaszyfrować
cir·cle ['sɜːkl] *s dosł. i przen.* koło; krąg, obwód; *teatr* **upper ~** balkon I piętra; **vicious ~** błędne

koło; *vt* okrążać, otaczać; *vi* krążyć

cir·cuit ['sɜːkɪt] *s* obwód, linia okrężna; obieg; objazd; ***short ~** krótkie spięcie

cir·cu·i·tous [sɜː'kjuːɪtəs] *adj* okólny, okrężny

cir·cu·lar ['sɜːkjʊlə] *adj* kolisty; okólny; *s* okólnik

cir·cu·late ['sɜːkjʊleɪt] *vt* puszczać w obieg; *vi* krążyć; ***circulating medium** płatniczy środek obiegowy

cir·cu·la·tion [,sɜːkjʊ'leɪʃn] *s* krążenie, obieg

cir·cum·fer·ence [sə'kʌmfərns] *s* obwód

cir·cum·nav·i·gate [,sɜːkəm-'nævɪgeɪt] *vt* opłynąć morzem dookoła

cir·cum·scribe ['sɜːkəmskraɪb] *vt* opisać, określić; ograniczyć

cir·cum·spect ['sɜːkəmspekt] *adj* ostrożny, rozważny

cir·cum·spec·tion [,sɜːkəm-'spekʃn] *s* ostrożność, rozwaga

cir·cum·stance ['sɜːkəmstəns] *s* *zw. pl **~s** okoliczności, stosunki, położenie; ***under no ~s** pod żadnym warunkiem

cir·cum·stan·tial [,sɜːkəm-'stænʃl] *adj* szczegółowy; okolicznościowy; poszlakowy

cir·cus ['sɜːkəs] *s* cyrk; okrągły plac (*u zbiegu ulic*)

cis·tern ['sɪstən] *s* cysterna; spłuczka

cit·a·del ['sɪtədl] *s* cytadela

ci·ta·tion [saɪ'teɪʃn] *s* cytat

cite [saɪt] *vt* cytować; wzywać (*do sądu*)

cit·i·zen ['sɪtɪzn] *s* obywatel

cit·i·zen·ship ['sɪtɪznʃɪp] *s* obywatelstwo

cit·y ['sɪtɪ] *s* (wielkie) miasto; ***~ council** rada miejska; ***the City** City (*śródmieście Londynu będące centrum handlu i finansów*); ***~ hall** *am.* ratusz

civ·ic ['sɪvɪk] *adj* obywatelski

civ·il ['sɪvl] *adj* cywilny, obywatelski; ***~ servant** urzędnik państwowy; ***~ service** służba <administracja> państwowa; ***~ war** wojna domowa

ci·vil·ian [sə'vɪlɪən] *adj* cywilny; *s* cywil

ci·vil·i·ty [sə'vɪlətɪ] *s* uprzejmość

civ·il·i·za·tion [,sɪvəlaɪ'zeɪʃn] *s* cywilizacja

civ·il·ize ['sɪvəlaɪz] *vt* cywilizować

clack [klæk] *s* trzask, szczęk; *vi* trzaskać, szczękać

claim [kleɪm] *vt* żądać, zgłaszać pretensje (***sth** do czegoś); twierdzić; *s* żądanie (***to sth** czegoś), pretensja, roszczenie; twierdzenie; ***to lay ~** zgłaszać pretensję (***to sth** do czegoś)

claim·ant ['kleɪmənt] *s* pretendent

clair·voy·ance [kleə'vɔɪəns] *s* jasnowidztwo

clam·ber ['klæmbə] *vi* wspinać się, gramolić się

clam·my ['klæmɪ] *adj* lepki, wilgotny

clam·or·ous ['klæmərəs] *adj* krzykliwy, hałaśliwy

clam·our ['klæmə] *s* krzyk, hałas; *vi* krzyczeć, wrzeszczeć

clamp 1. [klæmp] *s* kleszcze; imadło; klamra; *vt* zaciskać, spajać

clamp 2. [klæmp] *s* ciężkie stąpanie; *vi* ciężko stąpać

clamp 3. [klæmp] *s* sterta, kupa

clan [klæn] *s* klan

clan·des·tine [klæn'destɪn] *adj* tajny, potajemny

clang [klæŋ] *s* dźwięk (*metalu*), szczęk; *vt vi* dźwięczeć, pobrzękiwać

clap [klæp] *vt vi* trzaskać; klaskać; klepać; *s* trzask; klepanie; klaskanie; grzmot; huk

clap·trap ['klæptræp] *s* *zbior. pot.* czcza gadanina, frazesy

claque [klæk] *s* klaka

clar·i·fy ['klærɪfaɪ] *vt vi* wyjaśnić

(się); oczyszczać (się), klarować (się)

clar·i·net [ˌklærɪ'net] s muz. klarnet

clar·i·on [ˈklærɪən] s trąbka; sygnał

clar·i·ty [ˈklærətɪ] s jasność, czystość, klarowność; przejrzystość (np. stylu)

clash [klæʃ] s trzask, brzęk; zderzenie, kolizja; niezgodność; konflikt; potyczka; vt trzasnąć, uderzyć; vi brzęknąć; zderzyć się, zetrzeć się; kolidować

clasp [klɑːsp] vt zamykać, spinać, zwierać; chwytać, obejmować; s objęcie, uścisk; zapinka, zatrzask, klamra

clasp knife [ˈklɑːspnaɪf] s nóż składany, scyzoryk

class [klɑːs] s klasa (szkolna, społeczna itp.); lekcja, kurs; vt klasyfikować

clas·sic [ˈklæsɪk] adj klasyczny; s klasyk

clas·si·cal [ˈklæsɪkl] adj = **classic**

clas·si·cism [ˈklæsɪsɪzm] s klasycyzm

clas·si·fy [ˈklæsɪfaɪ] vt klasyfikować, sortować

class·mate [ˈklɑːsmeɪt] s kolega szkolny

class·room [ˈklɑːsrʊm] s klasa, sala szkolna

clat·ter [ˈklætə] vt vi stukać, brzęczeć; robić hałas; stukot, klekot, brzęk; gwar

clause [klɔːz] s klauzula, warunek; gram. zdanie (zw. podrzędne)

claw [klɔː] s pazur, szpon; łapa z pazurami; kleszcze (np. raka); vt drapać; chwytać w szpony

clay [kleɪ] s glina

clean [kliːn] adj czysty, wyraźny; gładki; całkowity; przyzwoity, lojalny; vt czyścić; ~ **up** porządkować, sprzątać

clean·li·ness [ˈklenlɪnəs] s

schludność; czystość

clean·ly 1. [ˈklenlɪ] adj schludny, dbający o czystość

clean·ly 2. [ˈkliːnlɪ] adv czysto

clean·ness [ˈkliːnnəs] s czystość

cleanse [klenz] vt dosł. i przen. oczyszczać

clear [klɪə] adj jasny, wyraźny; całkowity, pełny; czysty (np. zysk, sumienie); wolny (**of sth** od czegoś); bystry, przenikliwy; **all ~** droga wolna; alarm odwołany; adv jasno, wyraźnie; całkiem; czysto; z dala; **to get ~ off** wyjść na czysto, uwolnić się, pozbyć się; **to keep ~** trzymać się z dala (**of sth** od czegoś); **to stand ~** stać z dala, na uboczu; vt wyjaśniać, usprawiedliwiać, klarować; czyścić; sprzątać; zwalniać, opróżniać, opuszczać; trzebić (las); spłacać, rozliczać, wyrównywać (długi, rachunki); **to ~ one's throat** odchrząknąć; **~ away** usunąć; **~ off** wyprzedać; **~ out** uprzątnąć, wyrzucić; **~ up** wyjaśnić; sprzątnąć; vi wyjaśnić się; rozchmurzać się; pot. **~ out** <off>wynieść się; (o pogodzie) **~ up** przejaśniać się

clear·ance [ˈklɪərəns] s zwolnienie; oczyszczenie; wyprzedaż; rozliczenie, wyrównanie kont; odprawa celna

clear·ing [ˈklɪərɪŋ] s karczowisko; polana; bank. rozrachunek

clear·sight·ed [ˌklɪə'saɪtɪd] adj wnikliwy; pewny

cleav·age [ˈkliːvɪdʒ] s rozszczepienie; szczelina; rozłam

***cleave 1.** [kliːv] vt vi (**cleft** [kleft] lub **clove** [kləʊv], **cleft** [kleft] lub **cloven** [ˈkləʊvn]) rozszczepiać (się), rozcinać, pękać

cleave 2. [kliːv] vi trzymać się (**to sb, sth** kogoś, czegoś), być wiernym

clef [klef] s muz. klucz

cleft 1. zob. **cleave 1.**

cleft 2. [kleft] s szczelina, rozpadlina

clem·en·cy ['klemənsɪ] *s* łagodność; łaska; łaskawość

clench [klentʃ] *vt* ścisnąć, zacisnąć, zewrzeć; zaklepać; *vi* zewrzeć się; zacisnąć się

cler·gy ['klɜːdʒɪ] *s* duchowieństwo, kler

cler·gy·man ['klɜːdʒɪmən] *s* (*pl* **clergymen** ['klɜːdʒɪmən]) duchowny

cler·i·cal ['klerɪkl] *adj* duchowny; klerykalny; urzędniczy; biurowy

clerk [klɑːk] *s* urzędnik; *am.* ekspedient; recepcjonista

clev·er ['klevə] *adj* sprytny; zdolny, utalentowany; zręczny

clev·er·ness ['klevənəs] *s* zręczność; zdolność; inteligencja

clew [kluː] *s* = **clue**; *vt* zwijać w kłębek; *mors.* zwijać żagiel

cli·ché ['kliːʃeɪ] *s* banał, komunał; *druk.* klisza

click [klɪk] *s* szczęknięcie, trzask; *vt vi* szczęknąć, trzasnąć

cli·ent ['klaɪənt] *s* klient

cliff [klɪf] *s* stroma ściana skalna, urwisko

cli·mate ['klaɪmɪt] *s* dosł. i przen. klimat

cli·mat·ic [klaɪ'mætɪk] *adj* klimatyczny

cli·max ['klaɪmæks] *s* punkt kulminacyjny <szczytowy>

climb [klaɪm] *vi* wspinać się, piąć się; *vt* wchodzić (**the stairs** po schodach); włazić (**a tree** na drzewo); *s* wspinaczka; wzniesienie (*terenu*)

climb·er ['klaɪmə] *s* amator wspinaczki, alpinista; **social ~** *przen.* karierowicz

clinch [klɪntʃ] *vt* = **clench**; *s* nit; zaczep

*cling [klɪŋ] *vi* (**clung, clung** [klʌŋ]) trzymać się kurczowo, chwytać się, czepiać się (**to sth** czegoś)

clin·ic ['klɪnɪk] *s* klinika

clink [klɪŋk] *vt vi* dźwięczeć, dzwonić; *s* brzęk, dzwonienie

clink·er ['klɪŋkə] *s* klinkier

clip 1. [klɪp] *s* sprzączka; uchwyt; spinacz; klips; **video ~** wideoklip; *vt* spinać, przytwierdzać

clip 2. [klɪp] *vt* obcinać, strzyc; *s* strzyżenie, obcięcie

clip·pers ['klɪpəz] *s pl* nożyce; szczypce; maszynka do strzyżenia

clip·ping ['klɪpɪŋ] *s* strzyżenie; wycinek (*np. z prasy*)

clique [kliːk] *s* klika

cloak [kləuk] *s* płaszcz, peleryna; *przen.* płaszczyk; *vt* okrywać płaszczem; *przen.* ukrywać pod płaszczykiem

cloak·room ['kləukrum] *s* garderoba, szatnia (*np. w teatrze*)

clock [klɒk] *s* zegar; *zob.* **o'clock**; **by the ~** z zegarkiem w ręku

clock·wise ['klɒkwaɪz] *adv* zgodnie z ruchem wskazówek zegara

clock·work ['klɒkwɜːk] *s* mechanizm zegara

clod [klɒd] *s* grudka, bryła

clog [klɒg] *s* kłoda, kloc; *przen.* brzemię; przeszkoda; *pl* **~s** pęta; drewniaki; *vt* pękać; zawadzać; zatykać; *vi* zatykać się

clois·ter ['klɔɪstə] *s* klasztor; krużganek (kryty)

close 1. [kləus] *adj* zamknięty; bliski; ścisły; zwarty; duszny; (*o uwadze*) napięty; gruntowny, szczegółowy; *adv* blisko, tuż obok (**to sb, sth** kogoś, czegoś); ściśle; dokładnie; **~ by** tuż obok, tuż tuż; **~ on** prawie; **~ on 70 years** prawie 70 lat; **~ shave** <**call**> *pot.* ogromne ryzyko (niebezpieczeństwa); *s* ogrodzony teren, dziedziniec

close 2. [kləuz] *vt vi* zamykać (się); kończyć (się); zewrzeć (się); *s* koniec; zamknięcie; **to bring to a ~** doprowadzać do końca; **to draw to a ~** zbliżać się do końca

close·ly ['kləuslɪ] *adv* z bliska; dokładnie; ściśle

close-up ['kləusʌp] *s* zbliżenie; zdjęcie z bliska

cockney

clo·sure ['kləʊʒə] s zamknięcie, zakończenie

clot [klɒt] s grudka; *med.* skrzep; *vi* krzepnąć

cloth [klɒθ] s (*pl* ~**s** [klɒθs]) sukno, materiał; ścierka; obrus

clothe [kləʊð] *vt* ubierać, odziewać

clothes [kləʊðz] s *pl* ubranie, odzież, ubiór; *in plain* ~ po cywilnemu

cloth·ing ['kləʊðɪŋ] s odzież

cloud [klaʊd] s *dosł. i przen.* chmura; obłok; *vt* zachmurzyć, zaciemnić; *vi* ~ *over* <*up*>zachmurzyć się

cloud·y ['klaʊdɪ] *adj* chmurny, pochmurny

clout [klaʊt] s cios; s *polit.* wpływy, władza

clove 1. [kləʊv] s goździk (korzenny); ząbek (czosnku)

clove 2. *zob.* **cleave 1.**

clov·en *zob.* **cleave 1.**

clo·ver ['kləʊvə] s *bot.* koniczyna

clown [klaʊn] s klown, błazen; gbur

cloy [klɔɪ] *vt* przesycić

club [klʌb] s maczuga, pałka; kij; koło, klub; (*w kartach*) trefl; *vt* bić pałką; *vi* łączyć się, zrzeszać się; ~ *together* zrobić składkę

cluck [klʌk] *vi* gdakać; s gdakanie

clue [kluː] s klucz (*np. do zagadki*); wątek; trop; kłębek

clump [klʌmp] s grupa; kępa (*np. drzew*); masa, bryła; ciężki chód; *vi* zbijać się w masę <w bryłę>; ciężko stąpać

clum·sy ['klʌmzɪ] *adj* niezgrabny; nietaktowny

clung *zob.* **cling**

clus·ter ['klʌstə] s grono, kiść; wiązka; gromadka; kępka

clutch [klʌtʃ] s chwyt, uścisk; szpon; *techn.* sprzęgło; *vt* pochwycić, ścisnąć w dłoni; *vi* chwytać się (*at sth* czegoś)

clut·ter ['klʌtə] s zamieszanie, nieład; rozgardiasz; *vi* robić

bałagan, zamieszanie; krzątać się (hałaśliwie); *vt* zawalać, zarzucać, zaśmiecać

coach [kəʊtʃ] s powóz, kareta; wagon osobowy (*kolejowy*); autokar; korepetytor; *sport.* trener; *vt* udzielać korepetycji, uczyć; *sport* trenować

coach·man ['kəʊtʃmən] s (*pl* **coachmen** ['kəʊtʃmən]) stangret

co·ag·u·late [kəʊ'ægjʊleɪt] *vi* krzepnąć, tężeć, ścinać się

coal [kəʊl] s węgiel

co·a·li·tion [ˌkəʊə'lɪʃn] s koalicja

coal mine ['kəʊlmaɪn], **coal pit** ['kəʊlpɪt] s kopalnia węgla

coarse [kɔːs] *adj* szorstki, gruby; prostacki, ordynarny, pospolity

coast [kəʊst] s wybrzeże; *vi* pływać, kursować wzdłuż wybrzeża

coast·al ['kəʊstl] *adj* przybrzeżny, nadbrzeżny

coat [kəʊt] s marynarka; żakiet; płaszcz, palto; mundur; warstwa, powłoka; skóra, sierść; ~ *of mail* kolczuga; ~ *of arms* herb; *vt* pokrywać, powlekać

coat·ing ['kəʊtɪŋ] s powłoka, warstwa

coax [kəʊks] *vt* skłonić pochlebstwem, namówić; przymilać, przypochlebiać się

cob·ble 1. ['kɒbl] s okrągły kamień, brukowiec; *pot.* koci łeb; *vt* brukować

cob·ble 2. ['kɒbl] *vt* łatać (*zw. obuwie*)

co·bra ['kəʊbrə] s kobra

cob·web ['kɒbweb] s pajęczyna

Coca-Co·la [ˌkəʊkə'kəʊlə] s coca-cola

co·caine [kəʊ'keɪn] s kokaina

cock [kɒk] s kogut; samiec (ptaków); kurek; *wulg.* kutas; *vt* podnieść, zadzierać (*np. głowę*)

cock·ney ['kɒknɪ] s londyńczyk (*z pospólstwa*); cockney (*gwara londyńska*)

cock·pit ['kɒkpɪt] s kabina pilota (*w samolocie*); arena

cock·roach ['kɒkrəʊtʃ] s zool. karaluch

cock·sure [ˌkɒk'ʃʊə] adj pewny siebie, zarozumiały

cock·tail ['kɒkteɪl] s koktajl

co·coa ['kəʊkəʊ] s bot. kakao

co·co·nut ['kəʊkənʌt] s bot. orzech kokosowy, kokos

co·coon [kə'kuːn] s kokon, oprzęd

cod [kɒd] s zool. dorsz

code [kəʊd] s kodeks; kod, szyfr; vt szyfrować

cod·fish ['kɒdˌfɪʃ] s = **cod**

cod·i·fy ['kəʊdɪfaɪ] vt kodyfikować

cod-liv·er oil [ˌkɒdlɪvər'ɔɪl] s tran

co·ed·u·ca·tion [ˌkəʊedʒʊ-'keɪʃn] s koedukacja

co·erce [kəʊ'ɜːs] vt zmuszać, wymuszać, zniewalać

co·er·cion [kəʊ'ɜːʃn] s przymus, bezwzględne traktowanie, zmuszanie

co·er·cive [kəʊ'ɜːsɪv] adj przymusowy, bezwzględny

co·e·val [kəʊ'iːvl] adj współczesny; będący w tym samym wieku; s rówieśnik

co·ex·ist·ence [ˌkəʊɪg'zɪstəns] s współistnienie

co·ex·ist·ent [ˌkəʊɪg'zɪstənt] adj współistniejący

cof·fee ['kɒfɪ] s bot. kawa

cof·fee house ['kɒfɪhaʊs] s kawiarnia

cof·fer ['kɒfə] s kufer, skrzynia, kaseta; pl **the ~s** skarbiec, fundusze

cof·fin ['kɒfɪn] s trumna

cog [kɒg] s techn. ząb, zębatka

co·gent ['kəʊdʒənt] adj przekonywający

co·gnac ['kɒnjæk] s koniak

cog·nate ['kɒgneɪt] adj pokrewny, bliski

cog·ni·tion [kɒg'nɪʃn] s rozeznanie; poznanie (*w filozofii*)

cog·ni·zance ['kɒgnɪzəns] s wiedza, wiadomość, świadomość; kompetencja; **to take ~** zaznajomić się (**of sth** z czymś)

co·gni·zant ['kɒgnɪzənt] adj wiedzący, świadomy; kompetentny (**of sth** w czymś)

cog·wheel ['kɒgwiːl] s techn. koło zębate

co·here [kəʊ'hɪə] vi (*o faktach, o argumentach*) zgadzać się ze sobą

co·her·ence [kəʊ'hɪərəns] s zwartość, spoistość; zgoda; łączność

co·he·sion [kəʊ'hiːʒn] s fiz. kohezja; spoistość

coif·fure [kwɑː'fjʊə] s fryzura

coil [kɔɪl] vt vi zwijać (się); s zwój; szpulka; spirala

coin [kɔɪn] s pieniądz, moneta; vt bić (*pieniądze*); kuć; przen. ukuć (*nowy wyraz*)

coin·age ['kɔɪnɪdʒ] s bicie monety; wybita moneta; system monetarny; wytwór, wymysł; wprowadzanie do języka nowych słów; nowy wyraz

co·in·cide [ˌkəʊɪn'saɪd] vi zbiegać się; pokrywać się

co·in·ci·dence [kəʊ'ɪnsɪdəns] s zbieżność; zbieg okoliczności

coke 1. [kəʊk] s koks; vt koksować

coke 2. [kəʊk] s pot. coca cola

col·an·der ['kʌləndə] s cedzak

cold [kəʊld] adj zimny, chłodny, oziębły; **I am ~** jest mi zimno; **in ~ blood** z zimną krwią; **~ spot** <**sore**> pot. opryszczka; s zimno, chłód; przeziębienie; (*także ~ in the head*) katar; **to have a ~** być przeziębionym

cold-blood·ed [ˌkəʊld'blʌdɪd] adj zimnokrwisty; przen. działający z zimną krwią, bezlitosny; popełniony na zimno, okrutny

cole·slaw ['kəʊlslɔː] s surówka z kapusty

col·lab·o·rate [kə'læbəreɪt] vi współpracować; kolaborować

col·lab·o·ra·tion [kəˌlæbəˈreɪʃn] *s* współpraca; kolaboracja

col·lab·o·ra·tor [kəˈlæbəreɪtə] *s* współpracownik; *uj.* kolaborant

col·lapse [kəˈlæps] *vi* runąć, zwalić się; załamać się; opaść z sił; *s* omdlenie; załamanie nerwowe; zawalenie się, katastrofa

col·lar [ˈkɒlə] *s* kołnierz; naszyjnik; chomąto; obroża; *vt* chwycić za kołnierz; nałożyć chomąto, obrożę; złapać, zatrzymać

col·league [ˈkɒliːg] *s* kolega (z pracy), współpracownik

col·lect [kəˈlekt] *vt vi* zbierać (się), gromadzić (się); inkasować; podejmować; kolekcjonować; *vr* ~ **oneself** opanować się, skupić się

col·lec·tion [kəˈlekʃn] *s* zbiór, zbiórka; inkaso; podjęcie, odbiór; pobór (*podatków*); kolekcja

col·lec·tive [kəˈlektɪv] *adj* zbiorowy

col·lec·tor [kəˈlektə] *s* poborca, inkasent; kolekcjoner

col·lege [ˈkɒlɪdʒ] *s* kolegium; uczelnia, szkoła wyższa; gimnazjum; szkoła średnia

col·le·gi·ate [kəˈliːdʒɪət] *adj* kolegialny; akademicki

col·lide [kəˈlaɪd] *vi* zderzyć się; kolidować

col·li·sion [kəˈlɪʒn] *s* kolizja, zderzenie

col·lo·qui·al [kəˈləʊkwɪəl] *adj* kolokwialny, potoczny

col·lo·quy [ˈkɒləkwɪ] *s* rozmowa

col·lu·sion [kəˈluːʒn] *s* konszachty, zmowa

co·lon [ˈkəʊlən] *s* dwukropek

colo·nel [ˈkɜːnl] *s* pułkownik

co·lo·ni·al [kəˈləʊnɪəl] *adj* kolonialny; *s* mieszkaniec kolonii

col·o·nist [ˈkɒlənɪst] *s* kolonista, osadnik

col·o·nize [ˈkɒlənaɪz] *vt* kolonizować

col·o·ny [ˈkɒlənɪ] *s* kolonia

co·los·sal [kəˈlɒsl] *adj* kolosalny, ogromny

col·our [ˈkʌlə] *s* barwa, kolor; farba, barwnik; zabarwienie, koloryt; rumieniec; *pl* ~**s** chorągiew, barwy (*klubu, szkolne itp.*); ~ **bar** dyskryminacja rasowa; **water** ~ akwarela; **to put false** ~**s** przedstawiać w fałszywym świetle; **to give <lend>** ~ koloryzować, nadawać pozór prawdopodobieństwa; **to join** ~**s** wstąpić do wojska; **under** ~ **of** pod pozorem; *vt vi* barwić (się); koloryzować; pozorować

col·our-blind [ˈkʌlə blaɪnd] *s* daltonista

col·oured [ˈkʌləd] *zob.* **colour** *v;* *adj* zabarwiony; barwny; ~ **man** człowiek rasy kolorowej

colt 1. [kəʊlt] *s* źrebię; *pot.* młokos

colt 2. [kəʊlt] *s* kolt (*rewolwer*)

col·umn [ˈkɒləm] *s* kolumna, słup; szpalta, dział (*gazety*)

comb [kəʊm] *s* grzebień; *vt* czesać; *przen.* przeszukiwać

com·bat [ˈkɒmbæt] *s* bój, walka; *vt* zwalczać; *vi* walczyć

com·bat·ant [ˈkɒmbətənt] *adj* walczący; *s* kombatant

com·bi·na·tion [ˌkɒmbɪˈneɪʃn] *s* kombinacja; zrzeszenie, związek; *pl* ~**s** kombinacja (damska); ~ **lock** zamek szyfrowy

com·bine [kəmˈbaɪn] *vt vi* kombinować, wiązać; zrzeszać (się), łączyć (się); *chem.* wiązać (się); *s* [ˈkɒmbaɪn] kartel; kombajn

com·bus·ti·ble [kəmˈbʌstəbl] *adj* palny; *s* (*zw. pl* ~**s**) materiał łatwopalny

com·bus·tion [kəmˈbʌstʃən] *s* spalanie; **internal** ~ **engine** silnik spalinowy

*come [kʌm] *vi* (**came** [keɪm], **come** [kʌm]) przyjść, przyjechać; przybyć; stawać się; nadchodzić, zbliżać się; wypadać, przypadać; pochodzić; wynosić; wychodzić; dojść do czegoś, w końcu coś zrobić; *it ~s to 10 pounds* to wynosi 10 funtów; *nothing will ~ of it, this will ~ to nothing* nic z tego nie wyjdzie; *to ~ to believe* dojść do przekonania; *~ about* zdarzyć się, stać się; *~ across sth* natknąć się na coś; *~ at sth* osiągnąć coś; dostać się do czegoś; *~ by sth* przechodzić obok czegoś; nabyć, kupić coś; *~ in* wejść; *~ into force* nabrać mocy; *~ into sight* ukazać się; *~ of* wynikać; *~ of age* dojść do pełnoletności; *~ off* odejść; oderwać się; dojść do skutku; zdarzyć się; odbyć się; *~ on* nadchodzić; *~ out* wychodzić; ukazywać się w druku; wyjść na jaw; *~ over* przyjść, przybyć; *~ up* podchodzić; wspinać się; (*o roślinach*) wyrastać; natknąć się, natrafić na coś; doganiać (*with sb* kogoś); *~ up to sb's expectations* odpowiadać czyimś oczekiwaniom; *~ true* spełnić się; sprawdzić się; *~ up to the mark* stanąć na wysokości zadania <na odpowiednim poziomie>; *~ upon sb, sth* natknąć się, wpaść na kogoś, na coś; *life to ~* życie przyszłe; *to ~ to pass* zdarzyć się; *he came to be a wreck* doszło do tego, że stał się wykolejeńcem; *to ~ unbuttoned* rozpiąć się; *to ~ unlaced* rozsznurować się; *to ~ undone* rozpruć się

co·me·di·an [kə'miːdɪən] *s* komediant; komik; autor komedii

com·e·dy ['kɒmədɪ] *s* komedia

come·ly ['kʌmlɪ] *adj* powabny; miły

com·er ['kʌmə] *s* przybysz

com·et ['kɒmɪt] *s* kometa

com·fort ['kʌmfət] *s* komfort, wygoda; otucha, pociecha, ulga; *vt* pocieszać, dodawać otuchy, przynosić ulgę

com·fort·a·ble ['kʌmftəbl] *adj* wygodny; zadowolony, o dobrym samopoczuciu

com·ic ['kɒmɪk] *adj* komiczny; komediowy; *~ opera* operetka; *s pl ~s* (*także am. ~ strip*) komiks, historyjka obrazkowa

com·i·cal ['kɒmɪkl] *adj* komiczny, zabawny

com·ing ['kʌmɪŋ] *zob.* **come**; *adj* przyszły, nadchodzący; dobrze zapowiadający się, obiecujący; *s* nadejście, przybycie; nastanie

com·ma ['kɒmə] *s* przecinek; *inverted ~s* cudzysłów

com·mand [kə'mɑːnd] *vt* rozkazywać, komenderować, dowodzić; rozporządzać; panować, górować (*sb, sth* nad kimś, nad czymś); wzbudzać; wymagać, domagać się (*sth* czegoś); *s* komenda, dowództwo, rozkaz; panowanie (*of sth* nad czymś), opanowanie; władanie; zlecenie; *to be in ~ of sth* mieć władzę nad czymś; *to have a full ~ of English* biegle władać językiem angielskim; *at ~* na rozkaz; do rozporządzenia

com·man·dant [ˌkɒmən'dænt] *s* komendant

com·mand·er [kə'mɑːndə] *s* komendant, dowódca; komandor (orderu)

com·mand·er-in-chief [kəˌmɑːndərɪn't ʃiːf] *s* głównodowodzący, wódz naczelny

com·mand·ment [kə'mɑːndmənt] *s* przykazanie (boskie)

com·man·do [kə'mɑːndəʊ] *s wojsk.* jednostka bojowa (szturmowo-desantowa); komandos (*żołnierz tej jednostki*)

com·mem·o·rate [kə'meməreɪt] *vt* upamiętniać; czcić (*pamięć*); obchodzić (*rocznicę*)

com·mence [kə'mens] *vt vi* zaczynać (się)

com·mend [kə'mend] *vt* polecać, zalecać, powierzać

com·ment ['kɒment] *s* komentarz, uwaga; *vi* komentować (*on, upon sth* coś), wypowiadać się

com·men·ta·ry ['kɒməntrɪ] *s* komentarz, przypisy

com·merce ['kɒmɜːs] *s* handel

com·mer·cial [kə'mɜːʃl] *adj* handlowy; reklamowy; ~ *travel-ler* komiwojażer; *s* reklama telewizyjna <radiowa>

com·mis·sa·ri·at [ˌkɒmɪ'seərɪət] *s* intendentura; zaopatrzenie (*wojska*)

com·mis·sa·ry ['kɒmɪsərɪ] *s* delegat; komisarz; intendent

com·mis·sion [kə'mɪʃn] *s* zlecenie, rozkaz; pełnomocnictwo; delegacja; komisja; urząd; prowizja; patent oficerski; *a person in* ~ osoba delegowana (z mandatem); *to sell on* ~ sprzedawać komisowo (*na prowizję*); *vt* zlecić; upełnomocnić; delegować; mianować

com·mis·sion·er [kə'mɪʃnə] *s* pełnomocnik, mandatariusz; komisarz; członek komisji

com·mit [kə'mɪt] *vt* popełnić; powierzyć; przekazać, odesłać; zobowiązać; angażować; *vr* ~ *oneself* angażować się, wdawać się (*to sth* w coś)

com·mit·ment [kə'mɪtmənt] *s* popełnienie; przekazanie, odesłanie; zobowiązanie, zaangażowanie

com·mit·tee [kə'mɪtɪ] *s* komitet, komisja; *to be on the* ~ zasiadać w komisji

com·mod·i·ty [kə'mɒdətɪ] *s* towar, artykuł

com·mo·dore ['kɒmədɔː] *s* komandor

com·mon ['kɒmən] *adj* wspólny; gminny; publiczny; codzienny; zwykły, pospolity; ogólny, powszechny; ~ *law* prawo zwyczajowe; ~ *sense* zdrowy rozsądek; ~ *denominator* wspólny mianownik; *Common Market* Wspólny Rynek; *s* rzecz wspólna; *in* ~ wspólnie; *out of the* ~ niezwykły

com·mon·er ['kɒmənə] *s* szary obywatel, członek gminu; *bryt.* członek Izby Gmin

com·mon·place ['kɒmənpleɪs] *s* komunał; *adj* banalny, pospolity

com·mons ['kɒmənz] *s pl* lud, gmin; *bryt.* **House of Commons** Izba Gmin

com·mon·wealth ['kɒmənwelθ] *s* dobro publiczne; republika; wspólnota

com·mo·tion [kə'məʊʃn] *s* poruszenie, tumult; rozruchy

com·mu·nal ['kɒmjunl] *adj* gminny, komunalny

com·mune ['kɒmjuːn] *s* komuna, gmina

com·mu·ni·cate [kə,mjuːnɪkeɪt] *vt vi* komunikować (się)

com·mu·ni·ca·tion [kə,mjuːnɪ'keɪʃn] *s* komunikacja, łączność; udzielanie informacji; kontakt

com·mun·ion [kə'mjuːnɪən] *s* wspólnota; łączność (duchowa); *rel.* komunia

com·mu·ni·qué [kə'mjuːnɪkeɪ] *s* komunikat

com·mu·nism ['kɒmjunɪzm] *s* komunizm

com·mu·nist ['kɒmjunɪst] *s* komunista; *adj* komunistyczny

com·mu·ni·ty [kə'mjuːnətɪ] *s* społeczność; wspólnota; gmina (*np. religijna*)

com·mute [kə'mjuːt] *vt vi* zamienić; *prawn.* złagodzić (karę); dojeżdżać do pracy (*środkami komunikacji publicznej*)

com·pact [kəm'pækt] *adj* zbity, gęsty, zwarty; ~ *disc, CD* płyta kompaktowa; *vt* stłoczyć, zbić, zgęścić; *s* ['kɒmpækt] umowa; pudrerniczka

com·pan·ion [kəm'pænjən] *s* towarzysz; poradnik

com·pan·ion·ship [kəm'pænjənʃɪp] *s* towarzystwo, towarzyszenie

com·pa·ny ['kʌmpənɪ] *s* towarzystwo; kompania; *handl.* spółka; *to keep sb* ~ dotrzymywać

comparable

82

komuś towarzystwa; **to part ~
with sb** zerwać z kimś stosunki

com·pa·ra·ble ['kɒmpərəbl] *adj*
porównywalny; stosunkowy

com·par·a·tive [kəm'pærətɪv]
adj porównawczy; *s gram.* stopień
wyższy

com·pare [kəm'peə] *vt* porównywać, zestawiać; *vi* dorównywać (**with sb** komuś), dać się
porównać; *s w zwrocie:* **beyond
<without, past>** ~ bez porówna-
nia; niezrównanie

com·par·i·son [kəm'pærɪsn] *s*
porównanie

com·part·ment [kəm'pɑːtmənt]
s przedział; przegroda

com·pass ['kʌmpəs] *s* obręb, zasięg, zakres, granica; kompas;
koło; *pl* **~es** cyrkiel; *vt* obejmować, otaczać; okrążać; osiągać

com·pas·sion [kəm'pæʃn] *s*
współczucie, litość

com·pas·sion·ate [kəm'pæʃən-
ət] *adj* współczujący, litościwy

com·pat·i·ble [kəm'pætəbl] *adj*
dający się pogodzić, zgodny;
komp. kompatybilny

com·pel [kəm'pel] *vt* zmuszać,
wymuszać

com·pen·di·um [kəm'pendɪəm] *s*
kompendium, skrót, streszczenie

com·pen·sate ['kɒmpənseɪt] *vt
vi* kompensować, wynagradzać

com·pete [kəm'piːt] *vi* współzawodniczyć, konkurować; ubiegać
się (**for sth** o coś)

com·pe·tence ['kɒmpɪtəns] *s*
kompetencja; zadowalająca sytuacja (materialna), zamożność

com·pe·ti·tion [ˌkɒmpə'tɪʃn] *s*
konkurs; zawody; współzawodnictwo; *handl.* konkurencja; **by
open ~** drogą konkursu

com·pet·i·tive [kəm'petətɪv] *adj*
konkursowy, konkurencyjny

com·pet·i·tor [kəm'petɪtə] *s* konkurent; biorący udział w konkursie; współzawodnik

com·pile [kəm'paɪl] *vt* kompilo-

wać, zestawiać, opracowywać

com·pil·er [kəm'paɪlə] *s komp.*
kompilator

com·pla·cence [kəm'pleɪsns],
com·pla·cen·cy [kəm'pleɪsnsɪ]
s zadowolenie; samozadowolenie

com·plain [kəm'pleɪn] *vi* skarżyć
się, narzekać (**to sb about <of>
sb, sth** przed kimś na kogoś, na
coś)

com·plaint [kəm'pleɪnt] *s* skarga,
narzekanie; bolączka, dolegliwość; **to lodge a ~** złożyć reklamację

com·plai·sance [kəm'pleɪzəns] *s*
uprzejmość, usłużność

com·ple·ment ['kɒmplɪmənt] *s*
uzupełnienie; *gram.* dopełnienie;
vt uzupełniać

com·ple·men·ta·ry [ˌkɒmplə-
'mentrɪ] *adj* uzupełniający

com·plete [kəm'pliːt] *adj* kompletny, zupełny; skończony; *vt*
kompletować; kończyć; wypełniać

com·ple·tion [kəm'pliːʃn] *s*
wypełnienie, uzupełnienie; zakończenie

com·plex ['kɒmpleks] *adj* skomplikowany, zawiły; złożony; *s*
kompleks

com·plex·ion [kəm'plekʃn] *s* cera, płeć; wygląd

com·plex·i·ty [kəm'pleksətɪ] *s*
złożoność, zawiłość; gmatwanina

com·pli·ance [kəm'plaɪəns] *s*
zgoda, kompromisowość, zgodność; uległość; **in ~ with your
wishes** zgodnie z pańskimi
<waszymi> życzeniami

com·pli·cate ['kɒmplɪkeɪt] *vt*
komplikować; wikłać, gmatwać

com·pli·ca·tion [ˌkɒmplɪ'keɪʃn] *s*
komplikacja

com·plic·i·ty [kəm'plɪsətɪ] *s*
współudział (w przestępstwie)

com·pli·ment ['kɒmplɪmənt] *s*
komplement; **to pay sb a ~**
powiedzieć komuś komplement;
pl **~s** pozdrowienia, ukłony; **to**

pay one's ~s przesyłać pozdrowienia, składać uszanowanie; vt ['kɒmplɪment] prawić komplementy; pozdrawiać; gratulować **(sb on, upon sth** komuś czegoś)

com·ply [kəm'plaɪ] vi zgadzać się, stosować się **(with sth** do czegoś); spełnić **(with a request** prośbę)

com·po·nent [kəm'pəʊnənt] adj wchodzący w skład, składowy; s część składowa, składnik

com·pose [kəm'pəʊz] vt (także druk.) składać; stanowić; układać; łagodzić, uspokajać; tworzyć; komponować

com·posed [kəm'pəʊzd] adj opanowany, skupiony, poważny

com·pos·er [kəm'pəʊzə] s kompozytor

com·pos·ite ['kɒmpəzɪt] adj złożony; s bot. roślina złożona

com·po·si·tion [,kɒmpə'zɪʃn] s skład; układ; kompozycja; utwór; wypracowanie; mieszanina; usposobienie

com·pos·i·tor [kəm'pɒzɪtə] s zecer

com·post ['kɒmpɒst] s kompost

com·po·sure [kəm'pəʊʒə] s opanowanie, spokój

com·pote ['kɒmpəʊt] s kompot

com·pound 1. ['kɒmpaʊnd] adj złożony; mieszany; skomplikowany; s rzecz złożona, preparat; gram. wyraz złożony; chem. związek; vt [kəm'paʊnd] składać; mieszać, łączyć

com·pound 2. ['kɒmpaʊnd] s ogrodzony teren domu <fabryki itp.>

com·pre·hend [,kɒmprɪ'hend] vt obejmować; zawierać; pojmować, rozumieć

com·pre·hen·si·ble [,kɒmprɪ-'hensəbl] adj zrozumiały; dający się objąć rozumem

com·pre·hen·sion [,kɒmprɪ-'henʃn] s zrozumienie, pojmowanie; zasięg

com·pre·hen·sive [,kɒmprɪ'hensɪv] adj obszerny, wyczerpujący; pojemny; pojętny; wszechstronny; **~ school** szkoła ogólnokształcąca

com·press [kəm'pres] vt ściskać, zgęszczać; streszczać; s ['kɒmpres] kompres; med. tampon

com·pres·sion [kəm'preʃn] s ściśnięcie, zgęszczenie; sprężenie; zwięzłość

com·prise [kəm'praɪz] vt obejmować, zawierać

com·pro·mise ['kɒmprəmaɪz] s kompromis, ugoda; vi vt iść na ustępstwa **(on, upon sth** w sprawie czegoś), kompromisowo załatwiać; kompromitować; narażać

com·pul·sion [kəm'pʌlʃn] s przymus

com·pul·so·ry [kəm'pʌlsərɪ] adj obowiązkowy

com·punc·tion [kəm'pʌŋkʃn] s skrupuły

com·pu·ta·tion [kɒmpjʊ'teɪʃn] s obliczenie

com·pute [kəm'pju:t] vt obliczać

com·put·er [kəm'pju:tə] s komputer

com·rade ['kɒmrɪd] s towarzysz, kolega

com·rade·ship ['kɒmrɪdʃɪp] s koleżeństwo; braterstwo

con [kɒn] praep łac. = **contra** przeciw; s pl ~s głosy przeciw; zob. **pro**

con·cave ['kɒŋkeɪv] adj wklęsły; s wklęsłość

con·ceal [kən'si:l] vt ukrywać, taić

con·ceal·ment [kən'si:lmənt] s ukrycie, zatajenie

con·cede [kən'si:d] vi ustąpić; vt przyznać, uznać; przyzwolić

con·ceit [kən'si:t] s próżność, zarozumiałość

con·ceit·ed [kən'si:tɪd] adj próżny, zarozumiały

con·ceiv·a·ble [kən'si:vəbl] adj

możliwy do pomyślenia <wyobra-
żenia, zrozumienia>

con·ceive [kənˈsiːv] *vt vi* począć
dziecko, zajść w ciążę; pojąć;
wpaść na pomysł; wyobrazić
sobie; ująć (*w formę*)

con·cen·trate [ˈkɒnsntreɪt] *vt vi*
koncentrować (się), skupiać (się);
stężać

con·cen·tra·tion [ˌkɒnsnˈtreɪʃn]
s koncentracja, skupienie (się);
stężenie

con·cept [ˈkɒnsept] *s* pojęcie;
myśl, pomysł

con·cep·tion [kənˈsepʃn] *s*
poczęcie (*dziecka*), zajście w
ciążę; koncepcja; pojęcie

con·cep·tu·al·ize [kənˈseptʃʊ-
əlaɪz] *vi vt* utworzyć pojęcie;
wpaść na pomysł

con·cern [kənˈsɜːn] *vt* dotyczyć;
interesować, zajmować (się); niepokoić się, powodować stan troski; *to be ~ed* troszczyć się, być
zainteresowanym (**about** *sth*
czymś); mieć do czynienia (**with**
sth z czymś); *I am not ~ed in it*
to mnie nie dotyczy, nie mam z
tym nic wspólnego; *as ~s* co się
tyczy; *my life is ~ed* chodzi o
moje życie; *vr ~ oneself with*
<*in, about*> *sb, sth* interesować
się kimś, czymś; troszczyć się o
kogoś, o coś; *s* zainteresowanie;
związek; udział; stosunek; znaczenie; niepokój, troska; sprawa;
handl. koncern; *it's no ~ of mine*
to nie moja sprawa

con·cern·ing [kənˈsɜːnɪŋ] *praep*
odnośnie do, co do, co się tyczy; w
sprawie

con·cert [ˈkɒnsət] *s* koncert; zgoda, porozumienie; *vt* [kənˈsɜːt]
wspólnie planować, układać (*np.
plan*)

con·ces·sion [kənˈseʃn] *s* koncesja; ustępstwo; przyzwolenie

con·cil·i·ate [kənˈsɪlɪeɪt] *vt* pojednać, pogodzić; zjednać sobie

con·cil·i·a·tion [kənˌsɪlɪˈeɪʃn] *s*

pojednanie, pogodzenie

con·cil·i·a·to·ry [kənˈsɪlɪətrɪ] *adj*
pojednawczy

con·cise [kənˈsaɪs] *adj* zwięzły

con·clude [kənˈkluːd] *vt vi* kończyć (się); zawierać; wnioskować;
zdecydować

con·clu·sion [kənˈkluːʒn] *s* zakończenie; zawarcie (*traktatu*);
wniosek, wynik

con·clu·sive [kənˈkluːsɪv] *adj*
końcowy; przekonywający; decydujący; rozstrzygający

con·coct [kənˈkɒkt] *vt* sporządzić, skombinować; wymyślić

con·cord [ˈkɒŋkɔːd] *s* zgoda, ugoda, jedność

con·cord·ance [kənˈkɔːdns] *s*
zgoda, harmonia

con·cor·dat [kɒnˈkɔːdæt] *s* konkordat

con·course [ˈkɒŋkɔːs] *s* zbiegowisko, tłum; zbieg (*ulic itp.*); skupienie

con·crete 1. [ˈkɒŋkriːt] *s* beton;
adj betonowy; konkretny

con·crete 2. [ˈkɒŋkriːt] *vi* zgęszczać (się), tworzyć masę, tężeć

con·cur [kənˈkɜː] *vi* zbiegać się;
zgadzać się; współdziałać

con·cur·rence [kənˈkʌrəns] *s*
zbieg (*okoliczności*), zbieżność;
współdziałanie, zgoda

con·demn [kənˈdem] *vt* potępiać;
skazywać

con·dem·na·tion [ˌkɒndəm-
ˈneɪʃn] *s* potępienie; skazanie

con·den·sa·tion [ˌkɒndenˈseɪʃn]
s zgęszczenie, kondensacja;
zwięzłość

con·dense [kənˈdens] *vt vi* zgęszczać (się), kondensować (się);
streścić

con·de·scend [ˌkɒndɪˈsend] *vi*
zniżyć się; raczyć, być łaskawym

con·di·ment [ˈkɒndɪmənt] *s* przyprawa

con·di·tion [kənˈdɪʃn] *s* położenie; stan; warunek; *pl ~s* otoczenie; warunki; *on ~ that* pod wa-

runkiem, że..., jeśli; vt warunkować; uzależniać; doprowadzać do odpowiedniego stanu; klimatyzować; med. **~ed reflex** odruch warunkowy

con·di·tion·al [kən'dıʃnəl] adj warunkowy; zależny (**on sth** od czegoś); gram. warunkowy; s gram. tryb warunkowy

con·dole [kən'dəʊl] vi współczuć; składać wyrazy współczucia (**with sb on, upon sth** komuś z powodu czegoś)

con·do·lence [kən'dəʊləns] s współczucie, wyrazy współczucia

con·dom ['kɒndəm] s kondom, prezerwatywa

con·duce [kən'djuːs] vi doprowadzić; przyczynić się, sprzyjać

con·du·cive [kən'djuːsɪv] adj prowadzący; sprzyjający

con·duct [kən'dʌkt] vt vi prowadzić, kierować; dowodzić; dyrygować; vr **~ oneself** prowadzić się, zachowywać się; s ['kɒndʌkt] prowadzenie (się), sprawowanie; kierownictwo

con·duc·tor [kən'dʌktə] s konduktor, kierownik; dyrygent; (także fiz.) przewodnik

con·duit ['kɒndɪt] s przewód, kanał, rura; elektr. rura izolacyjna

cone [kəʊn] s stożek; szyszka

con·fab·u·late [kən'fæbjʊleɪt] vi gawędzić

con·fec·tion [kən'fekʃn] s słodkie danie

con·fec·tion·er [kən'fekʃnə] s cukiernik

con·fec·tion·er·y [kən'fekʃnəri] s cukiernia; zbior. słodycze

con·fed·er·a·cy [kən'fedrəsɪ] s konfederacja; spisek

con·fed·er·ate [kən'fedərət] adj sprzymierzony; s sprzymierzeniec, konfederat; vi [kən'fedəreɪt] sprzymierzać się; spiskować

con·fer [kən'fɜː] vt nadawać (**sth on sb** coś komuś); vi konferować

con·fer·ence ['kɒnfrəns] s konferencja, narada; zjazd

con·fess [kən'fes] vt vi wyznawać; przyznawać się; spowiadać (się)

con·fes·sion [kən'feʃn] s wyznanie; przyznanie się; spowiedź

con·fes·sor [kən'fesə] s spowiednik; wyznawca

con·fi·dant [ˌkɒnfɪ'dænt] s powiernik

con·fide [kən'faɪd] vi dowierzać, ufać (**in sb** komuś); zwierzać się (**to sb** komuś); vt powierzać; zwierzać się (**sth** z czegoś)

con·fi·dence ['kɒnfɪdəns] s zaufanie; poufność; zwierzenie; pewność siebie; przeświadczenie

con·fi·dent ['kɒnfɪdənt] adj ufny; przekonany, pewny; pewny siebie; s powiernik

con·fi·den·tial [ˌkɒnfɪ'denʃl] adj poufny; zaufany

con·fine [kən'faɪn] vt ograniczać; zamykać (w więzieniu); **~d to bed** złożony chorobą; s ['kɒnfaɪn] (zw. pl **~s**) granica

con·fine·ment [kən'faɪnmənt] s ograniczenie; odosobnienie; zamknięcie (w więzieniu); poród; obłożna choroba

con·firm [kən'fɜːm] vt potwierdzać, zatwierdzać; wzmacniać, utwierdzać; rel. bierzmować; **~ed bachelor** zaprzysiężony kawaler

con·fir·ma·tion [ˌkɒnfə'meɪʃn] s potwierdzenie, zatwierdzenie; wzmocnienie; rel. konfirmacja, bierzmowanie

con·firmed [kən'fɜːmd] zob. **confirm**; adj zatwardziały, stały, uporczywy; nałogowy

con·fis·cate ['kɒnfɪskeɪt] vt konfiskować

con·fla·gra·tion [ˌkɒnflə'greɪʃn] s (wielki) pożar

con·flict ['kɒnflɪkt] s starcie, konflikt, kolizja; vi [kən'flɪkt] ścierać się, walczyć; nie zgadzać się, kolidować

conform

con·form [kənˈfɔːm] *vt vi* dostosować (się), upodobnić (się), uzgodnić

con·form·i·ty [kənˈfɔːmətɪ] *s* dostosowanie, zgodność; *in ~* zgodnie

con·found [kənˈfaʊnd] *vt* pomieszać, poplątać; zaskoczyć; konfundować; burzyć; niszczyć; *~ it!* do licha <diabła>!

con·front [kənˈfrʌnt] *vt* stawać naprzeciw (twarzą w twarz); konfrontować; porównywać; stawać w obliczu; stawiać czoło; stanąć (*sb* przed kimś); *to be ~ed with <by> sb, sth* stanąć przed kimś, czymś <wobec kogoś, czegoś>

con·fuse [kənˈfjuːz] *vt* mieszać, plątać; zmieszać, zażenować

con·fu·sion [kənˈfjuːʒn] *s* zamieszanie, chaos, nieporządek; zmieszanie, zażenowanie

con·fute [kənˈfjuːt] *vt* zbijać (*argument*); przekonać kogoś, że się myli

con·geal [kənˈdʒiːl] *vt* zamrozić, ściąć; *vi* zamarznąć; krzepnąć, ścinać się

con·ge·ni·al [kənˈdʒiːnɪəl] *adj* pokrewny, bliski duchem, sympatyczny; odpowiedni

con·gen·i·tal [kənˈdʒenɪtl] *adj* wrodzony, przyrodzony

con·ges·tion [kənˈdʒestʃən] *s* skupienie, zatłoczenie; przeciążenie; przekrwienie

con·grat·u·late [kənˈɡrætʃʊleɪt] *vt* gratulować (*sb on, upon sth* komuś czegoś)

con·grat·u·la·tion [kənˌɡrætʃʊˈleɪʃn] *s* (*zw. pl ~s*) gratulacje

con·gre·gate [ˈkɒŋɡrɪɡeɪt] *vt vi* gromadzić (się), skupiać (się)

con·gre·ga·tion [ˌkɒŋɡrɪˈɡeɪʃn] *s* zgromadzenie, kongregacja; *zbior.* parafia

con·gress [ˈkɒŋɡres] *s* kongres; *am.* **Congress** Kongres

Con·gress·man [ˈkɒŋɡresmən] *s* (*pl* **Congressmen** [ˈkɒŋɡresmən]) *am.* członek Kongresu

con·ic(al) [ˈkɒnɪk(l)] *adj* stożkowy, stożkowaty

coni·fer [ˈkɒnɪfə] *s bot.* drzewo iglaste

co·nif·er·ous [kəʊˈnɪfərəs] *adj bot.* (*o drzewie*) iglasty

con·jec·tur·al [kənˈdʒektʃərl] *adj* przypuszczalny, domniemany

con·jec·ture [kənˈdʒektʃə] *s* przypuszczenie, domniemanie, domysł; *vt vi* przypuszczać, domyślać się, stawiać hipotezę

con·ju·gal [ˈkɒndʒʊɡl] *adj* małżeński

con·ju·gate [ˈkɒndʒʊɡeɪt] *vt gram.* koniugować; *vi* zespalać się

con·ju·ga·tion [ˌkɒndʒʊˈɡeɪʃn] *s* zespolenie; *gram.* koniugacja

con·junc·tion [kənˈdʒʌŋkʃn] *s* związek; *gram.* spójnik

con·junc·tive [kənˈdʒʌŋktɪv] *adj* łączący; *gram.* spójnikowy

con·junc·ture [kənˈdʒʌŋktʃə] *s* zbieg okoliczności; stan rzeczy, koniunktura

con·jure 1. [kənˈdʒʊə] *vt* zaklinać, błagać

con·jure 2. [ˈkʌndʒə] *vt vi* uprawiać czarnoksięstwo, czarować; *~ up* wywoływać (*duchy*), wyczarowywać (*w wyobraźni*)

con·jur·er [ˈkʌndʒərə] *s* czarnoksiężnik, magik

con·nect [kəˈnekt] *vt vi* łączyć (się), wiązać (się); stykać (się)

con·nect·ed [kəˈnektɪd] *zob.* **connect**; *adj* połączony, związany; pokrewny, powinowaty; *well ~* dobrze ustosunkowany

con·nec·tion, *bryt.* **con·nex·ion** [kəˈnekʃn] *s* związek, koneksja; (*także elektr.*) kontakt; pokrewieństwo; znajomość; klientela; połączenie (*kolejowe itp.*); *in this ~* w związku z tym

con·ni·vance [kəˈnaɪvəns] *s* przyzwolenie; pobłażanie, tolerowanie

con·nive [kəˈnaɪv] *vi* przyzwalać,

patrzeć przez palce (**at sth** na coś); brać cichy udział (**at sth** w czymś)

con·nois·seur [ˌkɒnɪˈsɜː] s znawca, koneser

con·quer [ˈkɒŋkə] vt zdobyć, pokonać, zwyciężyć, podbić

con·quer·or [ˈkɒŋkərə] s zdobywca

con·quest [ˈkɒŋkwest] s zdobycie, podbój, zwycięstwo

con·science [ˈkɒnʃns] s sumienie

con·sci·en·tious [ˌkɒnʃɪˈenʃəs] adj sumienny

con·scious [ˈkɒnʃəs] adj świadomy; przytomny

con·scious·ness [ˈkɒnʃəsnəs] s świadomość; przytomność

con·script [ˈkɒnskrɪpt] s poborowy, rekrut; adj poborowy; vt [kənˈskrɪpt] brać do wojska

con·scrip·tion [kənˈskrɪpʃn] s pobór; obowiązek służby wojskowej

con·se·crate [ˈkɒnsɪkreɪt] vt poświęcać, konsekrować

con·sec·u·tive [kənˈsekjʊtɪv] adj kolejny, następny z rzędu; gram. skutkowy

con·sent [kənˈsent] vi zgadzać się (**to sth** na coś); s zgoda; **with one ~, by general ~** jednomyślnie

con·se·quence [ˈkɒnsɪkwəns] s następstwo, wynik; konsekwencja; wniosek; znaczenie, doniosłość; **to take the ~s** ponosić konsekwencje

con·se·quent [ˈkɒnsɪkwənt] adj wynikający, będący następstwem (**on, upon sth** czegoś); konsekwentny; późniejszy; s skutek, wynik, rezultat

con·se·quen·tial [ˌkɒnsɪˈkwenʃl] adj wynikający; logicznie uzasadniony; mający wysokie mniemanie o sobie

con·ser·va·tion [ˌkɒnsəˈveɪʃn] s ochrona, konserwacja; rezerwat

con·serv·a·tive [kənˈsɜːvətɪv] adj konserwatywny; s konserwatysta

con·ser·va·toire [kənˈsɜːvətwɑː] s konserwatorium

con·serv·a·to·ry [kənˈsɜːvətrɪ] s konserwatorium; cieplarnia

con·serve [kənˈsɜːv] vt przechowywać, konserwować; s pl **~s** konserwy owocowe

con·sid·er [kənˈsɪdə] vt vi rozpatrywać, rozważać; brać pod uwagę; poczytywać, uważać (**sb sth** kogoś za coś); szanować, mieć wzgląd; **all things ~ed** wszystko zważywszy

con·sid·er·a·ble [kənˈsɪdərəbl] adj znaczny

con·sid·er·ate [kənˈsɪdərət] adj uważny, myślący; pełen względów, delikatny

con·sid·er·a·tion [kənˌsɪdəˈreɪʃn] s rozważanie, rozwaga; wzgląd; uwaga; wynagrodzenie; uznanie, szacunek; znaczenie; **in ~** ze względu (**of sth** na coś); **to take into ~** uwzględnić

con·sid·er·ing [kənˈsɪdərɪŋ] praep zważywszy, z uwagi, ze względu (**sth** na coś)

con·sign [kənˈsaɪn] vt przekazywać, powierzać, wydawać; przesyłać

con·sign·ment [kənˈsaɪnmənt] s powierzenie, przekazanie, wydanie; przesyłka, wysyłka; handl. przesyłka konsygnowana

con·sist [kənˈsɪst] vi składać się, być złożonym (**of sth** z czegoś); polegać (**in sth** na czymś)

con·sis·ten·cy [kənˈsɪstənsɪ], **con·sist·ence** [kənˈsɪstəns] s gęstość, zwartość, konsystencja; zgodność; konsekwencja, stanowczość

con·sist·ent [kənˈsɪstənt] adj zwarty; zgodny; konsekwentny

con·so·la·tion [ˌkɒnsəˈleɪʃn] s pocieszenie

con·sole [kənˈsəʊl] vt pocieszać; s [ˈkɒnsəʊl] konsola

con·sol·i·date [kən'sɒlɪdeɪt] vt vi konsolidować, utwierdzać (się); jednoczyć (się)

con·so·nance ['kɒnsənəns] s harmonia, zgodność

con·so·nant ['kɒnsənənt] adj harmonijny, zgodny; s gram. spółgłoska

con·sort ['kɒnsɔːt] s współmałżonek; *prince ~* książę małżonek

con·spic·u·ous [kən'spɪkjuəs] adj widoczny, okazały; wybitny

con·spir·a·cy [kən'spɪrəsɪ] s spisek, konspiracja

con·spire [kən'spaɪə] vi vt spiskować, sprzysięgać się; knuć

con·sta·ble ['kʌnstəbl] s bryt. policjant, posterunkowy

con·stan·cy ['kɒnstənsɪ] s stałość, trwałość, wytrwałość; wierność

con·stant ['kɒnstənt] adj stały, trwały, wytrwały; wierny

con·stel·la·tion [,kɒnstə'leɪʃn] s konstelacja, gwiazdozbiór

con·ster·na·tion [,kɒnstə'neɪʃn] s przerażenie

con·sti·pa·tion [,kɒnstɪ'peɪʃn] s med. obstrukcja; pot. zatwardzenie

con·stit·u·en·cy [kən'stɪtʃuənsɪ] s wyborcy; okręg wyborczy; klientela, abonenci

con·stit·u·ent [kən'stɪtʃuənt] adj składowy; ustawodawczy; s element, część składowa; wyborca

con·sti·tute ['kɒnstɪtjuːt] vt stanowić, tworzyć; ustanawiać, konstytuować; mianować; *to be so ~d that ...* mieć taką naturę, że...; *to be weakly ~d* mieć wątły organizm

con·sti·tu·tion [,kɒnstɪ'tjuːʃn] s konstytucja; skład; budowa (fizyczna); struktura psychiczna; ustanowienie

con·strain [kən'streɪn] vt zmuszać; krępować, ograniczać

con·straint [kən'streɪnt] s przemoc, przymus; skrępowanie, ograniczenie

con·strict [kən'strɪkt] vt ściągać, zwężać, zaciskać, dusić

con·struct [kən'strʌkt] vt konstruować, budować

con·struc·tion [kən'strʌkʃn] s konstrukcja, budowa; budowla; *under ~* w budowie

con·struc·tive [kən'strʌktɪv] adj konstruktywny, twórczy; konstrukcyjny

con·strue [kən'struː] vt objaśniać, interpretować; gram. robić rozbiór (zdania)

con·sul ['kɒnsl] s konsul

con·sul·ate ['kɒnsjulət] s konsulat

con·sult [kən'sʌlt] vt radzić się (*sb* kogoś); brać pod uwagę, rozważać; *to ~ a dictionary* sięgać do słownika; vi naradzać się

con·sume [kən'sjuːm] vt vi spożywać; zużywać (się); niszczyć, trawić; marnować (się); spalać (się)

con·sum·er [kən'sjuːmə] s spożywca, konsument; *~(s') goods* towary konsumpcyjne

con·sum·er·ism [kən'sjuːmərɪzm] s konsumeryzm; nadmierna konsumpcja; obrona interesów klienta

con·sum·mate ['kɒnsəmeɪt] vt dokonywać, dopełniać; kończyć; adj [kən'sʌmət] doskonały; zupełny; skończony

con·sum·ma·tion [,kɒnsə'meɪʃn] s dokonanie, dopełnienie; uwieńczenie

con·sump·tion [kən'sʌmpʃn] s spożycie; zużycie

con·tact ['kɒntækt] s kontakt, styczność; *to come into ~, to make ~* kontaktować się; *~ lenses* szkła kontaktowe; vt vi zetknąć (się), kontaktować (się) (*sb* z kimś)

con·ta·gion [kən'teɪdʒən] s dosł. i przen. zaraza, zakażenie

con·ta·gious [kən'teɪdʒəs] *adj*
zakaźny, zaraźliwy

con·tain [kən'teɪn] *vt* zawierać;
mieścić; powstrzymywać; *vr* ~
oneself panować nad sobą

con·tain·er [kən'teɪnə] *s* zbiornik, pojemnik, kontener, skrzynia, bak

con·tam·i·nate [kən'tæmɪneɪt]
vt zanieczyścić, splugawić, zakazić; wywrzeć zły wpływ

con·tem·plate ['kɒntəmpleɪt] *vt*
vi oglądać; rozmyślać; mieć na
myśli; zamierzać

con·tem·po·ra·ry [kən'tempə-
rərɪ] *adj* współczesny; dzisiejszy;
s współcześnie żyjący; rówieśnik

con·tempt [kən'tempt] *s* pogarda, lekceważenie; obraza

con·tempt·i·ble [kən'temptəbl]
adj zasługujący na pogardę; podły

con·tempt·u·ous [kən'tempt-
ʃʊəs] *adj* pogardliwy; gardzący

con·tend [kən'tend] *vi* spierać
się; walczyć; ubiegać się (**for
sth** o coś), walczyć; twierdzić

con·tent 1. [kən'tent] *s* zadowolenie; *adj* zadowolony; *vt* zadowalać

con·tent 2. ['kɒntent] *s* zawartość; istota; (*zw. pl* ~**s**) treść
(*książki itp.*); **table of** ~**s** spis
rzeczy

con·tent·ed [kən'tentɪd] *zob.*
content 1.; *adj* zadowolony

con·ten·tion [kən'tenʃn] *s* spór,
sprzeczka; walka, rywalizacja;
twierdzenie, argument (w sporze)

con·tent·ment [kən'tentmənt] *s*
zadowolenie

con·test [kən'test] *vt* *vi* spierać
się, rywalizować; ubiegać się;
kwestionować; *s* ['kɒntest] spór;
rywalizacja; zawody, konkurs

con·text ['kɒntekst] *s* kontekst

con·ti·gu·i·ty [ˌkɒntɪ'gjuːətɪ] *s*
przyleganie, bliskość

con·tig·u·ous [kən'tɪgjʊəs] *adj*
przyległy, sąsiedni

con·ti·nence ['kɒntɪnəns] *s*
wstrzemięźliwość

con·ti·nent 1. ['kɒntɪnənt] *s*
kontynent; **the Continent** *bryt.*
Europa bez Wysp Brytyjskich

con·ti·nent 2. ['kɒntɪnənt] *adj*
wstrzemięźliwy; wstrzymujący

con·tin·gen·cy [kən'tɪndʒənsɪ] *s*
przypadkowość, ewentualność;
nieprzewidziany wydatek

con·tin·gent [kən'tɪndʒənt] *adj*
przypadkowy, ewentualny; warunkowy, uwarunkowany; *s* kontyngent; ewentualność, przypadek

con·tin·u·al [kən'tɪnjʊəl] *adj*
ciągły, powtarzający się, ustawiczny

con·tin·u·ance [kən'tɪnjʊəns] *s*
trwanie, ciągłość; dalszy ciąg

con·tin·u·a·tion [kənˌtɪnjʊ'eɪʃn]
s kontynuacja, ciąg dalszy

con·tin·ue [kən'tɪnjuː] *vt* kontynuować, dalej coś robić, prowadzić; **to be** ~**d** ciąg dalszy nastąpi;
vi trwać nadal, ciągnąć się dalej,
pozostawać w dalszym ciągu

con·tin·u·ous [kən'tɪnjʊəs] *adj*
dalej trwający, nieprzerwany,
trwały, stały

con·tort [kən'tɔːt] *vt* skrzywić;
zwichnąć

con·tour ['kɒntʊə] *s* zarys, kontur; *geogr.* ~ **line** poziomica

con·tra·band ['kɒntrəbænd] *s*
kontrabanda, przemyt

con·tra·cep·tion [ˌkɒntrə-
'sepʃən] *s* antykoncepcja

con·tra·cep·tive [ˌkɒntrə'sep-
tɪv] *s* środek antykoncepcyjny;
adj antykoncepcyjny

con·tract ['kɒntrækt] *s* umowa,
kontrakt; *vt* *vi* [kən'trækt] kontraktować; zobowiązywać się; zawierać (*umowę, przyjaźń itp.*);
ściągnąć (się), skurczyć (się); zaciągnąć (dług); nabawić się (*np.
choroby*)

con·trac·tor [kən'træktə] *s* kontrahent; przedsiębiorca; dostawca

con·tra·dict [ˌkɒntrə'dɪkt] vt zaprzeczać (**sth** czemuś); być w sprzeczności (**sth** z czymś); przeczyć (**sb** komuś)

con·tra·dic·tion [ˌkɒntrə'dɪkʃn] s zaprzeczenie; sprzeciw; sprzeczność

con·tra·dic·to·ry [ˌkɒntrə'dɪktərɪ] adj przeczący, sprzeczny, przeciwstawny

con·tra·dis·tinc·tion [ˌkɒntrədɪ'stɪŋkʃn] s przeciwieństwo, odróżnienie (przez kontrast)

con·tra·ry ['kɒntrərɪ] adj sprzeczny, przeciwny; niepomyślny; s przeciwieństwo; **on the ~** przeciwnie, na odwrót; adv wbrew, przeciwnie, w przeciwieństwie

con·trast ['kɒntrɑːst] s kontrast; vt vi [kən'trɑːst] kontrastować, przeciwstawiać

con·trib·ute [kən'trɪbjuːt] vt vi wnieść udział <wkład>; dołożyć się; **to ~ money etc. to sth** przyczynić się finansowo itp. do czegoś; **~ to a magazine** współpracować z czasopismem, pisać (artykuły) do czasopisma

con·tri·bu·tion [ˌkɒntrɪ'bjuːʃn] s przyczynek, wkład, współudział; datek; współpraca (z pismem), artykuł w piśmie; kontrybucja, odszkodowanie wojenne

con·trite ['kɒntraɪt] adj skruszony

con·tri·tion [kən'trɪʃn] s skrucha

con·tri·vance [kən'traɪvəns] s pomysł, plan; pomysłowość; wynalazek; urządzenie

con·trive [kən'traɪv] vt vi wymyślić, obmyślać; zaplanować; wynaleźć; doprowadzić do czegoś, uskutecznić; zrobić coś pomyślnie, zdołać

con·trol [kən'trəʊl] vt kontrolować; regulować; rządzić, kierować, zarządzać, nadzorować; wstrzymywać; panować (**sth** nad czymś); sterować; s nadzór, kontrola; władza, kierownictwo; kierowanie, sterowanie; regulowanie; panowanie; pl **~s** techn. przyrządy do sterowania; **remote ~** zdalne sterowanie; pilot (np. telewizyjny); adj attr sterujący, regulujący; kontrolny

con·tro·ver·sial [ˌkɒntrə'vɜːʃl] adj sporny, polemiczny, kontrowersyjny

con·tro·ver·sy ['kɒntrəvɜːsɪ] s spór, polemika, kontrowersja

con·tu·me·ly ['kɒntjuːmlɪ] s obelżywe traktowanie, obelga

con·tu·sion [kən'tjuːʒn] s kontuzja; stłuczenie

con·va·lesce [ˌkɒnvə'les] vi przychodzić do zdrowia

con·va·les·cence [ˌkɒnvə'lesns] s rekonwalescencja

con·vene [kən'viːn] vt vi zwoływać, wzywać; zbierać (się)

con·ve·ni·ence [kən'viːnɪəns] s wygoda; pl **~s** komfort; **at your** (**earliest**) **~** kiedy <jak> ci będzie wygodnie; **marriage of ~** małżeństwo z rozsądku

con·ve·ni·ent [kən'viːnɪənt] adj wygodny, dogodny

con·ven·tion [kən'venʃn] s umowa; zebranie; zwyczaj; konwencja; pl **~s** konwenanse

con·ven·tion·al [kən'venʃnəl] adj umowny, zwyczajowy; konwencjonalny; stereotypowy

con·verge [kən'vɜːdʒ] vi zbiegać się (w jednym punkcie); vt skupiać

con·ver·sant [kən'vɜːsnt] adj dobrze znający (**with sth** coś), dobrze poinformowany (**with sth** o czymś), biegły

con·ver·sa·tion [ˌkɒnvə'seɪʃn] s rozmowa, konwersacja

con·verse 1. [kən'vɜːs] vi rozmawiać

con·verse 2. ['kɒnvɜːs] adj odwrotny, odwrócony; s odwrócenie, odwrotność

con·ver·sion [kən'vɜːʃn] s konwersja; przemiana; nawrócenie; odwrócenie

con·vert [kən'vɜːt] *vt* zmieniać, przemienić; sprzeniewierzyć; nawracać; konwertować; *s* ['kɒnvɜːt] konwertyta, nawrócony

con·vex ['kɒnveks] *adj* wypukły

con·vey [kən'veɪ] *vt* przewozić, przesyłać, przekazywać; komunikować

con·vey·ance [kən'veɪəns] *s* przewóz, przenoszenie, przekazanie; doprowadzenie; komunikowanie; uzmysławianie; pojazd

con·vict [kən'vɪkt] *vt* przekonywać (*of sth* o czymś); udowadniać (*sb of sth* komuś coś); uznać sądownie winnym (*of sth* czegoś); *s* ['kɒnvɪkt] skazaniec

con·vic·tion [kən'vɪkʃn] *s* przekonanie; przeświadczenie, osądzenie, udowodnienie winy

con·vince [kən'vɪns] *vt* przekonać (*of sth* o czymś)

con·viv·i·al [kən'vɪvɪəl] *adj* towarzyski, wesoły

con·vo·ca·tion [,kɒnvə'keɪʃn] *s* zwołanie; zebranie

con·voke [kən'vəʊk] *vt* zwoływać, zbierać

con·voy ['kɒnvɔɪ] *s* konwój, konwojowanie; *vt* konwojować

con·vulse [kən'vʌls] *vt* wstrząsać; przyprawiać o konwulsje

con·vul·sion [kən'vʌlʃn] *s* konwulsja; wstrząs

coo [kuː] *vt vi* gruchać; gaworzyć

cook [kʊk] *vt vi* gotować (się); *przen.* fałszować; *s* kucharz

cook·er ['kʊkə] *s* kuchenka (do gotowania)

cook·er·y ['kʊkərɪ] *s* sztuka kulinarna; ~ *book* książka kucharska

cool [kuːl] *adj* chłodny; oziębły; *s* chłód; *vt vi* chłodzić (się), studzić (się); ~ *down* ostygnąć; *przen.* ochłonąć

coo·lie, coo·ly ['kuːlɪ] *s* kulis

cool·ness ['kuːlnəs] *s* chłód; *przen.* zimna krew

coop [kuːp] *s* kojec

coop·er ['kuːpə] *s* bednarz

co·op·er·ate [kəʊ'ɒpəreɪt] *vi* współdziałać, współpracować

co·op·er·a·tion [kəʊ,ɒpə'reɪʃn] *s* współdziałanie, kooperacja

co·op·er·a·tive [kəʊ'ɒprətɪv] *adj* współdziałający, chętny do współdziałania; spółdzielczy

co-opt [kəʊ'ɒpt] *vt* kooptować

co·or·di·nate [kəʊ'ɔːdəneɪt] *vt* koordynować; *adj* [kəʊ'ɔːdənət] równorzędny; *gram.* współrzędny

cop [kɒp] *s pot.* glina; gliniarz (policjant)

co-part·ner [kəʊ'pɑːtnə] *s* wspólnik, udziałowiec

cope [kəʊp] *vi* zmagać się, borykać się; radzić sobie, podołać

cop·i·er ['kɒpɪə] *s* (foto)kopiarka

co·pi·ous ['kəʊpɪəs] *adj* obfity; płodny

cop·per ['kɒpə] *s* miedź; miedziak

cop·pice ['kɒpɪs] *s* zarośla, lasek, zagajnik

co·pro·ces·sor [kəʊ'prəʊsesə] *s komp.* koprocesor, procesor pomocniczy

cop·u·late ['kɒpjʊleɪt] *vi* spółkować

cop·y ['kɒpɪ] *s* kopia; egzemplarz; rękopis, maszynopis; *rough* ~ brudnopis; *fair* <*clean*> ~ czystopis; *vt vi* kopiować, przepisywać; naśladować

cop·y·right ['kɒpɪraɪt] *s* prawo autorskie

cor·al ['kɒrəl] *s* koral

cord [kɔːd] *s* sznur, sznurek, lina; *vocal* ~ struna głosowa

cord·age ['kɔːdɪdʒ] *s* liny; *mors.* olinowanie

cord·ial ['kɔːdɪəl] *adj* serdeczny; *s* środek nasercowy

cor·di·al·i·ty [,kɔːdɪ'ælətɪ] *s* serdeczność

cor·du·roy ['kɔːdʒʊrɔɪ] *s* sztruks; *pl* ~*s* spodnie sztruksowe

core [kɔ:] s rdzeń, jądro; sedno; ogryzek (*owocu*); *przen.* serce, dusza

cork [kɔ:k] s korek; vt korkować

cork·screw ['kɔ:kskru:] s korkociąg

corn 1. [kɔ:n] s ziarno, zboże; *am.* kukurydza; **winter ~** ozimina

corn 2. [kɔ:n] s nagniotek, odcisk

cor·ner ['kɔ:nə] s róg, węgieł; kąt; moment krytyczny; *mat.* wierzchołek; adj attr narożny; vt zapędzić w kąt, przyprzeć do muru

cor·ner·stone ['kɔ:nəstəun] s kamień węgielny

corn·flakes ['kɔ:nfleɪks] s pl płatki kukurydziane

corn·flow·er ['kɔ:nflauə] s *bot.* chaber, bławatek

cor·nice ['kɔ:nɪs] s gzyms

cor·ol·la·ry [kə'rɒlərɪ] s wniosek; wynik

cor·o·ner ['kɒrənə] s sędzia śledczy

cor·po·ral 1. ['kɔ:prəl] adj cielesny, fizyczny

cor·po·ral 2. ['kɔ:prəl] s kapral

cor·po·ra·tion [,kɔ:pə'reɪʃn] s korporacja; *handl.* towarzystwo, spółka

cor·por·e·al [kɔ:'pɔ:rɪəl] adj cielesny, materialny

corps [kɔ:] s (pl **corps** [kɔ:z]) *wojsk.* korpus; zespół (*medyczny, badawczy, itp.*); **Peace Corps** Korpus Pokoju

corpse [kɔ:ps] s zwłoki, trup

cor·pu·lent ['kɔ:pjulənt] adj korpulentny, otyły

cor·pus·cle ['kɔ:pʌsl] s *biol.* ciałko (krwi)

cor·rect [kə'rekt] adj poprawny, prawidłowy; vt poprawiać, robić korektę; karać

cor·rec·tion [kə'rekʃn] s poprawka, poprawa; korekta; naprawa

cor·re·la·tion [,kɒrɪ'leɪʃn] s korelacja, współzależność

cor·re·spond [,kɒrɪ'spɒnd] vi od-

powiadać, być odpowiednim, zgadzać się; korespondować

cor·re·spond·ence [,kɒrɪ-'spɒndəns] s zgodność; korespondencja

cor·ri·dor ['kɒrɪdɔ:] s korytarz

cor·ri·gi·ble ['kɒrɪdʒəbl] adj dający się poprawić

cor·rob·o·rate [kə'rɒbəreɪt] vt potwierdzić

cor·rob·o·ra·tion [kə,rɒbə-'reɪʃn] s potwierdzenie

cor·rode [kə'rəud] vt zżerać, nadgryzać; vi niszczeć (*na skutek korozji*)

cor·ro·sion [kə'rəuʒn] s korozja

cor·rupt [kə'rʌpt] adj zepsuty, skorumpowany, sprzedajny; vt vi korumpować, psuć (się)

cor·rup·tion [kə'rʌpʃn] s zepsucie, korupcja; rozkład; sprzedajność

cor·set ['kɔ:sɪt] s gorset

co·sine ['kəusaɪn] s *mat.* cosinus

cos·met·ic [kɒz'metɪk] adj kosmetyczny; s kosmetyk; pl **~s** kosmetyki, kosmetyka

cos·mic ['kɒzmɪk] adj kosmiczny

cos·mo·naut ['kɒzmənɔ:t] s kosmonauta

cos·mo·pol·i·tan [,kɒzmə'pɒlɪtən] adj kosmopolityczny; s kosmopolita

cos·mo·pol·ite [kɒz'mɒpəlaɪt] s kosmopolita

cos·mo·pol·i·tism [kɒz'mɒpəlɪtɪzm] s kosmopolityzm

cos·mos ['kɒzmɒs] s kosmos

*****cost** [kɒst] vi (**cost, cost** [kɒst]) kosztować; s koszt; **at the ~** za cenę; **at all ~s** za wszelką cenę; **~s of living** koszty utrzymania

cost·ly ['kɒstlɪ] adj kosztowny; wspaniały, doskonały

cos·tume ['kɒstju:m] s kostium, strój

co·sy ['kəuzɪ] adj przytulny, wygodny

cot 1. [kɒt] s lekkie łóżko (*polowe, dziecięce*); koja (*na statku*)

cot 2. [kɒt] *s* szopa, szałas; *poet.* chata

co·tan·gent [kəʊ'tændʒənt] *s mat.* cotangens, kotangens

co·te·rie ['kəʊtərɪ] *s* koteria

cot·tage ['kɒtɪdʒ] *s* domek, chata; ~ *piano muz.* pianino; ~ *cheese* ser biały

cot·tag·er ['kɒtɪdʒə] *s* właściciel <posiadacz> własnego domku; wieśniak

cot·ton ['kɒtn] *s* bawełna, wyrób bawełniany

cot·ton wool [ˌkɒtn'wʊl] *s* wata

couch [kaʊtʃ] *s* kanapa, tapczan; legowisko; *vi* leżeć w ukryciu, czaić się; *vt* wyrażać, formułować; ~ *potato pot.* osoba bez przerwy wpatrzona w ekran TV

cough [kɒf] *s* kaszel; *vi* kaszleć; *vt* ~ *out* <up> wykrztusić, wykaszleć

could *zob.* **can 1.**

coun·cil ['kaʊnsl] *s* rada (jako zespół); narada

coun·cil·lor ['kaʊnslə] *s* członek rady, radny

coun·sel ['kaʊnsl] *s* rada, porada; narada; radca, doradca, rzecznik, adwokat; *vt* radzić

coun·sel·lor ['kaʊnslə] *s* radca, adwokat

count 1. [kaʊnt] *vt vi* liczyć (się); uważać za; być uważanym za; ~ *on* <upon> *sb, sth* liczyć na kogoś, coś; ~ *out* odliczyć; nie brać w rachubę; (*w boksie*) wyliczyć, uznać za pokonanego; *s* rachunek, rachuba

count 2. [kaʊnt] *s* hrabia (*z kontynentu*)

count·a·ble ['kaʊntəbl] *adj* obliczalny, dający się policzyć

count·down ['kaʊntdaʊn] *s* odliczanie czasu (*do zera*)

coun·te·nance ['kaʊntɪnəns] *s* wyraz twarzy, twarz, fizjonomia; opanowanie; kontenans; zachęta; poparcie; *to put out of* ~ zdeto-

nować, stropić; *vt* popierać, zachęcać

coun·ter 1. ['kaʊntə] *s* lada (sklepowa), kontuar; kantor; prowadzący rachunki; licznik (*np. w samochodzie*); liczman; żeton

coun·ter 2. ['kaʊntə] *adj* przeciwny, przeciwległy, przeciwstawny; *adv* przeciwnie, w przeciwnym kierunku; *vt i vi* sprzeciwiać się, przeciwdziałać, krzyżować (*plany*); odparować (*cios*), kontrować

coun·ter·act [ˌkaʊntə'rækt] *vt* przeciwdziałać

coun·ter·at·tack ['kaʊntərəˌtæk] *s* kontratak

coun·ter·bal·ance ['kaʊntəˌbæləns] *s* przeciwwaga; *vt* [ˌkaʊntə'bæləns] równoważyć

coun·ter·feit ['kaʊntəfɪt] *s* podrobienie, fałszerstwo, imitacja; *adj* podrobiony, fałszywy; *vt* podrabiać, fałszować; udawać

coun·ter·mand [ˌkaʊntə'mɑːnd] *vt* odwołać (*np. zamówienie, rozkaz*); *s* odwołanie

coun·ter·pane ['kaʊntəpeɪn] *s* narzuta (*na łóżko*)

coun·ter·part ['kaʊntəpɑːt] *s* odpowiednik, pendant, kopia, duplikat

coun·ter·point ['kaʊntəpɔɪnt] *s muz.* kontrapunkt

coun·ter·poise ['kaʊntəpɔɪz] *s* przeciwwaga; równowaga; *vt* równoważyć, wyrównywać

coun·ter·rev·o·lu·tion [ˌkaʊntərevə'luːʃn] *s* kontrrewolucja

coun·ter·rev·o·lu·tion·a·ry [ˌkaʊntərevə'luːʃənərɪ] *adj* kontrrewolucyjny; *s* kontrrewolucjonista

coun·ter·weight ['kaʊntəweɪt] *s* przeciwwaga

count·ess ['kaʊntɪs] *s* hrabina

count·less ['kaʊntləs] *adj* niezliczony

coun·try ['kʌntrɪ] *s* kraj; ojczyzna; wieś; prowincja; teren; *to go* *into the* ~ wyjechać na wieś; *to go to the* ~ bryt. przeprowadzić powszechne wybory

coun·try·man ['kʌntrɪmən] s (pl **countrymen** ['kʌntrɪmən]) wieśniak; rodak

coun·try·side ['kʌntrɪsaɪd] s okolica, krajobraz

coun·ty ['kaʊntɪ] s hrabstwo; am. okręg administracyjny; ~ *town* stolica hrabstwa; am. główne miasto okręgu administracyjnego

coup [kuː] s wyczyn, mistrzowskie posunięcie; ~ *d'état* [ˌkuːdeɪ'tɑː] zamach stanu

cou·ple ['kʌpl] s para (np. małżeńska); *a* ~ *of* parę, kilka; vt vi łączyć (się) parami, kojarzyć (się); techn. sprzęgać, sczepiać, spajać, lutować

coup·let ['kʌplət] s dwuwiersz

coup·ling ['kʌplɪŋ] s techn. złącze

cou·pon ['kuːpɒn] s kupon, odcinek, talon

cour·age ['kʌrɪdʒ] s odwaga, męstwo

cou·ra·geous [kə'reɪdʒəs] adj odważny, mężny

course [kɔːs] s kurs; bieg; ciąg; tok, przebieg; bieżnia, tor; danie (na stole); *in the* ~ *of...* w trakcie...; *in due* ~ we właściwym czasie; *of* ~ oczywiście; *a matter of* ~ rzecz oczywista

court [kɔːt] s dwór; dziedziniec, plac; izba sądowa, sąd; pałac; sala, hala; sport boisko, kort; zaloty; vt zalecać się (*sb* do kogoś); szukać (*sth* czegoś); zabiegać (*sth* o coś)

cour·te·ous ['kɜːtɪəs] adj grzeczny, uprzejmy

cour·te·sy ['kɜːtəsɪ] s grzeczność, uprzejmość

cour·ti·er ['kɔːtɪə] s dworzanin

court·ly ['kɔːtlɪ] adj dworski, wytworny

court-mar·tial [ˌkɔːt'mɑːʃl] s sąd wojenny <wojskowy>; vt postawić (kogoś) przed sądem wojennym <wojskowym>

court·ship ['kɔːtʃɪp] s zaloty

court·yard ['kɔːtjɑːd] s dziedziniec, podwórze

cous·in ['kʌzn] s kuzyn; *first* ~ brat stryjeczny, siostra stryjeczna; brat cioteczny, siostra cioteczna; *second* ~ dalszy krewny

cov·e·nant ['kʌvnənt] s umowa, przymierze, związek, pakt

cov·er ['kʌvə] vt pokrywać; przykryć, nakryć, okryć; ukryć, osłaniać; s pokrycie, przykrywka; okładka, narzuta; nakrycie; ochrona, osłona; przen. płaszczyk

cov·er·ing ['kʌvərɪŋ] s przykrycie; osłona

cov·er·let ['kʌvələt] s przykrycie, kołdra, kapa

cov·ert ['kʌvət] adj ukryty, potajemny; ukradkowy; s schronienie, legowisko

cov·et ['kʌvɪt] vt pożądać

cov·et·ous ['kʌvətəs] adj pożądliwy; zawistny

cow 1. [kaʊ] s krowa; samica (różnych ssaków)

cow 2. [kaʊ] vt straszyć

cow·ard ['kaʊəd] s tchórz

cow·ard·ice ['kaʊədɪs] s tchórzostwo

cow·ard·ly ['kaʊədlɪ] adj tchórzliwy

cow·boy ['kaʊbɔɪ] s pastuch; am. kowboj

cow·er ['kaʊə] vi przysiąść, przycupnąć

cox·comb ['kɒkskəʊm] s fircyk; pyszałek

cox·swain ['kɒksn] s sternik

coy [kɔɪ] adj nieśmiały, wstydliwy; zaciszny

co·zy ['kəʊzɪ] adj = **cosy**

crab [kræb] s zool. krab; astr. **Crab** Rak (znak zodiaku)

crack [kræk] vt vi trzaskać, roztrzaskać; trzeszczeć; pękać; spowodować pęknięcie; łupać; s trzask; uderzenie; pęknięcie; szczelina, rysa; adj attr pot. wspaniały, pierwszorzędny; *wojsk.* szturmowy

cracked [krækt] *pp i adj* potrzaskany; *przen.* zwariowany

crack·er ['krækə] *s* petarda; (*zw. pl* ~**s**) dziadek do orzechów; *pl* ~**s** krakersy

crack·le ['krækl] *vi* skrzypieć, trzaskać; *s* trzaski; skrzypienie

cra·dle ['kreidl] *s* kołyska; *przen.* kolebka; *vt* kłaść do kołyski, kołysać; *przen.* wychowywać niemowlę

craft [krɑːft] *s* zręczność, biegłość; przebiegłość; rzemiosło; cech; (*pl* ~) statek, samolot (*zw. zbior.* statki, samoloty)

crafts·man ['krɑːftsmən] *s* (*pl* **craftsmen** ['krɑːftsmən]) rzemieślnik

craft·y ['krɑːftɪ] *adj* sprytny, zręczny; przebiegły, podstępny

crag [kræg] *s* skała (urwista)

cram [kræm] *vt vi* przepełnić, tłoczyć (się), zapchać (się); *pot.* (*o uczeniu się*) kuć

cramp [kræmp] *s* kurcz; *techn.* klamra, imadło; *przen.* hamulec, ograniczenie; *vt* wywołać kurcz; zwierać; *przen.* krępować, ograniczać

crane [krein] *s zool.* żuraw; *techn.* dźwig, żuraw

crank 1. [kræŋk] *s* korba

crank 2. [kræŋk] *s* dziwak; dziwactwo

crap [kræp] *s wulg.* gówno; świństwo

crape [kreip] *s* krepa

crash [kræʃ] *s* trzask, łomot; gwałtowny upadek; nagłe zderzenie, katastrofa, kraksa; krach, bankructwo; *vi* trzasnąć, huknąć; spaść z hukiem, rozbić się, ulec katastrofie; *vt* zgnieść, rozbić, zniszczyć; ~ **helmet** kask ochronny

cra·ter ['kreitə] *s* krater, lej

crave [kreiv] *vt vi* pragnąć, pożądać (**sth, for sth** czegoś);

usilnie prosić (**sth** o coś)

cra·ven ['kreivn] *s* tchórz, nikczemnik; *adj* tchórzliwy, nikczemny

craw·fish ['krɔːfɪʃ] = **crayfish**

crawl [krɔːl] *vi* pełzać, czołgać się; *s* pełzanie; pływanie kraulem

cray·fish ['kreifɪʃ] *s* rak; langusta

cray·on ['kreiən] *s* kredka, pastel; *vt* malować kredką, pastelami; szkicować

craze [kreiz] *vi* szaleć; *vt* doprowadzać do szału; *s* szaleństwo, szał

cra·zy ['kreizi] *adj* szalony, zwariowany

creak [kriːk] *vi* skrzypieć, trzeszczeć; *s* skrzypienie, trzeszczenie

cream [kriːm] *s* śmietana; krem; pasta; *przen.* śmietanka; *adj* attr kremowy; **suntan** ~ krem do opalania; **shaving** ~ krem do golenia; *vt* zbierać śmietankę

cream·y ['kriːmɪ] *adj* śmietankowy, kremowy

crease [kriːs] *s* fałda, zmarszczka; kant (spodni); *vt vi* marszczyć (się), miąć (się)

cre·ate [kriː'eit] *vt* tworzyć, stwarzać; kreować; wywoływać

cre·a·tion [kriː'eiʃn] *s* tworzenie, stworzenie; kreacja

cre·a·tive [kriː'eitiv] *adj* twórczy

cre·a·tor [kriː'eitə] *s* twórca, stwórca

crea·ture ['kriːtʃə] *s* stworzenie, stwór; kreatura; twór

crèche [kreiʃ] *s* żłobek (*dla dzieci*)

cre·dence ['kriːdəns] *s* wiara, zaufanie

cre·den·tials [kri'denʃlz] *s pl* listy uwierzytelniające

cred·i·ble ['kredəbl] *adj* wiarygodny

cred·it ['kredit] *s* kredyt; zaufanie; uznanie, pochwała; honor; zaszczyt; *am.* zaliczenie (*zajęcia uniwersyteckie wymagane do zaliczenia kursu*); ~ **card** karta kredytowa; *handl.* ***letter of*** ~ akredytywa; *vt* kredytować; ufać; przypisywać (***sb with sth*** komuś coś); *handl.* uznawać rachunek

cred·it·a·ble ['kredɪtəbl] *adj* zaszczytny, chlubny

cred·i·tor ['kredɪtə] *s* wierzyciel

cre·du·li·ty [krə'djuːlətɪ] *s* łatwowierność

cre·du·lous ['kredjʊləs] *adj* łatwowierny

creed [kriːd] *s* wiara; wyznanie wiary, credo

creek [kriːk] *s* zatoczka; *am.* rzeczka

creep** [kriːp] *vi* (crept, crept*** [krept]) czołgać się, pełzać; wkradać się; (*o roślinach*) piąć (się); (*o skórze*) cierpnąć; ***my flesh*** ~**s** ciarki mnie przechodzą

creep·er ['kriːpə] *s bot.* pnącze; *pot.* lizus

creep·y ['kriːpɪ] *adj* pełzający; wywołujący <mający> ciarki

cre·ma·tion [krɪ'meɪʃn] *s* palenie zwłok, kremacja

crem·a·to·ri·um [ˌkremə'tɔːrɪəm] *s* (*pl* ***crematoria*** [ˌkremə'tɔːrɪə]) krematorium

crept *zob.* **creep**

cres·cent ['kresnt] *s* sierp księżyca, półksiężyc; *adj* rosnący; mający kształt półksiężyca

crest [krest] *s* grzebień (*np. koguta*), czub, grzywa; grzbiet (*fali, góry itp.*); herb

crev·ice ['krevɪs] *s* szczelina, rysa

crew 1. [kruː] *s* załoga, ekipa

crew 2. *zob.* ***crow 2.***

crib 1. [krɪb] *s* żłób; łóżko dziecięce; *vt* zamknąć

crib 2. [krɪb] *s* plagiat; *pot.* ściągaczka; *vt vi pot.* ściągać (*zadanie domowe itp.*)

crick [krɪk] *s* bolesny skurcz; kurcz (*np. w karku*)

crick·et 1. ['krɪkɪt] *s* świerszcz

crick·et 2. ['krɪkɪt] *s sport* krykiet

crime [kraɪm] *s* zbrodnia

crim·i·nal ['krɪmənl] *adj* zbrodniczy, kryminalny; *s* zbrodniarz

crim·son ['krɪmzn] *s* karmazyn, purpura; *adj* karmazynowy; *vt vi* barwić (się) karmazynowo; *przen.* rumienić się

cringe [krɪndʒ] *vi* kulić się; nisko się kłaniać, płaszczyć się (***to sb*** przed kimś); *s* uniżoność, płaszczenie się

crin·kle ['krɪŋkl] *s* fałda, zmarszczka; *vt vi* marszczyć (się), fałdować (się), zwijać (się)

crip·ple ['krɪpl] *s* kaleka, inwalida; *vt* przyprawiać o kalectwo; paraliżować; uszkadzać

cri·sis ['kraɪsɪs] *s* (*pl* ***crises*** ['kraɪsiːz]) kryzys

crisp [krɪsp], **crisp·y** ['krɪspɪ] *adj* kędzierzawy; kruchy; (*o powietrzu*) orzeźwiający; żywy, jędrny (*np. styl*); *vt vi* zwijać (się), skręcać (się); stawać się kruchym

cri·te·ri·on [kraɪ'tɪərɪən] *s* (*pl* ***criteria*** [kraɪ'tɪərɪə]) kryterium

crit·ic ['krɪtɪk] *s* krytyk; recenzent

crit·i·cal ['krɪtɪkl] *adj* krytyczny

crit·i·cism ['krɪtɪsɪzm] *s* krytyka; krytycyzm; recenzja, ocena

crit·i·cize ['krɪtɪsaɪz] *vt* krytykować; recenzować

cri·tique [krɪ'tiːk] *s* krytyka, recenzja

croak [krəʊk] *vi* (*o żabach*) rechotać; (*o wronach*) krakać; *pot.* zdechnąć, wykitować; *s* rechot, krakanie

cro·chet ['krəʊʃeɪ] *s* robota szydełkowa; *vt vi* szydełkować

crock·er·y ['krɒkərɪ] *s zbior.* naczynia (*gliniane, fajansowe itp.*)

croc·o·dile ['krɒkədaɪl] *s zool.* krokodyl

cro·ny ['krəʊnɪ] *s pot.* bliski przyjaciel, kompan

crook [krʊk] *s* hak; zagięcie; kij (*pasterski*); *pot.* oszust; ***by hook or by*** ~ wszelkimi sposobami; *vt vi* skrzywić (się), zgiąć (się)

crook·ed 1. [krʊkt] *pp zob.* ***crook*** *v*

crook·ed 2. ['krʊkɪd] *adj* kręty, krzywy, zgięty; nieuczciwy, przewrotny

crop [krɒp] *s* urodzaj, zbiór, plon; masa, stos; krótko ostrzyżone włosy; *vt* ścinać, strzyc, skubać; zbierać (*plon*); uprawiać, siać, sadzić; *vi* obrodzić, dawać plon; ~ *up* zjawić się nagle

cross [krɒs] *s dosł. i przen.* krzyż; skrzyżowanie; *adj* krzyżowy; poprzeczny; przecinający (się), krzyżujący (się); niepomyślny, przeciwny; zły, rozgniewany; **to be ~** gniewać się (**with sb** na kogoś); *vt* krzyżować (*ręce, rasy, plany itd.*); przecinać; przejść (**sth** przez coś); przejechać (**sth** przez coś); przechodzić, przeprawić się na drugą stronę; przekreślić; udaremnić; ~ *off, out* skreślić, wykreślić; *vr* ~ *oneself* przeżegnać się; *vi* krzyżować się, przecinać się; rozmijać się

cross·bar ['krɒsbɑː] *s* poprzeczka

cross·breed ['krɒsbriːd] *vt* krzyżować (*gatunki, rasy*); *s* krzyżówka (*ras, gatunków*); mieszaniec

cross-coun·try [ˌkrɒs'kʌntrɪ] *adj attr i adv* na przełaj

cross-ex·am·i·na·tion ['krɒsɪɡˌzæmɪ'neɪʃn] *s* badanie (*sądowe*) za pomocą krzyżowych pytań

cross-ex·am·ine [ˌkrɒsɪɡ-'zæmɪn] *vt* badać za pomocą krzyżowych pytań

cross·ing ['krɒsɪŋ] *s* skrzyżowanie; przejście przez ulicę; przepłynięcie przez morze; przeprawa; **border ~** przejście graniczne

cross-ref·er·ence [ˌkrɒs'refrəns] *s* odsyłacz

cross·roads ['krɒsrəʊdz] *s pl* skrzyżowanie dróg, rozdroże; *dosł. i przen.* rozstaje

cross-sec·tion [ˌkrɒs'sekʃn] *s* przekrój

cross·word ['krɒswɜːd] *s* (*także* ~ **puzzle**) krzyżówka

crotch [krɒtʃ] *s anat.* krocze; rozwidlenie; drzewo rozwidlone

crotch·et ['krɒtʃɪt] *s* hak; kaprys; dziwactwo; *muz.* ćwierćnuta

crouch [kraʊtʃ] *vi* przysiąść, skulić się, kucnąć; *s* kucnięcie, skulenie się

crow 1. [krəʊ] *s* wrona, gawron

crow 2. [krəʊ] *vi* piać; triumfować (**over sb** nad kimś)

crow·bar ['krəʊbɑː] *s* łom, drąg żelazny

crowd [kraʊd] *s* tłum, tłok; stos (*rzeczy*); *vt vi* tłoczyć (się), pchać (się), zapchać

crown [kraʊn] *s* korona; wieniec; szczyt; ciemię; *vt* koronować, wieńczyć

cru·cial ['kruːʃl] *adj* decydujący, krytyczny

cru·ci·ble ['kruːsəbl] *s* tygiel; *przen.* ciężka próba

cru·ci·fix ['kruːsɪfɪks] *s* krucyfiks

cru·ci·fy ['kruːsɪfaɪ] *vt* ukrzyżować

crude [kruːd] *adj* surowy, niedojrzały; nie obrobiony; nieokrzesany, szorstki, brutalny

cru·el ['kruːəl] *adj* okrutny

cru·el·ty ['kruːəltɪ] *s* okrucieństwo

cru·et ['kruːɪt] *s* pojemnik na przyprawy; buteleczka (*na ocet, oliwę itp.*)

cruise [kruːz] *vi* (*zw. o statku*) krążyć; *s* krążenie po morzu, podróż morska, rejs

cruis·er ['kruːzə] *s* krążownik

crumb [krʌm] *s* okruszyna; *przen.* odrobina; *vt* kruszyć

crum·ble ['krʌmbl] *vt vi* kruszyć (się), rozpadać się

crumb·y ['krʌmɪ] *adj* pulchny

crum·ple ['krʌmpl] *vt vi* miąć (się), marszczyć (się), gnieść (się)

crunch [krʌntʃ] *vt* gryźć, chrupać; *vi* chrzęścić, skrzypieć; *s* chrupanie; chrzęst, skrzypienie

cru·sade [kruː'seɪd] *s hist.* wojna krzyżowa, krucjata (*także przen.*);

vi uczestniczyć w wyprawie krzyżowej

crush [krʌʃ] *vt vi* gnieść (się), miażdżyć; niszczyć; tłoczyć (się); *s* tłok, ścisk; kruszenie, miażdżenie

crust [krʌst] *s* skórka (*np. na chlebie*); skorupa; strup; osad; *vt vi* pokrywać (się) skorupą, zaskorupiać (się)

crus·ta·cean [krʌˈsteɪʃn] *s* skorupiak

crutch [krʌtʃ] *s* kula (*dla kaleki*)

cry [kraɪ] *vi* krzyczeć; płakać; **to ~ for the moon** żądać gwiazdki z nieba; *s* krzyk; wołanie; hasło; płacz

cry·ba·by [ˈkraɪˌbeɪbɪ] *s* pot. beksa

crys·tal [ˈkrɪstl] *s* kryształ; *adj* kryształowy; krystaliczny

crys·tal·lize [ˈkrɪstəlaɪz] *vt vi* krystalizować (się)

cub [kʌb] *s* szczenię, młode (*u zwierząt*)

cube [kjuːb] *s* sześcian; kostka (*lodu, cukru*); *vt mat.* podnosić do sześcianu

cu·bic [ˈkjuːbɪk] *adj* sześcienny, kubiczny

cuck·oo [ˈkuːkuː] *s* kukułka

cu·cum·ber [ˈkjuːkʌmbə] *s* ogórek

cud·dle [ˈkʌdl] *vt vi* tulić (się)

cudg·el [ˈkʌdʒl] *s* pałka, maczuga; *vt* okładać pałką

cue 1. [kjuː] *s* kij bilardowy

cue 2. [kjuː] *s* napomnienie, wskazówka; *teatr* replika

cuff 1. [kʌf] *s* mankiet

cuff 2. [kʌf] *s* uderzenie dłonią <pięścią>; kułak; *vt* uderzyć pięścią <dłonią>

cu·li·na·ry [ˈkʌlɪnərɪ] *adj* kulinarny

cull [kʌl] *vt* zbierać, zrywać (*kwiaty itp.*); przebierać

cu·lottes [kjuːˈlɒts] *s pl* krótkie damskie spodnie (*szyte w formie spódnicy*)

cul·mi·nate [ˈkʌlmɪneɪt] *vi* osiągać szczyt

cul·pa·ble [ˈkʌlpəbl] *adj* winny; karygodny

cul·prit [ˈkʌlprɪt] *s* winowajca; podsądny

cult [kʌlt] *s* kult, cześć

cul·ti·vate [ˈkʌltɪveɪt] *vt dosł. i przen.* kultywować, uprawiać

cul·ti·vat·ed [ˈkʌltɪveɪtɪd] *zob.* **cultivate**; *adj* kulturalny, wytworny, wyrobiony

cul·tur·al [ˈkʌltʃərəl] *adj* kulturalny

cul·ture [ˈkʌltʃə] *s* kultura; uprawa; hodowla

cul·tured [ˈkʌltʃəd] *adj* kulturalny, wykształcony

cum·ber [ˈkʌmbə] *vt* obciążać; zawadzać; krępować

cum·ber·some [ˈkʌmbəsəm] *adj* uciążliwy, nieporęczny

cum·in, cum·min [ˈkʌmɪn] *s* kmin(ek)

cu·mu·late [ˈkjuːmjʊleɪt] *vt vi* gromadzić (się), kumulować (się)

cu·mu·la·tive [ˈkjuːmjʊlətɪv] *adj* kumulacyjny, skumulowany, łączny

cun·ning [ˈkʌnɪŋ] *adj* podstępny, chytry; sprytny; zręczny; *s* chytrość; spryt; zręczność

cunt [kʌnt] *s wulg.* cipa, pizda

cup [kʌp] *s* filiżanka; kubek; kielich; (*także sport*) puchar

cup·board [ˈkʌbəd] *s* kredens; szafka

cup fi·nal [ˈkʌpˌfaɪnl] *s sport* finał(y) (*np. mistrzostw*)

cu·pid·i·ty [kjuːˈpɪdɪtɪ] *s* chciwość, zachłanność

cu·po·la [ˈkjuːpələ] *s* kopuła

cur [kɜː] *s* kundel; *przen.* łajdak

cu·rate [ˈkjʊərət] *s* wikary

cu·ra·tor [kjʊˈreɪtə] *s* opiekun; kustosz; kurator

curb(·stone) [ˈkɜːb(stəʊn)] *s* = **kerb(stone)**

curd [kɜːd] *s* (*zw. pl* **~s**) twaróg; zsiadłe mleko

cur·dle ['kɜːdl] vt vi ścinać (się); (o mleku) zsiadać się; (o krwi) krzepnąć; przen. ścinać krew w żyłach

cure [kjʊə] vt leczyć; wędzić, konserwować; wulkanizować; s kuracja; lekarstwo; wyleczenie; konserwowanie; wulkanizacja

cur·few ['kɜːfjuː] s godzina policyjna; hist. dzwon wieczorny

cu·ri·os·i·ty [ˌkjʊərɪˈɒsətɪ] s ciekawość, ciekawostka, osobliwość; unikat

cu·ri·ous ['kjʊərɪəs] adj ciekawy; osobliwy

curl [kɜːl] s zwój, skręt; lok, pukiel; vt vi kręcić (się), zwijać (się); fryzować; falować

curl·y ['kɜːlɪ] adj kędzierzawy, (o włosach, o wodzie) falujący

cur·rant ['kʌrənt] s porzeczka; rodzynek

cur·ren·cy ['kʌrənsɪ] s obieg; powszechne użycie (wyrazów); panowanie (poglądów); waluta

cur·rent ['kʌrənt] adj bieżący; obiegowy; powszechny; aktualny; s prąd; strumień; bieg; elektr. **alternating** ~ (**AC**) prąd zmienny; **direct** ~ (**DC**) prąd stały

cur·ric·u·lum [kəˈrɪkjʊləm] s (pl **curricula** [kəˈrɪkjʊlə]) program (nauki); ~ **vitae** ['viːtaɪ] życiorys

curse [kɜːs] s przekleństwo; klątwa; vt vi przeklinać, kląć

cur·sor ['kɜːsə] s komp. kursor

cur·so·ry ['kɜːsərɪ] adj pobieżny, powierzchowny

curt [kɜːt] adj krótki, zwięzły; szorstki

cur·tail [kɜːˈteɪl] vt skracać, obcinać, uszczuplać

cur·tain ['kɜːtn] s zasłona, firanka, kotara, kurtyna

curt·s(e)y ['kɜːtsɪ] s dyg

curve [kɜːv] s krzywa; wygięcie; zakręt; vt vi krzywić (się), zginać (się), zakręcać

cush·ion ['kʊʃn] s poduszka (na

kanapę); podkładka, wyściółka

cus·tard ['kʌstəd] s krem (deserowy), rodzaj budyniu

cus·to·dy ['kʌstədɪ] s ochrona, opieka; areszt

cus·tom ['kʌstəm] s zwyczaj; nawyk; stałe kupowanie (w jednym sklepie); pl ~**s** cło; pl **Customs** urząd celny

cus·tom·a·ry ['kʌstəmərɪ] adj zwyczajowy; zwyczajny

cus·tom·er ['kʌstəmə] s klient

cus·tom·ize ['kʌstəmaɪz] vt (w zamówieniach) uwzględniać życzenia klienta

cus·tom·house ['kʌstəmhaʊs] s urząd celny

*****cut** [kʌt] vt (**cut, cut** [kʌt]) krajać, ciąć, przecinać, ścinać, rąbać; skracać; obniżać, redukować (ceny, płace itp.); kosić, strzyc; ignorować; vi ciąć, dać się krajać; ~ **down** obciąć, ściąć; ~ **in, into** wtrącić się; wtargnąć; ~ **off** odciąć, wyłączyć; przerwać; ~ **out** wyciąć; opuścić; odrzucić; przestać (palić, pić itp.); ~ **up** krajać, posiekać; **to ~ open** rozciąć; **to ~ short** przerwać; pot. **to ~ and run** szybko uciec, zwiać; s cięcie; krój; rana cięta, szrama; obcięcie, obniżenie (ceny, płacy itp.); odcięty kawałek (np. mięsa); **short** ~ najkrótsza droga (na przełaj), skrót

cute [kjuːt] adj bystry, zdolny, sprytny; am. miły, pociągający

cut·let ['kʌtlət] s kotlet

cut·ter ['kʌtə] s przecinacz, przykrawacz; krojczy; kamieniarz; przyrząd do krajania; mors. kuter

cut·throat ['kʌtθrəʊt] s morderca, bandyta; adj bandycki; morderczy

cy·a·nide ['saɪənaɪd] s cyjanek

cy·ber·space ['saɪbəspeɪs] s komp. cyberprzestrzeń

cy·cle ['saɪkl] s cykl; rower; vi jeździć rowerem

cy·cling ['saɪklɪŋ] s kolarstwo

cy·clist ['saɪklɪst] s kolarz
cy·clone ['saɪkləʊn] s cyklon
cyl·in·der ['sɪlɪndə] s walec, wałek; *techn.* cylinder
cym·bal ['sɪmbl] s *muz.* czynel
cyn·ic ['sɪnɪk] *adj* cyniczny; s cynik

cyn·i·cal ['sɪnɪkl] *adj* cyniczny
cyn·i·cism ['sɪnɪsɪzm] s cynizm
cy·press ['saɪprəs] s cyprys
czar [zɑː] s car
Czech [tʃek] *adj* czeski; s Czech; język czeski

D

dab [dæb] *vt vi* lekko uderzać dłonią, dotknąć, przytknąć, musnąć, przyłożyć; s lekkie uderzenie, dotknięcie, muśnięcie
dab·ble ['dæbl] *vi* pluskać się; babrać się; interesować się powierzchownie (**in, at sth** czymś); *vt* moczyć; chlapać
dad [dæd], **dad·dy** ['dædɪ] s tatuś; tata
daf·fo·dil ['dæfədɪl] s *bot.* żółty narcyz, żonkil
dag·ger ['dægə] s sztylet; *vt* zasztyletować
dai·ly ['deɪlɪ] *adj* dzienny, codzienny; *adv* dziennie, codziennie; s dziennik, gazeta
dain·ty ['deɪntɪ] *adj* wykwintny; delikatny; filigranowy; wybredny; s przysmak, frykas; *pl* **dainties** łakocie
dair·y ['deərɪ] s mleczarnia
dai·sy ['deɪzɪ] s *bot.* stokrotka
dal·ly ['dælɪ] *vi* próżnować, zabawiać się głupstwami; figlować, igrać
dam [dæm] s tama, grobla; *vt* zagrodzić, przegrodzić tamą
dam·age ['dæmɪdʒ] s szkoda, uszkodzenie; *pl* ~s *prawn.* odszkodowanie; *vt* uszkodzić, popsuć; zaszkodzić (**sb** komuś)
damn [dæm] *vt* potępiać, przeklinać; ganić; *wulg.* ~ **it!** cholera!, psiakrew!; ~ **you!** pocałuj mnie gdzieś!; niech cię szlag trafi!; **I don't care a ~!** gwiżdżę na to!

damned [dæmd] *pp i adj pot.* uj. przeklęty, cholerny; *adv pot.* uj. cholernie, wściekle, diabelnie
damp [dæmp] *adj* wilgotny, parny; s wilgoć; *przen.* przygnębienie; *vt* zwilżyć; stłumić; ~ **down** przytłumić; zniechęcić
dance [dɑːns] *vt vi* tańczyć; s taniec; zabawa, bal
danc·er ['dɑːnsə] s tancerz
danc·ing ['dɑːnsɪŋ] s taniec; *adj attr* taneczny
dan·de·li·on ['dændɪlaɪən] s *bot.* mlecz
dan·druff ['dændrʌf] s łupież
dan·dy ['dændɪ] s elegant, strojniś
Dane [deɪn] s Duńczyk
dan·ger ['deɪndʒə] s niebezpieczeństwo
dan·ger·ous ['deɪndʒərəs] *adj* niebezpieczny
dan·gle ['dæŋgl] *vt vi* huśtać (się), dyndać; nadskakiwać (**about** <**after, around**> **sb** komuś); nęcić (**sth before sb** kogoś czymś)
Dan·ish ['deɪnɪʃ] *adj* duński; s język duński
dap·per ['dæpə] *adj* żywy, zwinny; elegancko ubrany; fertyczny
dap·ple ['dæpl] *adj* cętkowany, łaciaty; *vt* nakrapiać (*farbą*), cętkować
dare [deə] *vt vi* śmieć, odważyć się, stawiać czoło, odważnie podjąć się czegoś; wyzwać; **I ~ say** śmiem twierdzić, sądzę; **I ~**

dead

swear założę się; **I ~ you to say it again!** tylko spróbuj powiedzieć to jeszcze raz!

dare·dev·il ['deə,devl] s śmiałek; *adj attr* odważny do szaleństwa

dar·ing ['deəriŋ] *adj* śmiały, odważny; *s* śmiałość, odwaga

dark [da:k] *adj* ciemny; ponury; ukryty; **it is growing ~** robi się ciemno; **to keep sth ~** trzymać coś w tajemnicy; *s* ciemność, zmrok

dark·en ['da:kən] *vi vt* ciemnieć, zaciemniać (się); zasępiać (się)

dark·ness ['da:knəs] *s* ciemność; ciemnota

dar·ling ['da:liŋ] *s* ukochany, ulubieniec; *pieszcz.* kochanie; *adj* drogi, kochany

darn [da:n] *vt* cerować; **~ it!** do licha z tym!

dart [da:t] *s* żądło; strzałka; nagły ruch, zryw; *vt vi* rzucić (się), cisnąć

darts [da:ts] *s pl* rzutki (*zabawa sportowa*)

dash [dæʃ] *vt* rzucić, cisnąć; roztrzaskać; spryskać, ochlapać; zniweczyć; zmieszać (*coś z czymś*); wprawić w zakłopotanie, zmieszać (*kogoś*); *vi* uderzyć się; rzucić się; przebiec; **~ off** szybko nakreślić; **~ out** wykreślić; wybiec; *s* cios; atak, napaść; werwa; plusk; domieszka; barwna plamka; *druk.* myślnik; **to make a ~** rzucić się (**at sb, sth** na kogoś, coś)

dash·board ['dæʃbɔ:d] *s* tablica rozdzielcza (*w samochodzie*)

data *zob.* **datum**

da·ta·base ['deɪtə,beɪs] *s komp.* baza danych

date 1. [deɪt] *s* data; *am.* spotkanie (umówione); *pot.* randka; **to ~** do tej pory, po dzień dzisiejszy; **out of ~** przestarzały, niemodny; **up to ~** nowoczesny, modny; *vt vi* datować (się)

date 2. [deɪt] *s bot.* daktyl

dat·er ['deɪtə] *s* datownik

da·tive ['deɪtɪv] *s gram.* celownik

da·tum ['deɪtəm] *s* (*pl* **data** ['deɪtə]) dany fakt <szczegół *itp.*>; *zw. pl* **data** dane

daub [dɔ:b] *vt* mazać, bazgrać; oblepiać; pokrywać; *s* smar, plama; *pot.* bohomaz

daugh·ter ['dɔ:tə] *s* córka

daugh·ter-in-law ['dɔ:tərinlɔ:] *s* synowa

daunt [dɔ:nt] *vt* zastraszyć, nastraszyć; zrazić

daw·dle ['dɔ:dl] *vi* mitrężyć, marnować czas, guzdrać się; *vt* **~ away** marnować (czas)

dawn [dɔ:n] *s* świt; *vi* świtać

day [deɪ] *s* dzień; doba; **~ off** dzień wolny (od pracy); **work by the ~** praca na dniówkę; **by ~** za dnia; **~ by ~** dzień w dzień; **the ~ before yesterday** przedwczoraj; **the ~ after** nazajutrz; **the other ~** kilka dni temu; **this ~ week** od dziś za tydzień

day·break ['deɪbreɪk] *s* brzask

day·dream ['deɪdri:m] *s* sen na jawie; *vi* śnić na jawie

day·light ['deɪlaɪt] *s* światło dzienne

day-nurs·er·y ['deɪ,nɜ:səri] *s* żłobek (*dla dzieci*)

day·time ['deɪtaɪm] *s* (biały) dzień

daze ['deɪz] *vt* oszałamiać, ogłupiać

daz·zle ['dæzl] *vt* oślepić (*blaskiem*), olśnić

dead [ded] *adj* zmarły; *dosł. i przen.* martwy; całkowity, bezwzględny, pewny; głuchy, obojętny (**to sth** na coś); **~ certainty** zupełna pewność; **~ hours** głucha noc; **~ loss** kompletna strata; **~ ringer** sobowtór; **to be ~** nie funkcjonować; **to come to a ~ stop** nagle zatrzymać się; *adv* całkowicie, kompletnie; **~ drunk** kompletnie pijany; **~ tired** śmiertelnie zmęczony; *s* martwota; w *zwrotach*: **in the ~ of night** w głęboką noc; **in the ~ of winter** w pełni zimy; *pl* **the ~** zmarli

dead·line ['dedlaın] *s* nieprzekraczalny <ostateczny> termin

dead·lock ['dedlɒk] *s* zastój, impas, martwy punkt

dead·ly ['dedlı] *adj* śmiertelny; *adv* śmiertelnie

deaf [def] *adj* głuchy; **~ and dumb** głuchoniemy; **to turn a ~ ear** nie słuchać (**to sb, sth** kogoś, czegoś)

deaf·en ['defn] *vt* ogłuszać

deaf-mute [ˌdef'mju:t] *s* głuchoniemy

*deal [di:l] *vt* (**dealt, dealt** [delt]) dzielić; rozdawać (dary, karty); (*także* **~ out**) wydzielać; zadawać (*cios*) *vi* załatwiać (**with sth** coś), mieć do czynienia, rozprawiać się (**with sb** z kimś); handlować (**by <with> sb** z kimś), traktować (**by <with> sb** kogoś); zajmować się (**with sth** czymś); dotyczyć (**with sth** czegoś); *s* interes, sprawa, postępowanie; rozdanie kart; część; **a good <great> ~** wielka ilość, dużo; *pot.* **it's a ~!** zgoda!; załatwione!

deal·er ['di:lə] *s* kupiec, handlarz; rozdający karty (w grze); **plain ~** człowiek szczery <prostolininy>

dean [di:n] *s* dziekan

dear [dɪə] *adj* drogi (kosztowny); *adv* drogo; *int* **~ me!, oh ~!** mój Boże!, czyżby?, ojej!

dearth [dɜ:θ] *s* niedostatek

death [deθ] *s* śmierć

death rate ['deθreıt] *s* śmiertelność

de·bar [dɪ'bɑ:] *vt* wykluczyć, odsunąć; zakazać

de·bark [dɪ'bɑ:k] *vt* = **disembark**

de·bar·ka·tion [ˌdi:bɑː'keıʃn] *s* wyładowanie (*towaru*); wysadzenie na ląd; wylądowanie

de·base [dɪ'beıs] *vt* obniżać (*wartość*); poniżać

de·bate [dɪ'beıt] *vt vi* omawiać, obmyślać, debatować (**sth, on sth** nad czymś); *s* debata, dyskusja

de·bauch [dɪ'bɔ:tʃ] *vt* psuć, deprawować; *s* rozpusta

de·bauch·er·y [dɪ'bɔ:tʃərı] *s* rozpusta, rozwiązłość

de·ben·ture [dɪ'bentʃə] *s* bryt. obligacja

de·bil·i·tate [dɪ'bılıteıt] *vt* podciąć siły, osłabić

de·bil·i·ty [dɪ'bılətı] *s* niemoc, osłabienie

deb·it ['debıt] *s* strona rachunku „winien"; *vt* obciążyć (*rachunek*) kwotą

de·bris ['deıbri:] *s zbior.* gruzy, rumowisko; szczątki

debt [det] *s* dług

debt·or ['detə] *s* dłużnik

de·bunk [ˌdi:'bʌnk] *adj pot.* odbrązawiać, demaskować

de·but ['deıbju:] *s* debiut

dec·ade ['dekeıd] *s* dekada; dziesiątka

dec·a·dence ['dekədəns] *s* dekadencja, upadek

Dec·a·logue ['dekəlɒg] *s rel.* Dekalog

de·cant·er [dɪ'kæntə] *s* karafka

de·cay [dɪ'keı] *vi* gnić, rozpadać się, niszczeć; podupadać; *s* upadek, schyłek; gnicie, rozkład

de·cease [dɪ'si:s] *vi* umierać; *s* zgon

de·ceased [dɪ'si:st] *adj* zmarły; *s* nieboszczyk

de·ceit [dɪ'si:t] *s* fałsz, oszustwo

de·ceive [dɪ'si:v] *vt* zwodzić, oszukiwać

De·cem·ber [dɪ'sembə] *s* grudzień

de·cen·cy ['di:snsı] *s* przyzwoitość

de·cent ['di:snt] *adj dosł. i przen.* przyzwoity; **a ~ income** przyzwoity dochód

de·cep·tion [dɪ'sepʃn] s oszustwo, oszukaństwo; okłamanie

de·cep·tive [dɪ'septɪv] adj zwodniczy, oszukańczy

de·cide [dɪ'saɪd] vt rozstrzygać,
decydować (**sth** o czymś); vi
postanawiać, decydować się (**on
sth** na coś)

de·cid·ed [dɪ'saɪdɪd] pp i adj zdecydowany; stanowczy; bezsporny

de·cid·u·ous [dɪ'sɪdʒuəs] adj (o
drzewie) liściasty

de·ci·mal ['desɪml] adj dziesiętny

de·ci·pher [dɪ'saɪfə] vi odcyfrować; rozwiązać (zagadkę)

de·ci·sion [dɪ'sɪʒn] s decyzja; zdecydowanie

de·ci·sive [dɪ'saɪsɪv] adj decydujący; stanowczy

deck [dek] vt pokrywać; zdobić; s
pokład; piętro (w tramwaju, auto-
busie); deck (gramofon <magne-
tofon> bez wzmacniacza)

deck·chair ['dektʃeə] s leżak

de·claim [dɪ'kleɪm] vt deklamować

de·cla·ma·tion [ˌdeklə'meɪʃn] s
deklamacja

dec·la·ra·tion [ˌdeklə'reɪʃn] s deklaracja; wypowiedzenie

de·clare [dɪ'kleə] vt vi oznajmiać,
deklarować (się), oświadczać
(się); wypowiadać (wojnę); zgłaszać (do oclenia)

de·clen·sion [dɪ'klenʃn] s odchylenie; upadek; gram. deklinacja

de·cline [dɪ'klaɪn] vi opaść, obniżać się; zmarnieć; chylić się ku
upadkowi, podupadać; vt schylać;
uchylać; odrzucać (prośbę, wniosek); gram. deklinować; s upadek;
zanik; schyłek

de·cliv·i·ty [dɪ'klɪvətɪ] s pochyłość

de·com·pose [ˌdiːkəm'pəuz] vt
vi rozkładać się

dec·o·rate ['dekəreɪt] vt dekorować (także kogoś orderem); odnawiać (pokój)

de·co·ra·tor ['dekəreɪtə] s deko-

rator; malarz pokojowy

de·co·rous ['dekərəs] adj przyzwoity, odpowiedni, stosowny

de·coy [dɪ'kɔɪ] vt wabić; wciągać
w pułapkę; s ['diːkɔɪ] przynęta;
pułapka

de·crease [dɪ'kriːs] vt vi zmniejszać (się), obniżać (się), ubywać; s
['diːkriːs] ubytek, pomniejszenie

de·cree [dɪ'kriː] s dekret, rozporządzenie, wyrok, postanowienie; zarządzenie; vt postanawiać,
dekretować, zarządzać; (o losie)
zrządzić

de·crep·it [dɪ'krepɪt] adj rozpadający się; (o człowieku) zgrzybiały

de·cry [dɪ'kraɪ] vt popsuć opinię,
oczernić

ded·i·cate ['dedɪkeɪt] vt dedykować, poświęcać

ded·i·ca·tion [ˌdedɪ'keɪʃn] s dedykacja; poświęcenie

de·duce [dɪ'djuːs] vt wyprowadzać; wnioskować

de·duct [dɪ'dʌkt] vt odliczać,
odciągać, odejmować, potrącać

de·duc·tion [dɪ'dʌkʃn] s deduk-
cja; wniosek; odliczenie, potrącenie; rabat

deed [diːd] s dzieło, czyn, uczynek; akt (prawny), dokument; **~
of donation** akt darowizny; **authenticated ~** akt notarialny

deem [diːm] vt vi uważać, sądzić

deep [diːp] adj głęboki;
pochłonięty (**in sth** czymś); s
głębia; adv głęboko

deep·en ['diːpən] vt vi pogłębiać
(się)

deer [dɪə] s jeleń, łania itp.; zbior.
zwierzyna płowa

def·a·ma·tion [ˌdefə'meɪʃn] s
zniesławienie

de·fame [dɪ'feɪm] vt zniesławiać

de·fault [dɪ'fɔːlt] s uchybienie
(np. obowiązkom), zaniedbanie;
brak; nieobecność; prawn. niestawiennictwo; **by ~** z powodu nieo-
becności, zaocznie; vi zaniedbać;

uchybić; nie dotrzymać zobowiązania; nie stawić się w sądzie; *vt* skazać zaocznie; *adj komp.* domyślny

de·feat [dɪ'fiːt] *s* porażka; zniszczenie; *prawn.* anulowanie, kasacja; *vt* pokonać, pobić, zniszczyć; udaremnić; *prawn.* anulować, skasować

def·e·cate ['defəkeɪt] *vi* wypróżniać się

de·fect ['diːfekt] *s* brak, wada, defekt

de·fec·tive [dɪ'fektɪv] *adj* wadliwy

de·fence, *am.* **de·fense** [dɪ'fens] *s* obrona; *prawn.* strona pozwana; obrońca

de·fend [dɪ'fend] *vt* bronić

de·fend·ant [dɪ'fendənt] *s prawn.* pozwany

de·fense *s = defence*

de·fen·sive [dɪ'fensɪv] *adj* obronny; *s* defensywa; **on the ~** w defensywie

de·fer 1. [dɪ'fɜː] *vt* odwlekać, odkładać

de·fer 2. [dɪ'fɜː] *vi* ustępować, ulegać (przez szacunek); mieć wzgląd (**to sth** na coś)

def·er·ence ['defrəns] *s* szacunek, respekt; uleganie

de·fi·ance [dɪ'faɪəns] *s* wyzwanie; opór; **in ~ of...** na przekór..., wbrew...

de·fi·ant [dɪ'faɪənt] *adj* wyzywający; oporny

de·fi·cien·cy [dɪ'fɪʃnsɪ] *s* brak, niedostatek, niedobór; słabość

de·fi·cient [dɪ'fɪʃnt] *adj* niedostateczny, wykazujący brak <niedobór>

def·i·cit ['defəsɪt] *s* deficyt; niedobór

de·file 1. [dɪ'faɪl] *vt* zanieczyszczać; profanować

de·file 2. ['diːfaɪl] *s* wąwóz; przełęcz

de·fine [dɪ'faɪn] *vt* określać, definiować

def·i·nite ['defnɪt] *adj* określony; stanowczy; **~ article** *gram.* rodzajnik określony

def·i·ni·tion [ˌdefə'nɪʃn] *s* definicja, określenie

de·fin·i·tive [dɪ'fɪnətɪv] *adj* definitywny, stanowczy

de·fla·tion [dɪ'fleɪʃn] *s* wypuszczenie powietrza; *fin.* deflacja

de·form [dɪ'fɔːm] *vt* zniekształcać; szpecić

de·form·i·ty [dɪ'fɔːmətɪ] *vt* zniekształcenie; kalectwo; brzydota

de·fraud [dɪ'frɔːd] *vt* oszukiwać; nieuczciwie pozbawić (**sb of sth** kogoś czegoś)

de·fray [dɪ'freɪ] *vt* opłacać, pokrywać koszty

de·frost [ˌdiː'frɔst] *vt vi* odmrażać (się); rozmrażać (się)

deft [deft] *adj* zwinny, zgrabny, zręczny

de·funct [dɪ'fʌŋkt] *adj* zmarły; nie istniejący, zlikwidowany

de·fy [dɪ'faɪ] *vt* przeciwstawiać się, opierać się (**sb, sth** komuś, czemuś); wyzywać; **to ~ description** nie dać się opisać; być nie do opisania

de·gen·er·a·cy [dɪ'dʒenərəsɪ] *s* zwyrodnienie, degeneracja

de·gen·er·ate [dɪ'dʒenərət] *adj* zwyrodniały; zdegenerowany; *s* zwyrodnialec; degenerat; *vi* [dɪ'dʒenəreɪt] wyrodnieć, degenerować się

de·gra·da·tion [ˌdegrə'deɪʃn] *s* degradacja; poniżenie, upodlenie

de·grade [dɪ'greɪd] *vt vi* degradować (się); poniżać (się); upadlać; nikczemnieć

de·gree [dɪ'griː] *s* stopień; **by ~s** stopniowo

de·hy·drate [ˌdiː'haɪdreɪt] *vt* odwadniać

deign [deɪn] *vi* raczyć (coś zrobić)

de·i·ty ['deɪətɪ] *s* bóstwo

de·ject [dɪ'dʒekt] *vt* zniechęcić, przygnębić

de·jec·tion [dɪ'dʒekʃn] s zniechęcenie, przygnębienie

de·lay [dɪ'leɪ] *vi* zwlekać; *vt* odkładać; wstrzymywać; *s* zwłoka

del·e·gate ['delɪgeɪt] *vt* delegować; zlecać, udzielać; *s* ['delɪgət] delegat

del·e·ga·tion [,delɪ'geɪʃn] *s* delegacja; delegowanie

de·lib·er·ate [dɪ'lɪbəreɪt] *vi* rozmyślać, naradzać się (**on <upon> sth** nad czymś); *vt* rozważać (**sth** coś); *adj* [dɪ'lɪbrət] rozmyślny; rozważny

de·lib·er·a·tion [dɪ,lɪbə'reɪʃn] *s* rozważanie; narada; przezorność, rozwaga

del·i·ca·cy ['delɪkəsɪ] *s* delikatność; wrażliwość; delikates

del·i·cate ['delɪkət] *adj* delikatny, czuły, wątły

de·li·cious [dɪ'lɪʃəs] *adj* pyszny, wyborny; rozkoszny

de·light [dɪ'laɪt] *vt vi* zachwycać (się), rozkoszować się (**in sth** czymś); **to be ~ed** być zachwyconym, mieć wielką przyjemność (**at <with> sth** w czymś); *s* rozkosz, radość

de·light·ful [dɪ'laɪtfl] *adj* rozkoszny, czarujący

de·lin·e·ate [dɪ'lɪnɪeɪt] *vt* naszkicować, nakreślić

de·lin·quen·cy [dɪ'lɪŋkwənsɪ] *s* zaniedbanie obowiązku; przestępczość; wykroczenie; **juvenile ~** przestępczość wśród nieletnich

de·lin·quent [dɪ'lɪŋkwənt] *s* delikwent; winowajca; przestępca; *adj* winny zaniedbania obowiązków; przestępczy

de·lir·i·ous [dɪ'lɪrɪəs] *adj* majaczący

de·liv·er [dɪ'lɪvə] *vt* uwolnić, wybawić; przekazać, doręczyć, oddać, dostarczyć; wygłosić (*mowę*); wymierzyć (*cios*); wydać (*rozkaz, bitwę*); pomóc przy porodzie, odebrać (*dziecko*); **to be ~ed of a child** urodzić dziecko

de·liv·er·ance [dɪ'lɪvrəns] *s* uwolnienie, wyzwolenie, oswobodzenie

de·liv·er·y [dɪ'lɪvrɪ] *s* doręczenie, oddanie, wydanie, dostawa; wygłoszenie (*mowy*); poród

de·lude [dɪ'lu:d] *vt* łudzić, zwodzić, oszukiwać

del·uge ['delju:dʒ] *s dosł. i przen.* potop

de·lu·sion [dɪ'lu:ʒn] *s* złuda, złudzenie

dem·a·gog·ic [,demə'gɒdʒɪk] *adj* demagogiczny

dem·a·gogue ['deməgɒg] *s* demagog

de·mand [dɪ'mɑ:nd] *vt* żądać; wymagać; pytać; *s* żądanie; wymaganie; zapotrzebowanie, popyt (**for sth** na coś)

de·mean·our [dɪ'mi:nə] *s* zachowanie (się), postawa

de·men·tia [dɪ'menʃə] *s* demencja

dem·i·john ['demɪdʒɒn] *s* gąsior, butla

de·mil·i·ta·rize [,di:'mɪlɪtəraɪz] *vt* demilitaryzować

de·moc·ra·cy [dɪ'mɒkrəsɪ] *s* demokracja

dem·o·crat·ic [,demə'krætɪk] *adj* demokratyczny

de·mol·ish [dɪ'mɒlɪʃ] *vt* burzyć, demolować; obalać

dem·o·li·tion [,demə'lɪʃn] *s* zburzenie, rozbiórka; obalenie

de·mon ['di:mən] *s* demon

dem·on·strate ['demənstreɪt] *vt vi* wykazywać, udowadniać; demonstrować

dem·on·stra·tion [,demən'streɪʃn] *s* przeprowadzenie dowodu; demonstracja

de·mon·stra·tive [dɪ'mɒnstrətɪv] *adj* demonstracyjny; udowadniający; *gram.* wskazujący (*zaimek*)

de·mor·al·i·za·tion [dɪ,mɒrəlaɪ'zeɪʃn] *s* demoralizacja, zdeprawowanie

den [den] *s* pieczara, nora, jaskinia; *przen.* schronienie

de·na·ture [dɪ'neɪtʃə] *vt* denaturować, skażać

de·na·tured [dɪ'neɪtʃəd] *adj* skażony (*np. alkohol*)

de·ni·al [dɪ'naɪəl] *s* zaprzeczenie, odmowa

den·im ['denɪm] *s* teksas; *pl* **~s** *pot.* dżinsy

den·i·zen ['denɪzn] *s* mieszkaniec

de·nom·i·nate [dɪ'nɒmɪneɪt] *vt* nazwać; określić

de·nom·i·na·tion [dɪ,nɒmɪ'neɪʃn] *s* nazwa; określenie; *rel.* wyznanie; jednostka (wagi *itp.*)

de·note [dɪ'nəʊt] *vt* oznaczać

de·nounce [dɪ'naʊns] *vt* oskarżać; wypowiadać (*np. umowę*)

dense [dens] *adj* gęsty; spoisty; tępawy (*na umyśle*)

den·si·ty ['densətɪ] *s* gęstość; spoistość

dent [dent] *s* wgniecenie, wklęśnięcie; *vt* wgnieść

den·tal ['dentl] *adj* zębowy, dentystyczny; *gram.* (*o głosce*) zębowy

den·tist ['dentɪst] *s* dentysta

den·ture ['dentʃə] *s* sztuczna szczęka, proteza

de·nude [dɪ'njuːd] *vt* obnażyć, ogołocić

de·nun·ci·a·tion [dɪ,nʌnsɪ'eɪʃn] *s* oskarżenie; wypowiedzenie (*np. umowy*)

de·ny [dɪ'naɪ] *vt* zaprzeczyć; odmówić; wyprzeć się (*sb, sth* kogoś, czegoś)

de·o·do·rant [diː'əʊdrənt] *s* dezodorant

de·part [dɪ'pɑːt] *vi* wyruszać, odjeżdżać; odstąpić (*from sth* od czegoś); odbiegać (*od tematu itp.*)

de·part·ment [dɪ'pɑːtmənt] *s* departament; wydział, katedra; oddział; *am.* ministerstwo; **~ store** dom towarowy

de·par·ture [dɪ'pɑːtʃə] *s* odstęp-

stwo; odejście, odjazd; **point of ~** punkt wyjścia

de·pend [dɪ'pend] *vi* zależeć (**on sb, sth** od kogoś, czegoś); liczyć, polegać (**on sb, sth** na kimś, czymś)

de·pend·ence [dɪ'pendəns] *s* zależność; zaufanie

de·pend·en·cy [dɪ'pendənsɪ] *s* zależność; podległe terytorium; przyległość

de·pend·ent [dɪ'pendənt] *adj* zależny (**on sb, sth** od kogoś, czegoś), podlegający; *s* człowiek zależny od kogoś <będący na czyimś utrzymaniu>; służący

de·pict [dɪ'pɪkt] *vt* malować, opisywać

de·plor·a·ble [dɪ'plɔːrəbl] *adj* godny pożałowania

de·plore [dɪ'plɔː] *vt* opłakiwać; wyrazić żal

de·port [dɪ'pɔːt] *vt* deportować; *vr* **~ oneself** zachowywać się

de·pose [dɪ'pəʊz] *vt* usuwać, składać (z tronu, urzędu); *vi* składać zeznanie

de·pos·it [dɪ'pɒzɪt] *s* depozyt; zastaw, kaucja; osad; złoże; *vt* deponować; składać; *chem.* strącać

dep·o·si·tion [,depə'zɪʃn] *s* zeznanie; złożenie (z tronu, urzędu)

de·pos·i·tor [dɪ'pɒzɪtə] *s* depozytor, deponent

de·pot ['depəʊ] *s* skład; *am. także* ['diːpəʊ] dworzec (*kolejowy, autobusowy*)

de·prave [dɪ'preɪv] *vt* deprawować

dep·re·cate ['deprəkeɪt] *vt* potępiać, dezaprobować, ganić; odżegnywać się (**sth** od czegoś)

de·pre·ci·ate [dɪ'priːʃɪeɪt] *vt vi* deprecjonować (się), tracić na wartości

de·press [dɪ'pres] *vt* tłumić, hamować; gnębić, przygnębiać; obniżać; naciskać

de·pres·sion [dɪ'preʃn] *s* depresja, przygnębienie; obniżenie; zastój, kryzys

dep·ri·va·tion [ˌdeprɪˈveɪʃn] s pozbawienie; złożenie (z urzędu)

de·prive [dɪˈpraɪv] vt pozbawiać (**sb of sth** kogoś czegoś); złożyć (z urzędu)

depth [depθ] s głębokość, głąb, głębia

dep·u·ta·tion [ˌdepjuˈteɪʃn] s deputacja

dep·u·ty [ˈdepjutɪ] s delegat; zastępca, wice

de·rail [dɪˈreɪl] vt vi wykoleić (się)

de·range [dɪˈreɪndʒ] vt wprowadzać nieład, psuć, dezorganizować; doprowadzać do obłędu

de·ranged [dɪˈreɪndʒd] pp i adj umysłowo chory

de·range·ment [dɪˈreɪndʒmənt] s nieporządek; rozstrój (żołądka); obłęd

der·e·lict [ˈderəlɪkt] adj opuszczony, bezpański; niedbały

de·ride [dɪˈraɪd] vt wyśmiewać, szydzić

de·ri·sion [dɪˈrɪʒn] s wyśmiewanie, wyszydzanie

de·ri·sive [dɪˈraɪsɪv] adj kpiący, szyderczy

der·i·va·tion [ˌderɪˈveɪʃn] s pochodzenie; gram. derywacja

de·rive [dɪˈraɪv] vt dobywać, czerpać, wyprowadzać; vi pochodzić

der·o·gate [ˈderəgeɪt] vi pomniejszać (**from sth** coś), przynosić ujmę

de·rog·a·to·ry [dɪˈrɒgətrɪ] adj pomniejszający (**from sth** coś), przynoszący ujmę

de·scend [dɪˈsend] vi schodzić; spadać; wyprowadzać; pochodzić; wywodzić się; vt zejść (**a hill** etc. z góry itp.)

de·scend·ant [dɪˈsendənt] s potomek

de·scent [dɪˈsent] s zejście, zstąpienie; stok; spadek; pochodzenie

de·scribe [dɪˈskraɪb] vt opisywać, określić

de·scrip·tion [dɪˈskrɪpʃn] s opis

de·scrip·tive [dɪˈskrɪptɪv] adj opisowy; **~ geometry** geometria wykreślna

des·e·crate [ˈdesɪkreɪt] vt profanować, plugawić

des·ert 1. [ˈdezət] s pustynia; adj attr pustynny

de·sert 2. [dɪˈzɜːt] vt opuszczać; vi dezerterować

de·ser·tion [dɪˈzɜːʃn] s opuszczenie; dezercja

de·serve [dɪˈzɜːv] vt vi zasłużyć (sobie, się)

de·sign [dɪˈzaɪn] s plan; zamiar; projekt; wzór; szkic; vt planować, zamierzać; przeznaczać; projektować; szkicować; rysować

de·sig·nate [ˈdezɪgneɪt] vt desygnować, wyznaczać

de·sign·ed·ly [dɪˈzaɪnɪdlɪ] adv umyślnie, celowo

de·sign·er [dɪˈzaɪnə] s rysownik, kreślarz; projektant

de·sir·a·ble [dɪˈzaɪərəbl] adj pożądany; pociągający

de·sire [dɪˈzaɪə] s pragnienie, życzenie; żądza; vt pragnąć, życzyć sobie, pożądać

de·sir·ous [dɪˈzaɪərəs] adj pragnący; **to be ~ of sth** pragnąć czegoś

de·sist [dɪˈzɪst] vi zaniechać, zaprzestać (**from sth** czegoś)

desk [desk] s pulpit; biurko; (w szkole) ławka; **pay ~** kasa

des·o·late [ˈdesəleɪt] vt pustoszyć, niszczyć; trapić; adj [ˈdesələt] opustoszały; samotny; niepocieszony, stroskany

des·o·la·tion [ˌdesəˈleɪʃn] s spustoszenie; pustka; osamotnienie; strapienie

de·spair [dɪˈspeə] s rozpacz; vi rozpaczać, tracić nadzieję (**of sth** na coś)

des·patch [dɪˈspætʃ] vt s = **dispatch**

des·pe·rate ['desprət] *adj* rozpaczliwy, beznadziejny; zdesperowany

des·per·a·tion [ˌdespə'reɪʃn] *s* rozpacz

des·pi·ca·ble [dɪ'spɪkəbl] *adj* godny pogardy, podły

de·spise [dɪ'spaɪz] *vt* pogardzać

de·spite [dɪ'spaɪt] *praep* mimo, wbrew

de·spond·ent [dɪ'spɒndənt] *adj* przygnębiony, zniechęcony

des·pot ['despɒt] *s* despota

des·sert [dɪ'zɜːt] *s* deser

des·ti·na·tion [ˌdestɪ'neɪʃn] *s* cel, przeznaczenie, miejsce przeznaczenia, adres

des·tine ['destɪn] *vt* przeznaczać

des·ti·ny ['destɪnɪ] *s* przeznaczenie

des·ti·tute ['destɪtjuːt] *adj* cierpiący na brak (*czegoś*); pozbawiony środków do życia; ogołocony

des·ti·tu·tion [ˌdestɪ'tjuːʃn] *s* nędza

de·stroy [dɪ'strɔɪ] *vt* niszczyć, burzyć

de·stroy·er [dɪ'strɔɪə] *s mors.* niszczyciel

de·struc·tion [dɪ'strʌkʃn] *s* zniszczenie, zburzenie; zabicie

de·struc·tive [dɪ'strʌktɪv] *adj* niszczycielski; destrukcyjny, zgubny

des·ul·to·ry ['desltərɪ] *adj* przypadkowy, bezładny, chaotyczny

de·tach [dɪ'tætʃ] *vt* oddzielać, odłączać, odrywać; odkomenderować

de·tach·ment [dɪ'tætʃmənt] *s* oddzielenie; odłączenie; oderwanie; oddział; odosobnienie; bezstronność; *wojsk.* **on ~** odkomenderowany

de·tail ['diːteɪl] *s* szczegół; **in ~** szczegółowo

de·tain [dɪ'teɪn] *vt* zatrzymywać; wstrzymywać; trzymać w areszcie

de·tect [dɪ'tekt] *vt* odkrywać; wykrywać

de·tec·tion [dɪ'tekʃn] *s* odkrycie; wykrycie

de·tec·tive [dɪ'tektɪv] *adj* wywiadowczy; detektywistyczny; *s* detektyw

de·ten·tion [dɪ'tenʃn] *s* zatrzymanie, wstrzymanie; areszt

de·ter [dɪ'tɜː] *vt* odstraszać, powstrzymywać (**from sth** od czegoś)

de·ter·gent [dɪ'tɜːdʒənt] *s* detergent, proszek czyszczący <do prania>

de·te·ri·o·rate [dɪ'tɪərɪəreɪt] *vt vi* zepsuć (się), pogorszyć (się); deprecjonować; tracić na wartości; podupaść

de·ter·mi·nant [dɪ'tɜːmɪnənt] *s mat.* wyznacznik; *adj* decydujący, miarodajny

de·ter·mi·na·tion [dɪˌtɜːmɪ'neɪʃn] *s* określenie; postanowienie; zdecydowanie

de·ter·mine [dɪ'tɜːmɪn] *vt vi* określać, ograniczać; decydować (się); postanawiać (**on sth** coś); rozstrzygać; skłaniać (się) (**to do sth** do zrobienia czegoś); **~d** zdecydowany (**on sth** na coś)

de·test [dɪ'test] *vt* nienawidzić <nie cierpieć> (**sb, sth** kogoś, czegoś)

de·test·a·ble [dɪ'testəbl] *adj* nienawistny, wstrętny

de·throne [dɪ'θrəun] *vt* detronizować

det·o·nate ['detəneɪt] *vt* wywoływać detonację; *vi* eksplodować

det·o·na·tion [ˌdetə'neɪʃn] *s* detonacja

de·tour ['diːtuə] *s* objazd

de·tract [dɪ'trækt] *vt vi* odciągać; pomniejszać (**from sth** coś); szkodzić (**from sb's reputation** czyjejś reputacji)

det·ri·ment ['detrɪmənt] *s* szkoda; **to the ~ of sb** ze szkodą <z krzywdą> dla kogoś

did

det·ri·men·tal [ˌdetrɪˈmentl] *adj* szkodliwy

deuce 1. [dju:s] *s* diabeł, licho

deuce 2. [dju:s] *s* dwójka (*w kartach itp.*); *sport* (*w tenisie*) równowaga

de·val·u·a·tion [di:ˌvæljʊˈeɪʃn] *s* dewaluacja

dev·as·tate ['devəsteɪt] *vt* pustoszyć, dewastować

de·vel·op [dɪˈveləp] *vt vi* rozwijać (się); rozrastać się; nabawić się (*choroby*); popaść (*w nałóg, zwyczaj*); *fot.* wywoływać

de·vel·op·ment [dɪˈveləpmənt] *s* rozwój; *fot.* wywoływanie

de·vi·ate ['di:vɪeɪt] *vi* zboczyć, odchylić się

de·vice [dɪˈvaɪs] *s* plan, pomysł; urządzenie, przyrząd; dewiza; herb

dev·il ['devl] *s* diabeł; **~'s advocate** adwokat diabła; **the ~!** do diabła!

de·vi·ous ['di:vɪəs] *adj* okrężny; *dosł. i przen.* kręty

de·vise [dɪˈvaɪz] *vt* wymyślić, wynaleźć

de·void [dɪˈvɔɪd] *adj* próżny, pozbawiony (**of sth** czegoś)

de·volve [dɪˈvɒlv] *vt* przenosić, przekazać (*prawa, odpowiedzialność itp.*)

de·vote [dɪˈvəʊt] *vt* poświęcać, oddawać się (*czemuś*)

de·vot·ed [dɪˈvəʊtɪd] *pp i adj* poświęcony, poświęcający się, oddany

dev·o·tee [ˌdevəˈti:] *s* miłośnik, wielbiciel; osoba głęboko wierząca

de·vo·tion [dɪˈvəʊʃn] *s* poświęcenie, oddanie (się); religijność; *pl* **~s** modlitwy

de·vour [dɪˈvaʊə] *vt* pożerać

de·vout [dɪˈvaʊt] *adj* pobożny; szczery

dew [dju:] *s* rosa

dex·ter·i·ty [dekˈsterətɪ] *s* zręczność

dex·ter·ous, dex·trous ['dekstrəs] *adj* zręczny

di·a·be·tes [ˌdaɪəˈbi:ti:z] *s* cukrzyca

di·a·bol·ic(al) [ˌdaɪəˈbɒlɪk(l)] *adj* diabelski, diaboliczny

di·ag·nose ['daɪəgnəʊz] *vt* rozpoznać (*chorobę*)

di·ag·no·sis [ˌdaɪəgˈnəʊsɪs] *s* (*pl* **diagnoses** [ˌdaɪəgˈnəʊsi:z]) diagnoza

di·ag·o·nal [daɪˈægənl] *adj* przekątny; *s* przekątna

di·a·gram ['daɪəgræm] *s* diagram, wykres

di·al [daɪəl] *s* tarcza; zegar słoneczny; *vt* nakręcać numer (*na tarczy telefonu*)

di·a·lect ['daɪəlekt] *s* dialekt

di·a·lec·tic·al [ˌdaɪəˈlektɪkl] *adj* dialektyczny

di·a·lec·tics [ˌdaɪəˈlektɪks] *s* dialektyka

di·a·logue ['daɪəlɒg] *s* dialog

di·am·e·ter [daɪˈæmɪtə] *s* średnica

di·a·mond ['daɪəmənd] *s* diament; karo (*w kartach*)

di·a·per ['daɪəpə] *s am.* pielucha

di·a·phragm ['daɪəfræm] *s* przegroda; *anat.* przepona; *fot. fiz.* przesłona

di·ar·rh(o)e·a [ˌdaɪəˈrɪə] *s med.* biegunka

di·a·ry ['daɪərɪ] *s* dziennik, pamiętnik

dice *zob.* **die 2.**

dic·tate [dɪkˈteɪt] *vt vi* dyktować; narzucać; rozkazywać; *s* nakaz (*np. sumienia*)

dic·ta·tion [dɪkˈteɪʃn] *s* dyktando; dyktat

dic·ta·tor [dɪkˈteɪtə] *s* dyktator

dic·ta·tor·ship [dɪkˈteɪtəʃɪp] *s* dyktatura

dic·tion ['dɪkʃn] *s* dykcja; wysławianie się

dic·tion·a·ry ['dɪkʃənərɪ] *s* słownik

did *zob.* **do**

di·dac·tic [dɪ'dæktɪk] *adj* dydaktyczny

di·dac·tics [dɪ'dæktɪks] *s* dydak-
tyka

die 1. [daɪ] *vi* umierać; **~ away**
<**down**> zamierać, zanikać; **~
out** wymierać, wygasać

die 2. [daɪ] *s* (*pl* **dice** [daɪs]) kość
do gry; *techn.* (*pl* **dies** [daɪz])
sztanca, matryca

diet 1. [daɪət] *s* dieta; *vr* **~ oneself** być na diecie

diet 2. ['daɪət] *s* sejm, parlament;
sesja

di·e·ta·ry ['daɪətrɪ] *adj* dietetyczny; *s* wyżywienie

di·e·tet·ic [ˌdaɪə'tetɪk] *adj* dietetyczny

dif·fer ['dɪfə] *vi* różnić się (**from
sb, sth** od kogoś, czegoś); być
innego zdania, nie zgadzać się

dif·fer·ence ['dɪfrəns] *s* różnica;
spór

dif·fer·ent ['dɪfrənt] *adj* różny,
odmienny

dif·fer·en·ti·ate [ˌdɪfə'renʃɪeɪt]
vt vi różnicować (się), różnić się;
odróżniać; *mat.* różniczkować

dif·fi·cult ['dɪfɪkəlt] *adj* trudny

dif·fi·cul·ty ['dɪfɪkəltɪ] *s* trudność

dif·fi·dent ['dɪfɪdənt] *adj* nie do-
wierzający własnym umiejęt-
nościom; bojaźliwy

dif·fuse [dɪ'fjuːz] *vt vi* rozlewać,
rozsiewać; rozprzestrzeniać (się),
rozpowszechniać (się); *fiz.* przenikać; rozpraszać (się); *adj*
[dɪ'fjuːs] rozprzestrzeniony; roz-
lany; rozsiany; (*o stylu*) rozwlekły; *fiz.* rozproszony

dif·fu·sion [dɪ'fjuːʒn] *s* rozlanie;
rozproszenie (się); rozpowszech-
nianie (się); rozwlekłość (stylu);
fiz. dyfuzja

***dig** [dɪg] *vt vi* (**dug, dug** [dʌg])
kopać, ryć, wryć się; wbić; grzebać (**for sth** w poszukiwaniu czegoś); ciężko nad *czymś* pracować,
przeprowadzać badania

di·gest 1. [daɪ'dʒest] *vt* trawić;

przen. obmyślić; streścić; pojąć,
porządkować, klasyfikować; *vi*
być strawnym

di·gest 2. ['daɪdʒest] *s* zbiór; wybór; wyciąg; streszczenie; kompendium

di·gest·i·ble [daɪ'dʒestəbl] *adj*
strawny

di·ges·tion [daɪ'dʒestʃn] *s* trawienie

di·ges·tive [daɪ'dʒestɪv] *adj anat.*
trawienny; (*o potrawie itp.*)
strawny

dig·it ['dɪdʒɪt] *s* cyfra; *anat.* palec

di·gi·tal ['dɪdʒɪtl] *adj* cyfrowy

dig·ni·fied ['dɪgnɪfaɪd] *adj* godny,
pełen godności

dig·ni·ty ['dɪgnətɪ] *s* godność

di·gress [daɪ'gres] *vi* odbiegać
(*od tematu*); zbaczać (*z drogi*)

di·gres·sion [daɪ'greʃn] *s* dygresja

dike [daɪk] *s* tama; przekop

dil·i·gence ['dɪlɪdʒəns] *s* pilność

dil·i·gent ['dɪlɪdʒənt] *adj* pilny

dill [dɪl] *s bot.* koper

di·lute [daɪ'ljuːt] *vt* rozcieńczać;
adj rozcieńczony

di·lu·tion [daɪ'ljuːʃn] *s* rozcień-
czenie; roztwór

dim [dɪm] *adj* przyćmiony; mętny;
wyblakły; niejasny; matowy; *vt vi*
przyćmiewać; zaciemniać (się),
zamazać (się)

dime [daɪm] *s am.* moneta dzie-
sięciocentowa

di·men·sion [dɪ'menʃn] *s* wymiar, rozmiar

di·min·ish [dɪ'mɪnɪʃ] *vt vi* zmniejszać (się), pomniejszać (się), obniżać (się)

dim·i·nu·tion [ˌdɪmɪ'njuːʃn] *s*
zmniejszanie, pomniejszenie; redukcja; obniżka

di·min·u·tive [dɪ'mɪnjutɪv] *adj*
zdrobniały; drobny; *s* zdrobnienie

din [dɪn] *s* łoskot, hałas; *vt* ogłuszać; *vi* hałasować

dine [daɪn] *vi* jeść obiad; **~ out**
jeść obiad poza domem

disaster

din·gy ['dɪndʒɪ] *adj* niechlujny, brudny; mętny; ciemny

din·ing room ['daɪnɪŋrʊm] *s* jadalnia

din·ner ['dɪnə] *s* obiad (główny posiłek dnia, *zw.* wieczorem)

din·ner jack·et ['dɪnə͵dʒækɪt] *s* smoking

di·no·saur ['daɪnəsɔ:] *s zool.* dinozaur; wielki gad; *przen.* bezużyteczny gigant

di·o·cese ['daɪəsɪs] *s* diecezja

dip [dɪp] *vt vi* zanurzać (się), zamoczyć (się); pochylać (się); opadać; *s* kąpiel, nurkowanie; zanurzenie; opadnięcie, pochylenie

di·plo·ma [dɪ'pləʊmə] *s* dyplom

di·plo·ma·cy [dɪ'pləʊməsɪ] *s* dyplomacja

dip·lo·mat ['dɪpləmæt] *s* dyplomata

dip·lo·mat·ic [͵dɪplə'mætɪk] *adj* dyplomatyczny

dire ['daɪə] *adj* straszny, okropny

di·rect [dɪ'rekt] *adj* prosty, bezpośredni; *elektr.* **~ current** prąd stały; *gram.* **~ object** dopełnienie bliższe; **~ speech** mowa niezależna; *vt* kierować, zarządzać; wskazać; zlecić; adresować; *muz.* dyrygować

di·rec·tion [dɪ'rekʃn] *s* kierunek; kierownictwo; zarządzanie; adres; instrukcja, wskazówka

di·rect·ly [dɪ'rektlɪ] *adv* prosto, wprost; bezpośrednio; zaraz, wkrótce; *conj* skoro tylko

di·rec·tor [dɪ'rektə] *s* dyrektor, kierownik, zarządca; *muz.* dyrygent; reżyser

di·rec·to·ry [dɪ'rektrɪ] *s* książka adresowa <telefoniczna *itp.*>; *am.* zarząd, dyrekcja

dir·i·gi·ble ['dɪrɪdʒəbl] *adj* sterowny, ze sterem; *s* sterowiec

dirt [dɜ:t] *s* brud; błoto

dirt-cheap [͵dɜ:t'tʃi:p] *adj pot.* śmiesznie tani

dirt·y ['dɜ:tɪ] *adj* brudny; *przen.* podły, wstrętny

dis·a·bil·i·ty [͵dɪsə'bɪlətɪ] *s* niezdolność, niemożność; inwalidztwo

dis·a·ble [dɪs'eɪbl] *vt* uczynić niezdolnym, pozbawić sił, obezwładnić; uszkodzić; *prawn.* ubezwłasnowolnić; **the ~d** inwalidzi; **~d soldier** inwalida wojenny

dis·ad·van·tage [͵dɪsəd'vɑ:ntɪdʒ] *s* wada; niekorzyść; niekorzystne położenie; szkoda

dis·af·fect [͵dɪsə'fekt] *vt* zrażać, odpychać

dis·af·fec·tion [͵dɪsə'fekʃn] *s* niezadowolenie, niechęć

dis·a·gree [͵dɪsə'gri:] *vi* nie zgadzać się; nie odpowiadać; (*o potrawie itp.*) nie służyć

dis·a·gree·a·ble [͵dɪsə'gri:əbl] *adj* nieprzyjemny

dis·a·gree·ment [͵dɪsə'gri:mənt] *s* niezgoda; niezgodność

dis·al·low [͵dɪsə'laʊ] *vt* nie pozwalać; nie aprobować

dis·ap·pear [͵dɪsə'pɪə] *vi* znikać; zginąć

dis·ap·pear·ance [͵dɪsə'pɪərns] *s* zniknięcie; zginięcie

dis·ap·point [͵dɪsə'pɔɪnt] *vt* rozczarować, zawieść; **to be ~ed** zawieść się (**in sb, sth** na kimś, na czymś); być rozczarowanym, doznać zawodu (**at sth** w czymś)

dis·ap·point·ment [͵dɪsə'pɔɪntmənt] *s* rozczarowanie, zawód

dis·ap·prov·al [͵dɪsə'pru:vl] *s* dezaprobata

dis·ap·prove [͵dɪsə'pru:v] *vt vi* dezaprobować, nie pochwalać

dis·arm [dɪs'ɑ:m] *vt vi* rozbroić (się)

dis·ar·ma·ment [dɪs'ɑ:məmənt] *s* rozbrojenie

dis·ar·range [͵dɪsə'reɪndʒ] *vt* wprowadzać nieład, rozprzęgać

dis·ar·ray [͵dɪsə'reɪ] *vt* wprowadzać zamieszanie, dezorganizować; *s* zamęt, nieład

di·sas·ter [dɪ'zɑ:stə] *s* nieszczęście, klęska

di·sas·trous [dɪ'zɑːstrəs] *adj* nieszczęsny, zgubny

dis·a·vow [ˌdɪsə'vau] *vt* wyrzec, wyprzeć się

dis·band [dɪs'bænd] *vt vi* rozpuścić, rozproszyć (się), rozejść się

dis·be·lief [ˌdɪsbɪ'liːf] *s* niewiara

dis·be·lieve [ˌdɪsbɪ'liːv] *vt vi* nie wierzyć, nie dowierzać

dis·bur·den [dɪs'bɜːdn] *vt* odciążyć, uwolnić od ciężaru

dis·burse [dɪs'bɜːs] *vt* wypłacić, wyłożyć (pieniądze)

disc [dɪsk] *s* = **disk**; **~ jockey** prezenter (muzyczny)

dis·card [dɪ'skɑːd] *vt* odsunąć; odrzucić, zarzucić

dis·cern [dɪ'sɜːn] *vt* rozróżniać; spostrzegać

dis·cern·ment [dɪ'sɜːnmənt] *s* zdolność rozróżniania; bystrość (umysłu), wnikliwość

dis·charge [dɪs'tʃɑːdʒ] *vt* wyładowywać; wypuszczać; wydzielać; spełniać (*obowiązki*); zwalczać; spłacać; wystrzelić; odbarwić; *s* ['dɪstʃɑːdʒ] wyładowanie; zwolnienie; spełnienie (*obowiązku*); wydzielanie; wystrzał; spłata

dis·ci·ple [dɪ'saɪpl] *s* uczeń

dis·ci·pline ['dɪsəplɪn] *s* dyscyplina; kara; *vt* utrzymywać w karności, ćwiczyć; karać

dis·claim [dɪs'kleɪm] *vt* wypierać się; zrzekać się (**sth** czegoś)

dis·close [dɪs'kləuz] *vt* odsłaniać, odkrywać, ujawniać

dis·clo·sure [dɪs'kləuʒə] *s* odsłonięcie, odkrycie, ujawnienie

dis·co ['dɪskəu] = **discotheque**

dis·col·our [dɪs'kʌlə] *vt vi* odbarwić (się)

dis·com·fit [dɪs'kʌmfɪt] *vt* zmieszać; udaremnić; pobić

dis·com·fort [dɪs'kʌmfət] *s* niewygoda; złe samopoczucie; niepokój

dis·con·cert [ˌdɪskən'sɜːt] *vt* wyprowadzić z równowagi; zde-

nerwować, zmieszać; udaremnić

dis·con·nect [ˌdɪskə'nekt] *vt* rozłączyć, odłączyć

dis·con·nect·ed [ˌdɪskə'nektɪd] *pp i adj* pozbawiony związku, chaotyczny

dis·con·tent [ˌdɪskən'tent] *s* niezadowolenie; *adj* niezadowolony; *vt* budzić niezadowolenie (**sb** w kimś)

dis·con·tin·ue [ˌdɪskən'tɪnjuː] *vt* przestać, przerwać; *vi* ustać, skończyć się

dis·cord ['dɪskɔːd] *s* niezgoda, dysharmonia; *muz.* dysonans

dis·co·theque ['dɪskətek] *s* dyskoteka

dis·count ['dɪskaunt] *s* bank. dyskonto; *handl.* zniżka; **at a ~** ze zniżką; *vt* [dɪs'kaunt] dyskontować; odrzucać, pomijać

dis·cour·age [dɪs'kʌrɪdʒ] *vt* zniechęcić (**sb from sth** kogoś do czegoś)

dis·course ['dɪskɔːs] *s* mowa; rozprawa; rozmowa; *vt* [dɪ'skɔːs] rozprawiać, rozmawiać

dis·cov·er [dɪs'kʌvə] *vt* odkrywać

dis·cov·er·y [dɪs'kʌvərɪ] *s* odkrycie; wynalazek

dis·cred·it [dɪs'kredɪt] *s* zła sława; niedowierzanie, nieufność; *vt* dyskredytować; nie ufać, nie dawać wiary

dis·creet [dɪ'skriːt] *adj* dyskretny; roztropny

dis·crep·an·cy [dɪs'krepənsɪ] *s* rozbieżność, niezgodność

dis·cre·tion [dɪ'skreʃn] *s* dyskrecja, takt; oględność, rozsądek; własne uznanie, wolna wola; **at sb's ~** zależnie od czyjegoś uznania

dis·crim·i·nate [dɪ'skrɪmɪneɪt] *vt* rozróżniać; dyskryminować

dis·crim·i·nat·ing [dɪ'skrɪmɪneɪtɪŋ] *adj* bystry, spostrzegawczy; szczególny

dis·crim·i·na·tion [dɪˌskrɪmɪ'neɪʃn] *s* dyskryminacja; rozróż-

disloyal

nienie, rozeznanie; roztropność;
racial ~ dyskryminacja rasowa
dis·cus ['dɪskəs] *s* sport. dysk
dis·cuss [dɪ'skʌs] *vt* dyskutować
(**sth** nad czymś), roztrząsać,
omawiać
dis·cus·sion [dɪ'skʌʃn] *s* dyskusja, omówienie
dis·dain [dɪs'deɪn] *vt* pogardzać; *s*
pogarda
dis·ease [dɪ'ziːz] *s* choroba;
occupational ~ choroba zawodowa
dis·em·bark [ˌdɪsɪm'bɑːk] *vt*
wyładować, wysadzić na ląd; *vi*
wysiadać ze statku
dis·en·chant [ˌdɪsɪn'tʃɑːnt] *vt*
rozczarować; odczarować
dis·en·gage [ˌdɪsɪn'geɪdʒ] *vt vi*
uwolnić (się), odłączyć (się), rozluźniać (się)
dis·en·tan·gle [ˌdɪsɪn'tæŋgl] *vt vi*
rozwikłać (się), rozplątać (się)
dis·es·tab·lish [ˌdɪsɪ'stæblɪʃ] *vt*
oddzielić (kościół od państwa)
dis·fa·vour [dɪs'feɪvə] *s* niełaska;
vt nieprzychylnie traktować
dis·fig·ure [dɪs'fɪgə] *vt* zniekształcić, szpecić
dis·fran·chise [dɪs'fræntʃaɪz] *vt*
pozbawić praw obywatelskich
(*zw. prawa głosowania*)
dis·grace [dɪs'greɪs] *s* hańba;
niełaska; *vt* okryć hańbą; pozbawić łaski
dis·guise [dɪs'gaɪz] *s* przebranie;
udawanie, maska; **under the ~
of...** pod płaszczykiem...; *vt* przebierać; maskować
dis·gust [dɪs'gʌst] *s* wstręt; *vt*
napełniać wstrętem; **to be ~ed**
czuć wstręt (**with sth** do czegoś)
dish [dɪʃ] *s* półmisek; danie; ~
drainer suszarka do naczyń
dis·har·mo·ny [dɪs'hɑːmənɪ] *s*
dosł. i przen. dysharmonia
dis·heart·en [dɪs'hɑːtn] *vt*
zniechęcić, odebrać odwagę
dis·hon·est [dɪs'ɒnɪst] *adj*
nieuczciwy

dis·hon·our [dɪs'ɒnə] *s* hańba;
niehonorowanie (*np. czeku*); *vt*
hańbić; nie honorować (*czeku*)
dis·hon·our·a·ble [dɪs'ɒnrəbl]
adj bez honoru; haniebny
dish·wash·er ['dɪʃˌwɒʃə] *s* pomywacz; maszyna do mycia naczyń, zmywarka
dis·il·lu·sion [ˌdɪsɪ'luːʒn] *s* rozczarowanie; *vt* rozczarować
dis·in·cli·na·tion [ˌdɪsɪnklɪ-
'neɪʃn] *s* niechęć
dis·in·cline [ˌdɪsɪn'klaɪn] *vt*
odstręczać; **to be ~d** nie mieć
chęci, nie być skłonnym
dis·in·fect [ˌdɪsɪn'fekt] *vt* dezynfekować
dis·in·her·it [ˌdɪsɪn'herɪt] *vt* wy-
dziedziczyć
dis·in·te·grate [dɪs'ɪntɪgreɪt] *vt*
vi rozkładać (się), rozdrabniać,
rozpadać się
dis·in·ter·est·ed [dɪs'ɪntrəstɪd]
adj bezinteresowny, bezstronny
dis·join [dɪs'dʒɔɪn] *vt vi* rozłączyć
(się)
dis·joint [dɪs'dʒɔɪnt] *vt* zwichnąć,
wywichnąć; rozłączyć; zakłócić
(rytm)
disk, disc [dɪsk] *s* tarcza (*np.
słońca*); krążek; płyta (gramofonowa); *komp.* dysk; **hard** ~ dysk
twardy; **floppy** ~ dysk miękki;
compact ~ płyta kompaktowa,
kompakt
dis·kette [dɪs'ket] *s* komp.
dyskietka, dysk miękki
dis·like [dɪs'laɪk] *vt* nie lubić; *s*
niechęć, antypatia
dis·lo·cate ['dɪsləkeɪt] *vt*
przesunąć, przemieścić;
zwichnąć; zaburzyć
dis·lo·ca·tion [ˌdɪslə'keɪʃn] *s*
przesunięcie, przemieszczenie;
zaburzenie; zwichnięcie
dis·lodge [dɪs'lɒdʒ] *vt* usunąć;
wysiedlić; wyprzeć (*nieprzyjacie-
la*)
dis·loy·al [dɪs'lɔɪəl] *adj* nielojalny,
niewierny

dis·mal ['dızml] *adj* ponury, przygnębiający

dis·man·tle [dıs'mæntl] *vt* ogołocić, pozbawić (*np. części*); zdemontować

dis·may [dıs'meı] *vt* przerażać; konsternować; *s* przerażenie, konsternacja

dis·mem·ber [dıs'membə] *vt* rozczłonkować, rozebrać na części

dis·miss [dıs'mıs] *vt* pozbyć się; odsunąć; zwolnić; porzucić

dis·mis·sal [dıs'mısl] *s* odsunięcie; porzucenie; zwolnienie, odprawa, dymisja

dis·mount [dıs'maunt] *vi* zsiadać z konia; *vt* demontować; wysadzać (*np. z siodła*)

dis·o·be·dient [‚dısə'biːdıənt] *adj* nieposłuszny

dis·o·bey [‚dısə'beı] *vt* nie słuchać (**sb** kogoś), naruszać (*przepisy*); *vi* sprzeciwiać się (**komuś, rozkazom**)

dis·or·der [dıs'ɔːdə] *s* nieporządek; zamieszki; *med.* zaburzenie; *vt* wprowadzać nieporządek; rozstroić

dis·or·der·ly [dıs'ɔːdəlı] *adj* nieporządny; zakłócający porządek (publiczny); niesforny; rozwiązły

dis·own [dıs'əun] *vt* nie uznawać, wypierać się

dis·par·age [dı'spærıdʒ] *vt* ujemnie wyrażać się (**sb, sth** o kimś, czymś), dyskredytować, uwłaczać

dis·par·i·ty [dı'spærətı] *s* nierówność, różnica

dis·pas·sion·ate [dı'spæʃnət] *adj* beznamiętny; bezstronny, obiektywny

dis·patch [dı'spætʃ] *vt* wysłać; załatwić; *s* przesyłka, ekspedycja; załatwienie; pośpiech

dis·pel [dı'spel] *vt* rozpędzić, rozproszyć, rozwiać

dis·pen·sa·ry [dı'spensərı] *s* apteka; przychodnia

dis·pense [dı'spens] *vt* wydawać,

rozdzielać; wymierzać (*sprawiedliwość*); zwalniać, udzielać dyspensy; (*o lekarstwach*) sporządzać i wydawać; *vi* obchodzić się (**with sth** bez czegoś)

dis·perse [dı'spɜːs] *vt vi* rozpędzić; rozproszyć (się); rozsypać (się), rozsiać; rozbiec się

dis·per·sion [dı'spɜːʃn] *s* rozproszenie (się); rozejście się; *fiz.* rozszczepienie, dyspersja; rozrzut

dis·place [dıs'pleıs] *vt* przenieść, przesunąć, przełożyć, przestawić; usuwać, wypierać; zastępować; **~d person** wysiedleniec, uchodźca

dis·place·ment [dıs'pleısmənt] *s* przemieszczenie, przesunięcie; zastąpienie, wyparcie; *mors.* wyporność

dis·play [dı'spleı] *vt* rozwinąć, ujawnić, wystawić na pokaz, pokazać; *s* pokaz, wystawa; manifestowanie, popis

dis·please [dıs'pliːz] *vt* nie podobać się (**sb** komuś), urazić, narazić się (**sb** komuś)

dis·pleas·ure [dıs'pleʒə] *s* niezadowolenie, gniew

dis·po·sal [dı'spəuzl] *s* rozporządzanie (**of sth** czymś); rozkład; pozbycie się; usunięcie; **at sb's ~** do czyjejś dyspozycji

dis·pose [dı'spəuz] *vt vi* rozkładać; rozporządzać, dysponować (**sth <of sth>** czymś); usuwać, pozbywać się (**of sth** czegoś); rozprawić się (**of sb, sth** z kimś, czymś); skłonić (**sb to sth** kogoś do czegoś)

dis·po·si·tion [‚dıspə'zıʃn] *s* rozmieszczenie, rozkład; dyspozycja; usposobienie, skłonność; zarządzenie

dis·pos·sess [‚dıspə'zes] *vt* wywłaszczyć

dis·pro·por·tion·ate [‚dısprə'pɔːʃnət] *adj* nieproporcjonalny

dis·prove [dıs'pruːv] *vt* zbijać, obalać (*twierdzenie, zarzuty*)

distress

dis·pu·ta·ble [dɪˈspjuːtəbl] *adj* sporny

dis·pute [dɪˈspjuːt] *vt vi* rozprawiać, dyskutować (**sth <about, on sth>** nad czymś); kwestionować; walczyć (**sth** o coś); spierać się, kłócić się; *s* [ˈdɪspjuːt] spór, dysputa, dyskusja; kłótnia

dis·qual·i·fy [dɪsˈkwɒlɪfaɪ] *vt* dyskwalifikować

dis·qui·et [dɪsˈkwaɪət] *adj* niespokojny; *s* niepokój; *vt* niepokoić

dis·re·gard [ˌdɪsrɪˈgɑːd] *vt* lekceważyć, nie zważać (**sth** na coś); *s* lekceważenie

dis·rep·u·ta·ble [dɪsˈrepjutəbl] *adj* haniebny, niecny; (*o człowieku*) mający złą opinię; (*o ubraniu itp.*) nędzny, zdarty, zniszczony

dis·re·pute [ˌdɪsrɪˈpjuːt] *s* zła reputacja, niesława

dis·rupt [dɪsˈrʌpt] *vt* rozrywać, rozwalić

dis·sat·is·fac·tion [dɪˌsætɪsˈfækʃn] *s* niezadowolenie

dis·sat·is·fy [dɪˈsætɪsfaɪ] *vt* wywołać niezadowolenie (**sb** u kogoś)

dis·sem·ble [dɪˈsembl] *vt vi* ukrywać; udawać

dis·sem·i·nate [dɪˈsemɪneɪt] *vt* rozsiewać

dis·sen·sion [dɪˈsenʃn] *s* niezgoda

dis·sent [dɪˈsent] *vi* nie zgadzać się, mieć odmienne poglądy; *s* różnica zdań <poglądów>; herezja

dis·sent·er [dɪˈsentə] *s* dysydent, heretyk

dis·sim·i·lar [dɪˈsɪmɪlə] *adj* niepodobny

dis·sim·u·late [dɪˈsɪmjʊleɪt] *vt vi* maskować (się), ukrywać; udawać

dis·si·pate [ˈdɪsɪpeɪt] *vt vi* rozpraszać (się); marnować (się), trwonić

dis·so·ci·ate [dɪˈsəʊʃɪeɪt] *vt* rozdzielać, rozłączać; *vr* ~ **oneself** zrywać związek

dis·sol·u·ble [dɪˈsɒljubl] *adj* rozpuszczalny; (*o związku itd.*) rozerwalny

dis·so·lute [ˈdɪsəljuːt] *adj* rozwiązły

dis·so·lu·tion [ˌdɪsəˈluːʃn] *s* rozkład; rozwiązanie (*np. spółki*)

dis·solve [dɪˈzɒlv] *vt vi* rozpuszczać (się); rozkładać (się); rozwiązywać (się); zrywać; zanikać

dis·suade [dɪˈsweɪd] *vt* odradzać (**sb from sth** komuś coś)

dis·taff [ˈdɪstɑːf] *s* kądziel; **on the ~ side** po kądzieli

dis·tance [ˈdɪstəns] *s* odległość; *dosł. i przen.* dystans; *vt* dystansować; oddalać

dis·tant [ˈdɪstənt] *adj* odległy

dis·taste [dɪsˈteɪst] *s* niesmak, wstręt (**for sth** do czegoś)

dis·tend [dɪˈstend] *vt vi* rozciągać (się); rozdymać (się)

dis·til [dɪˈstɪl] *vt vi* destylować (się); sączyć (się)

dis·tinct [dɪˈstɪŋkt] *adj* różny; wyraźny, dobitny

dis·tinc·tion [dɪˈstɪŋkʃn] *s* odróżnienie; różnica, wyróżnienie (się), odznaczenie

dis·tinc·tive [dɪˈstɪŋktɪv] *adj* odróżniający; wyraźny, znamienny

dis·tin·guish [dɪˈstɪŋgwɪʃ] *vt* odróżniać, rozróżniać, wyróżniać; *vr* ~ **oneself** odznaczać się

dis·tin·guished [dɪˈstɪŋgwɪʃt] *adj* wybitny, znakomity; dystyngowany

dis·tort [dɪˈstɔːt] *vt* przekręcać, zniekształcać

dis·tract [dɪˈstrækt] *vt* odciągać, odrywać (uwagę), rozpraszać; oszałamiać

dis·tract·ed [dɪˈstræktɪd] *adj* roztargniony

dis·trac·tion [dɪˈstrækʃn] *s* roztargnienie; rozrywka; rozterka

dis·tress [dɪˈstres] *s* nieszczęście,

niedola, strapienie; bieda; krytyczna sytuacja; *vt* unieszczęśliwiać; trapić

dis·trib·ute [dɪˈstrɪbjuːt] *vt* rozdzielać, dystrybuować, rozprowadzać, rozmieszczać

dis·tri·bu·tion [ˌdɪstrɪˈbjuːʃn] *s* rozdział, rozkład, dystrybucja

dis·trib·u·tor [dɪˈstrɪbjuːtə] *s* dystrybutor; *handl.* rozprowadzający; *elektr.* rozdzielacz

dis·trict [ˈdɪstrɪkt] *s* okręg, obwód; dzielnica; okolica

dis·trust [dɪsˈtrʌst] *vt* nie dowierzać; *s* nieufność

dis·turb [dɪˈstɜːb] *vt* niepokoić, przeszkadzać; zakłócać

dis·turb·ance [dɪˈstɜːbəns] *s* zaburzenie, zakłócenie; niepokój

dis·u·nite [ˌdɪsjuˈnaɪt] *vt vi* rozłączać (się), rozdzielać (się)

dis·use [dɪsˈjuːs] *s* nieużywanie; zarzucenie; odzwyczajenie; **to fall <come> into ~** wyjść z użycia; *vt* [dɪsˈjuz] zarzucić, zaprzestać (*używania*)

ditch [dɪtʃ] *s* rów, kanał

dit·ty [ˈdɪtɪ] *s* piosenka

di·va·gate [ˈdaɪvəgeɪt] *vi* błąkać się; odbiegać od tematu

dive [daɪv] *vi* zanurzyć (się), pogrążyć (się); *pot.* dać nura; nurkować; *lotn.* pikować; *s* nurkowanie, skok do wody

div·er [ˈdaɪvə] *s* nurek

di·verge [daɪˈvɜːdʒ] *vi* odbiegać, rozbiegać się

di·verse [daɪˈvɜːs] *adj* rozmaity; odmienny

di·ver·si·fy [daɪˈvɜːsɪfaɪ] *vt* urozmaicać

di·ver·sion [daɪˈvɜːʃn] *s* odchylenie, odwrócenie; objazd; rozrywka; *wojsk.* dywersja

di·ver·si·ty [daɪˈvɜːsətɪ] *s* rozmaitość; urozmaicenie

di·vert [daɪˈvɜːt] *vt* odchylać, odciągać; zmieniać kierunek; zabawiać; odwracać uwagę

di·vest [daɪˈvest] *vt* pozbawiać (**of sth** czegoś)

di·vide [dɪˈvaɪd] *vt vi* dzielić (się); *s geogr.* dział wód

div·i·dend [ˈdɪvɪdend] *s fin.* dywidenda; *mat.* dzielna

div·i·na·tion [ˌdɪvɪˈneɪʃn] *s* wróżenie; wróżba

di·vine 1. [dɪˈvaɪn] *vt* przepowiadać; domyślać się, zgadywać; *vi* wróżyć

di·vine 2. [dɪˈvaɪn] *adj* boski; *s* duchowny

di·vin·i·ty [dɪˈvɪnətɪ] *s* bóstwo; boskość; teologia

di·vis·i·ble [dɪˈvɪzəbl] *adj* podzielny

di·vi·sion [dɪˈvɪʒn] *s* podział; dział; przegroda; niezgoda; *mat.* dzielenie; *wojsk.* dywizja; *polit.* głosowanie (w parlamencie)

di·vi·sor [dɪˈvaɪzə] *s mat.* dzielnik

di·vorce [dɪˈvɔːs] *s* rozwód; *vt* rozwieść się (**sb** z kimś)

diz·zy [ˈdɪzɪ] *adj* zawrotny, oszałamiający; cierpiący na zawrót głowy

***do** [duː] *vt vi* (**did** [dɪd], **done** [dʌn], *3 pers sing praes* **does** [dʌz]) robić, czynić, sporządzać; wykonywać; skończyć; mieć się, czuć się; wystarczyć, ujść; *pot.* zwiedzać; odgrywać (*rolę*); nabierać, oszukiwać; pełnić (*obowiązek*); przynosić (*np. zaszczyt*); załatwić; przyznawać (*np. rację*); uporządkować; przebywać (*odległość*); **do away** usunąć, znieść (**with sth** coś); **do up** zapakować; uporządkować; przyrządzić; wykończyć; **do without sth** obejść się bez czegoś; **do with sth** zadowolić się czymś; **to be done for <up>** być wykończonym, być zmordowanym; **to be doing well** prosperować, rozwijać się, cieszyć się powodzeniem; **to be doing badly** nie mieć powodzenia; **how do you do?** dzień dobry, miło mi poznać;

v aux tworzy formę pytającą i przeczącą w czasach Present Simple i Simple Past: **do you like him?** czy lubisz go?; **I did not like him** nie lubiłam go; *zastępuje orzeczenie:* **you play better than he does** grasz lepiej od niego; **do you smoke? I do** <**I don't**> czy palisz? tak, palę <nie, nie palę>; *w zdaniach pytających* **you don't like her, do you?** nie lubisz jej, prawda?; **you like her, don't you?** lubisz ją, nieprawdaż?; *oznacza emfazę:* **I did go** przecież <jednak> poszedłem; **do come!** bardzo proszę, przyjdź!

do·cile ['dəusaıl] *adj* uległy, posłuszny; łagodny; pojętny

do·cil·i·ty [dəu'sılətı] *s* uległość, posłuszeństwo; pojętność

dock 1. [dɒk] *s* dok; *vt* umieścić w doku, dokować

dock 2. [dɒk] *s* ława oskarżonych

dock 3. [dɒk] *vt* obcinać; kasować; **to ~ a horse** <**a dog**> przycinać ogon koniowi <psu>

dock·er ['dɒkə] *s* robotnik portowy, doker

dock·yard ['dɒkjɑːd] *s* stocznia

doc·tor ['dɒktə] *s* doktor; **to call in the ~** wezwać lekarza

doc·tor·ate ['dɒktərɪt] *s* doktorat

doc·u·ment ['dɒkjumənt] *s* dokument

dodge [dɒdʒ] *vt vi* wymijać; używać wykrętów; wymykać się; *s* wykręt; sztuczka; unik

dodg·er ['dɒdʒə] *s* krętacz, spryciarz

does *zob.* **do**

dog [dɒg] *s* pies; **to go to the ~s** *pot.* zejść na psy; **let sleeping ~s lie** nie wywołuj wilka z lasu; *vt* tropić, śledzić

dog-cheap ['dɒgtʃiːp] *adj i adv pot.* tani <tanio> jak barszcz

dog·ged ['dɒgɪd] *adj* uparty, zawzięty

dog·ma ['dɒgmə] *s* dogmat

dog·mat·ic [dɒg'mætɪk] *adj* dogmatyczny

do·ing ['duːɪŋ] *ppraes i s* sprawa, sprawka; czyn, trud; *pl* **~s** poczynania; *pl* **~s** *bryt. pot.* coś, wihajster (*rzecz, której nazwa umknęła komuś z pamięci*)

do-it-your·self [,duːɪtjɔː'self] *s* zrób to sam (*umiejętność wykonywania różnych napraw*)

dole [dəul] *s* część, cząstka; zasiłek (dla bezrobotnych), zapomoga; **to be on the ~** pobierać zasiłek; *vt* (*zw.* **~ out**) wydzielać

doll [dɒl] *s* lalka

dol·lar ['dɒlə] *s* dolar

do·main [dəu'meɪn] *s* domena; posiadłość, majątek ziemski

dome [dəum] *s* kopuła; sklepienie

do·mes·tic [də'mestɪk] *adj* domowy; wewnętrzny; krajowy, rodzimy; *s* służący

do·mes·ti·cate [də'mestɪkeɪt] *vt* oswajać; cywilizować; przywiązywać do domu

dom·i·cile ['dɒmɪsaɪl] *s* miejsce zamieszkania

dom·i·nant ['dɒmɪnənt] *adj* panujący, dominujący

dom·i·nate ['dɒmɪneɪt] *vt vi* panować; górować (**sb, sth** <**over sb, sth**> nad kimś, czymś)

dom·i·neer [,dɒmɪ'nɪə] *vi* tyranizować, okazywać swą władzę

do·min·ion [də'mɪnɪən] *s* władza; dominium

dom·i·no ['dɒmɪnəu] *s* domino; *pl* **~es** gra w domino

do·na·tion [dəu'neɪʃn] *s* dar

done *zob.* **do**

don·key ['dɒŋkɪ] *s* osioł

do·nor ['dəunə] *s* dawca; **blood ~** dawca krwi

doom [duːm] *s* los, przeznaczenie; *vt lit.* skazać, osądzać

door [dɔː] *s* drzwi; **within ~s** w domu; **out of ~s** poza domem, na dworze; **next ~** tuż obok

door·keep·er ['dɔː,kiːpə] *s* dozorca, portier

door·way ['dɔːweɪ] *s* brama, wejście

dope [dəʊp] *s* smar; lakier; narkotyk; *vt* narkotyzować; dawać środek podniecający

dor·mant ['dɔːmənt] *adj* śpiący; bezczynny; w stanie zawieszenia

dor·mi·to·ry ['dɔːmɪtrɪ] *s* sala sypialna; *am.* dom studencki

dose [dəʊs] *s* doza, dawka; *vt* dawkować

dot [dɒt] *s* kropka; *vt* stawiać kropkę; kropkować; usiać (**with sth** czymś); **to ~ the „i"** stawiać kropkę nad „i"

do·tage ['dəʊtɪdʒ] *s* zdziecinnienie (starcze)

doub·le ['dʌbl] *adj* podwójny, dwojaki, dwoisty; *s* podwójna ilość; sobowtór; dublet; *sport* gra podwójna, debel; *vt* podwoić, złożyć we dwoje; *teatr* dublować; (*w kartach*) kontrować; *vi* podwoić (się); **to ~ up** zgiąć (się), złożyć (się); *adv* podwójnie; we dwoje (*jechać, spać itd.*); **~ as long** dwa razy taki długi

doub·le bass [ˌdʌbl'beɪs] *s muz.* kontrabas

doub·le-breast·ed [ˌdʌbl'brestɪd] *adj* dwurzędowy (*kostium, marynarka*)

doub·le-deal·er [ˌdʌbl'diːlə] *s* człowiek dwulicowy, krętacz

doub·le-deck·er [ˌdʌbl'dekə] *s* autobus piętrowy; kanapka (*złożona z trzech kawałków chleba i podwójnej ilości wędliny, sera i warzyw*)

doub·le-mean·ing [ˌdʌbl'miːnɪŋ] *adj* dwuznaczny; *s* dwuznacznik

doubt [daʊt] *s* wątpliwość; **out of ~, without <beyond, no> ~** bez wątpienia; *vt vi* wątpić (**sth** w coś; **of <about> sth** o czymś)

doubt·ful ['daʊtfl] *adj* wątpliwy; niepewny, niezdecydowany; podejrzany

dough [dəʊ] *s* ciasto; *pot.* kasa, szmal (*pieniądze*)

dove [dʌv] *s* gołąb (*także jako symbol*)

dove·cot, dove·cote ['dʌvkɒt] *s* gołębnik

dow·a·ger ['daʊɪdʒə] *s* wdowa (*dziedzicząca tytuł lub dobra*)

dow·dy ['daʊdɪ] *adj* (*zw. o kobiecie*) o zaniedbanym wyglądzie, niemodnie ubrana

down 1. [daʊn] *adv* w dole, w dół, nisko; **~ to** aż po; **to be ~** być powalonym, leżeć; być na liście; opaść; zawziąć się (**on sb** na kogoś); być przygnębionym; *praep* w dół, na dół; po, z, wzdłuż; *adj* w dół, na dół; skierowany w dół; **~ train** pociąg ze stolicy na prowincję; *vt pot.* rozłożyć, położyć (*przeciwnika*); zrzucić, strącić; **to ~ tools** zastrajkować

down 2. [daʊn] *s* pagórkowata, nie zalesiona okolica; wydma

down 3. [daʊn] *s* puch; meszek

down·cast ['daʊnkɑːst] *adj* przygnębiony

down·fall ['daʊnfɔːl] *s* upadek; zguba

down·hill [ˌdaʊn'hɪl] *adv* z góry na dół; *s* ['daʊnhɪl] pochyłość, spadek

down·pour ['daʊnpɔː] *s* ulewa

down·right ['daʊnraɪt] *adj* całkowity, szczery, otwarty; istny; oczywisty; *adv* całkowicie, w pełni; otwarcie; po prostu

down·stairs [ˌdaʊn'steəz] *adv* w dół, na dół, ze schodów; na dole; podeptany; *przen.* uciskany

down·town [ˌdaʊn'taʊn] *s am.* centrum (handlowe) miasta; *adv am.* do <w kierunku> centrum

down·trod·den ['daʊnˌtrɒdn] *adj* podeptany; *przen.* uciskany

down·ward ['daʊnwəd] *adv* ku dołowi, w dół; *adj attr* skierowany <poruszający się> w dół, na dół

down·wards = **downward** *adv*

dow·ry ['daʊərɪ] *s* posag; talent

doze [dəʊz] *vi* drzemać; *s* drzemka

doz·en ['dʌzn] *s* tuzin; ***baker's*** ~ trzynaście

drab [dræb] *adj* bury, brudnoszary; bezbarwny; monotonny, nudny; *s* bury kolor; bure sukno; monotonia, nuda

draft [drɑːft] *s* rysunek, szkic; projekt; *handl.* trata; ciągnięcie; *wojsk.* oddział wyborowy; *am.* pobór; ***beast of*** ~ zwierzę pociągowe; *vt* szkicować; projektować; *wojsk.* odkomenderować

drafts·man ['drɑːftsmən] *s* (*pl* **draftsmen** ['drɑːftsmən]) rysownik, kreślarz

drag [dræg] *vt vi* wlec (się), ciągnąć (się)

drag·on ['drægən] *s* smok

drag·on·fly ['drægənflaɪ] *s zool.* ważka

drain [dreɪn] *vt* suszyć, drenować, odprowadzać wodę; *vi* (*także* ~ ***away***) wyciekać; *s* dren, ściek, rów odwadniający; *med.* sączek

dra·ma ['drɑːmə] *s* dramat

dra·mat·ic [drə'mætɪk] *adj* dramatyczny

dram·a·tist ['dræmətɪst] *s* dramaturg

drank *zob.* **drink**

drape [dreɪp] *vt vi* drapować (się); *s pl* ~**s** *am.* firanki

dra·per·y ['dreɪpərɪ] *s zbior.* materiały tekstylne; handel tekstyliami; draperia

dras·tic ['dræstɪk] *adj* drastyczny; silnie działający, drakoński

draught [drɑːft] *s* przeciąg; ciąg; łyk; rysunek (= **draft**); połów, zarzucenie sieci; *pl* ~**s** warcaby

draughts·man 1. *zob.* **drafts·man**

draughts·man 2. ['drɑːftsmən] *s* pionek w warcabach

***draw** [drɔː] *vt vi* (**drew** [druː], **drawn** [drɔːn]) ciągnąć, przyciągać, ściągać, nadciągać; otrzymywać; czerpać; pobierać; (*o*

ziołach, herbacie) zaparzać, naciągać; rysować; ***to*** ~ ***a cheque*** wystawiać czek; ~ ***away*** odbierać; odciągać; oddalać się; ~ ***back*** cofać (się); ~ ***forth*** wywoływać; ~ ***in*** wciągać; ~ ***near*** zbliżać się; ~ ***off*** ściągać; wycofywać się; ~ ***on*** naciągać; przyciągać; nadchodzić; ~ ***out*** wyciągać, wydobywać; wydłużać (się); sporządzać (*np. plan*); ~ ***round*** gromadzić się dookoła; ~ ***up*** podciągnąć; zestawić; sformułować; ustawić (się) w szeregu; zatrzymać (się), stanąć

draw·back ['drɔːbæk] *s* przeszkoda; wada, ujemna strona; *handl.* cło zwrotne

draw·bridge ['drɔːbrɪdʒ] *s* most zwodzony

draw·er ['drɔːə] *s* rysownik; *handl.* trasant; ['drɔː] szuflada; ***chest of*** ~**s** komoda; *pl* ~**s** [drɔːz] kalesony, majtki

draw·ing ['drɔːɪŋ] *s* rysunek; lekcja rysunków

draw·ing room ['drɔːɪŋrʊm] *s bryt.* salon

drawl [drɔːl] *vt vi* przeciągać, cedzić (słowa)

drawn *zob.* **draw**

dread [dred] *s* strach; *adj* straszny; *vt* bać się

dread·ful ['dredfl] *adj* straszny

dread·nought ['drednɔːt] *s mors.* pancernik

***dream** [driːm] *vt vi* (**dreamt**, **dreamt** [dremt] *lub* **dreamed**, **dreamed** [driːmd]) marzyć, śnić, widzieć we śnie; *s* sen, marzenie

dreamt *zob.* **dream**

drear·y ['drɪərɪ] *adj* mroczny, ponury; nudny, nużący

dregs [dregz] *s pl* odpadki; fusy; *dosł. i przen.* męty, osad

drench [drentʃ] *vt* przemoczyć

dress [dres] *vt vi* ubierać (się); stroić, ozdabiać; przyrządzać; opatrzyć (*ranę*); zdobić; oporządzać; włożyć strój wieczorowy; ~ ***up*** wystroić (się); ~ ***down*** *pot.*

skrzyczeć; s ubranie, strój; **eve-ning** ~ smoking, suknia wieczorowa; **full** ~ strój uroczysty; frak; ~ **coat** frak

dress·ing ['dresɪŋ] s ubieranie się, toaleta; przyprawa (*sos, farsz itp.*); oporządzenie; dekoracja; opatrunek; ~ **down** *pot.* nagana, reprymenda

dress·ing case ['dresɪŋkeɪs] s neseser

dress·ing gown ['dresɪŋgaʊn] s szlafrok

dress·ing sta·tion ['dresɪŋ-steɪʃn] s punkt opatrunkowy

dress·ing ta·ble ['dresɪŋ,teɪbl] s toaleta (*mebel*)

dress·ma·ker ['dres,meɪkə] s krawiec damski

dress·y ['dresɪ] *adj* wystrojony; lubiący się stroić; szykowny

drew *zob.* **draw**

drib·ble ['drɪbl] *vi* kapać; ślinić się; *vi* odcedzić

drift [drɪft] s prąd; *mors.* dryf; unoszenie się z prądem; zaspa; zawierucha; dążność; bieg (*wypadków*); tok (*myśli*); *vt vi* nieść; nawiać, nanieść; dążyć; *mors.* dryfować; unosić się bezwładnie; zmierzać

drill 1. [drɪl] s świder; *wojsk.* musztra; *vt vi* świdrować; drylować, musztrować (się), ćwiczyć (się), odbywać ćwiczenie

drill 2. [drɪl] s bruzda; siewnik; *vt* siać (*rzędami*)

drill 3. [drɪl] s drelich

*****drink** [drɪŋk] *vt vi* (**drank** [dræŋk], **drunk** [drʌŋk]) pić; ~ **up** <**off**> wypić; s napój, picie, kieliszek alkoholu; **soft** ~ napój bezalkoholowy; **strong** ~ trunek; **to have a** ~ napić się (*alkoholu*); **to take to** ~ rozpić się; **get drunk** upić się

drip [drɪp] *vi* kapać; ociekać; s *pot.* nudziarz

*****drive** [draɪv] *vt vi* (**drove** [drəʊv], **driven** ['drɪvn]) pędzić,

jechać; popędzać, zagnać; wprawiać w ruch; wieźć; powozić, kierować; wbijać; doprowadzać; zmierzać (**at sth** do czegoś); **to** ~ **sb mad** doprowadzać kogoś do szału; *przen.* **to** ~ **sth home to sb** przekonać, uzmysłowić coś komuś; ~ **in** wpędzić; wbić; s jazda, przejażdżka; napęd; energia; nagonka; wjazd, dojazd; *am.* akcja, kampania; *komp.* **disk** ~ napęd dyskowy

driv·el ['drɪvl] *vi* ślinić się; pleść głupstwa; s ślina (*cieknąca z ust*); gadanie od rzeczy

drive-in movies ['draɪvɪn-,muːviz] s kino parkingowe (*w którym film ogląda się siedząc w samochodzie*)

driv·en *zob.* **drive**

driv·er ['draɪvə] s kierowca; woźnica; maszynista; poganiacz

driv·ing li·cence ['draɪvɪŋ-,laɪsns] s prawo jazdy

driz·zle ['drɪzl] *vi* mżyć; s drobny deszcz, mżawka

droll [drəʊl] *adj* zabawny, dziwaczny

drone [drəʊn] *vt vi* buczeć, brzęczeć; mruczeć; s truteń; warkot, brzęczenie

droop [druːp] *vi* opadać, obwisać, omdlewać

drop [drɒp] *vi* kapać; spaść, padać; opadać; cichnąć; słabnąć; ustać; **to** ~ **into a habit** popaść w nałóg; *vt* spuścić, opuścić; upuścić, zrzucić; zniżać; podrzucić, odwieźć (*kogoś, coś*); zaprzestać; **to** ~ **asleep** zasnąć; *pot.* ~ **in** wpaść, odwiedzić (**on sb** kogoś); ~ **off** <**away**> opadać, zmniejszać się; zasnąć; zamierać; ~ **out** zniknąć, wycofać się; usunąć; wypuścić; s kropla; obniżenie, spadek; zniżka (*cen*); *pl* ~**s** cukierki, dropsy

drought [draʊt] s posucha, susza

drove *zob.* **drive**

drown [draʊn] *vt* topić; *vi* tonąć

duplicate

drowse [drauz] *vi* drzemać; *vt* usypiać; *s* drzemka

drow·sy ['drauzı] *adj* senny, ospały, usypiający

drub·bing ['drʌbıŋ] *vt pot.* lanie, bicie

drudge [drʌdʒ] *vi* ciężko pracować, harować; *s przen.* wół roboczy

drudg·er·y ['drʌdʒərı] *s* ciężka, niewdzięczna praca, harówka

drug [drʌg] *s* lek, lekarstwo; narkotyk; *vt* narkotyzować

drug·gist ['drʌgıst] *s* aptekarz

drug·store ['drʌgstɔ:] *s am.* drogeria (*z działem sprzedaży lekarstw, kosmetyków, czasopism i napojów chłodzących*)

drum [drʌm] *s* bęben; werbel; **~ kit** sekcja perkusji; *vi* bębnić

drum·mer ['drʌmə] *s* dobosz

drunk 1. *zob.* **drink**

drunk 2. [drʌŋk] *adj praed* pijany; *s* pijak

drunk·ard ['drʌŋkəd] *s* pijak

drunk·en ['drʌŋkən] *adj attr* pijany

dry [draı] *adj* suchy, uschnięty; oschły; (*o winie*) wytrawny; *vt* suszyć; wycierać; *vi* schnąć; **~ up** wysuszyć; wyschnąć

dry-clean·ing [,draı'kli:nıŋ] *s* pranie chemiczne

du·al ['dju:əl] *adj* dwoisty, podwójny; **~ carriageway** *bryt.* autostrada

dub 1. [dʌb] *vt* pasować na rycerza; nazywać (**sb sth** kogoś czymś); przezywać

dub 2. [dʌb] *vt kin.* dubbingować

du·bi·ous ['dju:bıəs] *adj* wątpliwy, dwuznaczny; niepewny

duch·ess ['dʌtʃıs] *s* księżna

duch·y ['dʌtʃı] *s* księstwo

duck 1. [dʌk] *s zool.* kaczka

duck 2. [dʌk] *vt vi* zanurzyć (się), dać nurka; zgiąć się, zrobić unik

duct [dʌkt] *s* kanał, przewód

dud [dʌd] *s* niewypał; *pl* **~s** ciuchy, łachy

due [dju:] *adj* należny; dłużny, zobowiązany; spowodowany (**to sth** czymś)); spodziewany; odpowiedni; *handl.* płatny; *s* należność, opłata; *pl* **~s** składki członkowskie

du·el ['dju:əl] *s* pojedynek

dug *zob.* **dig**

dug·out ['dʌgaut] *s wojsk.* ziemianka, schron

duke [dju:k] *s* książę

dul·ci·mer ['dʌlsımə] *s muz.* cymbały

dull [dʌl] *adj* mętny; nudny; tępy; matowy; posępny; stłumiony; *vt* stępić; stłumić; *vi* stępieć; zmatowieć

du·ly ['dju:lı] *adv* należycie, słusznie; w porę

dumb [dʌm] *adj* niemy; **~ show** pantomima; **to strike sb ~** wprawić kogoś w osłupienie

dumb·found [dʌm'faund] *vt* ogłuszyć, oszołomić; odebrać mowę

dum·my ['dʌmı] *s* manekin; statysta, figurant; imitacja, makieta; pozór; smoczek; *am. pot.* głupek; dziadek (*w brydżu*); *adj attr* podrobiony, udany, naśladujący

dump [dʌmp] *vt* zrzucać, zsypywać; wywalać; *handl.* zbywać (*towar na zasadzie dumpingu*); *s* stos; hałda; śmietnik

dum·ping ['dʌmpıŋ] *s handl.* dumping

dump·y ['dʌmpı] *adj* przysadkowaty, pękaty

dunce [dʌns] *s* (*o uczniu*) osioł, nieuk

dune [dju:n] *s* wydma piaszczysta

dung [dʌŋ] *s* gnój, nawóz

dun·geon ['dʌndʒən] *s* wieża; loch, ciemnica

dupe [dju:p] *s* ofiara oszustwa; *pot.* frajer, naiwniaczek; *vt* oszukać, okpić

du·pli·cate ['dju:plıkət] *adj* podwójny; *s* duplikat; *vt* ['dju:plıkeıt] kopiować, odbijać, powielać

du·pli·ca·tor ['dju:plɪkeɪtə] s powielacz

du·plic·i·ty [dju:'plɪsətɪ] s dwulicowość

du·ra·ble ['djʊərəbl] adj trwały; stały

du·ra·tion [djʊ'reɪʃn] s czas trwania

dur·ing ['djʊərɪŋ] praep podczas, przez, za

dusk [dʌsk] s zmierzch

dusk·y ['dʌskɪ] adj ciemny

dust [dʌst] s pył, kurz, proch; vt zakurzyć, posypać; czyścić z kurzu, ścierać; odkurzać (np. meble)

dust·bin ['dʌstbɪn] s bryt. kosz na śmieci; śmietniczka

dust·man ['dʌstmən] s (pl **dustmen** ['dʌstmən]) bryt. śmieciarz

dust·y ['dʌstɪ] adj zakurzony; nudny; niejasny, mglisty

Dutch [dʌtʃ] adj holenderski; s język holenderski

Dutch·man ['dʌtʃmən] s (pl **Dutchmen** ['dʌtʃmən]) Holender

du·ti·a·ble ['dju:tɪəbl] adj podlegający ocleniu

du·ti·ful ['dju:tɪfl] adj obowiązkowy, sumienny; pełen szacunku, uległy

du·ty ['dju:tɪ] s obowiązek, powinność; służba; należność podatkowa; cło; **~-free** wolny od opłaty celnej; **off ~** po służbie; **on ~** na służbie, na dyżurze

dwarf [dwɔ:f] s karzeł; adj attr karłowaty; vt powstrzymać wzrost; pomniejszyć

***dwell** [dwel] vi (**dwelt, dwelt** [dwelt]) mieszkać; zatrzymywać się; rozwodzić się (**on sth** nad czymś); kłaść nacisk

dwell·er ['dwelə] s mieszkaniec

dwell·ing ['dwelɪŋ] s mieszkanie

dwelt zob. **dwell**

dwin·dle ['dwɪndl] vi zanikać, zmniejszać się

dye [daɪ] s barwa, farba; vt vi barwić (się), farbować (się)

dye·stuff ['daɪstʌf] s barwnik

dy·ing zob. **die**

dyke = **dike**

dy·nam·ic [daɪ'næmɪk] adj dynamiczny; s pl **~s** dynamika

dy·na·mite ['daɪnəmaɪt] s dynamit; vt wysadzać dynamitem

dy·nas·tic [dɪ'næstɪk] adj dynastyczny

dyn·as·ty ['dɪnəstɪ] s dynastia

E

each [i:tʃ] adj pron każdy; **~ other** nawzajem

ea·ger ['i:gə] adj żądny (**for** <**after**> **sth** czegoś); skory, gorliwy; (o pragnieniu itp.) gorący; **to be ~ to do sth** bardzo pragnąć coś zrobić

ea·gle ['i:gl] s orzeł

ear [ɪə] s ucho; **to be all ~s** zamienić się w słuch

ear·ache ['ɪəreɪk] s ból ucha

earl [ɜ:l] s hrabia (w Anglii)

ear·ly ['ɜ:lɪ] adj wczesny; adv wcześnie

ear·mark ['ɪəmɑ:k] s (u zwierząt domowych) piętno, kolczyk; przen. znak (rozpoznawczy); vt znaczyć, znakować; przen. przeznaczać

earn [ɜ:n] vt zarabiać; zasługiwać; **to ~ one's living by sth** zarabiać czymś na życie

ear·nest ['ɜ:nɪst] adj poważny; szczery; gorliwy; s zadatek; **in ~** na serio, poważnie

earn·ing ['ɜːnɪŋ] *s* zarobek, dochód

ear·phones ['ɪəfəʊnz] *s* słuchawki

ear·ring ['ɪərɪŋ] *s* kolczyk

earth [ɜːθ] *s* ziemia; świat, kula ziemska; *elektr.* uziemienie; ***what on ~!*** cóż to znowu?; *vt vi* zakopać <zagrzebać> (się) w ziemi; okopać; *elektr.* uziemić

earth·en ['ɜːθn] *adj* ziemny; gliniany

earth·en·ware ['ɜːθnweə] *s zbior.* wyroby garncarskie

earth·ly ['ɜːθlɪ] *adj* ziemski

earth·quake ['ɜːθkweɪk] *s* trzęsienie ziemi; wstrząs

earth·work ['ɜːθwɜːk] *s* robota ziemna; nasyp

ease [iːz] *s* lekkość, swoboda; wygoda; ***at ~*** spokojnie, wygodnie; ***at ~!*** *wojsk.* spocznij!; ***ill at ~*** niedobrze, nieswojo; *vt* łagodzić; uspokajać; uwalniać; ***~ sb out*** powodować złożenie przez kogoś rezygnacji (*z pracy itp.*)

ea·sel ['iːzl] *s* sztaluga

eas·i·ness ['iːzɪnəs] *s* lekkość, wygoda, swoboda; beztroska

east [iːst] *s* wschód; *adj* wschodni; *adv* na wschód, na wschodzie

East·er ['iːstə] *s* Wielkanoc; ***~ egg*** pisanka

east·ern ['iːstən] *adj* wschodni

east·ward ['iːstwəd] *adj* wschodni, zwrócony ku wschodowi; *adv* (*także* **~s**) ku wschodowi, na wschód

eas·y ['iːzɪ] *adj* łatwy; swobodny; wygodny; spokojny; ***~ of access*** łatwo dostępny; *adv* łatwo; lekko; swobodnie; ***take it ~*** nie przejmuj się

eas·y chair ['iːzɪtʃeə] *s* fotel

eat** [iːt] *vt vi* (**ate** [et], **eaten** ['iːtn]) jeść; ***~ up zjeść, pożreć, pochłonąć

eat·a·ble ['iːtəbl] *adj* jadalny; *s pl* **~s** artykuły spożywcze, prowiant

eat·en *zob.* **eat**

eaves [iːvz] *s pl* okap

eaves·drop ['iːvzdrɒp] *vi* podsłuchiwać

ebb [eb] *s* odpływ (*morza*); ubytek (*np. sił*); *vi* (*o morzu*) odpływać; słabnąć, ubywać

eb·on·y ['ebənɪ] *s bot.* heban

ec·cen·tric [ɪk'sentrɪk] *adj* ekscentryczny, dziwaczny; *s* dziwak, ekscentryk

ec·cle·si·as·tic [ɪˌkliːzɪ'æstɪk] *adj* kościelny, duchowny; *s* osoba duchowna, duchowny

ech·o ['ekəʊ] *s* echo; *vt vi* odbijać się echem; powtarzać (**sb, sth** za kimś, czymś)

e·clipse [ɪ'klɪps] *s* zaćmienie; przyciemnienie; *vt* zaćmiewać

e·col·o·gy [ɪ'kɒlədʒɪ] *s* ekologia

e·co·nom·ic [ˌiːkə'nɒmɪk] *adj* ekonomiczny

e·co·nom·i·cal [ˌiːkə'nɒmɪkl] *adj* ekonomiczny, oszczędny

e·co·nom·ics [ˌiːkə'nɒmɪks] *s* ekonomia, ekonomika

e·con·o·mist [ɪ'kɒnəmɪst] *s* ekonomista

e·con·o·mize [ɪ'kɒnəmaɪz] *vt vi* oszczędzać, oszczędnie gospodarować

e·con·o·my [ɪ'kɒnəmɪ] *s* ekonomia, gospodarka; organizacja; struktura; oszczędność

ec·sta·sy ['ekstəsɪ] *s* ekstaza, zachwyt

ec·stat·ic [ɪk'stætɪk] *adj* ekstatyczny, pełen zachwytu

e·cu·men·i·cal [ˌiːkjʊ'menɪkl] *adj* ekumeniczny

ed·dy ['edɪ] *s* wir; *vi* wirować

E·den ['iːdn] *s* raj

edge [edʒ] *s* brzeg, krawędź, kant; ostrze; *vt* ostrzyć, toczyć; obsadzać; obszywać; ***to ~ one's way*** przeciskać się; wślizgnąć się

edg·ing ['edʒɪŋ] *s* brzeg, rąbek

ed·i·ble ['edəbl] *adj* jadalny

e·dict ['iːdɪkt] *s* edykt

ed·i·fice ['edɪfɪs] *s* gmach

ed·i·fy ['edɪfaɪ] *vt* oddziaływać

E

(*moralnie, budująco*), pouczać

ed·it ['edɪt] *vt* wydawać; redagować

e·di·tion [ɪ'dɪʃn] *s* wydanie; nakład

ed·i·tor ['edɪtə] *s* wydawca; redaktor; *komp.* edytor tekstu

ed·i·tor·i·al [,edɪ'tɔːrɪəl] *adj* wydawniczy; redakcyjny; *s* artykuł wstępny (od redakcji); **~ office** <**staff**> redakcja

ed·u·cate ['edʒʊkeɪt] *vt* wychowywać; kształcić

ed·u·ca·tion [,edjʊ'keɪʃn] *s* wykształcenie, nauka; oświata; wychowanie; szkolenie

ed·u·ca·tion·al [,edjʊ'keɪʃnəl] *adj* wychowawczy, oświatowy, kształcący

eel [iːl] *s zool.* węgorz

ef·face [ɪ'feɪs] *vt* ścierać, zacierać, zmazywać; *przen.* przyćmiewać

ef·fect [ɪ'fekt] *s* wynik, skutek; efekt; oddziaływanie; *pl* **~s** dobytek, ruchomość; papiery wartościowe; **in ~** rzeczywiście; **to no ~** bezskutecznie; **to give ~ to**, **to carry into> ~** dokonać, uskutecznić, wprowadzić w życie; **to take ~** obowiązywać, wejść w życie; *vt* spowodować, wykonać, spełnić

ef·fec·tive [ɪ'fektɪv] *adj* efektywny; efektowny; *am.* mający moc prawną, obowiązujący

ef·fem·i·nate [ɪ'femɪnət] *adj* zniewieściały

ef·fer·vesce [,efə'ves] *vt* musować, pienić się; (*o człowieku*) tryskać (*życiem*)

ef·fi·ca·cious [,efɪ'keɪʃəs] *adj* skuteczny

ef·fi·ca·cy ['efɪkəsɪ] *s* skuteczność

ef·fi·cien·cy [ɪ'fɪʃnsɪ] *s* wydajność, sprawność; skuteczność

ef·fi·cient [ɪ'fɪʃnt] *adj* wydajny, sprawny; skuteczny

ef·fi·gy ['efɪdʒɪ] *s* podobizna, wizerunek

ef·fort ['efət] *s* wysiłek, próba

ef·front·er·y [ɪ'frʌntərɪ] *s* bezczelność

ef·fu·sion [ɪ'fjuːʒn] *s* wylew; wydzielanie; *pl* **~s** *przen.* wynurzenia

egg [eg] *s* jajko

egg·head ['eghed] *s uj.* jajogłowy (osoba bardzo wykształcona)

e·go ['egəʊ] *s* jaźń

e·go·ism ['egəʊɪzm] *s* egoizm

e·go·ist ['egəʊɪst] *s* egoista

e·go·tism ['egətɪzm] *s* egotyzm

E·gyp·tian [ɪ'dʒɪpʃn] *adj* egipski; *s* Egipcjanin

ei·der·down ['aɪdədaʊn] *s bryt.* kołdra puchowa

eight [eɪt] *num* osiem; *s* ósemka

eight·een [,eɪ'tiːn] *num* osiemnaście; *s* osiemnastka

eight·eenth [,eɪ'tiːnθ] *adj* osiemnasty

eighth [eɪtθ] *adj* ósmy

eight·i·eth ['eɪtɪəθ] *adj* osiemdziesiąty

eight·y ['eɪtɪ] *num* osiemdziesiąt; *s* osiemdziesiątka

ei·ther ['aɪðə], *am.* ['iːðə] *adj pron* jeden lub drugi, jeden z dwóch, każdy z dwóch; obaj, obie, oboje; którykolwiek z dwóch; *conj* **~ ...or** albo ..., albo; *z przeczeniem:* ani ..., ani; *adv z przeczeniem:* też (nie)

e·jac·u·late [ɪ'dʒækjʊleɪt] *vt* wytrysnąć; wykrzyknąć, wydać (*okrzyk*)

e·ject [ɪ'dʒekt] *vt* wyrzucić, wydzielić; usunąć, wydalić

e·jec·tion seat [ɪ'dʒekʃən,siːt] *s* katapulta (*w samolocie*)

eke [iːk] *vt* (*zw.* **~ out**) sztukować, nadrabiać, uzupełniać

e·lab·o·rate [ɪ'læbəreɪt] *vt* wypracować; *adj* [ɪ'læbərət] wypracowany; wymyślny, wyszukany

e·lapse [ɪ'læps] *vi* (*o czasie*) upływać, mijać

e·las·tic [ɪ'læstɪk] *adj* elastyczny; gumowy; *s* guma (*np. do pończoch*)

el·bow ['elbəʊ] *s* łokieć; *vt* popychać, szturchać łokciem; **~ sb out** wypychać kogoś

eld·er ['eldə] *adj* starszy (*z dwóch osób*)

el·der·ly ['eldəlɪ] *adj* podstarzały

eld·est ['eldɪst] *adj* najstarszy (w rodzinie)

e·lect [ɪ'lekt] *vt* wybierać; *adj* wybrany, nowo obrany

e·lec·tion [ɪ'lekʃn] *s* wybór, wybory; *general* **~** wybory powszechne

e·lec·tion·eer·ing [ɪ,lekʃə-'nɪərɪŋ] *s* agitacja wyborcza

e·lec·tor [ɪ'lektə] *s* wyborca

e·lec·to·ral [ɪ'lektrəl] *adj* **~ system** ordynacja wyborcza

e·lec·tor·ate [ɪ'lektrət] *s zbior.* wyborcy

e·lec·tric(al) [ɪ'lektrɪk(l)] *adj* elektryczny; **~ fire** piecyk elektryczny

e·lec·tri·cian [ɪ,lek'trɪʃn] *s* elektrotechnik

e·lec·tric·i·ty [ɪ,lek'trɪsətɪ] *s* elektryczność

e·lec·tro·car·dio·gram = *ECG s* elektrokardiogram = EKG

e·lec·tro·cute [ɪ'lektrəkjuːt] *vt* uśmiercić na krześle elektrycznym; śmiertelnie porazić prądem

e·lec·trol·y·sis [ɪ,lek'trɒləsɪs] *s* elektroliza

el·ec·tron·ics [ɪ,lek'trɒnɪks] *s* elektronika

e·lec·tro·plate [ɪ'lektrəupleɪt] *vt* platerować, galwanizować; *s zbior.* platery

el·e·gance ['elɪgəns] *s* elegancja

el·e·gant ['elɪgənt] *adj* elegancki

el·e·gy ['elədʒɪ] *s* elegia

el·e·ment ['eləmənt] *s* element; żywioł; składnik; *chem.* pierwiastek

el·e·men·tal [,elə'mentl] *adj* żywiołowy; podstawowy

el·e·men·ta·ry [,elə'mentrɪ] *adj* elementarny; podstawowy

el·e·phant ['eləfənt] *s zool.* słoń

el·e·vate ['eləveɪt] *vt* podnieść, podwyższyć, dźwignąć; **~d railway** kolejka szynowa (*zawieszona nad ulicami*)

el·e·va·tion [,elə'veɪʃn] *s* podniesienie, wzniesienie, wysokość; dostojeństwo

el·e·va·tor ['eləveɪtə] *s* elewator; *am.* winda

el·ev·en [ɪ'levn] *num* jedenaście; *s* jedenastka

el·ev·enth [ɪ'levnθ] *adj* jedenasty

elf [elf] *s* (*pl elves* [elvz]) elf

e·lic·it [ɪ'lɪsɪt] *vt* ujawniać, wydobywać, wyciągać na światło dzienne; wywoływać

el·i·gi·ble ['elɪdʒəbl] *adj* wybieralny; godny wyboru, odpowiedni

e·lim·i·nate [ɪ'lɪmɪneɪt] *vt* eliminować, usuwać, wykluczać, znieść

e·lim·i·na·tion [ɪ,lɪmɪ'neɪʃn] *s* eliminacja, usunięcie, wykluczenie, zniesienie

elk [elk] *s zool.* łoś; *amer.* wapiti

elm [elm] *s bot.* wiąz

el·o·cu·tion [,elə'kjuːʃn] *s* wysławianie się, dykcja

e·lon·gate ['iːlɒŋgeɪt] *vt vi* wydłużyć (się)

el·o·quence ['eləkwəns] *s* elokwencja, krasomówstwo

else [els] *adv* prócz tego, ponadto, jeszcze (inny); *or* **~** bo inaczej; *sb* **~** ktoś inny; *sth* **~** coś innego

else·where [,els'weə] *adv* gdzie indziej

e·lu·ci·date [ɪ'luːsɪdeɪt] *vt* wyświetlić, wyjaśnić

e·lude [ɪ'luːd] *vt* wymijać, obejść (*np. prawo*); ujść (*sth* czemuś)

e·lu·sive [ɪ'luːsɪv] *adj* nieuchwytny, wykrętny

elves *zob.* **elf**

e·ma·ci·ate [ɪ'meɪʃɪeɪt] *vt* wyniszczać (fizycznie), wycieńczyć

em·a·nate ['eməneɪt] *vi* emanować, promieniować; wyłaniać się; pochodzić (*from sth* od czegoś)

e·man·ci·pate [ɪ'mænsɪpeɪt] *vt* emancypować, wyzwolić

e·mas·cu·late [ɪ'mæskjʊleɪt] *vt*
wykastrować; zniewieścieć; wyjałowić;   *adj*   [ɪ'mæskjʊlət]
zniewieściały; wyjałowiony

em·balm [ɪm'bɑːm] *vt* balsamować; nasycać aromatem

em·bank·ment [ɪm'bæŋkmənt] *s*
wał, tama; nabrzeże, bulwar

em·bar·go [ɪm'bɑːgəʊ] *s* embargo, zakaz

em·bark [ɪm'bɑːk] *vt* ładować na
statek; brać na pokład; *vi* wsiadać
na statek; *przen.* przedsięwziąć
(**on <upon> sth** coś); wdać się
(**in sth** w coś)

em·bar·ka·tion [ˌembɑː'keɪʃn] *s*
ładowanie <wsiadanie> na statek
<pokład>; zaokrętowanie

em·bar·rass [ɪm'bærəs] *vt* wprawiać w zakłopotanie; sprawić
kłopot; przeszkadzać; krępować

em·bas·sy ['embəsɪ] *s* ambasada;
misja

em·bed [ɪm'bed] *vt* osadzić, wryć,
wkopać, wbić; wyłożyć (*np. cementem*)

em·bel·lish [ɪm'belɪʃ] *vt* upiększyć

em·bers ['embəz] *s pl* żarzące się
węgle; *przen.* zgliszcza

em·bez·zle [ɪm'bezl] *vt* sprzeniewierzyć

em·bit·ter [ɪm'bɪtə] *vt* rozgoryczyć; zatruć (życie); rozjątrzyć

em·blem ['embləm] *s* emblemat

em·bod·i·ment [ɪm'bɒdɪmənt] *s*
ucieleśnienie, wcielenie

em·bod·y [ɪm'bɒdɪ] *vt* ucieleśniać; urzeczywistniać; wcielać;
formułować, wyrażać (*w słowach,
czynach*); zawierać

em·boss [ɪm'bɒs] *vt* wytłaczać;
wykuwać; zdobić płaskorzeźbą

em·brace [ɪm'breɪs] *vt i vi* obejmować (się), uścisnąć (się); ogarniać; zawierać; przyjmować (*np.
światopogląd*); *s* uścisk, objęcie

em·broi·der [ɪm'brɔɪdə] *vt* haftować; *przen.* upiększać

em·broi·de·ry [ɪm'brɔɪdərɪ] *s*

haft; *przen.* upiększenie

em·broil [ɪm'brɔɪl] *vt* powikłać;
uwikłać

em·bry·o ['embrɪəʊ] *s* embrion

e·mend [ɪ'mend] *vt* poprawiać
(*tekst*)

em·er·ald ['emərəld] *s* szmaragd

e·merge [ɪ'mɜːdʒ] *vi* wynurzać
się, wyłaniać się, ukazywać się

e·mer·gence [ɪ'mɜːdʒəns] *s* pojawienie się, powstanie

e·mer·gen·cy [ɪ'mɜːdʒənsɪ] *s*
(*także* **a state of ~**) stan
wyjątkowy; krytyczne położenie;
gwałtowna potrzeba; **~ exit**
wyjście zapasowe (*np. na wypadek pożaru*); **in case of ~** w
nagłym wypadku

em·i·grant ['emɪgrənt] *s* emigrant

em·i·grate ['emɪgreɪt] *vi* emigrować

ém·i·gré ['emɪgreɪ] *s* emigrant polityczny

em·i·nence ['emɪnəns] *s* wysokie
położenie, wzniesienie; eminencja; wybitność, znakomitość

em·i·nent ['emɪnənt] *adj* wybitny,
znakomity, sławny

em·is·sa·ry ['emɪsrɪ] *s* emisariusz

e·mis·sion [ɪ'mɪʃn] *s* emisja; wydzielanie, wysyłanie

e·mit [ɪ'mɪt] *vt* emitować; wydzielać, wysyłać

e·mo·tion [ɪ'məʊʃn] *s* wzruszenie,
uczucie

e·mo·tion·al [ɪ'məʊʃnəl] *adj*
emocjonalny

em·per·or ['empərə] *s* cesarz, imperator

em·pha·sis ['emfəsɪs] *s* nacisk,
uwydatnienie, emfaza

em·pha·size ['emfəsaɪz] *vt* podkreślać, kłaść nacisk

em·phat·ic [ɪm'fætɪk] *adj* emfatyczny; dobitny; wymówiony z
naciskiem; kategoryczny; wymowny

em·pire ['empaɪə] *s* imperium,
cesarstwo

em·ploy [ɪm'plɔɪ] *vt* zatrudniać; używać

em·ploy·ee [ˌemplɔɪ'iː] *s* pracownik

em·ploy·er [ɪm'plɔɪə] *s* pracodawca, szef

em·ploy·ment [ɪm'plɔɪmənt] *s* zajęcie, zatrudnienie; zastosowanie, użycie; **~ agency** biuro zatrudnienia

em·pow·er [ɪm'pauə] *vt* dać władzę, upoważnić

em·press ['emprəs] *s* cesarzowa

emp·ty ['emptɪ] *adj* pusty, czczy, próżny; *vt vi* opróżnić (się)

em·u·late ['emjuleɪt] *vt* rywalizować (**sb** z kimś)

en·a·ble [ɪ'neɪbl] *vt* dać możność, umożliwić

en·act [ɪ'nækt] *vt* ustanowić (*dekret*)

en·act·ment [ɪ'næktmənt] *s* przeprowadzenie ustawy; zarządzenie, dekret

en·am·el [ɪ'næml] *s* emalia; lakier; *vt* emaliować; lakierować

en·camp [ɪn'kæmp] *vt* rozkładać obozem; *vi* rozłożyć się obozem, obozować

en·camp·ment [ɪn'kæmpmənt] *s* rozłożenie się obozem; obozowisko

en·chain [ɪn'tʃeɪn] *vt* zakuć w łańcuchy, uwiązać na łańcuchu; *przen.* ujarzmić

en·chant [ɪn'tʃɑːnt] *vt* oczarować; zaczarować

en·cir·cle [ɪn'sɜːkl] *vt* okrążyć, otoczyć

en·close [ɪn'kləuz] *vt* ogrodzić, otoczyć; zawierać; załączyć

en·clo·sure [ɪn'kləuʒə] *s* ogrodzenie, ogrodzone miejsce; załącznik

en·com·pass [ɪn'kʌmpəs] *vt* otaczać, obejmować; zawierać

en·core ['ɒŋkɔː] *int* bis!; *s* bis, bisowanie; *vt vi* bisować

en·coun·ter [ɪn'kauntə] *vt* na-

tknąć się (**sb** na kogoś); *s* spotkanie; starcie, potyczka

en·cour·age [ɪn'kʌrɪdʒ] *vt* zachęcać; popierać; dodawać odwagi

en·croach [ɪn'krəutʃ] *vi* wdzierać się, wkraczać (**on <upon> sth** do czegoś); bezprawnie naruszać (**on <upon> sth** coś)

en·crust [ɪn'krʌst] *vt* inkrustować; *vi* zaskorupić się

en·cum·ber [ɪn'kʌmbə] *vt* zawalić, zatłoczyć; obciążyć; utrudnić, zawadzać

en·cyc·li·cal [ɪn'sɪklɪkl] *s* encyklika

en·cy·clo·pae·di·a [ɪnˌsaɪklə-'piːdɪə] *s* encyklopedia

end [end] *s* koniec; kres; cel; **~ on** rzędem; **on ~** pionowo, sztorcem; z rzędu; **to no ~** bezcelowo; **to be at an ~** być skończonym; **to bring to an ~** położyć kres; **to serve an ~** odpowiadać celowi; **to this ~** w tym celu; **to the ~ that...** w tym celu, aby...; *vt* kończyć; **~ off <up>** zakończyć; *vi* kończyć się (**in sth** czymś)

en·dan·ger [ɪn'deɪndʒə] *vt* narażać na niebezpieczeństwo

en·dear [ɪn'dɪə] *vt* uczynić drogim (**to sb** dla kogoś); zdobyć *czyjeś* serce

en·deav·our [ɪn'devə] *vi* usiłować, starać się; dążyć (**after sth** do czegoś); *s* dążenie, staranie, zabiegi

end·ing ['endɪŋ] *s* zakończenie; *gram.* końcówka

end·less ['endləs] *adj* nie kończący się, ustawiczny

en·dorse [ɪn'dɔːs] *vt* potwierdzić, podpisać się (**sth** pod czymś); zaaprobować; *handl.* indosować

en·dow [ɪn'dau] *vt* wyposażyć, zaopatrzyć (**with sth** w coś); obdarzyć; ufundować

en·dow·ment [ɪn'daumənt] *s* wyposażenie, dotacja; *pl* **~s** zdolności

en·dur·ance [ɪn'djuərəns] *s* wytrzymałość, cierpliwość; **past <beyond>** ~ nie do zniesienia

en·dure [ɪnˈdjʊə] *vt* znosić, cierpieć, wytrzymywać; *vi* przetrwać

en·dur·ing [ɪnˈdjʊərɪŋ] *adj* trwały; wytrzymały

en·e·ma [ˈenɪmə] *s* lewatywa

en·e·my [ˈenəmɪ] *s* wróg, przeciwnik

en·er·gy [ˈenədʒɪ] *s* energia

en·er·vate [ˈenəveɪt] *vt* osłabić; obezwładniać

en·fee·ble [ɪnˈfiːbl] *vt* osłabić

en·fold [ɪnˈfəʊld] *vt* otulić, zawinąć; objąć

en·force [ɪnˈfɔːs] *vt* narzucić pod przymusem (*sth on sb* coś komuś); ustawowo wprowadzić w życie

en·fran·chise [ɪnˈfræntʃaɪz] *vt* obdarzyć prawami (*obywatelskimi, wyborczymi*); wyzwolić; uwłaszczyć

en·gage [ɪnˈɡeɪdʒ] *vt vi* angażować (się); zobowiązywać (się); zajmować (się); najmować, przyjmować do pracy; *wojsk.* nawiązać walkę, atakować; *to be* ~d mieć zajęcie, pracować, krzątać się (*in sth* koło czegoś); *to become* ~d zaręczyć się (*to sb* z kimś)

en·gage·ment [ɪnˈɡeɪdʒmənt] *s* zobowiązanie; obietnica; umowa; przyjęcie do pracy; najęcie, zatrudnienie; zaręczyny; *wojsk.* rozpoczęcie bitwy

en·gag·ing [ɪnˈɡeɪdʒɪŋ] *adj* ujmujący, miły

en·gen·der [ɪnˈdʒendə] *vt* rodzić; powodować

en·gine [ˈendʒɪn] *s* maszyna; lokomotywa; silnik

en·gine driv·er [ˈendʒɪnˌdraɪvə] *s* maszynista

en·gi·neer [ˌendʒɪˈnɪə] *s* mechanik; technik; inżynier; *wojsk.* saper; *am.* maszynista; *vt* budować (*drogi, mosty*), montować; planować, projektować; *pot.* kombinować

en·gi·neer·ing [ˌendʒɪˈnɪərɪŋ] *s* inżynieria; mechanika; technika; *pot. pl* ~**s** kombinacje, machinacje

Eng·lish [ˈɪŋɡlɪʃ] *adj* angielski; *s* język angielski; *pl the* ~ Anglicy

Eng·lish·man [ˈɪŋɡlɪʃmən] *s* (*pl* **Englishmen** [ˈɪŋɡlɪʃmən]) Anglik

Eng·lish·wom·an [ˈɪŋɡlɪʃˌwʊmən] *s* (*pl* **Englishwomen** [ˈɪŋɡlɪʃˌwɪmɪn]) Angielka

en·grave [ɪnˈɡreɪv] *vt* ryć, grawerować

en·grav·ing [ɪnˈɡreɪvɪŋ] *s* grawerowanie; sztych

en·gross [ɪnˈɡrəʊs] *vt handl.* zmonopolizować; wykupić hurtem; absorbować, wypełnić czas (*zw. w stronie biernej*)

en·gulf [ɪnˈɡʌlf] *vt* pochłonąć

en·hance [ɪnˈhɑːns] *vt* powiększać, podwyższać, uwydatnić

e·nig·ma [ɪˈnɪɡmə] *s* zagadka

e·nig·mat·ic [ˌenɪɡˈmætɪk] *adj* zagadkowy

en·join [ɪnˈdʒɔɪn] *vt* nakazać; gorąco polecać (*sth on sb* coś komuś)

en·joy [ɪnˈdʒɔɪ] *vt* znajdować przyjemność, zasmakować (*sth* w czymś); mieć, cieszyć się (*np. good health* dobrym zdrowiem); korzystać (*sth* z czegoś); *vr* ~ **oneself** dobrze się bawić

en·joy·a·ble [ɪnˈdʒɔɪəbl] *adj* przyjemny, rozkoszny

en·joy·ment [ɪnˈdʒɔɪmənt] *s* przyjemność, uciecha; korzystanie (*of sth* z czegoś)

en·large [ɪnˈlɑːdʒ] *vt vi* powiększać (się); rozszerzać (się); rozwodzić się (*on <upon> sth* nad czymś)

en·light·en [ɪnˈlaɪtn] *vt* oświecać, uświadamiać, objaśniać

En·light·en·ment [ɪnˈlaɪtnmənt] *s* Oświecenie (*epoka w XVIII w.*)

en·list [ɪnˈlɪst] *vt* zwerbować;

zjednać sobie; *vi* zaciągać się do wojska

en·li·ven [ɪnˈlaɪvn] *vt* ożywiać

en·mi·ty [ˈenməti] *s* wrogość

en·no·ble [ɪˈnəʊbl] *vt* uszlachetnić; nobilitować

e·nor·mi·ty [ɪˈnɔːməti] *s* potworność; ogrom, ogromne rozmiary

e·nor·mous [ɪˈnɔːməs] *adj* ogromny

en·ough [ɪˈnʌf] *adv* dość, dosyć; *be good ~ to ...* bądź tak dobry i ...; *to be stupid ~ to ...* być na tyle głupim, aby...

en·quire, en·quir·y = *inquire, inquiry*

en·rage [ɪnˈreɪdʒ] *vt* doprowadzić do wściekłości

en·rich [ɪnˈrɪtʃ] *vt* wzbogacić; ulepszyć; ozdobić

en·rol(l) [ɪnˈrəʊl] *vt* zarejestrować; wciągnąć na listę członków; zwerbować; *vi* zapisać się (*np. na kurs*); zaciągnąć się (*np. do wojska*)

en·shrine [ɪnˈʃraɪn] *vt* zamknąć w sanktuarium; przechowywać pieczołowicie <ze czcią>

en·sign [ˈensaɪn] *s* godło; oznaka, insygnia, odznaka; chorągiew; *mors.* bandera

en·slave [ɪnˈsleɪv] *vt* zrobić niewolnikiem, ujarzmić

en·snare [ɪnˈsneə] *vt dosł. i przen.* chwycić w sidła

en·sue [ɪnˈsjuː] *vi* nastąpić, wyniknąć

en·sure [ɪnˈʃʊə] *vt* zapewnić; zabezpieczyć

en·tail [ɪnˈteɪl] *vt* pociągnąć za sobą, powodować; wymagać (*sth on sb* czegoś od kogoś)

en·tan·gle [ɪnˈtæŋgl] *vt* uwikłać, zaplątać; usidlić

en·tente [ˈɒntɒnt] *s polit.* porozumienie

en·ter [ˈentə] *vt vi* wchodzić, wkraczać, wjechać; wstępować (*sth <into sth>* do czegoś, *np. a school <university>* do szkoły

<na uniwersytet>); wpisywać (się); zgłaszać (się); przeniknąć; przystępować (*on <upon> sth* do czegoś, *np. upon one's duties* do obowiązków); *to ~ into a contract* zawierać umowę; *to ~ a protest* zgłosić protest

en·ter·ic [enˈterɪk] *adj* jelitowy, dojelitowy; *med.* ~ (*fever*) tyfus brzuszny

en·ter·prise [ˈentəpraɪz] *s* przedsięwzięcie, inicjatywa; *handl.* przedsiębiorstwo

en·ter·pris·ing [ˈentəpraɪzɪŋ] *adj* przedsiębiorczy

en·ter·tain [ˌentəˈteɪn] *vt* zabawiać; przyjmować (*gości*); żywić (*uczucie, nadzieję*); podtrzymywać, utrzymywać (*np. korespondencję*); *vi* prowadzić życie towarzyskie

en·ter·tain·ment [ˌentəˈteɪnmənt] *s* rozrywka; przedstawienie (*rozrywkowe*); przyjęcie, uczta

en·throne [ɪnˈθrəʊn] *vt* osadzić na tronie

en·thu·si·asm [ɪnˈθjuːzɪæzm] *s* entuzjazm

en·thu·si·as·tic [ɪnˌθjuːzɪˈæstɪk] *adj* zachwycony, entuzjastyczny, zapalony; *to be ~* zachwycać się (*about <over> sth* czymś)

en·tice [ɪnˈtaɪs] *vt* uwodzić, nęcić, kusić

en·tice·ment [ɪnˈtaɪsmənt] *s* poneta; urok; wabienie

en·tire [ɪnˈtaɪə] *adj* cały, całkowity

en·tire·ly [ɪnˈtaɪəli] *adv* całkowicie, wyłącznie

en·ti·tle [ɪnˈtaɪtl] *vt* tytułować; upoważniać; mianować

en·ti·ty [ˈentəti] *s* jednostka, wyodrębniona całość; istnienie, byt; rzecz realnie istniejąca

en·trails [ˈentreɪlz] *s pl* wnętrzności

en·train [enˈtreɪn] *vt* ładować do pociągu (*zw. wojsko*); *vi* (*zw. o wojsku*) wsiadać do pociągu

en·trance 1. ['entrəns] s wejście, wjazd; wstęp, dostęp

en·trance 2. [ɪn'trɑːns] vt wprowadzać w trans; zachwycić

en·trap [ɪn'træp] vt schwytać w pułapkę, usidlić

en·treat [ɪn'triːt] vt vi błagać

en·treat·y [ɪn'triːtɪ] s błaganie

en·trench [ɪn'trentʃ] vt wojsk. okopać, umocnić okopami

en·tre·pre·neur [,ɒntrəprə'nɜː] s przedsiębiorca

en·trust [ɪn'trʌst] vt powierzyć

en·try 1. ['entrɪ] s wstęp, wjazd, wejście

en·try 2. ['entrɪ] s hasło (w słowniku); notatka; pozycja (w księdze, spisie)

en·twine [ɪn'twaɪn] vt oplatać, owijać; splatać

e·nu·mer·ate [ɪ'njuːməreɪt] vt wyliczać

e·nun·ci·ate [ɪ'nʌnsɪeɪt] vt wypowiedzieć, oświadczyć, głosić; starannie wymawiać

en·ve·lop [ɪn'veləp] vt owinąć; objąć; wojsk. otoczyć

en·ve·lope ['envələup] s koperta; otoczka

en·vi·able ['envɪəbl] adj godny pozazdroszczenia

en·vi·ous ['envɪəs] adj zazdrosny, zawistny (**of sb, sth** o kogoś, coś)

en·vi·ron [ɪn'vaɪərən] vt otaczać

en·vi·ron·ment [ɪn'vaɪrənmənt] s otoczenie, środowisko; **protection of ~** ochrona środowiska

en·vi·rons [ɪn'vaɪrənz] s pl okolice

en·vis·age [ɪn'vɪzɪdʒ] vt patrzeć w oczy, stać w obliczu (**sth** czegoś); rozpatrywać

en·voy ['envɔɪ] s poseł pełnomocny; wysłannik (dyplomatyczny)

en·vy ['envɪ] s zazdrość, zawiść; przedmiot zazdrości; vt zazdrościć

en·wrap [ɪn'ræp] vt zawijać, owijać; przen. pogrążyć

e·phem·er·al [ɪ'femərəl] adj efemeryczny

ep·ic ['epɪk] adj epicki; s epos, poemat epicki; długa powieść; długi film przygodowy

ep·i·dem·ic [,epɪ'demɪk] adj epidemiczny; s epidemia

ep·i·lep·sy ['epɪlepsɪ] s med. epilepsja

e·pis·co·pal [ɪ'pɪskəpl] adj episkopalny, biskupny

ep·i·sode ['epɪsəud] s epizod

e·pit·o·me [ɪ'pɪtəmɪ] s skrót; najlepszy <typowy> przykład

e·poch ['iːpɒk] s epoka

e·qual ['iːkwəl] adj równy; **to be ~** równać się; dorównywać; stać na wysokości zadania; s człowiek równy innemu; **he has no ~s** on nie ma sobie równych; **to live as ~s** żyć jak równy z równym; vt równać się; dorównywać (**sb** komuś); **not to be ~led** nie do porównania, niezrównany

e·qual·i·ty [ɪ'kwɒlətɪ] s równość

e·qual·ize ['iːkwəlaɪz] vt wyrównywać

e·qua·nim·i·ty [,ekwə'nɪmətɪ] s równowaga ducha

e·quate [ɪ'kweɪt] vt zrównać; utożsamiać

e·qua·tion [ɪ'kweɪʃn] s wyrównanie; mat. równanie

e·qua·tor [ɪ'kweɪtə] s równik

e·ques·tri·an [ɪ'kwestrɪən] adj konny; s jeździec

e·qui·li·brist [ɪ'kwɪlɪbrɪst] s ekwilibrysta

e·qui·lib·ri·um [,iːkwɪ'lɪbrɪəm] s równowaga

e·qui·nox ['iːkwɪnɒks] s zrównanie dnia z nocą

e·quip [ɪ'kwɪp] vt zaopatrzyć, wyposażyć (**with sth** w coś)

eq·ui·ta·ble ['ekwɪtəbl] adj sprawiedliwy

eq·ui·ty ['ekwətɪ] s sprawiedliwość, słuszność

e·quiv·a·lent [ɪ'kwɪvələnt] adj równoważny, równowartościowy; *s* równoważnik, równowartość

e·quiv·o·cal [ɪ'kwɪvəkl] *adj* dwuznaczny; podejrzany

e·ra ['ɪərə] *s* era

e·rad·i·cate [ɪ'rædɪkeɪt] *vt* wykorzenić

e·rase [ɪ'reɪz] *vt* zeskrobać, zetrzeć (*gumą*); wymazać

e·ras·er [ɪ'reɪzə] *s* guma (*do wycierania*); nożyk (*do zeskrobywania*)

ere [eə] *praep lit.* przed; *adv* wcześniej; *conj* zanim; **~ long** wkrótce; **~ now** już przedtem

e·rect [ɪ'rekt] *adj* prosty, wyprostowany; *vt* wyprostować; wznieść, zbudować

e·rot·ic [ɪ'rɒtɪk] *adj* erotyczny; *s lit.* erotyk

err [ɜ:] *vi* błądzić, mylić się

er·rand ['erənd] *s* sprawunek; zlecenie; **to run ~s** chodzić na posyłki

er·rant ['erənt] *adj* błądzący; błędny; wędrowny

er·ra·ta *zob.* **erratum**

er·rat·ic [ɪ'rætɪk] *adj* wędrujący; niepewny; kapryśny, nieobliczalny; *geol.* narzutowy

er·ra·tum [e'rɑːtəm] *s* (*pl* **errata** [e'rɑːtə]) błąd drukarski

er·ro·ne·ous [ɪ'rəʊnɪəs] *adj* mylny, błędny

er·ror ['erə] *s* omyłka, błąd

er·u·dite ['erʊdaɪt] *adj* (*o człowieku*) uczony, wykształcony; *s* erudyta

er·u·di·tion [,erʊ'dɪʃn] *s* erudycja

e·rup·tion [ɪ'rʌpʃn] *s* wybuch; *med.* wysypka

es·ca·la·tor ['eskəleɪtə] *s* schody ruchome

es·ca·pade [,eskə'peɪd] *s* eskapada

es·cape [ɪ'skeɪp] *vt vi* umknąć; ujść, uciec; uniknąć; ulatniać się; *s* ucieczka; wyciek; ujście; ratunek (*przed śmiercią, chorobą*), ocalenie; **to make one's ~** wymykać

się, uciec; **to have a narrow ~** o włos uniknąć nieszczęścia

es·cort ['eskɔːt] *s* eskorta, straż; mężczyzna towarzyszący kobiecie; *vt* [ɪ'skɔːt] eskortować; towarzyszyć

es·cutch·eon [ɪ'skʌtʃən] *s* tarcza (z herbem); tabliczka, płytka (*np. na drzwiach z nazwiskiem*)

Es·ki·mo ['eskɪməʊ] *s* Eskimos; *adj* eskimoski

es·pe·cial [ɪ'speʃl] *adj* specjalny, osobliwy

es·pi·o·nage ['espɪənɑːʒ] *s* szpiegostwo

es·pouse [ɪ'spaʊz] *vt* poślubić; zostać orędownikiem (**sth** czegoś)

es·py [ɪ'spaɪ] *vt* spostrzec; wyśledzić

es·quire [ɪ'skwaɪə] *s bryt.* pan (*dawny szlachecki tytuł w Anglii, obecnie w adresach tytuł grzecznościowy; skr.* **Esq.**)

es·say ['eseɪ] *s* szkic; próba; esej; wypracowanie szkolne; *vi vt* [e'seɪ] próbować; poddawać próbie

es·sence ['esns] *s* istota, sedno; esencja, wyciąg

es·sen·tial [ɪ'senʃl] *adj* istotny, zasadniczy; niezbędny; *s pl* **~s** rzeczy niezbędne; zasady, podstawy

es·tab·lish [ɪ'stæblɪʃ] *vt* założyć; ustanowić, ustalić; *vr* **~ oneself** osiedlić się, urządzić się

es·tab·lish·ment [ɪ'stæblɪʃmənt] *s* urządzenie, założenie, ustanowienie; instytucja, zakład

es·tate [ɪ'steɪt] *s* stan; majątek, własność, posiadłość ziemska; **real ~** nieruchomość; **~ car** samochód kombi

es·teem [ɪ'stiːm] *vt* cenić, szanować; doceniać <uważać> (**sth** za coś); *s* szacunek

es·ti·mate ['estɪmeɪt] *vt* szacować; *s* ['estɪmət] szacunek, ocena

es·ti·ma·tion [,estɪ'meɪʃn] *s* ocena, oszacowanie; osąd, opinia

E

es·trange [ɪ'streɪndʒ] vt zrazić sobie, odsunąć od siebie, odstręczyć; *prawn.* odseparować

es·trange·ment [ɪ'streɪndʒmənt] s oddalenie się (*dwóch osób od siebie*), oziębienie stosunków; *prawn.* separacja

es·tu·a·ry ['estʃʊərɪ] s ujście (*wielkiej rzeki*)

etch [etʃ] vt vi ryć (*w metalu*), trawić (*metal*)

etch·ing ['etʃɪŋ] s grawerowanie; akwaforta

e·ter·nal [ɪ'tɜːnl] adj wieczny

e·ter·ni·ty [ɪ'tɜːnətɪ] s wieczność

e·ther ['iːθə] s eter

eth·i·c(al) ['eθɪk(l)] adj etyczny

eth·ics ['eθɪks] s etyka

et·y·mol·o·gy [,etɪ'mɒlədʒɪ] s etymologia

eu·gen·ic [juː'dʒenɪk] adj eugeniczny

eu·gen·ics [juː'dʒenɪks] s eugenika

eu·lo·gize ['juːlədʒaɪz] vt chwalić, sławić

eu·lo·gy ['juːlədʒɪ] s pochwalna mowa, pochwała

eu·nuch ['juːnək] s eunuch

Eu·ro·pe·an [,jʊərə'pɪən] adj europejski; s Europejczyk

eu·tha·na·si·a [,juːθə'neɪzɪə] s eutanazja

e·vac·u·ate [ɪ'vækjʊeɪt] vt wypróżniać; ewakuować

e·vade [ɪ'veɪd] vt unikać; uchylać się (*sth* od czegoś); obchodzić (*np. ustawę*)

e·val·u·ate [ɪ'væljʊeɪt] vt szacować

e·van·gel·ic(al) [,iːvæn'dʒelɪk(l)] adj ewangeliczny; ewangelicki; s ewangelik

e·vap·o·rate [ɪ'væpəreɪt] vt odparować; vi parować, ulatniać się

e·va·sion [ɪ'veɪʒn] s unikanie; uchylanie się (*of sth* od czegoś); obchodzenie (*np. ustawy*), omijanie (*np. prawdy*); wykręt

eve [iːv] s wigilia; przeddzień;

Christmas ~ wigilia Bożego Narodzenia

e·ven 1. ['iːvn] adj równy, gładki; vt (*także to ~ out*) wyrównywać, wygładzać; adv równo; właśnie; nawet

e·ven 2. ['iːvn] s poet. wieczór

eve·ning ['iːvnɪŋ] s wieczór; *this ~* dziś wieczór; *in the ~* wieczorem; *on Sunday ~* w niedzielę wieczór

e·vent [ɪ'vent] s zdarzenie, wydarzenie; wypadek; *sport* konkurencja; *in the ~ of...* w wypadku..., w razie...(czegoś)

e·ven·tu·al [ɪ'ventʃʊəl] adj ostateczny, końcowy

e·ven·tu·al·i·ty [ɪ,ventʃʊ'ælɪtɪ] s możliwość, ewentualność (*zw. negatywna*)

e·ven·tu·al·ly [ɪ'ventʃʊəlɪ] adv ostatecznie, w końcu

ev·er ['evə] adv zawsze; kiedyś; kiedykolwiek; *~ so much* bardzo; *~ so long* wieki całe; *for ~* na zawsze; *hardly ~* bardzo rzadko; prawie nigdy; *as ~ I can* jak tylko mogę; *what ~ do you mean?* co u licha masz na myśli?

ev·er·green ['evəgriːn] adj wiecznie zielony; s wiecznie zielone drzewo <zielona roślina>

ev·er·last·ing [,evə'lɑːstɪŋ] adj wieczny, wiekuisty; stały

eve·ry ['evrɪ] adj każdy, wszelki; ~ *day* codziennie; *~ other* co drugi; *~ ten minutes* co dziesięć minut

eve·ry·bod·y ['evrɪ,bɒdɪ] pron każdy, wszyscy

eve·ry·day ['evrɪdeɪ] adj attr codzienny; pospolity

eve·ry·one ['evrɪwʌn] pron każdy, wszyscy

eve·ry·thing ['evrɪθɪŋ] pron wszystko

eve·ry·way ['evrɪweɪ] adv na wszystkie sposoby; pod każdym względem

eve·ry·where ['evrɪweə] adv wszędzie

e·vict [ɪ'vɪkt] *vt* wyrzucać; wysiedlać, eksmitować

e·vic·tion [ɪ'vɪkʃn] *s* wysiedlenie, eksmisja

ev·i·dence ['evɪdəns] *s* oczywistość; dowód, materiał dowodowy; zeznanie; świadectwo; *vt vi* unaocznić; dowodzić; świadczyć

ev·i·dent ['evɪdənt] *adj* oczywisty, jawny

ev·i·den·tial [,evɪ'denʃl] *adj* dowodowy; świadczący (**of sth** o czymś)

e·vil ['iːvl] *adj* zły; nieszczęsny; *s* zło

e·vince [ɪ'vɪns] *vt* przejawiać, ujawniać

e·vis·cer·ate [ɪ'vɪsəreɪt] *vt* patroszyć; *przen.* wyjałowić

e·voke [ɪ'vəʊk] *vt* wywoływać

e·vo·lu·tion [,iːvə'luːʃn] *s* ewolucja, rozwój

e·volve [ɪ'vɒlv] *vt vi* rozwijać (się); wydzielać (się), wypływać

ex·a·cer·bate [ɪg'zæsəbeɪt] *vt* rozjątrzyć; pogorszyć

ex·act [ɪg'zækt] *adj* ścisły, dokładny; *vt* egzekwować, wymagać, wymuszać

ex·ac·tion [ɪg'zækʃn] *s* wymaganie (nadmierne), wymuszanie; ściąganie (*np. podatków*)

ex·act·i·tude [ɪg'zæktɪtjuːd] *s* dokładność, ścisłość

ex·ag·ger·ate [ɪg'zædʒəreɪt] *vt vi* przesadzać

ex·alt [ɪg'zɔːlt] *vt* wywyższać, wynosić (ponad innych); wychwalać

ex·al·ta·tion [,egzɔːl'teɪʃn] *s* wywyższanie; zachwyt; egzaltacja

ex·am [ɪg'zæm] *s pot.* = **examination**

ex·am·i·na·tion [ɪg,zæmɪ'neɪʃn] *s* egzamin; badanie (*np. lekarskie*); przesłuchanie (*np. sądowe*); kontrola; **to pass an ~** zdać egzamin; **to take <sit for> an ~** przystępować do egzaminu, zdawać egzamin

ex·am·ine [ɪg'zæmɪn] *vt* egzaminować; badać; kontrolować; przesłuchiwać

ex·am·in·er [ɪg'zæmɪnə] *s* egzaminator; inspektor

ex·am·ple [ɪg'zɑːmpl] *s* przykład, wzór; **for ~** na przykład; **to set an ~** dać przykład; **without ~** bez precedensu

ex·as·per·ate [ɪg'zɑːspəreɪt] *vt* rozdrażniać, irytować

ex·ca·vate ['ekskəveɪt] *vt* wykopywać; prowadzić wykopaliska

ex·ca·va·tion [,ekskə'veɪʃn] *s* wykopywanie; prace wykopaliskowe

ex·ca·va·tor ['ekskəveɪtə] *s* ekskawator, koparka

ex·ceed [ɪk'siːd] *vt* przewyższać, przekraczać

ex·ceed·ing [ɪk'siːdɪŋ] *adj* nadzwyczajny, niezmierny

ex·cel [ɪk'sel] *vt* przewyższać; *vi* wyróżniać się, wybijać się (**in <at> sth** w czymś)

ex·cel·lence ['eksləns] *s* wspaniałość, doskonałość; wyższość

ex·cel·len·cy ['ekslənsɪ] *s* Ekscelencja

ex·cel·lent ['ekslənt] *adj* wspaniały, doskonały

ex·cept [ɪk'sept] *praep* wyjąwszy, poza, oprócz; **~ for** pomijając, abstrahując od; *vt* wyłączyć, wykluczyć; zastrzec; *vi* sprzeciwiać się, stawiać zarzuty (**against sth** czemuś)

ex·cept·ing [ɪk'septɪŋ] *praep* wyjąwszy, oprócz

ex·cep·tion [ɪk'sepʃn] *s* wyjątek; zarzut, sprzeciw

ex·cep·tion·al [ɪk'sepʃnəl] *adj* wyjątkowy

ex·cess [ɪk'ses] *s* eksces, przekroczenie; nadwyżka; nadmiar, brak umiaru; **in ~ of** ponad, więcej niż; **~ luggage <baggage>** nadwyżka bagażu

ex·ces·sive [ɪk'sesɪv] *adj* nadmierny; nieumiarkowany

ex·change [ɪks'tʃeɪndʒ] s wymiana; giełda; kurs (*na giełdzie*); centrala telefoniczna; **stock ~** giełda; **foreign ~** waluta obca, dewizy; zob. **bill**; vt wymieniać (**sth for sth** coś na coś)

ex·cheq·uer [ɪks'tʃekə] s skarb państwa; bryt. **the Exchequer** ministerstwo finansów

ex·cise ['eksaɪz] s akcyza

ex·cit·a·ble [ɪk'saɪtəbl] adj pobudliwy

ex·cite [ɪk'saɪt] vt podniecać, pobudzać; wzniecać; **to get ~d** denerwować się

ex·cite·ment [ɪk'saɪtmənt] s podniecenie, zdenerwowanie

ex·claim [ɪk'skleɪm] vt vi zawołać, wykrzyknąć

ex·cla·ma·tion [,eksklə'meɪʃn] s okrzyk; **mark <point> of ~** wykrzyknik

ex·clude [ɪk'sklu:d] vt wykluczyć, wyłączyć

ex·clu·sion [ɪk'sklu:ʒn] s wykluczenie, wyłączenie

ex·clu·sive [ɪk'sklu:sɪv] adj wyłączny; ekskluzywny; am. wyborowy; **~ of** wyłączając

ex·cre·ment ['ekskrɪmənt] s ekskrement, stolec, odchody

ex·cur·sion [ɪk'skɜ:ʃn] s wycieczka

ex·cuse [ɪk'skju:s] s wymówka, usprawiedliwienie; vt [ɪk'skju:z] wybaczać, usprawiedliwiać; uwalniać (**from sth** od czegoś); **~ me** przepraszam

ex·e·cra·ble ['eksɪkrəbl] adj przeklęty, wstrętny

ex·e·cute ['eksɪkju:t] vt wykonać; stracić (*skazańca*)

ex·e·cu·tion [,eksɪ'kju:ʃn] s wykonanie; spustoszenie; egzekucja

ex·e·cu·tion·er [,eksɪ'kju:ʃnə] s kat

ex·ec·u·tive [ɪg'zekjutɪv] adj wykonawczy; s egzekutywa; wykonawca; am. urzędnik (*na kierowniczym stanowisku*)

ex·ec·u·tor ['eksɪkjutə] s wykonawca; [ɪg'zekjutə] wykonawca testamentu

ex·em·pla·ry [ɪg'zemplərɪ] adj wzorowy; przykładowy

ex·em·pli·fy [ɪg'zemplɪfaɪ] vt ilustrować na przykładzie; być przykładem (**sth** czegoś)

ex·empt [ɪg'zempt] adj wolny, zwolniony; vt zwolnić (**from sth** od czegoś)

ex·emp·tion [ɪg'zempʃn] s zwolnienie (**from sth** od czegoś)

ex·er·cise ['eksəsaɪz] s ćwiczenie; zadanie (*np. w podręczniku*); posługiwanie się, użycie; wykonywanie, pełnienie (*np. obowiązków*), praktykowanie; vt vi ćwiczyć; używać; wykonywać, pełnić, praktykować; wywierać (*np. wpływ*)

ex·er·cise book ['eksəsaɪz,buk] s zeszyt (*do ćwiczeń szkolnych*)

ex·ert [ɪg'zɜ:t] vt wytężać (*siły*); wywierać (*np. nacisk*); stosować; vr **~ oneself** wysilać się (**for sth** nad czymś)

ex·er·tion [ɪg'zɜ:ʃn] s wysiłek, natężenie; stosowanie, użycie

ex·ha·la·tion [,ekshə'leɪʃn] s wydychanie; parowanie; wyziew; wybuch (*gniewu*)

ex·hale [eks'heɪl] vt vi parować; wydychać; wydzielać (się); dać upust

ex·haust [ɪg'zɔ:st] vt wyczerpać; wypróżnić; s wylot; wydech, wyziew; **~ pipe** rura wydechowa

ex·haus·tion [ɪg'zɔ:stʃn] s wyczerpanie, opróżnienie

ex·haus·tive [ɪg'zɔ:stɪv] adj wyczerpujący

ex·hib·it [ɪg'zɪbɪt] vt pokazywać, wystawiać, eksponować; przedkładać; s eksponat; wystawa, pokaz

ex·hi·bi·tion [,eksɪ'bɪʃn] s pokaz; wystawa

ex·hib·i·tor [ɪg'zɪbɪtə] s wystawca

explode

ex·hil·a·rate [ɪgˈzɪlǝreɪt] *vt* rozweselić, ożywiać

ex·hort [ɪgˈzɔːt] *vt* upominać; namawiać; popierać

ex·hor·ta·tion [ˌeksɔːˈteɪʃn] *s* upomnienie; namowa; *rel.* egzorta

ex·hu·ma·tion [ˌeksjuˈmeɪʃn] *s* ekshumacja

ex·hume [ɪgˈzjuːm] *vt* ekshumować

ex·i·gen·cy [ˈeksɪdʒǝnsɪ] *s* wymaganie; gwałtowna potrzeba, krytyczne położenie

ex·i·gent [ˈeksɪdʒǝnt] *adj* wymagający; naglący

ex·ig·u·ous [egˈzɪgjʊǝs] *adj* nikły, znikomy

ex·ile [ˈegzaɪl] *s* wygnanie; emigrant, wygnaniec; *vt* skazać na wygnanie

ex·ist [ɪgˈzɪst] *vi* istnieć, znajdować się; egzystować, żyć

ex·ist·ence [ɪgˈzɪstǝns] *s* istnienie, byt; *to come into ~* zacząć istnieć, powstać

ex·it [ˈeksɪt] *vi 3 pers sing łac.* (*o aktorze*) wychodzi; *s* wyjście; ujście

ex·on·er·ate [ɪgˈzɒnǝreɪt] *vt* usprawiedliwić, uniewinnić, uwolnić (*od winy, obowiązku*)

ex·or·bi·tant [ɪgˈzɔːbɪtǝnt] *adj* nadmierny, wygórowany

ex·ot·ic [ɪgˈzɒtɪk] *adj* egzotyczny

ex·pand [ɪkˈspænd] *vt vi* rozszerzać (się), rozprzestrzeniać (się); rozwijać (się)

ex·panse [ɪkˈspæns] *s* przestrzeń, obszar

ex·pan·sion [ɪkˈspænʃn] *s* ekspansja, rozszerzanie (się); rozwój; rozrost

ex·pan·sive [ɪkˈspænsɪv] *adj* ekspansywny; rozszerzalny; obszerny

ex·pa·tri·ate [eksˈpætrɪeɪt] *vt* wygnać z kraju

ex·pect [ɪkˈspekt] *vt* oczekiwać, spodziewać się; przypuszczać, sądzić

ex·pec·ta·tion [ˌekspekˈteɪʃn] *s* oczekiwanie, nadzieja; prawdopodobieństwo

ex·pe·di·ent [ɪkˈspiːdɪǝnt] *adj* celowy, stosowny; korzystny; *s* środek, sposób, wybieg

ex·pe·di·tion [ˌekspɪˈdɪʃn] *s* wyprawa, ekspedycja; zręczność, szybkość (*w działaniu*)

ex·pe·di·tious [ˌekspɪˈdɪʃǝs] *adj* sprawny, szybki (*w działaniu*)

ex·pel [ɪkˈspel] *vt* wypędzić, wyrzucić

ex·pend [ɪkˈspend] *vt* wydawać (*pieniądze*); zużywać; *to ~ care* dokładać starań

ex·pend·i·ture [ɪkˈspendɪtʃǝ] *s* wydatkowanie, wydatek; zużycie

ex·pense [ɪkˈspens] *s* koszt, wydatek; *at the ~ of...* kosztem...

ex·pen·sive [ɪkˈspensɪv] *adj* drogi, kosztowny

ex·pe·ri·ence [ɪkˈspɪǝrɪǝns] *s* doświadczenie, przeżycie; *vt* doświadczać, przeżywać

ex·per·i·ment [ɪkˈsperɪmǝnt] *s* doświadczenie, eksperyment; *vi* [ɪkˈsperɪment] eksperymentować, robić doświadczenia

ex·pert [ˈekspɜːt] *s* ekspert, rzeczoznawca; *adj* biegły

ex·pi·ate [ˈekspɪeɪt] *vt* pokutować (*sth* za coś)

ex·pi·ra·tion [ˌekspɪˈreɪʃn] *s* upływ; wygaśnięcie (*np. terminu*); zgon

ex·pire [ɪkˈspaɪǝ] *vi* wydychać; upływać; wygasać; umrzeć

ex·plain [ɪkˈspleɪn] *vt* wyjaśniać, tłumaczyć

ex·pla·na·tion [ˌeksplǝˈneɪʃn] *s* wyjaśnienie, wytłumaczenie

ex·plan·a·tory [ɪkˈsplænǝtrɪ] *adj* wyjaśniający

ex·plic·it [ɪkˈsplɪsɪt] *adj* wyraźny, jasno postawiony, kategoryczny; szczery

ex·plode [ɪkˈsplǝud] *vi* wybuchnąć, eksplodować; *vt* wysadzać w powietrze; *przen.* obalać (*np. teorię*)

ex·ploit 1. [ɪk'splɔɪt] *vt* wyzyskiwać; eksploatować

ex·ploit 2. ['eksplɔɪt] *s* wyczyn; czyn bohaterski

ex·plo·ra·tion [ˌeksplə'reɪʃn] *s* badanie, eksploracja

ex·plore [ɪk'splɔː] *vt vi* badać, poszukiwać

ex·plor·er [ɪk'splɔːrə] *s* badacz, odkrywca

ex·plo·sion [ɪk'spləʊʒn] *s* wybuch

ex·plo·sive [ɪk'spləʊsɪv] *adj* wybuchowy; *s* materiał wybuchowy

ex·po·nent [ɪk'spəʊnənt] *s* wyraziciel; przedstawiciel; *mat.* wykładnik potęgowy

ex·port ['ekspɔːt] *s* wywóz; *vt* [ɪk'spɔːt] eksportować

ex·pose [ɪk'spəʊz] *vt* wystawiać; narażać; demaskować; *fot.* naświetlać

ex·po·si·tion [ˌekspə'zɪʃn] *s* wystawienie; *am.* wystawa; wykład, wyjaśnienie; *fot.* naświetlanie

ex·pos·tu·late [ɪk'spɒstʃuleɪt] *vi* robić wyrzuty (**with sb** komuś, **about** <**on**> **sth** z powodu czegoś)

ex·pos·tu·la·tion [ɪkˌspɒstʃu-'leɪʃn] *s* robienie wyrzutów, wymówki

ex·po·sure [ɪk'spəʊʒə] *s* wystawienie, wystawa; odsłonięcie; zdemaskowanie; *fot.* czas naświetlania

ex·pound [ɪk'spaʊnd] *vt* wytłumaczyć, wyjaśnić

ex·press [ɪk'spres] *adj* wyraźny; specjalny; terminowy; szybki; pospieszny (*pociąg*); *s* specjalny posłaniec; pociąg pospieszny; list ekspresowy; *adv* pospiesznie, ekspresem; umyślnie, specjalnie; *vt* wyciskać; wyrażać; *vr* ~ **oneself** wypowiedzieć się

ex·pres·sion [ɪk'spreʃn] *s* wyrażenie, wyraz; wyrażenie się; wyciskanie

ex·pres·sive [ɪk'spresɪv] *adj* wyrazisty; wyrażający (**of sth** coś)

ex·pro·pri·ate [ɪks'prəʊprɪeɪt] *vt* wywłaszczać; zagarniać (*czyjąś własność*)

ex·pul·sion [ɪk'spʌlʃn] *s* wypędzenie, wydalenie

ex·punge [ɪk'spʌndʒ] *vt* wykreślić, skasować

ex·pur·gate ['ekspəgeɪt] *vt* oczyścić, okroić (*np. tekst książki*), przeprowadzić czystkę

ex·qui·site [ɪk'skwɪzɪt] *adj* wyborny; wytworny

ex·tant [ek'stænt] *adj* jeszcze istniejący, zachowany (*np. dokument, książka*)

ex·ta·sy *s* = **ecstasy**

ex·tem·po·rize [ɪk'stempəraɪz] *vt vi* improwizować

ex·tend [ɪk'stend] *vt vi* rozciągać (się); rozszerzać (się); przedłużać (się); rozwijać (się); okazywać, wyrażać

ex·ten·sion [ɪk'stenʃn] *s* rozciągnięcie, rozszerzenie (się), przedłużenie (się); rozwinięcie; rozwój; dobudówka; **university** ~ eksternistyczne kursy uniwersyteckie; ~ (**telephone**) (numer <telefon>) wewnętrzny; ~ **cord** przedłużacz

ex·ten·sive [ɪk'stensɪv] *adj* rozległy, obszerny

ex·tent [ɪk'stent] *s* rozciągłość; rozmiar, zasięg; **to some** ~ w pewnej mierze, do pewnego stopnia

ex·ten·u·ate [ɪk'stenjueɪt] *vt* pomniejszać, osłabiać, łagodzić

ex·te·ri·or [ɪk'stɪərɪə] *adj* zewnętrzny; *s* strona zewnętrzna; powierzchowność

ex·ter·mi·nate [ɪk'stɜːmɪneɪt] *vt* niszczyć, tępić

ex·ter·mi·na·tion [ɪkˌstɜːmɪ-'neɪʃn] *s* zniszczenie, zagłada

ex·ter·nal [ɪk'stɜːnl] *adj* zewnętrzny; zagraniczny

ex·ter·ri·to·ri·al ['eks,teri'tɔːrɪəl] *adj* eksterytorialny

ex·tinct [ɪk'stɪŋkt] *adj* wygasły, wymarły

ex·tinc·tion [ɪk'stɪŋkʃn] *s* wygaszenie; wygaśnięcie; wymarcie, zanik; wytępienie, skasowanie

ex·tin·guish [ɪk'stɪŋgwɪʃ] *vt* gasić; niszczyć; kasować; unicestwiać

ex·tin·guish·er [ɪk'stɪŋgwɪʃə] *s* gaśnica

ex·tir·pate ['ekstɜːpeɪt] *vt* wykorzenić, wytrzebić, wytępić

ex·tol [ɪk'stəʊl] *vt* wynosić (ponad), wychwalać

ex·tort [ɪk'stɔːt] *vt* wymuszać; wydzierać

ex·tor·tion [ɪk'stɔːʃn] *s* wymuszenie

ex·tra 1. ['ekstrə] *adj* oddzielny, specjalny, dodatkowy, nadzwyczajny; *adv* ponad (*normę*); oddzielnie, specjalnie, dodatkowo; *s* dodatek, dopłata

ex·tra 2. ['ekstrə] *praef* poza

ex·tract [ɪk'strækt] *vt* wyciągać; wydobywać; *chem.* ekstrahować; *s* ['ekstrækt] wyciąg, ekstrakt; wyjątek (*z książki*)

ex·trac·tion [ɪk'strækʃn] *s* wyjęcie, wydobycie, wyciągnięcie; pochodzenie

ex·tra·di·tion [,ekstrə'dɪʃn] *s* ekstradycja

ex·tra·mur·al [,ekstrə'mjʊərəl] *adj* pozauniwersytecki; **~ studies** studia zaoczne

ex·tra·or·di·na·ry [ɪk'strɔːdənərɪ]

adj nadzwyczajny, niezwykły

ex·trav·a·gant [ɪk'strævəgənt] *adj* ekstrawagancki; przesadny; nadmierny; rozrzutny

ex·treme [ɪk'striːm] *adj* krańcowy, skrajny, ostateczny; *s* kraniec; krańcowość, skrajność, ostateczność

ex·treme·ly [ɪk'striːmlɪ] *adv* niezmiernie; nadzwyczajnie

ex·trem·ist [ɪk'striːmɪst] *s* ekstremista

ex·trem·i·ty [ɪk'stremətɪ] *s* koniec; skrajność; ostateczność; skrajna nędza; krytyczne położenie

ex·tri·cate ['ekstrɪkeɪt] *vt* wyplątać; *chem.* wyzwolić

ex·u·ber·ance [ɪg'zjuːbərəns] *s* obfitość, bogactwo

ex·ult [ɪg'zʌlt] *vi* radować się, triumfować

ex·ult·ant [ɪg'zʌltənt] *adj* pełen radości, triumfujący

eye [aɪ] *s* oko; ucho igielne; oczko, otworek; **to keep an ~** pilnować (**on sb** kogoś), mieć na oku; *vt* wpatrywać się (**sb, sth** w kogoś, coś), mierzyć wzrokiem

eye·ball ['aɪbɔːl] *s* gałka oczna

eye·brow ['aɪbraʊ] *s* brew

eye·glass ['aɪglɑːs] *s* monokl; *techn.* okular; *pl* **~es** ['aɪglɑːsɪz] okulary

eye·lid ['aɪlɪd] *s* powieka

eye·piece ['aɪpiːs] *s techn.* okular (*np. mikroskopu*)

eye·sore ['aɪsɔː] *s* ohyda, obrzydliwość

F

fa·ble ['feɪbl] *s* bajka

fab·ric ['fæbrɪk] *s* wyrób; tkanina; struktura

fab·ri·cate ['fæbrɪkeɪt] *vt* fabrykować, wytwarzać; zmyślać

fab·u·lous ['fæbjʊləs] *adj* bajeczny, baśniowy; wspaniały

face [feɪs] *s* twarz; mina; wygląd;

powierzchnia; przednia strona; tarcza (*zegara*); *przen.* śmiałość, czelność; ~ **value** wartość nominalna; *in the ~ of* wobec, w obliczu (*czegoś*); wbrew; *to pull a ~* robić grymas; wykrzywiać się; *to put on a ~* zrobić odpowiednią minę; *to set one's ~ against sth* przeciwstawiać się czemuś; *on the ~ of it* na pozór; *vt* obrócić się twarzą, spoglądać twarzą w twarz, znajdować się naprzeciw (*sb* kogoś); stawiać czoło (*sth* czemuś); *to be ~d with* natknąć się (*np. difficulties* na trudności); *to ~ the risk* być narażonym na ryzyko, liczyć się z ryzykiem; *vi* ~ *up* stawiać czoło (*to sth* czemuś)

face-lift ['feɪslɪft] *s* operacja plastyczna usuwająca zmarszczki na twarzy

fa·ce·tious [fə'siːʃəs] *adj* zabawny, żartobliwy

fa·cil·i·tate [fə'sɪlɪteɪt] *vt* ułatwić

fa·cil·i·ty [fə'sɪlətɪ] *s* łatwość; zręczność; *pl facilities* korzyści, ułatwienia, udogodnienia

fac·sim·i·le [fæk'sɪmɪlɪ] *s* kopia, odpis; faks

fact [fækt] *s* fakt; *a matter of ~* rzecz naturalna, oczywisty fakt; *as a matter of <in point of> ~* w istocie rzeczy, ściśle mówiąc; *in ~* faktycznie

fac·tion ['fækʃn] *s* frakcja, odłam, klika

fac·tious ['fækʃəs] *adj* frakcyjny

fac·ti·tious [fæk'tɪʃəs] *adj* sztuczny, nieoryginalny

fac·tor ['fæktə] *s* czynnik; agent (handlowy); *mat.* mnożnik

fac·to·ry ['fæktrɪ] *s* fabryka

fac·tu·al ['fæktʃʊəl] *adj* faktyczny

fac·ul·ty ['fækltɪ] *s* talent, uzdolnienie; fakultet; *am.* grono profesorskie; wydział (*uczelni*)

fad [fæd] *s* fantazja, kaprys, chwilowa moda

fade [feɪd] *vi* blednąć, więdnąć,

zanikać, blaknąć; ~ *away* zanikać, marnieć

fae·ces ['fiːsiːz] *s pl am.* kał, stolec

fag [fæg] *s* ciężka praca; *pot.* harówka; kot (*w niektórych szkołach angielskich: uczeń zmuszany do posług starszym kolegom*); *am. pot.* pedał (*homoseksualista*); *vi* harować; usługiwać; *vt* używać do posług

fag end [,fæg'end] *s* ogryzek; niedopałek, pet

fag·got ['fægət] *s* wiązka, pęk (*chrustu itp.*)

fail [feɪl] *vi* nie zdołać; nie udać się; zaniedbać, nie uczynić; zawieść; brakować; zbankrutować; zepsuć się; zanikać, słabnąć, zamierać; *not to ~* nie omieszkać; *he ~ed to pass the examination* nie udało mu się zdać egzaminu; *he ~ed the examination* nie zdał egzaminu; *he never ~s to come in time* nie zdarza mu się nie przyjść na czas; *vt* zrobić zawód (*sb* komuś); *his memory ~s him* pamięć go zawodzi; *s w zwrocie: without ~* na pewno, niechybnie

fail·ing ['feɪlɪŋ] *s* brak, słabość, ułomność, wada; *praep* w braku; bez; ~ *his assistance* bez jego pomocy

fail·ure ['feɪljə] *s* uchybienie, zaniedbanie; fiasko, niepowodzenie; niewypłacalność, bankructwo; wada, defekt, brak; bankrut życiowy; *to be a ~ as a writer* okazać się kiepskim pisarzem

faint [feɪnt] *adj* słaby; lekki, nikły; blady, niewyraźny; *s* omdlenie; *vi* (*także ~ away*) mdleć, słabnąć

fair 1. [feə] *adj* jasny; blond; sprawiedliwy, prawy, uczciwy; odpowiedni, możliwy, dostateczny; czysty, bez skazy; (*o morzu*) spokojny; (*o stopniu*) dostateczny; ~ *copy* czystopis; ~ *play* uczciwa gra; uczciwe <honorowe> postę-

powanie; ~ **sex** płeć piękna; *adv*
uczciwie, otwarcie; czysto; deli-
katnie; **to bid** ~ dobrze się zapowiadać; **to write** ~ przepisać
na czysto

fair 2. [feə] *s* jarmark; targi (*międzynarodowe*); **fun** ~ wesołe
miasteczko

fair·y ['feərɪ] *adj* czarodziejski,
bajeczny; *s* czarodziejka, wieszcz-
ka

fair·y·land ['feərɪlænd] *s* kraina
czarów

fair·y tale ['feərɪteɪl] *s* bajka

faith [feɪθ] *s* wiara; ufność; **to
keep** ~ dotrzymywać słowa
(**with sb** komuś); ~ **healing**
uzdrawianie poprzez wiarę i
modlitwę

faith·ful ['feɪθfl] *adj* wierny; uczciwy, sumienny

faith·less ['feɪθləs] *adj* wiarołomny, niewierny

fake [feɪk] *s* fałszerstwo, oszustwo; *pot.* kant; *vt* fałszować, podrabiać

fal·con ['fɔːlkən] *s* sokół

*****fall** [fɔːl] *vi* (**fell** [fel], **fallen**
['fɔːlən]) padać; upaść; opadać;
upaść, runąć; podupaść, marnieć;
przypadać, zdarzać się; ~ **away**
odpadać; ~ **back** upaść do tyłu;
wojsk. cofać się; uciekać się (**on
<upon>** sth do czegoś); ~ **down**
upaść; zwalić się; ~ **in** zapaść się;
natknąć się (**with sb** na kogoś);
zgodzić się (**with sth** na coś); dostosować się (**with sth** do czegoś); ~ **off** odpadać; ubywać, zanikać; ~ **out** wypadać; ~ **through**
przepadać, kończyć się fiaskiem;
to ~ **asleep** zasnąć; **to** ~ **due** zapadać; (*o terminie płatności*)
przypadać; **to** ~ **dumb** oniemieć;
to ~ **ill** zachorować; **to** ~ **in love**
zakochać się (**with sb** w kimś); **to**
~ **short** nie wystarczać, brakować; nie dopisać; nie osiągać (**of**
sth czegoś); zawieść (**of expectations** nadzieje); *s* upadek;

zwalenie się; opadanie; spadek;
(*zw. pl* ~**s**) wodospad; *am.* jesień

fal·la·cy ['fæləsɪ] *s* złudzenie,
złuda; błąd, błędne rozumowanie

fall·en *zob.* **fall**; *adj* upadły; po-
legły; leżący

fal·low ['fæləʊ] *adj* ugorowy; *s*
ugór

false [fɔːls] *adj* fałszywy; kłamliwy; zdradliwy; obłudny

false·hood ['fɔːlshʊd] *s* fałsz,
kłamstwo, nieprawda; kłamliwość

fal·si·fy ['fɔːlsɪfaɪ] *vt* fałszować;
zawodzić (*nadzieje itp.*)

fal·ter ['fɔːltə] *vi* chwiać się;
drżeć; jąkać się, mamrotać

fame [feɪm] *s* sława; wieść

fa·mil·iar [fə'mɪlɪə] *adj* dobrze
zaznajomiony, obeznany; dobrze
znany; spoufalony

fa·mil·i·ar·i·ty [fə,mɪlɪ'ærətɪ] *s*
poufałość, zażyłość; znajomość,
obeznanie

fa·mil·iar·ize [fə'mɪlɪəraɪz] *vt*
zaznajamiać, popularyzować

fam·i·ly ['fæmlɪ] *s* rodzina; *adj attr*
rodzinny; **in a** ~ **way** poufale; **in
the** ~ **way** (*o kobiecie*) w ciąży

fam·ine ['fæmɪn] *s* głód; brak

fa·mous ['feɪməs] *adj* sławny

fan 1. [fæn] *s* wachlarz; wentylator; *vt* wachlować, owiewać; roz-
niecać

fan 2. [fæn] *s pot.* entuzjasta; *sport*
kibic

fa·nat·ic(al) [fə'nætɪk(l)] *adj* fanatyczny; *s* fanatyk

fan·ci·ful ['fænsɪfl] *adj* fantastyczny; fantazyjny; dziwaczny; kapryśny

fan·cy ['fænsɪ] *s* fantazja, upodobanie, kaprys; **to take a** ~ upodobać sobie (**to sth** coś); *adj attr*
fantastyczny; fantazyjny; ekstrawagancki; ~ **articles** galanteria;
~ **ball** bal kostiumowy; ~ **dress**
strój na bal kostiumowy; ~ **work**
robótki ręczne (*np. haftowanie*);
vt wyobrażać sobie, roić sobie;
upodobać sobie

fang [fæŋ] s jadowity ząb (*węża*); kieł (*zw. psi*)

fan·tas·tic [fæn'tæstɪk] *adj* fantastyczny

fan·ta·sy ['fæntəsɪ] *s* fantazja, wyobraźnia; kaprys

far [fɑ:] *adj* (*comp* **farther** ['fɑ:ðə] *lub* **further** ['fɜ:ðə], *sup* **farthest** ['fɑ:ðɪst] *lub* **furthest** ['fɜ:ðɪst]); *adv* daleko; *~* **from it** bynajmniej; *pot.* gdzie tam!; **as ~ as** aż do; o ile; **by ~** o wiele, znacznie; **in so ~ as** o tyle, że; **so <thus> ~** dotąd, dotychczas, na razie

farce [fɑ:s] *s* farsa

fare [feə] *s* opłata za podróż; pasażer; jedzenie, wikt; **bill of ~** menu; *vi* podróżować; czuć się, mieć się; **how does it ~ with you?** jak ci się powodzi?

fare·well [,feə'wel] *s* pożegnanie; *int* żegnaj(cie)!; *adj attr* pożegnalny

far-fetched [,fɑ:'fetʃt] *adj* naciągany, nieprawdopodobny

farm [fɑ:m] *s* gospodarstwo wiejskie; *vt vi* uprawiać ziemię, prowadzić gospodarstwo rolne; dzierżawić (*ziemię*)

farm·er ['fɑ:mə] *s* rolnik, farmer; dzierżawca

farm·hand ['fɑ:mhænd] *s* robotnik rolny

farm·yard ['fɑ:mjɑ:d] *s* podwórko gospodarskie

far-off [,fɑ:r'ɒf] *adj attr* odległy

far-sight·ed [,fɑ:'saɪtɪd] *adj* dalekowzroczny

fart [fɑ:t] *vi wulg.* pierdzieć

far·ther *zob.* **far**

far·thest *zob.* **far**

fas·ci·nate ['fæsɪneɪt] *vt* czarować, urzekać, fascynować

fas·ci·na·tion [,fæsɪ'neɪʃn] *s* oczarowanie, urzeczenie, fascynacja

fas·cism ['fæʃɪzm] *s* faszyzm

fas·cist ['fæʃɪst] *s* faszysta

fash·ion ['fæʃn] *s* moda; styl; wzór; zwyczaj; fason; **after the ~ of** na wzór; **out of ~** niemodny; *vt* kształtować, urabiać, modelować

fash·ion·a·ble ['fæʃnəbl] *adj* modny, wytworny

fast 1. [fɑ:st] *adj* szybki, mocny, trwały; przymocowany; **to make ~** umocować; **the watch is ~** zegarek się spieszy; **~ food** jedzenie podawane w barach szybkiej obsługi; *adv* szybko; mocno, trwale; **to be ~ asleep** spać głębokim snem; **to live ~** żyć intensywnie <rozrywkowo>

fast 2. [fɑ:st] *s* post; *vi* pościć

fast·en ['fɑ:sn] *vt vi* przymocować (się); zamknąć (się); chwycić się (**on <upon> sth** czegoś); spinać (się), wiązać (się)

fast·en·er ['fɑ:snə] *s* zszywka (do papieru); spinacz; zatrzask; klamra; suwak; zasuwa

fas·tid·i·ous [fə'stɪdɪəs] *adj* grymaśny, wybredny (**about sth** w czymś)

fat [fæt] *adj* tłusty; gruby; tuczny; *s* sadło, tłuszcz; *vi* tyć; *vt* tuczyć

fa·tal ['feɪtl] *adj* śmiertelny, fatalny, zgubny; nieuchronny

fa·tal·i·ty [fə'tælɪtɪ] *s* śmiertelność; nagły śmiertelny wypadek, nieszczęście; zgubny wpływ

fate [feɪt] *s* fatum, przeznaczenie, los

fate·ful ['feɪtfl] *adj* fatalny, nieszczęsny; proroczy; nieuchronny

fa·ther ['fɑ:ðə] *s* ojciec

fa·ther-in-law ['fɑ:ðərɪnlɔ:] *s* (*pl* **~s-in-law** ['fɑ:ðəzɪnlɔ:]) teść

fa·ther·land ['fɑ:ðəlænd] *s* kraj ojczysty, ojczyzna

fa·ther·ly ['fɑ:ðəlɪ] *adj* ojcowski; *adv* po ojcowsku

fath·om ['fæðəm] *s* sążeń (*miara głębokości lub objętości*); *vt* mierzyć głębokość; *przen.* zgłębiać

fath·om·less ['fæðəmləs] *adj* niezmierzony, bezdenny

fa·tigue [fə'ti:g] s znużenie; trud; vt nużyć, męczyć

fat·ten ['fætn] vt tuczyć; użyźniać; vi tyć

fat·ty ['fætɪ] adj chem. tłuszczowy; oleisty, tłusty; s tłuścioch

fau·cet ['fɔ:sɪt] s am. kran

fault [fɔ:lt] s brak, wada; uchybienie; omyłka; wina; **to find ~** krytykować (**with sb, sth** kogoś, coś)

fault·less ['fɔ:ltləs] adj bezbłędny, nienaganny, bez zarzutu

fault·y ['fɔ:ltɪ] adj wadliwy, błędny

fau·na ['fɔ:nə] s fauna

fa·vour ['feɪvə] s łaska, łaskawość, przychylność; przysługa, uprzejmość; **in ~ of...** na korzyść..., na rzecz...; **out of ~** w niełasce; **by ~** przez grzeczność; vt sprzyjać, faworyzować; zaszczycać

fa·vour·a·ble ['feɪvrəbl] adj życzliwy, przychylny, sprzyjający

fa·vour·ite ['feɪvrɪt] adj ulubiony; s ulubieniec

fax [fæks] vt faksować; s faks

fear [fɪə] s strach, obawa; **for ~ of...** z obawy przed...; vt bać się, obawiać się

fear·ful ['fɪəfl] adj straszny; bojaźliwy

fea·si·ble ['fi:zəbl] adj wykonalny, możliwy

feast [fi:st] s uczta; uroczystość; vi ucztować; obchodzić uroczystość; vt gościć, częstować

feat [fi:t] s wyczyn, czyn (bohaterski)

feath·er ['feðə] s pióro (ptasie); vt pokrywać piórami, stroić w pióra; vi opierzyć się

feath·er·weight ['feðəweɪt] s sport. waga piórkowa

fea·ture ['fi:tʃə] s rys, cecha, znamię; osobliwość, własność; **~ film** film długometrażowy; vt znamionować, cechować; uwydatniać; opisywać; grać jedną z głównych ról (w filmie)

Feb·ru·ar·y ['februərɪ] s luty

fed zob. **feed**

fed·er·al ['fedrəl] adj związkowy, federalny

fed·er·ate ['fedrət] adj federacyjny; vt vi ['fedəreɪt] jednoczyć (się)

fed·er·a·tion [,fedə'reɪʃn] s federacja

fee [fi:] s zapłata; opłata; honorarium; wpisowe

fee·ble ['fi:bl] adj słaby

***feed** [fi:d] vt vi (**fed, fed** [fed]) karmić (się), żywić (się); paść (się); zasilać; **~ up** tuczyć; **to be fed up** mieć dość (**with sth** czegoś), mieć powyżej uszu; s pokarm, pasza; techn. zasilanie

***feel** [fi:l] vt vi (**felt, felt** [felt]) czuć (się), odczuwać; dotykać, macać; dawać się odczuć; wydawać się, robić wrażenie; szukać po omacku (**for <after, about>** sth czegoś); współczuć (**for** sb komuś); **to ~ like** skłaniać się, mieć ochotę; wyglądać na coś; **I don't ~ like dancing** nie mam ochoty tańczyć; **to ~ one's way** iść po omacku; s czucie, odczucie, dotyk

feel·ing ['fi:lɪŋ] s czucie, dotyk; uczucie, wrażenie; emocja

feet zob. **foot**

feign [feɪn] vt udawać

fe·lic·i·tate [fə'lɪsɪteɪt] vt gratulować (**sb on <upon> sth** komuś czegoś)

fe·lic·i·ty [fə'lɪsətɪ] s błogość, szczęście; trafność (zwrotu, wyrazu); trafny zwrot <wyraz>

fell 1. zob. **fall**

fell 2. [fel] vt wyrąbać (drzewo), powalić

fel·low ['feləʊ] s towarzysz, kolega; człowiek równy komuś <podobny do kogoś>; rzecz <np. skarpetka> do pary; członek (towarzystwa naukowego, kolegium uniwersyteckiego); pot. gość, typ, facet; **~ citizen** współobywatel; **~**

creature bliźni; **~ soldier** towarzysz broni
fel·low·ship ['feləʊʃɪp] s towarzystwo, koleżeństwo; wspólnota, współudział; korporacja, bractwo; członkostwo (*towarzystwa naukowego itp.*); stypendium (*zw. naukowe*)
fel·on ['felən] s przestępca
felt 1. *zob.* **feel**
felt 2. [felt] s wojłok; filc
fe·male ['fi:meɪl] adj żeński, kobiecy, płci żeńskiej; *zool.* samiczy; s kobieta, niewiasta; *zool.* samica
fem·i·nine ['femənɪn] adj *gram.* żeński (*rodzaj, rym*); niewieści, kobiecy
fen [fen] s bagno, trzęsawisko
fence [fens] s ogrodzenie, płot; *sport* szermierka; *przen.* **to sit on the ~** zachować neutralność, nie angażować się; vt ogrodzić; vi fechtować się, uprawiać szermierkę
fend·er ['fendə] s zderzak; *am.* błotnik; krata przed kominkiem; zasłona
fen land ['fenlænd] s bagnista okolica
fer·ment ['fɜ:mənt] s ferment; vt [fə'ment] poddawać fermentacji, wywoływać ferment; vi fermentować, burzyć się
fern [fɜ:n] s *bot.* paproć
fe·ro·cious [fə'rəʊʃəs] adj srogi, dziki
fe·roc·i·ty [fə'rɒsətɪ] s srogość, dzikość
fer·ro·con·crete [,ferəʊ'kɒŋ-kri:t] s żelazobeton
fer·ry ['ferɪ] s prom; vt vi przeprawiać (się) <przewozić> promem <łodzią>; *lotn.* dostawiać drogą powietrzną
fer·ry·boat ['ferɪbəʊt] s prom
fer·ry·man ['ferɪmən] s (*pl* **ferrymen** ['ferɪmən]) przewoźnik
fer·tile ['fɜ:taɪl] adj żyzny, płodny
fer·til·i·ty [fɜ:'tɪlətɪ] s żyzność, płodność

fer·til·ize ['fɜ:tɪlaɪz] vt użyźniać, nawozić; zapładniać
fer·til·iz·er ['fɜ:tɪlaɪzə] s nawóz
fer·vent ['fɜ:vənt] adj żarliwy, gorący
fer·vour ['fɜ:və] s żarliwość, namiętność
fes·ter ['festə] vi ropieć; gnić; jątrzyć się; vt powodować gnicie <ropienie>; s ropień
fes·ti·val ['festɪvl] adj świąteczny; s święto, uroczystość; festiwal
fes·tive ['festɪv] adj uroczysty; wesoły
fes·tiv·i·ty [fe'stɪvətɪ] s uroczystość; wesołość, zabawa
fetch [fetʃ] vt pójść po coś, przywieść; uzyskać (*kwotę*), osiągać (*cenę*)
fet·ish ['fetɪʃ] s fetysz
fet·ter ['fetə] vt skuć, spętać, związać; s *pl* **~s** pęta, kajdany, więzy
feud 1. [fju:d] s waśń rodowa
feud 2. [fju:d] s lenno
feu·dal ['fju:dl] adj feudalny
feu·dal·ism ['fju:dlɪzm] s feudalizm
fe·ver ['fi:və] s gorączka; rozgorączkowanie
few [fju:] adj i pron mało, niewiele; **a ~** nieco, kilku
fi·an·cé m [fɪ'ɒnseɪ] s narzeczony
fi·an·cée f [fɪ'ɒnseɪ] s narzeczona
fi·bre ['faɪbə] s włókno; natura, struktura
fi·brous ['faɪbrəs] adj włóknisty
fick·le ['fɪkl] adj zmienny; płochy
fic·tion ['fɪkʃn] s fikcja, wymysł; beletrystyka
fic·ti·tious [fɪk'tɪʃəs] adj fikcyjny, zmyślony
fid·dle ['fɪdl] s *pot.* skrzypki; vt vi grać na skrzypkach, rzępolić; **~ away** spędzać czas na niczym
fid·dler ['fɪdlə] s skrzypek, grajek
fid·dle·stick ['fɪdlstɪk] s smyczek; *pl* **~s** bzdury
fi·del·i·ty [fɪ'delətɪ] s wierność
fid·get ['fɪdʒɪt] vt vi denerwować

(się), wiercić się; s człowiek niespokojny, *pot.* wiercipięta; *pl* **~s**
niespokojne ruchy, zdenerwowa-
nie

field [fiːld] s pole; boisko; teren;
domena

fiend [fiːnd] s diabeł; fanatyk

fierce [fɪəs] *adj* srogi; dziki; zagorzały; gwałtowny

fi·er·y [ˈfaɪərɪ] *adj* ognisty, płomienny; porywczy

fif·teen [ˌfɪfˈtiːn] *num* piętnaście;
s piętnastka

fif·teenth [ˌfɪfˈtiːnθ] *adj* piętnasty

fifth [fɪfθ] *adj* piąty

fif·ti·eth [ˈfɪftɪəθ] *adj* pięćdziesiąty

fif·ty [ˈfɪftɪ] *num* pięćdziesiąt; s
pięćdziesiątka; **~-~** pół na pół

fig [fɪg] s *bot.* figa

*fight [faɪt] *vt vi* (**fought, fought**
[fɔːt]) walczyć, zwalczać; **~ back**
odeprzeć, zwalczyć; **~ out** rozstrzygnąć drogą walki; s walka,
bitwa

fight·er [ˈfaɪtə] s żołnierz; bojownik; *lotn.* myśliwiec

fig·ur·a·tive [ˈfɪgjʊrətɪv] *adj*
obrazowy; przenośny; symboliczny

fig·ure [ˈfɪgə] s figura, kształt; wykres; obraz, rycina; posąg; postać;
liczba, cyfra; **~ skating** łyżwiarstwo figurowe; *vt vi* tworzyć,
kształtować, przedstawiać; figu-
rować; obliczać, oceniać; **~ out**
wypracować; wyliczyć; zrozumieć; **~ up** policzyć, zsumować

file 1. [faɪl] s kartoteka, akta;
klasyfikator; rocznik (*pisma*);
komp. plik; *vt* układać papiery;
rejestrować; trzymać kartotekę

file 2. [faɪl] s pilnik; *vt* piłować

file 3. [faɪl] s rząd; **in ~** rzędem,
gęsiego; *vi* iść w rzędzie

fil·ial [ˈfɪlɪəl] *adj* synowski

fil·i·gree [ˈfɪlɪgriː] s filigran; *adj
attr* filigranowy

fill [fɪl] *vt vi* napełniać (się);
spełniać, pełnić; wykonywać; **~ in**

wypełniać; **~ out** zapełniać (się);
wydymać (się), pęcznieć; **~ up**
napełniać (się); s pełna ilość;
ładunek, porcja; **to eat one's ~**
najeść się do syta

fill·ing [ˈfɪlɪŋ] s materiał
wypełniający; plomba; zapas (*np.
benzyny*); ładunek; farsz

fill·ing sta·tion [ˈfɪlɪŋˌsteɪʃn] s
stacja benzynowa

fil·lip [ˈfɪlɪp] s prztyczek; bodziec;
vt dać prztyczka; pobudzić, przyspieszyć

film [fɪlm] s film; błona; powłoka;
bielmo; **crime-story ~** film kryminalny; *vt vi* filmować; pokrywać (się) emulsją

fil·ter [ˈfɪltə] s filtr, sączek; *vt vi* filtrować, sączyć (się)

filth [fɪlθ] s brud, plugastwo;
sprośność

filth·y [ˈfɪlθɪ] *adj* brudny, plugawy;
sprośny

fil·trate [ˈfɪltreɪt] *vt vi* filtrować,
sączyć (się); s przesącz

fi·nal [ˈfaɪnl] *adj* końcowy, ostateczny; s finał; **in ~** w końcu

fi·nance [ˈfaɪnæns] s (*także pl* **~s**)
finanse; *vt* finansować

fi·nan·cial [faɪˈnænʃl] *adj* finansowy

fi·nan·cier [faɪˈnænsɪə] s finansista

*find [faɪnd] *vt* (**found, found**
[faʊnd]) znajdować, odkrywać;
natrafiać; zastać; konstatować,
stwierdzać, orzekać; **to ~ sb
guilty** uznać kogoś winnym; **~
out** dowiedzieć się, przekonać
się; s odkrycie; rzecz znaleziona

find·ing [ˈfaɪndɪŋ] s odkrycie;
rzecz znaleziona; *pl* **~s** wyniki,
wnioski, dane

fine 1. [faɪn] *adj* piękny; delikatny, wytworny; czysty, oczyszczo-
ny; precyzyjny; *pot.* świetny; *adv*
pięknie, dobrze

fine 2. [faɪn] s grzywna, kara pieniężna; *vt* ukarać grzywną

fine·lin·er [ˈfaɪnlaɪnə] s cienkopis

fi·nesse [fɪˈnes] s finezja; impas (*w brydżu*)

fin·ger [ˈfɪŋgə] s palec (*u ręki*); vt dotykać palcami, macać

fin·ger·print [ˈfɪŋgəprɪnt] s odcisk palca

fin·ish [ˈfɪnɪʃ] vt vi kończyć (się), przestać; ~ **off** wykończyć; ~ **up** dokończyć, doprowadzić do końca; s zakończenie, koniec; wykończenie; *sport* finisz; *techn.* apretura

fi·nite [ˈfaɪnaɪt] adj ograniczony; *mat.* skończony; *gram.* określony

Finn [fɪn] s Fin

Fin·nish [ˈfɪnɪʃ] adj fiński; s język fiński

fir [fɜː] s *bot.* jodła; ~ **branch** jedlina

fire [ˈfaɪə] s ogień, pożar, żar; zapał; **to be on ~** płonąć; **to catch** <**take**> ~ zapalić się; **to set on ~, to set ~ to** podpalić; vt vi zapalić (się), płonąć; wybuchnąć; strzelać, dać ognia; wzniecić; *pot.* wyrzucić (*z posady*); ~ **off** wystrzelić; ~ **up** wybuchnąć (*gniewem*)

fire·arm [ˈfaɪərɑːm] s (*zw. pl ~s*) broń palna

fire·brand [ˈfaɪəbrænd] s głownia, zarzewie; podżegacz

fire bri·gade [ˈfaɪəbrɪˌgeɪd] s straż pożarna

fire en·gine [ˈfaɪərˌendʒɪn] s wóz straży pożarnej

fire ex·tin·guish·er [ˈfaɪərɪkˌstɪŋgwɪʃə] s gaśnica

fire·man [ˈfaɪəmən] s (*pl* **firemen** [ˈfaɪəmən]) strażak; palacz

fire·place [ˈfaɪəpleɪs] s kominek; palenisko

fire·proof [ˈfaɪəpruːf] adj ogniotrwały

fire·side [ˈfaɪəsaɪd] s miejsce przy kominku; *przen.* ognisko domowe

fire·work [ˈfaɪəwɜːk] s fajerwerk; *pl ~s* sztuczne ognie

firm 1. [fɜːm] s firma, przedsiębiorstwo

firm 2. [fɜːm] adj mocny, trwały; jędrny; energiczny; stały; stanowczy; vt umocnić, osadzić

fir·ma·ment [ˈfɜːməmənt] s firmament

first [fɜːst] num adj pierwszy; ~ **floor** bryt. pierwsze piętro; *am.* parter; ~ **name** imię chrzestne; ~ **night** premiera; ~ **thing** przede wszystkim, zaraz; s (*o człowieku, rzeczy*) pierwszy; **at** ~ najpierw, na początku; **from** ~ **to last** od początku do końca; adv najpierw, początkowo, po pierwsze; ~ **of all** przede wszystkim; **in the** ~ **place** najpierw

first·ly [ˈfɜːstlɪ] adv po pierwsze, najpierw

first-rate [ˌfɜːstˈreɪt] adj pierwszorzędny, pierwszej kategorii

fish [fɪʃ] s (*pl ~es, zbior. ~*) ryba; vt vi łowić ryby; połowiać; *przen.* polowiać, czyhać (**for sth** na coś); **to ~ for compliments** dopraszać się komplementów

fish·bone [ˈfɪʃbəʊn] s ość

fish·er [ˈfɪʃə], **fish·er·man** [ˈfɪʃəmən] s (*pl* **fishermen** [ˈfɪʃəmən]) rybak

fish·ing [ˈfɪʃɪŋ] s rybołówstwo; wędkarstwo; połów

fish·ing rod [ˈfɪʃɪŋrɒd] s wędka

fish·mon·ger [ˈfɪʃˌmʌŋgə] s handlarz rybami

fist [fɪst] s pięść

fit 1. [fɪt] adj odpowiedni, nadający się, zdatny (**for sth** do czegoś); w dobrej formie; zdolny, gotów; **to feel** ~ czuć się na siłach; **to keep** ~ zachowywać dobrą kondycję; vt dostosować, dopasować; pasować, być dostosowanym; (*o ubraniu*) leżeć; być stosownym; zaopatrzyć, wyposażyć; ~**ting room** przymierzalnia; vi nadawać się, mieć kwalifikacje (**into** <**for**> **sth** do czegoś); ~ **in** wprawiać; pasować; uzgadniać; ~ **on** nakładać, przypasowywać, przymierzać (*ubranie*); ~ **out** zaopatrzyć, wyekwipować (**with sth** w coś); *s* dostosowanie, dopasowanie; krój (*ubrania*)

fit 2. [fɪt] *s* atak (*np. choroby*), przystęp (*np. złego humoru*)

fit·ful ['fɪtful] *adj* spazmatyczny; kapryśny

fit-out ['fɪtaut] *s* wyposażenie, ekwipunek

fit·ness ['fɪtnɪs] *s* kondycja (fizyczna); stosowność, trafność; ~ **room** siłownia

fit·ter ['fɪtə] *s* monter, mechanik

fit·ting ['fɪtɪŋ] *s* zmontowanie, zainstalowanie; oprawa; *pl* ~**s** instalacje; armatura; przybory, części składowe

five [faɪv] *num* pięć; ~ **o'clock** (**tea**) podwieczorek; *s* piątka

fiv·er ['faɪvə] *s pot.* £5 lub $5

fix [fɪks] *vt* przymocować; wyznaczyć, ustalić; utkwić (*wzrok*); założyć (*np. siedzibę*); wbić; wpoić; naprawić, uporządkować; urządzić, przygotować; *am.* reperować, załatwić; *fot. techn.* utrwalić; *vi* skrzepnąć; zdecydować się (**on** <**upon**> **sth** na coś); ~ **up** urządzić; wygładzić, uporządkować; *s* kłopot, położenie bez wyjścia

flab·by ['flæbɪ] *adj* zwiotczały; słaby

flag 1. [flæg] *s* flaga, bandera

flag 2. [flæg] *s* płyta chodnikowa; *vt* wykładać płytami

flag 3. [flæg] *vi* zwisać, opadać; słabnąć

flag·el·late ['flædʒɪleɪt] *vt* biczować

fla·grant ['fleɪgrənt] *adj* rażący, skandaliczny; (*zw. o przestępcy*) notoryczny

flag·ship ['flægʃɪp] *s* okręt admiralski

flag·staff ['flægstɑːf] *s* drzewce (*flagi*)

flail [fleɪl] *s* cep

flair [fleə] *s* spryt; dar (*robienia czegoś*)

flake [fleɪk] *s* płatek; łuska; *vt vi* łuszczyć (się); (*o śniegu itd.*) sypać płatkami

flame [fleɪm] *s* płomień; *vi* płonąć; ~ **up** spłonąć rumieńcem

flank [flæŋk] *s* bok; skrzydło; *vt wojsk.* strzec flanki, oskrzydlać; znajdować się z boku (*czegoś*)

flan·nel ['flænl] *s* flanela

flap [flæp] *vi* trzepotać (skrzydłami); *vt* klapnąć, trzepnąć; *s* lekkie uderzenie, klaps; trzepot; klapa, klapka

flare [fleə] *vi* migotać, błyskać; *s* błysk, światło migające; sygnał świetlny; wybuch (*płomienia, gniewu*)

flash [flæʃ] *vi vt* błysnąć, błyszczeć, świecić; sygnalizować światłem; mignąć, przemknąć; nadawać (*np. przez radio*); *s* błysk, przebłysk (*np. talentu*)

flash·light ['flæʃlaɪt] *s* światło sygnalizacyjne; *am* latarka elektryczna; *fot.* flesz

flask [flɑːsk] *s* manierka; flaszka (*kieszonkowa*); butla; *chem.* kolba

flat [flæt] *adj* płaski; płytki; nudny, monotonny; stanowczy; *s* płaszczyzna; równina; nizina; mielizna; mieszkanie, apartament; *muz.* bemol; **the ~ of the hand** dłoń; **block of ~s** blok mieszkalny

flat·ten ['flætn] *vt vi* spłaszczyć (się), wyrównać

flat·ter ['flætə] *vt* pochlebiać

flat·ter·y ['flætərɪ] *s* pochlebstwo

flaunt [flɔːnt] *vt vi* wystawiać na pokaz; dumnie powiewać; paradować; pysznić się (**sth** czymś)

fla·vour ['fleɪvə] *s* zapach; posmak, smak; *vt* nadawać posmak, przyprawiać; *vi* mieć posmak, trącić (**of sth** czymś)

flaw [flɔː] *s* szczelina; rysa; skaza, wada; *vt vi* rozszczepiać (się), rysować się, pękać; uszkodzić

flax [flæks] s bot. len

flax·en ['flæksn] adj lniany; płowy, słomkowy (kolor)

flea [fli:] s pchła; ~ **market** pchli targ

fleck [flek] s plamka, cętka; vt pokrywać plamkami, cętkować

fled zob. **flee**

fledged [fledʒd] adj opierzony; **newly** ~ świeżo upieczony

fledg(e)·ling ['fledʒlɪŋ] s świeżo opierzony ptak; przen. żółtodziób

*****flee** [fli:] vi vt (**fled, fled** [fled]) uciekać, omijać, unikać

fleece [fli:s] s runo; vt strzyc (owcę); przen. oskubać (kogoś), ograbić

fleet 1. [fli:t] s flota

fleet 2. [fli:t] vi poet. mknąć

Flem·ish ['flemɪʃ] adj flamandzki

flesh [fleʃ] s mięso, ciało

flesh·y ['fleʃɪ] adj mięsisty, tłusty

flew zob. **fly 2.**

flex·i·ble ['fleksəbl] adj elastyczny, giętki

flex·ion ['flekʃn] s zgięcie; gram. fleksja

flick·er ['flɪkə] vi migotać; drgać; s migotanie; drganie

fli·er ['flaɪə] s lotnik

flight 1. [flaɪt] s lot, przelot; wzlot; bieg; stado (ptaków); eskadra (samolotów); ~ **of stairs** kondygnacja schodów

flight 2. [flaɪt] s ucieczka

flim·sy ['flɪmzɪ] adj cienki, słaby, kruchy; błahy

flinch [flɪntʃ] vi cofać się, uchylać się

*****fling** [flɪŋ] vt vi (**flung, flung** [flʌŋ]) rzucać (się), ciskać, miotać; **to** ~ **open** gwałtownie otworzyć

flint [flɪnt] s krzemień; kamień (do zapalniczki)

flip·pant ['flɪpənt] adj niepoważny, swobodny, nonszalancki, lekceważący

flirt [flɜːt] vi vt flirtować; machać; przytknąć; s flirciarz, flirciarka, kokietka

flir·ta·tion [flɜːˈteɪʃn] s flirt

flit [flɪt] vi przelatywać, przemknąć; pot. przeprowadzać (się)

float [fləʊt] vi płynąć, bujać <unosić się> (na wodzie, w powietrzu); (o pogłosce) rozchodzić się; vt spławiać, nieść (po wodzie); puszczać w obieg; rozpisać (pożyczkę); wprowadzać (w życie); s coś unoszącego się na powierzchni wody (pływak u wędki, tratwa itp.)

float·a·tion s = **flotation**

flock 1. [flɒk] s kosmyk, kłak

flock 2. [flɒk] s stado; przen. tłum; vi gromadzić się tłumnie, tłoczyć się

floe [fləʊ] s pole lodowe, kra

flog [flɒg] vt chłostać, smagać

flood [flʌd] s powódź, potop, zalew; wylew; przypływ; przen. potok (łez itp.); vt zalać, zatopić; vi wezbrać, wylać

flood·light ['flʌdlaɪt] s snop światła, światło reflektorów; vt oświetlić reflektorami

floor [flɔː] s podłoga; piętro; **to take the** ~ zabrać głos

flop·py ['flɒpɪ] s komp. pot. dyskietka; (także ~ **disk**) dysk miękki

flo·ra ['flɔːrə] s flora

flor·id ['flɒrɪd] adj kwiecisty; ozdobny

flor·ist ['flɒrɪst] s sprzedawca kwiatów

flo·ta·tion [fləʊˈteɪʃn] s unoszenie się; spławianie; uruchomienie (przedsiębiorstwa)

flot·sam ['flɒtsəm] s szczątki (z rozbitego statku pływające po morzu); zob. **jetsam**

flounce 1. [flaʊns] vi miotać <rzucać> się; s miotanie się; żachnięcie

flounce 2. [flaʊns] s falbana

floun·der 1. ['flaʊndə] vi brnąć, potykać się

floun·der 2. ['flaʊndə] s zool. flądra (ryba)

flour ['flauə] s mąka

flour·ish ['flʌrɪʃ] vi kwitnąć; prosperować; być w rozkwicie; brzmieć; vt wymachiwać; zdobić (ornamentem); s fanfara; ozdoba

flow [fləu] vi płynąć, spływać, wypływać; (o krwi) krążyć; (o włosach) falować; s płynięcie, przepływ; prąd; przypływ (morza); potok

flow·er ['flauə] s kwiat; vi kwitnąć; vt zdobić kwiatami

flow·er·y ['flauərɪ] adj kwiecisty

flown zob. **fly 2.**

flu [flu:] s pot. grypa

fluc·tu·ate ['flʌktʃueɪt] vi wahać się

flue [flu:] s komin

flu·en·cy ['flu:ənsɪ] s płynność, biegłość

flu·ent ['flu:ənt] adj płynny, biegły

fluff [flʌf] s puch, puch, meszek (z materiału)

fluff·y ['flʌfɪ] adj puszysty

flu·id ['flu:ɪd] adj płynny; s płyn

flu·o·res·cent [fluə'resənt] adj fluoryzujący; fluorescencyjny; ~ **tube** jarzeniówka

flur·ry ['flʌrɪ] s wichura; am. ulewa; podniecenie, poruszenie, nerwowy pośpiech; vt podniecić, poruszyć, zdenerwować

flush [flʌʃ] vi vt trysnąć; (o krwi) napłynąć do twarzy; zaczerwienić się, zarumienić się; rozpłomienić (się); spłukiwać, zalewać; adj wezbrany; opływający (**of sth** w coś); obfity; równy, na tym samym poziomie; s strumień; napływ; wybuch; rozkwit; podniecenie; rumieniec

flus·ter ['flʌstə] vt vi denerwować (się), wzburzyć (się); s podniecenie, wzburzenie

flute [flu:t] s muz. flet

flut·ter ['flʌtə] vt vi trzepotać (się); machać; drgać; dygotać; niepokoić (się); s trzepot; drganie; niepokój, podniecenie

flux [flʌks] s dosł. i przen. potok,

strumień; prąd, bieg wody; przypływ; ciągłe zmiany, płynność

fly 1. [flaɪ] s zool. mucha

*fly 2. [flaɪ] vt vi (**flew** [flu:], **flown** [fləun]) latać, lecieć, fruwać; pospieszyć; uciekać; powiewać; puszczać (np. latawca); ~ **into a passion** wpaść w pasję; ~ **open** nagle się otworzyć; **~ing saucer** latający spodek; s lot; klapa; rozporek

fly·er ['flaɪə] s lotnik

fly·ing boat ['flaɪɪŋbəut] s wodnopłatowiec, hydroplan

fly·pa·per ['flaɪ,peɪpə] s lep na muchy

foal [fəul] s źrebię

foam [fəum] s piana; vi pienić się

foam·y ['fəumɪ] adj pienisty, spieniony

fo·cus ['fəukəs] s (pl **foci** ['fəusaɪ] lub **~es** ['fəukəsɪz]) fiz. ognisko; siedlisko, centrum, skupienie; vt vi ogniskować (się), skupiać (się)

fod·der ['fɒdə] s pasza; vt karmić (bydło)

foe [fəu] s lit. wróg

fog [fɒg] s mgła; ~ **lights** światła przeciwmgielne; vt zamglić

fo·gey ['fəugɪ] s (zw. **old ~**) człowiek staroświecki

fog·gy ['fɒgɪ] adj mglisty

fog·horn ['fɒghɔ:n] s okrętowa syrena (mgłowa)

fo·gy s = **fogey**

foi·ble ['fɔɪbl] s słabostka

foist [fɔɪst] vt podsunąć (skrycie), podrzucić

fold 1. [fəuld] s dosł. i przen. owczarnia

fold 2. [fəuld] s zagięcie, fałda, zakładka; vt vi składać (się), zaginać (się); zawijać; tulić

fold·er ['fəuldə] s teczka; broszurka, ulotka (np. reklamowa), folder

fold·ing ['fəuldɪŋ] adj składany, przystosowany do składania

fo·li·age ['fəulɪdʒ] s liście, listowie

folk [fəuk] s zbior. ludzie; lud, naród; adj attr ludowy

folk·lore ['fəuklɔ:] s folklor

fol·low ['fɒləu] vt vi następować, iść (sb za kimś); śledzić; wykonywać <uprawiać> (**a profession** zawód); podążać (**a path** ścieżką, **sb's thought** za czyjąś myślą); stosować się (**sth** do czegoś); słuchać, rozumieć (**sb** kogoś); ~ **in sb's footsteps** iść w czyjeś ślady; ~ **out** doprowadzić do końca; ~ **up** uporczywie coś robić, nie ustawać (w czymś); **as ~s** jak następuje

fol·low·er ['fɒləuə] s zwolennik; uczeń; członek świty

fol·low-up ['fɒləuʌp] s uzupełnienie

fol·ly ['fɒlɪ] s szaleństwo

fo·ment [fə'ment] vt podżegać, podsycać; med. nagrzewać

fond [fɒnd] adj czuły; miły; zamiłowany; **to be ~** lubić (**of sb, sth** kogoś, coś)

fon·dle ['fɒndl] vt vi pieścić (się)

fond·ness ['fɒndnəs] s czułość; zamiłowanie (**for sth** do czegoś)

font [fɒnt] s chrzcielnica; komp. font, krój znaków

food [fu:d] s żywność, pokarm, wyżywienie, jedzenie; pot. **junk ~** niezdrowa <małowartościowa> żywność (poddana procesom chemicznym); **rich ~** jedzenie ciężko strawne

food·stuff ['fu:dstʌf] s artykuły spożywcze

fool [fu:l] s głupiec, wariat; vi błaznować, wygłupiać się; vt robić błazna (**sb** z kogoś); okpić; wyłudzać (**sb out of sth** coś od kogoś); **to make a ~ of oneself** <**sb**> robić z siebie <z kogoś> durnia

fool·ish ['fu:lɪʃ] adj głupi

fools·cap ['fu:lskæp] s papier podaniowy

foot [fut] s (pl **feet** [fi:t]) stopa; noga; spód, dół; stopa (miara długości); **on ~** piechotą, pieszo

foot·ball ['futbɔ:l] s bryt. piłka nożna, futbol; am futbol amerykański; ~ **pools** totalizator piłkarski

foot·hold ['futhəuld] s oparcie dla stóp; przen. mocna podstawa

foot·ing ['futɪŋ] s oparcie dla stóp; ostoja, punkt oparcia; poziom; stopa (wojenna, pokojowa); wzajemny stosunek; **on a friendly ~** na przyjacielskiej stopie, w przyjaznych stosunkach

foot·man ['futmən] s (pl **footmen** ['futmən]) portier; lokaj

foot·mark ['futmɑ:k] s ślad (stopy)

foot·note ['futnəut] s odnośnik

foot·path ['futpɑ:θ] s ścieżka; chodnik

foot·print ['futprɪnt] s ślad (stopy)

foot·wear ['futweə] s obuwie

for [fɔ:, fə] praep dla, za; zamiast; jako; na; z powodu; przez; do; z; po; co do; mimo, wbrew; jak na; ~ **all that** mimo wszystko; ~ **ever,** ~ **good** na zawsze, na dobre; ~ **instance** <**example**> na przykład; ~ **5 miles** na przestrzeni 5 mil; ~ **years** przez całe lata; **what ~?** na co?, po co?; conj ponieważ, gdyż, bowiem; **as ~...** co do...

for·age ['fɒrɪdʒ] s pasza; furaż; furażowanie; vt vi furażować; grabić

for·bade zob. **forbid**

for·bear 1. ['fɔ:beə] s przodek, antenat; także **forebear**

*****for·bear 2.** [fə'beə] (formy zob. **bear 2.**) vt vi znosić cierpliwie, pobłażać; powstrzymać się (**sth** <**doing sth, from sth**> od czegoś)

*****for·bid** [fə'bɪd] vt (**forbade** [fə'beɪd], **forbidden** [fə'bɪdn]) zakazywać, zabraniać, nie pozwalać

for·bore, for·borne zob. **forbear 2.**

force [fɔːs] s siła, moc, przemoc; **by ~** siłą, przemocą; pl **~s** siły zbrojne; vt forsować, brać siłą; zmuszać, wymuszać; narzucać

forced [fɔːst] adj przymusowy; wymuszony; forsowny

for·ci·ble ['fɔːsəbl] adj gwałtowny; przymusowy; mocny; przekonywający

ford [fɔːd] s bród; vt przejść w bród

fore [fɔː] s przód, przednia część; **to the ~** ku przodowi, na przedzie, na widoku; (o pieniądzach) pod ręką; adj przedni

fore·arm ['fɔːrɑːm] s przedramię

fore·bear = **forbear 1.**

fore·bode [fɔː'bəʊd] vt przewidywać, przeczuwać; zapowiadać, wróżyć

*****fore·cast** ['fɔːkɑːst] vt (**forecast, forecast** lub **forecasted, forecasted** ['fɔːkɑːstɪd]) przewidywać, zapowiadać; s przewidywanie, prognoza

fore·fa·ther ['fɔːˌfɑːðə] s przodek, antenat

fore·fin·ger ['fɔːˌfɪŋgə] s palec wskazujący

*****fore·go 1.** [fɔː'gəʊ] (formy zob. **go**) vi poprzedzać

fore·go 2. = **forgo**

fore·go·ing [fɔː'gəʊɪŋ] adj poprzedni, powyższy

fore·gone [fɔː'gɒn] pp i adj z góry powzięty, przesądzony; adj attr ['fɔːgɒn] **a ~ conclusion** wiadomy wniosek, nieunikniony wynik

fore·ground ['fɔːgraʊnd] s przedni plan

fore·hand ['fɔːhænd] s sport (w tenisie) forhend

fore·head ['fɒrɪd] s czoło

for·eign ['fɒrɪn] adj obcy, cudzoziemski, zagraniczny; **Foreign Office** bryt. ministerstwo spraw zagranicznych; **Foreign Secret-**

ary bryt. minister spraw zagranicznych

for·eign·er ['fɒrɪnə] s obcokrajowiec, cudzoziemiec

fore·land ['fɔːlənd] s przylądek

fore·man ['fɔːmən] s (pl **foremen** ['fɔːmən]) nadzorca, brygadzista; prawn. starszy ławy przysięgłych

fore·most ['fɔːməʊst] adj przedni, najważniejszy, pierwszy, czołowy

fore·noon ['fɔːnuːn] s przedpołudnie

fore·run·ner ['fɔːrʌnə] s prekursor, zwiastun

*****fore·see** [fɔː'siː] (formy zob. **see**) vt przewidywać

fore·shad·ow [fɔː'ʃædəʊ] vt zapowiadać

fore·sight ['fɔːsaɪt] s przewidywanie; przezorność

for·est ['fɒrɪst] s las; vt zalesiać

fore·stall [fɔː'stɔːl] vt wyprzedzić, ubiec

for·est·er ['fɒrɪstə] s leśniczy

*****fore·tell** [fɔː'tel] (formy zob. **tell**) vt przepowiadać, wróżyć

for·ev·er [fə'revə] adv na zawsze, wciąż

fore·went zob. **forego**

fore·word ['fɔːwɜːd] s wstęp, przedmowa

for·feit ['fɔːfɪt] vt stracić, zaprzepaścić; s grzywna; utrata przez konfiskatę, przepadek (mienia); zastaw, fant

for·feit·ure ['fɔːfɪtʃə] s utrata; grzywna; konfiskata

for·gave zob. **forgive**

forge [fɔːdʒ] s kuźnia; piec hutniczy; vt kuć; fałszować, podrabiać; zmyślać

for·ger ['fɔːdʒə] s fałszerz

for·ger·y ['fɔːdʒərɪ] s fałszerstwo

*****for·get** [fə'get] (formy zob. **get**) vt vi zapominać; opuszczać, pomijać

for·get·ful [fə'getfl] adj zapominający, niepomny, nie zważający (**of sth** na coś); *pot.* zapominalski

for·get-me-not [fə'getmɪnɒt] *s bot.* niezapominajka

***for·give** [fə'gɪv] (*formy zob.* **give**) *vt* przebaczać, odpuszczać, darować

***for·go** [fɔː'gəʊ] (*formy zob.* **go**) *vt* zrzec się; powstrzymać się (**sth** od czegoś); obejść się (**sth** bez czegoś)

for·got *zob.* **forget**

for·got·ten *zob.* **forget**

fork [fɔːk] *s* widelec; widły; rozwidlenie; *vt* rozwidlać się

for·lorn [fə'lɔːn] *adj* opuszczony; stracony; beznadziejny; **~ hope** z góry stracona sprawa

form [fɔːm] *s* forma, kształt; formalność; formularz; ławka; klasa; *vt vi* formować (się), tworzyć (się); urabiać (*np. opinię*)

for·mal ['fɔːml] *adj* formalny; oficjalny; zewnętrzny

for·mal·i·ty [fɔː'mælətɪ] *s* formalność; etykieta, ceremonialność

for·mat ['fɔːmæt] *s* format; *vt komp.* formatować

for·ma·tion [fɔː'meɪʃn] *s* formowanie <kształtowanie, tworzenie, wytwarzanie> się; budowa, powstawanie; *wojsk. geol.* formacja

for·mer ['fɔːmə] *adj* poprzedni, pierwszy (z dwu); dawny, były

for·mi·da·ble ['fɔːmɪdəbl] *adj* straszny, groźny

for·mu·la ['fɔːmjʊlə] *s* (*pl* **formulae** ['fɔːmjʊliː] *lub* **formulas** ['fɔːmjʊləz]) formułka; przepis; *mat. chem.* wzór

for·mu·late ['fɔːmjʊleɪt] *vt* formułować

***for·sake** [fə'seɪk] *vt* (**forsook** [fə'sʊk], **forsaken** [fə'seɪkn]) opuszczać, porzucać

forth [fɔːθ] *adv* naprzód; **and so ~** i tak dalej

forth·com·ing [ˌfɔːθ'kʌmɪŋ] *adj* zbliżający się, mający się ukazać

forth·right ['fɔːθraɪt] *adj* prosty; szczery; *adv* prosto, otwarcie; szczerze; natychmiast

forth·with [fɔːθ'wɪð] *adv* bezzwłocznie

for·ti·eth ['fɔːtɪəθ] *adj* czterdziesty

for·ti·fy ['fɔːtɪfaɪ] *vt* wzmacniać, pokrzepiać; popierać; fortyfikować

for·ti·tude ['fɔːtɪtjuːd] *s* męstwo, hart ducha

fort·night ['fɔːtnaɪt] *s bryt.* dwa tygodnie

fort·night·ly ['fɔːt,naɪtlɪ] *adj* dwutygodniowy; *adv* co dwa tygodnie; *s* dwutygodnik

for·tress ['fɔːtrəs] *s* forteca

for·tu·nate ['fɔːtʃənət] *adj* szczęśliwy, pomyślny

for·tune ['fɔːtʃən] *s* los, szczęście, przypadek; majątek; **by ~** przypadkowo

for·tune-tel·ler ['fɔːtʃən,telə] *s* wróżbita

for·ty ['fɔːtɪ] *num* czterdzieści; *s* czterdziestka; **~ winks** *pot.* krótka drzemka (*podczas dnia*)

for·ward ['fɔːwəd] *adj* przedni; skierowany do przodu; przedwczesny; wczesny; gotów, chętny; postępowy; pewny siebie, arogancki; *adv* (*także* **~s**) naprzód, dalej; z góry; **to come ~** wystąpić; zgłosić się; *vt* przyspieszać; popierać; wysyłać, ekspediować; *s sport* napastnik

for·wards *zob.* **forward** *adv*

for·went *zob.* **forgo**

fos·sil ['fɒsl] *adj* skamieniały; *s* skamieniałość

fos·ter ['fɒstə] *vt* pielęgnować; żywić (*np. nadzieję*); podniecać, podsycać

fos·ter broth·er ['fɒstə,brʌθə] *s* przybrany <mleczny> brat

fos·ter child ['fɒstətʃaɪld] *s* przybrane dziecko

fos·ter fath·er ['fɒstə,fɑːðə] *s* wychowawca, opiekun

fos·ter moth·er ['fɒstə,mʌðə] *s* mamka, piastunka

fought *zob.* **fight**

foul [faul] *adj* zgniły; cuchnący; plugawy, wstrętny; sprośny; *sport* nieprzepisowy; nieuczciwy, niehonorowy; **~ copy** brulion; **~ language** język wulgarny; *s* nieuczciwe postępowanie; *sport* faul; *vt vi* brudzić (się), kalać; zatkać; zderzyć się

found 1. *zob.* **find**

found 2. [faund] *vt* zakładać; opierać (*np. na faktach*)

found 3. [faund] *vt* odlewać, topić (*metal*)

foun·da·tion [faun'deɪʃn] *s* podstawa, fundament; założenie; fundacja

found·er 1. ['faundə] *s* założyciel

found·er 2. ['faundə] *s* giser, odlewnik

found·er 3. ['faundə] *vi* zatonąć; zawalić się, zapaść się; *vt* zatopić

found·ling ['faundlɪŋ] *s* podrzutek

found·ry ['faundrɪ] *s* odlewnia

fount [faunt] *s* źródło; zbiornik

foun·tain ['fauntɪn] *s* fontanna; *przen.* źródło; zbiornik

foun·tain pen ['fauntɪnpen] *s* pióro wieczne

four [fɔː] *num* cztery; *s* czwórka; **on all ~s** na czworakach

four·fold ['fɔːfəuld] *adj* czterokrotny; *adv* czterokrotnie

four·teen [ˌfɔː'tiːn] *num* czternaście; *s* czternastka

four·teenth [ˌfɔː'tiːnθ] *adj* czternasty

fourth [fɔːθ] *adj* czwarty

fowl [faul] *s* ptak (*domowy, dziki*); *zbior.* drób, ptactwo

fox [fɒks] *s zool.* lis

frac·tion ['frækʃn] *s* ułamek; frakcja

frac·ture ['fræktʃə] *s* złamanie; *vt vi* złamać (się), pęknąć

frag·ile ['frædʒaɪl] *adj* kruchy, łamliwy; wątły

frag·ment ['frægmənt] *s* fragment

fra·grance ['freɪgrəns] *s* zapach

frail [freɪl] *adj* kruchy, łamliwy; wątły; przelotny

frame [freɪm] *s* rama, oprawa; struktura, szkielet, zrąb; system, porządek; **~ of mind** nastrój; *vt* oprawiać w ramę; tworzyć, kształtować; konstruować; dostosowywać; **~ up** *pot.* wrobić (*w coś*)

frame·work ['freɪmwɜːk] *s* praca ramowa; zrąb, struktura

fran·chise ['fræntʃaɪz] *s* prawo wyborcze; przywilej; *am.* koncesja

frank [fræŋk] *adj* otwarty, szczery

frank·fur·ter ['fræŋkfɜːtə] *s* mała wędzona kiełbaska wieprzowa

fran·tic ['fræntɪk] *adj* szalony, zapamiętały

fra·ter·nal [frə'tɜːnl] *adj* braterski, bratni

fra·ter·ni·ty [frə'tɜːnətɪ] *s* braterstwo; bractwo

frat·er·nize ['frætənaɪz] *vi* bratać się

fraud [frɔːd] *s* oszustwo; oszust

fraught [frɔːt] *adj* naładowany, pełny (*zw. czegoś niedobrego*)

fray [freɪ] *vt vi* strzępić (się)

freak [friːk] *s* kaprys, wybryk (*także natury*); fenomen; dziwak, ekscentryk

freck·le ['frekl] *s* pieg, plamka; *vt vi* pokryć (się) plamkami, piegami

free [friː] *adj* wolny; hojny; niezależny, swobodny; bezpłatny; *vt* uwolnić, wyzwolić

free·dom ['friːdəm] *s* wolność; swoboda; prawo (**of sth** do czegoś); **the ~ of a city** honorowe obywatelstwo miasta

Free·fone, Free·phone ['friːfəun] *s bryt.* rozmowa telefoniczna na koszt firmy reklamującej towar

free·lance ['friːlɑːns] *adj* swobodny, niezależny; *s* osoba mająca wolny zawód

free·way ['friːweɪ] *s am.* autostrada

freeze

152

*freeze [fri:z] *vi* (**froze** [frəuz], **frozen** ['frəuzn]) marznąć, zamarzać; *vt* zamrażać

freez·er ['fri:zə] *s* chłodnia, zamrażalnia; zamrażarka

freez·ing-point ['fri:zɪŋpɔɪnt] *s* punkt zamarzania

freight [freɪt] *s* fracht; przewóz; ładunek; *vt* frachtować; ładować (*na statek*); obciążać; przewozić

freight-train ['freɪttreɪn] *s am.* pociąg towarowy

French [frentʃ] *adj* francuski; *s* język francuski; **to take ~ leave** wyjść po angielsku (*bez pożegnania, bez uprzedzenia*)

French·man ['frentʃmən] *s* (*pl* **Frenchmen** ['frentʃmən]) Francuz

fren·zy ['frenzɪ] *s* szaleństwo

fre·quen·cy ['fri:kwənsɪ] *s* częstość; częstotliwość

fre·quent ['fri:kwənt] *adj* częsty; *vt* [frɪ'kwent] uczęszczać; nawiedzać, odwiedzać, bywać

fresh [freʃ] *adj* świeży, nowy; rześki; *~* **water** słodka woda; *"~* **paint"** „świeżo malowane"; *adv* świeżo, niedawno

fret [fret] *vt vi* denerwować (się); gryźć (się), wgryzać się

fret·ful ['fretfl] *adj* drażliwy, nerwowy

fri·a·ble ['fraɪəbl] *adj* miałki, kruchy

fri·ar ['fraɪə] *s* mnich

fric·tion ['frɪkʃn] *s* tarcie, nacieranie

Fri·day ['fraɪdɪ] *s* piątek; **Good ~** Wielki Piątek

fried *zob.* **fry 1.**

friend [frend] *s* przyjaciel, kolega; **to make ~s with sb** zaprzyjaźnić się z kimś

friend·ly ['frendlɪ] *adj* przyjazny, przychylny; *~* **society** towarzystwo wzajemnej pomocy

friend·ship ['frendʃɪp] *s* przyjaźń

fright [fraɪt] *s* strach; **to take ~** przestraszyć się (**at sth** czegoś)

fright·en ['fraɪtn] *vt* straszyć, nastraszyć; *~* **away** <**off**> odstraszyć

fright·ful ['fraɪtfl] *adj* straszny

frig·id ['frɪdʒɪd] *adj* zimny, chłodny; *przen.* oziębły

frill [frɪl] *s* falbanka, kryza; *pot.* zbędny dodatek; *vt* zdobić kryzą; plisować

fringe [frɪndʒ] *s* frędzla; grzywka; rąbek, skraj; peryferie; *~* **benefit** dodatkowa korzyść wiążąca się z daną posadą, np. bezpłatne ubezpieczenie zdrowotne; *vt* ozdabiać frędzlami; obrębiać; *vi* graniczyć (**upon sth** z czymś)

frit·ter ['frɪtə] *vt* rozdrabniać, marnować (*np. czas na drobiazgi*)

fri·vol·i·ty [frɪ'vɒlətɪ] *s* lekkomyślność; błahość, błahostka

friv·o·lous ['frɪvələs] *adj* frywolny; lekkomyślny; błahy

fro [frəu] *adv w zwrocie*: **to and ~** tam i z powrotem

frock [frɒk] *s* suknia, sukienka; habit

frog [frɒg] *s zool.* żaba

frog·man ['frɒgmən] *s* (*pl* **frogmen** ['frɒgmən]) płetwonurek

frol·ic ['frɒlɪk] *s* swawola, zabawa; figiel; *adj* (*także* **~some**) swawolny, figlarny; *vi* swawolić, dokazywać

from [frɒm, frəm] *praep* od, z

front [frʌnt] *s* front, czoło, przód; **in ~ of** przed; **to have the ~** mieć czelność; *adj attr* frontowy, przedni, czołowy; *vi* stać frontem; *vt* stawiać czoło

fron·tier ['frʌntɪə] *s* granica

frost [frɒst] *s* mróz

frost·bite ['frɒstbaɪt] *s* odmrożenie

frost·y ['frɒstɪ] *adj* mroźny, lodowaty

froth [frɒθ] *s* piana; *vi* pienić się

frown [fraun] *vi* marszczyć brwi; krzywo patrzeć (**at** <**on**> **sb** na kogoś); *s* spojrzenie z ukosa, wyraz niezadowolenia

fuss

froze *zob.* **freeze**

fro·zen *zob.* **freeze**

fru·gal ['fru:gl] *adj* oszczędny (**of sth** w czymś); (*o jedzeniu*) skromny

fruit [fru:t] *s* owoc, płód; *zbior.* owoce

fruit·ful ['fru:tfl] *adj* owocny; płodny

frus·trate [frʌ'streɪt] *vt* zniweczyć; udaremnić; frustrować

fry 1. [fraɪ] *vt vi* smażyć (się)

fry 2. [fraɪ] *s zbior.* drobne rybki, narybek; *przen.* dzieciarnia

fry·ing pan ['fraɪɪŋpæn] *s* patelnia

fuck [fʌk] *vt wulg.* (*odbyć stosunek seksualny*) pierdolić, jebać; *s wulg.* pierdolenie; *int wulg.* kurwa!

fu·el ['fju:əl] *s* opał, paliwo

fu·gi·tive ['fju:dʒɪtɪv] *adj* zbiegły; przelotny; *s* zbieg

ful·crum ['fʌlkrəm] *s* (*pl* **fulcra** ['fʌlkrə]) punkt podparcia <obrotu, zawieszenia>

ful·fil [fʊl'fɪl] *vt* spełnić

full [fʊl] *adj* pełny; najedzony; obfity; kompletny; **~ up** przepełniony, pełny po brzegi; **~ stop** kropka; **~ dress** strój wieczorowy <uroczysty>; **~ time** (*pracować*) na pełnym etacie; *s* pełnia; **in ~** w całości; **to the ~** w całej pełni

fum·ble ['fʌmbl] *vi* szperać, grzebać, gmerać (**at <in, with> sth** w czymś); *vt* partaczyć

fume [fju:m] *s* dym (*gryzący*); wybuch (*gniewu*); *vi* dymić; złościć się

fun [fʌn] *s* wesołość, zabawa; **to make ~** żartować <kpić> sobie (**of sb, sth** z kogoś, czegoś)

func·tion ['fʌŋkʃn] *s* funkcja, czynność; *vi* funkcjonować, działać

func·tion·a·ry ['fʌŋkʃnərɪ] *s* funkcjonariusz

fund [fʌnd] *s* fundusz zapomogowy; zapas, zasób

fun·da·men·tal [,fʌndə'mentl] *adj* podstawowy; *s* podstawa, zasada

fu·ner·al ['fju:nrəl] *adj* pogrzebowy, żałobny; *s* pogrzeb

fun·gus ['fʌŋgəs] *s* (*pl* **fungi** ['fʌŋgi:]) grzyb

fu·nic·u·lar [fju:'nɪkjʊlə] *adj* (*o kolejce*) linowy

fun·nel ['fʌnl] *s* lejek; komin (*statku*)

fun·ny ['fʌnɪ] *adj* zabawny, wesoły, śmieszny; dziwny

fur [fɜ:] *s* futro, sierść

fu·ri·ous ['fjʊərɪəs] *adj* wściekły, szalony

fur·nace ['fɜ:nɪs] *s* piec (*do celów przemysłowych*); **blast ~** piec hutniczy

fur·nish ['fɜ:nɪʃ] *vt* zaopatrywać (**with sth** w coś); dostarczać; meblować

fur·ni·ture ['fɜ:nɪtʃə] *s zbior.* meble, wyposażenie; **a piece of ~** mebel

fu·ro·re [fjʊ'rɔ:rɪ] *s* furora

fur·ri·er ['fʌrɪə] *s* kuśnierz

fur·row ['fʌrəʊ] *s* bruzda; zmarszczka; *vt* robić bruzdy; żłobić

fur·ther 1. *zob.* **far**

fur·ther 2. ['fɜ:ðə] *vt* popierać

fur·ther·more [,fɜ:ðə'mɔ:] *adv* co więcej, ponadto

fur·thest ['fɜ:ðɪst] *zob.* far

fur·tive ['fɜ:tɪv] *adj* ukradkowy, potajemny

fu·ry ['fjʊərɪ] *s* szał, furia; siła (*burzy*)

fuse [fju:z] *vt vi* stopić (się), roztapiać (się), stapiać (się); *s* zapalnik, lont; *elektr.* bezpiecznik

fu·se·lage ['fju:zəlɑ:ʒ] *s lotn.* kadłub (*samolotu*)

fu·sion ['fju:ʒn] *s* fuzja, zlanie (się), stopienie (się)

fuss [fʌs] *s* hałas, rwetes; krzątanina; *vt vi* robić hałas, awanturować się; wiercić się; niepokoić (się); zabiegać (**over <around> sb, sth** koło kogoś, czegoś)

fuss·y ['fʌsɪ] *adj* hałaśliwy, niespokojny; kapryśny; drobiazgowy

fust·y ['fʌstɪ] *adj* stęchły; zacofany; przestarzały

fu·tile ['fjuːtaɪl] *adj* daremny; błahy

fu·ture ['fjuːtʃə] *adj* przyszły; *s* przyszłość; *gram.* czas przyszły; **in**

the ~ w przyszłości; **in ~** na przyszłość (*ostrzegając lub grożąc*)

fu·tur·is·tic [ˌfjuːtʃə'rɪstɪk] *adj* futurystyczny; *pot.* udziwniony

fuze = fuse

fuzz·y ['fʌzɪ] *adj* (*o włosach*) kędzierzawy; (*o obrazie, granicy*) niewyraźny, zamazany, nieostry

G

gab·ble ['gæbl] *vi* bełkotać, mamrotać; *s* bełkot

ga·ble ['geɪbl] *s* szczyt (*budynku*)

gad·fly ['gædflaɪ] *s* giez

gad·get ['gædʒɪt] *s pot.* urządzenie, przyrząd; interes, instrument

gag [gæg] *vt* kneblować usta; *s* knebel

gage 1. [geɪdʒ] *s* rękojmia; *vt* zastawiać; ręczyć (**sth** czymś)

gage 2. = gauge

gai·e·ty ['geɪətɪ] *s* wesołość

gai·ly ['geɪlɪ] *adv* wesoło

gain [geɪn] *s* zysk; zarobek; wzrost; korzyść; *vt vi* zyskać; zarobić; wyprzedzić; (*o zegarku*) spieszyć się; zdobyć; osiągnąć; **to ~ ground** *przen.* zyskać przewagę; **~ over** przeciągnąć na swoją stronę; **to ~ the upper hand** wziąć górę

gain·ing ['geɪnɪŋ] *s* (*zw. pl* **~s**) zysk, dochody

***gain·say** [ˌgeɪn'seɪ] (*formy zob.* **say**) *vt* przeczyć, oponować

gait [geɪt] *s* chód

ga·la ['gɑːlə] *s* gala; *adj attr* galowy

gal·ax·y ['gæləksɪ] *s* galaktyka

gale [geɪl] *s* wichura, sztorm

gall 1. [gɔːl] *s* żółć; *przen.* gorycz

gall 2. [gɔːl] *s* otarcie skóry, odparzenie; *vt* ocierać, odparzeć (*skórę*); drażnić

gal·lant ['gælənt] *adj* dzielny, rycerski; wspaniały; szarmancki,

wytworny; *s* galant; elegant

gal·lant·ry ['gæləntrɪ] *s* dzielność, rycerskość; szarmanckie postępowanie, galanteria, wytworność

gal·ler·y ['gælərɪ] *s* galeria; korytarz, pasaż; **art ~** galeria sztuki

gal·ley ['gælɪ] *s* galeria; *pl* **~s** (*także przen.*) galery, ciężkie roboty

gal·lon ['gælən] *s* galon (*bryt.* = *4,54 l; am.* = *3,78 l*)

gal·lop ['gæləp] *vi* galopować; *s* galop

gal·lows ['gæləuz] *s* szubienica

ga·loot [gə'luːt] *s pot.* niedołęga, safanduła

ga·losh [gə'lɒʃ] *s* kalosz

gal·va·nize ['gælvənaɪz] *vt* galwanizować

gam·ble ['gæmbl] *vi* uprawiać hazard; ryzykować; *s* hazard; ryzyko

gam·bol ['gæmbl] *vi* podskakiwać, swawolić; *s* wesoły podskok; *pl* **~s** koziołki

game [geɪm] *s* gra; rozrywka, zabawa; *sport* rozgrywka, partia; zwierzyna, dziczyzna; *pl* **~s** zawody; **Olympic Games** Igrzyska Olimpijskie; **none of your ~s** tylko bez żadnych sztuczek

gam·mon 1. ['gæmən] *s* szynka (wędzona)

gam·mon 2. ['gæmən] *s pot.* blaga, nabieranie, oszustwo; *vi vt* oszukiwać; bzdurzyć; udawać

gam·ut ['gæmət] s *muz. przen.* skala, zakres

gang [gæŋ] s grupa (*ludzi*), drużyna; ekipa; szajka, banda

gang·plank ['gæŋplæŋk] s pomost, kładka (*przejście na statek*)

gan·grene ['gæŋgriːn] s gangrena; *vt* gangrenować; *vi* ulegać gangrenie

gang·ster ['gæŋstə] s gangster

gang·way ['gæŋweɪ] s przejście (*między rzędami krzeseł itp.*); *mors.* schodnia; *int.* Proszę zrobić przejście!

gaol [dʒeɪl] s więzienie

gaol·er ['dʒeɪlə] s dozorca więzienny

gap [gæp] s luka, wyrwa, przerwa; odstęp; *przen.* przepaść

gape [geɪp] *vi* ziewać; gapić się, rozdziawiać usta; ziać, stać otworem; rozłazić się

ga·rage ['gærɑːʒ] s warsztat samochodowy; garaż; *vt* garażować

garb [gɑːb] s *lit.* odzież, strój (*służbowy*); *vt* odziewać, ubierać, stroić

gar·bage ['gɑːbɪdʒ] s *am. zbior.* odpadki, śmieci; bzdury, nonsens

gar·den ['gɑːdn] s ogród; *vi* pracować w ogrodzie

gar·den·er ['gɑːdnə] s ogrodnik

gar·den par·ty ['gɑːdn,pɑːtɪ] s przyjęcie na świeżym powietrzu

gar·gle ['gɑːgl] *vt vi* płukać gardło

gar·ish ['geərɪʃ] adj jaskrawy, krzykliwy

gar·land ['gɑːlənd] s girlanda; wieniec

gar·lic ['gɑːlɪk] s *zool.* czosnek

gar·ment ['gɑːmənt] s artykuł odzieżowy; *pl* ~s odzież

gar·ner ['gɑːnə] s spichrz; zbiór; *vt* przechowywać, gromadzić

gar·nish ['gɑːnɪʃ] *vt* zdobić; garnirować; s ozdoba; przybranie

gar·ret ['gærət] s poddasze, mansarda, strych

gar·ri·son ['gærɪsn] s *wojsk.* garnizon

gar·ter ['gɑːtə] s podwiązka

gas [gæs] s gaz; *am. pot.* benzyna; *vt* zagazować, zatruć gazem

gas me·ter ['gæs,miːtə] s gazomierz

gas·o·line ['gæsəliːn] s gazolina; *am.* benzyna

gasp [gɑːsp] *vi* ciężko dyszeć, łapać oddech; stracić oddech; s ciężki oddech, dyszenie; łapanie tchu

gas range ['gæsreɪndʒ], **gas stove** ['gæsstəʊv] s kuchenka gazowa

gate [geɪt] s brama, wrota, furtka; zasuwa; tama

gate·way ['geɪtweɪ] s brama wejściowa, wjazd, furtka

gath·er ['gæðə] *vt vi* zbierać (się); wnioskować; (*o rzece*) wzbierać; (*o wrzodzie*) nabierać; narastać

gath·er·ing ['gæðərɪŋ] s zebranie; gromada; zbiór; *med.* ropień

gaud·y ['gɔːdɪ] adj (*o barwie*) jaskrawy; (*o stroju*) krzykliwy; pompatyczny; wystrojony, paradny

gauge [geɪdʒ] s przyrząd pomiarowy; miara; skala; rozmiar, wymiar; kaliber; szerokość toru; *vt* sprawdzian; *vt* mierzyć; szacować

gaunt [gɔːnt] adj chudy, nędzny; ponury

gaunt·let ['gɔːntlət] s rękawica

gauze [gɔːz] s gaza; siatka druciana; mgiełka

gave zob. **give**

gawk [gɔːk] s ciemięga, gamoń; *vi* gapić się

gay [geɪ] adj wesoły, radosny; (*o barwie*) żywy; s *pot.* homo, pedał (*homoseksualista*)

gaze [geɪz] *vi* uporczywie patrzeć, gapić się (**at sth** na coś); s spojrzenie, uporczywy wzrok

ga·zette [gə'zet] s dziennik urzędowy

gaz·et·teer [,gæzə'tɪə] s słownik <indeks> nazw geograficznych

gear [gɪə] s przekładnia; mechanizm; *mot.* bieg (*w aucie*); zbior.

narzędzia, przybory; uprząż; *in ~* włączony, w ruchu, na biegu; *out of ~* wyłączony, nie działający; popsuty; *vt vi* włączyć (się); zazębić (się); *to change the ~* zmienić bieg

gear·box ['gɪəbɒks] *s mot.* skrzynia biegów

gear·wheel ['gɪəwiːl] *s* koło zębate

geese *zob.* **goose**

gem [dʒem] *s* klejnot

Gem·i·ni ['dʒemɪnaɪ] *s* Bliźnięta (*znak zodiaku*)

gen·der ['dʒendə] *s gram.* rodzaj

gen·e·al·o·gy [ˌdʒiːnɪ'ælədʒɪ] *s* genealogia

gen·e·ra *zob.* **genus**

gen·er·al ['dʒenərəl] *adj* ogólny; powszechny; główny; ogólnikowy; *in ~* ogólnie; zwykle; *s* generał

gen·er·al·ize ['dʒenrəlaɪz] *vt* uogólniać; upowszechniać

gen·er·ate ['dʒenəreɪt] *vt* rodzić, wytwarzać; powodować

gen·er·a·tion [ˌdʒenə'reɪʃn] *s* pokolenie; wytwarzanie; powstawanie; *~ gap* luka pokoleniowa

gen·er·os·i·ty [ˌdʒenə'rɒsətɪ] *s* szlachetność; wielkoduszność; szczodrość

gen·er·ous ['dʒenrəs] *adj* szlachetny; wielkoduszny; hojny

ge·net·ics [dʒɪ'netɪks] *s* genetyka

ge·nial ['dʒiːnɪəl] *adj* radosny; miły; uprzejmy; towarzyski; (*o powietrzu*) łagodny

gen·i·tals ['dʒenɪtlz] *s pl anat.* genitalia

gen·i·tive ['dʒenɪtɪv] *s gram.* dopełniacz

ge·nius ['dʒiːnɪəs] *s* (*pl ~es* ['dʒiːnɪəsɪz]) geniusz, człowiek genialny; (*tylko sing*) zdolność; talent; (*pl genii* ['dʒiːnɪaɪ]) duch, demon

gen·o·cide ['dʒenəsaɪd] *s* ludobójstwo

gen·til·i·ty [dʒen'tɪlətɪ] *s* "dobre" urodzenie; dobre maniery

gen·tle ['dʒentl] *adj* delikatny; łagodny; szlachetny; szlachecki

gen·tle·man ['dʒentlmən] *s* (*pl gentlemen* ['dʒentlmen]) dżentelmen; pan; mężczyzna; *a ~'s agreement* porozumienie oparte na zaufaniu

gen·tle·wom·an ['dʒentlˌwomən] *s* (*pl gentlewomen* ['dʒentlˌwɪmɪn]) dama, kobieta z towarzystwa

gen·try ['dʒentrɪ] *s* szlachta, ziemiaństwo

gents [dʒents] *s bryt.* dla panów (*toaleta dla mężczyzn*)

gen·u·ine ['dʒenjuɪn] *adj* prawdziwy; oryginalny; autentyczny; szczery

ge·nus ['dʒiːnəs] *s* (*pl genera* ['dʒenərə]) (*zw. biol.*) rodzaj, klasa

ge·od·e·sy [dʒɪ'ɒdəsɪ] *s* geodezja

ge·o·graph·ic(al) [dʒɪə'græfɪk(l)] *adj* geograficzny

ge·og·ra·phy [dʒɪ'ɒgrəfɪ] *s* geografia

ge·o·log·ic(al) [ˌdʒɪə'lɒdʒɪk(l)] *adj* geologiczny

ge·ol·o·gy [dʒɪ'ɒlədʒɪ] *s* geologia

ge·o·met·ric(al) [ˌdʒɪə'metrɪk(l)] *adj* geometryczny

ge·om·e·try [dʒɪ'ɒmətrɪ] *s* geometria

ge·ri·at·rics [ˌdʒerɪ'ætrɪks] *s* geriatria

germ [dʒɜːm] *s* zarodek, zalążek; zarazek

Ger·man ['dʒɜːmən] *adj* niemiecki; *s* Niemiec; język niemiecki

ger·mi·nate ['dʒɜːmɪneɪt] *vi* kiełkować; *vt* powodować kiełkowanie

ger·on·tol·o·gy [ˌdʒerɒn'tɒlədʒɪ] *s* gerontologia

ges·tic·u·late [dʒe'stɪkjuleɪt] *vt* gestykulować

ges·ture ['dʒestʃə] *s* gest

***get** [get] *vt vi* (**got, got** [gɒt]) dostać, otrzymać; nabyć, zdobyć; wziąć; przynieść, podać, dostarczyć; dostać się, dojść; stać się; wpływać, zmuszać, nakłaniać; *I cannot ~ him to do his work* nie mogę go zmusić do pracy; *he got the engine to move* puścił silnik w ruch; *I got my hair cut* ostrzygłem sobie włosy <byłem u fryzjera>; *I got my work finished* skończyłem pracę; uporałem się ze swoją pracą; *he got his leg broken* złamał sobie nogę; *to ~ sth ready* przygotować coś; *I have got* pot. = *I have; have you got a watch?* czy masz zegarek?; *I have got to = I must; it has got to be done* to musi być zrobione; *z bezokolicznikiem: to ~ to know* dowiedzieć się; *to ~ to like* polubić; *z imiesłowem biernym: to ~ married* ożenić się, wyjść za mąż; *to ~ dressed* ubrać się; *z rzeczownikiem: to ~ rid* uwolnić się, pozbyć się (*of sth* czegoś); *z przymiotnikiem: to ~ old* zestarzeć się; *to ~ ready* przygotować się; *it's ~ting late* robi się późno; *z przyimkami i przysłówkami: ~ about* chodzić, poruszać się (*z miejsca na miejsce*); (*o wiadomościach; także ~ abroad*) rozchodzić się; *~ across* przeprawiać się (na drugą stronę); znaleźć zrozumienie <oddźwięk> (*to sb* u kogoś); *~ ahead* posuwać się naprzód, robić postępy; *~ along* posuwać się(), robić postępy; współżyć; dawać sobie radę; *~ away* usunąć (się), oddalić się, umknąć; *~ back* wracać; otrzymać z powrotem; *~ down* ściągać (na dół), opuszczać (się); schodzić; zabierać się (*to sth* do czegoś); *~ in* wejść, wjechać, dostać się (do wnętrza); wnieść, wprowadzić, wcisnąć; zbierać, zwozić (*plony*); *~ off* schodzić, złazić; wysiadać; zdejmować; usuwać (się); wyruszyć; wysłać, wyprawić; wymknąć się; *~ on* nakładać; po-

suwać (się) naprzód; mieć powodzenie; robić postępy; współżyć; *easy to ~ on with* łatwy w pożyciu; *~ out* wydostać <wydobyć> (się); wyjść, wysiąść; wyprowadzić, wyciągnąć, wyrwać <wykręcić> (się); *~ over* przenieść; pokonać, przemóc; ukończyć, załatwić (*sth* coś); przejść na drugą stronę; *~ through* przedostać się; przeprowadzić; skończyć, uporać się (*with sth* z czymś); zdać (*egzamin*); połączyć się (*telefonicznie*); *~ together* zebrać, zejść się; *~ under* pokonać, opanować; *~ up* podnieść (się), wstać; doprowadzić do porządku, urządzić; ubrać; dojść, dotrzeć; wystawić (*sztukę w teatrze*)

get-to-geth-er ['getə,geðə] *s pot.* małe spotkanie <przyjęcie> towarzyskie

gew-gaw ['gju:gɔ:] *s* błyskotka

gey-ser ['gi:zə] *s geol.* gejzer; piecyk (*gazowy do grzania wody*)

ghast-ly ['ɡɑ:stli] *adj* straszny, upiorny; *adv* strasznie, upiornie

gher-kin ['ɡɜ:kın] *s* korniszon

ghet-to ['ɡetəʊ] *s* getto

ghost [ɡəʊst] *s* duch, cień, widmo

gi-ant ['dʒaıənt] *s* olbrzym; *adj attr* olbrzymi

gib-bet ['dʒıbıt] *s* szubienica; śmierć na szubienicy

gibe [dʒaıb] *vi* kpić (*at sb* z kogoś); *s* kpina

gid-di-ness ['ɡıdınəs] *s* zawrót głowy; roztrzepanie; lekkomyślność

gid-dy ['ɡıdı] *adj* zawrotny; oszołomiony; roztrzepany; lekkomyślny; *to feel ~* mieć zawrót głowy

gift [ɡıft] *s* prezent, dar; uzdolnienie (*for sth* do czegoś)

gift-ed ['ɡıftıd] *adj* utalentowany

gi-gan-tic [dʒaı'gæntık] *adj* olbrzymi

gig·gle ['gɪgl] *vi* chichotać; *s* chichot

gild 1. = **guild**

gild 2. [gɪld] *vt* złocić, pozłacać

gilt [gɪlt] *s* pozłota; *adj* pozłacany

gim·mick ['gɪmɪk] *s pot.* sztuczka, trik

gin [dʒɪn] *s* dżin, jałowcówka

gin·ger ['dʒɪndʒə] *s* imbir

Gip·sy ['dʒɪpsɪ] *s* Cygan

gi·raffe [dʒɪ'rɑːf] *s* żyrafa

*gird [gɜːd] *vt* (**girded, girded** ['gɜːdɪd] *lub* **girt, girt** [gɜːt]) opasać, otoczyć

gir·dle ['gɜːdl] *s* pas; *vt* opasać

girl [gɜːl] *s* dziewczynka, dziewczyna; *pot.* kobieta; *Girl Guide* harcerka

girl·friend ['gɜːlfrend] *s* sympatia, dziewczyna (*z którą się chodzi*); *am.* koleżanka

girt [gɜːt] *zob.* **gird**; *s* obwód; *vt* mierzyć obwód

gist [dʒɪst] *s* istota rzeczy, sens

*give [gɪv] *vt* (**gave** [geɪv], **given** ['gɪvn]) dawać; oddawać, poświęcać; *vi* ustąpić, poddać się; rozpaść się; *z rzeczownikami:* **to ~ ground** cofać się, ustępować; **to ~ a guess** zgadywać; **to ~ a look** spojrzeć; **to ~ offence** obrazić; **to ~ pain** sprawiać ból; **to ~ rise** dać początek; **to ~ way** ustąpić; *z przysłówkami:* **~ away** wydawać, zdradzać; oddawać, rozdawać; **~ forth** wydzielać, wydawać; **~ in** wręczać, podawać; poddać się, ustępować, ulegać; **~ off** wydzielać, wydawać; **~ out** wydawać, rozdawać; ogłaszać; kończyć się; (*o zapasie*) wyczerpywać się; **~ over** przekazać, przesłać; zaprzestać, zaniechać; **~ up** opuścić; zaniechać; zrezygnować; oddać (się)

giv·en *zob.* **give**

gla·cial ['gleɪʃl] *adj* lodowy, lodowaty; *geol.* lodowcowy

gla·cier ['glæsɪə] *s* lodowiec

glad [glæd] *adj* rad; radosny,

wesoły; *I am ~ to see you* cieszę się, że cię widzę

glad·den ['glædn] *vt* radować, weselić

glade [gleɪd] *s* przesieka, polana

glad·i·o·lus [ˌglædɪ'əʊləs] *s bot.* gladiolus, mieczyk

glam·our ['glæmə] *s* blask, urok, świetność

glance [glɑːns] *vi* spoglądać (**at sth** na coś); *s* spojrzenie; **to take <cast> a ~** spojrzeć (**at sth** na coś)

gland [glænd] *s* gruczoł

glare [gleə] *vi* błyszczeć, jasno świecić, razić; patrzeć (*z blaskiem w oczach, ze złością*); *s* blask; dzikie <piorunujące> spojrzenie; uporczywy wzrok

glass [glɑːs] *s* szkło; szklanka; przedmiot ze szkła; *pl ~es* okulary; **sun <tinted> ~es** szkła przeciwsłoneczne <przydymione>

glass·ful ['glɑːsful] *s* szklanka (*pełna czegoś*)

glass·house ['glɑːshaʊs] *s* cieplarnia; szklarnia

glass·works ['glɑːswɜːks] *s pl* huta szkła

glaze [gleɪz] *s* szkliwo; emalia; glazura; *vt vi* szklić (się); pokrywać (się) emalią <glazurą>; glazurować; **~d frost** gołoledź

gla·zier ['gleɪzɪə] *s* szklarz

gleam [gliːm] *vi* połyskiwać, migotać, błyszczeć; *s* błysk, promień, blask

glean [gliːn] *vt vi* zbierać (kłosy); *przen.* skrzętnie zbierać, starannie wybierać

glee [gliː] *s* radość, wesołość

glen [glen] *s* dolina (*górska*)

glib [glɪb] *adj* gładki; (*o mowie*) płynny

glide [glaɪd] *vi* ślizgać się, snuć; szybować; (*o czasie*) upływać; *s* ślizganie się; *lotn.* szybowanie, ślizg; *gram.* głoska przejściowa

glid·er ['glaɪdə] *s lotn.* szybowiec

go

glim·mer ['glɪmə] vi migotać; s migotanie, światełko

glimpse [glɪmps] vi ujrzeć w przelocie (*at <on> sth* coś); s przelotne spojrzenie; *to catch a ~* ujrzeć w przelocie (*of sth* coś)

glit·ter ['glɪtə] vi lśnić, błyszczeć, połyskiwać; s blask, połysk

gloat [gləʊt] vi napawać się, nasycać wzrok (*over <on> sth* widokiem czegoś)

glob·al ['gləʊbl] adj ogólny, globalny; ogólnoświatowy

globe [gləʊb] s glob; kula (*ziemska*); globus; klosz

gloom [glu:m] s mrok; przen. smutek, przygnębienie; vt ni zaciemniać (się); przen. posępnieć

gloom·y ['glu:mɪ] adj mroczny; przen. posępny

glor·i·fy ['glɔːrɪfaɪ] vt sławić, gloryfikować

glo·ri·ous ['glɔːrɪəs] adj sławny, chlubny; wspaniały

glo·ry ['glɔːrɪ] s chwała, chluba; wspaniałość; vi chlubić się (*in sth* czymś)

gloss 1. [glɒs] s połysk; blichtr; vt nadawać połysk; przen. upiększać

gloss 2. [glɒs] s glosa, objaśnienie

glos·sa·ry ['glɒsərɪ] s glosariusz

gloss·y ['glɒsɪ] adj lśniący, połyskujący; gładki

glove [glʌv] s rękawiczka

glow [gləʊ] vi płonąć, żarzyć się; promieniować; s żar; jasność; żarliwość

glow-worm ['gləʊwɜːm] s robaczek świętojański

glue [glu:] s klej; vt kleić

glum [glʌm] adj ponury

glut [glʌt] vt nasycić, napełnić do syta; przesycić; s nasycenie, przesyt

glu·ti·nous ['glu:tɪnəs] adj kleisty

glut·ton ['glʌtn] s żarłok

glut·ton·y ['glʌtnɪ] s żarłoczność, obżarstwo

gnash [næʃ] vt zgrzytać

gnat [næt] s komar

gnaw [nɔː] vt vi gryźć, ogryzać; wygryzać się

gnome [nəʊm] s gnom

*go [gəʊ] vi (*went* [went], *gone* [gɒn], 3 pers sing praes *goes* [gəʊz]) iść, pójść, chodzić, poruszać się, jechać; udać się; pójść sobie, przepaść, zniknąć; stać się; przeobrazić się; obchodzić się (*without sth* bez czegoś); *to let go* puścić; *let it go at that* poprzestańmy na tym; *to go to make* stanowić, składać się (*sth* na coś); z przymiotnikami: *to go bad* zepsuć się; *to go Dutch* (*treat*) płacić każdy za siebie (w restauracji); *to go mad <nuts>* zwariować; *to go red* poczerwienieć; *to go wrong* spotkać się z niepowodzeniem, nie udać się; zepsuć się; z przysłówkami i przyimkami: *go about* krążyć, chodzić tu i tam; przystąpić, zabierać się (*sth* do czegoś); *go after* starać się, ubiegać się o coś; *go ahead* posuwać się naprzód; dalej coś robić; zaczynać; *go along* iść <posuwać się> naprzód; *go asunder* rozpaść się; *go back* wrócić; cofnąć (*on one's word* swoje słowo); *go down* schodzić; opadać; zmniejszać się; (o słońcu) zachodzić; *go in* wchodzić; zabierać się (*for sth* do czegoś); uprawiać, zajmować się (*for sth* czymś); zasiadać (*for an exam* do egzaminu); *go off* odejść; (o broni) wystrzelić; przeminąć; wypaść, (o przedstawieniu, zawodach itp.) udać się; *go on* posuwać się naprzód; kontynuować (*with sth* coś, *doing sth* robienie czegoś); trwać; dziać się; zachowywać się; *go out* wyjechać, wyjść; kończyć się; niknąć, gasnąć; *go over* przejść na drugą stronę; przejrzeć, zbadać, powtórzyć (*sth* coś); *go through* (o uchwale itp.) przejść; dobrnąć do końca (*with sth* czegoś); *go*

under ulec; zginąć; zatonąć; *go up* podejść; wejść na górę; podnieść się; *to go up in flames* spłonąć; *that goes without saying* to nie ulega kwestii <wątpliwości>; *what's going on?* co się dzieje?, o co chodzi?; *as times go* jak na obecne czasy; s ruch; werwa; życie; próba; posunięcie; *to have a go* spróbować (*at sth* czegoś)

goad [gəʊd] *vt* kłuć; dawać bodźca, popędzać, pobudzać; s bodziec

goal [gəʊl] s cel; *sport* gol, bramka; *to score a ~* strzelić bramkę

goal·keep·er ['gəʊl,kiːpə] *s sport* bramkarz

goat [gəʊt] s koza, kozioł

go-be·tween ['gəʊbɪˌtwiːn] s pośrednik

god [gɒd] s bóg, bóstwo; *God* Bóg

god·daugh·ter ['gɒdˌdɔːtə] s chrześniaczka

god·dess ['gɒdɪs] s bogini

god·fath·er ['gɒdˌfɑːðə] s ojciec chrzestny

god·moth·er ['gɒdˌmʌðə] s matka chrzestna

god·send ['gɒdsend] *s pot.* niespodzianka, „dar niebios"

god·son ['gɒdsʌn] s chrześniak

goes *zob.* **go**

gog·gle ['gɒgl] *vi* wytrzeszczać oczy; *s pl ~s* gogle

go-kart ['gəʊkɑːt] *s* gokart (*mały czterokołowy pojazd wyścigowy z silnikiem*)

gold [gəʊld] s złoto; *attr* złoty

gold dig·ger ['gəʊldˌdɪgə] *s* poszukiwacz złota

gold·en ['gəʊldn] *adj* złocisty; pozłacany

gold·field ['gəʊldfiːld] *s* pole złotodajne, złoże złota

gold·mine ['gəʊldmaɪn] *s* kopalnia złota

gold·smith ['gəʊldsmɪθ] s złotnik

golf [gɒlf] *s* (*gra*) golf

gone *zob.* **go**

good [gʊd] *adj* dobry (*comp better* ['betə] lepszy, *sup best* [best] najlepszy); (*o dzieciach*) grzeczny; (*o dokumencie*) ważny; spory; właściwy; *~ at sth* biegły w czymś, zdolny do czegoś; *to make ~* naprawić; wyrównać; wynagrodzić; (*przy powitaniu*) *~ morning, ~ afternoon* dzień dobry; *~ evening* dobry wieczór; *~ night* dobranoc; *be a good girl!* bądź grzeczna!; s dobro; *pl ~s* dobra, własność; towary; *~s train* pociąg towarowy; *~s van* wóz dostawczy; *for ~* na dobre, na zawsze; *to be some ~* na coś się przydać; *to be no ~* nie przydać się na nic; *what's the ~ of it?* na co się to przyda?

good·bye [ˌgʊd'baɪ] *int* do widzenia!

good-look·ing [ˌgʊd'lʊkɪŋ] *adj* przystojny

good-na·tured [ˌgʊd'neɪtʃəd] *adj* dobroduszny

good·ness ['gʊdnəs] s dobroć; *~ gracious!, my ~!* mój Boże!

goods *zob.* **good**

good·will [ˌgʊd'wɪl] s dobra wola; *handl.* majątek s reputacja firmy

goose [guːs] s (*pl* **geese** [giːs]) *zool.* gęś

goose·ber·ry ['gʊzbrɪ] s *bot.* agrest

gore [gɔː] *vt* bóść

gorge [gɔːdʒ] s czeluść, parów; gardło; *vt vi pot.* żarłocznie jeść

gor·geous ['gɔːdʒəs] *adj* wspaniały, okazały

gos·pel ['gɒspl] *s także* **Gospel** ewangelia; *także* Ewangelia

gos·sa·mer ['gɒsəmə] s babie lato, pajęczyna

gos·sip ['gɒsɪp] s plotka; plotkarstwo; plotkarz, plotkarka; *vi* plotkować

got *zob.* **get**

Goth·ic ['gɒθɪk] *adj* gotycki; gocki; s gotyk; pismo gotyckie; język gocki

grass

got·ten ['gɒtn] *am. pp* od **get**

gourd [guəd] *s bot.* tykwa

gout [gaut] *s med.* dna, podagra

gov·ern ['gʌvn] *vt vi* rządzić, sprawować rządy, panować (*także* nad sobą <uczuciami>)

gov·ern·ment ['gʌvnmənt] *s* rząd, władze; prowincja, gubernia

gov·er·nor ['gʌvnə] *s* gubernator; dyrektor naczelny; naczelnik; członek zarządu

gown [gaun] *s* suknia, toga

grab [græb] *vt* porywać, chwytać; grabić

grace [greɪs] *s* gracja, wdzięk; łaska, łaskawość; *vt* zdobić; zaszczycać

grace·ful ['greɪsfl] *adj* pełen wdzięku, powabny; łaskawy

gra·cious ['greɪʃəs] *adj* łaskawy; **good ~!** mój Boże!

grade [greɪd] *s* gatunek; ranga, szczebel służbowy; *am.* klasa (*w szkole podstawowej*); *am* stopień

grad·u·al ['grædʒuəl] *adj* stopniowy

grad·u·ate ['grædʒueɪt] *vt* stopniować; oznaczać stopniami, znaczyć według skali; nadawać stopień naukowy; *vi* stopniowo przechodzić (*w coś*); otrzymać stopień naukowy; *s* ['grædʒuət] absolwent wyższej uczelni (*z tytułem naukowym*)

grad·u·a·tion [ˌgrædʒu'eɪʃn] *s* stopniowanie; ukończenie studiów (z tytułem naukowym)

graf·fi·ti [græ'fiːtɪ] *s* graffiti (*napisy na murach, na ścianach toalet itp.*)

graft 1. [grɑːft] *vt* szczepić; *s bot.* szczep; *med.* przeszczep

graft 2. [grɑːft] *s* wymuszenie, nieuczciwy zysk, łapówka; *vi* nieuczciwie zdobywać pieniądze (*wymuszeniem, przekupstwem itp.*)

grain [greɪn] *s* ziarno; *zbior.* zboże

gram·mar ['græmə] *s* gramatyka;

to speak bad ~ mówić niegramatycznie

gram·mar school ['græməskuːl] *s bryt.* szkoła średnia

gram·o·phone ['græməfəun] *s* gramofon

gran·a·ry ['grænərɪ] *s* spichlerz

grand [grænd] *adj* wielki; wytworny, wspaniały; uroczysty; główny; **~ piano** fortepian

grand·child ['græntʃaɪld] *s* wnuk, wnuczka

gran·deur ['grændʒə] *s* wielkość, majestatyczność

grand·fath·er ['grænd͵fɑːðə] *s* dziadek

gran·di·ose ['grændɪəus] *adj* wspaniały, majestatyczny

grand·moth·er ['græn͵mʌðə] *s* babka

gran·ite ['grænɪt] *s* granit

grant [grɑːnt] *vt* użyczać; spełniać (*prośbę*); nadawać (*własność*); przyznawać (*rację*); **to take for ~ed** przyjąć za rzecz oczywistą, przesądzić; *s* akt łaski; darowizna; subwencja

gran·u·lar ['grænjulə] *adj* ziarnisty

gran·u·late ['grænjuleɪt] *vt vi* granulować (się), nadawać <przybierać> postać ziarnistą

grape [greɪp] *s bot.* winogrono

grape·fruit ['greɪpfruːt] *s bot.* grejpfrut

graph [græf] *s* wykres

graph·ic ['græfɪk] *adj* graficzny

graph·ite ['græfaɪt] *s* grafit

grap·ple ['græpl] *vt* zahaczyć; *vi* chwycić; zmagać się; *s* chwyt; walka wręcz, zmaganie

grasp [grɑːsp] *vt* uchwycić, ścisnąć, mocno objąć; pojąć, zrozumieć; *vi* chwytać się (**at sth** czegoś); *s* chwyt, uścisk; władza; pojmowanie, zasięg (*ręki*)

grasp·ing ['grɑːspɪŋ] *adj* chciwy, zachłanny

grass [grɑːs] *s* trawa; *pot.* marihuana; **~ widow** słomiana wdowa; **~ widower** słomiany wdowiec; (*w napisie*) **keep off the ~** nie deptać trawników

grass·hop·per ['grɑ:s,hɒpə] *s zool.* konik polny

grass snake ['grɑ:ssneɪk] *s zool.* zaskroniec

grate 1. [greɪt] *s* krata; ruszt, palenisko; *vt* zakratować

grate 2. [greɪt] *vt* skrobać, ucierać (*na tarce*); skrzypieć, zgrzytać

grate·ful ['greɪtfl] *adj* wdzięczny; miły

grat·i·fi·ca·tion [,grætɪfɪ'keɪʃn] *s* wynagrodzenie; zadośćuczynienie; zadowolenie

grat·i·fy ['grætɪfaɪ] *vt* wynagrodzić; zadośćuczynić; zadowolić

grat·ing ['greɪtɪŋ] *ppraes i s* okratowanie

gra·tis ['greɪtɪs] *adv* darmo, bezpłatnie

grat·i·tude ['grætɪtjuːd] *s* wdzięczność

gra·tu·i·tous [grə'tjuːɪtəs] *adj* bezpłatny; dobrowolny; bezpodstawny

gra·tu·i·ty [grə'tjuːətɪ] *s* wynagrodzenie; napiwek

grave 1. [greɪv] *s* grób

grave 2. [greɪv] *adj* poważny; ważny

grav·el ['grævl] *s* żwir

grave·stone ['greɪvstəʊn] *s* płyta nagrobna; nagrobek

grave·yard ['greɪvjɑːd] *s* cmentarz

grav·i·ta·tion [,grævɪ'teɪʃn] *s* ciążenie

grav·i·ty ['grævɒtɪ] *s* waga, powaga; *fiz.* ciężkość, ciężar (*gatunkowy*); przyciąganie ziemskie; **specific ~** ciężar właściwy; **centre of ~** środek ciężkości

gra·vy ['greɪvɪ] *s* sos z mięsa

gray = **grey**

graze 1. [greɪz] *vt vi* paść (się)

graze 2. [greɪz] *vt* lekko dotknąć, musnąć; drasnąć

grease [griːs] *s* tłuszcz; smar; *vt* tłuścić; smarować

greas·y ['griːsɪ] *adj* tłusty; zatłuszczony; brudny; wstrętny

great [greɪt] *adj* wielki, duży; *pot.* wspaniały; **~ in <on> sth** zamiłowany w czymś; **~ at sth** uzdolniony do czegoś

greed [griːd] *s* chciwość, żądza (*władzy*)

greed·y ['griːdɪ] *adj* chciwy; żarłoczny

Greek [griːk] *adj* grecki; *s* Grek; język grecki

green [griːn] *adj* zielony; niedojrzały; *przen.* niedoświadczony; *s* zieleń, łąka; *pl* **~s** warzywa; *vt vi* zielenić się, pokrywać (się) zielenią

green·horn ['griːnhɔːn] *s pot.* żółtodziób, nowicjusz

green·house ['griːnhaʊs] *s* cieplarnia

greet [griːt] *vt* witać, kłaniać się, pozdrawiać

greet·ing ['griːtɪŋ] *ppraes i s* przywitanie, pozdrowienie

grem·lin ['gremlɪn] *s żart.* chochlik, gremlin (*złośliwy duszek psujący urządzenia*)

gre·nade [grɪ'neɪd] *s wojsk.* granat

grew *zob.* **grow**

grey [greɪ] *adj* szary, siwy; *s* szary kolor

grey·hound ['greɪhaʊnd] *s zool.* chart

grid [grɪd] *s* ruszt; krata; *elektr. geogr.* siatka; sieć wysokiego napięcia

grief [griːf] *s* zmartwienie; żal; nieszczęście; **to come to ~** spotkać się z nieszczęściem <niepowodzeniem>, źle się skończyć

griev·ance ['griːvns] *s* skarga, powód do skargi, krzywda

grieve [griːv] *vt vi* martwić (się), sprawiać <odczuwać> przykrość

griev·ous ['griːvəs] *adj* krzywdzący; bolesny, przykry

grill [grɪl] s krata, ruszt; mięso z rusztu; bufet; *vt vi* smażyć (się) na ruszcie

grim [grɪm] *adj* ponury; srogi, nieubłagany

gri·mace [grɪ'meɪs] s grymas; *vi* robić grymasy

grime [graɪm] s brud; *vt* brudzić, brukać

grim·y ['graɪmɪ] *adj* brudny

grin [grɪn] *vi* szczerzyć zęby, uśmiechać się (szeroko); s (szeroki) uśmiech, szczerzenie zębów

***grind** [graɪnd] *vt* (**ground, ground** [graʊnd]) mleć, ucierać, miażdżyć; ostrzyć; szlifować; toczyć; *vi* dać się zemleć; *pot.* wkuwać; harować

grind·stone ['graɪndstəʊn] s kamień szlifierski

grip [grɪp] *vt* chwycić (dłonią), ująć; ścisnąć; opanować; działać (**sb** na kogoś); s chwyt; ujęcie; uścisk; *przen.* władza, szpony; opanowanie, oddziaływanie

grit [grɪt] s piasek, żwir; *przen.* stanowczość, wytrwałość

griz·zled ['grɪzld] *adj* posiwiały

griz·zly ['grɪzlɪ] s *zool.* grizzly

groan [grəʊn] *vi* jęczeć; s jęk

groats [grəʊts] s *pl* krupy, kasza

gro·cer ['grəʊsə] s właściciel sklepu spożywczego <kolonialnego>

gro·cer·y ['grəʊsərɪ] s sklep z towarami spożywczymi <kolonialnymi>

groom [gruːm] s stajenny; pan młody

groove [gruːv] s rowek, bruzda; wpust; *przen.* szablon, rutyna; *vt* żłobić

grope [grəʊp] *vt vi* szukać <iść> po omacku

gross [grəʊs] *adj* gruby; duży; ordynarny; całkowity; *handl.* brutto; s gros (= *12 tuzinów*); *in* <**by**> *the* ~ hurtem, ogółem

gro·tesque [grəʊ'tesk] *adj* groteskowy; s groteska

ground 1. *zob.* **grind**

ground 2. [graʊnd] s podstawa, podłoże; grunt, ziemia; dno (*morza*); tło; teren, plac; *pl* ~**s** powód, podstawa; ~ **floor** parter; *vt* gruntować; opierać; uczyć (*podstaw*); *elektr. am.* uziemić

group [gruːp] s grupa; *vt vi* grupować (się)

grove [grəʊv] s gaj, lasek

grov·el ['grɒvl] *vi* pełzać, płaszczyć się

***grow** [grəʊ] *vi* (**grew** [gruː], **grown** [grəʊn]) rosnąć, wzrastać; stawać się; wzmagać się; *vt* hodować, sadzić; zapuszczać (*np. brodę*); *to* ~ *old* starzeć się; *it is* ~*ing dark* ściemnia się; ~ *up* dorastać, dojrzewać

growl [graʊl] *vi* warczeć, mruczeć, burczeć; s warczenie, pomruk

grown-up ['grəʊnʌp] *adj* dorosły; s dorosły człowiek

growth [grəʊθ] s rośnięcie; wzrost; rozwój; hodowla; porost; narośl

grub [grʌb] *vt vi* ryć, grzebać; karczować; s robak, czerw

gru·el ['gruːəl] s kaszka, kleik

grue·some ['gruːsəm] *adj* straszny, budzący zgrozę

grum·ble ['grʌmbl] *vt vi* szemrać, gderać, narzekać (*at sb, sth* na kogoś, coś)

grum·bler ['grʌmblə] s gderacz, zrzęda

grunt [grʌnt] *vt vi* chrząkać; s chrząkanie

guar·an·tee [ˌgærən'tiː] s poręczyciel; gwarancja; *vt* gwarantować, ręczyć

guar·an·ty ['gærəntɪ] s *prawn.* = **guarantee**

guard [gɑːd] s straż, warta; baczność; stróż, wartownik, strażnik; ochrona, osłona; *bryt.* konduktor *(na kolei)*; *pl* **~s** gwardia; *vt* pilnować, osłaniać, ochraniać; *vi* strzec się; zabezpieczać się (**against sth** przed czymś)

guard·i·an ['gɑːdɪən] *s* opiekun, stróż

gue·r(r)il·la [gə'rɪlə] *s* partyzantka; partyzant

guess [ges] *vt vi* zgadywać; przypuszczać, domyślać się, sądzić; *s* zgadywanie; przypuszczenie, domysł; **to give** <**make**> **a ~** zgadnąć; **at a ~** na chybił trafił, na oko

guest [gest] *s* gość

guid·ance ['gaɪdns] *s* kierownictwo; informacja

guide [gaɪd] *s* kierownik; *(także o książce)* przewodnik; poradnik; doradca; *vt* kierować, prowadzić

guild [gɪld] *s* gildia, cech

guile [gaɪl] *s* podstęp, oszustwo

guile·less ['gaɪlləs] *adj* otwarty, szczery

guil·lo·tine [ˌgɪlə'tiːn] *s* gilotyna

guilt·y ['gɪltɪ] *adj* winny; **~ conscience** nieczyste sumienie

gui·tar [gɪ'tɑː] *s* gitara; **acoustic ~** gitara akustyczna

gulf [gʌlf] *s* zatoka; otchłań; wir

gull [gʌl] *s* mewa

gul·let ['gʌlɪt] *s* przełyk; gardziel

gul·li·ble ['gʌləbl] *adj* naiwny, łatwowierny

gul·ly ['gʌlɪ] *s* ściek, kanał; żleb

gulp [gʌlp] *vt* chłeptać, łykać

(także łzy); powstrzymywać *(łzy)*; *s* łyk; **at one ~** jednym haustem

gum 1. [gʌm] *s* dziąsło

gum 2. [gʌm] *s* guma; klej roślinny; *vt* lepić, gumować

gun [gʌn] *s* działo; strzelba, karabin; rewolwer; strzelec

gun·boat ['gʌnbəʊt] *s wojsk.* kanonierka

gun·ner ['gʌnə] *s wojsk.* kanonier

gun·pow·der ['gʌnˌpaʊdə] *s* proch strzelniczy

gur·gle ['gɜːgl] *vi* bulgotać; *s* bulgotanie

gush [gʌʃ] *vi* wylewać, tryskać; *s* wylew, wytrysk

gust [gʌst] *s* poryw wiatru; gwałtowna ulewa; *przen.* wybuch uczucia

gut [gʌt] *s pl* **~s** *pot.* wnętrzności, jelita; *przen.* odwaga, energia

gut·ter ['gʌtə] *s* ściek, rynna

gut·ter·snipe ['gʌtəsnaɪp] *s pot.* dziecko ulicy

gut·tur·al ['gʌtərəl] *adj* gardłowy *(dźwięk)*

guy [gaɪ] *s am. pot.* facet, gość

gym [dʒɪm] = **gymnasium**

gym·na·si·um [dʒɪm'neɪzɪəm] *s* sala gimnastyczna

gym·nas·tic [dʒɪm'næstɪk] *adj* gimnastyczny; *s pl* **~s** gimnastyka

gy·nae·col·o·gist [ˌgaɪnɪ'kɒlədʒɪst] *s* ginekolog

Gypsy ['dʒɪpsɪ] *s* = **Gipsy**

H

hab·er·dash·er ['hæbədæʃə] *s bryt.* kupiec pasmanteryjny i galanteryjny

hab·it ['hæbɪt] *s* zwyczaj; nawyk, przyzwyczajenie; nałóg; budowa ciała; habit *(zakonny)*; **to be in the ~ of** mieć zwyczaj <nałóg>;

to fall <**get**> **into the ~ of** popaść w nawyk <nałóg>; **to break** (**off**) **the ~** odzwyczaić się

hab·i·ta·tion [ˌhæbɪ'teɪʃn] *s* mieszkanie, zamieszkiwanie; miejsce zamieszkania

ha·bit·u·al [həˈbɪtʃuəl] *adj* zwykły, zwyczajny; nałogowy; notoryczny

hack 1. [hæk] *s* cięcie; *vt* ciosać, rąbać, siekać

hack 2. [hæk] *s* szkapa; *przen. pot.* wyrobnik; ~ *writer* pismak; *vt komp pot.* włamać się (*do komputera*)

hack·er [ˈhækə] *s komp pot.* haker (*maniak komputerowy*)

hack·ney [ˈhæknɪ] *s* koś wynajęty; dorożka

hack·neyed [ˈhæknɪd] *pp i adj* oklepany, banalny, szablonowy

had *zob.* **have**

had·n't [ˈhædnt] = **had not**; *zob.* **have**

haem·or·rhage [ˈhemərɪdʒ] *s* krwawienie, krwotok

haem·or·rhoids *bryt.* = **hemorrhoids**

hag [hæg] *s* wiedźma; jędza

hag·gard [ˈhægəd] *adj* wynędzniały, wychudzony; (*o wzroku*) nieprzytomny

hail 1. [heɪl] *s* grad; *vi* (*o gradzie*) padać

hail 2. [heɪl] *vt* witać; wołać; obwołać; ~ *a taxi* przywołać taksówkę; *vi* pochodzić, przybywać (*skądś*); *s* powitanie

hair [heə] *s* włos; *zbior.* włosy

hair·cut [ˈheəkʌt] *s* strzyżenie

hair·do [ˈheəduː] *s pot.* uczesanie (*damskie*); fryzura

hair·dress·er [ˈheəˌdresə] *s* fryzjer (*damski*)

hair dry·er, hair drier [ˈheəˌdraɪə] *s* suszarka (*do włosów*)

hair·y [ˈheərɪ] *adj* włochaty, owłosiony

hale [heɪl] *adj* (*zw.* ~ *and hearty*) (*o starszych ludziach*) czerstwy, krzepki

half [hɑːf] *s* (*pl* **halves** [hɑːvz]) połowa; **one and a** ~ półtora; **to go halves** dzielić się (*z kimś*) na pół; *adj* pół; ~ *a mile* pół mili; *adv* na pół, po połowie

half·back [ˈhɑːfbæk] *s sport* obrońca, pomocnik

half·broth·er [ˈhɑːfˌbrʌðə] *s* przyrodni brat

half·heart·ed [ˌhɑːfˈhɑːtɪd] *adj* niezdecydowany, bez zapału

half·sis·ter [ˈhɑːfˌsɪstə] *s* przyrodnia siostra

half·time [ˌhɑːfˈtaɪm] *s* system pracy na pół etatu; *sport* przerwa (*w połowie gry*); ~ *worker* półetatowy pracownik

half·way [ˌhɑːfˈweɪ] *adv* w połowie drogi; *adj attr* znajdujący się w połowie drogi; *przen.* połowiczny

hall [hɔːl] *s* hall, hol; sala; hala; westybul; dwór, gmach

hall·mark [ˈhɔːlmɑːk] *s* stempel probierczy; *przen.* znamię

hal·lo! [həˈləʊ] *int* halo!; cześć!; czołem!

hal·low [ˈhæləʊ] *vt* święcić, poświęcać

Hal·low·een [ˌhæləʊˈiːn] *s* noc 31 października, w którym, wg tradycji, pojawiają się duchy zmarłych i w którym dzieci przebierają się za wiedźmy, duchy itd., robiąc lampy z dyni

hal·lu·ci·na·tion [həˌluːsɪˈneɪʃn] *s* halucynacja

ha·lo [ˈheɪləʊ] *s* aureola; obwódka

halt [hɔːlt] *vt vi* zatrzymać (się); wahać się; *s* zatrzymanie się, postój; *to come to a* ~ zatrzymać się

hal·ter [ˈhɔːltə] *s* stryczek; postronek

halves *zob.* **half**

ham [hæm] *s* szynka

ham·burg·er [ˈhæmbɜːgə] *s także* **burger** hamburger, mielony kotlet wołowy (*zw. podawany w przekrojonej bułce z dodatkiem warzyw i przypraw*)

ham·let [ˈhæmlət] *s* wioska

ham·mer [ˈhæmə] *s* młot, młotek; *vt* bić młotem, kuć, wbijać; *przen.*

zadać klęskę; *vi* walić <tłuc> (*at sth* w coś)

ham·mock ['hæmək] *s* hamak

ham·per ['hæmpə] *vt* przeszkadzać, hamować, krępować

hand [hænd] *s* ręka, dłoń; pracownik; pismo; *pl* ~**s** siły robocze, obsługa; załoga; ~**s off** (*sth*)! ręce precz (od czegoś)!; ~**s up!** ręce do góry!; *legible* ~ czytelne pismo; *at* ~ pod ręką; blisko; wkrótce; *by* ~ ręcznie; *in* ~ w posiadaniu; w robocie; pod kontrolą; *on* ~ w ręku; w posiadaniu; *on all* ~**s** ze wszystkich stron; *on the one* <*other*> ~ z jednej <drugiej> strony; *out of* ~ z miejsca, bezzwłocznie; poza kontrolą; *to be a good* ~ *at sth* umieć coś dobrze zrobić; *to bear* <*lend, give*> *sb a* ~ przyjść komuś z pomocą; *to get sth off one's* ~**s** pozbyć się czegoś; uwolnić się od czegoś; *to have a* ~ *in sth* maczać palce w czymś; *to live from* ~ *to mouth* żyć z dnia na dzień; *to shake* ~**s** ściskać dłoń (*na powitanie*); *vt* (*także* ~ *in*) wręczyć; ~ *on* podać dalej; ~ *out* wydać, wypłacić; ~ *over* przekazać, dostarczyć

hand·bag ['hændbæg] *s* torebka damska

hand·bill ['hændbɪl] *s* ulotka

hand·book ['hændbʊk] *s* podręcznik; poradnik

hand·cuff ['hændkʌf] *s zw. pl* ~**s** kajdany; *vt* zakuć w kajdany

hand·ful ['hændfʊl] *s* garść (*pełna czegoś*); garstka (*np. osób*)

hand·i·cap ['hændɪkæp] *s* zawada, przeszkoda, obciążenie; *sport* przeszkoda; przewaga (*dla słabszego*); *vt sport* dodatkowo obciążać (*zawodnika*), (*obciążeniem*) wyrównywać szanse (*zawodników*); przeszkadzać, utrudniać (*sb* komuś); upośledzać, stawiać w gorszym położeniu

hand·i·craft ['hændɪkrɑːft] *s* rękodzieło; rzemiosło

hand·i·work ['hændɪwɜːk] *s* robota (*ręczna*); robótka

hand·ker·chief ['hæŋkətʃɪf] *s* chustka (*także na szyję*); chusteczka (*do nosa*)

han·dle ['hændl] *vt* trzymać w ręku, dotykać ręką <palcami> (*sth* czegoś); obracać, manipulować (*sth* czymś); kierować (*sth* czymś); mieć do czynienia, traktować, obchodzić się (*sb, sth* z kimś, czymś); załatwiać (*np. orders* zamówienia); handlować (*sth* czymś); *s* rączka, rękojeść, uchwyt, trzonek; klamka (*przy drzwiach*); ucho (*garnka itp.*)

han·dle·bar ['hændlbɑː] *s* kierownica (*roweru*)

hand·made [ˌhænd'meɪd] *adj* ręcznie zrobiony <wykonany>

hand·out ['hændaʊt] *s* datek, jałmużna; ulotka; informacja na kartce (*dla słuchaczy wykładu itd.*)

hand·rail ['hændreɪl] *s* poręcz

hand·some ['hænsəm] *adj* ładny, przystojny; hojny

hand·writ·ing ['hændˌraɪtɪŋ] *s* charakter pisma, pismo

hand·y ['hændɪ] *adj* będący pod ręką; podręczny; zręczny, sprytny; wygodny, poręczny; *that will come in* ~ to się nam przyda

*****hang** [hæŋ] *vt* (*hung, hung* [hʌŋ]; *gdy mowa o egzekucji, samobójstwie:* *hanged, hanged* [hæŋd]) wieszać, zwieszać; *vi* wisieć, zwisać; zależeć (*on sb, sth* od kogoś, czegoś); ~ *about* <*am. także* *around*> trzymać się w pobliżu; wałęsać się; *pot.* obijać się; ~ *back* wahać się, ociągać się; ~ *on* uporczywie trzymać się, czepiać się (*to sth* czegoś); ~ *out* zwisać na zewnątrz, wychylać się; ~ *together* trzymać się razem; ~ *up* powiesić, zawiesić, odwiesić (*słuchawkę*); wstrzymać (*np.*

plan); **~ you!** *pot.* niech cię licho porwie!

hang·er ['hæŋə] *s* wieszak, wieszadło

hang·er-on [,hæŋər'ɒn] *s* (*pl* **~s-on**) pochlebca; fan

hang-glid·er ['hæŋ,glaɪdə] *s* lotnia

hang·ing ['hæŋɪŋ] *s* (*zw. pl* **~s**) draperia, kotara

hang·man ['hæŋmən] *s* (*pl* **hangmen** ['hæŋmən]) kat

hang·over ['hæŋ,əʊvə] *s* przeżytek, pozostałość; *pot.* kac

hang-up ['hæŋʌp] *s pot.* zahamowanie (psychiczne); poczucie dyskomfortu

hank·er ['hæŋkə] *vi* pożądać <pragnąć> (**after <for> sth** czegoś); tęsknić (**after <for> sth, sb** za czymś, kimś, do czegoś, kogoś)

hap·haz·ard [,hæp'hæzəd] *s* czysty przypadek, los szczęścia; **at <by> ~** na chybił trafił; *adj* przypadkowy; *adv* przypadkowo, na ślepo

hap·less ['hæpləs] *adj* nieszczęśliwy, nieszczęsny

hap·pen ['hæpn] *vi* zdarzyć się, trafić się, dziać się; **~ to do sth** przypadkowo coś zrobić; **~ on <upon> sth** natknąć się <natrafić> na coś

hap·pen·ing ['hæpnɪŋ] *s* wydarzenie; przedstawienie, happening

hap·pi·ness ['hæpɪnəs] *s* szczęście

hap·py ['hæpɪ] *adj* szczęśliwy; radosny; zadowolony; (*o pomyśle itp.*) trafny, udany; **~ hour** pora, kiedy towar jest sprzedawany po niższych cenach

ha·rangue [hə'ræŋ] *s* przemowa, tyrada, oracja; *vt vi* przemawiać (**sb** do kogoś), wygłaszać tyradę <orację>

har·ass ['hærəs] *vt* niepokoić, dręczyć

har·ass·ment ['hærəsmənt] *s* dręczenie, prześladowanie; **sexual ~** napastowanie seksualne

har·bin·ger ['hɑːbɪndʒə] *s* zwiastun; *vt* zwiastować

har·bour ['hɑːbə] *s dost. i przen.* przystań; port; schronienie; *vi* zawijać (do portu); chronić się; *vt* przygarnąć, dać przytułek; być siedliskiem (*np. brudu*); żywić (*np. uczucie*)

hard [hɑːd] *adj* twardy; surowy, srogi; ostry; trudny, ciężki; silny, mocny; **~ labour** ciężkie roboty; **~ worker** człowiek ciężko pracujący; **~ and fast** bezwzględny, surowy; nienaruszalny; *adv* mocno, twardo; wytrwale, usilnie; ciężko, z trudem; intensywnie; nadmiernie <bez umiaru>; **~ by <upon>** tuż (obok); **~ on <after, behind>** śladem, tuż za; **to be ~ up** być bez pieniędzy; **~ core** centralna grupa, jądro (organizacji); **~ disk** *komp.* dysk twardy

hard-core [,hɑːd'kɔː] *adj* twardy; zatwardziały; (*o pornografii*) wyrazisty, bez osłonek

hard·en ['hɑːdn] *vt* hartować, wzmacniać; znieczulać; *techn.* utwardzać; *vi* twardnieć; hartować się; *pot.* (*o cenach*) stabilizować się, ustalać się

har·di·hood ['hɑːdɪhʊd] *s* odwaga; zuchwalstwo, bezczelność

hard·ly ['hɑːdlɪ] *adv* z trudem; ledwo; **I can ~ say** trudno mi powiedzieć; **~ anybody** mało kto; **~ ever** rzadko, prawie nigdy; **I ~ know** nie bardzo wiem

hard·ness ['hɑːdnəs] *s* twardość; wytrzymałość, odporność, trudność, surowość, ostrość

hard·ship ['hɑːdʃɪp] *s* męka, znój, trud; ciężkie doświadczenie; nędza, niedostatek

hard·ware ['hɑːdweə] *s zbior.* towary żelazne; *komp.* sprzęt komputerowy

har·dy ['hɑːdɪ] *adj* śmiały; wytrzymały

hare [heə] *s* zając

hark [hɑːk] *vi* uważnie słuchać; *int* słuchaj!, uwaga!

har·le·quin ['hɑːləkwɪn] *s* arlekin

harm [hɑːm] *s* szkoda, krzywda; skaleczenie; **to do** ~ zaszkodzić; *vt* szkodzić, krzywdzić; skaleczyć

harm·ful ['hɑːmfl] *adj* szkodliwy

har·mo·ni·ous [hɑːˈməʊnɪəs] *adj* harmonijny, zgodny; melodyjny

har·mo·ny ['hɑːmənɪ] *s* (*także muz.*) harmonia, zgodność

har·ness ['hɑːnɪs] *s* uprząż, zaprzęg; *vt* zaprzęgać

harp [hɑːp] *s* harfa; *vi* grać na harfie; uporczywie powtarzać jedno i to samo (**on sth** na ten sam temat)

har·poon [ˌhɑːˈpuːn] *s* harpun; *vt* ugodzić harpunem

har·row ['hærəʊ] *s* brona; *vt* bronować; *przen.* dręczyć, ranić (*uczucia*)

har·ry ['hærɪ] *vt* pustoszyć, grabić; dręczyć

harsh [hɑːʃ] *adj* szorstki; opryskliwy, nieuprzejmy; przykry (*dla oka, ucha itp.*); (*o opinii, klimacie itd.*) surowy

har·vest ['hɑːvɪst] *s* żniwo; *dosł. i przen.* żniwo, plon; *vt* zbierać (*zboże, plon*); ~ **festival** dożynki

has *zob.* **have**

has-been ['hæzbiːn] *s adj pot.* były, ex (*np. premier, dyrektor*)

hash [hæʃ] *vt* siekać (*mięso*); *s* siekane mięso; *przen. pot.* bigos, galimatias

has·n't ['hæznt] = **has not**; *zob.* **have**

hasp [hɑːsp] *s* skobel, zasuwka; klamra

haste [heɪst] *s* pośpiech; **to make** ~ śpieszyć się

has·ten ['heɪsn] *vt* przyspieszać; ponaglać; *vi* śpieszyć się

has·ty ['heɪstɪ] *adj* pospieszny; porywczy; nie przemyślany, pochopny

hat [hæt] *s* kapelusz

hatch 1. [hætʃ] *s mors.* luk; klapa; właz

hatch 2. [hætʃ] *vt vi* wysiadywać (*jaja*), wylęgać (*pisklęta*); *vi* wylęgać się; *s* wyleganie; wyląg

hatch·et ['hætʃɪt] *s* toporek; *am.* **to bury the** ~ pogodzić się

hate [heɪt] *vt* nienawidzić; nie znosić; *s* nienawiść

hath [hæθ] = **has**

ha·tred ['heɪtrɪd] *s* nienawiść

haugh·ty ['hɔːtɪ] *adj* wyniosły, pyszny

haul [hɔːl] *vt vi* ciągnąć; wlec; *mors.* holować; przewozić; *s* ciągnienie; holowanie; połów; przewóz

haunch [hɔːntʃ] *s* biodro

haunt [hɔːnt] *vt* nawiedzać; (*o duchach*) straszyć; odwiedzać, bywać (*a place* w jakimś miejscu); (*o myślach*) prześladować; *s* miejsce częstych odwiedzin; kryjówka; spelunka

***have** [hæv, həv] *vt* (**had, had** [hæd, həd], *3 pers sing praes* **has** [hæz]) mieć; miewać; posiadać; otrzymać, nabyć; kazać <dać> (coś zrobić); spowodować (zrobienie czegoś); kazać (**sb do sth** komuś coś zrobić); twierdzić; życzyć sobie, chcieć; znosić, pozwalać na coś; *przed bezokolicznikiem z* **to**: musieć; **I** ~ **to go** muszę iść; **to** ~ **a good time** dobrze się bawić; **to** ~ **dinner** jeść obiad; **to** ~ **a bath** wykąpać się; **to** ~ **a drink** napić się (alkoholu); **to** ~ **a walk** przejść się; **do you** ~ **tea for breakfast?** czy pijesz herbatę na śniadanie?; **do you often** ~ **colds?** czy często się zaziębiasz?; **I must** ~ **my watch repaired** muszę dać zegarek do naprawy; **I had my watch stolen** ukradziono mi zegarek; **let me** ~ **it** daj mi to; **G.B. Shaw**

has it G.B. Shaw twierdzi; *I would ~ you know* chciałem, żebyś wiedział; *I won't ~ such conduct* nie zniosę takiego zachowania; *~ on* mieć na sobie; mieć w planie; *~ out* dać sobie usunąć (*np. ząb*); *~ up* wprowadzić na górę; wezwać do sądu (*na przesłuchanie*)

ha·ven ['heɪvn] *s dosł. i przen.* przystań

have·n't ['hævnt] = *have not*

hav·oc ['hævək] *s* spustoszenie; *to play ~* pustoszyć, szerzyć zniszczenie

hawk 1. [hɔːk] *s* jastrząb

hawk 2. [hɔːk] *vt* sprzedawać na ulicy (*lub* krążąc od domu do domu)

hawk 3. [hɔːk] *vi* chrząkać

hawk·er ['hɔːkə] *s* sprzedawca uliczny; domokrążca

haw·thorn ['hɔːθɔːn] *s bot.* głóg

hay [heɪ] *s* siano; *to make ~* kosić, grabić i suszyć siano; *przen.* robić bałagan; szerzyć zamieszanie (*of sth* w czymś)

hay·stack ['heɪstæk] *s* stóg (siana)

haz·ard ['hæzəd] *s* hazard, ryzyko, niebezpieczeństwo; traf; *vt* ryzykować, narażać (się) na niebezpieczeństwo

haz·ard·ous ['hæzədəs] *adj* hazardowy, ryzykowny, niebezpieczny

haze [heɪz] *s* lekka mgła, mgiełka; *przen.* niepewność

ha·zel ['heɪzl] *s bot.* leszczyna; *adj attr* leszczynowy; *~ nut* orzech laskowy

ha·zy ['heɪzɪ] *adj* zamglony, *dosł. i przen.* mglisty

H-bomb ['eɪtʃbɒm] *s* bomba wodorowa

he [hiː] *pron* on

head [hed] *s* głowa; główka (*np. szpilki, sałaty*); łeb (*zwierzęcy*); szef, kierownik, naczelnik; nagłówek; rubryka, dział, punkt,

dziedzina; *prawn.* paragraf; szczyt, góra, górna część; przód, czoło (*listy, pochodu*); *at the ~* na czele; *to bring to a ~* doprowadzić do rozstrzygającego <kulminacyjnego> momentu; *~ over heels in love* zakochany po uszy; *to keep one's ~* nie tracić głowy; *to make ~ against sth* stawiać czoło <opór> czemuś; *~s or tails* orzeł czy reszka; *~ start* przewaga; *vt* prowadzić, przewodzić, stać <być, iść> na czele; *sport* (*w piłce nożnej*) uderzyć głową; nadawać kierunek; zatytułować (*np. rozdział*); stawiać czoło, sprzeciwiać się (*sth* czemuś); *vi* zdążać, brać kurs (*for sth* na coś), zmierzać (*for sth* ku czemuś)

head·ache ['hedeɪk] *s* ból głowy; *sick ~* migrena

head·ing ['hedɪŋ] *s* nagłówek; dział; rubryka; *mors.* kurs

head·land ['hedlənd] *s* przylądek, cypel

head·light ['hedlaɪt] *s* przednie światło <reflektor> (*lokomotywy, samochodu itp.*)

head·line ['hedlaɪn] *s* nagłówek, tytuł (*w gazecie*); *pl ~s radio* wiadomości w skrócie

head·long ['hedlɒŋ] *adj* gwałtowny, nagły; nierozważny; *adv* nagle, na łeb na szyję, na oślep; (*upaść itd.*) głową naprzód

head·man ['hedmən] *s* (*pl* **headmen** ['hedmən]) przewodnik; przywódca, wódz

head·mas·ter [,hed'mɑːstə] *s* dyrektor szkoły

head·phones ['hedfəunz] *s pl* słuchawki (*do radia itp.*)

head·quar·ters [,hed'kwɔːtəz] *s pl wojsk.* kwatera główna; dowództwo

heads·man ['hedzmən] *s* (*pl* **headsmen** ['hedzmən]) kat

head·way ['hedweɪ] *s* ruch naprzód; postęp

head·y ['hedɪ] *adj* gwałtowny; (*o trunku itp.*) oszałamiający

heal [hi:l] *vt vi* leczyć (się); goić (się); łagodzić

health [helθ] *s* zdrowie; ~ **insurance** ubezpieczenie na wypadek choroby; ~ **resort** uzdrowisko; ~ **food** zdrowa żywność

health·y ['helθɪ] *adj* zdrowy

heap [hi:p] *s* stos, kupa; *pot.* masa, mnóstwo; *vt* (*także* ~ **up**) ułożyć <usypać> stos <kopiec> (**sth** *z* czegoś); (*także* ~ **up**) gromadzić; ładować

***hear** [hɪə] *vt vi* (**heard, heard** [hз:d]) słuchać, słyszeć; przesłuchać, przepytać; dowiedzieć się, otrzymać wiadomość

hear·er ['hɪərə] *s* słuchacz

hear·ing ['hɪərɪŋ] *ppraes i s* słuch; posłuchanie; słyszenie (*czegoś*); *it was said in my* ~ powiedziano to w mojej obecności; ~ **aid** aparat słuchowy

hear·say ['hɪəseɪ] *s* wieść; pogłoska; *from* ~ ze słyszenia

hearse [hз:s] *s* karawan

heart [hɑ:t] *s* serce; *przen.* dusza; rdzeń; środek, sedno; *przen.* otucha, męstwo, odwaga; kier (*w kartach*); ~ **to** ~ szczerze; **to have sth at** ~ mieć coś na sercu; *I cannot find it in my* ~ nie mogę się na to zdobyć, nie mam odwagi; *by* ~ na pamięć; ~ **attack** <**condition**> zawał serca

heart·break·ing ['hɑ:tbreɪkɪŋ] *adj* rozdzierający serce

heart·brok·en ['hɑ:t,brəʊkn] *adj* ze złamanym sercem, zgnębiony

heart·burn ['hɑ:tbз:n] *s* zgaga

heart·en ['hɑ:tn] *vt* (*także* ~ **up**) dodać otuchy <serca, odwagi>; *vi* (*także* ~ **up**) nabrać odwagi

hearth [hɑ:θ] *s* palenisko; kominek; *przen.* ognisko domowe

heart·sick ['hɑ:tsɪk] *adj* przygnębiony, przybity, strapiony

heart·y ['hɑ:tɪ] *adj* serdeczny,

szczery; (*o posiłku*) solidny; krzepki; (*o glebie*) żyzny

heat [hi:t] *s* gorąco, żar, upał; *fiz.* ciepło; *przen.* zapał; ogień; pasja; **at a** ~ na raz, za jednym zamachem; **trial** <**preliminary**> ~**s** *sport* zawody eliminacyjne; *vt vi* grzać <ogrzewać, rozgrzewać> (się); palić <rozpalić> (się)

heat·er ['hi:tə] *s* ogrzewacz, grzejnik, grzałka, piec, kaloryfer

heath [hi:θ] *s* wrzosowisko

hea·then ['hi:ðn] *adj* pogański; *s* (*pl the* ~) poganin

heath·er ['heðə] *s bot.* wrzos

heat·ing ['hi:tɪŋ] *s* ogrzewanie

***heave** [hi:v] *vt vi* (**hove, hove** [həʊv] *lub* **heaved, heaved** [hi:vd]) podnosić (się), dźwigać (się); (*o falach itp.*) unosić się i opadać; wydać (**a groan** jęk); wydymać (się); *s* podniesienie <dźwignięcie> (się); nabrzmienie

heav·en ['hevn] *s* niebo, niebiosa; *for* ~**'s sake!** na miłość boską!; *good* ~**(s)!** wielkie nieba!

heav·i·ness ['hevɪnəs] *s* ciężkość; ociężałość

heav·y ['hevɪ] *adj* ciężki; ociężały; (*o ciosie itd.*) silny, mocny; (*o stracie itd.*) duży, wielki; (*o śnie*) głęboki; (*o posiłku*) obfity; (*o kobiecie*) ciężarna; (*o morzu*) wzburzony; (*o niebie*) zachmurzony; (*o deszczu*) rzęsisty; **to lie** <**hang**> ~ ciążyć; (*o czasie*) dłużyć się

heavy·weight ['hevɪweɪt] *s sport* waga ciężka; bokser ciężkiej wagi

He·brew ['hi:bru:] *adj* hebrajski; *s* Izraelita; język hebrajski

heck·le ['hekl] *vt* dręczyć <przerywać mówcy> (*pytaniami, okrzykami*)

hec·tic ['hektɪk] *adj* gorączkowy, rozgorączkowany; niszczący

he'd [hi:d] = **he had; he would**

hedge [hedʒ] *s* żywopłot, ogrodzenie; *vt* ogradzać

hedge·hog ['hedʒhɒg] *s zool.* jeż

heed [hi:d] *vt* uważać <baczyć>

(*sb, sth* na kogoś, coś); *s* uwaga; baczenie; *to take* ~ zważać (*of sth* na coś)

heed·ful ['hi:dfl] *adj* baczny, uważny, dbały

heed·less ['hi:dləs] *adj* nieuważny, niedbały, nieostrożny

heel [hi:l] *s* pięta; obcas; ~ *bar* naprawa obuwia; *to take to one's* ~*s* uciec, *pot.* wziąć nogi za pas

heel·tap ['hi:ltæp] *s* flek

he·ge·mo·ny [hɪ'gemənɪ] *s* hegemonia

heif·er ['hefə] *s* jałówka

height [haɪt] *s* wysokość; wzrost (*człowieka*); szczyt; pełnia, punkt kulminacyjny; wzniesienie (*terenu*)

height·en ['haɪtn] *vt vi* podwyższyć (się), podnieść (się), wzmóc, powiększyć

hei·nous ['heɪnəs] *adj* (*o zbrodni itp.*) potworny, ohydny

heir [eə] *s* dziedzic, spadkobierca

heir·ess ['eərəs] *s* dziedziczka

heir·loom ['eəlu:m] *s* coś dziedziczonego w rodzinie, scheda (*klejnot, talent itp.*)

held *zob.* **hold**

hell [hel] *s* piekło; *to give sb* ~ zrobić komuś piekło; *int* do diabła!

he'll [hi:l] = **he will, he shall**

hel·lo [he'ləʊ] *int* halo!

helm [helm] *s dosł i przen.* ster

hel·met ['helmɪt] *s* hełm (*żołnierza, policjanta itp.*); kask

helms·man ['helmzmən] *s* (*pl* **helmsmen** ['helmzmən]) sternik

help [help] *s* pomoc; rada, ratunek; pomocnik; służący; *to be of* ~ być pomocnym; *to be past* ~ być w beznadziejnym stanie; *there is no* ~ *for it* na to nie ma rady; *vt* pomagać, wspierać, ratować; częstować (*to sth* czymś); wstrzymać się; zapobiec; dać radę; ~ *yourself* poczęstuj się (*to sth* czymś); *I can't* ~ *laughing* nie mogę się powstrzymać od

śmiechu; *I can't* ~ *it* nic na to nie poradzę; *can I help you ?* czym mogę służyć ?

help·ful ['helpfl] *adj* pomocny, użyteczny

help·ing ['helpɪŋ] *s* porcja, dokładka (*jedzenia*)

help·less ['helpləs] *adj* bez oparcia, bezradny

help·mate ['helpmeɪt] *s* towarzysz, partner; współmałżonek

hem [hem] *vt* rąbek, obwódka; *vt* obrębić, obszyć; ~ *in* otoczyć, okrążyć

hem·i·sphere ['hemɪsfɪə] *s* półkula

hem·or·rhoids ['heməroɪdz] *s pl med.* hemoroidy

hemp [hemp] *s bot.* konopie

hen [hen] *s* kura; samica (*ptaków*)

hence [hens] *adv* a więc; stąd, odtąd

hence·forth [,hens'fɔ:θ],

hence·for·ward [,hens'fɔ:wəd] *adv* odtąd, na przyszłość

hench·man ['hentʃmən] *s* (*pl* **henchmen** ['hentʃmən]) stronnik, ślepo oddany zwolennik

her [hɜ:, ɜ:] *pron* ją, jej

her·ald ['herəld] *s* herold; zwiastun; *vt* zwiastować

her·ald·ry ['herəldrɪ] *s* heraldyka

herb [hɜ:b] *s* zioło

herd [hɜ:d] *s* stado; motłoch; *vt vi* żyć w stadach, gromadzić (się)

herds·man ['hɜ:dzmən] *s* (*pl* **herdsmen** ['hɜ:dzmən]) pasterz, pastuch

here [hɪə] *adv* tu, tutaj; oto; *from* ~ stąd; *in* ~ tu (wewnątrz); *near* ~ niedaleko stąd, tuż obok; *up to* ~ dotąd; ~ *you are* proszę bardzo

here·a·bout(s) [,hɪərə'baʊt(s)] *adv* w pobliżu, gdzieś tutaj

here·af·ter [,hɪər'ɑ:ftə] *adv* następnie, w przyszłości; poniżej

here·by [,hɪə'baɪ] *adv* przez to; przy tym; tym sposobem

he·red·i·ta·ry [hɪ'redɪtrɪ] *adj* dziedziczny

he·red·i·ty [hɪˈredətɪ] s dziedziczność

here·in [ˌhɪərˈɪn] adv w tym; tu (wewnątrz)

here·of [ˌhɪərˈɒv] adv tego, niniejszego (np. dokumentu)

here's [hɪəz] = **here is; here has**

her·e·sy [ˈherəsɪ] s herezja

her·e·tic [ˈherətɪk] s heretyk

he·ret·i·cal [hɪˈretɪkl] adj heretycki

here·up·on [ˌhɪərəˈpɒn] adv na to; co do tego; następnie

here·with [ˌhɪəˈwɪð] adv niniejszym, z niniejszym

her·i·ta·ble [ˈherɪtəbl] adj dziedziczny

her·i·tage [ˈherɪtɪdʒ] s dziedzictwo, spadek

her·met·ic [hɜːˈmetɪk] adj hermetyczny

her·mit [ˈhɜːmɪt] s pustelnik

he·ro [ˈhɪərəʊ] s (pl ~es [ˈhɪərəʊz]) bohater

he·ro·ic [hɪˈrəʊɪk] adj bohaterski, heroiczny

her·o·ine [ˈherəʊɪn] s bohaterka

her·o·ism [ˈherəʊɪzm] s bohaterstwo

her·on [ˈherən] s zool. czapla

her·ring [ˈherɪŋ] s zool. śledź

hers [hɜːz] pron jej

her·self [hɜːˈself] pron ona sama; (ona) sobie <siebie, się>; **by ~** sama (jedna), samodzielnie

he's [hiːz] = **he is; he has**

hes·i·tant [ˈhezɪtənt] adj niezdecydowany, niepewny

hes·i·tate [ˈhezɪteɪt] vi wahać się, być niezdecydowanym

hes·i·ta·tion [ˌhezɪˈteɪʃn] s wahanie, niezdecydowanie

***hew** [hjuː] vt (**hewed** [hjuːd], **hewn** [hjuːn] lub **hewed**) rąbać, ciosać; wyrąbać sobie (np. ścieżkę)

hew·er [ˈhjuːə] s drwal; kamieniarz; rębacz

hey·day [ˈheɪdeɪ] s punkt szczytowy; pełny rozkwit

hi·ber·nate [ˈhaɪbəneɪt] vi zimować, znajdować się w śnie zimowym

hic·cup [ˈhɪkʌp] s czkawka; vi też **hic·cough** mieć czkawkę

hid, hid·den zob. **hide 2.**

hide 1. [haɪd] s (nie wyprawiona) skóra

***hide 2.** vt vi (**hid** [hɪd], **hidden** [ˈhɪdn]) ukrywać (się), chować (się)

hide-and-seek [ˌhaɪdəndˈsiːk] s zabawa w chowanego

hide·a·way [ˈhaɪdəweɪ] s pot. kryjówka; miejsce relaksu, ucieczka od obowiązków

hid·e·ous [ˈhɪdɪəs] adj wstrętny, ohydny, odrażający

hi·er·arch·y [ˈhaɪrɑːkɪ] s hierarchia

hi·er·o·glyph [ˈhaɪərəglɪf] s hieroglif

high [haɪ] adj wysoki; wybitny; skrajny, szczytowy; górny; główny; wzniosły; (o głosie) cienki; (o opinii) pochlebny; (o wietrze) silny; (o barwach) żywy; ~ **affairs** ważne sprawy; ~ **day** jasny dzień; ~ **hand** arbitralne postępowanie, wyniosłość; ~ **life** życie wyższych sfer, wytworny świat; ~ **seas** pełne morze; ~ **tide** przypływ; ~ **water** najwyższy stan wody; ~ **words** gwałtowne <ostre> słowa; **to run** ~ (o cenach) iść w górę; (o morzu, uczuciach) być wzburzonym; ~ **school** am. szkoła średnia; ~ **technology** zaawansowana technologia

high-brow [ˈhaɪbraʊ] s (zw. pretensjonalny) intelektualista

high-flown [ˌhaɪˈfləʊn] adj górnolotny

high hand·ed [ˌhaɪˈhændɪd] adj władczy, despotyczny, arbitralny

high·land·er [ˈhaɪləndə] s góral szkocki

high·ly [ˈhaɪlɪ] adv wysoko; wyso-

ce, w wysokim stopniu; wielce, w
dużej mierze; wyniośle

high·ness ['haɪnəs] s wysokość;
Your Highness Wasza Wysokość

high·road ['haɪrəʊd] s gościniec,
szosa

high·way ['haɪweɪ] s am autostrada; szosa

high·way·man ['haɪweɪmən] s
(pl **highwaymen** ['haɪweɪmən])
rozbójnik

hi·jack ['haɪdʒæk] vt porwać
<uprowadzić> samolot

hike [haɪk] vi odbywać pieszą wycieczkę <wędrówkę>; s piesza
wycieczka, wędrówka

hik·er ['haɪkə] s turysta (pieszy)

hi·la·ri·ous [hɪ'leərɪəs] adj wesoły

hi·lar·i·ty [hɪ'lærətɪ] s wesołość

hill [hɪl] s wzgórze, pagórek

hill side ['hɪlsaɪd] s stok, zbocze

hill·y ['hɪlɪ] adj pagórkowaty

hilt [hɪlt] s rękojeść

him [hɪm] pron jemu, mu, jego, go;
pot. on

him·self [hɪm'self] pron on sam,
jego samego, (on) sobie <siebie,
się>; *by ~* sam (jeden), samodzielnie

hind 1. [haɪnd] s łania

hind 2. [haɪnd] adj tylny

hin·der ['hɪndə] vt przeszkadzać;
powstrzymywać (**sb from doing
sth** kogoś od zrobienia czegoś)

hin·drance ['hɪndrəns] s przeszkoda

hinge [hɪndʒ] s zawias(a); przen.
punkt zaczepienia, oś (problemu
itp.); vt umocować na zawiasach;
vi obracać się (**on sth** dokoła
czegoś); przen. zależeć (**on sth**
od czegoś)

hint [hɪnt] s aluzja, przytyk, docinek; napomknienie, wzmianka;
wskazówka, podpowiedź; vt vi
napomknąć (**sth** <**at sth**> o
czymś), zrobić aluzję (**at sth** do
czegoś)

hip [hɪp] s anat. biodro

hire ['haɪə] s najem; opłata za

najem; **~ purchase** bryt. kupno
na raty; **"for hire"** „wolny" (na
taksówce); vt najmować

hire·ling ['haɪəlɪŋ] s najemnik

his [hɪz] adj i pron jego

hiss [hɪs] vi syczeć; vt wygwizdać;
s syk; wygwizdanie

his·to·ri·an [hɪ'stɔːrɪən] s historyk

his·tor·ic [hɪ'stɒrɪk] adj historyczny; dziejowy, doniosły

his·tor·i·cal [hɪ'stɒrɪkl] adj historyczny

his·to·ry ['hɪstrɪ] s historia, dzieje

***hit** vt vi (**hit, hit**) [hɪt]) uderzyć
(się); trafić; ugodzić (**at sth** w
coś); **~ off** uchwycić (np. podobieństwo); s uderzenie; celny
strzał; traf; aluzja, przytyk, trafna
uwaga; sukces, udana próba;
przebój (muzyczny)

hitch [hɪtʃ] vt szarpnąć, przy-
ciągnąć; posunąć; przymocować,
przyczepić; vi przyczepić <zacze-
pić> się; a nerwowy ruch; szarpnięcie; zaciśnięcie; zatrzymanie;
zwłoka; przeszkoda; komplikacja

hitch·hike ['hɪtʃhaɪk] s podróż
autostopem; vi podróżować autostopem

hitch·hik·er ['hɪtʃhaɪkə] s autostopowicz

hith·er ['hɪðə] adv tu, do tego
miejsca, dotąd

hith·er·to [ˌhɪðə'tuː] adv dotychczas, dotąd

hive [haɪv] s ul; przen. mrowisko;
vt umieszczać (pszczoły) w ulu;
przen. gromadzić; vi wchodzić do
ula; przen. żyć w gromadzie

hoar [hɔː] adj siwy

hoard [hɔːd] s zapas; skarb; vt gromadzić <zbierać> (np. zapasy),
ciułać, odkładać (pieniądze)

hoard·ing ['hɔːdɪŋ] s płot, parkan; tablica do naklejania afiszów

hoar·frost ['hɔːfrɒst] s szron

hoarse [hɔːs] adj ochrypły, chrapliwy

hoar·y ['hɔːrɪ] adj oszroniony; siwy; sędziwy

hoax [həʊks] s mistyfikacja, o-
szustwo, *pot.* kawał; *vt* mistyfiko-
wać, *pot.* nabierać
hob·ble ['hɒbl] *vi* kuleć, utykać; *vt*
pętać (*konia*); *s* utykanie, kuśty-
kanie; pęta (*dla konia*)
hob·by ['hɒbɪ] *s* ulubione zajęcie,
rozrywka, konik, pasja, hobby
hob·nail ['hɒbneɪl] *s* ćwiek
hob·nailed ['hɒbneɪld] *adj* podbi-
ty ćwiekami
hock·ey ['hɒkɪ] *s* hokej; **field
<ice> ~** hokej na trawie <na lo-
dzie>
hoe [həʊ] *s* motyka; graca; *vt vi*
kopać motyką; gracować
hog [hɒg] *s* wieprz, świnia
hoist [hɔɪst] *vt* (*także ~ up*) podnieść, podciągnąć w górę, wywiesić (*flagę*)
*****hold 1.** [həʊld] *vt vi* (**held, held**
[held]) trzymać (się); zawierać,
mieścić; utrzymywać (się); odbywać (*np. zebranie*); obchodzić
(*np. święto*); twierdzić, uważać
(**sb guilty** kogoś za winnego, **sth
to be good** że coś jest dobre);
obstawać (**to sth** przy czymś);
powstrzymać, hamować; **to ~
good <true>** utrzymywać się w
mocy; **to ~ one's ground** trzymać się mocno, nie ustępować; **to
~ one's own** stać na swoim, nie
poddawać się; **to ~ true** być
nadal ważnym; **to ~ one's
tongue** milczeć; *z przysłówkami:*
~ back powstrzymać (się);
taić; ociągać się; **~ in** hamować
(się); **~ off** trzymać (się) z dala,
powstrzymywać (się); **~ on** trzymać (się) mocno, trwać (**to sth**
przy czymś); wytrzymywać; **~ out**
wyciągać; ofiarować, dawać; wytrzymywać; **~ over** odkładać,
odraczać; **~ up** podtrzymywać;
podnosić; zatrzymywać; hamować; wystawiać (*np.* **to derision**
na pośmiewisko); *s* chwyt, u-
chwyt; trzymanie; wpływ (**over sb**
na kogoś); **to get catch <lay> ~**

znaleźć; pochwycić, opanować
(**of sth** coś); **to keep ~** mocno
trzymać (**of sth** coś); **to lose
<leave> one's ~** stracić panowa-
nie (**of sth** nad czymś); *praep*
bez, oprócz (*zamawiając posiłek,
np.* **cheeseburger ~ onions**)
hold 2. [həʊld] *s mors.* ładownia
(*statku*)
hold·all ['həʊldɔːl] *s bryt.* pojem-
na torba podróżna
hold·er ['həʊldə] *s* posiadacz;
właściciel; dzierżawca; okaziciel;
rączka, obsadka (*pióra*), oprawka; naczynie, zbiornik
hold·ing ['həʊldɪŋ] *ppraes i s*
władanie; posiadłość; dzierżawa;
handl. portfel (*papierów war-
tościowych*)
hold-up ['həʊldʌp] *s* zatrzymanie
(*ruchu*); napad (*rabunkowy*)
hole [həʊl] *s* dziura, dół, otwór;
nora, jama; *vt* dziurawić, wiercić,
drążyć
hol·i·day ['hɒlədeɪ] *s* święto; dzień
wolny od pracy; (*zw. pl ~s*) wakacje; urlop; ferie; **~ maker**
wczasowicz, turysta
Hol·i·ness ['həʊlɪnɪs] *s* Świątobliwość (*tytuł papieża*)
hol·low ['hɒləʊ] *s* dziura, puste
miejsce; kotlina, dolina; *adj* pusty,
wydrążony, wklęsły; (*o policz-
kach, oczach*) zapadnięty; (*o
zębie*) dziurawy; *przen.* czczy;
nieszczery, fałszywy; (*o dźwięku*)
głuchy; *vt* wyżłobić; *adv pot.*
całkowicie
holm [həʊm] *s* ostrów, kępa
hol·o·caust ['hɒləkɔːst] *s* holo-
kaust, zagłada
hol·ster ['həʊlstə] *s* kabura, ol-
stro
ho·ly ['həʊlɪ] *adj* święty, poświęcony; **~ orders** święcenia
hom·age ['hɒmɪdʒ] *s* hołd; **to pay
~** składać hołd
home [həʊm] *s* dom (*rodzinny*),
ognisko domowe; mieszkanie;
przytułek; kraj (*rodzinny*), ojczy-

zna; **at ~** w domu; w kraju; **to make oneself at ~** rozgościć się, nie krępować się; *adj* domowy, rodzinny; miejscowy; wewnętrzny, krajowy; **Home Office** *bryt.* ministerstwo spraw wewnętrznych; **Home Secretary** *bryt.* minister spraw wewnętrznych; **Home Rule** autonomia; *adv* do domu; do kraju; w kraju; **to bring ~** unaocznić, wyjaśnić

home·less ['həʊmləs] *adj* bezdomny

home·ly ['həʊmlɪ] *adj* przytulny, swojski; prosty, pospolity; (*np. o rysach twarzy*) nieładny

home-made [ˌhəʊm'meɪd] *adj* domowego <krajowego> wyrobu

home·sick ['həʊmsɪk] *adj* tęskniący za domem

home·spun ['həʊmspʌn] *adj* przędzony <tkany> ręcznie (*w domu*); prosty, domowy; *s* samodział

home·stead ['həʊmsted] *s* zabudowania gospodarskie; gospodarstwo rolne

home·ward(s) ['həʊmwəd(z)] *adv* ku domowi

home·work ['həʊmwɜːk] *s* praca domowa (*zw.* szkolna)

hom·i·cide ['hɒmɪsaɪd] *s* zabójca; zabójstwo

ho·mo·ge·ne·ous [ˌhəʊmə'dʒiːnɪəs] *adj* jednorodny, homogeniczny

hom·o·nym ['hɒmənɪm] *s* homonim

ho·mo·sex·u·al [ˌhəʊmə'sekʃʊəl] *s* homoseksualista

ho·mun·cule [hə'mʌŋkjuːl], **ho·mun·cu·lus** [hə'mʌŋkjʊləs] *s* człowieczek, karzeł

hon·est ['ɒnɪst] *adj* uczciwy; szczery; porządny

hon·es·ty ['ɒnɪstɪ] *s* uczciwość, prawość; szczerość

hon·ey ['hʌnɪ] *s* miód; (*zwracając się do kogoś*) kochanie

hon·ey·moon ['hʌnɪmuːn] *s* miesiąc miodowy; **~ trip** podróż poślubna

hon·our ['ɒnə] *s* honor, cześć; zaszczyt, odznaczenie; **to pass the exam with ~s** zdać egzamin z odznaczeniem; **in ~ of** na cześć; *vt* honorować; czcić; zaszczycać

hon·our·a·ble ['ɒnrəbl] *adj* szanowny, czcigodny; honorowy; zaszczytny; prawy

hood [hʊd] *s* kaptur; nakrycie, osłona, daszek; *am.* maska samochodu

hood·wink ['hʊdwɪŋk] *vt* zawiązać oczy; *przen.* zmylić

hoof [huːf] *s* (*pl* ~s [huːfs] *lub* **hooves** [huːvz]) kopyto; **cattle on the ~** żywiec

hook [hʊk] *s* hak; haczyk; sierp; ostry zakręt; *geogr.* cypel; **~ and eye** konik i haftka; *vt vi* zahaczyć (się), zaczepić (się); zagiąć (się); złapać (*męża*), złowić (*rybę*)

hoop [huːp] *s* obręcz; *vt* otoczyć <ścisnąć> obręczą

hoot [huːt] *vi* huczeć, huknąć (**at sb** na kogoś); (*o syrenie*) wyć; (*o klaksonie*) trąbić; wygwizdać (**at sb** kogoś); *vt* wygwizdać (**an actor** aktora); **~ down** zagłuszyć gwizdaniem

hoot·er ['huːtə] *s* syrena; klakson; gwizdek

hooves *zob.* **hoof**

hop 1. [hɒp] *s* skok; *pot.* potańcówka; *vi* skakać, podskakiwać

hop 2. [hɒp] *s* (*także pl* ~s) chmiel; *vt vi* zbierać chmiel

hope [həʊp] *s* nadzieja; *vi* mieć <żywić> nadzieję; spodziewać się (**for sth** czegoś); **to ~ for the best** być dobrej myśli

hope·ful ['həʊpfl] *adj* pełen nadziei, ufny; obiecujący

hope·less ['həʊpləs] *adj* beznadziejny; zrozpaczony

horde [hɔːd] *s* horda

ho·ri·zon [hə'raɪzn] *s* horyzont, widnokrąg

hor·i·zon·tal [ˌhɒrɪˈzɒntl] *adj* horyzontalny, poziomy

horn [hɔːn] *s* róg, rożek; klakson

horn·y [ˈhɔːnɪ] *adj* rogowy; rogowaty; *wulg.* seksualnie podniecony

hor·o·scope [ˈhɒrəskəʊp] *s* horoskop

hor·ri·ble [ˈhɒrəbl] *adj* straszny, okropny

hor·rid [ˈhɒrɪd] *adj* straszny, odrażający; *pot.* niemiły

hor·ri·fy [ˈhɒrəfaɪ] *vt* przerażać

hor·ror [ˈhɒrə] *s* odraza; przerażenie; okropność; **~ film <movie>** horror (*film*)

hors d'oeu·vre [ˌɔːˈdɜːv] *s* zakąska, przystawka

horse [hɔːs] *s* koń; *zbior.* konnica, jazda; **~ opera** *żart.* western (*film*)

horse·back [ˈhɔːsbæk] *s* grzbiet koński; **on ~** konno

horse·pow·er [ˈhɔːsˌpaʊə] *s techn.* koń mechaniczny (*miara mocy*)

horse·race [ˈhɔːsreɪs], **horse·rac·ing** [ˈhɔːsˌreɪsɪŋ] *s* wyścigi konne

horse·rad·ish [ˈhɔːsˌrædɪʃ] *s bot.* chrzan

horse·shoe [ˈhɔːʃʃuː] *s* podkowa

hor·ti·cul·ture [ˈhɔːtɪkʌltʃə] *s* ogrodnictwo

hose [həʊz] *s* wąż (*gumowy, do podlewania itp.*); *zbior.* trykoty; *vt* polewać z węża

ho·sier [ˈhəʊzɪə] *s* handlarz wyrobami trykotarskimi, pończosznik

ho·sier·y [ˈhəʊzɪərɪ] *s zbior.* trykotaże; pończochy i skarpetki

hos·pice [ˈhɒspɪs] *s* schronisko; przytułek; hospicjum

hos·pi·ta·ble [hɒˈspɪtəbl] *adj* gościnny

hos·pi·tal [ˈhɒspɪtl] *s* szpital

hos·pi·tal·i·ty [ˌhɒspɪˈtælətɪ] *s* gościnność

host 1. [həʊst] *s* orszak, zastęp; masa, mnóstwo; tłum (*np. przyjaciół*)

host 2. [həʊst] *s* gospodarz, pan domu; właściciel gospody

hos·tage [ˈhɒstɪdʒ] *s* zakładnik

hos·tel [ˈhɒstl] *s* dom akademicki; dom noclegowy

host·ess [ˈhəʊstɪs] *s* gospodyni, pani domu

hos·tile [ˈhɒstaɪl] *adj* wrogi (**to sb, sth** komuś, czemuś)

hos·til·i·ty [hɒˈstɪlətɪ] *s* wrogość; *pl* **hostilities** działania <kroki> wojenne

hot [hɒt] *adj* gorący, palący; świeżo upieczony; (*także o tropie*) świeży; (*także o anegdocie*) pieprzny; namiętny, pobudliwy; (*także o sporze*) zawzięty; **a ~ temper** gwałtowne usposobienie; **~ news** najświeższe wiadomości; **~ dog** kiełbaska w bułce na gorąco z przyprawami; **to get ~ over sth** rozmaiętnić się czymś; **~ line** gorąca linia (telefoniczna)

hot·bed [ˈhɒtbed] *s* inspekty

hotch·potch [ˈhɒtʃpɒtʃ] *s* mieszanina; *przen.* bigos, groch z kapustą

ho·tel [həʊˈtel] *s* hotel

hot·house [ˈhɒthaʊs] *s* cieplarnia, oranżeria

hound [haʊnd] *s* pies myśliwski; *vt* szczuć (*psami*), ścigać, tropić

hour [ˈaʊə] *s* godzina; **office ~s** godziny urzędowe; **small ~s** wczesne godziny po północy; **after ~s** czas po godzinach pracy <urzędowania>; **at the eleventh ~** w ostatniej chwili

hour·glass [ˈaʊəglɑːs] *s* zegar piaskowy, klepsydra

hour·ly [ˈaʊəlɪ] *adj* godzinny, cogodzinny; ciągły; *adv* co godzina; ciągle

house [haʊs] *s* (*pl* **houses** [ˈhaʊzɪz]) dom; gospodarstwo (*domowe*); izba (*w parlamencie*); dom handlowy, firma, zakład; dynastia; teatr, widownia; **semi-detached ~** domek-bliźniak; **to**

humour

keep ~ prowadzić dom <gospodarstwo>; ~ *warming* przyjęcie (*z okazji wprowadzenia się do mieszkania*); vt [hauz] przyjąć do domu, gość, umieścić pod dachem; dać mieszkanie; zaopatrzyć w mieszkania (*people* ludzi); magazynować, przechowywać (*sth* coś)

house·break·er ['haus,breikə] s włamywacz

house·hold ['haushəuld] s zbior. domownicy; gospodarstwo domowe; ~ *goods* artykuły gospodarstwa domowego

house·keep·er ['haus,ki:pə] s pani domu; gospodyni (*służąca*); kierownik działu gospodarczego

house·maid ['hausmeid] s pomoc domowa, pokojówka

house·wife ['hauswaif] s gospodyni

hove zob. **heave**

hov·el ['hɒvl] s rudera; buda, szopa

hov·er ['hɒvə] vi unosić się <wisieć> w powietrzu; krążyć, kręcić się (*about sb, sth* dokoła kogoś, czegoś); *przen.* wahać się

hov·er·craft ['hɒvəkrɑ:ft] s poduszkowiec

how [hau] adv jak, w jaki sposób; ~ *much* <*many*> ile; *przed przymiotnikiem*: jaki; ~ *nice he is!* jaki on miły!

how·ev·er [hau'evə] adv jakkolwiek, jakimkolwiek sposobem; jednakowoż, jednak, tym niemniej; natomiast; *conj* chociaż, choćby, żeby

howl [haul] vi wyć; s wycie, ryk

hub [hʌb] s piasta (*u koła*); *przen.* centrum, ośrodek

huck·ster ['hʌkstə] s handlarz, kramarz; vi kupczyć, targować się

hud·dle ['hʌdl] vt vi nagromadzić, zwalić na kupę; ~ *together* stłoczyć (się); ~ *up* zwinąć (się) w kłębek; s kupa, tłum; natłok

hue 1. [hju:] s zabarwienie, odcień

hue 2. [hju:] s w zwrocie: ~ *and cry* krzykliwa pogoń za ściganym człowiekiem <zwierzęciem>; *przen.* larum

hug [hʌg] vt tulić, ściskać, obejmować; trzymać się blisko (*sth* czegoś); s objęcie, uścisk

huge [hju:dʒ] adj olbrzymi, ogromny

hull 1. [hʌl] s kadłub, zrąb

hull 2. [hʌl] s łuska, łupina, strąk; vt łuszczyć, łuskać

hum [hʌm] vt vi brzęczeć, buczeć, warkotać; mruczeć; s brzęczenie, warkot, pomruk

hu·man ['hju:mən] adj ludzki; ~ *being* człowiek; s istota ludzka; ~ *rights* prawa człowieka

hu·mane [hju:'mein] adj humanitarny, ludzki; humanistyczny

hu·man·ism ['hju:mənizm] s humanizm

hu·man·i·tar·i·an [hju:,mæni'teəriən] adj humanitarny, filantropijny; s filantrop

hu·man·i·ty [hju:'mænəti] s ludzkość; humanitarność; pl *the humanities* humanistyka

hum·ble ['hʌmbl] adj pokorny; skromny; niskiego stanu; vt upokarzać, poniżać

hum·bug ['hʌmbʌg] s oszustwo, blaga

hum·drum ['hʌmdrʌm] adj jednostajny, banalny, nudny; s jednostajność, banalność; nudziarz, nieciekawy człowiek

hu·mid ['hju:mid] adj wilgotny

hu·mid·i·ty [hju:'midəti] s wilgoć, wilgotność

hu·mil·i·ate [hju:'milieit] vt upokarzać, poniżać

hu·mil·i·ty [hju:'miləti] s pokora

hu·mor·ist ['hju:mərist] s humorysta

hu·mor·ous ['hju:mərəs] adj humorystyczny, zabawny, śmieszny

hu·mour ['hju:mə] s humor; nastrój; *out of* ~ w złym nastroju

H

<humorze>; *vt* dogadzać, pobłażać, folgować

hump [hʌmp] *s* garb; *pot.* chandra; *vt* zgarbić; wygiąć (w łuk); *vr* ~ **oneself** zgarbić się; wygiąć się w łuk

hump·back ['hʌmpbæk] *s* garb; garbus

hunch [hʌntʃ] *s* garb; pajda (*chleba itp.*)

hun·dred ['hʌndrəd] *num* sto; *s* setka

hun·dredth ['hʌndrədθ] *adj* setny; *s* jedna setna

hun·dred·weight ['hʌndrəd-weɪt] *s* cetnar

hung *zob.* **hang**

Hun·ga·ri·an [hʌŋˈgeərɪən] *adj* węgierski; *s* Węgier; język węgierski

hun·ger ['hʌŋgə] *s* głód (*for sth* czegoś); ~ **strike** strajk głodowy; *vi* głodować; pożądać (*for* <*for*> *sth* czegoś)

hun·gry ['hʌŋgrɪ] *adj* głodny, wygłodzony; **to be ~ for sth** pragnąć <pożądać> czegoś

hunt [hʌnt] *vt vi* polować (*animals* na zwierzynę); ścigać (*sb* <*for*> *sb* kogoś); poszukiwać (*after* <*for*> *sb, sth* kogoś, czegoś); ~ **down** dopaść, pojmać (*sb* kogoś); ~ **out** wygnać; wyszukać; *s* polowanie; pościg; poszukiwanie

hunt·er ['hʌntə] *s* myśliwy

hunt·ing ['hʌntɪŋ] *s* polowanie, pościg; *attr* myśliwski

hur·dle ['hɜːdl] *s* płot, płotek; *sport pl* ~**s** (*także* ~ **race**) bieg przez płotki

hurl [hɜːl] *vt* miotać; ciskać; *s* rzut

hur·ri·cane ['hʌrɪkən] *s* huragan

hur·ried ['hʌrɪd] *pp i adj* pospieszny

hur·ry ['hʌrɪ] *s* pośpiech; *vt vi* przyspieszać, ponaglić; (*także* ~ **up**) spieszyć się

***hurt** [hɜːt] *vt vi* (**hurt, hurt** [hɜːt]) skaleczyć, zranić; zaszkodzić, uszkodzić; urazić, dotknąć; boleć; *s* skaleczenie, rana; ból; uszkodzenie, krzywda, szkoda; uraz (psychiczny)

hus·band ['hʌzbənd] *s* mąż, małżonek; *vt* oszczędnie gospodarować (**sth** czymś)

hus·band·ry ['hʌzbəndrɪ] *s* gospodarka; uprawa roli

hush [hʌʃ] *vt vi* uciszyć; ucichnąć; ~ **up** zataić, zatuszować; *s* cisza; *int* cicho! sza!

husk [hʌsk] *s* łuska, łupina; *vt* łuszczyć, łuskać

husk·y ['hʌskɪ] *adj* mocny, krzepki, czerstwy; (*o głosie*) ochrypły; *s* rasa psa

hus·tle ['hʌsl] *s* rwetes, krzątanina, bieganina, popychanie (się); *vt vi* tłoczyć (się), popychać (się), szturchać

hut [hʌt] *s* chata, szałas

hy·a·cinth ['haɪəsɪnθ] *s* hiacynt

hy·ae·na [haɪˈiːnə] *s* hiena

hy·brid ['haɪbrɪd] *s* hybryda, krzyżówka

hy·drau·lic [haɪˈdrɔːlɪk] *adj* hydrauliczny

hy·dro·foil ['haɪdrəfɔɪl] *s* wodolot

hy·dro·gen ['haɪdrədʒən] *s chem.* wodór; ~ **bomb** bomba wodorowa

hy·dro·plane ['haɪdrəpleɪn] *s lotn.* wodnopłat, hydroplan

hy·e·na = **hyaena**

hy·giene ['haɪdʒiːn] *s* higiena

hy·gi·en·ic [ˌhaɪˈdʒiːnɪk] *adj* higieniczny

hymn [hɪm] *s* hymn

hy·per·bo·le [haɪˈpɜːbəlɪ] *s* hiperbola, przesada

hy·phen ['haɪfn] *s gram.* łącznik

hyp·no·sis [hɪpˈnəʊsɪs] *s* hipnoza

hyp·not·ic [hɪpˈnɒtɪk] *adj* hipnotyczny

hyp·no·tize ['hɪpnətaɪz] *vt* hipnotyzować

hy·poc·ri·sy [hɪˈpɒkrəsɪ] *s* hipokryzja, obłuda

hyp·o·crite ['hɪpəkrɪt] *s* hipokryta

hy·po·der·mic [ˌhaɪpəˈdɜːmɪk] *adj* podskórny

hy·poth·e·sis [haɪˈpɒθəsɪs] *s* (*pl* **hypotheses** [haɪˈpɒθəsiːz]) hipoteza

hys·te·ri·a [hɪˈstɪərɪə] *s* histeria

hys·ter·i·cal [hɪˈsterɪkl] *adj* histeryczny

hys·ter·ics [hɪˈsterɪks] *s* napad histerii

I

I [aɪ] *pron* ja

ice [aɪs] *s* lód; = **ice-cream; floating ~** kra; **to break the ~** przełamać pierwsze lody

ice·berg ['aɪsbɜːg] *s* góra lodowa

ice·bound ['aɪsbaʊnd] *adj* skuty lodem; uwięziony w lodach

ice·break·er ['aɪsˌbreɪkə] *s* lodołamacz

ice cream [ˌaɪsˈkriːm] *s* lody

i·ci·cle ['aɪsɪkl] *s* sopel

icon ['aɪkɒn] *s* ikona; *komp.* ikona, piktogram

i·cy ['aɪsɪ] *adj* lodowaty

I'd [aɪd] = **I had; I should; I would**

i·de·a [aɪˈdɪə] *s* idea; pojęcie, myśl, pomysł; **I don't get the ~** nie rozumiem; **I have the <an> ~ that ...** mam wrażenie <wydaje mi się>, że...

i·de·al·ism [aɪˈdɪəlɪzm] *s* idealizm

i·de·al·ize [aɪˈdɪəlaɪz] *vt* idealizować

i·den·ti·c(al) [aɪˈdentɪk(l)] *adj* identyczny

i·den·ti·fy [aɪˈdentɪfaɪ] *vt* utożsamiać, identyfikować; rozpoznać

i·den·ti·ty [aɪˈdentətɪ] *s* identyczność, tożsamość; **~ card** dowód osobisty, legitymacja

i·de·o·log·i·cal [ˌaɪdɪəˈlɒdʒɪkl] *adj* ideologiczny

i·de·ol·o·gy [ˌaɪdɪˈɒlədʒɪ] *s* ideologia

id·i·o·cy ['ɪdɪəsɪ] *s* idiotyzm; niedorozwój umysłowy

id·i·om ['ɪdɪəm] *s* idiom, wyraże-nie idiomatyczne; narzecze; właściwość językowa, styl

id·i·o·mat·ic [ˌɪdɪəˈmætɪk] *adj* idiomatyczny

id·i·ot ['ɪdɪət] *s* idiota

id·i·ot·ic [ˌɪdɪˈɒtɪk] *adj* idiotyczny

i·dle ['aɪdl] *adj* leniwy; bezczynny; bez pracy; daremny; próżny; bezpodstawny; błahy, bezwartościowy; *vi* leniuchować, próżnować; *vt* (*także ~ away*) marnować

i·dler ['aɪdlə] *s* próżniak, leń, nierób, wałkoń

i·dol ['aɪdl] *s* bożyszcze, bożek

i·dol·a·try [aɪˈdɒlətrɪ] *s* bałwochwalstwo

i·dol·ize ['aɪdəlaɪz] *vt* ubóstwiać, czcić bałwochwalczo

i·dyll ['ɪdɪl] *s* sielanka

if [ɪf] *conj* jeżeli, jeśli, o ile; gdyby, jeśli by; *w zdaniach pytających zależnych*: czy; **I wonder if he is there** ciekaw jestem, czy on tam jest; **if I knew** gdybym wiedział; **if necessary** w razie potrzeby; **if not** w przeciwnym wypadku <razie>; **if so** w takim razie <wypadku>; **as if** jak gdyby; **if only...** gdyby <żeby> tylko...

ig·ni·tion [ɪgˈnɪʃn] *s* palenie się, zapalenie; zapłon; **~ switch** *mot.* wyłącznik zapłonu

ig·no·ble [ɪgˈnəʊbl] *adj* podły, haniebny

ig·no·min·i·ous [ˌɪgnəˈmɪnɪəs] *adj* haniebny, sromotny

ig·no·min·y ['ɪgnəmɪnɪ] *s* podłość, hańba

ig·no·ra·mus [ˌɪɡnəˈreɪməs] *s* nieuk, ignorant

ig·no·rance [ˈɪɡnərəns] *s* ignorancja; nieznajomość (**of sth** czegoś)

ig·no·rant [ˈɪɡnərənt] *adj* nie wiedzący (**of sth** o czymś), nieświadomy (**of sth** czegoś); niewykształcony, ciemny

ig·nore [ɪɡˈnɔ:] *vt* ignorować, nie zwracać uwagi, nie zważać

ill [ɪl] *adj* (*comp **worse*** [wɜ:s], *sup **worst*** [wɜ:st]) zły, niedobry, szkodliwy; *praed* chory (**with sth** na coś); **to fall <get, be taken>** ~ zachorować; *adv* źle; niedostatecznie, niewłaściwie; ledwo, z trudem; *s* zło

I'll [aɪl] = **I will, I shall**

il·le·gal [ɪˈli:ɡl] *adj* bezprawny, nieprawny, nielegalny

il·leg·i·ble [ɪˈledʒəbl] *adj* nieczytelny

il·le·git·i·mate [ˌɪlɪˈdʒɪtɪmət] *adj* nieprawny; (*o dziecku*) nieślubny

ill-fat·ed [ˌɪlˈfeɪtɪd] *adj* nieszczęsny, nieszczęśliwy

il·lib·er·al [ɪˈlɪbrəl] *adj* nieliberalny; ograniczony (umysłowo); skąpy

il·lic·it [ɪˈlɪsɪt] *adj* nielegalny, zakazany

il·lit·er·a·cy [ɪˈlɪtrəsɪ] *s* analfabetyzm, nieuctwo

il·lit·er·ate [ɪˈlɪtrət] *adj* niepiśmienny; *s* analfabeta

ill·ness [ˈɪlnəs] *s* choroba

il·log·i·cal [ɪˈlɒdʒɪkl] *adj* nielogiczny

ill-tem·pered [ˌɪlˈtempəd] *adj* zły, rozdrażniony; o złym usposobieniu

ill-timed [ˌɪlˈtaɪmd] *adj* będący nie na czasie <nie w porę>; niefortunny

ill-treat [ˌɪlˈtri:t] *vt* źle traktować, maltretować

il·lu·mi·nate [ɪˈlu:mɪneɪt] *vt* oświetlać, oświecać, rozjaśniać; iluminować

il·lu·mi·na·tion [ɪˌlu:mɪˈneɪʃn] *s* oświetlenie; oświecenie; rozjaśnienie; iluminacja

il·lu·mine [ɪˈlu:mɪn] = **illuminate**

il·lu·sion [ɪˈlu:ʒn] *s* złudzenie, iluzja

il·lu·sive [ɪˈlu:sɪv] *adj* złudny, zwodniczy

il·lu·so·ry [ɪˈlu:sərɪ] *adj* iluzoryczny, nierzeczywisty

il·lus·trate [ˈɪləstreɪt] *vt* ilustrować; objaśniać

il·lus·tra·tion [ˌɪləˈstreɪʃn] *s* ilustracja

il·lus·tra·tive [ˈɪləstrətɪv] *adj* ilustrujący (**of sth** coś)

il·lus·tri·ous [ɪˈlʌstrɪəs] *adj* wybitny, znamienity

I'm [aɪm] = **I am**

im·age [ˈɪmɪdʒ] *s* obraz, podobizna, posąg; wyobrażenie

im·age·ry [ˈɪmɪdʒrɪ] *s* obrazowość (*opisu itp.*); *zbior.* obrazy, wizerunki

im·ag·i·na·ble [ɪˈmædʒnəbl] *adj* dający się wyobrazić, wyobrażalny

im·ag·i·nar·y [ɪˈmædʒnrɪ] *adj* urojony, wyimaginowany

im·ag·i·na·tion [ɪˌmædʒɪˈneɪʃn] *s* imaginacja, wyobraźnia

im·ag·i·na·tive [ɪˈmædʒnətɪv] *adj* obdarzony wyobraźnią, pomysłowy

im·ag·ine [ɪˈmædʒɪn] *vt* wyobrażać sobie; przypuszczać; mieć wrażenie

im·be·cile [ˈɪmbəsi:l] *adj* niedorozwinięty umysłowo; *s* imbecyl, idiota

im·bibe [ɪmˈbaɪb] *vt* wchłaniać, absorbować, wsysać, wdychać

im·bro·glio [ɪmˈbrəʊlɪəʊ] *s* powikłanie, zawikłana sytuacja

im·bue [ɪmˈbju:] *vt* napawać; nasycać; wpajać

im·i·tate [ˈɪmɪteɪt] *vt* naśladować, imitować

im·i·ta·tion [ˌɪmɪˈteɪʃn] *s* imitacja, naśladownictwo

im·i·ta·tive ['ɪmɪtətɪv] *adj* naśladowczy, naśladujący (**of sth** coś)

im·mac·u·late [ɪ'mækjʊlət] *adj* niepokalany, nieskazitelny; **Immaculate Conception** *rel.* Niepokalane Poczęcie

im·ma·te·ri·al [ˌɪmə'tɪərɪəl] *adj* niematerialny; nieistotny

im·ma·ture [ˌɪmə'tjʊə] *adj* niedojrzały, nierozwinięty

im·meas·ur·a·ble [ɪ'meʒrəbl] *adj* niezmierzony, niezmierny, bezgraniczny

im·me·di·ate [ɪ'miːdɪət] *adj* bezpośredni; najbliższy; natychmiastowy; bezzwłoczny; pilny

im·me·di·ate·ly [ɪ'miːdɪətlɪ] *adv* bezpośrednio; natychmiast; tuż obok

im·me·mo·ri·al [ˌɪmə'mɔːrɪəl] *adj* odwieczny; *from time* ~ od niepamiętnych czasów

im·mense [ɪ'mens] *adj* ogromny, niezmierny

im·merse [ɪ'mɜːs] *vt* zanurzyć; pogrążyć

im·mi·grant ['ɪmɪgrənt] *s* imigrant; *adj* imigrujący

im·mi·grate ['ɪmɪgreɪt] *vi* imigrować

im·mi·gra·tion [ˌɪmɪ'greɪʃn] *s* imigracja; ~ *officer* kontroler paszportów

im·mi·nence ['ɪmɪnəns] *s* bezpośrednia bliskość (w czasie), bezpośrednie zagrożenie

im·mi·nent ['ɪmɪnənt] *adj* zbliżający się, bezpośrednio zagrażający

im·mo·bile [ɪ'məʊbaɪl] *adj* nieruchomy, unieruchomiony

im·mo·bil·i·ty [ˌɪmə'bɪlətɪ] *s* nieruchomość, bezruch

im·mod·er·ate [ɪ'mɒdrət] *adj* nieumiarkowany, nadmierny

im·mod·est [ɪ'mɒdɪst] *adj* nieskromny, nieprzyzwoity

im·mor·al [ɪ'mɒrəl] *adj* niemoralny

im·mo·ral·i·ty [ˌɪmə'rælətɪ] *s* niemoralność

im·mor·tal [ɪ'mɔːtl] *adj* nieśmiertelny

im·mor·tal·i·ty [ˌɪmɔː'tælətɪ] *s* nieśmiertelność

im·mov·a·ble [ɪ'muːvəbl] *adj* nieruchomy, niewzruszony; *s pl* **~s** nieruchomości

im·mune [ɪ'mjuːn] *adj* odporny (*from* <*against*> *sth* na coś); wolny (*np. od obowiązku*); ~ *system* system immunologiczny

im·mu·ni·ty [ɪ'mjuːnətɪ] *s* odporność; immunitet, nietykalność; wolność (*np. od obowiązku*)

im·mu·nize ['ɪmjʊnaɪz] *vt* uodpornić, immunizować

im·mu·ta·ble [ɪ'mjuːtəbl] *adj* niezmienny, stały

imp [ɪmp] *s* diabełek, chochlik; (*o dziecku*) diablę

im·pact ['ɪmpækt] *s* uderzenie, zderzenie; wpływ, oddziaływanie, działanie

im·pair [ɪm'peə] *vt* uszkodzić; osłabić; nadwątlić

im·pal·pa·ble [ɪm'pælpəbl] *adj* niewyczuwalny; nieuchwytny, niepojęty

im·part [ɪm'pɑːt] *vt* użyczyć, udzielić; przekazać

im·par·tial [ɪm'pɑːʃl] *adj* bezstronny

im·par·ti·al·i·ty [ˈɪmˌpɑːʃɪ'ælətɪ] *s* bezstronność

im·pass·a·ble [ɪm'pɑːsəbl] *adj* nieprzejezdny

im·passe [æm'pɑːs] *s* impas (*sytuacja nie do rozwiązania*)

im·pas·sioned [ɪm'pæʃnd] *adj* namiętny, roznamiętniony

im·pas·sive [ɪm'pæsɪv] *adj* beznamiętny; nieczuły

im·pa·tience [ɪm'peɪʃns] *s* niecierpliwość, zniecierpliwienie (**of sth** czymś)

im·pa·tient [ɪm'peɪʃnt] *adj* niecierpliwy, zniecierpliwiony (**of sth** czymś)

im·peach [ɪm'piːtʃ] *vt* kwestiono-

wać; podać w wątpliwość; o-
skarżyć

im·pec·ca·ble [ɪm'pekəbl] *adj*
bezgrzeszny; nienaganny

im·pe·cu·ni·ous [ˌɪmpɪ'kjuː-
nɪəs] *adj* niezamożny, ubogi, bez
pieniędzy

im·pede [ɪm'piːd] *vt* zatrzymywać; przeszkadzać, krępować

im·ped·i·ment [ɪm'pedɪmənt] *s*
przeszkoda, zawada

im·pel [ɪm'pel] *vt* zmusić, skłonić;
poruszyć, uruchomić

im·pend·ing [ɪm'pendɪŋ] *adj* bezpośrednio zagrażający; *dosł. i
przen.* wiszący (**over sb** nad
kimś)

im·pen·e·tra·ble [ɪm'penɪtrəbl]
adj nieprzenikliwy, nieprzepuszczalny; niezgłębiony; niedostępny

im·per·a·tive [ɪm'perətɪv] *adj*
rozkazujący, naglący, niezbędny;
władczy; *s gram.* tryb rozkazujący

im·per·cep·ti·ble [ˌɪmpə'sep-
təbl] *adj* niedostrzegalny, nieuchwytny

im·per·fect [ɪm'pɜːfɪkt] *adj* niedoskonały; wadliwy; *gram. (także
imperfective)* niedokonany; *s
gram.* czas przeszły niedokonany

im·per·fec·tion [ˌɪmpə'fekʃn] *s*
niedoskonałość, wadliwość; wada

im·pe·ri·al [ɪm'pɪərɪəl] *adj* cesarski; majestatyczny, królewski

im·pe·ri·al·ism [ɪm'pɪərɪəlɪzm] *s*
imperializm

im·per·il [ɪm'perəl] *vt* narażać na
niebezpieczeństwo

im·pe·ri·ous [ɪm'pɪərɪəs] *adj* rozkazujący, władczy; naglący, naka-
zujący

im·per·ish·a·ble [ɪm'perɪʃəbl] *adj*
wieczny, trwały, niezniszczalny

im·per·me·a·ble [ɪm'pɜːmɪəbl]
adj nieprzenikniony, nieprzepuszczalny

im·per·son·al [ɪm'pɜːsnəl] *adj*
nieosobowy, bezosobowy

im·per·so·nate [ɪm'pɜːsəneɪt] *vt*
ucieleśniać, personifikować, uo-

sabiać; odgrywać (*rolę*)

im·per·son·a·tion [ɪmˌpɜːsə-
'neɪʃn] *s* ucieleśnienie, uosobienie; odgrywanie (*roli*)

im·per·ti·nence [ɪm'pɜːtɪnəns] *s*
impertynencja; niestosowność

im·per·ti·nent [ɪm'pɜːtɪnənt] *s*
impertynencki; niestosowny, nie
na miejscu

im·per·turb·a·ble [ˌɪmpə'tɜːb-
əbl] *adj* niewzruszony

im·per·vi·ous [ɪm'pɜːvɪəs] *adj*
nieprzepuszczalny; nieczuły
<głuchy> (**to sth** na coś)

im·pet·u·os·i·ty [ɪmˌpetʃʊ'ɒsətɪ]
s porywczość, impulsywność,
popędliwość

im·pet·u·ous [ɪm'petʃʊəs] *adj*
porywczy, impulsywny, popędliwy

im·pe·tus ['ɪmpɪtəs] *s* bodziec,
pęd, impuls; rozpęd, impet

im·pinge [ɪm'pɪndʒ] *vt* uderzać
(**on** <**upon**> **sb, sth** w kogoś, w
coś); kolidować; wkraczać

im·pi·ous ['ɪmpɪəs] *adj* bezbożny

im·pla·ca·ble [ɪm'plækəbl] *adj*
nieubłagany, nieugięty

im·plant [ɪm'plɑːnt] *vt* sadzić;
przen. wpajać, wszczepiać

im·ple·ment ['ɪmpləmənt] *s*
narzędzie, sprzęt; *pl* ~**s** przybory;
vt ['ɪmpləment] wprowadzać w
życie

im·pli·cate ['ɪmplɪkeɪt] *vt*
wplątać, wciągnąć, uwikłać;
włączać; zawierać; pociągać za
sobą; implikować

im·pli·ca·tion [ˌɪmplɪ'keɪʃn] *s*
włączenie; wplątanie, uwikłanie;
sugestia, (ukryte) znaczenie, im-
plikacja

im·plic·it [ɪm'plɪsɪt] *adj* dający się
wywnioskować, domniemany;
niezaprzeczalny, bezwzględny

im·plore [ɪm'plɔː] *vt* błagać

im·ply [ɪm'plaɪ] *vt* mieścić <kryć,
zawierać> w sobie; oznaczać, implikować; dawać do zrozumienia;
zakładać

improve

im·po·lite [ˌɪmpə'laɪt] *adj* nieuprzejmy, niegrzeczny

im·pol·i·tic [ɪm'pɒlətɪk] *adj* niezręczny; nierozsądny

im·port [ɪm'pɔːt] *vi* importować; znaczyć, oznaczać; *s* ['ɪmpɔːt] import; znaczenie, treść; doniosłość

im·por·tance [ɪm'pɔːtns] *s* znaczenie, ważność

im·por·tant [ɪm'pɔːtnt] *adj* ważny, znaczny, doniosły

im·por·ta·tion [ˌɪmpɔː'teɪʃn] *s* importowanie, przywóz

im·por·tu·nate [ɪm'pɔːtʃunət] *s* natarczywy, natrętny; naglący

im·por·tune [ɪmpə'tjuːn] *vt* dokuczać, molestować; nudzić (**sb for sth** kogoś o coś)

im·por·tu·ni·ty [ˌɪmpə'tjuːnəti] *s* natarczywość, natręctwo, naprzykrzanie się

im·pose [ɪm'pəuz] *vt* nakładać, nakazywać, narzucać (**sth on sb** coś komuś); *vt* oszukiwać, naciągać (**on** <**upon**> **sb** kogoś)

im·pos·ing [ɪm'pəuzɪŋ] *ppraes i adj* imponujący, okazały

im·po·si·tion [ˌɪmpə'zɪʃn] *s* nałożenie, narzucenie, okpienie, naciąganie

im·pos·si·bil·i·ty [ɪmˌpɒsə'bɪlətɪ] *s* niemożliwość

im·pos·si·ble [ɪm'pɒsəbl] *adj* niemożliwy

im·pos·tor [ɪm'pɒstə] *s* oszust

im·pos·ture [ɪm'pɒstʃə] *s* oszustwo

im·po·tence ['ɪmpətəns] *s* niemoc, impotencja; nieudolność

im·po·tent ['ɪmpətənt] *adj* bezsilny; nieudolny; *s* impotent

im·pov·er·ish [ɪm'pɒvərɪʃ] *vt* doprowadzić do ubóstwa, zubożyć; wyniszczyć; osłabić

im·prac·ti·ca·ble [ɪm'præktɪkəbl] *adj* niewykonalny; (*o drodze, terenie*) nie do przebycia; krnąbrny

im·pre·ca·tion [ˌɪmprɪ'keɪʃn] *s*

przekleństwo; przeklinanie; złorzeczenie

im·preg·na·ble [ɪm'pregnəbl] *adj* nie do zdobycia, niepokonany; niezachwiany, niewzruszony

im·preg·nate ['ɪmpregneɪt] *vt* impregnować; zaszczepić, wpoić, wdrożyć

im·press [ɪm'pres] *vt* pozostawić, odcisnąć, wycisnąć (*odbicie*); zrobić <wywrzeć> wrażenie (**sb** na kimś); wryć <wbić> (w pamięć); wpoić, zasugerować; przymusowo wcielić do wojska; rekwirować; **to be ~ed by...** być pod wrażeniem...; *s* ['ɪmpres] odbicie, odcisk; piętno

im·pres·sion [ɪm'preʃn] *s* odbicie, odcisk; znak, piętno; wrażenie; *druk.* odbitka; nakład

im·pres·sive [ɪm'presɪv] *adj* robiący <wywołujący> wrażenie, uderzający, imponujący

im·print [ɪm'prɪnt] *vt* odbijać, wytłaczać, wyciskać, pozostawić odbitkę <odcisk>; wryć <wbić> (w pamięć); *s* ['ɪmprɪnt] odbicie, odcisk; piętno; nadruk (firmowy)

im·pris·on [ɪm'prɪzn] *vt* uwięzić

im·pris·on·ment [ɪm'prɪznmənt] *s* uwięzienie

im·prob·a·bil·i·ty [ɪmˌprɒbə'bɪlətɪ] *s* nieprawdopodobieństwo

im·prob·a·ble [ɪm'prɒbəbl] *adj* nieprawdopodobny

im·promp·tu [ɪm'prɒmptjuː] *adj* improwizowany; *adv* (*robić coś*) improwizując

im·prop·er [ɪm'prɒpə] *adj* niewłaściwy, nieodpowiedni; nieprzyzwoity

im·pro·pri·e·ty [ˌɪmprə'praɪətɪ] *s* niewłaściwość; nieprzyzwoitość

im·prove [ɪm'pruːv] *vt vi* poprawić <udoskonalić, ulepszyć> (się); ulepszyć, upiększyć (**on** <**upon**> **sth** coś); podnieść (*wartość, jakość itd.*); zyskać na wartości <jakości *itd.*>

im·prove·ment [ɪm'pruːvmənt] *s* poprawa; ulepszenie, udoskonalenie; podniesienie wartości <jakości *itd.*>

im·prov·i·dent [ɪm'prɒvɪdənt] *adj* nieprzezorny, lekkomyślny

im·pro·vise ['ɪmprəvaɪz] *vt vi* improwizować

im·pru·dence [ɪm'pruːdəns] *s* nieopatrzność, nieroztropność

im·pu·dence ['ɪmpjudəns] *s* bezczelność, zuchwalstwo

im·pu·dent ['ɪmpjudənt] *adj* bezczelny, zuchwały

im·pugn [ɪm'pjuːn] *vt* kwestionować, zbijać (*twierdzenie*)

im·pulse ['ɪmpʌls] *s* impuls, bodziec, odruch; **to act on ~** działać spontanicznie; reagować odruchowo

im·pul·sive [ɪm'pʌlsɪv] *adj* impulsywny; (*o sile*) napędowy

im·pu·ni·ty [ɪm'pjuːnɪtɪ] *s* bezkarność

im·pure [ɪm'pjuə] *adj* nieczysty; zanieczyszczony

im·pu·ri·ty [ɪm'pjuərɪtɪ] *s* nieczystość; zanieczyszczenie

im·pu·ta·tion [ˌɪmpjuˈteɪʃn] *s* przypisywanie (*np. winy*), zarzut

im·pute [ɪm'pjuːt] *vt* przypisywać (*np. winę*), zarzucać

in [ɪn] *praep* określa miejsce: w, we, wewnątrz, na, do; *czas:* w ciągu, w czasie, za; **in a month** za miesiąc; **in a word** jednym słowem; **in fact** faktycznie; **in honour** ku czci; **in ink** atramentem; **in order that** ażeby, żeby, że; **in pairs** parami; **in short** pokrótce <krótko mówiąc>; **in so far as** o tyle, o ile; **in that** w tym, że; o tyle, że; **in the morning** rano; **written in my hand** pisane moją ręką; **in writing** na piśmie <pisemnie>; *adv* w środku, wewnątrz, w domu; do środka, do wewnątrz <wnętrza>; **to be in** być wewnątrz <w domu>; **the train <bus** *etc.*> **is in** pociąg <autobus *itp.*> przy- jechał; **to be in for sth** stać przed czymś (spodziewanym), oczekiwać czegoś; **to come in** wejść; *s polit.* (*zw. pl*) **the ins** partia rządząca; **the ins and outs** wszystkie dane <szczegóły, tajniki> (*sprawy*)

in·a·bil·i·ty [ˌɪnəˈbɪlətɪ] *s* niezdolność, niemożność

in·ac·ces·si·ble [ˌɪnækˈsesəbl] *adj* niedostępny, nieprzystępny

in·ac·cu·ra·cy [ɪnˈækjərəsɪ] *s* niedokładność

in·ac·cu·rate [ɪnˈækjərət] *adj* niedokładny

in·ac·tion [ɪnˈækʃn] *s* bezczynność

in·ac·tive [ɪnˈæktɪv] *adj* bezczynny, bierny

in·ac·tiv·i·ty [ˌɪnækˈtɪvətɪ] *s* bezczynność, bierność

in·ad·e·qua·cy [ɪnˈædɪkwəsɪ] *s* nieodpowiedniość, niewystarczalność

in·ad·e·quate [ɪnˈædɪkwət] *adj* nieodpowiedni, niedostateczny

in·ad·mis·si·ble [ˌɪnədˈmɪsəbl] *adj* niedopuszczalny

in·ad·vert·ent [ˌɪnədˈvɜːtnt] *adj* niebaczny, nieuważny, niedbały

in·a·li·en·a·ble [ɪnˈeɪliənəbl] *adj prawn.* niezbywalny, nieprzenośny

in·ane [ɪˈneɪn] *adj* próżny; głupi; bezmyślny

in·an·i·mate [ɪnˈænɪmət] *adj* nieożywiony, bezduszny, martwy

in·a·ni·tion [ˌɪnəˈnɪʃn] *s* wyczerpanie, wycieńczenie (*zw.* z głodu)

in·an·i·ty [ɪˈnænətɪ] *s* próżność; głupota, bezmyślność

in·ap·pli·ca·ble [ˌɪnəˈplɪkəbl] *adj* nie dający się zastosować, nieodpowiedni

in·ap·pro·pri·ate [ˌɪnəˈprəupriət] *adj* niestosowny, niewłaściwy

in·apt [ɪnˈæpt] *adj* niezdolny, niezdatny; nieodpowiedni

in·ar·tic·u·late [ˌɪnɑːˈtɪkjulət] *adj* niewyraźny; nieartykułowany; mówiący niewyraźnie

in·as·much [,ɪnəz'mʌtʃ] *adv* w połączeniu z **as**: **~ as** o tyle, że; o tyle, o ile; jako, że; ponieważ; wobec tego, że

in·at·ten·tive [,ɪnə'tentɪv] *adj* nieuważny, niebaczny

in·au·di·ble [ɪn'ɔːdəbl] *adj* niesłyszalny

in·au·gu·ral [ɪ'nɔːgjʊərəl] *adj* inauguracyjny, wstępny

in·au·gu·rate [ɪ'nɔːgjʊreɪt] *vt* inaugurować; wprowadzać, intronizować; rozpoczynać

in·au·gu·ra·tion [ɪ,nɔːgjʊ'reɪʃn] *s* inauguracja; wprowadzenie

in·born [,ɪn'bɔːn] *adj* wrodzony

in·bred [,ɪn'bred] *adj* wpojony

in·cal·cu·la·ble [ɪn'kælkjʊləbl] *adj* nieobliczalny; nie dający się przewidzieć

in·can·des·cent [,ɪnkæn'desnt] *adj* żarzący się; **~ lamp** żarówka

in·can·ta·tion [,ɪnkæn'teɪʃn] *s* zaklęcie, formuła czarodziejska

in·ca·pa·ble [ɪn'keɪpəbl] *adj* niezdolny (**of sth** do czegoś)

in·ca·pac·i·tate [,ɪnkə'pæsəteɪt] *vt* uczynić niezdolnym (**from** <**for**> **sth** do czegoś)

in·ca·pac·i·ty [,ɪnkə'pæsətɪ] *s* niezdolność, nieudolność

in·car·nate [ɪn'kaːnət] *adj* wcielony; *vi* ['ɪnkaːneɪt] wcielić

in·car·na·tion [,ɪnkaː'neɪʃn] *s* wcielenie

in·cen·di·ar·y [ɪn'sendɪərɪ] *adj* zapalający; palny; podżegający; *s* podpalacz; podżegacz

in·cense 1. ['ɪnsens] *s* kadzidło; *przen.* pochlebstwo; *vt vi* okadzić; palić kadzidło

in·cense 2. [ɪn'sens] *vt* rozdrażnić, rozłościć

in·cen·tive [ɪn'sentɪv] *adj* podniecający; *s* podnieta, bodziec

in·cep·tion [ɪn'sepʃn] *s* początek, zapoczątkowanie

in·cep·tive [ɪn'septɪv] *adj* początkowy

in·cer·ti·tude [ɪn'sɜːtɪtjuːd] *s* niepewność

in·ces·sant [ɪn'sesnt] *adj* nieprzerwany, nieustający

in·cest ['ɪnsest] *s* kazirodztwo

in·ces·tu·ous [ɪn'sestʃʊəs] *adj* kazirodczy

inch [ɪntʃ] *s* cal; **by ~es** po trochu; **~ by ~** stopniowo

in·ci·dent ['ɪnsɪdnt] *adj* związany (**to sth** z czymś), wynikający (**to sth** z czegoś); *fiz.* padający (*np. promień*); *s* zajście, wypadek, incydent

in·ci·den·tal [,ɪnsɪ'dentl] *adj* przypadkowy, przygodny, uboczny; związany (**to sth** z czymś), wynikający (**to sth** z czegoś)

in·cin·er·ate [ɪn'sɪnəreɪt] *vt* spalić na popiół

in·cip·i·ence [ɪn'sɪpɪəns] *s* początek, zaczątek

in·cip·i·ent [ɪn'sɪpɪənt] *adj* zaczynający się, początkowy

in·ci·sion [ɪn'sɪʒn] *s* wcięcie, nacięcie

in·ci·sive [ɪn'saɪsɪv] *adj* tnący, ostry; przenikliwy; cięty

in·ci·sor [ɪn'saɪzə] *s anat.* siekacz (*ząb*)

in·cite [ɪn'saɪt] *vt* pobudzać, podniecać; namawiać, podburzać

in·cite·ment [ɪn'saɪtmənt] *s* podnieta, bodziec; namowa, podburzanie

in·ci·vil·i·ty [,ɪnsɪ'vɪlətɪ] *s* niegrzeczność

in·clem·en·cy [ɪn'klemənsɪ] *s* surowość, ostrość

in·cli·na·tion [,ɪnklɪ'neɪʃn] *s* nachylenie; pochyłość; skłonność

in·cline [ɪn'klaɪn] *vt vi* nachylać (się), przychylać (się), skłaniać (się); *s* ['ɪnklaɪn] nachylenie, pochyłość, stok

in·close [ɪn'kləʊz] = **enclose**

in·clude [ɪn'kluːd] *vt* włączać, zawierać

in·clu·sion [ɪn'kluːʒn] *s* włączenie

in·clu·sive [ɪn'kluːsɪv] *adj* zawierający w sobie; obejmujący; (*o sumie*) globalny; ***from ... to ... ~*** od ... do ... włącznie; ***~ of ...*** łącznie z ...; liczony włącznie (***sth*** z czymś)

in·co·her·ent [ˌɪnkəʊ'hɪərənt] *adj* nie powiązany, bez związku; chaotyczny, bezładny, niesystematyczny

in·com·bus·ti·ble [ˌɪnkəm-'bʌstəbl] *adj* niepalny

in·come ['ɪnkʌm] *s* dochód

in·com·ing ['ɪnkʌmɪŋ] *adj* przybywający, nadchodzący; *s* nadejście, przybycie

in·com·men·su·rate [ˌɪnkə-'menʃərət] *adj* niewspółmierny, nieproporcjonalny

in·com·pa·ra·ble [ɪn'kɒmpə-rəbl] *adj* nie do porównania (***to*** <***with***> ***sb, sth*** z kimś, czymś); niezrównany

in·com·pat·i·ble [ˌɪnkəm'pætəbl] *adj* niezgodny, sprzeczny

in·com·pe·tence, in·com·pe·ten·cy [ɪn'kɒmpɪtəns(ɪ)] *s* niekompetencja; nieudolność; niezdolność

in·com·plete [ˌɪnkəm'pliːt] *adj* niepełny, nie zakończony; niedoskonały

in·com·pre·hen·si·ble [ɪnˌkɒm-prɪ'hensəbl] *adj* niezrozumiały

in·con·ceiv·a·ble [ˌɪnkən-'siːvəbl] *adj* niepojęty

in·con·gru·i·ty [ˌɪnkɒŋ'gruːətɪ] *s* brak związku; niezgodność; niestosowność, niewłaściwość

in·con·gru·ous [ɪn'kɒŋgruəs] *adj* nie mający związku; niezgodny; niestosowny, niewłaściwy; dziwaczny; bezsensowny

in·con·se·quent [ɪn'kɒnsɪ-kwənt] *adj* niekonsekwentny, nielogiczny

in·con·sid·er·a·ble [ˌɪnkən'sɪd-rəbl] *adj* nieznaczny

in·con·sid·er·ate [ˌɪnkən'sɪdrət] *adj* nierozważny, lekkomyślny;

nie okazujący względów <szacunku>; nieuprzejmy

in·con·sist·ence, in·con·sist·en·cy [ˌɪnkən'sɪstəns(ɪ)] *s* niekonsekwencja; niezgodność, sprzeczność

in·con·sist·ent [ˌɪnkən'sɪstənt] *adj* niekonsekwentny; niezgodny, sprzeczny

in·con·sol·a·ble [ˌɪnkən'səʊləbl] *adj* niepocieszony

in·con·spic·u·ous [ˌɪnkən'spɪk-juəs] *adj* niepokaźny, nie rzucający się w oczy, niepozorny

in·con·stan·cy [ɪn'kɒnstənsɪ] *s* niestałość, zmienność

in·con·test·a·ble [ˌɪnkən'test-əbl] *adj* niezaprzeczalny, bezsporny

in·con·ti·nence [ɪn'kɒntɪnəns] *s* niewstrzemięźliwość, niepowściągliwość

in·con·tro·vert·i·ble [ˌɪnkɒn-trə'vɜːtəbl] *adj* niezbity, bezsporny

in·con·ven·i·ence [ˌɪnkən-'viːnɪəns] *s* niewygoda; kłopot; *vt* sprawiać kłopot, przeszkadzać (***sb*** komuś)

in·con·ven·i·ent [ˌɪnkən-'viːnɪənt] *adj* niewygodny; kłopotliwy, uciążliwy

in·cor·po·rate [ɪn'kɔːpəreɪt] *vt* wcielić, włączyć; łączyć (w sobie); nadać samorząd; zarejestrować, zalegalizować; *vi* złączyć się, zjednoczyć się; *adj* [ɪn'kɔːpərət] wcielony; zarejestrowany; zrzeszony; ***~ body*** korporacja, osoba prawna

in·cor·po·ra·tion [ɪnˌkɔːpə'reɪʃn] *s* wcielenie; zrzeszenie; *handl.* rejestracja, zalegalizowanie; nadanie samorządu

in·cor·rect [ˌɪnkə'rekt] *adj* nieprawidłowy, błędny, mylny, wadliwy; niestosowny

in·cor·ri·gi·ble [ɪn'kɒrɪdʒəbl] *adj* niepoprawny

in·cor·rupt·i·ble [ˌɪnkə'rʌptəbl]

adj nie ulegający zepsuciu; nieprzekupny

in·crease [ɪnˈkriːs] *vt* zwiększać, wzmagać; podnosić, podwyższać; *vt* wzrastać; zwiększać <wzmagać> się; *s* [ˈɪnkriːs] wzrost, przyrost; powiększenie się; podwyżka; **to be on the ~** wzrastać

in·creas·ing·ly [ɪnˈkriːsɪŋlɪ] *adv* coraz (to) więcej <bardziej>

in·cred·i·ble [ɪnˈkredəbl] *adj* niewiarygodny, nieprawdopodobny

in·cre·du·li·ty [ˌɪnkrɪˈdjuːlətɪ] *s* niedowierzanie, nieufność

in·cred·u·lous [ɪnˈkredjuləs] *adj* niedowierzający, nieufny

in·cre·ment [ˈɪnkrəmənt] *s* wzrost, powiększenie się; (*także mat.*) przyrost; dochód

in·crim·i·nate [ɪnˈkrɪmɪneɪt] *vt* inkryminować, obwiniać

in·croach [ɪnˈkrəʊtʃ] = **encroach**

in·crust [ɪnˈkrʌst] = **encrust**

in·cu·ba·tion [ˌɪnkjuˈbeɪʃn] *s* inkubacja, wyleganie

in·cu·bus [ˈɪnkjubəs] *s* (*pl incubi* [ˈɪnkjubaɪ] *lub* **~es**) inkubus, zmora, zły duch; *przen.* udręka, koszmar

in·cul·cate [ˈɪnkʌlkeɪt] *vt* wpajać, wdrażać

in·cul·pate [ˈɪnkʌlpeɪt] ' *vt* obwiniać, oskarżać

in·cum·bent [ɪnˈkʌmbənt] *adj* ciążący (**on sb** na kimś); obowiązujący (**on sb** kogoś); **it is ~ on me** to jest moim obowiązkiem

in·cur [ɪnˈkɜː] *vt* narazić się (**sth** na coś); ściągać na siebie (*gniew itd.*); zaciągać (*dług*)

in·cur·a·ble [ɪnˈkjʊərəbl] *adj* nieuleczalny

in·cur·sion [ɪnˈkɜːʃn] *s* najazd, napad, wtargnięcie

in·debt·ed [ɪnˈdetɪd] *adj* zadłużony; zobowiązany

in·de·cent [ɪnˈdiːsnt] *adj* nieprzyzwoity

in·de·ci·sion [ˌɪndɪˈsɪʒn] *s* niezdecydowanie, chwiejność

in·de·ci·sive [ˌɪndɪˈsaɪsɪv] *adj* niezdecydowany, chwiejny; nierozstrzygnięty, nie rozstrzygający

in·deed [ɪnˈdiːd] *adv* rzeczywiście, faktycznie, naprawdę; *dla podkreślenia:* **I am very glad ~** ogromnie się cieszę; **yes, ~,** jeszcze jak!; **no, ~** bynajmniej!; żadną miarą!; *dla wyrażenia zdziwienia, oburzenia, ironii:* czyżby?; gdzież tam?!; nie ma mowy!

in·de·fat·i·ga·ble [ˌɪndɪˈfætɪgəbl] *adj* niezmordowany

in·de·fen·si·ble [ˌɪndɪˈfensəbl] *adj* nie dający się obronić

in·def·i·nite [ɪnˈdefɪnət] *adj* nieokreślony; niewyraźny, niejasny

in·del·i·ble [ɪnˈdeləbl] *adj* nie dający się zetrzeć <zmazać, zmyć>; niezatarty; (*o ołówku*) chemiczny

in·dem·ni·fy [ɪnˈdemnɪfaɪ] *vt* wynagrodzić, dać odszkodowanie (**sb for sth** komuś za coś); zabezpieczyć (**sb from <against> sth** kogoś przed czymś)

in·dem·ni·ty [ɪnˈdemnətɪ] *s* odszkodowanie; zabezpieczenie; wynagrodzenie, kompensata; *prawn.* zwolnienie (*od kary*)

in·dent 1. [ɪnˈdent] *vt* nacinać, wycinać, wyrzynać (*w ząbki*); wcinać, karbować; *handl.* zamawiać (*towar*); *druk.* wcinać (*wiersz*); *s* [ˈɪndent] wcięcie, nacięcie; karbowanie; *handl.* zamówienie

in·dent 2. [ɪnˈdent] *vt* wgnieść, zrobić wgłębienie; wtłoczyć; *s* [ˈɪndent] wgłębienie

in·den·ta·tion [ˌɪndenˈteɪʃn] *s* nacięcie, wcięcie

in·den·tion [ɪnˈdenʃn] *s* wcięcie wiersza, akapit

in·den·ture [ɪnˈdentʃə] *s* obustronna umowa (*pisemna*), kontrakt; dokument (handlowy);

vt zakontraktować, związać umową

in·de·pend·ence [,ɪndɪ'pendəns] *s* niezależność, niepodległość; *Independence Day* Dzień Niepodległość (*święto narodowe USA, 4 lipca*)

in·de·pend·ent [,ɪndɪ'pendənt] *adj* niezależny, niepodległy, niezawisły

in·de·scrib·a·ble [,ɪndɪ'skraɪbəbl] *adj* nie do opisania

in·de·ter·mi·nate [,ɪndɪ'tɜːmɪnət] *adj* nieokreślony, niewyraźny

in·de·ter·mi·na·tion ['ɪndɪ,tɜːmɪ'neɪʃn] *s* nieokreślony charakter; niezdecydowanie

in·dex ['ɪndeks] *s* (*pl ~es* ['ɪndeksɪz] lub *indices* ['ɪndɪsiːz]) wskaźnik; wykaz, rejestr, indeks; *mat.* wykładnik potęgowy; *fiz.* współczynnik; *~ finger* palec wskazujący

in·dex·a·tion [,ɪndek'seɪʃn] *s* indeksacja

In·di·an ['ɪndɪən] *adj* indyjski, hinduski; indiański; *~ summer* babie lato; *in ~ file* rzędem, gęsiego; *s* Indianin; Hindus

in·di·cate [,ɪndɪkeɪt] *vt* wskazywać (*sth* coś <na coś>), oznaczać; wykazywać; zalecać

in·di·ca·tion [,ɪndɪ'keɪʃn] *s* wskazanie, wskazówka, oznaka

in·dic·a·tive [ɪn'dɪkətɪv] *adj* wskazujący (*of sth* na coś); *s gram.* tryb oznajmujący

in·di·ca·tor ['ɪndɪkeɪtə] *s* informator; *techn.* wskazówka; *mot.* kierunkowskaz *w samochodzie*

in·dict [ɪn'daɪt] *vt* oskarżać

in·dict·ment [ɪn'daɪtmənt] *s* oskarżenie

in·dif·fer·ence [ɪn'dɪfrəns] *s* obojętność; błahość, marność

in·dif·fer·ent [ɪn'dɪfrənt] *adj* obojętny (*to sb, sth* dla kogoś, na coś); błahy, marny

in·di·gence ['ɪndɪdʒəns] *s* ubóstwo

in·di·gent ['ɪndɪdʒənt] *adj* ubogi

in·di·gest·i·ble [,ɪndɪ'dʒestəbl] *adj* niestrawny

in·di·ges·tion [,ɪndɪ'dʒestʃən] *s* niestrawność

in·dig·nant [ɪn'dɪgnənt] *adj* oburzony (*with sb* na kogoś, *at sth* na coś)

in·dig·na·tion [,ɪndɪg'neɪʃn] *s* oburzenie (*with sb* na kogoś, *at sth* na coś)

in·dig·ni·ty [ɪn'dɪgnətɪ] *s* obelga, zniewaga

in·di·rect [,ɪndɪ'rekt] *adj* pośredni; nieuczciwy, wykrętny; okrężny; *~ object* *gram.* dopełnienie dalsze; *~ speech* *gram.* mowa zależna

in·dis·creet [,ɪndɪ'skriːt] *adj* niedyskretny; nieroztropny; nieostrożny

in·dis·cre·tion [,ɪndɪ'skreʃn] *s* niedyskrecja; nieroztropność, nieostrożność

in·dis·crim·i·nate [,ɪndɪ'skrɪmɪnət] *adj* niewymagający, niewybredny; pomieszany, bezładny; (robiony) na oślep <bez wyboru>

in·dis·pen·sa·ble [,ɪndɪ'spensəbl] *adj* niezbędny, konieczny, niezastąpiony

in·dis·pose [,ɪndɪ'spəuz] *vt* źle usposobić <zrazić> (*towards sb, sth* do kogoś, czegoś); zniechęcić (*sb towards sth* <*do sth*> do czegoś <do zrobienia czegoś>)

in·dis·posed [,ɪndɪ'spəuzd] *adj* niedysponowany, niezdrów; niechętny

in·dis·po·si·tion [,ɪndɪspə'zɪʃn] *s* niedyspozycja; niechęć

in·dis·pu·ta·ble [,ɪndɪ'spjuːtəbl] *adj* niewątpliwy, bezsporny

in·dis·so·lu·ble [,ɪndɪ'sɒljubl] *adj* nierozpuszczalny; nierozerwalny

in·dis·tinct [,ɪndɪ'stɪŋkt] *adj* niewyraźny, niejasny

in·dis·tin·guish·a·ble [,ɪndɪ'stɪŋgwɪʃəbl] *adj* nie dający się odróżnić, nieuchwytny (*np. dla oka*)

in·di·vid·u·al [ˌɪndɪˈvɪdʒʊəl] *adj* indywidualny; pojedynczy; poszczególny; *s* jednostka; indywiduum

in·di·vid·u·al·ism [ˌɪndɪˈvɪdʒʊəlɪzm] *s* indywidualizm

in·di·vid·u·al·i·ty [ˈɪndɪˌvɪdʒʊˈælətɪ] *s* indywidualność

in·di·vis·i·ble [ˌɪndɪˈvɪzəbl] *adj* niepodzielny

in·doc·ile [ɪnˈdəʊsaɪl] *adj* nieległy, nieposłuszny, niesforny; niepojęty

in·do·lence [ˈɪndələns] *s* lenistwo, opieszałość

in·dom·i·ta·ble [ɪnˈdɒmɪtəbl] *adj* nieposkromiony

In·do·ne·sian [ˌɪndəʊˈniːzɪən] *adj* indonezyjski; *s* Indonezyjczyk

in·door [ˈɪndɔː] *adj* znajdujący się <robiony> w domu, domowy; ~ **care** opieka <leczenie> w zakładzie <przytułku>

in·doors [ɪnˈdɔːz] *adv* w <wewnątrz> domu; pod dachem; (*wchodzić*) do domu

in·dorse [ɪnˈdɔːs] = **endorse**

in·du·bi·ta·ble [ɪnˈdjuːbɪtəbl] *adj* niewątpliwy

in·duce [ɪnˈdjuːs] *vt* skłonić, namówić; wnioskować; wywołać, powodować; *elektr.* indukować

in·duce·ment [ɪnˈdjuːsmənt] *s* pobudka; powab

in·duc·tion [ɪnˈdʌkʃn] *s* indukcja; wstęp; wprowadzenie (*na urząd*); *med.* wywołanie (*choroby*)

in·duc·tive [ɪnˈdʌktɪv] *adj* indukcyjny

in·dulge [ɪnˈdʌldʒ] *vt* pobłażać, dogadzać, folgować (**sb in sth** komuś w czymś); *vi* oddawać się <ulegać, dawać upust> (**in sth** czemuś), zażywać (**in sth** czegoś); zaspokoić (**in sth** coś)

in·dul·gence [ɪnˈdʌldʒəns] *s* pobłażanie, folgowanie, uleganie; zaspokojenie; oddanie się (**in sth** czemuś), dogadzanie sobie; *rel.* odpust

in·dul·gent [ɪnˈdʌldʒənt] *adj* pobłażliwy, ulegający

in·dus·tri·al [ɪnˈdʌstrɪəl] *adj* przemysłowy; *s* = **industrialist**

in·dus·tri·al·ist [ɪnˈdʌstrɪəlɪst] *s* przemysłowiec

in·dus·tri·al·i·za·tion [ɪnˌdʌstrɪəlaɪˈzeɪʃn] *s* industrializacja

in·dus·tri·al·ize [ɪnˈdʌstrɪəlaɪz] *vt* uprzemysłowić

in·dus·tri·ous [ɪnˈdʌstrɪəs] *adj* pracowity, skrzętny

in·dus·try [ˈɪndəstrɪ] *s* przemysł; pracowitość, skrzętność

in·e·bri·ate [ɪˈniːbrɪət] *adj* oszołomiony alkoholem; *vt* [ɪˈniːbrɪeɪt] upić, odurzyć

in·ed·i·ble [ɪnˈedəbl] *adj* niejadalny

in·ef·fa·ble [ɪnˈefəbl] *adj* niewypowiedziany, niewysłowiony

in·ef·fec·tive [ˌɪnɪˈfektɪv] *adj* bezskuteczny, daremny; nieefektywny

in·ef·fec·tu·al [ˌɪnɪˈfektʃʊəl] = **ineffective**

in·ef·fi·ca·cious [ˌɪnefɪˈkeɪʃəs] *adj* nie działający, nieskuteczny

in·ef·fi·cient [ˌɪnɪˈfɪʃnt] *adj* nieudolny; niewydajny, nieefektywny

in·el·i·gi·ble [ɪnˈelɪdʒəbl] *adj* niewybieralny; nie do przyjęcia; nie nadający się, nieodpowiedni

in·ept [ɪˈnept] *adj* niedorzeczny, głupi; nie na miejscu; nietrafny

in·e·qual·i·ty [ˌɪnɪˈkwɒlɪtɪ] *s* nierówność

in·eq·ui·ty [ɪnˈekwətɪ] *s* niesprawiedliwość

in·ert [ɪˈnɜːt] *adj* bezwładny; bez ruchu; *chem.* obojętny

in·er·tia [ɪˈnɜːʃə] *s* bezwład, bezczynność, inercja; *fiz.* bezwładność

in·es·cap·a·ble [ˌɪnɪˈskeɪpəbl] *adj* nieunikniony

in·es·ti·ma·ble [ɪnˈestɪməbl] *adj* nieoceniony

in·ev·i·ta·ble [ɪn'evɪtəbl] *adj* nieunikniony

in·ex·act [ˌɪnɪg'zækt] *adj* niedokładny, nieścisły

in·ex·act·i·tude [ˌɪnɪg'zæktɪtjuːd] *s* niedokładność, nieścisłość

in·ex·cus·a·ble [ˌɪnɪk'skjuːzəbl] *adj* niewybaczalny

in·ex·haust·i·ble [ˌɪnɪg'zɔːstəbl] *adj* niewyczerpany

in·ex·o·ra·ble [ɪn'eksərəbl] *adj* nieubłagany

in·ex·pen·sive [ˌɪnɪk'spensɪv] *adj* niedrogi

in·ex·pe·ri·enced [ˌɪnɪk'spɪərɪənst] *adj* niedoświadczony

in·ex·pert [ɪn'ekspɜːt] *adj* niewprawny

in·ex·pli·ca·ble [ˌɪnɪk'splɪkəbl] *adj* niewytłumaczalny, niewyjaśniony

in·ex·plic·it [ˌɪnɪk'splɪsɪt] *adj* niewyraźny, niejasny

in·ex·press·i·ble [ˌɪnɪk'spresəbl] *adj* niewypowiedziany, niewymowny, niewysłowiony

in·ex·pres·sive [ˌɪnɪk'spresɪv] *adj* pozbawiony wyrazu

in·ex·tri·ca·ble [ˌɪnɪk'strɪkəbl] *adj* nie dający się rozwikłać, bez wyjścia

in·fal·li·bil·i·ty [ɪnˌfælə'bɪlətɪ] *s* nieomylność; niezawodność

in·fal·li·ble [ɪn'fæləbl] *adj* nieomylny; niezawodny

in·fa·mous ['ɪnfəməs] *adj* mający złą sławę; nikczemny, haniebny

in·fa·my ['ɪnfəmɪ] *s* niesława; infamia; nikczemność; hańba

in·fan·cy ['ɪnfənsɪ] *s* dzieciństwo; niemowlęctwo; *prawn.* niepełnoletniość

in·fant ['ɪnfənt] *s* niemowlę; dziecko (*do lat 7*); *prawn.* niepełnoletni; **~ school** przedszkole

in·fan·tile ['ɪnfəntaɪl] *adj* infantylny; dziecięcy, niemowlęcy

in·fan·try ['ɪnfəntrɪ] *s wojsk.* piechota

in·fat·u·ate [ɪn'fætʃʊeɪt] *vt* pozbawić rozsądku, zawrócić głowę, zaślepić; rozkochać; **to be ~d** mieć zawróconą głowę, szaleć (**with sb, sth** za kimś, czymś); być zadurzonym (**with sb, sth** w kimś)

in·fat·u·a·tion [ɪnˌfætʃʊ'eɪʃn] *s* szaleńcza miłość; zaślepienie <odurzenie> (*kimś, czymś*)

in·fect [ɪn'fekt] *vt* zarazić; zakazić; zatruć

in·fec·tion [ɪn'fekʃn] *s* zaraza; zakażenie; zatruwanie

in·fec·tious [ɪn'fekʃəs] *adj* zaraźliwy, zakaźny

in·fec·tive [ɪn'fektɪv] = **infectious**

in·fer [ɪn'fɜː] *vt* wnioskować; zawierać <nasuwać> pojęcie (**sth** czegoś)

in·fer·ence ['ɪnfərəns] *s* wniosek, wywód

in·fe·ri·or [ɪn'fɪərɪə] *adj* niższy, gorszy (**to sb, sth** od kogoś, czegoś); *s* podwładny

in·fe·ri·or·i·ty [ˌɪnfɪərɪ'ɒrətɪ] *s* niższość, słabość; **~ complex** kompleks niższości

in·fer·nal [ɪn'fɜːnl] *adj* piekielny

in·fest [ɪn'fest] *vt* niepokoić, trapić; nawiedzać; (*o robactwie*) roić się (**sth** w czymś); **to be infested with...** roić się od...

in·fi·del ['ɪnfɪdl] *adj rel.* niewierny; *s rel.* niewierny

in·fi·del·i·ty [ˌɪnfɪ'delətɪ] *s* niewierność (*zw. małżeńska*); *rel.* niewiara

in·fil·trate ['ɪnfɪltreɪt] *vt vi* przesączać (się); nasycać; przenikać

in·fi·nite ['ɪnfɪnət] *adj* nieograniczony, bezkresny, bezmierny, nieskończony; niezliczony

in·fin·i·tes·i·mal [ˌɪnfɪnɪ'tesɪml] *adj* nieskończenie mały

in·fin·i·tive [ɪn'fɪnətɪv] *adj* nieokreślony; *s gram.* bezokolicznik

in·fin·i·ty [ɪn'fɪnətɪ] *s* (*także mat.*)

nieskończoność; bezkres, bezgraniczność

in·firm [ɪnˈfɜːm] *adj* bezsilny, słaby, niedołężny

in·fir·ma·ry [ɪnˈfɜːmərɪ] *s* szpital; izba chorych; lecznica

in·fir·mi·ty [ɪnˈfɜːmətɪ] *s* niemoc, ułomność, niedołęstwo

in·flame [ɪnˈfleɪm] *vt vi* rozpalić (się); podniecić (się), rozdrażnić (się); rozbudzić (*sb with sth* coś w kimś)

in·flam·ma·ble [ɪnˈflæməbl] *adj* zapalny, łatwo palny; *przen.* zapalczywy; *s* materiał łatwo palny

in·flam·ma·tion [ˌɪnfləˈmeɪʃn] *s med.* zapalenie

in·flam·ma·to·ry [ɪnˈflæmətrɪ] *adj* zapalny, zapalający; *przen.* podżegający

in·flate [ɪnˈfleɪt] *vt* wydymać, nadymać; napompować (*dętkę itp.*); podnosić (*np. ceny*)

in·fla·tion [ɪnˈfleɪʃn] *s* nadymanie, napompowanie; *fin.* inflacja

in·flect [ɪnˈflekt] *vt* zginać; *fiz.* załamywać; *gram.* odmieniać (*części mowy*); modulować (*głos*)

in·flec·tion [ɪnˈflekʃn] *s* zgięcie; *fiz.* załamanie; *gram.* fleksja; modulacja (*głosu*)

in·flex·i·ble [ɪnˈfleksəbl] *adj* nieugięty; sztywny

in·flex·ion [ɪnˈflekʃn] = *inflection*

in·flict [ɪnˈflɪkt] *vt* zadać (*np. cios*); nałożyć (*np. karę*); narzucić (*sth on <upon> sb* coś komuś)

in·flu·ence [ˈɪnfluəns] *s* wpływ; działanie, oddziaływanie; *vt* wpływać <działać, oddziaływać> (*sb, sth* na kogoś, coś)

in·flu·en·tial [ˌɪnfluˈenʃl] *adj* wpływowy

in·flux [ˈɪnflʌks] *s* napływ, dopływ, przypływ; wlot

in·form [ɪnˈfɔːm] *vt* informować, zawiadomić (*sb of sth* kogoś o czymś); natchnąć <ożywić> (*sb with sth* kogoś czymś); *vi* denuncjować (*against sb* kogoś)

in·for·mal [ɪnˈfɔːml] *adj* nieoficjalny, nieurzędowy, swobodny; nieformalny, nieprzepisowy

in·for·mant [ɪnˈfɔːmənt] *s* informator; donosiciel

in·for·ma·tion [ˌɪnfəˈmeɪʃn] *s* informacja, wiadomość; doniesienie, denuncjacja; *a piece of ~* wiadomość; *to get ~* poinformować się

in·form·a·tive [ɪnˈfɔːmətɪv] *adj* informacyjny; pouczający

in·fra·red [ˌɪnfrəˈred] *adj* podczerwony

in·fra·struc·ture [ˈɪnfrəˌstrʌktʃə] *s* infrastruktura

in·fre·quent [ɪnˈfriːkwənt] *adj* nieczęsty

in·fringe [ɪnˈfrɪndʒ] *vt* naruszyć, przekroczyć (*także vi ~ on <upon> sth* coś)

in·fu·ri·ate [ɪnˈfjuərɪeɪt] *vt* doprowadzać do szału, rozjuszyć

in·fuse [ɪnˈfjuːz] *vt* natchnąć (*sb with sth* kogoś czymś); wlać; zaparzyć (*np. herbatę*)

in·fu·sion [ɪnˈfjuːʒn] *s* wlewanie; napar; nalewka; domieszka; natchnięcie <napełnienie> (*of sth into sb* kogoś czymś)

in·gen·ious [ɪnˈdʒiːnɪəs] *adj* pomysłowy, wynalazczy

in·ge·nu·i·ty [ˌɪndʒɪˈnjuːətɪ] *s* pomysłowość, wynalazczość

in·gen·u·ous [ɪnˈdʒenjuəs] *adj* otwarty, szczery; niewinny, naiwny

in·got [ˈɪŋgət] *s* sztaba (*kruszcu*)

in·grain [ɪnˈgreɪn] *vt* utrwalić, trwale ufarbować

in·grained [ɪnˈgreɪnd] *pp i adj* zakorzeniony, zatwardziały

in·gra·ti·ate [ɪnˈgreɪʃɪeɪt] *vr ~ oneself* zyskać sobie łaskę (*with sb* czyjąś), ująć sobie (*with sb* kogoś)

in·grat·i·tude [ɪnˈgrætɪtjuːd] *s* niewdzięczność

in·gre·di·ent [ɪn'griːdɪənt] s składnik

in·gress ['ɪngres] s ingres, wejście; prawo wstępu

in·hab·it [ɪn'hæbɪt] vt zamieszkiwać

in·hab·it·ant [ɪn'hæbɪtənt] s mieszkaniec

in·ha·la·tion [ˌɪnhə'leɪʃn] s inhalacja; wdychanie

in·hale [ɪn'heɪl] vt wdychać, wchłaniać, wciągać (*np. zapach*)

in·her·ent [ɪn'hɪərənt] adj tkwiący, wrodzony, nieodłączny (*in sth* od czegoś); właściwy (*in sb, sth* komuś, czemuś)

in·her·it [ɪn'herɪt] vt vi dziedziczyć, być spadkobiercą

in·her·it·ance [ɪn'herɪtəns] s dziedzictwo, spadek, spuścizna

in·hib·it [ɪn'hɪbɪt] vt powstrzymywać, hamować, zakazywać (*sb from doing sth* komuś zrobienia czegoś)

in·hi·bi·tion [ˌɪnhɪ'bɪʃn] s zahamowanie, powstrzymanie; zakaz; hamulec (psychiczny)

in·hos·pi·ta·ble [ˌɪnhɒ'spɪtəbl] adj niegościnny

in·hu·man [ɪn'hjuːmən] adj nieludzki

in·hu·mane [ˌɪnhjuː'meɪn] adj niehumanitarny

in·im·i·cal [ɪ'nɪmɪkl] adj wrogi; szkodliwy

in·im·i·ta·ble [ɪ'nɪmɪtəbl] adj nie do naśladowania; niezrównany

in·iq·ui·tous [ɪ'nɪkwɪtəs] adj niesprawiedliwy; niegodziwy

in·iq·ui·ty [ɪ'nɪkwətɪ] s niesprawiedliwość; niegodziwość

in·i·tial [ɪ'nɪʃl] adj początkowy, wstępny; s pl ∼s inicjały; parafa; vt podpisywać inicjałami; parafować

in·i·ti·ate [ɪ'nɪʃɪeɪt] vt inicjować, zapoczątkować; wprowadzać <wtajemniczać, wdrażać> (*sb into sth* kogoś w coś); adj [ɪ'nɪʃɪət] wtajemniczony; świeżo wprowadzony; s nowicjusz

in·i·ti·a·tion [ɪˌnɪʃɪ'eɪʃn] s zainicjowanie, zapoczątkowanie; wprowadzenie; wtajemniczenie

in·i·ti·a·tive [ɪ'nɪʃətɪv] adj początkowy, wstępny; s inicjatywa; przedsiębiorczość; *on one's (own)* ∼ z czyjejś (własnej) inicjatywy

in·ject [ɪn'dʒekt] vt zastrzyknąć, wstrzykiwać

in·jec·tion [ɪn'dʒekʃn] s zastrzyk

in·ju·di·cious [ˌɪndʒuː'dɪʃəs] adj nierozsądny; nieoględny

in·junc·tion [ɪn'dʒʌŋkʃn] s prawn. nakaz, zalecenie

in·jure ['ɪndʒə] vt uszkodzić; skrzywdzić; skaleczyć; zranić; obrazić

in·ju·ri·ous [ɪn'dʒʊərɪəs] adj szkodliwy, krzywdzący; obraźliwy

in·ju·ry ['ɪndʒərɪ] s uszkodzenie; obraza; krzywda, szkoda

in·jus·tice [ɪn'dʒʌstɪs] s niesprawiedliwość

ink [ɪŋk] s atrament; farba drukarska; vt plamić, znaczyć atramentem; powlekać farbą drukarską

ink·ling ['ɪŋklɪŋ] s domysł, przeczucie, podejrzenie

ink pad ['ɪŋkpæd] s poduszka do stempli

in·laid [ɪn'leɪd] adj wyłożony (*czymś*), inkrustowany

in·land ['ɪnlənd] adj attr znajdujący się <położony> w głębi kraju (*z dala od morza*); wewnętrzny, krajowy; s wnętrze <głąb> kraju

in-laws ['ɪnlɔːz] s pl rodzina męża <żony>

in·let ['ɪnlet] s wstawka, wpustka; mała zatoka; wlot, wejście; otwór

in·mate ['ɪnmeɪt] s lokator, mieszkaniec; pensjonariusz; (*w więzieniu*) więzień; (*w szpitalu*) pacjent

in·most ['ɪnməʊst] adj ukryty <utajony> w głębi; najskrytszy

inn [ɪn] s gospoda, zajazd

in·nate [ɪˈneɪt] *adj* wrodzony, przyrodzony

in·ner [ˈɪnə] *adj* wewnętrzny

in·ner·most [ˈɪnəməʊst] = *inmost*

inn·keep·er [ˈɪnˌkiːpə] *s* właściciel gospody <zajazdu>

in·no·cence [ˈɪnəsns] *s* niewinność; prostoduszność, naiwność; nieszkodliwość

in·no·cent [ˈɪnəsnt] *adj* niewinny; prostoduszny, naiwny; nieszkodliwy; *s* niewiniątko; prostaczek; półgłówek

in·noc·u·ous [ɪˈnɒkjʊəs] *adj* nieszkodliwy

in·no·va·tion [ˌɪnəˈveɪʃn] *s* innowacja

in·no·va·tor [ˈɪnəveɪtə] *s* innowator

in·nu·en·do [ˌɪnjʊˈendəʊ] *s* insynuacja

in·nu·mer·a·ble [ɪˈnjuːmrəbl] *adj* niezliczony

in·oc·u·late [ɪˈnɒkjʊleɪt] *vt* szczepić, zaszczepiać

in·oc·u·la·tion [ɪˌnɒkjʊˈleɪʃn] *s* szczepienie, zaszczepienie

in·o·dor·ous [ɪnˈəʊdərəs] *adj* bezwonny

in·of·fen·sive [ˌɪnəˈfensɪv] *adj* nieszkodliwy; nie drażniący

in·op·por·tune [ɪnˈɒpətjuːn] *adj* niewczesny, nieodpowiedni, nie na czasie

in·or·di·nate [ɪˈnɔːdɪnət] *adj* nie uporządkowany; nieumiarkowany; przesadny, nadmierny

in·or·gan·ic [ˌɪnɔːˈgænɪk] *adj* nieorganiczny

in·quest [ˈɪnkwest] *s* badanie, śledztwo

in·quire [ɪnˈkwaɪə] *vi* pytać <informować> się (*about* <*after, for*> *sth* o coś); dowiadywać się (*of sb* od kogoś); badać, śledzić (*into sth* coś); dochodzić, dociekać (*into sth* czegoś); *vt* pytać (*sth* o coś)

in·quir·er [ɪnˈkwaɪərə] *s* śledczy,

prowadzący dochodzenie; osoba zadająca pytania

in·quir·y [ɪnˈkwaɪərɪ] *s* pytanie; badanie, śledztwo; zasięganie informacji; *to make inquiries* zasięgać informacji, dowiadywać się; *personal ~* ankieta personalna

in·qui·si·tion [ˌɪnkwɪˈzɪʃn] *s* badanie, śledztwo; *hist.* inkwizycja

in·quis·i·tive [ɪnˈkwɪzətɪv] *adj* ciekawy, wścibski

in·road [ˈɪnrəʊd] *s* najazd, napad

in·rush [ˈɪnrʌʃ] *s* wdarcie się; napór

in·sane [ɪnˈseɪn] *adj* umysłowo chory, obłąkany

in·san·i·ty [ɪnˈsænətɪ] *s* obłęd, szaleństwo; choroba umysłowa

in·sa·tia·ble [ɪnˈseɪʃəbl] *adj* nienasycony

in·scribe [ɪnˈskraɪb] *vt* wpisać, zapisać; wyryć (*napis*); zadedykować (*sth to sb* coś komuś)

in·scrip·tion [ɪnˈskrɪpʃn] *s* napis; dedykacja

in·scru·ta·ble [ɪnˈskruːtəbl] *adj* niezbadany, nieprzenikniony

in·sect [ˈɪnsekt] *s* owad, insekt

in·sec·ti·cide [ɪnˈsektɪsaɪd] *s* środek owadobójczy

in·se·cure [ˌɪnsɪˈkjʊə] *adj* niepewny

in·sen·sate [ɪnˈsenseɪt] *adj* nieczuły; nierozumny

in·sen·si·bil·i·ty [ɪnˌsensəˈbɪlətɪ] *s* omdlenie, nieprzytomność; nieczułość <niewrażliwość> (*to sth* na coś)

in·sen·si·ble [ɪnˈsensəbl] *adj* nieprzytomny, bez zmysłów; niewrażliwy, nieczuły; niedostrzegalny

in·sen·si·tive [ɪnˈsensətɪv] *adj* nieczuły, niewrażliwy (*to sth* na coś)

in·sep·a·ra·ble [ɪnˈseprəbl] *adj* nierozłączny, nieodłączny

in·sert [ɪnˈsɜːt] *vt* wstawić, włożyć, wsunąć, wprowadzić; zamieścić

in·ser·tion [ɪn'sɜːʃn] s wstawka, wkładka; wstawienie, włożenie, wsunięcie; ogłoszenie (*w gazecie*); dopisek

in·set ['ɪnset] s wstawka, wkładka; vt [ˌɪn'set] wstawić, wkleić

in·side [ɪn'saɪd] s wnętrze; **~ out** wewnętrzną stroną na wierzch; na lewą stronę; adj attr wewnętrzny; adv i praep wewnątrz, do wnętrza

in·sid·i·ous [ɪn'sɪdɪəs] adj podstępny, zdradziecki, zdradliwy

in·sight ['ɪnsaɪt] s wgląd (**into sth** w coś); intuicja

in·sig·ni·a [ɪn'sɪɡnɪə] s pl insignia

in·sig·nif·i·cant [ˌɪnsɪɡ'nɪfɪkənt] adj nic nie znaczący, nieistotny, mało ważny

in·sin·cere [ˌɪnsɪn'sɪə] adj nieszczery

in·sin·cer·i·ty [ˌɪnsɪn'serətɪ] s nieszczerość

in·sin·u·ate [ɪn'sɪnjʊeɪt] vt insynuować; vr **~ oneself** wkraść <wślizgnąć> się

in·sin·u·a·tion [ɪnˌsɪnjʊ'eɪʃn] s insynuacja; wślizgnięcie się

in·sip·id [ɪn'sɪpɪd] adj bez smaku, mdły; tępy (umysłowo); bezbarwny

in·sist [ɪn'sɪst] vi nalegać, nastawać; upierać się, obstawać; kłaść nacisk; domagać się (**on** <**upon**> **sth** czegoś)

in·sist·ence [ɪn'sɪstəns] s naleganie; uporczywość; domaganie się

in·sist·ent [ɪn'sɪstənt] adj uporczywy; naglący

in·so·lence ['ɪnsələns] s zuchwalstwo, bezczelność

in·sol·u·ble [ɪn'sɒljʊbl] adj nierozpuszczalny; nierozwiązalny

in·sol·ven·cy [ɪn'sɒlvənsɪ] s niewypłacalność

in·sol·vent [ɪn'sɒlvənt] adj niewypłacalny; s bankrut

in·som·ni·a [ɪn'sɒmnɪə] s bezsenność

in·so·much [ˌɪnsəʊ'mʌtʃ] adv o tyle, do tego stopnia

in·spect [ɪn'spekt] vt doglądać, dozorować; badać, kontrolować; wizytować

in·spec·tion [ɪn'spekʃn] s inspekcja, dozór; badanie, kontrola

in·spi·ra·tion [ˌɪnspə'reɪʃn] s natchnienie; wdech

in·spire [ɪn'spaɪə] vt natchnąć, pobudzić (**sb with sth** kogoś do czegoś); wzbudzić (**sth** coś, **sb with sth** coś w kimś); inspirować (**sb with sth** kogoś czymś); wdychać

in·sta·bil·i·ty [ˌɪnstə'bɪlətɪ] s niestałość

in·stall [ɪn'stɔːl] vt wprowadzać na urząd; instalować, osadzać

in·stal·la·tion [ˌɪnstə'leɪʃn] s wprowadzenie na urząd; instalacja, urządzenie

in·stal(l)·ment [ɪn'stɔːlmənt] s rata; felieton; odcinek (powieści); zeszyt (publikacji); **to buy <sell> by ~s** kupować <sprzedawać> na raty

in·stance ['ɪnstəns] s wypadek; przykład; **for ~** na przykład

in·stant ['ɪnstənt] adj natychmiastowy, nagły, naglący; bieżący (miesiąc); s chwila

in·stan·ta·ne·ous [ˌɪnstən'teɪnɪəs] adj momentalny; natychmiastowy

in·stant·ly ['ɪnstəntlɪ] adv natychmiast

in·stead [ɪn'sted] adv na miejsce <zamiast> tego; praep **~ of** zamiast <w miejsce> (**sb, sth** kogoś, czegoś)

in·sti·gate ['ɪnstɪɡeɪt] vt podżegać, podjudzać; wywołać (np. bunt)

in·sti·ga·tion [ˌɪnstɪ'ɡeɪʃn] s podżeganie, prowokacja, namowa

in·stil(l) [ɪn'stɪl] vt wsączać; wpajać (np. zasady)

in·stinct ['ɪnstɪŋkt] s instynkt; adj ożywiony <przepojony> (czymś)

in·stinc·tive [ɪn'stɪŋktɪv] adj instynktowny

in·sti·tute ['ɪnstɪtjuːt] *s* instytut; *vt* zakładać; urządzać; ustanawiać; zaprowadzać; wszczynać

in·sti·tu·tion [,ɪnstɪ'tjuːʃn] *s* instytucja, zakład; związek, towarzystwo; ustanowienie, założenie; zwyczaj (powszechny)

in·struct [ɪn'strʌkt] *vt* instruować, informować; zlecać; uczyć (**in sth** czegoś)

in·struc·tion [ɪn'strʌkʃn] *s* instrukcja; wskazówka; polecenie; nauka, szkolenie; *religious* ~ nauka religii

in·struc·tive [ɪn'strʌktɪv] *adj* pouczający

in·struc·tor [ɪn'strʌktə] *s* instruktor, nauczyciel

in·stru·ment ['ɪnstrumənt] *s* instrument; przyrząd, aparat; *dosł. i przen.* narzędzie

in·stru·men·tal [,ɪnstru'mentl] *adj* służący za narzędzie; pomocny; *to be* ~ *in sth* doprowadzić <przyczynić się> do czegoś; *s gram.* narzędnik

in·sub·or·di·nate [,ɪnsə'bɔːdɪnət] *adj* nieposłuszny, niekarny

in·sub·or·di·na·tion ['ɪnsə,bɔːdɪ'neɪʃn] *s* niesubordynacja, niekarność, nieposłuszeństwo

in·suf·fer·a·ble [ɪn'sʌfrəbl] *adj* nieznośny

in·suf·fi·cien·cy [,ɪnsə'fɪʃnsɪ] *s* niedostatek; *med.* niedomoga

in·suf·fi·cient [,ɪnsə'fɪʃnt] *adj* niewystarczalny, niedostateczny

in·su·lar ['ɪnsjulə] *adj* wyspiarski; *przen.* mający ograniczony światopogląd

in·su·late ['ɪnsjuleɪt] *vt* izolować

in·su·la·tion [,ɪnsju'leɪʃn] *s* izolacja

in·sult [ɪn'sʌlt] *vt* lżyć, znieważać, obrażać; *s* ['ɪnsʌlt] obraza, zniewaga

in·su·per·a·ble [ɪn'sjuːprəbl] *adj* niepokonany, niezwyciężony; nie do przezwyciężenia

in·sup·port·a·ble [,ɪnsə'pɔːtəbl] *adj* nie do zniesienia

in·sur·ance [ɪn'ʃuərəns] *s* ubezpieczenie

in·sure [ɪn'ʃuə] *vt vi* ubezpieczać (się)

in·sur·gen·cy [ɪn'sɜːdʒənsɪ] *s* powstanie, insurekcja

in·sur·gent [ɪn'sɜːdʒənt] *adj* powstańczy; *s* powstaniec

in·sur·mount·a·ble [,ɪnsə'maʊntəbl] *adj* nie do pokonania, nieprzezwyciężony

in·sur·rec·tion [,ɪnsə'rekʃn] *s* powstanie

in·sur·rec·tion·ist [,ɪnsə'rekʃnɪst] *s* powstaniec

in·sus·cep·ti·ble [,ɪnsə'septəbl] *adj* nieczuły (**to sth** na coś); niepodatny <odporny> (**of sth** na coś)

in·tact [ɪn'tækt] *adj* nietknięty, nienaruszony, dziewiczy

in·take ['ɪnteɪk] *s* wsysanie, pobieranie (*np. wody*); ilość spożyta <zużyta, pobrana>; wlot; napływ, dopływ

in·tan·gi·ble [ɪn'tændʒəbl] *adj* niedotykalny; nieuchwytny

in·te·ger ['ɪntɪdʒə] *s* całość; *mat.* liczba całkowita

in·te·gral ['ɪntɪgrəl] *adj* integralny; *s mat.* całka; całość

in·te·grate ['ɪntɪgreɪt] *vt* scalić, uzupełnić; *mat.* całkować

in·te·gra·tion [,ɪntɪ'greɪʃn] *s* scalenie, integracja; *mat.* całkowanie

in·teg·ri·ty [ɪn'tegrɪtɪ] *s* integralność; rzetelność, prawość; *a man of* ~ człowiek prawy

in·tel·lect ['ɪntəlekt] *s* intelekt, umysł

in·tel·lec·tu·al [,ɪntə'lektʃuəl] *adj* intelektualny; umysłowy; *s* intelektualista

in·tel·li·gence [ɪn'telɪdʒəns] *s* inteligencja; informacja; wywiad; ~ *service* służba wywiadowcza

in·tel·li·gent [ɪn'telɪdʒənt] *adj* inteligentny

in·tel·li·gent·si·a [ɪnˌtelɪ'dʒent-sɪə] s zbior. inteligencja, warstwy wykształcone

in·tel·li·gi·ble [ɪn'telɪdʒəbl] adj zrozumiały

in·tem·per·ance [ɪn'tempərəns] s nieumiarkowanie, niepowściągliwość

in·tem·per·ate [ɪn'tempərət] adj nieumiarkowany, niepohamowany

in·tend [ɪn'tend] vt zamierzać, zamyślać; przeznaczać; mieć na myśli <na celu>; chcieć

in·tense [ɪn'tens] adj intensywny; napięty; silny; wytężony; (o uczuciu) żywy

in·ten·si·fi·ca·tion [ɪnˌtensɪfɪ-'keɪʃn] s intensyfikacja, wzmacnianie, wzmaganie

in·ten·si·fy [ɪn'tensɪfaɪ] vt vi wzmocnić (się), napiąć, pogłębiać (się), wzmagać (się)

in·ten·si·ty [ɪn'tensətɪ] s intensywność

in·ten·sive [ɪn'tensɪv] adj wzmożony, intensywny

in·tent [ɪn'tent] adj uważny, zajęty, zaprzątnięty; zdecydowany, zawzięty (**on** <**upon**> **sth** na coś); s zamiar, intencja, plan; **to all ~s and purposes** w istocie, faktycznie

in·ten·tion [ɪn'tenʃn] s zamiar, cel

in·ten·tion·al [ɪn'tenʃnəl] adj celowy, umyślny

in·ter [ɪn'tɜː] vt grzebać, chować (zmarłego)

in·ter·act [ˌɪntər'ækt] vi oddziaływać (na siebie) wzajemnie

in·ter·cede [ˌɪntə'siːd] vi interweniować, wstawiać się (**with sb for sb, sth** u kogoś za kimś, czymś)

in·ter·cept [ˌɪntə'sept] vt przechwycić, przejąć; przerwać, zagrodzić; odciąć

in·ter·ces·sion [ˌɪntə'seʃn] s wstawiennictwo

in·ter·change [ˌɪntə'tʃeɪndʒ] vt vi wymieniać (między sobą); zamieniać (się) kolejno; s ['ɪntə-tʃeɪndʒ] wzajemna wymiana, kolejna zmiana

in·ter·course ['ɪntəkɔːs] s stosunek (seksualny); obcowanie; związek

in·ter·dict [ˌɪntə'dɪkt] vt zabronić, zakazać; s ['ɪntədɪkt] = **interdiction**

in·ter·dic·tion [ˌɪntə'dɪkʃn] s zakaz; hist. interdykt

in·ter·est ['ɪntrəst] s interes, zysk, udział (np. w zyskach); dobro (publiczne itd.); handl. odsetki; zainteresowanie; **rate of ~** handl. stopa procentowa; **to lend at ~** pożyczać na procent; **to take an ~** interesować się (**in sth** czymś); vt interesować; vr ~ **oneself** interesować się (**in sth** czymś)

in·ter·est·ing ['ɪntrəstɪŋ] ppraes i adj interesujący, zajmujący, ciekawy

in·ter·face ['ɪntəfeɪs] s techn. komp. interfejs, sprzężenie

in·ter·fere [ˌɪntə'fɪə] vi mieszać <wtrącać, wdawać> się (**with sth** w coś); przeszkadzać <zawadzać> (**with sth** czemuś), kolidować

in·ter·fer·ence [ˌɪntə'fɪərəns] s mieszanie <wtrącanie> się, ingerencja, wkraczanie; przeszkoda, kolizja

in·ter·im ['ɪntərɪm] s okres przejściowy; adj przejściowy

in·te·ri·or [ɪn'tɪərɪə] adj wewnętrzny; ~ **design** architektura wnętrz; s wnętrze; środek <głąb> kraju

in·ter·jec·tion [ˌɪntə'dʒekʃn] s okrzyk; gram. wykrzyknik

in·ter·lace [ˌɪntə'leɪs] vt vi przeplatać (się)

in·ter·lock [ˌɪntə'lɒk] vt vi spleść (się), sprząc <złączyć> (się)

in·ter·loc·u·tor [ˌɪntə'lɒkjutə] s rozmówca

in·ter·lude ['ɪntəluːd] s (także muz.) interludium; przerwa

in·ter·mar·riage [ˌɪntəˈmærɪdʒ] *s* małżeństwo mieszane; małżeństwo w obrębie rodu <plemienia>

in·ter·me·di·ar·y [ˌɪntəˈmiːdɪərɪ] *adj* pośredni; pośredniczący; *s* pośrednik

in·ter·me·di·ate [ˌɪntəˈmiːdɪət] *adj* pośredni; *s* etap <produkt *itd.*> pośredni; stadium pośrednie

in·ter·ment [ɪnˈtɜːmənt] *s* pogrzeb

in·ter·mi·na·ble [ɪnˈtɜːmɪnəbl] *adj* nie kończący się

in·ter·min·gle [ˌɪntəˈmɪŋgl] *vt vi* mieszać (się), splatać (się)

in·ter·mis·sion [ˌɪntəˈmɪʃn] *s* przerwa, pauza

in·ter·mit·tent [ˌɪntəˈmɪtnt] *adj* przerywany, sporadyczny

in·tern 1. [ɪnˈtɜːn] *vt* internować

in·tern 2. [ˈɪntɜːn] *s am.* lekarz stażysta (*mieszkający na terenie kliniki*)

in·ter·nal [ɪnˈtɜːnl] *adj* wewnętrzny; krajowy, domowy

in·ter·na·tion·al [ˌɪntəˈnæʃnəl] *adj* międzynarodowy; *s sport* zawody międzynarodowe, mecz międzypaństwowy; *the Interna-tional* Międzynarodówka

in·ter·na·tion·al·ism [ˌɪntəˈnæʃnəlɪzm] *s* internacjonalizm

in·ter·na·tion·al·ize [ˌɪntəˈnæʃnəlaɪz] *vt* umiędzynarodowić

in·ter·ne·cine [ˌɪntəˈniːsaɪn] *adj* morderczy; wyniszczający wzajemnie; bratobójczy

in·tern·ment [ɪnˈtɜːnmənt] *s* internowanie; **~ camp** obóz dla internowanych

in·ter·pel·late [ɪnˈtɜːpɪleɪt] *vt* interpelować

in·ter·play [ˈɪntəpleɪ] *s* obustronna gra; wzajemne oddziaływanie

in·ter·po·late [ɪnˈtɜːpəleɪt] *vt* wstawić (*do tekstu*); *mat.* interpolować

in·ter·pose [ˌɪntəˈpəʊz] *vt vi* wstawiać, wtrącać (się); użyć (*autorytetu itp.*); interweniować

in·ter·pret [ɪnˈtɜːprɪt] *vt* tłumaczyć, objaśniać; interpretować; *vi* tłumaczyć ustnie (*np. na odczycie*)

in·ter·pre·ta·tion [ɪnˌtɜːprɪˈteɪʃn] *s* tłumaczenie; objaśnienie, interpretacja

in·ter·pret·er [ɪnˈtɜːprɪtə] *s* tłumacz (ustny)

in·ter·ro·gate [ɪnˈterəgeɪt] *vt* pytać, indagować, przesłuchiwać

in·ter·ro·ga·tion [ɪnˌterəˈgeɪʃn] *s* pytanie, indagacja, przesłuchanie; *gram.* **note of ~** pytajnik

in·ter·rog·a·tive [ˌɪntəˈrɒgətɪv] *adj* (*także gram.*) pytający

in·ter·rupt [ˌɪntəˈrʌpt] *vt* przerywać

in·ter·sect [ˌɪntəˈsekt] *vt* przecinać

in·ter·sperse [ˌɪntəˈspɜːs] *vt* rozsypać <rozrzucić> (między czymś), przemieszać; urozmaicić

in·ter·twine [ˌɪntəˈtwaɪn] *vt vi* przeplatać (się)

in·ter·val [ˈɪntəvl] *s* przerwa, odstęp; *muz.* interwał; **at ~s** z przerwami, tu i ówdzie

in·ter·vene [ˌɪntəˈviːn] *vi* interweniować; ingerować <wdawać się, wkraczać> (*w coś*); wydarzyć się; upłynąć

in·ter·ven·tion [ˌɪntəˈvenʃn] *s* interwencja, wkroczenie (*w coś*)

in·ter·view [ˈɪntəvjuː] *s* wywiad (*zw. dziennikarski*); *vt* przeprowadzić wywiad (*sb* z kimś)

*in·ter·weave [ˌɪntəˈwiːv] *vt vi* (*formy zob.* **weave**) tkać, przeplatać (się), przetykać

in·tes·tine [ɪnˈtestɪn] *adj* wewnętrzny; *s pl* **~s** wnętrzności, jelita

in·ti·ma·cy [ˈɪntɪməsɪ] *s* poufałość, intymność

in·ti·mate [ˈɪntɪmət] *adj* poufały, intymny, zażyły; gruntowny, dogłębny; *vt* [ˈɪntɪmeɪt] podać do wiadomości; dać do zrozumienia

in·ti·ma·tion [ˌɪntɪ'meɪʃn] s podanie do wiadomości; zasugerowanie; napomknięcie

in·tim·i·date [ɪn'tɪmɪdeɪt] vt zastraszyć, onieśmielić

in·tim·i·da·tion [ɪnˌtɪmɪ'deɪʃn] s zastraszenie, onieśmielenie

in·to ['ɪntu, 'ɪntə] praep dla oznaczenia ruchu i kierunku: w, do; **far ~ the night** do późna w nocy; dla oznaczenia przemiany i podziału: na, w; **to turn ~ gold** zmienić w złoto; **to divide ~ groups** dzielić na grupy

in·tol·er·a·ble [ɪn'tɒlərəbl] adj nieznośny

in·tol·er·ance [ɪn'tɒlərəns] s nietolerancja

in·tol·er·ant [ɪn'tɒlərənt] adj nietolerancyjny

in·to·na·tion [ˌɪntə'neɪʃn] s intonacja

in·tone [ɪn'təun] vt intonować

in·tox·i·cant [ɪn'tɒksɪkənt] adj odurzający, alkoholowy; s środek odurzający, napój alkoholowy

in·tox·i·cate [ɪn'tɒksɪkeɪt] vt odurzyć, upić

in·tox·i·ca·tion [ɪnˌtɒksɪ'keɪʃn] s odurzenie, upicie; med. zatrucie

in·trac·ta·ble [ɪn'træktəbl] adj krnąbrny; oporny, niepodatny

in·tran·si·gent [ɪn'trænsɪdʒənt] adj nieprzejednany; s człowiek nieprzejednany

in·tran·si·tive [ɪn'trænsɪtɪv] adj gram. nieprzechodni (o czasowniku)

in·tra·ve·nous [ˌɪntrə'viːnəs] adj dożylny

in·trench = **entrench**

in·trep·id [ɪn'trepɪd] adj nieustraszony

in·tri·ca·cy ['ɪntrɪkəsɪ] s zawiłość, gmatwanina

in·tri·cate ['ɪntrɪkət] adj skomplikowany, zawiły

in·trigue [ɪn'triːg] s intryga; vt vi intrygować

in·trin·sic [ɪn'trɪnsɪk] adj wewnętrzny, głęboki; istotny, faktyczny

in·tro·duce [ˌɪntrə'djuːs] vt wprowadzić; przedstawić (**sb to sb** kogoś komuś); przedłożyć (np. wniosek)

in·tro·duc·tion [ˌɪntrə'dʌkʃn] s wprowadzenie; przedstawienie; przedłożenie; wstęp, przedmowa; **a letter of ~** list polecający

in·tro·duc·to·ry [ˌɪntrə'dʌktrɪ] adj wstępny, wprowadzający; polegający

in·tro·spect [ˌɪntrə'spekt] vi obserwować samego siebie, oddawać się introspekcji

in·trude [ɪn'truːd] vi wtrącać się <wkraczać> (**into sth** do czegoś); przeszkadzać, narzucać się (**on** <**upon**> **sb** komuś); zakłócać (**on** <**upon**> **sth** coś); vt narzucać (**sth on** <**upon**> **sb** komuś coś)

in·trud·er [ɪn'truːdə] s intruz, natręt

in·tru·sion [ɪn'truːʒn] s bezprawne wkroczenie <wtargnięcie> (w coś <gdzieś>); narzucanie (się); wciśnięcie

in·tru·sive [ɪn'truːzɪv] adj narzucający się, natrętny; wtrącony

in·trust = **entrust**

in·tu·i·tion [ˌɪntjuː'ɪʃn] s intuicja

in·tu·i·tive [ɪn'tjuːɪtɪv] adj intuicyjny

in·un·date ['ɪnʌndeɪt] vt zalać, zatopić

in·un·da·tion [ˌɪnʌn'deɪʃn] s zalew, powódź

in·ure [ɪ'njuə] vt przyzwyczaić, zaprawiać, hartować

in·vade [ɪn'veɪd] vt najechać, wtargnąć (**a country** do kraju)

in·va·lid 1. ['ɪnvəliːd] adj chory, ułomny, niezdolny do pracy; s człowiek chory, kaleka, inwalida

in·va·lid 2. [ɪn'vælɪd] adj nieważny, nieprawomocny

in·val·i·date [ɪn'vælɪdeɪt] vt unieważnić

in·val·u·a·ble [ɪn'væljʊbl] *adj* bezcenny, nieoceniony

in·var·i·a·ble [ɪn'veərɪəbl] *adj* niezmienny

in·va·sion [ɪn'veɪʒn] *s* inwazja

in·vec·tive [ɪn'vektɪv] *s* inwektywa, obelga

in·veigh [ɪn'veɪ] *vi* gromić, kląć (*against sb, sth* kogoś, coś)

in·vei·gle [ɪn'veɪgl] *vt* uwodzić; wabić

in·vent [ɪn'vent] *vt* wynajdować, wymyślić; zmyślić

in·ven·tion [ɪn'venʃn] *s* wynalazek; wymysł

in·ven·tive [ɪn'ventɪv] *adj* wynalazczy, pomysłowy

in·ven·tor [ɪn'ventə] *s* wynalazca

in·ven·to·ry ['ɪnvəntrɪ] *s* inwentarz; spis, wykaz

in·verse [ˌɪn'vɜ:s] *adj* odwrotny; *s* odwrotność

in·ver·sion [ɪn'vɜ:ʃn] *s* odwrócenie, przestawienie; inwersja

in·vert [ɪn'vɜ:t] *vt* odwrócić, przestawić; **~ed commas** cudzysłów

in·ver·te·brate [ɪn'vɜ:təbrət] *adj* zool. bezkręgowy; *przen.* bez kręgosłupa; *s* zool. bezkręgowiec

in·vest [ɪn'vest] *vt* inwestować, wkładać; wyposażyć, obdarzyć (*with sth* czymś); nadać (*sb with sth* komuś coś *np. przywilej, władzę*)

in·ves·ti·gate [ɪn'vestɪgeɪt] *vt* badać; dochodzić <dociekać> (*sth* czegoś); prowadzić śledztwo

in·ves·ti·ga·tion [ɪnˌvestɪ'geɪʃn] *s* badanie, dociekanie, śledztwo

in·vest·ment [ɪn'vestmənt] *s* inwestycja, lokata

in·vet·er·ate [ɪn'vetərət] *adj* zastarzały; głęboko zakorzeniony; uporczywy; nałogowy

in·vid·i·ous [ɪn'vɪdɪəs] *adj* nienawistny, budzący zawiść

in·vig·i·late [ɪn'vɪdʒɪleɪt] *vt* nadzorować przy egzaminie <egzamin>

in·vig·o·rate [ɪn'vɪgəreɪt] *vt* wzmacniać, pokrzepiać, orzeźwić

in·vin·ci·ble [ɪn'vɪnsəbl] *adj* niezwyciężony

in·vi·o·la·ble [ɪn'vaɪələbl] *adj* nienaruszalny, nietykalny

in·vi·o·late [ɪn'vaɪələt] *adj* nienaruszony, nietknięty

in·vis·i·ble [ɪn'vɪzəbl] *adj* niewidzialny, niewidoczny

in·vi·ta·tion [ˌɪnvɪ'teɪʃn] *s* zaproszenie

in·vite [ɪn'vaɪt] *vt* zapraszać; zachęcać (*sth* do czegoś); wywoływać, powodować

in·voice ['ɪnvɔɪs] *s* *handl.* faktura

in·voke [ɪn'vəʊk] *vt* wzywać, zaklinać

in·vol·un·tar·y [ɪn'vɒləntrɪ] *adj* mimowolny

in·volve [ɪn'vɒlv] *vt* obejmować; zwijać; wciągać, pociągać za sobą; wmieszać, wplątać; uwikłać; komplikować, gmatwać

in·volved [ɪn'vɒlvd] *pp i adj* zawiły; wplątany

in·vul·ner·a·ble [ɪn'vʌlnərəbl] *adj* nie do zranienia, niewrażliwy (*na ciosy itp.*); nienaruszalny

in·ward ['ɪnwəd] *adj* wewnętrzny; duchowy; skryty; skierowany do wewnątrz; *adv* (*także* **~s**) do wnętrza, w głąb, w głębi; w duchu

i·o·dine ['aɪədi:n] *s chem.* jod; *pot.* jodyna (*zw.* **tincture of ~**)

i·o·ta [aɪ'əʊtə] *s* (*litera*) jota; odrobina

I·ra·ni·an [ɪ'reɪnɪən] *adj* irański, perski; *s* Irańczyk, Pers

i·ras·ci·ble [ɪ'ræsəbl] *adj* drażliwy, skłonny do gniewu

I·rish ['aɪərɪʃ] *adj* irlandzki

I·rish·man ['aɪərɪʃmən] (*pl Irishmen* ['aɪərɪʃmən]) *s* Irlandczyk

irk·some ['ɜ:ksəm] *adj* nużący, przykry

i·ron ['aɪən] *s* żelazo; żelazko (do prasowania); *pl* **~s** kajdanki; *cast* **~** żeliwo; *vt* okuć, podkuć; prasować (*np. bieliznę*); zakuć w kajdany

i·ron·clad ['aɪənklæd] *adj* opancerzony, pancerny; *s mors.* pancernik

i·ron found·ry ['aɪən‚faʊndrɪ] *s* huta, odlewnia żelaza

i·ron·ic(al) [aɪ'rɒnɪk(l)] *adj* ironiczny

i·ron·mon·ger ['aɪən‚mʌŋgə] *s* handlarz towarami żelaznymi

i·ron·work ['aɪənwɜːk] *s* konstrukcja żelazna; *zbior.* wyroby żelazne; *pl* **~s** huta

i·ro·ny ['aɪərənɪ] *s* ironia

ir·ra·di·ate [ɪ'reɪdɪeɪt] *vt* oświetlać; naświetlać (*promieniami*); wyjaśniać (*kwestię, sprawę itd.*); *vi* promieniować

ir·ra·tion·al [ɪ'ræʃnəl] *adj* irracjonalny; nierozumny

ir·rec·on·cil·a·ble [ɪ‚rekən-'saɪləbl] *adj* nieprzejednany; nie dający się pogodzić

ir·re·cov·er·a·ble [‚ɪrɪ'kʌvrəbl] *adj* bezpowrotnie stracony, nie do odzyskania; nie do naprawienia

ir·ref·u·ta·ble [‚ɪrɪ'fjuːtəbl] *adj* niezbity, nieodparty

ir·reg·u·lar [ɪ'regjʊlə] *adj* nieregularny, nieprawidłowy, nierówny; nieporządny; nielegalny

ir·reg·u·lar·i·ty [ɪ‚regjʊ'lærətɪ] *s* nieregularność, nieprawidłowość, nierówność; nieporządek; naruszanie norm <przepisów *itd.*>

ir·rel·e·vant [ɪ'reləvənt] *adj* nie należący do rzeczy, nie odnoszący się do danej sprawy, nie mający związku z tematem

ir·re·li·gious [‚ɪrɪ'lɪdʒəs] *adj* niewierzący, bezbożny

ir·re·me·di·a·ble [‚ɪrɪ'miːdɪəbl] *adj* nie do naprawienia

ir·re·mov·a·ble [‚ɪrɪ'muːvəbl] *adj* nieusuwalny, nie do usunięcia

ir·rep·a·ra·ble [ɪ'reprəbl] *adj* nie do naprawienia, niepowetowany

ir·re·press·i·ble [‚ɪrɪ'presəbl] *adj*

niepowstrzymany, nie do opanowania; nieodparty

ir·re·proach·a·ble [‚ɪrɪ'prəʊtʃ-əbl] *adj* nienaganny

ir·re·sist·i·ble [‚ɪrɪ'zɪstəbl] *adj* nieodparty

ir·res·o·lute [ɪ'rezəluːt] *adj* niezdecydowany

ir·re·spec·tive [‚ɪrɪ'spektɪv] *adj* nie biorący pod uwagę; niezależny; *adv* niezależnie; **~ of** bez względu na, niezależnie od

ir·re·spon·si·ble [‚ɪrɪ'spɒnsəbl] *adj* nieodpowiedzialny, lekkomyślny

ir·re·triev·a·ble [‚ɪrɪ'triːvəbl] *adj* niepowetowany, bezpowrotny

ir·rev·er·ent [ɪ'revərənt] *adj* nie okazujący szacunku, lekceważący

ir·rev·o·ca·ble [ɪ'revəkəbl] *adj* nieodwołalny

ir·ri·gate ['ɪrɪgeɪt] *vt* nawadniać; *med.* przepłukiwać

ir·ri·ga·tion [‚ɪrɪ'geɪʃn] *s* nawodnienie; *med.* przepłukiwanie, irygacja

ir·ri·ta·ble ['ɪrɪtəbl] *adj* skłonny do gniewu, drażliwy

ir·ri·tate ['ɪrɪteɪt] *vt* irytować, rozdrażniać

ir·ri·ta·tion [‚ɪrɪ'teɪʃn] *s* irytacja, rozdrażnienie

is [ɪz] *zob.* **be**

is·land ['aɪlənd] *s* wyspa

is·land·er ['aɪləndə] *s* wyspiarz

isle [aɪl] *s* wyspa (*zw. w nazwie własnej*)

is·let ['aɪlət] *s* wysepka

isn't ['ɪznt] = **is not**; *zob.* **be**

i·so·late ['aɪsəleɪt] *vt* izolować <odosobnić, wyodrębnić> (**from sth** od czegoś)

i·so·la·tion [‚aɪsə'leɪʃn] *s* izolacja, odosobnienie

i·sos·ce·les [aɪ'sɒsəliːz] *adj mat.* równoramienny (*trójkąt*)

i·so·tope ['aɪsətəʊp] *s fiz.* izotop

Is·rae·li [ɪz'reɪlɪ] *adj* izraelski; *s* Izraelczyk

is·sue ['ɪʃuː] *s* wyjście; ujście,

upływ; wynik, rezultat; potomstwo; kwestia, zagadnienie; emisja; przydział; nakład, wydanie; wydawanie; *in the* ~ w końcu; *matter at* ~ sprawa sporna; *to bring to an* ~ doprowadzić do końca; *to join* <*take*> ~ zacząć się spierać; *vt* wypuszczać; wydawać; emitować; *vi* wychodzić; uchodzić; wypadać; pochodzić; wynikać, wypływać

isth·mus ['ısməs] *s* przesmyk

it [ıt] *pron* ono, to; *(gdy zastępuje rzeczowniki nieosobowe)* on, ona

I·tal·ian [ı'tæljən] *adj* włoski; *s* Włoch; język włoski

i·tal·ics [ı'tælıks] *s pl* kursywa, pismo pochyłe

itch [ıtʃ] *vi* swędzić; *s* swędzenie; *med.* świerzb; *pot.* chętka

i·tem ['aıtəm] *s* przedmiot; punkt;

szczegół; pozycja *(w rachunku itd.)*; *adv* podobnie, tak samo

i·tem·ize ['aıtəmaız] *vt* wyszczególniać

it·er·ate ['ıtəreıt] *vt* powtarzać

i·tin·er·ant [aı'tınərənt] *adj* wędrowny

i·tin·er·ar·y [aı'tınərərı] *adj* wędrowny; *s* trasa <plan> podróży; przewodnik *(książka)*; dziennik podróży

i·tin·er·ate [aı'tınəreıt] *vi* wędrować

its [ıts] *pron (w odniesieniu do zwierząt i rzeczy)* jego, jej, swój

it's [ıts] = *it is*; *zob.* **be**

it·self [ıt'self] *pron* samo, sobie, siebie, się; *by* ~ samo (jedno)

I've [aıv] = *I have*

i·vo·ry ['aıvrı] *s* kość słoniowa

i·vy ['aıvı] *s bot.* bluszcz

J

J

jab·ber ['dʒæbə] *vt vi* trajkotać, paplać; *s* paplanie, trajkotanie

Jack, jack [dʒæk] *s zdrob. od John* Jaś; chłopak; *(także jack tar)* (prosty) marynarz; służący; walet *(w kartach)*; lewar, podnośnik; *mors.* bandera; *Jack-of-all-trades* majster do wszystkiego; złota rączka; *Jack-in-office* biurokrata; *pot.* ważniak; *Union Jack* Union Jack *(narodowa flaga brytyjska)*; *every man jack* każdy bez wyjątku

jack·al ['dʒækɔːl] *s zool.* szakal

jack·ass ['dʒækæs] *s zool., przen.* osioł

jack·boot ['dʒækbuːt] *s* but wojskowy *(z wysoką cholewką)*

jack·daw ['dʒækdɔː] *s zool.* kawka

jack·et ['dʒækıt] *s* marynarka, żakiet, kurtka, kaftan; obwoluta;

teczka *(na akta)*; skóra, łupina; okładzina, koszulka, osłona

jack-o'-lan·tern [,dʒækə'læntən] *s lampa z wydrążonej dyni, ustawiana przed domem w czasie Hallowe'en (zw. w USA)*; błędny ognik

jade [dʒeıd] *s* szkapa; *vt vi* zmordować (się), zmęczyć (się)

jad·ed ['dʒeıdıd] *pp i adj* sterany

jag [dʒæg] *s* szczerba, wyrwa; cypel; ząb *(np. piły)*; strzęp *(materiału, kartki itp.)*; występ (skalny); *vt* karbować; szczerbić; wyrzynać; strzępić

jag·ged ['dʒægıd] *pp i adj* szczerbaty; strzępiasty, ząbkowany

jag·uar ['dʒægjuə] *s zool.* jaguar

jail [dʒeıl] *s am.* więzienie

jail·er ['dʒeılə] *s am.* dozorca więzienny

jam 1. [dʒæm] *s* dżem, konfitura

jam 2. [dʒæm] *vt* zaciskać, wciskać; stłoczyć; zatykać, blokować; zagłuszać (*transmisję radiową*); **to ~ the traffic** zablokować ruch (uliczny); *vi* zaklinować się; zaciąć się; *s* ucisk, ścisk; zator; zacięcie się

jam·bo·ree [ˌdʒæmbə'riː] *s* zlot harcerski; jamboree

jan·gle ['dʒæŋgl] *s* brzęk; klekot; *vt vi* brzęczeć, dzwonić, klekotać

jan·i·tor ['dʒænɪtə] *s* odźwierny, dozorca, portier

Jan·u·ar·y ['dʒænjʊərɪ] *s* styczeń

Jap·a·nese [ˌdʒæpə'niːz] *adj* japoński; *s* Japończyk; język japoński

jar 1. [dʒɑː] *s* słój, słoik, dzban

jar 2. [dʒɑː] *vi* zgrzytać, brzęczeć; kłócić się; *vt* drażnić <razić> (*np. ucho*); szarpać <działać na> nerwy; wstrząsać; *s* zgrzyt; wstrząs; kłótnia

jas·mine ['dʒæzmɪn] *s bot.* jaśmin

jas·per ['dʒæspə] *s miner.* jaspis

jaun·dice ['dʒɔːndɪs] *s med.* żółtaczka; *przen.* zazdrość, zawiść

jaunt [dʒɔːnt] *vi* wybrać się na wycieczkę; *s* (krótka) wycieczka

jaun·ty ['dʒɔːntɪ] *adj* żwawy, wesoły, beztroski

jave·lin ['dʒævlɪn] *s sport* oszczep

jaw [dʒɔː] *s* szczęka

jaw·bone ['dʒɔːbəʊn] *s* kość szczękowa

jazz [dʒæz] *s* jazz; muzyka jazzowa

jeal·ous ['dʒeləs] *adj* zazdrosny (**of sb, sth** o kogoś, coś), zawistny

jeal·ous·y ['dʒeləsɪ] *s* zazdrość, zawiść

jean [dʒiːn] *s* drelich; *pl* **~s** dżinsy

jeep [dʒiːp] *s wojsk.* jeep, łazik (*samochód wojskowy*)

jeer [dʒɪə] *vi* szydzić (**at sb, sth** z kogoś, czegoś)

jel·ly ['dʒelɪ] *s* galareta, kisiel

jel·ly·fish ['dʒelɪfɪʃ] *s zool.* meduza

jeop·ard·ize ['dʒepədaɪz] *vt* narazić na niebezpieczeństwo, ryzykować (**sth** coś, czymś)

jeop·ard·y ['dʒepədɪ] *s* niebezpieczeństwo, ryzyko

jerk [dʒɜːk] *vt* szarpnąć, targnąć; cisnąć, pchnąć; *vi* szarpać się, nagle poruszyć się; *wulg.* (*o mężczyźnie*) walić konia (*masturbować się*); *s* szarpnięcie, targnięcie, pchnięcie; skurcz, drgawka; *pot* kretyn

jerk·y ['dʒɜːkɪ] *adj* szarpiący, szarpany; konwulsyjny

jer·sey ['dʒɜːzɪ] *s* sweter, golf

jest [dʒest] *s* żart; pośmiewisko; **in ~** żartem; *vi* żartować (**about sb, sth** z kogoś, czegoś)

jest·er ['dʒestə] *s* żartowniś; błazen

jet [dʒet] *s* struga, wytrysk; dysza; odrzutowiec; *adj attr* odrzutowy; **~ lag** uczucie zmęczenia (*wywołane długą podróżą lotniczą i zmianą strefy czasu*); *vt vi* tryskać

jet plane ['dʒetpleɪn] *s* odrzutowiec

jet-pro·pelled [ˌdʒetprə‚peld] *adj* odrzutowy; **~ plane** odrzutowiec

jet·sam ['dʒetsəm] *s* części ładunku wyrzucane za burtę (*z powodu awarii*); *przen.* **flotsam and ~** nieudacznicy, rozbitki życiowe; rzeczy bez wartości

jet·ti·son ['dʒetɪsn] *s* zrzut poza burtę; *vt* wyrzucać za burtę

jet·ty ['dʒetɪ] *s* molo; falochron

Jew [dʒuː] *s* Żyd

jew·el ['dʒuːəl] *s* klejnot; *vt* zdobić klejnotami

jew·el·ler ['dʒuːələ] *s* jubiler

jew·el·ler·y ['dʒuːəlrɪ] *s* biżuteria; handel biżuterią

Jew·ess ['dʒuːes] *s* Żydówka

Jew·ish ['dʒuːɪʃ] *adj* żydowski

jib [dʒɪb] *vi* (*o koniu*) płoszyć się <stawać dęba>; *przen.* wzbraniać się (**at sth** przed czymś)

jibe = **gibe**

jif·fy ['dʒɪfɪ] *s pot.* chwilka

jig [dʒɪg] *s* skoczny taniec

jig·saw ['dʒɪgsɔː] *s* piła wyrzynarka; **~ puzzle** układanka

jin·gle ['dʒɪŋgl] *vt vi* dźwięczeć, brzęczeć, pobrzękiwać; *s* dzwonienie, brzęk, dźwięczenie

jin·go·ism ['dʒɪŋgəʊɪzm] *s* szowinizm

job [dʒɒb] *s* robota, zajęcie, praca; sprawa; interes; **by the ~** na akord; **odd ~s** okazjyna <dorywcza> praca; **out of a ~** bezrobotny; **to make a good ~ of sth** dobrze sobie z czymś poradzić; *vt vi* pracować na akord; pracować dorywczo; nadużywać władzy; uprawiać machinacje handlowe; wynajmować (*konia, wóz*)

job·ber ['dʒɒbə] *s* wyrobnik, robotnik akordowy; drobny spekulant (*handlowy, giełdowy*); aferzysta; pośrednik

job·less ['dʒɒbləs] *adj* bezrobotny

jock·ey ['dʒɒkɪ] *s* dżokej; *vt pot.* wrobić (*w coś*)

jo·cose [dʒə'kəʊs] *adj* zabawny, dowcipkujący, wesoły

joc·u·lar ['dʒɒkjʊlə] *adj* figlarny, wesoły

joc·und ['dʒɒkənd] *adj* wesoły, pogodny

jog [dʒɒg] *vt* potrącać, popychać; potrząsać; *vi* (*zw.* **~ on <along>**) posuwać się <jechać> naprzód; *s* popchnięcie; szturchnięcie; wolny kłus; wolny bieg, trucht

jog·gle ['dʒɒgl] *vt* potrząsać; podrzucać; *vi* trząść się

join [dʒɔɪn] *vt vi* połączyć, przyłączyć (się) (**sb** do kogoś); wstąpić (*np.* **the party** do partii); spoić; związać (się), zetknąć się; **to ~ hands** wziąć się za ręce; przystąpić do wspólnego dzieła; **~ up** zaciągnąć się (do wojska)

join·er ['dʒɔɪnə] *s* stolarz

joint [dʒɔɪnt] *adj* łączny, wspólny;

~ company towarzystwo akcyjne; **~ stock** kapitał akcyjny; *s* połączenie, spojenie; pieczeń, udziec; *anat.* staw; **out of ~** zwichnięty; *pot* knajpa, melina; *vt* złożyć, zestawić, spoić; rozczłonkować

joint·ly ['dʒɔɪntlɪ] *adv* łącznie

joint-stock [,dʒɔɪnt'stɒk] *adj attr* **~ company** spółka akcyjna

joke [dʒəʊk] *s* żart, dowcip; **to crack a ~** *pot.* palnąć dowcip; *vi* żartować (**about <at> sb, sth** z kogoś, czegoś)

jol·ly ['dʒɒlɪ] *adj* wesoły; podochocony; przyjemny; *pot.* nie lada; *adv pot.* bardzo, szalenie

jolt [dʒəʊlt] *vt* wstrząsać, podrzucać; *vi* (*o wozie*) jechać z turkotem, trząść się; *s* wstrząs, szarpnięcie, podrzucanie

jos·tle ['dʒɒsl] *vt vi* popychać, rozpychać (się), potrącać; *s* popchnięcie, potrącenie

jot [dʒɒt] *s* jota, odrobina; *vt* (*zw.* **~ down**) streścić w paru słowach, pospiesznie zapisać

jour·nal ['dʒɜːnl] *s* dziennik; żurnal

jour·nal·ese [,dʒɜːnə'liːz] *s* żargon dziennikarski; język prasy

jour·nal·ism ['dʒɜːnəlɪzm] *s* dziennikarstwo

jour·nal·ist ['dʒɜːnəlɪst] *s* dziennikarz

jour·ney ['dʒɜːnɪ] *s* podróż (*zw.* lądowa); *vi* podróżować

jour·ney·man ['dʒɜːnɪmən] *s* (*pl* **journeymen** ['dʒɜːnɪmən]) czeladnik; robotnik wykwalifikowany

jo·vi·al ['dʒəʊvɪəl] *adj* jowialny, wesoły

jowl [dʒaʊl] *s* szczęka; policzek

joy [dʒɔɪ] *s* radość, uciecha; *vt vi* radować (się)

joy·ful ['dʒɔɪfl] *adj* radosny

ju·bi·lant ['dʒuːbɪlənt] *adj* radujący się, rozradowany

ju·bi·late ['dʒuːbɪleɪt] *vi* radować się, triumfować

J

ju·bi·lee ['dʒuːbɪliː] s jubileusz

judge [dʒʌdʒ] vt vi sądzić, osądzać; uważać; s sędzia

judge·ment ['dʒʌdʒmənt] s sąd; wyrok; osąd; opinia, zdanie; rozsądek; **to pass ~** wyrokować, osądzać (**on <upon> sb, sth** kogoś, coś)

ju·di·ca·ture ['dʒuːdɪkətʃə] s sądownictwo, wymiar sprawiedliwości

ju·di·cial [dʒuːˈdɪʃl] adj sądowy, sędziowski; rozsądny, krytyczny

ju·di·cious [dʒuːˈdɪʃəs] adj rozsądny, rozważny

ju·do ['dʒuːdəʊ] s judo

jug [dʒʌg] s dzban, garnek

jug·ful ['dʒʌgful] s pełny dzban <garnek>

jug·gle ['dʒʌgl] vi żonglować; manipulować (**with sth** czymś); vt zwodzić, mamić; wyłudzić (**sb out of sth** coś od kogoś); s sztuczka, kuglarstwo, żonglerka

jug·gler ['dʒʌglə] s kuglarz, żongler; oszust

juice [dʒuːs] s sok; przen. treść, istota

juic·y ['dʒuːsɪ] s soczysty

Ju·ly [dʒuːˈlaɪ] s lipiec

jum·ble ['dʒʌmbl] s mieszanina, bałagan; przen. groch z kapustą; **~ sale** bryt. pot. sprzedaż <wyprzedaż> rzeczy używanych; vt vi pomieszać (się), narobić bałaganu, wprowadzić zamęt

jump [dʒʌmp] vi skakać, podskakiwać; skoczyć <napaść> (**on <upon> sb** na kogoś); **to ~ to a conclusion** wyciągnąć pochopny wniosek; vt przeskoczyć; wstrząsnąć; s skok, podskok; wstrząs; **high <long, pole> ~** sport skok wzwyż <w dal, o tyczce>

jump·er 1. ['dʒʌmpə] s skoczek

jump·er 2. ['dʒʌmpə] s pulower; damski sweterek

junc·tion ['dʒʌŋkʃn] s połączenie; węzeł kolejowy; stacja węzłowa; skrzyżowanie

junc·ture ['dʒʌŋktʃə] s połączenie, spojenie; stan rzeczy <spraw>; krytyczna chwila; zbieg okoliczności; **at this ~** w tych okolicznościach

June [dʒuːn] s czerwiec

jun·gle ['dʒʌŋgl] s dżungla; **~ fever** malaria

ju·ni·or ['dʒuːnɪə] adj młodszy (wiekiem, stanowiskiem); s junior; młodszy student <uczeń>; podwładny

junk 1. [dʒʌŋk] s zbior. pot. rupiecie, złom; przen. nonsens; vt pot. przeznaczyć na złom, wyrzucić

junk 2. [dʒʌŋk] s dżonka

ju·ris·dic·tion [ˌdʒʊərɪsˈdɪkʃn] s jurysdykcja

jury ['dʒʊərɪ] s sąd przysięgłych; jury

just [dʒʌst] adj sprawiedliwy; słuszny; właściwy; adv właśnie; w sam raz; po prostu; zaledwie

jus·tice ['dʒʌstɪs] s sprawiedliwość; (w tytułach) sędzia

jus·ti·fi·ca·tion [ˌdʒʌstɪfɪˈkeɪʃn] s usprawiedliwienie

jus·ti·fy ['dʒʌstɪfaɪ] vt usprawiedliwić; uzasadnić

jut [dʒʌt] vi sterczeć, wystawać; s występ (np. muru)

jute [dʒuːt] s bot. juta

ju·ve·nile ['dʒuːvənaɪl] adj młodzieńczy, młodociany, małoletni; młodzieżowy; s młodzieniec; **~ court** sąd dla nieletnich

jux·ta·pose [ˌdʒʌkstəˈpəʊz] vt ustawić obok siebie, zestawić

jux·ta·po·si·tion [ˌdʒʌkstəpəˈzɪʃn] s ustawienie obok siebie, zestawienie

K

kan·ga·roo [ˌkæŋgəˈruː] s zool. kangur

ka·ra·te [kəˈrɑːtɪ] s karate

keel [kiːl] s mors. kil

keen [kiːn] adj ostry; tnący; przejmujący, przenikliwy; gorliwy, zapalony, gwałtownie pożądający (**on sth** czegoś); bystry, żywy; pot. **to be ~ on sb, sth** przepadać za kimś, czymś

***keep** [kiːp] vt (**kept, kept** [kept]) trzymać (się); utrzymywać; dotrzymywać; przechowywać; przestrzegać (np. zasady); prowadzić (np. księgi); obchodzić (np. święto); pilnować; hodować; powstrzymywać; zachowywać (pozory, tajemnicę); chronić (**sb from sth** kogoś przed czymś); pozostawać (**the house, one's bed** w domu, w łóżku); z przymiotnikiem: **to ~ a door <eyes> open** trzymać <mieć> drzwi <oczy> otwarte; z imiesłowem: **to ~ sb waiting** kazać komuś czekać; vi trzymać <mieć> się; ściśle stosować się (**at <to> sth** do czegoś); pozostawać; zachowywać się; stale <wciąż> coś robić; uporczywie kontynuować (**at sth** coś); **to ~ clear** trzymać się z dala (**of sth** od czegoś); **to ~ to the right <left>** iść <jechać, płynąć> na prawo <lewo>; **to ~ to one's bed** pozostawać w łóżku; **to ~ to the room <the house>** nie wychodzić z pokoju <z domu>; **to ~ cool** zachowywać zimną krew; **to ~ working <studying>** ciągle pracować <uczyć się>; **to ~ silent** milczeć; **to ~ smiling** stale się uśmiechać, zachowywać pogodę ducha; z przysłówkami: **~ away** trzymać (się) z dala; nie dawać się zbliżyć; **~ back** powstrzymywać (się); nie ujawniać; nie zbliżać (się);

~ down trzymać w ryzach; tłumić; utrzymywać na niskim poziomie; **~ off** trzymać (się) na uboczu, nie dopuszczać; **~ on** kontynuować; **he ~s on working** on w dalszym ciągu pracuje; **~ out** trzymać (się) na zewnątrz, nie puszczać do środka; **~ under = ~ down; ~ up** podtrzymywać; trzymać do góry; utrzymywać (się); trzymać (się) na odpowiednim poziomie; nie tracić ducha; dotrzymywać kroku (**with sb** komuś), nadążać; **to ~ on the payroll** dawać pracę, zatrudniać

keep·er [ˈkiːpə] s stróż, dozorca, opiekun; kustosz; prowadzący sklep <zakład itp.>

keep·ing [ˈkiːpɪŋ] s utrzymanie, opieka; przechowanie; **to be in ~** zgadzać się, harmonizować; **to be out of ~** nie zgadzać się, nie licować

keep·sake [ˈkiːpseɪk] s upominek, pamiątka

keg [keg] s beczułka

ken·nel [ˈkenl] s psia buda; psiarnia

kept zob. **keep**

kerb, am. **curb** [kɜːb] s krawężnik

ker·chief [ˈkɜːtʃɪf] s chustka (na głowę)

ker·nel [ˈkɜːnl] s jądro <ziarno> (owocu); sedno (sprawy)

ker·o·sene, **ker·o·sine** [ˈkerəsiːn] s nafta

ket·tle [ˈketl] s kocioł; imbryk; **to put the ~ on** nastawić czajnik (na herbatę)

ket·tle·drum [ˈketldrʌm] s muz. kocioł

key [kiː] s klucz; klawisz; arch. klin; muz. klucz, tonacja; vt **~ up** nastroić (instrumenty, kogoś do czegoś)

key·board ['ki:bɔːd] s *także komp.* klawiatura

key·hole ['ki:həʊl] s dziurka od klucza

key·note ['ki:nəʊt] s *muz.* tonika; *przen.* myśl przewodnia

key·pad ['ki:pæd] s *komp.* klawiatura numeryczna

khaki ['kɑːkɪ] s tkanina o barwie ochronnej; mundur o barwie khaki; żołnierz w mundurze khaki; *adj (o kolorze)* khaki

kick [kɪk] vt vi kopać, wierzgać; *pot.* buntować się, opierać się (**against** <**at**> **sth** czemuś); *pot.* **~ away** odpędzić; *pot.* **~ out** wypędzić; **~ up** podnieść <wznieść, narobić> (**a dust** <**noise, fuss**> kurz <hałas, wrzawę>); **to ~ the bucket** *pot.* wyciągnąć nogi (*umrzeć*); s kopniak; uderzenie; skarga, protest

kick box·ing ['kɪk,bɒksɪŋ] s kick-boxing

kick·off ['kɪkɒf] s *sport* pierwszy wykop (*początek gry w piłkę nożną*)

kid [kɪd] s koźlę; skóra koźla; *pot.* dziecko, smyk

kid·dy ['kɪdɪ] s *pot. (o dziecku)* mały, brzdąc

kid glove [,kɪd'glʌv] s rękawiczka z koźlej skóry

kid·nap ['kɪdnæp] vt porywać (*dziecko*), uprowadzić

kid·nap·per ['kɪdnæpə] s kidnaper

kid·ney ['kɪdnɪ] s nerka; *pot.* rodzaj, natura, pokrój (*człowieka*)

kill [kɪl] vt zabijać; kasować <wyrzucać> (*część tekstu*)

kiln [kɪln] s piec przemysłowy (*do suszenia, wypalania*)

kil·o·byte ['kɪləbaɪt] s *komp.* kilobajt

kil·o·gram(me) ['kɪləgræm] s kilogram

kil·o·me·tre ['kɪlə,miːtə] s kilometr

kil·o·watt ['kɪləwɒt] s kilowat

kilt [kɪlt] s kilt (*męska spódnica szkocka*)

kin [kɪn] s *zbior.* krewni; **next of ~** najbliższy krewny; *adj* spokrewniony

kind 1. [kaɪnd] s rodzaj; gatunek; natura; jakość; **a ~ of** coś w rodzaju; **nothing of the ~** nic podobnego; **what ~ of ...?** jakiego rodzaju ...?, co za ...?; **to pay in ~** płacić w naturze <w towarze>

kind 2. [kaɪnd] *adj* miły, uprzejmy, łaskawy; **very ~ of you** bardzo uprzejmie z pańskiej <twojej> strony; *adv pot.* **~ of** poniekąd, do pewnego stopnia

kin·der·gar·ten ['kɪndə,gɑːtn] s przedszkole

kin·dle ['kɪndl] vt vi rozpalić (się), rozżarzyć (się), rozniecić (się), podniecić

kind·ly ['kaɪndlɪ] *adj* dobry, dobrotliwy, uczynny, łaskawy, miły

kind·ness ['kaɪndnəs] s uprzejmość, dobroć; przysługa

kin·dred ['kɪndrəd] s pokrewieństwo; *zbior.* krewni; *adj attr* pokrewny

king [kɪŋ] s król

king·dom ['kɪŋdəm] s królestwo; **the United Kingdom** Zjednoczone Królestwo

kin·ship ['kɪnʃɪp] s pokrewieństwo

kins·man ['kɪnzmən] s (*pl* **kinsmen** ['kɪnzmən]) krewny

kins·wom·an ['kɪnz,wʊmən] s (*pl* **kinswomen** ['kɪnz,wɪmɪn]) krewna

kip·per ['kɪpə] s ryba wędzona (*zw.* śledź)

kirk, Kirk [kɜːk] s *szkoc.* kościół

kiss [kɪs] s pocałunek; vt vi całować (się); **to ~ sb goodbye** pocałować kogoś na pożegnanie

kit [kɪt] s wyposażenie, ekwipunek; komplet narzędzi; plecak; worek <torba> (na rzeczy, narzędzia)

kit·bag ['kɪtbæg] s torba podróżna, plecak

kitch·en ['kɪtʃɪn] s kuchnia; **~ garden** ogród warzywny

kite [kaɪt] s zool. kania; latawiec; **to fly a ~** puszczać latawca

kith [kɪθ] s w zwrocie: **~ and kin** zbior. przyjaciele i krewni

kit·ten ['kɪtn] s kotek

kit·ty ['kɪtɪ] = **kitten**

knack [næk] s sztuka (*robienia czegoś*), spryt, zręczność

knag [næg] s sęk

knap·sack ['næpsæk] s plecak

knave [neɪv] s nikczemnik, łajdak; walet (*w kartach*)

knav·er·y ['neɪvərɪ] s nikczemność, łajdactwo

knav·ish ['neɪvɪʃ] adj nikczemny, łajdacki

knead [niːd] vt miesić, ugniatać; mieszać

knee [niː] s kolano

***kneel** [niːl] vi (**knelt, knelt** [nelt]) klękać, klęczeć

knell [nel] s podzwonne; vi dzwonić (*umarłemu*); vt dzwonić (**sth** obwieszczając coś)

knelt zob. **kneel**

knew zob. **know**

knick·er·bock·ers ['nɪkəbɒkəz] s spodnie spięte pod kolanami; pumpy

knick·ers ['nɪkəz] s pl bryt. majtki; amer. zob. **knickerbockers**

knife [naɪf] s (pl **knives** [naɪvz]) nóż

knight [naɪt] s rycerz; szlachcic; kawaler orderu; koń (*w szachach*); vt nadać szlachectwo <tytuł, order>

knight·hood ['naɪthʊd] s rycerstwo; tytuł szlachecki

***knit** vt (**knit, knit** [nɪt] lub **knitted, knitted** ['nɪtɪd]) dziać, robić na drutach; składać, wiązać, spajać, łączyć; ściągać (*brwi*)

knives zob. **knife**

knob [nɒb] s gałka; guz; sęk; kawałek (*np. cukru*)

knock [nɒk] vi pukać, stukać (**at the door** do drzwi); uderzyć się (**against sth** o coś); vt uderzyć, walnąć; **~ down** powalić, zwalić z nóg; przejechać (*kogoś*); **~ off** strącić; strzepnąć; potrącić (*sumę pieniężną*); skończyć (*pracę*); **~ out** wybić, wytrząsnąć; pokonać; **~ over** przewrócić; **~ together** zbić (*np. deski*); skleić; uderzać o siebie; **~ up** podbić ku górze; pot. zmajstrować; znużyć; zderzyć się (**against sb, sth** z kimś, czymś); s stuk, uderzenie

knockout ['nɒkaʊt] s sport. nokaut (*w boksie*)

knoll [nəʊl] s pagórek, kopa

knot [nɒt] s węzeł, pętla; sęk; guz, narośl; przen. powikłanie; vt robić węzeł; wiązać; przen. komplikować

knot·ty ['nɒtɪ] adj węzłowaty; przen. zawiły, kłopotliwy

***know** [nəʊ] vt vi (**knew** [njuː], **known** [nəʊn]) znać; rozpoznać, poznać; wiedzieć, dowiedzieć się (**about** <**of**> **sb, sth** o kimś, czymś); doświadczać, zaznać (*czegoś*); umieć, potrafić (*coś zrobić*); **to get to ~** dowiedzieć się; **as far as I ~** o ile wiem; **to let sb ~** powiadomić kogoś; **let me ~** daj mi znać

know-how ['nəʊhaʊ] s techn. praktyczna umiejętność wdrożenia technologii

know·ing ['nəʊɪŋ] praes i adj rozumny, bystry; chytry, zręczny

know·ing·ly ['nəʊɪŋlɪ] adv ze znajomością rzeczy; naumyślnie; chytrze, zręcznie

knowl·edge ['nɒlɪdʒ] s wiedza, znajomość; wiadomość, świadomość; **to my ~** o ile mi wiadomo; **to come to sb's ~** dojść do czyjejś wiadomości

known zob. **know**

knuck·le ['nʌkl] s anat. kostka

*(palca); vi ~ **down** <**under**> ulec, ustąpić*

Kodak ['kəʊdæk] *s* Kodak; *vt* fotografować Kodakiem

kohl·ra·bi [,kəʊl'rɑːbɪ] *s bot.* kalarepa

L

lab [læb] = ***laboratory***

la·bel ['leɪbl] *s* napis, naklejka, etykieta; *vt* nakleić <zaopatrzyć w> etykietę <nalepkę, naklejkę>; *przen.* określić (mianem), nazwać

la·bi·al ['leɪbɪəl] *adj* wargowy

la·bor·a·to·ry [lə'bɒrətrɪ] *s* laboratorium, pracownia

la·bo·ri·ous [lə'bɔːrɪəs] *adj* pracowity; żmudny; wypracowany

la·bour ['leɪbə] *s* praca, trud; świat pracy; siła robocza; *med.* bóle porodowe, poród; ***Labour Party*** Partia Pracy *(w Anglii)*; *vi* ciężko pracować, mozolić się *(**at sth** nad czymś)*, ponosić trudy; uginać się *(**under sth** pod ciężarem czegoś)*; cierpieć *(**under sth** z powodu czegoś)*; z trudem poruszać się; *(o kobiecie)* rodzić; *vt* starannie opracować, wypielęgnować; szczegółowo rozważać, dokładnie omawiać

la·bour·er ['leɪbərə] *s* robotnik (rolny); wyrobnik

lab·y·rinth ['læbərɪnθ] *s* labirynt

lace [leɪs] *s* sznurowadło; lamówka; koronka; *vt* sznurować; obszyć lamówką; ozdobić koronką

lac·er·ate ['læsəreɪt] *vt* szarpać, rwać, rozrywać, rozdrapywać; kaleczyć; *przen.* zranić *(uczucia)*

lack [læk] *s* brak, niedostatek; ***for ~...*** z braku...; *vt vi* brakować; odczuwać brak, nie posiadać, nie mieć; ***I ~ money*** brak mi pieniędzy

lack·ey ['lækɪ] *s uj.* lokaj

la·con·ic [lə'kɒnɪk] *adj* lakoniczny

lac·quer ['lækə] *s* lakier; *vt* lakierować

lac·tic ['læktɪk] *adj* mleczny

lad [læd] *s* chłopiec, chłopak

lad·der ['lædə] *s* drabina; spuszczone oczko *(w pończosze)*; *przen.* drabina społeczna; *vi (o pończosze)* puszczać oczko

lad·en ['leɪdn] *pp i adj* obciążony, obarczony; pogrążony *(w smutku)*

la·dle ['leɪdl] *s* łyżka wazowa; *vt* rozlewać <czerpać>; łyżką

la·dy ['leɪdɪ] *s* dama, pani; tytuł szlachecki; ***lady's*** <***ladies'***> ***man*** kobieciarz; ***ladies*** (***room***) „dla pań", toaleta damska

la·dy·bird ['leɪdɪbɜːd] *s zool.* biedronka

lag [læg] *vi* zwlekać, opóźniać się, *(także ~ **behind**)* wlec się z tyłu, nie nadążać

lag·gard ['lægəd] *adj* powolny, ospały; *s* maruder, człowiek opieszały

laid *zob.* **lay 1.**

lain *zob.* **lie 1.**

lair [leə] *s* legowisko, nora, matecznik; *przen.* melina

lake [leɪk] *s* jezioro

lamb [læm] *s zool. i przen.* jagnię, baranek; baranina

lame [leɪm] *adj* chromy, ułomny; wadliwy; nieprzekonywający, mętny; ~ **duck** pechowiec; bankrut życiowy <giełdowy>; *vt* uczynić kaleką, okaleczyć; popsuć, sparaliżować

la·ment [lə'ment] *s* skarga, lament; *vt vi* opłakiwać (***sb, sth***

lark

<*over sb, sth*> kogoś, coś), lamentować

lam·en·ta·ble ['læməntəbl] *adj* opłakany, godny pożałowania

lamp [læmp] *s* lampa

lam·poon [læm'pu:n] *s* pamflet, paszkwil; *vt* napisać paszkwil (*sb, sth* na kogoś, coś)

lamp·post ['læmppəust] *s* słup latarni, latarnia (uliczna)

lamp·shade ['læmpʃeid] *s* abażur

lance [la:ns] *s* lanca, kopia

land [lænd] *s* ziemia, ląd; kraj; własność ziemska, rola; **by ~** drogą lądową; *vt* wysadzić <wyładowywać> na ląd; zdobyć (*nagrodę itp.*); *pot.* wpakować (*kogoś w kłopot itd.*); *vi* lądować; wysiadać, przybywać; trafić (*gdzieś*)

land·ed ['lændɪd] *pp i adj* ziemski; **~ proprietor** właściciel ziemski

land·hold·er ['lænd,həuldə] *s* właściciel gruntu, gospodarz

land·ing ['lændɪŋ] *s* lądowanie; zejście (*ze statku*) na ląd; podest, półpiętro; *wojsk.* desant

land·ing place ['lændɪŋpleis] *s* przystań

land·la·dy ['lænd,leidɪ] *s* gospodyni; właścicielka domu czynszowego <pensjonatu, hotelu, gospody>

land·lord ['lændlɔ:d] *s* gospodarz; właściciel domu czynszowego <pensjonatu, hotelu, gospody>

land·mark ['lændma:k] *s* kamień graniczny; *przen.* znak orientacyjny; wydarzenie epokowe, punkt zwrotny

land·own·er ['lænd,əunə] *s* właściciel ziemski

land·scape ['lændskeip] *s* krajobraz, pejzaż

lane [lein] *s* droga polna; uliczka, zaułek; pas ruchu drogowego

lan·guage ['læŋgwidʒ] *s* język, mowa; styl; **bad** <**strong**> **~** język wulgarny; *komp.* **machine ~** język maszynowy

lan·guid ['læŋgwid] *adj* osłabiony, znużony; powolny; tęskny

lan·guish ['læŋgwiʃ] *vi* więdnąć, słabnąć, marnieć; usychać z tęsknoty (*after* <*for*> *sb, sth* za kimś, czymś)

lan·guor ['læŋgə] *s* osłabienie, znużenie, powolność; tęsknota

lank [læŋk] *adj* chudy; cienki i długi; mizerny; (*o włosach*) prosty

lan·tern ['læntən] *s* latarnia

lap 1. [læp] *s* poła; łono; *sport* okrążenie (*bieżni*); **in** <**on**> **sb's ~** na kolanach u kogoś; *vt* otoczyć; objąć; owinąć, otulić; nakładać (*over sth* na coś); *sport* zdystansować

lap 2. [læp] *vt vi* mlaskać; chłeptać; chlupotać

lap·dog ['læpdɒg] *s* piesek pokojowy

la·pel [lə'pel] *s* klapa (*marynarki*)

lapse [læps] *s* upływ <odstęp> (*czasu*); błąd, omyłka; odstępstwo; uchybienie; obniżenie; *vi* opadać; wpadać <zapadać, popadać, wdawać się> (*w coś*); odstępować (*od wiary itp.*); mijać; upływać; mylić się; zaniedbywać (*coś*)

lap·top ['læptɒp] *adj i s komp.* podręczny, przenośny (*komputer*)

lar·ce·ny ['la:sənɪ] *s* (drobna) kradzież

lard [la:d] *s* smalec, słonina; *vt* szpikować

lard·er ['la:də] *s* spiżarnia

large [la:dʒ] *adj* duży, rozległy, obszerny; liczny; obfity; szeroki, swobodny; *s tylko z przyimkiem:* **at ~** na wolności; na szerokim świecie; w pełnym ujęciu; *adv w zwrocie:* **by and ~** w ogóle, ogólnie biorąc

large·ly ['la:dʒlɪ] *adv* wielce, w dużej mierze, przeważnie

lark 1. [la:k] *s zool.* skowronek

lark 2. [la:k] *s pot.* figiel, żart; *vi pot.* figlować

L

la·ser ['leɪzə] s laser

lash 1. [læʃ] s bicz, bat; uderzenie biczem; kara chłosty; vt vi uderzyć biczem, chłostać <smagać> (także biczem satyry)

lash 2. [læʃ] = **eyelash**

lass [læs] s szkoc. i poet. dziewczę, dziewczyna

las·si·tude ['læsɪtjuːd] s znużenie

last 1. [lɑːst] s kopyto (szewskie), prawidło

last 2. [lɑːst] vi trwać, utrzymywać się; przetrwać; starczyć (na pewien czas)

last 3. [lɑːst] adj ostatni; miniony, zeszły, ubiegły; ostateczny, końcowy; **at** ~ na koniec, wreszcie; **to breathe one's** ~ wyzionąć ducha; **to the very** ~ do samego końca; adv po raz ostatni; ostatnio; ostatecznie

last·ing ['lɑːstɪŋ] ppraes i adj trwały

latch [lætʃ] s klamka; zatrzask, zasuwka

latch·key ['lætʃkiː] s klucz (zw. od zatrzasku)

late [leɪt] adj późny, spóźniony; niedawny, świeżo miniony; dawny, były; (o zmarłym) świętej pamięci; **to be** ~ spóźnić się; **of** ~ ostatnimi czasy; adv późno, do późna; ostatnio; przedtem, niegdyś

late·ly ['leɪtlɪ] adv ostatnio, niedawno temu

la·tent ['leɪtnt] adj ukryty, utajony

lat·er ['leɪtə] adj (comp od **late**) późniejszy; adv później; ~ **on** później, w dalszym ciągu, poniżej

lat·er·al ['lætrəl] adj boczny; ~ **thinking** myślenie oboczne

lat·est ['leɪtəst] adj (sup od **late**) najpóźniejszy; najnowszy

lath [lɑːθ] s listwa; deszczułka

lathe [leɪð] s tokarka, tokarnia

lath·er ['lɑːðə] s piana mydlana; vt vi mydlić (się), pienić się

Lat·in ['lætɪn] adj łaciński; s łacina

lat·i·tude ['lætɪtjuːd] s geogr. szerokość; przen. swoboda, tolerancja

lat·ter ['lætə] adj (ten) ostatni <drugi> (z dwóch); późniejszy, nowszy; końcowy

lat·tice ['lætɪs] s krata; vt okratować

laud·a·ble ['lɔːdəbl] adj godny pochwały

laugh [lɑːf] vi śmiać się (**at sth** z czegoś); s śmiech; **to break into a** ~ roześmiać się; **to raise a** ~ wywołać wesołość

laugh·ing·stock ['lɑːfɪŋstɒk] s pośmiewisko

laugh·ter ['lɑːftə] s śmiech; **to cry with** ~ uśmiać się do łez

launch [lɔːntʃ] vt puszczać, spuszczać; zrzucać; ciskać, miotać; odpalić (rakietę); uruchamiać; lansować; wodować; wszczynać (śledztwo); vi zapędzić się, puścić się (dokądś); (także ~ **out**) wypłynąć na morze; zaangażować się (w coś); s wodowanie; łódź motorowa, szalupa

laun·dress ['lɔːndres] s praczka

laun·dry ['lɔːndrɪ] s pralnia; bielizna do prania <z pralni>

lau·re·ate ['lɔːrɪət] s laureat

lau·rel ['lɒrəl] s bot. i przen. wawrzyn

lav [læv] = **lavatory**

lav·a·to·ry ['lævətrɪ] s bryt. toaleta; **public** ~ szalet

lav·en·der ['lævəndə] s bot. lawenda

lav·ish ['lævɪʃ] adj rozrzutny, hojny; suty, obfity; vt hojnie darzyć, szafować

law [lɔː] s prawo; zasada, ustawa; system prawny; wiedza prawnicza; ~ **court** sąd; **to go to** ~ wnosić skargę sądową; **a man of** ~ prawnik; ~ **and order** prawo i porządek

lease

law·ful ['lɔːfl] adj prawny, legalny; sprawiedliwy

law·less ['lɔːləs] adj bezprawny; samowolny

lawn [lɔːn] s trawnik, murawa

law·suit ['lɔːsuːt] s sprawa sądowa, proces

law·yer ['lɔːjə] s prawnik; adwokat

lax [læks] adj luźny; swobodny; rozwiązły; niedbały

lax·a·tive ['læksətɪv] s med. środek przeczyszczający

*lay 1. [leɪ] vt (**laid, laid** [leɪd]) kłaść; ułożyć; nałożyć; uciszyć, uspokoić; założyć się (o coś); przedłożyć, przedstawić (np. prośbę); **to ~ bare** obnażyć; **to ~ claim** zgłaszać roszczenie; **to ~ open** wyjawić; **to ~ siege** oblegać; **to ~ stress <emphasis>** kłaść nacisk; **to ~ the table** nakryć do stołu; **to ~ waste** spustoszyć; z przyimkami: **~ aside <away, by>** odłożyć; **~ down** składać; ustanawiać; **~ in** odkładać (na zapas), magazynować; **~ on** nakładać; powlekać; zakładać (np. instalację); **~ out** wykładać, wydawać; ułożyć; planować, zaprojektować; **~ up** zbierać, gromadzić; przechowywać; **to be laid up** być złożonym chorobą

lay 2. [leɪ] adj świecki, laicki

lay 3. [leɪ] s poet. pieśń

lay 4. zob. **lie 1.**

lay·er ['leɪə] s warstwa, pokład; instalator

lay·man ['leɪmən] s (pl **laymen** ['leɪmən]) człowiek świecki; laik, amator

layout ['leɪaʊt] s plan, układ (topograficzny)

la·zi·ness ['leɪzɪnəs] s lenistwo

la·zy ['leɪzɪ] adj leniwy

la·zy·bones ['leɪzɪbəʊnz] s leniuch

*lead 1. [liːd] v (**led, led** [led]) vt prowadzić, dowodzić, kierować; namówić, przekonać, nasunąć (przypuszczenie); wieść <pędzić> (życie); vi przewodzić; prowadzić (np. do celu); s kierownictwo, przewodnictwo; przykład; smycz; wyjście (w kartach); **to take the ~** stanąć na czele; objąć prowadzenie

lead 2. [led] s ołów; grafit (w ołówku)

lead·en ['ledn] adj ołowiany

lead·er ['liːdə] s kierownik, przywódca, lider; artykuł wstępny (w gazecie)

lead·er·ship ['liːdəʃɪp] s przywództwo

lead·ing ['liːdɪŋ] ppraes i adj kierowniczy, przewodzący, główny

leaf [liːf] s (pl **leaves** [liːvz]) liść; kartka

leaf·let ['liːflət] s listek; ulotka

league [liːg] s liga

leak [liːk] vi cięknąć, przeciekać, sączyć się; s wyciek, upływ; nieszczelność

leak·age ['liːkɪdʒ] s przeciekanie, upływ

leak·y ['liːkɪ] adj nieszczelny

lean 1. [liːn] adj dosł. i przen. chudy

*lean 2. [liːn] vt vi (**leant, leant** [lent] lub **~ed, ~ed**) nachylać się, pochylać się, opierać (się); **~ out** wychylać się

*leap [liːp] v (**leapt, leapt** [lept] lub **~ed, ~ed**) vi skakać; vt przeskoczyć; s skok, podskok; **by ~s and bounds** wielkimi krokami, szybko

leap year ['liːp,jɪə] s rok przestępny

*learn [lɜːn] vt vi (**learnt, learnt** [lɜːnt] lub **~ed, ~ed** [lɜːnt]) uczyć się; dowiadywać się

learn·ed ['lɜːnɪd] adj uczony

learn·ing ['lɜːnɪŋ] s nauka, wiedza, erudycja

learnt zob. **learn**

lease [liːs] s dzierżawa, najem; **to take on ~** wziąć w dzierżawę; vt dzierżawić, najmować

L

lease·hold ['li:shəuld] s dzierżawa; adj dzierżawny, wydzierżawiony

leash [li:ʃ] s smycz

least [li:st] adj (sup od little) najmniejszy; ~ **common multiple** najmniejsza wspólna wielokrotna; adv najmniej; s najmniejsza rzecz; **at** ~ przynajmniej; **not in the** ~ bynajmniej

leath·er ['leðə] s skóra (wyprawiona)

*****leave 1.** [li:v] vt (**left, left** [left]) zostawiać, opuszczać; **to** ~ **sb alone** dać komuś spokój; **to** ~ **behind** pozostawić za sobą, zapomnieć (coś) wziąć; ~ **off** przerwać, zaniechać, zaprzestać; ~ **out** opuścić; przeoczyć; zaniedbać; ~ **over** odłożyć na później, pozostawić; vi odchodzić, odjeżdżać (**for a place** dokąd)

leave 2. [li:v] s pozwolenie, pożegnanie; zwolnienie; urlop; **to take French** ~ ulotnić się po angielsku, oddalić bez pożegnania; **to take** ~ pożegnać się (**of sb** z kimś); ~ **without pay** urlop bezpłatny

leav·en ['levn] s drożdże; zaczyn; przen. ferment; vt zakwasić

leaves zob. **leaf**

lech·er ['letʃə] s rozpustnik, lubieżnik

lec·ture ['lektʃə] s odczyt, wykład; vi wygłaszać odczyt, wykładać (**on sth** coś); vt odbywać <mieć> wykłady; robić wymówki, udzielić nagany

lec·tur·er ['lektʃərə] s prelegent, wykładowca

led zob. **lead 1.**

ledge [ledʒ] s występ (np. muru), gzyms, krawędź; listwa

ledg·er ['ledʒə] s handl. księga główna, rejestr

leech [li:tʃ] s zool. pijawka

leek [li:k] s bot. por

leer [liə] vi patrzeć z ukosa, łypać okiem (**at sb** na kogoś)

lees [li:z] s pl fusy, osad, męty

lee·way ['li:wei] s luz, swoboda; bryt. zaległości

left 1. zob. **leave 1.**

left 2. [left] adj lewy; adv na lewo; s lewa strona; **on the** ~ po lewej stronie

left·ist ['leftist] s lewicowiec; adj lewicowy

left·o·ver ['left,əuvə] adj attr pozostały; s pozostałość

leg [leg] s anat. noga, nóżka; **to pull sb's** ~ żartować sobie z kogoś; odcinek (podróży); faza (konkursu)

leg·a·cy ['legəsi] s spadek, legat

le·gal ['li:gl] adj prawny; prawniczy; ustawowy; legalny

le·gal·ize ['li:gəlaiz] vt legalizować

le·ga·tion [li'geiʃn] s poselstwo

leg·end ['ledʒənd] s legenda

leg·gings ['leginz] s pl sztylpy; legginsy

leg·i·ble ['ledʒəbl] adj czytelny

le·gion ['li:dʒən] s legion, legia

le·gion·ary ['li:dʒənəri] s legionista

leg·is·la·tion [,ledʒi'sleiʃn] s ustawodawstwo, prawodawstwo

leg·is·la·tive ['ledʒislətiv] adj ustawodawczy, prawodawczy

leg·is·la·ture ['ledʒisleitʃə] s władza ustawodawcza

le·git·i·mate [li'dʒitəmət] adj prawny; prawowity; ślubny; prawidłowy; vt [li'dʒitimeit] legalizować; uzasadniać

lei·sure ['leʒə] s czas wolny od pracy; **at** ~ bez pośpiechu; **to be at** ~ mieć wolny czas, nie pracować

lei·sured ['leʒəd] adj nie pracujący, bezczynny

lei·sure·ly ['leʒəli] adj powolny; mający wolny czas; adv powoli, bez pośpiechu

lem·on ['lemən] s bot. cytryna; bryt. pot. głupiec

*****lend** [lend] vt (**lent, lent** [lent])

pożyczać, użyczać; udzielać; nadawać, przydawać; *to ~ an ear* posłuchać; *to ~ a hand* przyjść z pomocą

lend·ing li·brar·y ['lendɪŋ,laɪbrə-rɪ] *s* wypożyczalnia książek

length [leŋθ] *s* długość; odległość; trwanie; *at ~* na koniec; szczegółowo, obszerniej; *at arm's ~* na dystans; *at full ~* na całą długość, w całej rozciągłości; *at some ~* dość szczegółowo, dość obszernie; *to go to the ~ of ...* posunąć się aż do ...

length·en ['leŋθən] *vt vi* przedłużyć (się), wydłużać (się), rozciągnąć (się)

length·ways ['leŋθweɪz] *adv* na długość, wzdłuż

length·wise ['leŋθwaɪz] = **lengthways**

length·y ['leŋθɪ] *adj* przydługi, rozwlekły

le·ni·ent ['li:nɪənt] *adj* łagodny, pobłażliwy

Leo ['li:əu] *s* Lew (*znak zodiaku*)

lens [lenz] *s* soczewka; *zob.* **contact lenses**

lent 1. *zob.* **lend**

Lent 2. [lent] *s rel.* Wielki Post

len·til ['lentl] *s bot.* soczewica

leop·ard ['lepəd] *s zool.* lampart

le·o·tard ['li:əta:d] *s* kostium gimnastyczny (*zw. dla tancerzy*)

lep·er ['lepə] *s* trędowaty

lep·ro·sy ['leprəsɪ] *s med.* trąd

les·bi·an ['lezbɪən] *adj* lesbijski; *s* lesbijka

lese-maj·es·ty [,li:z'mædʒəstɪ] *s prawn.* obraza majestatu

less [les] *adj* (*comp od* **little**) mniejszy; *adv* mniej; *none the ~* tym niemniej, niemniej jednak; *~ coś mniejszego; the ~ the better* im mniej, tym lepiej

les·see [le'si:] *s* dzierżawca

less·en ['lesn] *vt vi* zmniejszać (się), obniżać, osłabiać, maleć, ubywać

less·er ['lesə] *adj* mniejszy,

pomniejszy; *the ~ evil* mniejsze zło

les·son ['lesn] *s* lekcja; nauczka; *to do one's ~s* odrabiać lekcje

lest [lest] *conj* ażeby nie

*let *vt* (*let, let*) [let]) pozwalać; dopuszczać, puszczać; dawać; zostawiać; najmować; *to ~ alone* zostawić w spokoju, dać spokój; *to ~ fall* upuścić; *to ~ go* puścić, zwolnić; *to ~ know* dać znać, zawiadomić; *to ~ oneself go* pofolgować sobie, dać się ponieść; *z przyimkami:* *~ down* zawiesić; spuścić; porzucić, pozostawić własnemu losowi; obniżyć; *~ in* wpuścić; *~ off* wypuścić; wystrzelić; wybaczyć; *~ out* wypuścić; wynająć; *~ through* przepuścić; *zob.* **alone**; *~ me see* chwileczkę; niech się zastanowię

le·thar·gic [lə'θɑ:dʒɪk] *adj* letargiczny

leth·ar·gy ['leθədʒɪ] *s* letarg

let·ter ['letə] *s* litera; list; *to the ~* dosłownie; *pl ~s* literatura piękna, beletrystyka; *man of ~s* literat, pisarz; *vt* oznaczyć literami

let·ter·box ['letəbɒks] *s* skrzynka na listy

let·tuce ['letɪs] *s bot.* sałata ogrodowa

leu·kae·mi·a [lu:'ki:mɪə] *s med.* białaczka

lev·el ['levl] *s* poziom, płaszczyzna; *~ crossing* przejazd kolejowy; *on a ~ with ...* na tym samym poziomie co...; *adj* poziomy; równy; zrównoważony; *vt* wyrównywać; spoziomować; kierować, nastawiać

lev·er ['li:və] *s* dźwignia; lewar

lev·i·ty ['levətɪ] *s* lekkość; lekkomyślność

lev·y ['levɪ] *s* ściąganie <nakładanie> (*podatków itp.*); pobór (*rekruta*), zaciąg; *vt* ściągać <nakładać> (*podatki itp.*); zaciągnąć (*rekruta*), werbować

lewd [lu:d] *adj* sprośny, lubieżny

lex·i·cal ['leksɪkl] *adj* leksykalny

lex·i·cog·ra·phy [ˌleksɪ'kɒɡrəfɪ] *s* leksykografia

lex·i·con ['leksɪkən] *s* leksykon

li·a·bil·i·ty [ˌlaɪə'bɪlətɪ] *s* zobowiązanie, obowiązek; *prawn.* odpowiedzialność; *handl.* pasywa, obciążenie; *pl* **liabilities**

li·a·ble ['laɪəbl] *adj* zobowiązany; odpowiedzialny; podlegający (**to sth** czemuś); narażony (**to sth** na coś); skłonny, podatny (**to sth** na coś); **the weather is ~ to change** pogoda może się zmienić

li·ai·son [li:'eɪzn] *s* związek uczuciowy (*między kobietą i mężczyzną*); romans; *wojsk.* łączność; **~ officer** oficer łącznikowy

li·ar ['laɪə] *s* kłamca

li·bel ['laɪbl] *s* paszkwil, zniesławienie, potwarz; *vt* napisać paszkwil, zniesławić, rzucić potwarz

lib·er·al ['lɪbrəl] *adj* liberalny; swobodny; wyrozumiały; hojny; obfity; *s* liberał

lib·er·al·ism ['lɪbrəlɪzm] *s* liberalizm

lib·er·al·i·ty [ˌlɪbə'rælətɪ] *s* wielkoduszność, tolerancja, wyrozumiałość; szczodrość

lib·er·ate ['lɪbəreɪt] *vt* uwolnić, wyzwolić

lib·er·a·tion [ˌlɪbə'reɪʃn] *s* uwolnienie, wyzwolenie

lib·er·tine ['lɪbətiːn] *s* libertyn, wolnomyśliciel; rozpustnik

lib·er·ty ['lɪbətɪ] *s* wolność; **to be at ~** być wolnym; **to set sb at ~** uwolnić kogoś; **to take the ~ of doing sth** pozwolić sobie na zrobienie czegoś; **to take liberties** pozwalać sobie (**with sth** na coś); nie krępować się

Li·bra ['liːbrə] *s* Waga (*znak zodiaku*)

li·bra·ri·an [laɪ'breərɪən] *s* bibliotekarz

li·brar·y ['laɪbrərɪ] *s* biblioteka; seria wydawnicza

lice *zob.* **louse**

li·cence, *am.* **license** ['laɪsns] *s* licencja, koncesja; pozwolenie; **driving <am. driver's> licence** ~ prawo jazdy

li·cense ['laɪnsns] *vt* udzielać koncesji, dawać licencję; zezwalać

li·cen·tious [laɪ'senʃəs] *adj* rozwiązły

li·chen ['laɪkən] *s med.* liszaj; *bot.* porost

lick [lɪk] *vt* lizać, oblizywać; *pot.* sprawić lanie, pobić; *przen.* **to ~ into shape** wykształcić, okrzesać (*kogoś*); *s* lizanie; odrobina; *pot.* uderzenie

lid [lɪd] *s* wieko, pokrywa; powieka

*lie 1. [laɪ] *vi* (**lay** [leɪ], **lain** [leɪn]) leżeć; być (**idle, under suspicion** bezczynnym, podejrzanym; (*o widoku, dolinie itd.*) rozciągać się; rozpościerać się; (*o statku*) stać na kotwicy; **it ~s** to zależy (**with sb** od kogoś); **to ~ heavy** ciążyć; **~ down** położyć się; **~ over** być w zawieszeniu, zostać odroczonym; **~ up** leżeć w łóżku, chorować

lie 2. [laɪ], **lied, lied** [laɪd] *vi* kłamać; okłamywać (**to sb** kogoś); *s* kłamstwo; **to tell ~s** kłamać; **to give the ~** zarzucać kłamstwo, zadać kłam (**to sb** komuś); **~ detector** wykrywacz kłamstw, wariometr

li·en [liːən] *s prawn.* prawo zastawu

lieu·ten·ant [lef'tenənt, *am.* luː'tenənt] *s* porucznik; zastępca; **second ~** podporucznik

life [laɪf] *s* (*pl* **lives** [laɪvz]) życie; ożywienie, werwa; żywot, życiorys; **still ~** martwa natura; **Life Guards** straż przyboczna (królewska); **~ insurance** ubezpieczenie na życie; **true to ~** wierny rzeczywistości, naturalny; **for ~** na całe życie, dożywotnio; **~ jacket** kamizelka ratunkowa

L

likely

life belt ['laɪfbelt] *s* pas ratunkowy

life·boat ['laɪfbəut] *s* łódź ratunkowa

life·guard ['laɪfgɑːd] *s* ratownik (wodny)

life·long ['laɪfloŋ] *adj* trwający całe życie

life sen·tence [ˌlaɪf'sentəns] *s* wyrok dożywotniego więzienia

life-size ['laɪfsaɪz] *adj* naturalnej wielkości

life·time ['laɪftaɪm] *s* (całe) życie; **in sb's ~** w przeciągu <za> czyjegoś życia

lift [lɪft] *vt vi* podnieść (się); ukraść, *pot.* ściągnąć; *s* podniesienie; winda; **air ~** most powietrzny; **to give sb a ~** podwieźć kogoś (autem *itp.*)

lift-off ['lɪftɒf] *s* odpalenie <start> rakiety

lig·a·ment ['lɪgəmənt] *s anat.* wiązadło

lig·a·ture ['lɪgətʃə] *s* związanie, podwiązanie, przewiązanie; *muz.* *druk.* ligatura

light 1. [laɪt] *adj* lekki; nie obciążony; mało ważny, błahy; lekkomyślny, beztroski; *adv* lekko

*****light 2.** [laɪt] *vt vi* (*lit, lit* [lɪt] *lub* **~ed, ~ed** ['laɪtɪd]) zaświecić, świecić, zapalić (się), oświetlać; rozjaśnić (się); **~ up** zaświecić, zapłonąć; rozjaśniać się; *s* światło, oświetlenie; światło dzienne; jasność; ogień; **brake <passing, parking, tail> ~s** światła stop <mijania, postojowe, tylne>; **to bring to ~** wydobyć na światło dzienne; **to come to ~** wyjść na jaw; *adj* jasny

*****light 3.** [laɪt] *vi* (**lighted, lighted** ['laɪtɪd] *lub* **lit, lit** ['lɪt]) natknąć się <natrafić> (**upon sb, sth** na kogoś, coś); zstąpić; (*o ptaku*) osiąść; (*o wzroku*) paść

light·en 1. ['laɪtn] *vt vi* oświetlać, rozjaśniać (się); błyskać się

light·en 2. ['laɪtn] *vt* ulżyć; uczynić lżejszym; odciążyć, złagodzić; *vi* pozbyć się ciężaru <ładunku>; stać się lżejszym

light·er 1. ['laɪtə] *s* zapalniczka

light·er 2. ['laɪtə] *s mors.* galar

light-heart·ed [ˌlaɪt'hɑːtɪd] *adj* wesoły, niefrasobliwy

light·house ['laɪthaus] *s* latarnia morska

light-mind·ed [ˌlaɪt'maɪndɪd] *adj* lekkomyślny

light·ning ['laɪtnɪŋ] *s* piorun, błyskawica

light·ning con·duc·tor ['laɪtnɪŋkənˌdʌktə], **light·ning rod** ['laɪtnɪŋrɒd] *s* piorunochron

light·weight ['laɪtweɪt] *s* człowiek bez znaczenia; *adj* (*o bokserze*) wagi lekkiej

like 1. [laɪk] *adj* podobny; **in ~ manner** podobnie; **it is just ~ him** to na niego wygląda, to do niego pasuje; **it looks ~ rain** będzie padać; **I don't feel ~ working** nie chce mi się pracować; *adv* w zwrotach: **~ enough, very ~** prawdopodobnie; *conj* podobnie, podobnie jak; **to be ~ ...** wyglądać jak ...; **people ~ you** ludzie tacy, jak wy; *s* rzecz podobna <taka sama>; coś podobnego; **and the ~** i tym podobne (rzeczy); **what is she ~?** jak ona wygląda?

like 2. [laɪk] *vt* lubić; **~better** woleć; mieć upodobanie <przyjemność, zamiłowanie>; **I ~ this** lubię to; to mi się podoba; **I would <should> ~ to go** chciałbym pójść; **I would ~ you to do this for me** chciałbym, ażebyś to dla mnie zrobił

like·li·hood ['laɪklɪhud] *s* prawdopodobieństwo

like·ly ['laɪklɪ] *adj* możliwy <odpowiedni, nadający się> (*kandydat, plan itd.*); prawdopodobny; **he is ~ to come** on prawdopodobnie przyjdzie; *adv* prawdopodobnie, pewnie (*zw.* **most ~,**

very ~); **as ~ as not** prawie na pewno

lik·en ['laɪkən] *vt* upodabniać; porównywać

like·ness ['laɪknəs] *s* podobieństwo; podobizna, portret; **in the ~ of...** na podobieństwo...

like·wise ['laɪkwaɪz] *adv* podobnie, również; ponadto

lik·ing ['laɪkɪŋ] *ppraes i s* upodobanie, gust; pociąg (**to** <**for sb, sth** do kogoś, czegoś)

li·lac ['laɪlək] *s bot.* bez; *adj* (*o kolorze*) lila

li·ly ['lɪlɪ] *s bot.* lilia; **~ of the valley** konwalia

limb [lɪm] *s anat.* kończyna; członek (*ciała*)

lime 1. [laɪm] *s* wapno

lime 2. [laɪm] *s bot.* lipa (*drzewo i kwiat*)

lime 3. [laɪm] *s bot.* limona (*drzewo i owoc*)

lime·light ['laɪmlaɪt] *s* światło wapienne; *przen.* **in the ~** na widoku (publicznym), w świetle reflektorów

lim·er·ick ['lɪmərɪk] *s* limeryk, fraszka

lime·stone ['laɪmstəʊn] *s* wapień

lim·it ['lɪmɪt] *s* granica; limit; **within ~s** w pewnych <rozsądnych> granicach; *vt* ograniczać; **~ed liability**, *skr.* **Ltd** ograniczona odpowiedzialność (finansowa)

lim·i·ta·tion [ˌlɪmɪ'teɪʃn] *s* ograniczenie; zastrzeżenie; *prawn.* prekluzja

limp 1. [lɪmp] *adj* wiotki, słaby, bez energii

limp 2. [lɪmp] *vi* chromać, utykać na nogę, kuśtykać

lim·pid ['lɪmpɪd] *adj* przezroczysty, klarowny

lim·y ['laɪmɪ] *adj* wapnisty; kleisty

lin·den ['lɪndən] *s bot.* lipa

line 1. [laɪn] *s* linia; lina, sznur; szereg, rząd; *am. pot.* kolejka (*ludzi*); granica; kurs, kierunek;

zajęcie, rodzaj zainteresowania; linia postępowania, wytyczna; wiersz, linia, linijka; dziedzina, specjalność; *handl.* branża; **hold the ~** proszę nie przerywać połączenia; *vt* liniować; kreślić; ustawiać w rząd <szpaler>; *vi* (*także* **~ up**) stawać <ustawiać się> w rzędzie

line 2. [laɪn] *vt* wyścielić, wyłożyć; podszyć (*podszewką*)

lin·e·age ['lɪnɪɪdʒ] *s* rodowód, pochodzenie

lin·e·al ['lɪnɪəl] *adj* pochodzący w prostej linii

line·man ['laɪnmən] *s* (*pl* **linemen** ['laɪnmən]) dróżnik (*kolejowy*); monter (*linii telegraficznej* <*telefonicznej*>)

lin·en ['lɪnɪn] *s* płótno; *zbior.* bielizna

lin·er ['laɪnə] *s* liniowiec, statek żeglugi liniowej; samolot regularnej linii pasażerskiej

lines·man ['laɪnzmən] *s* (*pl* **linesmen** ['laɪnzmən]) *wojsk.* żołnierz liniowy; dróżnik (*kolejowy*); *sport* sędzia liniowy

lin·ger ['lɪŋgə] *vi* zwlekać, ociągać się; zasiedzieć się, przeciągać pobyt; (*także* **~ on**) trwać, przeciągać się

lin·ge·rie ['lænʒərɪ] *s* bielizna damska

lin·gual ['lɪŋgwəl] *adj* językowy

lin·guist ['lɪŋgwɪst] *s* lingwista

lin·guis·tics [lɪŋ'gwɪstɪks] *s* językoznawstwo

lin·i·ment ['lɪnɪmənt] *s med.* płyn (*leczniczy*), maść

lin·ing ['laɪnɪŋ] *s* podszewka, podkład, podbicie; okładzina, obudowa

link [lɪŋk] *s* ogniwo; więź; *vt vi* łączyć (się), wiązać (się), przyłączyć (się)

lin·seed ['lɪnsiːd] *s* siemię lniane; **~ oil** olej lniany

lint [lɪnt] *s* płótno opatrunkowe; *am.* meszek (*z tkanin*), puszek

li·on ['laɪən] s lew
li·on·ize ['laɪənaɪz] vt traktować kogoś jako znakomitość
lip [lɪp] s warga; brzeg, skraj; pl ~s usta
lip·stick ['lɪpstɪk] s kredka do ust, szminka
li·queur [lɪ'kjʊə] s likier
liq·uid ['lɪkwɪd] adj płynny; s płyn, ciecz
liq·ui·date ['lɪkwɪdeɪt] vt vi likwidować (się)
liq·uor ['lɪkə] s napój alkoholowy; am. alkohol (wysokoprocentowy)
lisp [lɪsp] vi seplenić; s seplenienie
list [lɪst] s lista, spis; vt umieszczać na liście, spisywać
lis·ten ['lɪsn] vi słuchać (**to sb, sth** kogoś, czegoś), przysłuchiwać się (**to sb, sth** komuś, czemuś), nadsłuchiwać (**for sth** czegoś); ~ **in** słuchać radia
lis·ten·er ['lɪsnə] s słuchacz; radiosłuchacz
list·less ['lɪstləs] adj obojętny, apatyczny
lit zob. **light 2., 3.**
lit·er·a·cy ['lɪtrəsɪ] s umiejętność czytania i pisania
lit·er·al ['lɪtrəl] adj literalny, dosłowny; literowy
lit·er·ar·y ['lɪtrərɪ] adj literacki
lit·er·ate ['lɪtrət] adj (o człowieku) piśmienny
lit·er·a·ture ['lɪtrətʃə] s literatura, piśmiennictwo
lithe [laɪð] adj giętki, gibki
lit·i·gant ['lɪtɪgənt] adj procesujący się; s strona procesująca się
lit·i·gate ['lɪtɪgeɪt] vi procesować się; vt kwestionować
lit·i·ga·tion [,lɪtɪ'geɪʃn] s spór, sprawa sądowa
lit·mus ['lɪtməs] s chem. lakmus
li·tre, am. **liter** ['liːtə] s litr
lit·ter ['lɪtə] s śmiecie, odpadki; nieporządek; wyściółka; miot, młode; ~ **bin** kosz na śmiecie; vt podścielać; zaśmiecać

lit·tle ['lɪtl] adj (comp **less** [les], sup **least** [liːst]) mały, drobny; krótki; mało, niewiele; ~ **bread** mało <trochę> chleba; adv mało; **he sees me very ~** on mnie mało <rzadko> widuje; s mała ilość, mało, niewiele; **a ~** niewiele, trochę; ~ **by** ~ stopniowo, po trochu
live 1. [lɪv] vi żyć; mieszkać, przebywać; przetrwać; ~ **on** żyć nadal, przetrwać; ~ **on sth** <**sb**> żyć z czegoś <czyimś kosztem>; ~ **through** <**over**> przeżyć (**war** wojnę); **to ~ to be** <**see**> doczekać (się); **to ~ up to sth** żyć stosownie do czegoś <zgodnie z czymś>; **long ~!** niech żyje!; vt prowadzić <pędzić> (**a happy life** szczęśliwe życie)
live 2. [laɪv] adj attr żywy; ~ **coal** żarzące się węgle; adv (nadawać) na żywo
live·li·hood ['laɪvlɪhud] s pl środki utrzymania <do życia>
live·long ['lɪvlɒŋ] adj (o dniu, roku itp.) cały, długi
live·ly ['laɪvlɪ] adj żywy, ożywiony
liv·en ['laɪvn] vt vi (także ~ **up**) ożywiać (się)
liver ['lɪvə] s wątroba
liv·er·y ['lɪvərɪ] s liberia
live·stock ['laɪvstɒk] s żywy inwentarz
liv·id ['lɪvɪd] adj silny
liv·ing ['lɪvɪŋ] ppraes i adj żyjący, żywy; **within ~ memory** za ludzkiej pamięci; s życie, tryb życia; ~ **conditions** warunki życia; ~ **standard** stopa życiowa; utrzymanie; **to make** <**earn**> **one's ~** zarabiać na życie; ~ **wage** płaca wystarczająca na utrzymanie
liz·ard ['lɪzəd] s zool. jaszczurka
lla·ma ['lɑːmə] s zool. lama
load [ləud] s ciężar, obciążenie, ładunek; vt ładować, obciążać; obsypać (**darami, pochwałami**); obrzucać (**obelgami**); komp. ładować (np. do pamięci)

L

loaf 1. [ləʊf] s (pl **loaves** [ləʊvz]) bochenek (chleba); głowa (cukru); główka (sałaty itd.)
loaf 2. [ləʊf] vi wałęsać się; s wałęsanie się, próżniactwo
loaf·er ['ləʊfə] s włóczęga, próżniak, nierób, obibok
loan [ləʊn] s pożyczka; zapożyczenie; vt pożyczyć (**sth to sb** coś komuś)
loath [ləʊθ] adj niechętny; **to be ~ to do sth** z niechęcią coś robić; **nothing ~** chętnie
loathe [ləʊð] vt czuć wstręt <obrzydzenie> (**sb, sth** do kogoś, czegoś)
loath·some ['ləʊðsəm] adj wstrętny, ohydny
loaves zob. **loaf 1.**
lob·by ['lɒbɪ] s hall, holl; poczekalnia; kuluar (w parlamencie); grupa nacisku, lobby; vt nakłaniać posłów do zajęcia określonego stanowiska
lobe [ləʊb] s płat, płatek
lob·ster ['lɒbstə] s zool. homar
lo·cal ['ləʊkl] adj miejscowy; ~ **government** samorząd
lo·cal·i·ty [ləʊ'kælətɪ] s miejscowość; położenie; rejon
lo·cal·ize ['ləʊkəlaɪz] vt lokalizować
lo·cate [ləʊ'keɪt] vt umieścić, ulokować; zlokalizować; osiedlić; am. **to be ~d** mieszkać
lo·ca·tion [ləʊ'keɪʃn] s zlokalizowanie, umiejscowienie; ulokowanie, umieszczenie; miejsce zamieszkania
lock 1. [lɒk] s zamek, zamknięcie; śluza; vt vi zamykać (się) na klucz; otaczać (np. o górach); przen. więzić; unieruchomić; zaciskać (się); zwierać (się); przechodzić <przeprowadzać> przez śluzę (**up, down** w górę, w dół); ~ **in** zamykać wewnątrz; ~ **out** wykluczyć; nie puścić (kogoś) do wewnątrz, zastosować lokaut; ~ **up** zamknąć (na klucz); uwięzić;

trzymać pod kluczem
lock 2. [lɒk] s lok, kędzior
lock·er ['lɒkə] s kabina; szafka (zw. z zamkiem szyfrowym)
lockout ['lɒkaʊt] s lokaut
lock·smith ['lɒksmɪθ] s ślusarz
lock·up ['lɒkʌp] s zamknięcie na klucz (zw. bramy na noc); areszt, pot. koza
lo·co·mo·tion [ˌləʊkə'məʊʃn] s techn. lokomocja, ruch
lo·co·mo·tive [ˌləʊkə'məʊtɪv] s lokomotywa; adj ruchomy
lo·cust ['ləʊkəst] s szarańcza
lo·cu·tion [lə'kjuːʃn] s powiedzenie, zwrot
lodge [lɒdʒ] vt umieszczać, przyjmować pod dach, zakwaterować; deponować, dawać na przechowanie; wnosić (np. protest, skargę); składać (np. oświadczenie); wbić, wsadzić; vi mieszkać, znaleźć nocleg, ulokować się; s domek (służbowy, myśliwski); loża (masońska); stróżówka, portiernia; kryjówka, nora
lodg·er ['lɒdʒə] s lokator; **to take (in) ~s** przyjmować lokatorów
lodg·ing ['lɒdʒɪŋ] s zakwaterowanie, pomieszczenie; pl **~s** wynajmowane mieszkanie (umeblowane)
loft [lɒft] s poddasze, strych
loft·i·ness ['lɒftɪnəs] s wysokość; wzniosłość; wyniosłość
lof·ty ['lɒftɪ] adj wysoki; wzniosły; wyniosły
log [lɒg] s kłoda, kloc; mors. log
log·book ['lɒgbʊk] s mors. dziennik okrętowy
log·ger·head ['lɒgəhed] s bałwan, tępak; pot. **to be at ~s** kłócić się, brać się za łby
log·ic ['lɒdʒɪk] s logika
lo·gis·tics [lə'dʒɪstɪks] s logistyka
lo·go ['ləʊgəʊ] s logo
log·roll·ing ['lɒgˌrəʊlɪŋ] s popieranie siebie nawzajem; kumoterstwo; am. wzajemna pomoc (finansowa lub polityczna)

loom

loin [lɔɪn] *s, pl* ~s lędźwie; (*także* ~ **chop**) polędwica
loi·ter ['lɔɪtə] *vi* wałęsać się, włóczyć się
loi·ter·er ['lɔɪtərə] *s* włóczęga, łazik
loll [lɒl] *vi* (*także* ~ **about** <**around**>) rozwalać się, przybierać niedbałą pozę; (*o psie*) wywieszać (*its tongue*) język)
lone [ləʊn] *adj attr* samotny; odludny
lone·li·ness ['ləʊnlɪnəs] *s* samotność, osamotnienie
lone·ly ['ləʊnlɪ] *adj* samotny; odludny
lone·some ['ləʊnsəm] = **lonely**
long 1. [lɒŋ] *adj* długi; ~ **waves** fale długie (*radiowe*); **he is ~ in doing that** on to długo robi; *adv* długo; dawno; **he won't be ~** on niedługo przyjdzie; **before ~** wkrótce; **so ~!** do widzenia!; ~ **ago** <**since**> dawno temu; *s* długi <dłuższy> czas; **for ~** na długo; **it won't take ~** to nie potrwa długo
long 2. [lɒŋ] *vi* pragnąć, łaknąć (**for sth** czegoś); tęsknić (**after** <**for**> **sb, sth** za kimś, czymś), mieć wielką chęć
lon·gev·i·ty [lɒn'dʒevətɪ] *s* długowieczność
long·ing ['lɒŋɪŋ] *ppraes i s* chęć, pragnienie; tęsknota
lon·gi·tude ['lɒndʒɪtjuːd] *s* długość geograficzna
long-legged ['lɒŋlegd] *adj* długonogi
long-range ['lɒŋreɪndʒ] *adj attr* dalekosiężny; długofalowy
long·shore·man ['lɒŋʃɔːmən] *s* (*pl* **longshoremen** ['lɒŋʃɔːmən]) *am.* tragarz, robotnik portowy
long·sight·ed [ˌlɒŋ'saɪtɪd] *adj* dalekowzroczny
long-term ['lɒŋtɜːm] *adj attr* długofalowy, długoterminowy
long·ways ['lɒŋweɪz], **long·wise**

['lɒŋwaɪz] *adv* wzdłuż, na długość
loo [luː] *s bryt. pot.* w.c.; ubikacja
look [lʊk] *s* spojrzenie; wygląd; mina, wyraz (*twarzy*); **to have a ~ at sth** spojrzeć na coś; **to give sb a kind ~** spojrzeć na kogoś życzliwie; **good ~s** piękna twarz, uroda; *vi* patrzeć; wyglądać; ~ **about** rozglądać się; ~ **after** doglądać, pilnować (**sb, sth** kogoś, czegoś); ~ **ahead** patrzeć przed siebie, przewidywać; ~ **at** patrzeć (**sb, sth** na kogoś, coś); ~ **for** szukać (**sb, sth** kogoś, czegoś); ~ **forward** oczekiwać, wypatrywać (**to sth** czegoś); ~ **in** wpaść (**on** <**upon**> **sb** do kogoś); oglądać (**at the TV** telewizję); ~ **into** zaglądać (**a room** do pokoju *itd.*); badać (**sth** coś); ~ **like** wyglądać jak (**sb, sth** ktoś, coś); **it ~s like rain** zanosi się na deszcz; ~ **on** przypatrywać się (**sb, sth** komuś, czemuś); ~ **on** <**upon**> patrzeć na (**sb, sth as ...** kogoś, coś jak na ...); uważać <**mieć**> (**sb, sth as ...** kogoś, coś za ...); ~ **out** wyglądać; mieć się na baczności; wypatrywać (**for sb** kogoś); ~ **round** rozglądać się; ~ **through** przejrzeć (**a book** książkę); patrzeć przez (**a window** okno); przezierać; **his greed ~ed through his eyes** chciwość wyzierała mu z oczu; ~ **to** pilnować (**sth** czegoś), uważać (**sth** na coś); ~ **to it that ...** uważać, ażeby ...; ~ **up** patrzeć w górę; sprawdzać, szukać (*czegoś w książce itp.*); ~ **up to sb** traktować kogoś z szacunkiem; *vt* patrzeć, spojrzeć (**sb in the face** komuś w oczy); wyglądać (**sb, sth** na kogoś, coś)
look·er-on [ˌlʊkər'ɒn] *s* (*pl* ~s-**on** [ˌlʊkəz'ɒn]) widz
look·out ['lʊkaʊt] *s* widok, perspektywa; czujność; **to be on the ~** pilnować, czatować
loom 1. [luːm] *s* warsztat tkacki

loom 2. [lu:m] *vi* majaczyć, zarysować się (*np.* na horyzoncie);
wyłaniać się; *przen.* zagrażać; **to ~
large** wywołać <budzić> niepokój

loop [lu:p] *s* pętla; węzeł; *vt* robić
pętlę <węzeł>; **to ~ the ~** (*o samolocie*) wykonać pętlę

loop-hole ['lu:phəul] *s* otwór
<strzelnica> w murze; *przen.* wy-
kręt, furtka

loose [lu:s] *adj* luźny, swobodny;
niedbały; rozwiązły; **at a ~ end**
bez zajęcia; **to break ~** zerwać
<urwać, uwolnić> (się); **to come
~** rozluźnić się; **to let ~** puścić na
wolność; *przen.* dać upust; *vt* rozluźnić, rozwiązać, puścić

loos-en ['lu:sn] *vt vi* rozluźnić
(się), popuścić; rozwiązać; działać
rozwalniająco

loot [lu:t] *vt vi* grabić; *s* grabież;
łupy

lop 1. [lɒp] *vt* obcinać, obrzy-
nać

lop 2. [lɒp] *vt* zwieszać, opuszczać;
vi zwisać

lope [ləup] *s* skok, sus; *vi* biec
susami

lo-qua-cious [ləuˈkweɪʃəs] *adj*
gadatliwy

lord [lɔ:d] *s* lord; pan, dziedzic;
Lord's Prayer Modlitwa Pańska

lord-ly ['lɔ:dlɪ] *adj* wielkopański;
wyniosły

lore [lɔ:] *s* wiedza, tradycja

lor-ry ['lɒrɪ] *s* ciężarówka; platforma kolejowa

***lose** [lu:z] *vt* (**lost, lost** [lɒst])
stracić, zgubić; **to ~ heart** upaść
na duchu; **to ~ one's heart to sb**
oddać komuś serce, zakochać się
w kimś; **~ oneself, to ~ one's
way** zabłądzić, zabłąkać się; **to ~
sight** stracić z oczu (**of sth** coś);
to be <go> lost zaginąć; pójść na
marne; **to be lost to all sense
of humour** stracić wszelkie poczucie humoru; *vi* przyprawić o
stratę; zmarnować (*okazję itp.*);

przegrać (*mecz itp.*); (*o zegarku*)
spóźniać się

loss [lɒs] *s* strata, zguba; utrata,
ubytek; **to be at a ~** być w kłopocie, nie wiedzieć, co robić

lost *zob.* **lose**

lot [lɒt] *s* los, dola; udział; część;
partia (*towaru*); parcela, działka;
wielka ilość; *pot.* banda, paczka; **a
~ of people** gromada ludzi; **a ~
of money** (*także* **~s of
money**) masa pieniędzy; **a good
<quite a> ~** sporo; **a ~ more**
znacznie więcej

lo-tion ['ləuʃn] *s* płyn kosmetyczny <leczniczy>

lot-ter-y ['lɒtərɪ] *s* loteria

lo-tus ['ləutəs] *s bot.* lotos

loud [laud] *adj* głośny; *adv* głośno

loud-speak-er [ˌlaudˈspi:kə] *s*
głośnik; megafon

lounge [laundʒ] *vi* bezczynnie
spędzać czas; wygodnie siedzieć
<leżeć>; *s* pokój klubowy; duży
pokój wypoczynkowy; holl hotelowy

lounge suit ['laundʒsu:t] *s* garnitur na co dzień

louse [laus] *s* (*pl* **lice** [laɪs]) *zool.
i przen.* wesz

lous-y ['lauzɪ] *adj* wszawy, za-
wszony; *pot.* wstrętny

lout [laut] *s* gbur, prostak

love [lʌv] *s* miłość; zamiłowanie;
ukochany; **to fall in ~** zakochać
się (**with sb** w kimś); **to make ~**
kochać się <*pot.* spać> (**to
<with> sb** z kimś); **for ~** bezin-
teresownie; dla zabawy <przy-
jemności>; **in ~** zakochany; *vt vi*
kochać, lubić (bardzo); **I would ~**
bardzo bym chciał (**to do this** to
zrobić)

lov-a-ble ['lʌvəbl] *adj* dający się
lubić <kochać>; miły

love af-fair ['lʌvəˌfeə] *s* romans

love-ly ['lʌvlɪ] *adj* miły; uroczy

lov-er ['lʌvə] *s* kochanek; amator,
wielbiciel

low 1. [ləu] *s* niski; nizinny; słaby;

skromny; marny; przygnębiony; (*o głosie*) cichy; pospolity, wulgarny; podły; *adv* nisko; cicho; podle, marnie

low 2. [ləu] *vi* ryczeć; *s* ryk

low·brow ['ləubrau] *s* osoba nie interesująca się literaturą, sztuką *itd.*

low·er 1. *adj comp od* **low 1.**

low·er 2. ['ləuə] *vt vi* zniżyć (się), opuścić (się); zmniejszyć (się); poniżyć

low-grade ['ləugreɪd] *adj attr* niskogatunkowy, niskoprocentowy

low·land ['ləulənd] *s* nizina

low·ly ['ləulɪ] *adj* korny, skromny; *adv* kornie; skromnie; nisko

loy·al ['lɔɪəl] *adj* lojalny

loy·al·ty ['lɔɪəltɪ] *s* lojalność

lu·bri·cant ['lu:brɪkənt] *s* smar; *adj* smarujący

lu·bri·cate ['lu:brɪkeɪt] *vt* smarować, oliwić

lu·cent ['lu:snt] *adj* lśniący; przezroczysty

lu·cid ['lu:sɪd] *adj* jasny; lśniący; przezroczysty

lu·cid·i·ty [lu:'sɪdətɪ] *s* jasność; blask; przezroczystość

luck [lʌk] *s* szczęście, traf; **good ~** szczęście; **bad ~** pech; *int* powodzenia!

luck·y ['lʌkɪ] *adj* szczęśliwy, pomyślny

lu·cra·tive ['lu:krətɪv] *adj* dochodowy, intratny

lu·di·crous ['lu:dɪkrəs] *adj* śmieszny, niedorzeczny

lug [lʌg] *vt* ciągnąć, wlec, szarpać (**at sth** czymś)

lug·gage ['lʌgɪdʒ] *s* bagaż; **hand ~** bagaż ręczny; **to have one's ~ registered** nadać bagaż

lu·gu·bri·ous [lu:'gu:brɪəs] *adj* ponury, żałobny

luke·warm [,lu:k'wɔ:m] *adj* letni, ciepławy; *przen.* obojętny

lull [lʌl] *vt vi* usypiać; uśmierzać; uspokajać (się); *s* okres spokoju, chwila ciszy

lull·a·by ['lʌləbaɪ] *s* kołysanka

lum·ber ['lʌmbə] *s* drewno, budulec; *zbior.* stare meble; *pot.* graty, rupiecie

lum·ber room ['lʌmbərum] *s bryt.* rupieciarnia

lu·mi·nar·y ['lu:mɪnərɪ] *s* ciało świetlne; luminarz

lu·mi·nous ['lu:mɪnəs] *adj* świetlny, lśniący; jasny, zrozumiały

lump [lʌmp] *s* kawałek; bryła; *pot.* niedołęga, mazgaj; **~ sugar** cukier w kostkach; **~ sum** suma globalna, ryczałt; **by <in> the ~** hurtem; *vt* zwalać na stos <kupę>; scalić; *vi* zbić się

lu·na·cy ['lu:nəsɪ] *s* szaleństwo, obłęd

lu·nar ['lu:nə] *adj* księżycowy; *chem.* **~ caustic** lapis

lu·na·tic ['lu:nətɪk] *adj* obłąkany, szalony; *s* obłąkaniec, wariat

lunch [lʌntʃ] *s* lunch, drugie śniadanie, lekki obiad; *vi* spożywać lunch

lunch·eon ['lʌntʃən] = **lunch**

lung [lʌŋ] *s* płuco

lurch 1. [lɜ:tʃ] *s* w zwrocie: **to leave sb in the ~** opuścić kogoś w ciężkiej sytuacji

lurch 2. [lɜ:tʃ] *vi* przechylać <zachwiać> się; słaniać się; *s* przechylenie się; chwiejny chód

lure [luə] *vt* nęcić, wabić; *s* przynęta; pułapka; powab

lu·rid ['luərɪd] *adj* ponury, upiorny, niesamowity

lurk [lɜ:k] *vi* czaić się, czyhać (**for sb** na kogoś); *s* ukrycie; **to be on the ~** czaić się

lus·cious ['lʌʃəs] *adj* przesłodzony, ckliwy; soczysty

lust [lʌst] *vi* pożądać (**after <for> sth** czegoś); *s* pożądanie, pożądliwość, lubieżność, żądza

lus·tre ['lʌstə] *s* blask, połysk; *przen.* świetność

lus·trous ['lʌstrəs] *adj* połyskujący, lśniący

lust·y [ˈlʌstɪ] *adj* tęgi; żwawy, pełen wigoru

lute [luːt] *s muz.* lutnia

lux·u·ri·ant [lʌgˈzjuərɪənt] *adj* obfity, bujny; (*o stylu*) kwiecisty

lux·u·ri·ous [lʌgˈzjuərɪəs] *adj* luksusowy, bogaty

lux·u·ry [ˈlʌkʃərɪ] *s* przepych, zbytek, luksus; obfitość; *adj attr* luksusowy

ly·ing [ˈlaɪɪŋ] *ppraes i adj* kłamliwy

lynch [lɪntʃ] *vt* linczować; *s* lincz

lynx [lɪŋks] *s zool.* ryś

ly·oph·i·li·za·tion [laɪˌɒfəlaɪˈzeɪʃn] *s* liofilizacja

ly·oph·i·lize [laɪˈɒfəlaɪz] *vt* liofilizować

lyre [ˈlaɪə] *s muz.* lira

lyr·ic [ˈlɪrɪk] *adj* liryczny; *s* utwór liryczny; *the* ~s tekst (*piosenki*)

lyr·i·cal [ˈlɪrɪkl] *adj* liryczny

Ly·sol [ˈlaɪsɒl] *s chem.* lizol

M

ma'am [mæm] *s bryt.* proszę pani, słucham panią (*zwracając się do królowej; am. zwracając się do kobiety*) grzecznościowych: (Szanowna) Pani!; słucham panią (*personel sklepu do klientki*)

mace [meɪs] *s* maczuga; buława

mach·i·na·tion [ˌmækɪˈneɪʃn] *s* machinacja, intryga, knowanie

ma·chine [məˈʃiːn] *s* maszyna; *agricultural* ~s maszyny rolnicze; *vt* wykonywać maszynowo; *adj attr* maszynowy; ~ *tool* obrabiarka; *game* ~ automat do gry; *vending* ~ automat do sprzedaży (*np. napojów*)

ma·chine gun [məˈʃiːngʌn] *s* karabin <pistolet> maszynowy

ma·chin·er·y [məˈʃiːnrɪ] *s* maszyneria, mechanizm

ma·cho [ˈmætʃəu] *adj* szowinistycznie męski; brutalny

mack·er·el [ˈmækrəl] *s* makrela

mack·in·tosh, mac(k) [ˈmækɪntɒʃ] *s bryt.* płaszcz przeciwdeszczowy

ma·cra·mé [məˈkrɑːmɪ] *s* makrama

mad [mæd] *adj* szalony, obłąkany; zwariowany (*after sth* na punkcie czegoś); wściekły; *to go* ~ zwariować; *to drive* ~ doprowadzić do szaleństwa

mad·am [ˈmædəm] *s w zwrotach*

mad·cap [ˈmædkæp] *adj* szalony, wariacki, zwariowany; *s* narwaniec, człowiek postrzelony

mad·den [ˈmædn] *vt* doprowadzić do szaleństwa; *vi* szaleć

made zob. **make**

mad·ness [ˈmædnəs] *s* szaleństwo, obłęd, furia

maf·i·a, Maf·i·a [ˈmæfɪə] *s* mafia

mag·a·zine [ˌmægəˈziːn] *s* periodyk, czasopismo; skład; *wojsk.* skład broni

mag·got [ˈmægət] *s zool.* larwa; chimera; kaprys

ma·gi zob. **magus**

mag·ic [ˈmædʒɪk] *adj* magiczny, czarodziejski; *s* magia, czary

ma·gi·cian [məˈdʒɪʃn] *s* czarodziej, magik, iluzjonista

mag·is·trate [ˈmædʒɪstreɪt] *s* sędzia pokoju

mag·na·nim·i·ty [ˌmægnəˈnɪmətɪ] *s* wspaniałomyślność

mag·nate [ˈmægneɪt] *s* magnat

mag·ne·sia [mægˈniːʃə] *s* magnezja

mag·net [ˈmægnət] *s* magnes

mag·net·ic [mægˈnetɪk] *adj* magnetyczny

mag·net·ize ['mægnətaɪz] *vt* magnetyzować

mag·nif·i·cence [mæg'nɪfɪsns] *s* wspaniałość; świetność

mag·nif·i·cent [mæg'nɪfɪsnt] *adj* wspaniały

mag·ni·fi·er ['mægnɪfaɪə] *s* wzmacniacz; szkło powiększające

mag·ni·fy ['mægnɪfaɪ] *vt* wzmacniać; powiększać; *~ing glass* szkło powiększające

mag·ni·tude ['mægnɪtjuːd] *s* ogrom, wielkość

mag·pie ['mægpaɪ] *s zool.* sroka; *przen.* gaduła

ma·gus ['meɪgəs] *s* (*pl magi* ['meɪdʒaɪ]) mag, mędrzec <król> ze Wschodu

ma·hog·a·ny [mə'hɒgənɪ] *s bot.* mahoń

maid [meɪd] *s lit.* dziewczyna; panna; służąca; *~ of honour* dama dworu

maid·en ['meɪdn] *s lit.* dziewica, panna; *adj* dziewiczy; panieński; *~ name* nazwisko panieńskie

maid·ser·v·ant ['meɪd,sɜːvənt] *s* pokojówka; pomoc domowa

mail 1. [meɪl] *s* poczta; *vt* wysyłać pocztą

mail 2. [meɪl] *s* pancerz; *coat of ~* kolczuga; *~ed fist przen.* zbrojna pięść

maim [meɪm] *vt* okaleczyć

main [meɪn] *adj* główny, przeważający, najważniejszy; *s* główna rura, główny przewód (*wodociągu, gazu*); *pl ~s* kanalizacja; *elektr.* sieć, główna linia; *poet.* morze; *in the ~* głównie, przeważnie; *with might and ~* z całych sił

main·land ['meɪnlənd] *s* ląd stały

main·spring ['meɪnsprɪŋ] *s* główna sprężyna (*zegara*); *przen.* główny motyw (*działania*)

main·stay ['meɪnsteɪ] *s mors.* sztag grotmasztu; *przen.* ostoja

main·tain [meɪn'teɪn] *vt* podtrzy-

mywać; utrzymywać; zachowywać; twierdzić

main·te·nance ['meɪntənəns] *s* utrzymanie; utrzymywanie; konserwacja; podtrzymywanie, podpora

maize [meɪz] *s bot.* kukurydza

ma·jes·tic [mə'dʒestɪk] *adj* majestatyczny

maj·es·ty ['mædʒəstɪ] *s* majestat; *Your Majesty* Wasza Królewska Mość

ma·jor ['meɪdʒə] *adj* większy, ważniejszy; główny; starszy; pełnoletni; *muz.* durowy, dur, majorowy; *s* człowiek pełnoletni; *wojsk.* major

ma·jor·i·ty [mə'dʒɒrətɪ] *s* większość; pełnoletność

*make [meɪk] *vt vi* (*made, made* [meɪd]) robić, tworzyć, produkować, sporządzać; szyć (*ubranie*), piec (*chleb itd.*); zrobić coś do jedzenia; narobić (*hałasu, kłopotu itd.*); ustalić, ustanowić; powodować, doprowadzać, kazać; posłać (*the bed* łóżko); zawrzeć (*peace* pokój); wygłaszać (*a speech* mowę); okazać się (*a good soldier* dobrym żołnierzem); wybierać się; udawać się, kierować się (*for a place* dokądś); zrozumieć, wywnioskować; przerobić, przetworzyć (*sth in to sth* coś na coś); *mat.* wynosić; *to ~ acquainted* zaznajomić; *to ~ believe* udawać, stwarzać pozory; wmawiać; *to ~ friends* zaprzyjaźnić się; *to ~ good* naprawić; *to ~ hay* przewracać siano; *przen.* wprowadzać zamieszanie (*of sth* do czegoś); *to ~ known* podać do wiadomości; *to ~ little* lekceważyć (*of sth* coś); *to ~ merry* zabawiać się, weselić się; *to ~ much of sth* wysoko coś cenić, przywiązywać wagę do czegoś; *to ~ ready* przygotowywać się; *to ~ sure* upewnić się; *to ~ understood* dać do zrozumie-

nia; **to ~ oneself understood**
porozumieć się; **I cannot ~
either head or tail of it** w żaden
sposób nie mogę tego pojąć; **that
~s me think** to mi daje do myślenia, to mnie zastanawia; **what do
you ~ the time?** która może być
godzina?; **to ~ it** uzgadniać, umawiać się (**5 o'clock** na godzinę
piątą); *pot.* **I made it** udało mi
się; zdążyłem; *z przymiotnikami i
przysłówkami*: **~ away** oddalić
się, uciec; usunąć, skończyć z
czymś; zdążyłem; **~ off** zwiać,
uciec; **~ out** wystawić (*np. rachunek*), sporządzić (*np. spis*); zrozumieć, odgadnąć; odczytać; rozpoznać; **~ over** przenieść; przekazać (*np. własność*); **~ up**
sporządzić; robić makijaż; odro-
bić, powetować (*komuś, sobie*)
(**for sth** coś); załagodzić, pogodzić; **~ it up** pogodzić się (**with
sb** z kimś); **~ up one's mind**
postanowić; *s* wyrób; budowa,
forma; fason, król

make-be·lieve ['meɪkbɪ,liːv] *s*
pozór, udawanie, symulowanie;
adj attr pozorny, udany; zmyślony

mak·er ['meɪkə] *s* twórca,
wytwórca, konstruktor; sprawca

make·shift ['meɪkʃɪft] *s* środek
zastępczy; namiastka; *adj attr*
tymczasowy, zastępczy, prowizoryczny

make-up ['meɪkʌp] *s* makijaż,
charakteryzacja; struktura

mak·ing ['meɪkɪŋ] *ppraes i s* zrobienie, tworzenie; przetwarzanie,
produkcja; skład; *pl* **~s** zarobek,
dochody; składniki (*potrawy*); *pl*
~s zadatki (*np. of a writer* na
pisarza)

mal·ad·just·ment [,mælə'dʒʌst-
mənt] *s* złe przystosowanie, nie-
dopasowanie

mal·ad·min·is·tra·tion [,mæləd-
mɪnɪ'streɪʃn] *s* zły zarząd; zła
gospodarka

mal·a·dy ['mælədɪ] *s* choroba
mal·con·tent ['mælkəntent] *s*
malkontent; *adj* niezadowolony
male [meɪl] *adj* męski, płci męskiej; *zool.* samczy; *s* mężczyzna;
zool. samiec
mal·e·dic·tion [,mælɪ'dɪkʃn] *s*
przekleństwo
ma·lev·o·lence [mə'levələns] *s*
zła wola, nieżyczliwość
mal·fea·sance [mæl'fiːzns] *s*
prawn. wykroczenie (*zw. służbo-
we*)
mal·ice ['mælɪs] *s* złość, złośliwość, złe zamiary
ma·li·cious [mə'lɪʃəs] *adj* złośliwy
ma·lign [mə'laɪn] *adj* złośliwy;
szkodliwy; *vt* oczernić (**sb** kogoś)
ma·lig·nant [mə'lɪgnənt] *adj*
złośliwy, jadowity
ma·lig·ni·ty [mə'lɪgnɪtɪ] *s* złośliwość, jadowitość
ma·lin·ger [mə'lɪŋgə] *vi* udawać
chorego, symulować
mall [mɔːl] *s am.* wielkie centrum
handlowe
mal·let ['mælɪt] *s* drewniany
młotek
mal·nu·tri·tion [,mælnjuː'trɪʃn] *s*
niedożywienie
mal·prac·tice [,mæl'præktɪs] *s*
postępowanie niezgodne z pra-
wem, nadużycie
malt [mɔːlt] *s* słód
mal·treat [,mæl'triːt] *vt* maltretować; źle traktować
mam·mal ['mæml] *s zool.* ssak
mam·moth ['mæməθ] *s* mamut
mam·my ['mæmɪ] *s zdrob.* mamusia, mateczka
man [mæn] *s* (*pl* **men** [men]) *s*
człowiek; mężczyzna; mąż; *prosty*
żołnierz, szeregowiec; robotnik; **~
of integrity** człowiek prawy; (*w
szachach*) pionek, figura; **best ~**
drużba; **~ in the street** szary
człowiek; **to a ~** do ostatniego
człowieka, co do jednego, wszyscy; *vt* obsadzić (*np. załogą*);

men's room am. „dla panów", toaleta męska

man·a·cle ['mænəkl] *s (zw. pl ~s)* kajdany

man·age ['mænɪdʒ] *vt* zarządzać, kierować, prowadzić; poskromić, utrzymywać w karności; zdołać (*coś zrobić*), dać sobie radę (*sth* z czymś); posługiwać się (*sth* czymś); obchodzić się (*sb, sth* z kimś, czymś); *vi* poradzić sobie; gospodarować

man·age·ment ['mænɪdʒmənt] *s* zarząd; umiejętne postępowanie, kierowanie

man·ag·er ['mænɪdʒə] *s* dyrektor; kierownik; impresario

man·da·rin ['mændərɪn] *s* mandaryn

man·date ['mændeɪt] *s* mandat; *vt* [,mæn'deɪt] powierzyć zarząd (*terytorium*) na podstawie mandatu

man·do·lin [,mændə'lɪn] *s muz.* mandolina

mane [meɪn] *s* grzywa

man·ful ['mænfl] *adj* mężny, nieustraszony

man·ger ['meɪndʒə] *s* żłób

man·gle 1. ['mæŋgl] *s* magiel; *vt* maglować

man·gle 2. ['mæŋgl] *vt* krajać; kaleczyć; szarpać; zniekształcać

man·gy ['meɪndʒɪ] *adj (o zwierzętach)* parszywy; *przen.* plugawy, nędzny

man·hood ['mænhʊd] *s* męskość; wiek męski; męstwo; *zbior.* mężczyźni, ludność płci męskiej

ma·ni·a ['meɪnɪə] *s* mania

ma·ni·ac ['meɪnɪæk] *s* maniak

man·i·fest ['mænɪfest] *adj* oczywisty, jawny; *vt* ujawniać, manifestować

man·i·fes·to [,mænɪ'festəʊ] *s (pl ~s)* manifest

man·i·fold ['mænɪfəʊld] *adj* różnorodny, wieloraki; *vt* powielać

ma·nip·u·late [mə'nɪpjʊleɪt] *vt*

manipulować (*sth* czymś); zręcznie urabiać (*sb* kogoś); zręcznie pokierować (*sth* czymś)

man·kind [mæn'kaɪnd] *s* ludzkość, rodzaj ludzki

man·like ['mænlaɪk] *adj* męski, właściwy mężczyźnie

man·ly ['mænlɪ] *adj* męski; mężny, dzielny

man·ner ['mænə] *s* sposób; rodzaj; zwyczaj, sposób bycia, maniera; *in a ~* poniekąd; do pewnego stopnia; *pl ~s* obyczaje, maniery, zachowanie się

ma·noeu·vre [mə'nu:və] *s* manewr, posunięcie; *vi* manewrować; *vt* manipulować

man·of·war [,mænəv'wɔ:] *s (pl* **men·of·war** [,menəv'wɔ:]) okręt wojenny

man·or ['mænə] *s* dwór z majątkiem ziemskim

man·pow·er ['mæn,paʊə] *s* ludzka siła robocza; rezerwy ludzkie (*np. dla armii*)

man·sion ['mænʃn] *s* pałac, dwór; (*zw. pl ~s*) dom czynszowy

man·slaugh·ter ['mæn,slɔ:tə] *s* zabójstwo

man·tel ['mæntl], **man·tel·piece** ['mæntlpi:s] *s* obramowanie kominka

man·tle ['mæntl] *s* płaszcz; okrycie, pokrycie; *vt vi* otulić płaszczem; okryć (się), pokryć (się)

man·trap ['mæntræp] *s* potrzask, zasadzka

man·u·al ['mænjʊəl] *adj* ręczny; (*o pracy*) fizyczny; *s* podręcznik

man·u·fac·ture [,mænjʊ'fæktʃə] *s* produkcja; *vt* produkować, wytwarzać

man·u·fac·tur·er [,mænjʊ'fæktʃərə] *s* producent, wytwórca

ma·nure [mə'njʊə] *s* nawóz (naturalny); *vt* nawozić

man·u·script ['mænjʊskrɪpt] *s* rękopis

man·y ['menɪ] *adj (comp more* [mɔ:], *sup most* [məʊst]) dużo, wiele, wielu, liczni; ~ *a* niejeden; ~ *a time* nieraz; *a good* ~ liczni, wielka ilość; *as* ~ tyle; *as* ~ *as* nie mniej niż; aż; *how* ~? ile?; *s pl* *the* ~ wielka ilość, masa, tłum

man·y·sid·ed [ˌmenɪˈsaɪdɪd] *adj* wszechstronny; wielostronny

map [mæp] *s* mapa; *vt* sporządzać mapę (*sth* czegoś), znaczyć na mapie; ~ *out* planować

ma·ple [ˈmeɪpl] *s* klon

mar [mɑː] *vt* psuć, niszczyć

mar·a·thon [ˈmærəθən] *s sport* maraton

ma·raud [məˈrɔːd] *vi* włóczyć się w celach rabunkowych, grasować; *vt* rabować, łupić

ma·raud·er [məˈrɔːdə] *s* maruder

mar·ble [ˈmɑːbl] *s* marmur; kulka (do gier)

march 1. [mɑːtʃ] *s* marsz, pochód; ~ *past* defilada; *vi* maszerować; ~ *past* defilować; *vt* prowadzić

March 2. [mɑːtʃ] *s* marzec

mar·chion·ess [ˌmɑːʃəˈnes] *s* markiza (żona markiza)

mare [meə] *s* klacz

mar·ga·rine [ˌmɑːdʒəˈriːn] *s* margaryna

marge [mɑːdʒ] = *margarine*

mar·gin [ˈmɑːdʒɪn] *s* margines; krawędź; luz, rezerwa

mar·gin·al [ˈmɑːdʒɪnl] *adj* marginesowy

mar·i·gold [ˈmærɪɡəʊld] *s bot.* nagietek

mar·i·jua·na [ˌmærɪˈwɑːnə] *s bot.* marihuana

ma·rine [məˈriːn] *s* flota, marynarka (handlowa); marynarz (*na okręcie wojennym*); *am.* żołnierz piechoty morskiej; pejzaż morski; *adj* morski, dotyczący marynarki

mar·i·ner [ˈmærɪnə] *s* marynarz

mar·i·tal [ˈmærɪtl] *adj* małżeński

mar·i·time [ˈmærɪtaɪm] *adj* morski; nadmorski

mark 1. [mɑːk] *s* marka (*waluta*)

mark 2. [mɑːk] *s* znak, oznaka, ślad, piętno; oznakowanie; ocena (szkolna), nota; cel; wyróżnienie; *book~*(*er*) zakładka do książki; (*text*) *~er* flamaster, mazak, marker; *man of* ~ wybitny człowiek; *to be up to the* ~ być na wysokości zadania; *to miss the* ~ chybić celu; *wide of the* ~ daleki od celu, nietrafny, od rzeczy; *vt* oznaczać, określać; oceniać; zwracać uwagę (*sth* na coś); notować; wyznaczać; cechować; ~ *off* oddzielać, wydzielać; ~ *out* wyznaczać, wyróżniać; przeznaczać

marked [mɑːkt] *pp i adj* wybitny, wyraźny

mark·ed·ly [ˈmɑːkɪdlɪ] *adv* wybitnie, wyraźnie, dobitnie

mar·ket [ˈmɑːkɪt] *s* rynek, targ; zbyt; ~ *garden* przedsiębiorstwo ogrodnicze; *vi vt* znajdować zbyt, wystawiać na sprzedaż, sprzedawać

mar·ket·a·ble [ˈmɑːkɪtəbl] *adj* pokupny, sprzedażny

mar·ket·ing [ˈmɑːkɪtɪŋ] *s* marketing; reklama handlowa

marks·man [ˈmɑːksmən] *s* (*pl marksmen* [ˈmɑːksmən]) strzelec wyborowy

ma·roon 1. [məˈruːn] *vt* wysadzić ze statku i pozostawić na odludnej wyspie, odosobnić; *vt* kręcić się; *pot.* pętać się

ma·roon 2. [məˈruːn] *adj* kasztanowy; *s* kolor kasztanowy

mar·quee [mɑːˈkiː] *s* markiza, daszek ogrodowy; duży namiot

mar·quis [ˈmɑːkwɪs] *s* markiz

mar·riage [ˈmærɪdʒ] *s* małżeństwo, ślub; *civil* <*church*> ~ ślub cywilny <kościelny>

mar·ried [ˈmærɪd] *pp i adj* żonaty; zamężna; małżeński

mar·row [ˈmærəʊ] *s* szpik, rdzeń; *przen.* istota rzeczy

mar·ry [ˈmærɪ] *vt* żenić się (*sb* z kimś), wychodzić za mąż (*sb* za

match

kogoś), wydawać za mąż, żenić; kojarzyć

marsh [maːʃ] s bagno

mar·shal ['maːʃl] s wojsk. marszałek; mistrz ceremonii; vt formować (szyki); ustawiać, uporządkować; wprowadzić (uroczyście)

marsh·y ['maːʃɪ] adj bagnisty

mar·tial ['maːʃl] adj wojenny; wojowniczy, wojskowy; **~ law** stan wojenny

mar·tyr ['maːtə] s męczennik

mar·vel ['maːvl] s cud, cudo; fenomen; vi zdumiewać się (**at sb, sth** kimś, czymś)

mar·vel·lous ['maːvələs] adj cudowny, zdumiewający

mas·cu·line ['mæskjʊlɪn] adj męski; gram. rodzaju męskiego; płci męskiej

mash [mæʃ] s papka, miazga; mieszanka pokarmowa; zacier; vt tłuc; gnieść; **~ed potatoes** kartofle purée

mask [maːsk] s maska; przen. pozór, pretekst; vt vi maskować (się)

ma·son ['meɪsn] s murarz, kamieniarz; mason; vt murować, budować (z kamienia)

ma·son·ry ['meɪsnrɪ] s murarska robota; obmurowanie; masoneria

masque [maːsk] s maska (utwór sceniczny)

mas·quer·ade [ˌmæskəˈreɪd] s maskarada

mass 1. [mæs] s masa; adj attr masowy; vt vi masować, gromadzić (się)

mass 2. [mæs] s msza; **high ~** suma

mas·sa·cre ['mæsəkə] s masakra; vt masakrować

mas·sage ['mæsɑːʒ] s masaż; vt masować

mas·seur [mæˈsɜː] s masażysta

mas·seuse [mæˈsɜːz] s masażystka

mas·sive ['mæsɪv] adj masywny

mass·y ['mæsɪ] adj masywny, solidny, ciężki

mast [maːst] s maszt

mas·ter ['maːstə] s mistrz (także w rzemiośle, sztuce); majster; nauczyciel; pan, gospodarz, szef; magister (tytuł naukowy); (także **~ mariner**) kapitan statku handlowego; vt panować, opanować; poskramiać; kierować

mas·ter·ful ['maːstəfl] adj władczy

mas·ter·hood ['maːstəhʊd] s mistrzostwo

mas·ter·ly ['maːstəlɪ] adj mistrzowski

mas·ter·mind ['maːstəmaɪnd] s mózg (przedsięwzięcia); vt obmyślić, zaplanować (działania, przedsięwzięcie, itd.)

mas·ter·piece ['maːstəpiːs] s arcydzieło

mas·ter·ship ['maːstəʃɪp] s mistrzostwo; władza, panowanie, zwierzchnictwo; stanowisko nauczyciela

mas·ter·y ['maːstərɪ] s władza, władanie, panowanie; mistrzostwo

mas·ti·cate ['mæstɪkeɪt] vt żuć; miażdżyć

mas·tiff ['mæstɪf] s brytan

mas·tur·ba·tion [ˌmæstəˈbeɪʃn] s masturbacja

mat 1. [mæt] s mata, słomianka; vt vi spleść (się), splątać (się)

mat 2. [mæt] adj matowy

mat·a·dor ['mætədɔː] s matador

match 1. [mætʃ] s zapałka

match 2. [mætʃ] s odpowiedni dobór osób; rzecz <osoba> dobrana; małżonek, małżonka; para małżeńska, małżeństwo; sport zawody, mecz; **to be a good ~** dorównywać, dobrze pasować (**for sb, sth** do kogoś, czegoś); **to be more than a ~** przewyższać, mieć przewagę (**for sb** nad kimś); **to find one's ~** znaleźć równego sobie; **to make a good ~** dobrze

M

się ożenić; *vt* dobierać rzeczy sobie odpowiadające, zestawiać,
łączyć; kojarzyć (*małżeństwo*);
dorównywać (*sb, sth* komuś,
czemuś); być dobrze dobranym;
pasować (*sb, sth* do kogoś, czegoś); *tie and dress to* ~ krawat i
ubranie dobrane (do koloru)

match·less ['mætʃləs] *adj* niezrównany, nieprześcigniony

mate 1. [meɪt] *s* (*w szachach*)
mat; *vt* dać mata

mate 2. [meɪt] *s* towarzysz, kolega; przyjaciel; pomocnik; *mors.*
niższy oficer, mat

ma·te·ri·al [mə'tɪərɪəl] *adj* materialny; cielesny; istotny, rzeczowy;
ważny; *s* materiał; *raw* ~ surowiec; *pl* ~*s* przybory

ma·te·ri·al·ism [mə'tɪərɪəlɪzm] *s*
materializm

ma·te·ri·al·is·tic [mə,tɪərɪə'lɪst-
ɪk] *adj* materialistyczny

ma·te·ri·al·ize [mə'tɪərɪəlaɪz] *vt
vi* zmaterializować (się), ucie-
leśnić (się), urzeczywistnić (się)

ma·ter·ni·ty [mə'tɜːnətɪ] *s* macierzyństwo; ~ *hospital* szpital
położniczy

math·e·mat·i·cal [,mæθə'mæt-
ɪkl] *adj* matematyczny

math·e·ma·ti·cian [,mæθəmə-
'tɪʃn] *s* matematyk

math·e·mat·ics [,mæθə'mætɪks]
s matematyka

mat·i·née ['mætɪneɪ] *s* poranek
(filmowy); popołudniowe
przedstawienie

ma·tric [mə'trɪk] *s pot.* = *matriculation*

ma·tric·u·late [mə'trɪkjuleɪt] *vt
vi* immatrykulować (się), zapisywać się na wyższą uczelnię; zostać
studentem (*po zdaniu egzaminu
wstępnego*)

ma·tric·u·la·tion [mə'trɪkju-
'leɪʃn] *s* immatrykulacja

mat·ri·mo·ni·al [,mætrɪ'məu-
nɪəl] *adj* matrymonialny, małżeński

mat·ri·mo·ny ['mætrɪmənɪ] *s* stan
małżeński; małżeństwo, ślub; ma-
riasz (*w kartach*)

ma·tron ['meɪtrən] *s* matrona,
siostra przełożona (w szpitalu)

mat·ter ['mætə] *s* materia; substancja; istota; sprawa; rzecz;
kwestia, temat; *med.* ropa; *a ~ of
course* rzecz zrozumiała sama
przez się; *as a ~ of fact* w istocie
rzeczy; *for that* ~ jeśli oto chodzi;
in the ~ of co do, co się tyczy; *it's
no laughing* ~ to nie żarty; *no* ~
mniejsza o to, to nie ma znaczenia; *printed* ~ druk(i); *reading* ~
lektura; *to make much ~ of sth*
robić z czegoś wielką sprawę;
what's the ~? o co chodzi?;
what's the ~ with him? co się z
nim dzieje?; *vi* mieć znaczenie; *it
does not* ~ to nie ma znaczenia;
mniejsza o to

mat·ter-of-fact [,mætərəv'fækt]
adj attr rzeczowy, realny, praktyczny, prozaiczny

mat·ting ['mætɪŋ] *s* materiał na
maty, mata; rogoża

mat·tock ['mætək] *s* kilof

mat·tress ['mætrəs] *s* materac

ma·ture [mə'tʃuə] *adj* dojrzały;
handl. płatny; *vi* dojrzewać; *vt*
przyspieszać dojrzewanie

ma·tu·ri·ty [mə'tʃuərətɪ] *s* dojrzałość; *handl.* termin płatności

maud·lin ['mɔːdlɪn] *adj* ckliwy,
rzewny

maul [mɔːl] *vt* tłuc; kaleczyć,
zniekształcać; miażdżyć krytyką

mau·so·le·um [,mɔːsə'liːəm] *s*
mauzoleum

mauve [məuv] *adj* różowoliliowy;
s kolor różowoliliowy

mawk·ish ['mɔːkɪʃ] *adj* ckliwy,
sentymentalny

max·im ['mæksɪm] *s* maksyma

max·i·mum ['mæksɪməm] *s* (*pl
maxima* ['mæksɪmə], ~*s*) maksimum; *adj attr* maksymalny

may 1. [meɪ] *v aux* (*p might*
[maɪt]) *I* ~ mogę, wolno mi; *he* ~

be back soon może szybko wróci; **long ~ he live** oby długo żył

May 2. [meɪ] s maj; **May Day** (dzień) 1 maja

may·be ['meɪbi:] adv być może

may·on·naise [ˌmeɪə'neɪz] s majonez

may·or [meə] s mer, burmistrz

maze [meɪz] s labirynt, gmatwanina; oszołomienie; wprowadzenie w błąd; vt sprowadzić na manowce, wprowadzić w błąd; oszołomić

me [mi:, mɪ] pron mi, mnie; pot. ja; **with ~** ze mną; pot. **it's me** to ja

mead 1. [mi:d] s miód (pitny)

mead 2. [mi:d] s poet. łąka

mead·ow ['medəu] s łąka

mea·gre ['mi:gə] adj chudy, cienki; pot. marny

meal 1. [mi:l] s mąka (nie pytlowana)

meal 2. [mi:l] s posiłek; jedzenie

mean 1. [mi:n] adj podły, niski, nędzny, marny

mean 2. [mi:n] adj średni, pośredni; s przeciętna, średnia; pl ~**s** środki utrzymania, zasoby pieniężne; (zw. pl ~**s**, w znacz. sing) środek; **by this ~s** tym sposobem; **by ~s of** za pomocą; **by no ~s** w żaden sposób; **a man of ~s** człowiek zamożny; **it's beyond his means** to przekracza jego możliwości finansowe

*****mean 3.** [mi:n] vt vi (**meant**, **meant** [ment]) mieć na myśli; znaczyć, mieć znaczenie; mieć zamiar, zamierzać; przeznaczać (**sth for sb** coś dla kogoś); **to ~ business** poważnie traktować sprawę; **to ~ well** mieć dobrą wolę, odnosić się życzliwie

me·an·der [mɪ'ændə] s kręta linia, zakręt; vi tworzyć zakręty, wić się

mean·ing ['mi:nɪŋ] s znaczenie, sens, treść

meant zob. **mean**

mean·time ['mi:ntaɪm] adv tymczasem; w międzyczasie; s w zwrocie: **in the ~** tymczasem; w międzyczasie

mean·while ['mi:nwaɪl] = **meantime**

mea·sles ['mi:zlz] s med. odra

meas·ure ['meʒə] s miara; miarka; środek, sposób, zabieg; **to take ~s** przedsięwziąć kroki zaradcze; lit. metrum; muz. takt; stopień; **to ~** na miarę; **in a ~** do pewnego stopnia; **in great ~** w znacznym stopniu; **out of ~** nadmiernie; mat. **the greatest common ~** największy wspólny dzielnik; vt mierzyć, mieć wymiar; szacować; **~ off** odmierzać

meas·ure·ment ['meʒəmənt] s pomiar; miara, wymiar, rozmiar

meat [mi:t] s mięso (jadalne)

me·chan·ic [mɪ'kænɪk] s mechanik; technik

me·chan·i·cal [mɪ'kænɪkl] adj mechaniczny; maszynowy

me·chan·ics [mɪ'kænɪks] s mechanika

mech·an·ism ['mekənɪzm] s mechanizm

med·al ['medl] s medal

med·dle ['medl] vi mieszać się; wtrącać się (**with sth** do czegoś)

med·dle·some ['medlsəm] adj wścibski

me·di·ae·val [ˌmedɪ'i:vl] = **medieval**

me·di·a, mass media ['mi:dɪə] s pl środki (masowego) przekazu; zob. **medium**

me·di·al ['mi:dɪəl] adj środkowy; średni; pośredni

me·di·ate ['mi:dɪeɪt] vi vt pośredniczyć; doprowadzić pośrednictwem (**sth** do czegoś)

me·di·a·tor ['mi:dɪeɪtə] s pośrednik, rozjemca

med·i·cal ['medɪkl] adj lekarski, medyczny

me·dic·a·ment [mə'dɪkəmənt] s lek, lekarstwo

med·i·cine ['medsn] s medycyna; lekarstwo

med·i·cine man ['medsnmæn] s (pl **medicine men** ['medsn-men]) znachor, czarownik

me·di·e·val [,medɪ'iːvl] adj średniowieczny

me·di·o·cre [,miːdɪ'əʊkə] adj przeciętny, mierny

me·di·oc·ri·ty [,miːdɪ'ɒkrətɪ] s przeciętność, mierność

med·i·tate ['medɪteɪt] vt vi rozmyślać, rozważać; planować

med·i·ta·tive ['medɪtətɪv] adj oddany rozmyślaniom, medytacyjny, kontemplacyjny

Med·i·ter·ra·ne·an [,medɪtə-'reɪnɪən] adj śródziemny; śródziemnomorski

me·di·um ['miːdɪəm] s (pl **media** ['miːdɪə], **~s**) środek; sposób; ośrodek; środowisko; medium; **through the ~ of** za pomocą; adj attr środkowy, średni; **~ waves** fale średnie (radiowe); zob. **media**

med·ley ['medlɪ] s mieszanina; rozmaitość; muz. potpourri; adj różnorodny; pstry

meek [miːk] adj łagodny; potulny

***meet** [miːt] vt vi (**met, met** [met]) spotykać (się); zobaczyć się (**with sb** z kimś); stykać się; odpowiadać (gustom, wymaganiom), zgadzać się; spełniać, zaspokajać; stawiać czoło, spojrzeć w oczy (np. niebezpieczeństwu); stosować się; handl. honorować (np. weksel); natknąć się, natrafić (**sb, sth** na kogoś, coś); wyjść naprzeciw (komuś); s styk; spotkanie (myśliwych itd.)

meet·ing ['miːtɪŋ] s spotkanie, zejście się, zetknięcie się; zebranie, wiec, zbiórka

meg·a·byte ['megəbaɪt] s komp. megabajt

meg·a·phone ['megəfəʊn] s megafon

mel·an·chol·y ['melənkəlɪ] s melancholia; adj melancholijny

mel·io·rate ['miːlɪəreɪt] vt vi ulepszać (się); uszlachetniać (się)

mel·low ['meləʊ] adj dojrzały; soczysty; pełny; miękki; (o człowieku) pogodny; vt zmiękczyć, łagodzić; vi miękąć, łagodnieć; (np. o winie, owocu) dojrzewać

me·lo·di·ous [mə'ləʊdɪəs] adj melodyjny

mel·o·dra·ma ['melə,drɑːmə] s melodramat

mel·o·dy ['melədɪ] s melodia

melt [melt] vt topić, roztapiać, przetapiać; rozpuszczać; vi topnieć, rozpuszczać się; przen. rozpływać się; s stop, wytop

melt·ing point ['meltɪŋpɔɪnt] s temperatura topnienia

mem·ber ['membə] s członek (np. organizacji); człon

mem·ber·ship ['membəʃɪp] s członkostwo

mem·brane ['membreɪn] s błona

mem·oir ['memwɑː] s rozprawa (naukowa); pl **~s** życiorys; pamiętnik; seria (wydawnicza)

mem·o·ra·ble ['memrəbl] adj pamiętny

mem·o·ran·dum [,memə'ræn-dəm] s memorandum; notatka

me·mo·ri·al [mə'mɔːrɪəl] adj pamięciowy; pamiątkowy; s petycja; pomnik; pl **~s** pamiętnik, kronika

mem·o·rize ['meməraɪz] vt zapamiętać, nauczyć się na pamięć

mem·o·ry ['memərɪ] s pamięć; wspomnienie; **in ~ of...** ku pamięci...

men zob. **man**

men·ace ['menəs] s groźba; vt vi grozić, zagrażać

me·nag·er·ie [mə'nædʒərɪ] s menażeria

mend [mend] vt vi naprawiać, poprawiać (się); poprawa; naprawa; **to ~ one's ways** poprawić się (w zachowaniu) men·da·cious [men'deɪʃəs] adj kłamliwy, zakłamany

men·dac·i·ty [men'dæsətɪ] s kłamliwość, zakłamanie

men·di·cant ['mendɪkənt] adj żebraczy, żebrzący; s żebrak; mnich żebrzący

me·ni·al ['miːnɪəl] adj służebny; ~ work czarna robota; s służący, popychadło

men·in·gi·tis [ˌmenɪn'dʒaɪtɪs] s med. zapalenie opon mózgowych

men·stru·a·tion [ˌmenstrʊ'eɪʃn] s menstruacja

men·su·ra·tion [ˌmenʃə'reɪʃn] s pomiar

men·tal ['mentl] adj umysłowy; (o szpitalu) psychiatryczny; s pot. chory umysłowo

men·tal·i·ty [men'tælətɪ] s umysłowość, mentalność

men·tion ['menʃn] s wzmianka; vt wspominać, nadmieniać; don't ~ it! nie ma o czym mówić, nie ma za co (dziękować)

men·u ['menjuː] s menu (karta potraw)

mer·can·tile ['mɜːkəntaɪl] adj handlowy

mer·ce·nar·y ['mɜːsnərɪ] adj najemny; interesowny; s najemnik

mer·chan·dise ['mɜːtʃəndaɪz] s zbior. towar(y)

mer·chant ['mɜːtʃənt] s kupiec, handlowiec; adj kupiecki, handlowy; ~ service marynarka handlowa

mer·chant·man ['mɜːtʃəntmən] s (pl merchantmen ['mɜːtʃəntmen]) mors. statek handlowy

mer·ci·ful ['mɜːsɪfl] adj litościwy, miłosierny

mer·ci·less ['mɜːsɪləs] adj bezlitosny

mer·cu·ry ['mɜːkjʊrɪ] s rtęć; przen. żywe srebro

mer·cy ['mɜːsɪ] s miłosierdzie, litość; łaska; at the ~ of na łasce (czegoś); ~ killing eutanazja

mere [mɪə] adj czczy, zwykły, zwyczajny; ~ words puste słowa; he is a ~ child on jest tylko dzieckiem

mere·ly ['mɪəlɪ] adv po prostu, jedynie; zaledwie

merge [mɜːdʒ] vt vi łączyć (się), zlewać (się), stapiać (się)

merg·er ['mɜːdʒə] s fuzja, połączenie (się)

me·rid·i·an [mə'rɪdɪən] adj południowy; przen. szczytowy; s południk; zenit; przen. szczyt

mer·it ['merɪt] s zasługa; zaleta; vt zasłużyć (sth na coś)

mer·i·to·ri·ous [ˌmerɪ'tɔːrɪəs] adj zasłużony; chwalebny

mer·maid ['mɜːmeɪd] s syrena (z baśni)

mer·ri·ment ['merɪmənt] s wesołość, uciecha

mer·ry ['merɪ] adj wesoły; miły; to make ~ weselić się

mer·ry-go-round ['merɪgəʊraʊnd] s karuzela

mesh [meʃ] s oko (w sieci); pl ~es sieci; ~ stockings pończochy siatkowe; vt vi (dać się) złapać w sieci; zazębiać (się)

mes·mer·ize ['mezməraɪz] vt oczarować, fascynować, zahipnotyzować

mess [mes] s wojsk. kasyno; mors. mesa; zamieszanie, nieporządek; pot. bałagan; kłopot; vt vi zabrudzić; pot. zabałaganić; zaprzepaścić (sprawę); spartaczyć (coś); żywić (np. wojsko); vi wspólnie jadać (w mieście)

mes·sage ['mesɪdʒ] s posłanie, orędzie; wiadomość, pismo; zlecenie

mes·sen·ger ['mesɪndʒə] s posłaniec; zwiastun

Mes·si·ah [mə'saɪə] s Mesjasz

mess·y ['mesɪ] adj nieporządny, brudny

mes·ti·zo [me'stiːzəʊ] s Metys

met zob. meet

met·al ['metl] s metal

me·tal·lic [me'tælɪk] *adj* metaliczny

me·tal·lur·gy [me'tælədʒɪ] *s* metalurgia

met·a·mor·pho·sis [ˌmetə'mɔːfəsɪs] *s pl* **metamorphoses** [ˌmetə'mɔːfəsiːz] metamorfoza

met·a·phor ['metəfə] *s* metafora

met·a·phys·ics [ˌmetə'fɪzɪks] *s* metafizyka

mete [miːt] *vt* zmierzyć; (*także ~ out*) wymierzyć (*np. karę*)

me·te·or ['miːtɪə] *s* meteor

me·te·or·ol·o·gy [ˌmiːtɪə'rɒlədʒɪ] *s* meteorologia

me·ter ['miːtə] *s* licznik (*np. gazowy*); *am.* metr

meth·od ['meθəd] *s* metoda

me·thod·i·cal [mə'θɒdɪkl] *adj* metodyczny

Meth·od·ist ['meθədɪst] *s* metodysta

meth·yl·at·ed ['meθəleɪtɪd] *pp i adj* denaturowany, skażony

me·tic·u·lous [mɪ'tɪkjuləs] *adj* drobiazgowy, skrupulatny

me·tre ['miːtə] *s bryt.* metr; metrum (*miara wiersza*)

met·ric ['metrɪk] *adj* metryczny

me·trop·o·lis [mə'trɒpəlɪs] *s* stolica, metropolia

met·ro·pol·i·tan [ˌmetrə'pɒlɪtən] *adj* stołeczny

met·tle ['metl] *s* charakter, temperament; odwaga; zapał

mew 1. [mjuː] *vi* miauczeć

mew 2. [mjuː] *s zool.* mewa

Mex·i·can ['meksɪkən] *adj* meksykański; *s* Meksykanin

mice [maɪs] *zob.* **mouse**

mi·cro·com·put·er ['maɪkrəʊkəmˌpjuːtə] *s komp.* mikrokomputer

mi·cro·fiche ['maɪkrəʊfiːʃ] *s* mikrofisza

mi·cro·phone ['maɪkrəfəʊn] *s* mikrofon

mi·cro·pro·ces·sor ['maɪkrəʊˌprəʊsesə] *s komp.* mikroprocesor

mi·cro·scope ['maɪkrəskəʊp] *s* mikroskop

mid [mɪd] *adj* środkowy; *in ~ summer* w połowie lata; *in ~ air* w powietrzu

mid·day [ˌmɪd'deɪ] *s* południe

mid·dle ['mɪdl] *s* środek, połowa; *adj* środkowy, średni

mid·dle-aged [ˌmɪdl'eɪdʒd] *adj* w średnim wieku

mid·dle·man ['mɪdlmæn] *s* (*pl* **middlemen** ['mɪdlmen]) pośrednik

mid·dle·weight ['mɪdlweɪt] *s sport* waga średnia

mid·dling ['mɪdlɪŋ] *adj* średni, przeciętny; *adv* średnio, przeciętnie; *pot.* tak sobie, nieźle

midge [mɪdʒ] *s zool.* muszka

midg·et ['mɪdʒɪt] *s* karzełek; *przen.* maleństwo

mid·land ['mɪdlənd] *adj* środkowy, znajdujący się wewnątrz kraju, śródlądowy; *s* środkowa część kraju

mid·night ['mɪdnaɪt] *s* północ; *at ~* o północy; *adj attr* północny

mid·ship·man ['mɪdʃɪpmən] *s* (*pl* **midshipmen** ['mɪdʃɪpmən]) *mors. bryt.* podchorąży marynarki; *am.* kadet marynarki

midst [mɪdst] *s* środek; *in the ~ of...* w środku...; pośród...; wśród...; między, pomiędzy

mid·sum·mer [ˌmɪd'sʌmə] *s* środek lata; *~ night* noc świętojańska

mid·way [ˌmɪd'weɪ] *adv* w połowie drogi; *adj attr* leżący w połowie drogi

mid·wife ['mɪdwaɪf] *s* (*pl* **midwives** ['mɪdwaɪvz]) akuszerka

mid·win·ter [ˌmɪd'wɪntə] *s* środek zimy

might 1. *zob.* **may 1.**

might 2. [maɪt] *s* potęga, moc

might·y ['maɪtɪ] *adj* potężny; *adv pot.* bardzo, wielce

mi·grant ['maɪgrənt] *adj* wędrowny, koczowniczy; *s* wędrowiec, tułacz, koczownik; emigrant

mi·grate [maɪˈgreɪt] *vi* wędrować; przesiedlać się; emigrować

mi·gra·to·ry [ˈmaɪgrətərɪ] = *migrant adj*

mike [maɪk] *s pot.* = *microphone*

mil·age = *mileage*

mild [maɪld] *adj* łagodny, delikatny

mil·dew [ˈmɪldjuː] *s* pleśń

mile [maɪl] *s* mila

mile·age [ˈmaɪlɪdʒ] *s* odległość w milach

mile·stone [ˈmaɪlstəʊn] *s* kamień milowy

mi·lieu [ˈmiːljɜː] *s* środowisko, otoczenie

mil·i·tant [ˈmɪlɪtənt] *adj* bojowy, wojowniczy

mil·i·tar·y [ˈmɪlɪtrɪ] *adj* wojskowy; *s zbior* **the** ~ wojskowi, wojsko; ~ **man** wojskowy (= żołnierz)

mil·i·tate [ˈmɪlɪteɪt] *vi* walczyć (**against sb, sth** z kimś, czymś)

milk [mɪlk] *s* mleko; ~ **shake** koktajl mleczny; *vt vi* doić

milk·maid [ˈmɪlkmeɪd] *s* dojarka; mleczarka

milk·man [ˈmɪlkmən] *s* (*pl* **milk·men** [ˈmɪlkmən]) mleczarz

milk tooth [ˈmɪlktuːθ] *s* (*pl* **milk teeth** [ˈmɪlktiːθ]) ząb mleczny

milk·y [ˈmɪlkɪ] *adj* mleczny

mill [mɪl] *s* młyn, fabryka; walcownia; *vt* mleć; obrabiać; ubijać, ucierać; walcować; karbować

mil·len·ni·um [mɪˈlenɪəm] *s* tysiąclecie

mill·er [ˈmɪlə] *s* młynarz

mil·let [ˈmɪlɪt] *s* proso

mil·li·me·tre [ˈmɪlɪˌmiːtə] *s* milimetr

mil·li·ner [ˈmɪlɪnə] *s* modystka

mil·lion [ˈmɪljən] *s* milion

mil·lion·aire [ˌmɪljəˈneə] *s* milioner

mill·stone [ˈmɪlstəʊn] *s* kamień młyński

mime [maɪm] *s* mim (*aktor i sztuka*); *vi* grać mimicznie

mim·e·o·graph [ˈmɪmɪəgrɑːf] *s* powielacz; *vt* powielać

mim·ic [ˈmɪmɪk] *adj* mimiczny; naśladowczy; *s* mimik; naśladowca; *vt* (*p i pp* **mimicked** [ˈmɪmɪkt]) naśladować

mim·ic·ry [ˈmɪmɪkrɪ] *s* mimika; naśladownictwo; *bot.* mimetyzm

mince [mɪns] *vt* krajać (drobno), siekać, kruszyć; ~ **one's words** mówić z afektacją; *not to* ~ **one's words** mówić bez ogródek; *s* siekanina

mince·meat [ˈmɪnsmiːt] *s* mieszane owoce i bakalie

minc·er [ˈmɪnsə] *s* maszynka do mięsa

mind [maɪnd] *s* umysł, rozum, świadomość; myśl(i); pamięć; zdanie, opinia; skłonność, ochota; decyzja; duch, psychika; *absence of* ~ roztargnienie; *presence of* ~ przytomność umysłu; *peace of* ~ spokój ducha; *state of* ~ stan ducha, nastrój; *turn of* ~ mentalność; *sound in* ~ zdrowy na umyśle; *to be of unsound* ~ nie być przy zdrowych zmysłach; *to be of sb's* ~ podzielać czyjeś zdanie; *to bring to* ~ przypomnieć sobie; *to change one's* ~ zmienić zdanie; *to enter sb's* ~ przyjść komuś na myśl; *to go out of* ~ wyjść z pamięci; *to have sb in* ~ pamiętać o kimś; *to have a good* ~ *to ...* mieć (wielką) ochotę ...; *to make up one's* ~ postanowić; *to speak one's* ~ wypowiedzieć się, wygarnąć prawdę; *to my* ~ moim zdaniem; *vt vi* uważać, baczyć, zwracać uwagę; starać się; pamiętać; brać sobie do serca, przejmować się (**sth** czymś); sprzeciwić się, mieć coś przeciw (**sth** czemuś); ~ *your business* pilnuj swego nosa; *do you* ~ *if I smoke?, do you* ~ *my smoking?* czy masz coś przeciwko temu, żebym zapalił?, czy pozwolisz, że zapalę?; *I don't* ~ jest mi obojętne, nie przeszkadza mi; *never* ~ mniejsza o to

mind·ful ['maɪndfl] *adj* uważający (*of sth* na coś); troskliwy

mine 1. [maɪn] *pron* mój, moja, moje, moi

mine 2. [maɪn] *s* kopalnia; mina; *vt* kopać, wydobywać (*rudę itd.*); zaminować

min·er ['maɪnə] *s* górnik

min·er·al ['mɪnrəl] *s* minerał; *pl* ~s wody mineralne; *adj* mineralny

min·er·al·o·gy [,mɪnə'rælədʒɪ] *s* mineralogia

mine·sweep·er ['maɪn,swiːpə] *s* poławiacz min, *mors.* trałowiec

mine throw·er ['maɪn,θrəʊə] *s* wojsk. moździerz

min·gle ['mɪŋgl] *vt vi* mieszać (się); obracać się (w towarzystwie)

min·ia·ture ['mɪnətʃə] *s* miniatura

min·i·mal ['mɪnɪml] *adj* minimalny

min·i·mize ['mɪnɪmaɪz] *vt* sprowadzić do minimum, pomniejszyć

min·i·mum ['mɪnɪməm] *s* (*pl* *minima* ['mɪnɪmə]) minimum; *adj attr* minimalny

min·ing ['maɪnɪŋ] *s* górnictwo; zaminowanie

min·i·skirt ['mɪnɪskɜːt] *s* minispódniczka

min·is·ter ['mɪnɪstə] *s* minister; poseł; pastor; *Prime Minister* premier; *vi* służyć (*to sb* komuś); przyczyniać się (*to sth* do czegoś); dbać (*to sb's wants* o czyjeś potrzeby); odprawiać nabożeństwo (*w kościele protestanckim*); *vt* udzielać (*np. pomocy*)

min·is·te·ri·al [,mɪnɪ'stɪərɪəl] *adj* ministerialny; usłużny; pomocny; kościelny, duszpasterski

min·is·try ['mɪnɪstrɪ] *s* ministerstwo; pomoc, usługa; stan

duchowny, kler, obowiązki duszpasterskie

mink [mɪŋk] *s zool.* norka; norki (*futro*)

mi·nor ['maɪnə] *adj* mniejszy; podrzędny, drugorzędny; młodszy (z rodzeństwa); *muz.* molowy, mol; *s* niepełnoletni

mi·nor·i·ty [maɪ'nɒrətɪ] *s* mniejszość (*np. narodowa*); niepełnoletniość

min·ster ['mɪnstə] *s* kościół klasztorny; katedra

min·strel ['mɪnstrəl] *s* minstrel, bard

min·strel·sy ['mɪnstrəlsɪ] *s* zbiór pieśni; *zbior.* minstrelowie; sztuka minstrelska

mint 1. [mɪnt] *s* mennica; *vt* bić monetę; *adj* czysty, nieużywany

mint 2. [mɪnt] *s bot.* mięta

mi·nus ['maɪnəs] *praep* minus, mniej

min·ute 1. ['mɪnɪt] *s* minuta; notatka, zapisek; *pl* ~s protokół; *to take* ~s protokołować; *any* ~ lada chwila; *wait a* ~*!* zaraz, zaraz!

mi·nute 2. [maɪ'njuːt] *adj* drobny, nieznaczny; szczegółowy

mir·a·cle ['mɪrəkl] *s* cud; (*także* ~ *play*) misterium (*dramat średniowieczny*)

mi·rac·u·lous [mɪ'rækjʊləs] *adj* cudowny

mire ['maɪə] *s* błoto; *vt vi* pogrążyć (się) w błocie, ubłocić

mir·ror ['mɪrə] *s* lustro, zwierciadło; *vt* odzwierciedlać, odbijać obraz

mirth [mɜːθ] *s* radość, wesołość

mis·ad·ven·ture [,mɪsəd'ventʃə] *s* nieszczęście, nieszczęśliwy wypadek, niepowodzenie

mis·al·li·ance [,mɪsə'laɪəns] *s* mezalians

mis·an·thrope ['mɪsnθrəʊp] *s* mizantrop

mis·an·thro·py [mɪs'ænθrəpɪ] *s* mizantropia

mis·ap·ply [ˌmɪsəˈplaɪ] *vt* źle zastosować

mis·ap·pre·hend [ˌmɪsæprɪˈhend] *vt* źle zrozumieć

mis·be·have [ˌmɪsbɪˈheɪv] *vi* (*także vr* **~ oneself**) źle prowadzić się

mis·cal·cu·late [ˌmɪsˈkælkjuleɪt] *vt* źle obliczyć; *vi* przeliczyć się

mis·car·riage [mɪsˈkærɪdʒ] *s* niepowodzenie; zaginięcie (*np. listu*); poronienie; pomyłka

mis·car·ry [mɪsˈkærɪ] *vi* nie udać się; chybić; doznać niepowodzenia; (*o statku, liście*) nie dojść; poronić

mis·cel·la·ne·ous [ˌmɪsəˈleɪnɪəs] *adj* rozmaity; różnorodny

mis·cel·la·ny [mɪˈselənɪ] *s* zbieranina, zbiór rozmaitości

mis·chance [ˌmɪsˈtʃɑːns] *s* niepowodzenie, pech, nieszczęście

mis·chief [ˈmɪstʃɪf] *s* niegodziwość; szkoda; psota

mis·chie·vous [ˈmɪstʃɪvəs] *adj* złośliwy; nieznośny; psotny

mis·con·cep·tion [ˌmɪskənˈsepʃn] *s* błędne pojęcie

mis·con·duct [ˌmɪsˈkɒndʌkt] *s* złe prowadzenie się; złe kierownictwo; *vt* [ˌmɪskənˈdʌkt] źle prowadzić; *vr* **~ oneself** źle się prowadzić

mis·con·strue [ˌmɪskənˈstruː] *vt* mylnie objaśniać

mis·cre·ant [ˈmɪskrɪənt] *adj* nikczemny; *s* nikczemnik, łajdak

mi·ser [ˈmaɪzə] *s* skąpiec

mis·er·a·ble [ˈmɪzrəbl] *adj* godny litości, żałosny, nieszczęśliwy; nędzny, godny pogardy; przykry, wstrętny

mi·ser·ly [ˈmaɪzəlɪ] *adj* skąpy

mis·er·y [ˈmɪzərɪ] *s* nędza; nieszczęście; cierpienie

misfit [ˈmɪsfɪt] *s* źle dobrane ubranie, zły krój; *przen.* człowiek nie przystosowany (do otoczenia)

mis·for·tune [mɪsˈfɔːtʃən] *s* nieszczęście, zły los, pech

mis·giv·ing [mɪsˈgɪvɪŋ] *ppraes i s* niepokój; złe przeczucie

mis·gov·ern [ˌmɪsˈgʌvən] *vt* źle rządzić

mis·guide [mɪsˈgaɪd] *vt* fałszywie kierować, wprowadzać w błąd

mis·han·dle [ˌmɪsˈhændl] *vt* źle obchodzić się (**sb, sth** z kimś, czymś)

mis·hap [ˈmɪshæp] *s* niepowodzenie, nieszczęście, nieszczęśliwy wypadek

mis·in·form [ˌmɪsɪnˈfɔːm] *vt* źle poinformować

*mis·lay [mɪsˈleɪ] (*formy zob.* **lay 1.**) *vt* położyć nie na swoim miejscu, zapodziać

*mis·lead [mɪsˈliːd] (*formy zob.* **lead 1.**) *vt* wprowadzić w błąd, zmylić

mis·man·age [ˌmɪsˈmænɪdʒ] *vt* źle zarządzać

mi·sog·y·nist [mɪˈsɒdʒənɪst] *s* wróg kobiet

mis·place [ˌmɪsˈpleɪs] *vt* źle umieścić, położyć nie na swoim miejscu

mis·print [ˈmɪsprɪnt] *s* błąd drukarski; *vt* [ˌmɪsˈprɪnt] błędnie wydrukować

mis·pro·nounce [ˌmɪsprəˈnaʊns] *vt* błędnie wymawiać

mis·rep·re·sent [ˌmɪsreprɪˈzent] *vt* fałszywie przedstawiać, przekręcać

mis·rule [ˌmɪsˈruːl] *s* złe rządy; *vt* źle rządzić

miss 1. [mɪs] *vt* chybić, nie trafić; opuścić, przepuścić, stracić (*okazję*); nie zastać (**sb** kogoś); spóźnić się (**the bus** na autobus); tęsknić (**sb** za kimś); odczuwać brak; zawodzić; niedosłyszeć (**sth** czegoś); *s* chybiony strzał; nieudany krok

miss 2. [mɪs] *s* (*przed imieniem* <*nazwiskiem*>) panna; panienka; (*w piśmie* **Miss**)

mis·sha·pen [ˌmɪsˈʃeɪpən] *adj* zniekształcony, niekształtny

mis·sile ['mɪsaɪl] s pocisk

mis·sion ['mɪʃn] s misja, posłannictwo, zlecenie

mis·sion·a·ry ['mɪʃnərɪ] s misjonarz

*****mis·spell** [‚mɪs'spel] (*formy zob.* **spell 3.**) *vt* napisać z błędem ortograficznym

mist [mɪst] s mgła, mgiełka; *vt vi* pokrywać (się) mgiełką, zamglić (się); zajść parą; mżyć

*****mis·take** [mɪ'steɪk] (*formy zob.* **take**) *vt* brać (**sb for sb else** kogoś za kogoś, **sth for sth else** coś za coś innego); pomylić się (**sth** co do czegoś); źle zrozumieć; s omyłka, błąd; **by ~** przez pomyłkę; **to make a ~** popełnić błąd

mis·tak·en [mɪ'steɪkən] *pp i adj* mylny, błędny; **to be ~** mylić się, być w błędzie

mis·ter ['mɪstə] s (*przed nazwiskiem*) pan; (*w piśmie skr.* = **Mr**)

mis·tle·toe ['mɪsltəʊ] s *bot.* jemioła

mis·took *zob.* **mistake**

mis·tress ['mɪstrəs] s pani, pani domu; nauczycielka, guwernantka; kochanka; (*w piśmie skr. przed nazwiskiem mężatki* = **Mrs** ['mɪsɪz]) Pani

mis·trust [‚mɪs'trʌst] s niedowierzanie, nieufność; *vt* niedowierzać, nie ufać

mist·y ['mɪstɪ] *adj* mglisty

*****mis·un·der·stand** [‚mɪsʌndə'stænd] (*formy zob.* **understand**) *vt* źle rozumieć

mis·un·der·stand·ing [‚mɪsʌndə'stændɪŋ] s złe zrozumienie, nieporozumienie

mis·un·der·stood *zob.* **misunderstand**

mis·use [‚mɪs'juːz] *vt* niewłaściwie używać; źle traktować; nadużywać; s [‚mɪs'juːs] niewłaściwe użycie, nadużycie

mite [maɪt] s drobna rzecz, kruszynka; grosz (wdowi)

mit·i·gate ['mɪtɪgeɪt] *vt* łagodzić, uspokajać

mi·tre ['maɪtə] s infuła

mitt [mɪt] = **mitten**

mit·ten ['mɪtn] s rękawica (z jednym palcem); rękawiczka (bez palców), mitenka; *sport* rękawica bokserska

mix [mɪks] *vt vi* mieszać (się); preparować, przyrządzać (*np. napoje*); obcować (towarzysko); **~ up** zmieszać, pomieszać; wplątać, uwikłać; **I got ~ed up** wszystko mi się pomyliło

mix·er ['mɪksə] s barman; mikser; **a good ~** człowiek towarzyski

mix·ture ['mɪkstʃə] s mieszanina, mieszanka, mikstura

mix-up ['mɪksʌp] s pomieszanie, zamieszanie, gmatwanina

moan [məʊn] *vt vi* jęczeć, lamentować, opłakiwać (**sb** kogoś); s jęk

moat [məʊt] s fosa

mob [mɒb] s tłum, pospólstwo; *vt* (*o tłumie*) rzucać się (**sb, sth** na kogoś, coś); *vi* gromadzić się w tłumie

mo·bile ['məʊbaɪl] *adj* ruchomy; ruchliwy

mo·bil·i·ty [məʊ'bɪlətɪ] s ruchliwość

mo·bil·ize ['məʊbəlaɪz] *vt vi* mobilizować (się)

mo·cha ['mɒkə] s (*kawa*) mokka

mock [mɒk] *vt vi* szydzić, wyśmiewać, żartować sobie (**at sb, sth** z kogoś, czegoś); s pośmiewisko, kpiny; *adj attr* podrobiony, udany, pozorny

mock·er·y ['mɒkərɪ] s szyderstwo; pośmiewisko

mock-he·ro·ic [‚mɒkhə'rəʊɪk] *adj* heroikomiczny

mode [məʊd] s sposób; obyczaj; tryb (*życia, postępowania*); moda; *gram.* tryb

mod·el ['mɒdl] s model, wzór; modelka; *vt* modelować, kształto-

monotonous

wać, kopiować; *vr* ~ **oneself**
wzorować się (**on sb** na kimś)
mo·dem ['məʊdem] *s komp.* modem
mod·er·ate ['mɒdəreɪt] *vt vi* poskramiać, hamować, powściągać,
uspokajać (się); łagodzić;
powstrzymywać (się); *adj* ['mɒd-
rət] umiarkowany, wstrzemięźliwy; przeciętny
mod·er·a·tion [,mɒdə'reɪʃn] *s*
umiarkowanie
mod·ern ['mɒdn] *adj* nowoczesny,
nowożytny
mod·est ['mɒdɪst] *adj* skromny
mod·es·ty ['mɒdɪstɪ] *s* skromność
mod·i·fy ['mɒdɪfaɪ] *vt* modyfikować, zmieniać
mod·u·late ['mɒdjʊleɪt] *vt* modulować
mod·ule ['mɒdju:l] *s* moduł
moist [mɔɪst] *adj* wilgotny
mois·ten ['mɔɪsn] *vt* zwilżyć; *vi*
wilgotnieć
mois·ture ['mɔɪstʃə] *s* wilgoć
mo·lar ['məʊlə] *adj* trzonowy
(ząb); *s* ząb trzonowy
mo·las·ses [mə'læsɪz] *s pl* melasa
**mold, molder = mould, moul-
der**
mole 1. [məʊl] *s zool.* kret
mole 2. [məʊl] *s* molo, grobla
mole 3. [məʊl] *s* pieprzyk (na
skórze)
mol·e·cule ['mɒlɪkju:l] *s fiz.*
cząsteczka
mole·hill ['məʊlhɪl] *s* kretowisko
mo·lest [mə'lest] *vt* molestować,
dokuczać
mol·li·fy ['mɒlɪfaɪ] *vt* miękczyć;
łagodzić
molt *zob.* **moult**
mol·ten ['məʊltən] *adj* stopiony
mo·ment ['məʊmənt] *s* moment,
chwila; znaczenie, ważność; **at
the** ~ w tej (właśnie) chwili; **for
the** ~ na razie; **in a** ~ za chwilę, po
chwili; **to the** ~ co do minuty; **of
great** ~ bardzo ważny; **just a** ~ !
chwileczkę!

mo·men·tar·y ['məʊməntrɪ] *adj*
chwilowy
mo·men·tous [məʊ'mentəs] *adj*
ważny, doniosły
mo·men·tum [məʊ'mentəm] *s*
pęd, rozpęd; *fiz.* ilość ruchu
mon·arch ['mɒnək] *s* monarcha
mon·ar·chy ['mɒnəkɪ] *s* monarchia
mon·as·ter·y ['mɒnəstrɪ] *s* klasztor
Mon·day ['mʌndeɪ] *s* poniedziałek
mon·e·tar·y ['mʌnɪtrɪ] *adj* monetarny
mon·ey ['mʌnɪ] *s zbior.* pieniądze;
ready ~ gotówka; ~ **order** przekaz pieniężny
mon·ey·box ['mʌnɪbɒks] *s* skarbonka
mon·ger ['mʌŋgə] *s* handlarz,
przekupień
mon·grel ['mʌŋgrəl] *s* kundel;
mieszaniec; *adj attr* (*o krwi, rasie*)
mieszany
mon·i·tor ['mɒnɪtə] *s techn.* monitor; urządzenie kontrolne; *vi vt*
nasłuchiwać, kontrolować, moni-
torować
mon·i·tor·ing ['mɒnɪtərɪŋ] *s* (*w
radiu*) nasłuch; monitoring, moni-
torowanie
monk [mʌŋk] *s* mnich
mon·key ['mʌŋkɪ] *s zool.* małpa
mon·key·ish ['mʌŋkɪɪʃ] *adj*
małpi
monk·ish ['mʌŋkɪʃ] *adj* mnisi
mon·o·chrome ['mɒnəkrəʊm]
adj monochromatyczny; (*o TV*)
czarno-biały; monotonny
mo·nog·a·my [mə'nɒgəmɪ] *s* mo-
nogamia
mon·o·logue ['mɒnəlɒg] *s* monolog
mo·nop·o·lize [mə'nɒpəlaɪz] *vt*
monopolizować
mo·nop·o·ly [mə'nɒpəlɪ] *s* monopol
mo·not·o·nous [mə'nɒtənəs] *adj*
monotonny

M

mon·ster ['mɒnstə] s potwór; *adj attr* potworny; monstrualny

mon·stros·i·ty [mɒn'strɒsətɪ] s potworność

mon·strous ['mɒnstrəs] *adj* potworny; monstrualny

mon·tage [mɒn'tɑːʒ] s *fot. kino* montaż

month [mʌnθ] s miesiąc

month·ly ['mʌnθlɪ] *adj* miesięczny; *adv* miesięcznie; co miesiąc; s miesięcznik

mon·u·ment ['mɒnjʊmənt] s pomnik

mood 1. [muːd] s nastrój, humor

mood 2. [muːd] s *gram.* tryb; *muz.* tonacja

mood·y ['muːdɪ] *adj* nie w humorze, markotny; o zmiennym usposobieniu

moon [muːn] s księżyc; *full ~* pełnia; *new ~* nów; *once in a blue ~* bardzo rzadko, raz od wielkiego święta; *to cry for the ~* żądać gwiazdki z nieba

moon·beam ['muːnbiːm] s promień księżyca

moon·light ['muːnlaɪt] s światło księżyca

moon·lit ['muːnlɪt] *adj* oświetlony światłem księżyca

moon·shine ['muːnʃaɪn] s światło księżyca; *przen.* rojenia; *pot.* bimber, samogon

moon·shin·er ['muːnʃaɪnə] s *pot. am.* bimbrownik; meliniarz

moor 1. [mʊə] s otwarty teren, błonie, wrzosowisko; torfowisko

moor 2. [mʊə] *vt mors.* cumować

Moor 3. [mʊə] s Maur

moor·ings ['mʊərɪŋz] s *pl mors.* cumy; miejsce cumowania

moor·land ['mʊələnd] s pustynna okolica (*zw. pokryta wrzosem, torfem itp.*)

moot [muːt] *vt* rozważać, poddać pod dyskusję (*sth* coś); s *hist.* zgromadzenie, narada; *adj attr* sporny; *~ point* punkt sporny

mop 1. [mɒp] s zmywak na kiju

(*do podłogi, okien itd.*); *vt* wycierać, zmywać

mop 2. [mɒp] s w zwrocie: *~s and mows* grymasy, miny; *vi* w zwrocie: *~ and mow* stroić miny, robić grymasy

mope [məʊp] *vi* być przygnębionym; s człowiek przygnębiony

mo·ped ['məʊped] s motorower

mor·al ['mɒrəl] *adj* moralny; s morał; *pl ~s* moralność

mo·rale [mə'rɑːl] s morale, duch (*np. wojska*)

mor·al·ist ['mɒrəlɪst] s moralista

mor·al·i·ty [mə'rælətɪ] s moralność; moralitet (*dramat*)

mor·al·ize ['mɒrəlaɪz] *vi* moralizować; *vt* umoralniać

mo·rass [mə'ræs] s bagno, trzęsawisko

mor·bid ['mɔːbɪd] *adj* chorobliwy; chorobowy

more [mɔː] *adj* (*comp od much, many*); *adv* więcej, bardziej; s więcej; *~ and ~* coraz więcej; *~ or less* mniej więcej; *~ than* ponad; *never ~* już nigdy; *no ~* już nie, więcej nie; dość; *once ~* jeszcze raz; *so much the ~* o tyle więcej; *the ~* tym bardziej; *the ~ ... the ~* im więcej ... tym więcej

more·o·ver [mɔːr'əʊvə] *adv* co więcej, prócz tego, ponadto

morn [mɔːn] s *poet.* = **morning**

morn·ing ['mɔːnɪŋ] s rano, poranek; przedpołudnie; *good ~!* dzień dobry!; *in the ~* rano; *this ~* dziś rano; *~ call* wizyta przedpołudniowa; *~ coat* żakiet

mo·roc·co [mə'rɒkəʊ] s marokin (*safian*)

mo·rose [mə'rəʊs] *adj* ponury, markotny

mor·phol·o·gy [mɔː'fɒlədʒɪ] s morfologia

mor·row ['mɒrəʊ] s *lit.* następny dzień; *on the ~* nazajutrz

mor·sel ['mɔːsl] s kąsek

mor·tal ['mɔːtl] *adj* śmiertelny; s śmiertelnik

mor·tal·i·ty [mɔ:'tælətɪ] s śmiertelność

mor·tar ['mɔ:tə] s moździerz; zaprawa murarska

mort·gage ['mɔ:gɪdʒ] s zastaw; hipoteka; vt zastawić; obciążyć hipoteczni

mor·ti·fy ['mɔ:tɪfaɪ] vt umartwiać, dręczyć, upokarzać; vi zamierać

mor·tu·ar·y ['mɔ:tʃʊərɪ] adj pogrzebowy; s kostnica

mo·sa·ic [məʊ'zeɪɪk] s mozaika

Mos·lem ['mɒzləm] adj muzułmański; s muzułmanin

mosque [mɒsk] s meczet

mos·qui·to [mə'ski:təʊ] s (pl **~es**) zool. komar; moskit

moss [mɒs] s bot. mech

most [məʊst] adj (sup od **much**, **many**) najwięcej, najbardziej; adv najbardziej, najwięcej; s największa ilość, przeważająca większość, maksimum; **at (the) ~** najwyżej, w najlepszym razie; **to make the ~ of sth** wykorzystać coś maksymalnie; najkorzystniej przedstawić; **for the ~ part** przeważnie, najczęściej

most·ly ['məʊstlɪ] adv najczęściej, przeważnie

mote [məʊt] s pyłek

mo·tel [məʊ'tel] s motel

moth [mɒθ] s mól; ćma

moth·er ['mʌðə] s matka; **~ country** ojczyzna; **~ of pearl** macica perłowa; **~ tongue** mowa ojczysta

moth·er·board ['mʌðəbɔ:d] s komp. płyta główna

moth·er·hood ['mʌðəhʊd] s macierzyństwo

mother-in-law ['mʌðərɪnlɔ:] s (pl **mothers-in-law** ['mʌðəzɪnlɔ:]) teściowa, świekra

moth·er·ly ['mʌðəlɪ] adj macierzyński

mo·tif [məʊ'ti:f] s motyw

mo·tion ['məʊʃn] s ruch; chód (silnika); skinienie; gest; wniosek; **~ picture** film; **to carry a ~** prze-

prowadzić wniosek; **to put in ~** wprawić w ruch; vt vi dać znak (ręką), skinąć

mo·ti·vate ['məʊtɪveɪt] vt być bodźcem (**sb, sth** dla kogoś, czegoś); powodować; motywować

mo·tive ['məʊtɪv] adj napędowy; s motyw; bodziec

mot·ley ['mɒtlɪ] s pstrokacizna; rozmaitości; strój błazeński; adj pstry; rozmaity

mo·tor ['məʊtə] s motor; silnik; adj ruchowy, motoryczny; vt vi jechać samochodem

mo·tor·bi·cy·cle ['məʊtə,baɪsɪkl] s motocykl

mo·tor·bike ['məʊtəbaɪk] s pot. motocykl

mo·tor·boat ['məʊtəbəʊt] s łódź motorowa

mo·tor·bus ['məʊtəbʌs] s autobus

mo·tor·car ['məʊtəkɑ:] s samochód

mo·tor·coach ['məʊtəkəʊtʃ] s autokar

mo·tor·cycle ['məʊtə,saɪkl] s motocykl

mo·tor·ist ['məʊtərɪst] s automobilista

mo·tor·man ['məʊtəmən] s (pl **motormen** ['məʊtəmən]) motorniczy

mo·tor scoot·er ['məʊtə,sku:tə] s skuter

mo·tor·way ['məʊtəweɪ] s bryt. autostrada

mot·tle ['mɒtl] vt pstrzyć, cętkować, nakrapiać; s cętka, (barwna) plamka

mot·to ['mɒtəʊ] s (pl **~es**, **~s**) motto

mould 1. [məʊld] s czarnoziem, ziemia (luźna)

mould 2. [məʊld] s pleśń; vi pleśnieć

mould 3. [məʊld] s forma, odlew; typ (człowieka); vt odlewać; kształtować

M

mould·er ['məʊldə] vt butwieć, rozpadać się

moult [məʊlt] vi linieć; s linienie

mound [maʊnd] s nasyp, kopiec

mount 1. [maʊnt] s góra, szczyt (zw. przed nazwą)

mount 2. [maʊnt] vt vi wznosić (się), podnosić (się); wsiadać, sadzać (na konia, rower itp.); wspinać się, wchodzić do góry (**a ladder, the stairs etc.** po drabinie; schodach itd.); montować; ustawiać; oprawiać (np. klejnot); **to ~ guard** zaciągnąć wartę, stanąć na warcie; **~ed troops** oddziały konne

moun·tain ['maʊntɪn] s góra; **~ chalet** schronisko górskie

moun·tain·eer [ˌmaʊntɪ'nɪə] s góral; alpinista

moun·tain·eer·ing [ˌmaʊntɪ'nɪərɪŋ] s sport alpinistyka, wspinaczka wysokogórska

moun·tain·ous ['maʊntɪnəs] adj górzysty

moun·te·bank ['maʊntɪbæŋk] s lit. szarlatan

mourn [mɔːn] vt opłakiwać; vi być w żałobie; płakać (**for sb** nad kimś)

mourn·ful ['mɔːnfl] adj żałobny

mourn·ing ['mɔːnɪŋ] s żałoba; przen. smutek; **in deep ~** w głębokiej żałobie

mouse [maʊs] s (pl **mice** [maɪs]) zool. mysz (także komp.)

mouse-trap ['maʊstræp] s pułapka na myszy

mous·tache [mə'stɑːʃ] s wąsy

mouth [maʊθ] s anat. usta; pysk; ujście (rzeki), wylot

mouth·ful ['maʊθfʊl] s kęs, łyk

mouth·piece ['maʊθpiːs] s ustnik (np. instrumentu); uj. tuba (wyraziciel opinii)

mov·a·ble ['muːvəbl] adj ruchomy; s pl **~s** ruchomości

move [muːv] vt vi ruszać (się), być w ruchu, posuwać (się); przeprowadzać (się); rozczulać, wzruszać;

zachęcać, pobudzać; stawiać wniosek; **~ in** wnieść; wprowadzić (się); **~ out** wynieść; wyprowadzić (się); s posunięcie, ruch; przeprowadzka; **to be on the ~** być w ruchu

move·ment ['muːvmənt] s ruch; chód, bieg; muz. część utworu

mov·ie ['muːvɪ] am. film; **~ theater** kino

mov·ies ['muːvɪz] s pl am. kino; **let's go to the ~** chodźmy do kina

****mow** [məʊ] vt (**mowed** [məʊd], **mown** [məʊn] lub **mowed**) kosić

mow·er ['məʊə] s kosiarz; (maszyna) kosiarka

mown zob. **mow**

much [mʌtʃ] adj i adv dużo, wiele; bardzo, wielce; **~ the same** mniej więcej taki sam; **as ~** tyleż; **as ~ as** tyle samo, co; **so ~** tyle; **so ~ the better** tym lepiej; **he is not ~ of a poet** on jest słabym poetą; **how ~?** ile?

muck [mʌk] s gnój, nawóz; błoto; pot. paskudztwo; szmira

mud [mʌd] s błoto, muł

mud-bath ['mʌdbɑːθ] s kąpiel borowinowa

mud·dle ['mʌdl] vt mącić, gmatwać, bałaganić; zamroczyć; vi **~ on** radzić sobie jakoś; **~ through** wybrnąć z ciężkiej sytuacji; s powikłanie; bałagan; nieład; trudne położenie

mud·dy ['mʌdɪ] adj błotnisty; mętny, brudny

mud-guard ['mʌdgɑːd] s błotnik

muff 1. [mʌf] s zarękawek, mufka

muff 2. [mʌf] vt fuszerować; s fuszerka; fuszer; mazgaj

muf·fin ['mʌfɪn] s bułeczka (zw. na gorąco z masłem)

muf·fle ['mʌfl] vt owijać, otulać; tłumić

muf·fler ['mʌflə] s szalik; tłumik; sport rękawica bokserska

mug 1. [mʌg] s kubek

mug 2. [mʌg] *s pot.* głupek; *bryt. pot.* gęba

mug 3. [mʌg] *vt pot.* napadać

mug·ging ['mʌgɪŋ] *s* napad rabunkowy

mug·ger ['mʌgə] *s* łobuz, bandyta

mu·lat·to [mju:'lætəʊ] *s (pl ~es, ~s)* Mulat

mul·ber·ry ['mʌlbrɪ] *s bot.* morwa (*owoc i drzewo*)

mule [mju:l] *s zool.* muł

mul·ti- ['mʌltɪ] *praef* wielo-

mul·ti·form ['mʌltɪfɔ:m] *adj* wielokształtny

mul·ti·lat·er·al [,mʌltɪ'lætrəl] *adj* wielostronny

mul·ti·ple ['mʌltɪpl] *adj* wieloraki; wielokrotny; złożony; *s mat.* wielokrotna; **least common ~** najmniejsza wspólna wielokrotna

mul·ti·plex ['mʌltɪpleks] = **multiple** *adj*

mul·ti·pli·ca·tion [,mʌltɪplɪ'keɪʃn] *s* mnożenie (się); *mat.* **~ table** tabliczka mnożenia

mul·ti·pli·er ['mʌltɪplaɪə] *s mat.* mnożnik

mul·ti·ply ['mʌltɪplaɪ] *vt vi* mnożyć (się); rozmnażać się; **~ 4 by 6** pomnóż 4 przez 6

mul·ti·task·ing [,mʌltɪ'ta:skɪŋ] *komp.* wielozadaniowość

mul·ti·tude ['mʌltɪtju:d] *s* mnóstwo; tłum

mum 1. [mʌm] *adj* niemy, cichy; **to keep ~** milczeć; *int* sza!

mum 2. [mʌm] *s bryt. pot.* mamusia

mum·ble ['mʌmbl] *vt vi* mruczeć, mamrotać; bełkotać

mum·my 1. ['mʌmɪ] *s pot.* mamusia

mum·my 2. ['mʌmɪ] *s* mumia

mumps [mʌmps] *s med.* świnka

munch [mʌntʃ] *vt vi* głośno żuć, chrupać

mun·dane [mʌn'deɪn] *adj* ziemski; światowy

mu·nic·i·pal [mju:'nɪsɪpl] *adj* komunalny, miejski

mu·nic·i·pal·i·ty [mju:,nɪsɪ-'pælətɪ] *s* gmina samorządowa, zarząd miejski

mu·nif·i·cence [mju:'nɪfɪsns] *s* hojność, szczodrość

mu·ni·tion [mju:'nɪʃn] *s (zw. pl ~s)* sprzęt wojenny, amunicja

mu·ral ['mjʊərəl] *adj* ścienny; *s* malowidło ścienne

mur·der ['mɜ:də] *s* morderstwo; *vt* mordować

mur·der·er ['mɜ:dərə] *s* morderca

murk·y ['mɜ:kɪ] *adj* mroczny

mur·mur ['mɜ:mə] *vt vi* szeptać, mruczeć; szemrać; szumieć; *s* szept, szmer, szum; pomruk, mruczenie

mus·cle ['mʌsl] *s* mięsień

mus·cle·man ['mʌslmæn] *s (pl musclemen* ['mʌslmen]) kulturysta; ochroniarz

mus·cu·lar ['mʌskjʊlə] *adj* muskularny; mięśniowy

muse 1. [mju:z] *vi* rozmyślać (**on sth** o czymś)

muse 2. [mju:z] *s* muza

mu·se·um [mju:'zi:əm] *s* muzeum

mush [mʌʃ] *s* kleik, papka

mush·room ['mʌʃrʊm] *s bot.* grzyb; **of ~ growth** rosnący jak grzyby po deszczu

mu·sic ['mju:zɪk] *s* muzyka; *zbior.* nuty; **chamber ~** muzyka kameralna; **pop(ular) ~** muzyka popularna

mu·si·cal ['mju:zɪkl] *adj* muzyczny; muzykalny; dźwięczny; *s* sztuka muzyczna

mu·sic hall ['mju:zɪkhɔ:l] *s* teatr rewiowy

mu·si·cian [mju:'zɪʃn] *s* muzyk

musk [mʌsk] *s* piżmo

mus·lin ['mʌzlɪn] *s* muślin

must 1. [mʌst, məst] *v aux nieodm.* muszę, musisz *itd.*; **I ~** muszę; **I ~ not** nie wolno mi; *s* konieczność

must 2. [mʌst] *s* moszcz

M

mus·tard ['mʌstəd] s bot. gorczy-ca; musztarda

mus·ter ['mʌstə] vt vi gromadzić (się); zbierać (się); wojsk. robić przegląd; s wojsk. przegląd; apel; zgromadzenie

mus·ty ['mʌsti] adj zapleśniały, stęchły

mu·ta·ble ['mju:təbl] adj zmienny

mute [mju:t] adj niemy; s niemowa; teatr statysta

mu·ti·late ['mju:tɪleɪt] vt kaleczyć; okroić, zniekształcić (tekst itp.)

mu·ti·neer [ˌmju:tɪ'nɪə] s buntownik

mu·ti·ny ['mju:tɪnɪ] s bunt

mut·ter ['mʌtə] vt vi mruczeć, mamrotać; szemrać (at sb, sth na kogoś, coś)

mut·ton ['mʌtn] s baranina

mu·tu·al ['mju:tʃʊəl] adj wzajemny; on ~ terms na warunkach wzajemności

muz·zle ['mʌzl] s pysk; kaganiec; vt nałożyć kaganiec

my [maɪ] adj mój, moja, moje, moi

my·ope ['maɪəʊp] s krótkowidz

my·o·pi·a [maɪ'əʊpɪə] s krótko-wzroczność

myr·i·ad ['mɪrɪəd] s miriada

myr·tle ['mɜ:tl] s bot. mirt

my·self [maɪ'self] pron sam, ja sam; się; siebie, sobą, sobie; by ~ ja sam, sam jeden

mys·te·ri·ous [mɪ'stɪərɪəs] adj tajemniczy

mys·ter·y ['mɪstrɪ] s tajemnica

mys·tic ['mɪstɪk] adj mistyczny; s mistyk

mys·ti·fy ['mɪstɪfaɪ] vt mistyfiko-wać

myth [mɪθ] s mit

myth·o·log·i·cal [ˌmɪθə'lɒdʒɪkl] adj mitologiczny

my·thol·o·gy [mɪ'θɒlədʒɪ] s mito-logia

N

nag [næg] vt dokuczać (komuś), dręczyć; vi gderać (at sb na kogoś)

nai·ad ['naɪæd] s rusałka, najada

nail [neɪl] s paznokieć; pazur; gwóźdź; vt przybić gwoździem, podbić gwoździami, przy-gwoździć; przen. przykuć (np. uwagę); pot. przydybać; ~ down przybić gwoździem; przen. trzy-mać (kogoś) za słowo

na·ive [naɪ'i:v] adj naiwny

na·i·ve·ty [naɪ'i:vətɪ] s naiwność

na·ked ['neɪkɪd] adj nagi, goły

name [neɪm] s imię, nazwisko, na-zwa; family ~ nazwisko; first ~ imię; full ~ imię i nazwisko; by ~ na imię, po nazwisku; to call sb ~s obrzucać kogoś wyzwiskami;

vt dawać imię, nazywać; wyzna-czać, wymieniać

name day ['neɪmdeɪ] s imieniny

name·less ['neɪmləs] adj bez-imienny; nieznany; niewysłowio-ny; uj. niesłychany

name·ly ['neɪmlɪ] adv mianowi-cie

name·sake ['neɪmseɪk] s imien-nik

nap [næp] s drzemka; to take a ~ zdrzemnąć się; vi drzemać

na·palm ['neɪpɑ:m] s napalm

nape [neɪp] s kark

nap·kin ['næpkɪn] s serwetka; pieluszka; am. sanitary ~ pod-paska higieniczna

nap·py ['næpɪ] s pielucha, pielusz-ka

nar·cot·ic [nɑːˈkɒtɪk] *adj* narkotyczny; *s* narkotyk

nar·co·tize [ˈnɑːkətaɪz] *vt* narkotyzować

nar·rate [nəˈreɪt] *vt* opowiadać

nar·ra·tion [nəˈreɪʃn] *s* opowiadanie

nar·ra·tive [ˈnærətɪv] *adj* narracyjny; *s* opowiadanie, opowieść

nar·row [ˈnærəʊ] *adj* wąski, ciasny, ścisły; **to have a ~ escape** ledwo umknąć; *vt vi* zwężać (się); ściągać (się)

nar·row-gauge [ˈnærəʊɡeɪdʒ] *adj attr* wąskotorowy

nar·row-mind·ed [ˌnærəʊˈmaɪndɪd] *adj* (umysłowo) ograniczony

na·sal [ˈneɪzl] *adj* nosowy; *s gram.* głoska nosowa

nas·ty [ˈnɑːstɪ] *adj* wstrętny, przykry; groźny; złośliwy; plugawy; *pot.* świński

na·tal [ˈneɪtl] *adj* rodzinny; (*o dniu, miejscu*) urodzenia

na·ta·tion [nəˈteɪʃn] *s* pływanie

na·tion [ˈneɪʃn] *s* naród; państwo

na·tion·al [ˈnæʃnəl] *adj* narodowy; państwowy; **~ service** obowiązkowa służba wojskowa; **~ anthem** hymn narodowy; *s* poddany, obywatel państwa

na·tion·al·ism [ˈnæʃnəlɪzm] *s* nacjonalizm

na·tion·al·i·ty [ˌnæʃˈnælətɪ] *s* narodowość; przynależność państwowa, obywatelstwo

na·tion·al·i·za·tion [ˌnæʃnəlaɪˈzeɪʃn] *s* upaństwowienie, nacjonalizacja

na·tion·al·ize [ˈnæʃnəlaɪz] *vt* unarodowić; nacjonalizować, upaństwowić

na·tive [ˈneɪtɪv] *adj* rodzimy, rodzinny, ojczysty; wrodzony; krajowy, tubylczy; **~ land** ojczyzna; *s* tubylec, autochton; **a ~ of Warsaw** rodowity warszawianin

nat·u·ral [ˈnætʃrəl] *adj* naturalny; dziki, pierwotny; przyrodniczy;

wrodzony; (*o dziecku*) nieślubny; **~ history** przyroda; **~ science** nauki przyrodnicze; **~ selection** dobór naturalny; *s muz.* nuta naturalna; kasownik

nat·u·ral·ism [ˈnætʃrəlɪzm] *s* naturalizm

nat·u·ral·ize [ˈnætʃrəlaɪz] *vt vi* naturalizować (się)

na·ture [ˈneɪtʃə] *s* natura, przyroda; istota; charakter; rodzaj; **by ~** z natury; **preservation of ~** ochrona przyrody

na·tur·is·m [ˈneɪtʃərɪzm] *s* naturyzm

naught [nɔːt] *s i pron* nic; zero

naugh·ty [ˈnɔːtɪ] *adj* (*o dziecku*) niegrzeczny; nieprzyzwoity

nau·sea [ˈnɔːzɪə] *s* nudności, mdłości; obrzydzenie

nau·se·ate [ˈnɔːzɪeɪt] *vt* przyprawiać o mdłości, budzić wstręt; czuć wstręt (**sth** do czegoś); *vi* dostawać mdłości

nau·se·ous [ˈnɔːzɪəs] *adj* przyprawiający o mdłości, obrzydliwy

nau·ti·cal [ˈnɔːtɪkl] *adj* morski

na·val [ˈneɪvl] *adj* morski; dotyczący marynarki wojennej; okrętowy

nave 1. [neɪv] *s* nawa

nave 2. [neɪv] *s* piasta (*koła*)

na·vel [ˈneɪvl] *s anat.* pępek

nav·i·ga·ble [ˈnævɪɡəbl] *adj* spławny, nadający się do żeglugi

nav·i·gate [ˈnævɪɡeɪt] *vt vi* żeglować, kierować statkiem; pilotować

nav·i·ga·tion [ˌnævɪˈɡeɪʃn] *s* żegluga, nawigacja

nav·vy [ˈnævɪ] *s* robotnik drogowy, wyrobnik

na·vy [ˈneɪvɪ] *s* marynarka wojenna; **~ cut** tytoń fajkowy (*drobno krajany*)

navy blue [ˌneɪvɪˈbluː] *adj* granatowy; *s* kolor granatowy

nay [neɪ] *adv* nie; nawet, co więcej; **to say ~** zaprzeczyć; *s* sprzeciw (*w głosowaniu*)

N

near [nɪə] *adj* bliski, blisko spokrewniony; trafny; dokładny; *to have a ~ escape* ledwo uciec, uniknąć o włos; *adv i praep* blisko, niedaleko, obok; *~ by* tuż obok; *~ upon* blisko; tuż przed czymś; prawie; *to come ~* zbliżyć się; *vt* zbliżać się (*sth* do czegoś)

near·by ['nɪəbaɪ] *adj* bliski, sąsiedni

near·ly ['nɪəlɪ] *adv* blisko; prawie (że)

neat [niːt] *adj* czysty, schludny; gustowny; grzeczny; miły; staranny, porządny

neb·u·lous ['nebjʊləs] *adj* mglisty, zamglony

nec·es·sar·y ['nesəsrɪ] *adj* konieczny, niezbędny; *if ~* w razie potrzeby; *s* rzecz konieczna; *pl* **necessaries of life** artykuły pierwszej potrzeby; *~ evil* zło konieczne

ne·ces·si·tate [nɪ'sesɪteɪt] *vt* czynić koniecznym; wymagać

ne·ces·si·ty [nɪ'sesɪtɪ] *s* konieczność, potrzeba; bieda; *of ~* z konieczności; *to be under the ~ of doing sth* być zmuszonym coś zrobić

neck [nek] *s* szyja, kark; szyjka (*np. flaszki*); przesmyk; cieśnina; *vt i am. pot.* obejmować (się) za szyję; pieścić się

neck·lace ['nekləs] *s* naszyjnik

neck·tie ['nektaɪ] *s* krawat

need [niːd] *s* potrzeba; ubóstwo, bieda; *to have ~ of* potrzebować czegoś; *vt* potrzebować, wymagać (*czegoś*); *vt* być w potrzebie; *I ~ not* nie muszę; *if ~ be* w razie potrzeby

need·ful ['niːdfl] *adj* potrzebny, konieczny

nee·dle ['niːdl] *s* igła; iglica

need·less ['niːdləs] *adj* niepotrzebny, zbędny; *~ to say that...* nie trzeba dodawać, że...

nee·dle·work ['niːdlwɜːk] *s* robótka (*szycie, haftowanie*)

need·n't ['niːdnt] = **need not**

need·y ['niːdɪ] *adj* będący w potrzebie

ne'er [neə] *poet.* = **never**

ne·ga·tion [nɪ'geɪʃn] *s* przeczenie, negacja

neg·a·tive ['negətɪv] *adj* przeczący, negatywny; *mat.* ujemny; *s* zaprzeczenie; odmowa; *gram.* forma przecząca; *mat.* wartość ujemna; *fot.* negatyw; *in the ~* negatywnie, przecząco

neg·lect [nɪ'glekt] *vt* zaniedbywać, lekceważyć; nie zrobić (*sth* czegoś); *s* zaniedbanie, lekceważenie, pominięcie

neg·li·gence ['neglɪdʒəns] *s* niedbalstwo, zaniedbanie

neg·li·gent ['neglɪdʒənt] *adj* niedbały, lekceważący; zaniedbany

neg·li·gi·ble ['neglɪdʒəbl] *adj* niegodny uwagi, mało znaczący

ne·go·ti·a·ble [nɪ'gəʊʃɪəbl] *adj* *handl.* do uzgodnienia; sprzedażny, możliwy do spieniężenia; *pot.* dający się pokonać; (*o drodze*) przejezdna

ne·go·ti·ate [nɪ'gəʊʃɪeɪt] *vt vi* załatwiać (*sprawy polityczne, handlowe*); prowadzić rokowania (*sth* w sprawie czegoś); *handl.* puszczać w obieg (*np. weksel*); realizować, spieniężać; pokonywać

ne·go·ti·a·tion [nɪ,gəʊʃɪ'eɪʃn] *s* rokowania (*polityczne, handlowe*); pokonanie (*trudności*)

Ne·gress ['niːgrəs] *s* zw. uj. Murzynka

Ne·gro ['niːgrəʊ] *s* zw. uj. (*pl ~es*) Murzyn

neigh [neɪ] *vi* rżeć

neigh·bour ['neɪbə] *s* sąsiad; *vt vi* sąsiadować

neigh·bour·hood ['neɪbəhʊd] *s* sąsiedztwo; okolica

nei·ther ['naɪðə] *am.* ['niːðə] *pron* ani jeden, ani drugi, żaden z dwóch; *adv* ani; *~ ... nor* ani...,

ani; *he could ~ eat nor drink*
nie mógł jeść, ani pić; *conj* też nie;
he doesn't like it, ~ do I on tego
nie lubi, i ja też nie

ne·ol·o·gis·m [ni:'ɒlədʒɪzm] *s*
neologizm

ne·on ['ni:ɒn] *s fiz.* neon (*gaz*); *~
sign* neon (*reklama*); *~ lamp*
lampa neonowa

neph·ew ['nevju:] *s* siostrzeniec;
bratanek

nerve [nɜːv] *s* nerw; *przen.* siła,
energia; opanowanie; tupet; *to
get on sb's ~s* działać komuś na
nerwy; *vt* wzmocnić, dodać otuchy; *vr ~ oneself* zebrać siły (*for
sth* do czegoś), wziąć się w garść

nerv·ous ['nɜːvəs] *adj* nerwowy;
niespokojny; *~ breakdown*
załamanie nerwowe

nest [nest] *s* gniazdo; *vi* wić gniazdo; gnieździć się

nes·tle ['nesl] *vt* przycisnąć, przytulić; *vi* gnieździć się; tulić się, wygodnie się usadowić

net 1. [net] *adj* (*o zysku itp.*) czysty; netto; *vt* zarobić na czysto

net 2. [net] *s dosł. i przen.* sieć,
siatka; *sport* net; *vt* łowić siecią
(*np. ryby*)

net·tle ['netl] *s* pokrzywa; *vt* parzyć pokrzywą; *przen.* drażnić,
irytować, docinać

net·work ['netwɜːk] *s* sieć (*kolejowa, radiowa itp.*)

neu·ras·the·ni·a [ˌnjuərəs'θiː-
nɪə] *s med.* neurastenia

neu·rol·o·gy [njuə'rɒlədʒɪ] *s* neu-
rologia

neu·ro·sis [njuə'rəusɪs] *s* (*pl
neuroses* [njuə'rəusiːz]) *med.*
nerwica

neu·ter ['njuːtə] *adj gram.* nijaki
(*rodzaj*); nieprzechodni (*czasownik*); neutralny; *to stand ~*
zachowywać neutralność

neu·tral ['njuːtrəl] *adj* neutralny;
nieokreślony

neu·tral·i·ty [njuː'trælətɪ] *s* neutralność

neu·tral·ize ['njuːtrəlaɪz] *vt* neutralizować

neu·tron ['njuːtrɒn] *s fiz.* neutron

nev·er ['nevə] *adv* nigdy; bynajmniej

nev·er·more [ˌnevə'mɔː] *adv* już
nigdy, nigdy więcej

nev·er·the·less [ˌnevəðə'les]
adv mimo wszystko; (tym) niemniej

new [njuː] *adj* nowy; świeży; *New
Year's Eve* Sylwester

new·com·er ['njuːˌkʌmə] *s* przybysz

news [njuːz] *s* wiadomość; nowina; kronika, aktualności

news·a·gent ['njuːzˌeɪdʒənt] *s*
właściciel kiosku z czasopismami

news·boy ['njuːzbɔɪ] *s* gazeciarz

news·cast ['njuːzkɑːst] *s* dziennik radiowy; wiadomości

news·let·ter ['njuːzˌletə] *s* okólnik

news·pa·per ['njuːsˌpeɪpə] *s* gazeta

new·speak ['njuːspiːk] *s* nowo-
mowa

news·reel ['njuːzriːl] *s* kronika
filmowa

news ven·dor ['njuːzˌvendə] *s*
sprzedawca gazet

news·y ['njuːzɪ] *adj pot.* pełen
najświeższych wiadomości, plotkarski

next [nekst] *adj* najbliższy;
następny; *~ of kin* najbliższy
krewny; *~ to nothing* prawie nic;
adv następnie, z kolei, zaraz potem; *praep* tuż obok; po (*kimś,
czymś*); *~ door* obok; bliski, podobny

nib [nɪb] *s* kolec; koniuszek,
ostrze, szpic; stalówka

nib·ble ['nɪbl] *vt vi* gryźć, obgry-
zać, nadgryzać (*sth* coś)

nice [naɪs] *adj* ładny; miły, przyjemny; wrażliwy; delikatny; subtelny; wybredny; skrupulatny

nice-look·ing [ˌnaɪs'lʊkɪŋ] *adj*
przystojny; ładny

ni·ce·ty [ˈnaɪsətɪ] s delikatność; subtelność; precyzja, dokładność; **to a ~** możliwie najdokładniej; starannie, idealnie; *przen.* na ostatni guzik; *pl* **niceties** drobiazgi, subtelności

niche [nɪtʃ] s nisza

nick [nɪk] s nacięcie, wcięcie; odpowiednia chwila; **in the ~ of time** w samą porę; **in the ~ of doing sth** w momencie robienia czegoś; *vt* nacinać, karbować; trafić, zgadnąć; **to ~ a train** zdążyć w ostatniej chwili na pociąg; **to ~ the time** zdążyć w samą porę

nick·el [ˈnɪkl] s chem. nikiel; *am. pot.* pięciocentówka

nick·name [ˈnɪkneɪm] s przezwisko; przydomek; *vt* przezywać

niece [niːs] s siostrzenica; bratanica

nig·gard [ˈnɪgəd] s skąpiec, sknera; *adj* skąpy

nig·ger [ˈnɪgə] s *pog.* Murzyn

nigh [naɪ] adj i adv poet. = **near**

night [naɪt] s noc; wieczór; **by ~** nocą, w nocy; **at ~** wieczorem; **last ~** ubiegłej nocy; wczoraj wieczorem; **the ~ before last** przedostatniej nocy; przedwczoraj wieczorem; **first ~** teatr premiera; **~-blindness** kurza ślepota

night·cap [ˈnaɪtkæp] s *pot.* kieliszek na dobranoc

night·fall [ˈnaɪtfɔːl] s zmierzch

night·in·gale [ˈnaɪtɪŋgeɪl] s zool. słowik

night·ly [ˈnaɪtlɪ] adj nocny, conocny; wieczorny; powtarzający się co wieczór; adv co noc; co wieczór

night·mare [ˈnaɪtmeə] s koszmar (nocny)

night·time [ˈnaɪttaɪm] s noc, pora nocna

ni·hil·ism [ˈnaɪəlɪzm] s nihilizm

nil [nɪl] s nic; sport zero

nim·ble [ˈnɪmbl] adj zwinny, zgrabny; rączy; (o umyśle) bystry

nine [naɪn] num dziewięć; s dziewiątka

nine·pins [ˈnaɪnpɪnz] s pl kręgle

nine·teen [ˌnaɪnˈtiːn] num dziewiętnaście; s dziewiętnastka

nine·teenth [ˌnaɪnˈtiːnθ] adj dziewiętnasty

nine·ti·eth [ˈnaɪntɪəθ] adj dziewięćdziesiąty

nine·ty [ˈnaɪntɪ] num dziewięćdziesiąt; s dziewięćdziesiątka

ninth [naɪnθ] adj dziewiąty

nip [nɪp] vt szczypnąć; ścisnąć; ucinać; zwarzyć (rośliny); **~ sth in the bud** zdusić coś w zarodku

nip·ple [ˈnɪpl] s sutek; smoczek

ni·tric [ˈnaɪtrɪk] adj azotowy

ni·tro·gen [ˈnaɪtrədʒən] s chem. azot

no [nəʊ] adj nie; żaden; **~ doubt** niewątpliwie; **~ entrance** wstęp wzbroniony; **~ end** bez końca; **to ~ end** bez celu; **~ smoking** palenie wzbronione; adv nie; s przecząca odpowiedź; odmowa; **by ~ means** w żaden sposób; absolutnie nie

no·bil·i·ty [nəʊˈbɪlətɪ] s szlachectwo; szlachetność; szlachta, arystokracja

no·ble [ˈnəʊbl] adj szlachetny; szlachecki; s = **nobleman**

no·ble·man [ˈnəʊblmən] s (pl **noblemen** [ˈnəʊblmən]) szlachcic (wysokiego rodu), arystokrata

no·bod·y [ˈnəʊbədɪ] pron nikt; s nic nie znaczący człowiek, zero

noc·tur·nal [nɒkˈtɜːnl] adj nocny

nod [nɒd] vt skinąć (**to sb** na kogoś); ukłonić się, kiwnąć głową; drzemać; vi kiwnąć (**one's head** głową); s skinienie, ukłon, kiwnięcie głową; drzemka

noise [nɔɪz] s hałas; odgłos; szum; **make a ~** hałasować

noi·some [ˈnɔɪsəm] adj lit. szkodliwy, niezdrowy; wstrętny; (o zapachu) niemiły

nois·y [ˈnɔɪzɪ] adj hałaśliwy

no·mad ['nəʊmæd] s koczownik; *adj* koczowniczy

no·mad·ic [nəʊ'mædɪk] *adj* koczowniczy

nom·i·nal ['nɒmɪnl] *adj* nominalny; imienny

nom·i·nate ['nɒmɪneɪt] *vt* mianować; wyznaczyć; wysunąć jako kandydata

nom·i·na·tion [,nɒmɪ'neɪʃn] s nominacja; wyznaczenie; wysunięcie kandydatury

nom·i·na·tive ['nɒmnətɪv] s *gram.* mianownik

non- [nɒn] *praef* nie-; bez-

non·age ['nəʊnɪdʒ] s niepełnoletniość

non·ag·gres·sion [,nɒnə'greʃn] s nieagresja; ~ **pact** pakt o nieagresji

non·cha·lant ['nɒnʃələnt] *adj* nonszalancki

non·com·ba·tant [,nɒn'kɒmbətənt] *adj* nie walczący; s żołnierz nieliniowy (*np. sanitariusz*)

non·com·mis·sioned [,nɒnkə'mɪʃnd] *adj* nie mający stopnia oficerskiego; ~ **officer** podoficer

non·con·form·ist [,nɒnkən'fɔːmɪst] s dysydent

non·co·op·er·a·tion [,nɒnkəʊɒpə'reɪʃn] s brak współdziałania, bierny opór

non·de·script ['nɒndɪskrɪpt] *adj* nie dający się opisać; dziwaczny; s osoba nieokreślonego wyglądu; człowiek bez określonego zajęcia; dziwak

none [nʌn] *pron* nikt, żaden, nic; ~ **of this** nic z tego; ~ **of that!** dość tego!; *adv* wcale nie; **I feel ~ the better** wcale nie czuję się lepiej; ~ **the less** tym niemniej

none·such = *nonsuch*

non·en·ti·ty [nɒ'nentətɪ] s nicość; fikcja; człowiek bez znaczenia, zero

non·flam·ma·ble [,nɒn'flæməbl], **non·in·flam·ma·ble** *adj* niepalny

non·i·ron [,nɒn'aɪən] *adj* nie wymagający prasowania

non·par·ty [,nɒn'pɑːtɪ] *adj attr* bezpartyjny

non·plus [,nɒn'plʌs] s zakłopotanie; impas; *vt* zakłopotać; zapędzić w kozi róg

non·res·i·dent [,nɒn'rezɪdent] *adj* (*uczeń, lekarz itp.*) dojeżdżający, zamieszkany

non·sense ['nɒnsəns] s niedorzeczność, nonsens; *talk* ~ mówić od rzeczy

non·smok·er [,nɒn'sməʊkə] s niepalący; wagon dla niepalących

non·stop [,nɒn'stɒp] *adj attr* bezpośredni, bez postoju, bez lądowania; nieprzerwany

non·such ['nʌnsʌtʃ] s unikat; osoba niezrównana

noo·dle ['nuːdl] s kluska, makaron

nook [nʊk] s kąt, zakątek; zakamarek

noon [nuːn] s południe (*pora dnia*)

noon·day ['nuːndeɪ] s *lit.* = **noon**; *adj attr* południowy

noon·tide ['nuːntaɪd] = **noonday**

noose [nuːs] s lasso, pętla; *przen.* sidła; *vt* złapać w pętlę; wiązać na pętlę; *przen.* usidlić

nor [nɔː] *adv* ani; także nie; **he doesn't know her, ~ do I** on jej nie zna, ani ja

norm [nɔːm] s norma

nor·mal ['nɔːml] *adj* normalny

north [nɔːθ] s *geogr.* północ; *adj* północny; *adv* na północ, w kierunku północnym; na północy

north·er·ly ['nɔːðəlɪ] *adj* północny

north·ward ['nɔːθwəd] *adj* (*o kierunku*) północny; *adv* (*także* ~s) ku północy, na północ

north·west·er [,nɔːθ'westə] s wiatr północno-zachodni

Nor·we·gian [nɔː'wiːdʒən] *adj* norweski; s Norweg; język norweski

nose [nəʊz] s nos; vt vi czuć zapach (**sth** czegoś), wąchać (**at sth** coś); węszyć (**sth** za czymś); **~ down** lotn. pikować; **~ out** wywęszyć

nose-dive ['nəʊzdaɪv] vi (o samolocie) pikować; spadać prosto w dół; s lotn. pikowanie; nurkowanie

nose-gay ['nəʊzgeɪ] s bukiecik (zw. noszony na ubraniu)

nos·tal·gia [nɒ'stældʒə] s nostalgia

nos·tril ['nɒstrɪl] s nozdrze

not [nɒt] adv nie; **~ at all** ani trochę, wcale nie; **~ a word** ani słowa

no·ta·bil·i·ty [ˌnəʊtə'bɪlətɪ] s (o człowieku) znakomitość; znaczenie, sława

no·ta·ble ['nəʊtəbl] adj godny uwagi; wybitny, sławny

no·ta·ry ['nəʊtərɪ] s notariusz

no·ta·tion [nəʊ'teɪʃn] s oznaczanie symbolami; system znaków

notch [nɒtʃ] s wcięcie, nacięcie; znak; vt nacinać, robić znaki

note [nəʊt] s notatka, uwaga; bilecik, list; nota (dyplomatyczna); uwaga; znaczenie, sława; banknot; rachunek; znak, piętno; nuta; **to make a ~** zanotować (**of sth** coś); **to take ~s** notować, robić notatki; **to take a ~** zwrócić uwagę (**of sth** na coś); przyjąć do wiadomości (**of sth** coś); vt (także **~ down**) notować, zapisywać; robić adnotacje; zwracać uwagę (na coś)

note-book ['nəʊtbʊk] s notatnik, notes; zeszyt

not·ed ['nəʊtɪd] pp i adj znany, wybitny

note-pa·per ['nəʊtˌpeɪpə] s papier listowy

note-wor·thy ['nəʊtˌwɜːðɪ] adj godny uwagi; wybitny

noth·ing ['nʌθɪŋ] s nic; **all to ~** wszystko na nic; **for ~** bezpłatnie; bez powodu; na próżno; **~ at all** w

ogóle nic; (grzecznościowo) proszę, nie ma za co; **~ but ...** nic (jak) tylko ...; nic oprócz ...; **~ much** nic ważnego; **~ to speak of** nie ma o czym mówić; nie warto wspominać; **to say ~ of** nie mówiąc o; pomijając; a co dopiero; **there's ~ for it but...** nie ma innej rady jak tylko ...; adv wcale nie; **this will help you ~** to ci wcale nie pomoże; **I'm ~ the better for it** wcale mi nie lepiej z tego powodu, nic na tym nie zyskuję; **to have ~ to do with...** nie mieć nic wspólnego z...; **~ doing** pot. nic z tego, nie ma mowy

no·tice ['nəʊtɪs] s notatka, wiadomość; ogłoszenie; uwaga; spostrzeżenie; ostrzeżenie; wypowiedzenie; termin; **~ board** tablica ogłoszeń; **at one month's ~** w terminie jednomiesięcznym; z jednomiesięcznym wypowiedzeniem; **to bring sth to sb's ~** zwrócić komuś na coś uwagę, powiadomić kogoś o czymś; **to come to sb's ~** dojść do czyjejś wiadomości; **to come into ~** zwrócić na siebie uwagę, stać się znanym; **to take ~** zwrócić uwagę, zauważyć (**of sth** coś); vt zauważyć, spostrzec; wypowiedzieć (posadę itd.)

no·tice·a·ble ['nəʊtɪsəbl] adj widoczny, dostrzegalny; godny uwagi

no·tice-board ['nəʊtɪsbɔːd] s tablica ogłoszeń

no·ti·fi·ca·tion [ˌnəʊtɪfɪ'keɪʃn] s zawiadomienie (**of sth** o czymś)

no·ti·fy ['nəʊtɪfaɪ] vt obwieścić (**sth to sb** coś komuś), zawiadomić (**sb of sth** kogoś o czymś)

no·tion ['nəʊʃn] s pojęcie, wyobrażenie; myśl, pogląd; zamiar; kaprys; **to have a ~ that...** mieć wrażenie, że...

no·to·ri·e·ty [ˌnəʊtə'raɪətɪ] s zw. uj. sława, rozgłos

no·tor·i·ous [nəʊˈtɔːrɪəs] *adj* notoryczny; osławiony

not·with·stand·ing [ˌnɒtwɪθˈstændɪŋ] *praep* mimo, nie bacząc na; *adv* mimo to, niemniej jednak, jednakże

nought [nɔːt] = **naught**

noun [naʊn] *s gram.* rzeczownik

nour·ish [ˈnʌrɪʃ] *vt* karmić, żywić (*także* uczucie); podtrzymywać

nour·ish·ment [ˈnʌrɪʃmənt] *s* pokarm; żywienie

nov·el [ˈnɒvl] *s* powieść; nowy, *adj* nieznany

nov·el·ist [ˈnɒvlɪst] *s* powieściopisarz

nov·el·ty [ˈnɒvltɪ] *s* nowość; oryginalność

No·vem·ber [nəʊˈvembə] *s* listopad

nov·ice [ˈnɒvɪs] *s* nowicjusz

now [naʊ] *adv* obecnie, teraz; **~ and again** od czasu do czasu; **every ~ and again** co chwilę; **just ~** dopiero co, przed chwilą; otóż, przecież, no; **~ s** chwila obecna; **before ~** już; przedtem; **by ~** już; od tego czasu; **from ~ on** odtąd; w przyszłości; **till ~** dotąd, dotychczas; *conj* **~ (that)** teraz gdy; skoro (już)

now·a·days [ˈnaʊədeɪz] *adv* obecnie, w dzisiejszych czasach

no·where [ˈnəʊweə] *adv* nigdzie

nox·ious [ˈnɒkʃəs] *adj* szkodliwy, niezdrowy, trujący

noz·zle [ˈnɒzl] *s* dziobek (*np. imbryka*); wylot (*np. rury*)

nu·cle·ar [ˈnjuːklɪə] *adj biol. fiz.* jądrowy, nuklearny; **~ energy** energia jądrowa; **~ reactor** reaktor atomowy; **~ medicine** medycyna nuklearna

nu·cle·us [ˈnjuːklɪəs] *s biol. fiz.* jądro, zawiązek

nude [njuːd] *adj* nagi; *s* akt (*w malarstwie, rzeźbie*)

nudge [nʌdʒ] *vt* trącić łokciem (*dla zwrócenia czyjejś uwagi*); *s* trącanie łokciem

nug·get [ˈnʌgɪt] *s* bryłka (*np. złota*)

nui·sance [ˈnjuːsns] *s* przykrość; dokuczliwość; osoba dokuczliwa; **to be a ~** zawadzać, dokuczać, dawać się we znaki; **what a ~ that child is!** jakie to dziecko jest nieznośne!

nuke [njuːk] *s am. pot.* pocisk jądrowy; głowica nuklearna; *vt pot* atakować bronią jądrową

null [nʌl] *adj* nie istniejący, niebyły; *prawn.* nieważny; *prawn.* **~ and void** nie mający prawnego znaczenia

nul·li·fy [ˈnʌlɪfaɪ] *vt* unieważnić

numb [nʌm] *adj* zdrętwiały, bez czucia

num·ber [ˈnʌmbə] *s* liczba; numer; *gram.* liczebnik; **a ~ of** dużo; **in ~s** w wielkich ilościach, gromadnie; **without ~** bez liku; *vt* liczyć; liczyć sobie; zaliczyć (**among** do); numerować

num·ber·less [ˈnʌmbələs] *adj* niezliczony

nu·mer·al [ˈnjuːmrəl] *s* cyfra; *gram.* liczebnik; *adj* liczbowy

nu·mer·a·tor [ˈnjuːməreɪtə] *s mat.* licznik

nu·mer·ous [ˈnjuːmərəs] *adj* liczny

nun [nʌn] *s* zakonnica

nun·ci·o [ˈnʌnsɪəʊ] *s* nuncjusz

nup·tial [ˈnʌpʃl] *adj* ślubny, małżeński

nurse [nɜːs] *s* pielęgniarka, pielęgniarz; niańka; *vt* pielęgnować; niańczyć, karmić; hodować; żywić (*uczucie*)

nurse·ling [ˈnɜːslɪŋ] *s* osesek

nurs·er·y [ˈnɜːsərɪ] *s* pokój dziecinny; szkółka drzew; (*także* **day ~**) żłobek; **~ school** przedszkole; **~ rhyme** wierszyk dziecięcy

nur·ture [ˈnɜːtʃə] *vt* karmić, wychowywać; kształcić; *s* opieka, wychowanie; kształcenie; pożywienie

N

nut [nʌt] s orzech

nut·crack·er ['nʌt,krækə] s dziadek do orzechów

nut·meg ['nʌtmeg] s bot. gałka muszkatołowa

nu·tri·ment ['njuːtrɪmənt] s pokarm, środek odżywczy

nu·tri·tion [njuːˈtrɪʃn] s odżywianie

nu·tri·tious [njuːˈtrɪʃəs] adj pożywny, odżywczy

nu·tri·tive ['njuːtrɪtɪv] adj odżywczy; s środek odżywczy

nut·shell ['nʌtʃel] s łupina orzecha; **in a ~** jak najkrócej, w paru słowach

ny·lon ['naɪlɒn] s nylon

nymph [nɪmf] s nimfa

O

O, o [əʊ] num zero

oak [əʊk] s (także **~ tree**) dąb

oak·en ['əʊkən] adj dębowy

oak·um [əʊkəm] s pakuły

oar [ɔː] s wiosło; **to pull a good ~** dobrze wiosłować; przen. **to put in one's ~** wtrącać się w nie swoje sprawy; vt vi wiosłować

oars·man ['ɔːzmən] s (pl **oarsmen** ['ɔːzmən]) wioślarz

o·a·sis [əʊˈeɪsɪs] s (pl **oases** [əʊˈeɪsiːz]) oaza

oat [əʊt] s (zw. pl **~s**) owies

oath [əʊθ] s przysięga; przekleństwo; **to take an ~** przysięgać

oat·meal ['əʊtmiːl] s owsianka

ob·du·rate ['ɒbdjʊrət] adj nieczuły; zatwardziały; uparty

o·be·di·ence [əˈbiːdɪəns] s posłuszeństwo

o·be·di·ent [əˈbiːdɪənt] adj posłuszny

o·bei·sance [əʊˈbeɪsns] s głęboki ukłon, hołd; **to make ~** złożyć hołd

ob·e·lisk ['ɒbəlɪsk] s obelisk

o·bese [əʊˈbiːs] adj otyły

o·bes·i·ty [əʊˈbiːsətɪ] s otyłość

o·bey [əʊˈbeɪ] vt vi słuchać, być posłusznym, przestrzegać (praw itp.)

o·bit·u·a·ry [əˈbɪtjʊərɪ] adj pośmiertny, żałobny; s nekrolog; **~ notice** klepsydra

ob·ject 1. ['ɒbdʒɪkt] s przedmiot; rzecz; cel; gram. dopełnienie

ob·ject 2. [əbˈdʒekt] vt vi zarzucać (coś komuś); protestować, oponować; sprzeciwiać się (**to sth** czemuś)

ob·jec·tion [əbˈdʒekʃn] s zarzut; sprzeciw; przeszkoda; trudność; **I have no ~ to it** nie mam nic przeciwko temu

ob·jec·tion·a·ble [əbˈdʒekʃnəbl] adj budzący sprzeciw; niewłaściwy; niepożądany; naganny; wstrętny

ob·jec·tive [əbˈdʒektɪv] adj obiektywny, bezstronny; przedmiotowy; gram. **~ case** biernik; s cel; obiektyw

ob·jec·tiv·i·ty [,ɒbdʒekˈtɪvətɪ] s obiektywność

ob·ject les·son ['ɒbdʒɪkt,lesn] s lekcja poglądowa, nauczka

ob·jec·tor [əbˈdʒektə] s wnoszący sprzeciw, oponent; **conscientious ~** człowiek uchylający się od służby wojskowej z powodu nakazów sumienia

ob·li·ga·tion [,ɒblɪˈgeɪʃn] s zobowiązanie; obligacja; dług; **to be under an ~** być zobowiązanym; **to undertake an ~** zobowiązać się

ob·lig·a·to·ry [əˈblɪgətrɪ] adj obowiązujący, obowiązkowy, wiążący

o·blige [ə'blaɪdʒ] *vt* zobowiązywać; zmuszać; obowiązywać; mieć moc wiążącą; sprawić przyjemność; wyświadczyć grzeczność, usłużyć (**sb with sth** komuś czymś)

o·blig·ing [ə'blaɪdʒɪŋ] *adj* uprzejmy

ob·lique [ə'bli:k] *adj* skośny, nachylony, pośredni; *przen.* wykrętny, nieszczery; *gram.* zależny

ob·liq·ui·ty [ə'blɪkwətɪ] *s* pochyłość, nachylenie; *przen.* nieszczerość, dwulicowość

ob·lit·er·ate [ə'blɪtəreɪt] *vt* zatrzeć, zetrzeć, wykreślić; zniszczyć

ob·liv·i·on [ə'blɪvɪən] *s* zapomnienie, niepamięć

ob·liv·i·ous [ə'blɪvɪəs] *adj* zapominający, niepomny; **to be ~** nie pamiętać (**of sth** o czymś)

ob·long [ˈɒblɒŋ] *adj* podłużny; prostokątny

ob·lo·quy [ˈɒbləkwɪ] *s* zniesławienie, hańba

ob·nox·ious [əb'nɒkʃəs] *adj* wstrętny, odpychający, przykry

o·boe [ˈəʊbəʊ] *s muz.* obój

ob·scene [əb'si:n] *adj* nieprzyzwoity, obsceniczny

ob·scen·ity [əb'senətɪ] *s* niemoralność, sprośność

ob·scure [əb'skjʊə] *adj* ciemny; niezrozumiały; nieznany; niejasny; niewyraźny; *fiz.* **~ rays** promienie niewidzialne; *vt* zaciemniać, przyćmiewać

ob·scu·ri·ty [əb'skjʊərətɪ] *s* ciemność; niezrozumiałość; zapomnienie; **to live in ~** żyć z dala od świata

ob·se·quies [ˈɒbsɪkwɪz] *s pl* uroczystości żałobne, uroczysty pogrzeb

ob·se·qui·ous [əb'si:kwɪəs] *adj* służalczy, uległy

ob·serv·ance [əb'zɜ:vəns] *s* przestrzeganie (*prawa, zwyczaju itp.*); obchodzenie (*świąt*), obrzęd, rytuał

ob·serv·ant [əb'zɜ:vənt] *adj* przestrzegający, uważny, spostrzegawczy

ob·ser·va·tion [ˌɒbzə'veɪʃn] *s* obserwacja, spostrzeganie; spostrzegawczość; uwaga; spostrzeżenie

ob·serv·a·to·ry [əb'zɜ:vətrɪ] *s* obserwatorium

ob·serve [əb'zɜ:v] *s* obserwować; spostrzegać; zauważyć, zrobić uwagę; przestrzegać (*ustawy itd.*); zachowywać (*zwyczaj itp.*); obchodzić (*święta itp.*)

ob·serv·er [əb'zɜ:və] *s* obserwator; człowiek przestrzegający prawa <obyczaju *itp.*>

ob·sess [əb'ses] *vt* (*o myślach*) prześladować; (*o duchach*) nawiedzać, nie dawać spokoju (**sb** komuś)

ob·ses·sion [əb'seʃn] *s* obsesja, opętanie; natręctwo (myślowe)

ob·so·lete [ˈɒbsəli:t] *adj* przestarzały, nie będący (już) w użyciu

ob·sta·cle [ˈɒbstəkl] *s* przeszkoda; **~ race** bieg z przeszkodami

ob·stet·rics [əb'stetrɪks] *s med.* położnictwo

ob·sti·na·cy [ˈɒbstɪnəsɪ] *s* upór, zawziętość

ob·sti·nate [ˈɒbstɪnət] *adj* uparty, zawzięty; uporczywy

ob·struct [əb'strʌkt] *vt* zagradzać; wywoływać zator; przeszkadzać; hamować; wstrzymywać; zatykać; zapychać; powodować zaparcie

ob·struc·tion [əb'strʌkʃn] *s* przeszkoda; zator; zatamowanie; obstrukcja, zaparcie; utrudnienie

ob·tain [əb'teɪn] *vt* otrzymać, uzyskać, osiągnąć; *vi* utrzymywać się, trwać; być w użyciu; panować

ob·tain·a·ble [əb'teɪnəbl] *adj* osiągalny, możliwy do nabycia

ob·trude [əb'tru:d] *vt* narzucać (**sth on sb** coś komuś); *vi* narzu-

O

cać się (**on sb** komuś)

ob·tru·sion [əbˈtruːʒn] s narzucanie się (**on sb** komuś); natręctwo

ob·tru·sive [əbˈtruːsɪv] adj narzucający się, natrętny

ob·tuse [əbˈtjuːs] adj przytępiony; tępy, głupi; mat. (o kącie) rozwarty

ob·vi·ate [ˈɒbvɪeɪt] vt zapobiec (**sth** czemuś); ustrzec się; ominąć (przeszkodę)

ob·vi·ous [ˈɒbvɪəs] adj oczywisty

oc·ca·sion [əˈkeɪʒn] s okazja, sposobność, powód, przyczyna; **on** ~ okazyjnie, przy sposobności; **to rise to the** ~ stanąć na wysokości zadania; **to take** ~ skorzystać ze sposobności; **on this** ~ w tym wypadku; vt spowodować, wywołać, wzbudzić

oc·ca·sion·al [əˈkeɪʒnəl] adj okolicznościowy; przypadkowy, nieregularny; rzadki

oc·ci·dent [ˈɒksɪdənt] s lit. zachód

oc·cult [ɒˈkʌlt] adj tajemny; okultystyczny

oc·cult·ism [ˈɒkʌltɪzm] s okultyzm

oc·cu·pant [ˈɒkjupənt] s posiadacz; mieszkaniec, lokator, użytkownik; pasażer (w pojeździe); polit. okupant

oc·cu·pa·tion [ˌɒkjuˈpeɪʃn] s zajęcie; zawód; zajmowanie (lokalu itd.); polit. okupacja

oc·cu·pa·tion·al [ˌɒkjuˈpeɪʃnəl] adj (o ryzyku, chorobie itp.) zawodowy

oc·cu·py [ˈɒkjupaɪ] vt zajmować; posiadać; polit. okupować

oc·cur [əˈkɜː] vi zdarzać się; trafiać się; występować; przychodzić na myśl; **it ~s to me...** przychodzi mi na myśl

oc·cur·rence [əˈkʌrəns] s wydarzenie, wypadek; występowanie

o·cean [ˈəʊʃn] s ocean

o'clock [əˈklɒk] **six** ~ szósta godzina; zob. **clock**

Oc·to·ber [ɒkˈtəʊbə] s październik

oc·to·pus [ˈɒktəpəs] s (pl ~es, octopi [ˈɒktəpaɪ]) zool. ośmiornica

oc·u·lar [ˈɒkjulə] adj oczny; naoczny; s okular

oc·u·list [ˈɒkjulɪst] s okulista

odd [ɒd] adj dziwny, dziwaczny; (o liczbie) nieparzysty; dodatkowy, ponad normę, z okładem; zbywający, przypadkowy; ~ **jobs** drobne zajęcia; **an** ~ **shoe** (jeden) but nie do pary

odd·i·ty [ˈɒdɪtɪ] s dziwactwo, osobliwość

odd·ments [ˈɒdmənts] s pl odpadki, resztki

odds [ɒdz] s pl nierówność; nierówna ilość; nierówna szansa; przewaga; różnica; niezgoda; prawdopodobieństwo; możliwość; **it is no** ~ to obojętne; **it makes no** ~ to nie stanowi różnicy; **what's the** ~? jaka różnica?; czy to nie wszystko jedno?; **to be at** ~ kłócić się, być w sprzeczności; ~ **and ends** = **odd-ments**

ode [əʊd] s oda

o·di·ous [ˈəʊdɪəs] adj wstrętny, nienawistny, ohydny

o·dour [ˈəʊdə] s zapach, woń; posmak; reputacja

o'er [ɔː] poet. = **over**

of [ɒv, əv] praep. od, z, ze, na; służy do tworzenia dopełniacza i przydawki: **the author of the book** autor książki; **a friend of mine** mój przyjaciel; **the city of London** miasto Londyn; **a man of tact** człowiek taktowny; określa miejsce lub pochodzenie: **a man of London** człowiek z Londynu, londyńczyk; czas: **of a nice day** pewnego pięknego dnia; **of late** ostatnio; przyczynę: **to die of typhus** umrzeć na tyfus; tworzywo: **made of wood** zrobione z drewna; zawartość: **a bottle of**

milk butelka mleka; *przynależność, podział, udział:* **to be one of a party** należeć do towarzystwa; *one of us* jeden z nas; *odległość:* **within one mile of the school** w obrębie jednej mili od szkoły; *stosunek:* **regardless of his will** bez względu na jego wolę; *it is kind of you* to uprzejmie z twojej strony; *wiek: a man of forty* człowiek czterdziestoletni; *po przymiotniku w stopniu najwyższym:* **the best of all** najlepszy ze wszystkich

off [ɒf] *praep* od, z, ze; od strony; spoza; z dala; na boku; w odległości; **to take the picture ~ the wall** zdjąć obraz ze ściany; **to stand ~ the road** stać w pewnej odległości od drogi; **to take 10% ~ the price** potrącić 10% z ceny; **~ the mark** nietrafny, chybiony (strzał); **to be ~ duty** nie być na służbie; *adv* precz, hen daleko, daleko od (*środka, celu, głównego tematu itd.*); **hands ~!** precz z rękami!; *the button is ~* guzik się urwał; *the electricity is ~* elektryczność jest wyłączona; *I must be ~* muszę odejść; *you ought to keep ~* powinieneś trzymać się na uboczu <z dala>; *the dish is ~* to danie jest skreślone z karty; **~ and on, on and ~** od czasu do czasu, z przerwami; *adj* dalszy, odległy, leżący obok; **~ street** boczna ulica; *day ~* dzień wolny od pracy; *well ~* zamożny; *~-the-record* poza protokołem, nie do protokołu (*o uwagach, opiniach, itd.*)

of·fal [ˈɒfl] *s bryt. zbior.* odpadki; mięso najniższego gatunku (*np. podroby*)

of·fence [əˈfens] *s* obraza; zaczepka; przestępstwo; przekroczenie; **to take ~** obrażać się (*at sth* z powodu czegoś); **to give ~** obrazić (*to sb* kogoś)

of·fend [əˈfend] *vt* obrazić, urazić;

vi wykroczyć (*against sth* przeciwko czemuś)

of·fend·er [əˈfendə] *s* obrażający, winowajca, popełniający wykroczenie, przestępca; *first ~* przestępca nie karany

of·fen·sive [əˈfensɪv] *adj* zaczepny, napastliwy; obraźliwy; odrażający; *s* ofensywa; **to be on the ~** być w defensywie; **to take ~** przejść do ofensywy

of·fer [ˈɒfə] *vt* ofiarować, oferować; przedkładać; proponować; okazywać gotowość; wystawiać na sprzedaż (*goods* towary); **to ~ resistance** stawiać opór; *vi* wystąpić z propozycją; oświadczyć się (*o okazji itp.*) trafić się; *s* propozycja, oferta (*także handlowa*); **make an ~** zaproponować, zaoferować

of·fer·ing [ˈɒfərɪŋ] *ppraes i s rel.* ofiara; propozycja, oferta

off·hand [ˌɒfˈhænd] *adv* szybko, z miejsca, bez przygotowania; bezceremonialnie; *adj attr* szybki; improwizowany, zrobiony od ręki, bezceremonialny

of·fice [ˈɒfɪs] *s* urząd, biuro; ministerstwo; urzędowanie; służba, posada, urząd; obowiązek służbowy; nabożeństwo; przysługa; **to be in ~** piastować urząd, sprawować rządy; **to be out of ~** być w opozycji (*np. o partii*); **to take ~** objąć urząd; *inquiry ~* informacja; *money exchange ~* kantor wymiany walut

of·fi·cer [ˈɒfɪsə] *s* oficer, urzędnik, funkcjonariusz

of·fi·cial [əˈfɪʃl] *adj* oficjalny, urzędowy; *s* urzędnik

of·fi·cial·ese [əˌfɪʃlˈiːz] *s pot. uj.* język oficjalnych komunikatów <dokumentów, służbowych doniesień, itd.>

of·fi·ci·ate [əˈfɪʃɪeɪt] *vi* urzędować; pełnić obowiązki (*urzędowe, religijne itd.*)

of·fi·cious [əˈfɪʃəs] *adj* półurzędowy, natrętny, narzucający się, nadgorliwy

off·li·cence ['ɒf,laɪsns] s bryt. koncesja (*na sprzedaż alkoholu na wynos*)

off·print ['ɒfprɪnt] s odbitka (*artykułu*)

off·set ['ɒfset] s odgałęzienie, odnoga, potomek; wynagrodzenie, wyrównanie (*straty, długu*); *druk* offset; *vt* wyrównać, zrównoważyć, wynagrodzić; drukować offsetem

off·shoot ['ɒfʃuːt] s odgałęzienie, odrośl; potomek z bocznej linii

off·spring ['ɒfsprɪŋ] s potomek

of·ten ['ɒfn] *adv* często

o·gle ['əʊgl] *vt* zerkać (**sb** na kogoś); *vi* robić oko (**at sb** do kogoś; s zerkanie

o·gre ['əʊgə] s ludożerca (*w bajkach*)

oil [ɔɪl] s oliwa, olej; farba olejna; nafta; **to strike ~** trafić na źródło nafty; *przen.* mieć szczęście; *przen.* **to pour ~ to flame** dolać oliwy do ognia; *vt* smarować, oliwić

oil·cloth ['ɔɪlklɒθ] s cerata

oil·col·our ['ɔɪl,kʌlə] s farba olejna

oil·field ['ɔɪlfiːld] s pole naftowe

oil paint·ing ['ɔɪl,peɪntɪŋ] s malarstwo olejne; obraz olejny

oil·skin ['ɔɪlskɪn] = **oilcloth** *pl* **~s** ubranie nieprzemakalne

oil·y ['ɔɪlɪ] *adj* oleisty, natłuszczony; *przen.* gładki, pochlebczy, służalczy

oint·ment ['ɔɪntmənt] s maść

O.K., okay [,əʊ'keɪ] *adv pot.* OK, dobrze, w porządku; *int* OK!; dobrze!; *adj praed* (będący) w porządku; OK; *vi pot* zaaprobować

old [əʊld] *adj* stary; dawny; były; **~ age** starość; **~ age pension** renta starcza; **~ hand** stary praktyk; **~ pupil** były uczeń, absolwent; **times of ~** dawno minione czasy;

~ people's home dom starców

old-fash·ioned [,əʊld'fæʃnd] *adj* staromodny; niemodny

ol·ive ['ɒlɪv] s bot. oliwka; (*także ~ tree*) drzewo oliwne; **~ oil** oliwa (jadalna)

olive branch ['ɒlɪvbrɑːntʃ] s gałązka oliwna

O·lym·pi·ad [ə'lɪmpɪæd] s olimpiada

O·lym·pic [ə'lɪmpɪk] *adj* olimpijski; **the ~ Games** (*także the Olympics*) igrzyska olimpijskie

om·buds·man ['ɒmbʊdzmən] s (*pl* **ombudsmen** ['ɒmbʊdzmən]) rzecznik praw obywatelskich

o·men ['əʊmen] s zły znak, wróżba, omen

om·i·nous ['ɒmɪnəs] *adj* złowieszczy, fatalny

o·mis·sion [ə'mɪʃn] s opuszczenie, przeoczenie, zaniedbanie

o·mit [əʊ'mɪt] *adj* opuścić, pominąć, przeoczyć

om·nip·o·tent [ɒm'nɪpətənt] *adj* wszechmocny

om·nis·cient [ɒm'nɪʃnt] *adj* wszechwiedzący

on [ɒn] *praep* na, nad, u, przy, po, w; **on foot** piechotą; **on horseback** konno; **on Monday** w poniedziałek; **on my arrival** po moim przybyciu; **on the house** *pot.* na koszt firmy; **on the rocks** (*o alkoholu, zw. whisky*) z lodem; *adv* dalej, naprzód, na sobie; **and so on** i tak dalej; **from now on** od tej chwili (*na przyszłość*); **read on** czytaj dalej; **with my overcoat on** w palcie; **the light is on** światło jest zapalone; **the play is on** sztuka jest grana na scenie

once [wʌns] *adv* raz, jeden raz; kiedyś (*w przeszłości*); (*także ~ upon a time*) pewnego razu; niegdyś; **~ again** jeszcze raz; **~ and again** raz po raz; **~ for all** raz na zawsze; **all at ~** nagle; **at ~**

naraz, od razu, zaraz, natychmiast; równocześnie; *conj* skoro, skoro już, skoro tylko; *s* raz; *for this ~* tylko tym razem

one [wʌn] *num adj* jeden, jedyny, niejaki, pewien; *pron* ktoś; *no ~* nikt; *w połączeniu z* **the, this, that** *oraz z przymiotnikami:* ten; **this ~** ten; **the red ~** ten czerwony; *pron impers ~* **lives** żyje się; *~* **never knows** nigdy nie wiadomo; *pron zastępczy:* **I don't want this book, give me another ~** nie chcę tej książki, daj mi inną; *~* **for the road** *s pot.* strzemienny *(kieliszek alkoholu)*

one-armed [ˌwʌnˈɑːmd] *adj* jednoręki; *~* **bandit** *s pot.* jednoręki bandyta *(automat do gry hazardowej)*

one-eyed [ˌwʌnˈaɪd] *adj* jednooki

one·self [wʌnˈself] *pron* sam, sam jeden, bez pomocy; (samego) siebie, się, sobie, sobą

one-sid·ed [ˌwʌnˈsaɪdɪd] *adj* jednostronny

one·time [ˈwʌntaɪm] *adj* były, ówczesny

one-way [ˈwʌnweɪ] *adj* jednokierunkowy *(ruch uliczny, jezdnia)*

on·ion [ˈʌnjən] *s bot.* cebula

on·look·er [ˈɒnˌlʊkə] *s* widz

on·ly [ˈəʊnlɪ] *adj* jedyny; *adv* tylko, jedynie; dopiero; *~* **too...** aż nadto... *(np. sprytny)*

on·rush [ˈɒnrʌʃ] *s* napad; napór; poryw

on·set [ˈɒnset] *s* najście; zryw; początek

on·ward [ˈɒnwəd] *adj* idący naprzód; *adv* naprzód; dalej; ku przodowi

on·wards [ˈɒnwədz] = **onward** *adv*

ooze [uːz] *s* muł, szlam; *vt (także ~ out)* przeciekać, sączyć się

o·paque [əʊˈpeɪk] *adj* matowy, nieprzezroczysty

o·pen [ˈəʊpən] *adj* otwarty; odsłonięty; obnażony; publiczny; szczery; skłonny; *~* **air** wolne powietrze; *~* **to doubt** wątpliwy; **to lay** *~* odsłonić, ujawnić; *vt vi* otwierać (się); objawiać; ujawniać; ogłaszać; rozpoczynać (się); *s* wolna przestrzeń; otwarte pole; świeże powietrze; *~* **society** społeczeństwo otwarte

o·pen·er [ˈəʊpnə] *s* otwieracz *(puszek itp.)*

o·pen-heart·ed [ˌəʊpənˈhɑːtɪd] *adj* szczery, serdeczny

o·pen·ing [ˈəʊpnɪŋ] *ppraes i s* otwór; otwarcie; początek; wolna przestrzeń; wakans; posada; okazja; szansa

o·pen-mind·ed [ˌəʊpənˈmaɪndɪd] *adj* mający szerokie poglądy; bez uprzedzeń; bezstronny

op·er·a [ˈɒprə] *s* opera; **light ~** operetka

op·er·a glass [ˈɒprəɡlɑːs] *s (zw. pl ~es)* lornetka teatralna

op·er·ate [ˈɒpəreɪt] *vt* działać; powodować działanie; oddziaływać; operować (**on sb** kogoś); wprawiać w ruch, obsługiwać *(np. maszynę)*; spekulować (na giełdzie)

op·er·at·ic [ˌɒpəˈrætɪk] *adj* operowy

op·er·a·tion [ˌɒpəˈreɪʃn] *s* operacja; działanie, eksploatacja

op·er·a·tive [ˈɒprətɪv] *adj* czynny, skuteczny, działający; obowiązujący; praktyczny; techniczny; operacyjny; *s* robotnik obsługujący maszynę

op·er·a·tor [ˈɒpəreɪtə] *s* robotnik obsługujący maszynę <aparat itd.>; telefonistka

op·er·et·ta [ˌɒpəˈretə] *s* operetka

o·pin·ion [əˈpɪnjən] *s* opinia; zdanie, pogląd; **in my ~** moim zdaniem; **public ~** opinia publiczna; *~* **poll** badanie opinii (publicznej)

o·pin·ion·at·ed [əˈpɪnjəneɪtɪd] *adj* zadufany, zbyt przywiązany do własnego zdania

op·por·tune [ˈɒpətjuːn] *adj*

O

dogodny; pomyślny; odpowiedni

op·por·tun·ism [,ɒpəˈtjuːnɪzm] s
oportunizm

op·por·tu·ni·ty [,ɒpəˈtjuːnəti] s
sposobność; *to take the ~* skorzystać ze sposobności

op·pose [əˈpəuz] vt przeciwstawiać się (*sb, sth* komuś, czemuś); oponować; *to be ~d* sprzeciwiać się (*to sb, sth* komuś, czemuś); stanowić przeciwieństwo
(*to sb, sth* kogoś, czegoś)

op·po·site [ˈɒpəzɪt] adj przeciwległy, przeciwny; (znajdujący się)
naprzeciw; s przeciwieństwo;
adv praep naprzeciwko

op·po·si·tion [,ɒpəˈzɪʃn] s opozycja, opór; przeciwstawienie

op·press [əˈpres] vt uciskać, gnębić; męczyć

op·pres·sion [əˈpreʃn] s ucisk;
znużenie

op·press·ive [əˈpresɪv] adj ucis-
kający, gnębiący; ciążący;
męczący; (*o pogodzie*) duszny

op·pro·bri·um [əˈprəubrɪəm] s
hańba, niesława

opt [ɒpt] vt optować

op·tic [ˈɒptɪk] adj optyczny

op·tics [ˈɒptɪks] s optyka

op·ti·mism [ˈɒptɪmɪzm] s optymizm

op·ti·mis·tic [,ɒptɪˈmɪstɪk] adj
optymistyczny

op·ti·mize [ˈɒptɪmaɪz] vt optyma-
lizować

op·tion [ˈɒpʃn] s prawo wyboru,
opcja, wybór

op·tion·al [ˈɒpʃnəl] adj dowolny,
nadobowiązkowy, fakultatywny

op·u·lence [ˈɒpjuləns] s zamożność, bogactwo, obfitość

or [ɔː] conj lub, albo; bo inaczej;
czy; czyli

or·a·cle [ˈɒrəkl] s wyrocznia

o·ral [ˈɔːrəl] adj ustny; oralny;
med. doustny

or·ange [ˈɒrɪndʒ] s pomarańcza;
adj attr (*o kolorze*) pomarańczowy

o·rang·u·tan(g) [ɔːˌræŋuːˈtæŋ] s
orangutan

o·ra·tion [ɔːˈreɪʃn] s mowa; uroczyste przemówienie

or·a·tor [ˈɒrətə] s mówca, orator

or·bit [ˈɔːbɪt] s orbita; vi orbito-
wać

or·chard [ˈɔːtʃəd] s sad

or·ches·tra [ˈɔːkɪstrə] s orkiestra; *teatr.* parter

or·chid [ˈɔːkɪd] s bot. orchidea,
storczyk

or·dain [ɔːˈdeɪn] vt zarządzić;
mianować; (*o losie itd.*) zrządzić;
rel. wyświęcić (*na księdza*)

or·deal [ɔːˈdiːl] s sąd Boży; próba
(*życiowa, ognia*); ciężkie przeżycie

or·der [ˈɔːdə] vt rozkazywać;
zarządzać; zamawiać; porządkować; *~ away* odprawić; *~ out* kazać wyjść (*sb* komuś); s rozkaz;
dekret; zarządzenie; porządek;
zamówienie, cel, zamiar; order;
bank. zlecenie; biol. mat. rząd; pl
~s święcenia kapłańskie; *in
working ~* zdatny do użytku,
działający; *out of ~* nie w
porządku, zepsuty; *made to ~*
zrobiony na zamówienie; *money
~* przekaz pieniężny; *in ~ to, in ~
that* ażeby

or·der·ly [ˈɔːdəlɪ] adj porządny;
systematyczny; spokojny; zdys-
cyplinowany; wojsk. służbowy; s
med. pielęgniarz (*w szpitalu*);
wojsk. ordynans

or·di·nal [ˈɔːdɪnl] adj porządkowy; s gram. liczebnik porządkowy

or·di·nance [ɔːˈdɪnəns] s zarządzenie; rel. obrzęd

or·di·na·ry [ˈɔːdnərɪ] adj zwyczajny; s rzecz zwyczajna; norma,
przeciętność; *in ~* stały, etatowy

ord·nance [ˈɔːdnəns] s zbior.
armaty, artyleria; intendentura
(wojskowa); uzbrojenie (*broń i
amunicja*)

ore [ɔː] s geol. ruda, kruszec

or·gan ['ɔːgən] s organ; *muz.* organy; **mouth** ~ organki, harmonijka ustna; **street** ~ katarynka

or·gan·ic [ɔː'gænɪk] *adj* organiczny

or·gan·ism ['ɔːgənɪzm] s organizm

or·gan·i·za·tion [,ɔːgənaɪ'zeɪʃn] s organizacja

or·gan·ize ['ɔːgənaɪz] *vt* organizować

or·gas·m ['ɔːgæzm] s orgazm

or·gy ['ɔːdʒɪ] s orgia

o·ri·ent ['ɔːrɪənt] s *lit.* wschód; *am. vt* ['ɔːrɪent] = **orientate**

o·ri·en·tal [,ɔːrɪ'entl] *adj* orientalny, wschodni; s mieszkaniec Bliskiego Wschodu

o·ri·en·tate ['ɔːrɪənteɪt] *vt* orientować, nadawać kierunek; *vr* ~ **oneself** orientować się (*w terenie, według stron świata*)

o·ri·en·ta·tion [,ɔːrɪən'teɪʃn] s orientacja

or·i·fice ['ɒrɪfɪs] s otwór, ujście, wylot

or·i·gin ['ɒrədʒɪn] s pochodzenie, początek, geneza

o·rig·i·nal [ə'rɪdʒənl] *adj* oryginalny; początkowy, pierwotny; s oryginał

o·rig·i·nal·i·ty [ə,rɪdʒə'nælətɪ] s oryginalność

o·rig·i·nate [ə'rɪdʒɪneɪt] *vt* dawać początek, zapoczątkowywać, tworzyć; *vi* powstawać (**in sth** z czegoś); pochodzić (**from sth** od czegoś)

o·rig·i·na·tor [ə'rɪdʒɪneɪtə] s twórca, sprawca

or·na·ment ['ɔːnəmənt] s ornament, ozdoba; *vt* ['ɔːnəment] zdobić, upiększać

or·nate [ɔː'neɪt] *adj* zdobny; (*o stylu*) kwiecisty

or·phan ['ɔːfən] s sierota; *adj* sierocy, osierocony

or·phan·age ['ɔːfənɪdʒ] s sieroctwo; sierociniec

or·tho·dox ['ɔːθədɒks] *adj* ortodoksyjny; *rel.* prawosławny

or·thog·ra·phy [ɔː'θɒɡrəfɪ] s ortografia

os·cil·late ['ɒsɪleɪt] *vi* oscylować; wahać się

os·su·ar·y ['ɒsjʊərɪ] s kostnica

os·ten·si·ble [ɒ'stensəbl] *adj* pozorny, rzekomy

os·ten·ta·tion [,ɒsten'teɪʃn] s ostentacja

os·ten·ta·tious [,ɒsten'teɪʃəs] *adj* ostentacyjny

os·trich ['ɒstrɪtʃ] s *zool.* struś

oth·er ['ʌðə] *adj pron* inny, drugi, jeszcze jeden; **each** ~ jeden drugiego, nawzajem; **every** ~ **day** co drugi dzień; **on the** ~ **hand** z drugiej strony; **the** ~ **day** onegdaj

oth·er·wise ['ʌðəwaɪz] *adv* inaczej, w inny sposób; skądinąd, poza tym, z innych powodów; pod innym względem; w przeciwnym razie; bo inaczej

ot·ter ['ɒtə] s *zool.* wydra

ought [ɔːt] *v aux* powinienem, powinieneś *itd.*; **it** ~ **to be done** powinno się to zrobić

ounce [aʊns] s uncja (*jednostka ciężaru*)

our ['aʊə] *adj* nasz

ours ['aʊəz] *pron* nasz; **this house is** ~ ten dom jest nasz

our·selves [,aʊə'selvz] *pron* sami, my sami; się, (samych) siebie, sobie, sobą

oust [aust] *vt* wyrzucić, usunąć, wyrugować

out [aut] *adv* na zewnątrz; hen; precz; poza domem, na dworze; ~ **with him!** precz z nim; **he is** ~ nie ma go; **the ministers are** ~ ministrowie nie są u władzy; **the fire is** ~ ogień zgasł; **the week is** ~ tydzień minął; **my patience is** ~ moja cierpliwość się wyczerpała; **the book is** ~ książka wyszła drukiem; **the secret is** ~ tajemnica wyszła na jaw; **the flowers are** ~ kwiaty rozkwitły; *praep w połączeniu z* **of** poza;

bez; z, przez; **~ of curiosity** z ciekawości; **~ of date** przestarzały, niemodny; **~ of doors** na świeżym powietrzu; **~ of doubt** bez wątpienia; **~ of favour** w niełasce; **~ of place** nie na miejscu; **~ of reach** poza zasięgiem; **~ of sight** poza zasięgiem wzroku, niewidoczny; **~ of spite** ze złości; **~ of work** bez pracy, bezrobotny; *adj* zewnętrzny; *sport.* na wyjeździe, nie na własnym boisku; **~-and-~** całkowity, totalny; *s pl* **~s** nieobecni, ci, których już nie ma (*w urzędzie, grze itd.*); *vt pot* wyrzucić

out·bal·ance [aʊt'bæləns] *vt* przeważyć

***out·bid** [aʊt'bɪd] *vt* (**outbid, outbid** lub **outbidden** [aʊt'bɪdn]) przelicytować

out·break ['aʊtbreɪk] *s* wybuch (*wojny, epidemii, gniewu*)

out·burst ['aʊtbɜːst] *s* wybuch (*także śmiechu, gniewu, itd.*)

out·cast ['aʊtkɑːst] *adj* wypędzony, odepchnięty; *s* wyrzutek, banita

out·caste ['aʊtkɑːst] *s* człowiek wypędzony z kasty w Indiach

out·come ['aʊtkʌm] *s* wynik

out·cry ['aʊtkraɪ] *s* okrzyk, krzyk; wrzask

out·dat·ed [ˌaʊt'deɪtɪd] *adj* przestarzały

***out·do** [ˌaʊt'duː] (*formy zob.* **do**) *vt* przewyższać, prześcignąć

out·door ['aʊtdɔː] *adj attr* będący poza domem (*np. o sportach*); na świeżym powietrzu; (*o ubraniu*) wyjściowy

out·doors [ˌaʊt'dɔːz] *adv* na zewnątrz (*domu*), na świeżym powietrzu

out·er ['aʊtə] *adj* zewnętrzny; **the ~ man** zewnętrzny wygląd człowieka

out·er·most ['aʊtəməʊst] *adj* najdalej wysunięty, najbardziej zewnętrzny

out·fit ['aʊtfɪt] *s* wyposażenie, sprzęt, ekwipunek, komplet narzędzi

out·flow ['aʊtfləʊ] *s* odpływ (*np. wody*)

***out·go** [ˌaʊt'gəʊ] (*formy zob.* **go**) *vt* prześcignąć, wyprzedzić

out·go·ing ['aʊtgəʊɪŋ] *s* wyjście, odejście; *pl* **~s** wydatki; *adj* odchodzący; (*o rządzie itp.*), ustępujący

out·gone *zob.* **outgo**

***out·grow** [ˌaʊt'grəʊ] (*formy zob.* **grow**) *vt* przerastać (*kogoś*); wyrastać (*np. z ubrania*)

out·growth ['aʊtgrəʊθ] *s* wyrostek, narośl; wynik; następstwo

out·ing ['aʊtɪŋ] *s* wycieczka, wypad

out·land·ish [aʊt'lændɪʃ] *adj* cudzoziemski, obcy; odległy

out·last [ˌaʊt'lɑːst] *vt* trwać dłużej (**sth** niż coś); przetrwać, przeżyć

out·law ['aʊtlɔː] *s* banita, człowiek wyjęty spod prawa; *vt* wyjąć spod prawa, zakazać

out·lay ['aʊtleɪ] *s* wydatek

out·let ['aʊtlet] *s* wylot, ujście

out·line ['aʊtlaɪn] *s* zarys, szkic; *vt* zarysować, naszkicować

out·live [ˌaʊt'lɪv] *vt* przeżyć, przetrwać

out·look ['aʊtlʊk] *s* widok; pogląd; obserwacja; punkt obserwacyjny; **to be on the ~** rozglądać się (**for sth** za czymś), czatować

out·ly·ing ['aʊtˌlaɪɪŋ] *adj* leżący na uboczu, oddalony

out·most ['aʊtməʊst] *adj* = **outermost**; *s w zwrocie:* **at the ~** najwyżej

out·number [ˌaʊt'nʌmbə] *vt* przewyższać liczebnie

out-of-date [ˌaʊtəv'deɪt] *adj* przestarzały, niemodny

out-of-doors [ˌaʊtəv'dɔːz] *adj* = **outdoors**; *adv* = **outdoors**

out-of-the-way [ˌaʊtəvðə'weɪ] *adj attr* leżący z dala od drogi, odległy, oddalony; niezwykły, dziwny

out·pa·tient ['aʊt,peɪʃnt] *s* pacjent ambulatoryjny

out·post ['aʊtpəʊst] *s* posterunek (wysunięty), przednia placówka

out·pour ['aʊt'pɔː] *vt vi* wylewać się; *s* ['aʊtpɔː] wylew

out·put ['aʊtpʊt] *s* produkcja, wydajność; plon; *górn.* wydobycie

out·rage ['aʊtreɪdʒ] *s* obraza (ciężka), zniewaga; pogwałcenie; *vt* znieważyć; pogwałcić; zhańbić; urągać (*przyzwoitości itd.*)

out·ra·geous [aʊt'reɪdʒəs] *adj* obrażający, znieważający; skandaliczny, niesłychany

out·ran *zob.* **outrun**

***out·ride** [,aʊt'raɪd] (*formy zob.* **ride**) *vt* prześcignąć (w jeździe), wyprzedzić; (*o statku*) przetrzymać (*burzę*)

out·right ['aʊtraɪt] *adj* otwarty, szczery, uczciwy; całkowity, zupełny; *adv* [aʊt'raɪt] otwarcie, szczerze, wprost; całkowicie, w pełni; natychmiast, z miejsca

***out·run** [,aʊt'rʌn] (*formy zob.* **run**) *vt* wyprzedzić w biegu, prześcignąć; wykroczyć (**sth** poza coś)

out·set ['aʊtset] *s* początek

out·side [,aʊt'saɪd] *adv* zewnątrz, na zewnątrz; *praep* (*także* **~ of**) poza czymś; na zewnątrz (*czegoś*); *s* zewnętrzna strona; zewnętrzny wygląd; *adj attr* ['aʊtsaɪd] zewnętrzny; (*leżący, robiony*) poza domem

out·sid·er [,aʊt'saɪdə] *s* (człowiek) postronny, obcy; laik; outsider

out·size ['aʊtsaɪz] *adj* (*o rozmiarze*) nietypowy; (*o sklepie*) dla nietypowych

out·skirts ['aʊtskɜːts] *s pl* kraniec; peryferie; kresy

out·spo·ken [,aʊt'spəʊkən] *adj* szczery, otwarty; mówiący szczerze; powiedziany otwarcie

out·spread [,aʊt'spred] *adj* rozpostarty

out·stand·ing [,aʊt'stændɪŋ] *adj* wybitny; wystający; zaległy; nie załatwiony

out·stay [,aʊt'steɪ] *vt* pozostać dłużej (**sb** niż ktoś), przetrzymać (**sb** kogoś)

out·stretch [,aʊt'stretʃ] *vt* rozciągać, rozpościerać

out·strip [,aʊt'strɪp] *vt* prześcignąć, przewyższyć

out·vote [,aʊt'vəʊt] *vt* przegłosować

out·ward ['aʊtwəd] *adj* zewnętrzny, skierowany na zewnątrz; widoczny; powierzchowny; odjeżdżający (*zw.* za granicę); (*o podróży, bilecie zw.* za granicę) docelowy; *s* strona zewnętrzna; powierzchowność; *adv* = **outwards**

out·wards ['aʊtwədz] *adv* po stronie zewnętrznej, na zewnątrz; poza granice (*kraju, miasta*)

out·weigh [,aʊt'weɪ] *vt* przeważyć; przeważyć

out·went *zob.* **outgo**

out·wit [,aʊt'wɪt] *vt* przechytrzyć, podstępnie podejść (**sb** kogoś)

out·work ['aʊtwɜːk] *s* praca chałupnicza; *wojsk.* umocnienie zewnętrzne

out·worn [,aʊt'wɔːn] *adj* znoszony, przestarzały; znużony

o·val ['əʊvl] *adj* owalny; *s* owal

o·va·ry ['əʊvərɪ] *s anat.* jajnik

o·va·tion [əʊ'veɪʃn] *s* owacja

ov·en ['ʌvn] *s* piec; **microwave ~** kuchenka mikrofalowa

o·ver 1. ['əʊvə] *praep* nad, ponad, powyżej; na, po, w; przez, poprzez; po drugiej stronie, za, poza, **all ~** wszędzie, po całym (*pokoju itp.*); *adv* na drugą stronę, po drugiej stronie; po powierzchni; całkowicie; od początku do końca; więcej, zbytnio, z okładem; ponownie, jeszcze raz, znowu; **all ~** wszędzie, po całym (*świecie,* *mieście itd.*); od początku do końca; **to be ~** minąć; **it is ~ with him** on jest skończony; **~ again** raz jeszcze; **~ and again** co jakiś czas

o·ver 2. ['əuvə] *praef* nad-, na-, prze-

o·ver·all [,əuvər'ɔːl] *adj* ogólny, kompletny; *s pl* **~s** ['əuvərɔːlz] kombinezon; kitel

o·ver·ate *zob.* **overeat**

o·ver·awe [,əuvər'ɔː] *vt* trwożyć, przejmować strachem

o·ver·bal·ance [,əuvə'bæləns] *vt* przeważyć, przewrócić; *vi* stracić równowagę, przewrócić się; *s* przewaga

***o·ver·bear** [,əuvə'beə] (*formy zob.* **bear 2.**) *vt* przemóc, pokonać; ciemiężyć; przewyższyć; lekceważyć

o·ver·bear·ing [,əuvə'beəriŋ] *adj* dumny, wyniosły, butny; władczy; despotyczny

o·ver·board ['əuvəbɔːd] *adv* za burtę; **to throw ~** *przen.* porzucić, poniechać

o·ver·bore *zob.* **overbear**

o·ver·bur·den [,əuvə'bɜːdn] *vt* przeciążyć

o·ver·came *zob.* **overcome**

***o·ver·cast** [,əuvə'kɑːst] (*formy zob.* **cast**) *vt* pokryć; zasłonić; zaciemnić; przygnębić; *adj* pochmurny, posępny

o·ver·charge [,əuvə'tʃɑːdʒ] *vt* przeładować, przeciążyć; żądać zbyt wysokiej ceny; *s* przeciążenie; nałożenie nadmiernej ceny

o·ver·coat ['əuvəkəut] *s* palto, płaszcz

***o·ver·come** [,əuvə'kʌm] (*formy zob.* **come**) *vt* przemóc, opanować, pokonać, zwyciężyć

o·ver·crowd [,əuvə'kraud] *vt* przepełnić (*ludźmi*), zatłoczyć

***o·ver·do** [,əuvə'duː] (*formy zob.* **do**) *vt* przebrać miarę; przekroczyć (*granice przyzwoitości itd.*), przesadzić (*w czymś*); przygoto-

wać, przesmażyć *itp.*; przeciążyć pracą

o·ver·draft ['əuvədrɑːft] *s handl.* przekroczenie konta; czek bez pokrycia

***o·ver·draw** [,əuvə'drɔː] (*formy zob.* **draw**) *vt* przekraczać wielkość depozytu (w banku)

over·dress [,əuvə'dres] *vt vi* stroić (się); ubierać (się) zbyt strojnie

o·ver·due [,əuvə'djuː] *adj* opóźniony; *handl.* (*o terminie*) przekroczony; (*o rachunku*) zaległy

***o·ver·eat** [,əuvər'iːt] (*formy zob.* **eat**) *vr* **~ oneself** przejeść się

o·ver·es·ti·mate [,əuvər'estɪmeɪt] *vt* przecenić wartość (**sb, sth** kogoś, czegoś); *s* [,əuvər'estɪmət] zbyt wysokie oszacowanie

o·ver·flow [,əuvə'fləu] *vt vi* przelewać się (**sth** przez coś); przepełniać, zalewać; (*o rzece*) wylewać; obfitować (**with sth** w coś); *s* ['əuvəfləu] zalew, wylew; nadmiar

***o·ver·grow** [,əuvə'grəu] (*formy zob.* **grow**) *vt* porastać, zarastać, przerastać; *vi* szybko (nadmiernie) rosnąć

o·ver·growth ['əuvəgrəuθ] *s* pokrywa roślinna; zbyt szybki wzrost; rozrost, przerost

***o·ver·hang** [,əuvə'hæŋ] *vt vi* (**overhung, overhung** [,əuvə'hʌŋ]) zwisać nad, wystawać; zagrażać, wisieć nad głową

o·ver·haul [,əuvə'hɔːl] *vt* gruntownie przeszukać, dokładnie zbadać; poddać kapitalnemu remontowi; *s* ['əuvəhɔːl] gruntowny przegląd; **general ~** remont kapitalny

o·ver·head [,əuvə'hed] *adv* nad głową, u góry; powyżej; *adj attr* ['əuvəhed] znajdujący się u góry; górny; napowietrzny; *handl.* **~ charges** koszty ogólne

overthrow

*o·ver·hear [ˌəʊvəˈhɪə] vt vi (formy zob. **hear**) podsłuchać

o·ver·hung zob. **overhang**

o·ver·land [ˈəʊvəlænd] adv lądem; adj attr lądowy

o·ver·lap [ˌəʊvəˈlæp] vt vi zachodzić jedno na drugie (np. o dachówkach); (częściowo) pokrywać się

o·ver·load [ˌəʊvəˈləʊd] vt przeciążyć, przeładować; s [ˈəʊvələʊd] przeciążenie, przeładowanie

o·ver·look [ˌəʊvəˈlʊk] vt przeoczyć, pominąć; zamykać oczy (**sth** na coś); wystawać, wznosić się (**sth** ponad coś); (o oknie) wychodzić (**the street** etc. na ulicę itd.); nadzorować

o·ver·night [ˌəʊvəˈnaɪt] adv przez noc, na noc; (od) poprzedniego wieczoru

o·ver·paid zob. **overpay**

o·ver·pass [ˌəʊvəˈpɑːs] vt przejść, przejechać; przekroczyć; przezwyciężyć; pominąć; s am. wiadukt

*o·ver·pay [ˌəʊvəˈpeɪ] (formy zob. **pay**) vt przepłacić, nadpłacić

o·ver·pop·u·late [ˌəʊvəˈpɒpjuleɪt] vt przeludniać

o·ver·pow·er [ˌəʊvəˈpaʊə] vt przemóc, pokonać; przytłoczyć; zmóc (kogoś czymś)

o·ver·print [ˈəʊvəprɪnt] s nadruk, vt [ˌəʊvəˈprɪnt] nadrukować

o·ver·pro·duc·tion [ˌəʊvəprəˈdʌkʃn] s nadprodukcja

o·ver·ran zob. **overrun**

o·ver·rate [ˌəʊvəˈreɪt] vt przecenić

*o·ver·ride [ˌəʊvəˈraɪd] (formy zob. **ride**) vt przejechać, podeptać; zajeżdżić (konia); przen. potraktować z góry; odrzucić (propozycję); przełamać (np. opór)

o·ver·rule [ˌəʊvəˈruːl] vt opanować; wziąć górę (**sb, sth** nad kimś, nad czymś); prawn. unieważnić, odrzucić, odchylić; zlekceważyć

*o·ver·run [ˌəʊvəˈrʌn] (formy zob. **run**) vt najechać (np. kraj); pokonać, spustoszyć; przekroczyć granice (**sth** czegoś); (o wodzie) zalewać (okolicę itd.)

o·ver·seas [ˌəʊvəˈsiːz] adv za morzem, za morze; adj attr zamorski; zagraniczny

o·ver·se·er [ˈəʊvəˌsɪə] s nadzorca

o·ver·shad·ow [ˌəʊvəˈʃædəʊ] vt dosł. i przen. rzucać cień (**sth** na coś); przyciemnić; zaćmić

o·ver·shoe [ˈəʊvəʃuː] s kalosz (nakładany na but)

o·ver·sight [ˈəʊvəsaɪt] s przeoczenie; nadzór

o·ver·size(d) [ˌəʊvəˈsaɪz(d)] adj zbyt duży

*o·ver·sleep [ˌəʊvəˈsliːp] (formy zob. **sleep**) vt przespać; vi zaspać

*o·ver·spread [ˌəʊvəˈspred] (formy zob. **spread**) vt pokrywać

o·ver·state [ˌəʊvəˈsteɪt] vt przesadzić (**sth** w czymś); powiedzieć zbyt dosadnie

o·ver·step [ˌəʊvəˈstep] vt przekroczyć

o·ver·stock [ˌəʊvəˈstɒk] vt przepełnić (zapasami), zapchać (towarem)

o·ver·strain [ˌəʊvəˈstreɪn] vt naciągnąć; dosł. i przen. przeciągnąć (strunę); przeciążyć (pracą); s [ˈəʊvəstreɪn] wyczerpanie (nadmierną pracą), przemęczenie

o·vert [ˈəʊvɜːt] adj otwarty, jawny

*o·ver·take [ˌəʊvəˈteɪk] (formy zob. **take**) vt dopędzić, dosięgnąć; (zw. o samochodzie) wyprzedzić; zaskoczyć

o·ver·tax [ˌəʊvəˈtæks] vt przeciążyć (podatkami); przecenić; przen. przeliczyć się (z siłami)

*o·ver·throw [ˌəʊvəˈθrəʊ] (formy zob. **throw**) vt przewrócić, obalić; pobić; zniweczyć; s [ˈəʊvəθrəʊ] obalenie, przewrót

o·ver·time ['əʊvətaim] s czas pracy nadprogramowej, godziny nadliczbowe; *adj attr* nadliczbowy; *adv* nadliczbowo, nadprogramowo

o·ver·took *zob.* **overtake**

o·ver·ture ['əʊvətʃə] s *muz* uwertura; (*zw. pl ~s*) rokowania wstępne; zabieganie o czyjeś względy

o·ver·turn [,əʊvə'tɜ:n] *vt vi* przewrócić (się); obalić; s ['əʊvətɜ:n] obalenie, przewrót

o·ver·weigh [,əʊvə'wei] *vt vi* przeważać, więcej ważyć

o·ver·weight ['əʊvəweit] s nadwyżka wagi

o·ver·whelm [,əʊvə'welm] *vt* zalać; zasypać; przygnieść; pognębić; *dosł. i przen.* przytłoczyć; zakłopotać (*hojnością itd.*); (*o uczuciach*) ogarniać

o·ver·work [,əʊvə'wɜ:k] *vt* zmuszać do nadmiernej pracy, przeciążać pracą; *vi* przepracowywać się; s ['əʊvəwɜ:k] przemęczenie, przepracowanie

o·ver·wrought [,əʊvə'rɔ:t] *adj* przemęczony; wyczerpany nerwowo; (*o stylu*) mozolnie wypracowany

owe [əʊ] *vt* być winnym; zawdzięczać (**sth to sb** coś komuś)

ow·ing ['əʊiŋ] *adj* należny; dłużny; wynikający (**to sth** z czegoś);

praep. **~ to** dzięki, na skutek, z powodu

owl [aʊl] s sowa

owl·ish ['aʊliʃ] *adj* sowi; (*o twarzy, wyglądzie*) poważny, uroczysty

own 1. [əʊn] *adj* własny; **~ goal** *bryt. sport* gol samobójczy; **to be on one's ~** być samodzielnym; **to have sth for one's ~** mieć coś na własność; **to hold one's ~** trzymać się, nie poddawać się; **on one's ~** na własną rękę

own 2. [əʊn] *vt vi* posiadać; wyznawać (winę); przyznawać (się); uznawać; **~ up** *pot.* przyznawać się

own·er ['əʊnə] s właściciel

own·er·ship ['əʊnəʃip] s posiadanie, własność

ox [ɒks] s (*pl oxen* ['ɒksn]) wół

ox·ide ['ɒksaid] s *chem.* tlenek

ox·i·dize ['ɒksidaiz] *vt vi* utleniać się

Ox·o·ni·an [ɒk'səʊniən] *adj* oksfordzki; s Oksfordczyk

ox·tail ['ɒksteil] s ogon wołowy; **~ soup** zupa ogonowa

ox·y·gen ['ɒksidʒən] s *chem.* tlen

oy·ster ['ɔistə] s ostryga

oys·ter·knife ['ɔistənaif] s nóż do otwierania (muszli) ostryg

oz = **ounce** (*pl ozs* = **ounces**)

o·zone ['əʊzəʊn] s *chem.* ozon; *pot.* świeże powietrze

P

pa [pɑ:] s tatuś

pace [peis] s krok; chód; **to keep ~ with sb** dotrzymywać komuś kroku; *vt vi* kroczyć, stąpać

pa·cif·ic [pə'sifik] *adj* spokojny; pokojowy; s **the Pacific Ocean**; Ocean Spokojny, Pacyfik

pac·i·fism ['pæsifizm] s pacyfizm

pac·i·fist ['pæsifist] s pacyfista

pac·i·fy ['pæsifai] *vt* uspokajać; pacyfikować

pack [pæk] s pakiet; wiązka; pakunek; paczka; bela; *handl.* partia towaru; gromada; sfora (*psów*); stado; *pot.* banda; talia (*kart*); *vt vi* (*także ~ up*) pakować (się);

gromadzić (się); zbierać się w stado <sforę>; ~ **in** zapakować; ~ **off** odprawić, wyprawić (**sb** kogoś); zabrać się (*skądś*); ~ **out** wypakować, wyładować; ~ **up** spakować (się); *pot. przen.* przerwać pracę

pack·age ['pækɪdʒ] *s* paczka, pakunek; opakowanie; pakiet; ~ **tour** wycieczka z programem (*np. z nauką obcego języka*)

pack-an·i·mal ['pæk͵ænɪml] *s* zwierzę juczne

pack·et ['pækɪt] *s* pakiet, paczka, plik; (*także* ~ **boat**) statek pocztowy

pack·ing ['pækɪŋ] *s* pakowanie; opakowanie; materiał do pakowania; uszczelka; *med.* tampon; zawijanie

pact [pækt] *s* pakt, umowa

pad 1. [pæd] *s* podkładka, podściółka; poduszka (*palca, łożyska maszyny, do pieczątek, do igieł*); blok (*papieru, rysunkowy*); *vt* wypychać, wyściełać; nabijać, obijać

pad 2. [pæd] *s* droga, ścieżka; wierzchowiec; *vi* chodzić pieszo, wędrować

pad·ding ['pædɪŋ] *s* wyściółka, podbicie; podszycie (*płaszcza*); obicie

pad·dle 1. ['pædl] *s* wiosło; *vt vi* wiosłować

pad·dle 2. ['pædl] *vi* brodzić, taplać się w wodzie

pad·dle-wheel ['pædlwi:l] *s mors.* łopatkowe koło napędowe (*statku*)

pad·dock ['pædək] *s* wybieg dla koni, wygon

pad·lock ['pædlɒk] *s* kłódka; *vt* zamykać na kłódkę

pae·di·a·tri·cian [͵pi:dɪə'trɪʃn] *s med.* pediatra

pa·gan ['peɪgən] *adj* pogański; *s* poganin

page 1. [peɪdʒ] *s* stronica

page 2. [peɪdʒ] *s* paź

pag·eant ['pædʒənt] *s* pokaz,

widowisko; parada, korowód

paid *zob.* **pay**

pail [peɪl] *s* wiadro

pain [peɪn] *s* ból; troska; przykrość; *pl* ~**s** trud; bóle porodowe; **to take** ~**s to do sth** zadawać sobie trud, żeby coś zrobić; dokładać starań; **to give** ~ zadawać ból; sprawiać przykrość; *vt vi* boleć, zadawać ból; gnębić, dręczyć, smucić; *I am* ~**ed to learn it** bardzo mi przykro, że się o tym dowiaduję

pain·ful ['peɪnfl] *adj* bolesny, przykry

pain·kill·er ['peɪn͵kɪlə] *s med.* środek przeciwbólowy

pains·tak·ing ['peɪnz͵teɪkɪŋ] *adj* pracowity, dbały, staranny

paint [peɪnt] *s* farba; szminka; *vt* malować; szminkować; opisywać (obrazowo); **wet** ~ świeżo malowane

paint·er ['peɪntə] *s* (artysta) malarz

paint·ing ['peɪntɪŋ] *s* malarstwo; obraz, malowidło

pair [peə] *s* para; **in** ~**s** parami; *vt vi* łączyć (się) w pary, dobierać (się) do pary; (*o zwierzętach*) parzyć się; ~ **off** rozbijać się na pary, odchodzić parami; pobrać się

pa·ja·mas [pə'dʒɑ:məz] *s am.* = **pyjamas**

pal [pæl] *s pot.* kumpel, kompan; *vt* (*bryt. także* ~ **up**) zaprzyjaźnić się (**with sb** z kimś)

pal·ace ['pælɪs] *s* pałac

pal·at·a·ble ['pælətəbl] *adj* smaczny, przyjemny

pal·a·tal ['pælətəl] *adj* podniebienny

pal·ate ['pælət] *s* podniebienie; gust

pa·lav·er [pə'lɑ:və] *s pot.* gadanina; *vi* paplać

pale 1. [peɪl] *s* pal; granica; zakres; **within the** ~ **of** w granicach (*czegoś*); *vt* (*także* ~ **in**) ogrodzić, otoczyć

pale 2. [peɪl] *adj* blady; **to turn ~** zblednąć; *vi* blednąć; *vt* powodować bladość

pal·ette ['pælət] *s* paleta

pal·i·sade [,pælɪ'seɪd] *s* palisada; *vt* otoczyć palisadą

pall 1. [pɔːl] *s* całun; *vt* okryć całunem

pall 2. [pɔːl] *vi* sprzykrzyć się (**on sb** komuś)

pal·let ['pælɪt] *s* siennik; barłóg; paleta towarowa

pal·li·a·tive ['pælɪətɪv] *adj* uśmierzający, łagodzący; *s* środek łagodzący; półśrodek; wymówka, usprawiedliwienie

pal·lid ['pælɪd] *adj* blady

pal·lor ['pælə] *s* bladość

palm 1. [pɑːm] *s* palma; *Palm Sunday* Niedziela Palmowa

palm 2. [pɑːm] *s* dłoń

palm·is·try ['pɑːmɪstrɪ] *s* chiromancja

palm·y ['pɑːmɪ] *adj* palmowy; pomyślny

pal·pa·ble ['pælpəbl] *adj* namacalny, wyczuwalny dotykiem

pal·pi·tate ['pælpɪteɪt] *vi* (*o sercu*) bić, kołatać; drżeć

pal·pi·ta·tion [,pælpɪ'teɪʃn] *s* silne bicie serca, palpitacja; drżenie

pal·sy ['pɔːlzɪ] *s* paraliż; *vt* sparaliżować

pal·try ['pɔːltrɪ] *adj* nędzny, lichy

pam·per ['pæmpə] *vt* rozpieszczać, dogadzać

pam·phlet ['pæmflət] *s* broszura; pamflet

pam·phle·teer [,pæmflə'tɪə] *s* autor broszur; pamflecista

pan [pæn] *s* (*także frying ~*) patelnia; (*także sauce ~*) rondel

pan·cake ['pænkeɪk] *s* naleśnik

pan·cre·as ['pæŋkrɪəs] *s anat.* trzustka

pan·der ['pændə] *vi* stręczyć; *s* stręczyciel, rajfur

pane [peɪn] *s* szyba; (kwadratowa) płaszczyzna; kratka (*wzoru*)

pan·e·gyr·ic [,pænɪ'dʒɪrɪk] *s* panegiryk

pan·el ['pænl] *s* płyta; kaseton; wstawka (*w sukni*); poduszka (*u siodła*); urzędowy wykaz lekarzy; *prawn.* skład sędziów przysięgłych; komisja (*np. konkursowa*); **control ~** tablica rozdzielcza; **~ discussion** dyskusja z udziałem fachowców; płaszczyzna dekoracyjna służąca za tło; *vt* dekorować; pokrywać boazerią; wstawiać kasetony

pang [pæŋ] *s* ostry ból, spazm bólu; **~s of conscience** wyrzuty sumienia

pan·ic ['pænɪk] *vt i vi* powodować panikę; panikować; *s* panika

pan·ic·ky ['pænɪkɪ] *adj pot.* paniczny; łatwo ulegający panice; alarmistyczny

pan·o·ra·ma [,pænə'rɑːmə] *s* panorama

pan·sy ['pænzɪ] *s bot.* bratek; *pot. uj.* pedał (*homoseksualista*)

pant [pænt] *vi* dyszeć, sapać; (*o sercu*) kołatać; (*o piersi*) falować; pożądać (**for** czegoś); *s* dyszenie; sapanie; kołatanie (serca)

pan·ther ['pænθə] *s zool.* pantera

pan·ties ['pæntɪz] *s pl* majtki (damskie)

pan·to·mime ['pæntəmaɪm] *s* pantomima

pan·try ['pæntrɪ] *s* spiżarnia

pants [pænts] *s pl* majtki, spodenki; *am.* spodnie

pan·ty hose ['pæntɪhəʊz] *s am.* rajstopy

pa·pa [pə'pɑː] *s zdrob.* tatuś

pa·pa·cy ['peɪpəsɪ] *s* papiestwo

pa·pal ['peɪpl] *adj* papieski

pa·per ['peɪpə] *s* papier; gazeta; czasopismo; tapeta; praca pisemna; referat, rozprawa; *pl* **~s** papiery, dokumenty; *adj* papierowy; *vt* wyłożyć papierami; pakować w papier; tapetować

pa·per·back ['peɪpəbæk] *s*

książka w papierowej <miękkiej> okładce

pa·per·clip ['peɪpəklɪp] s spinacz do papieru

pa·per·weight ['peɪpəweɪt] s przycisk (do papieru)

pa·pist ['peɪpɪst] s hist. uj. papista

pap·ri·ka ['pæprɪkə] s papryka

par [pɑː] s handl. parytet; równość; **at** ~ na równi; **above** ~ powyżej parytetu; **to be on a** ~ dorównywać (**with sb, sth** komuś, czemuś)

par·a·ble ['pærəbl] s przypowieść

pa·rab·o·la [pə'ræbələ] s parabola

par·a·chute ['pærəʃuːt] s spadochron; adj spadochronowy; vt zrzucić na spadochronie; vi spadać na spadochronie

par·a·chut·ist ['pærəʃuːtɪst] s spadochroniarz

pa·rade [pə'reɪd] s parada; popis; pokaz; wojsk apel, przegląd; vt wystawiać na pokaz; wojsk robić przegląd; vi paradować

par·a·dise ['pærədaɪs] s raj

par·a·dox ['pærədɒks] s paradoks

par·af·fin ['pærəfɪn] s parafina; (także ~ **oil**) nafta

par·a·gon ['pærəgən] s wzór (np. cnoty)

par·a·graph ['pærəgrɑːf] s paragraf; ustęp (w książce); akapit

par·al·lel ['pærəlel] adj równoległy; analogiczny; ~ **bars** sport. poręcze; s (linia) równoległa; odpowiednik; porównanie; geogr. równoleżnik

par·a·lyse ['pærəlaɪz] vt paraliżować

pa·ral·y·sis [pə'ræləsɪs] s paraliż

pa·ram·e·ter [pə'ræmɪtə] s parametr

par·a·mount ['pærəmaunt] adj najważniejszy, główny

par·a·mour ['pærəmuə] s lit. kochanek, kochanka

par·a·phrase ['pærəfreɪz] s parafraza

par·a·site ['pærəsaɪt] s pasożyt

par·a·sit·ic [,pærə'sɪtɪk] adj pasożytniczy

par·a·sol ['pærəsɒl] s parasol (od słońca, zw. rozpinany nad stołem)

par·a·troops ['pærətruːps] s pl wojska spadochronowe

par·cel ['pɑːsl] s paczka; przesyłka; partia (towaru); am. parcela; vt paczkować; dzielić; (także ~ **out**) parcelować

parch [pɑːtʃ] vt suszyć, prażyć, palić (kawę); vi schnąć

parch·ment ['pɑːtʃmənt] s pergamin

par·don ['pɑːdn] s przebaczenie; **I beg your** ~ przepraszam; słucham; rel. odpust; vt przebaczać; ~ **me** przepraszam

par·don·a·ble ['pɑːdnəbl] adj wybaczalny

par·ent ['peərənt] s ojciec, matka; pl ~**s** rodzice

par·ent·age ['peərəntɪdʒ] s pochodzenie, ród

pa·ren·tal [pə'rentl] adj rodzicielski

pa·ren·the·sis [pə'renθəsɪs] s nawias

par·ish ['pærɪʃ] s parafia; gmina; ~ **register** księga metrykalna

Pa·ris·i·an [pə'rɪzɪən] adj paryski; s Paryżanin

par·i·ty ['pærətɪ] s równość; parytet

park [pɑːk] s park, parking, także **car** ~; wojsk. park (artyleryjski itd.); vt parkować

park·ing ['pɑːkɪŋ] s parking, parkowanie; ~ **lot** miejsce do parkowania; ~ **meter** licznik parkingowy; **No** ~ Zakaz postoju

par·lance ['pɑːləns] s mowa; język; styl (wypowiedzi)

par·ley ['pɑːlɪ] s narada; rokowania; vi paktować, pertraktować

par·lia·ment ['pɑːləmənt] s parlament

par·lia·men·tar·ian [,pɑːləmen'teərɪən] s parlamentarz; parla-

P

mentarzysta; *adj* parlamentarny

par·lia·men·ta·ry [ˌpɑːlə'mentəri] *adj* parlamentarny

par·lour ['pɑːlə] *s* salon, pokój przyjęć; *beauty* ~ salon piękności

par·lour car ['pɑːləkɑː] *s am.* salonka (*w pociągu*)

par·lour maid ['pɑːləmeɪd] *s* pokojówka

pa·ro·chi·al [pə'rəʊkɪəl] *adj* parafialny; *przen.* ograniczony

pa·ro·dy ['pærədɪ] *s* parodia

pa·role [pə'rəʊl] *s* słowo honoru; *wojsk.* hasło; *vt* zwolnić z aresztu na słowo honoru

par·quet ['pɑːkeɪ] *s* parkiet

par·ri·cide ['pærɪsaɪd] *s* ojcobójstwo; ojcobójca

par·rot ['pærət] *s zool.* papuga; *vi* mówić jak papuga; *vt* powtarzać (coś) jak papuga

par·ry ['pærɪ] *vt* odparować, odpierać; *s* odparcie, odparowanie (*np. ciosu*)

parse [pɑːz] *vt gram.* zrobić rozbiór (*a sentence* zdania)

par·si·mo·ny ['pɑːsɪmənɪ] *s* oszczędność; skąpstwo

pars·ley ['pɑːslɪ] *s bot.* pietruszka

pars·nip ['pɑːsnɪp] *s bot.* pasternak

par·son ['pɑːsn] *s* proboszcz, pastor

par·son·age ['pɑːsnɪdʒ] *s* probostwo, plebania

part [pɑːt] *s* część; udział, rola; strona; *pl* ~*s* okolica, strony; zdolności, talent; *for my* ~ z mojej strony, co do mnie; *for the most* ~ przeważnie, w większej części; *in great* ~ w znacznej mierze; *in* ~ częściowo; *to do one's* ~ zrobić swoje; *to take* ~ brać udział, pomagać (*in sth* w czymś); *to take sth in good* ~ brać coś za dobrą monetę; *this is not my* ~ to nie moja rzecz; *vt* dzielić, rozdzielać; rozrywać; *to* ~ *company* rozstawać się; *vi* rozdzielić się, rozłączyć

się; rozejść się; rozstąpić się; rozstać się (*from sb* z kimś, *with sth* z czymś)

*par·take [pɑː'teɪk] *vi* (*partook* [pɑː'tʊk], *partaken* [pɑː'teɪkən]) uczestniczyć (*in sth* w czymś); spożywać (*of sth* coś); mieć w sobie (*of sth* coś); trącić (*of sth* czymś); *vt* podzielać (*czyjś los itd.*)

par·tial ['pɑːʃl] *adj* częściowy; stronniczy; *to be* ~ *to sth* lubić coś, mieć słabość do czegoś

par·ti·al·i·ty [ˌpɑːʃɪ'ælɪtɪ] *s* stronniczość; upodobanie (*for sth* do czegoś)

par·tic·i·pant [pɑː'tɪsɪpənt] *s* uczestnik

par·tic·i·pate [pɑː'tɪsɪpeɪt] *vi* uczestniczyć (*in sth* w czymś); podzielać (*in sth* coś)

par·ti·ci·ple ['pɑːtɪsɪpl] *s gram.* imiesłów

par·ti·cle ['pɑːtɪkl] *s* cząstka; *gram.* partykuła

par·tic·u·lar [pə'tɪkjʊlə] *adj* szczególny, specjalny, specyficzny; szczegółowy, dokładny; wybredny; grymaśny, wymagający (*about sth* pod względem czegoś); nadzwyczajny, osobliwy; uważny, staranny; *in* ~ w szczególności; *s* szczegół

par·tic·u·lar·ity [pəˌtɪkjʊ'lærətɪ] *s* osobliwość; szczegół; szczegółowość, dokładność; wybredność

part·ing ['pɑːtɪŋ] *ppraes i s* rozdział; przedział; *geogr.* dział wodny; rozstanie; pożegnanie, odejście

par·ti·san [ˌpɑːtɪ'zæn] *s* zwolennik; stronnik; partyzant

par·ti·tion [pɑː'tɪʃn] *s* podział; rozbiór (*państwa*); (oddzielona) część; przedział; przepierzenie; *vt* dzielić; ~ *off* oddzielać, odgradzać

part·ner ['pɑːtnə] *s* partner; wspólnik, współuczestnik; *vt* być czyimś partnerem (*np. w tańcu*)

part·ner·ship ['pɑːtnəʃɪp] *s* współudział; współuczestnictwo; spółka

par·took *zob.* **partake**

par·tridge ['pɑːtrɪdʒ] *s zool.* kuropatwa

part-time ['pɑːttaɪm] *adj attr zw. w połączeniach:* ~ **job** <**worker**> praca <**pracownik**> w niepełnym wymiarze godzin; *adv* na niepełnym etacie

par·ty ['pɑːtɪ] *s* partia, *conservative* ~ partia konserwatywna; *rescue* ~ ekipa ratownicza; towarzystwo; grupa; zespół; przyjęcie towarzyskie, zabawa; strona (*np. w sądzie*); współuczestnik; **to be a** ~ współuczestniczyć (**to sth** w czymś)

pass [pɑːs] *vt vi* przechodzić (obok); mijać; przekraczać; przewyższać; spędzać (*czas*); przeżywać (**through sth** coś); pominąć, przeoczyć, przepuścić, zaniedbać; *am.* pasować (*w kartach*); zdać (*egzamin*); zatwierdzić, przeprowadzić (*uchwałę*); (*o uchwale*) przejść; popadać dalej, posłać; (*także* ~ **on**) przekazać; wydać (*wyrok, opinię*); zdarzyć się; być uważanym, uchodzić (**for sth** za coś); zachodzić, dziać się; ~ **away** minąć, zniknąć; umrzeć; ~ **off** mijać, przemijać; ~ **oneself off** podawać się (**as sb, sth** za kogoś, za coś); ~ **out** wyjść; zemdleć; ~ **over** przepuścić, pominąć, przejść (*np. na drugą stronę*); przeminąć; ~ **up** przepuścić (*okazję*); *s* przejście; przepustka; paszport; złożenie (*egzaminu*); krytyczna sytuacja; przesmyk; przełęcz; *sport* podanie piłki; **to bring to** ~ dokonać (**sth** czegoś); **to come to** ~ zdarzyć się; **to let** ~ pomijać milczeniem

pass·a·ble ['pɑːsəbl] *adj* nadający się do przejścia; znośny; (*o stopniu*) dostateczny

pas·sage ['pæsɪdʒ] *s* przejście, przejazd, przeprawa; korytarz; ustęp (*w książce*); pasaż; **birds of** ~ ptaki wędrowne

pas·sen·ger ['pæsndʒə] *s* pasażer

pas·ser-by [,pɑːsə'baɪ] *s* (*pl* ~**sby** [,pɑːsəz'baɪ]) przechodzień

pass·ing ['pɑːsɪŋ] *adj* przemijający, przelotny; rzucony mimochodem

pas·sion ['pæʃn] *s* namiętność (**for sth** do czegoś); **fly into a** ~ unieść się gniewem

pas·sion·ate ['pæʃənət] *adj* namiętny, zapalczywy; żarliwy

pas·sive ['pæsɪv] *adj* bierny; *gram.* ~ **voice** strona bierna

Pass·o·ver ['pɑːs,əʊvə] *s rel.* Pascha

pass·port ['pɑːspɔːt] *s* paszport; ~ **control** kontrola paszportowa

pass·word ['pɑːswɜːd] *s* hasło

past [pɑːst] *adj* miniony, przeszły; ubiegły, ostatni (*tydzień itd.*); *s* przeszłość; *gram.* czas przeszły; *praep* za (*czymś*); obok; po; ~ **all belief** nie do wiary; ~ **comparison** nie do porównania; ~ **hope** beznadziejny; **ten** ~ **two** dziesięć (minut) po drugiej; ~ **work** niezdolny (już) do pracy; **a man** ~ **forty** mężczyzna po czterdziestce; *adv* obok, mimo; **march** ~ defilować

paste [peɪst] *s* ciasto; klej; pasta; *vt* kleić, lepić; ~ **up** naklejać; smarować pastą

paste·board ['peɪstbɔːd] *s* tektura, karton

pas·tel ['pæstl] *s* pastel (*kredka i obraz*)

pas·time ['pɑːstaɪm] *s* rozrywka

pas·tor ['pɑːstə] *s* pastor, duszpasterz

pas·to·ral ['pɑːstərəl] *adj* pasterski; *s* sielanka (*utwór*); *rel.* list pasterski

pas·try ['peɪstrɪ] *s* ciasto; *zbior.* wyroby cukiernicze

pas·tur·a·ble ['pɑːstʃərəbl] *adj* pastewny

pas·ture ['pɑːstʃə] *s* pastwisko; pasza; *vt* i paść (się)

past·y 1. ['pæstɪ] *s bryt.* pasztecik (*zw. z mięsem*), pierożek

past·y 2. ['peɪstɪ] *adj* (*o wyglądzie, twarzy*) ziemisty, blady, niezdrowy

pat [pæt] *s* klepnięcie, klaps; krążek (*np. masła*); *vt* poklepywać; *vi* postukiwać; tupać; *adj pot.* szczęśliwy, trafny; *adv pot.* trafnie, w sam raz, akurat, w samą porę

patch [pætʃ] *s* łata, łatka; plaster; opatrunek na oku; skrawek; płat (*np. ziemi*); grządka; *vt* (*także ~ up*) łatać, naprawiać

patch·work ['pætʃwɜːk] *s* łatanina; mieszanina (*kawałków, skrawków*); szachownica (*np. pól*); patchwork; strój zszywany z kawałków różnych tkanin

pat·ent ['peɪtnt] *s* patent; przywilej; *adj* patentowy, opatentowany; otwarty; jawny, oczywisty; **~ leather** skóra lakierowana; **~ letter** patent (*dokument*); *vt* opatentować

pa·ter·nal [pə'tɜːnl] *adj* ojcowski; (*o krewnym*) po ojcu

pa·ter·ni·ty [pə'tɜːnətɪ] *s* ojcostwo; pochodzenie

path [pɑːθ] *s* (*pl ~s* [pɑːðz]) ścieżka, droga (*dla pieszych i przen.*); tor (*pocisku itd.*)

pa·thet·ic [pə'θetɪk] *adj* żałosny; rozpaczliwy, beznadziejny; wzruszający

pa·thol·o·gy [pə'θɒlədʒɪ] *s* patologia

pa·thos ['peɪθɒs] *s* patos

pa·tience ['peɪʃns] *s* cierpliwość; pasjans; **to play ~** stawiać pasjansa

pa·tient ['peɪʃnt] *s* pacjent; *adj* cierpliwy

pa·tri·ot ['pætrɪət] *s* patriota

pa·tri·ot·ic [ˌpætrɪ'ɒtɪk] *adj* patriotyczny

pa·trol [pə'trəʊl] *s* patrol; *vt vi* patrolować

pa·trol·man [pə'trəʊlmən] *s* (*pl patrolmen* [pə'trəʊlmən]) *am.* policjant

pa·tron ['peɪtrən] *s* patron, opiekun; stały klient

pat·ron·age ['pætrənɪdʒ] *s* patronat, opieka; protekcjonalność

pat·ron·ize ['pætrənaɪz] *vt* patronować; otaczać opieką; okazywać łaskę; traktować protekcjonalnie; być stałym klientem

pat·ter 1. ['pætn] *vt vi* (lekko) stukać, tupotać; *s* (lekkie) stukanie, tupot

pat·ter 2. ['pætə] *vi vi* klepać (*np. pacierz*); trajkotać; *s* żargon, gwara (środowiskowa); trajkotanie

pat·tern ['pætn] *s* wzór, próbka; szablon; wykrój; model, forma; *vt* ozdabiać wzorem; **to ~ sth after sth** wzorować się na czymś

pat·ty ['pætɪ] *s* pasztecik

pau·ci·ty ['pɔːsətɪ] *s* mała ilość; szczupłość

pau·per ['pɔːpə] *s* żebrak; ubogi (człowiek)

pau·per·ize ['pɔːpəraɪz] *vt* spauperyzować

pause [pɔːz] *s* pauza, przerwa; *vi* pauzować, robić przerwę, zatrzymywać się

pave [peɪv] *vt* brukować; *przen.* torować drogę; **to ~ the way for...** utorować drogę do...

pave·ment ['peɪvmənt] *s* chodnik, bruk, nawierzchnia

pa·vil·ion [pə'vɪljən] *s* duży namiot; pawilon

paw [pɔː] *s* łapa; *vt* uderzać łapą; *pot.* obłapiać; *vi* (*o koniu*) grzebać nogą

pawn 1. [pɔːn] *s dosł i przen.* pionek

pawn 2. [pɔːn] *s* zastaw, fant; *vt* dawać w zastaw

pawn·bro·ker ['pɔːnˌbrəʊkə] *s* właściciel lombardu

pawn·shop ['pɔːnʃɒp] *s* lombard

*pay [peɪ] *vt vi* (*paid, paid* [peɪd]) płacić, wynagradzać, opłacać (się); *to ~ attention* uważać (*to sth* na coś); *to ~* (*sb*) *a compliment* powiedzieć (komuś) komplement; *to ~ one's respects to sb* złożyć komuś uszanowanie; *to ~ a visit* złożyć wizytę; *to ~ one's way* pokrywać koszty; *z przysłówkami; ~ back* odpłacać, zwrócić pieniądze; *~ down* wypłacić gotówką; *~ in* wpłacić; *~ off* spłacić; *~ out* wypłacić; *~ up* spłacić całkowicie; *s* wypłata, zapłata; wynagrodzenie, płaca; *to be in sb's ~* być zatrudnionym u kogoś; być na czyimś żołdzie; *~ by cheque* płacić czekiem; *~ in cash* płacić gotówką

pay·a·ble ['peɪəbl] *adj* płatny; opłacalny

pay·ing ['peɪɪŋ] *ppraes i adj* płacący; dochodowy; popłatny

pay·ment ['peɪmənt] *s* opłata, wynagrodzenie, wpłata; *~ in advance* przedpłata

pay·roll ['peɪrəʊl], **pay-sheet** ['peɪʃiːt] *s* lista płac

pea [piː] *s bot.* groch, ziarnko grochu

peace [piːs] *s* pokój; spokój; *at ~* w spokoju; na stopie pokojowej

peace·ful ['piːsfl] *adj* spokojny, pokojowy

peace·mak·er ['piːs,meɪkə] *s* pojednawca; arbiter

peach [piːtʃ] *s bot.* brzoskwinia (*owoc i drzewo*)

pea·cock ['piːkɒk] *s zool.* paw

peak [piːk] *s* szczyt góry; szpic; daszek (u czapki); *adj attr* szczytowy

peal [piːl] *s* melodia dzwonów, kurantów; huk; *vt vi* rozbrzmiewać; huczeć

pea·nut ['piːnʌt] *s bot.* orzech <orzeszek> ziemny

pear [peə] *s bot.* gruszka (*owoc i drzewo*)

pearl [pɜːl] *s* perła

peas·ant ['peznt] *s* chłop, wieśniak, rolnik

peas·ant·ry ['pezntrɪ] *s* chłopstwo

pease [piːz] *s* (*pl* **pease**) groch

peat [piːt] *s* torf

peat·bog ['piːtbɒg] *s* torfowisko

peb·ble ['pebl] *s* kamyk; *geol.* otoczak

peck 1. [pek] *s* garniec (*miara*); *pot.* wielka ilość, masa

peck 2. [pek] *vt vi* dziobać (*sth, at sth* coś); *s* dziobanie

pe·cu·liar [pɪ'kjuːlɪə] *adj* szczególny, specyficzny; osobliwy, dziwny; właściwy (*to sb, sth* komuś, czemuś)

pe·cu·li·ar·i·ty [pɪ,kjuːlɪ'ærɪtɪ] *s* osobliwość; właściwość

pe·cu·ni·ar·y [pɪ'kjuːnjərɪ] *adj* pieniężny; finansowy

ped·a·gog·ic(al) [,pedə'gɒdʒɪk(l)] *adj* wychowawczy, pedagogiczny

ped·a·gog·ics [,pedə'gɒdʒɪks] *s* pedagogika

ped·a·gogue ['pedəgɒg] *s zw. uj.* wychowawca, belfer

ped·al ['pedl] *s* pedał; *vt* naciskać na pedał; *vi* pedałować (na rowerze)

ped·ant ['pednt] *s* pedant

pe·dan·tic [pɪ'dæntɪk] *adj* pedantyczny

ped·dle ['pedl] *vi* uprawiać handel domokrążny; *vt* kolportować (*towary, plotki*)

ped·dler *s* = **pedlar**

ped·es·tal ['pedɪstl] *s* piedestał

pe·des·tri·an [pɪ'destrɪən] *adj* pieszy; *przen.* przyziemny, nudny; *s* pieszy, przechodzień, piechur; *~ crossing* przejście dla pieszych

pe·di·a·tri·cian [,piːdɪə'trɪʃn] *s* pediatra

ped·i·gree ['pedɪgriː] *s* rodowód, pochodzenie

ped·lar ['pedlə] *s* domokrążca

pee [piː] *vi i s pot.* siusiać; siusianie

P

peel 270

peel [piːl] s łupinka, skórka; vt obierać (*ziemniaki, owoce*); zdzierać (*korę, skórę*); vi (*także ~ off*) łuszczyć się; zrzucać skórę

peep 1. [piːp] vi zaglądać z ciekawości (**into sth** do czegoś), zerkać (**at sb, sth** na kogoś, coś); podglądać (**at sb, sth** kogoś, coś); s ukradkowe spojrzenie; zerknięcie

peep 2. [piːp] vi ćwierkać; s ćwierkanie

peep-hole ['piːphəʊl] s okienko; wizjer (*w drzwiach*)

peer 1. [pɪə] s par, lord; (człowiek) równy drugiemu; **to be sb's ~** dorównywać komuś

peer 2. [pɪə] vi (badawczo) patrzeć (**at sb, sth** na kogoś, coś); wyzierać; wyglądać

peer-less ['pɪələs] adj niezrównany; bezkonkurencyjny

pee-vish ['piːvɪʃ] adj skłonny do irytacji; drażliwy

peg [peg] s kołek, czop, szpunt; vt kołkować, przytwierdzać kołkami; vi **~ away** zawzięcie pracować

pel-i-can ['pelɪkən] s zool. pelikan

pell-mell [,pel'mel] adv chaotycznie, bezładnie; adj bezładny, chaotyczny; s chaos, bałagan

pelt 1. [pelt] s skóra (zwierzęca), skórka (na futro)

pelt 2. [pelt] vt obrzucić (*obelgami, kamieniami itd.*); vi gęsto padać, (*np. o gradzie*) bębnić; s grad (*np. kul*)

pel-vis ['pelvɪs] s (pl **pelves** ['pelviːz]) anat. miednica

pen 1. [pen] s zagroda (*dla bydła, drobiu itd.*), kojec; vi zamknąć w zagrodzie; uwięzić

pen 2. [pen] s pióro; vt pisać, kreślić, zapisywać; **~ friend** przyjaciel korespondencyjny (*zw. za granicą*)

pen-al ['piːnl] adj prawn. karalny

pe-nal-ize ['piːnəlaɪz] vt prawn. karać sądownie

pen-al-ty ['penltɪ] s prawn. kara sądowa, grzywna; **under ~ of...** pod karą...

pen-ance ['penəns] s rel. pokuta

pence zob. **penny**

pen-cil ['pensl] s ołówek; vt szkicować, rysować

pen-dant ['pendənt] s wisząca ozdoba, wisiorek; para (**to sth** do czegoś); odpowiednik (**to sth** czegoś)

pend-ent ['pendənt] adj wiszący

pend-ing ['pendɪŋ] adj nadchodzący, nadciągający; nierozstrzygnięty; praep w oczekiwaniu na; do czasu

pen-du-lum ['pendjʊləm] s wahadło

pen-e-trate ['penɪtreɪt] vt vi przeniknąć, przebić; zanurzyć (się), wcisnąć się, wtargnąć

pen-e-tra-tion [,penɪ'treɪʃn] s penetracja, przenikanie; przenikliwość

pen-i-cil-lin [,penɪ'sɪlɪn] s chem. penicylina

pe-nin-su-la [pə'nɪnsjʊlə] s półwysep

pe-nis ['piːnɪs] s anat. penis, członek

pen-i-tent ['penɪtənt] adj skruszony; s pokutnik

pen-i-ten-tial [,penɪ'tenʃl] adj pokutny

pen-i-ten-tia-ry [,penɪ'tenʃərɪ] adj poprawczy; prawn. penitencjarny; s dom poprawczy; am. więzienie

pen-knife ['pennaɪf] s (pl **pen-knives** ['pennaɪvz]) scyzoryk

pen-man ['penmən] s (pl **pen-men** ['penmən]) pisarz, autor

pen name ['penneɪm] s pseudonim (*autora*)

pen-ni-less ['penɪləs] adj bez grosza

pen-ny ['penɪ] s (pl **pence** [pens]) **pens** (*kwota*); (pl **pen-nies** ['penɪz]) moneta jednopensowa; *przen.* grosz; **a ~ for your thoughts** o czym tak głęboko myślisz?, nad czym się zamyśliłeś?

pen·sion 1. ['penʃn] s emerytura; renta; *vt* przyznawać emeryturę, wypłacać rentę; **~ off** przenieść na emeryturę

pen·sion 2. ['penʃn] pensjonat

pen·sion·er ['penʃnə] s emeryt; rencista

pen·sive ['pensɪv] *adj* zadumany

pen·ta·gon ['pentəgən] s pięciokąt, pięciobok

pen·tath·lon [pen'tæθlɒn] s *sport* pięciobój

pent·house ['penthaʊs] s luksusowy apartament (*zw. na najwyższej kondygnacji budynku*); przybudówka, nadbudówka

pe·nul·ti·mate [pe'nʌltɪmət] *adj* przedostatni

pe·nu·ri·ous [pɪ'njʊərɪəs] *adj* biedny, ubogi; skąpy

pen·u·ry ['penjʊrɪ] s bieda; brak; skąpstwo

peo·ple ['piːpl] s naród, lud; *zbior.* osoby, ludzie, obywatele; ludność; członkowie rodziny; pracownicy (zakładu); *vt* zaludniać

pep [pep] s *pot.* wigor, werwa; *vt* dodać wigoru, ożywić

pep·per ['pepə] s *bot.* pieprz; *vi* pieprzyć

pep·per·mint ['pepəmɪnt] s *bot.* mięta pieprzowa; cukierek miętowy

per [pɜː] *praep łac.* przez, za pośrednictwem; **~ day** za dzień, na dzień, dziennie; **~ post** pocztą; **~ cent** od sta; **5 ~ cent, 5 p.c.** 5 procent

per·am·bu·late [pə'ræmbjʊleɪt] *vt* wędrować (**fields** po polach); *vi* przechadzać się

per·am·bu·la·tor [pə'ræmbjʊleɪtə] s wózek dziecięcy; *zob.* **pram**

per·ceive [pə'siːv] *vt* odczuć, zauważyć, spostrzec; postrzegać

per·cent·age [pə'sentɪdʒ] s procent, odsetek

per·cep·tib·le [pə'septəbl] *adj* dający się odczuć; dostrzegalny

per·cep·tion [pə'sepʃn] s percepcja

perch [pɜːtʃ] s żerdź; grzęda; *vi* siadać, usadowić się; *vt* sadzać, usadowić

per·co·late ['pɜːkəleɪt] *vt vi* przesączać (się); filtrować; przeciekać

per·cuss [pə'kʌs] *vt* wstrząsać; *med.* opukiwać

per·cus·sion [pə'kʌʃn] s wstrząs, uderzenie; *muz.* perkusja; *med.* opukiwanie

per·di·tion [pə'dɪʃn] s zatracenie; potępienie

per·emp·to·ry [pə'remptərɪ] *adj* stanowczy; apodyktyczny

per·en·ni·al [pə'renɪəl] *adj* wieczny; trwały; *s bot.* bylina

per·fect ['pɜːfɪkt] *adj* doskonały; skończony; zupełny; *gram.* dokonany; *s gram.* czas przeszły dokonany; *vt* [pə'fekt] doskonalić; kończyć, dokonać (*czegoś*)

per·fec·tion [pə'fekʃn] s doskonałość; dokonanie (*czegoś*)

per·fec·tive = **perfect** *gram.*

per·fid·i·ous [pə'fɪdɪəs] *adj* wiarołomny; przewrotny; perfidny

per·fi·dy ['pɜːfɪdɪ] s wiarołomność, przewrotność; perfidia

per·fo·rate ['pɜːfəreɪt] *vt* perforować, dziurkować

per·fo·ra·tion [ˌpɜːfə'reɪʃn] s dziurkowanie, perforacja, przekłucie

per·force [pə'fɔːs] *adv lit.* z koniecznością

per·form [pə'fɔːm] *vt* dokonywać, wykonywać, spełniać; grać (*sztukę*); *vi* występować (na scenie)

per·form·ance [pə'fɔːməns] s dokonanie, wykonanie, spełnienie; wyczyn; wystawienie (*sztuki*), przedstawienie; odegranie (*roli*)

P

per·fume ['pɜːfjuːm] s perfumy;
zapach; vi [pə'fjuːm] perfumować,
rozsiewać zapach

per·func·to·ry [pə'fʌŋktərɪ] adj
powierzchowny, niedbały

per·haps [pə'hæps] adv może,
być może

per·il ['perɪl] s niebezpieczeństwo

per·il·ous ['perɪləs] adj niebezpieczny; ryzykowny

per·im·e·ter [pə'rɪmɪtə] s pery-
metr, obwód

pe·ri·od ['pɪərɪəd] s okres, cykl;
am. gram. kropka; **to put a ~**
postawić kropkę; położyć kres

pe·ri·od·i·cal [,pɪərɪ'dɪkl] adj
okresowy; s czasopismo, periodyk

per·ish ['perɪʃ] vi ginąć, niszczeć;
vt niszczyć

per·ish·a·ble ['perɪʃəbl] adj (łatwo) psujący się; s pl **~s** łatwo
psujące się towary

per·i·wig ['perɪwɪg] s peruka

per·jure ['pɜːdʒə] vr **~ oneself**
krzywoprzysięgać

per·ju·ry ['pɜːdʒərɪ] s krzywoprzysięstwo

perk [pɜːk] vt vi ożywiać (się);
(także **~ up**) zadzierać nosa; nabierać animuszu; rozzuchwalić się

perk·y ['pɜːkɪ] adj pot. buńczuczny

perm [pɜːm] s pot. trwała ondulacja; vt trwale ondulować

per·ma·nent ['pɜːmənənt] adj
stały; ciągły, trwały; **~ wave**
trwała ondulacja

per·me·a·ble ['pɜːmɪəbl] adj
przenikalny, przepuszczalny

per·me·ate ['pɜːmɪeɪt] vt vi przenikać, przesiąkać (**through sth**
przez coś)

per·mis·si·ble [pə'mɪsəbl] adj
dozwolony, dopuszczalny

per·mis·sion [pə'mɪʃn] s pozwolenie

per·mit [pə'mɪt] vt pozwalać (**sth**
na coś); vi dopuszczać (**of sth**
coś); s ['pɜːmɪt] zezwolenie (pi-

semne); przepustka

per·ni·cious [pə'nɪʃəs] adj zgubny

per·pen·dic·u·lar [,pɜːpən'dɪk-
julə] adj pionowy; s linia prostopadła; pion

per·pe·trate ['pɜːpɪtreɪt] vt popełnić (przestępstwo)

per·pe·tra·tor ['pɜːpɪtreɪtə] s
sprawca, przestępca

per·pet·u·al [pə'petʃuəl] adj
wieczny; bezustanny

per·pet·u·ate [pə'petʃueɪt] vt
unieśmiertelnić, uwiecznić

per·pe·tu·i·ty [,pɜːpɪ'tjuːətɪ] s
wieczność; dożywotnia renta

per·plex [pə'pleks] vt zakłopotać,
zmieszać

per·plex·i·ty [pə'pleksətɪ] s
zakłopotanie; dylemat; zamieszanie

per·se·cute ['pɜːsɪkjuːt] vt
prześladować

per·se·cu·tion [,pɜːsɪ'kjuːʃn] s
prześladowanie

per·se·cu·tor ['pɜːsɪkjuːtə] s
prześladowca

per·se·ver·ance [,pɜːsɪ'vɪərəns]
s wytrwałość

per·se·vere [,pɜːsɪ'vɪə] vi trwać
(**in sth** przy czymś), uporczywie
robić (**sth** coś)

Per·sian ['pɜːʃn] adj perski; s
Pers; język perski

per·sist [pə'sɪst] vi upierać się (**in
sth** przy czymś); wytrwać, utrzymywać się

per·sist·ence [pə'sɪstəns] s
uporczywość, wytrwałość; trwałość

per·son ['pɜːsn] s osoba, osobnik;
in ~ osobiście

per·son·age ['pɜːsnɪdʒ] s osobistość; (wielka) figura; postać
(utworu itp.)

per·son·al ['pɜːsnəl] adj osobisty,
prywatny, własny; osobowy; **~
stereo** kieszonkowy aparat stereofoniczny; walkman; **~ remark**
osobista przymówka

per·son·al·i·ty [ˌpɜːsəˈnælətɪ] s osobistość, indywidualność; prezencja

per·son·al·ty [ˈpɜːsnəltɪ] s osobiste mienie; *zbior.* ruchomości

per·son·ate [ˈpɜːsneɪt] *vt* przedstawiać; odgrywać rolę; uosabiać

per·son·i·fi·ca·tion [pəˌsɒnɪfɪˈkeɪʃn] s uosobienie, personifikacja

per·son·i·fy [pəˈsɒnɪfaɪ] *vt* uosabiać

per·son·nel [ˌpɜːsnˈel] s personel; **~ officer** kierownik personalny

per·spec·tive [pəˈspektɪv] s perspektywa; *adj* perspektywiczny

per·spi·ca·cious [ˌpɜːspɪˈkeɪʃəs] *adj* bystry, przenikliwy

per·spi·cu·i·ty [ˌpɜːspɪˈkjuːətɪ] s jasność, zrozumiałość, wyrazistość

per·spic·u·ous [pəˈspɪkjuəs] *adj* jasny, wyraźny, zrozumiały

per·spi·ra·tion [ˌpɜːspɪˈreɪʃn] s pocenie się; pot(y)

per·spire [pəˈspaɪə] *vi* pocić się; *vt* wypacać

per·suade [pəˈsweɪd] *vt* przekonywać, namawiać (**sb into sth** kogoś do czegoś); **I was ~d that ...** byłem przekonany, że

per·sua·sion [pəˈsweɪʒn] s przekonywanie, perswazja, namowa; przekonanie; *rel.* wyznanie

per·sua·sive [pəˈsweɪsɪv] *adj* przekonywający

pert [pɜːt] *adj* bezczelny, wyzywający

per·tain [pəˈteɪn] *vi* należeć (**to sth** do czegoś); odnosić się (**to sb, sth** do kogoś, czegoś); mieć związek (**to sth** z czymś); być właściwym (**to sth** czemuś)

per·ti·na·cious [ˌpɜːtɪˈneɪʃəs] *adj* uporczywy, uparty; wytrwały

per·ti·nac·i·ty [ˌpɜːtɪˈnæsətɪ] s uporczywość; wytrwałość

per·ti·nent [ˈpɜːtɪnənt] *adj* sto-

sowny, trafny; związany z tematem, celowy

per·turb [pəˈtɜːb] *vt* niepokoić, zakłócać (porządek), wzburzyć

per·tur·ba·tion [ˌpɜːtəˈbeɪʃn] s niepokój, zakłócenie (porządku), zamieszanie, zamęt

pe·ru·sal [pəˈruːzl] s uważne czytanie, dokładne przeglądanie

pe·ruse [pəˈruːz] *vt* uważnie czytać, dokładnie przeglądać

per·vade [pəˈveɪd] *vt* przenikać, nurtować, ogarniać

per·va·sive [pəˈveɪsɪv] *adj* przenikający, ogarniający; dominujący

per·verse [pəˈvɜːs] *adj* przewrotny, perwersyjny

per·ver·sion [pəˈvɜːʃn] s przewrotność; zboczenie, perwersja

per·vert [pəˈvɜːt] *vt* psuć, deprawować, wypaczać; odciągać, odwodzić; s [ˈpɜːvɜːt] zboczeniec; odstępca

pes·si·mism [ˈpesɪmɪzm] s pesymizm

pest [pest] s zaraza, plaga; szkodnik (*chwast, insekt itd.*)

pes·ter [ˈpestə] *vt* dręczyć, dokuczać, dawać się we znaki

pes·ti·cide [ˈpestɪsaɪd] s pestycyd; środek chwastobójczy

pes·ti·lence [ˈpestɪləns] s zaraza, epidemia

pes·ti·lent [ˈpestɪlənt], **pes·ti·len·tial** [ˌpestɪˈlenʃl] *adj* zaraźliwy; szkodliwy, zabójczy

pes·tle [ˈpesl] s tłuczek (*do moździerza*)

pet [pet] *vt* pieścić; s (*także o zwierzęciu*) pieszczoch, ulubieniec; *adj attr* pieszczotliwy, ulubiony

pe·tal [ˈpetl] s płatek (*kwiatu*)

pe·ti·tion [pɪˈtɪʃn] s prośba, petycja, podanie; *vt* zwracać się z prośbą (*zw. pisemną*), wnosić petycję; *vi* błagać (**for sth** o coś)

pe·ti·tion·er [pɪˈtɪʃnə] s petent

pet·ri·fy [ˈpetrɪfaɪ] *vt* petryfikować; *przen.* wprawić w osłupienie; *vi* skamienieć; *przen.* osłupieć

P

pet·rol ['petrəl] s benzyna (*mieszanka*); *adj* benzynowy; **~ sta·tion** stacja benzynowa

pe·tro·le·um [pɪ'trəʊlɪəm] s ropa naftowa

pet·ti·coat ['petɪkəʊt] s halka

pet·tish ['petɪʃ] *adj* drażliwy, opryskliwy

pet·ty ['petɪ] *adj* drobny, mało znaczący

pet·u·lance ['petjʊləns] s drażliwość, rozdrażnienie

pew [pju:] s ławka (*w kościele*)

pe·wit ['pi:wɪt] s *zool.* czajka

pew·ter ['pju:tə] s naczynie cynowe

pha·lanx ['fælæŋks] s (*pl ~es lub* **phalanges** [fæ'lændʒɪz]) falanga

phan·tasm ['fæntæzm] s zjawa, przywidzenie, urojenie

phan·ta·sy ['fæntəsɪ] s = **fantasy**

phan·tom ['fæntəm] s widmo, zjawa, fantom; złudzenie

Phar·i·see, phar·i·see ['færɪsi:] s faryzeusz, hipokryta

phar·ma·cy ['fɑ:məsɪ] s apteka; farmacja

phase [feɪz] s faza

pheas·ant ['feznt] s *zool.* bażant

phe·nom·e·non [fɪ'nɒmɪnən] s (*pl* **phenomena** [fɪ'nɒmɪnə]) fenomen, zjawisko

phi·al ['faɪəl] s fiolka, flaszeczka

phi·lan·thro·pist [fɪ'lænθrəpɪst] s filantrop

phi·lat·e·list [fɪ'lætəlɪst] s filatelista

phi·la·te·ly [fɪ'lætəlɪ] s filatelistyka

phil·har·monic [,fɪlɑ:'mɒnɪk] *adj* filharmoniczny (*o orkiestrze*); **~ hall** filharmonia (*siedziba*)

phil·is·tine ['fɪlɪstaɪn] s wróg (*sztuki, literatury*); filister

phil·o·log·i·cal [,fɪlə'lɒdʒɪkl] *adj* filologiczny

phi·lol·o·gist [fɪ'lɒlədʒɪst] s filolog

phi·lol·o·gy [fɪ'lɒlədʒɪ] s filologia

phi·los·o·pher [fɪ'lɒsəfə] s filozof

phil·o·soph·ic(·al) [,fɪlə'sɒfɪk(l)] *adj* filozoficzny

phi·los·o·phy [fɪ'lɒsəfɪ] s filozofia

phiz [fɪz] s *bryt.* gęba, facjata

phlegm [flem] s flegma

phleg·ma·tic [fleg'mætɪk] *adj* flegmatyczny

phone 1. [fəʊn] s *gram.* głoska

phone 2. [fəʊn] s *pot.* = **tele·phone**; **~ box** budka telefoniczna; *vt vi* dzwonić, telefonować; **~ in** audycja radiowa (*podczas której słuchacze telefonują do studia*); **~·tapping** podsłuch telefoniczny

pho·net·ic [fə'netɪk] *adj* fonetyczny

pho·net·ics [fə'netɪks] s fonetyka

pho·ney ['fəʊnɪ] *adj pot.* fałszywy, udawany, sztuczny

phos·phate ['fɒsfeɪt] s *chem.* fosfat, fosforan; *min.* fosforyt

phos·pho·rus ['fɒsfərəs] s *chem.* fosfor

photo ['fəʊtəʊ] s *skrót.* = **photo·graph** s

pho·to·cop·y ['fəʊtəʊ,kɒpɪ] s i *vt* fotokopia; fotokopiować, robić odbitkę

pho·to·graph ['fəʊtəgrɑ:f] s fotografia, zdjęcie; *vt* fotografować

pho·tog·ra·pher [fə'tɒgrəfə] s fotograf

pho·tog·ra·phy [fə'tɒgrəfɪ] s fotografia (*sztuka fotografowania*)

phrase [freɪz] s zwrot, fraza

phra·se·ol·o·gy [,freɪzɪ'ɒlədʒɪ] s *gram.* frazeologia; pustosłowie

phthi·sis ['θaɪsɪs] s *med.* gruźlica

phys·ic ['fɪsɪk] s *żart.* lekarstwo, zw. środek przeczyszczający; *vt* leczyć (*lekarstwami*)

phys·i·cal ['fɪzɪkl] *adj* fizyczny

phy·si·cian [fɪ'zɪʃn] s lekarz

phys·i·cist ['fɪzɪsɪst] s fizyk

phys·ics ['fɪzɪks] s fizyka

phys·i·og·no·my [ˌfɪzɪ'ɒnəmɪ] s fizjonomia

phys·i·o·log·i·cal [ˌfɪzɪə'lɒdʒɪkl] adj fizjologiczny

phys·i·ol·o·gy [ˌfɪzɪ'ɒlədʒɪ] s fizjologia

phy·sique [fɪ'ziːk] s budowa ciała

pi·an·ist ['piːənɪst] s pianista

pi·an·o [pɪ'ænəu] s fortepian; **up·right** ~ pianino

pick [pɪk] vt wybierać, sortować; kopać (motyką, kilofem); przetykać; skubać; dłubać (w zębach); okradać; zbierać (np. owoce); **to ~ sb's pocket** wyciągnąć coś komuś z kieszeni; vi kraść; **to ~ at one's food** jeść małymi kęsami, dłubać w talerzu; **to ~ at sb** czepiać się kogoś; **~ off** zrywać, zdzierać; powystrzelać; **~ out** wybierać; wyrywać; wyśledzić; **~ up** podnosić; zbierać; zgarniać; nauczyć się (**sth** czegoś); **~ up a girl** pot. poderwać dziewczynę; natrafić (**sth** na coś); (o taksówce, kierowcy) zabrać (**sb** kogoś); złapać (w radiu); **~ up courage** zebrać się na odwagę; **~ up an ac·quaintance** zawrzeć okolicznościową znajomość; **~ up a quarrel** wywołać kłótnię; s motyka, kilof; uderzenie motyką, kilofem; wybór, elita; przen. śmietanka; zbiór (owoców itd.)

pick·a·back ['pɪkəbæk] adv (nieść) na plecach; (o dziecku) na barana

pick·axe ['pɪkæks] s oskard, kilof, motyka

pick·et ['pɪkɪt] s kół, pal; pikieta; vt vi otaczać palami; obstawiać pikietami, pikietować

pick·le ['pɪkl] s marynata; pl ~**s** marynowane jarzyny, pikle; vt marynować

pick-me-up ['pɪkmiːʌp] s pot. środek poprawiający samopoczucie (np. kawa)

pick·pock·et ['pɪkˌpɒkɪt] s złodziej kieszonkowy

pick-up ['pɪkʌp] s przygodna znajomość; adapter; sport. odbicie piłki; am. mot. mały samochód ciężarowy, pickup, pikap; am. mot. przyspieszenie (w samochodzie)

pic·nic ['pɪknɪk] s piknik; vi urządzać piknik

pic·to·ri·al [pɪk'tɔːrɪəl] adj malowniczy; malarski; ilustrowany; s pismo ilustrowane

pic·ture ['pɪktʃə] s obraz, rycina, rysunek; portret; ~ **postcard** widokówka; zdjęcie; **to take a ~** zrobić zdjęcie; bryt. pl ~**s** film, kino; vt wyobrażać; przedstawiać; malować

pic·tur·esque [ˌpɪktʃə'resk] adj malowniczy

pidg·in ['pɪdʒɪn] s (także ~ **English**) język złożony z elementów angielskich i chińskich; łamana angielszczyzna

pie 1. [paɪ] s sroka

pie 2. [paɪ] s pasztecik, pierożek; ciastko, placek; **apple ~** szarlotka (podawana na ciepło)

piece [piːs] s kawałek; część; sztuka; utwór (sceniczny, muzyczny); moneta; robota akordowa; **in ~s** w kawałkach; ~ **by ~** po kawałku; **to go to ~s** rozlecieć się na kawałki, stracić panowanie nad sobą; **to take to ~s** rozebrać na części; vt sztukować; łatać; ~ **on** nałożyć, dosztukować; ~ **out** uzupełnić; zestawić; ~ **together** złożyć w całość; ~ **up** połatać

piece·meal ['piːsmiːl] adj częściowy, robiony częściami; adv częściami, po kawałku; na części

piece·work ['piːswɜːk] s praca akordowa

pier [pɪə] s molo, falochron

pierce [pɪəs] vt przebić, przeszyć, przekłuć; przeniknąć; wbić się

pi·e·ty ['paɪətɪ] s pobożność

pig [pɪg] s prosiak, świnia

pi·geon ['pɪdʒən] s gołąb

pi·geon·hole ['pɪdʒənhəul] s

P

przegródka, szufladka (*w biurku itd.*); wejście do gołębnika; *vt* umieszczać w przegródkach, segregować (*papiery itp.*); *przen.* odłożyć (*sprawę*) do szuflady

pig·gish ['pɪgɪʃ] *adj* świński, brudny; ordynarny; wstrętny

pig·head·ed [,pɪg'hedɪd] *adj pot.* głupawy; uparty

pig i·ron ['pɪg,aɪən] *s* żeliwo, surówka (metalu)

pig·my = **pygmy**

pig·sty ['pɪgstaɪ] *s* chlew

pig·tail ['pɪgteɪl] *s* warkocz; tytoń pleciony

pike 1. [paɪk] *s* pika, włócznia; kilof, ostrze

pike 2. [paɪk] *s zool.* szczupak

pile 1. [paɪl] *s* kupa, sterta, stos; *elektr.* bateria, stos; gmach; blok; *vt* rzucać na kupę; (*także ~ on*) gromadzić; piętrzyć

pile 2. [paɪl] *s* pal; *vt* wbijać pale

pile 3. [paɪl] *s* meszek (*na tkaninie*)

pil·fer ['pɪlfə] *vt* ukraść; *pot.* zwędzić

pil·grim ['pɪlgrɪm] *s* pielgrzym

pil·grim·age ['pɪlgrɪmɪdʒ] *s* pielgrzymka

pill [pɪl] *s* pigułka; pigułka antykoncepcyjna; **be on the ~** stosować antykoncepcję doustną

pil·lage ['pɪlɪdʒ] *s* grabież, rabunek; *vt* rabować, grabić

pil·lar ['pɪlə] *s* słup, filar

pil·lar box ['pɪləbɒks] *s bryt.* skrzynka pocztowa (*stojąca*)

pill box ['pɪlbɒks] *s* pudełko na pigułki; mała okrągła czapeczka; *wojsk.* schron betonowy

pil·lion ['pɪljən] *s* tylne siodełko (*motocykla*)

pil·lo·ry ['pɪlərɪ] *s* pręgierz; *vt* postawić pod pręgierzem

pil·low ['pɪləu] *s* poduszka

pil·low·case ['pɪləukeɪs] *s* poszewka

pi·lot ['paɪlət] *s* pilot; *vt* pilotować

pi·lot·age ['paɪlətɪdʒ] *s* pilotaż

pimp [pɪmp] *s pot.* sutener, stręczyciel

pim·ple ['pɪmpl] *s* pryszcz; krosta

pim·pled ['pɪmpld], **pim·ply** ['pɪmplɪ] *adj* pryszczaty

pin [pɪn] *s* szpilka; **I don't care a ~!** gwiżdżę na to!; *vt* przyszpilić, przymocować, przygwoździć

pin·a·fore ['pɪnəfɔ:] *s* fartuszek (dziecinny)

pin·cers ['pɪnsəz] *s* szczypce, kleszcze, obcążki

pinch [pɪntʃ] *vt vi* szczypać; przycisnąć; (*o bucie*) uciskać, uwierać; *pot.* porwać; buchnąć; *s* uszczypnięcie, szczypanie; ucisk; nagły ból; szczypta

pine 1. [paɪn] *s bot.* sosna; *pot. bot.* ananas

pine 2. [paɪn] *vi* schnąć, marnieć; bardzo tęsknić (**after sb, sth** za kimś, za czymś); **~ away** marnieć, ginąć

pine·ap·ple ['paɪn,æpl] *s bot.* ananas

pin·ion ['pɪnjən] *s* koniec (ptasiego) skrzydła, lotka; kółko zębate; *vt* podciąć skrzydła; związać ręce; skrępować

pink 1. [pɪŋk] *s bot.* goździk; kolor różowy; *adj* różowy; *vt* zaróżowić

pink 2. [pɪŋk] *vt* przebijać, dziurkować; ząbkować

pin·na·cle ['pɪnəkl] *s* szczyt, wierzchołek; wieżyczka

pin·point ['pɪnpɔɪnt] *s* koniec szpilki; *vt* dokładnie określić, ustalić położenie; zbombardować

pint [paɪnt] *s* pół kwarty

pi·o·neer [,paɪə'nɪə] *s* pionier; *vt vi* wykonywać pionierską pracę, torować drogę

pi·ous ['paɪəs] *adj* pobożny

pip [pɪp] *s* ziarnko owocu; gwiazdka (*oficerska*); oczko (*w grze*)

pipe [paɪp] *s* rura, rurka; przewód; fujarka; fajka; *pl.* **~s**, *także* **bagpipes** dudy, kobza; *vt vi* grać na fujarce, świstać, gwizdać;

plain

świergotać; skanalizować (*a house* dom)

pipe·line ['paɪplaɪn] s rurociąg

pip·er ['paɪpə] s grający na fujarce; kobziarz, dudarz

pip·ing ['paɪpɪŋ] *ppraes i* s instalacja rurowa; sieć wodociągowa; gra na fujarce; świst; świergot

pi·quant ['piːkənt] *adj* pikantny

pique [piːk] *vt* ubość, dotknąć; obrazić; zaciekawić; s uraza; żal

pi·rate ['paɪrət] s pirat, korsarz; plagiator; *vt vi* rabować, uprawiać piractwo

Pis·ces ['paɪsiːz] s Ryby (*znak zodiaku*)

piss [pɪs] *vi wulg.* szczać, lać

pis·til ['pɪstɪl] s *bot.* słupek

pis·tol ['pɪstl] s pistolet

pis·ton ['pɪstn] s *techn.* tłok

pit [pɪt] s dół, jama; kopalnia, szyb; pułapka; *am.* miejsce transakcji giełdowych

pitch 1. [pɪtʃ] s smoła; *vt* smołować

pitch 2. [pɪtʃ] *vt* ustawiać, lokować; wystawiać (*towary*); rozbijać (*namiot*); *wojsk.* ustawiać w szyku bojowym; stroić instrument; nadziewać (*np. na widły*); *sport* rzucać (*oszczepem itp.*); *vi* rzucić się (*into sb* na kogoś); opaść, zapaść się; s szczyt, wierzchołek; stopień, natężenie; wysokość tonu; poziom lotu; spadek, upadek; rzut; miejsce (*przekupnia, żebraka itd.*); stanowisko

pitch·er ['pɪtʃə] s dzban; *sport* (*w baseballu*) zawodnik rzucający piłkę; kamień brukowy

pitch·fork ['pɪtʃfɔːk] s widły

pit·e·ous ['pɪtɪəs] *adj* żałosny

pit·fall ['pɪtfɔːl] s pułapka

pith [pɪθ] s rdzeń, szpik; *przen.* wigor

pit·head ['pɪthed] s wejście do szybu, nadszybie

pith·y ['pɪθɪ] *adj* rdzeniowy; *przen.* pełen wigoru, jędrny; treściwy

pit·i·a·ble ['pɪtɪəbl] *adj* żałosny

pit·i·ful ['pɪtɪfl] *adj* litościwy, współczujący; żałosny, nędzny

pit·i·less ['pɪtɪləs] *adj* bezlitosny

pit·man ['pɪtmən] s (*pl pitmen* ['pɪtmən]) górnik

pit·tance ['pɪtns] s nędzne wynagrodzenie; nędzna porcja, ochłap

pit·y ['pɪtɪ] s litość, politowanie; szkoda; *to take* ~ litować się (*on sb* nad kimś); *what a* ~*!* jaka szkoda!; *a thousand pities* wielka szkoda; *vt* litować się (*sb* nad kimś); żałować (*sb* kogoś)

pi·vot ['pɪvət] s oś; czop (*osi*); *przen.* oś (*sprawy*)

pix·ie, pix·y ['pɪksɪ] s (złośliwy) chochlik

piz·za ['piːtsə] s pizza

plac·ard ['plækɑːd] s plakat, afisz; *vt* rozlepiać afisze, ogłaszać

pla·cate [plə'keɪt] *vt* łagodzić, zjednywać sobie

place [pleɪs] s miejsce; miejscowość; siedziba; lokal; ulica; plac; dom; posiadłość; lokal, zakład; posada; zawód; *at my* ~ u mnie (w domu); *to give* ~ ustąpić; *to take* ~ odbyć się; *to take the* ~ *of sb, sth* zastąpić kogoś, coś; *in* ~ na miejscu, stosowny; *in* ~ *of* zamiast; *out of* ~ nie na miejscu, nieodpowiedni; *in the first* ~ przede wszystkim; *vt* umieścić; pomieścić; kłaść, stawiać; określić miejsce, umiejscowić

plac·id ['plæsɪd] *adj* spokojny, łagodny

pla·gia·rize ['pleɪdʒəraɪz] *vt* popełniać plagiat

pla·gia·ry ['pleɪdʒərɪ] s plagiat; plagiator

plague [pleɪg] s zaraza, plaga; *vt* dotknąć plagą; *przen.* dręczyć

plaid [plæd] s pled (*zw.* w kratę)

plain [pleɪn] *adj* gładki, prosty; zrozumiały, jasny; wyraźny; otwarty, szczery; pospolity, zwyczajny; ~ *sailing pot.* jak po maśle; ~ *dealing* uczciwe postępowanie; ~

P

living prosty tryb życia; *in ~ clothes* w cywilnym ubraniu; *~ clothes man* policjant w cywilnym ubraniu; *pot.* tajniak

plain·tiff ['pleɪntɪf] *s prawn.* o-skarżyciel, powód

plain·tive ['pleɪntɪv] *adj* żałosny

plait [plæt] *s* fałda; warkocz; plecionka; *vt* układać w fałdy; splatać

plan [plæn] *s* plan, projekt, zamiar; *vt* planować, zamierzać

plane 1. [pleɪn] *s* samolot; *vt* lecieć samolotem, szybować

plane 2. [pleɪn] *adj* płaski, równy; *s* płaszczyzna; poziom; hebel; *vt* gładzić, wyrównywać, heblować

plan·et ['plænɪt] *s* planeta

plank [plæŋk] *s* deska; (główny) punkt programu politycznego; *vt* obijać deskami, szalować

plant [plɑːnt] *s* roślina; instalacje, warsztaty, urządzenie fabryki; fabryka; *vt* sadzić, siać; wsadzać, wtykać; wszczepić, wpoić; osiedlać; umieszczać, ustawiać; założyć (*miasto itd.*)

plan·ta·tion [plæn'teɪʃn] *s* plantacja

plant·er ['plɑːntə] *s* plantator; maszyna do flancowania sadzonek

plaque [plɑːk] *s* plakietka; płyta pamiątkowa; osad nazębny

plas·ma ['plæzmə] *s* plazma (*krwi, gazowa*)

plas·ter ['plɑːstə] *s* gips; tynk; *med.* **sticking** ~ plaster; *vt* gipsować; tynkować; przyłożyć plaster

plas·tic ['plæstɪk] *adj* plastyczny; plastykowy; *s* plastyk, tworzywo sztuczne; *~* **surgery** operacja plastyczna; *~* **money** *pot.* karta kredytowa

plate [pleɪt] *s* płyta; tafla; talerz; klisza; sztych; *number ~ mot. bryt.* tablica rejestracyjna; *zbior.* naczynia metalowe, platery; *vt* platerować, pokryć metalem, opancerzyć

pla·teau ['plætəʊ] *s* płaskowzgórze; taca, patera

plat·form ['plætfɔːm] *s* platforma; peron; trybuna, estrada

plat·i·num ['plætɪnəm] *s* platyna

plat·i·tude ['plætɪtjuːd] *s* płytkość (*wypowiedzi itd.*); banał

pla·toon [plə'tuːn] *s wojsk.* pluton

plau·si·ble ['plɔːzəbl] *adj* możliwy do przyjęcia, prawdopodobny, pozornie uzasadniony

play [pleɪ] *vt vi* bawić się (*at sth* w coś; *with sth* czymś); igrać, swawolić; grać (*at sth* w coś); grać rolę; udawać; *sport* rozegrać (*mecz*); (*o świetle, kolorach*) mienić się; *to ~ cards* grać w karty; *to ~ fair* grać przepisowo; *przen.* postępować uczciwie; *to ~ the violin* grać na skrzypcach; *to ~ tricks* płatać figle; *to ~ the fool* udawać głupiego; *~ away* przegrać (*majątek itd.*); *~ down* lekceważyć, pomniejszać; nie doceniać; *~ off* symulować; *sport* grać do rozstrzygnięcia; dogrywka; żartować sobie (*sb z* kogoś); *~ out* grać do końca; *~ for time* grać na czas; *~ed out* zgrany, zużyty, przebrzmiały; *s* gra, zabawa, rozrywka; figiel, żart; sztuka sceniczna; *~ on words* gra słów; *sport* gra sportowa

play·boy ['pleɪbɔɪ] *s pot.* playboy; bon vivant

play·er ['pleɪə] *s* gracz; aktor; muzyk; *sport* sportowiec

play·fel·low ['pleɪ,feləʊ] *s* towarzysz zabaw dziecinnych

play·ful ['pleɪfl] *adj* figlarny, wesoły; żartobliwy

play·girl ['pleɪgɜːl] *s pot.* rozrywkowa dziewczyna

play·ground ['pleɪgraʊnd] *s* boisko

play·house ['pleɪhaʊs] *s* teatr

play·ing field ['pleɪɪŋfiːld] *s* boisko

play·mate ['pleɪmeɪt] = *playfellow*

plough

play-off ['pleɪɒf] s sport dogrywka
play-thing ['pleɪθɪŋ] s zabawka
play-wright ['pleɪraɪt] s dramaturg
plea [pli:] s usilna prośba; usprawiedliwienie; pretekst; *prawn.*
obrona (*wygłaszana przez o-
skarżonego*)
plead [pli:d] *vt vi* ujmować się
(*for sb's favour* za kimś); błagać
(*with sb for sth* kogoś o coś);
usprawiedliwiać się; powoływać
się (*sth* na coś); *prawn.* bronić
(*w sądzie*), wygłaszać mowę
obrończą; *to ~ ignorance*
tłumaczyć się nieświadomością;
to ~ guilty przyznać się do winy
plead·er ['pli:də] s *prawn.* obrońca
pleas·ant ['pleznt] *adj* miły, przyjemny; figlarny
pleas·ant·ry ['plezntrɪ] s żartobli-
wość, figlarność; żart
please [pli:z] *vt vi* sprawiać przyjemność; uznać za stosowne; zadowolić, zaspokoić; *vr ~ oneself*
znajdować upodobanie; robić po
swojemu; *~ come in!* proszę
wejść; *if you ~* proszę bardzo; *~
not to go out* proszę nie wychodzić; *to be ~d* być zadowo-
lonym (*with sth* z czegoś); mieć
przyjemność (*at sth* w czymś);
raczyć; *I am ~d to say* z przyjemnością stwierdzam; *do as you ~*
rób, jak chcesz
pleas·ing ['pli:zɪŋ] *ppraes i adj*
miły, ujmujący
pleas·ure ['pleʒə] s przyjemność;
to take ~ doing sth mieć przyjemność w czymś; *at ~* do woli; *at
your ~* według twojego upodoba-
nia; *with ~* z przyjemnością
pleas·ure boat ['pleʒəbəut] s
łódź spacerowa
pleas·ure ground ['pleʒə-
graund] s park przeznaczony do
zabaw
pleat [pli:t] s fałda, zakładka, plisa; *vt* układać w fałdy, plisować

ple·be·ian [plɪ'bi:ən] *adj* plebejs-
ki; s plebejusz
pleb·i·scite ['plebɪsɪt] s plebiscyt
pledge [pledʒ] s zastaw, gwarancja; ślubowanie; zobowiązanie; *to
take the ~* ślubować wstrzemięźliwość (*od alkoholu*); *vt* dawać w zastaw, zastawiać; ślubować; zobowiązywać się pod
słowem honoru (*sth* do czegoś);
to ~ one's word dawać słowo
honoru; *vr ~ oneself* zobowiązywać się pod słowem honoru
ple·na·ry ['pli:nərɪ] *adj* plenarny;
całkowity
plen·i·po·ten·tia·ry [ˌplenɪpə-
'tenʃərɪ] *adj* pełnomocny; s
pełnomocnik
plen·i·tude ['plenɪtju:d] s pełnia
(*of sth* czegoś)
plen·ti·ful ['plentɪfl] *adj* obfity,
liczny
plen·ty ['plentɪ] s obfitość, duża
ilość; *~ of* dużo
pli·a·ble ['plaɪəbl] *adj* giętki,
podatny, ustępliwy
pli·ant ['plaɪənt] = *pliable*
pli·ers ['plaɪəz] s pl szczypce, kleszcze
plight 1. [plaɪt] s położenie (*zw.*
trudne), sytuacja
plight 2. [plaɪt] s przyrzeczenie,
ślubowanie; *vt* przyrzekać, ślubować; *vr ~ oneself* ślubować wierność
plod [plɒd] *vi* wlec się z trudem;
(*także ~ along*) ciężko pracować;
harować (*at sth* nad czymś);
wkuwać (*lekcje itd.*)
plod·der ['plɒdə] s człowiek wytrwale pracujący
plot 1. [plɒt] s kawałek gruntu;
działka
plot 2. [plɒt] s spisek, intryga; temat (*powieści, dramatu*); *vt vi*
spiskować, intrygować, knuć
plot·ter ['plɒtə] s intrygant,
spiskowiec
plough [plau] s pług; *vt* orać; pruć
(*fale, powietrze*); *~ up* *pot.*

P

przeorać (*np. stos dokumentów*)

plough·man ['plaʊmən] *s* (*pl* **ploughmen** ['plaʊmən]) oracz

plow, plow·man *am.* = **plough, ploughman**

pluck [plʌk] *vt* skubać, rwać, szarpać, pociągać; wyrywać; *pot.* ścinać przy egzaminie; **~ up one's courage** zebrać się na odwagę; *vi* szarpać (**at sth** coś); *s* odwaga; śmiałość

pluck·y ['plʌkɪ] *adj* odważny, śmiały

plug [plʌg] *s* szpunt, czop, wtyczka; sztyft; tampon; *mot.* świeca (*w silniku*); *dent.* plomba; *vt* szpuntować, zatykać; **~ in** wetknąć wtyczkę (do gniazdka)

plum [plʌm] *s* śliwka; rodzynek (*w cieście*)

plum·age ['pluːmɪdʒ] *s* upierzenie; *zbior.* pióra

plumb [plʌm] *s* kulka ołowiana (*pionu*); (*także ~ line*) pion; **out of ~** nie w pionie, nie prostopadle; *adj* pionowy; *adv* pionowo, prosto; *pot.* całkowicie, dokładnie; *vt* badać pion, sondować; *przen.* zgłębiać, przenikać

plumb·er ['plʌmə] *s* hydraulik

plume [pluːm] *s* pióro; pióropusz; *vt* zdobić w pióra; *vr* **~ oneself** pysznić się

plump [plʌmp] *adj* pulchny, tłusty; *vt* tuczyć; *vi* nabierać ciała

plump 2. [plʌmp] *vt* cisnąć, rzucić; *vi* ciężko upaść; *s* ciężki upadek

plum pud·ding [,plʌm'pʊdɪŋ] *s* budyń z rodzynkami

plund·er ['plʌndə] *vt vi* plądrować, grabić; *s* grabież; łup

plunge [plʌndʒ] *vt vi* zanurzać (się) (**into sth** w coś); nurkować, rzucać się; wpadać; wsadzać, wtykać; *s* zanurzenie (się), skok do wody, nurkowanie

plung·er ['plʌndʒə] *s* nurek

plu·ral ['plʊərəl] *adj gram.* mnogi; *s gram.* liczba mnoga

plu·ral·is·m ['plʊərəlɪzm] *s* pluralizm

plu·ral·i·ty [plʊə'rælətɪ] *s* wielość, mnogość; większość

plus [plʌs] *adv i praep* plus; i; *adj* dodatkowy, dodatni; *s* plus, znak dodawania

plus fours [,plʌs'fɔːz] *s pl* pumpy

plush [plʌʃ] *s* plusz

ply 1. [plaɪ] *s* fałda; skłonność; warstwa; zwój; pasmo

ply 2. [plaɪ] *vt vi* wykonywać, uprawiać (**sth** coś); bez przerwy pracować; regularnie kursować; natarczywie częstować; zasypywać (*pytaniami, faktami itd.*)

ply·wood ['plaɪwʊd] *s* dykta, sklejka

pneu·mat·ic [njuː'mætɪk] *adj* pneumatyczny

pneu·mat·ics [njuː'mætɪks] *s* pneumatyka

pneu·mo·ni·a [njuː'məʊnɪə] *s med.* zapalenie płuc

poach 1. [pəʊtʃ] *vi* uprawiać kłusownictwo; (*o ziemi*) rozmiękać; *vt* rozdeptywać

poach 2. [pəʊtʃ] *vt* gotować (*jajko*) bez skorupy

poach·er ['pəʊtʃə] *s* kłusownik

pock·et ['pɒkɪt] *s* kieszeń; *vt* włożyć do kieszeni; przywłaszczyć; *adj attr* kieszonkowy; **~ edition** wydanie kieszonkowe

pock·et·book ['pɒkɪtbʊk] *s* notatnik; portfel

pock·et·knife ['pɒkɪtnaɪf] (*pl* **pocketknives** ['pɒkɪtnaɪvz]) *s* scyzoryk

pock·et mon·ey ['pɒkɪt,mʌnɪ] *s* kieszonkowe

pock·marked ['pɒkmɑːkt] *adj* dziobaty, ospowaty

pod [pɒd] *s* strączek; kokon

podg·y ['pɒdʒɪ] *adj* pękaty, przysadzisty

po·em ['pəʊɪm] *s* poemat, wiersz

po·et ['pəʊɪt] *s* poeta

po·et·ic(al) [pəʊ'etɪk(l)] *adj* poetycki, poetyczny

po·et·ry ['pəʊitri] s poezja

poign·ant ['pɔinjənt] adj przejmujący, chwytający za serce; dojmujący; ostry; cierpki; sarkastyczny

point [pɔint] s punkt; cel; zamiar; istota rzeczy, sedno sprawy; sens; kwestia, sprawa; pozycja, szczegół; chwila, moment; ostry koniec, ostrze; stopień (np. napięcia); kreska (na termometrze); cecha charakterystyczna; **~ of order** wniosek formalny, kwestia porządkowa; **~ of view** punkt widzenia, teza; **~ of honour** punkt honoru; **~ of exclamation** gram. wykrzyknik; **~ of interrogation** gram. znak zapytania; **full ~** gram. kropka; **to carry one's ~** osiągnąć cel; **in ~** trafny, w sam raz; **the case in ~** odpowiedni wypadek; to, o co chodzi; **in ~ of** pod względem, odnośnie do; **in ~ of fact** faktycznie; **to the ~** do rzeczy; **off the ~** nie na temat; **to make a ~ of sth** uważać coś za rzecz konieczną; **to be on the ~ of doing sth** mieć właśnie coś zrobić; **I see your ~** rozumiem, o co ci chodzi; **to make a ~** uważać za rzecz zasadniczą; vt punktować; kropkować; ostrzyć; wskazywać; nastawiać, celować (np. **the revolver at sb** z rewolweru do kogoś); vi wskazywać (**at sb, sth** na kogoś, coś); ukazywać (**to sth** coś); zwracać uwagę (**at sth** na coś); zmierzać (**at sth** do czegoś); **~ out** wykazywać, uwydatniać, zaznaczać

point-blank [,pɔint'blæŋk] adv bezpośrednio, wprost; kategorycznie

point du·ty ['pɔint,djuːti] s służba na posterunku

point·ed ['pɔintid] pp i adj zaostrzony; spiczasty; ostry; dosadny, dobitny; cięty, zjadliwy

point·er ['pɔintə] s wskaźnik

poise [pɔiz] vt ważyć, równoważyć, utrzymywać w równowadze; trzymać w powietrzu; przen. rozważać; vi wisieć w powietrzu; być zrównoważonym; s równowaga; spokój; zrównoważona postawa; postawa, sposób trzymania głowy; stan zawieszenia

poi·son ['pɔizn] s trucizna; vt truć

poi·son·ous ['pɔiznəs] adj trujący

poke [pəʊk] vt wtykać, wpychać, szturchać; grzebać (np. w piecu); **to ~ fun** żartować sobie (**at sb, sth** z kogoś, czegoś); vi szperać, myszkować; szturchać, trącąc (**at sb, sth** kogoś, coś)

pok·er 1. ['pəʊkə] s pogrzebacz

pok·er 2. ['pəʊkə] s poker (gra w karty)

po·lar ['pəʊlə] adj polarny; mat. geogr. biegunowy

pole 1. [pəʊl] s biegun

pole 2. [pəʊl] s drąg, słup, tyczka, maszt; sport **~ vault** skok o tyczce

Pole [pəʊl] s Polak, Polka

pole·cat ['pəʊlkæt] s zool tchórz

po·lem·ic [pə'lemik] adj polemiczny; s polemista; polemika

po·lem·ics [pə'lemiks] s polemika

po·lice [pə'liːs] s policja; **traffic ~** policja drogowa; zbior policjanci; **the military ~** żandarmeria; vt utrzymywać porządek przy pomocy policji; patrolować

po·lice·man [pə'liːsmən] s (pl **policemen** ['pə'liːsmən]) policjant; żart. **sleeping ~** mot. bryt. próg zwalniający (dla samochodów)

po·lice sta·tion [pə'liːs,steiʃn] s posterunek policji

pol·i·cy 1. ['pɒləsi] s polityka (jako sposób <kierunek> działania); kurs, linia, taktyka

pol·i·cy 2. ['pɒləsi] s polisa (ubezpieczeniowa); **to take out a ~** ubezpieczyć się

po·li·o ['pəʊliəʊ], **po·li·o·my·e·litis** [,pəʊliəʊmaiə'laitis] s med.

P

paraliż dziecięcy, choroba Heine-Medina

pol·ish ['pɒlɪʃ] s połysk; politura; pasta; ogłada; vt politurować; nadawać połysk; czyścić (*np. buty*); nadać ogładę (**sb** komuś)

Pol·ish ['pəʊlɪʃ] adj polski; s język polski

pol·ished ['pɒlɪʃt] adj wytworny, z ogładą

po·lite [pə'laɪt] adj grzeczny, uprzejmy

pol·i·tic ['pɒlətɪk] adj przezorny, rozsądny, zręczny; **the body ~** państwo (*jako organizm państwowy*)

po·lit·i·cal [pə'lɪtɪkl] adj polityczny; **~ science** nauki polityczne

pol·i·ti·cian [ˌpɒlə'tɪʃn] s polityk

pol·i·tick·ing ['pɒlɪtɪkɪŋ] s uj. politykierstwo

pol·i·tics ['pɒlɪtɪks] s polityka

pol·i·ty ['pɒlətɪ] s polityka administracyjna, forma rządzenia, ustrój

poll [pəʊl] s spis wyborców; głosowanie (wyborcze); obliczanie głosów; ankieta; vt obcinać rogi; przycinać (*np. drzewo*); oddawać (*głos*); liczyć (*głosy*); otrzymać (*głosy*); vi głosować

pol·lute [pə'luːt] vt zanieczyszczać, skazić

pol·lu·tion [pə'luːʃn] s zanieczyszczenie, skażenie; polucja

pol·y·glot ['pɒlɪglɒt] s poliglota

pol·y·gon ['pɒlɪgən] s wielokąt

pol·y·graph ['pɒlɪgrɑːf] s wariometr, wykrywacz kłamstw

pol·y·syl·lab·ic [ˌpɒlɪsɪ'læbɪk] adj wielozgłoskowy

pol·y·tech·nic [ˌpɒlɪ'teknɪk] adj politechniczny; s wyższa szkoła zawodowa, zw. techniczna

pom·e·gran·ate ['pɒmɪˌgrænət] s bot. granat (*owoc i drzewo*)

pom·i·cul·tu·re ['pɒmɪˌkʌltʃə] s sadownictwo

pomp [pɒmp] s pompa, wystawność, parada

pom·pous ['pɒmpəs] adj pompa-

tyczny, nadęty; paradny, okazały

pond [pɒnd] s staw

pon·der ['pɒndə] vt rozważać; vi rozmyślać, zastanawiać się (**on sth** nad czymś)

pon·der·a·bil·i·ty [ˌpɒndərə'bɪlətɪ] s ważkość

pon·der·ous ['pɒndərəs] adj ciężki; ważny

pon·iard ['pɒnjəd] s sztylet

pon·tiff ['pɒntɪf] s papież

pon·tif·i·cate [pɒn'tɪfɪkət] s pontyfikat

pon·toon 1. [pɒn'tuːn] s ponton

pon·toon 2. [pɒn'tuːn] s bryt. (*gra*) oko, 21

pon·y ['pəʊnɪ] s zool. kucyk

poo·dle ['puːdl] s pudel

pool 1. [puːl] s kałuża, sadzawka; basen (*pływacki*)

pool 2. [puːl] s pula (w grze); wspólny fundusz; **~s** totalizator; handl. rodzaj kartelu; vt gromadzić wspólny kapitał; gospodarzyć wspólnym kapitałem

poor [pʊə] adj ubogi, lichy; nie mający znaczenia; nędzny; biedny, nieszczęśliwy

poor·ly ['pʊəlɪ] adv ubogo; licho; adj niezdrów, mizerny

pop 1. [pɒp] vt trzasnąć; rozerwać; wystrzelić; cisnąć; vi rozrywać się z trzaskiem, pęknąć; pot. **~ in** zajrzeć (**on sb** do kogoś); **~ off** zwiać, uciec; s trzask, wystrzał; adv pot. z trzaskiem

pop 2. [pɒp] = adj. **popular**; **~ music** muzyka pop; **~ culture** kultura masowa

pope [pəʊp] s papież

pop·ish ['pəʊpɪʃ] adj uj. papieski

pop·lar ['pɒplə] s bot. topola

pop·lin ['pɒplɪn] s popelina

pop·py ['pɒpɪ] s bot. mak

pop·u·lace ['pɒpjʊləs] s tłum, pospólstwo, lud

pop·u·lar ['pɒpjʊlə] adj ludowy; popularny; potoczny

pop·u·lar·i·ty [ˌpɒpjʊ'lærɪtɪ] s popularność

pop·u·lar·ize ['pɒpjʊləraɪz] *vt* popularyzować

pop·u·late ['pɒpjʊleɪt] *vt* zaludniać

pop·u·la·tion [,pɒpjʊ'leɪʃn] *s* zaludnienie, ludność

pop·u·lous ['pɒpjʊləs] *adj* ludny, gęsto zaludniony

porce·lain ['pɔːslɪn] *s* porcelana

porch [pɔːtʃ] *s* portyk, ganek; *am.* weranda

pore 1. [pɔː] *s anat.* por; otworek

pore 2. [pɔː] *vi* ślęczeć (**over sth** nad czymś); zamyślać się (**upon sth** nad czymś)

pork [pɔːk] *s* wieprzowina

por·nog·ra·phy [pɔː'nɒgrəfɪ] *s* (*także pot.* **porn(o)**)) pornografia

po·ros·i·ty [pɔː'rɒsətɪ] *s* porowatość

po·rous ['pɔːrəs] *adj* porowaty

por·ridge ['pɒrɪdʒ] *s* owsianka

port 1. [pɔːt] *s mors.* port

port 2. [pɔːt] *s techn.* otwór, wlot; brama miejska; *mors.* otwór ładunkowy; (*także* **~ hole**) iluminator; lewa burta

port 3. [pɔːt] *s* (*także* **~wine**) portwajn (*rodzaj słodkiego wina*)

port·a·ble ['pɔːtəbl] *adj* przenośny

por·tal ['pɔːtl] *s arch.* portal

por·tend [pɔː'tend] *vt* zapowiadać; przepowiadać

por·tent ['pɔːtent] *s* zapowiedź, oznaka (*np. burzy*); omen

por·ten·tous [pɔː'tentəs] *adj* złowróżbny; nadzwyczajny, cudowny

por·ter 1. ['pɔːtə] *s* portier

por·ter 2. ['pɔːtə] *s* bagażowy

por·ter 3. ['pɔːtə] *s* porter (*gatunek piwa*)

port·fo·li·o [,pɔːt'fəʊlɪəʊ] *s* teka (*ministra*); aktówka; *handl.* portfel wekslowy

port·hole ['pɔːthəʊl] *s mors.* iluminator; *mors.* otwór strzelniczy

por·tion ['pɔːʃn] *s* porcja; udział,

cząstka; partia (*czegoś*); *vt* dzielić (na porcje); (*także* **~ out**) wydzielać

port·ly ['pɔːtlɪ] *adj* pełen godności; okazały; korpulentny

port·man·teau [pɔːt'mæntəʊ] *s* walizka dawnego typu

por·trait ['pɔːtrɪt] *s* portret

por·tray [pɔː'treɪ] *vt* portretować; przedstawiać; odtwarzać

por·tray·al [pɔː'treɪəl] *s* portret; portretowanie; opis, przedstawienie

Por·tu·guese [,pɔːtʃʊ'giːz] *adj* portugalski; *s* Portugalczyk

pose [pəʊz] *s* poza, postawa; *vi* pozować; *vt* stawiać (*pytanie*), wygłaszać (*opinię*)

pos·er ['pəʊzə] *s* łamigłówka, trudne pytanie

po·seur [pəʊ'zɜː] *s* pozer

po·si·tion [pə'zɪʃn] *s* pozycja, położenie; pozycja społeczna; możność; stan; stanowisko; **to be in a ~ to do sth** być w stanie coś zrobić; *vt* umieszczać, ustalać położenie

pos·i·tive ['pɒzətɪv] *adj* pozytywny, twierdzący; *am.* pewny, przekonany; dodatni; bezwzględny, stanowczy; *gram.* równy; *s fot* pozytyw

pos·sess [pə'zes] *vt* posiadać; **to be ~ed of sth** posiadać coś na własność; władać (**sth** czymś); opętać

pos·sessed [pə'zest] *pp i adj* opanowany (*także* **self-~**); opętany (**by the devil** przez diabła)

pos·ses·sion [pə'zeʃn] *s* posiadanie; władanie (**of sth** czymś); posiadłość, posiadany przedmiot; panowanie nad sobą; **to take ~ of sth** objąć coś w posiadanie, zawładnąć czymś

pos·ses·sive [pə'zesɪv] *adj* dotyczący posiadania; (*o chęci*) posiadania; *gram.* dzierżawczy; **~ case** dopełniacz; *s gram* dopełniacz; zaimek dzierżawczy

pos·ses·sor [pə'zesə] *s* właściciel, posiadacz

pos·si·bil·i·ty [ˌpɒsə'bɪlətɪ] *s* możliwość, możność

pos·sible ['pɒsəbl] *adj* możliwy; ewentualny; **as soon as ~** jak najszybciej

post 1. [pəust] *s* słup; *vt* naklejać na słupie, rozlepiać afisze, ogłaszać się za pomocą afiszów, wywieszać (*afisz, kartkę itp.*)

post 2. [pəust] *s* poczta; **by ~** pocztą; **by return of ~** odwrotną pocztą; *vt* wysłać pocztą, wrzucić (*list*) do skrzynki pocztowej

post 3. [pəust] *s* posterunek; stanowisko, posada; *vt* umieścić na stanowisku, wyznaczyć (*zadania, obowiązki*)

post·age ['pəustɪdʒ] *s* opłata pocztowa

post·age stamp ['pəustɪdʒstæmp] *s* znaczek pocztowy

pos·tal ['pəustl] *adj* pocztowy; **~ card** pocztówka; **~ code** kod pocztowy

post·card ['pəustkɑːd] *s* kartka pocztowa; **picture ~** widokówka

post·er ['pəustə] *s* afisz

pos·te·ri·or [pɒ'stɪərɪə] *adj* późniejszy, następny; tylny; *s* tył, tylna część

pos·ter·i·ty [pɒ'sterətɪ] *s* potomność, potomkowie

post-free [ˌpəust'friː] *adj* wolny od opłaty pocztowej

post·grad·u·ate [ˌpəust'grædʒuət] *adj* dotyczący studiów po uzyskaniu tytułu uniwersyteckiego; *s* student kontynuujący naukę po uzyskaniu tytułu uniwersyteckiego, doktorant

post·hu·mous ['pɒstjuməs] *adj* pośmiertny

post·man ['pəustmən] *s* (*pl* **postmen** ['pəustmən]) listonosz

post·mark ['pəustmɑːk] *s* stempel pocztowy

post·mas·ter ['pəustˌmɑːstə] *s* naczelnik poczty

post·mor·tem [ˌpəust'mɔːtem] *adj attr* pośmiertny; **~ examination** obdukcja; *s* obdukcja

post of·fice ['pəustˌɒfɪs] *s* urząd pocztowy

post·paid [ˌpəust'peɪd] *adj* (*o przesyłce pocztowej*) opłacony

post·pone [pəust'pəun] *vt* odraczać, odwlekać; podporządkowywać (**sth to sth** coś czemuś)

post·script ['pəusskrɪpt] *s* postscriptum

pos·tu·late ['pɒstjuleɪt] *vt* domagać się; postulować; *s* postulat

pos·ture ['pɒstʃə] *s* położenie; postawa, poza

post-war ['pəustwɔː] *adj* powojenny

po·sy ['pəuzɪ] *s lit.* bukiet, wiązanka

pot [pɒt] *s* garnek; dzban; wazon; doniczka; czajniczek (*do herbaty, kawy*); nocnik; *pot. sport* puchar; **to make the ~ boil** z trudem zarabiać na kawałek chleba; *vt* włożyć do garnka; przechowywać w garnku; sadzić w doniczce

po·ta·to [pə'teɪtəu] *s* (*pl* **~es**) *bot.* kartofel, ziemniak

po·ta·to bee·tle [pə'teɪtəuˌbiːtl] *s zool.* stonka ziemniaczana

pot·boil·er ['pɒtˌbɔɪlə] *s* chałtura (*mierna praca autorska pisana dla zarobku*)

po·tent ['pəutnt] *adj* silny, potężny; przekonywający; skuteczny

po·ten·tate ['pəutənteɪt] *s* potentat

po·ten·tial [pə'tenʃl] *adj* potencjalny

pot·hole ['pɒthəul] *s* wybój, dziura w jezdni; jaskinia

po·tion ['pəuʃn] *s* napój (*zw.* leczniczy)

pot-lid ['pɒtlɪd] *s* pokrywka, przykrywka

pot·ter ['pɒtə] *s* garncarz

pot·ter·y ['pɒtərɪ] *s* garncarstwo; wyroby garncarskie; garncarnia

precaution

pouch [pautʃ] *s* woreczek; kapciuch (*na tytoń*); kieszeń; *wojsk.* ładownica; *vt* włożyć do woreczka; wydymać

pouf [pu:f] *s* puf, miękki taboret

poul·tice ['pəultɪs] *s med.* gorący okład

poul·try ['pəultrɪ] *s* drób

pounce [pauns] *s* pazur, szpon; gwałtowny ruch (*ptaka drapieżnego*); *vt* chwycić w szpony; *vi* błyskawicznie spaść (**upon sth** na coś)

pound 1. [paund] *s* funt; (*także ~ sterling*) funt szterling

pound 2. [paund] *vt vi* tłuc (**sth** coś; **at sth** w coś)

pound 3. [paund] *s* zagroda (*dla zwierząt, samochodów itp.*); *vt* zamknąć w zagrodzie

pour [pɔ:] *vt* nalewać, rozlewać, lać; **~ in** napływać; **~ out** wylewać (się); *s* ulewa

pout [paut] *vt vi* wydymać wargi; *przen.* robić kwaśną minę

pov·er·ty ['pɒvətɪ] *s* ubóstwo

pow·der ['paudə] *s* proch; proszek; puder; **~ compact** puderniczka; *vt* posypać proszkiem; sproszkować; pudrować

pow·er ['pauə] *s* potęga, moc, władza; możność, zdolność; mocarstwo; *elektr.* energia, siła; *mat.* potęga

pow·er·ful ['pauəfl] *adj* potężny, mocny; wpływowy

pow·er·house ['pauəhaus] = **power station**; (*także*) *s przen.* osoba pełna energii

pow·er·less ['pauəlɪs] *adj* bezsilny

pow·er sta·tion ['pauə,steɪʃn] *s* elektrownia (*także* **powerhouse**)

prac·ti·ca·ble ['præktɪkəbl] *adj* możliwy do przeprowadzenia, wykonalny; nadający się do użytku

prac·ti·cal ['præktɪkl] *adj* praktyczny; realny; faktyczny; **~ joke** kawał, psikus

prac·ti·cal·ly ['præktɪklɪ] *adv* praktycznie; faktycznie, w istocie rzeczy, właściwie

prac·tice ['præktɪs] *s* praktyka, ćwiczenie; **to be out of ~** wyjść z wprawy; **to put in ~** zrealizować

prac·tise ['præktɪs] *vt* praktykować, ćwiczyć (się); uprawiać

prac·ti·tion·er [præk'tɪʃnə] *s* (*zw. o lekarzu*) praktyk; **general ~** lekarz ogólny

prag·ma·tism ['prægmətɪzm] *s* pragmatyzm

prai·rie ['preərɪ] *s* preria

praise [preɪz] *vt* chwalić, sławić; *s* chwała, pochwała

praise·wor·thy ['preɪz,wɜ:ðɪ] *adj* godny pochwały, chwalebny

pram [præm] *s pot.* = **perambulator** wózek dziecięcy

prance [prɑ:ns] *vi* (*o koniu*) stawać dęba; harcować; *pot.* (*o człowieku*) dumnie kroczyć; zadzierać nosa

prank 1. [præŋk] *s* psota, figiel, wybryk; **to play ~s** dokazywać; płatać figle (**on sb** komuś)

prank 2. [præŋk] *vt* stroić, zdobić

prate [preɪt] *vt vi* paplać; *s* paplanina

prat·tle ['prætl] *vt vi* paplać, szczebiotać; *s* paplanina, szczebiot

pray [preɪ] *vt vi* prosić (**for sth** o coś); **~!** błagam!; proszę!

pray·er [preə] *s* modlitwa, prośba; **~ book** modlitewnik

pray·er 2. ['preɪə] *s* modlący się

pre- [pri:] *praef łac.* przed-

preach [pri:tʃ] *vi* wygłaszać kazanie; *vt* głosić, wygłaszać (*kazanie*)

preach·er ['pri:tʃə] *s* kaznodzieja

pre·am·ble ['pri'æmbl] *s* wstęp, wstępna uwaga

pre·car·i·ous [prɪ'keərɪəs] *adj* niepewny, wątpliwy; niebezpieczny

pre·cau·tion [prɪ'kɔ:ʃn] *s* ostrożność, środek ostrożności; **to take ~s** zastosować środki ostrożności

P

pre·cede [prɪ'siːd] *vt vi* poprzedzać (*w czasie*); iść przodem; mieć pierwszeństwo (**sb, sth** przed kimś, przed czymś)

prec·e·d·ence ['presɪdəns] *s* pierwszeństwo

prec·e·dent 1. ['presɪdənt] *s* precedens

pre·ced·ent 2. [prɪ'siːdnt] *adj* poprzedzający, uprzedni

pre·ced·ing [prɪ'siːdɪŋ] *ppraes i adj* poprzedzający, poprzedni; powyższy

pre·cept ['priːsept] *s* reguła; nauka moralna, przykazanie; *prawn.* nakaz

pre·cep·tor [prɪ'septə] *s* nauczyciel, instruktor

pre·cinct ['priːsɪŋkt] *s bryt.* obręb, zakres, granica; *pl.* **~s** najbliższe otoczenie, okolice; *am.* okręg wyborczy

pre·cious ['preʃəs] *adj* drogocenny, wartościowy, cenny; (*o kamieniu itd.*) szlachetny; afektowany; ukochany; *pot.* skończony, kompletny (*np. dureń*); *adv pot.* bardzo, szalenie

prec·i·pice ['presəpɪs] *s* przepaść

pre·cip·i·tate [prə'sɪpɪteɪt] *vt* zrzucić, strącić; przyspieszyć; *chem.* strącić; *vi* spaść; osadzić się; *vr* **~ oneself** rzucić się (**on sb, sth** na kogoś, coś); *adj* [prə'sɪpɪtət] spadzisty, gwałtowny, pośpieszny; nagły; *s* osad

pre·cip·i·ta·tion [prə,sɪpɪ'teɪʃn] *s* zepchnięcie; zrzucenie; upadek; pośpiech, nagłość; *chem.* osad

pre·cip·i·tous [prə'sɪpɪtəs] *adj* przepastny; stromy; urwisty

pré·cis ['preɪsiː] *s* streszczenie

pre·cise [prɪ'saɪs] *adj* dokładny, ścisły; (*o człowieku*) skrupulatny; **~ly!** *int* właśnie!

pre·ci·sion [prɪ'sɪʒn] *s* precyzja

pre·clude [prɪ'kluːd] *vt* uniemożliwiać, zapobiegać

pre·clu·sion [prɪ'kluːʒn] *s* wy-

kluczenie; zapobieżenie (**from sth** czemuś)

pre·clu·sive [prɪ'kluːsɪv] *adj* uniemożliwiający, wykluczający

pre·co·cious [prɪ'kəʊʃəs] *adj* przedwcześnie rozwinięty; przedwczesny

pre·coc·i·ty [prɪ'kɒsətɪ] *s* przedwczesny rozwój

pre·con·ceive [,priːkən'siːv] *vt* powziąć z góry (*sąd, opinię*), uprzedzić się (**sth** do czegoś)

pre·con·cep·tion [,priːkən'sepʃn] *s* z góry powzięty sąd; uprzedzenie

pre·cur·sor [prɪ'kɜːsə] *s* poprzednik, prekursor

pred·a·tor ['predətə] *s* drapieżnik

pred·a·to·ry ['predətərɪ] *adj* drapieżny, łupieżczy

pre·de·ces·sor ['priːdɪsesə] *s* poprzednik; przodek, antenat

pre·des·ti·nate [,priː'destɪneɪt] *vt* predestynować

pre·des·ti·na·tion [priː,destɪ'neɪʃn] *s* predestynacja

pre·des·tine [,priː'destɪn] = **predestinate**

pre·dic·a·ment [prɪ'dɪkəmənt] *s* ciężkie położenie, kłopot

pred·i·cate ['predɪkeɪt] *vt* orzekać, twierdzić; *s* ['predɪkət] *gram.* orzeczenie

pre·dic·a·tive [prɪ'dɪkətɪv] *adj* orzekający; *gram.* orzecznikowy; *s gram.* orzecznik

pre·dict [prɪ'dɪkt] *vt* przepowiadać, prorokować

pre·di·lec·tion [,priːdɪ'lekʃn] *s* szczególne upodobanie (**for sth** do czegoś)

pre·dis·po·si·tion [,priːdɪspə'zɪʃn] *s* skłonność (**to sth** do czegoś)

pre·dom·i·nant [prɪ'dɒmɪnənt] *adj* dominujący, przeważający

pre·dom·i·nate [prɪ'dɒmɪneɪt] *vi* przeważać, dominować; przewyższać (**over sb, sth** kogoś, coś)

pre·em·i·nent [,pri:'eminənt] *adj* górujący, wybitny

pre·fab ['pri:fæb] *s pot. skr.* dom z prefabrykatów

pre·fab·ri·cate [,pri:'fæbrikeit] *vt* prefabrykować

pre·face ['prefis] *s* przedmowa; *vt* poprzedzić przedmową

pre·fect ['pri:fekt] *s* prefekt

pre·fer [pri'fɜ:] *vt* woleć (**sb, sth to, rather than sb, sth** kogoś, coś od kogoś, czegoś); wnosić, przedkładać (*np. skargę*); awansować

pref·er·a·ble ['prefərəbl] *adj* bardziej wskazany (**to sb, sth** aniżeli kimś, coś)

pref·er·ence ['prefərəns] *s* pierwszeństwo;   preferencja, przedkładanie (**of sth to sth** czegoś nad coś)

pre·fix [,pri:'fiks] *vt* umieścić na wstępie, poprzedzić (**sth to sth** coś czymś); *s* ['pri:fiks] *gram.* przedrostek

preg·nan·cy ['pregnənsi] *s* ciąża, brzemienność

preg·nant ['pregnənt] *adj* (*kobieta*) w ciąży, ciężarny; *przen.* brzemienny; pełen treści, ważki; sugestywny

pre·his·tor·ic [,pri:hɪ'stɒrɪk] *adj* prehistoryczny

prej·u·dice ['predʒudɪs]   *s* uprzedzenie,   złe   nastawienie (**against sb, sth** przeciw komuś, czemuś); przychylne nastawienie (**in favour of sb, sth** do kogoś, czegoś); przesąd; szkoda, uszczerbek; **to the ~ of sb** ze szkodą dla kogoś; *vt* uprzedzić, z góry źle usposobić (**sb against sb, sth** kogoś do kogoś, czegoś); przychylnie nastawić (**sb in favour of sb, sth** kogoś do kogoś, czegoś); zaszkodzić, przynieść uszczerbek

prej·u·di·cial [,predʒu'dɪʃl] *adj* szkodliwy (**to sb, sth** dla kogoś, czegoś)

prel·ate ['prelət] *s* prałat, dostojnik kościelny

pre·lim·i·na·ry [prɪ'lɪmɪnəri] *adj* wstępny, przygotowawczy; *s* (*zw. pl* **preliminaries**) preliminaria, wstępne kroki

prel·ude ['prelju:d] *s* wstęp; *muz.* preludium; *vt* zapowiadać; wprowadzić, poprzedzić wstępem; *vi* stanowić wstęp (**to sth** do czegoś)

pre·ma·ture ['premətʃə] *adj* przedwczesny

pre·med·i·tate [,pri:'medɪteɪt] *vt* z góry obmyślić

pre·med·i·ta·tion [pri:,medɪ'teɪʃn] *s* premedytacja

prem·i·er ['premɪə] *s* premier; *adj* pierwszy

prem·ise ['premɪs] *s* *filoz.* przesłanka, założenie; *pl* **~s** lokal, parcela z zabudowaniami; teren

pre·mi·um ['pri:mɪəm] *s* premia; składka (ubezpieczeniowa)

pre·oc·cu·pa·tion [pri:,ɒkju-'peɪʃn] *s* zaabsorbowanie, troska

pre·oc·cu·py [,pri:'ɒkjupaɪ] *vt* absorbować, pochłaniać uwagę

pre·paid [,pri:'peɪd] *adj* z góry opłacony

prep·a·ra·tion [,prepə'reɪʃn] *s* przygotowanie, sporządzenie

pre·par·a·to·ry [prɪ'pærətəri] *adj* przygotowawczy

pre·pare [prɪ'peə] *vt vi* przygotowywać (się); sporządzić

pre·pared [prɪ'peəd] *pp i adj* gotowy

pre·pon·der·ance [prɪ'pɒn-dərəns] *s* przewaga

pre·pon·der·ate [prɪ'pɒndəreɪt] *vi* przeważać (**over sb, sth** nad kimś, czymś)

prep·o·si·tion [,prepə'zɪʃn] *s* *gram.* przyimek

pre·pos·sess [,pri:pə'zes] *vt* uprzedzić, usposabiać (*zw.* przychylnie), ujmować (*zachowaniem itp.*); natchnąć (**sb with sth** kogoś czymś)

P

pre·pos·ter·ous [prɪˈpɒstərəs] *adj* absurdalny, niedorzeczny

pres·age [ˈpresɪdʒ] *s* przepowiednia, zapowiedź; przeczucie; *vt* [*także* prɪˈseɪdʒ] przepowiadać, zapowiadać

pre·scribe [prɪˈskraɪb] *vt* przepisywać, zarządzać, zalecać; *prawn.* unieważnić z powodu przedawnienia

pre·scrip·tion [prɪˈskrɪpʃn] *s* recepta; przepis; *make out a ~* wystawić receptę; *prawn.* *positive ~* nabycie przez zasiedzenie; *negative ~* przedawnienie

pres·ence [ˈprezns] *s* obecność; prezencja, powierzchowność; *~ of mind* przytomność umysłu

pres·ent 1. [ˈpreznt] *adj* obecny, teraźniejszy, niniejszy; *the ~ s* teraźniejszość; *gram.* czas teraźniejszy; *at ~* teraz, obecnie; *for the ~* na razie; *up to the ~* dotychczas

pres·ent 2. [ˈpreznt] *s* prezent; *vt* [prɪˈzent] robić prezent, podarować (*sb with sth* komuś coś); prezentować, przedstawiać, przedkładać; *~ compliments* pozdrawiać, składać uszanowanie; *vr ~ oneself* zgłosić się

pre·sent·a·ble [prɪˈzentəbl] *adj* (*o człowieku*) mający dobrą prezencję

pres·en·ta·tion [ˌpreznˈteɪʃn] *s* przedstawienie; przedłożenie; podarowanie; *~ copy* egzemplarz autorski

pre·sen·ti·ment [prɪˈzentɪmənt] *s* przeczucie

pres·ent·ly [ˈprezntlɪ] *adv* wkrótce, zaraz; *am.* teraz, obecnie

pres·er·va·tion [ˌprezəˈveɪʃn] *s* zachowywanie, przechowanie; ochrona; *~ of environment* ochrona środowiska

pre·serve [prɪˈzɜːv] *vt* zachowywać, przechowywać, zabezpieczać, ochraniać; konserwować (*owoce itp.*); *s* konserwa; rezerwat

pre·side [prɪˈzaɪd] *vi* przewodni-

czyć (*at the meeting* na zebraniu)

pres·i·dent [ˈprezɪdənt] *s* prezydent; prezes, przewodniczący; rektor

press [pres] *vt vi* cisnąć (się), ściskać, uciskać, naciskać; nalegać; naglić; prasować; tłoczyć się; wymuszać, narzucać; gnębić, ciążyć; *~ in* wciskać się, wdzierać się; *~ on* pędzić naprzód, popędzać; *~ out* wyciskać; *~ through* przeciskać się; *to be ~ed for money* mieć trudności z pieniędzmi; *s* nacisk; ścisk, tłok, napór, nawał; opresja; ciężkie położenie; prasa (*zespół dziennikarzy i fotoreporterów; także drukarska*); *~ conference* konferencja prasowa; *in* (*the*) *~* pod prasą, w druku; *to go to ~* iść do druku; *a good ~* dobra recenzja (*w prasie*)

press clip·ping [ˈpres ˌklɪpɪŋ], **press cut·ting** [ˈpres ˌkʌtɪŋ] *s* wycinek prasowy

press·ing [ˈpresɪŋ] *ppraes i adj* naglący, pilny; natarczywy

press·man [ˈpresmən] *s* bryt. (*pl pressmen* [ˈpresmən]) *pot.* dziennikarz

pres·sure [ˈpreʃə] *s* ciśnienie; nacisk; ucisk; presja; nawał (*spraw, pracy*); *to put ~* wywierać nacisk (*on sth* na coś); *~ cooker* szybkowar

pres·tige [preˈstiːʒ] *s* prestiż

pre·sume [prɪˈzjuːm] *vt vi* przypuszczać, domyślać się, zakładać; pozwalać sobie, ośmielać się; wykorzystywać, nadużywać (*on sth* czegoś); polegać (*on sth* na czymś)

pre·sumed [prɪˈzjuːmd] *pp i adj* przypuszczalny, domniemany

pre·sump·tion [prɪˈzʌmpʃn] *s* przypuszczenie, domniemanie; zarozumiałość

pre·sump·tive [prɪˈzʌmptɪv] *adj* przypuszczalny

pre·sump·tu·ous [prɪˈzʌmptʃuəs] *adj* zarozumiały; pewny siebie

pre·sup·pose [ˌpriːsəˈpəuz] *vt* przyjmować z góry

pre·tence [prɪˈtens] *s* pretensja; roszczenie; udawanie; pretekst; pozory

pretend [prɪˈtend] *vt vi* pozorować, udawać; wysuwać jako pretekst; rościć pretensje, pretendować (*to sth* do czegoś)

pre·tend·er [prɪˈtendə] *s* udający, symulant; pretendent

pre·ten·sion [prɪˈtenʃn] *s* pretensja, roszczenie; aspiracja; pretensjonalność

pre·ten·tious [prɪˈtenʃəs] *adj* pretensjonalny

pret·er·it(e) [ˈpretərɪt] *adj gram.* przeszły; *s gram.* czas przeszły

pre·text [ˈpriːtekst] *s* pretekst

pret·ty [ˈprɪtɪ] *adj* ładny, śliczny; dobry; spory; *adv pot.* sporo, dość

pre·vail [prɪˈveɪl] *vi* przeważać; brać górę (*over sb* nad kimś); skłonić (*kogoś*); wymóc (*on sb to do sth* na kimś, aby coś zrobił); być powszechnie przyjętym, panować

prev·a·lent [ˈprevələnt] *adj* przeważający; powszechny, panujący

pre·vent [prɪˈvent] *vt* przeszkadzać (*sth* czemuś; *sb from doing sth* komuś w robieniu czegoś); powstrzymywać; zapobiegać (*sth* czemuś)

pre·ven·tion [prɪˈvenʃn] *s* profilaktyka, zapobieganie; przeszkoda

pre·ven·tive [prɪˈventɪv] *adj* zapobiegawczy; *s* środek zapobiegawczy

pre·vi·ous [ˈpriːvɪəs] *adj* poprzedni, uprzedni; poprzedzający (*to sth* coś); *adv w zwrocie* ~ *to sth* przed czymś

pre·war [ˈpriːwɔː] *adj* przedwojenny

prey [preɪ] *s* łup, ofiara; *to fall* ~ paść ofiarą (*to sth* czegoś);

beast of ~ drapieżnik; *vi* żerować (*on sth* na kimś, na czymś) polować (*on sth* na coś); *przen.* trawić, dręczyć (*on sb's mind* kogoś)

price [praɪs] *s* cena; *at the* ~ za cenę; *vt* ocenić, wycenić

price·less [ˈpraɪsləs] *adj* bezcenny

price list [ˈpraɪslɪst] *s* cennik

prick [prɪk] *s* ukłucie; ~*s of conscience* wyrzuty sumienia; *vt* ukłuć, przekłuć, nakłuć; ~ *up one's ears* nadstawiać uszu; *s wulg.* kutas; głupol

prick·le [ˈprɪkl] *s* kolec, cierń; *vt vi* kłuć; szczypać

pride [praɪd] *s* duma; *to take* ~ szczycić się (*in sth* czymś); *vr* ~ *oneself* szczycić się (*on sth* czymś)

priest [priːst] *s* kapłan, ksiądz, duchowny

prig [prɪg] *s* pedant; zarozumialec

prim [prɪm] *adj pot.* schludny; afektowany; wyszukany; pedantyczny

pri·ma·cy [ˈpraɪməsɪ] *s* prymat

pri·ma·ry [ˈpraɪmərɪ] *adj* początkowy, pierwotny; pierwszorzędny, zasadniczy, główny; ~ *school* szkoła podstawowa

pri·mate [ˈpraɪmɪt] *s* prymas

prime [praɪm] *adj* pierwszy, najważniejszy, główny; *at* ~ *cost* po kosztach własnych; *Prime Minister* premier; *s* początek, zaranie; *przen.* wiosna, rozkwit; *in the* ~ *of life* w kwiecie wieku

prim·er [ˈpraɪmə] *s* elementarz, podręcznik dla początkujących

prim·i·tive [ˈprɪmɪtɪv] *adj* prymitywny; początkowy; pierwotny

prim·rose [ˈprɪmrəuz] *s bot.* pierwiosnek

prince [prɪns] *s* książę

prin·cess [ˌprɪnˈses] *s* księżna, księżniczka

prin·ci·pal [ˈprɪnsəpl] *adj* główny;

P

s kierownik, szef, dyrektor; kapitał (*bez procentów*)

prin·ci·pal·i·ty [,prɪnsə'pælətɪ] s księstwo

prin·ci·ple ['prɪnsəpl] s zasada; podstawa; *in* ~ w zasadzie

print [prɪnt] s druki, druk; sztych; odbicie, ślad, odcisk; odbitka; perkal; (*o książce*) *in* ~ wydrukowany; będący w sprzedaży; *out of* ~ wyczerpany; *vt* drukować; wytłaczać, wycisnąć

print·er ['prɪntə] s drukarz; *komp.* drukarka; *laser* ~ drukarka laserowa; *ink-jet* ~ drukarka atramentowa

print·ing ['prɪntɪŋ] s drukowanie, druk; nakład

print·ing house ['prɪntɪŋhaʊs] s drukarnia

print·ing of·fice ['prɪntɪŋ,ɒfɪs] = *printing house*

pri·or ['praɪə] *adj* poprzedni, wcześniejszy, uprzedni; wcześniejszy (*to sb, sth* od kogoś, czegoś); *adv w zwrocie*: ~ *to sth* przed czymś; z przeor

pri·or·i·ty [praɪ'ɒrɪtɪ] s pierwszeństwo, priorytet

prism [prɪzm] s *fiz.* pryzmat; *mat.* graniastosłup

pris·on ['prɪzn] s więzienie

pris·on·er ['prɪznə] s więzień, jeniec; *wojsk.* ~ *of war* jeniec wojenny; *to take* ~ wziąć do niewoli

pri·va·cy ['prɪvəsɪ] s samotność, odosobnienie, izolacja; skrytość; utrzymywanie w tajemnicy

pri·vate ['praɪvɪt] *adj* osobisty, własny, prywatny; tajny, poufny; *"Private"* „Wstęp wzbroniony"; *in* ~ na osobności, prywatnie; *keep sth* ~ trzymać coś w tajemnicy; odosobniony; *wojsk.* szeregowy; s *wojsk.* szeregowiec

pri·va·teer [,praɪvə'tɪə] s *mors.* statek korsarski; kaper, korsarz

pri·va·tion [praɪ'veɪʃn] s pozbawienie; niedostatek, brak

priv·i·lege ['prɪvɪlɪdʒ] s przywilej;

nietykalność (*poselska*); *vt* uprzywilejować, nadać przywilej

priv·y ['prɪvɪ] *adj* tajny; wtajemniczony (*to sth* w coś); s ustęp, ubikacja (*zw. na zewnątrz*)

prize 1. [praɪz] s nagroda, premia; wygrana (*na loterii*); *vt* wysoko cenić

prize 2. [praɪz] s łup wojenny (*zdobyty na morzu*); *pot.* gratka; *to make a* ~ zdobyć (*of sth* coś)

pro [prəʊ] *praep łac.* za, na, pro; *adv w zwrocie*: ~ *and con* za i przeciw; s *w zwrocie* ~*s and cons* (*fakty itd.*) za i przeciw; s *pot.* profesjonalista, zawodowiec

prob·a·bil·i·ty [,prɒbə'bɪlətɪ] s prawdopodobieństwo; *in all* ~ według wszelkiego prawdopodobieństwa

prob·a·ble ['prɒbəbl] *adj* prawdopodobny

pro·ba·tion [prə'beɪʃn] s staż; próba; nowicjat; *prawn.* warunkowe zwolnienie z więzienia i oddanie pod nadzór sądowy; *on* ~ na stażu; pod nadzorem sądowym

pro·ba·tion·a·ry [prə'beɪʃnərɪ] *adj* (*o okresie*) próbny

pro·ba·tion·er [prə'beɪʃnə] s pracownik w okresie próby, praktykant, stażysta; nowicjusz; *prawn.* zwolniony więzień oddany pod nadzór sądowy

probe [prəʊb] s sonda; *vt* sondować; *przen.* badać; *vi* zagłębiać się (*into sth* w coś)

pro·bi·ty ['prəʊbətɪ] s rzetelność

prob·lem ['prɒbləm] s problem

prob·lem·at·ic(·al) [,prɒblə'mætɪk(l)] *adj* problematyczny

pro·ce·dure [prə'siːdʒə] s procedura, postępowanie

pro·ceed [prə'siːd] *vi* podążać, posuwać się naprzód; udać się (*dokąd*); kontynuować (*with sth* coś); wynikać (*from sth* z czegoś); przystąpić (*to sth* do czegoś); z kolei zrobić (*to sth* coś); toczyć się, ciągnąć się, przebiegać; wytoczyć proces (*against sb* komuś)

pro·ceed·ing [prə'si:dɪŋ] *s* postępowanie; poczynanie; *pl* ~s sprawozdanie (*z działalności*), protokoły, debaty (*obrady*); *prawn.* **legal** ~s postępowanie sądowe

pro·ceeds ['prəʊsi:dz] *s pl* dochód, zysk

pro·cess ['prəʊses] *s* przebieg, tok; proces; *in the* ~ w toku; *in the* ~ *of time* z biegiem czasu; *vt* obrabiać, poddawać procesowi

pro·ces·sion [prə'seʃn] *s* procesja, pochód

pro·claim [prə'kleɪm] *vt* proklamować; zakazywać (*sth* czegoś)

proc·la·ma·tion [ˌprɒklə'meɪʃn] *s* proklamacja; zakaz

pro·cliv·i·ty [prə'klɪvətɪ] *s* skłonność, inklinacja (*to sth* do czegoś)

pro·cras·ti·nate [prə'kræstɪneɪt] *vt* odwlekać; *vi* ociągać się

pro·cre·ate ['prəʊkrɪeɪt] *vt* rodzić, wydawać na świat

pro·cure [prə'kjʊə] *vt* dostarczyć (*sth for sb* coś komuś); sprawić (*sobie*), postarać się (*sth* o coś); dostać; *vi* streczyć (*do nierządu*)

pro·cur·er [prə'kjʊərə] *s* pośrednik; streczyciel

prod [prɒd] *s* szturchnięcie; bodziec; *vt* szturchać; popędzać

prod·i·gal ['prɒdɪgl] *adj* rozrzutny, marnotrawny

pro·dig·ious [prə'dɪdʒəs] *adj* zdumiewający, cudowny; ogromny

prod·i·gy ['prɒdɪdʒɪ] *s* cudo, cud; cudowne dziecko; nadzwyczajny talent

pro·duce [prə'dju:s] *vt* produkować, wytwarzać; wydobywać; powodować; wywoływać; wydawać (*książkę, plony, potomstwo itd.*); przynieść (*np. zysk*), dawać (*rezultaty*); okazywać, przedkładać, przedstawiać (*np. dowody*); wystawiać (*sztukę*); *s* ['prɒdju:s] wy-

nik; plon, zbiór; płody, produkty; produkcja, wydobycie

pro·duc·er [prə'dju:sə] *s* producent; *am.* dyrektor teatru

prod·uct ['prɒdʌkt] *s* produkt, wyrób; wynik; *mat.* iloczyn

pro·duc·tion [prə'dʌkʃn] *s* produkcja, wytwórczość; utwór (*literacki itp.*); wystawienie (*sztuki*)

pro·duc·tive [prə'dʌktɪv] *adj* produktywny; płodny, żyzny

pro·fane [prə'feɪn] *vt* profanować; *adj* bluźnierczy; pogański; nieczysty; pospolity; świecki

pro·fess [prə'fes] *vt* wyznawać (*wiarę*); oświadczać, twierdzić; uprawiać (*zawód*)

pro·fessed [prə'fest] *pp i adj* jawny; zawodowy; rzekomy

pro·fes·sion [prə'feʃn] *s* zawód, zajęcie; wyznanie wiary; oświadczenie; *by* ~ z zawodu

pro·fes·sion·al [prə'feʃnəl] *adj* zawodowy, fachowy; *s* zawodowiec, fachowiec; *to turn* ~ przejść na zawodowstwo

pro·fes·sor [prə'fesə] *s* profesor

prof·fer ['prɒfə] *vt* proponować (*swoje usługi*)

pro·fi·cien·cy [prə'fɪʃnsɪ] *s* biegłość, sprawność

pro·fi·cient [prə'fɪʃnt] *adj* biegły, sprawny

pro·file ['prəʊfaɪl] *s* profil

prof·it ['prɒfɪt] *s* korzyść, pożytek; dochód; *to turn to* ~ wykorzystać; *vt* przynosić korzyść; *vi* korzystać (*by sth* z czegoś); zyskać (*by sth* na czymś)

prof·it·a·ble ['prɒfɪtəbl] *adj* korzystny, pożyteczny, zyskowny

prof·i·teer [ˌprɒfɪ'tɪə] *s* spekulant; *pot.* paskarz; *vi* spekulować

prof·li·gate ['prɒflɪgət] *adj* rozpustny; rozrzutny; *s* rozpustnik; rozrzutnik

pro·found [prə'faʊnd] *adj* (*o ukłonie, zainteresowaniu itp.*) głęboki; (*o wiedzy*) gruntowny

P

pro·fun·di·ty [prə'fʌndətɪ] *s* głębokość, głębia

pro·fuse [prə'fju:s] *adj* hojny, rozrzutny; obfity

pro·fu·sion [prə'fju:ʒn] *s* hojność, rozrzutność; obfitość

pro·gen·i·tor [prəʊ'dʒenɪtə] *s* przodek, antenat

prog·e·ny ['prɒdʒɪnɪ] *s* potomstwo; *zbior.* potomkowie

prog·nos·tic [prɒg'nɒstɪk] *s* prognostyk, oznaka

pro·gram ['prəʊgræm] *s komp.* program (komputerowy); *vt* programować, układać program

pro·gramme ['prəʊgræm] *s* program (*rozrywkowy, rozbudowy itp.*); *vt* zaprogramować, zaplanować

pro·gram·mer ['prəʊgræmə] *s komp.* programista

pro·gress ['prəʊgres] *s* postęp; rozwój; bieg; **to be in** ~ być w toku, trwać; *vi* [prə'gres] posuwać się naprzód; robić postępy

pro·gres·sion [prə'greʃn] *s* postęp, progresja

pro·gres·sive [prə'gresɪv] *adj* postępowy; progresywny; *gram.* ciągły

pro·hib·it [prə'hɪbɪt] *vt* zakazywać, wstrzymywać

pro·hi·bi·tion [ˌprəʊɪ'bɪʃn] *s* zakaz, prohibicja

pro·hib·i·tive [prə'hɪbətɪv] *adj* prohibicyjny; (*o cenach*) nieprzystępny

pro·ject ['prɒdʒekt] *s* projekt; *vt* [prə'dʒekt] projektować; rzucać; wyrzucać; rzutować; wyświetlać (*na ekranie*); *vi* wystawać, sterczeć

pro·jec·tile [prə'dʒektaɪl] *adj* dający się wyrzucić; *s* pocisk

pro·jec·tion [prə'dʒekʃn] *s* rzut, wyrzucenie; rzutowanie; wyświetlanie, projekcja; projektowanie; planowanie; występ, wystawanie; wyświetlony obraz

pro·jec·tion·ist [prə'dʒekʃnɪst] *s* operator kinowy (*wyświetlający film*)

pro·le·tar·i·at [ˌprəʊlɪ'teərɪət] *s* proletariat

pro·lif·ic [prə'lɪfɪk] *adj* płodny

pro·lix ['prəʊlɪks] *adj* rozwlekły

pro·logue, pro·log ['prəʊlɒg] *s* prolog

pro·long [prə'lɒŋ] *vt* przedłużać, prolongować

pro·longed [prə'lɒŋd] *pp i adj* długotrwały, przedłużający się

prom·e·nade [ˌprɒmə'nɑ:d] *s* przechadzka; promenada; *vt vi* przechadzać się

prom·i·nent ['prɒmɪnənt] *adj* wystający; wybitny, sławny; widoczny

prom·is·cu·i·ty [ˌprɒmɪ'skjuːɪtɪ] *s* mieszanina, bezład; swoboda seksualna

pro·mis·cu·ous [prə'mɪskjʊəs] *adj* mieszany, różnorodny; swobodny, nie czyniący różnicy; pozamałżeński

prom·ise ['prɒmɪs] *s* obietnica; **to keep a** ~ dotrzymać obietnicy; **to show** ~ dobrze się zapowiadać; *vt vi* obiecywać (**sb sth** komuś coś); zapowiadać (się)

prom·on·to·ry ['prɒməntrɪ] *s* przylądek

pro·mote [prə'məʊt] *vt* posuwać naprzód; popierać, sprzyjać, zachęcać; promować; dawać awans; **to be** ~**d** awansować

pro·mo·tion [prə'məʊʃn] *s* promocja, awans; poparcie

prompt [prɒmpt] *adj* szybki; gotowy, zdecydowany; natychmiastowy; *vt vi* pobudzić, dodać bodźca, nakłonić; podpowiadać; *teatr.* suflerować; *komp.* znak zachęty

prompt·er ['prɒmptə] *s teatr.* sufler

promp·ti·tude ['prɒmptɪtjuːd] *s* szybkość; gotowość (**of sth** do czegoś)

prompt·ness ['prɒmptnəs] =

promptitude

prom·ul·gate ['prɒmlgeɪt] *vt* publicznie rozgłaszać; szerzyć (*poglądy itd.*)

prom·ul·ga·tion [ˌprɒml'geɪʃn] *s* ogłoszenie, opublikowanie; szerzenie (*poglądów itd.*)

prone [prəʊn] *adj* pochyły, pochylony, stromy; leżący twarzą na dół; skłonny (**to do sth** do zrobienia czegoś)

prong [prɒŋ] *s* ząb (*np. widelca*); kolec, ostrze

pro·noun ['prəʊnaʊn] *s gram.* zaimek

pro·nounce [prə'naʊns] *vt* wymawiać; wypowiadać; oświadczać; *vi* wypowiadać się (**on sth** w jakiejś sprawie; **for sb, sth** za kimś, za czymś; **against sb, sth** przeciw komuś, czemuś)

pro·nounced [prə'naʊnst] *pp i adj* wyraźnie zaznaczony; zdecydowany (*kolor itd.*)

pro·nounce·ment [prə'naʊnsmənt] *s* wypowiedź, oświadczenie

pro·nun·ci·a·tion [prəˌnʌnsɪ'eɪʃn] *s* wymowa

proof [pru:f] *s* dowód; badanie, próba; korekta; *adj* trwały, odporny

proof·read·er ['pru:fˌri:də] *s* korektor

proof sheet ['pru:fʃi:t] *s* korekta

prop [prɒp] *s* podpórka; podpora; *vt* (*także ~ up*) podpierać, podtrzymywać

prop·a·gan·da [ˌprɒpə'gændə] *s* propaganda

prop·a·gate ['prɒpəgeɪt] *vt* mnożyć, krzewić; propagować

pro·pel [prə'pel] *vt* wprawiać w ruch, poruszać; napędzać; popędzać; pchnąć naprzód

pro·pel·ler [prə'pelə] *s lotn.* śmigło; *mors.* śruba okrętowa; siła napędowa

pro·pen·si·ty [prə'pensəti] *s* skłonność (**to sth** do czegoś)

prop·er ['prɒpə] *adj* właściwy, odpowiedni, należyty, stosowny; (*o imieniu*) własny

prop·er·ty ['prɒpəti] *s* własność, posiadłość; własność, właściwość; *teatr. zbior.* rekwizyty; **lost ~ office** biuro rzeczy znalezionych

proph·e·cy ['prɒfəsɪ] *s* proroctwo

proph·e·sy ['prɒfəsaɪ] *vt vi* prorokować

proph·et ['prɒfɪt] *s* prorok

pro·phy·lac·tic [ˌprɒfɪ'læktɪk] *adj* profilaktyczny

pro·pin·qui·ty [prə'pɪŋkwətɪ] *s* bliskość; pokrewieństwo

pro·pi·ti·ate [prə'pɪʃɪeɪt] *vt* jednać sobie względy; przejednywać

pro·pi·tious [prə'pɪʃəs] *adj* pomyślny; sprzyjający; łaskawy

pro·po·nent [prə'pəʊnənt] *s* zwolennik; poplecznik

pro·por·tion [prə'pɔ:ʃn] *s* proporcja, udział; part of ~ nieproporcjonalny; *vt* dostosować; proporcjonalnie rozdzielić

pro·por·tion·al [prə'pɔ:ʃnəl] *adj* proporcjonalny

pro·por·tion·ate [prə'pɔ:ʃnət] *adj* proporcjonalny

pro·pos·al [prə'pəʊzl] *s* propozycja; oświadczyny

pro·pose [prə'pəʊz] *vt* proponować; wysunąć (*wniosek, kandydaturę itp.*); zamierzać, zaplanować; *vi* oświadczyć się

prop·o·si·tion [ˌprɒpə'zɪʃn] *s* propozycja; wniosek; *mat.* twierdzenie

pro·pound [prə'paʊnd] *vt* przedkładać, proponować; zgłaszać

pro·prie·ta·ry [prə'praɪətrɪ] *adj* własnościowy; (*o prawie*) posiadania; posiadający

pro·pri·e·tor [prə'praɪətə] *s* posiadacz, właściciel

pro·pri·e·ty [prə'praɪətɪ] *s* słuszność, stosowność, właściwość, trafność; przyzwoitość, dobre wychowanie

pro·rogue [prəˈrəʊg] vt odraczać (*sesję parlamentu*)

pro·sa·ic [prəʊˈzeɪɪk] adj prozaiczny

pro·scribe [prəʊˈskraɪb] vt wyjąć spod prawa; skazać na banicję

pro·scrip·tion [prəʊˈskrɪpʃn] s proskrypcja, wyjęcie spod prawa

prose [prəʊz] s proza; vi nudno mówić

pros·e·cute [ˈprɒsɪkjuːt] vt prawn. ścigać sądownie; prowadzić (*np. badania*); wykonywać (*np. pracę*); kontynuować; sprawować, pełnić (*np. obowiązki*)

pros·e·cu·tion [ˌprɒsɪˈkjuːʃn] s prawn. dochodzenie sądowe; wykonywanie (*np. pracy*); pełnienie obowiązków

pros·e·cu·tor [ˈprɒsɪkjuːtə] s prawn. oskarżyciel sądowy; **pub·lic ~** prokurator

pros·o·dy [ˈprɒsədɪ] s prozodia

pros·pect [ˈprɒspekt] s perspektywa; widok; nadzieja; działka złotonośna; vt vi [prəˈspekt] przeszukiwać (*teren złotodajny itp.*), poszukiwać (**for gold** złota, nafty itd.*)

pro·spec·tive [prəˈspektɪv] adj odnoszący się do przyszłości; przewidywany

pro·spec·tor [prəˈspektə] s poszukiwacz (*złota, nafty itd.*)

pro·spec·tus [prəˈspektəs] s prospekt

pros·per [ˈprɒspə] vi prosperować

pros·per·i·ty [prɒˈsperɪtɪ] s pomyślność; dobrobyt; dobra koniunktura

pros·per·ous [ˈprɒspərəs] adj cieszący się pomyślnością, kwitnący, pomyślny

pros·ti·tute [ˈprɒstɪtjuːt] s prostytutka; vt prostytuować; marnować (*np. zdolności*); vr **~ oneself** uprawiać prostytucję

pros·trate [ˈprɒstreɪt] adj leżący plackiem; *przen.* będący w prostracji, zgnębiony; vt [prɒˈstreɪt] powalić na ziemię; *przen.* skrajnie wyczerpać, zgnębić, doprowadzić do prostracji

pro·tect [prəˈtekt] vt chronić (**from sb, sth** przed kimś, czymś)

pro·tec·tion [prəˈtekʃn] s ochrona, obrona, zabezpieczenie (**against sth** przed czymś); protekcja, opieka; system ochrony celnej

pro·tec·tion·ism [prəˈtekʃnɪzm] s polityka ochrony celnej; *polit.* protekcjonizm

pro·tec·tive [prəˈtektɪv] adj ochronny, zabezpieczający

pro·tec·tor [prəˈtektə] s obrońca, opiekun; *techn.* osłona; **lightning ~** piorunochron

pro·tec·tor·ate [prəˈtektərət] s protektorat

pro·tein [ˈprəʊtiːn] s białko, proteina

pro·test [ˈprəʊtest] s protest; uroczyste zapewnienie, oświadczenie; vt vi [prəˈtest] protestować; uroczyście zapewniać, oświadczać

Prot·es·tant [ˈprɒtɪstənt] s protestant; adj protestancki

prot·es·ta·tion [ˌprɒtɪˈsteɪʃn] s protestowanie; uroczyste zapewnienie

pro·to·col [ˈprəʊtəkɒl] s protokół (*dyplomatyczny*)

pro·to·type [ˈprəʊtətaɪp] s prototyp

pro·tract [prəˈtrækt] vt przewlekać, przedłużać

pro·trac·tor [prəˈtræktə] s mat. kątomierz

pro·trude [prəˈtruːd] vi wystawać, sterczeć; vt wysuwać

pro·tru·sion [prəˈtruːʒn] s wysunięcie, wystawianie

proud [praʊd] adj dumny (**of sth** z czegoś); wspaniały

prove [pruːv] vt udowadniać; badać; próbować; sprawdzać; vi (*także* ~ **oneself**) okazywać się

prov·erb ['prɒvɜ:b] s przysłowie

pro·ver·bi·al [prə'vɜ:bɪəl] *adj* przysłowiowy

pro·vide [prə'vaɪd] *vt vi* dostarczać (**sb with sth** komuś coś); zaspokoić potrzeby, zaopatrywać; (*o ustawie*) postanawiać, zarządzać; przedsięwziąć kroki (*w przewidywaniu czegoś*), zabezpieczyć się (**for sth** na wypadek czegoś); *prawn.* postanawiać (**for sth** coś)

pro·vid·ed [prə'vaɪdɪd] *pp i conj* o ile, pod warunkiem

prov·i·dence ['prɒvɪdəns] s przezorność; oszczędność; opatrzność

prov·i·dent ['prɒvɪdənt] *adj* przezorny; oszczędny

prov·i·den·tial [ˌprɒvɪ'denʃl] *adj* opatrznościowy

prov·ince ['prɒvɪns] s prowincja; zakres, dziedzina

pro·vin·cial [prə'vɪnʃl] *adj* prowincjonalny; rejonowy; s prowincjał

pro·vi·sion [prə'vɪʒn] s zaopatrzenie (**of sth** w coś); zabezpieczenie (**for sth** przed czymś); zastosowanie środków, podjęcie kroków; klauzula, zastrzeżenie; warunek; zarządzenie, postanowienie; *pl* ~**s** zapasy żywności, prowianty; *vt* zaprowiantować

pro·vi·sion·al [prə'vɪʒnəl] *adj* tymczasowy, prowizoryczny

prov·o·ca·tion [ˌprɒvə'keɪʃn] s prowokacja; rozdrażnienie; powód

pro·voke [prə'vəʊk] *vt* prowokować, podburzać; wywoływać, powodować; rozdrażniać, irytować, złościć

prov·ost ['prɒvəst] s przełożony; rektor; (*w Szkocji*) burmistrz

prow [praʊ] s *mors.* dziób (*okrętu*)

prow·ess ['praʊɪs] s waleczność, męstwo

prowl [praʊl] *vi* grasować, polować (*na zdobycz*)

prowl·er ['praʊlə] s maruder

prox·im·i·ty [prɒk'sɪmətɪ] s bliskość (**of sth** czegoś)

prox·y ['prɒksɪ] s zastępstwo; pełnomocnictwo; strona upełnomocniona; *handl.* prokura; **by** ~ na podstawie pełnomocnictw, w zastępstwie

prude [pru:d] s osoba pruderyjna, świętoszek

pru·dence ['pru:dns] s roztropność; ostrożność; rozwaga

pru·dent ['pru:dnt] *adj* roztropny; ostrożny; rozważny

pru·den·tial [pru:'denʃl] *adj* podyktowany roztropnością

prud·er·y ['pru:dərɪ] s pruderia

prudish ['pru:dɪʃ] *adj* pruderyjny

prune 1. [pru:n] *vt* czyścić drzewa (*obcinać gałęzie*); okrawać

prune 2. [pru:n] s suszona śliwka

Prus·sian ['prʌʃn] s Prusak; *adj* pruski

prus·sic ['prʌsɪk] *adj chem.* pruski (*kwas*)

pry [praɪ] *vi* podpatrywać; wściubiać nos (**into sth** w coś); szperać

psalm [sɑ:m] s psalm

Psal·ter ['sɔ:ltə] s psałterz

pseu·do- ['sju:dəʊ] *praef* pseudo-; *adj* rzekomy

pseu·do·nym ['sju:dənɪm] s pseudonim

psy·che ['saɪkɪ] s psyche, dusza; usposobienie; mentalność

psy·chi·a·try [saɪ'kaɪətrɪ] s psychiatria

psy·chic ['saɪkɪk] *adj* psychiczny, duchowy; s medium

psy·chic·al ['saɪkɪkl] *adj* psychiczny, duchowy

psy·cho·a·nal·y·sis [ˌsaɪkəʊə'næləsɪs] s psychoanaliza

psy·cho·log·i·c(al) [ˌsaɪkə'lɒdʒɪk(l)] *adj* psychologiczny

psy·chol·o·gy [saɪ'kɒlədʒɪ] s psychologia

psy·cho·sis [saɪ'kəʊsɪs] s psychoza

pub [pʌb] s *pot.* pub, piwiarnia, bar

P

pu·ber·ty ['pju:bətɪ] s okres dojrzewania płciowego

pub·lic ['pʌblɪk] adj publiczny; ogólny, powszechny; jawny; obywatelski, społeczny; urzędowy; **debt** dług państwowy; ~ **house** = **pub**; ~ **school** bryt. prywatna szkoła średnia (z internatem); am. publiczna, bezpłatna szkoła średnia (bez internatu); ~ **service** służba państwowa; s publiczność; **in** ~ publicznie; ~ **relations** stosunki między organizacją a jej społecznym otoczeniem

pub·li·ca·tion [,pʌblɪ'keɪʃn] s publikacja; ogłoszenie

pub·lic·i·ty [pʌb'lɪsətɪ] s reklama; rozgłos

pub·lish ['pʌblɪʃ] vt publikować, wydawać; ogłaszać; **~ing house** wydawnictwo, firma wydawnicza

pub·lish·er ['pʌblɪʃə] s wydawca

puck [pʌk] s bryt. chochlik; sport krążek hokejowy

pud·ding ['pudɪŋ] s pudding

pud·dle ['pʌdl] s kałuża; pot. bałagan; vt vi chlapać (się), babrać (się); pot. bałaganić

puff [pʌf] vt vi dmuchać; pykać; sapać; (także ~ **up**) nadymać się; s podmuch, dmuchnięcie; kłąb (dymu itd.); bufa (rękawa); przesadna pochwała; puszek (do pudru)

puff·ball ['pʌfbɔ:l] s bot. purchawka

puff·y ['pʌfɪ] adj porywisty; pękaty; nadęty; napuszony

pu·gil·ist ['pju:dʒɪlɪst] s pięściarz

pug·na·cious [pʌg'neɪʃəs] adj wojowniczy

pull [pul] vt vi ciągnąć, szarpać; wyrywać, zrywać; wiosłować; **to ~ a face** skrzywić się; **to pull sb's leg** żartować sobie z kogoś; ~ **away** odciągnąć; ~ **down** ściągnąć; rozebrać (dom); osłabić; ~ **in** wciągnąć; powściągnąć (np. konia); zatrzymać się; ograniczyć (wydatki); ~ **off** ściągnąć, zdjąć; zdobyć (np.

nagrodę); przeprowadzić (plan, przedsięwzięcie), dokonać (czegoś); ~ **out** wyciągnąć, wyrwać; odejść, wycofać się; ~ **through** wyciągnąć (kogoś) z trudnego położenia; przebrnąć przez trudności; powracać powoli do zdrowia; ~ (**oneself**) **together** zebrać siły; przyjść do siebie; opamiętać się; ~ **up** podciągnąć; wyrwać z korzeniami; zatrzymać (się); dogonić (**with sb, sth** kogoś, coś); s pociągnięcie, szarpnięcie; przyciąganie, atrakcja; ciąg; uchwyt

pul·let ['pulɪt] s kurczę; pularda

pul·ley ['pulɪ] s techn. rolka (linowa); blok (do podnoszenia); koło transmisyjne

pull·o·ver ['pul,əuvə] s pulower

pul·lu·late ['pʌljuleɪt] vi kiełkować; krzewić się; roić się; mnożyć się

pulp [pʌlp] s miękka masa; miazga; miękisz; papka

pul·pit ['pulpɪt] s ambona; przen. kaznodziejstwo; zbior. kaznodzieje

pul·sate [pʌl'seɪt] vi pulsować, tętnić

pulse [pʌls] s puls, tętno; **to feel sb's** ~ badać komuś puls; vi pulsować

pul·ver·ize ['pʌlveraɪz] vt vi sproszkować (się) zetrzeć (się) na proch; przen. zniszczyć

puma ['pju:mə] s zool. puma

pump [pʌmp] s pompa; vt pompować; przen. wypytywać, wyciągać wiadomości

pump·kin ['pʌmpkɪn] s bot. dynia

pun [pʌn] s kalambur, gra słów; dwuznacznik; vi bawić się kalamburami

punch 1. [pʌntʃ] vt bić pięścią; poganiać (bydło); s uderzenie pięścią, kułak

punch 2. [pʌntʃ] vt dziurkować, przebijać; kasować (np. bilet); s dziurkacz, przebijak

punch 3. [pʌntʃ] s poncz
punc·tu·al ['pʌŋktʃʊəl] adj punktualny
punc·tu·ate ['pʌŋktʃʊeɪt] vt stosować interpunkcję; podkreślać
punc·tu·a·tion [ˌpʌŋktʃʊ'eɪʃn] s interpunkcja
punc·ture ['pʌŋktʃə] s przekłucie, przebicie; **to get a ~** pot. złapać gumę; vt przekłuwać; vi przedziurawić się
pun·gent ['pʌndʒənt] adj kłujący; (o smaku, zapachu) ostry; pikantny; zgryźliwy
pun·ish ['pʌnɪʃ] vt karać
pun·ish·a·ble ['pʌnɪʃəbl] adj karalny
pun·ish·ment ['pʌnɪʃmənt] s kara
pu·ni·tive ['pju:nətɪv] adj karny; karzący
punt [pʌnt] s łódź płaskodenna
pup [pʌp] s szczenię
pu·pil 1. ['pju:pl] s uczeń
pu·pil 2. ['pju:pl] s anat. źrenica
pup·pet ['pʌpɪt] s kukiełka, marionetka
pup·py ['pʌpɪ] s szczenię; ~ **love** szczenięca miłość
pur·chase ['pɜ:tʃəs] s kupno, nabytek; vt kupować, nabywać
pure [pjʊə] adj czysty; nie sfałszowany, bez domieszek
pur·ga·tion [pɜ:'geɪʃn] s oczyszczenie (się); med. przeczyszczenie
pur·ga·tive ['pɜ:gətɪv] adj przeczyszczający; lit. oczyszczający; s środek przeczyszczający
pur·ga·to·ry ['pɜ:gətrɪ] s czyściec
purge [pɜ:dʒ] vt oczyszczać; s oczyszczanie; czystka
pu·ri·fy ['pjʊərɪfaɪ] vt vi oczyszczać (się)
Pu·ri·tan ['pjʊərɪtən] adj purytański; s purytanin
pu·ri·ty ['pjʊərətɪ] s czystość
pur·loin [pɜ:'lɔɪn] vt ukraść
pur·ple ['pɜ:pl] s purpura; vt barwić na purpurowo
pur·port ['pɜ:pɔ:t] s treść, sens,

znaczenie; doniosłość; vt [pɜ:'pɔ:t] świadczyć, znaczyć, oznaczać; wydawać się; **to ~ to be** wydawać się być, rzekomo być
pur·pose ['pɜ:pəs] s cel, plan, zamiar; wola, stanowczość; **on ~** umyślnie, celowo; **to little ~** z małą korzyścią, z niewielkim skutkiem; **to no ~** bezcelowo, na darmo; bezcelowy; **with the ~ of** celem, w celu; **for all ~s** uniwersalny; vt zamierzać, mieć na celu
purr [pɜ:] vi (o kocie) mruczeć, warkotać; s mruczenie; warkot
purse [pɜ:s] s portmonetka; am. portfel, damska torebka; vt włożyć do portfela; ściągnąć (brwi), zacisnąć (usta), zmarszczyć (czoło)
pur·su·ance [pə'sju:əns] s wykonywanie; pójście w ślady; **in ~ of** zgodnie z (planem itp.), stosownie do (instrukcji itd.)
pur·sue [pə'sju:] vt prześladować, ścigać; dążyć; uprawiać, wykonywać; kontynuować
pur·suit [pə'sju:t] s ściganie, pościg (of sb, sth za kimś, za czymś); dążenie; pl ~s interesy, sprawy, zajęcia
pur·vey [pə'veɪ] vt zaopatrzyć, dostarczyć; vi robić zapasy; być dostawcą (for sb czymś)
pur·vey·or [pə'veɪə] s dostawca
pus [pʌs] s med. ropa
push [pʊʃ] vt vi popychać; ~ **along** pośpieszyć się; ~ **in** wepchnąć; ~ **off** odepchnąć; ~ **out** wypchnąć; posuwać (się) naprzód; popędzić, nakłonić (sb to sth kogoś do czegoś); popierać (sb, sth kogoś, coś); s pchnięcie; posunięcie; wysiłek; poparcie; ~ **chair** wózek spacerowy (dla dziecka)
puss [pʊs] s pot. kot
pus·sy ['pʊsɪ] s (także ~ cat) kotek
***put** vt vi (put, put [pʊt]) stawiać, kłaść, umieszczać; zadawać (pyta-

nia); wypowiadać, wyrażać; skazać (*to death* na śmierć); nastawić (*zegarek*); zaprząc (*sb to work* kogoś do pracy; *a horse to the cart* konia do wozu); poddać (*to the test* próbie); *to ~ right* naprawić; *to ~ a stop* położyć kres, przerwać; *z przysłówkami i przyimkami:* ~ *away* odłożyć; ~ *back* odłożyć; powstrzymać; cofnąć (*zegarek*); ~ *by* odkładać (*np. pieniądze*); uchylać się (*sth od czegoś*); zbywać (*sb* kogoś); ~ *down* złożyć; stłumić (*np. powstanie*); ukrócić, poskromić; wysadzić (*np. pasażerów*); zapisać; zmniejszyć (*wydatki*); przypisywać (*sth to sb* coś komuś); ~ *forth* wytężać (*np. siły*); puszczać (*pąki*); wydać (*książkę*); ~ *forward* wysuwać, przedkładać, przedstawiać; posuwać naprzód; ~ *in* wkładać, wsuwać; wtrącać; wnosić (*np. skargę*) wprowadzać; ~ *in mind* przypominać (*sb of sth* komuś o czymś); ~ *in order* doprowadzić do porządku; ~ *off* odłożyć, zdjąć (*np. ubranie*); zbyć, odprawić; odroczyć; ~ *on* nakładać; wdziewać; przybierać (*np. postać*); wystawiać (*sztukę*); ~ *out* wysuwać (*np. rękę*); gasić; *sport* eliminować; wywiesić (*np. bieliznę*); wybić; wydać (*np. drukiem*); ~ *out of doors* wyrzucić za drzwi; ~ *out of order* wprowadzić nieład; ~ *over* przeprowadzić; zapewnić uznanie (*np. a film* dla filmu); ~ *through* przepchnąć (*np. sprawę*); połączyć telefonicznie (*to sb* z kimś); ~ *together* zmontować, zestawić; zebrać; zsumować; ~ *up* podnieść,

dźwignąć; ustawiać, instalować; wywieszać (*np. ogłoszenie*); odwiesić (*słuchawkę*); zaplanować, ukartować (podstępnie); schować, wetknąć (*np. do kieszeni*); zapakować; podnieść (*np. cenę*); wystawić (*np. towar na sprzedaż*); wysunąć (*kandydaturę*); wnieść (*prośbę*); dać nocleg (*sb* komuś); zatrzymać się (*at a hotel* w hotelu); pogodzić się (*with sb* z kimś); ścierpieć (*with sth* coś); zadowolić się (*with sth* czymś); namawiać (*sb to sth* kogoś do czegoś); *s* rzut

pu·ta·tive ['pjuːtətɪv] *adj* domniemany

pu·tre·fac·tion [ˌpjuːtrɪ'fækʃn] *s* gnicie

pu·tre·fy ['pjuːtrɪfaɪ] *vi* psuć się, gnić; *vt* powodować gnicie

pu·trid ['pjuːtrɪd] *adj* zgniły, zepsuty

put·ty ['pʌtɪ] *s* kit

put-up ['pʊtʌp] *adj attr* zaplanowany, ukartowany (podstępnie)

puz·zle ['pʌzl] *s* zagadka; *crossword ~* krzyżówka (*do rozwiązania*); *vt* zaintrygować; wprawić w zakłopotanie

puz·zle·ment ['pʌzlmənt] *s* zaintrygowanie, zakłopotanie

pyg·my ['pɪgmɪ] *s* pigmej

py·ja·mas [pə'dʒɑːməz] *s pl* piżama

pyr·a·mid ['pɪrəmɪd] *s* piramida; *mat.* ostrosłup

pyre ['paɪə] *s* stos (*zw.* pogrzebowy)

py·ro·tech·nics [ˌpaɪrəʊ'tekˌnɪks] *s* pirotechnika

py·thon ['paɪθən] *s zool.* pyton

Q

quack 1. [kwæk] s znachor, szarlatan

quack 2. [kwæk] vi kwakać; s kwakanie

quad·ran·gle, quad ['kwɒdræŋgl] s dziedziniec; mat. czworokąt

quad·ri·lat·er·al [ˌkwɒdrɪˈlætrəl] adj czworoboczny; s mat. czworokąt

quad·ru·ped ['kwɒdruped] s zool. czworonóg; adj czworonożny

quad·ru·ple ['kwɒdrupl] adj poczwórny, czterokrotny

quaff [kwɒf] vt vi wychylać jednym haustem, pić wielkimi łykami

quag [kwæg] s bagno

quag·gy ['kwægɪ] adj bagnisty, grząski

quag·mire ['kwægmaɪə] s bagno, trzęsawisko

quail 1. [kweɪl] vi ociągać się; lękać się; cofać się (**before sth** przed czymś)

quail 2. [kweɪl] s (pl ~) zool. przepiórka

quaint [kweɪnt] adj dziwny, dziwaczny

quake [kweɪk] vi trząść się, drżeć; s drżenie; pot. trzęsienie ziemi

Quak·er ['kweɪkə] s kwakier

qual·i·fi·ca·tion [ˌkwɒlɪfɪˈkeɪʃn] s kwalifikacja; określenie; zastrzeżenie

qual·i·fy ['kwɒlɪfaɪ] vt kwalifikować; określać; warunkować; modyfikować; łagodzić; vi zdobyć kwalifikacje zawodowe; otrzymać dyplom

qual·i·ta·tive ['kwɒlɪtətɪv] adj jakościowy

qual·i·ty ['kwɒlətɪ] s jakość; gatunek; cecha, właściwość, zaleta; charakter

qualm [kwɑːm] s mdłości; skrupuł; niepewność, niepokój

quan·da·ry ['kwɒndərɪ] s ciężkie położenie, kłopot, dylemat

quan·ti·ta·tive ['kwɒntɪtətɪv] adj ilościowy

quan·ti·ty ['kwɒntətɪ] s ilość; iloczas; pl **quantities** masa, obfitość

quar·rel ['kwɒrəl] s kłótnia; vi kłócić się

quar·rel·some ['kwɒrəlsəm] adj kłótliwy

quar·ry 1. ['kwɒrɪ] s kamieniołom

quar·ry 2. ['kwɒrɪ] s zwierzyna (upolowana), łup

quart [kwɔːt] s kwarta

quar·ter ['kwɔːtə] s ćwierć, czwarta część; kwartał; strona świata; kwadra (księżyca); dzielnica, rewir; źródło (informacji); am. moneta 25-centowa; **a ~ of an hour** kwadrans; pl **~s** sfery; apartamenty; mieszkanie; wojsk. kwatery; **at close ~s** z bliska; (o walce) wręcz; **to take up ~s** zamieszkać; vt ćwiartować; wojsk. kwaterować, stacjonować

quar·ter·ly ['kwɔːtəlɪ] adj kwartalny; adv kwartalnie; s kwartalnik

quar·tet [kwɔːˈtet] s kwartet

quartz [kwɔːts] s miner. kwarc

quash [kwɒʃ] vt zgnieść, stłumić; skasować, unieważnić

qua·si ['kweɪzaɪ] adj, adv i praef prawie, niemal; niby

quat·rain ['kwɒtreɪn] s czterowiersz

qua·ver ['kweɪvə] vi (zw. o głosie) drżeć, drgać; śpiewać trylem; s wibrujący głos; tremolo; muz. tryl; muz. ósemka

quay [kiː] s nabrzeże, keja

quea·sy ['kwiːzɪ] adj wrażliwy;

grymaśny; skłonny do mdłości; przyprawiający o mdłości

queen [kwi:n] s królowa; żona króla; dama (*w kartach*); ~ **mother** królowa matka (*panującego władcy*)

queer [kwɪə] *adj* dziwaczny; *pot.* stuknięty; nieswój; **to feel** ~ czuć się niedobrze; *pot.* pedał (*homoseksualista*);

quell [kwel] *vt* tłumić, dławić

quench [kwentʃ] *vt* gasić; tłumić; studzić (*np. zapał*)

quer·u·lous ['kwerələs] *adj* gderliwy, zrzędny

que·ry ['kwɪərɪ] s pytanie; znak zapytania; *vt* i *vi* zapytywać; badać; stawiać znak zapytania

quest [kwest] s poszukiwanie; *vt vi* poszukiwać (**sth** czegoś)

ques·tion ['kwestʃn] s pytanie; zastrzeżenie; kwestia; **to ask a** ~ zadać pytanie; **to call in** ~ zakwestionować; **in** ~ będący przedmiotem rozważań, to, o co chodzi; **out of the** ~ nie wchodzący w rachubę; **beyond** ~ niewątpliwie; *vt* zadawać pytania, pytać; indagować; badać; kwestionować

ques·tion·a·ble ['kwestʃənəbl] *adj* wątpliwy, sporny

ques·tion mark ['kwestʃnmɑ:k] s znak zapytania

ques·tion·naire [ˌkwestʃə'neə] s kwestionariusz

queue [kju:] s szereg ludzi, kolejka (*w sklepie*); *vi* (*także* ~ **up**) stać w kolejce

quib·ble ['kwɪbl] s drobne zastrzeżenie; wykręt, wybieg (*w rozmowie*); spierać się; *vi* mówić wykrętnie

quick [kwɪk] *adj* szybki, bystry; zwinny; (*o zmysłach*) zaostrzony; *adv* szybko, żwawo; zaraz; s żywe ciało; czuły punkt; *przen.* **to sting to the** ~ dotknąć do żywego

quick·en ['kwɪkən] *vt vi* przyspieszyć; ożywić się; wracać do życia

quick·lime ['kwɪklaɪm] s niegaszone wapno

quick·sand ['kwɪksænd] s lotne piaski

quick-tem·pered [ˌkwɪk'tempəd] *adj* nieopanowany, porywczy

quid [kwɪd] s *pot.* funt szterling

qui·es·cent [kwaɪ'esnt] *adj* spokojny, nieruchomy; bierny

qui·et ['kwaɪət] *adj* spokojny; cichy; s spokój; cisza; *vt* uspokajać; uciszać; *vi* (*zw.* ~ **down**) uspokajać, uciszać się; **keep** ~ cicho się zachowywać; milczeć

qui·et·ism ['kwaɪətɪzm] s *filoz.* kwietyzm

qui·e·tude ['kwaɪətju:d] s spokój

quill [kwɪl] s lotka; gęsie pióro (*do pisania*); kolec (*np. jeża*)

quilt [kwɪlt] s kołdra; *vt* pikować

qui·nine [kwɪ'ni:n] s chinina

quin·tet [kwɪn'tet] s *muz.* kwintet

quin·tu·ple ['kwɪntjupl] *adj* pięciokrotny

quirk [kwɜ:k] s zrządzenie (*losu*); dziwactwo

quit [kwɪt] *vt vi* opuszczać (*miejsce, posadę*); rezygnować; odejść, odejechać; *lit.* odpłacać; *adj* wolny (**of sth** od czegoś); **a note to** ~ wypowiedzenie (*np. pracy*)

quite [kwaɪt] *adv* zupełnie, całkiem; całkowicie; wcale; ~ **a treat** istna biesiada; **it's** ~ **the thing** to jest właśnie to, o to chodzi; to ostatni krzyk mody; ~ **so!** zupełna racja!, właśnie!

quiv·er 1. ['kwɪvə] *vi* drżeć, drgać; s drżenie, drganie

quiv·er 2. ['kwɪvə] s kołczan

quiz [kwɪz] *vt* wypytywać (**sb** kogoś); *am.* testować; s test; kwiz

quo·rum ['kwɔ:rəm] s kworum

quo·ta ['kwəʊtə] s określony udział; kontyngent

quo·ta·tion [kwəʊ'teɪʃn] s cytat; cytowanie; *handl.* notowanie kursu (*na giełdzie*)

Q

quo·ta·tion marks [kwəʊ'teɪʃnmɑːks] *s pl* cudzysłów

quote [kwəʊt] *vt* cytować, po-

woływać się (*sth* na coś); *handl.* notować kurs (*na giełdzie*)

quo·tient ['kwəʊʃnt] *s mat.* iloraz

R

R, r [ɑː]: *the three Rs* wykształcenie elementarne (*reading, (w)riting, (a)rithmetic*) czytanie, pisanie, arytmetyka

rab·bi ['ræbaɪ] *s* rabin

rab·bit ['ræbɪt] *s zool.* królik

rab·ble ['ræbl] *s* motłoch

rab·id ['ræbɪd] *adj* szalony; wściekły, rozwścieczony

ra·bies ['reɪbiːz] *s med.* wścieklizna

race 1. [reɪs] *s* rasa, ród

race 2. [reɪs] *s* bieg, gonitwa, wyścig; nurt; *armament* ~ wyścig zbrojeń; *to run a* ~ *sport* brać udział w biegu, biec; *pl* ~*s* wyścigi konne; *vt vi* gonić (się); brać udział w wyścigach; iść w zawody; puszczać w zawody (*np. konia*); popędzać (*konia*)

race·course ['reɪskɔːs], *am.* **race·track** ['reɪstræk] *s* tor wyścigowy

ra·cial ['reɪʃl] *adj* rasowy

ra·cial·ism ['reɪʃlɪzm] *s* rasizm

rac·ing ['reɪsɪŋ] *s* wyścigi (konne), biegi, regaty, zawody; *adj attr* wyścigowy

rac·ism ['reɪsɪzm] *s* rasizm

rack 1. [ræk] *s* wieszak (*na palta*); stojak; półka (*np. w wagonie*)

rack 2. [ræk] *s* koło tortur; *vt* łamać kołem, torturować; *to* ~ *one's brains for sth* łamać sobie nad czymś głowę

rack 3. [ræk] *s* zniszczenie; *to go to* ~ *and ruin* ulec zniszczeniu; wykoleić się

rack·et 1. ['rækɪt] *s sport.* rakieta

rack·et 2. ['rækɪt] *s pot* hałas, huk, wrzawa; hulanka; *vi* hałasować; hulać

rack·et 3. ['rækɪt] *pot.* szantaż, wymuszenie

rack·et·eer [,rækɪ'tɪə] *s* szantażysta; *vi pot.* uprawiać szantaż

rac·y ['reɪsɪ] *adj* pełen życia; dosadny; pikantny; (bardzo) charakterystyczny; typowy

ra·dar ['reɪdɑː] *s* radar

ra·di·al ['reɪdɪəl] *adj* promieniowy

ra·di·ance ['reɪdɪəns] *s* promieniowanie; blask

ra·di·ant ['reɪdɪənt] *adj* promieniujący; promienny

ra·di·ate ['reɪdɪeɪt] *vt vi* promieniować; wysyłać (*promienie, światło, energię, ciepło*)

ra·di·a·tion [,reɪdɪ'eɪʃn] *s* promieniowanie; napromienienie

ra·di·a·tor ['reɪdɪeɪtə] *s* radiator; kaloryfer, grzejnik; *techn.* chłodnica

rad·i·cal ['rædɪkl] *adj* radykalny; *s* radykał; *mat.* pierwiastek

ra·di·o ['reɪdɪəʊ] *s* radio; *vt* nadawać przez radio

ra·di·o·ac·tive [,reɪdɪəʊ'æktɪv] *adj* promieniotwórczy, radioaktywny

ra·di·o·ac·ti·vi·ty [,reɪdɪəʊæk'tɪvətɪ] *s* promieniotwórczość, radioaktywność

ra·di·o·gram ['reɪdɪəʊgræm] *s* depesza radiowa; zdjęcie rentgenowskie

ra·di·o·graph ['reɪdɪəʊgrɑːf] *s* zdjęcie rentgenowskie; *vt* robić zdjęcia rentgenowskie

ra·di·ol·o·gy [ˌreɪdɪˈɒlədʒɪ] s radiologia, rentgenologia

rad·ish [ˈrædɪʃ] s bot. rzodkiewka

ra·di·um [ˈreɪdɪəm] s chem. rad

ra·di·us [ˈreɪdɪəs] s (pl **radii** [ˈreɪdɪaɪ]) promień (okręgu)

raf·fle [ˈræfl] s loteria (fantowa); vt sprzedawać na loterii; vi grać na loterii

raft [rɑːft] s tratwa; vt spławiać tratwą; vi przeprawiać się tratwą

rag [ræg] s szmata, gałgan

rag·a·muf·fin [ˈrægəˌmʌfɪn] s obdartus

rage [reɪdʒ] s wściekłość, gniew, pasja, furia; mania (**for sth** do czegoś); **all the ~** najnowszy krzyk mody; vi szaleć; wściekać się (**at sb** na kogoś)

rag·ged [ˈrægɪd] adj obszarpany, obdarty; poszarpany, nierówny, szorstki

rag·time [ˈrægtaɪm] s ragtime (wczesna forma jazzu o rytmie synkopowanym)

raid [reɪd] s najazd, napad; **air ~** nalot; obława; vt najeżdżać (np. na kraj), robić napad; urządzać obławę

rail 1. [reɪl] s balustrada, poręcz; listwa, szyna; sztacheta; kolej żelazna; **by ~** koleją; **to get off the ~s** wykoleić się; vt (także **~ in**) ogrodzić; okratować; przewozić koleją; vi jechać koleją

rail 2. [reɪl] vi złorzeczyć, uskarżać się (**at sb, sth** na kogoś, coś); szydzić (**at sb** z kogoś); urągać (**at sb** komuś)

rail·ing [ˈreɪlɪŋ] ppraes i s ogrodzenie; okratowanie; poręcz

rail·road [ˈreɪlrəʊd] am. = **railway**

rail·way [ˈreɪlweɪ] s kolej żelazna

rain [reɪn] s deszcz; vi (o deszczu) padać; **take a ~ check on sth** am. pot. skorzystać z czegoś w późniejszym terminie; **~ water** deszczówka

rain·bow [ˈreɪnbəʊ] s tęcza

rain·coat [ˈreɪnkəʊt] s płaszcz przeciwdeszczowy

rain·fall [ˈreɪnfɔːl] s opad (deszczu); ulewa

rain·y [ˈreɪnɪ] adj deszczowy, dżdżysty; przen. **~ day** czarna godzina

raise [reɪz] vt podnosić, dźwignąć; podwyższać; wznosić (budynek itd.); budzić, wywoływać; ożywiać; poruszać (sprawę); ściągać (podatki); werbować; mobilizować; hodować, uprawiać; wychowywać (dzieci)

rai·sin [ˈreɪzn] s rodzynek

rake 1. [reɪk] s grabie; pogrzebacz; vt vi grabić, zgarniać; grzebać (się); szperać; **~ out** wygrzebać; **~ up** zgrzebywać, zgarniać; rozgrzebywać

rake 2. [reɪk] s łajdak, hulaka

ral·ly [ˈrælɪ] s zjazd, zlot, rajd; poprawa (zdrowia itp.); vt vi zbierać się, zbiegać się, gromadzić (się); zebrać siły (np. po chorobie); otrząsnąć się, przyjść do siebie

ram [ræm] s baran; taran; dźwig hydrauliczny; tłok; vt uderzać (taranem); ubijać, wbijać, tłuc, wtłaczać

RAM, random access memory [ˈrændəmˌækesˈmemərɪ] s komp. pamięć operacyjna

ram·ble [ˈræmbl] s wędrówka, przechadzka; vi wałęsać (się); wędrować; (np. o ścieżce) wić się; zbaczać (z tematu); pot. gędzić (od rzeczy)

ram·bler [ˈræmblə] s wędrowiec, włóczęga; pnącze, roślina pnąca

ram·i·fi·ca·tion [ˌræmɪfɪˈkeɪʃn] s rozgałęzienie

ram·i·fy [ˈræmɪfaɪ] vt vi rozgałęziać się

ram·mer [ˈræmə] s kafar; ubijak

ramp [ræmp] s pochyłość; nachylenie (muru itd.); pochyła droga, podjazd w górę; rampa; vi wznosić się pochyło; pot. wściekać się

ram·pant [ˈræmpənt] adj obficie

krzewiący się; bujny; szerzący się; nieokiełzany; gwałtowny

ram·part ['ræmpɑːt] *s* wał (obronny); szaniec; *przen.* obrona, osłona

ram·shack·le ['ræm.ʃækl] *adj* rozpadający się, rozklekotany, w ruinie

ran *zob.* **run**

ranch [rɑːntʃ] *s am.* ranczo, gospodarstwo hodowlane; *vi* prowadzić gospodarstwo hodowlane

ranch·er ['rɑːntʃə] *s* właściciel rancza

ran·cid ['rænsɪd] *adj* zjełczały

ran·cor·ous ['ræŋkərəs] *adj* rozgoryczony; zawzięty, zajadły

ran·cour ['ræŋkə] *s* rozgoryczenie; uraza; złośliwość

ran·dom ['rændəm] *s w zwrocie:* **at ~** na chybił trafił; *adj* przypadkowy, pierwszy lepszy

ran·dy ['rændɪ] *adj pot.* podniecony (seksualnie)

rang *zob.* **ring**

range [reɪndʒ] *s* szereg, rząd; zasięg, rozpiętość; zakres, sfera; teren (*badań itp.*); wędrówka; łańcuch (gór); piec kuchenny; strzelnica; *vt* szeregować, porządkować; ciągnąć się (**sth** wzdłuż czegoś); przemierzać (*kraj itp.*); *vi* rozciągać się (**from sth to sth** od czegoś do czegoś); wałęsać się, wędrować (**over** po czymś, przez coś); (*o temperaturze, cenach*) wahać się; zaliczać się (**among the rebels** do buntowników); (*o roślinach, zwierzętach*) spotykać się; sięgać; **the prices ~d from 5 to 7 pounds** ceny wahały się od pięciu do siedmiu funtów

rang·er ['reɪndʒə] *s* włóczęga, wędrowiec; strażnik lasu; żołnierz konny; *am.* komandos

rank 1. [ræŋk] *s* rząd; szereg; klasa, sfera; ranga, stopień, kategoria; **the ~ and file, the ~s** szeregowi żołnierze; *przen.* szara masa (*społeczeństwa*); **to join the ~s**

wstąpić do wojska; *vt* ustawić w szeregu; zaszeregować; sklasyfikować; nadać rangę (**sb** komuś); *vi* zajmować rangę; mieć stanowisko; liczyć się (**as sb** jako ktoś)

rank 2. [ræŋk] *adj* bujny, wybujały; żywotny; (*o glebie*) zbyt żyzny; zgniły, cuchnący; istny, wierutny, skończony

ran·kle ['ræŋkl] *vi* jątrzyć (się), ropieć; *przen.* drażnić, dręczyć

ran·sack ['rænsæk] *vt* przewrócić do góry nogami, przetrząsnąć; plądrować

ran·som ['rænsəm] *s* okup; *vt* odkupić, wykupić

rant [rænt] *s* napuszona mowa, tyrada; *vt vi* mówić stylem napuszonym

rap [ræp] *vt* lekko uderzać; *vi* stukać (**at the door** do drzwi); *s* lekkie uderzenie, kuksaniec; stukanie

ra·pa·cious [rə'peɪʃəs] *adj* drapieżny, zachłanny

rape 1. [reɪp] *vt* zgwałcić (*fizycznie*); pogwałcić (*np. prawa*); *s* gwałt, zgwałcenie; pogwałcenie (*np. praw*)

rape 2. [reɪp] *s bot.* rzepa

rap·id ['ræpɪd] *adj* szybki; wartki, rwący; *s* (*zw. pl ~s*) bystry nurt rzeki (*na progach*), katarakta

ra·pi·er ['reɪpɪə] *s* rapier

rap·ine ['ræpaɪn] *s* rabunek

rap·proche·ment [ræ'prɒʃmɒŋ] *s* pojednanie, przywrócenie dobrych stosunków (*zw.* między państwami)

rapt [ræpt] *adj* pochłonięty, zaabsorbowany; zachwycony, urzeczony

rap·ture ['ræptʃə] *s* zachwyt, upojenie

rare [reə] *adj* rzadki

rar·i·ty ['reərətɪ] *s* rzadkość, niezwykłość

ras·cal ['rɑːskl] *s* łotr, łobuz, łajdak

rash 1. [ræʃ] *adj* pospieszny,

nieroztropny, nie przemyślany

rash 2. [ræʃ] s med. wysypka, nalot

rasp [rɑːsp] s raszpla; zgrzyt; vt skrobać raszplą; drażnić; vi zgrzytać

rasp·ber·ry ['rɑːzbərɪ] s bot. malina

rat [ræt] s zool. szczur; przen. **to smell a ~** podejrzewać coś; **~ race** pot. pogoń za sukcesem

rate [reɪt] s stosunek (ilościowy), proporcja; ustalona cena, taryfa, taksa; norma; tempo; stawka; podatek (samorządowy itd.); kurs (wymiany itd.); stopa; wskaźnik; ocena, oszacowanie; **at any ~** w każdym razie, za każdą cenę; **birth ~** wskaźnik urodzeń; **death ~** śmiertelność; **~ of exchange** kurs walutowy; **~ of interest** stopa procentowa; **~ of living** stopa życiowa; **first ~** adj pierwszorzędny; vt szacować, taksować, oceniać; klasyfikować; opodatkowywać; vi być zaliczanym

rate·pay·er ['reɪt,peɪə] s płatnik podatku samorządowego

rath·er ['rɑːðə] adv raczej, dość; właściwie; poniekąd; oczywiście; **I would ~ go** wolałbym pójść

rat·i·fi·ca·tion [,rætɪfɪ'keɪʃn] s ratyfikacja

rat·i·fy ['rætɪfaɪ] vt ratyfikować

ra·tio ['reɪʃɪəʊ] s stosunek (liczbowy, ilościowy), proporcja

ra·tion ['ræʃn] s racja, przydział; vt racjonować, przydzielać

ra·tion·al ['ræʃnəl] adj racjonalny, rozumowy; rozumny; mat. wymierny; s stworzenie rozumne; mat. liczba wymierna

ra·tion·a·lism ['ræʃnəlɪzm] s racjonalizm

rat·tle ['rætl] s klekot, grzechot; brzęk, stukot, turkot; grzechotka; gaduła; vt vi klekotać, grzechotać; stukotać; turkotać; szczękać; brzęczeć; terkotać; rzęzić; paplać; trajkotać

rat·tle·snake ['rætlsneɪk] s zool. grzechotnik

rav·age ['rævɪdʒ] vt pustoszyć, plądrować; s spustoszenie, zniszczenie

rave [reɪv] vi szaleć; bredzić; zachwycać się (**about sb, sth** kimś, czymś)

rav·el ['rævl] vt vi wikłać się; (zw. **~ out**) strzępić; s powikłanie; plątanina; strzępy

ra·ven ['reɪvn] s zool. kruk

rav·en·ous ['rævnəs] adj pot. wygłodniały; zachłanny; (o apetycie) wilczy

ra·vine [rə'viːn] s wąwóz, parów

rav·ish ['rævɪʃ] vt zachwycić, oczarować; porwać; zgwałcić (kobietę)

raw [rɔː] adj surowy; niewykończony, niewyrobiony; (o człowieku) niedoświadczony; (o ranie) otwarty; **~ material** surowiec; s świeża rana; otarcie (skóry); żywe ciało; przen. czułe miejsce

ray [reɪ] s promień; vt vi (także **~ forth**) promieniować

ray·on ['reɪɒn] s sztuczny jedwab

raze [reɪz] vt zetrzeć, wykreślić; zburzyć, zrównać z ziemią

ra·zor ['reɪzə] s brzytwa; **~ blade** żyletka; **safety ~** maszynka do golenia; **electric ~** elektryczna maszynka do golenia

re- [riː] praef ponownie, po raz drugi

reach [riːtʃ] vt vi sięgać; dosięgnąć, osiągnąć; dojść, dojechać, dogonić; rozciągać się; wyciągać rękę, sięgać (**for sth** po coś); s zasięg, zakres; **beyond ~** poza zasięgiem; **within ~** w zasięgu; **within easy ~** łatwo osiągalny, dostępny

re·act [rɪ'ækt] vi reagować (**to sth** na coś); oddziaływać (**upon sth** na coś); przeciwdziałać (**against sth** czemuś)

re·ac·tion [rɪ'ækʃn] s reakcja; oddziaływanie; przeciwdziałanie

re·ac·tion·a·ry [rɪˈækʃnərɪ] *adj* reakcyjny; *s* reakcjonista

re·ac·tor [rɪˈæktə] *s* reaktor

*read 1. [riːd] *vt vi* (**read, read** [red]) czytać; studiować; (*o tekście*) brzmieć; (*o ustawie*) głosić; przygotowywać się (**for an examination** do egzaminu); **this book ~s well** tę książkę dobrze się czyta; **~ over** przeczytać (od początku do końca); **~ up** zaznajomić się z tematem na podstawie lektury; *s pot.* [rid] lektura; **to have a ~** poczytać sobie

read 2. [red] *adj w zwrocie;* **well ~** oczytany

read·er [ˈriːdə] *s* czytelnik; lektor; wykładowca; korektor; wybór czytanek, wypisy

read·i·ly [ˈredɪlɪ] *adv* chętnie, z gotowością; z łatwością

read·i·ness [ˈredɪnəs] *s* gotowość; chęć; łatwość, obrotność; bystrość

read·ing [ˈriːdɪŋ] *ppraes i s* czytanie; oczytanie; lektura; **~ list** spis lektury; odczytywanie

read·ing book [ˈriːdɪŋbʊk] *s* książka do czytania; wypisy

read·ing room [ˈriːdɪŋrʊm] *s* czytelnia

re·ad·just [ˌriːəˈdʒʌst] *vt* ponownie uporządkować

read·y [ˈredɪ] *adj* gotowy; skłonny, chętny; łatwy; szybki; bystry; **~ money** gotówka; **to get ~** przygotować się; *vt* przygotowywać

ready-to-wear = ready-made

ready-made [ˈredɪmeɪd] *adj* (*o ubraniu*) gotowy, na na miarę; *przen.* wygodny, poręczny

re·a·gent [riːˈeɪdʒənt] *s chem.* odczynnik

re·al [rɪəl] *adj* rzeczywisty, istotny, prawdziwy; **~ estate** nieruchomość; *adv am.* naprawdę; bardzo

re·al·ism [ˈrɪəlɪzm] *s* realizm

re·a·lis·tic [rɪəˈlɪstɪk] *adj* realistyczny; rozsądny

re·al·i·ty [rɪˈælətɪ] *s* rzeczywistość;

realność, prawdziwość

re·al·i·za·tion [ˌrɪəlaɪˈzeɪʃn] *s* realizacja; uświadomienie sobie, zrozumienie; *handl.* spieniężenie, upłynnienie (*kapitału*)

re·al·ize [ˈrɪəlaɪz] *vt* urzeczywistnić; uświadomić sobie, zrozumieć; *handl.* spieniężyć, upłynnić (*kapitał*); zrealizować (*np. czek*)

re·al·ly [ˈrɪəlɪ] *adv* naprawdę, rzeczywiście; istotnie

realm [relm] *s* królestwo; *przen.* dziedzina, sfera

re·al·tor [ˈrɪəltə] *s am.* pośrednik w handlu nieruchomościami

re·al·ty [ˈrɪəltɪ] *s* nieruchomość, własność gruntowa; realność

reap [riːp] *vt vi* zbierać (plon, żniwo); żąć, kosić

reap·er [ˈriːpə] *s* żniwiarz; żniwiarka (*maszyna*)

re·ap·pear [ˌriːəˈpɪə] *vi* pojawić się <ukazać> ponownie

rear 1. [rɪə] *vt* hodować, uprawiać; wychowywać; budować; wznosić; *vi* (*o koniu*) stawać dęba

rear 2. [rɪə] *s* tył, tylna strona; *wojsk.* tyły; **in the ~** w tyle; *wojsk.* na tyłach; **~view mirror** *mot.* lusterko wsteczne

rear-guard [ˈrɪəgɑːd] *s wojsk.* tylna straż

re·arm [ˌriːˈɑːm] *vt vi* ponownie zbroić (się), dozbrajać (się)

re·ar·ma·ment [rɪˈɑːməmənt] *s* ponowne zbrojenie, dozbrojenie

re·ar·range [ˌriːəˈreɪndʒ] *vt* na nowo uporządkować, przegrupować, przestawić, przemienić

rear·ward [ˈrɪəwəd] *adj* zwrócony ku tyłowi, tylny, końcowy; wsteczny; *adv* (*także* **~s**) ku tyłowi, wstecz

rea·son [ˈriːzn] *s* rozum, intelekt; rozwaga; powód (**of sth** czegoś, **for sth** do czegoś); uzasadnienie; **by ~ of, for ~s of** z powodu; **to bring to ~** przywodzić do rozsądku; **to hear ~** słuchać głosu rozsądku, dać się przekonać; **it**

stands to ~ to jest zrozumiałe, nie można temu zaprzeczyć; **out of ~** nierozsądnie; *vt vi* rozumować, rozważać; uzasadniać; wnioskować; wyperswadować (**sb out of sth** komuś coś); przekonać, namówić (**sb into sth** kogoś do czegoś)

rea·son·a·ble ['ri:znəbl] *adj* rozsądny; (*o cenach*) umiarkowany

re·as·sem·ble [,ri:ə'sembl] *vt vi* ponownie zebrać (się)

re·as·sume [,ri:ə'sju:m] *vt* na nowo podjąć

re·as·sure [,ri:ə'ʃuə] *vt* przywrócić zaufanie, rozproszyć obawy

re·bate [rɪ'beɪt] *vt* zmniejszyć; *handl.* potrącić; udzielić rabatu; *s* ['ri:beɪt] *handl.* rabat

reb·el ['rebl] *s* buntownik; *adj* buntowniczy; *vt* [rɪ'bel] buntować się

re·bel·lion [rɪ'beljən] *s* bunt, rebelia

re·bel·lious [rɪ'beljəs] *adj* buntowniczy, zbuntowany

re·bound [rɪ'baund] *vi* odskakiwać, odbijać się

re·buff [rɪ'bʌf] *vt* odepchnąć, odtrącić; dać odprawę; odmówić; *s* odmowa; odepchnięcie, odprawa

*re·build [,ri:'bɪld] (*formy zob.* **build**) *vt* odbudować, przebudować, odnowić

re·buke [rɪ'bju:k] *s* wymówka, zarzut, nagana; *vt* robić wymówki, ganić, karcić

re·cal·ci·trant [rɪ'kælsɪtrənt] *adj* oporny, krnąbrny

re·call [rɪ'kɔ:l] *vt* odwoływać (*np. ambasadora*); cofać (*np. obietnicę*); przypominać sobie; wskrzeszać (*wspomnienia*); kasować; *s* odwołanie; nakaz powrotu; **past ~** nieodwołalnie; nie podlegający zmianie

re·cant [rɪ'kænt] *vt* odwołać, cofnąć; wyprzeć się

re·ca·pit·u·late [,ri:kə'pɪtʃuleɪt] *vt* rekapitulować, podsumować; streścić

re·cast [,ri:'kɑ:st] *vt* przetopić metal; przekształcić, przerobić; *s* przeróbka

re·cede [rɪ'si:d] *vi* cofnąć się, odstąpić

re·ceipt [rɪ'si:t] *s* odbiór; potwierdzenie odbioru, pokwitowanie; recepta; *pl* **~s** przychód, wpływy; kwitować

re·ceive [rɪ'si:v] *vt* otrzymywać, odbierać; przyjmować; zawierać; doznawać; **on receiving** po otrzymaniu

re·ceived [rɪ'si:vd] *pp i adj* uznany; powszechnie przyjęty

re·ceiv·er [rɪ'si:və] *s* odbiorca; poborca; odbiornik (radiowy); słuchawka (telefoniczna); paser

re·cent ['ri:snt] *adj* świeży, niedawny; nowoczesny

re·cent·ly ['ri:sntlɪ] *adv* ostatnio, niedawno

re·cep·ta·cle [rɪ'septəkl] *s* naczynie, zbiornik

re·cep·tion [rɪ'sepʃn] *s* recepcja, przyjęcie; odbiór (radiowy); **~ office** recepcja, portiernia

re·cep·tive [rɪ'septɪv] *adj* podatny, chłonny; wrażliwy

re·cess [rɪ'ses] *s* odejście, ustąpienie; odwrót; ferie (*zw.* sądowe *lub* parlamentarne); zakątek, zakamarek; ustronie; wgłębienie; nisza; alkowa; *am.* wakacje; *vt* ustawić we wgłębieniu; *vi* zrobić wgłębienie; zaprzestać (*działalności*)

re·ces·sion [rɪ'seʃn] *s* recesja, cofnięcie się; *handl.* zastój

rec·i·pe ['resəpɪ] *s* przepis (*kulinarny*); *przen.* recepta (*np. na szczęście*)

re·cip·ro·cal [rɪ'sɪprəkl] *adj* wzajemny; *s mat.* odwrotność

re·cip·ro·cate [rɪ'sɪprəkeɪt] *vt vi* odwzajemniać (się); odpłacać (się) (**for sth** za coś)

re·ci·proc·i·ty [ˌresɪˈprɒsətɪ] s wzajemność

re·cit·al [rɪˈsaɪtl] s recytacja; wyłożenie (*faktów itp.*); *muz.* recital

rec·i·ta·tion [ˌresɪˈteɪʃn] s recytacja, deklamacja

re·cite [rɪˈsaɪt] vt recytować, deklamować; wyliczać

reck·less [ˈrekləs] adj beztroski, lekkomyślny; niebaczny (**of danger** na niebezpieczeństwo)

reck·on [ˈrekən] vt vi liczyć (się); być zdania, sądzić; zaliczać (**sb, sth among ...** kogoś, coś do ...); **~ in** wliczać, włączać, uwzględnić; **~ off** odliczyć

reck·on·ing [ˈrekənɪŋ] ppraes i s rachunek, obliczenie, rozliczenie; kalkulacja, rachuba

re·claim [rɪˈkleɪm] vt zażądać zwrotu; wnieść reklamację; odzyskać; poprawiać; resocjalizować; reformować; meliorować (*grunt*), użyźniać (*pustkowie*); cywilizować

rec·la·ma·tion [ˌrekləˈmeɪʃn] s reklamacja; poprawienie, reforma; melioracja; wzięcie pod uprawę (*nieużytków*); cywilizowanie

re·cline [rɪˈklaɪn] vt złożyć (*głowę*); vi wyciągnąć się; spoczywać (pół)leżąc

re·cluse [rɪˈkluːs] adj samotny, odosobniony; s samotnik, pustelnik

rec·og·ni·tion [ˌrekəɡˈnɪʃn] s rozpoznanie; uznanie (*zasług itd.*)

rec·og·nize [ˈrekəɡnaɪz] vt rozpoznać; uznać; przyznać się (**sb, sth** do kogoś, czegoś)

re·coil [rɪˈkɔɪl] vi cofnąć się; odskoczyć, odbić się; wzdragać się (**from sth** przed czymś)

rec·ol·lect [ˌrekəˈlekt] vt przypominać sobie, wspominać

rec·ol·lec·tion [ˌrekəˈlekʃn] s przypomnienie, pamięć, wspomnienie

re·com·mence [ˌriːkəˈmens] vt vi zacząć (się) na nowo

rec·om·mend [ˌrekəˈmend] vt polecić

rec·om·men·da·tion [ˌrekəmenˈdeɪʃn] s polecenie, rekomendacja; **letter of ~** list polecający; **on the ~ of...** z polecenia...; z zalecenia...

rec·om·pense [ˈrekəmpens] vt wynagradzać; kompensować (*np. stratę*); s wynagrodzenie; rekompensata

rec·on·cile [ˈrekənsaɪl] vt pojednać; pogodzić; uzgodnić; **to become ~d** pogodzić się (**with sb** z kimś, **to sth** z czymś)

rec·on·cil·i·a·tion [ˌrekənsɪlɪˈeɪʃn] s pojednanie

re·con·nais·sance [rɪˈkɒnɪsns] s *wojsk.* rekonesans; *przen.* zorientowanie się w sytuacji

rec·on·noi·tre [ˌrekəˈnɔɪtə] vt vi badać (*np. sytuację*); rozpoznawać (*teren*); *wojsk.* robić rekonesans

re·con·sid·er [ˌriːkənˈsɪdə] vt na nowo rozważyć

re·con·struct [ˌriːkənˈstrʌkt] vt przebudować, odtworzyć, zrekonstruować

re·cord [ˈrekɔːd] s zarejestrowanie, zapisanie; spis, zapis, rejestr; akta (personalne); świadectwo; protokół; notatka, wzmianka; rekord (*np. sportowy*); płyta (gramofonowa); **~ player** gramofon; pl **~s** archiwa; zapiski; kroniki; **on ~** zanotowany, zapisany; **off the ~** *pot.* nieoficjalnie, poufnie; poza protokołem; **to have a good ~** być dobrze notowanym, mieć nieskazitelną przeszłość; **to break the ~** pobić rekord; vt [rɪˈkɔːd] notować; zapisywać, rejestrować; nagrywać (*na płycie*)

re·cord·ing [rɪˈkɔːdɪŋ] s nagranie

re·count 1. [rɪˈkaʊnt] vt opowiadać, relacjonować

re·count 2. [ˈriːkaʊnt] s przeliczenie (*zw. głosów*); vt [ˌriːˈkaʊnt] przeliczyć

recourse 308

re·course [rɪ'kɔːs] s zwrócenie się (**to sth** do czegoś); **have ~** uciekać się (**to sth** do czegoś)

re·cov·er [rɪ'kʌvə] vt odzyskać; otrzymać zwrot; wynagrodzić sobie; ocucić; wyleczyć; vi przyjść do siebie, oprzytomnieć; wyzdrowieć; wrócić do normy

re·cov·e·ry [rɪ'kʌvərɪ] s odzyskanie, rekompensata, zwrot; powrót do zdrowia; poprawa; **past ~** w beznadziejnym stanie

rec·re·a·tion [ˌrekrɪ'eɪʃn] s odpoczynek (*po pracy*), rozrywka; przerwa (*między lekcjami*)

re·crim·i·na·tion [rɪˌkrɪmɪ'neɪʃn] s wzajemne oskarżanie się

re·cruit [rɪ'kruːt] s rekrut; nowicjusz; vt vi rekrutować

rec·tan·gle ['rektæŋgl] s prostokąt

rec·tan·gu·lar [rek'tæŋgjʊlə] adj prostokątny

rec·ti·fi·ca·tion [ˌrektɪfɪ'keɪʃn] s sprostowanie, poprawka; *chem.* rektyfikacja

rec·ti·fy ['rektɪfaɪ] vt prostować, poprawiać; *chem.* rektyfikować

rec·ti·tude ['rektɪtjuːd] s prostolinijność, uczciwość

rec·tor ['rektə] s *bryt.* rektor; dyrektor (*szkoły średniej*); proboszcz (*anglikański*)

rec·tum ['rektəm] s *med.* odbyt

re·cum·bent [rɪ'kʌmbənt] adj leżący, w pozycji leżącej

re·cu·pe·rate [rɪ'kjuːpəreɪt] vt przywracać siły, regenerować; vi odzyskiwać siły, wracać do zdrowia

re·cur [rɪ'kɜː] vi powtarzać się; powracać (*na myśl*)

re·cur·rence [rɪ'kʌrəns] s powtarzanie się; powrót (**to sth** do czegoś)

re·cur·rent [rɪ'kʌrənt] adj powtarzający się, periodyczny; powrotny

red [red] adj czerwony; rudy; ryży; *przen.* krwawy; rewolucyjny, lewicowy; **to see ~** szaleć z gniewu; s czerwień; komunista; **~ tape** biurokracja; biurokratyzm

red·den ['redn] vt vi czerwienić (się)

red·dish ['redɪʃ] adj czerwonawy

re·deem [rɪ'diːm] vt wykupić; spłacić; odkupić, zbawić; uratować (*np. honor*); skompensować (*np. wady*); uwolnić; odpokutować

re·deem·a·ble [rɪ'diːməbl] adj odkupny, zwrotny

re·deem·er [rɪ'diːmə] s zbawca, zbawiciel (*też rel.*)

re·demp·tion [rɪ'dempʃn] s wykup, spłacenie; zbawienie; odpokutowanie

red-hand·ed [ˌred'hændɪd] adj mający ręce splamione krwią; **to be caught ~** być złapanym na gorącym uczynku

red-hot [ˌred'hɒt] adj rozpalony do czerwoności

red-let·ter [ˌred'letə] adj attr świąteczny, odświętny; pamiętny (*np. dzień*)

red-light dis·trict [ˌred'laɪtˌdɪstrɪkt] s dzielnica prostytucji

red·o·lent ['redələnt] adj wonny; pachnący (**of sth** czymś)

re·dou·ble [ˌriː'dʌbl] vt vi podwoić (się); rekontrować (*w kartach*)

re·doubt·a·ble [rɪ'daʊtəbl] adj straszny, groźny

re·dress [rɪ'dres] vt naprawić, wyrównać, wynagrodzić; przywrócić (*równowagę*); ulżyć; s naprawa, rekompensata

red·skin ['redskɪn] s i adj czerwonoskóry

re·duce [rɪ'djuːs] vt pomniejszać, redukować; obniżać (*np. cenę*); osłabiać; sprowadzać (**sth to an absurdity** coś do absurdu); pokonać; ujarzmić; degradować

re·duc·tion [rɪ'dʌkʃn] s redukcja; zmniejszenie; obniżka (*np. cen*);

osłabienie; zdegradowanie; doprowadzenie, sprowadzenie (*kogoś do jakiegoś stanu*)

re·dun·dant [rɪ'dʌndənt] *adj* nadmierny, zbyteczny; rozwlekły

reed [ri:d] *s bot.* trzcina; piszczałka

reef [ri:f] *s* rafa

reek [ri:k] *vi* dymić, kopcić; śmierdzieć; *s* dym; *zbior.* opary; fetor; smród

reel [ri:l] *s* zataczanie się; wir; szpulka, cewka; rolka (*np. papieru, filmu*); *przen.* **off the ~** gładko, jednym tchem; *vt* (*także ~ in*) nawijać, motać; (*także ~ off*) odwijać, rozwijać; *vi* kręcić się, wirować; zataczać się; chwiać się

re·en·ter [,ri:'entə] *vt vi* ponownie wejść, wrócić; ponownie wprowadzić

re·es·tab·lish [,ri:ɪ'stæblɪʃ] *vt* zrekonstruować, przywrócić

re·fer [rɪ'fɜ:] *vt vi* odsyłać, kierować; odnosić (się); wiązać (się); nawiązywać; powoływać się; zwracać się, udawać się; **to ~ to the dictionary** zajrzeć do słownika

ref·er·ee [,refə'ri:] *s* arbiter; *sport.* sędzia; *vi* sędziować

ref·er·ence ['refrəns] *s* powołanie się (**to sth** na coś); odesłanie (**to sth** do czegoś); polecenie, referencja; adnotacja; wzmianka; sprawdzanie (*w słowniku, encyklopedii*); informacja; **~ book, a book of ~** książka podręczna (*słownik, encyklopedia, informator itp.*); **with ~ to** odnośnie do, co się tyczy

ref·e·ren·dum [,refə'rendəm] *s* (*pl* **referenda** [,refə'rendə], **referendums**) referendum

re·fill [,ri:'fɪl] *vt vi* ponownie napełnić (się); *s* ['ri:fɪl] zapas (*do ołówka automatycznego, długopisu, latarki itp.*)

re·fine [rɪ'faɪn] *vt* oczyszczać, rafinować; uszlachetniać; nadawać

kolor; *vi* oczyszczać się; wyszlachetnieć

re·fine·ment [rɪ'faɪnmənt] *s* oczyszczanie, rafinowanie; wyrafinowanie (*np. smaku*); wytworność

re·fin·er·y [rɪ'faɪnərɪ] *s* rafineria

re·flect [rɪ'flekt] *vt* odbijać (*np. fale*); odzwierciedlać; *vi* rozważać (**on sth** coś); zastanawiać się (**on sth** nad czymś); robić uwagi (**on sb, sth** o kimś, o czymś), krytykować; czynić zarzuty

re·flec·tion [rɪ'flekʃn] *s* odbicie (*np. fal*); odzwierciedlenie; namysł, zastanowienie, refleksja; **on ~** po namyśle; krytyka (**on sb, sth** kogoś, czegoś)

re·flec·tive [rɪ'flektɪv] *adj* odbijający (*np. fale*); myślący, refleksyjny *gram.* = **reflexive**

re·flec·tor [rɪ'flektə] *s* reflektor

re·flex ['ri:fleks] *s* odbicie (się); odruch, refleks; *adj* (*o świetle itp.*) odbity; odruchowy

re·flex·ive [rɪ'fleksɪv] *adj gram.* zwrotny

re·form [rɪ'fɔ:m] *vt vi* reformować; poprawiać (się); *s* reforma; poprawa

ref·or·ma·tion [,refə'meɪʃn] *s* nawrócenie; poprawa; *hist.* **the Reformation** Reformacja

re·form·er [rɪ'fɔ:mə] *s* reformator

re·fract [rɪ'frækt] *vt fiz.* załamywać (*promienie*)

re·frac·to·ry [rɪ'fræktərɪ] *adj* oporny, uparty; *techn.* ogniotrwały

re·frain 1. [rɪ'freɪn] *vt* powstrzymywać, hamować; *vi* powstrzymywać się (**from sth** od czegoś)

re·frain 2. [rɪ'freɪn] *s* refren

re·fresh [rɪ'freʃ] *vt* odświeżać; pokrzepiać, posilać

re·fresh·er [rɪ'freʃə] *s* środek odświeżający; odświeżenie; napój odświeżający; **~ course** kurs

R

odświeżający (zdobyte) wiadomości; powtórka

re·fresh·ment [rɪ'freʃmənt] *s* odświeżanie; pokrzepienie; wypoczynek; lekki posiłek, przekąska; **~ room** bufet

re·frig·er·ate [rɪ'frɪdʒəreɪt] *vt vi* chłodzić (się)

re·frig·er·a·tor [rɪ'frɪdʒəreɪtə] *s* chłodnia; lodówka

ref·uge ['refjuːdʒ] *s* schronienie; azyl; przytułek; **to take ~** schronić się

ref·u·gee [ˌrefjʊ'dʒiː] *s* zbieg, uchodźca

re·fund [rɪ'fʌnd] *vt* zwracać pieniądze; *s* ['riːfʌnd] zwrot (*pieniędzy*)

re·fu·sal [rɪ'fjuːzl] *s* odmowa

re·fuse 1. [rɪ'fjuːz] *vt vi* odmówić, odrzucić (*propozycję*), dać odpowiedź odmowną

ref·use 2. ['refjuːs] *s zbior.* odpadki, nieczystości, śmieci; **~ dump** wysypisko śmieci

ref·u·ta·tion [ˌrefjʊ'teɪʃn] *s* zaprzeczenie, obalenie (*teorii*), odparcie (*zarzutów*)

re·fute [rɪ'fjuːt] *vt* zaprzeczać, obalić (*teorię*), odeprzeć (*zarzuty*)

re·gain [rɪ'geɪn] *vt* odzyskać

re·gal ['riːgl] *adj* królewski

re·gale [rɪ'geɪl] *vt* gościć, raczyć, wystawnie przyjmować; być rozkoszą (*dla oka, ucha itp.*); *vr* **~ oneself** uraczyć się (**with sth** czymś); *vi* ucztować; delektować się (**on sth** czymś)

re·ga·li·a [rɪ'geɪlɪə] *s pl* insygnia królewskie; regalia

re·gard [rɪ'gɑːd] *s* wzgląd; spojrzenie; uwaga; szacunek; *pl* **~s** ukłony, pozdrowienia; **in ~** w odniesieniu (**to sth** do czegoś); **in this ~** pod tym względem; *vt* oglądać, patrzeć; uważać (**sb, sth as ...** kogoś, coś za ...); dotyczyć (**sb, sth** kogoś, czegoś); brać pod uwagę; **~ing, as ~s** co się tyczy, co do, odnośnie do

re·gard·less [rɪ'gɑːdləs] *adj* niestaranny; nieuważny; niedbały; nie liczący się (**of sth** z czymś); *adv* bez względu, nie bacząc (**of sth** na coś); nie licząc się (**of sth** z czymś)

re·gen·er·ate [rɪ'dʒenəreɪt] *vt vi* regenerować (się), odnawiać (się), odradzać (się)

re·gent ['riːdʒənt] *s* regent

reg·i·cide ['redʒɪsaɪd] *s* królobójstwo; królobójca

re·gime [reɪ'ʒiːm] *s* ustrój, reżim

reg·i·ment ['redʒɪmənt] *s* pułk; *przen.* zastęp; *vt* ['redʒɪment] organizować (*w pułki, grupy*); trzymać w dyscyplinie

re·gion ['riːdʒn] *s* rejon, zakres; okolica; strefa

re·gion·al ['riːdʒnəl] *adj* regionalny; rejonowy

reg·is·ter ['redʒɪstə] *s* rejestr; wykaz, spis; **~ office** urząd stanu cywilnego; *vt vi* rejestrować (się); meldować się; notować; (*o liście, bagażu*) nadawać jako polecony

reg·is·tra·tion [ˌredʒɪ'streɪʃn] *s* rejestracja, zapis, meldowanie; **~ plate** *mot.* tablica rejestracyjna (*samochodu*)

reg·is·try ['redʒɪstrɪ] *s* rejestracja (*także* **~ office**) urząd stanu cywilnego; **~ marriage** ślub cywilny

re·gress ['riːgres] *s* regres, cofanie się; *vt* [rɪ'gres] cofać się

re·gres·sion [rɪ'greʃn] *s* powrót, regresja, cofanie się

re·gret [rɪ'gret] *s* żal; *vt* żałować; boleć (**sth** nad czymś), opłakiwać; **we ~ to inform you that...** z przykrością zawiadamiamy pana, że...

re·gret·ful [rɪ'gretfl] *adj* pełen żalu, rozżalony

re·gret·ta·ble [rɪ'gretəbl] *adj* godny pożałowania, opłakany, żałosny

reg·u·lar ['regjʊlə] *adj* regularny, prawidłowy; systematyczny, upo-

relay

rządkowany; przepisowy; *pot.* istny, skończony

reg·u·lar·i·ty [ˌregjʊˈlærətɪ] s prawidłowość, regularność; systematyczność

reg·u·late [ˈregjʊleɪt] vt regulować; porządkować

reg·u·la·tion [ˌregjʊˈleɪʃn] s regulacja; przepis, zarządzenie

re·ha·bil·i·tate [ˌriːəˈbɪlɪteɪt] vt rehabilitować; przywrócić do normalnego stany, uzdrowić

re·ha·bil·i·ta·tion [ˌriːəbɪlɪteɪʃn] s rehabilitacja; przywrócenie do normalnego stanu; wyzdrowienie

re·hears·al [rɪˈhɜːsl] s próba (*przedstawienia, występu*); powtórka; wyliczanie; **dress ~** próba generalna

re·hearse [rɪˈhɜːs] vt zrobić próbę (*teatralną*); powtarzać (*np. lekcje*); wyliczać

reign [reɪn] vi władać, panować; s panowanie, władza

re·im·burse [ˌriːɪmˈbɜːs] vt zwrócić (*pieniądze*)

rein [reɪn] s wodza, pl cugle, lejce; **to give ~s** popuścić cugli; *przen.* puszczać wodze; vt trzymać (*konia*) za lejce; *przen.* trzymać na wodzy, kierować

re·in·car·na·tion [ˌriːɪnkɑːˈneɪʃn] s reinkarnacja

rein·deer [ˈreɪndɪə] s zool. renifer

re·in·force [ˌriːɪnˈfɔːs] vt wzmocnić, zasilić; poprzeć, podeprzeć; **~d concrete** żelazobeton, beton zbrojony

re·in·force·ment [ˌriːɪnˈfɔːsmənt] s wzmocnienie, zasilenie; (*zw. ~s*) wojsk. posiłki; podpora; poparcie

re·in·state [ˌriːɪnˈsteɪt] vt przywracać (*np. na poprzednie stanowisko*)

re·in·sure [ˌriːɪnˈʃʊə] vt vi reasekurować (się), ponownie (się) zabezpieczyć

re·it·er·ate [riːˈɪtəreɪt] vt stale powtarzać

re·ject [rɪˈdʒekt] vt odrzucać

re·jec·tion [rɪˈdʒekʃn] s odrzucenie, odmowa

re·joice [rɪˈdʒɔɪs] vi radować się (*in sth* czymś)

re·join 1. [rɪˈdʒɔɪn] vi odpowiadać, replikować

re·join 2. [ˌriːˈdʒɔɪn] vt złożyć na nowo; połączyć się na nowo (*sb* z kimś); powrócić (*sb* do kogoś), na nowo nawiązać stosunki (*sb* z kimś); vi połączyć się na nowo, zejść się ponownie

re·join·der [rɪˈdʒɔɪndə] s odpowiedź, replika

re·ju·ve·nate [rɪˈdʒuːvəneɪt] vt odmładzać; vi odmłodnieć

re·lapse [rɪˈlæps] s nawrót (*into sth* do czegoś); recydywa; vi ponownie popaść (*into silence etc.* w milczenie *itd.*); powrócić (*into vice* na drogę grzechu); **~ into illness** ponownie zachorować

re·late [rɪˈleɪt] vt opowiadać, relacjonować; wiązać, nawiązywać, łączyć; vt odnosić się (*to sb, sth* do kogoś, czegoś), wiązać się (*to sb, sth* z kimś, z czymś)

re·lat·ed [rɪˈleɪtɪd] pp i adj wiążący się (*to sth* z czymś); spokrewniony (*to sb* z kimś)

re·la·tion [rɪˈleɪʃn] s opowiadanie, relacja; związek, stosunek; pokrewieństwo, krewny

re·la·tion·ship [rɪˈleɪʃnʃɪp] s związek, pokrewieństwo

rel·a·tive [ˈrelətɪv] adj względny, stosunkowy; dotyczący (*to sth* czegoś); s krewny; *gram.* zaimek względny; adv odnośnie (*to sth* do czegoś)

re·lax [rɪˈlæks] vt vi osłabić; osłabnąć; rozluźnić (się), odprężyć się

re·lax·a·tion [ˌriːlækˈseɪʃn] n relaks; rozluźnienie

re·lay [ˈriːleɪ, rɪˈleɪ] vt zluzować; przekazywać; retransmitować; [ˈriːleɪ] n zluzowanie; zmiana; retransmisja; *elektr.* przekaźnik; *sport* **~ race** bieg sztafetowy

re·lease [rɪ'liːs] *vt* zwolnić, wyzwolić; wypuścić (*drukiem, na wolność itd.*); *s* zwolnienie; wyzwolenie; wypuszczenie (*na wolność, na rynek itd.*)

rel·e·gate ['reləgeɪt] *vt* przenosić (*np. na niższe stanowisko*); relegować; wydalać; oddalać; przekazywać (dalej)

re·lent [rɪ'lent] *vi* łagodnieć, mięknąć, ustępować

rel·e·vant ['reləvənt] *adj* stosowny, na miejscu, trafny; dotyczący (**to sth** czegoś), związany (**to sth** z czymś)

re·li·a·bil·i·ty [rɪ,laɪə'bɪlətɪ] *s* niezawodność, solidność, pewność

re·li·a·ble [rɪ'laɪəbl] *adj* godny zaufania; solidny, pewny, niezawodny

re·li·ance [rɪ'laɪəns] *s* zaufanie; **to have ~ in sb, sth** mieć zaufanie o kogoś, czegoś; polegać na kimś, na czymś

rel·ic ['relɪk] *s* relikwia; pozostałość; pamiątka

re·lief 1. [rɪ'liːf] *s* ulga; odciążenie; zapomoga; zmiana (*np. warty*); odsiecz

re·lief 2. [rɪ'liːf] *s* płaskorzeźba; uwypuklenie; **to bring into ~** uwypuklić, uwydatnić

re·lieve [rɪ'liːv] *vt* ulżyć; uśmierzyć (*np. ból*); pomóc; odciążyć, zmniejszyć; zastąpić; zluzować; uwolnić (**sb of sth** kogoś od czegoś)

re·li·gion [rɪ'lɪdʒən] *s* religia

re·li·gious [rɪ'lɪdʒəs] *adj* religijny; kościelny, zakonny

re·lin·quish [rɪ'lɪŋkwɪʃ] *vt* opuścić; porzucić, zaniechać; zrezygnować; odstąpić (**sth** od czegoś)

rel·ish ['relɪʃ] *s* smak, posmak; urok, powab; przyjemność; upodobanie (**for sth** do czegoś); przysmak; przyprawa; *vt* rozkoszować się (**sth** czymś); jeść ze smakiem; dodawać smaku; *vi* smakować, mieć posmak

re·luc·tance [rɪ'lʌktəns] *s* niechęć, opór

re·luc·tant [rɪ'lʌktənt] *adj* niechętny, oporny

re·ly [rɪ'laɪ] *vi* polegać (**on sb, sth** na kimś, na czymś)

re·main [rɪ'meɪn] *vi* pozostawać; *s pl* **~s** pozostałość; resztki; zwłoki; **it ~s to be seen** to się okaże

re·main·der [rɪ'meɪndə] *s* pozostałość, reszta

re·mand [rɪ'mɑːnd] *vt* odesłać do więzienia

re·mark [rɪ'mɑːk] *vt* zauważyć; zanotować; *vi* zrobić uwagę (**on sb, sth** o kimś, o czymś); *s* uwaga, spostrzeżenie; notatka

re·mark·a·ble [rɪ'mɑːkəbl] *adj* godny uwagi, niepospolity, wybitny

rem·e·dy ['remədɪ] *s* lekarstwo, środek; naprawa; *vt* naprawić, zaradzić

re·mem·ber [rɪ'membə] *vt* pamiętać; przypominać (sobie); wspominać; **~ me to your sister** przekaż siostrze pozdrowienia ode mnie

re·mem·brance [rɪ'membrəns] *s* pamiątka; pozdrowienia; ukłony; **in ~** na pamiątkę

re·mind [rɪ'maɪnd] *vt* przypominać (**sb of sth** komuś o czymś)

re·mind·er [rɪ'maɪndə] *s* pamiątka; przypomnienie; upomnienie

rem·i·nis·cence [,remɪ'nɪsns] *s* wspomnienie, reminiscencja

rem·i·nis·cent [,remɪ'nɪsnt] *adj* wspominający, pamiętający, przypominający (sobie); **to be ~** przypominać (**of sth** coś)

re·miss [rɪ'mɪs] *adj* opieszały; niedbały

re·mis·sion [rɪ'mɪʃn] *s* osłabienie, zmniejszenie, złagodzenie; przebaczenie (*grzechów itd.*); umorzenie (*długu*)

re·mit [rɪˈmɪt] *vt* osłabić, zmniejszyć, złagodzić; przebaczyć; odpuścić (*grzechy*); umorzyć (*dług*); przekazać (*sprawę, pieniądze itd.*); *vi* osłabnąć, zelżeć, złagodnieć, zmniejszyć się

re·mit·tance [rɪˈmɪtns] *s* przesyłka pieniężna, należność, wpłata, przekaz

rem·nant [ˈremnənt] *s* reszta, pozostałość

re·mon·strance [rɪˈmɒnstrəns] *s* wystąpienie protestacyjne, skarga publiczna; napomnienie

re·morse [rɪˈmɔːs] *s* wyrzut sumienia; skrucha

re·mote [rɪˈməʊt] *adj* odległy, daleki; obcy; ~ *control* zdalne sterowanie

re·mov·al [rɪˈmuːvl] *s* usunięcie; zdjęcie; zniesienie; przeprowadzka

re·move [rɪˈmuːv] *vt vi* usunąć (się); oddalić (się); zdjąć; sprzątnąć; odwołać, zwolnić (*np. ze służby*); pozbyć się; przenieść (się); *s* oddalenie, odstęp; przejście do wyższej klasy, promocja

re·mu·ner·ate [rɪˈmjuːnəreɪt] *vt* wynagradzać

re·mu·ner·a·tion [rɪˌmjuːnəˈreɪʃn] *s* wynagrodzenie

re·mu·ner·a·tive [rɪˈmjuːnərətɪv] *adj* dochodowy, opłacalny, korzystny

Re·nais·sance [rɪˈneɪsns] *s* Odrodzenie, Renesans

re·nas·cence [rɪˈnæsns] *s* odrodzenie, powrót do życia; = **Renaissance**

*rend [rend] *vt vi* (**rent, rent** [rent]) rozrywać (się); drzeć (się); rozszczepiać (się)

ren·der [ˈrendə] *vt* zrobić, sprawić, wyświadczyć; oddać, zwrócić; odpłacić; przedstawić, odtworzyć; przetłumaczyć (*into English* na

angielski); okazać (*pomoc itd.*); przedkładać, składać

ren·dez·vous [ˈrɒndɪvuː] *s* spotkanie (umówione); *pot.* randka

ren·e·gade [ˈrenɪgeɪd] *s* renegat, odstępca; zdrajca

re·new [rɪˈnjuː] *vt* odnowić; wznowić; odświeżyć; prolongować

re·new·al [rɪˈnjuːəl] *s* odnowienie; wznowienie; odświeżenie; prolongata

re·nounce [rɪˈnaʊns] *vt* zrzekać się (*sth* czegoś); wypowiedzieć (*np. umowę*); odmówić uznania (*np. władzy*); wyprzeć się

ren·o·vate [ˈrenəveɪt] *vt* odnawiać, naprawiać; remontować

ren·o·va·tion [ˌrenəˈveɪʃn] *s* odnowienie; naprawa; remont

re·nown [rɪˈnaʊn] *s* sława, rozgłos

re·nowned [rɪˈnaʊnd] *adj* sławny, głośny

rent 1. *zob.* **rend**

rent 2. [rent] *s* renta (dzierżawna), czynsz, dzierżawa; *vt* wynajmować, dzierżawić; *be for* ~ być do wynajęcia (*at the price* za cenę)

rent 3. [rent] *s* dziura, rozdarcie; szczelina; rozłam

rent·al [ˈrentl] *s* czynsz, komorne

re·nun·ci·a·tion [rɪˌnʌnsɪˈeɪʃn] *s* zrzeczenie się (*of sth* czegoś); rezygnacja (*of sth* z czegoś); wypowiedzenie (*umowy itp.*); wyparcie się

re·o·pen [ˌriːˈəʊpən] *vt vi* ponownie otworzyć (się); wznowić (*np. działalność*)

re·or·gan·i·za·tion [riːˌɔːgənaɪˈzeɪʃn] *s* reorganizacja

re·or·gan·ize [ˌriːˈɔːgənaɪz] *vt vi* reorganizować się

re·pair 1. [rɪˈpeə] *vt* naprawiać, reperować; wynagrodzić, rekompensować; *s* naprawa, reperacja, remont; *in good* ~ w dobrym stanie; *out of* ~ w złym stanie; *under* ~ w reperacji

R

re·pair 2. [rɪ'peə] vi udawać się, iść

rep·a·ra·tion [ˌrepə'reɪʃn] s remont, naprawa; odszkodowanie; reparacja

rep·ar·tee [ˌrepɑ:'ti:] s ostra odpowiedź; odcięcie się

re·par·ti·tion [ˌri:pɑ:'tɪʃn] s partycja; vt dokonać podziału

re·past [rɪ'pɑ:st] s jedzenie, posiłek

re·pat·ri·ate [ˌri:'pætrɪeɪt] vt repatriować

re·pay [rɪ'peɪ] vt vi spłacić (pieniądze, dług); odpłacić się; dać odszkodowanie, wynagrodzić

re·pay·a·ble [rɪ'peɪəbl] adj zwrotny

re·peal [rɪ'pi:l] vt odwołać, unieważnić, uchylić; s odwołanie, unieważnienie, uchylenie

re·peat [rɪ'pi:t] vt vi powtarzać (się)

re·peat·ed [rɪ'pi:tɪd] pp i adj stale powtarzający się

re·pel [rɪ'pel] vt odpychać, odrzucać, odpierać

re·pel·lent [rɪ'pelənt] adj odpychający, wstrętny; s płyn przeciwko komarom

re·pent [rɪ'pent] vt żałować (sth czegoś); vi odczuwać żal (of sth z powodu czegoś), okazywać skruchę

re·pent·ance [rɪ'pentəns] s żal, skrucha

re·pent·ant [rɪ'pentənt] adj skruszony, żałujący

re·per·cus·sion [ˌri:pə'kʌʃn] s odbicie się, odgłos, echo; przen. następstwo; oddźwięk; reperkusja

re·per·cus·sive [ˌri:pə'kʌsɪv] adj fiz. rozbrzmiewający

rep·er·toire ['repətwɑ:] s repertuar

rep·er·to·ry ['repətrɪ] s zbiór (dokumentów, materiałów itp.); teatr. repertuar; ~ theatre teatr stały

rep·e·ti·tion [ˌrepə'tɪʃn] s powtórzenie, kopia (obrazu); repetycja

re·pine [rɪ'paɪn] vi szemrać; narzekać (at sb, sth na kogoś, coś)

re·place [rɪ'pleɪs] vt odłożyć na swoje miejsce; przywrócić (kogoś na dawne stanowisko); zastąpić (sb, sth with sb, sth kogoś, coś kimś, czymś)

re·plen·ish [rɪ'plenɪʃ] vt napełnić ponownie; uzupełnić; zaopatrzyć

re·plete [rɪ'pli:t] adj wypełniony (with sth czymś)

re·ple·tion [rɪ'pli:ʃn] s wypełnienie; nasycenie; przesyt, nadmiar

re·ply [rɪ'plaɪ] vi odpowiadać (to a question na pytanie); s odpowiedź

re·port [rɪ'pɔ:t] vt vi zdawać sprawę, referować; donosić, informować; meldować (się), zgłaszać (się); s raport, sprawozdanie; doniesienie; protokół; komunikat; reputacja; świadectwo szkolne; pogłoska, plotka; detonacja; ~ed speech gram. mowa zależna

re·port·age [ˌrepɔ:'tɑ:ʒ] s reportaż

re·port·ed [rɪ'pɔ:tɪd] adj gram. zależny; ~ speech mowa zależna

re·pose [rɪ'pəʊz] vt opierać (np. głowę na czymś); vi odpoczywać; spoczywać; opierać się (on sb, sth na kimś, czymś); s odpoczynek, wytchnienie

re·pos·i·to·ry [rɪ'pɒzɪtrɪ] s skład, przechowalnia, magazyn

rep·re·hend [ˌreprɪ'hend] vt ganić, robić wymówki

rep·re·sent [ˌreprɪ'zent] vt oznaczać; reprezentować; występować w (czymś) imieniu; przedstawiać, wyobrażać; symbolizować

rep·re·sen·ta·tion [ˌreprɪzen'teɪʃn] s reprezentacja, przedstawicielstwo; przedstawienie, wyobrażenie

rep·re·sen·ta·tive [ˌreprɪ'zentətɪv] adj reprezentatywny; cha-

R

rakterystyczny; s reprezentant, przedstawiciel

re·press [rɪ'pres] vt tłumić; uciskać; poskramiać

re·pres·sion [rɪ'preʃn] s tłumienie; ucisk, represja; poskromienie

re·pres·sive [rɪ'presɪv] adj represyjny

re·prieve [rɪ'priːv] vt odroczyć wykonanie wyroku (**a convict** skazańcowi); przynieść tymczasową ulgę (**sb** komuś); udzielić zwłoki (np. **a debtor** dłużnikowi); s zwłoka (w terminie); odroczenie wyroku; ulga

rep·ri·mand ['reprɪmɑːnd] vt ganić; karcić; s nagana, besztanie, bura

re·print [ˌriː'prɪnt] vt przedrukowywać, wznowić (książkę); s ['riːprɪnt] przedruk, wznowienie

re·pris·al [rɪ'praɪzl] s represja, odwet

re·proach [rɪ'prəʊtʃ] vt wyrzucać (**sb with sth** komuś coś); s zarzut, wyrzut

re·proach·ful [rɪ'prəʊtʃfl] adj pełen wyrzutu

rep·ro·bate ['reprəbeɪt] adj rozpustny; zatwardziały w grzechu; s rozpustnik, nikczemnik

re·pro·duce [ˌriːprə'djuːs] vt reprodukować, odtwarzać; rozmnażać

re·pro·duc·tion [ˌriːprə'dʌkʃn] s reprodukcja, odtworzenie; rozmnożenie (się)

re·pro·duc·tive [ˌriːprə'dʌktɪv] adj reprodukcyjny; rozrodczy

re·proof [rɪ'pruːf] s wyrzut, zarzut, nagana

re·prove [rɪ'pruːv] vt ganić, czynić wyrzuty

rep·tile ['reptaɪl] adj (o gadzie) pełzający; s zool. gad

re·pub·lic [rɪ'pʌblɪk] s republika

re·pub·li·can [rɪ'pʌblɪkən] adj republikański; s republikanin

re·pu·di·ate [rɪ'pjuːdɪeɪt] vt odrzucić; wyrzec się; odmówić

zapłaty; rozwieść się (**sb** z kimś); wyprzeć się; odmowa; rozwód (**of sb** z kimś)

re·pug·nance [rɪ'pʌgnəns] s wstręt, odraza

re·pug·nant [rɪ'pʌgnənt] adj wstrętny, odrażający, odpychający

re·pulse [rɪ'pʌls] vt odpierać, odtrącać; s odparcie; odprawa; odmowa

re·pul·sion [rɪ'pʌlʃn] s wstręt; fiz. odpychanie

re·pul·sive [rɪ'pʌlsɪv] adj wstrętny; fiz. odpychający

rep·u·ta·ble ['repjʊtəbl] adj szanowany; cieszący się poważaniem

rep·u·ta·tion [ˌrepjʊ'teɪʃn] s reputacja

re·pute [rɪ'pjuːt] vt uważać (kogoś za coś); **to be ∼d** mieć reputację, być uważanym (**an honest man** za uczciwego człowieka); s sława, reputacja; **of ∼** słynny

re·put·ed [rɪ'pjuːtɪd] adj słynny, powszechnie znany; rzekomy

re·quest [rɪ'kwest] s prośba; życzenie; popyt; **∼ stop** przystanek na żądanie; **on ∼** na życzenie; **in great ∼** cieszący się wielkim popytem, pożądany; vt prosić (**sth** o coś); **as ∼ed** według życzenia; **the public is ∼ed to ...** uprasza się publiczność o ...

re·quire [rɪ'kwaɪə] vt żądać, wymagać, potrzebować (**sth of sb** czegoś od kogoś); **if ∼ed** w razie potrzeby

re·quire·ment [rɪ'kwaɪəmənt] s wymaganie, żądanie; **to meet the ∼s** spełniać wymagania

req·ui·site ['rekwɪzɪt] adj niezbędny, konieczny, wymagany; s rzecz niezbędna; rekwizyt

req·ui·si·tion [ˌrekwɪ'zɪʃn] s żądanie, zapotrzebowanie; rekwizycja; vt rekwirować

re·quit·al [rɪ'kwaɪtl] s zapłata, wynagrodzenie; odpłata, odwet

re·quite [rɪ'kwaɪt] *vt* wynagrodzić; odwzajemnić się (*sth with, for sth* czymś za coś); odpłacić; ~ *like for like* odpłacić się tym samym

res·cue ['reskju:] *s* ratunek, ocalenie; *vt* ratować, ocalić

re·search [rɪ'sɜ:tʃ] *s* badanie (*into sth* czegoś); praca badawcza (*on sth* nad czymś); ~ *work* praca naukowa; *vi* prowadzić badania (*into sth* nad czymś)

re·search·er [rɪ'sɜ:tʃə] *s* badacz, naukowiec

re·sem·blance [rɪ'zembləns] *s* podobieństwo

re·sem·ble [rɪ'zembl] *vt* być podobnym (*sb, sth* do kogoś, czegoś)

re·sent [rɪ'zent] *vt* czuć się urażonym (*sth* z powodu czegoś), mieć za złe

re·sent·ful [rɪ'zentfl] *adj* urażony, rozżalony, dotknięty (*of sth* czymś)

re·sent·ment [rɪ'zentmənt] *s* uraza, przykrość, rozżalenie

res·er·va·tion [ˌrezə'veɪʃn] *s* zastrzeżenie; ograniczenie; *am.* rezerwacja (*miejsca, pokoju itd.*); rezerwat (*np. przyrody*)

re·serve [rɪ'zɜ:v] *vt* mieć w zapasie; rezerwować (*pokój, bilet itp.*); zastrzegać (sobie); *s* rezerwa; zapas; zastrzeżenie, ograniczenie; *am.* rezerwat; zarezerwowane miejsce; *without* ~ bez zastrzeżeń

re·served [rɪ'zɜ:vd] *adj* zastrzeżony, zarezerwowany; (*o człowieku*) zachowujący się z rezerwą; ostrożny

re·side [rɪ'zaɪd] *vi* rezydować; przebywać

res·i·dence ['rezɪdəns] *s* rezydencja; miejsce stałego pobytu

res·i·dent ['rezɪdənt] *adj* mieszkający, zamieszkały; *s* rezydent; stały mieszkaniec

res·i·den·tial [ˌrezɪ'denʃl] *adj*

mieszkaniowy; ~ *area* dzielnica mieszkaniowa

re·sid·u·al [rɪ'zɪdjuəl] *adj* pozostały; *mat.* reszta

res·i·due ['rezɪdju:] *s* pozostałość; *chem.* osad

re·sign [rɪ'zaɪn] *vt* rezygnować (*sth* z czegoś); zrzekać się; ustąpić (*sth to sb* coś komuś); *vr* ~ *oneself* poddać się z rezygnacją, pogodzić się (*to sth* z czymś)

res·ig·na·tion [ˌrezɪg'neɪʃn] *s* rezygnacja, dymisja; zrzeczenie się; pogodzenie się z losem; *hand in one's* ~ podać się do dymisji

re·sil·i·ence [rɪ'zɪlɪəns] *s* elastyczność, sprężystość; zdolność odbijania

res·in ['rezɪn] *s* żywica

re·sist [rɪ'zɪst] *vt* opierać się (*sth* czemuś), przeciwstawiać się

re·sist·ance [rɪ'zɪstəns] *s* opór, przeciwstawienie się; *elektr.* oporność, opornik; ~ *movement* ruch oporu

res·o·lute ['rezəlu:t] *adj* zdecydowany

res·o·lu·tion [ˌrezə'lu:ʃn] *s* rezolucja; postanowienie; zdecydowana postawa; rozwiązanie (*np. zadania*); rozłożenie, rozkład; *fiz. techn.* rozdzielczość

re·solve [rɪ'zɒlv] *vt vi* rozwiązać; rozpuścić (się); rozłożyć (się); postanowić (*on, upon sth* coś), zdecydować się; *s* postanowienie, decyzja; stanowczość

re·solved [rɪ'zɒlvd] *adj* stanowczy, zdecydowany

res·o·nance ['rezənəns] *s* rezonans, odgłos

res·o·nant ['rezənənt] *adj* dźwięczny, brzmiący; akustyczny

re·sort [rɪ'zɔ:t] *vi* uciekać się (*to sth* do czegoś); *s* resort; kurort; ucieczka; zwrócenie się; ratunek; *health* ~ uzdrowisko; *summer* ~ letnisko; *the last* ~ ostateczność;

without ~ bez uciekania się, bez stosowania

re·sound [rɪ'zaʊnd] *vi* dźwięczeć, rozbrzmiewać; odbijać się echem

re·source [rɪ'zɔːs] *s* środek zaradczy; źródło, zapas; pomysłowość; ***natural ~s*** bogactwa naturalne

re·source·ful [rɪ'zɔːsfl] *adj* pomysłowy; wynalazczy

re·spect [rɪ'spekt] *s* szacunek; wzgląd; odniesienie; *pl* ~**s** pozdrowienia, ukłony; ***with ~*** w odniesieniu (***to sth*** do czegoś); ***in ~*** pod względem (***of sth*** czegoś); *vt* szanować; mieć wzgląd (***sth*** na coś); dotyczyć

re·spec·ta·bil·i·ty [rɪ,spektə-'bɪlətɪ] *s* ogólne poważanie, szacunek

re·spec·ta·ble [rɪ'spektəbl] *adj* godny szacunku, szanowny; poważny, znaczny

re·spect·ful [rɪ'spektfl] *adj* pełen szacunku

re·spect·ing [rɪ'spektɪŋ] *praep* odnośnie do, co do

re·spec·tive [rɪ'spektɪv] *adj* odnośny

re·spec·tive·ly [rɪ'spektɪvlɪ] *adv* odpowiednio

res·pi·ra·tion [,respə'reɪʃn] *s* oddychanie

res·pir·a·to·ry [rɪ'spɪrətərɪ] *adj* oddechowy

re·spire [rɪ'spaɪə] *vi* oddychać

res·pite ['respaɪt] *s* przerwa; odroczenie; zwłoka

re·splend·ent [rɪ'splendənt] *adj* lśniący

re·spond [rɪ'spɒnd] *vi* odpowiadać; reagować (***to sth*** na coś)

re·sponse [rɪ'spɒns] *s* odpowiedź; reakcja; *przen.* echo

re·spon·si·bil·i·ty [rɪ,spɒnsə-'bɪlətɪ] *s* odpowiedzialność

re·spon·si·ble [rɪ'spɒnsəbl] *adj* odpowiedzialny

re·spon·sive [rɪ'spɒnsɪv] *adj* od-

powiadający; reagujący; wrażliwy (***to sth*** na coś)

rest 1. [rest] *s* odpoczynek, spokój; podpora, podstawa; ~ ***room*** *am.* toaleta; *muz.* pauza; ***to be at*** ~ spoczywać; ***to have a*** ~ wypocząć; ***to lay to*** ~ złożyć do grobu; ***to retire to*** ~ położyć się spać; ***to set to*** ~ uspokoić; ***to set a question at*** ~ załatwić sprawę; *vi* wypoczywać; leżeć; polegać; opierać się; wspierać się; *vr* ***to ~ oneself*** zażywać wypoczynku

rest 2. [rest] *s* reszta; ***for the*** ~ co do reszty, poza tym; *vi* pozostawać, zależeć; ***this ~s with you*** to jest w twoich rękach; ***to ~ assur·ed*** być pewnym

res·tau·rant ['restrɒnt] *s* restauracja

rest cure ['restkjʊə] *s* kuracja wypoczynkowa

rest·ful ['restfl] *adj* spokojny, uspokajający

rest·ing-place ['restɪŋpleɪs] *s* miejsce wypoczynku

res·ti·tu·tion [,restɪ'tjuːʃn] *s* restytucja; zwrot; przywrócenie

rest·less ['restləs] *adj* niespokojny

res·to·ra·tion [,restə'reɪʃn] *s* restauracja, odbudowa; przywrócenie

re·store [rɪ'stɔː] *vt* odrestaurowywać, odbudować; przywrócić (***do zdrowia, życia itp.***); odnowić, wznowić

re·strain [rɪ'streɪn] *vt* powstrzymywać, hamować

re·straint [rɪ'streɪnt] *s* zahamowanie; ograniczenie; powściągliwość; ***without*** ~ swobodnie, bez skrępowania

re·strict [rɪ'strɪkt] *vt* ograniczać; zastrzegać

re·stric·tion [rɪ'strɪkʃn] *s* ograniczenie, zastrzeżenie

re·sult [rɪ'zʌlt] *vt* wynikać (***from sth*** z czegoś); kończyć się (***in sth*** czymś); *s* wynik, skutek; ***as a*** ~ w

R

następstwie, na skutek; **in the ~** ostatecznie; *gram.* **~ clause** zdanie skutkowe

re·sult·ant [rɪ'zʌltənt] *adj* wynikający; *fiz.* wypadkowy; *s fiz.* wypadkowa

re·sume [rɪ'zju:m] *vt* odzyskać; podjąć na nowo

ré·su·mé ['rezju:meɪ] *s* streszczenie

re·sump·tion [rɪ'zʌmpʃn] *s* podjęcie na nowo, wznowienie

res·ur·rect [,rezə'rekt] *vt* wskrzesić; wznowić; *vt vi* powstać z martwych

res·ur·rec·tion [,rezə'rekʃn] *s* wskrzeszenie; *rel.* zmartwychwstanie

re·tail ['ri:teɪl] *s* sprzedaż detaliczna; *adj attr* detaliczny; *adv* detalicznie; *vt* ['ri:teɪl, rɪ'teɪl] sprzedawać detalicznie

re·tain [rɪ'teɪn] *vt* zatrzymywać; najmować, zatrudniać; zachowywać w pamięci

re·tain·er [rɪ'teɪnə] *s* zaliczka; *hist.* służący, lokaj (*w liberii*)

re·tal·i·ate [rɪ'tælɪeɪt] *vt vi* odpłacać (się), odwzajemniać (się)

re·tal·i·a·tion [rɪ,tælɪ'eɪʃn] *s* odpłata, odwet

re·tard [rɪ'tɑ:d] *vt vi* opóźnić (się); *s* opóźnienie

re·ten·tion [rɪ'tenʃn] *s* zatrzymanie; wstrzymywanie

re·ten·tive [rɪ'tentɪv] *adj* (*o glebie*) nie przepuszczający; (*o pamięci*) trwały

ret·i·cence ['retɪsns] *s* powściągliwość w słowach

ret·i·cent ['retɪsnt] *adj* powściągliwy w słowach; milczący, skryty

ret·i·na ['retɪnə] *s* (*pl* **retinae** ['retɪni:]) siatkówka oka

ret·i·nue ['retɪnju:] *s* orszak, świta

re·tire [rɪ'taɪə] *vt vi* odchodzić, wychodzić, cofać (się), usuwać się; iść na emeryturę; rezygnować

ze stanowiska; podać się do dymisji; **to ~ to rest** iść spać, udać się na spoczynek

re·tired [rɪ'taɪəd] *adj* samotny, osamotniony; emerytowany; **~ pay** emerytura

re·tire·ment [rɪ'taɪəmənt] *s* kryjówka; odwrót; cofanie się; emerytura; osamotnienie

re·tort [rɪ'tɔ:t] *vt vi* ostro odpowiedzieć, odciąć się; odpłacić (się); odeprzeć; *s* ostra odpowiedź, odcięcie się

re·touch [,ri:'tʌtʃ] *vt* retuszować; *s* ['ri:tʌtʃ] retusz

re·trace [rɪ'treɪs] *vt* cofnąć się (**sth** do czegoś); zawrócić; odtworzyć; przypomnieć sobie

re·tract [rɪ'trækt] *vt vi* ciągnąć z powrotem, wciągać; cofać (się); wycofać (się); odwołać

re·trac·tion [rɪ'trækʃn] *s* retrakcja, cofnięcie; odwołanie

re·treat [rɪ'tri:t] *vi* cofać się; *s* kryjówka; odwrót; usunięcie się; *rel.* rekolekcje

re·trench [rɪ'trentʃ] *vt* obciąć; skrócić; zredukować; *wojsk.* okopać, oszańcować

re·trench·ment [rɪ'trentʃmənt] *s* obcięcie, skrócenie, redukcja; *wojsk.* szaniec

ret·ri·bu·tion [,retrɪ'bju:ʃn] *s* kara, odpłata; odwet

re·trieve [rɪ'tri:v] *vt* odzyskać; naprawić; przywrócić; wynagrodzić

ret·ro·ac·tive [,retrəʊ'æktɪv] *adj* prawn. z mocą retroaktywną, działający wstecz

ret·ro·grade ['retrəɡreɪd] *adj* (*o ruchu*) wsteczny; (*o polityce*) reakcyjny

ret·ro·spect ['retrəspekt] *s* spojrzenie wstecz, retrospekcja

re·turn [rɪ'tɜ:n] *vt vi* wracać; zwracać, oddawać; odpowiadać; wybrać (*posła*); przynosić (*dochody*); odpłacić (się); *s* powrót; zwrot; dochód; wynik (*głosowania*); *pl* ~**s** wpływy (*kasowe*); **by** ~ **of post** odwrotną pocztą; **in** ~ w zamian (**for sth** za coś); **many happy** ~**s of the day** wszystkiego najlepszego; *adj attr* powrotny; ~ **ticket** bilet powrotny

re·veal [rɪ'viːl] *vt* odsłonić, odkryć, objawić, ujawnić

rev·el ['revl] *s* uczta, zabawa; *vi* ucztować, zabawiać się, hulać; rozkoszować się (**in sth** czymś)

rev·e·la·tion [ˌrevə'leɪʃn] *s* wyjawienie, ujawnienie; rewelacja, odkrycie; *rel.* objawienie

rev·el·ler ['revlə] *s* biesiadnik, hulaka

rev·el·ry ['revlrɪ] *s* uczta (*hałaśliwa*), hulanka

re·venge [rɪ'vendʒ] *vt* mścić; **to be** ~**d** mścić się; *vr* **to** ~ **oneself** mścić się (**on sb** na kimś); *s* zemsta; **to take one's** ~ zemścić się

re·venge·ful [rɪ'vendʒfl] *adj* mściwy

rev·e·nue ['revənjuː] *s* dochód (*państwa*); ~ **office** urząd skarbowy

re·ver·ber·ate [rɪ'vɜːbəreɪt] *vt vi* odbijać (światło); rozlegać się, (*o głosie*) brzmieć echem; promieniować, odbijać się

re·vere [rɪ'vɪə] *vt* szanować, czcić

rev·er·ence ['revərəns] *s* szacunek; *vi* czcić

rev·er·end ['revərənd] *adj* czcigodny; (*o duchownym*) **the Reverend** Wielebny

rev·er·ent ['revərənt] *adj* pełen szacunku

rev·er·en·tial [ˌrevə'renʃl] *adj* pełen szacunku

rev·er·ie ['revərɪ] *s* marzenie; zaduma

re·ver·sal [rɪ'vɜːsl] *s* odwrócenie, zwrot

re·verse [rɪ'vɜːs] *vt* odwrócić (*przedmiot, kierunek itd.*), przewrócić na drugą stronę; cofać; przemieścić; *s* odwrotna strona;

przeciwieństwo; odwrotny kierunek; porażka, niepowodzenie; *adj* odwrotny, przeciwny; ~ **charges** telefoniczna rozmowa „R"

re·ver·si·ble [rɪ'vɜːsəbl] *adj* odwracalny; odwoływalny

re·vert [rɪ'vɜːt] *vt vi* odwracać, zawracać, powracać

re·view [rɪ'vjuː] *s* inspekcja, rewia; czasopismo, przegląd wydarzeń; recenzja; *vt* przeglądać; odbywać rewię; rewidować; recenzować

re·view·er [rɪ'vjuːə] *s* recenzent, krytyk

re·vile [rɪ'vaɪl] *vt vi* lżyć, wymyślać (**sb, against sb** komuś)

re·vise [rɪ'vaɪz] *vt* rewidować, przeglądać, poprawiać

re·vi·sion [rɪ'vɪʒn] *s* rewizja, przegląd

re·viv·al [rɪ'vaɪvl] *s* odżycie, powrót do życia; wznowienie (*np. sztuki w teatrze*); odrodzenie, ożywienie, odnowienie

re·vive [rɪ'vaɪv] *vt* ożywiać, przywracać do życia; odnawiać; *vi* odżyć, odrodzić się, ożywić się

rev·o·ca·tion [ˌrevə'keɪʃn] *s* odwołanie, unieważnienie

re·voke [rɪ'vəʊk] *vt* odwołać; skasować; unieważnić

re·volt [rɪ'vəʊlt] *s* rewolta, bunt; **to rise in** ~ zbuntować się; *vt vi* buntować (się); czuć odrazę (**at sth** z powodu czegoś); budzić odrazę

rev·o·lu·tion [ˌrevə'luːʃn] *s* rewolucja; obracanie się, pełny obrót (*ziemi, koła itd.*)

rev·o·lu·tion·a·ry [ˌrevə'luːʃənərɪ] *adj* rewolucyjny; *s* rewolucjonista

rev·o·lu·tion·i·ze [ˌrevə'luːʃənaɪz] *vt* rewolucjonizować

re·volve [rɪ'vɒlv] *vt vi* obracać (się), krążyć

re·volv·er [rɪ'vɒlvə] *s* rewolwer

re·vue [rɪ'vjuː] *s* teatr. teatr, rewia

re·vul·sion [rɪ'vʌlʃn] *s* zwrot (*w*

R

opinii, reakcji); obrzydzenie, zaszokowanie

re·ward [rɪ'wɔːd] s nagroda; vt nagradzać

re·write [ˌriː'raɪt] vt przepisać; przerobić (*tekst*)

rhet·o·ric ['retərɪk] s retoryka

rhe·tor·i·cal [rɪ'tɒrɪkl] adj retoryczny

rheu·mat·ic [ruː'mætɪk] adj reumatyczny

rheu·ma·tism ['ruːmətɪzm] s reumatyzm

rhi·no ['raɪnəʊ] s zool. pot. nosorożec

rhi·no·ce·ros [raɪ'nɒsərəs] s zool. nosorożec

rhomb [rɒm], **rhom·bus** ['rɒmbəs] s mat. romb

rhyme [raɪm] s rym; wiersz; **nursery ~s** wierszyki dla dzieci; **neither ~ nor reason** bez sensu; vt vi rymować

rhythm ['rɪðm] s rytm

rib [rɪb] s żebro

rib·ald ['rɪbld] adj sprośny, ordynarny; s człowiek sprośny

rib·bon ['rɪbən] s wstążka, tasiemka; taśma

rice [raɪs] s bot. ryż

rich [rɪtʃ] adj bogaty; obfity

rich·es ['rɪtʃɪz] s pl bogactwo

rick [rɪk] s stóg; sterta (*np. siana*)

rick·ets ['rɪkɪts] s med. krzywica

rick·e·ty ['rɪkətɪ] adj słaby, rachityczny; rozwalający się; pokrzywiony, rozklekotany

ric·o·chet ['rɪkəʃeɪ] s rykoszet

***rid** vt (**rid, rid** [rɪd]) uwolnić, oczyścić (**of sth** z czegoś); **to get ~** uwolnić się, pozbyć się (**of sth** czegoś)

rid·dance ['rɪdns] s uwolnienie, pozbycie się

rid·den zob. **ride**

rid·dle 1. ['rɪdl] s zagadka

rid·dle 2. ['rɪdl] s sito (*duże*); vt przesiewać; podziurawić (*jak sito*)

***ride** [raɪd] vt vi (**rode** [rəʊd], **rid-**

den ['rɪdn]) jeździć (*na koniu, rowerem, samochodem itp.*); przejeżdżać (*np. the street* ulica); **~ a race** brać udział w wyścigach konnych; **~ down** vi zjechać w dół, vt stratować; *przen.* źle potraktować; **~ over** vi wygrać na wyścigach, vt przen. zlekceważyć; s jazda, przejażdżka

rid·er ['raɪdə] s jeździec; (*w pojeździe*) pasażer

ridge [rɪdʒ] s grzbiet; krawędź, brzeg; skiba

rid·i·cule ['rɪdɪkjuːl] s śmieszność; pośmiewisko; szyderstwo, kpiny; vt wyśmiewać, ośmieszać

ri·dic·u·lous [rɪ'dɪkjʊləs] adj śmieszny; absurdalny

rife [raɪf] adj praed (*o czymś złym*) powszechny; pełny, obfity, znajdujący się w wielkiej ilości; **to grow ~** wzmagać się

riff-raff ['rɪfræf] s motłoch, hołota

ri·fle 1. ['raɪfl] vt ograbić, zrabować, obrabować

ri·fle 2. ['raɪfl] s karabin; wojsk. pl **~s** strzelcy, pułk strzelecki

ri·fle·man ['raɪflmən] s (pl **riflemen** ['raɪflmən]) strzelec

rift [rɪft] s szczelina; vt vi rozszczepić (się); rozłupać (się)

rig [rɪg] s mors. takielunek; przen. nastrój, powierzchowność; vt mors. otaklować; przen. **to ~ sb out** (**with sth**) wyekwipować, zaopatrzyć kogoś (*w coś*); pot. stroić

right 1. [raɪt] adj (*o stronie*) prawy; **on the ~ side** po prawej stronie; adv na prawo; prawa strona; **to the ~** na prawo

right 2. [raɪt] adj prawidłowy, słuszny, właściwy; **~ angle** kąt prosty; **to be (in the) ~** mieć rację; **to get ~** doprowadzić do normalnego stanu; **all ~** wszystko w porządku; int dobrze!, zgoda!; adv słusznie, prawidłowo; am. **~ away** w tej chwili, natychmiast; **~ out** wprost, całkowicie; **~ of way**

pierwszeństwo przejazdu; **it serves you ~!** dobrze ci tak!; **by** ~ prawnie; z tytułu (**of sth** czegoś); *vt* nadać prawidłowe położenie; przywrócić do pionu

right-an·gled ['raɪt,æŋgld] *adj* prostokątny; *mat.* **~ triangle** trójkąt prostokątny

right·eous ['raɪtʃəs] *adj* sprawiedliwy, prawy

right·full ['raɪtfl] *dj* legalny, słuszny, sprawiedliwy

right-mind·ed [,raɪt'maɪndɪd] *adj* zrównoważony; *pot.* zdrowy na umyśle

rig·id ['rɪdʒɪd] *adj* sztywny; (*o człowieku*) nieugięty; bezwzględny

rig·ma·role ['rɪgmərəʊl] *s* bzdury; *pot.* koszałki opałki

rig·or·ous ['rɪgərəs] *adj* rygorystyczny, surowy

rig·our ['rɪgə] *s* rygor, surowość

rill [rɪl] *s poet.* strumyczek, struga

rim [rɪm] *s* obwódka; obręcz; brzeg; oprawa (*np. okularów*); *vt* otoczyć obręczą; oprawić

rime 1. [raɪm] *s* szron

rime 2. [raɪm] *s* = **rhyme**

rind [raɪnd] *s* skórka; kora; łupina

ring 1. [rɪŋ] *s* pierścień; krąg; koło; arena; *handl. i sport.* ring; klika; szajka; *vt* tworzyć koło; obrączkować; **~ in** okrążyć

*ring 2. [rɪŋ] *vt vi* (**rang** [ræŋ], **rung** [rʌŋ]) dzwonić, dźwięczeć; **~ up** telefonować (**sb** do kogoś); **~ off** kończyć rozmowę (telefoniczną); *s* dźwięk, brzmienie dzwonka, dzwonienie, dzwonek (*telefonu*); **give sb a ~** zadzwonić do kogoś

ring fin·ger ['rɪŋ,fɪŋgə] *s* palec serdeczny

ring·leader ['rɪŋ,liːdə] *s* prowodyr

ring·let ['rɪŋlət] *s* mały pierścionek, kółeczko

rink [rɪŋk] *s* ślizgawka, lodowisko; tor do jazdy na wrotkach

rinse [rɪns] *vt* (*także* **~ out**) płukać, przemywać; **~ down** popijać (*przy jedzeniu*)

ri·ot ['raɪət] *s* bunt, rozprzężenie; **to run ~** *przen.* brykać, szaleć; *vi* wszczynać rozruchy; szaleć; hulać

ri·ot·ous ['raɪətəs] *adj* burzliwy; buntowniczy, niesforny

rip [rɪp] *vt vi* rwać, rozrywać, trzaskać, pękać; **to ~ open** rozpruć, rozerwać (*np. kopertę*); **~ off** odpruć, oderwać; *pot.* rąbnąć, buchnąć (*ukraść*); naciąć (*na pieniądze*); **~ up** spruć, rozgrzebać

ripe [raɪp] *adj* dojrzały; **to grow ~** dojrzeć

rip·en ['raɪpən] *vi* dojrzewać; *vt* przyspieszać dojrzewanie

rip·ple ['rɪpl] *s* zmarszczka (*na powierzchni wody*), mała fala; plusk, szmer; *vi* (*o powierzchni wody*) marszczyć się; pluskać, szemrać

*rise [raɪz] *vi* (**rose** [rəʊz], **risen** ['rɪzn]) wstawać, podnosić się; powstawać; wzrastać; **to ~ (up) in arm** chwytać za broń; **to ~ to the occasion** stanąć na wysokości zadania; **the House of Commons rose** *bryt.* Izba Gmin zakończyła obrady; *s* wzrost; podniesienie się; wzniesienie; wschód (*słońca*); **to give ~** dać początek, zapoczątkować; dać powód

ris·ing ['raɪzɪŋ] *s* powstanie; podniesienie się; wzrost; rozwój; zamknięcie

risk [rɪsk] *s* ryzyko; **to run the ~ of** ryzykować; *vt* ryzykować; **at one's ~** na własne ryzyko

risk·y ['rɪskɪ] *adj* ryzykowny

ris·qué ['rɪskeɪ] *adj* ryzykowny, na granicy przyzwoitości (*o dowcipie, opowiadaniu, itp.*)

rite [raɪt] *s* obrzęd

rit·u·al ['rɪtʃʊəl] *adj* rytualny; *s* rytuał, obrządek

ri·val ['raɪvl] *s* rywal; *adj attr* rywalizujący, konkurencyjny; *vt* rywa-

R

lizować, iść w zawody; równać się (**sb** z kimś)

ri·val·ry ['raɪvlrɪ] s rywalizacja

riv·er ['rɪvə] s rzeka

riv·er ba·sin ['rɪvə,beɪsn] s dorzecze

riv·er bed ['rɪvəbed] s koryto rzeki

riv·er·side ['rɪvəsaɪd] s brzeg rzeki

riv·et ['rɪvɪt] s *techn.* nit; *vt* nitować; wzmocnić; przykuć

riv·u·let ['rɪvjʊlət] s rzeczka, strumień

road [rəʊd] s droga, jezdnia; podróż; *pl mors.* ~**s** reda; **by** ~ drogą lądową; **on the** ~ w drodze, w podróży; **take the** ~ wyruszyć w drogę; **no through** ~ ulica bez przejazdu

road hog ['rəʊdhɒg] s pirat drogowy

road·side ['rəʊdsaɪd] s pobocze (*drogi*); *attr* przydrożny (*np. zajazd*)

road·stead ['rəʊdsted] s *mors.* reda

road·way ['rəʊdweɪ] s szosa, jezdnia

roam [rəʊm] *vt vi* wędrować, wałęsać się; s wędrówka

roar [rɔː] *vi* huczeć, ryczeć, grzmieć; s huk, ryk, grzmot

roast [rəʊst] *vt vi* piec, smażyć (się); s pieczeń; *adj* pieczony, smażony; ~ **beef** rostbef; ~ **mutton** pieczeń barania; ~ **veal** pieczeń cielęca

rob [rɒb] *vt* okraść, obrabować (**sb of sth** kogoś z czegoś); *vi* rabować

rob·ber ['rɒbə] s rozbójnik, rabuś

rob·ber·y ['rɒbərɪ] s rozbój, grabież; **armed** ~ napad z bronią w ręku

robe [rəʊb] s suknia; toga; *vt* ubierać w suknię <togę>

rob·in ['rɒbɪn] s *zool.* rudzik

ro·bot ['rəʊbɒt] s robot

ro·bust [rəʊ'bʌst] *adj* krzepki, mocny

rock 1. [rɒk] s skała; kamień; twardy cukierek; **on the** ~**s** z lodem (*np. whisky*)

rock 2. [rɒk] *vt vi* kołysać (się)

rock·et ['rɒkɪt] s rakieta (*pocisk, ogień sztuczny*)

rock·ing chair ['rɒkɪntʃeə] s krzesło na biegunach, bujak

rock salt ['rɒksɔːlt] s sól kamienna

rock·y ['rɒkɪ] *adj* skalisty

rod [rɒd] s rózga, pręt; **fishing** ~ wędka

rode *zob.* **ride**

ro·dent ['rəʊdnt] s *zool.* gryzoń

roe 1. [rəʊ] s *zool.* sarna

roe 2. [rəʊ] s iskra; **soft** ~ mlecz rybi

rogue [rəʊg] s łajdak, szelma

rogu·ish ['rəʊgɪʃ] *adj* łajdacki, szelmowski

role [rəʊl] s rola

roll 1. [rəʊl] s zwój; zawiniątko; walec; rolka; bułka (*okrągła*); spis, lista; **to call the** ~ odczytać listę (*obecności*)

roll 2. [rəʊl] *vt vi* obracać (się); toczyć (się); falować, kołysać (się); rolować; skręcać, zwijać; ~ **down** stoczyć się; ~ **over** przewalić (się); ~ **up** zwinąć; zakasać (*rękawy*)

roll call ['rəʊlkɔːl] s odczytanie nazwisk; *wojsk.* apel

roll·er ['rəʊlə] s walec; wałek; duża fala, bałwan (*morski*); ~ **coaster** kolejka (*w wesołym miasteczku, jeżdżąca po stromych stokach i ostrych zakrętach*)

roll·er skate ['rəʊləskeɪt] *vi* jeździć na wrotkach; s *pl* ~**s** wrotki

rol·lick ['rɒlɪk] *vi* hałaśliwie się bawić; swawolić; s hałaśliwa zabawa; swawola

roll·ing mill ['rəʊlɪŋmɪl] s walcownia

roll·ing pin ['rəʊlɪŋpɪn] s wałek do ciasta

roll·ing stock ['rəʊlɪŋstɒk] s tabor kolejowy

ROM, read-only memory ['ri:d-,əʊnlɪ'memərɪ] s komp. pamięć stała

Ro·man ['rəʊmən] adj rzymski; ~ **Catholic** rzymsko-katolicki; s Rzymianin

ro·mance [rəʊ'mæns] s romans; romanca; romantyka; romantyczność; **Romance languages** języki romańskie; adj attr romański, romantyczny

ro·man·tic [rəʊ'mæntɪk] adj romantyczny

ro·man·ti·cism [rəʊ'mæntɪsɪzm] s romantyzm (także okres literacki)

romp [rɒmp] s hałaśliwa zabawa, wybryki, swawola; sowizdrzał; vi bawić się hałaśliwie, brykać, swawolić

rood [ru:d] s krzyż; krucyfiks

roof [ru:f] s dach; lotn. pułap

rook 1. [rʊk] s zool. gawron; oszust, szuler; vt oszukiwać

rook 2. [rʊk] s wieża (w szachach)

rook·ie ['rʊkɪ] s am. pot żółtodziób

room [ru:m, rʊm] s pokój, izba; miejsce, przestrzeń; zakres możliwości; **to make** ~ ustąpić miejsca, zrobić miejsce; vi siedzieć w; mieszkać; najmować mieszkanie; vt dawać mieszkanie, przyjąć pod dach

room·mate ['ru:mmeɪt] s współlokator

room·y ['ru:mɪ] adj przestronny

roost [ru:st] s grzęda, żerdź (dla kur); vi siedzieć na grzędzie

roost·er ['ru:stə] s zool. kogut

root [ru:t] s korzeń, podstawa; sedno; mat. pierwiastek; gram. rdzeń, źródłosłów; ~ **and branch** z korzeniem, gruntownie, całkowicie; **to get at the** ~ **of the matter** dotrzeć do sedna sprawy; **to strike** ~ zapuścić korzenie; vt głęboko sadzić, przytwierdzić do ziemi; vi zakorzenić się; vt ~ **out**

wykorzenić, wyrwać z korzeniami

rope [rəʊp] s lina, sznur; vt przywiązywać, ciągnąć po linie

rope danc·er ['rəʊp,dɑ:nsə] s linoskoczek, tancerz na linie

rope lad·der ['rəʊp,lædə] s drabina sznurowa

rope mak·er ['rəʊp,meɪkə] s powroźnik

ro·sa·ry ['rəʊzərɪ] s różaniec; rozarium

rose 1. [rəʊz] zob. **rise**

rose 2. [rəʊz] s bot. róża; kolor róży; rozeta; **a bed of** ~s przyjemności życia; hist. **the Wars of the Roses** wojna Dwu Róż; adj attr różowy, różany; vt barwić na różowo

rose·ma·ry ['rəʊzmərɪ] s bot. rozmaryn

ros·in ['rɒzɪn] s żywica; kalafonia

ros·y ['rəʊzɪ] adj różowy, różany

rot [rɒt] vi gnić; vt powodować gnicie; s gnicie, zgnilizna

ro·ta·ry ['rəʊtərɪ] adj obrotowy

ro·tate [rəʊ'teɪt] vt vi obracać (się), wirować; zmieniać (się) kolejno

ro·ta·tion [rəʊ'teɪʃn] s obrót, obieg; kolejność; rotacja; płodozmian; **by** ~ po kolei, na przemian

rot·ten ['rɒtn] adj zgniły, cuchnący, zepsuty

ro·tund [rəʊ'tʌnd] adj okrągły; (o człowieku) pękaty; (o stylu) napuszony

rouge [ru:ʒ] s czerwona szminka; róż; vt szminkować

R

rough [rʌf] adj szorstki, nierówny; (o morzu) wzburzony; zrobiony z grubsza, grubo ciosany; brutalny; gruboskórny; surowy, nie obrobiony; ~ **copy** brulion; ~ **sketch** szkic; vt grubo ciosać; z grubsza opracowywać; szorstko traktować; **to** ~ **it** pędzić życie pełne trudów i niewygód

rough·cast ['rʌfkɑ:st] s tynk; vt otynkować

rough·en ['rʌfn] vt vi stawać się szorstkim, gruboskórnym

*****rough-hew** ['rʌfhjuː] vt (formy zob. **hew**) ociosać z grubsza

rou·lette [ruː'let] s ruletka

round [raund] adj okrągły, zaokrąglony; (o podróży) okrężny; otwarty, szczery, uczciwy; należyty; dosadny; s krąg; cykl; obieg; (przy częstowaniu) kolejka; kolejność; bieg (życia itp.); przechadzka; objazd; obchód służbowy; inspekcja; muz. kanon; sport runda; adv naokoło, kołem; ~ **about** dookoła, naokoło; **all** ~ ogółem, całkowicie, w całości; praep wokół, dokoła; ~ **the corner** za rogiem; vt vi zaokrąglić (się); okrążać; ~ **off** zaokrąglić, wykończyć; zakończyć; ~ **up** spędzić (np. bydło); zrobić obławę

round·a·bout ['raundəbaut] adj attr okólny, okrężny; rozwlekły; s okrężna droga; karuzela; (w ruchu ulicznym) rondo

round-up ['raundʌp] s spędzenie (bydła); obława, łapanka; am. przegląd (wiadomości itp.)

rouse [rauz] vt wstrząsnąć, pobudzić; podniecić; podburzyć; obudzić; s wojsk. pobudka

rout 1. [raut] s raut; wesołe towarzystwo

rout 2. [raut] vt rozgromić; s rozgromienie; rozsypka, bezładny odwrót

route [ruːt] s droga, trasa, marszruta; wojsk. **column of** ~ kolumna marszowa

rou·tine [ruː'tiːn] s rutyna; **the ~ procedure** normalna procedura, normalne postępowanie

rove [rəuv] vt vi wędrować, błąkać się

rov·er ['rəuvə] s wędrowiec, włóczęga; pirat; starszy harcerz

row 1. [rəu] s rząd, szereg

row 2. [rəu] vt vi wiosłować; **to ~ a race** brać udział w zawodach

wioślarskich; s wiosłowanie, przejażdżka łodzią

row 3. [rau] s pot. hałas, awantura, zamieszanie; **to kick up a** ~ narobić hałasu, wywołać awanturę; vi pot. hałasować, kłócić się; vt skrzyczeć, zbesztać

row·dy ['raudɪ] adj hałaśliwy; awanturniczy; s awanturnik

row·er ['rəuə] s wioślarz

row·lock ['rɒlək] s sport dulka

roy·al ['rɔɪəl] adj królewski; wspaniały

roy·al·ty ['rɔɪəltɪ] s królewskość; osoba królewska; władza królewska; opłata na rzecz króla; honorarium (autorskie), tantiemy autorskie; pl **royalties** rodzina królewska

rub [rʌb] vt vi trzeć, ocierać się; wycierać, czyścić; ~ **down** wycierać, zeskrobywać; ~ **in** wcierać; ~ **off** wycierać; ~ **on** przedzierać się, przebijać się; ~ **out** wykreślać; ścierać; usuwać z drogi; ~ **up** polerować; s tarcie, nacieranie, masaż; pociągnięcie (np. szczotką); cios; przeszkoda

rub·ber ['rʌbə] s guma; ~ (**sheath**) pot. prezerwatywa, kondom; rober (w brydżu); pl ~**s** kalosze

rub·bish ['rʌbɪʃ] s śmiecie, graty; tandeta; **to talk** ~ pleść bzdury

rub·ble ['rʌbl] s tłuczeń, gruz

ru·by ['ruːbɪ] s rubin; kolor rubinowy

ruck·sack ['rʌksæk] s plecak

rud·der ['rʌdə] s ster (statku, samolotu)

rud·dy ['rʌdɪ] adj rumiany; rudy; (o cerze) świeży

rude [ruːd] adj gruboskórny, ordynarny; nie ociosany, prymitywny; szorstki; **to be** ~ być niegrzecznym (**to sb** dla kogoś)

ru·di·ment ['ruːdɪmənt] s szczątek; pl ~**s** podstawy, podstawowe wiadomości

ru·di·ment·al [ˌruːdɪ'mentl],

ru·di·men·ta·ry [ˌruːdɪˈmentrɪ] *adj* szczątkowy; podstawowy, zasadniczy

rue [ruː] *vt* żałować; *s* żal, smutek

rue·ful [ˈruːfl] *adj* żałosny, smutny; pełen skruchy

ruff [rʌf] *s* kreza

ruf·fi·an [ˈrʌfɪən] *s* awanturnik; brutal

ruf·fle [ˈrʌfl] *vt vi* marszczyć (się), mierzwić, wichrzyć (się); rozdrażnić, wzburzyć (się), zamącić

rug [rʌg] *s* dywanik, kilim; kocyk

rug·by [ˈrʌgbɪ] *s sport (także ~ football)* rugby

rug·ged [ˈrʌgɪd] *adj* chropowaty, nierówny; *(o charakterze)* szorstki, surowy

ruin [ˈruːɪn] *s* ruina; *bring to ~* doprowadzić do ruiny; *vt* rujnować

ru·in·ous [ˈruːɪnəs] *adj* zrujnowany, leżący w gruzach; zgubny

rule [ruːl] *s* prawidło, reguła, zasada; rząd(y); przepis; linia, linijka; *prawn.* zarządzenie, orzeczenie; *as a ~* zasadniczo; *by ~* według zasady, przepisowo; *to make it a ~* przyjąć za zasadę; *~s and regulations* regulamin; *vt vi* rządzić, panować, kierować; *prawn.* orzekać, stanowić; liniować; *~ out* wykluczyć, wykreślić; *~ off* oddzielić linią

rul·er [ˈruːlə] *s* rządca, władca; linijka, liniał

rul·ing [ˈruːlɪŋ] *s prawn.* zarządzenie, orzeczenie

rum [rʌm] *s* rum

rum·ble [ˈrʌmbl] *s* grzmot, huk; *vi* grzmieć, huczeć

ru·mi·nant [ˈruːmɪnənt] *s zool.* przeżuwacz; *adj* przeżuwający

ru·mi·nate [ˈruːmɪneɪt] *vt vi* przeżuwać; *przen.* przemyśliwać *(over sth* o czymś, nad czymś)

rum·mage [ˈrʌmɪdʒ] *vt vi* przeszukiwać, szperać; *s* szperanie; *~ sale am. pot.* sprzedaż rzeczy używanych

ru·mour [ˈruːmə] *s* pogłoska; *vt* puszczać pogłoskę *(sth* o czymś); *it is ~ed* krążą wieści

rum·ple [ˈrʌmpl] *vt* miąć; mierzwić

rump steak [ˌrʌmpˈsteɪk] *s* rumsztyk

***run** [rʌn] *v (ran* [ræn], *run* [rʌn]) *vi* biec; *(o pojazdach)* jechać, kursować; *(o płynie)* ciec; *(o zdaniu)* brzmieć; funkcjonować; być w ruchu; upływać; trwać; *(o rozmowie)* toczyć się; *vt* prowadzić *(np. interes)*; kierować *(np. maszyną)*; przebiegać *(np. pole, ulicę)*; skłonić do biegu *(np. konia)*; uruchomić; pędzić, wpędzać; przesuwać; wbijać; *~ up against sb* natknąć się na kogoś; *to ~ dry* wyschnąć, wyczerpać się; *to ~ errands* biegać na posyłki; *to ~ for sth* ubiegać się o coś; *to ~ high* podnosić się; ożywiać się; *to ~ short* kończyć się, wyczerpywać się; *to ~ wild* dziczeć; *~ down* upływać; przemóc; wyczerpać; *~ in mot.* dotrzeć *(samochód)*; *~ out* wybiec; upływać, kończyć się; niszczeć; być na wyczerpaniu; wyczerpać się; *~ over* przebiec na drugą stronę; przejechać; powierzchownie przeglądnąć; *~ through* przebiegać, przeszukiwać; badać *(np. przekłuciem)*, przenikać; *s* bieg; rozbieg, rozpęd; przejażdżka, przejazd; trasa; tor; zjazd *(dla narciarzy)*; nieprzerwana seria, ciąg; *(o urzędowaniu itp.)* okres; typ; pokrój; norma; *handl.* run; *in the long ~* na dalszą metę; ostatecznie, w końcu; *in the short ~* na krótszą metę; *had a long ~ (o sztuce)* długo szła; *(o filmie)* długo był wyświetlany; *a ~ of bad luck* seria nieszczęść; *the ~ of events* bieg wypadków; *at a ~* biegiem

run·a·way [ˈrʌnəweɪ] *adj attr* zbiegły; *s* zbieg, uciekinier

rung 1. *zob.* **ring**

R

rung 2. [rʌŋ] *s* szczebel
run·ner ['rʌnə] *s* biegacz; goniec; przemytnik; koń wyścigowy
run·ning ['rʌnɪŋ] *adj* kolejny; bieżący; ciągły; płynny; **~ in** (*o samochodzie*) nie dotarty; **six months ~** sześć miesięcy z rzędu
run·way ['rʌnweɪ] *s sport* bieżnia; *lotn.* pas startowy
rup·ture ['rʌptʃə] *s* zerwanie; *med.* przepuklina; pęknięcie; *vt vi* zrywać, przerywać się
ru·ral ['rʊərəl] *adj* wiejski; rolny
ruse [ru:z] *s* podstęp, przebiegłość
rush 1. [rʌʃ] *vi* pędzić; mknąć; gwałtownie pchać się; rzucić się; nagle upaść; *vt* popędzać, gwałtownie przyspieszać; **~ to a conclusion** pochopnie wyciągnąć wniosek; *s* pęd, napływ, tłok; **gold ~** gorączka złota; **~ hours** godziny szczytu (*w tramwajach itp.*); **to be in a ~** bardzo się spieszyć

rush 2. [rʌʃ] *s* sitowie
rusk [rʌsk] *s bryt.* sucharek
rus·set ['rʌsɪt] *s* brunatny samodział; *adj* brunatny, rdzawy
Rus·sian ['rʌʃn] *adj* rosyjski; *s* Rosjanin; język rosyjski
rust [rʌst] *s* rdza; *vi* rdzewieć
rus·tic ['rʌstɪk] *adj* wiejski; nieokrzesany, prosty
rus·ti·cate ['rʌstɪkeɪt] *vt bryt.* relegować (*z uniwersytetu*)
rus·tle ['rʌsl] *vi* szeleścić; *s* szelest
rust·less ['rʌstləs] *adj* nierdzewny
rus·ty ['rʌstɪ] *adj* zardzewiały; rdzawy; znoszony, zniszczony; (*o człowieku*) zaniedbany
rut 1. [rʌt] *s* koleina, wyżłobienie; *przen.* rutyna, nawyki
rut 2. [rʌt] *s* ruja; *vi* być w okresie rui, parzyć się
ruth [ru:θ] *s* litość
ruth·less ['ru:θləs] *adj* bezlitosny
rye [raɪ] *s bot.* żyto

S

Sab·bath ['sæbəθ] *s rel.* szabat; szabas
sa·ble 1. ['seɪbl] *s zool.* soból
sa·ble 2. ['seɪbl] *s poet.* czarny kolor, czerń
sab·o·tage ['sæbətɑːʒ] *s* sabotaż; *vt vi* sabotować
sa·bre ['seɪbə] *s* szabla
sac·cha·rine ['sækəriːn] *s* sacharyna
sack 1. [sæk] *s* worek; *pot.* zwolnienie z pracy; płaszcz (*szeroki, luźny*); *pot.* **give the ~** wyrzucić z pracy; *vt* włożyć do worka; *pot.* wyrzucić z pracy
sack 2. [sæk] *s* grabież; łupy; *vt* grabić; splądrować (*miasto*)
sack·cloth ['sækklɒθ] *s* materiał na worki

sac·ra·ment ['sækrəmənt] *s* sakrament
sa·cred ['seɪkrəd] *adj* święty, poświęcony
sac·ri·fice ['sækrɪfaɪs] *s* poświęcenie; ofiara; *vt* poświęcać; ofiarować
sac·ri·fi·cial [ˌsækrɪ'fɪʃl] *adj* ofiarny, ofiarniczy
sac·ri·lege ['sækrɪlɪdʒ] *s* świętokradztwo
sad [sæd] *adj* smutny; przygnębiony; żałosny; (*o barwie*) ciemny, ponury
sad·den ['sædn] *vt vi* smucić (się)
sad·dle ['sædl] *s* siodło; siodełko; comber (*barani*); *vt* siodłać; obciążać

sad·dler ['sædlə] s siodlarz, rymarz

sa·fa·ri [sə'fɑːrɪ] s safari

safe [seɪf] adj pewny, bezpieczny; **~ and sound** zdrowo, bez szwanku; s bezpieczny schowek, kasa ogniotrwała, sejf; **~ conduct** list żelazny; **to be on the ~ side** dla pewności, na wszelki wypadek

safe·guard ['seɪfgɑːd] s ochrona; gwarancja; vt chronić, zabezpieczać

safe·keep·ing [,seɪf'kiːpɪŋ] s bezpieczne przechowanie

safe·ty ['seɪftɪ] s bezpieczeństwo; **~ first** bezpieczeństwo przede wszystkim

safe·ty belt ['seɪftɪbelt] s pas bezpieczeństwa

safe·ty hel·met ['seɪftɪ,helmɪt] s kask ochronny

safe·ty lamp ['seɪftɪlæmp] s lampa z zabezpieczeniem (zw. górnicza)

safe·ty pin ['seɪftɪpɪn] s agrafka

safe·ty razor ['seɪftɪ,reɪzə] s maszynka do golenia

safe·ty valve ['seɪftɪvælv] s klapa bezpieczeństwa

sag [sæg] vi opadać, zwisać; s opadanie; wygięcie

sa·ga·cious [sə'geɪʃəs] adj rozumny, bystry

sa·gac·i·ty [sə'gæsətɪ] s bystrość, przenikliwość; roztropność, mądrość

sage [seɪdʒ] adj mądry; s mędrzec

sa·go ['seɪɡəʊ] s sago

Sa·git·tar·i·us [,sædʒɪ'teərɪəs] s Strzelec (znak zodiaku)

said zob. **say**

sail [seɪl] s żagiel; skrzydło wiatraka; przejażdżka żaglówką, podróż morska; **to have a ~** odbywać przejażdżkę morską; **to set ~** wyruszyć w podróż morską; vt vi żeglować, podróżować morzem

sail·board ['seɪlbɔːd] s deska z żaglem (używana w windsurfingu)

sail·cloth ['seɪlklɒθ] s płótno żaglowe

sail·ing boat ['seɪlɪŋbəʊt] s żaglówka

sail·or ['seɪlə] s żeglarz, marynarz

saint [seɪnt] adj święty; skr. **St.** [snt]; s święty

sake [seɪk] s w wyrażeniach: **for the ~ of sb** dla kogoś; **for my ~** dla mnie, ze względu na mnie; **for Heaven's <God's> ~**! nieba!, na Boga!; na miłość Boską!

sal·ad ['sæləd] s sałata, sałatka (np. jarzynowa, owocowa)

sal·a·ry ['sælərɪ] s uposażenie, pensja, płaca

sale [seɪl] s sprzedaż, zbyt; **on ~** na sprzedaż, do sprzedania; **clearance ~** wyprzedaż posezonowa

sale·able ['seɪləbl] adj pokupny

sales·man ['seɪlzmən] s (pl **salesmen** ['seɪlzmən]) am sprzedawca, ekspedient; komiwojażer

sa·li·ent ['seɪlɪənt] adj wystający; wybitny, wydatny; s występ

sa·line ['seɪlaɪn] adj słony; s chem. salina

sa·li·va [sə'laɪvə] s ślina

sal·low 1. ['sæləʊ] adj blady, ziemisty

sal·low 2. ['sæləʊ] s bot. łoza

sal·ly ['sælɪ] s wypad, wyskok; błyskotliwa myśl, dowcipny pomysł; vi robić wypad, wyruszyć (na wycieczkę, spacer itd.)

salm·on ['sæmən] s zool. łosoś

sa·loon [sə'luːn] s bryt. bar 1. klasy; am. knajpa; zakład (z apartamentami); salonka

salt [sɔːlt] s sól; adj słony; vt solić

salt cel·lar ['sɔːlt,selə] s solniczka; także **~-shaker**

salt·pe·tre [,sɔːlt'piːtə] s chem. saletra

salty ['sɔːltɪ] adj słony

sa·lu·bri·ous [sə'luːbrɪəs] adj zdrowy, zdrowotny

sal·u·tar·y ['sæljutrɪ] adj zbawienny, dobroczynny

S

sal·u·ta·tion [ˌsælju'teɪʃn] s pozdrowienie, powitanie

sa·lute [sə'luːt] s ukłon, powitanie; salut; vt kłaniać się, witać; salutować

sal·vage ['sælvɪdʒ] s ratowanie (*tonącego statku, płonącego mienia*); uratowane mienie; vt ratować

sal·va·tion [sæl'veɪʃn] s zbawienie; *Salvation Army* Armia Zbawienia

salve 1. [sælv] s maść (lecznicza), balsam; vt smarować maścią, łagodzić (*np. ból*)

salve 2. [sælv] vt ratować

sal·ver ['sælvə] s taca

same [seɪm] adj, pron i adv sam; równy; wyżej wspomniany; jednolity; *all the* ~ wszystko jedno; *much the* ~ prawie jedno i to samo, prawie taki sam; *the very* ~ zupełnie ten sam

same·ness ['seɪmnəs] s identyczność; monotonia

sam·ple ['saːmpl] s wzór, próbka

san·a·to·ri·um [ˌsænə'tɔːrɪəm] s (*pl sanatoria* [ˌsænə'tɔːrɪə]) sanatorium

sanc·ti·fy ['sæŋktɪfaɪ] vt święcić, uświęcać

sanc·tion ['sæŋkʃn] s sankcja; vt sankcjonować

sanc·tu·a·ry ['sæŋktʃʊərɪ] s sanktuarium; azyl

sand [sænd] s piasek; vt posypać piaskiem

san·dal ['sændl] s sandał

sand·glass ['sændglaːs] s zegar piaskowy, klepsydra

sand·pa·per ['sændˌpeɪpə] s papier ścierny

sand·stone ['sændstəun] s piaskowiec (*skała*)

sand·wich ['sænwɪdʒ] s sandwicz, kanapka

sand·y ['sændɪ] adj piaszczysty, piaskowy

sane [seɪn] adj zdrowy na umyśle, rozumny; rozsądny

sang zob. **sing**

san·gui·nar·y ['sæŋgwɪnərɪ] adj krwawy

san·guine ['sæŋgwɪn] adj pełnokrwisty, sangwiniczny; (*o cerze*) rumiany; pewny, pełen nadziei

san·i·tar·y ['sænɪtrɪ] adj sanitarny, higieniczny; ~ *towel* podpaska higieniczna

san·i·ty ['sænətɪ] s zdrowie (psychiczne); zdrowy rozsądek

sank zob. **sink**

San·ta Claus ['sæntəklɔːz] s św. Mikołaj

sap 1. [sæp] s wojsk. okop, okop; vt vi dosł. i przen. podkopywać; podminowywać

sap 2. [sæp] s sok (*roślin*); przen. żywotność, werwa; vt pozbawiać soku; przen. wycieńczać

sap 3. [sæp] vi pot. kuć, wkuwać; s pot. kujon; tuman

sap·ling ['sæplɪŋ] s drzewko, młode drzewo; przen. młodzik

sap·per ['sæpə] s wojsk. saper

sap·phire ['sæfaɪə] s szafir

sap·py ['sæpɪ] adj soczysty; przen. pełen energii

sar·cas·tic [saː'kæstɪk] adj sarkastyczny

sar·dine [saː'diːn] s sardynka

sar·don·ic [saː'dɒnɪk] adj sardoniczny

sash 1. [sæʃ] s rama okna zasuwanego (*pionowo*)

sash 2. [sæʃ] s szarfa; pas

sash win·dow ['sæʃˌwɪndəu] s okno zasuwane (*pionowo*)

sat zob. **sit**

satch·el ['sætʃl] s tornister (szkolny)

sate [seɪt] vt nasycić, zaspokoić

sat·el·lite ['sætəlaɪt] s satelita

sa·ti·ate ['seɪʃɪeɪt] vt nasycić, zaspokoić

sat·in ['sætɪn] s atłas; satyna; adj attr atłasowy; satynowy

sat·ire ['sætaɪə] s satyra

sa·tir·i·cal [sə'tɪrɪkl] vt satyryczny

sat·i·rize ['sætəraɪz] *vt* satyryzować

sat·is·fac·tion [ˌsætɪs'fækʃn] *s* satysfakcja; zaspokojenie; zadośćuczynienie, wynagrodzenie

sat·is·fac·to·ry [ˌsætɪs'fæktrɪ] *adj* zadowalający, dostateczny

sat·is·fy ['sætɪsfaɪ] *vt* zadowolić, dać satysfakcję; zaspokoić; wyrównać (*dług*); przekonać

sat·u·rate ['sætʃəreɪt] *vt* nasycić (**with sth** czymś)

Sat·ur·day ['sætədeɪ] *s* sobota

sauce [sɔːs] *s* sos; *pot.* bezczelność, tupet; *vt* przyprawić sosem; *pot.* bezczelnie potraktować

sauce·pan ['sɔːspən] *s* rondel

sau·cer ['sɔːsə] *s* spodek

sau·cy ['sɔːsɪ] *adj* impertynencki; *pot.* szykowny, zgrabny; pikantny (*np. dowcip, pocztówka*)

sau·er·kraut ['sauəkraut] *s* kiszona kapusta

saun·ter ['sɔːntə] *vi* chodzić powoli, powłóczyć nogami; *s* przechadzka

saus·age ['sɒsɪdʒ] *s* kiełbasa

sav·age ['sævɪdʒ] *adj* dziki; *s* dzikus

save [seɪv] *vt* ratować, chronić; zbawiać; oszczędzać; zachować, odłożyć; *komp.* zapisywać (*na dysk*); *vi* robić oszczędności (*także ~ up*); *praep* wyjąwszy, oprócz; **all ~ him** wszyscy oprócz niego

sav·ing ['seɪvɪŋ] *adj* zbawczy; oszczędny; *prawn.* zastrzegający; *s* ratunek; oszczędność, oszczędzanie; *praep* oprócz, wyjąwszy; **~ grace** jedyna zaleta

sav·ings bank ['seɪvɪŋzbæŋk] *s* kasa oszczędności

sav·iour ['seɪvjə] *s* zbawca, zbawiciel

sa·vour ['seɪvə] *s* smak, posmak; *vi* mieć smak (**of sth** czegoś); pachnąć, zalatywać (**of sth** czymś)

sa·vour·y ['seɪvərɪ] *adj* smakowity; wonny

*saw 1. [sɔː] *vt vi* (**sawed** [sɔːd], **sawed** *lub* **sawn** [sɔːn]) piłować, przecinać; *s* piła

saw 2. *zob.* **see**

saw·dust ['sɔːdʌst] *s* trociny

saw·mill ['sɔːmɪl] *s* tartak

sawn *zob.* **saw 1.**

saw·yer ['sɔːjə] *s* tracz

Sax·on ['sæksn] *adj* saksoński

sax·o·phone ['sæksəfəun] *s muz.* saksofon

*say [seɪ] *vt vi* (**said** [sed], **said** [sed]) mówić, powiedzieć (**to sb** komuś); przypuszczać; wygłaszać; **I ~!** słuchaj! halo!; (*ze zdziwieniem*) no wiesz!; **I should ~** rzekłbym, myślę, przypuszczam; dajmy na to, przypuśćmy; **~ over again** powtórzyć; **so to ~** że tak powiem; **that is to ~** to znaczy; *s* powiedzenie, zdanie, głos; **it is my ~ now** teraz ja mam głos; **they ~** mówi się, podobno

say·ing ['seɪŋ] *s* powiedzenie; **as the ~ goes** jak to się mówi; **that goes without ~** to się rozumie samo przez się; nie ma co o tym mówić; **there is no ~** trudno powiedzieć

scab [skæb] *s* strup; świerzb; *pot.* łamistrajk

scab·bard ['skæbəd] *s* pochwa (*miecza itp.*)

scaf·fold ['skæfəuld] *s* estrada; szafot; rusztowanie; *vt* otoczyć rusztowaniem, podeprzeć

scaf·fold·ing ['skæfəuldɪŋ] *s* rusztowanie

scald 1. [skɔːld] *vt* sparzyć; wyparzyć; *s* oparzenie

scald 2. [skɔːld] *s* skald (*pieśniarz nordycki*)

scale 1. [skeɪl] *s* łuska, łupina; *vt vi* łuszczyć (się), skrobać, oczyszczać z łusek

scale 2. [skeɪl] *s* szala (*wagi*); *przen.* **to tip <turn> the ~** przeważyć; *pl* **~s** (*także* **pair of ~s**) waga; *vt* ważyć

scale 3. [skeɪl] s skala; gama; stopniowanie; vt wspinać się (*a mountain* na górę); rysować według skali

scalp [skælp] s skalp; vt skalpować

scamp [skæmp] s pot. (*o dziecku*) łobuziak, wisus

scamp·er ['skæmpə] vi (*zw. o zwierzętach*) pierzchać, uciekać w popłochu; *przen.* przelecieć galopem; s szybka ucieczka, gonitwa; pobieżne przeczytanie, przejrzenie

scan [skæn] vt dokładnie badać, oglądać, pilnie się przyglądać; skandować; *fiz. komp. med.* skanować; używać skanera

scan·dal ['skændl] s skandal; oszustwo, obmowa; zgorszenie

scan·dal·ize ['skændəlaɪz] vt gorszyć; obmawiać; zniesławiać

scan·dal·mon·ger ['skændlˌmʌŋɡə] s plotkarz, oszczerca

scan·dal·ous ['skændələs] adj skandaliczny; oszczerczy; gorszący

scan·ner ['skænə] s komp. med. skaner

scant [skænt] adj skąpy, niedostateczny, ograniczony; vt skąpić

scant·y ['skæntɪ] adj ledwo wystarczający, skąpy, ograniczony

scape·goat ['skeɪpɡəʊt] s przen. kozioł ofiarny

scar [skɑ:] s blizna; vt kiereszować, kaleczyć; vi (*także ~ over*) zabliźniać się

scarce [skeəs] adj skąpy, niedostateczny; rzadki

scarce·ly ['skeəslɪ] adv ledwo, zaledwie

scar·ci·ty ['skeəsətɪ] s niedobór, brak

scare [skeə] vt straszyć; *to be ~d* bać się; *~ away* <*off*> odstraszyć, wypłoszyć; s strach; panika

scare·crow ['skeəkrəʊ] s strach na wróble

scarf [skɑ:f] s (pl *scarves* [skɑ:vz]) szarfa, szal

scar·let ['skɑ:lət] s szkarłat; adj attr szkarłatny; med. *~ fever* szkarlatyna

scarp [skɑ:p] s skarpa

scat·ter ['skætə] vt vi rozsypać (się), rozproszyć (się)

scav·en·ger ['skævɪndʒə] s padlinożerca; osoba przeszukująca śmietniki

sce·na·ri·o [sɪ'nɑ:rɪəʊ] s scenariusz, *też przen.*

scene [si:n] s scena; widownia; widok, obraz; pl *~s* kulisy; *behind the ~s* dosł. i przen. za kulisami

scene paint·er ['si:nˌpeɪntə] s dekorator teatralny

scen·er·y ['si:nərɪ] s sceneria, krajobraz; dekoracja teatralna

scent [sent] vt wąchać, węszyć, wietrzyć; perfumować; s węch; zapach; perfumy; trop

scep·tic ['skeptɪk] adj sceptyczny; s sceptyk

scep·ti·cal ['skeptɪkl] = *sceptic* adj

scep·ti·cism ['skeptɪsɪzm] s sceptycyzm

scep·tre ['septə] s berło

sched·ule ['ʃedju:l] s spis, lista, tabela, plan; rozkład jazdy; *on ~* na czas, według rozkładu; punktualnie; vt wpisać na listę, umieścić w planie, zanotować

scheme [ski:m] s schemat, zarys, plan; spisek; vt planować; knuć

schism ['skɪzəm] s schizma

schis·mat·ic [skɪz'mætɪk] s schizmatyk; adj schizmatycki

schiz·o·phre·ni·a [ˌskɪtsəʊ'fri:nɪə] s schizofrenia

schol·ar ['skɒlə] s uczeń, uczony; stypendysta

schol·ar·ship ['skɒləʃɪp] s wiedza, erudycja; stypendium

scho·las·tic [skə'læstɪk] adj nauczycielski, szkolny; scholastyczny

school [sku:l] s szkoła; *grammar*

~ szkoła podstawowa; *am.* szkoła średnia; nauka (*w szkole*); *vt* szkolić

school board ['sku:lbɔ:d] *s* rada szkolna

school·boy ['sku:lbɔɪ] *s* uczeń

school·fel·low ['sku:l,feləʊ] *s* kolega szkolny

school·girl ['sku:lgɜ:l] *s* uczennica

school·mas·ter ['sku:l,mɑ:stə] *s* nauczyciel

school·mate ['sku:lmeɪt] *s* kolega szkolny

school·mis·tress ['sku:l,mɪstrəs] *s* nauczycielka

school·room ['sku:lru:m] *s* sala szkolna, klasa

schoo·ner ['sku:nə] *s mors.* szkuner

sci·at·i·ca [saɪ'ætɪkə] *s med.* ischias

sci·ence ['saɪəns] *s* wiedza, nauka; *natural* ~ nauki przyrodnicze; ~ *fiction* literatura fantastycznonaukowa; *computer* ~ informatyka

sci·en·tif·ic [,saɪən'tɪfɪk] *adj* naukowy

sci·en·tist ['saɪəntɪst] *s* naukowiec

scin·til·late ['sɪntɪleɪt] *vi* iskrzyć się

sci·on ['saɪən] *s* latorośl; *bot.* pęd

scis·sors ['sɪzəz] *s pl* nożyce

scle·ro·sis [sklɪ'rəʊsɪs] *s med.* skleroza

scoff [skɒf] *s* szyderstwo; *vi* szydzić (*at sth* z czegoś)

scoff·er ['skɒfə] *s* kpiarz, szyderca

scold [skəʊld] *vt vi* łajać, złorzeczyć (*sb, sth, at sb, sth* komuś, czemuś); gderać; *s* zrzęda, jędza, sekutnica

scoop [sku:p] *s* chochla, szufelka, czerpak; *vt* czerpać, wygarniać

scoot·er ['sku:tə] (*także motor-* ~) skuter; hulajnoga; ślizgacz (*np. na wodzie*)

scope [skəʊp] *s* cel; zakres; pole działania; *to be within the* ~ wchodzić w zakres; *to be beyond one's* ~ przechodzić czyjeś możliwości

scorch [skɔ:tʃ] *vt vi* przypiekać, spalać (się), prażyć (się); *s* oparzenie

score [skɔ:] *s* nacięcie; rysa; znak; rachunek; dwudziestka; ~*s of people* dziesiątki ludzi; *sport* ilość zdobytych punktów; *muz.* partytura; *three* ~ sześćdziesiąt; *to keep* (*the*) ~ notować wyniki w grze; *on that* ~ pod tym względem; *on what* ~? z jakiej racji?; *vt* nacinać; liczyć; *sport* liczyć punkty (*w grze*); zdobywać (*punkty*); osiągać; notować; ~ *out* wykreślić; ~ *under* podkreślić

scorn [skɔ:n] *s* pogarda, lekceważenie; *vt* pogardzać, lekceważyć

scorn·ful ['skɔ:nfl] *adj* lekceważący, pogardliwy

Scor·pi·o ['skɔ:pɪəʊ] *s* Skorpion (*znak zodiaku*)

scor·pi·on ['skɔ:pɪən] *s zool.* skorpion

Scot [skɒt] *s* Szkot; *pl the Scots* Szkoci

Scotch 1. [skɒtʃ] *adj* szkocki (*w odniesieniu do przedmiotów*)

scotch 2. [skɒtʃ] *s* nacięcie; *vt* naciąć; *przen.* udaremnić, położyć kres; ~ *tape* taśma klejąca

scot-free [,skɒt'fri:] *adj* cały, bez szwanku, nietknięty; *to get off* ~ wyjść cało (*z jakiejś sytuacji*); ujść bezkarnie

Scots [skɒts] *adj* szkocki

Scots·man ['skɒtsmən] *s* (*pl Scotsmen* ['skɒtsmən]) Szkot

Scotswoman ['skɒts,wʊmən] *s* (*pl Scotswomen* ['skɒts,wɪmɪn]) Szkotka

Scot·tish ['skɒtɪʃ] *adj* szkocki

scoun·drel ['skaʊndrəl] *s* łajdak

scour 1. ['skaʊə] *vt* czyścić, szorować; *s* czyszczenie, szorowanie

S

scour 2. ['skauə] *vt vi* biegać (*w poszukiwaniu czegoś*); przeszukać; grasować

scourge [skɜ:dʒ] *s* bicz; kara; plaga; *vt* biczować; karać, nękać

scout [skaut] *s* harcerz; zwiadowca; zwiady; *lotn.* samolot wywiadowczy; *vi* robić rekonesans

scowl [skaul] *vt* patrzeć wilkiem; *s* groźne spojrzenie

scram·ble ['skræmbl] *vi* wspinać się, gramolić się (na czworakach); usilnie zabiegać (**for sth** o coś); nawzajem sobie wydzierać (**for sth** coś); *vt* bezładnie rzucać; bełtać; *~d eggs* jajecznica; *s* gramolenie się; ubieganie się; dobijanie się (**for sth** o coś)

scrap [skræp] *s* kawałek, ułamek; świstek; wycinek; złom, szmelc; *pl* **~s** resztki, odpadki; *vt* wyrzucić, przeznaczyć na szmelc, wybrakować

scrap·book ['skræpbuk] *s* album (*wycinków, obrazków itp.*)

scrape [skreip] *vt vi* skrobać, drapać; szurać, ocierać (się); zgrzytać; **to ~ a living** jako tako zarabiać na życie; **~ away** <**off, out**> wyskrobać, wykreślić; **~ through** z trudem przedostać się; **~ up together** z trudem nagromadzić, uciułać (*pieniądze*); *s* skrobanie, szuranie; trudne położenie, tarapaty

scrap·er ['skreipə] *s* drapacz; skrobak; zgarniak; sknera; **shoe ~** wycieraczka do butów

scrap·heap ['skræphi:p] *s* stos szmelcu

scrap iron ['skræp‚aiən] *s* złom żelazny

scratch [skrætʃ] *vt* drapać, skrobać; bazgrać (*piórem*); skreślić (*także ~ off* <*out*>); *s* skrobanie, draśnięcie; *sport* linia startu; **to come to ~** stanąć na linii startu; **start from ~** zaczynać od zera

scrawl [skrɔ:l] *vt vi* bazgrać, gryzmolić; *s* bazgranina

scream [skri:m] *vi* piszczeć, wrzeszczeć, wyć; *vt* powiedzieć krzykliwym tonem; *s* pisk, wrzask, wycie

screech [skri:tʃ] *vi* skrzeczeć, piszczeć; *vt* powiedzieć wrzaskliwym głosem; *s* wrzask, pisk

screen [skri:n] *s* osłona, zasłona; parawan; ekran; *techn.* sito; *fot.* przesłona; *vt* osłaniać, chronić; maskować; wyświetlać (na ekranie); filmować; przesiewać; **~ off** odgrodzić (*np. parawanem*)

screen·play ['skri:nplei] *s* scenariusz (filmowy)

screw [skru:] *s* śruba; zwitek papieru; *pot.* sknera; *vt* śrubować; przyciskać, naciskać, ugniatać; wykręcać, skręcać; **~ down** przyśrubować; **~ out** odśrubować; wycisnąć, wydobyć; **~ up** zaśrubować; zwijać (*np. papier*); *wulg.* spieprzyć, spartolić; rozbić (*psychicznie*); *pot.* śrubować w górę (*np. ceny*); *wulg.* pieprzyć

screw·driv·er ['skru:‚draivə] *s* śrubokręt

scrib·ble ['skribl] *vt vi* gryzmolić, bazgrać; *s* bazgranina; szmira

scribe [skraib] *s* skryba, pisarz (*niższy urzędnik*)

scrim·mage ['skrimidʒ] *s* bijatyka, bójka

scrimp [skrimp] *vt vi* skąpić

script [skript] *s* pismo odręczne; scenariusz filmowy; tekst audycji radiowej <sztuki teatralnej>

scrip·tur·al ['skriptʃərəl] *adj* biblijny

scrip·ture ['skriptʃə] *s* (*także the Holy Scripture*) Pismo święte, Biblia

scroll [skrəul] *s* zwój papieru; spirala; *arch.* woluta; *vt vi* zwijać (się); ozdabiać wolutą

scro·tum ['skrəutəm] *s anat.* moszna

scrub 1. [skrʌb] *s* krzak (karłowaty); zarośla; wiecheć

scrub 2. [skrʌb] *vt* szorować, ścierać

scru·ple ['skru:pl] *s* skrupuł; drobnostka; *vi* mieć skrupuły, wahać się

scru·pu·lous ['skru:pjələs] *adj* drobiazgowy, skrupulatny, sumienny

scru·ti·nize ['skru:tınaız] *vt* dokładnie badać

scru·ti·ny ['skru:tını] *s* badanie, dokładne sprawdzenie

scud [skʌd] *vi* biec, mknąć; *s* bieg, ucieczka

scuf·fle ['skʌfl] *s* bójka; *vi* bić się, szamotać się

scull [skʌl] *s* krótkie wiosło; mała łódka; *vi* wiosłować

scul·ler·y ['skʌlərı] *s* zmywalnia (naczyń)

sculp·tor ['skʌlptə] *s* rzeźbiarz

sculp·ture ['skʌlptʃə] *s* rzeźba; rzeźbiarstwo; *vt* rzeźbić

scum [skʌm] *s* piana; *dosł. i przen.* szumowiny, męty; *vt* zbierać pianę; *vi* pienić się

scur·ril·ous ['skʌrələs] *adj* ordynarny, nieprzyzwoity, sprośny

scur·ry ['skʌrı] *vi* biegać, pędzić; *s* bezładna ucieczka

scur·vy ['skɜ:vı] *s med.* szkorbut; *adj* nikczemny, podły

scutch·eon ['skʌtʃn] *s* tarcza (z herbem); tabliczka, płytka (*np. na drzwiach z nazwiskiem*)

scut·tle 1. ['skʌtl] *s* kosz, wiadro na węgiel

scut·tle 2. ['skʌtl] *s mors.* właz, otwór (zamykany klapą); *techn.* wlot

scut·tle 3. ['skʌtl] *vi* umykać; *s* ucieczka

scythe [saıð] *s* kosa; *vt* kosić

sea [si:] *s* morze; ocean; **at ~** na morzu; *przen.* w kłopocie, zdezorientowany; **by ~** morzem; **on the high ~s** na pełnym morzu; **to follow the ~** być marynarzem; **to go to ~** wypłynąć na morze; obrać zawód marynarza; **to put**

to ~ odpłynąć, zacząć rejs

sea·board ['si:bɔ:d] *s* brzeg morski

sea·borne ['si:bɔ:n] *adj* (*o towarze*) przewożony morzem, zamorski

sea·coast ['si:kəust] *s* brzeg morski

sea dog ['si:dɒg] *s przen.* wilk morski

sea·far·ing ['si:ˌfeərıŋ] *s* żegluga morska; *adj* podróżujący morzem; żeglarski

sea·food ['si:fu:d] *s* owoce morza, frutti di mare

sea·go·ing ['si:ˌgəuıŋ] *adj* (*o statku*) służący do żeglugi morskiej

sea·gull ['si:gʌl] *s zool.* mewa

seal 1. [si:l] *s zool.* foka

seal 2. [si:l] *s* pieczęć, stempel; opieczętowanie; plomba; **under ~ of secrecy** w tajemnicy; *vt* pieczętować, stemplować; lakować, plombować, zatykać

seal·ing wax ['si:lıŋwæks] *s* lak (do pieczęci)

seam [si:m] *s* szew; *geol.* żyła minerału, złoże; *vt* zszywać

sea·man ['si:mən] *s* (*pl* **seamen** ['si:mən]) *mors.* żeglarz, marynarz

sea mew ['si:mju:] *s zool.* mewa

seam·less ['si:mləs] *adj* bez szwu, bezszwowy

seam·stress ['semstrəs] *s* szwaczka

seam·y ['si:mı] *adj* pokryty szwami; **~ side** odwrotna strona (*ubrania*); *przen.* druga strona medalu

sea·plane ['si:pleın] *s* hydroplan, wodnopłat

sea·port ['si:pɔ:t] *s* port morski

sear [sıə] *adj* suchy, zwiędły; *vt* wysuszyć, wypalić; zwarzyć (*np. liście*)

search [sɜ:tʃ] *vt vi* szukać, przeszukiwać; badać; poszukiwać (**after, for sth** czegoś); rewidować; dociekać (**into sth** czegoś);

S

s szukanie, przeszukiwanie; badanie; rewizja; *in ~* w poszukiwaniu (*of sth* czegoś); *to make ~* poszukiwać (*after, for sth* czegoś)

search·ing ['sɜːtʃɪŋ] *adj* badawczy; dokładny

search·light ['sɜːtʃlaɪt] *s* reflektor

search war·rant ['sɜːtʃ,wɒrənt] *s* nakaz rewizji

sea rov·er ['siː,rəʊvə] *s* pirat; statek piracki

sea·shore ['siːʃɔː] *s* brzeg morski

sea·sick ['siːsɪk] *adj* cierpiący na chorobę morską

sea·side ['siːsaɪd] *s* wybrzeże morskie; *at the ~* nad morzem

sea·son ['siːzn] *s* pora (roku), sezon; *in ~* w porę; *vt* przyzwyczajać, hartować; przyprawiać; powodować dojrzewanie; suszyć (*np. drewno*); *vi* dojrzewać; przyzwyczajać się; *~ ticket* bilet okresowy

sea·son·a·ble ['siːznəbl] *adj* będący na czasie, trafny, stosowny

sea·son·al ['siːznəl] *adj* sezonowy

seat [siːt] *s* siedzenie, miejsce siedzące; krzesło; siedziba; *to keep one's ~* siedzieć na miejscu; *to take a ~* usiąść; *vt* posadzić, usadowić; *to be ~ed* usiąść, siedzieć; *vr ~ oneself* usiąść; *~ belt* pas bezpieczeństwa

sea·ward ['siːwəd] *adj* skierowany ku morzu; *adv (także ~s)* w stronę morza

sea·weed ['siːwiːd] *s bot.* wodorost

sea·wor·thy ['siː,wɜːðɪ] *adj (o statku)* nadający się do żeglugi

se·cede [sɪ'siːd] *vi* odstąpić, oderwać się

se·ces·sion [sɪ'seʃn] *s* odstępstwo, secesja

se·clude [sɪ'kluːd] *vt* oddzielić, odosobnić

se·clu·sion [sɪ'kluːʒn] *s* oddzielenie, odosobnienie

sec·ond ['sekənd] *adj* drugi,

następny; uboczny, drugorzędny; *every ~ day* co drugi dzień; *~ best* drugiej jakości; *~ floor* drugie piętro, *am.* pierwsze piętro (*nad parterem*); *on ~ thoughts* po rozważeniu sprawy; *~ to none* nikomu nie ustępujący; *s* sekunda; drugi zwycięzca; druga nagroda; sekundant; *vt* sekundować, wtórować, popierać

sec·on·dar·y ['sekəndrɪ] *adj* drugorzędny, pochodny; (*o szkole*) średni

sec·ond-hand [,sekənd'hænd] *adj attr* pochodzący z drugiej ręki, używany

sec·ond·ly ['sekəndlɪ] *adv* po drugie

sec·ond-rate ['sekəndreɪt] *adj attr* drugorzędny; marny, kiepski

se·cre·cy ['siːkrəsɪ] *s* tajemnica; dyskrecja

se·cret ['siːkrət] *s* sekret; *adj* tajny; *~ service* wywiad

sec·re·tar·i·at [,sekrə'teərɪæt] *s* sekretariat

sec·re·tar·y ['sekrətrɪ] *s* sekretarz, sekretarka; minister, sekretarz (*np.* stanu)

se·crete [sɪ'kriːt] *vt* ukrywać; *biol.* wydzielać

se·cre·tion [sɪ'kriːʃn] *s* wydzieliny; *biol.* wydzielanie

se·cre·tive ['siːkrətɪv] *adj* skryty, milczący; [sɪ'kriːtɪv] *biol.* wydzielający

sect [sekt] *s* sekta

sec·tar·i·an [sek'teərɪən] *adj* sekciarski; *s* sekciarz

sec·tion ['sekʃn] *s* sekcja; przekrój; cięcie; rozdział; oddział; odcinek; część; paragraf; *cross ~* przekrój poprzeczny; *vt* przecinać, rozkładać na części

sec·tion·al ['sekʃnəl] *adj* sekcyjny; klasowy

sec·tor ['sektə] *s* sektor, odcinek; gałąź (*np. przemysłu*)

sec·u·lar ['sekjʊlə] *adj* stuletni; wieczny; świecki

se·cure [sɪ'kjʊə] *adj* bezpieczny; pewny; solidny; *vt* zabezpieczyć; zapewnić; upewnić się; zapewnić sobie; osiągnąć

se·cu·ri·ty [sɪ'kjʊərətɪ] *s* bezpieczeństwo; pewność; gwarancja, kaucja; solidność; *pl* **securities** papiery wartościowe; **Security Council** Rada Bezpieczeństwa

se·date [sɪ'deɪt] *adj* opanowany, spokojny, ustatkowany

sed·a·tive ['sedətɪv] *adj* uspokajający; *s* środek uspokajający

sed·en·tar·y ['sedntrɪ] *adj* (*o trybie życia*) siedzący; *zool.* osiadły

sed·i·ment ['sedɪmənt] *s* osad

se·di·tion [sɪ'dɪʃn] *s* bunt

se·di·tious [sɪ'dɪʃəs] *adj* buntowniczy

se·duce [sɪ'djuːs] *vt* uwodzić

se·duc·tion [sɪ'dʌkʃn] *s* uwiedzenie; powab

se·duc·tive [sɪ'dʌktɪv] *adj* uwodzicielski

sed·u·lous ['sedjʊləs] *adj* skrzętny, pilny

*see 1. [siː] *vt vi* (**saw** [sɔː], **seen** [siːn]) widzieć, zobaczyć, oglądać; pojmować; doświadczać; uważać; odwiedzać; odprowadzać; **I** ~ rozumiem; **to** ~ **a thing done** dopilnować, żeby coś zostało zrobione; **to** ~ **about sth** postarać się o coś; **to** ~ **after sth** doglądać czegoś; **to** ~ **to sth** pilnować czegoś; ~ **off** odprowadzić; **to** ~ **out** odprowadzić do drzwi; ~ **through** przeprowadzić; doczekać się; doprowadzić do końca; przejrzeć; ~ **you tomorrow** do jutra

see 2. [siː] *s* biskupstwo; **the Holy See** Stolica Apostolska

seed [siːd] *s* nasienie; *vt vi* siać, rozsiewać się; obsiewać; drylować

seed·ling ['siːdlɪŋ] *s bot.* sadzonka

seed·y ['siːdɪ] *adj* (*o roślinie*) z nasieniem; *pot.* marny, zużyty; niedysponowany; **to feel** ~ czuć się niedobrze

*seek [siːk] *vt* (**sought, sought** [sɔːt]) szukać; potrzebować; pożądać; *vi* ubiegać się, dążyć (**after, for sth** do czegoś); przeszukać (**through the pockets** kieszenie)

seem [siːm] *vi* wydawać się; wyglądać; mieć wrażenie; **it** ~**s to me** wydaje mi się; **he** ~**s to be ill** wygląda na chorego

seem·ly ['siːmlɪ] *adj* przyzwoity, odpowiedni

seen *zob.* **see**

seer [sɪə] *s* jasnowidz

see-saw ['siːsɔː] *s* huśtawka (*z deski*); *vt vi* huśtać (się)

seethe [siːð] *vi* wrzeć, kipieć; *vt* gotować

seg·ment ['segmənt] *s* segment, odcinek (*np. koła*), człon; *vt vi* dzielić (się) na człony, rozczłonkowywać

seg·re·gate ['segrɪgeɪt] *vt vi* segregować, oddzielać (się)

seg·re·ga·tion [ˌsegrɪ'geɪʃn] *s* segregacja, oddzielenie

seize [siːz] *vt* chwycić, złapać; zająć; opanować, pojąć; *vi* zawładnąć, skwapliwie chwycić się (**on, upon, sth** czegoś); **to** ~ **the opportunity** wykorzystać okazję

sei·zure ['siːʒə] *s* konfiskata; porwanie; aresztowanie; atak (*choroby*)

sel·dom ['seldəm] *adv* rzadko

se·lect [sɪ'lekt] *vt* wybierać, dobierać; *adj* wybrany, doborowy

se·lec·tion [sɪ'lekʃn] *s* wybór, dobór

se·lec·tive [sɪ'lektɪv] *adj* selekcyjny

self [self] *s* (*pl* **selves** [selvz]) jaźń, osobowość, własna osoba; **my better** ~ lepsza część mojej natury; *pron* sam, sobie

self-ac·cu·sa·tion [ˌselfækjʊ'zeɪʃn] *s* samooskarżenie

self-ad·ver·tise·ment [ˌselfəd'vɜːtɪsmənt] *s* autoreklama

S

self-com·mand [ˌselfkə'mɑːnd] s panowanie nad sobą

self-com·pla·cen·cy [ˌselfkəm'pleɪsnsɪ] s zadowolenie z samego siebie

self-con·ceit [ˌselfkən'siːt] s zarozumiałość

self-con·scious [ˌself'kɒnʃəs] adj nieśmiały, zakłopotany

self-con·trol [ˌselfkən'trəʊl] s panowanie nad sobą, opanowanie

self-de·fence [ˌselfdɪ'fens] s samoobrona

self-de·ni·al [ˌselfdɪ'naɪəl] s samozaparcie

self-de·ter·mi·na·tion [ˌselfdɪˌtɜːmɪ'neɪʃn] s samookreślenie

self-dis·ci·pline [ˌself'dɪsəplɪn] s dyscyplina wewnętrzna

self-ed·u·cat·ed [ˌself'edjʊkeɪtɪd] adj ~ man samouk

self-em·ployed [ˌselfɪm'plɔɪd] adj zatrudniony we własnym przedsiębiorstwie

self-es·teem [ˌselfɪ'stiːm] s poczucie własnej godności, ambicja

self-ev·i·dent [ˌself'evɪdənt] s oczywisty

self-ig·ni·tion [ˌselfɪg'nɪʃn] s techn. samozapłon

self-gov·ern·ment [ˌself'gʌvnmənt] s samorząd

self·ish ['selfɪʃ] adj egoistyczny, samolubny

self-made [ˌself'meɪd] adj zawdzięczający wszystko samemu sobie

self-por·trait [ˌself'pɔːtrət] s autoportret

self-pos·sessed [ˌselfpə'zest] adj opanowany, panujący nad sobą

self-pres·er·va·tion [ˌselfprezə'veɪʃn] s instynkt samozachowawczy, samoobrona

self-re·li·ant [ˌselfrɪ'laɪənt] adj polegający na samym sobie

self-re·spect [ˌselfrɪ'spekt] s poczucie własnej godności

self-sac·ri·fice [ˌself'sækrɪfaɪs] s poświęcenie

self·same ['selfseɪm] adj ten sam, identyczny

self-seek·er [ˌself'siːkə] s egoista, samolub

self-seek·ing [ˌself'siːkɪŋ] adj samolubny, egoistyczny

self-ser·vice [ˌself'sɜːvɪs] s samoobsługa; ~ **shop** sklep samoobsługowy

self-styled ['selfstaɪld] adj samozwańczy

self-suf·fi·cien·cy [ˌselfsə'fɪʃnsɪ] s samowystarczalność

self-suf·fi·cient [ˌselfsə'fɪʃnt] adj samowystarczalny

self-will [ˌself'wɪl] s narzucanie własnej woli, upór

self-willed [ˌself'wɪld] adj uparty; nieusłuchany

*****sell** [sel] v (**sold** [səʊld], **sold** [səʊld]) vt sprzedawać; vi iść, mieć zbyt; ~ **out** <**off**> wyprzedawać

sell·er ['selə] s sprzedawca

selves zob. **self**

se·man·tics [sɪ'mæntɪks] s semantyka

sem·a·phore ['seməfɔː] s kolej. semafor

sem·blance ['sembləns] s wygląd; pozór

semi- ['semɪ] praef pół-

sem·i·cir·cle ['semɪˌsɜːkl] s półkole

sem·i·co·lon [ˌsemɪ'kəʊlən] s gram. średnik

sem·i·fi·nal [ˌsemɪ'faɪnl] s sport półfinał

sem·i·nar ['semɪnɑː] s seminarium (na uniwersytecie)

sem·i·na·ry ['semɪnərɪ] s seminarium duchowne

sem·i·nude [ˌsemɪ'njuːd] adj półnagi

sem·i·of·fi·cial [ˌsemɪə'fɪʃl] adj półurzędowy

sem·i·ot·ics [ˌsemɪ'ɒtɪks] s semiotyka

septic

Sem·ite ['si:maɪt] s Semita
Se·mit·ic [sɪ'mɪtɪk] adj semicki
sem·o·li·na [ˌseməˈliːnə] s kasza
manna, grysik
sen·ate ['senət] s senat
sen·a·tor ['senətə] s senator
*send [send] vt (**sent, sent**
[sent]) posyłać; sprawiać,
zrządzić; **to ~ flying** zmusić do
ucieczki; rozpędzić, rozproszyć;
to ~ mad doprowadzić do szaleństwa; **to ~ word** posłać wiadomość; ~ **away** odsyłać; ~ **forth**
wydawać, wydzielać; wydobywać
na światło dzienne; wypuszczać; ~
in wpuścić; nadesłać; złożyć; ~ **off**
odsyłać; ~ **on** posłać dalej; prze-
adresować (np. list); ~ **out** wysyłać; wyrzucać; ~ **up** podnieść,
podrzucić (do góry), wypuścić (w
górę); zgłosić; podać (np. do
stołu); vi posyłać (**for sb** po kogoś)
se·nile ['si:naɪl] adj starczy
se·ni·or ['si:nɪə] adj starszy
(rangą, studiami); ~ **forms** wyższe klasy (w szkole); s senior,
człowiek starszy; **my ~ by ten
years** starszy ode mnie o dziesięć
lat
se·ni·or·i·ty [ˌsi:nɪˈɒrəti] s starszeństwo
sen·sa·tion [sen'seɪʃn] s uczucie,
wrażenie; sensacja
sense [sens] s uczucie, poczucie;
zmysł; świadomość; rozsądek;
znaczenie, sens; **common ~**
zdrowy rozsądek; **in a ~** w
pewnym sensie; **a man in his ~s**
człowiek przy zdrowych
zmysłach; **a man of ~** człowiek
rozsądny; **to come to one's ~s**
odzyskać przytomność; opamiętać się; **to make ~** mieć sens;
to talk ~ mówić do rzeczy; vt odczuwać, wyczuwać, rozeznać; am.
rozumieć
sense·less ['sensləs] adj bezmyślny, niedorzeczny; nieprzytomny; nieczuły

sen·si·bil·i·ty [ˌsensə'bɪləti] s
wrażliwość, uczuciowość
sen·si·ble ['sensəbl] adj dający
się uchwycić zmysłami; świadomy; wrażliwy; rozsądny; znaczny,
poważny; **to become ~** u-
zmysławiać sobie (**of sth** coś)
sen·si·tive ['sensətɪv] adj
zmysłowy; uczuciowy, czuły,
wrażliwy; łatwo obrażający się;
bot. ~ **plant** mimoza
sen·si·tize ['sensətaɪz] vt med.
uczulać; fot. uczulać na światło
sen·sor ['sensə] n techn. czujnik
sen·su·al ['senʃʊəl] adj zmysłowy; cielesny
sen·su·al·i·ty [ˌsenʃʊ'æləti] s
zmysłowość
sen·su·ous ['senʃʊəs] adj
zmysłowy, czuciowy; delikatny
sent zob. **send**
sen·tence ['sentəns] s sentencja,
wyrok; gram. zdanie; **to pass a ~**
wydać wyrok; **to serve a ~** odbywać karę sądową; vt osądzić, skazać
sen·ti·ment ['sentɪmənt] s sentyment, uczucie, odczucie; zdanie;
opinia
sen·ti·men·tal [ˌsentɪ'mentl] adj
sentymentalny
sen·ti·nel ['sentɪnl] s placówka,
posterunek; wartownik; **to stand
~** stać na warcie
sen·try ['sentrɪ] s placówka, posterunek
sep·a·ra·ble ['sepərəbl] adj roz-
dzielny, rozłączny
sep·a·rate ['sepəreɪt] vt vi oddzielić (się), rozłączyć (się); adj
['seprət] oddzielny
sep·a·ra·tion [ˌsepə'reɪʃn] s separacja, rozłączenie; ~ **allowance**
dodatek (do pensji) za rozłąkę;
prawn. **judicial** <**legal**> ~ separacja (małżonków)
Sep·tem·ber [sep'tembə] s wrzesień
sep·tic ['septɪk] adj sceptyczny

S

se·pul·chral [sɪˈpʌlkrəl] adj grobowy, ponury

sep·ul·chre [ˈseplkə] s bryt. lit. rel. grób

se·quel [ˈsiːkwəl] s następstwo, ciąg dalszy

se·quence [ˈsiːkwəns] s następstwo, kolejność; **in ~** kolejno; **~ of tenses** gram. następstwo czasów

se·ques·ter [sɪˈkwestə] vt oddzielić, odosobnić; konfiskować

sere [sɪə] adj = **sear**

ser·e·nade [ˌserəˈneɪd] s serenada; vt vi śpiewać serenadę

se·rene [sɪˈriːn] adj pogodny, jasny; spokojny

se·ren·i·ty [sɪˈrenətɪ] s pogoda, spokój

serf [sɜːf] s niewolnik; hist. chłop pańszczyźniany

serf·dom [ˈsɜːfdəm] s niewolnictwo; hist. poddaństwo, pańszczyzna

ser·geant [ˈsɑːdʒnt] s wojsk. sierżant

se·ri·al [ˈsɪərɪəl] adj seryjny, kolejny; szeregowy; s serial; powieść drukowana w odcinkach (w gazecie); periodyk

se·ries [ˈsɪəriːz] s (pl ~) seria, szereg; **in ~** seryjnie; elektr. szeregowo

se·ri·ous [ˈsɪərɪəs] adj poważny

ser·jeant s = **sergeant**

ser·mon [ˈsɜːmən] s kazanie

ser·mon·ize [ˈsɜːmənaɪz] vi wygłaszać kazanie; vt napominać, strofować

ser·pent [ˈsɜːpənt] s wąż

ser·pen·tine [ˈsɜːpəntaɪn] adj wężowy; wężowaty, wijący się; s serpentyna (droga)

ser·ried [ˈserɪd] adj stłoczony, zwarty

se·rum [ˈsɪərəm] s surowica

ser·vant [ˈsɜːvənt] s służący, sługa; **civil <public> ~** urzędnik państwowy

serve [sɜːv] vt vi służyć, obsługiwać; podawać (przy stole); wyrządzić; odpowiadać (celowi); odbywać (karę, służbę, praktykę itp.); traktować; sport serwować; **it ~s you right** dobrze ci tak, masz za to; **to ~ one's time** odbyć kadencję; **to ~ time** odsiedzieć karę; **~ out** rozdzielić; odpłacić się; s sport serwis, serw

ser·vice [ˈsɜːvɪs] s służba, obsługa; pomoc; przysługa; nabożeństwo; (zastawa) serwis; sport serwis; **civil ~** służba państwowa; **train ~** komunikacja kolejowa; **public ~s** instytucje użyteczności publicznej; **social ~s** świadczenia społeczne; **~ area** (radio) zasięg odbioru; **~ station** stacja benzynowa; sklep usługowy; **to be of ~** przydać się; **to do one's ~** odbywać służbę; **to do <render> ~** oddać przysługę

ser·vi·ette [ˌsɜːvɪˈet] s serwetka (w zastawie stołowej)

ser·vile [ˈsɜːvaɪl] adj niewolniczy; służalczy

ses·sion [ˈseʃn] s posiedzenie; sesja; okres posiedzeń; am. (także w Szkocji) rok akademicki; am. **summer ~** letni kurs uniwersytecki; **to be in ~** obradować

*set [set] vt vi (**set, set** [set]) stawiać, kłaść, ustawiać; **to ~ the table** nakrywać do stołu; montować; wzmacniać; kierować; nastawiać; nakłaniać; zapędzać (np. **to work do** roboty); podjudzać (o słońcu) zachodzić; zanikać, kończyć się; opadać; regulować (np. zegarek); (o pogodzie) ustalić się; (o organizmie) rozwinąć się; (o cieczy) krzepnąć; nastroić (fortepian); zadać (pytanie); zabierać się (**about, to sth** do czegoś); skłaniać się (**towards, to** ku czemuś); **to ~ an example** dać przykład; **to ~ the fashion** ustanowić modę, **to ~ fire** podłożyć ogień, podpalić (**to sth** coś); **to ~ on fire** podpalić (**sth** coś); **to ~**

free uwolnić; *to ~ in motion* uruchomić; *to ~ at rest* uspokoić; *to ~ sail* odpłynąć; *to ~ sb a task* dać komuś zadanie; *z ppraes* wprawić w ruch, spowodować; *to ~ flying* wypuścić w powietrze; *to ~ going* nadać bieg; *to ~ thinking* dać do myślenia; *z przysłówkami:* ~ *about* rozpowszechnić; ~ *apart* oddzielić, odsunąć; ~ *aside* odłożyć na bok; zignorować; *prawn.* anulować; ~ *back* cofnąć; ~ *by* odłożyć na bok; ~ *down* położyć, złożyć; wyłożyć na piśmie; przypisać; zsadzić, wysadzić; ustalić *(np. regułę)*; ~ *forth* wyłożyć, wykazać; uwydatnić; przedstawić *(np. projekt)*; wyruszyć; ~ *forward* posunąć się naprzód; wyruszyć; podsunąć, wysunąć; ~ *in* wprawić; nastać, nastąpić; ~ *off* wyruszyć w drogę; oddzielić, odłożyć, usunąć; uwydatnić; wyodrębnić; wyrównać; ~ *on* podjudzać; rozpoczynać; napadać; wyruszać w dalszą drogę; ~ *out* rozpoczynać, przedsiębrać; wykładać, przedstawiać, wystawiać; zdobić; wyruszać; ~ *up* ustawiać, nastawiać, instalować, montować; założyć; podnieść; ustanowić; urządzić (życiowo); zaopatrzyć; osiedlić się; ~ *up for sth* podawać się za coś; ~ *up in business* założyć przedsiębiorstwo; *to be ~ up* być dobrze zaopatrzonym; ~ *to* zabrać się do czegoś; zacząć *(walczyć, kłócić się)*; *s* seria, asortyment, komplet, kolekcja, wybór, serwis *(stołowy)*; zaprząg; gatunek; grupa; zachód *(słońca)*; postawa, budowa ciała; układ; kierunek; próba; *sport* set; *(radio)* ~ aparat radiowy; *adj* uporządkowany, ustalony, zdecydowany; nieruchomy; *(o ciele ludzkim)* zbudowany; *to be hard ~* być w ciężkim położeniu; *of ~ purpose* z mocnym postanowieniem

set·back ['setbæk] *s* cofnięcie się; niepowodzenie
set-off ['setɒf] *s* kontrast; przeciwwaga; wyrównanie; dekoracja, tło *(ozdobne)*; *handl.* kompensata
set-out ['setaut] *s* początek; wyjazd
set·square ['setskweə] *s* ekierka
set·tee [se'tiː] *s* sofa
set·ting ['setɪŋ] *s* oprawa, obramowanie; układ, ustawienie; tło, otoczenie; inscenizacja; ilustracja; ilustracja muzyczna
set·tle ['setl] *vt vi* posadzić, osadzić, ułożyć; *(także ~ down)* osiąść, osiedlić się; ustalić (się); rozstrzygnąć; uporządkować, uregulować; uspokoić; ustanowić; zdecydować (się); *vr* ~ *oneself* osiąść, dostosować się; zabrać się, zasiąść *(to sth* do czegoś); ustatkować się; ~ *up* uregulować *(zobowiązania)*
set·tled ['setld] *adj* stały, ustalony; ~ *weather* ustabilizowana pogoda; *a man of ~ convictions* człowiek o stałych przekonaniach; *(na rachunku)* ~ zapłacono
set·tle·ment ['setlmənt] *s* ustalenie, załatwienie, rozstrzygnięcie; układ; uspokojenie; wyrównanie; rozliczenie; osiadanie; osiedlenie się; osiedle, osada; założenie *(interesu)*
set·tler ['setlə] *s* osadnik, osiedleniec
sev·en ['sevn] *num* siedem; *s* siódemka
sev·en·teen [ˌsevn'tiːn] *num* siedemnaście; *s* siedemnastka
sev·en·teenth [ˌsevn'tiːnθ] *adj* siedemnasty; *s* siedemnasta część
sev·enth ['sevnθ] *adj* siódmy; *s* siódma część
sev·en·ti·eth ['sevntɪəθ] *adj* siedemdziesiąty; *s* siedemdziesiąta część
sev·en·ty ['sevntɪ] *num* siedemdziesiąt; *s* siedemdziesiątka

S

sev·er ['sevə] *vt vi* oddzielić (się), oderwać (się); *przen.* rozstać się; zerwać

sev·er·al ['sevrəl] *adj* oddzielny; różny; poszczególny; podzielny; liczny; *pron* kilka, kilkanaście

sev·er·al·ly ['sevrəlı] *adv* poszczególnie; różnie; indywidualnie; *jointly and ~* zbiorowo i indywidualnie

sev·er·ance ['sevrəns] *s* oddzielenie, oderwanie; zerwanie

se·vere [sə'vɪə] *adj* surowy, bezwzględny, srogi; ostry; poważny; obowiązujący

se·ver·i·ty [sə'verətı] *s* bezwzględność, surowość, srogość; ciężki stan

*****sew** [səu] *vt vi* (*sewed* [səud], *sewn* [səun]) szyć; ~ *on* naszywać, przyszywać; ~ *up* zszywać, łatać

sew·age ['suːɪdʒ] *s* woda ściekowa, nieczystości; ~ *system* kanalizacja

sew·er ['suːə] *s* ściek, rynsztok; *vt* kanalizować

sew·er·age ['suːərɪdʒ] *s* kanalizacja; wody ściekowe

sew·ing ma·chine ['səuɪŋməʃiːn] *s* maszyna do szycia

sewn *zob.* **sew**

sex [seks] *s* płeć

sex ap·peal *zob.* **appeal**

sex·ploi·ta·tion [,seksplɔɪ'teɪʃn] *s pot.* wykorzystywanie seksu dla celów komercyjnych

sex·ton ['sekstn] *s* zakrystian

sex·u·al ['sekʃuəl] *adj* płciowy; ~ *intercourse* stosunek płciowy

sex·y ['seksı] *adj* zmysłowy, pociągający, seksowny

shab·by ['ʃæbı] *adj* lichy, zniszczony, stargany, nędznie ubrany; nędzny, podły

shack [ʃæk] *s* chata, rudera

shack·le ['ʃækl] *s* ogniwo łańcuchowe; sprzęgło, klamra; *pl ~s* (*także przen.*) kajdany; *vt* skuć, spętać

shade [ʃeɪd] *s* cień, mrok; odcień; abażur; parasolka; *am.* roleta, stora; *a ~* coś niecoś, odrobinę; *vt vi* zaciemnić; cieniować; zasłaniać; stopniowo zmieniać (odcień); (*także ~ off <away>*) tuszować, łagodzić

shad·ow ['ʃædəu] *s* cień (*odbicie kształtu*); mrok; ułuda; zjawa, widmo; *vt* zaciemniać; śledzić

shad·ow·y ['ʃædəuɪ] *adj* cienisty; ciemny, niejasny

shad·y ['ʃeɪdı] *adj* cienisty; ciemny; mętny, dwuznaczny; podejrzany

shaft [ʃɑːft] *s* trzon, łodyga; drzewce; dyszel; promień; błyskawica; ostrze; strzała; *górn.* szyb

shag [ʃæg] *s* zmierzwione włosy; kudły; włochaty materiał; gatunek tytoniu

shag·gy ['ʃægı] *adj* włochaty, kudłaty; ~*dog story* zabawne opowiadanie bez znaczącej puenty

*****shake** [ʃeɪk] *vt vi* (*shook* [ʃuk], *shaken* ['ʃeɪkən]) trząść (się), potrząsnąć, wstrząsnąć; drżeć; chwiać się; *to ~ hands* podawać sobie ręce; ~ *down* strząsnąć; ~ *off* odrzucić, zrzucić, pozbyć się; ~ *out* wytrząsnąć, wyrzucić, wysypać; ~ *up* potrząsnąć, rozruszać; *s* potrząsanie, trzęsienie, drżenie; *milk ~* koktajl mleczny; *pl ~s* dreszcze

shake-up ['ʃeɪkʌp] *s* wstrząs, poruszenie; przetasowanie, reorganizacja

shak·y ['ʃeɪkı] *adj* drżący; chwiejny, niepewny

shall [ʃæl, ʃl] *v aux zw.* bryt., służy do tworzenia fut: *I ~ be there* będę tam; *you ~ not see him* nie zobaczysz go, masz go nie widzieć; powinien; ~ *he wait?* czy ma czekać?

shal·low ['ʃæləu] *adj* płytki; *przen.* niepoważny, powierzchowny; *s* płycizna, mielizna

sham [ʃæm] *vt vi* udawać, symulować, pozorować; *s* udawanie, symulowanie, fikcja; *adj* udawany, fałszywy, rzekomy, pozorny

sham·ble ['ʃæmbl] *vi* powłóczyć nogami; *s* niezgrabny chód

shame [ʃeɪm] *s* wstyd; *vt* zawstydzić; wymóc (**sb into sth** coś na kimś); odwieść (**out of sth** od czegoś); ~ **on you!** wstydź się!, jak ci nie wstyd!

shame·faced [,ʃeɪm'feɪst] *adj* wstydliwy, nieśmiały

shame·ful ['ʃeɪmfl] *adj* haniebny, sromotny

shame·less ['ʃeɪmləs] *adj* bezwstydny

sham·poo [ʃæm'puː] *s* szampon; *vt* myć szamponem

sham·rock ['ʃæmrɒk] *s bot.* biała trójlistna koniczyna (*symbol narodowy Irlandii*)

shank [ʃæŋk] *s anat.* goleń

shan't [ʃɑːnt] = **shall not**

shan·ty ['ʃænti] *s* buda, szałas; ~**town** osiedle ruder <slumsów>

shape [ʃeɪp] *s* kształt, wygląd; obraz, rysunek; **in (the) ~ of** w postaci; **out of** ~ zniekształcony; **in good (poor)** ~ w dobrej (złej) formie; *vt vi* kształtować (się); tworzyć; wyobrażać sobie

shape·ly ['ʃeɪplɪ] *adj* ładnie zbudowany, kształtny, zgrabny

share [ʃeə] *vt vi* dzielić, podzielać; uczestniczyć; ~ **out** rozdzielać; *s* część; udział; działka; przyczynek; *handl.* akcja; **to go** ~**s** podzielić się (**in sth** czymś); uczestniczyć; **to have a** ~ przyczynić się (**in sth** do czegoś); **to hold** ~**s** *handl.* być akcjonariuszem; **to take** ~ brać udział

share·bro·ker ['ʃeə,brəʊkə] *s* makler

share·hold·er ['ʃeə,həʊldə] *s* akcjonariusz

shark [ʃɑːk] *s zool.* rekin; *przen.* oszust, lichwiarz; *vt* oszukiwać

sharp [ʃɑːp] *adj* ostry, spiczasty;

przenikliwy, bystry; przebiegły; *adv* bystro; punktualnie; *s muz.* krzyżyk

sharp·en ['ʃɑːpən] *vt vi* ostrzyć (się)

shat·ter ['ʃætə] *vt* roztrzaskać, rozbić; *vi* rozlecieć się; *s zw. pl* ~**s** odłamki, strzępy

shave [ʃeɪv] *vt vi* golić (się); strugać; *s* golenie; **to have a** ~ ogolić się; **close** <**near**> ~ sytuacja o włos od niebezpieczeństwa

shav·en ['ʃeɪvn] *adj* (*także* **clean** ~) wygolony

shav·ing ['ʃeɪvɪŋ] *s* golenie; struganie; *pl* ~**s** wióry, odpadki; ~ **cream** krem do golenia; ~ **foam** krem do golenia (*w aerozolu*)

shawl [ʃɔːl] *s* szal

she [ʃiː] *pron* ona

sheaf [ʃiːf] *s* (*pl* **sheaves** [ʃiːvz]) snop, wiązka

***shear** [ʃɪə] *vt* (**sheared** [ʃɪəd], **shorn** [ʃɔːn]) strzyc; *przen.* ogołacać, pozbawiać; *s* strzyżenie

shears [ʃɪəz] *s pl* nożyce (*np. krawieckie, ogrodnicze*)

sheath [ʃiːθ] *s* (*pl* **sheaths** [ʃiːðz]) pochwa, futerał; kondom

sheathe [ʃiːð] *vt* wkładać do pochwy

sheath·ing ['ʃiːðɪŋ] *s* ochronne pokrycie, powłoka

sheave [ʃiːv] *vt* wiązać w snopy

sheaves *zob.* **sheaf**

she'd [ʃiːd] *skr.* = **she had, she would**

***shed 1.** *vt* (**shed, shed** [ʃed]) ronić, gubić, zrzucać; wylewać, przelewać; rozsiewać

shed 2. [ʃed] *s* szopa; zajezdnia

sheep [ʃiːp] *s* (*pl* ~) owca, baran

sheep·hook ['ʃiːphʊk] *s* kij pasterski

sheep·ish ['ʃiːpɪʃ] *adj* bojaźliwy; zakłopotany; zbaraniały; nieśmiały

sheep·skin ['ʃiːpskɪn] *s* owcza skóra; ~ **coat** kożuch

sheep·walk ['ʃiːpwɔːk] s pastwisko dla owiec

sheer [ʃɪə] adj zwyczajny; czysty; istny; prosty; pionowy; ~ **nonsense** istny nonsens; **by** ~ **force** po prostu siłą; adv całkowicie; wprost; pionowo

sheet [ʃiːt] s prześcieradło; arkusz; kartka (papieru); powierzchnia, tafla, płyta; mors. szot; vt nakryć prześcieradłem

sheet iron ['ʃiːt‚aɪən] s blacha

shelf [ʃelf] s (pl **shelves** ['ʃelvz]) półka; wystająca skała, rafa; listwa

shell [ʃel] s skorupa, łupina, muszla; nabój armatni; vt vi wyłuskiwać; wojsk. ostrzelać

she'll [ʃiːl] skr. = **she will**

shel·ter ['ʃeltə] s schronienie, schron, przytułek; vt vi chronić (się), osłaniać; udzielić przytułku; znaleźć przytułek

shelve [ʃelv] vt położyć na półce; odłożyć, odstawić; oddalić, zwolnić (np. ze służby)

shelves zob. **shelf**

shep·herd ['ʃepəd] s pastuch; przen. i lit. pasterz; vt vi strzec; paść owce

sher·ry ['ʃerɪ] s sherry (gatunek wina)

she's [ʃiːz] = **she is, she has**

shield [ʃiːld] s tarcza, osłona; vt ochraniać, osłaniać

shift [ʃɪft] vt vi przesuwać (się), przestawiać (się); zmieniać miejsce pobytu, przenosić się; zmieniać (np. ubranie); s zmiana; przesunięcie; sposób, środek, zabieg, szychta, **to make** (a) ~ uporać się, dać sobie radę; **to work in** ~s pracować na zmiany; ~ **stick** am. drążek zmiany biegów

shift·y ['ʃɪftɪ] adj przebiegły, przemyślny

shil·ling ['ʃɪlɪŋ] s bryt. szyling (do 1971, moneta o wartości 12 pensów)

shim·mer ['ʃɪmə] vi migotać; s migotanie

shin [ʃɪn] s goleń; vt ~ **up** wspinać się, wdrapywać się (**the tree** na drzewo)

*****shine** [ʃaɪn] v (**shone, shone** [ʃɒn]) vi świecić, jaśnieć; vt nadawać blask, czyścić do połysku; s blask, połysk

shin·gle 1. ['ʃɪŋgl] s gont; am. tabliczka; krótko strzyżone włosy; vt kryć gontami; krótko strzyc włosy

shin·gle 2. ['ʃɪŋgl] s kamyk; zw. zbior. kamyki, żwir

shin·gles ['ʃɪŋglz] s med. półpasiec

shin·y ['ʃaɪnɪ] adj błyszczący

ship [ʃɪp] s mors. statek; okręt; vt przewozić okrętem; ładować na okręt; vi zaokrętować się

ship·board ['ʃɪpbɔːd] s mors. pokład; **on** ~ na statku

ship·build·ing ['ʃɪp‚bɪldɪŋ] s budownictwo okrętowe

ship car·riage ['ʃɪp‚kærɪdʒ] s mors. transport okrętowy

ship·mas·ter ['ʃɪp‚mɑːstə] s mors. kapitan statku (handlowego)

ship·ment ['ʃɪpmənt] s mors. załadowanie na okręt, przewóz okrętem

ship·own·er ['ʃɪp‚əʊnə] s mors. armator

ship·ping ['ʃɪpɪŋ] s mors. żegluga; transport okrętem; załadowanie na okręt; marynarka (handlowa)

ship·shape ['ʃɪpʃeɪp] adj i adv we wzorowym porządku; **to put** ~ doprowadzić do wzorowego stanu

ship·wreck ['ʃɪprek] s rozbicie okrętu; przen. katastrofa, klęska; vt spowodować rozbicie okrętu; przen. rozbić, zniweczyć; **to be** ~**ed** (o okręcie) ulec rozbiciu, rozbić się; przen. ulec zniszczeniu

ship·yard ['ʃɪpjɑːd] s mors. stocznia

shirt [ʃɜːt] s koszula męska

shirt·sleeves ['ʃɜːtsliːvz] s pl rękawy koszuli; *in one's* ~ bez marynarki, w samej koszuli

shit [ʃɪt] s wulg. gówno; *the* ~*s* s wulg. sraczka; *vi vt wulg.* srać, zasrać, obsrać; *(holy)* ~*!* int wulg. kurwa!, psiamać!

shiv·er 1. ['ʃɪvə] vi trząść się, drżeć; s drżenie, dreszcz

shiv·er 2. ['ʃɪvə] s kawałek, ułamek; vt vi rozbić (się) na kawałki

shoal 1. [ʃəʊl] s ławica (ryb); przen. tłum, gromada, masa

shoal 2. [ʃəʊl] s mielizna; adj płytki; vi stawać się płytkim

shock 1. [ʃɒk] s gwałtowne uderzenie, cios; wstrząs, szok; wojsk. ~ *troops* oddziały szturmowe; vt gwałtownie uderzyć, zadać cios; gwałtownie wstrząsnąć; urazić; zgorszyć

shock 2. [ʃɒk] s bróg, kopka

shock ab·sorb·er ['ʃɒkəb,sɔːbə] s amortyzator

shock·proof ['ʃɒkpruːf] adj odporny na wstrząsy

shod zob. **shoe** vt

shod·dy ['ʃɒdɪ] adj tandetny; ~ *goods* buble, tandeta

shoe [ʃuː] s but, pantofel; podkowa; okucie; *canvas* ~*s* tenisówki; vt *(shod, shod* [ʃɒd]) obuć; okuć *(konia)*; obić żelazem

shoe·black ['ʃuːblæk] s czyścibut, pucybut

shoe·horn ['ʃuːhɔːn] s łyżka do butów

shoe·lace ['ʃuːleɪs] s sznurowadło

shoe·mak·er ['ʃuː,meɪkə] s szewc

shone zob. **shine**

shook zob. **shake**

shoot [ʃuːt] vt vi *(shot, shot* [ʃɒt]) strzelać *(at sb* do kogoś); zastrzelić, rozstrzelać; ciskać, miotać; fotografować, *(o filmie)* nakręcać; wystawać; wypędzać,

wyrzucać *(także* ~ *out)*; wyskoczyć; wpaść; wypuszczać *(pączki); (o bólu)* rwać; mknąć, przemykać; *to* ~ *dead* zastrzelić; *to* ~ *past* szybko przelecieć *(koło czegoś)*; ~ *down* zestrzelić; gwałtownie spadać; ~ *forth* kiełkować; rozciągać się; ~ *off* wystrzelić, odstrzelić; pomknąć; ~ *out* wystawać, sterczeć; wypaść, wylecieć; wyrzucić; *(o pączkach)* wypuścić; wystrzelić; ~ *up* strzelać w górę; szybko rosnąć; podnosić się, podskoczyć; przen. ~ *Niagara* ryzykować życie; s strzelanie; polowanie; wodotrysk; kiełek, pęd; ostry ból

shoot·er ['ʃuːtə] s strzelec; broń palna, rewolwer

shoot·ing star [,ʃuːtɪŋ'stɑː] s spadająca gwiazda

shop [ʃɒp] s sklep; warsztat; interes; zakład; przen. profesja, zawód, sprawy zawodowe; vi robić zakupy; *to go* ~*ping* chodzić po zakupy

shop as·sis·tant ['ʃɒpə,sɪstənt] s ekspedient *(sklepowy)*

shop·keep·er ['ʃɒp,kiːpə] s drobny kupiec, sklepikarz

shop·ping cen·tre ['ʃɒpɪŋ ,sentə], am. **shop·ping mall** ['ʃɒpɪŋmɔːl] s centrum handlowe

shop win·dow [,ʃɒp'wɪndəʊ] s okno wystawowe, wystawa

shore [ʃɔː] s brzeg *(morza, jeziora)*, wybrzeże

shorn zob. **shear**

short [ʃɔːt] adj krótki; niski, mały; niedostateczny, szczupły, będący na wyczerpaniu; ~ *circuit* krótkie spięcie; ~ *cut* skrót, najkrótsza droga, droga na przełaj; ~ *story* nowela; ~ *weight* niepełna waga; ~ *of breath* zadyszany; *little* ~ *of a miracle* prawie cud; *to be* ~ *of sth* odczuwać brak czegoś; pozostawać w tyle za czymś; nie być na poziomie czegoś; *to come* ~ chybić, nie osiągnąć *(of sth* cze-

S

goś); **to fall** ~ zawieść, nie dopisać (**of sth** pod względem czegoś); **to get** <**become, grow**> ~ ulegać skróceniu, stawać się krótszym, zbliżać się do końca; **to make** ~ **work of sth** szybko załatwić się z czymś; **to run** ~ wyczerpywać się, kończyć się (*np. o zapasach*); odczuwać brak, mieć już niewiele (**of sth** czegoś); **to stop** ~ nagle zatrzymać (się), nagle przerwać; **at** ~ **range** z bliska, na krótką metę; *s* skrócenie, skrót; *kino* (*także* ~ **subject**) film krótkometrażowy; ~ **list** *bryt.* lista najbardziej odpowiednich kandydatów na stanowisko; *pl* ~**s** krótkie spodnie, szorty; **in** ~ pokrótce, krótko mówiąc

short·age ['ʃɔːtɪdʒ] *s* niedostateczna ilość, niedobór, brak; **cash** ~ manko kasowe

short cir·cuit [,ʃɔːt'sɜːkɪt] *s elektr.* krótkie spięcie; *vt* wywołać krótkie spięcie

short·com·ing ['ʃɔːt,kʌmɪŋ] *s* brak, wada, uchybienie

short·en ['ʃɔːtn] *vt vi* skracać (się), zmniejszać (się)

short·hand ['ʃɔːthænd] *s* stenografia

short-lived [,ʃɔːt'lɪvd] *adj* krótkotrwały

short·ly ['ʃɔːtlɪ] *adv* pokrótce; wkrótce

short-sight·ed [,ʃɔːt'saɪtɪd] *adj* krótkowzroczny

shot 1. [ʃɒt] *zob.* **shoot**; *adj* lśniący, mieniący się

shot 2. [ʃɒt] *s* strzał; strzelec; pocisk, kula; *fot. kino* zdjęcie migawkowe; *pot.* zastrzyk, dawka; **big** ~ gruba ryba; **to make a good** ~ trafić, *przen.* zgadnąć; ~ **in the dark** strzał na ślepo (*zgadywanie*); **the** ~ **put** *sport* pchnięcie kulą

should [ʃʊd] *p od* **shall**; *oznacza warunek*: **I** ~ **go** poszedłbym; *powinność*: **you** ~ **work** powinie-

neś pracować; *przypuszczenie*: **I** ~ **say so** chyba tak

shoul·der ['ʃəʊldə] *s* ramię, bark; **to give** <**show, turn**> **the cold** ~ traktować oziębłe; ~ **to** ~ ramię w ramię; *vt* wziąć na ramię; popychać; potrącać ramionami; *przen.* (*także* ~ **up**) brać na swoje barki

shouldn't ['ʃʊdnt] *skr.* = **should not**

shout [ʃaʊt] *vi* krzyczeć (**at sb** na kogoś); *s* krzyk, wołanie; okrzyk

shove [ʃʌv] *vt vi* posuwać (się), popychać (się); *pot.* wpakować, wsadzić; ~ **down** zepchnąć; ~ **off** odepchnąć; odbić (*np. od brzegu*); *s* posunięcie (się), pchnięcie

shov·el ['ʃʌvl] *s* szufla, łopata; *vt* szuflować

*****show** [ʃəʊ] *vt vi* (**showed** [ʃəʊd], **shown** [ʃəʊn]) pokazywać (się), wykazywać, okazywać; ukazać się, zjawić się; prowadzić, pokazywać drogę, oprowadzać (**round the town** po mieście); ~ **down** sprowadzić na dół; wyłożyć karty na stół; ~ **in** wprowadzić; ~ **off** wystawić na pokaz; popisywać się (**sth** czymś), paradować; ~ **out** wyprowadzić; ~ **up** zdemaskować, obnażyć; uwydatniać (się); zjawiać się; *vr* ~ **oneself** pokazywać się publicznie; *s* widok; wystawa; pokaz; parada; widowisko; *teatr kino* przedstawienie; seans; ~ **business** przemysł rozrywkowy, show-biznes

show·case ['ʃəʊkeɪs] *s* gablotka

show·down ['ʃəʊdaʊn] *s* wyłożenie kart na stół; *przen.* gra w otwarte karty

show·er ['ʃaʊə] *s* przelotny deszcz; prysznic, tusz; *przen.* powódź (*np. listów*); *vi* (*o deszczu*) padać, lać; *vt* zalewać strumieniem

show·er·y ['ʃaʊərɪ] *adj* ulewny

show·girl ['ʃəʊgɜːl] *s* piosenkarka (*w rewii, klubie nocnym, itd.*)

show·man ['ʃəʊmən] s (pl **show-men** ['ʃəʊmən]) showman; osoba powszechnie lubiana, przyciągająca publiczność; producent masowej rozrywki

shown zob. **show**

show·room ['ʃəʊruːm] s lokal <salon> wystawowy

show win·dow ['ʃəʊˌwɪndəʊ] s okno wystawowe

show·y ['ʃəʊɪ] adj okazały, paradny, ostentacyjny

shrank zob. **shrink**

shrap·nel ['ʃræpnəl] s szrapnel

shred [ʃred] s strzęp; skrawek; odrobina; vt strzępić, ciąć na strzępy

shrew [ʃruː] s sekutnica, jędza

shrewd [ʃruːd] adj bystry, przenikliwy; chytry; ostry; dotkliwy

shrew·ish ['ʃruːɪʃ] adj swarliwy, złośliwy

shriek [ʃriːk] vt vi krzyczeć, piszczeć, wykrzykiwać; s krzyk, pisk, przeraźliwy gwizd

shrill [ʃrɪl] adj przeraźliwy, przenikliwy

shrimp [ʃrɪmp] s krewetka

shrine [ʃraɪn] s sanktuarium; relikwiarz

***shrink** [ʃrɪŋk] vt vi (**shrank** [ʃræŋk], **shrunk** [ʃrʌŋk]) ściągać (się), kurczyć (się), dekatyzować; marszczyć się; cofać się; zanikać; wzdragać się (**from sth** przed czymś); s ściągnięcie; zmarszczka; skurcz

shrink·age ['ʃrɪŋkɪdʒ] s skurczenie, ściągnięcie; ubytek, zanik

shriv·el ['ʃrɪvl] vt vi ściągać (się), marszczyć (się)

shriv·en zob. **shrive**

shroud [ʃraʊd] s całun; przen. okrycie, osłona; vt owijać całunem, przen. okrywać

shrove zob. **shrive**

Shrove Tues·day [ˌʃrəʊvˈtjuːzdɪ] s tłusty wtorek (w Polsce – czwartek); ostatki

shrub [ʃrʌb] s krzak

shrub·ber·y ['ʃrʌbərɪ] s zarośla, krzaki; część ogrodu formowana krzewami

shrug [ʃrʌg] vt vi wzruszać ramionami; s wzruszenie ramionami

shrunk·en ['ʃrʌŋkən] adj skurczony; pp od **shrink**

shud·der ['ʃʌdə] vi drżeć, wzdrygać się

shuf·fle ['ʃʌfl] vt vi szurać, powłóczyć (nogami); suwać; tasować (karty), mieszać; kręcić, wykręcać się; ~ **off** strząsnąć z siebie; odejść powłócząc nogami; ~ **out** wykręcić się; s szuranie nogami; włóczenie; posunięcie; wykręt; chwyt; tasowanie

shun [ʃʌn] vt unikać

shunt [ʃʌnt] vt vi przetaczać (wagony); przesunąć na bok; odłożyć (do szuflady)

***shut** vt vi (**shut, shut** [ʃʌt]) zamykać (się); ~ **in** zamknąć (w środku), otoczyć; ~ **off** odgrodzić; wyłączyć (np. prąd); ~ **out** wykluczyć; zostawić na zewnątrz; przesłonić (widok); ~ **up** zamykać (dokładnie); więzić; pot. zamykać usta; pot. ~ **up!** cicho bądź!, zamknij się!

shut·ter ['ʃʌtə] s pokrywa; okiennica; zasłona; okienko (np. w kasie); fot. migawka

shut·tle ['ʃʌtl] s czółenko (tkackie); **space** ~ prom kosmiczny; ~ **service** transport wahadłowy

shy 1. [ʃaɪ] adj bojaźliwy, nieśmiały; ostrożny; **to be** ~ **of sth** unikać czegoś; **to fight** ~ unikać, wystrzegać się (**of sth** czegoś); vi bać się (**at sth** czegoś), płoszyć się

shy 2. [ʃaɪ] vt vi pot. cisnąć, rzucić; s rzut

sick [sɪk] adj czujący się niedobrze, mający mdłości; attr chory (**of sth** na coś); **to be** ~ uprzykrzyć sobie, mieć powyżej uszu (**of sth** czegoś); tęsknić (**for sth** za czymś); **to feel to be** ~ mieć

S

mdłości; **~ headache** ciężki ból głowy; **~ allowance** zasiłek chorobowy

sick·en ['sıkən] vt przyprawiać o mdłości, napełniać obrzydzeniem; vi chorować; słabnąć; marnieć; zrażać się (**of sth** do czegoś); czuć obrzydzenie (**at sth** do czegoś)

sick·le ['sıkl] s sierp

sick leave ['sıkliːv] s urlop chorobowy

sick list ['sıklıst] s lista chorych

sick·ly ['sıklı] adj chorowity; (o powietrzu, okolicy) niezdrowy; powodujący mdłości

sick·ness ['sıknəs] s choroba; niedomaganie; złe samopoczucie; mdłości

side [saıd] s strona, bok; brzeg; **~ by ~** jeden przy drugim, w jednym rzędzie; **by the ~** po stronie (**of sth** czegoś); **sport off ~** po zycji spalonej; **on my ~** po mojej stronie, z mojej strony; **on all ~s** ze wszystkich stron; **on this ~ of the barricade** po tej stronie barykady; **on the safe ~** bezpiecznie; **to change ~s** przejść do przeciwnej grupy; **to take ~s** stanąć po stronie (**with sb** kogoś); vi stać po stronie (**with sb** kogoś); **~ effect** efekt uboczny

side arms ['saıdɑːmz] s broń boczna (szabla, bagnet itp.)

side·board ['saıdbɔːd] s kredens

side·boards ['saıdbɔːdz] s pl bryt. bokobrody

side·car ['saıdkɑː] s przyczepa motocyklowa

side glance ['saıdglɑːns] s spojrzenie z ukosa

side is·sue ['saıd,ıʃuː] s sprawa uboczna

side·light ['saıdlaıt] s światło boczne

side·long ['saıdlɒŋ] adj boczny, skośny; adv bokiem, na ukos

side·track ['saıdtræk] s boczny tor; vt przesunąć na boczny tor;

pot. zmienić temat rozmowy

side·view ['saıdvjuː] s widok z boku

side·walk ['saıdwɔːk] s am. chodnik

side·ward(s) ['saıdwəd(z)], **side·ways** ['saıdweız] adv bokiem; na bok

side·whis·kers ['saıd,wıskəz] s pl bokobrody

side·wise ['saıdwaız] = **sidewards**

sid·ing ['saıdıŋ] s bocznica

siege [siːdʒ] s oblężenie; **to lay ~** przystąpić do oblężenia (**to a town** miasta); **to raise the ~** zaprzestać oblężenia

sieve [sıv] s sito; vt przesiewać

sift [sıft] vt przesiewać; przen. selekcjonować; dokładnie badać

sigh [saı] vi wzdychać; tęsknić (**after, for sth** do czegoś); s westchnienie

sight [saıt] s widok; wzrok; pot. wielka ilość, masa; **at first ~** na pierwszy rzut oka; **at ~** natychmiast, bez przygotowania; handl. za okazaniem; **by ~** z widzenia; **in <within> ~** w polu widzenia; **out of ~** poza zasięgiem wzroku; **to catch ~** zobaczyć (**of sth** coś); spostrzec; **to come into ~** ukazać się; **to keep out of ~** ukrywać (się), chować (się); **to lose ~** stracić z oczu (**of sth** coś); **to see ~s** oglądać osobliwości (miasta); vt zobaczyć, obserwować; celować (z broni palnej)

sight·ly ['saıtlı] adj przyjemny dla oka, ujmujący; widoczny

sight·see·ing ['saıt,siːıŋ] s zwiedzanie (np. miasta)

sight·seer ['saıt,siːə] s turysta, zwiedzający

sign [saın] s znak, objaw, symbol; szyld; skinienie; **by ~s** na migi; **in ~** na znak; **~ language** język migowy; vt vi znaczyć, znakować, dawać znak; podpisywać; **~ away** przepisać (własność, prawa); **~ up**

zapisać się (**for sth** na coś)
sig·nal ['sɪgnəl] s sygnał; vt vi dawać sygnały, sygnalizować; adj znakomity, wybitny
sig·nal·ize ['sɪgnəlaɪz] vt wyróżniać, uświetniać
signa·to·ry ['sɪgnətrɪ] adj podpisujący (np. umowę); s sygnatariusz
sig·na·ture ['sɪgnətʃə] s sygnatura, podpis; ~ *tune* radio melodia rozpoczynająca program; muz. oznaczenie tonacji
sign·board ['saɪnbɔːd] s szyld, wywieszka
sig·nif·i·cance [sɪg'nɪfɪkəns] s znaczenie, doniosłość
sig·nif·i·cant [sɪg'nɪfɪkənt] adj mający znaczenie, doniosły, ważny
sig·nif·i·ca·tion [ˌsɪgnɪfɪ'keɪʃn] s znaczenie, sens
sig·ni·fy ['sɪgnɪfaɪ] vt znaczyć, oznaczać; vi znaczyć, mieć znaczenie, dawać do zrozumienia
sign·post ['saɪnpəʊst] s drogowskaz
si·lence ['saɪləns] s milczenie, cisza; *in* ~ milcząco; *to keep* ~ zachować ciszę; *to pass over in* ~ pominąć milczeniem; przemilczeć; *to put to* ~ zmusić do milczenia; vt skłonić do milczenia; uspokoić, uciszyć; ~! proszę o spokój!; cisza!
si·lenc·er ['saɪlənsə] s mot. tłumik
si·lent ['saɪlənt] adj milczący, cichy
sil·hou·ette [ˌsɪluː'et] s sylweta
sil·i·ca ['sɪlɪkə] s chem. krzemionka
sil·i·con ['sɪlɪkən] s chem. krzem
silk [sɪlk] s jedwab
silk·en ['sɪlkən], **silk·y** ['sɪlkɪ] adj jedwabisty; delikatny, miękki
sill [sɪl] s próg; parapet
sil·ly ['sɪlɪ] adj głupi, niedorzeczny; *the* ~ *season* sezon ogórkowy (w prasie)

si·lo ['saɪləʊ] s techn. silos
silt [sɪlt] s osad, muł; vt vi zamulić (się)
sil·ver ['sɪlvə] s srebro; adj attr srebrny, srebrzysty; vt vi srebrzyć (się)
sil·ver plate [ˌsɪlvə'pleɪt] s zbior. srebro stołowe
sil·ver·smith ['sɪlvəsmɪθ] s wytwórca artykułów srebrnych
sim·i·lar ['sɪmɪlə] adj podobny
sim·i·lar·i·ty [ˌsɪmɪ'lærətɪ] s podobieństwo
sim·i·le ['sɪmɪlɪ] s porównanie
si·mil·i·tude [sɪ'mɪlɪtjuːd] s podobieństwo
sim·mer ['sɪmə] vi gotować się; przen. być podnieconym; vt gotować na wolnym ogniu
sim·per ['sɪmpə] vi uśmiechać się sztucznie; s wymuszony uśmiech
sim·ple ['sɪmpl] adj prosty; naturalny; naiwny
sim·ple·ton ['sɪmpltən] s prostak, głuptas
sim·plic·i·ty [sɪm'plɪsətɪ] s prostota; naturalność
sim·pli·fy ['sɪmplɪfaɪ] vt upraszczać, ułatwiać
sim·ply ['sɪmplɪ] adv prosto; po prostu
sim·u·late ['sɪmjʊleɪt] vt symulować; naśladować
si·mul·ta·ne·ous [ˌsɪml'teɪnɪəs] adj równoczesny
sin [sɪn] s grzech; vi grzeszyć
since [sɪns] adv (także **ever** ~) od tamtego czasu; ... temu; *long* ~ dawno temu; *many years* ~ wiele lat temu; praep od (określonego czasu); ~ *Sunday* od niedzieli; ~ *when?* od kiedy?; conj odkąd; ponieważ, skoro; ~ *I last saw you* odkąd cię widziałem
sin·cere [sɪn'sɪə] adj szczery
sin·cer·i·ty [sɪn'serətɪ] s szczerość
sine [saɪn] s mat. sinus
sin·ew ['sɪnjuː] s ścięgno; przen. tężyzna, energia

sin·ew·y ['sɪnjuːɪ] *adj* muskularny, silny

sin·ful ['sɪnfl] *adj* grzeszny

*****sing** [sɪŋ] *vt vi* (**sang** [sæŋ], **sung** [sʌŋ]) śpiewać

singe ['sɪndʒ] *vt vi* (*p praes* **singeing** ['sɪndʒɪŋ]) przypalić (się), przypiec (się); opalić (się)

sing·er ['sɪŋə] *s* śpiewak

sin·gle ['sɪŋgl] *adj* pojedynczy; sam jeden; oddzielny; jedyny w swym rodzaju; nieżonaty; niezamężna; **single-breasted** jednorzędowy (*kostium, marynarka*); *s* bilet w jedną stronę; *sport* gra pojedyncza; *vt* **~ out** wyróżnić, wydzielić

sin·gle·ness ['sɪŋglnəs] *s* jedność; prostota, szczerość; stan bezżenny

sing·song ['sɪŋsɒŋ] *s* zaśpiew; *bryt.* wieczór pieśni

sin·gu·lar ['sɪŋgjʊlə] *adj* pojedynczy; szczególny, niezwykły, dziwny; *s gram.* liczba pojedyncza

sin·gu·lar·i·ty [ˌsɪŋgjuˈlærətɪ] *s* niezwykłość, osobliwość

sin·is·ter ['sɪnɪstə] *adj* złowieszczy, ponury; groźny

*****sink** [sɪŋk] *vt vi* (**sank** [sæŋk], **sunk** [sʌŋk]) zanurzyć (się); topić (się), tonąć; opadać; pogrążać (się); zanikać, słabnąć; *handl. i prawn.* umarzać; *s* zlew; ściek

sink·ing fund ['sɪŋkɪŋfʌnd] *s* fundusz amortyzacyjny

sin·ner ['sɪnə] *s* grzesznik

sin·u·os·i·ty [ˌsɪnjuˈɒsətɪ] *s* zakręt; linia falista

sin·u·ous ['sɪnjuəs] *adj* kręty, wijący się

si·nus ['saɪnəs] *s anat.* zatoka (*w głowie*)

sip [sɪp] *vt* wolno pić, sączyć (*np. kawę*); *s* łyczek

si·phon ['saɪfən] *s* syfon

sir [sɜː] *s* (*bez imienia i nazwiska*) pan; proszę pana!; (*przed imieniem lub imieniem z nazwiskiem;*

tytuł szlachecki) sir; *np.* **Sir Winston Churchill; yes, Sir** tak, proszę pana!; (*w listach*) (**Dear**) **Sir,** Szanowny Panie!

si·ren ['saɪərən] *s* syrena

sis·kin ['sɪskɪn] *s zool* czyżyk

sis·ter ['sɪstə] *s* siostra

sis·ter-in-law ['sɪstərɪnlɔː] *s* szwagierka, bratowa

*****sit** [sɪt] *vi* (**sat, sat** [sæt]) siedzieć; zasiadać; (*o ubraniu*) leżeć; mieć sesję, obradować; studiować (**under sb** pod czyimś kierunkiem); pozować (**to a painter for one's portrait** malarzowi do portretu); **to ~ for an examination** zasiadać do egzaminu; **to ~ in judgment** wyrokować; **to ~ on a committee** zasiadać w komitecie; **~ down** siadać, usiąść; **~ out** siedzieć na zewnątrz; wysiedzieć do końca; **~ through** siedzieć przez cały czas, przesiedzieć; **~ up** siedzieć prosto; podnieść się (*w łóżku*); nie spać, czuwać; przesiadywać do późna

sit-down ['sɪtdaʊn] *adj attr:* **~ strike** strajk okupacyjny

site [saɪt] *s* położenie; miejscowość, działka, parcela; *vt* umiejscowić

sit·ting ['sɪtɪŋ] *s* siedzenie; posiedzenie; **at one ~** za jednym zamachem

sit·ting room ['sɪtɪŋrʊm] *s* bawialnia, salonik

sit·u·ate ['sɪtʃʊeɪt] *vt* umieszczać

sit·u·at·ed ['sɪtʃʊeɪtɪd] *adj* położony, sytuowany; **badly ~** (znajdujący się) w ciężkiej sytuacji

sit·u·a·tion [ˌsɪtʃʊˈeɪʃn] *s* sytuacja, położenie; stanowisko

six [sɪks] *num* sześć; *s* szóstka; **at ~es and sevens** w zupełnym zamieszaniu

six·teen [ˌsɪksˈtiːn] *num* szesnaście; szesnastka

six·teenth [ˌsɪksˈtiːnθ] *adj* szesnasty

sixth ['sɪksθ] *adj* szósty

six·ti·eth ['sɪkstɪəθ] *adj* sześćdziesiąty

six·ty ['sɪkstɪ] *num* sześćdziesiąt

siz·a·ble ['saɪzəbl] *adj* wielki, po-
każnych rozmiarów

size 1. [saɪz] *s* rozmiar, wielkość;
format; wymiar; *vt* szacować
według rozmiaru

size 2. [saɪz] *s* klej; *vt* kleić

skate [skeɪt] *vi* ślizgać się
<jeździć> (na łyżwach); *s* łyżwa;
(*także* **roller-~**) wrotka; **~board**
deskorolka

skat·ing ground ['skeɪtɪŋ-
graʊnd], **skat·ing rink** ['skeɪtɪŋ-
rɪŋk] *s* lodowisko; tor łyżwiarski

skein [skeɪn] *s* motek, pasmo
(*przędzy*); *przen* plątanina

skel·e·ton ['skelɪtən] *s dosł. i
przen.* szkielet, kościotrup; zarys;
~ key wytrych

sketch [sketʃ] *s* rysunek, szkic;
skecz; *vt* kreślić, szkicować

sketch·book ['sketʃbʊk] *s* szkicownik

sketch·er ['sketʃə] *s* kreślarz

sketch·y ['sketʃɪ] *adj* zrobiony w
zarysie, szkicowy, pobieżny

ski [skiː] *s* narta; *vi* jeździć na nar-
tach; **~ jump** skoki narciarskie; **~
pole** kijek narciarski; **~ lift** wyciąg narciarski

skid [skɪd] *s* podpórka; klocek
hamulcowy; pochylnia; ześlizg;
poślizg; *lotn.* płoza; *vt* hamować;
vi poślizgnąć się; (*o samochodzie*)
zarzucić, wpaść w poślizg

ski·er ['skiːə] *s* narciarz

ski·ing ['skiːɪŋ] *s* narciarstwo

skil·ful ['skɪlfl] *adj* zręczny; **to be
~ at sth** dobrze coś umieć

skill [skɪl] *s* zręczność, sprawność,
umiejętność

skilled [skɪld] *adj* wprawny; (*o
pracy*) fachowy; (*o robotniku*)
wykwalifikowany

skim [skɪm] *vt* zbierać (*śmietanę*);
szumować; *vi* lekko dotykać powierzchni; przerzucać (*książkę*)

skim milk [ˌskɪm'mɪlk] *s* mleko
odtłuszczone

skin [skɪn] *s* skóra (*na ciele*), skórka (*rośliny*); **~ flick** *pot.* (film)
porno, pornos; *vt* zdjąć skórę,
obedrzeć ze skóry

skin·ny ['skɪnɪ] *adj* chudy

skip [skɪp] *vt vi* skakać, przeskaki-
wać; opuszczać, pomijać; *s* skok

skip·per ['skɪpə] *s mors.* kapitan
statku handlowego

skip·ping rope ['skɪpɪŋrəʊp] *s*
skakanka

skir·mish ['skɜːmɪʃ] *s* potyczka

skirt [skɜːt] *s* spódnica; poła

skit·tle ['skɪtl] *s* (*także* **~-pin**)
kręgiel; *pl* **~s ~-pins** gra w kręgle

skive (off) [ˌskaɪv('ɒf)] *v bryt.
pot.* obijać się w pracy, pracować
po łebkach

skulk [skʌlk] *vi* czaić się, kryć się

skull [skʌl] *s* czaszka

skunk [skʌŋk] *s zool.* skunks;
skunksy (*futro*)

sky [skaɪ] *s* niebo; **under the
open ~** pod gołym niebem

sky·lark ['skaɪlɑːk] *s* skowronek;
vi psocić, swawolić

sky·light ['skaɪlaɪt] *s* okno w
suficie, świetlik

sky·line ['skaɪlaɪn] *s* linia hory-
zontu; sylweta (*np. miasta*) na tle
nieba

sky·scrap·er ['skaɪˌskreɪpə] *s*
drapacz chmur, wieżowiec

sky·wards ['skaɪwədz] *adv* ku
niebu, wzwyż

sky·way ['skaɪweɪ] *s* droga
powietrzna

slab [slæb] *s* płyta

slack [slæk] *adj* wiotki, słaby;
ospały, leniwy; *s* zastój, bezczynność; miał węglowy; *pl* **~s** spodnie; **the ~ season** martwy sezon

slack·en ['slækən] *vt vi* słabnąć,
maleć; popuszczać, rozluźniać;
zwalniać (*tempo*)

slain *zob.* **slay**

slake [sleɪk] *vt* gasić, lasować
(*wapno*); gasić (*pragnienie*);
opaść, osłabnąć

S

slam [slæm] *vt vi* trzaskać (*np. drzwiami*), zatrzaskiwać (się), gwałtownie zamykać; *s* trzaśnięcie, trzask; (*w kartach*) szlem

slan·der ['slɑːndə] *s* potwarz; *vt* rzucać oszczerstwa

slan·der·er ['slɑːndərə] *s* oszczerca

slan·der·ous ['slɑːndərəs] *adj* oszczerczy

slang [slæŋ] *s* slang, żargon

slant [slɑːnt] *vi* skośnie padać, być nachylonym; *vt* nadawać skośny kierunek, nachylać; *adj* skośny, nachylony; *s* skośny kierunek, skos, nachylenie

slap [slæp] *vt* klepać, uderzać dłonią; **~ down** położyć z trzaskiem; *s* klaps, uderzenie dłonią; *przen.* **~ in the face** policzek

slap·dash ['slæpdæʃ] *adv* niedbale, byle jak; *adj attr* niedbały, byle jaki; *s* fuszerka, robota na kolanie; *vt* robić coś na kolanie, fuszerować

slash [slæʃ] *vt* ciąć, smagać, kaleczyć; *s* cięcie, szrama

slash·ing ['slæʃɪŋ] *adj* cięty, zjadliwy; okrutny

slat [slæt] *s* deszczułka, listewka

slate 1. [sleɪt] *vt pot.* besztać, ganić

slate 2. [sleɪt] *s* łupek; dachówka z łupku; *vt* pokrywać łupkiem

slaugh·ter ['slɔːtə] *s* rzeź; ubój; masakra, masowy mord; *vt* zarzynać; mordować

slaugh·ter·house ['slɔːtəhaus] *s* rzeźnia

Slav [slɑːv] *s* Słowianin; *adj* słowiański

slave [sleɪv] *s* niewolnik; *vi* pracować niewolniczo, harować ponad siły; *vt* zmuszać do pracy niewolniczej

slave driv·er ['sleɪv͵draɪvə] *s* nadzorca niewolników

slav·er 1. ['sleɪvə] *s* handlarz niewolnikami

slav·er 2. ['slævə] *vi* ślinić się; *vt* poślinić; *s* ślina

slav·e·ry ['sleɪvərɪ] *s* niewolnictwo

Slav·ic ['slɑːvɪk] *adj* słowiański

slav·ish ['sleɪvɪʃ] *adj* niewolniczy

Sla·von·ic [slə'vɒnɪk] *adj* słowiański; *s* język słowiański

***slay** [sleɪ] *vt* (**slew** [sluː], **slain** [sleɪn]) zabijać

sled [sled] *s* sanie, sanki; *vi* jechać saniami; saneczkować się; *vt* przewozić saniami

sledge 1. [sledʒ] = **sled**

sledge 2. [sledʒ], **sledge·hammer** ['sledʒ͵hæmə] *s* młot kowalski

sleek [sliːk] *adj* gładki; *vt* gładzić; łagodzić

***sleep** [sliːp] *vi* (**slept, slept** [slept]) spać; **~ around** *pot.* puszczać się (*sypiać z wieloma partnerami*); **to ~ like a log** *pot.* spać jak suseł; *s* sen

sleep·er ['sliːpə] *s* człowiek śpiący; wagon sypialny; miejsce sypialne; podkład (*kolejowy*)

sleep·ing bag ['sliːpɪŋbæg] *s* śpiwór

sleep·ing car ['sliːpɪŋkɑː] *s* wagon sypialny

sleep·less ['sliːpləs] *adj* bezsenny

sleep·walk·er ['sliːp͵wɔːkə] *s* lunatyk

sleep·y ['sliːpɪ] *adj* senny, śpiący; ospały

sleep·y·head ['sliːpɪhed] *s* śpioch

sleet [sliːt] *s* deszcz ze śniegiem; *v imp* **it ~s** pada deszcz ze śniegiem

sleeve [sliːv] *s* rękaw; *przen.* **to laugh up one's ~** śmiać się ukradkiem

sleigh [sleɪ] *s* sanie, sanki; *vi* jechać saniami; saneczkować się

slen·der ['slendə] *adj* wysmukły, szczupły; cienki

slept *zob.* **sleep**

sleuth [sluːθ] *s* żart. detektyw; szpicel

slew zob. **slay**

slice [slaɪs] s kromka, płat, płatek (np. szynki); vt cienko krajać

slick [slɪk] adj gładki, zręczny, układny; adv gładko; wprost; od razu; całkowicie

***slide** [slaɪd] v (**slid, slid** [slɪd]) vi poślizgnąć się, ślizgać się, sunąć; vt posuwać, zsuwać; s poślizgnięcie się; zjeżdżalnia; tor saneczkowy; szkiełko w mikroskopie; fot. slajd

slide rule ['slaɪdruːl] s mat. suwak logarytmiczny

slight [slaɪt] adj nieznaczny, drobny, niegodny uwagi; cienki, szczupły; s lekceważenie; vt lekceważyć, pogardliwie traktować

slight·ness ['slaɪtnəs] s słabość, delikatność; małe znaczenie

slim [slɪm] adj cienki; smukły; nieistotny, mało znaczący; **~ming diet** dieta odchudzająca

slime [slaɪm] s muł; vt zamulić

slim·y ['slaɪmɪ] adj mulisty, grząski; przen. płaszczący się, służalczy

***sling** [slɪŋ] vt (**slung** [slʌŋ], **slung**) rzucać, miotać; zawiesić (np. na ramieniu), zarzucić (na ramię); s cios, rzut; proca; rzemień; temblak

***slink** [slɪŋk] vi (**slunk** [slʌŋk], **slunk**) skradać się, przekradać się

slip [slɪp] vi poślizgnąć się; wślizgnąć się, niepostrzeżenie wpaść; przemówić się, zrobić przypadkowy błąd; vt niepostrzeżenie wsunąć, ukradkiem włożyć; **to let ~** spuścić, wypuścić (z rąk); **to ~ one's notice** ujść czyjejś uwagi; **~ in** wkraść się; **~ off** ześlizgnąć się; ujść; zrzucić (z siebie ubranie); **~ out** wymknąć się, wyrwać się; **~ over** wciągnąć, naciągnąć (np. koszulę przez głowę); s poślizgnięcie się; wykolejenie; błąd, omyłka; świstek (papieru), kartka; pasek; ka-

wałek; **a ~ of the tongue** lapsus, przejęzyczenie się; **~ped disc** med. wysunięcie się dysku

slip·per ['slɪpə] s pantofel (domowy), bambosz

slip·per·y ['slɪpərɪ] adj śliski; chwiejny, niestały; nierzetelny

slip·shod ['slɪpʃɒd] adj niedbały, nieporządny

***slit** vt (**slit, slit** [slɪt]) rozszczepić (podłużnie), rozłupać, rozpłatać, rozpruć; vi rozedrzeć się, pęknąć; s szczelina, szpara

slob·ber ['slɒbə] vt vi ślinić (się); roztkliwiać się; partaczyć; s ślina (na ustach); rozczulenie się

slo·gan ['sləʊɡən] s slogan, hasło

slop 1. [slɒp] vt vi rozlać (się), przelać (się), przelewać się (przez wierzch), zalać; s rozlana ciecz, mokra plama; pl **~s** pomyje

slop 2. [slɒp] s (zw pl **~s**) luźna odzież, tania konfekcja

slope [sləʊp] s pochyłość, nachylenie; zbocze; vt vi nachylać (się), opadać pochyło, być pochylonym

sloped [sləʊpt] adj pochyły, spadzisty

slop·py ['slɒpɪ] adj błotnisty; niechlujny, zaniedbany

slot [slɒt] s szczelina, szpara, otwór

sloth [sləʊθ] s lenistwo, ospałość; zool. leniwiec

slot ma·chine ['slɒtməˌʃiːn] s automat (sprzedający bilety, papierosy itp.)

slouch [slaʊtʃ] vt opuścić (np. rondo kapelusza); niedbale zwiesić (np. głowę); vi zwisać; chodzić ociężale; s zaniedbana powierzchowność; ociężały chód; przygarbienie; pot. niedołęga

slough 1. [slaʊ] s bagno, trzęsawisko

slough 2. [slʌf] s zrzucona skóra (węża); vt zrzucać (skórę); vi linieć

slov·en ['slʌvn] s brudas

slov·en·ly ['slʌvnlɪ] *adj* nie-chlujny, niedbały

slow [sləʊ] *adj* wolny, powolny; spóźniony, spóźniający się; *to be ~* ociągać się, zwlekać; (*o zegarku*) późnić się; *vt vi* (*zw. ~ down up, off* zwalniać, zmniejszać szybkość; *adv* wolno, powoli

slow-worm ['sləʊwɜːm] *s zool.* padalec

sludge [slʌdʒ] *s* gęste błoto, muł

slug·gard ['slʌgəd] *s* próżniak

slug·gish ['slʌgɪʃ] *adj* leniwy, ociężały; ciężko myślący

sluice [sluːs] *s* śluza; *vt* puszczać przez śluzę, zalewać

slum [slʌm] *s* (*zw. pl ~s*) dzielnica ruder

slum·ber ['slʌmbə] *vi* drzemać; *s* drzemka

slump [slʌmp] *s* gwałtowny spadek cen, krach; *vi* (*o cenach*) gwałtownie spaść

slung *zob.* **sling**

slunk *zob.* **slink**

slur [slɜː] *vt* zacierać, tuszować; oczerniać; niewyraźnie wymawiać; *muz.* grać legato; *s* plama; nagana; oszczerstwo; *muz.* legato

slush [slʌʃ] *s* śnieg z błotem, chlapa

slush·y ['slʌʃɪ] *adj* błotnisty, grząski

slut [slʌt] *s uj.* dziwka; niechlujna kobieta, flejtuch

sly [slaɪ] *adj* skryty, chytry, sprytny; *on the ~ pot.* cichaczem, po cichu

smack 1. [smæk] *s* przedsmak; posmak; *vi* mieć posmak, trącić (*of sth* czymś)

smack 2. [smæk] *vt* trzaskać (*z bicza*); mlaskać; cmokać; chlastać; *s* trzaśnięcie; cmoknięcie; trzepnięcie

small [smɔːl] *adj* mały, drobny; bardzo młody; nieważny; małostkowy; *~ change* drobne (*pieniądze*); *the ~ hours* wczesne godziny poranne; *~ talk* rozmowa

o niczym; *~ arms* broń krótka

small·pox ['smɔːlpɒks] *s med.* ospa

smart [smaːt] *vi* boleć; cierpieć, czuć ból; *s* ostry ból; *adj* bolesny, dotkliwy; ostry, bystry; sprytny; elegancki, modny

smash [smæʃ] *vt vi* rozbić (się), potłuc, pogruchotać; zniszczyć; *sport* ściąć (*piłkę tenisową*); *s* gwałtowne uderzenie, rozbicie, zniszczenie; *sport* smecz

smat·ter·ing ['smætərɪŋ] *s* powierzchowna wiedza

smear [smɪə] *vt* smarować, mazać; *s* plama

***smell** [smel] *v* (**smelt, smelt** [smelt]) *vi* pachnieć (*of sth* czymś); *vt* wąchać, węszyć, wietrzyć; czuć zapach (*sth* czegoś); *s* zapach; węch, powonienie

smell·y ['smelɪ] *adj pot.* śmierdzący

smelt 1. *zob.* **smell**

smelt 2. [smelt] *vt* topić, wytapiać (*metal*)

smile [smaɪl] *s* uśmiech; *vi* uśmiechać się (**on, upon sb** do kogoś, *at sth* do czegoś); *vt* wyrazić uśmiechem; *~ away* rozproszyć uśmiechem

smirch [smɜːtʃ] *vt* plamić, brudzić; *s* brudne miejsce, plama

smirk [smɜːk] *vi* uśmiechać się nieszczerze; *s* uśmiech nieszczery

***smite** [smaɪt] *vt* (**smote** [sməʊt], **smitten** ['smɪtn]) *lit.* uderzać, walić, porazić; *~ off* odtrącić, strącić; ściąć (*głowę*); *to be smitten* doznać wstrząsu, przejąć się (*with sth* czymś)

smith [smɪθ] *s* kowal; *vt* kuć

smith·er·eens [ˌsmɪðə'riːnz] *s pl pot.* kawałeczki, drzazgi, strzępy

smith·y ['smɪðɪ] *s* kuźnia

smit·ten *zob.* **smite**

smock [smɒk] *s* chałat, kitel; ubranie ochronne

smog [smɒg] *s* smog, mgła zmieszana z dymem

smoke [sməuk] s dym; kopeć; palenie (*papierosa*); **to have a ~** zapalić papierosa; *vt vi* dymić, kopcić; palić (tytoń); wędzić

smoke·house ['sməukhaus] s wędzarnia

smok·er ['sməukə] s palacz (*tytoniu*); *kolej.* przedział dla palących

smoke·screen ['sməukskri:n] s zasłona dymna

smoke·stack ['sməukstæk] s komin (*fabryczny, lokomotywy*)

smok·ing room ['sməukɪŋrum] s palarnia

smok·y ['sməukɪ] *adj* dymiący, dymny

smooth [smu:ð] *adj* gładki, równy; *vt* (*także* **smoothe**) gładzić, wyrównywać

smote *zob.* **smite**

smoth·er ['smʌðə] *vt vi* dusić (się), dławić (się); tłumić; s dławiący dym; chmura dymu; *przen.* **from the smoke into the ~** z deszczu pod rynnę

smoul·der ['sməuldə] *vi* tlić się; s tlący się ogień

smudge [smʌdʒ] *vt* plamić, brudzić; s plama, brudne miejsce

smug [smʌg] *adj* dufny, zadowolony z siebie, próżny

smug·gle ['smʌgl] *vt* przemycać; *vi* uprawiać przemyt

smug·gler ['smʌglə] s przemytnik

smut [smʌt] s sadza; brud, plama; *pot.* sprośność; *vt* zanieczyścić sadzą

smut·ty ['smʌtɪ] *adj* zabrudzony sadzą

snack [snæk] s zakąska, przekąska; **~ bar** bar, bufet; **to have a ~** przegryźć, przekąsić

snaf·fle ['snæfl] s uzda; *vt* nałożyć uzdę; *pot.* porwać, zwędzić

snag [snæg] s pieniek; przeszkoda, zapora

snail [sneɪl] s *zool.* ślimak

snake [sneɪk] s *zool.* wąż

snap [snæp] *vt vi* chwycić, porwać;

trzasnąć, uderzyć; zatrzasnąć się; *fot.* zrobić migawkowe zdjęcie; rozerwać (się), rozłupać (się); ugryźć; **~ off** odgryźć; nagle oderwać; przerwać; s trzaśnięcie; porwanie; zatrzask; *fot.* zdjęcie migawkowe; *adj* nagły, niespodziewany; zaskakujący

snap fas·ten·er ['snæp‚fɑ:snə] s zatrzask (*do ubrania*)

snap lock ['snæplɒk] s zatrzask (*do drzwi*)

snap·py ['snæpɪ] *adj* zgryźliwy, zjadliwy; żywy, energiczny

snap roll ['snæprəul] s *lotn.* beczka

snap·shot ['snæpʃɒt] s *fot.* zdjęcie

snare [sneə] s pułapka, sidła; *vt* złapać w sidła, usidlić

snarl 1. [snɑ:l] *vi* warczeć; s warczenie

snarl 2. [snɑ:l] s węzeł; plątanina; *vt* zaplątać, zagmatwać

snatch [snætʃ] *vt* porwać, urwać; *vi* chwytać się (**at sth** czegoś); s szybki chwyt; kęs; urywek; **by ~es** dorywczo, urywkami

sneak [sni:k] *vi* wkradać się; *pot.* skarżyć (**on sb** na kogoś); s nikczemnik; *pot.* donosiciel, skarżypyta

sneer [snɪə] *vi* szyderczo się śmiać (**at sb, sth** z kogoś, czegoś); s szyderczy uśmiech

sneer·ing·ly ['snɪərɪŋlɪ] *adv* szyderczo

sneeze [sni:z] *vi* kichać; s kichnięcie

snick·er ['snɪkə] = **snigger**

sniff [snɪf] *vt* wąchać, węszyć; *vi* pociągać nosem

snif·fle ['snɪfl] *v* = **snuffle**

snif·fy ['snɪfɪ] *adj pot.* pogardliwy; śmierdzący

snig·ger ['snɪgə] *vi* chichotać; s chichot

snip [snɪp] *vt* ciąć nożycami; s cięcie; skrawek; *pot* okazja

snipe 1. [snaɪp] s (*pl* ~) *zool.* bekas

S

snipe 2. [snaɪp] *vi* strzelać z ukrycia (*at sb, sth* do kogoś, czegoś)

snip·er ['snaɪpə] *s* strzelec wyborowy, snajper

sniv·el ['snɪvl] *vi* pociągać nosem; biadolić; pochlipywać; *s* pochlipywanie

snob [snɒb] *s* snob

snob·ber·y ['snɒbərɪ] *s* snobizm

snooze [snu:z] *s pot.* drzemka; *vi pot.* drzemać; zdrzemnąć się

snore [snɔ:] *vi* chrapać; *s* chrapanie

snort [snɔ:t] *vi* parskać, sapać

snout [snaʊt] *s* pysk; *techn.* wlot, dysza

snow [snəʊ] *s* śnieg; *vi* (*o śniegu*) padać; *vt* przysypać śniegiem

snow·ball ['snəʊbɔ:l] *s* kula śniegowa; *to play at ~s* bawić się w śnieżki

snow·board ['snəʊbɔ:d] *s* snowboard (*deska-narta do zjeżdżania po śniegu*)

snow·drop ['snəʊdrɒp] *s bot.* śnieżyczka; przebiśnieg

snow·flake ['snəʊfleɪk] *s* płatek śniegu

snow·man ['snəʊmæn] *s* (*pl* **snowmen** ['snəʊmen]) bałwan śniegowy

snow·slide ['snəʊslaɪd] *s* lawina śnieżna

snow·storm ['snəʊstɔ:m] *s* burza śnieżna; zadymka

snow·y ['snəʊɪ] *adj* śnieżny, śnieżysty

snub [snʌb] *vt* zrobić afront; *pot.* dać po nosie; *s* ofuknięcie; afront

snub nose ['snʌbnəʊz] *s* perkaty nos

snuff [snʌf] *vt vi* pociągać nosem, wąchać; zażywać tabaki; *s* tabaka, szczypta tabaki

snuff box ['snʌfbɒks] *s* tabakier(k)a

snuf·fle ['snʌfl] *vi* ciężko oddychać (*przez nos*), sapać; mówić przez nos

snug [snʌg] *adj* miły, wygodny; przytulny; (*o ubraniu*) przylegający; *vt vi* tulić (się), wygodnie ułożyć (się)

so [səʊ] *adv* tak, w ten sposób; *so as to* ażeby, żeby; *so far* dotąd, na razie; *so far as* o ile; *so long as* jak długo; o ile; *so much for that* dość tego; *so much more* tym więcej; *so much the better* o tyle lepiej; *not so much <many>* nie tak dużo <wiele>; ani nawet; *he would not so much as talk to me* on nawet mówić ze mną nie chciał; *zastępuje wyrażoną poprzednio myśl:* *he is honest but his partner is not so* on jest uczciwy, ale jego wspólnik nie jest (*uczciwy*); *or so* mniej więcej; *5 pounds or so* mniej więcej 5 funtów; *so so* tak sobie; *so and so* taki a taki, ten a ten; *so to say* że tak powiem; *so long!* tymczasem!; do widzenia!; *just quite so!* tak właśnie!, racja!; *conj* więc, a więc; *she asked me to go, so I went* prosiła żebym poszedł, więc poszedłem

soak [səʊk] *vt* zmoczyć, zamoczyć, przemoczyć, namoczyć; *vi* zamoknąć, nasiąknąć wilgocią; *pot.* chlać; *to get a nice ~ing* przemoknąć do nitki

soap [səʊp] *s* mydło; ~ *opera pot.* (telewizyjny *lub* radiowy) serial (*o problemach życia codziennego jednej rodziny*); *vt vi* namydlić, mydlić (się)

soap·y ['səʊpɪ] *adj* mydlany

soar [sɔ:] *vi* unosić się, wzbijać się, ulatać

sob [sɒb] *vi* łkać, szlochać; *s* szloch

so·ber ['səʊbə] *adj* trzeźwy; trzeźwo myślący, rozumny; *as ~ as a judge* zupełnie trzeźwy; śmiertelnie poważny; *vt* otrzeźwić; *vi* wytrzeźwieć; ~ *down* opamiętać się

so·bri·e·ty [sə'braɪətɪ] *s* trzeźwość, rozsądek

so-called ['səʊkɔːld] adj tak zwany

soc-cer ['sɒkə] s bryt. sport piłka nożna

so-cia-ble ['səʊʃəbl] adj towarzyski; przyjacielski, miły

so-cial ['səʊʃl] adj socjalny, społeczny, towarzyski; ~ **welfare worker** społecznik, działacz społeczny; ~ **security** ubezpieczenie społeczne; ~ **climber** karierowicz

so-cial-ism ['səʊʃlɪzm] s socjalizm

so-cial-ist ['səʊʃlɪst] adj socjalistyczny; s socjalista

so-cial-ize ['səʊʃlaɪz] vt prowadzić życie towarzyskie; uspołeczniać

so-ci-e-ty [sə'saɪətɪ] s społeczeństwo, towarzystwo

so-ci-o-log-i-cal [ˌsəʊʃɪə'lɒdʒɪkl] adj socjologiczny

so-ci-ol-o-gist [ˌsəʊʃɪ'ɒlədʒɪst] s socjolog

so-ci-ol-o-gy [ˌsəʊʃɪ'ɒlədʒɪ] s socjologia

sock [sɒk] s skarpetka; przen. **to pull up one's ~s** wziąć się w garść

sock-et ['sɒkɪt] s wgłębienie, jama; techn. gniazdko; oprawka

sod [sɒd] s lit. darnina, gruda darniny

so-da ['səʊdə] s soda; ~ **water** woda sodowa

so-di-um ['səʊdɪəm] s chem. sód

so-fa ['səʊfə] s sofa

soft [sɒft] adj miękki, łagodny, przyjemny, delikatny; cichy; ~ **drink** napój bezalkoholowy

soft-boiled [ˌsɒft'bɔɪld] adj (o jajku) ugotowany na miękko

soft-en ['sɒfn] vt zmiękczyć, złagodzić; vi mięknąć, łagodnieć

soft-ware ['sɒftweə] s komp. oprogramowanie, program

sog-gy ['sɒgɪ] adj rozmokły, mokry

soil 1. [sɔɪl] s gleba, ziemia

soil 2. [sɔɪl] vt vi plamić (się), brudzić (się); s plama, brud

so-journ ['sɒdʒən] s pobyt; vi przebywać

so-lace ['sɒlɪs] vt pocieszać; s pocieszenie, pociecha

so-lar ['səʊlə] adj słoneczny

sold zob. **sell**

sol-der ['sɒldə] vt lutować, spawać; s lut

sol-der-ing i-ron ['sɒldərɪŋˌaɪən] s kolba lutownicza

sol-dier ['səʊldʒə] s żołnierz; vi służyć w wojsku, być żołnierzem

sole 1. [səʊl] s podeszwa, zelówka; vt zelować

sole 2. [səʊl] adj jedyny, wyłączny

sole 3. [səʊl] s zool. sola (ryba)

so-le-cism ['sɒlɪsɪzm] s błąd językowy

sol-emn ['sɒləm] adj uroczysty

so-lem-ni-ty [sə'lemnətɪ] s uroczystość

sol-em-nize ['sɒləmnaɪz] vt święcić, uroczyście obchodzić

so-lic-it [sə'lɪsɪt] vt ubiegać się (**sth** o coś), usilnie prosić (**sb for sth, sth from sb** kogoś o coś)

so-lic-i-ta-tion [səˌlɪsɪ'teɪʃn] s molestowanie, nagabywanie, starania, zabiegi

so-lic-i-tor [sə'lɪsɪtə] s adwokat (występujący w niższych instancjach); am. handl. akwizytor; bryt. **Solicitor General** zastępca rzecznika Korony (najwyższy radca prawny)

so-lic-i-tous [sə'lɪsɪtəs] adj troskliwy; zatroskany (**about, for sth** o coś); chcący, pragnący (**of sth** czegoś)

so-lic-i-tude [sə'lɪsɪtjuːd] s troska, troskliwość

sol-id ['sɒlɪd] adj solidny; masywny; stały, trwały; poważny; pewny; mat. trójwymiarowy; ~ **geometry** stereometria; s ciało stałe; mat. bryła

sol-i-dar-i-ty [ˌsɒlɪ'dærətɪ] s solidarność

so·lid·i·ty [sə'lɪdətɪ] s solidność, masywność, trwałość

so·lil·o·quy [sə'lɪləkwɪ] s monolog

sol·i·tar·y ['sɒlɪtrɪ] adj samotny; s samotnik

sol·i·tude ['sɒlɪtjuːd] s samotność

sol·stice ['sɒlstɪs] s przesilenie dnia z nocą

sol·u·ble ['sɒljubl] adj rozpuszczalny

so·lu·tion [sə'luːʃn] s rozwiązanie (np. problemu); rozpuszczenie; chem. roztwór

solve [sɒlv] vt rozwiązać

sol·ven·cy ['sɒlvənsɪ] s handl. wypłacalność

sol·vent ['sɒlvənt] adj chem. rozpuszczający; handl. wypłacalny; s chem. rozpuszczalnik

som·bre ['sɒmbə] adj ciemny; ponury

some [sʌm] adj pron pewien, jakiś, niejaki; trochę, nieco, kilka; część; adv około, mniej więcej

some·bod·y ['sʌmbədɪ] pron ktoś

some·way ['sʌmweɪ] adv jakoś

some·one ['sʌmwʌn] pron ktoś

som·er·sault ['sʌməsɔːlt] s koziołek; **to turn a ~** przekoziołkować, wywrócić koziołka

some·thing ['sʌmθɪŋ] pron coś; adv trochę, nieco; (także **~ like**) mniej więcej

some·time ['sʌmtaɪm] adv niegdyś, kiedyś; adj attr były

some·times ['sʌmtaɪmz] adv czasem, niekiedy

some·way ['sʌmweɪ] adv jakoś

some·what ['sʌmwɒt] adv nieco, poniekąd

some·where ['sʌmweə] adv gdzieś; **~ else** gdzieś indziej

son [sʌn] s syn

song [sɒŋ] s śpiew; pieśń

song·ster ['sɒŋstə] s śpiewak

son-in-law ['sʌnɪnlɔː] s zięć

son-of-a-bitch [,sʌnəvə'bɪtʃ] (pl **sons-of-bitches** [,sʌnzəv-'bɪtʃɪz]) s wulg. skurwysyn, sukinsyn

son·net ['sɒnɪt] s sonet

son·ny ['sʌnɪ] s synek

so·no·rous ['sɒnərəs] adj dźwięczny, donośny

soon [suːn] adv wkrótce; wcześnie; szybko; **as ~ as** skoro tylko; **as ~ as possible** możliwie najwcześniej; **as ~** chętnie; **I would just as ~ ...** chętnie bym...; **~er** chętniej; **I would ~er ...** chętniej bym ...; **no ~er than** natychmiast potem jak, ledwo

soot [sut] s sadza; vt zabrudzić sadzą

soothe [suːð] vt łagodzić, koić; pochlebiać

sop [sɒp] s maczanka; przen. łapówka; vt maczać, rozmoczyć; vi być przemoczonym; **~ up** zbierać płyn (np. gąbką)

so·phis·ti·cate [sə'fɪstɪkeɪt] vi używać sofizmatów; vt przekręcać (np. tekst); fałszować

so·phis·ti·cat·ed [sə'fɪstɪkeɪtɪd] adj wyszukany, wymyślny, przemądrzały, wyrafinowany

soph·ist·ry ['sɒfɪstrɪ] s sofistyka

soph·o·more ['sɒfəmɔː] s am. student drugiego roku studiów

sop·o·rif·ic [,sɒpə'rɪfɪk] adj nasenny; s środek nasenny

sorb [sɔːb] s bot. jarzębina

sor·cer·er ['sɔːsərə] s czarodziej, czarnoksiężnik

sor·cer·y ['sɔːsərɪ] s czarnoksięstwo

sor·did ['sɔːdɪd] adj brudny; podły

sor·dino [sɔː'diːnəʊ] s muz. tłumik, sordino

sore [sɔː] adj bolesny, wrażliwy; rozdrażniony, zmartwiony; drażliwy; **he has a ~ throat** boli go gardło; s bolesne miejsce, otarcie, rana; przen. bolesne wspomnienie

sor·rel ['sɒrəl] s bot. szczaw

sor·row ['sɒrəʊ] s smutek; vi smucić się (**at for, over sth** czymś)

sor·row·ful ['sɒrəʊfl] adj smutny; żałosny

sor·ry ['sɒrɪ] adj smutny; zmartwiony; **to be ~** żałować (**for sb, sth** kogoś, czegoś); **to be ~** martwić się (**about sth** czymś); (**I am**) **~** przykro mi, przepraszam; **I am ~ for you** żal mi ciebie; **I am ~ to tell you that ...** z przykrością muszę ci powiedzieć że...

sort [sɔːt] s rodzaj, jakość, gatunek; **in a ~** w pewnej mierze, w pewnym sensie; **nothing of the ~** nic podobnego; **of all ~s** wszelkiego rodzaju; **out of ~s** w złym nastroju; pot. **~ of** coś w tym rodzaju, jakiś tam; **what ~ of ...?** jaki to ...?; **he is the right ~** to jest odpowiedni człowiek; vt sortować; vi zgadzać się; być stosowanym (**with sth** do czegoś)

sor·tie ['sɔːtiː] s wojsk. wypad; lotn. lot bojowy

so-so ['səʊsəʊ] adj taki sobie; adv tak sobie, jako tako

sot [sɒt] s pijaczyna; vi pić nałogowo

sot·tish ['sɒtɪʃ] adj ogłupiony alkoholem, głupi

sought zob. **seek**

soul [səʊl] s dusza; **poor ~** biedaczysko; **All Souls' Day** Zaduszki; **heart and ~** całą duszą; **in my ~ of ~s** w głębi duszy; **to keep body and ~ together** żyć jako tako, wegetować

sound 1. [saʊnd] adj zdrowy; cały; tęgi; rozsądny; solidny; słuszny; adv zdrowo; mocno; **to be ~ asleep** spać twardo

sound 2. [saʊnd] s dźwięk; vt vi dźwięczeć, wydawać dźwięki, brzmieć, dzwonić, wydzwaniać; głośno ogłaszać; dawać sygnał (**sth** do czegoś); zagrać (**the horn** na rogu)

sound 3. [saʊnd] s geogr. cieśnina

sound 4. [saʊnd] s med. mors. sonda; vt sondować

sound·head·ed [,saʊnd'hedɪd] adj rozsądny

soup [suːp] s zupa; **clear ~** rosół

sour ['saʊə] adj kwaśny; zgorzkniały; cierpki; **~ milk** zsiadłe mleko; vt kwasić; rozgoryczać; psuć humor; vi kwaśnieć

source [sɔːs] s dosł. i przen. źródło; pochodzenie

sour·dine [suə'diːn] s muz. tłumik, sordino

souse [saʊs] s peklowane mięso, marynata; zanurzenie; vt peklować; zanurzać, moczyć; vt zanurzać się, moknąć; pot. upijać się

south [saʊθ] s geogr. południe; adj południowy; adv na południe

south·er·ly ['sʌðəlɪ] adj zwrócony ku południowi, południowy

south·ern ['sʌðən] adj południowy

south·ward ['saʊθwəd] adj zwrócony ku południowi; adv = **southwards**

south·wards ['saʊθwədz] adv ku południowi

sou·ve·nir [,suːvə'nɪə] s pamiątka

sov·er·eign ['sɒvrɪn] s suweren; monarcha; adj suwerenny, zwierzchni, najwyższy

sov·er·eign·ty ['sɒvrəntɪ] s suwerenność

***sow 1.** [səʊ] (**sowed** [səʊd], **sown** [səʊn] lub **sowed**) vt siać, zasiewać

sow 2. [saʊ] s zool. locha, maciora

sow·er ['səʊə] s siewca

sow·ing-ma·chine ['səʊɪŋmə,ʃiːn] s siewnik

sox [sɒks] s am. pl handl. skarpety, skarpetki

spa [spɑː] s zdrojowisko, miejscowość uzdrowiskowa (ze zdrojem)

space [speɪs] s przestrzeń, obszar; okres czasu; druk. spacja, odstęp; (**outer**) **~** przestrzeń kosmiczna; vt rozstawiać; druk. (także **~ out**) spacjować; **~d out** pot. rozkojarzony

S

space·ship ['speɪʃɪp], **space·craft** ['speɪskrɑːft] s (pl **space·craft** lub **spacecrafts**) statek kosmiczny

space shut·tle ['speɪs ˌʃʌtl] s wahadłowiec, prom kosmiczny

spa·cious ['speɪʃəs] adj obszerny

spade [speɪd] s łopata; pik (w kartach); **to call a ~ a ~** nazwać rzecz po imieniu; vt kopać łopatą

span [spæn] s piędź; rozpiętość; przęsło; okres; zasięg; zaprzęg; vt vi sięgać, pokrywać, obejmować; rozciągać się; łączyć brzegi (mostem); mierzyć (odległość)

span·gle ['spæŋgl] s błyskotka; vt pokryć błyskotkami

Span·iard ['spænjəd] s Hiszpan

span·iel ['spænjəl] s zool. spaniel

Span·ish ['spænɪʃ] adj hiszpański; s język hiszpański

spank [spæŋk] s uderzenie dłonią, klaps; vt dać klapsa, popędzać

span·ner ['spænə] s techn. klucz do nakrętek

spar 1. [spɑː] s mors. drąg, część omasztowania

spar 2. [spɑː] vi kłócić się, bić się; sport boksować się, ćwiczyć boks; s kłótnia; sport mecz sparingowy

spare [speə] vt oszczędzić, zaoszczędzić, skąpić; mieć na zbyciu; móc obejść się; odstąpić; użyczyć; łagodnie traktować; **enough and to ~** w nadmiarze; aż zanadto; **I have some bread to ~** mam trochę chleba; **I have no time to ~** nie mam ani chwili wolnego czasu; vi oszczędnie żyć, robić oszczędności; adj szczupły, skąpy; zbywający; zapasowy; **~ cash** wolna gotówka; **~ parts** części zapasowe; **~ time** wolny czas; s część zapasowa

spar·ing ['speərɪŋ] adj oszczędny; wstrzemięźliwy

spark [spɑːk] s iskra; odrobina; przen. żywość, witalność; vt krzesać iskry; vi iskrzyć (się)

spark·ing plug ['spɑːkɪŋplʌg] s techn. świeca (iskrowa)

spar·kle ['spɑːkl] vi iskrzyć się; s iskrzenie się, migotanie

spark·ling ['spɑːklɪŋ] adj (o winie) musujący

spark plug ['spɑːkplʌg] s = **sparking plug**

spar·ring ['spɑːrɪŋ] s sport sparing

spar·row ['spærəʊ] s zool. wróbel

sparse [spɑːs] adj rzadki; rzadko rosnący; rozsypany, rozsiany

spasm ['spæzm] s spazm, skurcz

spas·mod·ic [spæz'mɒdɪk] adj spazmatyczny

spat 1. zob. **spit**

spat 2. [spæt] s (zw pl **~s**) getry pl

spate [speɪt] s zalew, powódź, ulewa

spa·tial ['speɪʃl] adj przestrzenny

spat·ter ['spætə] vt vi bryzgać, chlapać

spawn [spɔːn] s ikra; pog. nasienie; vt vi składać ikrę; przen. mnożyć się; lit. płodzić, zrodzić

***speak** [spiːk] vt vi (**spoke** [spəʊk], **spoken** ['spəʊkən]) mówić (**about of sb, sth** o kimś, o czymś); rozmawiać; przemawiać; świadczyć, dowodzić; **~ for sb** wstawić się za kimś; **~ out** głośno powiedzieć; otwarcie wypowiedzieć się; **~ up** głośno powiedzieć; **~ one's mind** powiedzieć, co się ma na myśli; **nothing to ~ of** nic ważnego, nic godnego wzmianki

speak·er ['spiːkə] s mówiący, mówca; głośnik (radiowy); **Speaker** przewodniczący Izby Gmin <am. Reprezentantów>

speak·ing ['spiːkɪŋ] p praes adj mówiący; wiele mówiący, pełen znaczenia; **a ~ likeness** uderzające podobieństwo; **to be on ~ terms with sb** znać się z kimś na tyle, aby z nim rozmawiać

spear [spɪə] s dzida, włócznia;

spend

harpun; **~ gun** harpun (*używany pod wodą*); *vt* przebić dzidą; złowić harpunem

spear·head ['spıǝhed] *s* ostrze włóczni; *wojsk.* czołówka

spe·cial ['speʃl] *adj* specjalny; szczególny, osobliwy; nadzwyczajny; **~ delivery** ekspres (*przesyłka*)

spe·cial·ist ['speʃlıst] *s* specjalista

spe·ci·al·i·ty [,speʃı'ælǝtı], *także am.* **specialty** ['speʃltı] *s* specjalność; szczególny wypadek

spe·cial·ize ['speʃlaız] *vt vi* specjalizować (się); przeznaczyć

spe·cies ['spi:ʃi:z] *s* (*pl* ~) rodzaj; *biol.* gatunek; **the origin of ~** pochodzenie gatunków

spe·cif·ic [spǝ'sıfık] *adj* swoisty; ściśle określony; charakterystyczny; gatunkowy

spec·i·fi·ca·tion [,spesıfı'keıʃn] *s* specyfikacja, wyszczególnienie; dokładny opis

spec·i·fy ['spesıfaı] *vt* specyfikować, wyszczególniać; dokładnie określać, precyzować

spec·i·men ['spesımǝn] *s* wzór, okaz; próbka; *pot.* dziwak; **unique ~** unikat

spe·cious ['spi:ʃǝs] *adj* łudzący, pozornie prawdziwy, na pozór słuszny

speck 1. [spek] *s* plamka; kruszynka, odrobina; *vt* pstrzyć, pokrywać plamkami

speck 2. [spek] *s am.* słonina; tłuszcz (*wielorybi*)

speck·le ['spekl] *s* plamka; *vt* znaczyć plamkami, pstrzyć

spec·ta·cle ['spektǝkl] *s dosł. i przen.* widowisko; niezwykły widok; *pl* ~s (*także* **a pair of ~s**) okulary

spec·ta·tor [spek'teıtǝ] *s* widz

spec·tral ['spektrǝl] *adj* widmowy; *fiz.* spektralny

spec·tre ['spektǝ] *s* widmo, zjawa

spec·trum ['spektrǝm] *s* (*pl*

spectra ['spektrǝ] *s fiz.* widmo

spec·u·late ['spekjuleıt] *vi* spekulować (**in sth** czymś); rozważać (**on, upon sth** coś)

spec·u·la·tion [,spekju'leıʃn] *s* rozważanie; spekulacja

spec·u·la·tive ['spekjulǝtıv] *adj* teoretyczny; badawczy; spekulacyjny

spec·u·la·tor ['spekjuleıtǝ] *s* spekulant

sped *zob.* **speed**

speech [spi:tʃ] *s* mowa; przemówienie; **to deliver <make> a ~** wygłosić mowę; **parts of ~** *gram.* części mowy

speech·less ['spi:tʃlǝs] *adj* milczący

***speed** [spi:d] *vi* (**sped, sped** [sped], *przyspieszać:* **speeded, speeded**) spieszyć się, pospieszać; *vt* żegnać, życzyć powodzenia; **~ up** przyspieszać; *s* pośpiech, szybkość; **~ limit** szybkość dozwolona (*na drogach*); **at full ~** z pełną szybkością; **~ breaker** *mot.* próg zwalniający (*dla samochodów*)

speed·om·e·ter [spı'dɒmıtǝ] *s* szybkościomierz

speed·y ['spi:dı] *adj* pospieszny, szybki

spell 1. [spel] *s* urok, czar

spell 2. [spel] *s* okres czasu; krótki okres; **a cold ~** okres zimna; *vt* zastąpić (*w pracy*); **to take ~s at the wheel** prowadzić (*samochód*) na zmianę

***spell 3.** [spel] *vt* (**spelt** [spelt] *lub* **spelled, spelt** [spelt] *lub* **spelled**) sylabizować, literować, podawać (*pisownię*) litera po literze; *przen.* znaczyć, oznaczać

spell·bound ['spelbaʊnd] *adj* oczarowany, urzeczony

spell·ing ['spelıŋ] *s* pisownia; ortografia

spelt *zob.* **spell 3.**

***spend** [spend] *vt* (**spent, spent** [spent]) wydawać (*pieniądze*),

S

trwonić; wyczerpywać; spędzać
(*czas*)
spend·thrift ['spendθrɪft] *s* rozrzutnik, marnotrawca
spent *zob.* **spend**
sperm [spɜːm] *s* sperma
sphere [sfɪə] *s* (*także astr.*) kula;
sfera, zakres
spher·i·cal ['sferɪkl] *adj* sferyczny, kulisty
spice [spaɪs] *s zbior.* korzenie;
przyprawa; pikanteria; *vt* przyprawiać (*przyprawami korzenny-
mi*)
spick [spɪk] *adj tylko w zwrocie:* ~
and span nowiuteńki, czyściutki
spic·y ['spaɪsɪ] *adj* pieprzny; pikantny
spi·der ['spaɪdə] *s zool.* pająk
spike [spaɪk] *s* długi gwóźdź, żelazny kolec; *vt* przymocować
gwoździami
****spill** [spɪl] *vt* (**spilt** [spɪlt] *lub*
spilled, spilt [spɪlt] *lub* **spilled**)
vi rozlewać (się), rozsypywać
(się), wysypywać (się)
****spin** [spɪn] *vt vi* (**spun, spun**
[spʌn]) prząść; kręcić (się), wiercić (się), wprawiać w ruch obrotowy, wirować; *lotn.* opadać kor-
kociągiem; ~ **along** toczyć się;
mknąć; ~ **out** rozciągać; spędzać
(*czas*); *s* kręcenie się, ruch obrotowy; *lotn.* korkociąg
spin·ach ['spɪnɪdʒ] *s* szpinak
spi·nal ['spaɪnl] *adj* krzyżowy, pacierzowy; ~ **column** kręgosłup
spin·dle ['spɪndl] *s* wrzeciono
spine [spaɪn] *s anat.* kręgosłup;
grzbiet (*np. książki*)
spin·ner ['spɪnə] *s* przędzarz,
prządka
spin·ster ['spɪnstə] *s* stara panna
spin·y ['spaɪnɪ] *adj* kolczasty
spi·ral ['spaɪrəl] *adj* spiralny; *s*
spirala
spire ['spaɪə] *s* wieża spiczasta, iglica
spir·it ['spɪrɪt] *s* duch; charakter;
męstwo; zapał, energia; **public** ~

duch obywatelski; spirytus; *pl* ~**s**
nastrój; napoje alkoholowe;
animal ~**s** zapał, radość życia; **in
high <low>** ~**s** w doskonałym
nastroju; *vt* dodać otuchy
spir·it·ed ['spɪrɪtɪd] *adj* pełen po-
lotu, ożywiony
spir·i·tu·al ['spɪrɪtʃuəl] *adj*
duchowy; duchowny; *s* (*także*
Negro ~) spiritual (*religijna pieśń
Murzynów amerykańskich*)
spir·i·tu·al·ism ['spɪrɪtʃulɪzm] *s*
spirytyzm; spirytualizm
spit 1. [spɪt] *s* rożen; *geogr.* cypel
****spit 2.** [spɪt] *vt vi* (**spat** [spæt]
lub **spit, spat** [spæt] *lub* **spit**)
pluć; *pot.* ~ **it out!** mów!, gadaj!; *s*
plucie, plwocina
spite [spaɪt] *s* złość, gniew; **in** ~ **of
sth** pomimo czegoś; na złość cze-
muś; *vt* gniewać, drażnić, robić na
złość
spite·ful ['spaɪtfl] *adj* złośliwy,
pełen złości
spit·fire ['spɪt,faɪə] *s* człowiek
porywczy, raptus
spit·tle ['spɪtl] *s* plwocina
spit·toon [spɪ'tuːn] *s* spluwaczka
spiv [spɪv] *s pot. uj.* niebieski ptak,
spekulant (*na czarnym rynku*)
splash [splæʃ] *vt vi* bryzgać, pluskać (się), chlapać (się); *s* bryzga-
nie, plusk; szum, sensacja; **to
make a** ~ wzbudzić sensację
spleen [spliːn] *s anat.* śledziona;
przen. zły humor, chandra,
zgryźliwość
splen·did ['splendɪd] *adj* wspaniały, doskonały
splen·dour ['splendə] *adj* wspaniałość, splendor
splice [splaɪs] *vt* splatać, łączyć;
pot. kojarzyć (*pary*)
splint [splɪnt] *s* drzazga; łyko,
deszczułka; *med.* szyna
splin·ter ['splɪntə] *s* drzazga,
odłamek; *vt vi* rozszczepić (się),
rozłupać (się)
****split** [splɪt] *vt vi* (**split, split**
[splɪt]) rozszczepić (się),

spread

rozłupać (się), rozerwać (się), rozbić (się), przepołowić; ~ *hairs* *pot.* rozdzielać włos na czworo; ~ *open* rozewrzeć (się); pęknąć; *s* rozłam, rozbicie; *pl* ~s szpagat (*w tańcu, gimnastyce akrobatycznej*)

splut·ter ['splʌtə] *s = sputter*

*spoil [spɔɪl] *v* (**spoilt** [spɔɪlt] *lub* **spoiled, spoilt** [spɔɪlt] *lub* **spoiled**) *vt* psuć, niszczyć, unicestwiać; psuć (*dziecko itp.*); rabować; *vi* psuć się, niszczeć; *s* (*zw. pl* ~s) łupy wojenne, trofea; zdobycz

spoil·age ['spɔɪlɪdʒ] *s zbior.* odpadki; makulatura

spoilt *zob.* **spoil**

spoke 1. *zob.* **speak**

spoke 2. [spəʊk] *s* szprycha; szczebel; drąg (*do hamowania*)

spo·ken *zob.* **speak**

spokes·per·son ['spəʊks,pɜ:- sn], **spokesman** ['spəʊksmən] (*pl* **spokesmen** ['spəʊksmən]), **spokeswoman** ['spəʊks- ,wʊmən] (*pl* **spokeswomen** ['spəʊks,wɪmɪn]) *s* rzecznik

spo·li·ate ['spəʊlɪeɪt] *vt* rabować

sponge [spʌndʒ] *s* gąbka; pasożyt, darmozjad; *vt* myć gąbką; wchłaniać; *vi* pasożytować (**on sb** na kimś), wyłudzać (**on sb for sth** coś od kogoś)

spon·sor ['spɒnsə] *s* sponsor, fundator; poręczyciel

spon·ta·ne·ous [spɒn'teɪnɪəs] *adj* spontaniczny, samorzutny; ~ **combustion** samozapalenie się

spool [spu:l] *s* szpulka; *vt* nawijać

spoon [spu:n] *s* łyżka; *vt* czerpać łyżką; **born with a silver ~ in one's mouth** *pot.* w czepku urodzony

spoon·ful ['spu:nful] *s* zawartość łyki, pełna łyżka (*czegoś*)

spo·rad·ic [spə'rædɪk] *adj* sporadyczny

sport [spɔ:t] *s* sport; żart; *pot.* porządny chłop; *pl* ~s zawody lekkoatletyczne; *athletic* ~s lek-

koatletyka; **in <for>** ~ w żarcie, dla żartu; **to make** ~ żartować sobie, zabawiać się (**of sb, sth** kimś, czymś); *vt* wystawiać na pokaz, popisywać się (**sth** czymś); *vi* uprawiać sport; bawić się, żartować (**with sb, sth** z kogoś, czegoś)

sport·ive ['spɔ:tɪv] *adj* wesoły, zabawny; sportowy

sports·man ['spɔ:tsmən] (*pl* **sportsmen** ['spɔ:tsmən]) *s* sportowiec

spot [spɒt] *s* miejsce; plama; kropka; krosta; *handl.* ~ *cash* zapłata gotówką; **on the ~** na miejscu; od razu; natychmiastowy, na miejscu; ~ *check* kontrola wyrywkowa; *vt* nakrapiać, pstrzyć; plamić; rozpoznać, wykryć; plamić się

spot·less ['spɒtləs] *adj* nieskazitelny, nienaganny

spot·light ['spɒtlaɪt] *s teatr* światło reflektorów; **to be in the ~** być w centrum zainteresowania opinii publicznej

spot·ted ['spɒtɪd] *adj* nakrapiany, pstry; poplamiony

spouse [spaʊs] *s* małżonek, małżonka

spout [spaʊt] *vt vi* trysnąć, wyrzucić z siebie; wypowiedzieć; *s* dziobek (*np. imbryka*); kurek; otwór wylotowy; strumień (*np. wody*)

sprain [spreɪn] *vt* zwichnąć; *s* zwichnięcie

sprang *zob.* **spring**

sprat [spræt] *s zool.* szprot, szprotka

sprawl [sprɔ:l] *vi* wyciągać się, rozwalać się, leżeć jak długi; rozprzestrzeniać się, rozrastać się; *s* rozwalanie się

spray 1. [spreɪ] *s* gałązka

spray 2. [spreɪ] *s* pył wodny; rozpylacz; *vt vi* rozpylać (się), opryskiwać

*spread [spred] *vt vi* (**spread,**

spread [spred]) rozpościerać (się), rozprzestrzeniać (się); rozkładać (się), rozwijać (się); rozpowszechniać (się); powlekać; rozlewać (się); s rozprzestrzenienie, przestrzeń; rozłożenie; rozłożystość; rozpiętość; rozstęp; rozpowszechnienie; pot. uczta

spread-sheet ['spredʃiːt] s komp. arkusz kalkulacyjny

spree [spriː] s wesoła zabawa, hulanka; vi bawić się, hulać

sprig [sprɪg] s gałązka; latorośl

spright-ly ['spraɪtlɪ] adj żywy, wesoły

*spring 1. [sprɪŋ] v (**sprang** [spræŋ], **sprung** [sprʌŋ]) vi skakać, podskakiwać; tryskać, buchać; wyrastać; pochodzić; pękać, rozpadać się; vt spowodować pęknięcie, rozbić; płoszyć; zaskoczyć; wysadzić w powietrze; **~ up** podskakiwać; wyrastać; wypływać; ukazywać się

spring 2. [sprɪŋ] s skok

spring 3. [sprɪŋ] s wiosna

spring 4. [sprɪŋ] s źródło

spring 5. [sprɪŋ] s sprężyna; elastyczność; pęknięcie; pl **~s** resory, resorowanie

spring-board ['sprɪŋbɔːd] s trampolina; przen. odskocznia

sprin-kle ['sprɪŋkl] vt vi pryskać, spryskiwać; s kropienie, spryskiwanie; szczypta; drobny deszcz

sprin-kling ['sprɪŋklɪŋ] s drobna ilość, szczypta

sprint [sprɪnt] s sport sprint; vi sprintować

sprint-er ['sprɪntə] s sprinter

sprite [spraɪt] s chochlik

sprout [spraʊt] s kiełek, pęd; vt kiełkować, puszczać pędy

spruce 1. [spruːs] adj schludny; elegancki

spruce 2. [spruːs] s bot. świerk

sprung zob. **spring**

spry [spraɪ] adj żywy, żwawy

spun zob. **spin**

spur [spɜː] s ostroga; odnoga

(górska); przen. podnieta; vt spinać ostrogami; przen. popędzać, podniecać

spu-ri-ous ['spjʊərɪəs] adj fałszywy; nieautentyczny, podrobiony

spurn [spɜːn] vt odepchnąć, odtrącić; pogardliwie traktować; s odepchnięcie, odtrącenie; pogardliwe traktowanie

spurt [spɜːt] vt vi tryskać; s wytrysk; zryw

sput-ter ['spʌtə] vi bryzgać śliną (przy mówieniu); vt mówić bełkocąc

spy [spaɪ] s szpieg; vi szpiegować (**on, upon sb** kogoś); dokładnie badać (**into sth** coś); vt dostrzegać

spy-glass ['spaɪglɑːs] s luneta, mały teleskop (w dawnych czasach)

squab-ble ['skwɒbl] s sprzeczka; vi sprzeczać się

squad [skwɒd] s wojsk. oddział; grupa, brygada (robocza); **firing ~** pluton egzekucyjny

squad-ron ['skwɒdrən] s wojsk. szwadron; lotn. mors. eskadra

squal-id ['skwɒlɪd] adj brudny; nędzny

squall 1. [skwɔːl] s mors. szkwał

squall 2. [skwɔːl] s wrzask; vt vi wrzeszczeć, wykrzykiwać

squal-or ['skwɒlə] s brud; nędza

squan-der ['skwɒndə] vt trwonić, marnować

squan-der-er ['skwɒndərə] s marnotrawca

square [skweə] s kwadrat; czworobok; (kwadratowy) plac, skwer; bok budynków; mat. druga potęga liczby; adj kwadratowy; czworokątny; szczery, uczciwy; załatwiony, uporządkowany; solidny; jasno postawiony; kompletny; **~ deal** uczciwe postępowanie; mat. **~ root** pierwiastek; vt nadać kształt kwadratu; wyrównać (rachunek); uzgodnić; dostosować; mat. podnieść do kwadratu;

rozprostować (ramiona); *vi* pasować; zgadzać się; **~ up** rozliczyć się; przybrać postawę bojową (**to sb** wobec kogoś); *adv* pod kątem prostym; rzetelnie, uczciwie; wprost, w sam środek

squash [skwɒʃ] *vt vi* gnieść (się), wyciskać; *s* zgnieciona masa; **lemon ~** napój z (wyciśniętej) cytryny; *sport* squash (*gra sportowa*)

squat [skwɒt] *vi* kucać, przykucnąć; nielegalnie się osiedlić; *s* przysiad

squat·ter ['skwɒtə] *s* nielegalny osadnik; dziki lokator

squaw [skwɔ:] *s* squaw (*Indianka, zw. zamężna*)

squeak [skwi:k] *vi* piszczeć; *s* pisk

squeal [skwi:l] *vi* skomleć, kwiczeć; *s* skomlenie, kwiczenie

squeam·ish ['skwi:mɪʃ] *adj* drażliwy, wrażliwy; grymaśny

squeeze [skwi:z] *vt vi* cisnąć (się), ściskać, pchać się; **~ out** wycisnąć; **~ through** przeciskać (się); **~ up** ścisnąć; *s* ścisk; uścisk; odcisk

squib [skwɪb] *s* fajerwerk; *przen.* paszkwil, satyra polityczna

squint [skwɪnt] *s* zez; *adj* zezowaty; *vi* patrzeć zezem

squire ['skwaɪə] *s hist.* obywatel ziemski, ziemianin

squir·rel ['skwɪrəl] *s zool.* wiewiórka

squirt [skwɜ:t] *vi* tryskać; *vt* strzykać; *s* wytrysk; strzykawka; sikawka; *pot.* zarozumialec

stab [stæb] *vt* pchnąć sztyletem, zasztyletować; *vi* (*o bólu*) rwać; *s* pchnięcie sztyletem; *pot.* próba

sta·bil·i·ty [stə'bɪlətɪ] *s* stałość, trwałość

sta·bi·lize ['steɪbəlaɪz] *vt* stabilizować

sta·ble 1. ['steɪbl] *adj* stały, trwały

sta·ble 2. ['steɪbl] *s* stajnia; stadnina

stack [stæk] *s* stóg, sterta; komin (okrętowy *lub* fabryczny)

sta·di·um ['steɪdɪəm] *s* (*pl* **stadiums, stadia** ['steɪdɪə]) *sport* stadion

staff [stɑ:f] *s* (*pl* **staves** [steɪvz] *lub* **~s** [stɑ:fs]) kij, drąg, drzewce (*flagi*); *muz.* pięciolinia; (*pl* **staffs**) sztab, personel; grono profesorskie, kadra naukowa

stag [stæg] *s zool.* jeleń; *bryt. pot.* spekulant giełdowy; *am.* samotny mężczyzna

stage [steɪdʒ] *s* scena, estrada; rusztowanie; stadium, etap, okres; **~ manager** reżyser; *vt* wystawiać na scenie; **~ fright** trema

stage-coach ['steɪdʒkəʊtʃ] *s* dyliżans

stag·ger ['stægə] *vi* chwiać się; zataczać się; wahać się; *vi* oszołomić; s chwiejny chód; wahanie; *pl* **~s** zawrót głowy

stag·nant ['stægnənt] *adj* stojący w miejscu; (będący) w zastoju, martwy

stag·na·tion [stæg'neɪʃn] *s* zastój

stag·y ['steɪdʒɪ] *adj* teatralny; afektowany

staid [steɪd] *adj* zrównoważony, stateczny

stain [steɪn] *s* plama; zabarwienie; **~ remover** wywabiacz plam; *vt* plamić; zabarwiać; **~ed glass** witraż

stain·less ['steɪnləs] *adj* nie splamiony; nienaganny; (*o stali*) nierdzewny

stair [steə] *s* stopień (*schodów*); *pl* **~s** schody

stair·case ['steəkeɪs] *s* klatka schodowa

stake [steɪk] *s* pal, słup; stawka, ryzyko; wkład, udział; stos całopalny; **to be at ~** wchodzić w grę; **life is at ~** tu chodzi o życie; *vt* wzmacniać palami; ryzykować; zakładać się (**sth** o coś); przywiązać do pala; wbić na pal

S

sta·lac·tite ['stæləktaɪt] *s miner.* stalaktyt

sta·lag·mite ['stæləgmaɪt] *s miner.* stalagmit

stale [steɪl] *adj* suchy; (*o chlebie*) czerstwy, nieświeży; pozbawiony smaku; zużyty; stary; *vi* zużyć się, zestarzeć się

stale·mate ['steɪlmeɪt] *s* pat (*w szachach*); *przen.* martwy punkt

stalk 1. [stɔːk] *s* łodyga, szypułka, źdźbło

stalk 2. [stɔːk] *vi* kroczyć (*z dumą*); *przen.* (*o epidemii itp.*) panować; *vt* podkradać się, podchodzić (**the game** do zwierzyny); *s* wyniosły chód

stall [stɔːl] *s* stragan, buda, stoisko, kiosk; przegroda w stajni; *pl* **~s** *teatr* miejsca na parterze

stal·lion ['stæljən] *s zool.* ogier

stal·wart ['stɔːlwət] *adj* mocny, silny; wierny, lojalny

sta·men ['steɪmən] *s bot.* pręcik

stam·i·na ['stæmɪnə] *s zbior.* siły życiowe, energia, wytrzymałość

stam·mer ['stæmə] *vi* jąkać się; *vt* (*także* **~ out**) wyjąkać; *s* jąkanie się

stam·mer·er ['stæmərə] *s* jąkała

stamp [stæmp] *vt vi* stemplować, pieczętować; nalepić znaczek pocztowy; *przen.* wbić (*w pamięć*); deptać, tupać; **~ out** zgnieść, zmiażdżyć; *przen.* zniszczyć; *s* stempel, pieczęć; znaczek pocztowy; tupanie, deptanie, tętent; *przen.* piętno, cecha

stamp album ['stæmp‚ælbəm] *s* album na znaczki pocztowe, klaser

stamp col·lec·tor ['stæmpkə‚lektə] *s* filatelista

stam·pede [stæm'piːd] *s* paniczna ucieczka, popłoch; *vi* pędzić w popłochu; *vt* siać popłoch

stanch [stɑːntʃ], **staunch** [stɔːntʃ] *vt* tamować, zatrzymywać (*krew*)

stan·chion ['stɑːntʃn] *s* podpora; *vt* podpierać

*stand [stænd] *vi* (**stood, stood** [stʊd]) stać; stawiać się; pozostawać; znajdować się (*w pewnej sytuacji*); *vt* stawiać; wytrzymywać, znosić; podtrzymywać; **to ~ to sth** trzymać się czegoś, dotrzymywać czegoś; trwać przy czymś; **it ~s to reason** to się rozumie samo przez się, to jest oczywiste; **to ~ firm** trzymać się, nie odstępować (od swego zdania); **to ~ corrected** przyznawać się do błędu; **to ~ good** być w mocy, obowiązywać; **to ~ prepared** być gotowym; **to ~ for sth** popierać coś; zastępować coś; występować w obronie czegoś; **to ~ for Parliament** kandydować do parlamentu; **~ on sth** nalegać na coś, polegać na czymś; **~ back** cofać się, być cofniętym; **~ forth <forward>** występować, wystawać; **to ~ out** wystawać, występować; opierać się (**against sth** czemuś); kontrastować (**against sth** z czymś); odznaczać się, wyróżniać się; **~ over** ulec zwłoce, zalegać; **~ up** powstać, podnieść się; opierać się, stawiać czoło (**to sb, sth** komuś, czemuś); *s* miejsce, stanowisko; stoisko; podstawa, podstawka; stojak; pulpit (*do nut*); trybuna; zastój, przerwa; postój; okres pobytu; opór; **to bring to a ~** zatrzymać, unieruchomić; **to come to a ~** zatrzymać się; **to make a ~** trzymać się; stawiać opór (**against sb, sth** komuś, czemuś); stanąć w obronie (**for sth** czegoś); **to take a ~** zająć stanowisko

stand·ard ['stændəd] *s* sztandar, flaga; norma, przeciętna miara; poziom; gatunek; wzór; standard; **~ of living** stopa życiowa; **~ time** urzędowy czas miejscowy; **up to (the) ~** zgodnie z wzorem; na odpowiednim poziomie

stand·ard·ize ['stændədaɪz] *vt* normalizować, ujednolicać

statesman

stand·ing ['stændɪŋ] s stanie; miejsce; stanowisko; trwanie; *adj* stojący; trwający; obowiązujący; ~ **corn** zboże na pniu; ~ **orders** regulamin

stand·point ['stændpɔɪnt] s punkt widzenia, stanowisko

stand·still ['stændstɪl] s zastój; martwy punkt

stand-up ['stændʌp] *attr* stojący, na stojąco

stank *zob.* **stink**

stan·za ['stænzə] s zwrotka

sta·ple 1. ['steɪpl] s skład towarów; magazyn; podstawowy towar; główny temat; *attr* główny

sta·ple 2. ['steɪpl] s hak; klamra; *vt* spinać klamrą

star [stɑː] s gwiazda; **shooting ~** spadająca gwiazda; ~ **wars** wojny gwiezdne; **the Stars and Stripes** flaga St. Zjednoczonych; *vt* zdobić gwiazdami; *vi* teatr film występować w głównej roli

star·board ['stɑːbəd] s *mors.* sterburta, prawa burta

starch [stɑːtʃ] s krochmal; *vt* krochmalić

stare [steə] *vt vi* uporczywie patrzeć, wytrzeszczać oczy (**at sb, sth** na kogoś, coś); s uporczywy wzrok

stark [stɑːk] *adj* całkowity; istny; *poet.* sztywny; *adv* całkowicie; ~ **naked** zupełnie goły

star·light ['stɑːlaɪt] s światło gwiazd

star·ling ['stɑːlɪŋ] s *zool.* szpak

star·ry ['stɑːrɪ] *adj* gwiaździsty

star-span·gled ['stɑːˌspæŋgld] *adj* usiany gwiazdami; **The Star-Spangled Banner** *flaga USA; hymn narodowy USA*

start [stɑːt] *vi* wyruszyć, wystartować; wybierać się (**on a journey** w drogę); wzdrygać się; zrywać się; płoszyć się; skoczyć, podskoczyć; zacząć; podjąć się (**on sth** czegoś); *vt* wprowadzić w ruch; poruszyć; ustanowić; rozpocząć;

przerazić; spłoszyć; założyć (*np. przedsiębiorstwo*); spowodować, wywołać (*np. pożar*); ~ **back** nagle cofnąć się; wyruszyć w drogę powrotną; ~ **off** wyruszyć, odjechać; zacząć się (**with sth** od czegoś); ~ **out** wystąpić, ukazać się; odjechać; ~ **up** podskoczyć, zerwać się; wszcząć; **to ~ with** na początek; po pierwsze; s start; podskok; odjazd; wstrząs; początek; pierwszeństwo; zryw; **at the ~** na początku; **to get the ~** wyprzedzać (**of sb** kogoś); **to make a new <fresh> ~** rozpocząć na nowo; **~ing-point** punkt wyjścia

start·er ['stɑːtə] s *mot.* rozrusznik

star·tle ['stɑːtl] *vt vi* przerazić (się); zaskoczyć; wstrząsnąć

star·va·tion [stɑːˈveɪʃn] s głodowanie, głód

starve [stɑːv] *vi* głodować, umierać z głodu; *vt* głodzić; tęsknić, przepadać (**for sth** za czymś)

starve·ling ['stɑːvlɪŋ] s głodomór

state [steɪt] s stan; stanowisko; położenie; państwo; uroczystość, pompa; **in ~** uroczyście, ceremonialnie; z całym ceremoniałem; **the United States** Stany Zjednoczone; *am.* **Secretary of State** minister spraw zagranicznych; *vt* stwierdzać; oświadczać; przedstawiać (*np. sprawę*); *attr* państwowy; stanowy; urzędowy; paradny; *am.* **State Department** ministerstwo spraw zagranicznych

state·craft ['steɪtkrɑːft] s umiejętność rządzenia państwem

state·ly ['steɪtlɪ] *adj* okazały, wspaniały; wzniosły, pełen godności

state·ment ['steɪtmənt] s stwierdzenie; oświadczenie; zeznanie; ~ **of account** wyciąg z konta

states·man ['steɪtsmən] s (*pl*

S

statesmen ['steɪtsmən]) mąż stanu

states·man·ship ['steɪtsmənʃɪp] s umiejętność kierowania sprawami państwa, działalność męża stanu

stat·ic ['stætɪk] adj statyczny

stat·ics ['stætɪks] s statyka

sta·tion ['steɪʃn] s stacja; miejsce, położenie; posterunek; stan; urząd; **police ~** komisariat; **broadcasting ~** radiostacja, rozgłośnia; vt umieścić, osadzić; rozlokować

sta·tion·ar·y ['steɪʃnərɪ] adj stacjonarny, nieruchomy; niezmienny; stały

sta·tion·er ['steɪʃnə] s właściciel sklepu z artykułami piśmiennymi

sta·tion·er·y ['steɪʃnərɪ] s zbior. artykuły piśmienne; papier listowy

sta·tion mas·ter ['steɪʃn-ˌmɑːstə] s zawiadowca stacji

sta·tis·tic [stə'tɪstɪk], **sta·tis·ti·cal** [stə'tɪstɪkl] adj statystyczny

stat·is·ti·cian [ˌstætɪ'stɪʃn] s statystyk

sta·tis·tics [stə'tɪstɪks] s statystyka; dane statystyczne

stat·u·ar·y ['stætjʊərɪ] adj rzeźbiarski; s rzeźbiarstwo posągowe; rzeźba, zbiór rzeźb; rzeźbiarz

stat·ue ['stætʃuː] s statua

stat·ure ['stætʃə] s postawa, wzrost

sta·tus ['steɪtəs] s stan (prawny itp.); położenie; stanowisko

stat·ute ['stætʃuːt] s ustawa; statut; **~ law** ustawy parlamentarne

staunch 1. zob. **stanch**

staunch 2. [stɔːntʃ] adj mocny, niewzruszony; lojalny, pewny, wierny

stave 1. [steɪv] s kij; klepka; muz. takt; zwrotka

*stave 2. [steɪv] vt (**staved**, **staved** [steɪvd] lub **stove**, **stove** [stəʊv]) (także **~ in**) wgniatać; robić dziurę; **~ off** za-

pobiegać (np. niebezpieczeństwu)

staves zob. **staff**

stay [steɪ] vi zatrzymać się, przebywać, pozostawać, mieszkać; **to ~ with sb** gościć u kogoś; **~ing power** wytrzymałość; **~ away** trzymać się z dala, nie zjawiać się; **~ in** pozostawać w domu; **~ out** pozostawać poza domem; **~ up** nie siadać, nie kłaść się spać; s przebywanie, pobyt; postój; wstrzymanie; pl **~s** gorset

stay-at-home ['steɪəðəum] s pot. domator

stay-in ['steɪn] attr **~ strike** strajk okupacyjny

stead [sted] s lit. miejsce; korzyść; **in my ~** na moim miejscu; **to stand in good ~** wyjść na korzyść

stead·fast ['stedfɑːst] adj trwały, solidny, niezachwiany

stead·y ['stedɪ] adj mocny, silny; niezachwiany, stały; zrównoważony; spokojny; vt utwierdzić, wzmocnić; uspokoić; doprowadzić do równowagi; vi okrzepnąć; ustalić się; dojść do równowagi; adv spokojnie; pot. (o chłopcu, dziewczynie) **to go ~** chodzić ze sobą

steak [steɪk] s kawałek mięsa; stek

*steal [stiːl] vt (**stole** [stəʊl], **stolen** ['stəʊlən]) kraść; vi skradać się; **~ away** wymknąć się; **~ in** wkraść się; **~ out** wyślizgnąć się

stealth [stelθ] s w zwrocie: **in <by> ~** ukradkiem

stealth·y ['stelθɪ] adj tajemny, skryty

steam [stiːm] s para (wodna); vt parować, gotować na parze; vi wytwarzać parę; (o pociągu, parowcu) jechać

steam·boat ['stiːmbəut] s parowiec

steam boil·er ['stiːmˌbɔɪlə] s siła parowa

stick

steam·ship ['sti:mʃɪp] s = *steamboat*

steed [sti:d] s *lit.* rumak

steel [sti:l] s stal; vt hartować

steel·works ['sti:lwɜ:ks] s stalownia

steep 1. [sti:p] adj stromy; pot. (o wymaganiach) wygórowany

steep 2. [sti:p] vt zanurzyć, zamoczyć, zmiękczyć

stee·ple ['sti:pl] s iglica; wieża strzelista

stee·ple·chase ['sti:pltʃeɪs] s sport wyścigi (konne) z przeszkodami, bieg z przeszkodami

steer [stɪə] vi vt sterować; dążyć (**for sth** w stronę czegoś); **to ~ clear** unikać (**of sth** czegoś)

steer·age ['stɪərɪdʒ] s sterowanie; przedział najtańszej klasy na statku

steer·ing wheel ['stɪərɪŋwi:l] s koło sterowe; kierownica

steers·man ['stɪəzmən] s (pl **steersmen** ['stɪəzmən]) sternik

stem 1. [stem] s trzon; pień, łodyga; gram. temat

stem 2. [stem] vt tamować, wstrzymywać; wybudować tamę (**a river** na rzece)

stench [stentʃ] s smród

sten·cil ['stensl] s szablon, matryca; vt malować szablonem; matrycować

ste·nog·ra·pher [stə'nɒgrəfə] s stenograf

sten·o·graph·ic [ˌstenə'græfɪk] adj stenograficzny

step [step] s krok; stopień; próg; **flight of ~s** kondygnacja schodów; **~ by** krok za krokiem; stopniowo; **to keep ~** dotrzymywać kroku (**with sb** komuś); **to take ~s** przedsięwziąć kroki; vi kroczyć; deptać; **~ back** cofnąć się; **~ down** schodzić na dół; **~ forth** <**forward**> wystąpić; **~ in** wchodzić

step·daugh·ter ['step,dɔ:tə] s pasierbica

step·fa·ther ['step,fɑ:ðə] s ojczym

step·moth·er ['step,mʌðə] s macocha

step·ping-stone ['stepɪŋstəun] s przen. środek wiodący do celu, odskocznia

step·son ['stepsʌn] s pasierb

ster·e·o·me·try [ˌsterɪ'ɒmɪtrɪ] s stereometria

ster·e·o ['sterɪəu] s, adj (zestaw) stereo;

ster·e·o·phon·ic [ˌsterɪə'fɒnɪk] adj stereofoniczny; **~ set** zestaw stereo

ster·e·o·type ['sterɪətaɪp] s stereotyp

ster·ile ['steraɪl] adj bezpłodny

ster·i·lize ['sterəlaɪz] vt sterylizować

ster·ling ['stɜ:lɪŋ] s (funt) szterling; adj przen. prawdziwy; solidny; nieskazitelny

stern 1. [stɜ:n] adj surowy, groźny

stern 2. [stɜ:n] s mors. rufa; tył

steth·o·scope ['steθəskəup] s med. stetoskop (słuchawki lekarskie)

stew [stju:] vt dusić (potrawę); vi dusić się; s duszona potrawa mięsna, gulasz

stew·ard ['stju:əd] s zarządca, gospodarz; steward

stew·ard·ess [ˌstju:ə'des] s stewardesa

***stick** [stɪk] vt (**stuck, stuck** [stʌk]) wetknąć, wepchnąć; przybić; przymocować; przykleić; vi tkwić; przyczepić się (**to sth** czegoś); trzymać się; trwać (**to sth** przy czymś); **~ to it!** pot. nie zrażaj się!; **~ around** pot. kręcić się w pobliżu; **to get stuck** utkwić, zaciąć się (np. o maszynie); **~ out** wysunąć; wystawać; **~ up** podnieść do góry; sterczeć; s laska, pałka, kij; **walking ~** laska; baton; sztyft (dezodorantu); pot. nudziarz, człowiek nadęty

S

stick·y ['stıkı] *adj* lepki, kleisty

stiff [stıf] *adj* sztywny; uparty; (*o egzaminie*) trudny; silny, mocny (*wiatr, trunek itd.*); *s* pot. trup

stiff·en ['stıfn] *vt* usztywnić; u- twierdzić w uporze; utrudnić (*np. egzamin*); *vi* zesztywnieć; uprzeć się

sti·fle ['staıfl] *vt vi* dusić (się); dławić (się), tłumić

stig·ma ['stıgmə] (*pl* **stigmata** [stıg'mɑːtə]) *s* piętno, stygmat

stig·ma·tize ['stıgmətaız] *vt* piętno- wać

still 1. [stıl] *adj* cichy, spokojny; **~ life** martwa natura; cisza, spo- kój; fotografia; *vt vi* uciszyć (się), uspokoić (się); *adv* ciągle, jeszcze, stale, nadal; mimo wszystko, przecież

still 2. [stıl] *vt* destylować; *s* apa- rat destylacyjny

still·born ['stılbɔːn] *adj* martwo urodzony

stilt [stılt] *s* szczudło

stilt·ed ['stıltıd] *adj* nienaturalny, afektowany

stim·u·lant ['stımjulənt] *adj* pod- niecający; *s* środek podniecający; bodziec

stim·u·late ['stımjuleıt] *vt* pod- niecać; zachęcać, pobudzać

***sting** [stıŋ] *v* (**stung, stung** [stʌŋ]) *vt* użądlić, kłuć; sparzyć (*pokrzywą*); podniecać; przypie- kać; *vi* piec, boleć

stin·gi·ness ['stındʒınəs] *s* sknerstwo

stin·gy ['stındʒı] *adj* skąpy

***stink** [stıŋk] *vi* (**stunk** [stʌŋk] *lub* **stank** [stæŋk], **stunk** [stʌŋk]) śmierdzieć (*of sth* czymś); *s* smród

stint [stınt] *vt* ograniczyć; skąpić (*sb of sth* komuś czegoś); *s* ograni- czenie; wyznaczona ilość pracy, norma

sti·pend ['staıpend] *s* pensja (*zw.* duchownego); stypendium

stip·u·late ['stıpjuleıt] *vt vi* żądać; ustalać warunki, zastrze- gać sobie (**for sth** coś)

stip·u·la·tion [,stıpju'leıʃn] *s* u- zgodnienie warunków, warunek (*układu*), zastrzeżenie

stir [stɜː] *vt vi* ruszać (się); wzru- szać (się); wprawiać w ruch; pod- niecać; pomieszać; krzątać się; *s* poruszenie; podniecenie; krzątani- na

stir·rup ['stırəp] *s* strzemię

stitch [stıtʃ] *s* ścieg; oczko (*np. w pończosze*); kłucie (w boku), kol- ka; *vt* robić ścieg; szyć

stock [stɒk] *s* trzon, pień; ród; zapas, zasób; inwentarz; (*także* **live ~**) żywy inwentarz; majątek; *handl.* kapitał zakładowy, akcja, obligacja; *teatr* repertuar; **rolling ~** tabor kolejowy; **~ exchange** giełda; *teatr* **~ piece** sztuka reper- tuarowa; **~ tale** ciągle powtarza- na historyjka; **to take ~** inwenta- ryzować, robić remanent (**of sth** czegoś); **in ~** w zapasie; **out of ~** wyprzedany; *vt* robić zapas, zao- patrzyć; trzymać na składzie; osadzać (*narzędzie itp.*); *handl.* prowadzić sprzedaż

stock·ade [stɒ'keıd] *s* palisada; *vt* otoczyć palisadą

stock·bro·ker ['stɒk,brəʊkə] *s* makler giełdowy

stock ex·change ['stɒkıks- ,tʃeındʒ] *s* giełda

stock·holder ['stɒk,həʊldə] *s am.* = **shareholder**

stock·ing ['stɒkıŋ] *s* pończocha

stock-in-trade [,stɒkın'treıd] *s* zapas towarów w sklepie

stock·tak·ing ['stɒk,teıkıŋ] *s* in- wentaryzacja, remanent

stock·y ['stɒkı] *adj* krępy

stock·yard ['stɒkjɑːd] *s* zagroda dla bydła (*na targu, w rzeźni*)

sto·ic ['stəʊık] *s* stoik

sto·i·cal ['stəʊıkl] *adj* stoicki

stoke [stəʊk] *vt* palić (*w lokomo- tywie, piecu hutniczym*)

S

stoke·hold ['stəʊkhəʊld] s mors. kotłownia (*na statku*)

stole 1. [stəʊl] s rel. stuła

stole 2. zob. **steal**

sto·len zob. **steal**

stol·id ['stɒlɪd] adj obojętny; flegmatyczny; bierny

stom·ach ['stʌmək] s anat. żołądek; pot. brzuch; chętka; vt jeść z apetytem; znosić, ścierpieć

stom·ach·ache ['stʌməkeɪk] s ból brzucha

stone [stəʊn] s kamień; ziarnko (*owocu*), pestka; bryt. miara ciężaru; vt ukamienować; drylować (*owoce*)

stone·ma·son ['stəʊn,meɪsn] s kamieniarz

stone·ware ['stəʊnweə] s zbior. naczynia kamionkowe

ston·y ['stəʊnɪ] adj kamienisty; kamienny

stood zob. **stand**

stool [stuːl] s stołek; med. stolec

stool·pi·geon ['stuːl,pɪdʒən] s pot. kapuś; donosiciel

stoop [stuːp] vt vi schylić (się), zgiąć (się), być przygarbionym; poniżyć (się); raczyć; s pochylenie; przygarbienie

stop [stɒp] vt zatkać, zatrzymać, zahamować; zaprzestać, skończyć; napełnić, zaplombować; powstrzymać; vi zatrzymać się, stanąć; przestać, skończyć (się), ustać; ~ **short** urwać, nagle przerwać; s zatrzymanie (się); postój; przystanek; przerwa; koniec; zatyczka; gram. głoska zwarta; gram. **full** ~ kropka; **to come to a** ~ stanąć; ustać; **to put a** ~ położyć kres

stop·light ['stɒplaɪt] s światło stopu; sygnał zatrzymania

stop·o·ver ['stɒp,əʊvə] s przystanek, postój, międzylądowanie (*w czasie podróży samolotem*)

stop·page ['stɒpɪdʒ] s zatrzymanie; wstrzymanie (*np. pracy*); zawieszenie (*np. terminu płatności*); zastój

stop·per ['stɒpə] s szpunt, korek

stop·press ['stɒppres] attr ~ **news** wiadomości (z ostatniej chwili)

stor·age ['stɔːrɪdʒ] s magazynowanie, gromadzenie, zapas; **cold** ~ przechowywanie w chłodni; chłodnia

store [stɔː] s zapas; skład; magazyn; am. sklep; pl ~**s** dom towarowy; **to set** ~ przykładać wagę, przywiązywać znaczenie (**by sth** do czegoś); **to have sth in** ~ **for sb** mieć coś przygotowane dla kogoś; vt zaopatrywać, ekwipować; (*także* ~ **up**) magazynować, przechowywać, gromadzić (*np. zapasy*)

store·house ['stɔːhaʊs] s magazyn

store·keep·er ['stɔː,kiːpə] s magazynier; am. kupiec

sto·rey, sto·ry ['stɔːrɪ] s piętro

stork [stɔːk] s bocian

storm [stɔːm] s burza; mors. sztorm; szturm; vi krzyczeć, złościć się; **it** ~**s** burza szaleje; vt szturmować

storm·y ['stɔːmɪ] adj burzliwy, gwałtowny; zapowiadający burzę

sto·ry 1. ['stɔːrɪ] s historia; opowiadanie, opowieść; fabuła; **short** ~ nowela; **the** ~ **goes that ...** mówią, że ...; podobno ...

sto·ry 2. zob. **storey**

stout [staʊt] adj mocny, mocno zbudowany; tęgi; otyły; solidny; stanowczy; s mocny porter

stove [stəʊv] s piec

stow [stəʊ] vt umieścić; zapakować; (*także* ~ **away**) schować; usunąć; vi ukryć się; jechać bez biletu (*zw.* na statku)

stow·age ['stəʊɪdʒ] s mors. pakownia; pakowanie; ładunek ułożony; opłaty za ładunek

stow·a·way ['stəʊəweɪ] s pasażer na gapę (*na statku*)

S

strad·dle ['strædl] *vt vi* stać z rozkraczonymi nogami; siedzieć okrakiem

strag·gle ['strægl] *vi* rozejść się; rozproszyć się, być rozproszonym

strag·gler ['stræglə] *s* włóczęga, maruder

straight [streɪt] *adj* prosty, sztywny; prostolinijny; uporządkowany; pewny; rzetelny; **to put ~** uporządkować, poprawić, wyrównać; *adv* prosto; **~ away** natychmiast; z miejsca; **~ out** wprost, bez wahania

straight·en ['streɪtn] *vt vi* wyprostować (się); uporządkować; wyrównać

straight·for·ward [ˌstreɪt'fɔːwəd] *adj* prosty; prostolinijny, szczery

strain 1. [streɪn] *vt* napinać, wytężać, forsować; przesadzać; przekraczać; cedzić, filtrować; *vi* wysilać się, wytężać się; usilnie dążyć (**after sth** do czegoś); *s* napięcie, natężenie; wysiłek; (*zw. pl* **~s**) *poet.* melodia, ton

strain 2. [streɪn] *s* ród, rasa, pochodzenie

strait [streɪt] *adj* wąski, ciasny; **~ jacket** kaftan bezpieczeństwa; *s* (*zw. pl* **~s**) cieśnina; ciężkie położenie, kłopoty

strand 1. [strænd] *s* brzeg, plaża; *vt* osadzić na brzegu; osiąść na brzegu

strand 2. [strænd] *s* skręcona nitka (*przędzy, sznura*); splot (*włosów*), warkocz

strange [streɪndʒ] *adj* dziwny, niezwykły; obcy; **to feel ~** czuć się nieswojo; **~ to say** ... dziwne, że ...

strang·er ['streɪndʒə] *s* obcy człowiek; nieznajomy, przybysz; człowiek nie obeznany (**to sth** z czymś)

stran·gle ['stræŋgl] *vt* dusić, dławić

stran·gu·late ['stræŋgjuleɪt] *vt* dusić; *med.* podwiązywać (*np. żyłę*)

strap [stræp] *s* rzemień; uchwyt (*np. w tramwaju*); *vt* opasać rzemieniem, przewiązać; sprawić lanie

stra·ta *zob.* **stratum**

strat·a·gem ['strætədʒəm] *s* podstępny plan, fortel

stra·te·gic [strə'tiːdʒɪk] *adj* strategiczny

strat·e·gy ['strætədʒɪ] *s* strategia

strat·o·sphere ['strætəsfɪə] *s* stratosfera

stra·tum ['strɑːtəm] *s* (*pl* **strata** ['strɑːtə]) *geol.* warstwa; *przen.* grupa społeczna

straw [strɔː] *s* słoma; *przen.* **I don't care a ~** nic mnie to nie obchodzi, nie dbam o to; **it isn't worth a ~** to nie ma żadnej wartości

straw·ber·ry ['strɔːbərɪ] *s bot.* truskawka; (*także* **wild ~**) poziomka

stray [streɪ] *vi* błąkać się, błądzić; odłączyć się (*od grupy*); zejść z właściwej drogi; *adj attr* zabłąkany; przypadkowy; *s* przybłęda; *pl* **~s** zakłócenia atmosferyczne

streak [striːk] *s* pasmo, smuga; rys; **like a ~ of lightning** błyskawicznie, z szybkością błyskawicy

stream [striːm] *s* strumień; prąd; **a ~ of people** masa ludzi; tłum; **to go with the ~** iść z prądem czasu; *lit.* **~ of consciousness** strumień świadomości; **down ~** z prądem; **up ~** pod prąd; *vi* uciec, płynąć, spływać

stream·let ['striːmlət] *s* strumyk

stream·line ['striːmlaɪn] *s* linia opływowa

street [striːt] *s* ulica; **the man in the ~** szary człowiek

street·car ['striːtkɑː] *s am.* tramwaj

street·walk·er ['striːtˌwɔːkə] *s* ulicznica, prostytutka

strength [streŋθ] *s* siła, moc

strength·en ['streŋθn] vt vi wzmocnić (się)

stren·u·ous ['strenjuəs] adj gorliwy; usilny; wymagający wysiłku

stress [stres] s nacisk, przycisk; presja, ciśnienie; *gram.* akcent; vt naciskać; podkreślać; *gram.* akcentować

stretch [stretʃ] vt vi wyciągać (się), rozciągać (się), naciągać (się); s rozpostarcie; napięcie; rozpiętość; elastyczność; przeciąg czasu; jednolita przestrzeń; **at a ~** jednym ciągiem

stretch·er ['stretʃə] s nosze; rama do napinania

*strew [struː] vt (**strewed** [struːd], **strewn** [struːn] lub **strewed** [struːd]) sypać, rozsypywać

strick·en ['strıkən] adj trafiony, dotknięty; **~ in years** w podeszłym wieku

strict [strıkt] adj ścisły, dokładny

stric·ture ['strıktʃə] s *med.* zwężenie, skurcz; (*zw. pl* **~s**) ostra krytyka

*stride [straıd] vt vi (**strode** [strəud], **stridden** ['strıdn]) kroczyć; przekroczyć; siedzieć okrakiem (**sth** na czymś); s krok; rozkrok; **to take sth in one's ~** zrobić coś bez wysiłku

stri·dent ['straıdnt] adj (*o dźwięku*) zgrzytający, piskliwy

strife [straıf] s walka, spór

*strike [straık] vt vi (**struck**, **struck** [strʌk]) uderzyć, ugodzić; strajkować; (*o zegarze*) bić; krzesać (*ogień*); zapalać (*zapałkę*); zadać (*cios*); wybijać (*np. monetę*); kończyć, zamykać (*np. bilans*); natknąć się (**sth** na coś); skreślić (*np. off a list* z listy); **to ~ a bargain** ubić interes; **to ~ blind** oślepić; **to ~ dead** uśmiercić; **to ~ root** zapuścić korzenie; **to ~ the tent** zwinąć namiot; **~ down** powalić; zbić; **~ off** odciąć; odejść; potrącić (*np. procent*);

skreślić; **~ out** wykreślić; szybko ruszyć (**for sth** ku czemuś); **~ up** zawrzeć (*znajomość*); zacząć grać; s strajk; trafienie; **to be on ~** strajkować

strike·break·er ['straık,breıkə] s łamistrajk

strik·er ['straıkə] s strajkujący

*string [strıŋ] v (**strung, strung** [strʌŋ]) vt naciągać, napinać; nawlekać; zaopatrzyć w struny; wiązać sznurem; vi napinać się; (*np. o kleju*) ciągnąć się; **~ up** powiesić (*człowieka*); napinać; s sznur, szpagat; struna; cięciwa; *muz.* **~ instruments** instrumenty smyczkowe

stringed [strıŋd] adj zaopatrzony w struny; smyczkowy

strin·gent ['strındʒənt] adj ścisły, surowy; ograniczony (*np. brakiem pieniędzy*); ciasny (*rynek*)

strip 1. [strıp] s pasek, skrawek

strip 2. [strıp] vt zdejmować, zrywać; obdzierać (**sb of sth** kogoś z czegoś); obnażać; vi rozebrać się, obnażyć się

strip car·toon [,strıpkɑːˈtuːn] s *bryt.* komiks

stripe [straıp] s pasek, kreska, smuga

striped [straıpt] adj pasiasty, w pasy, prążkowany

strip·ling ['strıplıŋ] s wyrostek, młokos

strip·per ['strıpə] s striptizerka

strip·tease ['strıptiːz] s striptease

*strive [straıv] vi (**strove** [strəuv], **striv·en** ['strıvn]) dążyć (**for after sth** do czegoś); walczyć, zmagać się (**with <against> sb, sth** z kimś, czymś)

strode zob. **stride**

stroke 1. [strəuk] vt głaskać, gładzić; s głaskanie

stroke 2. [strəuk] s uderzenie, cios; pociągnięcie; kreska; nagły pomysł, przebłysk; atak (*choro-*

S

by); *sport* styl (*pływania*); ruch (*ramion, wiosła itp.*); **at one ~** za jednym zamachem

stroll [strəul] *vi* wędrować, przechadzać się; *s* przechadzka

strong [strɒŋ] *adj* silny, mocny, energiczny; **~ drink** napój alkoholowy; **~ language** przekleństwa

strong·box ['strɒŋbɒks] *s* sejf

strong·hold ['strɒŋhəuld] *s* forteca

strop [strɒp] *s* pasek do ostrzenia brzytwy; *vt* ostrzyć na pasku

strove zob. **strive**

struck zob. **strike**

struc·tur·al ['strʌktʃrəl] *adj* strukturalny; budowlany

struc·ture ['strʌktʃə] *s* struktura; budowa

strug·gle ['strʌgl] *s* walka; *vi* walczyć; zmagać się; usiłować; **~ in** z wysiłkiem wtargnąć do wnętrza; **~ through** z wysiłkiem przedostać się

strum [strʌm] *vt vi* rzępolić, brzdąkać

strung zob. **string**; *adj* **~ up** znajdujący się w napięciu nerwowym

strut [strʌt] *vi* dumnie kroczyć, chodzić z nadętą miną

stub [stʌb] *s* pień; niedopałek (*papierosa*); pieniek (*zęba*); kikut; odcinek (*czeku, biletu*); *vt* (*także* **~ out <up>** trzebić, karczować; trącić (**against sth** o coś)

stub·ble ['stʌbl] *s* ściernisko; szczecina; broda nie golona

stub·born ['stʌbən] *adj* uparty

stuc·co ['stʌkəu] *s* sztukateria

stuck zob. **stick**

stud 1. [stʌd] *s* stadnina

stud 2. [stʌd] *s* gwóźdź z płaską główką, ćwiek; mały krążek; spinka; *vt* nabić gwoździami; **reflector ~s** światła odblaskowe wzdłuż drogi

stu·dent ['stju:dnt] *s* student; człowiek studiujący; uczony

stud·ied ['stʌdɪd] *adj* oczytany;

przemyślany; wyrafinowany; udawany

stu·dio ['stju:diəu] *s* atelier, studio

stu·di·ous ['stju:dɪəs] *adj* pilny, pracowity, oddany studiom; przemyślany

stud·y ['stʌdɪ] *s* studium; badanie; dążenie, staranie; pracownia, gabinet; *vt* studiować, badać; *vi* odbywać studia; przygotowywać się (**for an exam** do egzaminu); starać się

stuff [stʌf] *s* materiał, tworzywo, tkanina; istota, rzecz; *pl* **food ~s** artykuły żywnościowe; **green ~** warzywa; *vt* napychać, wypychać; nabijać; faszerować

stuff·ing ['stʌfɪŋ] *s* nabicie; wypchanie; nadzienie, farsz

stuff·y ['stʌfɪ] *adj* duszny; nudny; *am. pot.* zły, skwaszony

stul·ti·fy ['stʌltɪfaɪ] *vt* ogłupiać; udaremnić

stum·ble ['stʌmbl] *vi* potykać się; *przen.* robić błędy; zacinać się (*mówiąc*); natknąć się (**upon** z) potknięcie; błąd

stum·bling block ['stʌmblɪŋblɒk] *s* zapora, przeszkoda, trudność

stump [stʌmp] *s* pniak; niedopałek (*papierosa*); pieniek (*zęba*); kikut; **~ orator** okolicznościowy mówca; agitator polityczny; *vt* zapędzić w kozi róg; szerzyć agitację; *vi* iść sztywnym krokiem

stump·y ['stʌmpɪ] *adj* krępy

stun [stʌn] *vt* ogłuszyć (*uderzeniem*); zaszokować; zdumieć

stung zob. **sting**

stunt 1. [stʌnt] *s pot.* pokaz, popis; wyczyn; **~ man** kaskader, **~ woman** kaskaderka; *vi* dokonać czegoś sensacyjnego; popisać się (*np. akrobatyką lotniczą*)

stunt 2. [stʌnt] *vt* hamować (*w rozwoju*); *s* zahamowanie (*w rozwoju*)

stunt·ed ['stʌntɪd] *adj* karłowaty

stu·pe·fac·tion [ˌstjuːpɪˈfækʃn] s osłupienie; oszołomienie; otępienie

stu·pe·fy [ˈstjuːpɪfaɪ] vt oszołomić, otępić; wprawić w osłupienie

stu·pen·dous [stjuːˈpendəs] adj zdumiewający

stu·pid [ˈstjuːpɪd] adj głupi

stu·pid·i·ty [stjuːˈpɪdətɪ] s głupota; głupstwo; nonsens

stu·por [ˈstjuːpə] s osłupienie; odrętwienie

stur·dy [ˈstɜːdɪ] adj mocny, krzepki; nieugięty

stur·geon [ˈstɜːdʒən] s zool. jesiotr

stut·ter [ˈstʌtə] vi jąkać się

sty 1. [staɪ] s chlew

sty(e) 2. [staɪ] s med. jęczmień (na oku)

style [staɪl] s styl; moda; sposób tytułowania; szyk; wzór; sztyft; rylec; vt nazywać, tytułować

styl·ish [ˈstaɪlɪʃ] adj stylowy, modny

suave [swɑːv] adj przyjemny, uprzejmy

sub- [sʌb] praef pod-

sub·al·tern [ˈsʌbltən] s bryt. wojsk. oficer poniżej kapitana

sub·com·mit·tee [ˈsʌbkəˌmɪtɪ] s podkomisja, podkomitet

sub·con·scious [sʌbˈkɒnʃəs] adj podświadomy

sub·cu·tane·ous [ˌsʌbkjuːˈteɪnɪəs] adj podskórny

sub·di·vi·sion [ˈsʌbdɪˌvɪʒn] s poddział

sub·due [səbˈdjuː] vt pokonać, ujarzmić, przytłumić

sub·ject [ˈsʌbdʒɪkt] s podmiot (także gram.); temat; poddany; przedmiot (np. nauki); adj podległy; podlegający; narażony (**to sth** na coś); skłonny (**to sth** do czegoś); adv z zastrzeżeniem, pod warunkiem (**to sth** czegoś); vt [səbˈdʒekt] podporządkować; ujarzmić; poddać; narazić (**to sth**

na coś); ~ **matter** tematyka, zakres tematyczny

sub·jec·tion [səbˈdʒekʃn] s podporządkowanie (się); ujarzmienie; uzależnienie

sub·jec·tive [səbˈdʒektɪv] adj subiektywny; gram. ~ **case** mianownik

sub·ject mat·ter [ˈsʌbdʒɪktˌmætə] s temat; treść; tematyka

sub·join [sʌbˈdʒɔɪn] vt dołączyć, załączyć

sub·ju·gate [ˈsʌbdʒʊɡeɪt] vt ujarzmić

sub·junc·tive [səbˈdʒʌŋktɪv] adj gram. łączący; s gram. tryb łączący

sub·lime [səˈblaɪm] adj wzniosły; wspaniały; najwyższy

sub·ma·rine [ˈsʌbməriːn] adj podwodny; s łódź podwodna

sub·merge [səbˈmɜːdʒ] vt vi zatopić, zanurzyć (się)

sub·mis·sion [səbˈmɪʃn] s podporządkowanie; uległość, posłuszeństwo

sub·mis·sive [səbˈmɪsɪv] adj uległy, posłuszny

sub·mit [səbˈmɪt] vt poddawać pod rozwagę; pozostawiać do decyzji; przedkładać, proponować; vi podporządkować się, ulegać

sub·or·di·nate [səˈbɔːdnət] adj podporządkowany, podwładny; gram. ~ **clause** zdanie podrzędne; s podwładny; vt [səˈbɔːdɪneɪt] podporządkować, uzależnić

sub·or·di·na·tion [səˌbɔːdɪˈneɪʃn] s podporządkowanie; uległość, posłuszeństwo, subordynacja

sub·scribe [səbˈskraɪb] vt podpisać; dopisać; pisemnie złożyć, zaofiarować (np. sumę pieniężną); vi podpisać się (**to sth** pod czymś); popierać (**to sth** coś); prenumerować (**for** <**to**> **sth** coś)

sub·scrib·er [səbˈskraɪbə] s subskrybent; abonent

S

sub·scrip·tion [səb'skrɪpʃn] *s* podpis; abonament; subskrypcja; składka członkowska

sub·se·quent ['sʌbsɪkwənt] *adj* następny, późniejszy; **~ to sth** wynikający z czegoś

sub·ser·vi·ent [səb'sɜːvɪənt] *adj* służalczy; pomocny, przyczyniający się

sub·side [səb'saɪd] *vi* opadać; zapadać się; uspokajać się

sub·sid·i·ar·y [səb'sɪdɪərɪ] *adj* pomocniczy; dodatkowy; *s* pomocnik

sub·si·dy ['sʌbsɪdɪ] *s* subwencja

sub·sist [səb'sɪst] *vi* istnieć, żyć (**by sth** z czegoś, dzięki czemuś); żywić się (**on sth** czymś); utrzymywać się (*w mocy, w zwyczaju itp.*)

sub·sist·ence [səb'sɪstəns] *s* istnienie; życie; utrzymywanie się; utrzymanie

sub·stance ['sʌbstəns] *s* substancja; istota, treść, znaczenie; trwałość; posiadłość, majątek; **in ~** w istocie

sub·stan·tial [səb'stænʃl] *adj* istotny; rzeczywisty; konkretny; solidny

sub·stan·tive [səb'stæntɪv] *adj* rzeczywisty, konkretny; *s* ['sʌbstəntɪv] *gram.* rzeczownik

sub·sti·tute ['sʌbstɪtjuːt] *s* zastępca; substytut, namiastka; *vt* podstawić, użyć zastępczo (**sth for sth** czegoś zamiast czegoś), zastąpić

sub·sti·tu·tion [ˌsʌbstɪ'tjuːʃn] *s* substytucja; podstawienie; zastępowanie

sub·ter·fuge ['sʌbtəfjuːdʒ] *s* podstęp

sub·ter·ra·ne·an [ˌsʌbtə'reɪnɪən] *adj* podziemny

sub·ti·tle ['sʌbˌtaɪtl] *s* podtytuł

sub·tle ['sʌtl] *adj* subtelny; misterny

sub·tract [səb'trækt] *vt mat.* odejmować

sub·trac·tion [səb'trækʃn] *s mat.* odejmowanie

sub·trop·i·cal [ˌsʌb'trɒpɪkl] *adj* podzwrotnikowy

sub·urb ['sʌbɜːb] *s* przedmieście; *pl* **~s** peryferie

sub·ur·ban [sə'bɜːbən] *adj* podmiejski

sub·ven·tion [səb'venʃn] *s* subwencja

sub·ver·sion [səb'vɜːʃn] *s* przewrót, akcja wywrotowa

sub·ver·sive [səb'vɜːsɪv] *adj* wywrotowy

sub·vert [səb'vɜːt] *vt* przewrócić, obalić

sub·way ['sʌbweɪ] *s* przejście podziemne; *am.* kolej podziemna, metro

suc·ceed [sək'siːd] *vi* mieć powodzenie, z powodzeniem coś robić; odziedziczyć (**to an estate** posiadłość); **I ~ed in finishing my work** udało mi się skończyć pracę; *vt* nastąpić (**sb, sth** po kimś, po czymś)

suc·cess [sək'ses] *s* powodzenie; pomyślność; sukces; człowiek, który ma powodzenie (*w życiu*)

suc·cess·ful [sək'sesfl] *adj* mający powodzenie, udany, pomyślny; **I was ~ in doing that** udało mi się to zrobić

suc·ces·sion [sək'seʃn] *s* następstwo, kolejność; seria; sukcesja, dziedziczenie; **in ~** kolejno; **in quick ~** raz za razem, szybko po sobie

suc·ces·sive [sək'sesɪv] *adj* kolejny

suc·ces·sor [sək'sesə] *s* następca (**to sb** czyjś); sukcesor, dziedzic

suc·cinct [sək'sɪŋkt] *adj* krótki, zwięzły

suc·cour ['sʌkə] *s* pomoc; *vt* wspomagać, przyjść z pomocą

suc·cu·lent ['sʌkjʊlənt] *adj* soczysty

suc·cumb [sə'kʌm] *vi* ulec, poddać się (**to sth** czemuś); umrzeć

such [sʌtʃ] *adj pron* taki; **no,
some, any, every, another,
many, all** *poprzedzają* **such**;
rodzajnik a następuje po **such**,
np.: **no ~ thing** nic takiego; **~ a
thing** coś takiego; **~ a nice day**
taki piękny dzień; **~ as** taki, jak...;
~ that ... taki, że ...

such·like ['sʌtʃlaɪk] *adj* podobny
(*do tego*), tego rodzaju

suck [sʌk] *vt* ssać, wsysać; *przen.*
czerpać (*np. korzyść*); *s* ssanie

suck·er ['sʌkə] *s* osesek; *zool.*
ssak; ssawka; *techn.* tłok ssący;
bot. odrost, kiełek; *pot.* maniak;
naiwniak; *am pot.* lizak

suck·le ['sʌkl] *vt* karmić piersią

suck·ling ['sʌklɪŋ] *s* osesek

suc·tion ['sʌkʃn] *s* ssanie

suc·tion pump ['sʌkʃnpʌmp] *s*
pompa ssąca

sud·den ['sʌdn] *adj* nagły; *s tylko
w zwrocie*: **all of a ~** nagle

suds [sʌdz] *s pl* mydliny

sue [su:] *vt* ścigać sądownie, procesować się (**sb** z kimś, **for sth** o
coś); *vi* błagać (**for sth** o coś);
prosić (*kobietę o rękę*); wnosić
skargę (**to a court** do sądu)

suede [sweɪd] *s* zamsz

su·et ['su:ɪt] *s* łój

suf·fer ['sʌfə] *vi* cierpieć (**from
sth** na coś, **for sth** za coś); chorować; cierpieć (**sth** z powodu czegoś); **~ hunger** cierpieć głód; *vt*
znosić, tolerować; ponosić (*np.
karę*); pozwalać (**sth** na coś)

suf·fer·a·ble ['sʌfrəbl] *adj*
znośny, dopuszczalny

suf·fer·ance ['sʌfrəns] *s* tolerowanie; cierpliwość, wytrzymałość;
to be on ~ być tolerowanym;
beyond ~ nie do wytrzymania

suf·fer·er ['sʌfrə] *s* człowiek cierpiący; ponoszący szkodę (**from
sth** z powodu czegoś)

suf·fer·ing ['sʌfrɪŋ] *s* cierpienie

suf·fice [sə'faɪs] *vt vi* wystarczać;
zadowalać; **~ it to say** wystarczy
powiedzieć

suf·fi·cien·cy [sə'fɪʃnsɪ] *s* do-
stateczna ilość; wystarczające
środki do życia

suf·fi·cient [sə'fɪʃnt] *adj* wystarczający, dostateczny

suf·fix ['sʌfɪks] *s gram.* przyrostek

suf·fo·cate ['sʌfəkeɪt] *vt vi* dusić
(się)

suf·frage ['sʌfrɪdʒ] *s* prawo
głosowania; głosowanie; głos

suf·fuse [sə'fju:z] *vt* zalać (*np.
łzami*); pokryć (*np. farbą*)

sug·ar ['ʃʊgə] *s* cukier; *am. pot.*
kochanie, kochany, kochana; *vt*
cukrzyć, słodzić

sug·ar ba·sin ['ʃʊgə‚beɪsn] *s* cukiernica

sug·ar beet ['ʃʊgəbi:t] *s bot.*
burak cukrowy

sug·ar cane ['ʃʊgəkeɪn] *s bot.*
trzcina cukrowa

sug·ar loaf ['ʃʊgələʊf] *s* głowa
cukru

sug·gest [sə'dʒest] *vt* sugerować,
podsuwać myśl, dawać do zrozumienia; proponować

sug·ges·tion [sə'dʒestʃn] *s* sugestia; propozycja

sug·ges·tive [sə'dʒestɪv] *adj* sugestywny, nasuwający myśl (**of
sth** o czymś); wiele mówiący;
dwuznaczny

su·i·cide ['su:ɪsaɪd] *s* samobójca;
samobójstwo

suit [su:t] *s* sprawa sądowa, proces; seria; garnitur, ubranie; kostium (*damski*); zestaw, komplet;
kolor (*w kartach*); **to follow ~** (*w
kartach*) dodać do koloru; *przen.*
pójść w ślady; *vt vi* odpowiadać,
nadawać się, pasować (**sth** do
czegoś); dostosowywać; być do
twarzy; zadowolić, dogodzić; **~
yourself** rób, jak uważasz; **this
dress ~s you** do twarzy ci w tej
sukni

suit·a·ble ['su:təbl] *adj* odpowiedni, stosowny; należyty

suit·case ['su:tkeɪs] *s* walizka

suite [swi:t] *s* świta, orszak; seria;

S

muz. suita; **~ of rooms** amfilada (*pokojów*), apartamenty

suit·or ['su:tə] *s* zalotnik, konkurent; petent; *prawn.* powód (*strona w sądzie*)

sulk [sʌlk] *vi* dąsać się; *s pl* **~s** dąsy, fochy

sulk·y ['sʌlkɪ] *adj* nadąsany

sul·len ['sʌlən] *adj* ponury

sul·ly ['sʌlɪ] *vt* kalać, plamić; zaciemniać

sul·phate ['sʌlfeɪt] *s chem.* siarczan

sul·phur ['sʌlfə] *s chem.* siarka

sul·phu·ric [sʌl'fjʊərɪk] *adj chem.* siarkowy

sul·phur·ous ['sʌlfərəs] *adj chem.* siarkawy

sul·tan ['sʌltən] *s* sułtan

sul·tan·a [sʌl'tɑːnə] *s* sułtanka; rodzynek

sul·try ['sʌltrɪ] *adj* duszny, parny

sum [sʌm] *s* suma, wynik; treść, sedno; zadanie arytmetyczne; *pl* **~s** rachunki, matematyka (*w szkole*); **in ~s** krótko mówiąc; *vt* sumować; **~ up** dodawać; podsumowywać, streszczać

sum·ma·rize ['sʌməraɪz] *vt* streścić, zreasumować

sum·ma·ry ['sʌmərɪ] *adj* krótki; pobieżny; *prawn.* sumaryczny; *s* streszczenie, zwięzłe ujęcie

sum·mer ['sʌmə] *s* lato; **Indian ~** babie lato; **~ school** kurs wakacyjny; **~time** lato; *vi* spędzać lato

sum·mer·y ['sʌmərɪ] *adj* letni

sum·mit ['sʌmɪt] *s* (*także przen.*) szczyt; **~ conference** konferencja na szczycie

sum·mon ['sʌmən] *vt* wezwać, zawezwać; zwołać; zebrać; **~ up** powołać; zebrać się, zdobyć się (*sth* na coś)

sum·mons ['sʌmənz] *s* wezwanie, nakaz; *vt* wezwać (*do sądu*)

sump·tu·ous ['sʌmptʃʊəs] *adj* pełen przepychu, wspaniały, wystawny

sun [sʌn] *s* słońce; **in the ~** na

słońcu; *vt* wystawiać na słońce; **~ signs** znaki zodiaku; *vi* wygrzewać się na słońcu

sun·beam ['sʌnbiːm] *s* promień słońca

sun·burn ['sʌnbɜːn] *s* opalenizna

sun·burnt ['sʌnbɜːnt] *adj* opalony, ogorzały

sun·dae ['sʌndeɪ] *s* lody (*z owocami, czekoladą, orzechami i śmietaną*)

Sun·day ['sʌndeɪ] *s* niedziela; *attr* niedzielny; *pot.* **~ best** odświętne ubranie; **~ driver** kierowca niedzielny

sun·dial ['sʌndaɪəl] *s* zegar słoneczny

sun·dry ['sʌndrɪ] *adj* różny, rozmaity; **all and ~** wszyscy bez wyjątku; *s pl* **sundries** rozmaitości

sun·flow·er ['sʌn,flaʊə] *s bot.* słonecznik

sung *zob.* **sing**

sunk *zob.* **sink**

sunk·en ['sʌŋkən] *pp od* **sink**; *adj* zanurzony, zatopiony; zapadnięty, zapadły; leżący poniżej poziomu

sun·light ['sʌnlaɪt] *s* światło słoneczne

sun·ny ['sʌnɪ] *adj* słoneczny; (*o usposobieniu*) pogodny, wesoły

sun·ray ['sʌnreɪ] *s* promień słońca

sun·rise ['sʌnraɪz] *s* wschód słońca; **at ~** o świcie

sun·roof ['sʌnruːf] *s mot.* odsuwany dach samochodu, *pot.* szyberdach

sun·set ['sʌnset] *s* zachód słońca; **at ~** o zachodzie słońca

sun·shade ['sʌnʃeɪd] *s* parasolka (*od słońca*); markiza

sun·shine ['sʌnʃaɪn] *s* światło słoneczne; słoneczna pogoda

sun·stroke ['sʌnstrəʊk] *s* udar słoneczny

sup [sʌp] *vi* jeść kolację

su·per 1. ['suːpə] *adj pot.* wspa-

supplier

niały, pierwszorzędny; super; *s
pot. teatr* statysta

su·per· 2. ['suːpə] *praef* nad-;
prze-, *np.*: **superman** nadczłowiek; superman; **to super-
heat** przegrzewać

su·per·a·bound [ˌsuːpərə-
'baund] *vi* być w nadmiarze

su·per·a·bun·dant [ˌsuːpərə-
'bandənt] *adj* będący w nadmiarze

su·per·an·nu·ate [ˌsuːper'ænjʊ-
eit] *vt* zarzucić (*coś przesta-
rzałego*); przenieść w stan spo-
czynku; usunąć (*ucznia ze szkoły*)

su·per·an·nu·at·ed [ˌsuːpər-
'ænjʊeitid] *adj* emerytowany;
przestarzały, zużyty

su·perb [suːˈpɜːb] *adj* wspaniały

su·per·cil·i·ous [ˌsuːpəˈsiliəs]
adj zarozumiały, wyniosły

su·per·e·ro·ga·to·ry [ˌsuːpəre-
'rɒgətri] *adj* zbyteczny, nadobowiązkowy

su·per·fi·cial [ˌsuːpəˈfiʃl] *adj* dotyczący powierzchni; (*o uczuciach, wiedzy*) powierzchowny

su·per·fi·ci·es [ˌsuːpəˈfiʃiːz] *s*
powierzchnia

su·per·flu·i·ty [ˌsuːpəˈfluːəti] *s*
zbędność; nadmiar; zbędna rzecz

su·per·flu·ous [suːˈpɜːfluəs] *adj*
zbędny; nadmierny

su·per·hu·man [ˌsuːpəˈhjuːmən]
adj nadludzki

su·per·in·tend·ent [ˌsuːpərin-
'tendənt] *s* nadzorca; inspektor;
kierownik

su·pe·ri·or [suːˈpiəriə] *adj* wyższy; przeważający; starszy rangą;
wyniosły; zwierzchni; przedni; **to
be ~** przeważyć; wznosić się (**to
sb, sth** ponad kogoś, coś); *s*
zwierzchnik, przełożony; człowiek górujący; **he has no ~ in ...**
nikt go nie przewyższa pod względem...

su·pe·ri·or·i·ty [suːˌpiəriˈɒrəti] *s*
wyższość; starszeństwo; przewaga

su·per·la·tive [suːˈpɜːlətiv] *adj*

nieprześcigniony, najlepszy;
gram. (*o stopniu*) najwyższy; *s
gram.* stopień najwyższy; *przen.*
wyraz najwyższego uznania, su-
perlatyw

su·per·mar·ket ['suːpəˌmɑːkit] *s*
dom towarowy

su·per·nat·u·ral [ˌsuːpəˈnætʃrəl]
adj nadprzyrodzony

su·per·nu·mer·a·ry [ˌsuːpə-
'njuːmərəri] *adj* nadliczbowy;
zbędny; nieetatowy; rzecz zbędna; *teatr* statysta; pracownik nieetatowy

su·per·scribe [ˌsuːpəˈskraib] *vt*
napisać u góry, umieścić napis;
adresować

su·per·scrip·tion [ˌsuːpəˈskrip-
ʃn] *s* napis; adres

su·per·sede [ˌsuːpəˈsiːd] *vt*
wyprzeć, usunąć, zastąpić

su·per·son·ic [ˌsuːpəˈsɒnik] *s fiz.*
ultradźwiękowy

su·per·sti·tion [ˌsuːpəˈstiʃn] *s*
przesąd, zabobon

su·per·sti·tious [ˌsuːpəˈstiʃəs]
adj przesądny, zabobonny

su·per·struc·ture ['suːpə-
ˌstrʌktʃə] *s* nadbudowa

su·per·vene [ˌsuːpəˈviːn] *vi* niespodziewanie nadejść, nastąpić

su·per·vise ['suːpəvaiz] *vi*
dozorować, kontrolować

super·vi·sion [ˌsuːpəˈviʒn] *s* dozór, nadzór, kontrola

su·per·vi·sor ['suːpəvaizə] *s*
nadzorca, kontroler; kierownik

sup·per ['sʌpə] *s* kolacja

sup·plant [səˈplɑːnt] *vt* wyprzeć,
zająć miejsce

sup·ple ['sʌpl] *adj* giętki, uległy

sup·ple·ment ['sʌplimənt] *s* uzupełnienie, dodatek; *vt* [ˌsʌpli-
ment] uzupełnić, zaopatrzyć w
suplement

sup·ple·men·ta·ry [ˌsʌpliˈmen-
tri] *adj* uzupełniający

sup·pli·cate ['sʌplikeit] *vt* błagać
(**sb for sth** kogoś o coś)

sup·plier [səˈplaiə] *s* dostawca

S

sup·ply [sə'plaɪ] *vt* dostarczyć (**sb with sth** komuś, czegoś), dostawić; zaopatrzyć (**sb with sth** kogoś w coś); uzupełnić; ~ **the demand** zaspokoić popyt; *s* podaż; zaopatrzenie; *pl* **supplies** kredyty (*zw.* państwowe); zasiłki; *handl.* artykuły; *wojsk.* zaopatrzenie; posiłki; **food** ~ aprowizacja; **short** ~ niedostateczne zaopatrzenie, niedobór; ~ **and demand** podaż i popyt

sup·port [sə'pɔːt] *vt* podpierać; popierać, pomagać, utrzymywać; podtrzymywać; znosić, cierpieć; *s* podpora; poparcie, pomoc; utrzymanie; **in** ~ na poparcie (**of sth** czegoś); *wojsk.* w rezerwie

sup·pose [sə'pəʊz] *vt vi* przypuszczać, zakładać; **he is ~ed to be**... przypuszcza się, że on jest ...; przypuśćmy, dajmy na to; **I ~ so** myślę, że tak, chyba tak *conj* = **supposing**; a jeśli; ~ **he misses the plain** a jeśli on się spóźni na samolot?

sup·pos·ing [sə'pəʊzɪŋ] *conj* o ile, jeśli

sup·po·si·tion [ˌsʌpə'zɪʃn] *s* przypuszczenie; **on the ~ that...** przypuszczając, że...

sup·po·si·to·ry [sə'pɒzɪtrɪ] *s med.* czopek

sup·press [sə'pres] *vt* stłumić; znieść; zakazać; powstrzymać; ukryć, zataić

sup·pres·sion [sə'preʃn] *s* stłumienie; zniesienie; zakaz; powstrzymanie; ukrycie, zatajenie

sup·pu·rate ['sʌpjʊreɪt] *vi med.* ropieć, jątrzyć się

su·prem·a·cy [suː'preməsɪ] *s* supremacja, zwierzchnictwo

su·preme [suː'priːm] *adj* najwyższy; ostateczny

sur·charge ['sɜːtʃɑːdʒ] *vt* dodatkowo obciążyć, przeciążyć; zażądać zbyt wysokiej ceny; *s* przeciążenie; nadwaga; dopłata; *filat.* nadruk

surd [sɜːd] *adj mat.* niewymierny; *s mat.* liczba niewymierna

sure [ʃɔː] *adj* pewny, niezawodny; **be ~ to come** przyjdź koniecznie; **he is ~ to do it** on na pewno to zrobi; **for ~** na pewno tak, oczywiście; **to make ~** upewnić się; *adv* na pewno; ~ **enough** z pewnością

sure·ly ['ʃɔːlɪ] *adv* pewnie, niezawodnie

surf [sɜːf] *s* fale rozbijające się o brzeg; piana na falach; *vi* pływać na desce

sur·face ['sɜːfɪs] *s* powierzchnia; wygląd zewnętrzny

sur·feit ['sɜːfɪt] *s* przesyt; nadmiar; *vt* przesycić

surf·ing ['sɜːfɪŋ] *s* surfing (*jazda na desce wodnej*)

surge [sɜːdʒ] *vi* wzbierać; wznosić się; (*o falach*) podnosić się; *s* wysoka fala; przypływ

sur·geon ['sɜːdʒn] *s med.* chirurg; lekarz wojskowy

sur·ger·y ['sɜːdʒərɪ] *s med.* chirurgia; zabieg chirurgiczny; pokój przyjęć pacjentów, gabinet

sur·gi·cal ['sɜːdʒɪkl] *adj* chirurgiczny

sur·ly ['sɜːlɪ] *adj* ponury, nieprzyjazny; gburowaty

sur·mise ['sɜːmaɪz] *s* przypuszczenie; podejrzenie; *vt* [sɜː'maɪz] przypuszczać, podejrzewać

sur·mount [sə'maʊnt] *vt* wznosić się (**sth** ponad coś); opanować, przezwyciężyć

sur·name ['sɜːneɪm] *s* nazwisko; przydomek

sur·pass [sə'pɑːs] *vt* przewyższać, przekraczać (*oczekiwania itd.*)

sur·plus ['sɜːpləs] *s* nadwyżka, dodatek; *adj attr* dodatkowy; ~ **value** wartość dodatkowa

sur·prise [sə'praɪz] *s* zaskoczenie; niespodzianka; zdziwienie; **to give sb a ~** sprawić komuś niespodziankę; **to take sb by ~**

zaskoczyć kogoś; **by** ~ niespo-dziewanie; *vt* zaskoczyć; zdziwić

sur·ren·der [səˈrendə] *vt* poddać, wydawać; przekazać; zrzec się, zrezygnować (**sth** z czegoś); *vi* poddać się, ulec, oddać się; *s* poddanie się; kapitulacja; oddanie (się); rezygnacja; wykup (*np. polisy*)

sur·rep·ti·tious [ˌsʌrəpˈtɪʃəs] *adj* skryty, tajny

sur·round [səˈraund] *vt* otaczać

sur·round·ings [səˈraundɪŋz] *s pl* otoczenie; okolica

sur·veil·lance [səˈveɪləns] *s* nadzór (*zw.* policyjny)

sur·vey [ˈsɜːveɪ] *s* przegląd, in-spekcja; *periodical* ~ przegląd okresowy; pomiar (*terenu*); mapa (*terenowa*); *vt* [səˈveɪ] przeglą-dać, dokładnie badać; lustrować; mierzyć (*grunty*), dokonywać po-miarów

sur·vey·or [səˈveɪə] *s* nadzorca; inspektor; geodeta, mierniczy

sur·viv·al [səˈvaɪvl] *s* przeżycie, przetrwanie, utrzymanie się przy życiu, pozostałość, resztka; przeżytek; *biol.* **the** ~ **of the fittest** ewolucja drogą doboru naturalnego

sur·vive [səˈvaɪv] *vt vi* przeżyć, przetrwać, utrzymać się przy życiu

sus·cep·ti·bil·i·ty [səˌseptəˈbɪl-ətɪ] *s* podatność (**to sth** na coś), wrażliwość

sus·cep·ti·ble [səˈseptəbl] *adj* wrażliwy, podatny (**to sth** na coś); nadający się, dopuszczający możliwość (**of sth** czegoś)

sus·pect [səˈspekt] *vt vi* podej-rzewać (**sb of sth** kogoś o coś); obawiać się; *s* [ˈsʌspekt] człowiek podejrzany; *adj* podejrzany

sus·pend [səˈspend] *vt* zawiesić, wstrzymać

sus·pend·ers [səˈspendəz] *s pl* podwiązki; *am.* szelki

sus·pense [səˈspens] *s* stan za-wieszenia; niepewność

sus·pen·sion [səˈspenʃn] *s* za-wieszenie; wstrzymanie; zwłoka; ~ *bridge* most wiszący

sus·pi·cion [səˈspɪʃn] *s* podejrze-nie

sus·pi·cious [səˈspɪʃəs] *adj* po-dejrzliwy; podejrzany

sus·tain [səˈsteɪn] *vt* podtrzymy-wać; utrzymywać; przetrzymy-wać; znosić; ponosić

sus·te·nance [ˈsʌstɪnəns] *s* utrzymanie, wyżywienie; *zbior.* środki utrzymania

swad·dle [ˈswɒdl] *vt* owijać, prze-wijać (*niemowlę*)

swag·ger [ˈswægə] *vi* prze-chwalać się, zadzierać nosa; *s* chełpliwość, zarozumiałość

swal·low 1. [ˈswɒləʊ] *s zool.* jas-kółka; *sport* ~ **dive** skok do wody jaskółką

swal·low 2. [ˈswɒləʊ] *vt* połykać; pochłaniać; *s* łyk

swam *zob.* **swim**

swamp [swɒmp] *s* bagno, trzęsa-wisko; *vt* zanurzyć, pogrążyć; zasypać

swamp·y [ˈswɒmpɪ] *adj* bagnisty

swan [swɒn] *s zool.* łabędź

swap [swɒp] *vt pot.* wymieniać, przehandlować (**sth for sth** coś za coś); *s* wymiana

sward [swɔːd] *s* darń

swarm [swɔːm] *s* rój; *vi* roić się

swarth·y [ˈswɔːðɪ] *adj* śniady

swash·buck·ler [ˈswɒʃˌbʌklə] *s* zawadiaka

swathe [sweɪð] *vi* owijać, ban-dażować; *s* bandaż

sway [sweɪ] *vt vi* kołysać (się); przechylać (się); wahać się; mieć władzę, panować, przeważać; *s* kołysanie, przerzucanie się; wła-dza, panowanie

*swear [sweə] *v* (**swore** [swɔː], **sworn** [swɔːn]) *vi* przysięgać (**by sth** na coś); kląć (**at sb, sth** na kogoś, na coś); *vt* zaprzysięgać; **to** ~ **an oath** złożyć przysięgę; ~ **in** zaprzysięgać; ~ **off** odwołać, wy-

S

rzec się pod przysięgą; **~ words** przekleństwa

swear·ing ['sweərɪŋ] s przysięga, zaprzysiężenie; przekleństwo, przeklinanie

sweat [swet] s pot. pocenie się; trud; **in the ~ of one's brow** w pocie czoła; vi pocić się; trudzić się, ciężko pracować; vt wywoływać poty; wydzielać; zmuszać do pracy w pocie czoła, wyzyskiwać

sweat·er ['swetə] s sweter

Swede [swi:d] s Szwed

Swed·ish ['swi:dɪʃ] adj szwedzki; s język szwedzki

***sweep** [swi:p] vt (**swept, swept** [swept]) zamiatać, wymiatać, zmiatać; przesuwać, przeciągać; vi wędrować, przebiegać, mknąć; s zamiatanie; rozmach, zamaszysty ruch; rozległość; **to make a clean ~ (of sth)** pozbyć się (czegoś) za jednym zamachem

sweep·er ['swi:pə] s zamiatacz; zamiatarka (mechaniczna)

sweep·ing ['swi:pɪŋ] adj zamaszysty; gwałtowny, radykalny; rozległy; stanowczy

sweep·stake ['swi:psteɪk] s (także pl **~s**) totalizator (zw. na wyścigach konnych)

sweet [swi:t] adj słodki; delikatny; miły, ujmujący; melodyjny; łagodny; **it's ~ of you** to miło z twojej strony; pot. **to be ~ on sb** kochać się w kimś; s cukierek; legumina, deser; kochana osoba, pl **~s** słodycze; rozkosze; **~ tooth** pot. pociąg do słodyczy; **~ nothings** czułostki

sweet·en ['swi:tn] vt słodzić; vi stać się słodkim

sweet·ener ['swi:tnə] s słodzik; coś na osłodę (w formie zachęty)

sweet·heart ['swi:thɑ:t] s kochana osoba, kochanie

sweet shop ['swi:tʃɒp] s sklep ze słodyczami

***swell** [swel] v (**swelled** [sweld], **swollen** ['swəulən] lub **swelled**

[sweld]) vi puchnąć, nabrzmiewać; wzbierać; wzmagać się; vt nadymać; powiększać; wzmagać; s nabrzmienie, obrzęk; wzniesienie; wzmaganie się; pot. elegant; przen. gruba ryba; mistrz (**at sth** w czymś); adj pot. elegancki, modny; ważny, nadzwyczajny; **~ society** lepsze towarzystwo, wyższa sfera

swell·ing ['swelɪŋ] s nabrzmienie, obrzęk, opuchlina; wypukłość; adj nabrzmiały, napuszony

swel·ter ['sweltə] vi omdlewać od upału; s upał, skwar

swept zob. **sweep**

swerve [swɜ:v] vt vi odchylić (się), zboczyć; s odchylenie

swift [swɪft] adj szybki, prędki; adv szybko, prędko

***swim** [swɪm] v (**swam** [swæm], **swum** [swʌm]) vi pływać, płynąć; kręcić się (w głowie); vt przepłynąć; s pływanie; zawrót głowy

swim·ming bath ['swɪmɪŋbɑ:θ] s (pl **swimming baths** ['swɪmɪŋbɑ:ðz]) pływalnia

swim·ming match ['swɪmɪŋmætʃ] s zawody pływackie

swim·ming pool ['swɪmɪŋpu:l] s basen pływacki, pływalnia

swin·dle ['swɪndl] vt oszukiwać, wyłudzać (**sb of sth** od kogoś coś); s oszustwo

swin·dler ['swɪndlə] s oszust

swine [swaɪn] s (zool. pl **swine**, przen. pl **swines**) świnia

***swing** [swɪŋ] vt vi (**swung, swung** [swʌŋ]) kołysać (się), huśtać (się); zakręcać; wymachiwać; s kołysanie; rozmach; ruch wahadłowy; huśtawka; rytm (wiersza, muzyki itd.); **in full ~** w pełnym toku

swing door [,swɪŋ'dɔ:] s drzwi wahadłowe

swin·ish ['swaɪnɪʃ] adj świński

swirl [swɜ:l] s wir; zwój; vi wirować

swish 1. [swɪʃ] s świst, szmer; vi świszczeć; vt pot. chłostać

swish 2. [swɪʃ] adj pot. elegancki, modny

Swiss [swɪs] adj szwajcarski; s Szwajcar

switch [swɪtʃ] s wyłącznik; pręt; zwrotnica; vt bić prętem; trzaskać (np. z bata); elektr. przełączyć; skierować (np. pociąg); ~ **off** wyłączyć (światło, prąd itp.); ~ **on** włączyć (światło); połączyć (telefonicznie); ~ **over** przełączyć

switch·board ['swɪtʃbɔːd] s tablica rozdzielcza

switch·man ['swɪtʃmən] s (pl **switchmen** ['swɪtʃmən]) am. zwrotniczy

swol·len zob. **swell**

swoon [swuːn] s omdlenie; vi (także ~ **away**) zemdleć

swoop [swuːp] vi rzucać się (z góry); (o ptakach drapieżnych) nagle spaść; lotn. pikować

swop [swɒp] = **swap**

sword [sɔːd] s miecz, szabla, szpada; (o pochodzeniu) **on the ~ side** po mieczu

swore zob. **swear**

sworn zob. **swear**

swum zob. **swim**

swung zob. **swing**

syc·o·phant ['sɪkəfənt] s służalczy pochlebca

syl·lab·ic [sɪ'læbɪk] adj sylabowy, zgłoskowy

syl·la·ble ['sɪləbl] s zgłoska, sylaba

syl·la·bus ['sɪləbəs] s (pl **syllabi** ['sɪləbaɪ] lub ~**es**) kompendium, konspekt; program studiów, spis wykładów

sym·bol ['sɪmbl] s symbol

sym·bol·ic(·al) [sɪm'bɒlɪk(l)] adj symboliczny

sym·met·ric [sɪ'metrɪk] adj symetryczny

sym·me·try ['sɪmətrɪ] s symetria

sym·pa·thet·ic [ˌsɪmpə'θetɪk] adj współczujący, pełen sympatii,

życzliwy; pełen zrozumienia (dla drugich); med. współczulny; (o atramencie) sympatyczny, niewidoczny; (o działaniu) solidarny

sym·pa·thize ['sɪmpəθaɪz] vi współczuć, wyrażać współczucie; sympatyzować; wzajemnie się rozumieć

sym·pa·thy ['sɪmpəθɪ] s współczucie, sympatia; wzajemne zrozumienie; **letter of ~** list kondolencyjny; **in ~** na znak współczucia; harmonijnie, solidarnie

sym·pho·ny ['sɪmfənɪ] s muz. symfonia; adj attr. symfoniczny

sym·po·si·um [sɪm'pəʊzɪəm] s sympozjum; sesja, konferencja

symp·tom ['sɪmptəm] s symptom, objaw

symp·to·mat·ic [ˌsɪmptə'mætɪk] adj symptomatyczny

syn·a·gogue ['sɪnəgɒg] s synagoga

syn·chro·nize ['sɪŋkrənaɪz] vt synchronizować; vi zbiegać się w czasie, przebiegać równocześnie

syn·co·pe ['sɪŋkəpɪ] s gram. muz. synkopa

syn·di·cate ['sɪndɪkət] s syndykat

syn·od ['sɪnəd] s synod

syn·o·nym ['sɪnənɪm] s synonim

syn·on·y·mous [sɪ'nɒnɪməs] adj synonimiczny

syn·op·sis [sɪ'nɒpsɪs] s (pl **synopses** [sɪ'nɒpsiːz]) zwięzły przegląd, zarys, zestawienie; film skrót scenariusza

syn·tac·tic(·al) [sɪn'tæktɪk(l)] adj gram. składniowy

syn·tax ['sɪntæks] s gram. składnia

syn·the·sis ['sɪnθəsɪs] s (pl **syntheses** ['sɪnθəsiːz]) synteza

syn·thet·ic [sɪn'θetɪk] adj syntetyczny

sy·phon ['saɪfn] = **siphon**

syr·inge [sɪ'rɪndʒ] s med. strzykawka; vt wstrzykiwać,

przepłukać strzykawką

syr·up ['sɪrəp] s syrop

sys·tem ['sɪstəm] s system; metoda; organizm (człowieka); ustrój;

komp. **operating** ~ system operacyjny

sys·tem·at·ic [ˌsɪstə'mætɪk] *adj* systematyczny

T

tab [tæb] s pętelka, wieszak (*np. płaszcza*); język (buta); etykietka

table ['teɪbl] s stół; tablica, tabela; płyta; **at** ~ przy stole; *mat.* **multiplication** ~ tabliczka mnożenia; ~ **of contents** spis rzeczy; ~ **tennis** *sport* tenis stołowy; *vt* kłaść na stół; układać w tabelę, tabularyzować; poddawać pod dyskusję

table·cloth ['teɪblklɒθ] s obrus

ta·ble·land ['teɪbllænd] s płaskowzgórze

tab·let ['tæblət] s tabliczka; tabletka, pastylka

ta·boo [tə'buː] s tabu; świętość nietykalna; *adj* zakazany, nietykalny; *vt* objąć nakazem nietykalności, zakazać

tac·it ['tæsɪt] *adj* milczący, cichy

tac·i·turn ['tæsɪtɜːn] *adj* milczący, małomówny

tack [tæk] s sztyft; pinezka; gwóźdź tapicerski; *pl* ~**s** fastryga; *przen.* linia postępowania, taktyka; *vt* przytwierdzić (*pinezką*); przymocować; fastrygować; *vt* lawirować

tack·le [tækl] *vt* borykać się (**sb, sth** z kimś, czymś); uporać się; zatrzymać; zebrać się, przystąpić (**sth** do czegoś); przymocować; *vi pot.* energicznie wziąć się (**to sth** do czegoś); s *mors.* takielunek; sprzęt (*zw. rybacki*); *sport* złapanie i przytrzymanie przeciwnika

tack·ling ['tæklɪŋ] s sprzęt (*zw. rybacki*); *mors.* takielunek

tact [tækt] s takt

tact·ful ['tæktfl] *adj* taktowny

tac·ti·cal ['tæktɪkl] *adj* taktyczny; zręczny

tac·tics ['tæktɪks] s taktyka

tact·less ['tæktləs] *adj* nietaktowny

tad·pole ['tædpəul] s *zool.* kijanka

tag [tæg] s uchwyt; ucho (*buta*); pętelka; przyczepka; przyczepiona kartka, nalepka, etykieta; dodatek (*np. do przemówienia, tekstu itp.*), końcówka; okolicznościowy frazes; gra w berka; *vt* oznaczyć etykietą; dołączyć, doczepić (*coś na końcu*); śledzić, chodzić za kimś; *vi pot.* deptać po piętach (**after, behind sb** komuś)

tail [teɪl] s ogon; warkocz (długi); tył; orszak; *vt* sztukować; *vi* natrętnie włóczyć się (**after sb** za kimś)

tail·back ['teɪlbæk] s długi sznur pojazdów wolno poruszających się po autostradzie

tail·coat [ˌteɪl'kəut] s frak

tai·lor ['teɪlə] s krawiec

tai·lor·ing ['teɪlərɪŋ] s krawiectwo

taint [teɪnt] s plama, skaza; **hereditary** ~ dziedziczne obciążenie; *vt* splamić, skazić; *vi* ulec skażeniu, zepsuć się

*take [teɪk] *vt* (**took** [tuk], **taken** ['teɪkən]) brać, przyjmować; powziąć; spożywać (*pokarm*), zażywać (*lekarstwo*); uważać, wychodzić z założenia; wsiadać (*do pociągu, tramwaju*); zdejmować, robić zdjęcie (fotograficzne);

pochwycić, zająć; zarazić się, dostać (*kataru, gorączki itd.*); obrać (*kurs, drogę*); **to ~ account** wziąć pod uwagę, uwzględnić (**of sth** coś); **to ~ advantage** wykorzystać (**of sth** coś); **to ~ sb's advice** zasięgnąć czyjejś rady; **to ~ the air** zaczerpnąć powietrza, odetchnąć; **to ~ care** troszczyć się (**of sth** o coś); **to ~ the chair** objąć przewodnictwo; **to ~ courage** nabrać odwagi; **to ~ one's degree** otrzymać tytuł naukowy; **to ~ effect** nabrać mocy, wejść w życie; **to ~ an examination** zdawać egzamin; **to ~ a fancy** znaleźć upodobanie, polubić (**to sth** coś); **to ~ fright** przestraszyć się (**at, of sth** czegoś); **to ~ a glance** spojrzeć (**at sth** na coś); **to ~ heart** nabrać ducha; **to ~ hold** pochwycić (**of sth** coś); **to be ~n ill** zachorować; **to ~ interest** interesować się (**in sth** czymś); **~ it easy** nie przejmuj się, nie wysilaj się; **to ~ liberties** pozwalać sobie, nie krępować się (**with sb, sth** kimś, czymś); **to ~ notes** <**a note**> notować (**of sth** coś); **to ~ notice** zauważyć (**of sth** coś); **to ~ an oath** przysiąc; **to ~ offence** obrazić się (**at sth** o coś); **to ~ the offensive** przejść do ofensywy; **to ~ orders** przyjąć święcenia kapłańskie; **to ~ part** brać udział; **to ~ a picture** <**a photo­graph**> zrobić zdjęcie; **to ~ pity** litować się (**on sb** nad kimś); **to ~ place** odbywać się; **to ~ pleasure** znajdować przyjemność; **to ~ possession** brać w posiadanie (**of sth** coś); **to ~ pride** szczycić się (**in sth** czymś); **to ~ prisoner** wziąć do niewoli; **to ~ root** zapuścić korzenie; **to ~ a seat** usiąść; **to ~ sides** opowiedzieć się (**with sb** po czyjejś stronie); **to ~ steps** przedsięwziąć kroki, zastosować środki; **to ~ stock** inwentaryzować; *przen.* zaopatrywać; badać (**of sth** coś); **it ~s time** na to trzeba trochę czasu; **it took me two hours to do this** to zajęło mi dwie godziny czasu; **to ~ trouble** zadawać sobie trud, robić sobie kłopot; *z przysłówkami i przyimkami:* **~ aback** zaskoczyć, przerazić; **~ after** kształtować się według, upodabniać się do; **~ away** zabrać, uprowadzić; **~ down** zdjąć, zerwać; poniżyć; zapisać; zdemontować, rozebrać (*np. maszynę*); **~ for** uważać za; **to ~ for granted** uważać ze rzecz oczywistą, przesądzać; **~ in** wziąć do środka, włączyć; objąć; wciągnąć; przyjmować do domu, wprowadzić, brać do siebie; abonować (*gazetę*); naciągać, oszukiwać; **to ~ into account** brać pod uwagę; **to ~ into one's head** ubzdurać sobie; **~ off** zdjąć; zabrać; odjąć; usunąć; naśladować; wyruszyć; odprowadzić; odbić się (*od ziemi, wody*); *lotn.* startować; **~ on** przybrać; przyjąć; wziąć na siebie; podjąć się; **~ out** wyjąć; wyprowadzić; wywabić; wyciągnąć, wydostać; **~ over** przejąć; przewieźć; następować z kolei, luzować (**from sb** kogoś); **~ to** zabrać się do; oddać się (*np. nałogowi*), poświęcić się czemuś; ustosunkować się; **to ~ to the stage** poświęcić się sztuce scenicznej; **~ up** podnieść; wziąć na siebie, podjąć (się); zająć się (**sth** czymś); wchłaniać; przyjąć (*np. zakład*); zająć (*miejsce, czas*); zaprzątać (*np. umysł*); obcować; zadawać się; zadowalać się (**with sth** czymś); **~ five** *pot.* zrobić krótką przerwę

taken *zob.* **take**

take·a·way ['teɪkə‚weɪ] (*am.* **takeout** ['teɪkaʊt], **carryout** ['kærɪaʊt]) *s* danie na wynos; restauracja sprzedająca posiłki na wynos, garmażerka

take-off ['teɪkɒf] s naśladownictwo; parodia; *lotn.* start; *sport* odbicie się, odskok

take-out ['teɪkaʊt] = **takeaway**

tak·ing ['teɪkɪŋ] s wzięcie, pobieranie; *pl* ~s dochód, wpływy kasowe; *adj* pociągający; (*o chorobie*) zaraźliwy

talc [tælk], **tal·cum** ['tælkəm] s talk

tale [teɪl] s opowiadanie, powiastka; bajka; **fairy** ~s bajki; **to tell** ~s plotkować; skarżyć

tal·ent ['tælənt] s talent, uzdolnienie

tal·ent·ed ['tæləntɪd] *adj* utalentowany, zdolny

tal·is·man ['tælɪzmən] s talizman

talk [tɔːk] *vt vi* mówić, rozmawiać, gadać; **to ~ big** chwalić się; ~ **down** nie dać przyjść do słowa (**sb** komuś); ~ **into sth** namówić do czegoś; ~ **over** omówić; ~ **round** omówić wyczerpująco, wyczerpać temat; przekonać; **to ~ sense** mówić do rzeczy; **to ~ nonsense** pleść bzdury; **to ~ shop** mówić o interesach; s rozmowa, gadanie, pogadanka; prelekcja; pogłoska; **small** ~ rozmowa o niczym; ~ **show** dyskusja radiowa lub telewizyjna z udziałem znanych osób

talk·a·tive ['tɔːkətɪv] *adj* gadatliwy

talk·er ['tɔːkə] s gawędziarz; gaduła

tall [tɔːl] *adj* wysoki, wysokiego wzrostu; *pot.* nieprawdopodobny; niesłychany; przesadny; ~ **talk** przechwałki; **to talk** ~ przechwalać się

tal·low ['tæləʊ] s łój, tłuszcz

tal·ly ['tælɪ] s wykaz, rachunek; karb; znak; kartka *vt* oznaczać; liczyć; zestawiać; *vi* zgadzać się, odpowiadać sobie

tal·on ['tælən] s szpon

tame [teɪm] *adj* oswojony; łagodny; uległy; *vi* oswoić; poskromić

tame·less ['teɪmləs] *adj* nieokiełznany, dziki

tam·er ['teɪmə] s poskramiacz

tam·per ['tæmpə] *vi* wtrącać się (**with sth** do czegoś); dobierać się; manipulować

tam·pon ['tæmpɒn] s tampon; *vt* tamponować

tan [tæn] s opalenizna; garbnik; kolor żółtobrązowy; *vt* garbować; brązowić; opalać (się)

tan·dem ['tændəm] s tandem

tang 1. [tæŋ] s posmak; ostry zapach

tang 2. [tæŋ] s brzęk, dźwięk; *vi* brzęczeć; dźwięczeć

tan·gent ['tændʒənt] *adj* styczny; s *mat.* styczna

tan·gi·ble ['tændʒəbl] *adj* dotykalny, namacalny

tan·gle ['tæŋgl] *vt vi* gmatwać (się), wikłać (się); s gmatwanina, plątanina

tank [tæŋk] s basen, cysterna; *wojsk.* czołg; *vt* gromadzić w basenie; tankować

tank·ard ['tæŋkəd] s kufel, dzban (*z pokrywą*)

tan·ner ['tænə] s garbarz

tan·ner·y ['tænərɪ] s garbarnia

tan·ta·lize ['tæntəlaɪz] *vt* dręczyć, kusić

tan·ta·mount ['tæntəmaʊnt] *adj* równoznaczny (**to sth** z czymś), równowartościowy

tap 1. [tæp] s kran; kurek; zawór; napój z beczki; *vt* otwierać (*beczkę*), puszczać płyn (*kurkiem*), czerpać (*ze źródła*); napoczać; podsłuchiwać rozmowę telefoniczną

tap 2. [tæp] *vt vi* pukać, stukać (**at the door** do drzwi); podkuć (*obcas*); s pukanie, lekkie uderzenie; podkucie (*obcasa*), flek

tape [teɪp] s wstążka, taśma; *przen.* **red** ~ biurokracja; *vt* związać taśmą; ~ **deck** deck (*magnetofon bez wzmacniacza*);

385   **teacher**

adhesive ~ przylepiec; **magnetic** ~ taśma magnetofonowa

ta·per ['teɪpə] s cienka świeczka; słabe światło; stożek; vi kończyć się ostro, zwężać się ku końcowi

tape re·cord·er ['teɪprɪˌkɔːdə] s magnetofon

tape re·cord·ing ['teɪprɪˌkɔːdɪŋ] s nagrywanie na taśmę

tap·es·try ['tæpɪstrɪ] s dekoracyjne obicie, gobelin

tape·worm ['teɪpwɜːm] s med. tasiemiec

ta·pir ['teɪpə] s zool. tapir

tar [tɑː] s smoła; pot. (także **Jack** ~) marynarz; vt smarować smołą

tar·dy ['tɑːdɪ] adj powolny, ociężały

tare [teə] s tara, waga opakowania

tar·get ['tɑːgɪt] s tarcza, cel

tar·iff ['tærɪf] s taryfa, system ceł

tar·nish ['tɑːnɪʃ] vt przyciemnić, zrobić matowym; vi ściemnieć, zmatowieć; s utrata połysku, zmatowienie

tar·pau·lin [tɑːˈpɔːlɪn] s płótno żaglowe, brezent

tar·ry ['tærɪ] vi zwlekać, ociągać się

tart 1. [tɑːt] s ciastko z owocami

tart 2. [tɑːt] adj uszczypliwy, cierpki

tar·tan ['tɑːtn] s materiał w szkocką kratę, tartan

Tar·tar ['tɑːtə] s Tatar

task [tɑːsk] s zadanie, praca, zajęcie; **to set sb a** ~ dać komuś zadanie; **to take to** ~ zrobić wymówkę (**sb** komuś); vt dać pracę do wykonania, obarczyć pracą; zmuszać do wysiłku, męczyć

tas·sel ['tæsl] s pęk ozdobnych frędzli, chwast, frędzka; zakładka (w książce)

taste [teɪst] s smak; zamiłowanie; vt vi próbować (smak); smakować; mieć smak (**of sth** czegoś); zaznawać, czuć smak; **in good** ~ w dobrym guście

taste·ful ['teɪstfl] adj gustowny

taste·less ['teɪstləs] adj niesmaczny; niegustowny

tast·y ['teɪstɪ] adj smaczny

Ta·tar ['tɑːtə] s Tatar; adj tatarski

tat·ter ['tætə] s (zw. pl ~s) szmata, łachman

tat·tered ['tætəd] adj obdarty, obszarpany

tat·too 1. [tæ'tuː] s wojsk. capstrzyk

tat·too 2. [tæ'tuː] s tatuaż; vt tatuować

taught zob. **teach**

taunt [tɔːnt] s złośliwa uwaga, uraganie; vt docinać, urągać (**sb with sth** komuś za coś)

Tau·rus ['tɔːrəs] s Byk (znak zodiaku)

taut [tɔːt] adj napięty, mocno naciągnięty

taut·en ['tɔːtn] vt napinać

tau·tol·o·gy [tɔːˈtɒlədʒɪ] s tautologia

tav·ern ['tævn] s tawerna, karczma

taw·dry ['tɔːdrɪ] adj niegustowny; (o ubiorze) krzykliwy

tax [tæks] s podatek (państwowy); cło; ciężar; vt szacować; obciążać (podatkiem, cłem itp.); obarczać ciężarem, przemęczać; obciążać winą; wystawiać na próbę

tax·a·tion [tæk'seɪʃn] s opodatkowanie

tax col·lec·tor ['tækskəˌlektə] s poborca podatkowy; ~'s office urząd skarbowy

tax·i ['tæksɪ] s taksówka; vi (o samolocie) kołować

tax·i·cab ['tæksɪkæb] s taksówka

tax·pay·er ['tæksˌpeɪə] s podatnik

tea [tiː] s herbata; herbatka (przyjęcie); podwieczorek

*teach [tiːtʃ] vt (**taught, taught** [tɔːt]) uczyć (**sb sth** kogoś czegoś)

teach·er ['tiːtʃə] s nauczyciel

9 Pocket Polish

tea·cup ['ti:kʌp] s filiżanka do herbaty

tea·ket·tle ['ti:,ketl] s czajnik

team [ti:m] s zaprzęg; zespół, drużyna; vt zaprzęgać; vi ~ **up** zjednoczyć się (do wspólnej pracy), pracować zespołowo; ~ **spirit** duch zespołowy

team·work ['ti:mwɜ:k] s praca zespołowa

tea par·ty ['ti:,pɑːtɪ] s bryt. spotkanie towarzyskie przy herbacie, herbatka

tea·pot ['ti:pɒt] s imbryk, czajniczek

tear 1. [tɪə] s łza; ~ **gas** gaz łzawiący

***tear 2.** [teə] vt vi (**tore** [tɔː], **torn** [tɔːn]) rwać (się), szarpać, targać, drzeć (się); ~ **along** umykać; ~ **away** oderwać; zmykać; ~ **in** wpaść; ~ **off** oderwać, zerwać; ~ **open** rozerwać; ~ **out** wyrwać; ~ **up** porwać, podrzeć; wyrwać; rozkopać; s rozdarcie, pęknięcie

tear·ful ['tɪəfl] adj zalany łzami

tea·room ['ti:rum] s herbaciarnia, cukiernia

tease [ti:z] vt drażnić, docinać (**sb** komuś)

teas·er ['ti:zə] s kpiarz; człowiek dokuczający; pot. trudne zadanie, trudne pytanie

tea·spoon ['ti:spu:n] s łyżeczka do herbaty

teat [ti:t] s anat. sutka, brodawka sutkowa

tech·ni·cal ['teknɪkl] adj techniczny

tech·nics ['teknɪks] s technika, nauki techniczne

tech·nique [tek'ni:k] s technika, sprawność, sposób wykonywania

tech·nol·o·gy [tek'nɒlədʒɪ] s technologia; technika

ted·dy bear ['tedɪbeə] s miś (zabawka)

te·di·ous ['ti:dɪəs] adj nudny, męczący

te·di·um ['ti:dɪəm] s nuda, nudy

teem [ti:m] vi lać (o deszczu); roić się (**with sth** od czegoś), obfitować

teen·ag·er ['ti:n,eɪdʒə] s nastolatek

teens [ti:nz] s pl wiek od 13 do 19 lat; **she is in her** ~ ona jeszcze nie ma 20 lat; **to be in one's** ~ mieć naście lat

teeth zob. **tooth**

tee·to·tal·ler [,ti:'təʊtlə] s abstynent

tel·e·cast ['telɪkɑːst] vi = **televise**

tel·e·con·fe·rence [,telɪ'kɒnfrəns] s telekonferencja

tel·e·gram ['telɪgræm] s telegram

tel·e·graph ['telɪgrɑːf] s telegraf; vt vi telegrafować

tel·e·mar·ket·ing ['telɪ,mɑːkɪtɪŋ] s telemarketing (zachęcanie do kupna przez telefon)

tel·e·news ['telɪnjuːz] s telegazeta

te·lep·a·thy [tɪ'lepəθɪ] s telepatia

tel·e·phone ['telɪfəʊn] s telefon; **cellular** ~ telefon komórkowy; **cordless** ~ telefon bezprzewodowy; ~ **box** budka telefoniczna; ~ **directory** książka telefoniczna; **by** ~ telefonicznie; vt (**sb** do kogoś) telefonować; **to be on the** ~ mieć telefon w domu

tel·e·pho·to [,telɪ'fəʊtəʊ] s fotografia zdalna; ~ **lens** teleobiektyw

tel·e·print·er ['telɪ,prɪntə] s dalekopis

tel·e·scope ['telɪskəʊp] s teleskop

tel·e·shop·ping ['telɪ,ʃɒpɪŋ] s zakupy „przez telefon"

tel·e·text ['telɪtekst] s teletekst, telegazeta

tel·e·van·ge·list [,telɪ'vændʒəlɪst] s pastor głoszący religię w telewizji

tel·e·view·er ['telɪ,vjuːə] s telewidz

tel·e·vise ['telɪvaɪz] *vt* nadawać w telewizji

tel·e·vi·sion ['telɪˌvɪʒn] *s* telewizja; **~ set** telewizor, aparat telewizyjny

tel·ex ['teleks] *s* dalekopis, teleks

*tell [tel] *vt vi* (**told, told** [təʊld]) mówić, powiadać, powiedzieć, opowiadać; poznawać, odróżniać; wywierać wpływ, robić wrażenie; kazać (**sb to do sth** komuś coś zrobić); mieć znaczenie; liczyć; **all told** wszystkiego razem; **~ over** opowiedzieć na nowo; przeliczyć; **~ off** robić wymówki, udzielić nagany; **~ the difference** odróżnić; **for all I can ~** o ile mi wiadomo

tell·er ['telə] *s* narrator; kasjer (*w banku*)

tell·ing ['telɪŋ] *adj* znaczący, wpływowy; skuteczny; *s* mówienie, opowiadanie; nakaz; **~-off** nagana, wymówka

tell·tale ['telteɪl] *s* plotkarz; wskaźnik; *attr* plotkarski; zdradzający; ostrzegawczy; kontrolny

tell·y ['telɪ] *s pot.* telewizja

te·mer·i·ty [tɪ'merətɪ] *s* śmiałość, zuchwalstwo

tem·per ['tempə] *s* usposobienie, natura, nastrój, humor; irytacja; opanowanie; stopień twardości (*stali*); zaprawa (*murarska*), domieszka; **to get into a ~** wpaść w złość; **to lose one's ~** stracić panowanie nad sobą, rozgniewać się; **out of ~** w gniewie, w stanie irytacji; *vt vi* temperować, łagodzić (*się*), hamować (*się*); urabiać (*np. glinę*); *techn.* hartować (*się*)

tem·per·a·ment ['temprəmənt] *s* temperament, usposobienie

tem·per·a·men·tal [ˌtemprə'mentl] *adj* z temperamentem; wrodzony; pobudliwy, wybuchowy

tem·per·ance ['temprəns] *s* umiarkowanie, wstrzemięźliwość, trzeźwość

tem·per·ate ['temprət] *adj* umiarkowany, trzeźwy

tem·per·a·ture ['temprətʃə] *s* temperatura; **to take one's ~** zmierzyć komuś gorączkę

tem·pest ['tempɪst] *s* burza

tem·ple 1. ['templ] *s* świątynia

tem·ple 2. ['templ] *s anat.* skroń

tem·po ['tempəʊ] *s* tempo

tem·po·ral ['temprəl] *adj* czasowy; doczesny; świecki

tem·po·rar·y ['temprərɪ] *adj* tymczasowy, przejściowy

tempt [tempt] *vt* kusić, wabić; **to be ~ed** być skłonnym, mieć ochotę (**to do sth** coś zrobić)

temp·ta·tion [temp'teɪʃn] *s* pokusa, kuszenie

ten [ten] *num* dziesięć; *s* dziesiątka

ten·a·ble ['tenəbl] *adj* dający się utrzymać; (*o urzędzie*) piastowany

te·na·cious [tɪ'neɪʃəs] *adj* trwały, wytrzymały, uporczywy

te·nac·i·ty [tɪ'næsətɪ] *s* trwałość, wytrzymałość, uporczywość

ten·an·cy ['tenənsɪ] *s* dzierżawa

ten·ant ['tenənt] *s* dzierżawca; lokator; *vt* dzierżawić

tend 1. [tend] *vi* zmierzać, dążyć; skłaniać się

tend 2. [tend] *vt* pilnować, strzec; pielęgnować (*chorego*)

tend·en·cy ['tendənsɪ] *s* tendencja, kierunek, skłonność

ten·der 1. ['tendə] *adj* delikatny, łagodny, czuły; młodociany

ten·der 2. ['tendə] *vt* podawać, wręczać, przekazywać, oferować, przedkładać; *s* oferta; **legal ~** środek płatniczy

ten·der 3. ['tendə] *s kolej. mors.* tender; dozorca (*np. maszyny*)

ten·don ['tendən] *s anat.* ścięgno

ten·e·ment ['tenəmənt] *s* parcela dzierżawna; mieszkanie czynszowe; dom czynszowy

ten·e·ment house ['tenəmənthaʊs] *s* dom czynszowy, kamienica

T

ten·et ['tenɪt] s zasada; dogmat

ten·fold ['tenfəuld] *adj* dziesięciokrotny; *adv* dziesięciokrotnie

ten·ner ['tenə] *s bryt. pot.* dziesiątka (*banknot dziesięciofuntowy*)

ten·nis ['tenɪs] *s sport* tenis

ten·or ['tenə] *s* treść, istota; brzmienie; przebieg; *muz.* tenor

tense 1. [tens] *s gram.* czas

tense 2. [tens] *adj* napięty

ten·sion ['tenʃn] *s* napięcie, naprężenie

tent [tent] *s* namiot; *vt* nakryć namiotem; *vi* obozować pod namiotem

ten·ta·cle ['tentəkl] *s zool.* macka

ten·ta·tive ['tentətɪv] *adj* próbny; *s* próba; propozycja

ten·ta·tive·ly ['tentətɪvlɪ] *adv* próbnie, tytułem próby

tenth [tenθ] *adj* dziesiąty; *s* dziesiąta część

ten·u·ous ['tenjuəs] *adj* cienki, delikatny, nieznaczny

ten·ure ['tenjə] *s* posiadanie, tytuł własności; okres posiadania; stały etat na uczelni (*bez konieczności okresowego odnawiania kontraktu*)

tep·id ['tepɪd] *adj* letni, ciepławy

term [tɜːm] *s* termin; semestr (*akademicki*); **~ of office** kadencja (*sądowa, urzędowa itp.*); termin, wyraz fachowy; (*zw. pl* **~s**) stosunek; warunek; **to be on good ~s** być w dobrych stosunkach; **to be on speaking ~s with sb** znać się z kimś powierzchownie, ograniczać znajomość do okolicznościowej rozmowy; **to come to ~s** dojść do porozumienia; **in ~s of money** przeliczywszy na pieniądze; *vt* określać, nazywać

ter·mi·nal ['tɜːmɪnl] *adj* końcowy; *s* kres, koniec; stacja końcowa; terminal, dworzec lotniczy; *gram.* końcówka

ter·mi·nate ['tɜːmɪneɪt] *vt vi* kończyć (się), zakończyć (się)

ter·mi·nol·o·gy [ˌtɜːmɪ'nɒlədʒɪ] *s* terminologia

ter·mi·nus ['tɜːmɪnəs] *s* (*pl* **termini** ['tɜːmɪnaɪ]) stacja końcowa

ter·race ['terəs] *s* taras

ter·res·tri·al [tə'restrɪəl] *s* ziemski; lądowy

ter·ri·ble ['terəbl] *adj* straszny, okropny

ter·rif·ic [tə'rɪfɪk] *adj* straszliwy, budzący strach; *pot.* cudowny, wspaniały

ter·ri·fy ['terəfaɪ] *vt* napędzić strachu, przerazić

ter·ri·to·ri·al [ˌterɪ'tɔːrɪəl] *adj* terytorialny

ter·ri·to·ry ['terɪtrɪ] *s* terytorium

ter·ror ['terə] *s* terror, groza, przerażenie

ter·ror·ize ['terəraɪz] *vt* terroryzować

terse [tɜːs] *adj* zwięzły

ter·ti·ar·y ['tɜːʃərɪ] *adj* trzeciorzędny

test [test] *s* próba, test, sprawdzian, egzamin; *vt* próbować, poddawać próbie, badać (**for sth** na coś); **to stand the ~** wytrzymać próbę

tes·ta·ment ['testəmənt] *s* testament

tes·ti·cle ['testɪkl] *s anat.* jądro

tes·ti·fy ['testɪfaɪ] *vt vi* świadczyć (**to sth** o czymś); deklarować (się); stwierdzać

tes·ti·ly ['testɪlɪ] *adv* w rozdrażnieniu, z gniewem

tes·ti·mo·ni·al [ˌtestɪ'məunɪəl] *s* zaświadczenie, świadectwo

tes·ti·mo·ny ['testɪmənɪ] *s* świadectwo, dowód; zeznanie

test-tube ['testtjuːb] *s chem.* probówka; **~ baby** dziecko z probówki

tes·ty ['testɪ] *adj* łatwy do rozdrażnienia, gniewny

teth·er ['teðə] *s* łańcuch, postronek; *przen.* **to be at the end of**

one's ~ być u kresu wytrzymałości; *vt* przywiązać (*np. kozę, krowę*), spętać

text [tekst] *s* tekst; ~ **editor** *komp.* edytor tekstu

text·book ['tekstbʊk] *s* wypisy, podręcznik

text mark·er ['tekst‚mɑːkə] *s* flamaster

tex·tile ['tekstaɪl] *adj* tekstylny; *s* wyrób tekstylny

tex·ture ['tekstʃə] *s* faktura; struktura

than [ðən] *conj* niż, aniżeli

thank [θæŋk] *vt* dziękować; *s* (*zw. pl* ~**s**) dzięki, podziękowanie; ~ **God!** dzięki Bogu! *praep* ~**s to** ... dzięki ..., zawdzięczając ...; ~ **you** dziękuję Panu

thank·ful ['θæŋkfl] *adj* wdzięczny

thank·less ['θæŋkləs] *adj* niewdzięczny

thanks·giv·ing [θæŋks'gɪvɪŋ] *s* dziękczynienie; **Thanksgiving Day** *am.* święto Dziękczynienia (*przypadające w czwarty czwartek listopada*)

that [ðæt] *pron* (*pl* **those** [ðəʊz]) ów, tamten; który, którzy; *conj* [ðət] że; ażeby; **now** ~ ... skoro...

thatch [θætʃ] *s* strzecha; *vt* kryć strzechą

thaw [θɔː] *vi* tajać, topnieć; *vt* topić, roztapiać; *s* odwilż

the [ðə, *przed samogłoską, w pozycji akcentowanej:* ðɪ] *przedimek określony:* **what was** ~ **result?** jaki był wynik?; ~ **best way** najlepszy sposób; *w funkcji zaimka wskazującego:* **call** ~ **man** zawołał tego człowieka; *adv przed przymiotnikiem lub przysłówkiem w comp:* **all** ~ **better** tym lepiej; ~ **shorter** ~ **days** ~ **longer** ~ **nights** im krótsze dni, tym dłuższe noce; ~ **more he gets,** ~ **more he wants** im więcej ma, tym więcej chce mieć

the·a·tre ['θɪətə] *s* teatr; ~ **in the**

round teatr ze sceną w środku widowni

the·at·ri·cal [θɪ'ætrɪkl] *adj* teatralny; *s pl* ~**s** przedstawienie teatralne (*zw. amatorskie*)

theft [θeft] *s* kradzież

their [ðeə] *adj* ich

theirs [ðeəz] *pron* ich

them *pron* [ðem, ðəm, əm] im, ich, je

theme [θiːm] *s* temat, przedmiot; wypracowanie szkolne; ~ **song** *muz. film radio* melodia przewodnia; *am.* sygnał stacji radiowej

them·selves [ðəm'selvz] *pron* oni sami, ich samych, się, sobie, siebie

then [ðen] *adv* wtedy; następnie; zresztą; *conj* a więc, zatem; **but** ~ ale przecież; **by** ~ już przedtem; **now** ~ otóż; *adj attr* ówczesny

thence [ðens] *adv* dlatego, skutkiem tego; stamtąd, stąd

the·o·lo·gian [‚θɪə'ləʊdʒn] *s* teolog

the·ol·o·gy [θɪ'ɒlədʒɪ] *s* teologia

the·o·rem ['θɪərəm] *s* teoremat; *mat.* twierdzenie

the·o·ret·i·cal [θɪə'retɪkl] *adj* teoretyczny

the·o·ry ['θɪərɪ] *s* teoria; przypuszczenie

ther·a·peu·tic [‚θerə'pjuːtɪk] *adj* terapeutyczny; *s* ~**s** terapeutyka

ther·a·py ['θerəpɪ] *s* terapia

there [ðeə, ðə] *adv* tam; ~ **is,** ~ **are** jest, są; istnieje, istnieją; **from** ~ stamtąd; **over** ~ tam, po drugiej stronie; *int* no!, otóż to!; ~ **now!** otóż to!; *s* to miejsce; ta miejscowość; **near** ~ w pobliżu tego miejsca

there·a·bout(s) ['ðeərəbaʊt(s)] *adv* gdzieś tam, w tamtych okolicach; (*po wymienieniu liczby itp.*) coś koło tego, mniej więcej

there·af·ter [ðeər'ɑːftə] *adv* następnie, później; według tego

there·by [ˌðeəˈbaɪ] *adv* przez to, przy tym; skutkiem tego

there·fore [ˈðeəfɔː] *adv* dlatego (też)

there·of [ˌðeərˈɒv] *adv* tego, z tego, o tym

ther·mal [ˈθɜːml] *adj* cieplny

ther·mic [ˈθɜːmɪk] *adj* termiczny

ther·mom·e·ter [θəˈmɒmɪtə] *s* termometr

ther·mos [ˈθɜːmɒs] *s* (*także ~ flask*) termos

ther·mo·stat [ˈθɜːməstæt] *s* termostat

ther·mo·stat·ics [ˌθɜːməˈstætɪks] *s* termostatyka

the·sau·rus [θɪˈsɔːrəs] *s* (*pl* **the·sauri** [θɪˈsɔːraɪ], *~es*) skarbiec; słownik wyrazów bliskoznacznych, tezaurus; leksykon; zbiór (*wyrazów, wyrażeń, cytatów itp.*)

these *zob.* **this**

the·sis [ˈθiːsɪs] *s* (*pl* **theses** [ˈθiːsiːz]) teza; rozprawa, praca pisemna

they [ðeɪ] *pron* oni, one

they'd [ðeɪd] = **they had; they should; they would**

they'll [ðeɪl] = **they shall; they will**

they're [ðeə] = **they are**

they've [ðeɪv] = **they have**

thick [θɪk] *adj* gruby, tłusty; gęsty; głupi, tępy; *s* gruba część czegoś; *in the ~ of a forest* w gąszczu leśnym; *przen. in the ~ of the fight* w wirze walki

thick·en [ˈθɪkən] *vi* grubieć; gęstnieć; *vt* zagęszczać

thick·et [ˈθɪkɪt] *s* gąszcz, gęstwina

thick·ness [ˈθɪknəs] *s* grubość; gęstość

thick·set [ˌθɪkˈset] *adj* gęsto sadzony; (*o człowieku*) przysadzisty

thick-skinned [ˌθɪkˈskɪnd] *adj* *przen.* gruboskórny

thief [θiːf] *s* (*pl* **thieves** [θiːvz]) złodziej

thieve [θiːv] *vt vi* kraść

thieves *zob.* **thief**

thigh [θaɪ] *s anat.* udo

thill [θɪl] *s* dyszel

thim·ble [ˈθɪmbl] *s* naparstek; *techn.* tulejka

thin [θɪn] *adj* cienki; szczupły; słaby; rzadki, rzadko rosnący; *vt* rozcieńczyć; rozrzedzić; pomniejszyć; zwęzić; *vi* (*także ~ away, ~ down*) zeszczupleć, zmniejszyć się, zrzednąć

thing [θɪŋ] *s* rzecz, sprawa, przedmiot; istota; *as ~s are* w obecnej sytuacji; *poor (little) ~!* biedactwo!; *all ~s English* wszystko to, co angielskie; *how are ~s (going)?* co słychać?; *I don't feel quite the ~* nie czuję się dobrze, marnie się czuję; *that's the ~* o to chodzi, w tym rzecz; *for one ~* po pierwsze

****think** [θɪŋk] *vi* (**thought, thought** [θɔːt]) myśleć (**about, of sth** o czymś), sądzić, uważać; zamierzać; *to ~ much* wysoko cenić, być dobrego zdania (**of sb, sth** o kimś, czymś); *to ~ little* nie cenić wysoko, mieć niepochlebne zdanie (**of sb, sth** o kimś, czymś); *vt* mieć na myśli; uważać; *to ~ no harm* nie mieć na myśli nic złego; *to ~ sb silly* uważać kogoś za głupca; *~ out* przemyśleć do końca; *~ over* obmyślić; rozważyć; *~ through* przemyśleć; *~ up* wymyślić; *pot.* wykombinować; *~ tank* s zespół ekspertów

think·er [ˈθɪŋkə] *s* myśliciel

think·ing [ˈθɪŋkɪŋ] *s* myślenie; zdanie, opinia

thin·ness [ˈθɪnnəs] *s* cienkość; szczupłość, chudość; rzadkość

third [θɜːd] *adj* trzeci; *~ degree* trzeci stopień przesłuchania (*w sądzie, na policji*); *s* trzecia część; *techn.* trzeci bieg

third·ly [ˈθɜːdlɪ] *adv* po trzecie

third-rate [ˌθɜːdˈreɪt] *adj* trzeciorzędny

thirst [θɜːst] *s* pragnienie; *vi*

pragnąć (**after, for sth** czegoś)

thirst·y ['θɜːstɪ] *adj* spragniony, pragnący

thir·teen [ˌθɜːˈtiːn] *num* trzynaście; *s* trzynastka

thir·teenth [ˌθɜːˈtiːnθ] *adj* trzynasty; *s* trzynasta część

thir·ti·eth ['θɜːtɪəθ] *adj* trzydziesty; *s* trzydziesta część

thir·ty ['θɜːtɪ] *num* trzydzieści; *s* trzydziestka; **the thirties** lata trzydzieste

this [ðɪs] *pron* (*pl* **these** [ðiːz]) ten, ta, to; **~ morning** <**evening**> dziś rano <wieczór>; **~ way** tędy

this·tle ['θɪsl] *s bot.* oset

thith·er ['ðɪðə] *adv* tam, w ową stronę, do tamtego miejsca

tho' [ðəʊ] = **though**

thong [θɒŋ] *s* rzemień, kańczug

thorn [θɔːn] *s* cierń, kolec

thorn·y ['θɔːnɪ] *adj* ciernisty, kolący

thor·ough ['θʌrə] *adj* całkowity, gruntowny

thor·ough·bred ['θʌrəbred] *adj* rasowy; *s* koń czystej krwi, zwierzę rasowe

thor·ough·fare ['θʌrəfeə] *s* przejazd, wolna droga; arteria komunikacyjna; **no ~** przejazd wzbroniony

thor·ough·go·ing ['θʌrəˌɡəʊɪŋ] *adj* stanowczy, bezkompromisowy; gruntowny

thor·ough·ly ['θʌrəlɪ] *adv* gruntownie

those *zob.* **that**

though [ðəʊ] *conj* chociaż; **as ~** jak gdyby; *adv* jednak, przecież

thought 1. *zob.* **think**

thought 2. [θɔːt] *s* myśl; namysł; pomysł; zamiar; **on second ~s** po rozważeniu, po namyśle; **he had no ~ of** ... nie miał wcale zamiaru ...

thought·ful ['θɔːtfl] *adj* myślący, głęboki, rozważny

thought·less ['θɔːtləs] *adj* bez-

myślny, lekkomyślny, nierozważny

thou·sand ['θaʊznd] *num* tysiąc; **a ~ and one** mnóstwo, bez liku

thou·sandth ['θaʊznθ] *adj* tysięczny; *s* tysięczna część

thral·dom ['θrɔːldəm] *s* niewolnictwo, niewola

thrall [θrɔːl] *s* niewolnik (**of sb** czyjś; **to sth** czegoś)

thrash [θræʃ] *vt* młócić; chłostać, bić; **~ out** debatować; dokładnie przedyskutować

thrash·ing ['θræʃɪŋ] *s* młócenie; lanie, chłosta; **to give sb a good ~** sprawić komuś solidne lanie

thread [θred] *s* nić, nitka; wątek (*opowiadania, rozmowy itp.*); *vt* nizać, nawlekać; przesuwać się, przeciskać się (**sth** przez coś); **hang by a ~** *pot.* wisieć na włosku

thread·bare ['θredbeə] *adj* wytarty, przeświecający

threat [θret] *s* groźba

threat·en ['θretn] *vt* grozić; *vi* zagrażać, zapowiadać się groźnie

three [θriː] *num* trzy; *s* trójka

three-cor·ner·ed [ˌθriːˈkɔːnəd] *adj* trójkątny

three·fold ['θriːfəʊld] *adj* trzykrotny; *adv* trzykrotnie

thresh [θreʃ] = **thrash**

thresh·old ['θreʃhəʊld] *s* próg; *przen.* przedsionek, próg, początek

threw *zob.* **throw**

thrift [θrɪft] *s* oszczędność, gospodarność

thrift·y ['θrɪftɪ] *adj* oszczędny, gospodarny

thrill [θrɪl] *s* dreszcz, drżenie; *vt* przejmować dreszczem, mocno wzruszać; *vi* drżeć, dygotać

thrill·er ['θrɪlə] *s* sensacyjny film; przejmująca sztuka, dreszczowiec

***thrive** [θraɪv] *vi* (**thrived** [θraɪvd] *lub* **throve** [θrəʊv], **thrived** [θraɪvd]) pięknie się rozwijać, prosperować, kwitnąć

thro' [θrəu:] = **through**

throat [θrəut] s gardło; gardziel; **sore ~** ból gardła; **to clear one's ~** odchrząknąć

throb [θrɒb] vi (o sercu, pulsie) bić, drgać; tętnić; s bicie (serca, pulsu); drganie, dreszcz

throe [θrəu] s gwałtowny ból; pl **~s** bóle porodowe; (także **~s of death**) agonia

throne [θrəun] s tron; **to come to the ~** wstąpić na tron

throng [θrɒŋ] s tłum, tłok; vt vi tłoczyć (się); tłumnie gromadzić (się)

thros·tle ['θrɒsl] s zool. drozd

throt·tle ['θrɒtl] s gardziel; techn. przepustnica; vt dusić, dławić, tłumić

through [θru:] praep przez, poprzez; z powodu, dzięki; adv na wskroś, dokładnie, na wylot, od początku do końca; **~ and ~** całkowicie, najzupełniej; **to be ~** skończyć (**with sb, sth** z kimś, czymś); **to get ~** przebyć; doprowadzić do końca, skończyć; połączyć się telefonicznie; adj bezpośredni, tranzytowy; **a ~ train to ...** pociąg bezpośredni do ...

through·out [θru:'aut] praep przez, poprzez; **~ his life** przez całe jego życie; **~ the year** przez cały rok; adv wszędzie; od początku do końca; pod każdym względem

throve zob. **thrive**

*****throw** [θrəu] vt (**threw** [θru:], **thrown** [θrəun]) rzucać, zrzucać, narzucać; **to ~ a glance** rzucić okiem (**at sb** na kogoś); **~ away** odrzucać, wyrzucać; **~ down** porzucić, zrzucić, obalić; **~ in** wrzucić, wtrącić, dorzucić; **to ~ in one's lot with sb** podzielić czyjś los, związać się; **~ off** zrzucić; pozbyć się (**sth** czegoś); **~ on** narzucić, nałożyć; **~ open** rozewrzeć, szeroko otworzyć;

udostępnić; **~ out** wyrzucić, wypędzić; wydać; **~ over** porzucić, zarzucić; przewrócić; **~ up** podrzucić, rzucić w górę; zwymiotować; podwyższyć; porzucić, zrezygnować; s rzut; obalenie

throw-out ['θrəuaut] s rzecz odrzucona; odsiew; odpadki

thru [θru:] am. = **through**

thrum [θrʌm] vt vi bębnić, rzępolić; s bębnienie, rzępolenie

thrush [θrʌʃ] s zool. drozd

*****thrust** [θrʌst] v (**thrust, thrust** [θrʌst]) vt pchnąć, wbić; wtrącić; przebić; vi **~ past** przepychać się obok; s pchnięcie; wojsk. atak, wypad

thud [θʌd] s głuche stuknięcie, głuchy łomot; vi ciężko zwalić się, głucho stuknąć

thug [θʌg] s zbój, bandyta, przestępca

thumb [θʌm] s kciuk; **rule of ~** praktyczna zasada; **~ up!** brawo!; **Tom Thumb** Tomcio Paluch; vt przewracać kartki (książki), wertować; brzdąkać

thump [θʌmp] vi głucho stukać, grzmocić (np. pięścią); s głuche stukanie, ciężkie uderzenie

thun·der ['θʌndə] s grzmot; vi grzmieć; vt ciskać (np. groźbę)

thun·der·bolt ['θʌndəbəult] s piorun, grom

thun·der·clap ['θʌndəklæp] s trzask piorunu; przen. piorunująca wiadomość

thun·der·ous ['θʌndərəs] adj grzmiący

thun·der·storm ['θʌndəstɔ:m] s burza z piorunami

thun·der·struck ['θʌndəstrʌk] adj rażony piorunem; oszołomiony

Thurs·day ['θɜ:zdeɪ] s czwartek; **Maundy Thursday** rel. Wielki Czwartek

thus [ðʌs] adv tak, w ten sposób; **~ far** dotąd, dotychczas; do tego stopnia; **~ much** tyle

time

thwart [θwɔːt] *vt* krzyżować, udaremniać

thy·roid ['θairɔid], *także* ~ **gland** [~glænd] *s anat.* tarczyca

tick 1. [tɪk] *vt vi* (*o zegarze*) tykać; robić znak kontrolny; odfajkować, odhaczyć; *s* tykanie; znak kontrolny; chwilka

tick 2. [tɪk] *s pot.* kredyt; **on** ~ na kredyt

tick·et ['tɪkɪt] *s* bilet; **return** ~ bilet powrotny; karta wstępu; etykieta, znaczek; licencja (*np. pilota*); *am. polit.* lista kandydatów; mandat drogowy

tick·le ['tɪkl] *vt* łaskotać; zabawiać; *vi* swędzić; *s* łaskotanie

tick·lish ['tɪklɪʃ] *adj* łaskotliwy; drażliwy

tid·bit = *titbit*

tid·dly·winks ['tɪdlɪwɪŋks] *s* (*gra w*) pchełki

tide [taɪd] *s* przypływ i odpływ morza; prąd, bieg; *przen.* fala; pora, czas; *high* ~ przypływ; *low* ~ odpływ; *vi* płynąć z prądem; ~ *over* przepływać; *przen.* przezwyciężyć (*np. trudności*)

ti·dy ['taɪdɪ] *adj* czysty, schludny, porządny; *vt* (*także* ~ *up*) doprowadzić do porządku, oczyścić

tie [taɪ] *s* więź, węzeł; krawat; sznurowadło; *sport* remis; *vt* (*p praes tying*) wiązać, łączyć; krępować; zobowiązywać (*sb to sth* kogoś do czegoś)

tier [tɪə] *s* rząd; piętro; kondygnacja; *teatr* rząd krzeseł

ti·ger ['taɪgə] *s zool.* tygrys

tight [taɪt] *adj* napięty; obcisły, ciasny; szczelny; niewystarczający, skąpy; *pot.* pijany, wstawiony; *to be in a* ~ *corner* być przyciśniętym do muru; *to sit* ~ *przen.* obstawać przy swoim; *s pl* ~**s** trykoty; rajstopy; *adv* ciasno, szczelnie

tight·en ['taɪtn] *vt vi* ściągnąć (się), ścieśnić (się); napiąć; zacisnąć

tight-fist·ed [,taɪt'fɪstɪd] *adj* skąpy

ti·gress ['taɪgrəs] *s zool.* tygrysica

tike [taɪk] = *tyke*

tile [taɪl] *s* dachówka; kafel; płyta; *vt* kryć dachówką, wykładać (*kaflami itp.*)

till 1. [tɪl] *praep* do, aż do; *conj* aż, dopóki nie

till 2. [tɪl] *s* kasa sklepowa

till 3. [tɪl] *vt* uprawiać (*ziemię*), orać

till·age ['tɪlɪdʒ] *s* uprawa ziemi

till·er 1. ['tɪlə] *s* rolnik

till·er 2. ['tɪlə] *s mors.* rączka steru, sterownica

tilt 1. [tɪlt] *vt vi* przechylać (się); rzucić się, atakować (*np. lancą*); *przen.* napadać (*at sb* na kogoś); *s* nachylenie, przechył, napaść

tilt 2. [tɪlt] *s* nakrycie, osłona (*z brezentu*)

tim·ber ['tɪmbə] *s* drewno, budulec; belka; *am.* las

time [taɪm] *s* czas, pora; termin; raz; tempo; takt; okres kary więziennej; okres służby wojskowej; *a long* ~ *ago* dawno temu; *at a* ~ naraz; *at* ~**s** czasami; (*at*) *any* ~ kiedykolwiek; *at one* ~ swego czasu, niegdyś; *at the same* ~ równocześnie; pomimo tego; *behind one's* ~ spóźniony; *behind the* ~**s** konserwatywny, zacofany; *for the* ~ *being* na razie, chwilowo; *in due* ~ we właściwym czasie, w porę; *in* ~ na czas; w takt, do taktu; *in no* ~ wkrótce, zaraz, natychmiast; *many a* ~ niejednokrotnie; *many* ~**s** wielokrotnie, często; *most of the* ~ przeważnie; najczęściej; *on* ~ punktualnie; *once upon a* ~ pewnego razu; dawno temu; *out of* ~ nie w porę, nie na czasie; *some* ~ *or other* kiedyś tam (*w przyszłości*), przy sposobności; ~ *after* ~ raz za razem; ~ *and again* od czasu do czasu; ~ *is up* czas upłynął; *to do*

T

~ odsiadywać karę więzienia; **to gain** ~ zyskać na czasie; (*o zegarze*) spieszyć się; **to have a good** ~ dobrze się bawić; używać sobie; **to keep** ~ tańczyć do taktu; **to serve one's** ~ odbywać (*służbę, wyrok, praktykę itp.*); **to take one's** ~ nie spieszyć się; **what is it?, what is the ~?** która godzina?; *vt* wyznaczać według czasu, dostosować do czasu; określać czas, regulować; zrobić w odpowiedniej chwili; *vi* dostosowywać się, dotrzymywać kroku (**with sb, sth** komuś, czemuś); *adj praed* czasowy; terminowy

time bomb ['taɪmbɒm] *s* bomba zegarowa

time·ly ['taɪmlɪ] *adj* będący na czasie, aktualny; dogodny

ti·mer ['taɪmə] *s* stoper; regulator czasu

time·serv·er ['taɪm,sɜːvə] *s* oportunista

time·serv·ing ['taɪm,sɜːvɪŋ] *adj* oportunistyczny; *s* oportunizm

time·ta·ble ['taɪm,teɪbl] *s* rozkład zajęć; rozkład jazdy

time·work ['taɪmwɜːk] *s* praca dniówkowa

time-worn ['taɪmwɔːn] *adj* zużyty, sfatygowany; przestarzały; starodawny

tim·id ['tɪmɪd] *adj* bojaźliwy, nieśmiały

ti·mid·i·ty [tɪ'mɪdətɪ] *s* bojaźliwość

tim·ing ['taɪmɪŋ] *s* wybór właściwego czasu

tim·or·ous ['tɪmərəs] *adj* lękliwy

tin [tɪn] *s* cyna, blacha; naczynie blaszane; *bryt.* puszka konserwowa, konserwa; *vt* pobielać; konserwować w puszkach, pakować do puszek

tinc·ture ['tɪŋktʃə] *s* nalewka; domieszka; odcień, zabarwienie

ting [tɪŋ] *vt vi* dzwonić, dźwięczeć; *s* dźwięczenie, dzwonienie

tinge [tɪndʒ] *s* lekki odcień, zabarwienie; *vt* zabarwiać, nadawać odcień

tin·gle ['tɪŋgl] *vt* świerzbieć, swędzić; powodować ciarki; *s* swędzenie; ciarki

tink·er ['tɪŋkə] *s* naprawiacz kotłów; druciarz

tin·kle ['tɪŋkl] *vi* dzwonić; *s* dzwonienie

tinned [tɪnd] *pp zob.* **tin**; *adj bryt.* konserwowy; ~ **food** artykuły żywnościowe w konserwach

tin opener ['tɪn,əʊpnə] *s bryt.* klucz do konserw

tin·plate ['tɪnpleɪt] *s* blacha cynowa

tin·sel ['tɪnsl] *s zbior.* błyskotki; świecidełka; *przen.* fałszywy blask, blichtr

tint [tɪnt] *s* zabarwienie, odcień; *vt* lekko barwić, cieniować

tin·ware ['tɪnweə] *s zbior.* wyroby cynowe

ti·ny ['taɪnɪ] *adj* drobny, bardzo mały

tip 1. [tɪp] *s* koniuszek; szpic (*np. buta*); skuwka; **on the ~ of one's tongue** na końcu języka; *vt* pokryć koniuszek; obić, okuć

tip 2. [tɪp] *vt vi* dotknąć; przechylić (się); skinąć, dać znak; poczęstować; dać napiwek; *s* przechylenie, nachylenie; lekkie dotknięcie; znak, aluzja, wskazówka; napiwek

tip-cart ['tɪpkɑːt] *s* samochód wywrotka

tip·sy ['tɪpsɪ] *adj* pijany, wstawiony

tip·toe ['tɪptəʊ] *adv* (*zw.* **on ~**) na czubkach palców; *vi* chodzić na czubkach palców

tip·top [,tɪp'tɒp] *s pot.* szczyt doskonałości; *adj* doskonały, pierwszorzędny

ti·rade [taɪ'reɪd] *s* tyrada

tire 1. ['taɪə] *vt vi* męczyć (się); **to be ~d of sth** mieć czegoś dosyć; **to be <get> ~d** zmęczyć się (**of sth** czymś); mieć czegoś dość;

uprzykrzyć sobie (**of sth** coś); ~
out krańcowo wyczerpać
tire 2. ['taɪə] *zob.* **tyre**
tire·less ['taɪələs] *adj* niezmordowany
tire·some ['taɪəsəm] *adj* męczący; nudny
'tis [tɪz] = **it is**
tis·sue ['tɪʃuː] *s* tkanina (delikatna); *biol.* tkanka
tis·sue pa·per ['tɪʃuːˌpeɪpə] *s* bibułka
tit [tɪt] *s w zwrocie:* ~ **for tat**
pięknym za nadobne, wet za wet
tit·bit ['tɪtbɪt] *s bryt.* smakołyk;
przen. interesująca plotka; *am.*
tidbit
tithe ['taɪð] *s* dziesięcina
ti·tle ['taɪtl] *s* tytuł
ti·tled ['taɪtld] *adj* utytułowany
tit·ter ['tɪtə] *vi* chichotać; *s* chichot
tit·u·lar ['tɪtjʊlə] *adj* tytularny
to [tʊ, tə] *praep* (*kierunek*) do, ku;
(*granica przestrzeni lub czasu*) aż,
do, po; (*zgodność*) ku, według; **to
a man** do ostatniego człowieka;
to my mind moim zdaniem,
według mnie; **to perfection** doskonale; **to this day** po dzień dzisiejszy; **to the right** (*w kierunku*)
na prawo; (*porównanie*) od, niż:
inferior to me niższy (*np. służbowo*) ode mnie; (*stosunek*) dla,
na, wobec: **he has been very
good to me** był dla mnie bardzo
dobry; **ten to one** dziesięć do
jednego; za dziesięć minut
pierwsza; (*wynik*) ku: **to my surprise** ku memu zdziwieniu; *cel:*
man eats to live człowiek je,
ażeby żyć; *tłumaczy się celownikiem:* **give it to me, not to him**
daj to mnie, nie jemu; *kwalifikator bezokolicznika:* **to see** widzieć; *zastępuje bezokolicznik:*
**he was to have come but
forgot to** miał przyjść, ale
zapomniał (przyjść); *adv* [tuː] *w
wyrażeniach:* **to and fro** tu i tam;

the door is to drzwi są zamknięte
toad [təʊd] *s zool.* ropucha
toad·y ['təʊdɪ] *s* pochlebca, lizus;
vt płaszczyć się (**sb** przed kimś),
wkradać się w łaski (**sb** czyjeś)
toast [təʊst] *s* grzanka, tost; toast;
vt przypiekać; wznosić toast (**sb**
na czyjąś cześć)
to·bac·co [tə'bækəʊ] *s bot.* tytoń
to·bac·co·nist's shop [tə'bækənɪsts.ʃɒp] *s* sklep tytoniowy
to·bog·gan [tə'bɒgən] *s sport*
sanki; *vi* jeździć na sankach
to·bog·gan-shoot [tə'bɒgən
ʃuːt], **to·bog·gan-slide** [tə
'bɒgənslaɪd] *s sport* tor saneczkowy
to·day [tə'deɪ] *adv* dziś; *s* dzień
dzisiejszy
tod·dle ['tɒdl] *vi* chodzić chwiejnym krokiem; *s* chwiejny krok
tod·dy ['tɒdɪ] *s* grog (*mieszanka
wody z whisky, brandy lub rumem*)
to-do [tə'duː] (*pl* **to-dos**) *s. pot*
hałas, zamieszanie, krzątanina
toe [təʊ] *s* palec u nogi; **from top
to** ~ od stóp do głów; *vt w zwrocie:* **to** ~ **the line** sport stanąć na
starcie; *przen.* podporządkować
się ogółowi, być solidarnym
tof·fee ['tɒfɪ] *s* toffi, karmelek
to·geth·er [tə'geðə] *adv* razem;
na raz; **for weeks** ~ całymi
tygodniami; **to get** ~ zbierać
(się)
toil [tɔɪl] *s* trud; *vi* trudzić się, ciężko pracować; (*także* ~ **along**)
wlec się z trudem
toil·er ['tɔɪlə] *s* ciężko pracujący
człowiek
toil·et ['tɔɪlət] *s* toaleta; ~ **paper**
papier toaletowy
to·ken ['təʊkən] *s* znak; pamiątka;
bon; żeton; **in token of...** w
dowód...
told *zob.* **tell**
tol·er·a·ble ['tɒlərəbl] *adj* znośny,
możliwy

T

tol·er·ance ['tɒlərəns] s tolerancja, pobłażliwość

tol·er·ate ['tɒləreɪt] vt tolerować, znosić

toll 1. [təʊl] s myto, opłata; *przen.* **~ of lives** żniwo śmierci; **~free call** *am.* bezpłatna rozmowa telefoniczna

toll 2. [təʊl] vt vi dzwonić (przeciągle); s głos dzwonu (*zw. pogrzebowego*)

toll·bar ['təʊlbɑ:] s rogatka

tom·a·hawk ['tɒməhɔ:k] s indiański topór bojowy, tomahawk

to·ma·to [tə'mɑ:təʊ] s pomidor

tomb [tu:m] s grobowiec; grób

tomb·boy ['tɒmbɔɪ] s (*dziewczyna*) urwis

tomb·stone ['tu:mstəʊn] s kamień nagrobny

tom·fool·e·ry [,tɒm'fu:lərɪ] s głupota; błazeństwo

Tom·my gun ['tɒmɪgʌn] s *bryt. pot.* ręczny karabin maszynowy

to·mor·row [tə'mɒrəʊ] adv jutro; s dzień jutrzejszy; **the day after ~** pojutrze

ton [tʌn] s tona; *zw. pl* **~s** *pot.* mnóstwo, niezliczona ilość

tone [təʊn] s ton, dźwięk; *gram.* akcent toniczny; vt stroić, nastrajać; tonować; harmonizować; **~ down** tonować, łagodzić; tonować się, łagodnieć; **~ up** podnieść, wzmocnić; wzmagać się, potężnieć

tongs [tɒŋz] s pl szczypce, obcęgi

tongue [tʌŋ] s język, mowa; sposób mówienia; serce (*dzwonu*); **mother ~** język ojczysty; **to find one's ~ again** odzyskać mowę; **to have lost one's ~** zapomnieć języka w gębie; **to hold one's ~** trzymać język za zębami

ton·ic ['tɒnɪk] adj wzmacniający, toniczny; *gram.* tonalny, akcentowany; s tonik; środek wzmacniający

to·night [tə'naɪt] adv dziś w nocy; s dzisiejsza noc, dzisiejszy wieczór; **~'s paper** dzisiejsza gazeta wieczorna

ton·sil ['tɒnsl] s *anat.* migdał

ton·sil·li·tis [,tɒnsə'laɪtɪs] s *med.* zapalenie migdałów

too [tu:] adv także, prócz tego, w dodatku; doprawdy; wielce, bardzo, aż nadto; **all ~** aż nadto; **none ~ good** niezbyt dobry, nieszczególny; **I'm only ~ glad** cała przyjemność po mojej stronie; **that's ~ bad!** fatalnie!

took *zob.* **take**

tool [tu:l] s narzędzie

toot [tu:t] s dźwięk (*rogu, klaksonu itp.*), sygnał; vt vi dąć w róg, buczeć

tooth [tu:θ] s (*pl* **teeth** [ti:θ]) ząb; **in the teeth of sth** wbrew czemuś, nie zważając na coś; **~ and nail** energicznie, zawzięcie

tooth·ache ['tu:θeɪk] s ból zębów

tooth·brush ['tu:θbrʌʃ] s szczoteczka do zębów

tooth·paste ['tu:θpeɪst] s pasta do zębów

tooth·pick ['tu:θpɪk] s wykałaczka

top 1. [tɒp] s szczyt, najwyższy punkt; wierzch, powierzchnia, górna część; głowa (*stołu*); *mors.* kosz, bocianie gniazdo; pierwsze miejsce w klasie; adj attr górny, szczytowy; vt vi pokrywać od góry; wznosić się; przewyższać; **~ off** zakończyć; **~ up** dopełnić

top 2. [tɒp] s bąk (*zabawka*); **to sleep like a ~** spać jak suseł

top hat [,tɒp'hæt] s cylinder

to·pi, to·pee ['təʊpi:] s hełm tropikalny

top·ic ['tɒpɪk] s przedmiot, temat

top·i·cal ['tɒpɪkl] adj miejscowy; dotyczący tematu, aktualny

top·less ['tɒpləs] adj adv (o kobiecie) z odsłoniętymi piersiami, topless

top·most ['tɒpməʊst] adj najwyższy

to·pog·ra·phy [tə'pɒɡrəfɪ] adj topografia

top·ping ['tɒpɪŋ] *adj bryt. pot.* świetny, kapitalny; *s* powierzchnia (*placka, itp.*)

top·ple ['tɒpl] *vt* (*także ~ down <over>*) powalić; *vi* zwalić się

top·sy·tur·vy [,tɒpsɪ'tɜ:vɪ] *adv* do góry nogami; *adj* przewrócony do góry nogami

torch [tɔ:tʃ] *s* pochodnia; latarka elektryczna

tore *zob.* **tear 2.**

tor·ment ['tɔ:ment] *s* męka, tortury, *vt* [tɔ:'ment] męczyć, dręczyć

torn *zob.* **tear 2.**

tor·na·do [tɔ:'neɪdəu] *s* tornado

tor·pe·do [tɔ:'pi:dəu] *s* torpeda; *vt* torpedować

tor·pe·do boat [tɔ:'pi:dəubəut] *s* wojsk. kuter torpedowy

tor·pid ['tɔ:pɪd] *adj* zesztywniały, zdrętwiały

tor·por ['tɔ:pə], **tor·pid·i·ty** [tɔ:'pɪdətɪ] *s* zesztywnienie, odrętwienie

tor·rent ['tɒrənt] *s* potok (rwący); ulewa

tor·ren·tial [tə'renʃl] *adj* wartki; ulewny

tor·rid ['tɒrɪd] *adj* wypalony (słońcem); skwarny, upalny; ostry; gwałtowny

tor·sion ['tɔ:ʃn] *adj* skręt, skręcenie; *mat.* torsje

tor·toise ['tɔ:təs] *s zool.* żółw

tor·toise·shell ['tɔ:təsʃel] *s* szylkret

tor·tu·ous ['tɔ:tʃuəs] *adj* kręty, wijący się

tor·ture ['tɔ:tʃə] *adj* tortury, męczarnia; *vt* torturować, dręczyć; przekręcać (*np. słowa*)

To·ry ['tɔ:rɪ] *s bryt. hist. polit.* torys

toss [tɒs] *vt* rzucać w górę, podrzucać, potrząsać; niepokoić; *vi* przewracać się, wiercić się; (*o morzu, drzewie*) kołysać się; *~ off* wypić duszkiem; załatwić od ręki; *s* rzucanie, rzut; potrząsanie

to·tal ['təutl] *adj* całkowity, totalny; *s* suma globalna, ogólny wynik; *vt vi* sumować; wynosić w całości

to·tal·i·tar·i·an [təu,tælɪ'teərɪən] *adj* totalitarny

to·tal·i·ty [təu'tælətɪ] *s* całość, ogół

to·tal·i·za·tor ['təutəlaɪzeɪtə], *pot.* **tote** [təut] *s* totalizator

tot·ter ['tɒtə] *vi* chwiać się, iść na niepewnych nogach

touch [tʌtʃ] *vt vi* dotknąć; poruszyć, wspomnieć (*on, upon sth* coś); wzruszyć; (*także ~ off*) zarysować, naszkicować; dorównać; natknąć się; *to ~ to the quick* dotknąć do żywego; *~ down* (*o samolocie*) lądować; *~ up* poprawić (*np. obraz*), wyretuszować; *to ~ wood* odpukiwać w niemalowane drewno; *s* dotyk, dotknięcie; kontakt; lekki atak (*choroby*); pociągnięcie (*np. pędzlem*); posmak; powierzchowna próba; *to get in ~* skontaktować się; *to keep in ~* utrzymywać kontakt; *finishing ~* ostatnie pociągnięcie

touch·ing ['tʌtʃɪŋ] *adj* wzruszający; *praep* odnośnie do, co się tyczy

touch·stone ['tʌtʃstəun] *s* kamień probierczy; *przen.* standard, kryterium

touch·y ['tʌtʃɪ] *adj* drażliwy

tough [tʌf] *adj* twardy, oporny, trudny; (*o mięsie*) łykowaty, żylasty; tęgi, mocny, wytrzymały

tour [tuə] *s* podróż (*zw.* okrężna), objazd; wycieczka; *w* podróży; *to make a ~ of the world* objechać świat; *vt vi* objeżdżać, zwiedzać

tour·ism ['tuərɪzm] *s* turystyka

tour·ist ['tuərɪst] *s* turysta; *~ agency* biuro turystyczne

tour·na·ment ['tuənəmənt] *s* zawody, rozgrywki; *hist.* turniej

tou·sle ['tauzl] *s* targać, mierzwić

tout [taut] *vt* kaptować, nachodzić

(*for sb* kogoś); czynić starania
(*for sth* o coś)

tow [təʊ] *vt* holować, ciągnąć na
linie, wlec za sobą; *s* holowanie;
holowany statek; lina do holowa-
nia; **to have in ~** holować; **to
take in ~** wziąć na hol

to·ward(s) [təˈwɔːd(z)] *praep* ku,
w kierunku; *s* stosunku do; (*o
czasie*) pod, około; na; **~ expenses** na wydatki

tow·el ['tauəl] *s* ręcznik (*z materiału, papieru itd.*); **sanitary ~**
bryt. podpaska higieniczna

tow·er ['tauə] *s* wieża; baszta; **the
Tower (of London)** Tower of
London (średniowieczna twierdza w Londynie); *vi* wznosić
się; piętrzyć się; **~ block** wieżowiec

town [taun] *s* miasto; **out of ~** na
prowincji, (*wyjechać itd.*) z miasta, za miasto, na wieś; **~ hall** ratusz

town·let ['taunlət] *s* miasteczko

towns·folk ['taunzfəuk] *s zbior.*
mieszkańcy miasta, mieszczanie

towns·people ['taunzˌpiːpl] =
townsfolk

tox·ic ['tɒksɪk] *adj* trujący

toy [tɔɪ] *s* zabawka; *vi* bawić się;
igrać

trace 1. [treɪs] *s* ślad; *vt* śledzić;
iść śladem; zrekonstruować; szkicować, kreślić; **~ back** wywodzić
(**sth to sth** coś od czegoś); **~
over** kalkować

trace 2. [treɪs] *s* postronek; *pl* **~s**
uprząż

trac·er ['treɪsə] *s* traser; kreślarz;
(*także* **~ bullet <shell>**) pocisk
smugowy

track [træk] *s* ślad, trop; ścieżka,
szlak, trakt; tor (*kolejowy, wyścigowy*); **the beaten ~** wydeptana
droga; utarty szlak; **to leave
<come off> the ~** wykoleić się;
to lose ~ zgubić się (**of sth** w
czymś); stracić kontakt (**of sb,
sth** z kimś, czymś); *vt* śledzić;

znaczyć śladami; **~ down <out>**
wyśledzić

trac·ta·ble ['træktəbl] *adj* uległy,
podatny

trac·tion ['trækʃn] *adj* trakcja

trac·tor ['træktə] *s* traktor,
ciągnik

trade [treɪd] *s* rzemiosło; handel;
przemysł (*budowlany, hotelowy
itd.*); branża, zawód, zawodowe
zajęcie; **home ~** handel
wewnętrzny; **~ mark** ochronny
znak fabryczny; **~ union** związek
zawodowy; *vi* handlować (**in sth**
czymś; **with sb** z kimś)

trad·er ['treɪdə] *s* handlowiec,
statek handlowy

trades·man ['treɪdzmən] *s* (*pl
tradesmen* ['treɪdzmən]) kupiec

trade wind ['treɪdwɪnd] *s* pasat

tra·di·tion [trəˈdɪʃn] *s* tradycja

tra·di·tion·al [trəˈdɪʃnəl] *adj* tradycyjny

traf·fic ['træfɪk] *s* komunikacja;
ruch uliczny; transport; handel; **~
(control) lights** światła regu-
lujące ruch uliczny; **~ rules** przepisy drogowe; **drug ~** handel nar-
kotykami; *vi* handlować (**in sth**
czymś); **~ police** policja drogowa; **hold up the ~** wstrzymać
ruch

tra·ge·di·an [trəˈdʒiːdɪən] *s* autor
tragedii; aktor tragiczny

trag·e·dy ['trædʒədɪ] *s* tragedia

trag·ic ['trædʒɪk] *adj* tragiczny

trail [treɪl] *s* szlak, ślad, trop;
wlokący się ogon, smuga (*np. dymu*); *vt* wlec za sobą; tropić; deptać; *vi* wlec się

trail·er ['treɪlə] *s* tropiciel; *am.*
przyczepa mieszkalna (*do samochodu itd.*)

train [treɪn] *s* pociąg; **commuting ~** pociąg podmiejski; **fast ~**
pociąg pośpieszny; **to catch
one's ~** zdążyć na pociąg;
wlokący się ogon, tren; sznur
(*ludzi, wozów*); orszak; *vt vi* tre-

nować, uczyć (się), tresować; kształcić, zaprawiać (**for sth** do czegoś)

train·er ['treɪnə] s trener, instruktor

train·ing ['treɪnɪŋ] s trening, ćwiczenia, tresura

trait [treɪt] s rys (*np. charakteru*)

trai·tor ['treɪtə] s zdrajca

trai·tor·ous ['treɪtərəs] *adj* zdradziecki

tram [træm] s tramwaj

tram·car ['træmkɑː] s wóz tramwajowy

tram·mel ['træml] s (długa) sieć; pętla *(dla konia)*; przeszkoda; *(także pl ~s)* więzy; *vt* łapać, pętać, plątać, przeszkadzać

tramp [træmp] *vt vi* włóczyć się; deptać, ciężko stąpać; *s* włóczęga, kloszard, łazik; wędrówka; ciężkie stąpanie

tram·ple ['træmpl] *vt* deptać, tratować

tram·way ['træmweɪ] s tramwaj

trance [trɑːns] s trans

tran·quil ['træŋkwɪl] *adj* spokojny

tran·quil·li·ty [træŋ'kwɪlətɪ] s spokój

trans·act [træn'zækt] *vt* przeprowadzić, doprowadzić do skutku; *vi* układać się, pertraktować

trans·ac·tion [træn'zækʃn] s transakcja

tran·scribe [træn'skraɪb] *vt* transkrybować; przepisywać; *radio* nagrywać na taśmę

tran·scrip·tion [træn'skrɪpʃn] s transkrypcja; przepisywanie; *radio* nagranie na taśmie

trans·fer [træns'fɜː] *vt vi* przenosić (się); przekazywać; przewozić; *am.* przesiadać się; *handl.* cedować; *s* ['trænsfɜː] przeniesienie; przewóz; przekazanie; przelew; *handl.* cesja

trans·fig·ure [træns'fɪgə] *vt* przekształcać

trans·fix [træns'fɪks] *vt* przebić,

przeszyć, przekłuć; unieruchomić, sparaliżować

trans·form [træns'fɔːm] *vt* przekształcać

trans·form·ation [ˌtrænsfə'meɪʃən] s przekształcenie, transformacja; przemiana

trans·form·er [træns'fɔːmə] s *elektr.* transformator

trans·fuse [træns'fjuːz] *vt* przelewać, przetaczać; przepoić

trans·fu·sion [træns'fjuːʒn] s transfuzja

trans·gress [trænz'gres] *vt vi* przekroczyć, naruszyć *(np. ustawę)*; popełnić przekroczenie

trans·gres·sion [trænz'greʃn] s przekroczenie

tran·ship *zob.* **transship**

tran·sient ['trænzɪənt] *adj* przemijający, przejściowy

tran·sis·tor [træn'zɪstə] s tranzystor

tran·sit ['trænsɪt] s tranzyt; przejazd

tran·si·tion [træn'zɪʃn] s przejście; okres przejściowy

tran·si·tion·al [træn'zɪʃnəl] *adj* przejściowy

tran·si·tive ['trænsətɪv] *adj gram.* przechodni

tran·si·to·ry ['trænsɪtrɪ] *adj* przejściowy, efemeryczny, przemijający

trans·late [træns'leɪt] *vt* tłumaczyć (**into English** na angielski)

trans·la·tion [træns'leɪʃn] s tłumaczenie

trans·la·tor [træns'leɪtə] s tłumacz

trans·lit·er·ate [trænz'lɪtəreɪt] *vt* transliterować

trans·mis·sion [trænz'mɪʃn] *vt* transmisja

trans·mit [trænz'mɪt] *vt* przekazywać, doręczać; przenosić; transmitować

trans·mit·ter [trænz'mɪtə] s aparat transmitujący, przekaźnik; nadajnik

trans·par·en·cy [træns'pærənsɪ] s przezroczystość

trans·par·ent [træns'pærənt] adj przezroczysty

tran·spi·ra·tion [ˌtrænspɪ'reɪʃn] s parowanie; pocenie się

tran·spire [træn'spaɪə] vt vi wydzielać (się); parować; pocić się; wydychać; przen. wychodzić na jaw, okazywać się; zdarzać się

trans·plant [træns'plɑːnt] vt przesadzać, przenosić, przeszczepiać

trans·plan·ta·tion [ˌtrænsplɑːn'teɪʃn] s med. przeszczep, transplantacja

trans·port [træn'spɔːt] vt transportować, przewozić, przenosić; porwać, zachwycić, unieść; hist. zesłać (zbrodniarza); s ['trænspɔːt] transport, przewóz, przeniesienie; zachwyt, poryw, uniesienie

trans·por·ta·tion [ˌtrænspɔː'teɪʃn] s am. transport, przewóz, przeniesienie; zesłanie

trans·pose [træns'pəʊz] vt przestawiać; muz. transponować

trans·ship [træns'ʃɪp] vt przeładowywać

trans·ver·sal [trænz'vɜːsl] adj poprzeczny; s linia poprzeczna

trans·verse [trænz'vɜːs] adj poprzeczny

trap [træp] s pułapka, potrzask, zasadzka; przen. podstęp; vt łapać w potrzask, zastawiać pułapkę

trap·door [ˌtræp'dɔː] s zapadnia, klapa

tra·peze [trə'piːz] s trapez (w gimnastyce)

tra·pe·zi·um [trə'piːzɪəm] s mat. trapez

trap·e·zoid ['træpɪzɔɪd] s mat. trapezoid

trap·per ['træpə] s traper

trash [træʃ] s tandeta; szmira; bzdury; am. śmieci; am. hołota

trav·el ['trævl] vi podróżować, jeździć, jechać; s podróż; ~ **agen·cy** biuro podróży

trav·el·ler, am. **trav·el·er** ['trævələ] s podróżny; podróżnik; komiwojażer; ~'s **cheque** czek podróżny

trav·erse ['trævɜːs] s trawers, poprzeczka; vt [trə'vɜːs] przecinać w poprzek, przejeżdżać; krzyżować (plany); dokładnie badać

trav·es·ty ['trævəstɪ] s trawestacja; vt trawestować

trawl [trɔːl] s niewód; vt łowić niewodem

trawl·er ['trɔːlə] s mors. trawler

tray [treɪ] s taca

treach·er·ous ['tretʃərəs] adj zdradziecki

treach·er·y ['tretʃərɪ] s zdrada

trea·cle ['triːkl] s melasa, syrop

*tread [tred] vt vi (**trod** [trɒd], **trodden** ['trɒdn] lub **trod** [trɒd]) stąpać, kroczyć (**on sth** po czymś); deptać (**on the grass** trawę); ~ **out** zadeptać, zgnieść; s chód, kroki

tread·mill ['tredmɪl] s kierat; przen. monotonna praca, kierat

trea·son ['triːzn] s zdrada; **high** ~ zdrada stanu

trea·son·able ['triːznəbl] adj zdradziecki

treas·ure ['treʒə] s skarb; vt wysoko szacować; (zw. ~ **up**) chować jak skarb; fin. tezauryzować

treas·ur·er ['treʒərə] s skarbnik

treas·ure trove ['treʒətrəʊv] s prawn. znaleziony skarb

treas·ur·y ['treʒrɪ] s skarbiec; **the Treasury** skarb państwa; am. ministerstwo skarbu

treat [triːt] vt traktować, uważać (**as sth** za coś); rozpatrywać; leczyć (**sb for sth** kogoś na coś); poddawać działaniu; fundować, częstować (**sb to sth** kogoś czymś); gościć, przyjmować; vi prowadzić pertraktacje (**with sb for sth** z kimś w sprawie czegoś); rozprawiać (**of sth** o czymś); s przyjemność, rozkosz; poczęstunek

trea·tise ['triːtɪz] s traktat, rozprawa naukowa

treat·ment ['triːtmənt] s traktowanie, obchodzenie się; leczenie; **under ~** w trakcie leczenia

trea·ty ['triːtɪ] s traktat, umowa

tre·ble ['trebl] adj potrójny; muz. sopranowy; vt vi potroić (się)

tree [triː] s drzewo

tre·foil ['trefɔɪl] s bot. koniczyna

trel·lis ['trelɪs] s krata drewniana (dla pnączy); altanka (z kraty)

trem·ble ['trembl] vi drżeć; s drżenie

tre·men·dous [trɪ'mendəs] adj ogromny, kolosalny; pot. wspaniały

trem·or ['tremə] s drżenie; trzęsienie

trem·u·lous ['tremjuləs] adj drżący

trench [trentʃ] s rów; wojsk. okop; **~ coat** trencz; vi kopać rowy; wkraczać, wdzierać się (**on sth** w coś); graniczyć (**on sth** z czymś); vt przekopywać, przecinać rowem

trend [trend] s skłonność, kierunek, tendencja; vi skłaniać się; dążyć (**towards to sth** ku czemuś); objawiać tendencję

trep·i·da·tion [ˌtrepɪ'deɪʃn] s drżenie (z obawy)

tres·pass ['trespəs] vi popełnić przekroczenie, naruszyć (**on <upon> the law** prawo); zgrzeszyć (**against sth** przeciwko czemuś); wkroczyć (na zakazany teren); nadużyć (**on <upon> sth** czegoś); s przekroczenie; grzech; wina

tres·pass·er ['trespəsə] s winny przekroczenia; winowajca; nieprawnie wkraczający na zakazany teren

tri·al ['traɪəl] s próba, doświadczenie; badanie; przesłuchanie; rozprawa sądowa; sport rozgrywka eliminacyjna; **~ and error method** metoda prób i błędów; **on ~**

na próbę; **to put to ~** poddać próbie

tri·an·gle ['traɪæŋgl] s trójkąt

tri·an·gu·lar [traɪ'æŋgjulə] adj trójkątny

trib·al ['traɪbl] adj plemienny

tribe [traɪb] s plemię, szczep

trib·u·la·tion [ˌtrɪbju'leɪʃn] s udręka, wielkie zmartwienie

tri·bu·nal [traɪ'bjuːnl] s trybunał

trib·une ['trɪbjuːn] s trybuna; hist. trybun

trib·u·tar·y ['trɪbjutərɪ] adj zobowiązany do płacenia należności (czynszu, podatku); pomocniczy, wspomagający; poddany; hołdowniczy; (o rzece) wpadający; s płatnik; hołdownik; dopływ (rzeki)

trib·ute ['trɪbjuːt] s przycznek; danina, podatek, należność; uznanie, hołd; **to pay ~** płacić daninę; wyrażać uznanie, składać hołd

trick [trɪk] s figiel, sztuczka, chwyt; przyzwyczajenie; **a dirty ~** świństwo; uj. nawyk; spryt; lewa (w kartach); **to play a ~** spłatać figla (**on sb** komuś); **to play ~s** pokazywać sztuczki; vt podejść, oszukać, zwieść; vi figlować

trick·er·y ['trɪkərɪ] s nabieranie, oszustwo

trick·le ['trɪkl] vi kapać, sączyć się; vt przesączać

trick·ster ['trɪkstə] s oszust, naciągacz

tri·col·our ['trɪkələ] s trójbarwny; s flaga trójbarwna

tri·cy·cle ['traɪsɪkl] s rower na trzech kółkach

tried [traɪd] pp zob. try; adj wypróbowany, wierny

tri·fle ['traɪfl] s drobnostka, bagatela; vi żartować sobie; swawolić; postępować niepoważnie; vt (zw. **~ away**) marnować, trwonić

tri·fling ['traɪflɪŋ] adj mało znaczący, drobny, błahy

trig·ger ['trɪgə] s cyngiel, spust

trill [trɪl] *s* trel; *vi* wywodzić trele; *vt* wymawiać z wibracją

tril·lion ['trɪljən] *num* trylion

tril·o·gy ['trɪlədʒɪ] *s* trylogia

trim [trɪm] *adj* schludny, utrzymany w porządku, prawidłowy; *vt* czyścić, porządkować; wygładzać, wyrównywać; przycinać; przybierać; *s* stan, kondycja; porządek

trim·ming ['trɪmɪŋ] *s* uporządkowanie; wykończenie; przycięcie; (*zw. pl* **~s**) przyprawa, dodatek (*do potrawy*); obszywka; dodatkowa ozdoba

trin·i·ty ['trɪnətɪ] *s* trójca, trójka

trin·ket ['trɪŋkɪt] *s* błyskotka, ozdóbka

trip [trɪp] *s* lekki chód; (*krótka*) podróż, wycieczka, przejażdżka; **business ~** wyjazd służbowy; potknięcie; *vi* iść drobnym, szybkim krokiem; potknąć się; pomylić się; odbyć krótką podróż; (*także* **~ up**) podstawić nogę

tripe [traɪp] *s* wnętrzności wołowe; flaki (*potrawa*); *pot.* bzdura; lichota; szmira

trip·le ['trɪpl] *adj* potrójny; *vt vi* potroić (się)

trip·let ['trɪplət] *s* zespół trzech jednakowych rzeczy; *pl* **~s** trojaczki

tri·pod ['traɪpɒd] *s* trójnóg; *fot.* statyw

trip·ping ['trɪpɪŋ] *adj* lekki, zwinny

trite [traɪt] *adj* oklepany, banalny

tri·umph ['traɪəmf] *s* triumf; *vi* triumfować

tri·um·phant [traɪˈʌmfənt] *adj* triumfujący

triv·et ['trɪvɪt] *s* trójnożna podstawka metalowa

triv·i·al ['trɪvɪəl] *adj* nieważny, błahy; pospolity, banalny

trod, trod·den *zob.* **tread**

trol·ley ['trɒlɪ] *s* drezyna; wózek (*sklepowy*); barek na kółkach; **shopping ~** wózek na zakupy

trol·ley·bus ['trɒlɪbʌs] *s* trolejbus

trom·bone [trɒmˈbəʊn] *s muz.* puzon

troop [truːp] *s* grupa, gromadka; oddział wojskowy; *teatr* trupa; *pl* **~s** wojsko; *vi* iść grupą, gromadzić się; **~ing the colour** parada wojskowa

troop·er ['truːpə] *s* kawalerzysta; *am.* policjant konny

tro·phy ['trəʊfɪ] *s* łup wojenny, trofeum; *sport* nagroda, pamiątka honorowa

trop·ic ['trɒpɪk] *s* zwrotnik; **~ of Cancer** zwrotnik Raka; **~ of Capricorn** zwrotnik Koziorożca

trop·i·cal ['trɒpɪkl] *adj* tropikalny, podzwrotnikowy

trot [trɒt] *s* kłus; *am. pot.* bryk; *przen.* **to keep on the ~** popędzać, utrzymywać w ruchu; *vi* kłusować; *vt także* **~ out** puszczać kłusem; popisywać się (**sth** czymś)

troth [trəʊθ] *s* wierność; słowo honoru; **to plight one's ~** ręczyć słowem honoru

trou·ble ['trʌbl] *s* niepokój, kłopot, troska, trud; zakłócenie; dolegliwość; **to ask for ~** szukać kłopotu, narażać się na kłopoty; **to get into ~** popaść w tarapaty; **to take the ~ to...** zadać sobie trud, aby...; *vt vi* niepokoić (się), dręczyć (się); przeszkadzać; fatygować (się); martwić (się); mącić

trou·ble·some ['trʌblsəm] *adj* niepokojący, kłopotliwy, uciążliwy

trough [trɒf] *s* koryto

troupe [truːp] *s teatr* trupa

trou·sers ['traʊzəz] *s pl* spodnie

trout [traʊt] *s zool.* pstrąg

trow·el ['traʊəl] *s* kielnia, łopata

tru·an·cy ['truːənsɪ] *s* absencja; wagary

tru·ant ['truːənt] *s* opuszczający pracę; uczeń na wagarach; **to play ~** chodzić na wagary

truce [truːs] *s* rozejm

truck 1. [trʌk] *s* wózek ciężarowy,

tuck

wózek ręczny; lora, platforma; *am.* samochód ciężarowy; *vt* przewozić wózkiem; ładować na wózek

truck 2. [trʌk] *s* wymiana; handel wymienny; wynagrodzenie w naturze; drobne artykuły codziennego użytku; *am.* jarzyny; *vt vi* wymieniać; prowadzić handel wymienny

truc·u·lent ['trʌkjʊlənt] *adj* srogi, dziki, gwałtowny

trudge [trʌdʒ] *vi* wlec się, iść z trudem; *s* uciążliwy marsz

true [tru:] *adj* prawdziwy; wierny; rzetelny; zgodny (*np. z rzeczywistością*); **to come ~** sprawdzić się; spełnić się; (**it's**) **~!**, **quite ~!** słusznie!, racja!

true-blue [,tru:'blu:] *adj bryt.* lojalny, oddany (*komuś*)

tru·ly ['tru:lɪ] *adv* prawdziwie; wiernie; szczerze; rzeczywiście; **yours ~** z poważaniem (*w zakończeniach listów*)

trump [trʌmp] *s* atut; *vt* przebić atutem; **~ up** zmyślić, sfingować

trump·er·y ['trʌmpərɪ] *s zbior.* tandeta, bezwartościowe błyskotki; bzdury; paplanina; *adj* tandetny

trum·pet ['trʌmpɪt] *s* trąbka; trąba; dźwięk trąby; **to blow the ~** grać na trąbce; *przen.* **to blow one's own ~** chwalić się; *vt vi* trąbić

trun·cate [trʌŋ'keɪt] *vt* obciąć, okaleczyć

trun·cheon ['trʌntʃn] *s* pałka (*policjanta*); buława; *vt* bić pałką

trun·dle ['trʌndl] *s* rolka; wózek na rolkach; *vt vi* toczyć (się)

trunk [trʌŋk] *s* pień; tułów; kadłub; trąba (*słonia*); *am. mot.* bagażnik; skrzynka; (*także* **~ line**) (telefoniczna) linia międzymiastowa; **bathing ~s** kąpielówki

trunk call ['trʌŋkkɔ:l] *s bryt.* (*telefoniczna*) rozmowa międzymiastowa

trunk line ['trʌŋklaɪn] *s* (*telefoniczna*) linia międzymiastowa; magistrala kolejowa

trunk road ['trʌŋkrəʊd] *s* główna droga

truss [trʌs] *s* wiązka; pęk; *med.* pas przepuklinowy; *vt vi* wiązać; pakować (się)

trust [trʌst] *s* zaufanie, wiara; trust; *vi* ufać, wierzyć (**sb** komuś); pokładać ufność (**in sb** w kimś); polegać (**to sb, sth** na kimś, czymś); *vt* powierzyć (**sb with sth, sth to sb** coś komuś)

trus·tee [,trʌ'sti:] *s* powiernik; kurator; członek zarządu

trust·ful ['trʌstfl] *adj* ufny

trust·wor·thy ['trʌst,wɜ:ðɪ] *adj* godny zaufania, pewny

trust·y ['trʌstɪ] *adj żart.* niezawodny; wierny

truth [tru:θ] *s* prawda, prawdziwość; wierność; rzetelność; **to tell the ~** powiedzieć prawdę

truth·ful ['tru:θfl] *adj* prawdziwy; prawdomówny

try [traɪ] *vt* próbować; doświadczać; sądzić (**sb** kogoś, **for sth** za coś); badać; *vi* starać się (**for sth** o coś); usiłować; **~ on** przymierzać; **~ out** wypróbować; *s* próba; usiłowanie; **to have a ~** spróbować

try·ing ['traɪɪŋ] *adj* męczący; przykry

tsar, tsarina *zob.* **tzar, tzarina**

tub [tʌb] *s* wanna; kadź; (*także* **wash-~**) balia

tuba ['tju:bə] *s muz.* tuba

tube [tju:b] *s* rura; dętka (*roweru, opony*); tubka; przewód; *pot.* (*w Londynie*) kolej podziemna, metro

tu·ber·cu·lar [tju:'bɜ:kjʊlə] *adj* gruźliczy

tu·ber·cu·lo·sis [tju:,bɜ:kjʊ'ləʊsɪs] *s* gruźlica

tuck [tʌk] *s* fałda, zakładka; *zbior. pot.* łakocie; *vt* składać w fałdy, podwijać; wtykać, chować; **~**

T

away schować; ~ *in* wpychać; zbierać; owijać; ~ *up* podwijać, zakasywać

Tues·day ['tjuːzdɪ] *s* wtorek

tuft [tʌft] *s* kiść, pęk

tug [tʌg] *vt vi* ciągnąć; holować; szarpać; wysilać się; *s* pociągnięcie; zmaganie; holownik; ~*-of-war* (zabawa w) przeciąganie liny

tug·boat ['tʌgbəʊt] *s mors.* holownik

tu·i·tion [tjuː'ɪʃn] *s* szkolenie, nauka; ~ *fee* czesne (*opłata za naukę*)

tu·lip ['tjuːlɪp] *s bot.* tulipan

tum·ble ['tʌmbl] *vt vi* przewrócić (się), wywrócić (się); upaść; potoczyć się; *s* upadek; nieład

tum·bler ['tʌmblə] *s* akrobata; kuglarz; szklanka, kubek

tu·me·fy ['tjuːmɪfaɪ] *vi* obrzęknąć; *vt* powodować obrzęk

tu·mid ['tjuːmɪd] *adj* nabrzmiały

tu·mour ['tjuːmə] *s med.* guz, tumor, nowotwór

tu·mult ['tjuːmʌlt] *s* tumult, hałas; zamęt

tu·mu·lus ['tjuːmjʊləs] *s* (*pl* **tumuli** ['tjuːmjʊlaɪ]) kurhan, kopiec

tu·na ['tjuːnə] *s zool.* tuńczyk

tune [tjuːn] *s* ton; melodia, pieśń; harmonia; *vt vi* harmonizować; stroić; ~ *in* nastawić radio (*to a wave* na daną falę); ~ *up* nastroić się; zacząć grać, zaintonować; *out of* ~ (*o instrumencie*) rozstrojony; (*o dźwięku*) fałszywy

tune·ful ['tjuːnfl] *adj* melodyjny

tu·nic ['tjuːnɪk] *s* tunika; bluza (*wojskowa*)

tun·ing fork ['tjuːnɪŋfɔːk] *s muz.* kamerton

tun·nel ['tʌnl] *s* tunel, przewód, rura

tun·ny ['tʌnɪ] *s* = *tuna*

tur·ban ['tɜːbən] *s* turban

tur·bid ['tɜːbɪd] *adj* mętny

tur·bine ['tɜːbaɪn] *s* turbina

tur·bu·lent ['tɜːbjʊlənt] *adj* burz-

liwy; buntowniczy

tu·reen [tjʊ'riːn] *s* waza (*na zupę*)

turf [tɜːf] *s* murawa, darń; torf; *the* ~ tor wyścigowy; wyścigi konne

tur·gid ['tɜːdʒɪd] *adj* nabrzmiały; *przen.* (*o stylu*) napuszony

Turk [tɜːk] *s* Turek

tur·key ['tɜːkɪ] *s zool.* indyk

Turk·ish ['tɜːkɪʃ] *adj* turecki; *s* język turecki

tur·moil ['tɜːmɔɪl] *s* zamieszanie, wrzawa

turn [tɜːn] *vt vi* obracać (się), przewracać (się), zwracać (się); zmieniać (się), przeistaczać (się); stawać się; tłumaczyć; nicować; *to* ~ *the corner* skręcić na rogu (*ulicy*), minąć zakręt; *przen.* przeżyć kryzys; *to* ~ *loose* wypuścić na wolność; *to* ~ *a deaf ear* puszczać mimo uszu, nie słuchać; *to* ~ *one's coat* zmienić przekonania, przejść do przeciwnej partii; *to* ~ *pale* zblednąć; *to* ~ *soldier* zostać żołnierzem, wstąpić do wojska; *przen.* z przysłówkami: ~ *aside* odbić (*np. cios*); odchylić się; ~ *away* uchylić; usunąć, wypędzić; odstąpić; ~ *back* odwrócić (się); powrócić; ~ *down* zagiąć; obalić; odrzucić; przyciszyć (*np. radio*); ~ *in* zawinąć, założyć do środka; wejść, wstąpić; pójść spać; ~ *off* wyłączyć, zakręcić (*np. kran*); odwrócić (się); odkręcić (się); usunąć (się), odsunąć (się); poniechać; *to* ~ *off the light* zgasić światło; ~ *on* włączyć; nakręcić; nastawić; *to* ~ *on the light* zapalić światło, zaświecić; ~ *out* wywrócić; wyrzucić, wypędzić; wyprodukować; wytrącić; zostać wytrąconym; wystąpić, ukazać się; okazać się; *to* ~ *out well* wyjść na dobre, dobrze się skończyć; ~ *over* przewracać; przekazywać; przejść na drugą stronę; przemyśleć; ~ *round* obrócić (się); przekręcić (się); kręcić (się); *przen.* zmienić przekonania; **~ up** wywracać ku górze; podnosić (się); dziać się, stawać się; zdarzać się; odkrywać (*np. zakopany skarb*); pojawić się; zrobić głośniej; *s* obrót, zwrot, skręt; skłonność; kierunek; uzdolnienie; właściwość; kształt; kolejność; kolej; turnus, wyczyn, uczynek; cel, korzyść; *pot.* kawał; **~ of mind** mentalność; **to give ~ for ~** odpłacić pięknym za nadobne; **to take a ~** wyjść na przechadzkę; skręcić; **to take a ~ of work** popracować jakiś czas; **it is my ~** teraz na mnie kolej; **does it serve your ~?** czy to ci się na coś przyda?; **at every ~** przy każdej sposobności; **in ~, by ~s** po kolei

turn·a·bout ['tɜːnəbaut] *s* zwrot, obrót

turn·coat ['tɜːnkəut] *s* renegat, przeniewierca

turn·er ['tɜːnə] *s* tokarz

turn·ing ['tɜːnɪŋ] *s* zakręt, zwrot; **to take a ~** skręcić

turn·ing point ['tɜːnɪŋpɔɪnt] *s* punkt zwrotny, przesilenie

turn·nip ['tɜːnɪp] *s bot.* rzepa

turn·key ['tɜːnkiː] *s* dozorca więzienny, klucznik

turn·out ['tɜːnaut] *s* zgromadzenie, publiczność; mundur (*zw.* wojskowy); strajk; zaprzęg; rozjazd (kolejowy); stawienie się; ekwipunek; produkcja, wydajność

turn·o·ver ['tɜːnˌəuvə] *s handl.* obrót; zwrot (*w stanowisku, poglądach*); kapotaż

turn·pike ['tɜːnpaɪk] *s* rogatka, szlaban; *am.* **~ highway** płatna autostrada

turn·up ['tɜːnʌp] *s* mankiet u spodni; *przen.* bijatyka

tur·pen·tine ['tɜːpəntaɪn] *s* terpentyna

tur·pi·tude ['tɜːpɪtjuːd] *s* nikczemność

tur·quoise ['tɜːkwɔɪz] *s* turkus

tur·ret ['tʌrət] *s* wieżyczka

tur·tle ['tɜːtl] *s zool.* żółw (*wodny, zw. morski*)

tur·tle·dove ['tɜːtldʌv] *s zool.* turkawka

tusk [tʌsk] *s* kieł (*słonia*)

tu·te·lage ['tjuːtəlɪdʒ] *s* kuratela

tu·tor ['tjuːtə] *s* korepetytor; wychowawca; tutor (*pracownik naukowy kierujący pracą studentów*)

tu·to·ri·al [tjuːˈtɔːrɪəl] *s* zajęcia uniwersyteckie; *komp.* program uczący, wdrażający

tux·e·do [tʌkˈsiːdəu] *s am.* smoking

twad·dle ['twɒdl] *vi* paplać, gadać; *s* paplanie

twain [tweɪn] *num poet. dial.* dwa

twang [twæŋ] *vt vi* brzdąkać; brzęczeć; mówić przez nos; *s* brzdęk; wymowa nosowa

'twas [twɒz] = **it was**

tweed [twiːd] *s* tweed

tweed·le ['twiːdl] *vi* brzdąkać

'tween [twiːn] *praep poet.* = **between**

tweez·ers ['twiːzəz] *s pl* szczypczyki, pincetka

twelfth [twelfθ] *adj* dwunasty

Twelfth Night [ˌtwelfθˈnaɪt] *s* wigilia święta Trzech Króli

twelve [twelv] *num* dwanaście; *s* dwunastka

twelve·month ['twelvmʌnθ] *s* rok; **this day ~** od dziś za rok; od roku

twen·ti·eth ['twentɪəθ] *adj* dwudziesty

twen·ty ['twentɪ] *num* dwadzieścia

'twere [twɜː, twə] *poet.* = **it were**

twice [twaɪs] *adv* dwa razy

twid·dle ['twɪdl] *vt* kręcić, przebierać (*palcami*)

twig [twɪg] *s* gałązka; różdżka; *anat.* żyłka

twi·light ['twaɪlaɪt] *s* brzask, zmierzch, półmrok

T

'twill [twɪl] = **it will**

twin [twɪn] s bliźniak; *attr* bliźniaczy

twine [twaɪn] s sznur, szpagat; zwój; *vt vi* zwijać (się), splatać (się)

twinge [twɪndʒ] *vi* rwać, kłuć, silnie boleć; s rwanie, kłucie, silny ból; **~ of conscience** wyrzuty sumienia

twin·kle ['twɪŋkl] *vi* migotać; s migotanie; **in the twinkling of an eye** w okamgnieniu

twirl [twɜːl] *vt vi* wiercić (się), szybko kręcić (się); s wirowanie, kręcenie (się)

twist [twɪst] s skręt, zakręt, skręcenie; splot; zwitek; skłonność, nastawienie; (*taniec*) twist; *vt vi* kręcić (się), wić (się), wikłać (się), splatać (się); wykręcać; przekręcać; **~ off** odkręcić; **~ up** skręcić, zwinąć

twitch [twɪtʃ] *vt vi* szarpać, rwać; nerwowo drgać; wykrzywiać (się); s szarpnięcie; drgawka

twit·ter ['twɪtə] *vi* ćwierkać, świergotać; s świergot

'twixt [twɪkst] *poet.* = **betwixt**

two [tuː] *num* dwa; s dwójka; **~ and ~**, **by ~s**, **in ~s** dwójkami, parami; **one or ~** parę, kilka

two·fold ['tuːfəʊld] *adj* podwójny

two·piece ['tuːpiːs] s zestaw dwuczęściowy (*np. kostium*); *adj attr* dwuczęściowy

ty·coon [taɪˈkuːn] s *pot.* magnat (*przemysłowy, itp.*)

ty·ing ['taɪɪŋ] *p praes od* **tie** *vt*

type [taɪp] s typ; wzór; czcionka, *zbior.* czcionki; druk; **bold ~** tłuste czcionki, tłusty druk; **to be in ~** być złożonym; **to appear in ~** ukazać się w druku; *vt* pisać na maszynie

type·script ['taɪpskrɪpt] s maszynopis

type·writ·er ['taɪpˌraɪtə] s maszyna do pisania

type·writ·ten ['taɪpˌrɪtn] *adj* napisany na maszynie

ty·phoid ['taɪfɔɪd] *adj med.* tyfoidalny; **~ fever** tyfus, dur brzuszny

ty·phoon [taɪˈfuːn] s tajfun

ty·phus ['taɪfəs] s *med.* tyfus plamisty

typ·i·cal ['tɪpɪkl] *adj* typowy (**of sth** dla czegoś)

typ·i·fy ['tɪpɪfaɪ] *vt* stanowić typ, być wzorem

typ·ist ['taɪpɪst] s maszynistka, osoba pisząca na maszynie

ty·pog·ra·phy [taɪˈpɒɡrəfɪ] s typografia; szata graficzna

ty·ran·ni·cal [tɪˈrænɪkl] *adj* tyrański

tyr·an·nize ['tɪrənaɪz] *vi* być tyranem; *vt* tyranizować

tyr·an·ny ['tɪrənɪ] s tyrania

ty·rant ['taɪrənt] s tyran

tyre [taɪə] s obręcz (*koła*); opona; *także am.* **tire** guma (*rowerowa*); *vt* nałożyć obręcz

tzar [zɑː] s car

tza·ri·na [zɑːˈriːnə] s caryca

U

u·biq·ui·tous [juːˈbɪkwɪtəs] *adj* wszędzie obecny; (*o człowieku*) wszędobylski

ud·der ['ʌdə] s wymię

ug·li·ness ['ʌɡlɪnəs] s brzydota

ug·ly ['ʌɡlɪ] *adj* brzydki; **~ duckling** brzydkie kaczątko

U·krain·i·an [juːˈkreɪnɪən] *adj* ukraiński; s język ukraiński; Ukrainiec, Ukrainka

unbind

ul·cer [ˈʌlsə] s med. wrzód

ul·cer·ate [ˈʌlsəreɪt] vt spowodować owrzodzenie; rozjątrzyć; vi owrzodzieć

ul·te·ri·or [ʌlˈtɪərɪə] adj ukryty; dalszy

ul·ti·mate [ˈʌltɪmət] adj ostateczny; podstawowy

ul·ti·ma·tum [ˌʌltɪˈmeɪtəm] s ultimatum

ul·tra 1. [ˈʌltrə] adj krańcowy

ul·tra- 2. [ˈʌltrə] praef ponad-, poza-

um·brage [ˈʌmbrɪdʒ] s uraza; obraza; *to take ~ at sth* obrazić się o coś

um·brel·la [ʌmˈbrelə] s parasol, parasolka

um·pire [ˈʌmpaɪə] s arbiter; sport sędzia; vt vi sędziować, rozstrzygać

ump·teen [ˈʌmpˈtiːn] num kilkanaście, wiele (razy)

un- [ʌn] praef nie-, od-, roz-

un·a·bat·ed [ˌʌnəˈbeɪtɪd] adj nie zmniejszony, nie słabnący

un·a·ble [ʌnˈeɪbl] adj niezdolny; *to be ~* nie móc

un·a·bridged [ˌʌnəˈbrɪdʒd] adj nie skrócony

un·ac·cept·a·ble [ˌʌnəkˈseptəbl] adj nie do przyjęcia

un·ac·count·a·ble [ˌʌnəˈkauntəbl] adj niewytłumaczalny; nieodpowiedzialny

un·af·fect·ed [ˌʌnəˈfektɪd] adj niewymuszony; niekłamany; niewzruszony

un·al·loyed [ˌʌnəˈlɔɪd] adj nie zmieszany, czysty; bez domieszki

un·al·ter·a·ble [ʌnˈɔːltərəbl] adj niezmienny

u·na·nim·i·ty [ˌjuːnəˈnɪmətɪ] s jednomyślność

u·nan·i·mous [juːˈnænɪməs] adj jednomyślny

un·an·swer·a·ble [ʌnˈɑːnsrəbl] adj wykluczający odpowiedź; bezsporny

un·ap·peas·a·ble [ˌʌnəˈpiːzəbl] adj nienasycony; nie zaspokojony; nieubłagany

un·ap·proach·a·ble [ˌʌnəˈprəʊtʃəbl] adj niedostępny; niedościgniony

un·as·sail·a·ble [ˌʌnəˈseɪləbl] adj nie do zdobycia; nienaruszalny; bezsporny

un·as·sum·ing [ˌʌnəˈsjuːmɪŋ] adj bezpretensjonalny, skromny

un·at·tain·a·ble [ˌʌnəˈteɪnəbl] adj nieosiągalny

un·a·vail·ing [ˌʌnəˈveɪlɪŋ] adj bezużyteczny; bezskuteczny

un·a·void·a·ble [ˌʌnəˈvɔɪdəbl] adj nieunikniony

un·a·ware [ˌʌnəˈweə] adj nieświadomy, nie wiedzący (*of sth* o czymś)

un·a·wares [ˌʌnəˈweəz] adv nieświadomie; niespodziewanie

un·bal·ance [ˌʌnˈbæləns] vt wytrącić z równowagi; s brak równowagi

un·bar [ˌʌnˈbɑː] vt odryglować, otworzyć

un·bear·a·ble [ʌnˈbeərəbl] adj nieznośny, nie do wytrzymania

un·be·com·ing [ˌʌnbɪˈkʌmɪŋ] adj nie na miejscu, nielicujący, niestosowny; *it is ~ of you to...* nie wypada ci...

un·be·liev·a·ble [ˌʌnbɪˈliːvəbl] adj niewiarygodny, nie do wiary

un·be·liev·er [ˌʌnbɪˈliːvə] s człowiek niewierzący, ateista

*un·bend [ˌʌnˈbend] (*formy zob.* **bend**) vt vi odgiąć (się), odprężyć (się); wyprostować (się)

un·bend·ing [ˌʌnˈbendɪŋ] adj nieugięty

un·bent zob. **unbend**

un·bi·assed [ˌʌnˈbaɪəst] adj bezstronny, nieuprzedzony

un·bid·den [ˌʌnˈbɪdn] adj nieproszony; spontaniczny

*un·bind [ˌʌnˈbaɪnd] (*formy zob.* **bind**) vt rozwiązać, odwiązać; zwolnić (*z więzów*), rozkuć

un·blem·ished [ʌn'blemɪʃt] *adj* nieskazitelny

un·born [ˌʌn'bɔːn] *adj* nie urodzony; (*o pokoleniu*) przyszły

un·bos·om [ˌʌn'buzəm] *vt vi* wywnętrzyć (się), wynurzyć (się)

un·bound [ˌʌn'baund] *pp zob.* **unbind**; *adj* (*o książce*) nie oprawiony

un·bound·ed [ʌn'baundɪd] *adj* nieograniczony, bezgraniczny

un·bred [ʌn'bred] *adj* bez wychowania

un·bri·dled [ʌn'braɪdld] *adj* nieokiełznany; wyuzdany, rozwydrzony

un·bro·ken [ʌn'brəukən] *adj* nie złamany, niezłomny; nieprzerwany

un·bur·den [ˌʌn'bɜːdn] *vt* zdjąć ciężar (*sb, sth* z kogoś, czegoś); odciążyć

un·but·ton [ˌʌn'bʌtn] *vt* rozpiąć

un·called [ʌn'kɔːld] *adj* nie wołany; ~ *for* niepożądany; nie na miejscu; nie sprowokowany; bezpodstawny

un·can·ny [ʌn'kænɪ] *adj* niesamowity

un·cer·tain [ʌn'sɜːtn] *adj* niepewny, wątpliwy

un·chain [ˌʌn'tʃeɪn] *vt* uwolnić z więzów, rozkuć, rozpętać; spuścić z łańcucha

un·chart·ed [ˌʌn'tʃɑːtɪd] *adj* nie oznaczony na mapie; nie zbadany

un·checked [ˌʌn'tʃekt] *adj* niepowstrzymany, nieposkromiony; nie kontrolowany

un·civ·il [ʌn'sɪvl] *adj* nieuprzejmy; niekulturalny

un·claimed [ʌn'kleɪmd] *adj* nie żądany; nie poszukiwany; (*o przedmiocie itp.*) do którego nikt nie rości pretensji

un·clasp [ˌʌn'klɑːsp] *vt* rozewrzeć; uwolnić z uścisku; otworzyć (*np. scyzoryk*)

un·cle ['ʌŋkl] *s* wuj; stryj

un·close [ˌʌn'kləuz] *vt vi* otworzyć (się); ujawnić (*tajemnicę itp.*)

un·cloud [ʌn'klaud] *vt* rozproszyć chmury; *przen.* rozchmurzyć (*twarz*)

un·cocked [ʌn'kɒkt] *adj* (*o strzelbie*) ze spuszczonym kurkiem

un·coil [ˌʌn'kɔɪl] *vt vi* odwinąć (się), rozwinąć (się)

un·com·fort·a·ble [ʌn'kʌmftəbl] *adj* niewygodny, nieprzytulny; nieprzyjemny; czujący się niedobrze

un·com·mit·ted [ˌʌnkə'mɪtɪd] *adj* niezaangażowany

un·com·mon [ʌn'kɒmən] *adj* niezwykły

un·com·pro·mis·ing [ʌn'kɒmprəmaɪzɪŋ] *adj* bezkompromisowy

un·con·cern [ˌʌnkən'sɜːn] *s* obojętność, beztroska

un·con·cerned [ˌʌnkən'sɜːnd] *adj* obojętny, beztroski, nie zainteresowany

un·con·di·tion·al [ˌʌnkən'dɪʃnəl] *adj* bezwarunkowy

un·con·quer·a·ble [ʌn'kɒŋkərəbl] *adj* niepokonany

un·con·scious [ʌn'kɒnʃəs] *adj* nieświadomy; nieprzytomny

un·con·sid·ered [ˌʌnkən'sɪdəd] *adj* nierozważny; niedostrzeżony

un·con·trol·la·ble [ˌʌnkən'trəuləbl] *adj* nie do opanowania, niepohamowany

un·cork [ˌʌn'kɔːk] *vt* odkorkować

un·count·a·ble [ˌʌn'kauntəbl] *adj* niezliczony, nie dający się policzyć; *gram.* niepoliczalny

un·coup·le [ˌʌn'kʌpl] *vt* rozłączyć, odpiąć; spuścić ze smyczy (*psa*)

un·couth [ʌn'kuːθ] *adj* nieokrzesany; niezgrabny; dziwny

un·cov·er [ʌn'kʌvə] *vt vi* odsłonić (się), odkryć (się); zdjąć (*pokrywę, kapelusz*)

unc·tion ['ʌŋkʃn] *s rel.* namaszczenie; balsam, ukojenie

unc·tu·ous [ˈʌŋktjʊəs] *adj* fałszywy, obłudny; napuszony

un·daunt·ed [ʌnˈdɔːntɪd] *adj* nieustraszony

un·de·ceive [ˌʌndɪˈsiːv] *vt* wyprowadzić z błędu

un·de·cid·ed [ˌʌndɪˈsaɪdɪd] *adj* niezdecydowany

un·de·liv·ered [ˌʌndɪˈlɪvəd] *adj* nie uwolniony; nie dostarczony, nie doręczony

un·de·mon·stra·tive [ˌʌndɪˈmɒnstrətɪv] *adj* pełen rezerwy, opanowany

un·de·ni·a·ble [ˌʌndɪˈnaɪəbl] *adj* niezaprzeczalny

un·der 1. [ˈʌndə] *praep* pod, poniżej; według (*np. umowy*); w trakcie (*np. naprawy*); *adv* poniżej, u dołu; *adj* poniższy, dolny

un·der- 2. [ˈʌndə] *praef* pod-

un·der·brush [ˈʌndəbrʌʃ] *s* zarośla; podszycie (*lasu*)

un·der·car·riage [ˈʌndəˌkærɪdʒ] *s* podwozie (*np. samochodu*)

un·der·clothes [ˈʌndəkləʊðz] *s pl*, **un·der·cloth·ing** [ˈʌndəˌkləʊðɪŋ] *s* bielizna

un·der·cov·er [ˌʌndəˈkʌvə] *adj* tajny, skryty, niejawny

un·der·cur·rent [ˈʌndəˌkʌrənt] *s* prąd podwodny; *przen.* nurt

un·der·de·vel·oped [ˌʌndədɪˈveləpt] *adj* niedostatecznie rozwinięty; gospodarczo zacofany

un·der·done [ˌʌndəˈdʌn] *adj* (*o mięsie*) nie dosmażony

un·der·es·ti·mate [ˌʌndərˈestɪmeɪt] *vt* nie doceniać

un·der·fed [ˌʌndəˈfed] *adj* niedożywiony

un·der·foot [ˌʌndəˈfʊt] *adv* pod nogami, u dołu

*un·der·go [ˌʌndəˈgəʊ] (*formy zob.* **go**) *vt* poddać się, doświadczyć, doznać; być poddanym próbie; przechodzić; (*o egzaminie*) składać

un·der·grad·u·ate [ˌʌndəˈgrædʒʊət] *s* student

un·der·ground [ˌʌndəˈgraʊnd] *adv* pod ziemią; *the ~ movement* podziemny ruch oporu; *s* [ˈʌndəgraʊnd] podziemie; kolej podziemna; metro; *adj* podziemny

un·der·growth [ˈʌndəgrəʊθ] *s* niepełny wzrost, niedorozwój; podszycie (*lasu*)

un·der·hand [ˌʌndəˈhænd] *adj* potajemny, skryty, zakulisowy, podstępny; *adv* potajemnie, skrycie

un·der·laid *zob.* **underlay 2.**

un·der·lain *zob.* **underlie**

un·der·lay 1. *zob.* **underlie**

*un·der·lay 2. [ˌʌndəˈleɪ] (*formy zob.* **lay 1.**) *vt* podkładać

*un·der·lie [ˌʌndəˈlaɪ] (*formy zob.* **lie 1.**) *vt* leżeć (**sth** pod czymś); leżeć u podstaw (**sth** czegoś); znajdować się poniżej (**sth** czegoś)

un·der·line [ˌʌndəˈlaɪn] *vt* podkreślać; *s* [ˈʌndəlaɪn] podkreślenie; podpis

un·der·ly·ing *p praes od* **underlie**; *adj* podstawowy; ukryty

un·der·mine [ˌʌndəˈmaɪn] *vt* podkopać (*fundament, zaufanie itd.*)

un·der·most [ˈʌndəməʊst] *adj* najniższy, znajdujący się u samego dołu

un·der·neath [ˌʌndəˈniːθ] *praep* pod; *adv* poniżej, u dołu

un·der·paid *zob.* **underpay**

*un·der·pay [ˌʌndəˈpeɪ] (*formy zob.* **pay**) *vt* niedostatecznie opłacać, źle wynagradzać

un·der·plot [ˈʌndəplɒt] *s* *lit.* wątek uboczny

un·der·rate [ˌʌndəˈreɪt] *vt* nie doceniać

un·der·score [ˌʌndəˈskɔː] *vt* podkreślać

un·der·sec·re·tar·y [ˌʌndəˈsekrətrɪ] *s* podsekretarz (stanu), wiceminister

*un·der·sell [ˌʌndəˈsel] (*formy*

U

zob. **sell**) *vt* sprzedawać poniżej ceny

un·der·sign [ˌʌndə'saɪn] *vt* podpisać

un·der·sized [ˌʌndə'saɪzd] *adj* wzrostu poniżej normy, drobny

un·der·sold *zob.* **undersell**

* **un·der·stand** [ˌʌndə'stænd] *vt vi* (**understood, understood** [ˌʌndə'stʊd]) rozumieć; słyszeć, dowiadywać się; znać się (**sth** na czymś); **to make oneself understood** porozumieć się; **it is understood** zakłada się; rozumie się samo przez się

un·der·stand·ing [ˌʌndə'stænd-ɪŋ] *s* rozum; rozumienie; porozumienie; założenie; wyrozumiałość; *adj* rozumny; wyrozumiały

un·der·state·ment [ˌʌndə'steɪtmənt] *s* niedomówienie

un·der·stood *zob.* **understand**

un·der·stud·y ['ʌndəˌstʌdɪ] *s teatr* aktor dublujący rolę

* **un·der·take** [ˌʌndə'teɪk] *vt vi* (**undertook** [ˌʌndə'tʊk], **undertaken** [ˌʌndə'teɪkən]) brać na siebie, zobowiązywać się, podejmować się

un·der·tak·er ['ʌndəteɪkə] *s* właściciel zakładu pogrzebowego

un·der·tak·ing [ˌʌndə'teɪkɪŋ] *s* przedsięwzięcie; przedsiębiorstwo; zobowiązanie

un·der·tone ['ʌndətəun] *s* przytłumiony ton, półgłos

un·der·took *zob.* **undertake**

un·der·val·ue [ˌʌndə'væljuː] *vt* nie doceniać, nisko cenić

un·der·wear ['ʌndəweə] *s* bielizna

un·der·went *zob.* **undergo**

un·der·world ['ʌndəwɜːld] *s* świat zmarłych, zaświaty; podziemie (*przestępcze*)

* **un·der·write** [ˌʌndə'raɪt] (*formy zob.* **write**) *vt* podpisywać; podpisywać polisę, ubezpieczać

un·der·writ·er ['ʌndəraɪtə] *s* agent ubezpieczeniowy

un·der·writ·ten *zob.* **underwrite**

un·der·wrote *zob.* **underwrite**

un·de·sir·a·ble [ˌʌndɪ'zaɪərəbl] *adj* niepożądany; *s* człowiek niepożądany

un·did *zob.* **undo**

un·dig·ni·fied [ʌn'dɪgnɪfaɪd] *adj* niegodny; bez godności

un·di·vid·ed [ˌʌndɪ'vaɪdɪd] *adj* niepodzielny, całkowity

* **un·do** [ʌn'duː] (*formy zob.* **do**) *vt* rozewrzeć, otworzyć; rozpuścić; rozpiąć; zniweczyć; skasować

un·doubt·ed [ʌn'dautɪd] *adj* niewątpliwy

un·dreamed [ʌn'driːmd], **un·dreamt** [ʌn'dremt] *adj* (*zw.* ~**-of**) niesłychany, nieprawdopodobny, nie do pomyślenia

un·dress [ʌn'dres] *vt vi* rozbierać (się); zdejmować opatrunek; *s żart.* negliż

un·due [ˌʌn'djuː] *adj* nie należący; niesłuszny; niewłaściwy; nadmierny

un·du·late ['ʌndjuleɪt] *vi* falować; być falistym; *vt* powodować falowanie, nadawać wygląd falisty

un·du·la·tion [ˌʌndju'leɪʃn] *s* falowanie

un·dy·ing [ʌn'daɪɪŋ] *adj* nieśmiertelny

un·earth [ʌn'ɜːθ] *vt* odkopać, odgrzebać; wydobyć na światło dzienne

un·earth·ly [ʌn'ɜːθlɪ] *adj* nieziemski; niesamowity

un·eas·y [ʌn'iːzɪ] *adj* niewygodny; przykry; niespokojny; nieswój

un·em·ployed [ˌʌnɪm'plɔɪd] *adj* bezrobotny; nie wykorzystany

un·em·ploy·ment [ˌʌnɪm'plɔɪmənt] *s* bezrobocie

un·end·ing [ʌn'endɪŋ] *adj* nie kończący się, wieczny

un·e·qual [ʌn'iːkwəl] *adj* nierówny; niewyrównany

un·e·quiv·o·cal [ˌʌnɪˈkwɪvəkl] *adj* niedwuznaczny

un·err·ing [ʌnˈɜːrɪŋ] *adj* nieomylny

un·es·sen·tial [ˌʌnɪˈsenʃl] *adj* nieistotny

un·e·ven [ʌnˈiːvn] *adj* nierówny; nieparzysty

un·ex·am·pled [ˌʌnɪgˈzɑːmpld] *adj* bezprzykładny

un·ex·cep·tion·a·ble [ˌʌnɪkˈsepʃnəbl] *adj* nienaganny, bez zarzutu

un·fail·ing [ʌnˈfeɪlɪŋ] *adj* niezawodny

un·fair [ˌʌnˈfeə] *adj* nieuczciwy; niesprawiedliwy; (*o grze*) nieprzepisowy

un·faith·ful [ʌnˈfeɪθfl] *adj* niewierny (**to sb** komuś)

un·fa·mil·i·ar [ˌʌnfəˈmɪlɪə] *adj* nie zaznajomiony, nie przyzwyczajony; obcy, nieznany

un·fash·ion·a·ble [ʌnˈfæʃnəbl] *adj* niemodny

un·fas·ten [ʌnˈfɑːsn] *vt* rozluźnić; rozpiąć, otworzyć

un·fath·omed [ʌnˈfæðəmd] *adj* niezgłębiony, niezbadany

un·fa·vour·a·ble [ʌnˈfeɪvrəbl] *adj* nieprzychylny, niepomyślny

un·feas·i·ble [ʌnˈfiːzəbl] *adj* niewykonalny

un·feel·ing [ʌnˈfiːlɪŋ] *adj* nieczuły, bez serca

un·fet·ter [ˌʌnˈfetə] *vt* uwolnić z więzów, rozpętać

un·fit [ʌnˈfɪt] *adj* nieodpowiedni, nie nadający się; niezdolny (**for sth** do czegoś)

un·flap·pa·ble [ʌnˈflæpəbl] *adj* pot. niewzruszony; nieporuszony, stoicki

un·flinch·ing [ʌnˈflɪntʃɪŋ] *adj* niezachwiany

un·fold [ʌnˈfəʊld] *vt* rozwijać, rozchylać, odsłaniać; ujawniać

un·for·get·ta·ble [ˌʌnfəˈgetəbl] *adj* niezapomniany

un·for·giv·a·ble [ˌʌnfəˈgɪvəbl] *adj* niewybaczalny

un·for·tu·nate [ʌnˈfɔːtʃnət] *adj* niefortunny, nieszczęśliwy

un·found·ed [ʌnˈfaʊndɪd] *adj* bezpodstawny

un·fre·quent·ed [ˌʌnfrɪˈkwentɪd] *adj* nie odwiedzany, samotny

un·fruit·ful [ʌnˈfruːtfl] *adj* bezpłodny, daremny; bezowocny

un·furl [ˌʌnˈfɜːl] *vt* rozwijać, rozpościerać

un·gain·ly [ʌnˈgeɪnlɪ] *adj* niezgrabny

un·gov·ern·a·ble [ʌnˈgʌvnəbl] *adj* niesforny, nie do opanowania

un·grate·ful [ʌnˈgreɪtfl] *adj* niewdzięczny

un·grudg·ing [ʌnˈgrʌdʒɪŋ] *adj* hojny, szczodry

un·guard·ed [ʌnˈgɑːdɪd] *adj* nie strzeżony; niebaczny; nierozważny

un·hand·y [ʌnˈhændɪ] *adj* niezgrabny; nieporęczny; niezdarny

un·hap·py [ʌnˈhæpɪ] *adj* nieszczęśliwy; niepomyślny, nieudany

un·harmed [ʌnˈhɑːmd] *adj* nie uszkodzony, nietknięty, bez szwanku

un·health·y [ʌnˈhelθɪ] *adj* niezdrowy

un·heard [ʌnˈhɜːd] *adj* nie słyszany; ~ **of** niesłychany, niebywały

un·heed·ing [ʌnˈhiːdɪŋ] *adj* nieuważny, niebaczny (**of sth** na coś)

un·hes·i·tat·ing [ʌnˈhezɪteɪtɪŋ] *adj* nie wahający się, stanowczy

un·hinge [ʌnˈhɪndʒ] *vt* wysadzić z zawiasów, wyważyć; wytrącić z równowagi

uni- [ˈjuːnɪ] *praef* jedno-

u·ni·cel·lu·lar [ˌjuːnɪˈseljʊlə] *adj* biol. jednokomórkowy

u·ni·corn [ˈjuːnɪkɔːn] *s* (*mityczny*) jednorożec

u·ni·form [ˈjuːnɪfɔːm] *adj* jednolity; *s* mundur

u·ni·form·i·ty [ˌjuːnɪˈfɔːmətɪ] *s* jednolitość

u·ni·fy ['juːnɪfaɪ] *vt* jednoczyć, ujednolicać

u·ni·lat·er·al [ˌjuːnɪ'lætrəl] *adj* jednostronny

un·im·por·tant [ˌʌnɪm'pɔːtnt] *adj* mało ważny

un·in·vit·ing [ˌʌnɪn'vaɪtɪŋ] *adj* nie zachęcający, nie ujmujący

un·ion ['juːnjən] *s* unia, związek, zjednoczenie; **the Union Jack** narodowa flaga brytyjska; **trade ~** związek zawodowy

un·ion·ist ['juːnjənɪst] *s* członek związku zawodowego

u·nique [juː'niːk] *adj* jedyny (w swoim rodzaju); *s* unikat

u·ni·sex ['juːnɪseks] *adj* uniseks, dla obojga płci (*o modzie, itd.*)

u·ni·son ['juːnɪsn] *s* zgodne brzmienie, zgoda

u·nit ['juːnɪt] *s* jednostka; *techn.* zespół

u·nite [juː'naɪt] *vt vi* jednoczyć (się), łączyć (się)

u·ni·ty ['juːnətɪ] *s* jedność

u·ni·ver·sal [ˌjuːnɪ'vɜːsl] *adj* uniwersalny, powszechny

u·ni·verse ['juːnɪvɜːs] *s* wszechświat

u·ni·ver·si·ty [ˌjuːnɪ'vɜːsətɪ] *s* uniwersytet

un·just [ˌʌn'dʒʌst] *adj* niesprawiedliwy, niesłuszny

un·jus·ti·fi·a·ble [ʌn'dʒʌstɪfaɪəbl] *adj* nieuzasadniony

un·kempt [ˌʌn'kempt] *adj* nieuczesany; zaniedbany, niechlujny

un·kind [ˌʌn'kaɪnd] *adj* nieuprzejmy; nieżyczliwy

un·lace [ˌʌn'leɪs] *vt* rozsznurować

*un·learn [ˌʌn'lɜːn] (*formy zob.* **learn**) *vt* oduczyć się

un·leash [ʌn'liːʃ] *vt* spuścić (*psa*) ze smyczy; *przen.* rozpętać

un·less [ən'les] *conj* jeśli nie, chyba, że

un·let·tered [ˌʌn'letəd] *adj* niewykształcony; analfabeta

un·like [ˌʌn'laɪk] *adj* niepodobny; *praep* niepodobnie, nie tak, jak

un·like·ly [ʌn'laɪklɪ] *adj* nieprawdopodobny; **he is ~ to come** on prawdopodobnie nie przyjdzie

un·load [ʌn'ləʊd] *vt* rozładować, wyładować

un·lock [ʌn'lɒk] *vt* otworzyć (*zamek*)

un·loose [ʌn'luːs], **un·loos·en** [ʌn'luːsn] *vt* rozluźnić (się), rozwiązać (się)

un·luck·y [ʌn'lʌkɪ] *adj* nieszczęśliwy, niefortunny

un·mask [ˌʌn'mɑːsk] *vt* demaskować

un·matched [ʌn'mætʃt] *adj* niezrównany

un·meant [ˌʌn'ment] *adj* mimowolny, nie zamierzony

un·mis·tak·a·ble [ˌʌnmɪ'steɪkəbl] *adj* niewątpliwy, oczywisty

un·moved [ʌn'muːvd] *adj* niewzruszony

un·named [ʌn'neɪmd] *adj* nie nazwany, bezimienny

un·nat·u·ral [ʌn'nætʃrəl] *adj* nienaturalny

un·nec·es·sary [ʌn'nesəsrɪ] *adj* niepotrzebny, zbyteczny

un·nerve [ˌʌn'nɜːv] *vt* zniechęcić, odebrać odwagę

un·no·ticed [ʌn'nəʊtɪst] *adj* nie zauważony; zlekceważony

un·ob·jec·tion·a·ble [ˌʌnəb'dʒekʃnəbl] *adj* nienaganny, bez zarzutu

un·of·fend·ing [ˌʌnə'fendɪŋ] *adj* nieszkodliwy, niewinny

un·pack [ˌʌn'pæk] *vt vi* rozpakować (się)

un·paid [ˌʌn'peɪd] *adj* nie zapłacony; nieodpłatny

un·pal·at·a·ble [ʌn'pælətəbl] *adj* niesmaczny; nieprzyjemny

un·par·al·leled [ʌn'pærəleld] *adj* niezrównany; bezprzykładny

un·par·don·a·ble [ʌn'pɑːdnəbl] *adj* niewybaczalny

un·pleas·ant [ʌn'pleznt] *adj* nieprzyjemny

un·prec·e·dent·ed [ʌn'presɪdentɪd] *adj* bez precedensu

un·prej·u·diced [ʌn'predʒədɪst] *adj* nieuprzedzony, bezstronny

un·pre·ten·tious [ˌʌnprɪ'tenʃəs] *adj* bezpretensjonalny

un·pro·duc·tive [ˌʌnprə'dʌktɪv] *adj* nieproduktywny

un·prof·it·a·ble [ʌn'prɒfɪtəbl] *adj* niekorzystny

un·qual·i·fied [ʌn'kwɒlɪfaɪd] *adj* nie mający kwalifikacji; bezwzględny; nieograniczony

un·ques·tion·a·ble [ʌn'kwestʃənəbl] *adj* nie ulegający wątpliwości, bezsporny

un·quote [ˌʌn'kwəʊt] *vt* skończyć cytat

un·rav·el [ʌn'rævl] *vt vi* rozpleść; rozpruć (się); rozplątać (się)

un·read [ʌn'red] *adj* nie przeczytany; nieoczytany, niewykształcony

un·rea·so·na·ble [ʌn'riːznəbl] *adj* nierozsądny; niedorzeczny; (*o cenie*) wygórowany, nadmierny

un·re·mit·ting [ˌʌnrɪ'mɪtɪŋ] *adj* nie słabnący; nieustanny

un·re·served [ˌʌnrɪ'zɜːvd] *adj* nie zastrzeżony; nieograniczony; bezwzględny; otwarty, szczery

un·rest [ʌn'rest] *s* niepokój; wzburzenie

un·rid·dle [ʌn'rɪdl] *vt* rozwiązać zagadkę, wyjaśnić

un·ri·valled [ʌn'raɪvld] *adj* niezrównany, bezkonkurencyjny

un·roll [ʌn'rəʊl] *vt vi* rozwinąć (się), odsłonić (się)

un·ru·ly [ʌn'ruːlɪ] *adj* niesforny

un·safe [ʌn'seɪf] *adj* niebezpieczny, niepewny

un·said [ʌn'sed] *adj* nie powiedziany

un·scru·pu·lous [ʌn'skruːpjʊləs] *adj* nie mający skrupułów, bez skrupułów

un·seal [ˌʌn'siːl] *vt* odpieczętować

un·sea·son·a·ble [ʌn'siːznəbl] *adj* nie będący na czasie, niewczesny; niestosowny

un·seem·ly [ʌn'siːmlɪ] *adj* niestosowny, nieprzyzwoity

un·seen [ˌʌn'siːn] *adj* nie widziany; nie oglądany; *s* tłumaczenie tekstu (*bez przygotowania*)

un·set·tle [ʌn'setl] *vt* zdezorganizować, zakłócić; zachwiać

un·set·tled [ˌʌn'setld] *adj* zakłócony; niespokojny; niepewny; bezdomny; nie załatwiony

un·shak·en [ʌn'ʃeɪkn] *adj* niewzruszony

un·sight·ly [ʌn'saɪtlɪ] *adj* brzydki

un·skilled [ʌn'skɪld] *adj* nie mający wprawy; niewykwalifikowany (*robotnik*)

un·so·phis·ti·cat·ed [ˌʌnsə'fɪstɪkeɪtɪd] *adj* naturalny, prostolinijny, szczery; nieskomplikowany, prosty

un·sound [ˌʌn'saʊnd] *adj* niezdrowy; zepsuty; wadliwy; niepewny

un·spar·ing [ʌn'speərɪŋ] *adj* nie szczędzący; bezlitosny (**of sb** dla kogoś)

un·speak·a·ble [ʌn'spiːkəbl] *adj* niewypowiedziany

un·stead·y [ʌn'stedɪ] *adj* nietrwały, chwiejny, niepewny

****un·stick** [ˌʌn'stɪk] (*formy zob.* **stick**) *vt* odkleić, rozkleić

un·stitch [ʌn'stɪtʃ] *vt* rozpruć

un·stuck *zob.* **unstick**

un·suc·cess·ful [ˌʌnsək'sesfl] *adj* nie mający powodzenia; nieudany, niepomyślny

un·suit·a·ble [ʌn'suːtəbl] *adj* nieodpowiedni, nie nadający się

un·sur·passed [ˌʌnsə'pɑːst] *adj* nieprześcigniony

un·ten·a·ble [ʌn'tenəbl] *adj* (*o teorii, pozycji itp.*) nie do utrzymania

un·think·a·ble [ʌn'θɪŋkəbl] *adj* nie do pomyślenia

un·thought [ʌn'θɔːt] *adj* nie pomyślany; **~ of** przechodzący wszelkie wyobrażenie, nieoczekiwany, nieprzewidziany

un·ti·dy [ʌnˈtaɪdɪ] *adj* nieporządny; niechlujny

un·tie [ˌʌnˈtaɪ] *vt vi* rozwiązać (się), odwiązać (się)

un·til [ənˈtɪl] = *till*

un·time·ly [ʌnˈtaɪmlɪ] *adj* nie na czasie, nie w porę, niewczesny; przedwczesny

un·tir·ing [ʌnˈtaɪərɪŋ] *adj* niezmordowany

un·to [ˈʌntu] *praep* = *to*

un·told [ˌʌnˈtəʊld] *adj* niewypowiedziany, niesłychany; niepoliczony

un·to·ward [ˌʌntəˈwɔːd] *adj* niepomyślny, niefortunny; niewczesny, niestosowny; oporny

un·true [ʌnˈtruː] *adj* niezgodny z prawdą

un·truth [ʌnˈtruːθ] *s* nieprawda

un·truth·ful [ʌnˈtruːθfl] *adj* nieprawdziwy, kłamliwy

un·u·su·al [ʌnˈjuːʒʊəl] *adj* niezwykły

un·ut·ter·a·ble [ʌnˈʌtərəbl] *adj* niewypowiedziany; nie do wymówienia

un·veil [ˌʌnˈveɪl] *vt* odsłonić; wyjawić (*np. tajemnicę*)

un·voiced [ˌʌnˈvɔɪst] *adj* nie wypowiedziany; *gram.* bezdźwięczny

un·wel·come [ʌnˈwelkəm] *adj* niepożądany, niemile widziany

un·well [ʌnˈwel] *adj praed* niezdrowy

un·wield·y [ʌnˈwiːldɪ] *adj* nieporadny; nieporęczny

un·will·ing [ʌnˈwɪlɪŋ] *adj* niechętny

un·wise [ˌʌnˈwaɪz] *adj* niemądry

un·wit·ting [ʌnˈwɪtɪŋ] *adj* nieświadomy (**of sth** czegoś)

un·wom·an·ly [ʌnˈwʊmənlɪ] *adj* niekobiecy

un·wont·ed [ʌnˈwəʊntɪd] *adj* nieprzywykły; niezwykły

un·world·ly [ʌnˈwɜːldlɪ] *adj* nie z tego świata, nieziemski

un·wor·thy [ʌnˈwɜːðɪ] *adj* niegodny, niewart

un·wrap [ˌʌnˈræp] *vt* rozwinąć, rozpakować

un·yield·ing [ʌnˈjiːldɪŋ] *adj* nieustępliwy

up [ʌp] *adv* w górze, w górę; do góry; w pozycji stojącej; **up and down** w górę i w dół; ze zmiennym szczęściem; **up there** tam, w górze; **up to** aż do, do samego (*szczytu itp.*), po (*np. kolana*); do (*czasów, okresu itp.*); **up to date** na czasie, w modzie; **it's up to you** to zależy od ciebie; **this side up** tą stroną do góry; **up with sth** na równi z czymś, na równym poziomie z czymś; **to be up** być na nogach; być w stanie wzburzenia; **to be up against sth** mieć trudności z czymś; **to be up for sth** sprostać czemuś; zajmować się czymś; być skłonnym do czegoś; **to be up for an examination** zdawać egzamin; **there is sth up** coś się dzieje; **what's up?** co się dzieje?; **what are you up to?** do czego zmierzasz?; **the road is up** droga zamknięta; roboty drogowe; **up (with you)!** wstawaj!; **up with...!** niech żyje ...!; *po niektórych czasownikach oznacza zakończenie czynności, np.:* **to burn up** spalić doszczętnie; **to eat up** zjeść; **our time is up** nasz czas upłynął; *praep* w górę (*po czymś*) **up the stairs** w górę po schodach; **up the river** w górę rzeki; **up the stream** przeciw prądowi; *adj* idący w górę; **up train** pociąg w kierunku stolicy; *s pl* **ups and downs** wzniesienia i spadki, góry i doliny; *przen.* wzloty i upadki, powodzenia i klęski; **up yours!** *wulg.* pocałuj mnie w dupę!

up·braid [ʌpˈbreɪd] *vt* ganić, robić wyrzuty

up·bring·ing [ˈʌpˌbrɪŋɪŋ] *s* wychowanie

up·date [ˌʌpˈdeɪt] *vt* uaktualnić; uzupełnić; dostarczyć (*komuś*) najnowszych danych; *s* ['ʌpdeɪt] uzupełnienie, uaktualnienie

up·front [ˌʌp'frʌnt] *adj* otwarty, szczery, bezpośredni

up·heav·al [ʌp'hiːvl] *s* wstrząs; *polit.* przewrót

up·held *zob.* **uphold**

up·hill [ˌʌp'hɪl] *adv* w górę; *adj* ['ʌphɪl] prowadzący w górę, stromy; *przen.* żmudny

*up·hold [ʌp'həʊld] (*formy zob.* **hold**) *vt* podtrzymywać; popierać

up·hol·ster [ʌp'həʊlstə] *vt* wyściełać (*meble*), tapetować (*pokój*), zdobić (*np. firankami*)

up·hol·ster·er [ʌp'həʊlstərə] *s* tapicer

up·hol·ster·y [ʌp'həʊlstərɪ] *s* tapicerstwo

up·keep ['ʌpkiːp] *s* utrzymanie, koszty utrzymania

up·land ['ʌplənd] *s* wyżyna; okolice górskie; **the ~s** okolice górskie; podhale

up·lift [ʌp'lɪft] *vt* podnieść; *s* ['ʌplɪft] wzniesienie, podniesienie

up·on [ə'pɒn] = **on**

up·per ['ʌpə] *adj* górny, wyższy; **~ hand** przewaga (**of sb** nad kimś)

up·per·most ['ʌpəməʊst] *adj* najwyższy, górujący; *adv* na (samej) górze, na górę

up·raised [ʌp'reɪzd] *adj* wzniesiony, uniesiony

up·right ['ʌpraɪt] *adj praed* prosty, wyprostowany, pionowy; *przen.* prostolinijny, rzetelny; **~ piano** pianino; *s* pion; *adv* prosto, pionowo

*up·rise [ʌp'raɪz] (*formy zob.* **rise**) *vt* powstać, podnieść się; *s* ['ʌpraɪz] podniesienie się; wschód; awans

up·ris·ing ['ʌpˌraɪzɪŋ] *s* podniesienie się; *polit.* powstanie

up·roar ['ʌprɔː] *s* hałas, zamieszanie, rozruchy

up·root [ʌp'ruːt] *vt* wyrwać z korzeniem, wykorzenić

*up·set [ʌp'set] *vt vi* (**upset, upset** [ʌp'set]) przewrócić (się); dezorganizować (się); wyprowadzić z równowagi; zdenerwować; udaremnić; *s* ['ʌpset] przewrócenie; dezorganizacja; nieporządek; niepokój; rozstrój (żołądka); *adj* [ʌp'set] przewrócony; zaniepokojony; zdenerwowany; **to become <get> ~** zdenerwować się

up·shot ['ʌpʃɒt] *s* wynik, rezultat

up·side ['ʌpsaɪd] *s* górna strona; **~ down** do góry nogami

up·stairs [ˌʌp'steəz] *adv* w górę (po schodach); na górze; na piętrze

up·start ['ʌpstɑːt] *s* parweniusz

up·stream [ˌʌp'striːm] *adv* pod prąd

up-to-date [ˌʌptə'deɪt] *adj* nowoczesny, modny, aktualny

up·turn [ˌʌp'tɜːn] *vt* przewrócić; *s* ['ʌptɜːn] przewrót

up·ward ['ʌpwəd] *adj* zwrócony ku górze; *adv* = **upwards**

up·wards ['ʌpwədz] *adv* w górę, ku górze; **~ of** ponad, powyżej

u·ra·ni·um [juˈreɪnɪəm] *s chem.* uran

ur·ban ['ɜːbən] *adj* miejski

ur·bane [ɜː'beɪn] *adj* wytworny, grzeczny, uprzejmy

ur·ban·i·ty [ɜː'bænətɪ] *s* ogłada, wytworność, uprzejmość

ur·chin ['ɜːtʃɪn] *s* urwis

urge [ɜːdʒ] *vt* nalegać, przynaglać, popędzać; mocno podkreślać; *s* popęd, bodziec

ur·gen·cy ['ɜːdʒənsɪ] *s* naleganie; nagła potrzeba, nagląca konieczność, nagłość

ur·gent ['ɜːdʒənt] *adj* nagły, naglący; natarczywy

u·ri·nate ['jʊərɪneɪt] *vt* oddawać mocz

u·rine ['jʊərɪn] *s* mocz

urn [ɜːn] *s* urna; dzbanek (*na herbatę itp.*)

us [ʌs, əs] *pron* nam, nas

us·age ['juːsɪdʒ] *s* zwyczaj; sposób używania; stosowanie (*np. wyrazu*); traktowanie

use [juːz] *vt* używać, stosować; traktować; **~ up** zużyć, wyczerpać; zniszczyć; *s* [juːs] użytek, zastosowanie, używalność, użyteczność; zwyczaj; **to be of ~** być pożytecznym, przydać się; **to have no ~ for a thing** nie potrzebować czegoś; **it's no ~ going there** nie ma sensu tam chodzić; **what's the ~ (of) doing it?** na co się to przyda?; **in ~** w użyciu; **out of ~** nie używany, wycofany z użycia, przestarzały

used [juːzd] *adj* używany; **~ up** zużyty, wyczerpany, skończony

used to ['juːstə] *v aux czasownik oznacza powtarzanie się czynności w przeszłości, np.* **I used to play tennis** miałem zwyczaj <zwykłem> grać w tenisa; **be <get> used to...** być przyzwyczajonym <przyzwyczaić się> do...; **I am used to washing in cold water** jestem przyzwyczajony do kąpieli w zimnej wodzie

use·ful ['juːsfl] *adj* pożyteczny

use·less ['juːsləs] *adj* bezużyteczny

user-friend·ly [ˌjuːzə'frendlɪ] *adj komp.* łatwy w obsłudze

ush·er ['ʌʃə] *s* odźwierny, woźny sądowy; bileter; *uj.* belfer; *vt* (*zw.* **~ in**) wprowadzać, inicjować

u·su·al ['juːʒʊəl] *adj* zwyczajny, zwykły

u·su·rer ['juːʒərə] *s* lichwiarz

u·surp [juː'zɜːp] *vt* uzurpować; przywłaszczać sobie

u·su·ry ['juːʒərɪ] *s* lichwa

u·ten·sil [juː'tensl] *s* naczynie; narzędzie; *pl* **~s** naczynia, przybory, utensylia

u·te·rus ['juːtərəs] *s anat.* macica

u·til·i·tar·i·an [ˌjuːtɪlɪ'teərɪən] *adj* utylitarny

u·til·i·ty [juː'tɪlətɪ] *s* użyteczność; (*także* **public ~**) zakład użyteczności publicznej; *komp.* program narzędziowy

u·til·i·za·tion [ˌjuːtɪlaɪ'zeɪʃn] *s* użytkowanie, utylizacja

u·ti·lize ['juːtɪlaɪz] *vt* użytkować

ut·most ['ʌtməʊst] *adj* krańcowy, najdalszy; najwyższego stopnia; *s* kraniec; ostateczna możliwość; najwyższy stopień; **I'll do my ~** uczynię, co w mej mocy

u·to·pi·a [juː'təʊpɪə] *s* utopia

ut·ter 1. ['ʌtə] *adj* krańcowy; całkowity

ut·ter 2. ['ʌtə] *vt* wydawać (*np. okrzyk*), wyrażać, wypowiadać; puszczać w obieg

ut·ter·ance ['ʌtrəns] *s* wypowiedzenie, wypowiedź; wyrażenie (*np. uczuć*), wyraz; wymowa

ut·ter·most ['ʌtəməʊst] = **utmost**

U-turn ['juːtɜːn] *s* skręt o 180 stopni; całkowite odwrócenie sytuacji; *mot.* zawrócenie

V

va·can·cy ['veɪkənsɪ] *s* próżnia, pustka, bezmyślność; wolny etat; wolny pokój

va·cant ['veɪkənt] *adj* próżny, wolny, wakujący; bezmyślny

va·cate [və'keɪt] *vt* opróżnić, zwolnić, opuścić

va·ca·tion [və'keɪʃn] *s am.* wakacje

vac·ci·nate ['væksɪneɪt] *vt. med.*

variety

szczepić

vac·ci·na·tion [ˌvæksɪ'neɪʃn] s *med.* szczepienie

vac·cine ['væksiːn] s *med.* szczepionka

vac·il·late ['væsəleɪt] *vi* chwiać się, wahać się

vac·il·la·tion [ˌvæsə'leɪʃn] s chwianie się, wahanie się

vac·u·um ['vækjʊəm] s próżnia; ~ **bottle** termos; ~ **cleaner** odkurzacz

vag·a·bond ['vægəbɒnd] *adj* włóczęgowski, wędrowny; s włóczęga

va·gar·y ['veɪgərɪ] s grymas, kaprys

va·grant ['veɪgrənt] *adj* włóczęgowski, wędrowny; s włóczęga

va·gi·na [və'dʒaɪnə] s *anat.* pochwa

vague [veɪg] *adj* nieokreślony, niejasny, mglisty

vain [veɪn] *adj* próżny; daremny; **in** ~ na próżno

vale [veɪl] s *poet.* dolina

val·en·tine ['væləntaɪn] s walentynka (*kartka z życzeniami, często anonimowa, wysyłana na dzień św. Walentego, 14 lutego*)

val·et ['vælɪt] s służący; *vt* usługiwać

val·iant ['vælɪənt] *adj* dzielny

val·id ['vælɪd] *adj* ważny; mający prawne podstawy

val·id·i·ty [və'lɪdətɪ] s ważność; moc prawna

val·ley ['vælɪ] s dolina

val·or·ous ['vælərəs] *adj* waleczny

val·our ['vælə] s waleczność

val·u·a·ble ['væljʊəbl] *adj* cenny, wartościowy; s *pl* ~**s** kosztowności

val·ue ['væljuː] s wartość, cena; **of little** ~ małowartościowy; **of no** ~ bezwartościowy; *vt* cenić, szacować; ~ **judgment** sąd wartościujący (*oparty bardziej na opinii niż na faktach*)

valve [vælv] s *techn.* zawór; klapa,

wentyl; *elektr.* lampa elektronowa; *anat.* zastawka

vamp [væmp] s wamp, uwodzicielka; *vt* uwodzić

vam·pire ['væmpaɪə] s wampir

van 1. [væn] s wóz ciężarowy (*kryty*); *kolej.* wagon (służbowy); **luggage** ~ wagon bagażowy

van 2. [væn] s *wojsk.* straż przednia; *przen.* awangarda

van·dal ['vændl] s wandal

vane [veɪn] s chorągiewka (na dachu)

van·guard ['vænɡɑːd] s *wojsk.* awangarda

va·nil·la [və'nɪlə] s wanilia

van·ish ['vænɪʃ] *vi* znikać

van·i·ty ['vænətɪ] s próżność, marność; ~ **bag** kosmetyczka

van·quish ['væŋkwɪʃ] *vt* zwyciężyć

van·tage ['vɑːntɪdʒ] s korzystna pozycja; *sport* przewaga

van·tage ground ['vɑːntɪdʒgraʊnd] s korzystna pozycja (*zw.* obserwacyjna)

vap·id ['væpɪd] *adj* zwietrzały; mdły; jałowy; bezduszny

va·por·ize ['veɪpəraɪz] *vt* (wy)parować; *vt* odparowywać

va·pour ['veɪpə] s para; mgła; *vi* parować; *przen.* przechwalać się

var·i·a·ble ['veərɪəbl] *adj* zmienny; s *mat.* zmienna; *mors.* wiatr zmienny

var·i·ance ['veərɪəns] s niezgodność, sprzeczność; zmienność; **to be at** ~ nie zgadzać się, być w sprzeczności

var·i·ant ['veərɪənt] s odmiana, wariant

var·i·a·tion [ˌveərɪ'eɪʃn] s zmiana, zmienność; odchylenie

var·i·cose vein [ˌværɪkəʊs'veɪn] s *med.* żylak

var·ied ['veərɪd] *adj* różnorodny

var·ie·gate ['veərɪɡeɪt] *vt* urozmaicać; rozmaicie barwić, pstrzyć

va·ri·e·ty [və'raɪətɪ] s rozmaitość; wybór; bogactwo (*np. towarów*);

V

odmiana (*np. rośliny*); **a ~ of books** rozmaite książki

var·i·ous ['veərɪəs] *adj* różny, rozmaity; **at ~ times** kilkakrotnie

var·nish ['vɑːnɪʃ] *s* lakier, politura; werniks; *vt* lakierować, politurować

var·si·ty ['vɑːsətɪ] *attr adj pot.* uniwersytecki (*zw. o drużynie sportowej*)

var·y ['veərɪ] *vt vi* zmieniać (się), urozmaicać, różnić się

vase [vɑːz] *s* waza, wazon

vas·e·line ['væsəliːn] *s* wazelina

vast [vɑːst] *adj* obszerny, rozległy

vast·ly ['vɑːstlɪ] *adv* wybitnie, niezmiernie

vat [væt] *s* kadź

vault 1. [vɔːlt] *s* sklepienie, podziemie, piwnica; krypta

vault 2. [vɔːlt] *vi* skoczyć; *vt* przeskoczyć

've [v] = **have**

veal [viːl] *s* cielęcina

veer [vɪə] *vi* skręcać, zmieniać kierunek; *przen.* zmieniać przekonania

veg·e·ta·ble ['vedʒtəbl] *adj* roślinny; *s* roślina; jarzyna

veg·e·tar·i·an [,vedʒɪ'teərɪən] *adj* wegetariański; *s* wegetarianin

veg·e·tate ['vedʒɪteɪt] *vi* wegetować; rosnąć

veg·e·ta·tion [,vedʒɪ'teɪʃn] *s* wegetacja; roślinność; *med.* narośl

veg·e·ta·tive ['vedʒɪtətɪv] *adj* wegetacyjny; roślinny

ve·he·ment ['viːəmənt] *adj* gwałtowny

ve·hi·cle ['viːɪkl] *s* wóz, pojazd, środek lokomocji; *przen.* narzędzie, środek; *med.* nosiciel (*choroby*)

veil [veɪl] *s* welon; zasłona; *przen.* maska; **to take the ~** wstąpić do klasztoru (*żeńskiego*); *vt* zasłaniać; *przen.* ukrywać, maskować

vein [veɪn] *s* żyła; warstwa; *przen.* wena, nastrój

ve·loc·i·ty [və'lɒsətɪ] *s* szybkość, prędkość

ve·lum ['viːləm] *s* (*pl* **vela** ['viːlə]) *biol.* błona; *anat.* podniebienie miękkie

vel·vet ['velvɪt] *s* welwet, aksamit

ve·nal ['viːnl] *adj* sprzedajny

vend·ing ma·chine ['vendɪŋmə,ʃiːn] automat do sprzedaży (*np. papierosów*)

ven·dor ['vendə] *s* sprzedawca

ve·neer [və'nɪə] *s* fornir; *vt* fornirować; *przen.* nadawać polor

ven·er·a·ble ['venrəbl] *adj* czcigodny

ven·er·a·tion [,venə'reɪʃn] *s* cześć, szacunek

ve·ne·re·al [və'nɪərɪəl] *adj med.* weneryczny

venge·ance ['vendʒəns] *s* zemsta

ve·ni·al ['viːnɪəl] *adj* przebaczalny; *rel.* powszedni (*grzech*)

ven·i·son ['venɪsn] *s zbior.* dziczyzna

ven·om ['venəm] *s* jad

ven·om·ous ['venəməs] *adj* jadowity

vent [vent] *s* otwór; wentyl, wylot; **to give ~** dać folgę (**to sth** czemuś); *vt* wiercić otwór; wypuszczać, dawać upust

vent-hole ['venthəʊl] *s* lufcik, wywietrznik

ven·ti·late ['ventɪleɪt] *vt* wentylować; *przen.* roztrząsać

ven·ti·la·tion [,ventɪ'leɪʃn] *s* wentylacja

ven·ture ['ventʃə] *s* ryzykowny krok, ryzyko; impreza (handlowa), przedsięwzięcie; **at a ~** na chybił trafił, na los szczęścia; *vt vi* ryzykować, odważyć się (**sth, on sth** na coś)

ve·ra·cious [və'reɪʃəs] *adj* prawdomówny; zgodny z prawdą

ve·rac·i·ty [və'ræsətɪ] *s* prawdomówność; zgodność z prawdą

ve·ran·da(h) [və'rændə] *s* weranda

verb [vɜːb] *s gram.* czasownik

ver·bal ['vɜːbl] *adj* słowny; dosłowny; ustny; *gram.* czasownikowy; **~ noun** rzeczownik odsłowny

ver·ba·tim [vɜː'beɪtɪm] *adv* dosłownie; *adj* dosłowny

ver·bos·i·ty [vɜː'bɒsɪtɪ] *s* wielomówność, rozwlekłość

ver·dict ['vɜːdɪkt] *s prawn.* werdykt

ver·di·gris ['vɜːdɪgrɪs] *s* gryszpan

ver·dure ['vɜːdʒə] *s lit.* zieleń

verge 1. [vɜːdʒ] *s* kraniec, krawędź; pręt; berło

verge 2. [vɜːdʒ] *vi* chylić się, zbliżać się (**to, towards sth** ku czemuś); graniczyć (**on, upon sth** z czymś)

ver·i·fy ['verɪfaɪ] *vt* sprawdzić, potwierdzić

ver·i·ta·ble ['verɪtəbl] *adj* prawdziwy, istny

ver·i·ty ['verətɪ] *s* prawda, prawdziwość

ver·mil·ion [və'mɪljən] *s* cynober; *vt* malować na kolor cynobrowy

ver·min ['vɜːmɪn] *s zbior.* robactwo, szkodniki; hołota, szumowiny

ver·nac·u·lar [və'nækjʊlə] *adj* rodzimy, miejscowy, tubylczy; *s* język rodzimy, mowa ojczysta

ver·sa·tile ['vɜːsətaɪl] *adj* (*o umyśle*) bystry; wszechstronny

ver·sa·til·i·ty [ˌvɜːsə'tɪlətɪ] *s* bystrość (umysłu); wszechstronność

verse [vɜːs] *s* wiersz; poezja; zwrotka

versed [vɜːst] *adj* obeznany (**in sth** z czymś), biegły

ver·si·fy ['vɜːsɪfaɪ] *vt vi* układać wierszem; pisać wiersze

ver·sion ['vɜːʃn] *s* wersja; przekład

ver·sus ['vɜːsəs] *praep łac.* przeciw, kontra

ver·te·bra ['vɜːtɪbrə] *s* (*pl* **vertebrae** ['vɜːtɪbriː]) *anat.* krąg

ver·ti·bral ['vɜːtɪbrəl] *adj* kręgowy

ver·tex ['vɜːteks] *s* (*pl* **vertices** ['vɜːtɪsiːz]) szczyt; *mat.* wierzchołek

ver·ti·cal ['vɜːtɪkl] *adj* pionowy; szczytowy; *mat.* wierzchołkowy

ver·y ['verɪ] *adv* bardzo; prawdziwie; bezpośrednio, zaraz; **on the ~ next day** zaraz następnego dnia; *adj* istotny, prawdziwy, tenże sam; **to the ~ end** do samego końca; **the ~ thought of it** już sama myśl o tym

ves·i·cle ['vesɪkl] *s anat.* pęcherzyk

ves·pers ['vespəz] *s pl* nieszpory

ves·sel ['vesl] *s* naczynie; statek

vest 1. [vest] *s* kamizelka

vest 2. [vest] *vt* nadawać, przekazywać (**sb with sth** komuś coś)

vest·ed ['vestɪd] *adj* prawnie nabyty, ustalony; *handl.* inwestowany

ves·tige ['vestɪdʒ] *s* ślad

vest·ment ['vestmənt] *s* strój (*oficjalny, uroczysty*)

ves·try ['vestrɪ] *s* zakrystia; rada parafialna

vet 1. [vet] *s bryt. pot.* weterynarz; *vt* badać (*zwierzę*)

vet 2. [vet] *s am. pot.* weteran

vet·er·an ['vetərən] *s* weteran; *adj* wysłużony; zahartowany w boju

vet·er·i·nar·y ['vetrənərɪ] *adj* weterynaryjny; **~ surgeon** *s* weterynarz; *także* **vet**

ve·to ['viːtəʊ] *s* weto; *vt* zakładać weto (**sth** przeciw czemuś)

vex [veks] *vt* dręczyć

vex·a·tion [vek'seɪʃn] *s* udręka; strapienie; przykrość

via ['vaɪə] *praep łac.* przez (*daną miejscowość*)

vi·a·ble ['vaɪəbl] *adj* wykonalny; zdolny do życia

vi·a·duct ['vaɪədʌkt] *s* wiadukt

vi·al ['vaɪəl] *s* fiolka, flaszeczka

vi·brant ['vaɪbrənt] *adj* wibrujący, drgający

vi·brate [vaɪˈbreɪt] *vi* wibrować, drgać

vi·bra·tion [vaɪˈbreɪʃn] *s* wibracja, drganie

vic·ar [ˈvɪkə] *s rel.* proboszcz (*anglikański*); wikary (*rzymskokatolicki*)

vice 1. [vaɪs] *s* wada; nałóg; występek

vice 2. [vaɪs] *s techn.* imadło

vice 3. [vaɪs] *praef* wice-

vice·roy [ˈvaɪsrɔɪ] *s* wicekról

vi·ce ver·sa [ˌvaɪs(ɪ)ˈvɜːsə] *adv łac.* na odwrót, vice versa

vi·cin·i·ty [vɪˈsɪnətɪ] *s* sąsiedztwo, najbliższa okolica

vi·cious [ˈvɪʃəs] *adj* występny; wadliwy, błędny; ~ **circle** błędne koło

vi·cis·si·tude [vɪˈsɪsɪtjuːd] *s* zmienność, nietrwałość

vic·tim [ˈvɪktɪm] *s* ofiara

vic·tim·ize [ˈvɪktɪmaɪz] *vt* składać w ofierze, gnębić; oszukiwać

vic·tor [ˈvɪktə] *s* zwycięzca

vic·to·ri·ous [vɪkˈtɔːrɪəs] *adj* zwycięski

vic·to·ry [ˈvɪktrɪ] *s* zwycięstwo

vic·tuals [ˈvɪtlz] *s pl* wiktuały

vi·de·li·cet, viz. [vɪˈdiːlɪset] *adv łac.* mianowicie; to znaczy

vid·e·o [ˈvɪdɪəʊ] *s* wideofilm; ~ **tape recorder** magnetowid; ~ **cassette** = **videotape**; *vt* nagrywać

vid·e·o cam·e·ra [ˈvɪdɪəʊˌkæmərə] *s* wideokamera

vid·e·o·disc [ˈvɪdɪəʊdɪsk] *s* wideopłyta

vid·e·o·tape [ˈvɪdɪəʊteɪp] *s vt* wideokaseta; nagrywać na wideokasetę; *także* **video cassette**

vie [vaɪ] *vi* współzawodniczyć (**for sth** o coś)

view [vjuː] *s* widok; pole widzenia; pogląd; **to be in** ~ być widocznym; **to have in** ~ mieć na oku; **the end in** ~ powzięty zamiar, zamierzony cel; **point of** ~

punkt widzenia; **on** ~ wystawiony; **private** ~ prapremiera, wernisaż (*wystawy*); **in my** ~ moim zdaniem; **in ~ of sth** biorąc coś pod uwagę, wobec czegoś; **with a ~ to...** w zamiarze ...; *vt* oglądać, rozpatrywać

view·er [ˈvjuːə] *s* widz

view·point [ˈvjuːpɔɪnt] *s* punkt widzenia; zapatrywanie (**of sth** na coś)

vig·il [ˈvɪdʒɪl] *s* czuwanie, wigilia

vig·i·lance [ˈvɪdʒɪləns] *s* czujność

vig·or·ous [ˈvɪgərəs] *adj* pełen wigoru, energiczny

vig·our [ˈvɪgə] *s* wigor, siła, energia

vile [vaɪl] *adj* podły; *pot.* wstrętny

vil·i·fy [ˈvɪlɪfaɪ] *vt* oczerniać; upodlić

vil·la [ˈvɪlə] *s* willa

vil·lage [ˈvɪlɪdʒ] *s* wieś

vil·lag·er [ˈvɪlɪdʒə] *s* wieśniak; prostak

vil·lain [ˈvɪlən] *s* łajdak, nikczemnik

vil·lain·y [ˈvɪlənɪ] *s* łajdactwo, nikczemność

vin·di·cate [ˈvɪndɪkeɪt] *vt* brać w obronę; oczyszczać z zarzutu, usprawiedliwiać; dochodzić

vin·dic·tive [vɪnˈdɪktɪv] *adj* mściwy

vine [vaɪn] *s* winna latorośl

vin·e·gar [ˈvɪnɪgə] *s* ocet

vine·yard [ˈvɪnjəd] *s* winnica

vin·tage [ˈvɪntɪdʒ] *s* winobranie

vint·ner [ˈvɪntnə] *s* winiarz

vi·o·late [ˈvaɪəleɪt] *vt* naruszyć; pogwałcić

vi·ola [vɪˈəʊlə] *s muz.* altówka

vi·o·la·tion [ˌvaɪəˈleɪʃn] *s* naruszenie, pogwałcenie

vi·o·lence [ˈvaɪələns] *s* gwałt; gwałtowność; naruszenie; **by** ~ gwałtem

vi·o·let [ˈvaɪələt] *s bot.* fiołek; *adj* fioletowy

vi·o·lin [ˌvaɪəˈlɪn] *s muz.* skrzypce

vi·per [ˈvaɪpə] *s zool.* żmija

V

vir·gin ['vɜːdʒɪn] s dziewica; *attr* dziewiczy

Vir·go ['vɜːgəʊ] s Panna (*znak zodiaku*)

vir·ile ['vɪraɪl] *adj* męski

vir·tu·al ['vɜːtʃʊəl] *adj* faktyczny, właściwy; potencjalny

vir·tue ['vɜːtʃuː] s cnota; zaleta; wartość; skuteczność; **by ~ of** na mocy

vir·tu·os·i·ty [,vɜːtʃʊˈɒsətɪ] s wirtuozostwo; zamiłowanie do sztuk pięknych

vir·tu·ous ['vɜːtʃʊəs] *adj* cnotliwy, moralny

vir·u·lent ['vɪrʊlənt] *adj* jadowity; zjadliwy

vi·rus ['vaɪrəs] s *med. komp.* wirus; *przen.* trucizna (*moralna*)

vi·sa ['viːzə] s wiza; **entry ~** wiza wjazdowa; *vt* wizować

vis·age ['vɪzɪdʒ] s oblicze

vis·cer·a ['vɪsərə] s *pl anat.* wnętrzności

vis·cos·i·ty [vɪˈskɒsətɪ] s lepkość

vis·count ['vaɪkaʊnt] s *bryt.* wicehrabia

vis·i·bil·i·ty [,vɪzəˈbɪlətɪ] s widzialność; widoczność

vis·i·ble ['vɪzəbl] *adj* widzialny; widoczny

vi·sion ['vɪʒn] s widzenie, wzrok; wizja

vi·sion·ar·y ['vɪʒnərɪ] *adj* wizjonerski; s wizjoner

vis·it ['vɪzɪt] s wizyta; pobyt; wizytacja; **to be on a ~** być z wizytą; **to pay a ~** złożyć wizytę; *vt* odwiedzać, zwiedzać; nawiedzać, doświadczać; **~ing card** wizytówka

vis·it·a·tion [,vɪzɪˈteɪʃn] s odwiedziny, wizytacja; nawiedzenie, dopust

vis·i·tor ['vɪzɪtə] s gość

vi·sor ['vaɪzə] s *hist.* przyłbica; daszek (*czapki*)

vis·ta ['vɪstə] s widok, perspektywa

vis·u·al ['vɪzʊəl] *adj* wzrokowy

vis·u·al·ize ['vɪʒʊəlaɪz] *vt* unaoczniać, uzmysłowić sobie

vi·tal ['vaɪtl] *adj* życiowy, żywotny; istotny, niezbędny

vi·tal·i·ty [vaɪˈtælətɪ] s żywotność

vit·a·min ['vɪtəmɪn] s *chem., med.* witamina

vi·ti·ate ['vɪʃɪeɪt] *vt* zepsuć, skazić; unieważnić

vit·re·ous ['vɪtrɪəs] *adj* szklany, szklisty

vi·tu·per·ate [vɪˈtjuːpəreɪt] *vt* lżyć, pomstować (**sb** na kogoś)

vi·va·cious [vɪˈveɪʃəs] *adj* żywy, pełen życia

vi·vac·i·ty [vɪˈvæsətɪ] s żywość

viv·id ['vɪvɪd] *adj* żywy

viv·i·sect ['vɪvɪsekt] *vt* dokonywać wiwisekcji

vix·en ['vɪksn] s jędza; *zool.* lisica

vo·cab·u·lar·y [vəˈkæbjʊlərɪ] s słowniczek; słownictwo, zasób słów

vo·cal ['vəʊkl] *adj* wokalny, głosowy; *gram.* samogłoskowy

vo·ca·tion [vəʊˈkeɪʃn] s powołanie; zawód

vo·cif·er·ate [vəˈsɪfəreɪt] *vt vi* krzyczeć, wrzeszczeć

vodka ['vɒdkə] s wódka

vogue [vəʊg] s popularność; moda; **to be the ~** być w modzie; **to have a great ~** cieszyć się dużą popularnością

voice [vɔɪs] s głos; *gram.* strona; *vt* głosić, wypowiadać

voiced [vɔɪst] *adj gram.* dźwięczny

voice·less ['vɔɪsləs] *adj* niemy; *gram.* bezdźwięczny

void [vɔɪd] *adj* pusty, próżny; bezwartościowy; *prawn.* nieważny; pozbawiony (**of sth** czegoś); s próżnia, pustka; *vt* opróżniać; *prawn.* unieważniać

vol·a·tile ['vɒlətaɪl] *adj chem.* lotny; przelotny, zmienny

vol·can·ic [vɒlˈkænɪk] *adj* wulkaniczny

vol·ca·no [vɒlˈkeɪnəʊ] s wulkan

V

vo·li·tion [və'lɪʃn] s wola
vol·ley ['vɒlɪ] s salwa; *przen.* potok (*np. słów, przekleństw*); *sport* wolej
vol·ley·ball ['vɒlɪbɔ:l] s *sport* siatkówka
vol·tage ['vəʊltɪdʒ] s *elektr.* napięcie
vol·u·ble ['vɒljʊbl] *adj* (*o mowie*) płynny, pełen sławy
vol·ume ['vɒljuːm] s tom; objętość; zwój; siła (*głosu, dźwięku itd.*)
vo·lu·mi·nous [və'luːmɪnəs] *adj* wielkich rozmiarów; obszerny
vol·un·tar·y ['vɒləntrɪ] *adj* dobrowolny
vol·un·teer [ˌvɒlən'tɪə] s ochotnik; *attr* ochotniczy; *vt* ochotniczo podjąć się (*sth* czegoś); *vi* zgłosić się na ochotnika
vo·lup·tu·ar·y [və'lʌptʃʊərɪ] s lubieżnik
vo·lup·tu·ous [və'lʌptʃʊəs] *adj* lubieżny
vom·it ['vɒmɪt] *vt vi* wymiotować, zwracać; s wymioty
vo·ra·cious [və'reɪʃəs] *adj* żarłoczny
vor·tex ['vɔːteks] s (*pl* **vortices** ['vɔːtɪsiːz]) wir
vote [vəʊt] s głosowanie; głos; wotum; ~ **of confidence** wotum zaufania; *vt* uchwalać; *vi* głosować (**for sb, sth** za kimś, czymś; **against sb, sth** przeciwko komuś, czemuś)
vot·er ['vəʊtə] s głosujący, wyborca
vouch [vaʊtʃ] *vt vi* ręczyć, gwarantować
vouch·er ['vaʊtʃə] s poświadczenie, kwit, bon
vow [vaʊ] s ślub, ślubowanie; **to take a ~** ślubować; **to take ~s** złożyć śluby zakonne; *vt* ślubować; *vi* składać śluby
vow·el ['vaʊəl] s *gram.* samogłoska
voy·age ['vɔɪɪdʒ] s podróż (*zw.* morska); **to go on a ~** wyruszyć w podróż
vul·can·ize ['vʌlkənaɪz] *vt* wulkanizować
vul·gar ['vʌlgə] *adj* wulgarny; pospolity
vul·gar·i·ty [vʌl'gærətɪ] s wulgarność
vul·gar·ize ['vʌlgəraɪz] *vt* wulgaryzować
vul·ner·a·ble ['vʌlnərəbl] *adj* podatny na zranienie, narażony na ciosy; wrażliwy; (*w brydżu*) po partii
vul·ture ['vʌltʃə] s *zool.* sęp

W

wab·ble = wobble
wad [wɒd] s wałek, (miękka) zatyczka, podkład (*z miękkiego materiału*); *vt* wypychać, upychać, nabijać; podkładać, watować
wad·ding ['wɒdɪŋ] s wata (*do upychania*); watolina, podkład
wad·dle ['wɒdl] *vi* chodzić kołysząc się
wade [weɪd] *vt vi* brnąć, brodzić
wa·fer ['weɪfə] s wafel; opłatek
waft [wɑːft, wɒft] *vi* unosić się, bujać, sunąć (*po wodzie, w powietrzu*); *vt* nieść, posuwać; s powiew, podmuch; śmignięcie
wag 1. [wæg] s filut, żartowniś
wag 2. [wæg] *vt vi* kiwać (się), ruszać (się), machać; (*o psie*) merdać; s poruszenie, kiwnięcie
wage [weɪdʒ] s (*zw. pl* **~s**) zarobek, płaca (*zw.* tygodniowa); **living ~** minimum środków utrzy-

mania; *vt* prowadzić (*wojnę*)

wa·ger ['weɪdʒə] s zakład; **to lay a ~** założyć się; *vt vi* zakładać się

wag·on, wag·gon ['wægən] s wóz, platforma

waif [weɪf] s mienie bezpańskie; *zbior.* porzucone rzeczy; porzucone dziecko; zabłąkane zwierzę; **~s and strays** bezdomne dzieci

wail [weɪl] s żałosny płacz, lament; *vi* żałośnie płakać, zawodzić; *vt* opłakiwać

wain·scot ['weɪnskət] s boazeria; *vt* okładać boazerią

waist [weɪst] s kibić, talia, pas

waist·coat ['weɪskəʊt] s kamizelka

wait [weɪt] *vi* czekać (**for sb** na kogoś); usługiwać (**on, upon sb** komuś); czyhać (**for sb** na kogoś); s czekanie; zasadzka; *pl* **the ~s** kolędnicy; **~ing game** gra na przeczekanie; **~ing list** lista oczekujących

wait·er ['weɪtə] s kelner

wait·ing room ['weɪtɪŋrum] s poczekalnia

wait·ress ['weɪtrəs] s kelnerka

waive [weɪv] *vt* zaniechać, zrezygnować

waiv·er ['weɪvə] s zrzeczenie się (*praw, przywilejów itd.*)

***wake 1.** [weɪk] *vt vi* (**woke** [wəʊk] *lub* **waked** [weɪkt], **woken** ['wəʊkən] *lub* **waked** [weɪkt]) budzić (się); (*także* **~ up**) czuwać, nie spać

wake 2. [weɪk] s *mors.* kilwater; *przen.* ślad; **to follow in sb's ~** iść czyimś śladem; **in the ~ of sth** w ślad za czymś

wake·ful ['weɪkfl] *adj* czuwający, czujny

wak·en ['weɪkən] *vt vi* budzić (się); ożywiać (się)

walk [wɔːk] *vi* chodzić, kroczyć, przechadzać się; *vt* przechodzić, chodzić (po *czymś*); **~ away** odchodzić; *pot.* **~ away with sth** porwać, ukraść coś; **~ out** wy-

chodzić; *am.* strajkować; *sport* **~ over** wygrać walkowerem; s spacer; chód; **go for a ~** iść na spacer; **~ of life** zawód, zajęcie

walk·ie-talk·ie [ˌwɔːkɪˈtɔːkɪ] s przenośna radiostacja nadawczo-odbiorcza

Walk·man ['wɔːkmən] s walkman, przenośny odtwarzacz kasetowy

walk·out ['wɔːkaʊt] s *am.* strajk; zbiorowe wyjście (*na znak protestu*)

walk·o·ver ['wɔːkˌəʊvə] s *sport* walkower; *pot.* łatwe zwycięstwo

wall [wɔːl] s ściana, mur; *vt* otoczyć murem; (*także* **~ up**) zamurować

wal·let ['wɒlɪt] s portfel

wal·low ['wɒləʊ] *vi* tarzać się

wall·pa·per ['wɔːlˌpeɪpə] s tapeta

wal·nut ['wɔːlnʌt] s *bot.* orzech włoski

wal·rus ['wɔːlrəs] s *zool.* mors

waltz [wɔːls] s walc; *vi* tańczyć walca

wan [wɒn] *adj lit.* blady, mizerny

wand [wɒnd] s różdżka

wan·der ['wɒndə] *vi* wędrować; **~ away** odbiegać; s wędrówka

wan·der·er ['wɒndərə] s wędrowiec

wan·der·ing ['wɒndərɪŋ] s wędrówka; *pl* **~s** majaki; *adj* wędrowny; wędrujący; tułaczy

wane [weɪn] *vi* zanikać, ubywać; marnieć

want [wɒnt] *vt vi* chcieć; potrzebować; odczuwać brak; brakować; s potrzeba; brak

want ad ['wɒntæd] s *pot.* drobne ogłoszenie (*w gazecie*)

want·ing ['wɒntɪŋ] *adj* brakujący; pozbawiony (**in sth** czegoś); **to be ~** brakować; **she is ~ in intelligence** brak jej rozumu

wan·ton ['wɒntən] *adj* swawolny, wesoły; nieokiełznany; złośliwy

war [wɔː] s wojna; **at ~** w stanie

W

wojny; **to make** ~ walczyć; prowadzić wojnę; ~ **criminal** przestępca wojenny; *vi* walczyć; ~ **crime** zbrodnia wojenna

war·ble ['wɔːbl] *s* szczebiot; *vi* szczebiotać

ward [wɔːd] *s* straż, nadzór, opieka; podopieczny, wychowanek; cela więzienna; sala szpitalna; dzielnica; *vt* opiekować się; umieścić (*np. w sali szpitalnej*); ~ **off** odbić, odparować (*cios*); uchylić (*niebezpieczeństwo*)

ward·en ['wɔːdn] *s* stróż; opiekun; przełożony; kustosz

ward·er ['wɔːdə] *s bryt.* strażnik więzienny

ward·robe ['wɔːdrəub] *s* szafa (*na ubranie*)

ward·ship ['wɔːdʃip] *s* kuratela

ware [weə] *s* towar, wyrób

ware·house ['weəhaus] *s* magazyn; dom towarowy; *vt* magazynować

war·fare ['wɔːfeə] *s* prowadzenie wojny, wojna

war·i·ness ['weərinəs] *s* ostrożność

war·like ['wɔːlaik] *adj* wojowniczy, wojenny

warm [wɔːm] *adj* ciepły; gorliwy; ożywiony; *vt vi* grzać, nagrzewać (się); ~ **up** rozgrzać, podgrzać (się); ożywić (się)

war·mong·er ['wɔːˌmʌŋgə] *s* podżegacz wojenny

warmth [wɔːmθ] *s* ciepło; gorliwość, zapał

warn [wɔːn] *vt* ostrzegać, przypominać; uprzedzać (**sb of sth** kogoś o czymś)

warn·ing ['wɔːnɪŋ] *s* ostrzeżenie; uprzedzenie; wypowiedzenie (*posady*)

warp [wɔːp] *vt vi* paczyć (się), wykrzywiać (się), zniekształcać (się); *mors.* holować; *s* wypaczenie, osnowa (tkacka); *mors.* lina holownicza

war·rant ['wɔrənt] *s* pełnomoc-

nictwo; rękojmia; zabezpieczenie; nakaz sądowy; *vt* gwarantować; uzasadnić; usprawiedliwić

war·ran·ty ['wɔrənti] *s* gwarancja (techniczna)

war·ri·or ['wɔrɪə] *s* wojak, żołnierz

war·ship ['wɔːʃip] *s* okręt wojenny

wart [wɔːt] *s* brodawka

war·y ['weəri] *adj* ostrożny, czujny

was [wɒz, wəz] *p sing od* **to be**

wash [wɒʃ] *vt vi* myć (się); prać; oblewać; ~ **away** zmyć; ~ **down** spłukać; ~ **off** zmyć; dać się zmyć; ~ **out** wymyć, wypłukać; skasować; zejść (*w praniu*); zalać; zatuszować; ~ **up** wymyć, zmywać (*naczynia*); (*o morzu*) wyrzucić na brzeg; *s* mycie (się), pranie; płyn do płukania; pomyje; namuł

wash·a·ble ['wɒʃəbl] *adj* nadający się do prania

wash·basin ['wɒʃˌbeisn] *s* miednica; umywalka

wash·bowl ['wɒʃbəul] *s am.* = **washbasin**

wash·er ['wɒʃə] *s* pomywacz; płuczka; *techn.* uszczelka; *am.* pralka

wash·er·wom·an ['wɒʃəˌwumən] *s* (*pl* **washerwomen** ['wɒʃəˌwimin]) praczka

wash·ing ['wɒʃɪŋ] *s* mycie, pranie; bielizna do prania; ~ **machine** pralka

wash·out ['wɒʃaut] *s* podmycie terenu; *pot.* pech, klapa; pechowiec

wash·stand ['wɒʃstænd] *s* umywalka

wash·tub ['wɒʃtʌb] *s* balia

wasn't ['wɒznt] = **was not**

wasp [wɒsp] *s zool.* osa

wast·age ['weistidʒ] *s* marnotrawstwo; *zbior.* straty; wybrakowany towar; *zbior.* odpadki

waste [weist] *adj* pusty, pustynny; jałowy; zużyty; niepotrzebny; ~ **land** teren nieuprawny; nieużytki; ~ *paper* makulatura; ~ *paper basket* kosz na śmiecie; ~ *products* odpadki; *to go* ~ marnować się, niszczeć; *to lie* ~ leżeć odłogiem; *to lay* ~ pustoszyć; *s* marnowanie, marnotrawstwo; nieużytek; strata; ubytek; pustynia, pustkowie; *zbior.* odpadki; *vt* pustoszyć; marnować, niszczyć; *vi* niszczeć, psuć się; ubywać; ~ *away* marnieć, zanikać, niszczeć

waste·ful ['weistfl] *adj* marnotrawny

watch [wɒtʃ] *s* czuwanie; straż; zegarek; *to be on the* ~ wypatrywać, oczekiwać (*for sth* czegoś), czatować; *to keep* ~ być na straży; pilnować (*on, over sth* czegoś); *vi* czuwać; wyglądać (*for sth* czegoś); czatować (*for sth* na coś); pilnować (*over sth* czegoś); *vt* uważać; obserwować, oglądać; śledzić

watch·ful ['wɒtʃfl] *adj* czujny, uważny

watch·mak·er ['wɒtʃ,meikə] *s* zegarmistrz

watch·man ['wɒtʃmən] *s* (*pl* **watchmen** ['wɒtʃmən]) stróż

watch·tow·er ['wɒtʃ,tauə] *s* strażnica

watch·word ['wɒtʃwɜːd] *s wojsk.* hasło; slogan

wa·ter ['wɔːtə] *s* woda; ślina; *pl* ~**s** fale; wody lecznicze; *high* ~ przypływ; *low* ~ odpływ; *by* ~ drogą wodną; *to get into hot* ~ popaść w tarapaty; *in deep* ~**s** w opałach; *still* ~**s run deep** cicha woda brzegi rwie; *vt* polać, nawodnić; poić (*zwierzę itp.*); *to pass* ~ oddać mocz; ~ *skiing* narciarstwo wodne; *vi* ciec, ślinić się; łzawić

wa·ter clos·et ['wɔːtə,klɒzit] *s* klozet

wa·ter·col·our ['wɔːtə,kʌlə] *s* akwarela

wa·ter·fall ['wɔːtəfɔːl] *s* wodospad

wa·ter glass ['wɔːtəglɑːs] *s* klepsydra wodna

wa·ter·ing can ['wɔːtəriŋkæn] *s* konewka

wa·ter li·ly ['wɔːtə,lili] *s bot.* grzybień, lilia wodna

wa·ter·man ['wɔːtəmən] *s* (*pl* **watermen** ['wɔːtəmən]) przewoźnik; wioślarz

wa·ter·mark ['wɔːtəmɑːk] *s* znak wodny; wodowskaz

wa·ter·mel·on ['wɔːtə,melən] *s bot.* arbuz

wa·ter·proof ['wɔːtəpruːf] *adj* wodoszczelny, nieprzemakalny

wa·ter·shed ['wɔːtəʃed] *s* dział wód

wa·ter·side ['wɔːtəsaid] *s* brzeg

wa·ter sup·ply ['wɔːtəsə,plai] *s* sieć wodociągowa, zaopatrzenie w wodę

wa·ter·tight ['wɔːtətait] *adj* wodoszczelny

wa·ter tow·er ['wɔːtə,tauə] *s* wieża ciśnień

wa·ter·way ['wɔːtəwei] *s* droga wodna

wa·ter·works ['wɔːtəwɜːks] *s* zakład wodociągowy; wodociągi

wa·ter·y ['wɔːtəri] *adj* wodnisty

wat·tle ['wɒtl] *s* pręt; plecionka z prętów; *bot.* akacja australijska

wave [weiv] *s* fala; falistość; machnięcie ręką, skinienie; *vi* falować; machać, skinąć (*to sb* na kogoś); *vt* witać, żegnać (*one's hand* machnięciem ręki), powiewać (*one's handkerchief* chusteczką)

wave·band ['weivbænd] *s* (*w radiu*) zakres fal

wa·ver ['weivə] *vi* chwiać się, wahać się

wav·y ['weivi] *adj* falisty

wax 1. [wæks] *vi* (*o księżycu*) przybywać

wax 2. [wæks] *s* wosk; *vt* woskować

way [wei] *s* droga; kierunek; sposób; właściwość, zwyczaj, **W**

sposób postępowania; **~ in** wejście; **~ out** wyjście; **by ~ of London** przez Londyn; **by ~ of** za pomocą; zamiast; w charakterze; w celu; w formie; **by the ~** à propos, nawiasem mówiąc; **any ~** w jakikolwiek sposób; w każdym razie; **this ~** tędy; w ten sposób; **that ~** tamtędy; **to clear the ~** usuwać przeszkody; **to have one's ~** postawić na swoim; **let him have his ~** niech robi, co chce; **to keep out of the ~** trzymać się na uboczu; **to make ~** ustąpić; **to make one's ~** odbywać drogę; **to stand in the ~** przeszkadzać, zawadzać; **over the ~** po drugiej stronie drogi; **some ~ or other** tym czy innym sposobem; **under ~** w trakcie, w przygotowaniu

way·far·er ['weɪˌfeərə] s wędrowiec, podróżnik

way·lay [weɪ'leɪ] vt (formy zob. **lay**) czaić się, napaść z zasadzki (**sb** na kogoś)

way·side ['weɪsaɪd] s brzeg drogi; adj attr przydrożny

way·ward ['weɪwəd] adj przewrotny; kapryśny; krnąbrny

way·worn ['weɪwɔ:n] adj znużony podróżą

we [wi:, wɪ] pron pl my

weak [wi:k] adj słaby, wątły

weak·en ['wi:kən] vt osłabić; vi osłabnąć

weak·ling ['wi:klɪŋ] s cherlak, chuchro

weak·ly ['wi:klɪ] adj słabowity

weak·ness ['wi:knəs] s słabość

weal [wi:l] = **wale**

wealth [welθ] s bogactwo

wealth·y ['welθɪ] adj bogaty

wean [wi:n] vt odłączyć od piersi (dziecko); odsunąć, odzwyczaić (**from sth** od czegoś)

weap·on ['wepən] s broń; **nuclear ~** broń nuklearna

*****wear** [weə] vt vi (**wore** [wɔ:], **worn** [wɔ:n]) nosić (na sobie, np. odzież, ozdobę), nosić się; znosić (się); zużyć (się); wyczerpać, zmęczyć (o czasie) upływać; **~ away** zużyć (się), znosić (się), zniszczyć (się), wyczerpać (się); skończyć (się); **~ down** zedrzeć, zniszczyć; s noszenie; odzież, strój; trwałość (materiału); zużycie; **~ and tear** zużycie, zniszczenie

wea·ri·ness ['wɪərɪnəs] s zmęczenie; nuda

wea·ri·some ['wɪərɪsəm] adj męczący; nudny

wea·ry ['wɪərɪ] adj zmęczony; męczący, nużący; vt vi męczyć (się), nużyć (się)

wea·sel ['wi:zl] s zool. łasica

weath·er ['weðə] s pogoda; vt wystawiać na działanie atmosferyczne; przetrwać, wytrzymać (burzę); przen. stawić czoło; vi wietrzeć; **~ forecast** prognoza pogody

weath·er-beat·en ['weðəˌbi:tn] adj zahartowany; (o cerze) ogorzały

weath·er·cock ['weðəkɒk] s chorągiewka (na dachu, wieży itp.), kurek

weath·er fore·cast ['weðəˌfɔ:kɑ:st] s prognoza pogody

weath·er glass ['weðəglɑ:s] s barometr

weath·er sta·tion ['weðəˌsteɪʃn] s stacja meteorologiczna

*****weave** [wi:v] vt (**wove** [wəʊv], **woven** ['wəʊvn]) tkać; przen. snuć, układać wątek; knuć (spisek)

weav·er ['wi:və] s tkacz

web [web] s tkanina; pajęczyna; tkanka; płetwa

wed [wed] vt poślubić; połączyć; skojarzyć; vi ożenić się, wyjść za mąż

we'd [wi:d] = **we had, we should, we would**

wed·ding ['wedɪŋ] s ślub, wesele; **~ ring** obrączka ślubna

W

wedge [wedʒ] *s* klin; *vt* zaklinować; rozbić klinem

wed·lock ['wedlɒk] *s* stan małżeński; małżeństwo

Wednes·day ['wenzdeɪ] *s* środa

weed [wiːd] *s* chwast; *pot.* tytoń, papieros; *vt* (*także ~ out*) plewić, oczyszczać z chwastów

weeds [wiːdz] *s pl* (*zw. widow's ~*) wdowia żałoba

week [wiːk] *s* tydzień; *by the ~* tygodniowo

week·day ['wiːkdeɪ] *s* dzień powszedni

week·end [ˌwiːk'end] *s* koniec tygodnia, weekend

week·ly ['wiːklɪ] *adj* tygodniowy; *adv* tygodniowo; *s* tygodnik

***weep** [wiːp] *v* (*wept, wept* [wept]) *vi* płakać; *vt* opłakiwać

weft [weft] *s* wątek (*tkaniny*)

weigh [weɪ] *vt vi* ważyć; *~ down* przeważać, przygniatać; *~ out* rozważać; *mors. ~ anchor* podnieść kotwicę

weight [weɪt] *s* (*także przen.*) waga; znaczenie, doniosłość; ciężar; odważnik; *to lose ~* chudnąć; *to put on ~* tyć; *vt* obciążać; *~ lifting* podnoszenie ciężarów

weight·y ['weɪtɪ] *adj* ciężki; ważny, ważki; przekonywający

weir [wɪə] *s* grobla, tama

weird [wɪəd] *adj* fatalny; niesamowity, tajemniczy, dziwny; *s lit.* fatum; niesamowite zdarzenie; czary

wel·come ['welkəm] *adj* mile widziany; *to make ~* gościnnie przywitać; *you are ~ to do as you please* rób, co ci się żywnie podoba; *to be ~ to do sth* mieć swobodę w zrobieniu czegoś, móc korzystać z upoważnienia; *you are ~ am.* bardzo proszę; nie ma za co (dziękować); *s* przywitanie, gościnne przyjęcie; *to bid ~* serdecznie witać; *vt* powitać, gościnnie przyjąć; *int* witaj!, witajcie!

weld [weld] *vt vi* spawać (się); *s* spawanie; spoina

wel·fare ['welfeə] *s* dobrobyt, powodzenie; *~ work* dobroczynność; praca społeczna; *social ~* opieka społeczna; *~ state* państwo z rozbudowanym systemem opieki społecznej

well 1. [wel] *adv* (*comp better*, *sup best*) dobrze; odpowiednio; chętnie; *as ~* równie dobrze, również; *as ~ as* zarówno jak; *~ read* oczytany; *~ done!* brawo!, doskonale!; *~ done* (*zw. o mięsie*) wysmażone; wypieczone; *adj praed* zdrowy; pomyślny; w porządku; *to be ~* być zdrowym; mieć się dobrze; *to be ~ off* żyć dostatnio, być zamożnym; *to get ~* wyzdrowieć; *~ up in sth* dobrze z czymś obeznany, coś dobrze opanowane; *int* no, no!; nareszcie!; a więc, otóż; *~ then?* a więc?

well 2. [wel] *s* studnia, źródło; szyb; *vi* (*zw. ~ up, ~ out*) tryskać, buchać

we'll [wiːl] = *we shall, we will*

well-ad·vised [ˌweləd'vaɪzd] *adj* rozsądny, roztropny

well-bal·anced [ˌwel'bælənst] *adj* zrównoważony

well-be·haved [ˌwelbɪ'heɪvd] *adj* dobrze wychowany, układny

well-be·ing [ˌwel'biːɪŋ] *s* powodzenie, pomyślność; dobre samopoczucie

well-bred [ˌwel'bred] *adj* dobrze wychowany

well-nigh [ˌwel'naɪ] *adv poet.* nieomal, prawie

well-off [ˌwel'ɒf] *adj* dobrze sytuowany, zamożny; *s pl the ~s* zamożni

well-to-do [ˌweltə'duː] *adj pot.* zamożny; *be ~* mieć szczęście

well-worn [ˌwel'wɔːn] *adj* znoszony; oklepany

Welsh [welʃ] *adj* walijski; *s* język walijski

Welsh·man ['welʃmən] *s* (*pl*

W

Welshmen ['welʃmən]) Walijczyk

wel·ter ['weltə] vi przewalać się, tarzać się; s zamieszanie, chaos

wench [wentʃ] s pot. dziewka (zw. wiejska)

went [went] zob. **go**

wept [wept] zob. **weep**

were [wɜː] zob. **be**

we're [wɪə] = **we are**

weren't [wɜːnt] = **were not**

west [west] s zachód; adj zachodni; adv na zachód

west·er·ly ['westəlɪ] adj (o kierunku) zachodni; (o wietrze) z zachodu; adv na zachód

west·ern ['westən] adj zachodni; s człowiek z zachodu; film z życia Dzikiego Zachodu, western

west·ward ['westwəd] adj (o kierunku) zachodni, zwrócony ku zachodowi; adv ku zachodowi

west·wards ['westwədz] adv ku zachodowi, na zachód

wet [wet] adj mokry; dżdżysty; am. używający alkoholu; s wilgoć; dżdżysta pogoda; vt moczyć, zwilżać

we've [wiːv] = **we have**

whack [wæk] vt grzmotnąć; s głośne uderzenie; pot. próba; udział, cząstka

whale [weɪl] s zool. wieloryb; vi polować na wieloryby

whale·bone ['weɪlbəʊn] s fiszbin

whal·er ['weɪlə] s łowca wielorybów; statek do połowu wielorybów

wharf [wɔːf] s (pl **~s** lub **wharves** [wɔːvz]) przystań, nadbrzeże

what [wɒt] adj co; jaki; ile; to co, ten, co za; **~ for?** po co?; **~ are these apples?** ile kosztują te jabłka?; **~ is he like?** jak on wygląda?, jaki on jest?; **~ if ...** cóż, że ..., co z tego, że ...; **~'s up?** co się dzieje?; **~ use is it?** na co się to przyda?

what·ev·er [wɒt'evə] adj cokolwiek, jakikolwiek; **not any ~** w

ogóle żaden; **I'll tell you ~** coś ci powiem; **not anything ~** w ogóle nic

what's [wɒts] = **what is**

what·so·ev·er [ˌwɒtsəʊ'evə] = **whatever**

wheat [wiːt] s bot. pszenica

whee·dle ['wiːdl] vt przypochlebiać się, wdzięczyć się; skłonić

wheel [wiːl] s koło; kierownica; **spare ~** koło zapasowe; mors. ster; vt vi toczyć (się), kręcić (się); wozić (np. na taczkach)

wheel·bar·row ['wiːlˌbærəʊ] s taczka

wheel·chair ['wiːltʃeə] s wózek inwalidzki

wheeze [wiːz] vi sapać; s sapanie

whelp [welp] s szczenię; vi oszczenić się

when [wen] adv kiedy; pron gdy, kiedy; **since ~** odkąd; **till ~** dokąd, do czasu, gdy

whence [wens] adv skąd; pron skąd, z którego (także **from ~**); w następstwie czego

where [weə] adv conj pron gdzie, dokąd; **from ~** skąd

where·a·bouts [ˌweərə'baʊts] adv gdzie mniej więcej; s ['weərəbaʊts] miejsce pobytu

where·as [weər'æz] conj podczas gdy

where·by [weə'baɪ] adv conj przez co; rel. za pomocą (czego, którego)

where·fore ['weəfɔː] adv dlaczego, dlaczego to; dlatego

wher·ev·er [weər'evə] adv gdziekolwiek, dokądkolwiek

where·with [weə'wɪð] = **with what, with which**

whet [wet] vt ostrzyć; podniecać, pobudzać

wheth·er ['weðə] conj czy

whet·stone ['wetstəʊn] s kamień do ostrzenia

whey [weɪ] s serwatka

which [wɪtʃ] pron który; co

which·ev·er [wɪtʃ'evə], **which-**

so·ev·er [ˌwɪtʃsəʊ'evə] *pron* którykolwiek

whiff [wɪf] *s* podmuch, dmuchnięcie; kłąb dymu; *vt vi* pykać

Whig [wɪg] *s bryt. hist. polit.* wig

while [waɪl] *s* chwila; **for a ~** na chwilę; chwilowo; **for the ~** tymczasem; na razie; **it's worth ~** warto, opłaci się; *conj* podczas gdy, gdy; *vt* **~ away** spędzać beztrosko (**the time** czas)

whilst [waɪlst] *conj* (podczas) gdy

whim [wɪm] *s* grymas, zachcianka

whim·per ['wɪmpə] *vi* kwilić, skomleć; *s* kwilenie, skomlenie

whim·si·cal ['wɪmzɪkl] *adj* kapryśny; dziwaczny

whim·sy ['wɪmzɪ] *s* kaprys; urojenie

whine [waɪn] *vi* jęczeć, skomleć; jęk, skomlenie

whin·ny ['wɪnɪ] *vi* rżeć; *s* rżenie

whip [wɪp] *s* bicz; woźnica; *vt* biczować, bić batem; ubijać; *vi* szybko umknąć

whir [wɜː] *vi* warkotać; *s* warkot

whirl [wɜːl] *s* wir; *vt vi* wirować, krążyć, kręcić się

whirl·pool ['wɜːlpuːl] *s* wir (*wodny*)

whirl·wind ['wɜːlwɪnd] *s* trąba powietrzna

whirr [wɜː] = **whir**

whisk [wɪsk] *s* kosmyk; miotełka; trzepaczka; machnięcie; śmignięcie; *vt* zmiatać; machać; śmigać; *vi* zniknąć, umknąć

whisk·ers ['wɪskəz] *s pl* bokobrody, baczki; wąsy (*u zwierząt*)

whis·ky, *am.* **whis·key** ['wɪskɪ] *s* whisky

whis·per ['wɪspə] *vt vi* szeptać; *s* szept

whis·tle ['wɪsl] *s* gwizd, świst; gwizdek; *vt vi* gwizdać, świstać

whit [wɪt] *s* odrobina; **no ~** ani krzty, wcale

white [waɪt] *adj* biały; *s* biel, biały kolor; biały człowiek; białko; *vt* bielić

whit·en ['waɪtn] *vt* bielić; *vi* bieleć

white·wash ['waɪtwɒʃ] *s* wapno do bielenia; wybielanie; *vt* bielić, wybielać

whith·er ['wɪðə] *adv pron* dokąd

whit·ing ['waɪtɪŋ] *s* bielidło

whit·tle ['wɪtl] *vt* strugać; *przen.* stopniowo zmniejszać

whiz(z) [wɪz] *vi* świszczeć; świst

who [huː] *pron kto*; *przypadek dzierżawczy* **whose** [huːz]; *przypadek dopełnienia* **whom** [huːm] kto, który, którzy

who·dun·it [ˌhuː'dʌnɪt] *s pot.* kryminał, powieść kryminalna; film kryminalny

who·ev·er [huː'evə] *pron* ktokolwiek

whole [həʊl] *adj* cały; *mat.* całkowity; *s* całość; **as a ~** w całości; **on the ~** na ogół

whole·sale ['həʊlseɪl] *s* hurt, sprzedaż hurtowa; *adj* hurtowy; *adv* hurtem

whole·some ['həʊlsəm] *adj* (*o klimacie itp.*) zdrowy

who'll [huːl] = **who will**

whol·ly ['həʊllɪ] *adv* całkowicie

whom *zob.* **who**

whoop·ing-cough ['huːpɪŋkɒf] *s med.* koklusz

whore ['hɔː] *s wulg.* kurwa, dziwka

whose *zob.* **who**

why [waɪ] *adv* dlaczego; *int* przecież!, jak to!, oczywiście!; **that is ~** dlatego też

wick [wɪk] *s* knot

wick·ed ['wɪkɪd] *adj* zły, niegodziwy

wick·er ['wɪkə] *s* łozina; wyrób koszykarski

wick·et ['wɪkɪt] *s* furtka; okienko (kasowe); *sport* bramka (*w krykiecie*)

wide [waɪd] *adj* szeroki, obszerny; daleki (**of sth** od czegoś); *adv* szeroko; daleko

wide-awake [ˌwaɪdə'weɪk] *adj* czujny, uważny

wid·en ['waɪdn] *vt vi* rozszerzyć (się)

wide·spread ['waɪdspred] *adj* rozpowszechniony

wid·ow ['wɪdəʊ] *s* wdowa; *grass* ~ słomiana wdowa

wid·ow·er ['wɪdəʊə] *s* wdowiec

width [wɪdθ] *s* szerokość

wield [wiːld] *vt* dzierżyć, władać

wife [waɪf] *s* (*pl wives* [waɪvz]) żona

wig [wɪg] *s* peruka

wig·wam ['wɪgwæm] *s* wigwam, szałas (*indiański*)

wild [waɪld] *adj* dziki; szalony; pustynny; fantastyczny; *pot.* zły, rozgniewany; *s* dzika okolica; pustynia; ~*life* przyroda w stanie naturalnym

wil·der·ness ['wɪldənəs] *s* dzika przestrzeń; puszcza

wild·fire ['waɪld,faɪə] *s przen.* (*o wiadomości itp.*) *to spread like* ~ szerzyć się lotem błyskawicy

wile [waɪl] *s* podstęp, fortel; *vt* podstępnie zwabić, zwieść

wil·ful ['wɪlfl] *adj* umyślny; samowolny, uparty

will [wɪl] *s* wola; testament; zapał; *v aux* (*służy do tworzenia czasu przyszłego*); *he* ~ *do it* on to zrobi; *vt* chcieć; (*wyraża prośbę*): ~ *you sit down* proszę usiąść

will·ing ['wɪlɪŋ] *adj* chętny

will-o'-the-wisp [,wɪləðə'wɪsp] *s* błędny ognik

wil·low ['wɪləʊ] *s bot.* wierzba

wil·low·y ['wɪləʊɪ] *adj* porosły wierzbami; giętki

wil·ly-nil·ly [,wɪlɪ'nɪlɪ] *adv pot.* chcąc nie chcąc

wil·y ['waɪlɪ] *adj* chytry

*****win** [wɪn] *vt vi* (**won, won** [wʌn]) zyskać; wygrać; zwyciężyć; zdobyć; ~ *over* pozyskać sobie (*kogoś*); *to* ~ *the day* odnieść zwycięstwo

wince [wɪns] *vi* drgnąć, skrzywić się (*z bólu*); *s* drgnięcie

winch [wɪntʃ] *s* dźwig; korba

wind 1. [wɪnd] *s* wiatr; dech; *to get* ~ zwęszyć (*of sth* coś); *vt* węszyć; *vt* [waɪnd] dąć (*the horn* w róg)

*****wind 2.** [waɪnd] *vt vi* (**wound, wound** [waʊnd]) wić (się), kręcić (się), nawijać, nakręcać; ~ *off* odwijać (się); ~ *up* nawinąć, nakręcić; zlikwidować; skończyć (*gdzieś, jako*)

wind·cheat·er ['wɪnd,tʃiːtə] *am.*, **wind·break·er** ['wɪnd,breɪkə] *s* wiatrówka

wind·fall ['wɪndfɔːl] *s* spad owocowy; niespodziewane szczęście, gratka

wind in·stru·ment ['wɪnd,ɪnstrəmənt] *s muz.* instrument dęty

wind·lass ['wɪndləs] *s* kołowrót, wyciąg

wind·mill ['wɪndmɪl] *s* wiatrak

win·dow ['wɪndəʊ] *s* okno

win·dow dres·sing ['wɪndəʊ,dresɪŋ] *s* urządzenie wystawy sklepowej; *przen.* gra pozorów, poza, obłuda

win·dow-pane ['wɪndəʊpeɪn] *s* szyba okienna

win·dow-shop·ping ['wɪndəʊ,ʃɒpɪŋ] *s* oglądanie wystaw sklepowych

wind·screen ['wɪndskriːn] *s mot.* szyba przednia; ~ *wiper* wycieraczka

wind·surf·ing ['wɪnd,sɜːfɪŋ] *s* żeglowanie na desce

wind·y ['wɪndɪ] *adj* wietrzny

wine [waɪn] *s* wino

wing [wɪŋ] *s* skrzydło; *lotn.* dywizjon; *teatr pl* ~*s* kulisy; *vt* uskrzydlić; *vi* lecieć; ~ *the air* (*o ptaku*) unosić się w powietrzu

wink [wɪŋk] *vt vi* mrugać; patrzeć przez palce (*at sth* na coś); *s* mrugnięcie

win·ner ['wɪnə] *s* wygrywający, zwycięzca

win·ning ['wɪnɪŋ] *adj* zwycięski, wygrywający; ujmujący; *s* wygrana

win·now ['wɪnəʊ] vt wiać (*ziarno, zboże*); przesiewać; przebierać

win·ter ['wɪntə] s zima; vi zimować

win·try ['wɪntrɪ] adj zimowy; *przen.* chłodny, nieprzyjazny

wipe [waɪp] vt (*także ~ off*) ścierać, wycierać

wire ['waɪə] s drut; *am. pot.* depesza; *to pull the ~s* wpłynąć na bieg sprawy, poruszyć wszystkie sprężyny; vt *am.* depeszować; *~ tapping* podsłuch telefoniczny

wir·y ['waɪərɪ] adj druciany; muskularny, żylasty

wis·dom ['wɪzdəm] s mądrość

wise 1. [waɪz] adj mądry; *lit. poet.* **~ man** czarodziej; **~ woman** czarownica; **~ guy** mądrala, mędrek; *to be ~* dowiedzieć się (*to sth* o czymś); zmądrzeć; mądrze postąpić

wise 2. [waɪz] s sposób

wise·crack ['waɪzkræk] s dowcip; dowcipna uwaga

wish [wɪʃ] vt vi życzyć (*sobie*), pragnąć, czekać z utęsknieniem (*for sth* na coś); s życzenie; ochota

wish·ful ['wɪʃfl] adj pragnący; **~ thinking** pobożne życzenia; myślenie życzeniowe

wisp [wɪsp] s wiązka, kosmyk

wist·ful ['wɪstfl] adj zadumany; tęskny

wit [wɪt] s rozum; dowcip; dowcipniś; człowiek inteligentny; *pl ~s* zdrowy rozum, zdolności; *to be at one's ~s' end* nie wiedzieć, co robić; *to have slow ~s* być tępym

witch [wɪtʃ] s czarownica, wiedźma

witch·craft ['wɪtʃkrɑːft] s czary; czarnoksięstwo

with [wɪð] praep (razem) z, przy, u, za pomocą

with·draw** [wɪð'drɔː] vt vi (*formy zob. **draw) cofać (się); odchodzić; odwoływać; odsuwać; zabierać

with·draw·al [wɪð'drɔːəl] s wycofanie (się); odwołanie; zabranie

with·er ['wɪðə] vi usychać, zamierać, zanikać; vt wysuszać, powodować zanik

with·hold** [wɪð'həʊld] vt (*formy zob. **hold) wstrzymać; odmówić; wycofać

with·in [wɪð'ɪn] praep wewnątrz; w obrębie; w zasięgu; w granicach (*czasu, przestrzeni*); adv wewnątrz, w środku; w domu

with·out [wɪð'aʊt] praep bez; na zewnątrz; adv na zewnątrz; na dworze

with·stand** [wɪð'stænd] vi vt (*formy zob. **stand) opierać się, oponować; wytrzymywać

wit·ness ['wɪtnəs] s świadectwo; świadek; zeznanie; *to bear ~* świadczyć (*to sth* o czymś); vt poświadczać; być świadkiem (*sth* czegoś); potwierdzać

wit·ti·cism ['wɪtɪsɪzm] s dowcip, bystra uwaga

wit·ty ['wɪtɪ] adj dowcipny

wives *zob.* **wife**

wiz·ard ['wɪzəd] s czarodziej

wob·ble ['wɒbl] vi chwiać się, kiwać się

woe [wəʊ] s *poet.* nieszczęście, niedola; **~ to ...!** biada ...!

woke, woken *zob.* **wake**

wolf [wʊlf] s (*pl* **wolves** [wʊlvz]) wilk; *to cry ~* podnieść fałszywy alarm

wolf·cub ['wʊlfkʌb] s *zool.* wilczę; (*w harcerstwie*) zuch

wolves *zob.* **wolf**

wom·an ['wʊmən] s (*pl* **women** ['wɪmɪn]) kobieta; **women's liberation movement** = **women's lib** ruch na rzecz wyzwolenia kobiet

wom·an·hood ['wʊmənhʊd] s kobiecość; *zbior.* kobiety

wom·an·ish ['wʊmənɪʃ] adj kobiecy; zniewieściały

wom·an·izer ['wʊmənaɪzə] s *pot.* kobieciarz

W

wom·an·kind ['wumənkaind] s zbior. kobiety, ród kobiecy

wom·an·ly ['wumənli] adj kobiecy

womb [wu:m] s anat. macica; (także przen.) łono

wom·en zob. **woman**

wom·en·folk ['wiminfəuk] s zbior. pot. kobiety

won zob. **win**

won·der [wʌndə] s cud; dziwo; zdziwienie; *no* ~ nic dziwnego; vt dziwić się (*at sth* czemuś); być ciekawym, chcieć wiedzieć; *I* ~ *where he is* ciekaw jestem, gdzie on jest

won·der·ful ['wʌndəfl] adj cudowny; zadziwiający

wont [wəunt] s przyzwyczajenie, zwyczaj; adj praed przyzwyczajony, mający zwyczaj; *to be* ~ mieć zwyczaj; vi mieć zwyczaj

won't [wəunt] = **will not**

wont·ed ['wəuntid] adj zwyczajny, zwykły

woo [wu:] vi zalecać się, umizgiwać się (*sb* do kogoś); przen. ubiegać się (*sth* o coś)

wood [wud] s drzewo, drewno; (także ~**s**) las; vt zalesiać; ~**wind instruments** instrumenty drewniane

wood·cut ['wudkʌt] s drzeworyt

wood·cut·ter ['wud,kʌtə] s drwal; drzeworytnik

wood·en ['wudn] adj drewniany; przen. głupi, tępy

wood en·grav·er ['wudin,greivə] s drzeworytnik

wood·land ['wudlənd] s lesista okolica

wood·man ['wudmən] s (pl **woodmen** ['wudmən]) gajowy; drwal

wood·peck·er ['wud,pekə] s zool. dzięcioł

wood pulp ['wudpʌlp] s miazga drzewna; masa papiernicza

wood·work ['wudwз:k] s wyroby z drewna

wood·y ['wudi] adj lesisty; drzewny

woof [wu:f] = **weft**

wool [wul] s wełna; *to lose one's* ~ rozzłościć się; *much cry and little* ~ dużo hałasu o nic

wool·len ['wulən] adj wełniany

wool·ly ['wuli] adj wełnisty; przen. mętny, mglisty

wool·sack ['wulsæk] s worek z wełną; poduszka z wełny

word [wз:d] s wyraz, słowo; wiadomość; rozkaz; hasło; *a play upon* ~**s** gra słów; *to keep one's* ~ dotrzymywać słowa; *upon my* ~**!** słowo daję!; *by* ~ *of mouth* ustnie; *to have a* ~ *with sb* zamienić z kimś parę słów; vt ująć w słowa, wyrazić; ~ *processor* komp. edytor tekstu

word·ing ['wз:diŋ] s słowne ujęcie, sformułowanie

word·y ['wз:di] adj wielosłowny, rozwlekły

wore zob. **wear**

work [wз:k] s praca; dzieło, utwór; uczynek; ~**station** komp. stacja robocza; *at* ~ czynny; przy pracy; *out of* ~ nieczynny; bezrobotny; *to make short* ~ szybko uporać się (*of sth* z czymś); *to set to* ~ zabrać się do roboty; zaprząc do roboty; pl ~**s** fabryka, warsztat; zakłady (*przemysłowe*); mechanizm; *wojsk.* fortyfikacja; vt vi pracować, odpracowywać; odrabiać; działać; manipulować; wprawiać w ruch; zmuszać do pracy, eksploatować; ~ *off* oderwać się; pozbyć się; ~ *out* wypracować; wyjść, okazać się; rozwiązać (*np. zadanie*); zrealizować; ~ *over* przerobić, obrobić; ~ *up* wypracować; podnosić (się); podniecić

work·a·ble ['wз:kəbl] adj nadający się do obróbki; wykonalny

work·a·hol·ic [,wз:kə'hɒlik] s pot. pracuś, pracoholik

work·day ['wз:kdei] s dzień powszedni

work·er ['wɜːkə] s pracownik, robotnik

work·house ['wɜːkhaʊs] s dom dla ubogich, przytułek

work·ing ['wɜːkɪŋ] adj pracujący; czynny; **the ~ class** klasa pracująca; świat pracy; **in ~ order** w stanie używalności; **~ capital** kapitał obrotowy; **~ costs** koszty eksploatacji; **~ knowledge of English** praktyczna znajomość angielskiego; s działanie; obróbka; eksploatacja

work·man ['wɜːkmən] s (pl **workmen** ['wɜːkmən]) robotnik, pracownik (fizyczny)

work·man·ship ['wɜːkmənʃɪp] s sztuka, umiejętność, zręczność; wykonanie wyrób (fachowy)

work·people ['wɜːk,piːpl] s pl pracownicy, świat pracy

work·shop ['wɜːkʃɒp] s warsztat

work·wom·an ['wɜːk,wʊmən] s (pl **workwomen** ['wɜːk,wɪmɪn]) pracownica (fizyczna)

world [wɜːld] s świat; ziemia, kula ziemska; sfery (naukowe itp.); mnóstwo; **the next ~, the ~ to come** tamten świat; **to go out of this** zejść z tego świata; **a ~ of trouble** cała masa kłopotu; **not for all the ~** za nic w świecie

world·ly ['wɜːldlɪ] adj światowy; świecki; ziemski

worm [wɜːm] s robak; dżdżownica; vt **to ~ one's way** przekradać się; vr **~ oneself** wkręcić się

worm gear ['wɜːm,gɪə] s techn. przekładnia ślimakowa

worm wheel ['wɜːmwiːl] s techn. koło ślimakowe

worm·wood ['wɜːmwʊd] s bot. piołun

worm·y ['wɜːmɪ] adj robaczywy

worn zob. **wear**

wor·ry ['wʌrɪ] vt vi martwić (się), niepokoić (się), dręczyć (się); s zmartwienie, troska, niepokój

worse [wɜːs] adj (comp od **bad, ill**) gorszy; bardziej chory; **to be ~**

czuć się gorzej; adv gorzej; s gorsza rzecz, coś gorszego

wors·en ['wɜːsn] vt vi pogorszyć (się)

wor·ship ['wɜːʃɪp] s kult, oddawanie czci, nabożeństwo; vt czcić, wielbić; vi być na nabożeństwie

worst [wɜːst] adj (sup od **bad, ill**) najgorszy; adv najgorzej; **at the ~** w najgorszym razie; vt pokonać

worth [wɜːθ] adj wart, zasługujący; **it is ~ reading** warto to przeczytać; **it isn't ~ while** nie warto; to niewarte zachodu; s wartość

wor·thy ['wɜːðɪ] adj godny, zasługujący (**of sth** na coś); s człowiek godny, wybitna jednostka

would [wʊd] p i conditional od **will**

would-be ['wʊdbiː] attr rzekomy; niedoszły

wound 1. zob. **wind 2.**

wound 2. [wuːnd] s rana; vt ranić

wove, wov·en zob. **weave**

wrack [ræk] = **wreck**; **to go to ~ and ruin** ulec zagładzie; wykoleić się

wran·gle ['ræŋgl] s kłótnia, spór; vi spierać się

wrap [ræp] vt (także **~ up**) owijać, pakować; s szal, chusta

wrap·per ['ræpə] s opakowanie

wrath [wrɒθ] s lit. gniew

wreath [riːθ] s (pl **~s** [riːðz]) wieniec, girlanda; kłąb (np. dymu)

wreathe [riːð] vt pleść, zwijać; vi kłębić się

wreck [rek] s rozbicie (statku); szczątki, wrak; rozbitek; vt vi rozbić (się), zniszczać

wreck·age ['rekɪdʒ] s rozbicie; szczątki rozbitego okrętu

wrench [rentʃ] s skręt; zwichnięcie; szarpnięcie; techn. klucz (nakrętkowy); vt skręcić; zwichnąć; szarpnąć; **~ out** wyrwać

W

wrest [rest] *vt* wyrwać (**sth from sb** coś komuś)

wres·tle ['resl] *vt* wyrwać, wydzierać; *vi* borykać się, zmagać się (*w zapasach*)

wres·tler ['reslə] *s sport* zapaśnik

wres·tling ['reslɪŋ] *s sport* zapaśnictwo; **all-in ~** wolna amerykanka (*walka zapaśnicza, w której nie ma ograniczeń co do sposobu jej prowadzenia*)

wretch [retʃ] *s* nieszczęśnik; łajdak, nikczemnik

wretch·ed ['retʃɪd] *adj* nieszczęśliwy, godny pożałowania; nędzny; lichy

wrig·gle ['rɪgl] *vt vi* wywijać (się), skręcać (się), wyginać (się)

*****wring** [rɪŋ] *vt* (**wrung, wrung** [rʌŋ]) wyciskać, wyżymać; wymuszać; skręcać; **to ~ one's hands** załamywać ręce

wring·er ['rɪŋə] *s* wyżymaczka

wrin·kle ['rɪŋkl] *s* zmarszczka, fałd; *vt vi* marszczyć (się)

wrist [rɪst] *s* przegub

wrist·band ['rɪstbænd] *s* mankiet

wrist·watch ['rɪstwɒtʃ] *s* zegarek na rękę

*****write** [raɪt] *vt vi* (**wrote** [rəʊt], **written** ['rɪtn]) pisać, wypisywać; **to ~ a good hand** mieć ładny charakter pisma; **~ back** odpisać; **~ down** zapisać; **~ out** napisać w całości, przepisać, wy-

pisać; **~ over** przepisać; **~ up** doprowadzić do dnia bieżącego (*np. pamiętnik*); chwalić, napisać pochwałę

writ·er ['raɪtə] *s* pisarz

writhe [raɪð] *vt vi* wić (się), skręcać (się)

writ·ing ['raɪtɪŋ] *s* pismo; utwór; dokument

writ·ten *zob.* **write**

wrong [rɒŋ] *adj* niesłuszny; niewłaściwy; fałszywy; niesprawiedliwy; nieodpowiedni, nie w porządku, niedobry; **~ side** lewa strona (*materiału*); **to be (in the) ~** nie mieć racji; **to go ~** chybić; popsuć się; **sth is ~** coś nie w porządku; *adv* niesłusznie, źle, nie w porządku; *s* krzywda, niesprawiedliwość; zło; błąd; wina; wykroczenie; **to do sb ~** wyrządzić komuś krzywdę; **to do ~** źle postępować; *vt* krzywdzić, szkodzić, być niesprawiedliwym

wrong·do·er ['rɒŋˌduːə] *s* winowajca, grzesznik

wrong·ful ['rɒŋfl] *adj* niesprawiedliwy, szkodliwy, krzywdzący

wrote *zob.* **write**

wrought [rɔːt] *adj* obrobiony; (*o metalu*) kuty

wrung *zob.* **wring**

wry [raɪ] *adj* krzywy, skręcony; **to make a ~ face** skrzywić się, zrobić kwaśną minę

X

xen·o·pho·bi·a [ˌzenə'fəʊbɪə] *s* ksenofobia

xe·rox ['zɪərɒks] *vt i s* kserować; kserograf

Xmas ['eksməs, 'krɪsməs] *s* = **Christmas** (*skrót w piśmie*)

X-ray ['eksreɪ] *vt* prześwietlać (*promieniami Roentgena*); *adj*

['eksreɪ] rentgenowski; *s pl* **~s** ['eksreɪz] promienie rentgenowskie; **~ examination** prześwietlenie

xy·log·ra·phy [zaɪ'lɒgrəfɪ] *s* drzeworytnictwo

xy·lo·phone ['zaɪləfəʊn] *s* ksylofon

Y

yacht [jɒt] s jacht; vi pływać jachtem

Yan·kee ['jænkɪ], pot. **Yank** ['jæŋk] s Jankes

yard 1. [jɑːd] s jard, mors. reja

yard 2. [jɑːd] s dziedziniec; podwórko; ogródek

yarn [jɑːn] s przędza

yawl [jɔːl] s jolka (łódź żaglowa)

yawn [jɔːn] vi ziewać; zionąć; s ziewanie

yea [jeɪ] = **yes**; s głos za wnioskiem (w głosowaniu)

year [jɪə] s rok; ~ **by** ~ rok za rokiem; ~ **in** ~ **out** jak rok długi, rokrocznie; **to grow in** ~**s** starzeć się

year·book ['jɪəbʊk] s rocznik (np. statystyczny)

year·ly ['jɪəlɪ] adj roczny, coroczny; adj corocznie; raz na rok

yearn [jɜːn] vi tęsknić (**for sb, sth** za kimś, za czymś)

yearn·ing ['jɜːnɪŋ] s tęsknota

yeast [jiːst] s drożdże

yell [jel] vt vi wyć (**with pain** z bólu); wykrzykiwać; s wycie

yel·low ['jeləʊ] adj żółty; przen. tchórzliwy; zazdrosny; s żółta barwa; żółtko; vt barwić na żółto; vi żółknąć; **Yellow Pages** żółte strony (książka teleadresowa w zakresie handlu i instytucji)

yel·low·ish ['jeləʊɪʃ] adj żółtawy

yelp [jelp] vi skomleć; s skomlenie

yeo·man ['jəʊmən] s (pl **yeomen** ['jəʊmən]) bryt. chłop, rolnik; hist. drobny właściciel ziemski; **Yeoman of the Guard** żołnierz królewskiej straży przybocznej

yes [jes] adv tak

yes·ter·day ['jestədɪ] adv wczoraj; s dzień wczorajszy; **the day before** ~ przedwczoraj

yet [jet] adv jeszcze; (w pytaniach)

już; przecież, jednak; **as** ~ jak dotąd, na razie; **not** ~ jeszcze nie

yew [juː] s bot. cis

yield [jiːld] vt wytwarzać, wydawać; dostarczać; dać (wynik, itd.); przyznawać; oddawać; vi ulegać, poddawać się, ustępować; s produkcja; wynik; wydajność; plon

yoke [jəʊk] s jarzmo; przen. władza; vt ujarzmiać; zaprzęgnąć

yo·kel ['jəʊkl] s uj. chłopek, kmiotek; prostak

yolk [jəʊk] s żółtko

yon·der ['jɒndə] adv lit. tam, po tamtej stronie; pron adj tamten

you [juː, jʊ] pron ty, wy, pan, pani, państwo; tłumaczy się bezosobowo, np.: ~ **can never tell** nigdy nie wiadomo

you'd [juːd] = **you had, you would**

you'll [juːl] = **you will**

young [jʌŋ] adj młody, młodzieńczy; niedoświadczony; s zbior. (o zwierzętach) młode, potomstwo; **the** ~**pl** młodzież

young·ster ['jʌŋstə] s chłopak, młodzik

your [jɔː, jʊə] adj twój, wasz, pański itd.

you're [jɔː, jʊə] = **you are**

yours [jɔːz, jʊəz] pron twój, wasz, pański itd.; ~ **truly** szczerze oddany (w zakończeniu listu)

your·self [jɔː'self] pron ty sam, pan sam itd.; siebie, sobie, się; pl **yourselves** [jɔː'selvz] wy sami, państwo sami itd.; siebie, sobie, się

youth [juːθ] s młodość; **the** ~ młodzież; młody człowiek; (pl ~**s** [juːðz]) młodzi; ~ **hostel** schronisko młodzieżowe

youth·ful ['juːθfl] adj młodzieńczy

you've [juːv] = **you have**

Y

yup·pie, yup·py ['jʌpɪ] s =
young urban professional
yuppie (*młody, ciężko pracujący*

człowiek, który dużo zarabia i
prowadzi ostentacyjnie wystawny
tryb życia)

Z

zeal [ziːl] s gorliwość
zeal·ot ['zelət] s gorliwiec
zeal·ous ['zeləs] adj gorliwy
ze·bra ['zebrə] s zool. zebra; ~
crossing przejście dla pieszych
ze·nith ['zenɪθ] s zenit
zeph·yr ['zefə] s zefir
ze·ro ['zɪərəʊ] s zero; fiz. **abso·lute** ~ zero bezwzględne; wojsk.
~ **hour** godzina rozpoczęcia
działania
zest [zest] s przyprawa, aromat;
pikanteria; chęć, zapał
zig·zag ['zɪgzæg] s zygzak
zinc [zɪŋk] s chem. cynk
zip [zɪp] s suwak, zamek błyska·wiczny; świszczący dźwięk (*np.
pocisku*); ~ **code** am. kod pocz·towy
zip fas·ten·er ['zɪp,fɑːsnə],
zip·per ['zɪpə], **zip** [zɪp] s zamek

błyskawiczny
zith·er ['zɪðə] s muz. cytra
zlo·ty ['zlɒtɪ] s (pl ~s) złoty
(*waluta polska*)
zo·di·ac ['zəʊdɪæk] s astr. zodiak;
the signs of the ~ znaki zodia·ku
zom·bie ['zɒmbɪ] s zombie, żywy
trup (*wg wierzeń niektórych
szczepów karaibskich i afrykań·skich*); ktoś powolny w ruchach,
w mowie
zone [zəʊn] s pas, strefa
zoo [zuː] s ogród zoologiczny
zo·o·log·i·cal [,zəʊə'lɒdʒɪkl] adj
zoologiczny; ~ **garden** ogród
zoologiczny
zo·ol·o·gy [zəʊ'ɒlədʒɪ] s zoologia
zoom [zuːm] vi przemknąć z hu·kiem; wzrosnąć; ~ **lens** s teleo·biektyw

LIST OF IRREGULAR VERBS
CZASOWNIKI NIEREGULARNE*

* Czasowników modalnych (modal verbs) o jednej tylko formie, jak np. *ought*, lub dwóch formach, jak np. *can*, *could*, należy szukać w odpowiednich miejscach słownika.

Bezokolicznik Infinitive	Czas przeszły Simple Past Tense	Imiesłów czasu przeszłego Past Participle
abide [ə'baɪd]	abode [ə'bəʊd]	abode [ə'bəʊd]
arise [ə'raɪz]	arose [ə'rəʊz]	arisen [ə'rɪzn]
awake [ə'weɪk]	awoke [ə'wəʊk]	awoken [ə'wəʊkən]
be [biː]	was [wɒz, wəz] *pl* were [wɜː, wə]	been [biːn]
bear [beə]	bore [bɔː]	borne [bɔːn] born [bɔːn]
beat [biːt]	beat [biːt]	beaten ['biːtn]
become [bɪ'kʌm]	became [bɪ'keɪm]	become [bɪ'kʌm]
befall [bɪ'fɔːl]	*formy zob.* fall	
beget [bɪ'get]	begot [bɪ'gɒt]	begotten [bɪ'gɒtn]
begin [bɪ'gɪn]	began [bɪ'gæn]	begun [bɪ'gʌn]
behold [bɪ'həʊld]	beheld [bɪ'held]	beheld
bend [bend]	bent [bent]	bent [bent]
beseech [bɪ'siːtʃ]	besought [bɪ'sɔːt] beseeched [bɪ'siːtʃt]	besought [bɪ'sɔːt] beseeched [bɪ'siːtʃt]
beset [bɪ'set]	beset [bɪ'set]	beset [bɪ'set]
bet [bet]	bet [bet]	bet [bet]
bid [bɪd]	bade [bæd, beɪd] bid [bɪd]	bidden ['bɪdn] bid [bɪd]
bind [baɪnd]	bound [baʊnd]	bound [baʊnd]
bite [baɪt]	bit [bɪt]	bitten ['bɪtn]
bleed [bliːd]	bled [bled]	bled [bled]
blow [bləʊ]	blew [bluː]	blown [bləʊn]
break [breɪk]	broke [brəʊk]	broken ['brəʊkən]
breed [briːd]	bred [bred]	bred [bred]
bring [brɪŋ]	brought [brɔːt]	brought [brɔːt]
broadcast ['brɔːdkɑːst]	broadcast ['brɔːdkɑːst] broadcasted	broadcast ['brɔːdkɑːst] broadcasted
build [bɪld]	built [bɪlt]	built [bɪlt]
burn [bɜːn]	burnt [bɜːnt] burned [bɜːnd]	burnt [bɜːnt] burned [bɜːnd]
bust [bʌst]	bust [bʌst] busted	bust [bʌst] busted
burst [bɜːst]	burst [bɜːst]	burst [bɜːst]
buy [baɪ]	bought [bɔːt]	bought [bɔːt]
cast [kɑːst]	cast [kɑːst]	cast [kɑːst]
catch [kætʃ]	caught [kɔːt]	caught [kɔːt]

chide [tʃaɪd]	chided	chided
	chid [tʃɪd]	chidden ['tʃɪdn]
choose [tʃu:z]	chose [tʃəuz]	chosen ['tʃəuzn]
cleave [kli:v]	cleft [kleft]	cleft [kleft]
	clove [kləuv]	cloven ['kləuvn]
cling [klɪŋ]	clung [klʌŋ]	clung [klʌŋ]
come [kʌm]	came [keɪm]	come [kʌm]
cost [kɒst]	cost [kɒst]	cost [kɒst]
creep [kri:p]	crept [krept]	crept [krept]
cut [kʌt]	cut [kʌt]	cut [kʌt]
deal [di:l]	dealt [delt]	dealt [delt]
dig [dɪg]	dug [dʌg]	dug [dʌg]
do [du:]	did [dɪd]	done [dʌn]
draw [drɔ:]	drew [dru:]	drawn [drɔ:n]
dream [dri:m]	dreamt [dremt]	dreamt [dremt]
	dreamed [dri:md]	dreamed [dri:md]
drink [drɪŋk]	drank [dræŋk]	drunk [drʌŋk]
drive [draɪv]	drove [drəuv]	driven ['drɪvn]
dwell [dwel]	dwelt [dwelt]	dwelt [dwelt]
	dwelled [dweld]	dwelled [dweld]
eat [i:t]	ate [et, *am.* eɪt]	eaten ['i:tn]
fall [fɔ:l]	fell [fel]	fallen ['fɔ:lən]
feed [fi:d]	fed [fed]	fed [fed]
feel [fi:l]	felt [felt]	felt [felt]
fight [faɪt]	fought [fɔ:t]	fought [fɔ:t]
find [faɪnd]	found [faund]	found [faund]
flee [fli:]	fled [fled]	fled [fled]
fling [flɪŋ]	flung [flʌŋ]	flung [flʌŋ]
fly [flaɪ]	flew [flu:]	flown [fləun]
forbear [fɔ:'beə]	*formy zob.* bear 2.	
forbid [fə'bɪd]	forbade [fə'beɪd]	forbidden [fə'bɪdn]
forecast ['fɔ:kɑ:st]	forecast ['fɔ:kɑ:st]	forecast ['fɔ:kɑ:st]
	forecasted	forecasted
foresee [fɔ:'si:]	foresaw [fɔ:'sɔ:]	foreseen [fɔ:'si:n]
foretell [fɔ:'tel]	foretold [fɔ:'təuld]	foretold [fɔ:'təuld]
forget [fə'get]	forgot [fə'gɒt]	forgotten [fə'gɒtn]
forgive [fə'gɪv]	forgave [fə'geɪv]	forgiven [fə'gɪvn]
forgo [fə'gəu]	*formy zob.* go	
forsake [fə'seɪk]	forsook [fə'suk]	forsaken [fə'seɪkən]
freeze [fri:z]	froze [frəuz]	frozen ['frəuzn]
gainsay [,geɪn'seɪ]	*formy zob.* say	
get [get]	got [gɒt]	got [gɒt]
		am. gotten ['gɒtn]
gird [gɜ:d]	girded ['gɜ:dɪd]	girded ['gɜ:dɪd]
	girt [gɜ:t]	girt [gɜ:t]
give [gɪv]	gave [geɪv]	given ['gɪvn]
go [gəu]	went [went]	gone [gɒn]
grind [graɪnd]	ground [graund]	ground [graund]
grow [grəu]	grew [gru:]	grown [grəun]
hang [hæŋ]	hung [hʌŋ]	hung [hʌŋ]

	hanged [hæŋd]	hanged [hæŋd]
have [hæv]	had [hæd]	had [hæd]
hear [hɪə]	heard [hɜːd]	heard [hɜːd]
hide [haɪd]	hid [hɪd]	hidden ['hɪdn]
heave [hiːv]	hove [həʊv]	hove [həʊv]
	heaved	heaved
hew [hjuː]	hewed [hjuːd]	hewn [hjuːn]
		hewed
hit [hɪt]	hit [hɪt]	hit [hɪt]
hold [həʊld]	held [held]	held [held]
hurt [hɜːt]	hurt [hɜːt]	hurt [hɜːt]
interweave [ˌɪntə'wiːv]	*formy zob.* weave	
keep [kiːp]	kept [kept]	kept [kept]
kneel [niːl]	knelt [nelt]	knelt [nelt]
knit [nɪt]	knit [nɪt]	knit [nɪt]
	knitted ['nɪtɪd]	knitted ['nɪtɪd]
know [nəʊ]	knew [njuː]	known [nəʊn]
lay [leɪ]	laid [leɪd]	laid [leɪd]
lead [liːd]	led [led]	led [led]
lean [liːn]	leant [lent]	leant [lent]
	leaned [liːnd]	leaned [liːnd]
leap [liːp]	leapt [lept]	leapt [lept]
	leaped [liːpt, lept]	leaped [liːpt, lept]
learn [lɜːn]	learnt [lɜːnt]	learnt [lɜːnt]
	learned [lɜːnd]	learned [lɜːnd]
leave [liːv]	left [left]	left [left]
lend [lend]	lent [lent]	lent [lent]
let [let]	let [let]	let [let]
lie [laɪ]	lay [leɪ]	lain [leɪn]
light [laɪt]	lit [lɪt]	lit [lɪt]
	lighted ['laɪtɪd]	lighted ['laɪtɪd]
lose [luːz]	lost [lɒst]	lost [lɒst]
make [meɪk]	made [meɪd]	made [meɪd]
mean [miːn]	meant [ment]	meant [ment]
meet [miːt]	met [met]	met [met]
mislay [mɪs'leɪ]	*formy zob.* lay 1.	
mislead [mɪs'liːd]	misled [mɪs'led]	misled [mɪs'led]
misspell [ˌmɪs'spel]	*formy zob.* spell 3.	
mistake [mɪ'steɪk]	mistook [mɪ'stʊk]	mistaken [mɪ'steɪkən]
misunderstand [ˌmɪsʌndə'stænd]	misunderstood [ˌmɪsʌndə'stʊd]	misunderstood [ˌmɪsʌndə'stʊd]
mow [məʊ]	mowed [məʊd]	mown [məʊn], *am.*
		mowed [məʊd]
outbid [ˌaʊt'bɪd]	outbid	outbid
		outbidden [ˌaʊt'bɪdn]
outdo [ˌaʊt'duː]	outdid [ˌaʊt'dɪd]	outdone [ˌaʊt'dʌn]
outgo [ˌaʊt'gəʊ]	*formy zob.* go	
outgrow [ˌaʊt'grəʊ]	*formy zob.* grow	
outride [ˌaʊt'raɪd]	*formy zob.* ride	

outrun [ˌaʊt'rʌn]	*formy zob.* run	
overbear [ˌəʊvə'beə]	*formy zob.* bear	
overcast [ˌəʊvə'kɑːst]	*formy zob.* cast	
overcome [ˌəʊvə'kʌm]	overcame [ˌəʊvə'keɪm]	overcome [ˌəʊvə'kʌm]
overdo [ˌəʊvə'duː]	overdid [ˌəʊvə'dɪd]	overdone [ˌəʊvə'dʌn]
overdraw [ˌəʊvə'drɔː]	*formy zob.* draw	
overeat [ˌəʊvər'iːt]	*formy zob.* eat	
overgrow [ˌəʊvə'grəʊ]	*formy zob.* grow	
overhang [ˌəʊvə'hæŋ]	*formy zob.* hang	
overhear [ˌəʊvə'hɪə]	overheard [ˌəʊvə'hɜːd]	overheard [ˌəʊvə'hɜːd]
overpay [ˌəʊvə'peɪ]	*formy zob.* pay	
override [ˌəʊvə'raɪd]	*formy zob.* ride	
overrun [ˌəʊvə'rʌn]	*formy zob.* run	
oversleep [ˌəʊvə'sliːp]	*formy zob.* sleep	
overspread [ˌəʊvə'spred]	*formy zob.* spread	
overtake [ˌəʊvə'teɪk]	*formy zob.* take	
overthrow [ˌəʊvə'θrəʊ]	*formy zob.* throw	
pratake [pɑː'teɪk]	partook [pɑː'tʊk]	partaken [pɑː'təɪkən]
pay [peɪ]	paid [peɪd]	paid [peɪd]
put [pʊt]	put [pʊt]	put [pʊt]
read [riːd]	read [red]	read [red]
rid [rɪd]	rid [rɪd]	rid [rɪd]
	ridded ['rɪdɪd]	ridded ['rɪdɪd]
ride [raɪd]	rode [rəʊd]	ridden ['rɪdn]
ring [rɪŋ]	rang [ræŋ]	rung [rʌŋ]
rise [raɪz]	rose [rəʊz]	risen ['rɪzn]
rough-hew [ˌrʌf'hjuː]	*formy zob.* hew	
run [rʌn]	ran [ræn]	run [rʌn]
saw [sɔː]	sawed [sɔːd]	sawn [sɔːn]
		am. sawed [sɔːd]
say [seɪ]	said [sed]	said [sed]
see [siː]	saw [sɔː]	seen [siːn]
seek [siːk]	sought [sɔːt]	sought [sɔːt]
sell [sel]	sold [səʊld]	sold [səʊld]
send [send]	sent [sent]	sent [sent]
set [set]	set [set]	set [set]
sew [səʊ]	sewed [səʊd]	sewn [səʊn]
		am. sewed [səʊd]
shake [ʃeɪk]	shook [ʃʊk]	shaken ['ʃeɪkən]
shear [ʃɪə]	sheared [ʃɪəd]	shorn [ʃɔːn]
shed [ʃed]	shed [ʃed]	shed [ʃed]
shine [ʃaɪn]	shone [ʃɒn]	shone [ʃɒn]
shoe [ʃuː]	shod [ʃɒd]	shod [ʃɒd]
shoot [ʃuːt]	shot [ʃɒt]	shot [ʃɒt]
show [ʃəʊ]	showed [ʃəʊd]	shown [ʃəʊn]
		showed [ʃəʊd]

shrink [ʃrɪŋk]	shrank [ʃræŋk]	shrunk [ʃrʌŋk]
shut [ʃʌt]	shut [ʃʌt]	shut [ʃʌt]
sing [sɪŋ]	sang [sæŋ]	sung [sʌŋ]
sink [sɪŋk]	sank [sæŋk]	sunk [sʌŋk]
sit [sɪt]	sat [sæt]	sat [sæt]
slay [sleɪ]	slew [sluː]	slain [sleɪn]
sleep [sliːp]	slept [slept]	slept [slept]
slide [slaɪd]	slid [slɪd]	slid [slɪd]
sling [slɪŋ]	slung [slʌŋ]	slung [slʌŋ]
slink [slɪŋk]	slunk [slʌŋk]	slunk [slʌŋk]
slit [slɪt]	slit [slɪt]	slit [slɪt]
smell [smel]	smelt [smelt]	smelt [smelt]
	smelled [smeld]	smelled [smeld]
smite [smaɪt]	smote [sməʊt]	smitten ['smɪtn]
sow [səʊ]	sowed [səʊd]	sown [səʊn]
		sowed [səʊd]
speak [spiːk]	spoke [spəʊk]	spoken ['spəʊkən]
speed [spiːd]	sped [sped]	sped [sped]
	speeded ['spiːdɪd]	speeded ['spiːdɪd]
spell [spel]	spelt [spelt]	spelt [spelt]
	spelled [speld]	spelled [speld]
spend [spend]	spent [spent]	spent [spend]
spill [spɪl]	spilt [spɪlt]	spilt [spɪlt]
	am. spilled [spɪld]	am. spilled [spɪld]
spin [spɪn]	span [spæn]	spun [spʌn]
	spun [spʌn]	
spit [spɪt]	spat [spæt]	spat [spæt]
	spit [spɪt]	spit [spɪt]
split [splɪt]	split [splɪt]	split [splɪt]
spoil [spɔɪl]	spoilt [spɔɪlt]	spoilt [spɔɪlt]
	spoiled [spɔɪld]	spoiled [spɔɪld]
spread [spred]	spread [spred]	spread [spred]
spring [sprɪŋ]	sprang [spræŋ]	sprung [sprʌŋ]
	am. sprung [sprʌŋ]	
stand [stænd]	stood [stʊd]	stood [stʊd]
stave [steɪv]	staved	staved
	stove [stəʊv]	stove [stəʊv]
stick [stɪk]	stuck [stʌk]	stuck [stʌk]
sting [stɪŋ]	stung [stʌŋ]	stung [stʌŋ]
stink [stɪŋk]	stank [stæŋk]	stunk [stʌŋk]
	am. stunk [stʌŋk]	
strew [struː]	strewed [struːd]	strewn [struːn]
		strewed [struːd]
stride [straɪd]	strode [strəʊd]	stridden ['strɪdn]
strike [straɪk]	struck [strʌk]	struck [strʌk]
string [strɪŋ]	strung [strʌŋ]	strung [strʌŋ]
strive [straɪv]	strove [strəʊv]	striven ['strɪvn]
swear [sweə]	swore [swɔː]	sworn [swɔːn]
sweep [swiːp]	swept [swept]	swept [swept]
swell [swel]	swelled [sweld]	swollen ['swəʊlən]

swim [swɪm]	swam [swæm]	swum [swʌm]
swing [swɪŋ]	swung [swʌŋ]	swung [swʌŋ]
take [teɪk]	took [tʊk]	taken ['teɪkən]
teach [tiːtʃ]	taught [tɔːt]	taught [tɔːt]
tear [teə]	tore [tɔː]	torn [tɔːn]
tell [tel]	told [təʊld]	told [təʊld]
think [θɪŋk]	thought [θɔːt]	thought [θɔːt]
thrive [θraɪv]	throve [θrəʊv]	thriven ['θrɪvn]
	thrived [θraɪvd]	thrived [θraɪvd]
throw [θrəʊ]	threw [θruː]	thrown [θrəʊn]
thrust [θrʌst]	thrust [θrʌst]	thrust [θrʌst]
tread [tred]	trod [trɒd]	trodden ['trɒdn]
	am. treaded	trod [trɒd]
unbend [ˌʌn'bend]	*formy zob.* bend	
unbind [ˌʌn'baɪnd]	*formy zob.* bind	
undergo [ˌʌndə'gəʊ]	*formy zob.* go	
underlay [ˌʌndə'leɪ]	*formy zob.* lay 1.	
underlie [ˌʌndə'laɪ]	*formy zob.* lie 1.	
underpay [ˌʌndə'peɪ]	*formy zob.* pay	
undersell [ˌʌndə'sel]	*formy zob.* sell	
understand [ˌʌndə'stænd]	understood [ˌʌndə'stʊd]	understood [ˌʌndə'stʊd]
undertake [ˌʌndə'teɪk]	undertook [ˌʌndə'tʊk]	undertaken [ˌʌndə'teɪkən]
underwrite [ˌʌndə'raɪt]	*formy zob.* write	
undo [ʌn'duː]	*formy zob.* do	
unlearn [ˌʌn'lɜːn]	*formy zob.* learn	
unstick [ˌʌn'stɪk]	*formy zob.* stick	
uphold [ʌp'həʊld]	*formy zob.* hold	
uprise [ʌp'raɪz]	*formy zob.* rise	
upset [ˌʌp'set]	upset [ˌʌp'set]	upset [ˌʌp'set]
wake [weɪk]	woke [wəʊk]	woken ['wəʊkən]
	waked [weɪkt]	waked [weɪkt]
wear [weə]	wore [wɔː]	worn [wɔːn]
weave [wiːv]	wove [wəʊv]	woven ['wəʊvn]
weep [wiːp]	wept [wept]	wept [wept]
win [wɪn]	won [wʌn]	won [wʌn]
wind [waɪnd]	wound [waʊnd]	wound [waʊnd]
withdraw [wɪð'drɔː]	withdrew [wɪð'druː]	withdrawn [wɪð'drɔːn]
withhold [wɪð'həʊld]	withheld [wɪð'held]	withheld [wɪð'held]
withstand [wɪð'stænd]	withstood [wɪð'stʊd]	withstood [wɪð'stʊd]
wring [rɪŋ]	wrung [rʌŋ]	wrung [rʌŋ]
write [raɪt]	wrote [rəʊt]	written ['rɪtn]

GEOGRAPHICAL NAMES

NAZWY GEOGRAFICZNE*

* Uwaga: skróty *Ils* i *Mts* odpowiadają wyrazom *Islands* i *Mountains*.

Afghanistan [æf'gænɪstæn] Afganistan
Africa ['æfrɪkə] Afryka
Albania [æl'beɪnɪə] Albania
Algeria [æl'dʒɪərɪə] Algieria (*kraj*)
Alps [ælps] Alpy
America [ə'merɪkə] Ameryka
Andes ['ændɪːz] Andy
Antarctic [ænt'ɑːktɪk], Antarktyda
Apennines ['æpənaɪnz] Apeniny
Arctic ['ɑːktɪk] Arktyka
Argentina [,ɑːdʒən'tiːnə] Argentyna
Asia ['eɪʃə] Azja
Athens ['æθnz] Ateny
Australia [ɒ'streɪlɪə] Australia
Austria ['ɒstrɪə] Austria
Baltic ['bɔːltɪk] Bałtyk
Baltic Sea [,bɔːltɪk'siː] Morze Bałtyckie
Beijing [,beɪ'dʒɪŋ] Pekin
Belgium ['beldʒəm] Belgia
Berlin [bɜː'lɪn] Berlin
Bosnia ['bɒznɪə] Bośnia
Brazil [brə'zɪl] Brazylia (*państwo*)
Britain = Great Britain
Brussels ['brʌslz] Bruksela
Bucharest [,buːkə'rest] Bukareszt
Budapest [,bjuːdə'pest] Budapeszt
Bulgaria [bʌl'geərɪə] Bułgaria
Byelorussia [bɪ,elɒʊ'rʌʃə] Białoruś
Cambodia [kæm'bəʊdɪə] Kambodża
Cambridge ['keɪmbrɪdʒ] Cambridge
Canada ['kænədə] Kanada
Canberra ['kænbərə] Canberra
Carpathians [kɑː'peɪθɪənz] Karpaty
Chicago [ʃɪ'kɑːgəʊ] Chicago

Chile ['tʃɪlɪ] Chile
China ['tʃaɪnə] Chiny
Colorado [,kɒlə'rɑːdəʊ] Kolorado
Copenhagen [,kəʊpən'heɪgən] Kopenhaga
Cracow ['krækaʊ] Kraków
Croatia [krəʊ'eɪʃə] Chorwacja
Cyprus ['saɪprəs] Cypr
Czech Republic [,tʃek rɪ'pʌblɪk] Republika Czeska
Danube ['dænjuːb] Dunaj
Delhi ['delɪ] Delhi
Denmark ['denmɑːk] Dania
Dublin ['dʌblɪn] Dublin
Edinburgh ['edɪnbrə] Edynburg
Egypt ['iːdʒɪpt] Egipt
England ['ɪŋglənd] Anglia
Estonia [e'stəʊnɪə] Estonia
Europe ['jʊərəp] Europa
Finland ['fɪnlənd] Finlandia
France [frɑːns] Francja
Geneva [dʒə'niːvə] Genewa
Germany ['dʒɜːmənɪ] Niemcy
Great Britain [,greɪt'brɪtn] Wielka Brytania
Greece [griːs] Grecja
Greenwich ['grenɪtʃ] Greenwich
Hague, the [heɪg] Haga
Hebrides ['hebrədɪːz] Hebrydy
Helsinki [hel'sɪŋkɪ] Helsinki
Holland ['hɒlənd] Holandia
Houston ['hjuːstən] Houston
Hungary ['hʌŋgərɪ] Węgry
Iceland ['aɪslənd] Islandia
India ['ɪndɪə] Indie (*państwo*); Półwysep Indyjski
Indonesia [,ɪndəʊ'niːzɪə] Indonezja
Iran [ɪ'rɑːn] Iran
Iraq [ɪ'rɑːk] Irak
Ireland ['aɪələnd] Irlandia
Israel ['ɪzreɪl] Izrael
Italy ['ɪtəlɪ] Włochy
Japan [dʒə'pæn] Japonia
Kiev ['kiːef] Kijów

Laos ['laus] Laos
Latvia ['lætvɪə] Łotwa
Lebanon ['lebənən] Liban
Leicester ['lestə] Leicester
Libya ['lɪbɪə] Libia
Lisbon ['lɪzbən] Lizbona
Lithuania [ˌlɪθjuː'eɪnɪə] Litwa
London ['lʌndən] Londyn
Los Angeles [lɒs'ændʒəliːz] Los Angeles
Luxembourg ['lʌksəmbɜːg] Luksemburg
Macedonia [ˌmæsɪ'dəunɪə] Macedonia
Malaysia [mə'leɪzɪə] Malezja
Mediterranean Sea [ˌmedɪtəreɪnɪən'siː] Morze Śródziemne
Melbourne ['melbən] Melbourne
Mexico ['meksɪkəu] Meksyk
Mississippi [ˌmɪsɪ'sɪpɪ] Missisipi
Moldavia [mɒl'deɪvɪə] Mołdawia
Montreal [ˌmɒntrɪ'ɔːl] Montreal
Morocco [mə'rɒkəu] Maroko
Moscow ['mɒskəu] Moskwa
Netherlands, the ['neðələndz] Niderlandy, Holandia
New Zealand [ˌnjuː'ziːlənd] Nowa Zelandia
Nigeria [naɪ'dʒɪərɪə] Nigeria
North Sea [ˌnɔː'θ'siː] Morze Północne
Norway ['nɔːweɪ] Norwegia
Oxford ['ɒksfəd] Oksford, Oxford
Pakistan [ˌpɑːkɪ'stɑːn] Pakistan
Paris ['pærɪs] Paryż
Peking [ˌpiː'kɪŋ] Pekin
Persian Gulf [ˌpɜː'ʃn'gʌlf] Zatoka Perska
Peru [pə'ruː] Peru
Philippines ['fɪlɪpiːnz] Filipiny
Plymouth ['plɪməθ] Plymouth
Poland ['pəulənd] Polska
Portugal ['pɔːtʃugl] Portugalia
Prague [prɑːg] Praga
Quebec [kwɪ'bek] Quebec
Rockies ['rɒkɪz], **Rocky Mts** [ˌrɒkɪ'mauntɪnz] Góry Skaliste
Romania [ruː'meɪnɪə] Rumunia
Rome [rəum] Rzym
Rumania [ruː'meɪnɪə] Rumunia

Russia ['rʌʃə] Rosja
Saudi Arabia [ˌsaudɪə'reɪbɪə] Arabia Saudyjska
Scandinavia [ˌskændɪ'neɪvɪə] Skandynawia
Scotland ['skɒtlənd] Szkocja
Serbia ['sɜːbɪə] Serbia
Seoul [səul] Seul
Sicily ['sɪsəlɪ] Sycylia
Singapore [ˌsɪŋə'pɔː] Singapur
Slovakia [sləu'vækɪə] Słowacja
Slovenia [sləu'viːnɪə] Słowenia
Spain [speɪn] Hiszpania
Stockholm ['stɒkhəum] Sztokholm
Sweden ['swiːdn] Szwecja
Switzerland ['swɪtsələnd] Szwajcaria
Sydney ['sɪdnɪ] Sydney
Syria ['sɪrɪə] Syria
Taiwan [ˌtaɪ'wɑːn] Tajwan
Thailand ['taɪlænd] Tajlandia
Thames [temz] Tamiza
Tibet [tɪ'bet] Tybet
Tokyo ['təukɪəu] Tokio
Tunisia [tjuː'nɪzɪə] Tunezja (*kraj*)
Turkey ['tɜːkɪ] Turcja
Ukraine [juː'kreɪn] Ukraina
United Kingdom of Great Britain and Northern Ireland [juːˌnaɪtɪd,kɪŋdəməv,greɪt'brɪtnənd,nɔːðn'aɪələnd] Zjednoczone Królestwo Wielkiej Brytanii i Północnej Irlandii
United States of America [juːˌnaɪtɪd,steɪtsəvə'merɪkə] Stany Zjednoczone Ameryki Północnej
Venezuela [ˌvenə'zweɪlə] Wenezuela
Vilnius ['vɪlnɪəs] Wilno
Vienna [vɪ'enə] Wiedeń
Vistula ['vɪstjulə] Wisła
Volga ['vɒlgə] Wołga
Wales [weɪlz] Walia
Warsaw ['wɔːsɔː] Warszawa
Washington ['wɒʃɪŋtən] Waszyngton
Yugoslavia [ˌjuːgəu'slɑːvɪə] Jugosławia

LIST OF COMMON ABBREVIATIONS
SPIS NAJCZĘŚCIEJ UŻYWANYCH SKRÓTÓW

a/c; A/c, A/C *account/current bank.* rachunek bieżący; *alternating current elektr.* prąd zmienny; *for account* na rachunek

AC *ante Christum łac. before Christ* przed narodzeniem Chrystusa, p.n.e.

aft. *afternoon* popołudnie

AIDS *Acquired Immune Deficiency Syndrome* – AIDS

alc. *alcohol* alkohol

am *ante meridiem łac. before noon* przed południem

Am. *America* Ameryka; *American* amerykański

arr. *arrives* przyjeżdża (*w rozkładzie jazdy pociągów itp.*)

ASCII *American Standard Code for Information Interchange komp.* kod ASCII

Asst *assistant* asystent

attn *attention* do rąk

Av., Ave *Avenue* aleja, ulica

b. *born* urodzony

BA *Bachelor of Arts* bakałarz nauk humanistycznych; *British Airways* Brytyjskie Linie Lotnicze

b&b *bed and breakfast* pokój ze śniadaniem

BC *before Christ* przed Chrystusem; p.n.e.; *British Council* Brytyjska Rada Wymiany Kulturalnej

bldg, Bldg *building* budynek

BLitt *Bachelor of Letters* bakałarz literatury

blvd, Blvd *boulevard* bulwar

BR *British Rail* Brytyjskie Koleje Państwowe

Brit. *Britain* Wielka Brytania; *British* brytyjski

Bros *Brothers* bracia (*w nazwach firm*)

BSc *Bachelor of Science* bakałarz nauk matematyczno-przyrodniczych

c, c. *cent; central; circa* cent; centralny; około

CAD *computer-aided design* projektowanie wspomagane komputerowo

CD *compact disc* płyta kompaktowa; *Corps Diplomatique fr.* korpus dyplomatyczny

cf *confer (compare)* zobacz, porównaj

c.h., C.H. *central heating* centralne ogrzewanie

ch., chap. *chapter* rozdział

CIA *Central Intelligence Agency* Centralna Agencja Wywiadowcza (*w USA*)

CIS *Commonwealth of Independent States* Wspólnota Państw Niepodległych

cm *centimetre* centymetr

Co. *Company* kompania; towarzystwo, spółka

c/o *care of* z listami do ... (*w adresie*)

Co-op. *Co-operative Society* spółdzielnia, towarzystwo spółdzielcze

CV *curriculum vitae* życiorys (*zawodowy*)

cwt *hundredweight* cetnar (*waga*)

d. *died; date; daughter; degree* zmarł; data; córka; stopień

d/c, D/C *direct current elektr.* prąd stały

D.C. *District of Columbia* Dystrykt Kolumbii (*okręg stołeczny Waszyngtonu, stolicy St. Zjedn.*)

dep. *departs* odjeżdża (*w rozkładzie jazdy pociągów itp.*)

dept. *department* wydział, dział, oddział; *uniw.* katedra

doz. *dozen* tuzin

DPhil *Doctor of Philosophy* doktor filozofii

Dr *Doctor* doktor

E *East; England; English* wschód, wschodni okręg pocztowy w Londynie; Anglia; angielski

eg, e.g. *exempli gratia łac. for example* na przykład

enc(l). *enclosed; enclosure* w załączeniu; załącznik

Eng., Engl. *England* Anglia; *English* angielski

Esq. *Esquire* Wielmożny Pan (*tytuł w adresie, po nazwisku*)

etc, etc. et cetera *łac. and so on* i tak dalej

EU *European Union* Unia Europejska

exc. *except* z wyjątkiem

ext. *extension* (*telephone*) telefon wewnętrzny

F *Fahrenheit* w skali Fahrenheita

FBI *Federal Bureau of Investigation* am. Federalne Biuro śledcze (*kontrwywiad USA*)

Fr *Father* ksiądz

Fr. *French* francuski

furn. *furnished* umeblowany

g = *gram*(*me*) gram

gal, gall *gallon* galon

GB *Great Britain* Wielka Brytania

gent(s) *gentlemen* panowie, dla panów

GMT *Greenwich Mean Time* średni czas zachodnioeuropejski (Greenwich)

Gov., Govt. *Government* rząd

GP *general practitioner* lekarz ogólny

GPO *General Post Office* bryt. Główny Urząd Pocztowy

h. *hour*(*s*) godzina, godziny

hf *half* połowa

Hi-Fi, hi-fi *high fidelity* wysoka wierność (*odtwarzania*)

H.M.S. *His <Her> Majesty's Ship* okręt Jego <Jej> Królewskiej Mości

hosp. *hospital* szpital; szpitalny

HP, h.p. *horse power* techn. koń mechaniczny

HQ *Headquarters* Kwatera Główna

HRH *His <Her> Royal Highness* Jego <Jej> Królewska Wysokość

ID *identification* (*document*) dokument tożsamości;

i.e. *id est łac. that is* to jest

in. *inch* cal

Inc. *incorporated* zarejestrowany; *am.* (~ *company*) spółka o osobowości prawnej

incl. *including* włącznie

inst. *instant* (*of the current month*) bieżącego miesiąca

IOU *I owe you* rewers, *dosł.* jestem ci winien

IQ *Intelligence Quotient* iloraz inteligencji

IRA *Irish Republican Army* Irlandzka Armia Republikańska

jun., Jr, jr *junior* junior

kg *kilogram* kilogram

km *kilometre* kilometr

kw, kW *kilowatt* kilowat

l *litre* litr

LA *Los Angeles* Los Angeles

£ *libra łac.* *pound sterling* funt szterling (*pieniądz*)

lb *libra łac.* *pound* funt (*waga*)

l.h. *left hand* lewy, lewostronny

Lon., Lond. *London* Londyn

Ltd *Limited* (*Company*) spółka (z ograniczoną odpowiedzialnością)

m, m. *metre* metr; ***mile*** mila
MA *Master of Arts* magister nauk humanistycznych
max. *maximum* maksimum
MC *Member of Congress* *am.* Członek Kongresu
MD *Medicinae Doctor* łac. = *Doctor of Medicine* doktor medycyny
Messrs *Messieurs* Panowie (*w nazwach firm*)
mg *milligram*(s) miligram(y)
mins *minutes* minuty
mod cons *modern conveniences* udogodnienia (*w mieszkaniu*)
MP *Member of Parliament* poseł do Parlamentu, członek Parlamentu; ***Military Police*** policja wojskowa, żandarmeria
mph *miles per hour* mil na godzinę
Mr *Mister* pan (*przed nazwiskiem*)
Mrs ['mɪsɪz] (*hist.* ***Mistress***) pani (*przed nazwiskiem*)
Ms [mɪz] ***Miss, Mrs*** panna, pani
Mt *Mount* góra

N *North* północ; północny okręg pocztowy w Londynie
NATO *North Atlantic Treaty Organization* Organizacja Paktu Północnoatlantyckiego
NE *North-East* północny wschód; ***New England*** Nowa Anglia
NHS *National Health Service* Służba zdrowia
No., no. *number* liczba
NW *North-West* północny zachód; ***north-western*** północnozachodni okręg pocztowy w Londynie

oz, ozs *ounce, ounces* uncja, uncje

p. *page; pint* strona; pinta, kwarta (*miara*)
PC *personal computer* kompu-
ter osobisty
p.c. *percent* procent
pcs *pieces* sztuki
PhD *Philosophiae Doctor* łac. = *Doctor of Philosophy* doktor filozofii; doktorat
pm *post meridiem* łac. po południu, po godz. 12 w południe, do północy
PO *Post Office* urząd pocztowy; ***postal order*** przekaz pocztowy
POB *post-office box* skrzynka pocztowa
POW *Prisoner of War* jeniec wojenny
pp. *pages* stronice
PR *Public Relations* (*osoba powołana do kontaktów firmy ze społecznym otoczeniem*)
prof., Prof. *professor* profesor
prox. *proximo* łac. = *next month* następnego miesiąca
p.s. *per second* na sekundę
pt *pint* pinta, kwarta (*miara*)
P.T.O. *please turn over* proszę odwrócić, verte

RAM *Random Access Memory* *komp.* pamięć operacyjna
rd, Rd *road* droga, ulica
Rev., Revd *Reverend* Wielebny
r.h. *right hand* prawy, prawostronny
ROM *Read-Only Memory* *komp.* pamięć stała
R.S.V.P. *repondez s'il vous plaÊt* fr. (please reply) proszę o odpowiedź (*na zaproszenie*)

s. *second; singular; son* sekunda; pojedynczy; syn
S *South* południe
SE *South-East* południowy wschód; ***south-eastern*** południowo-wschodni okręg pocztowy w Londynie
Sen., sen. *senior, Senator* senior, Senator
Soc. *society* towarzystwo
SOS *save our souls* umowny

sygnał wezwania pomocy, SOS

Sq. *square* plac, kwadrat

Sr *Senior* senior

St. Ex. *Stock Exchange* Giełda

St *Saint* święty; *street* ulica

stg *sterling* szterling

suppl. *supplement* dodatek, uzupełnienie

SW *South-West* południowy zachód; *south-western* południowo-zachodni okręg pocztowy w Londynie

t *ton* tona

TB *tuberculosis* gruźlica

tbs. *tablespoon(ful)* łyżka stołowa (*też zawartość łyżki*)

tel. *telegram; telegraph; telephone* telegram; telegraf; telefon

TM *trademark* znak towarowy

TV *television* telewizja

UEFA *Union of European Football Associations* Unia Europejskich Związków Piłki Nożnej

UFO *Unidentified Flying Object* Niezidentyfikowany Obiekt Latający

UHF *ultra-high frequency* fale ultrakrótkie (UKF)

UK *United Kingdom* (*of Great Britain and Northern Ireland*) Zjednoczone Królestwo (Wielkiej Brytanii i Irlandii Północnej)

ult. *ultimo* łac. = *last month* ostatniego miesiąca

UN *United Nations* Narody Zjednoczone

U.S.(A.), US(A) *United States*

of America Stany Zjednoczone Ameryki

v. *versus* łac. = *against* przeciw; *verse; volt; volume* wiersz; wolt; tom

VAT *value-added tax* Vat (*podatek od wartości dodanej*)

VCR *video cassette recorder* magnetowid kasetowy

vet *veterinary surgeon* weterynarz

VIP *very important person* bardzo ważna osobistość

viz *videlicet* łac. = *namely* mianowicie

vol., vols *volume, volumes* tom, tomy

vv, v.v. *vice versa* [ˌvaɪsɪ'vɜːsə] łac. na odwrót

W *West* zachód; zachodni okręg pocztowy w Londynie

WASP *White Anglo-Saxon Protestant* am. biały osadnik wyznania protestanckiego, pochodzący z północnej Europy

wt *weight* ciężar, waga

Xmas *Christmas* Boże Narodzenie

y., yd *yard* jard

YHA *Youth Hostels Association* Stowarzyszenie Schronisk Młodzieżowych

YMCA *Young Men's Christian Association* Chrześcijańskie Stowarzyszenie Młodzieży Męskiej

yr *year* rok; *your* wasz

yrs *years* lata; *yours* wasz

WEIGHTS AND MEASURES
MIARY I WAGI

I. British Brytyjskie

a) **Measures of length and surface** Miary długości i powierzchni

1 mile [maɪl] = 1 760 yards [jɑːdz]	1 609,3 m
1 yard [jɑːd] = 3 feet [fiːt]	91,44 cm
1 foot [fʊt] = 12 inches ['ɪntʃɪz]	30,48 cm
1 inch [ɪntʃ] = 2,54 cm	
1 square [skweə] mile = 640 acres ['eɪkəz]	258,99 ha
1 acre ['eɪkə] = 4 840 square yards	0,40 ha
1 square yard = 9 square feet	0,836 m²
1 square foot = 144 square inches	929 cm²
1 square inch = 6,45 cm²	

b) **Measures of capacity** Miary pojemności

1 quarter ['kwɔːtə] = 8 bushels ['bʊʃlz]	290,941 l
1 bushel ['bʊʃl] = 8 gallons ['gælənz]	36,368 l
1 gallon ['gælən] = 4 quarts [kwɔːts]	4,546 l
1 quart [kwɔːt] = 2 pints [paɪnts]	1,136 l
1 pint [paɪnt] = 0,568 l	

c) **Weights (avoirdupois** [ˌævədə'pɔɪz]) Wagi (handlowe, tzw. avoirdupois)

1 ton [tʌn] = 20 hundredweight ['hʌndrədweɪt]	1016,047 kg
1 hundredweight ['hʌndrədweɪt] = 112 pounds [paʊndz]	50,802 kg
1 pound [paʊnd] = 16 ounces ['aʊnsɪz]	453,59 g
1 ounce [aʊns] = 28,35 g	

II. American Amerykańskie (USA)

a) **Measures of length and surface, as British** Miary długości i powierzchni jak brytyjskie

b) **Measures of capacity** Miary pojemności

1 bushel ['bʊʃl] = 8 gallons ['gælənz]	35,238 l
1 gallon ['gælən] = 4 quarts [kwɔːts]	3,785 l
1 quart [kwɔːt] = 2 pints [paɪnts]	0,946 l
1 pint [paɪnt] = 0,473 l	

c) **Weights (avoirdupois)** Wagi (handlowe, tzw. avoirdupois)

1 ton [tʌn] = 20 hundredweight ['hʌndrədweɪt]	907,185 kg
1 hundredweight ['hʌndrədweɪt] = 112 pounds [paʊndz]	50,802 kg
1 pound [paʊnd] = 16 ounces ['aʊnsɪz]	453,59 g
1 ounce [aʊns] = 28,35 g	

Polish-English

GUIDE TO THE USE OF THE DICTIONARY

WSKAZÓWKI DLA UŻYTKOWNIKA

1. Headwords

1. Hasła

The headwords are printed in bold in strictly alphabetical order. They are labelled by relevant abbreviations indicating the grammatical categories to which they belong. Other symbols denote particular branches of learning or special or specialist uses.

Wyrazy hasłowe podano pismem półgrubym w ścisłym porządku alfabetycznym. Opatrzono je odpowiednimi skrótami sygnalizującymi ich przynależność do poszczególnych części mowy oraz do specjalnych dziedzin życia.

Homonyms are given as separate entries and marked with successive numerals, e.g.:

Homonimy podano jako osobne hasła oznaczone kolejnymi cyframi, np.:

muł 1. *m* slime, ooze
muł 2. *m zool.* mule

If a Polish headword contains various English meanings or denotes different grammatical categories, the individual lexical units on the Polish side are separated by means of a semicolon and, besides, they are provided with a relevant grammatical label, e.g.:

Jeżeli poszczególne wyrazy hasłowe zawierają odpowiedniki o różnych znaczeniach, albo pełnią różne funkcje gramatyczne, oddzielono je średnikiem oraz odpowiednim kwalifikatorem gramatycznym, np.:

palący *p praes i adj* burning; (*tytoń*) smoking; *s m* smoker; ...

If an entry, or a part of it, or an explanatory note, contains the abbreviation *zob.*, the reader is referred to another entry, or to some information found elsewhere in the dictionary.

Jeżeli wyraz hasłowy opatrzony jest skrótem *zob.* oznacza to, że hasła tego wraz z odpowiednikami lub innej informacji należy szukać w artykule hasłowym, do którego wyraz ten odesłano.

Nouns

Hasła rzeczownikowe

Some Polish nouns of feminine gender have been omitted since their masculine and feminine equivalents are identical in English, e.g.: **nauczyciel** 'teacher', **nauczycielka** 'teacher', **Niemiec** 'German', **Niemka**, 'German'.

Ze względu na rozmiary słownika pominięto pewną ilość rzeczowników żeńskich, które w języku angielskim mają formę identyczną z odpowiednimi rzeczownikami męskimi, np.: **nauczyciel** 'teacher,' **nauczycielka** 'teacher', **Niemiec** 'German', **Niemka** 'German'.

454

Most verbal nouns have been left out, too, e.g.:

pisanie = writing, which is derived from the infinitive
pisać = to write.

Nie uwzględniono większości rzeczowników odsłownych, np. **pisanie**, gdyż znajomość bezokoliczników angielskich wystarcza do utworzenia właściwych form rzeczownikowych.

Adjectives
Hasła przymiotnikowe

Polish adjectives which correspond to English nouns used attributively are not included, e.g.: the noun **kamień** = 'a/the stone' is also used as an adjective: **kamienny** = stone. However, if there are two variant adjectival forms, both of them are given as equivalents of the Polish headwords, but used in a different meaning, e.g.:

Ponieważ w języku angielskim zasadniczo nie ma różnicy pomiędzy przymiotnikiem a rzeczownikiem użytym przydawkowo, np. **kamień** m = the stone i **kamienny** adj = stone, haseł przymiotnikowych nie zamieszczamy. Uwzględniono jednak te formy oboczne, które różnią się pod względem znaczenia, np.:

złoty 1. adj gold; przen. golden; ~ **wiek** golden age
złoty 2. m (jednostka monetarna) zloty

Verbs
Hasła czasownikowe

Sometimes the user can have serious difficulties with verbal aspects in Polish as compared with those in English, e.g.:

siadać, siedzieć and **usiąść** 'to sit', 'to be sitting', and 'to sit down'; **myć się** and **umyć się** 'to wash' and 'to have a wash', etc. Such verbs may be translated by a variety of forms.

Różnice w tworzeniu postaci dokonanej i niedokonanej czasownika w języku polskim i angielskim mogą nastręczać wiele trudności. Na przykład angielski odpowiednik czasownik w postaci niedokonanej **siadać** 'to sit', zmienia postać na dokonaną przez dodanie przysłówka down: **siąść** 'to sit down'. Stosuje się także formę opisową: **umyć się** 'to have a wash itp.'. Polską formę niedokonaną można też oddać przez angielską formę gramatyczną, np. continuous aspect.

Most verbs, with regard to their aspects, are neutral: **pisać** to write, **napisać** to write.

W większości wypadków angielskie postacie czasownikowe są neutralne: **pisać** to write, **napisać** to write.

As a rule, in the present dictionary the verbs should be looked up in their imperfect form.

Czasowników należy szukać pod ich formą podstawową zasadniczo w niedokonanej.

2. Equivalents
2. Odpowiedniki

The English equivalents of the Polish headwords and their expressions are given in light type. Their synonyms, if any, are separated by commas, while those more distant in meaning are separated by semicolons. When synonyms are provided to illustrate the meaning and usage of a word, they are placed in round brackets, e.g.:

Angielskie odpowiedniki wyrazów, wyrażeń i zwrotów podano pismem jasnym. Odpowiedniki bliskoznaczne oddzielono przecinkami; odpowiedniki dalsze średnikami. W wypadkach koniecznych przed angielskimi odpowiednikami umieszczono w nawiasach okrągłych objaśnienia, zaznaczone kursywą, dotyczące zakresu, znaczenia i użycia wyrazu, np.:

chować *vt* (*ukrywać*) hide, conceal; (*przechowywać*) keep; (*wkładać, np. do szuflady*) put (up); (*grzebać zwłoki*) bury; (*hodować*) breed, rear; (*wychowywać*) bring up, educate; ...

ABBREVIATIONS
SKRÓTY

adj	przymiotnik	adjective
adv	przysłówek	adverb
am.	amerykański	American
anat.	anatomia	anatomy
arch.	architektura	architecture
astr.	astronomia	astronomy
attr	przydawka, przydawkowy	attribute, attributive
bank.	bankowość	banking
biol.	biologia	biology
bot.	botanika	botany
bryt.	brytyjski	British
chem.	chemia	chemistry
comp	stopień wyższy	comparative (degree)
conj	spójnik	conjunction
dent.	dentystyka	dentistry
dial.	dialekt	dialect
dod.	znaczenie dodatnie	positive (meaning)
dosł.	dosłowny, dosłownie	literal, literally
druk.	drukarstwo	printing
dziec.	dziecięce	children's language
elektr.	elektryczność	electricity
ekon.	ekonomia, ekonomika	economy, economics
etc.	i tym podobne, itp.	and so on
f	(rodzaj) żeński	feminine (gender)
farm.	farmaceutyka	pharmacy
filat.	filatelistyka	philately
film	film	film

filoz.	filozofia	philosophy
fin.	finansowość	finances
fiz.	fizyka	physics
fot.	fotografia	photography
fut	czas przyszły	future tense
genit	dopełniacz	genitive
geogr.	geografia	geography
geol.	geologia	geology
górn.	górnictwo	mining
gram.	gramatyka	grammar
handl.	handlowe, trade	commerce
hist.	historia	history
imp	forma nieosobowa	impersonal form
imper	rozkaźnik	imperative
inf	bezokolicznik	infinitive
itp.	i tym podobne	and so on
int	wykrzyknik	interjection
interrog	pytający	interrogative
itd.	i tak dalej	etc., and so on
itp.	i tym podobne	etc., and so on
kin.	kinematografia	cinematography
kolej.	kolejnictwo	railway system
komp.	komputery	computers
lit.	literatura, wyraz literacki	literature, literary use
lotn.	lotnictwo	aviation
łac.	wyraz łaciński	Latin word
m	(rodzaj) męski	masculine (gender)
mal.	malarstwo	painting
mat.	matematyka	mathematics
med.	medycyna	medicine
miner.	mineralogia	mineralogy
mors.	morski	marine (term)
mot.	motoryzacja	motoring
muz.	muzyka	music
n	(rodzaj) nijaki	neuter (gender)
neg.	forma przecząca	negative form
nieodm.	wyraz nieodmienny	indeclinable (unconjugated) word
np.	na przykład	for example
num	liczebnik	numeral
p	czas przeszły	past tense, preterite
part.	partykuła	particle
pers.	osoba	person
pieszcz.	pieszczotliwy	term of endearment
pl	liczba mnoga	plural
poet.	wyraz poetycki	poetic use
polit.	polityka	politics, policy
por.	porównaj	compare
pot.	wyraz potoczny	colloquialism
pp	imiesłów czasu przeszłego	past participle

ppraes	imiesłów czasu teraźniejszego	present participle
praed	orzecznik, orzecznikowy	predicative
praef	przedrostek	prefix
praep	przyimek	preposition
praes	czas teraźniejszy	present tense
prawn.	termin prawniczy	law term
pron	zaimek	pronoun
przen.	przenośnie	figuratively
przysł.	przysłowie	proverb
reg.	regularny	regular
rel.	religia	religion
rów.	również	also
s	rzeczownik	substantive, noun
sl.	slang, gwara miejska	slang
sb, sb's	ktoś, kogoś, komuś	somebody, somebody's
sing	liczba pojedyncza	singular
skr.	skrót	abbreviation
s pl	rzeczownik w liczbie mnogiej	plural noun
sport	sport, sportowy	sport, sports
sth	coś	something
suf	przyrostek	suffix
sup	stopień najwyższy	superlative (degree)
szk.	szkolny	school word
teatr	teatr	theatre
techn.	technika	technology
uj.	ujemny	pejorative
uż.	używany	used
v	czasownik	verb
v aux	czasownik posiłkowy	auxiliary verb
vi	czasownik nieprzechodni	intransitive verb
v imp	czasownik nieosobowy	impersonal verb
vr	czasownik zwrotny	reflexive verb
vt	czasownik przechodni	transitive verb
wojsk.	wojskowy	military
wulg.	wulgarny	vulgar, obscene
wyj.	wyjątek	exception
zam.	zamiast	instead of
zbior.	rzeczownik zbiorowy	collective noun
zdrob.	wyraz zdrobniały	diminutive
znacz.	znaczenie	meaning
zob.	zobacz	see
zool.	zoologia	zoology
zw.	zwykle	usually
żart.	żartobliwy	humorous (usage)

EXPLANATORY SIGNS
ZNAKI OBJAŚNIAJĄCE

[ ] Square brackets contain the pronunciation of some Polish words (e.g. **marznąć** [r·z]) and of loan words.
W nawiasach kwadratowych zaznaczono wymowę niektórych wyrazów polskich, np. **marznąć** [r·z] oraz wymowę wyrazów pochodzenia obcego.

( ) Round brackets provide explanatory information, irregular forms of the headwords, or words and letters which can be omitted.
W nawiasach okrągłych umieszczono objaśnienia, nieregularne formy wyrazu hasłowego, wyrazy i litery, które mogą być opuszczone.

< > Angular brackets enclose words and parts of expressions which are interchangeable.
W nawiasach trójkątnych umieszczono wymienne wyrazy lub człony związków frazeologicznych.

~ The tilde replaces the headword, or as much of it as has been cut off by a vertical bar.
Tylda zastępuje w zwrotach hasło lub tę jego część, która jest odcięta pionową kreską.

| The vertical bar separates that part of the headword which has been replaced in phrases by the tilde.
Kreska pionowa oddziela część hasła zastąpioną w zwrotach tyldą.

1., 2. Numerals show the sequence of the headwords with the same spelling, but differing in etymology and meaning.
Cyfry po hasłach wskazują na odrębność znaczenia i pochodzenia wyrazów o tej samej pisowni, podanych jako osobne hasła.

; The semicolon is used to denote distinct meanings of two or more equivalents of the headword and to separate particular items of grammatical information.
Średnik oddziela odpowiedniki o całkowicie różnym znaczeniu, związki frazeologiczne oraz objaśnienia gramatyczne.

, The comma is used to separate equivalents close in meaning.
Przecinek oddziela odpowiedniki bliskie pod względem znaczeniowym.

THE POLISH ALPHABET
ALFABET POLSKI

The order of the letters in the Polish alphabet is as follows:

a	d	h	ł	ó	t	ź
ą	e	i	m	p	u	ż
b	ę	j	n	r	w	
c	f	k	ń	s	y	
ć	g	l	o	ś	z	

A

A, a *pierwsza litera alfabetu*; **od a do z** from beginning to end; **gdy się powiedziało a, trzeba powiedzieć i b** in for a penny, in for a pound; *conj* and; but; *int* ah!

abażur *m* lampshade

abdykacja *f* abdication (**z czegoś** of sth)

abdykować *vi* abdicate (**z czegoś** sth)

abecadło *n* A.B.C., ABC, alphabet

aberracja *f* aberration

Abisyńczyk *m* Abyssinian

abisyński *adj* Abyssinian

abnegacja *f* abnegation; self-denial

abonament *m* subscription (**czegoś, na coś** to sth); (*teatralny, tramwajowy*) season-ticket

abonent *m* subscriber (**czegoś** to sth)

abonować *vt* subscribe (**coś** to sth)

aborcja *f* abortion

absencja *f* absence; **~ chorobowa** sick leave

absolucja *f* absolution (**czegoś** of sth; **od czegoś** from sth)

absolut *m* absolute

absolutny *adj* absolute, complete

absolutorium *n* absolution, release; school-leaving <university-leaving> certificate

absolutyzm *m* absolutism

absolwent *m* graduate, alumnus

absorbować *vt* absorb

absorpcja *f* absorption

absorpcyjny *adj* absorptive

abstrah|ować *vi* abstract; (*pomijać*) take no account (**od czegoś** of sth); **~ując od tego, że ...** without counting that ...

abstrakcja *f* abstraction

abstrakcyjny *adj* abstract

abstynencja *f* abstinence, temperance; **~ całkowita** (**od alkoholu**) teetotalism

abstynent *m* abstainer, teetotaller

absurd *m* absurdity; **sprowadzić do ~u** reduce to absurdity

absurdalność *f* absurdity

absurdalny *adj* absurd

aby *conj* that, in order that; (*przed bezokolicznikiem*) to, in order to; **~ wrócić wcześniej** (in order) to come back soon; **~ nie** lest; in order not to; **~m mógł** so that I may

aceton *m chem.* acetone

acetylen *m chem.* acetylene

ach! *int* ah!, oh!

achromatyczny *adj fiz.* achromatic

aczkolwiek *conj* though, although

adamaszek *m* damask

adaptacja *f* adaptation

adapter *m techn.* pick-up; *pot.* record player

adaptować *vt* adapt

adekwatny *adj* adequate, suitable

adept *m* student; adherent

adiunkt *m* (*uniwersytecki*) *bryt.* reader; *am.* assistant professor

adiutant *m wojsk.* adjutant; (*generała*) aide-de-camp

administracja *f* administration, management

administracyjny *adj* administrative

administrator *m* administrator, manager

administrować *vi* administer, manage (**czymś** sth)

admiralicja f mors. admiralty
admirał m mors. admiral
adnotacja f annotation
adopcja f adoption
adoptować vt adopt
adoracja f adoration
adorować vt adore
adres m address; **pod ~em** <at> the address; ~ **tymczasowy** temporary address; ~ **zwrotny** (na przesyłce) if not delivered, please return to ... (the sender); ~ **stały** permanent address
adresat m addressee
adresować vt address
adwent m advent
adwokacki adj lawyer's, barrister's, solicitor's
adwokat m lawyer, barrister; (niższy) solicitor; przen. advocate
adwokatura f legal profession, bar
aerobik m aerobics
aerodynamiczny adj aerodynamic
aerodynamika ['-na-] f aerodynamics
aeroklub m flying club
aerometr m aerometer
aeronautyka ['-'nau-] f aeronautics
aerostatyczny adj aerostatic
aerostatyka ['-'sta-] f aerostatics
aerozol m aerosol
afek|t m affection, emotion; **działać w ~cie** act in severe mental strain
afektacja f affectation
afektowany adj affected; pretentious
afera f affair; bad job, shady transaction, dirty business, scandal
aferzysta m swindler, bad jobber
Afgańczyk m Afghan
afgański adj Afghan
afisz m poster, bill
afiszować się vr make a show (z czymś of sth), show off
aforyzm m aphorism

afront m affront, insult; **zrobić komuś ~** affront sb
Afrykanin m African
afrykański adj African
agat m miner. agate
agencja f agency; ~ **prasowa** news agency; ~ **ubezpieczeniowa** insurance agency
agenda f branch of business; (terminarz) agenda
agent m agent; (giełdowy) (stock) broker; (podróżujący) commercial traveller; ~ **obcego wywiadu** spy; ~ **ubezpieczeniowy** insurance agent
agentura f agency; ~ **wywiadu** intelligence agency
agitacja f agitation; (wyborcza) canvassing, campaign
agitator m agitator; (wyborczy) canvasser
agitować vi agitate; (w wyborach) canvass, campaign
aglomeracja f agglomeration
agnostycyzm m agnosticism
agnostyk m agnostic
agonia f agony of death; death-agony
agrafka f safety-pin, clasp
agrarn|y adj agrarian; **reforma ~a** land reform
agresja f aggression
agresor m aggressor
agrest m bot. gooseberry
agresywny adj aggressive
agronom m agronomist
agronomia f agronomy
agronomiczny adj agronomic
agrotechnika f agricultural science
ajencja, ajent zob. **agencja, agent**
akacja f bot. acacia
akademia f (uczelnia) academy; (uroczyste zebranie) session of celebration; solemnity, commemorative meeting
akademicki adj academic(al); **dom ~** student's hostel
akademik m (członek akademii)

academician; (*student*) (university) student; *pot.* (*dom akademicki*) hostel

akapit *m* paragraph, section

akcelerator *m* accelerator

akcent *m* accent, stress

akcentować *vt* accent, accentuate, stress; emphasize

akcentowanie *n* accentuation

akcept *m handl.* acceptance, accepted draft

akceptacja *f* acceptance

akceptować *vt* accept

akces *m* access; accession

akcesoria *s pl* accessories *pl*

akcj|a *f* action; *handl.* share; *am.* stock; **~a ratunkowa** rescue action; **~a powieści, sztuki** plot, action; **~a wyborcza** election campaign; **prowadzić ~ę** carry on a campaign; **wszcząć ~ę** launch a campaign

akcjonariusz *m handl.* shareholder; *am.* stockholder

akcyjn|y *adj handl.* **bank ~y** joint-stock bank; **kapitał ~y** joint stock; **spółka ~a** joint-stock company

akcyza *f* excise tax <duty>; (*miejska*) toll

aklamacj|a *f* acclamation; **uchwalić przez ~ę** carry by acclamation

aklimatyzacja *f* acclimatization

aklimatyzować *vt* acclimatize; **~ się** *vr* become acclimatized; *vt vi am.* acclimate

akomodacja *f* accommodation, adjustment

akomodować *vt* accommodate, adjust

akompaniamen|t *m* accompaniment; **przy ~cie** accompanied (**czegoś** by sth)

akompaniator *m* accompanist

akompaniować *vt* accompany (**komuś** sb)

akonto *adv handl.* payment on account

akord *m muz.* chord, harmony;

praca na ~ piece-work, jobwork; **pracować na ~** do piecework, work by the job

akordeon *m muz.* accordion

akordow|y *adj muz.* accordant; **praca ~a** piece-work, job-work; **robotnik ~y** piece-worker, jobber

akr *m* acre

akredytować *vt* accredit (**przy rządzie** to a government)

akredytywa *f fin.* letter of credit

akrobata *m* acrobat

akrobatyczny *adj* acrobatic

akrobatyka *f sport* acrobatics

aksamit *m* velvet

aksjomat *m* axiom

aksjomatyczny *adj* axiomatic

akt *m* act, deed; (*w malarstwie, rzeźbie*) nude; **~ kupna** purchase deed; **~ oskarżenia** bill of indictment; **~ zgonu** death certificate; **~ notarialny** authenticated deed; *pl* **~a** files; deeds, records

aktor *m* actor

aktorka *f* actress

aktorski *adj* histrionic; **zespół ~** troupe, company of actors; (*objazdowy*) touring company

aktorstwo *n* stage-playing, acting, staging

aktówka *f* briefcase

aktualnoś|ć *f* reality, present-day interest; *pl* **~ci dnia** current events

aktualny *adj* current, topical

aktyw *m* active body, action group

aktywa *s pl* holdings, assets

aktywizować *vt* activate

aktywność *f* activity

aktywny *adj* active

akumulacja *f* accumulation; **~ pierwotna** primary <primitive> accumulation

akumulator *m elektr.* accumulator, (storage) battery

akumulować *vt* accumulate; **~ się** *vr* accumulate

akupunktura *f* acupuncture

akurat *adv* just, exactly, precisely

akustyczny *adj* acoustic
akustyka [-'ku-] *f* acoustic
akuszerka *f med.* midwife
akuszerstwo *n med.* obstetrics, midwifery
akwaforta *f* etching
akwarela *f* watercolour
akwarium *n* aquarium
akwatinta *f* aquatint
akwedukt *m* aqueduct
akwizycja *f* (*nabywanie*) acquisition; (*zjednywanie klienteli*) solicitation
akwizytor *m* solicitor; (*ubezpieczeniowy*) insurance agent
alabaster *m* alabaster
alarm *m* alarm; (*zw. lotn.*) alert; **uderzyć na ~** sound the alarm
alarmować *vt* alarm
alarmowy *adj* alarm *attr*; **dzwonek ~** alarm-bell
Albańczyk *m* Albanian
albański *adj* Albanian
albatros *m zool.* albatross
albinos *m* albino
albo *conj* or; **~, ... ~ ...** either ... or ...; **~ ten, ~ tamten** either of them <of the two>; **~ tędy, ~ tamtędy** either this way or that; either way; **~ też** or else
albowiem *conj* for, because
album *m* album; **~ do znaczków pocztowych** stamp-album
alchemia *f* alchemy
alchemik *m* alchemist
ale *conj* but; however, yet; *int* **~!** there now!
alegoria *f* allegory
alegoryczny *adj* allegoric(al)
aleja *f* avenue, alley
alergia *f med.* allergy
ależ *conj* but; **~ tak!** why yes!; why of course!
alfabet *m* alphabet; **według ~u** in alphabetical order
alfabetyczny *adj* alphabetical
algebra *f* algebra
algebraiczny *adj* algebraic(al)
algorytm *m mat.* algorithm
aliancki *adj* allied

alians *m* alliance
aliant *m* ally
alibi *n nieodm.* alibi. *udowodnić* **<wykazać> swoje ~** establish <prove> one's alibi
alienacja *f* alienation
alienować *vt* alienate
aligator *m zool.* alligator
alimenty *s pl* alimony
alkalia *s pl chem.* alkali(e)s
alkaliczny *adj chem.* alkaline
alkohol *m* alcohol; **~ skażony** denatured alcohol
alkoholik *m* alcoholic
alkoholizm *m* alcoholism
alkoholowy *adj* alcoholic
alkomat *m* Breathalyzer
alkowa *f* alcove
almanach *f* almanac
aloes *m bot.* aloe
alpejski *adj* alpine; *bot.* **fiołek ~** cyclamen
alpinista *m* alpinist
alt *m muz.* alto
altana *f* bower, summerhouse
alternatywa *f* alternative
alternatywny *adj* alternative
altówka *f muz.* viola
altruista *m* altruist
altruistyczny *adj* altruistic
altruizm *m* altruism
aluminium *n bryt.* aluminium, *am.* aluminum
aluwialny *adj* alluvial
aluwium *n* alluvium
aluzj|a *f* allusion, hint; **robić ~ę** allude (**do czegoś** to sth), hint (**do czegoś** at sth)
Alzatczyk *m* Alsatian
ałun *m chem.* alum
amalgamat *m* amalgam
amant *m* lover
amarant *m* (*też bot.*) amaranth
amator *m* amateur, lover, fan
amatorski *adj* amateurish, amateur; **teatr ~** amateur theatricals
amatorstwo *n* amateurism
amazonka *f* Amazon; (*ubiór*) (woman's) riding-habit
ambasada *f* embassy

ambasador *m* ambassador (**w Polsce** to Poland)
ambicja *f* ambition, aspiration; pride
ambitny *adj* ambitious
ambona *f* pulpit
ambrozja *f* ambrosia
ambulans *m* ambulance
ambulatorium *n med.* out--patients' surgery <department>, dispensary (for out-patients), infirmary
ambulatoryjny *adj, med.* **pacjent ~** out-patient
ameba *f zool.* am(o)eba
amen *nieodm.* amen; *pot.* **na ~** completely, most surely; **pewne jak ~ w pacierzu** as sure as fate, dead sure
Amerykanin *m* American
amerykanizm *m* Americanism
amerykański *adj* American
ametyst *m miner.* amethyst
amfibia *f zool.* amphibian; *wojsk.* amphibious tank <vehicle>
amfiteatr *m* amphitheatre
amfora *f* amphora
amnestia *f* amnesty
amnestionować *vt* amnesty
amnezja *f med.* amnesia
amoniak *m chem.* ammonia
Amor *m* Cupid; *przen.* love-affair
amortyzacja *f handl. prawn.* amortization, sinking; *techn.* shock-absorption; depreciation
amortyzacyjny *adj* sinking
amortyzator *m techn.* shock--absorber
amortyzować *vt handl. prawn.* amortize, sink; *techn.* absorb shocks
amper *m elektr.* ampere
amplituda *f fiz.* amplitude
ampułka *f* ampoule
amputacja *f* amputation
amputować *vt* amputate
amulet *m* amulet
amunicja *f* ammunition, munition
anachroniczny *adj* anachronistic

anachronizm *m* anachronism
analfabeta *m* illiterate
analfabetyzm *m* illiteracy
analityczny *adj* analytical
analiza *f* analysis
analizować *vt* analyze
analogi|a *f* analogy; (*odpowiednik*) analogue; **przez ~ę** by (way of) analogy; **przeprowadzić ~ę** analogize (**czegoś** sth)
analogiczny *adj* analogous
analogowy *adj* analogue
ananas *m bot.* pineapple
anarchia *f* anarchy
anarchiczny *adj* anarchic(al)
anarchista *m* anarchist
anatom *m* anatomist
anatomia *f* anatomy
anatomiczny *adj* anatomical
anchois *n* anchovy paste
andrut *m* wafer cake
anegdota *f* anecdote
anegdotyczny *adj* anecdotal
aneks *m* annex
aneksja *f* annexation
anektować *vt* annex
anemia *f med.* an(a)emia
anemiczny *adj med.* an(a)emic
angażować *vt* engage; **~ się** *vr* engage (**do czegoś** for sth, **w coś** in sth), be engaged (**w czymś** in sth), commit oneself (**w coś** to sth)
angażowanie *n* engagement; **~ się** commitment
Angielka *f* Englishwoman
angielsk|i *adj* English; **mówić po ~u** speak English; **ulotnić się po ~u** take French leave
angielszczyzna *f* English
angina *f med.* angina
Anglik *m* Englishman
anglikanin *m* Anglican
anglikański *adj* Anglican; **kościół ~** Church of England
anglista *m* student <professor> of English studies
anglistyka *f* English studies; English philology
Anglosas *m* Anglo-Saxon

anglosaski *adj* Anglo-Saxon
ani *conj* not even, not a, neither; **~ nawet** not even; **~ razu** not even once; **~ to, ~ tamto** neither this nor that; **~ więcej, ~ mniej** neither more nor less; **~ żywej duszy** not a living soul; **~ jeden człowiek nie widział** not a man saw; **~ mi się śni** never in my life
anielski *adj* angelic(al)
anilana *f* aniline
animozja *f* animosity
anioł *m* rel. i przen. angel
aniżeli *conj* than
ankieta *f* questionnaire; public opinion poll; **~ personalna** personal inquiry form
anoda *f* elektr. anode
anomalia *f* anomaly
anonim *m* anonym; (*list*) anonymous letter
anonimowy *adj* anonymous
anons *m* announcement
anonsować *vt* announce
anormalność *f* anomaly, abnormality
anormalny *adj* abnormal
antagonista *m* antagonist
antagonistyczny *adj* antagonistic
antagonizm *m* antagonism
antarktyczny *adj* Antarctic
antena *f* (*zewnętrzna*) aerial; **~ pokojowa** indoor antenna; **~ kierunkowa** beam aerial; **~ satelitarna** dish aerial
antenat *m* ancestor
antologia *f* anthology
antracen *m* chem. anthracene
antracyt *m* chem. anthracite
antrakt *m* interval
antresola *f* entresol
antropolog *m* anthropologist
antropologia *f* anthropology
antropologiczny *adj* anthropological
antybiotyk *m* antibiotic
antyczny *adj* antique
antydatować *vt* antedate

antyk *m* antique, old curiosity, antiquity
antykoncepcja *f* contraception
antykoncepcyjny *adj* contraceptive; **środek ~** contraceptive
antykwa *f* druk. roman (type)
antykwariat *m* old curiosity shop; (*książkowy*) second-hand bookshop
antykwariusz *m* antiquary; (*handlujący książkami*) second-hand bookseller
antykwarski *adj* antiquarian
antykwaryczny *adj* antiquarian
antylopa *f* zool. antelope
antymon *m* chem. antimony
antypatia *f* antipathy
antypatyczny *adj* repugnant
antysemicki *adj* anti-Semitic
antysemita *m* anti-Semite
antysemityzm *m* anti-Semitism
antyseptyczny *adj* antiseptic
antyteza *f* antithesis
anulować *vt* annul, cancel
anulowanie *n* annulment
a nuż *conj* and if
anyż *m* bot. anise
aorta *f* anat. aorta
apanaż *m* ap(p)anage
aparat *m* apparatus; appliance; **~ fotograficzny** camera; **~ nadawczy** broadcasting apparatus; **~ odbiorczy** receiver; **~ radiowy** radio set
aparatura *f* apparatus; equipment; outfit
apartament *m* apartment, suite of rooms
apaszka *f* scarf
apatia *f* apathy
apatyczny *adj* apathetic
apel *m* appeal; (*odczytywanie obecności*) roll-call, call-over; **stanąć do ~u** turn out for roll-call
apelacj|a *f* appeal; **wnieść ~ę** appeal (**do kogoś** to sb)
apelacyjny *adj* appealing; **sąd ~** court of appeal
apelować *vi* appeal (**do kogoś**

to sb, **w sprawie czegoś** for sth)

apetyczny *adj* appetizing, tempting

apetyt *m* appetite

aplauz *m* applause; **przyjąć z ~em** applaud; **spotkać się z ~em** meet with applause

aplikacja *f* application; (*staż*) probation, practice

aplikant *m* probationer, apprentice

aplikować *vt* apply; *vi* (*odbywać staż*) practise, undergo training

apodyktyczny *adj* peremptory

apokalipsa *f* apocalypse; the Book of Revelation

apolityczny *adj* non-political

apologia *f* apology

apopleksja *f med.* apoplexy

apoplektyczny *adj med.* apoplectic

apostolski *adj* apostolic; **Stolica Apostolska** Holy See

apostolstwo *n* apostolate

apostoł *m rel.* apostle; *przen.* advocate

apostrof *m* apostrophe

apostrofa *f* apostrophe

apoteoza *f* apotheosis

aprioryczny *adj* a priori

aprobat|a *f* approval; sanction; **spotkać się z ~ą** approve (**kogoś, czegoś** of sb, sth)

aprobować *vt* approve (**coś** sth, of sth)

aprowizacja *f* provisioning, food supply

apteczka *f* first-aid kit

apteka *f* chemist's (shop); *am.* drugstore, druggist's (shop), pharmacy; (*w szpitalu*) dispensary

aptekarstwo *n* pharmacy

aptekarz *m* chemist, *am.* druggist

Arab *m* Arab

arabski *adj* Arabian, Arabic; **język ~** Arabic; **koń ~** Arab horse

arak *m* arrack

aranżer *m* organizer; *muz.* arranger

aranżować *vt* organize, *także muz.* arrange

arbiter *m* arbiter

arbitralność *f* arbitrariness

arbitralny *adj* arbitrary

arbitraż *m* arbitration

arbuz *m bot.* watermelon

archaiczny *adj* archaic

archaizm *m* archaism

archanioł *m rel.* archangel

archeolog *m* arch(a)eologist

archeologia *f* arch(a)eology

archeologiczny *adj* arch(a)eological

archipelag *m* archipelago

architekt *m* architect

architektoniczny *adj* architectonic, architectural

architektura *f* architecture; **~ wnętrz** interior decoration

archiwalny *adj* archival

archiwista *m* archivist

archiwum *n* archive(s)

arcy- *praef* arch-

arcybiskup *m* archbishop

arcydzieło *n* masterpiece

arcykapłan *m* high priest

aren|a *f także przen.* arena, ring; **~a polityczna** arena of politics; *przen.* **wkraczać na ~ę** come into prominence

areszt *m* arrest; (*więzienie*) prison; **położyć ~** seize (**na coś** sth)

aresztant *m* prisoner

aresztować *vt* arrest, imprison

aresztowani|e *n* arrest, imprisonment; **nakaz ~a** writ of arrest

Argentyńczyk *m* Argentine

argentyński *adj* Argentine, Argentinian

argument *m* argument; **wysuwać, przytaczać ~y** put forward arguments (**na coś** for sth)

argumentacja *f* argumentation

argumentować *vi* argue

aria *f muz.* aria, air

arianin *m* Arian

ariański *adj* Arian

arka *f* ark
arkada *f* arcade
arkana *s pl* arcana
arktyczny *adj* Arctic
arkusz *m* sheet (of paper)
arlekin *m* harlequin
armata *f wojsk.* gun, cannon
armatni *adj* gun; *wojsk.* **ogień ~** gun-fire; *przen.* **mięso ~e** cannon fodder
armator *m mors.* shipowner
armatura *f* fitting; *elektr.* armature
Armeńczyk *m* Armenian
armeński *adj* Armenian
armia *f* army; *Armia Zbawienia* Salvation Army
arogancja *f* arrogance
arogancki *adj* arrogant, insolent
arogant *m* arrogant fellow
aromat *m* aroma, flavour
aromatyczny *adj* aromatic, fragrant
arras *m* arras, tapestry
arsen *m chem.* arsenic
arsenał *m* arsenal
arszenik *m chem.* arsenic trioxide, *pot.* arsenic
arteria *f anat.* artery
artezyjski *adj* artesian
artretyczny *adj med.* arthritic
artretyzm *m med.* arthritis
artykulacja *f* articulation
artykuł *m* article; commodity; ~ **wstępny** (*do gazety*) leader, editorial; **~y spożywcze** foodstuffs, food articles; **~y codziennego użytku** articles of daily use; **~y konsumpcyjne** consumer goods
artyleria *f wojsk.* artillery; ~ **przeciwlotnicza** anti-aircraft
artylerzysta *m* artillerist, gunner
artysta *m* artist
artystyczn|**y** *adj* artistic; *rzemiosło ~e* artistic handicraft
artyzm *m* artistry
Aryjczyk *m* Aryan
aryjski *adj* Aryan
arystokracja *f* aristocracy

arystokrata *m* aristocrat
arystokratyczny *adj* aristocratic
arytmetyczny *adj* arithmetical
arytmetyka *f* arithmetic
arytmometr *m* arithmometer, calculator
as *m także przen.* ace; *największy as* the ace of aces
asceta *m* ascetic
ascetyczny *adj* ascetic(al)
ascetyzm *m* asceticism
asekuracja *f* insurance; assurance
asekurować *vt* insure; ~ **się** *vr* insure (oneself); secure, protect, safeguard
aseptyczny *adj* aseptic
aseptyka *f* asepsis
asfalt *m* asphalt
asocjacja *f* association
asortyment *m* assortment, choice
aspekt *m* aspect; *rozważyć coś we wszystkich ~ach* consider a thing in all its bearings
aspiracja *f* aspiration, ambition
aspirować *vi* aspire (*do czegoś* to, after sth)
aspiryna *f med.* aspirin
aster *m bot.* aster
astma *f med.* asthma
astmatyczny *adj med.* asthmatic
astmatyk *m med.* asthmatic
astrofizyka *f* astrophysics
astrologia *f* astrology
astrologiczny *adj* astrological
astronauta *m* astronaut
astronautyka [-'nau-] *f* astronautics
astronom *m* astronomer
astronomia *f* astronomy
astronomiczny *adj także przen.* astronomic(al)
asygnata *f* assignation, allocation
asygnować *vt* assign; allocate
asymetria *f* asymmetry
asymilacja *f* assimilation
asymilacyjny *adj* assimilative
asymilować *vt* assimilate; ~ **się** *vr* assimilate, become assimilated

asy|sta f attendance, escort, assistance; **w ~ście** attended by (**kogoś** sb)

asystent m assistant

asystować vi assist (**komuś** sb, **przy czymś** at sth)

atak m attack; (choroby) fit; sport (w piłce nożnej) the forwards; med. **~ serca** heart attack

atakować vt attack; assault, assail

atawizm m atavism

ateista m atheist

ateistyczny adj atheistic

ateizm m atheism

atlantycki adj Atlantic

atlas m atlas; **~ samochodowy** road atlas

atleta m athlete; (w zapasach) wrestler; (w cyrku) strong man

atletyczny adj athletic

atletyka f sport zw. **lekka ~** athletics

atłas m satin

atmosfera f atmosphere

atmosferyczny adj atmospheric(al)

atol m geogr. atoll

atom m atom

atomow|y adj atomic; wojsk. **bomba ~a** atomic bomb, A-bomb; **broń ~a** nuclear weapon; chem. **ciężar ~y** atomic weight; **stos ~y** atomic pile

atrakcja f attraction

atrakcyjny adj attractive

atrament m ink

atrofia f med. atrophy

atrybut m attribute

atut m trump

atutować vt trump

audiencj|a f audience; **przyjąć na ~i** receive in audience, give an audience to

audycja f broadcast (service), programme; **~ muzyczna** concert

audytorium n (sala) auditorium; (słuchacze) audience; listeners

aukcja f auction

aula f hall

aura f aura; weather

aureola f halo, aureole

auspicj|e pl auspices; **pod ~ami ...** under the auspices of ...

Australijczyk m Australian

australijski adj Australian

austriacki adj Austrian

Austriak m Austrian

aut m sport out

autentyczność f authenticity

autentyczny adj authentic

autentyk m original; authentic <genuine> object

auto n mot. car, auto(mobile); **~ serwis** car service, service station

autobiografia f autobiography

autobiograficzny adj autobiographical

autobus m bus; coach; (bryt. piętrowy) double-decker; (przegubowy) articulated bus; **jechać ~em** go by bus

autochton m native; aboriginal, autochthon

autochtoniczny adj autochthonous

autograf m autograph

autokar m (motor-)coach

autokracja f autocracy

automat m automatic device <machine>; (do sprzedaży itp.) vending machine; **~ rozrywkowy** slot-machine, fruit machine; **~ telefoniczny** public telephone; booth; **~ do gry** game machine; (pistolet) machine-gun

automatyczny adj automatic

automatyzacja f automation

automobilista m motorist

autonomia f autonomy, self-government; (miejska) local government

autonomiczny adj autonomous, self-governing

autoportret m self-portrait

autopsja f autopsy

autor m author, writer

autorka f author, authoress

autorstwo n authorship

B

autorytatywny *adj* authoritative
autorytet *m* authority
autoryzacja *f* authorization
autoryzować *vt* authorize
autostop *m* hitch-hike, hitch-hiking; **podróżować ~em** hitch-hike
autostopowicz *m* hitch-hiker
autostrada *f bryt.* motorway, dual carriageway; *am.* freeway, highway
awangarda *f* vanguard
awans *m* promotion, advancement; (*zaliczka*) advance; **dać ~** promote (**komuś** sb); **dostać ~** be promoted; **~ społeczny** social advancement
awansować *vt* promote; *vi* be promoted (**na wyższe stanowisko** to a higher rank)
awantur|a *f* brawl, row; **zrobić ~ę** make a scene; *pot.* kick up a row
awanturniczy *adj* rowdy
awanturnik *m* brawler, rowdy fellow
awanturować się *vr* brawl, make a row
awaria *f* damage, breakdown
awaryjn|y *adj* damage (*report etc.*); **wyjście ~e** emergency exit
awersja *f* aversion
awionetka *f* light sports airplane
awitaminoza *f* vitamin deficiency, avitaminosis

awizo *n* advice; notice; note
awizować *vt* advise
awokado *n bot.* avocado (pear)
azalia *f bot.* azalea
azbest *m chem.* asbestos
azbestowy *adj* asbestos, asbestine
Azjata *m* Asiatic
azjatycki *adj* Asiatic
azot *m chem.* nitrogen
azotan *m chem.* nitrate
azotawy *adj chem.* nitrous
azotowy *adj chem.* nitrogenous, nitric
azyl *m* asylum, refuge, sanctuary; **prawo ~u** right of sanctuary; **skorzystać z prawa ~u** take refuge; **szukać ~u** seek refuge; **udzielić komuś ~u** grant asylum
azymut *m mat. geogr.* azimuth
aż *conj* till, until; *part. z praep* a) (*o czasie*) **aż do, aż po** till, until; as late as; **aż do 1965r.** till 1965; **aż dotąd <do tej chwili>** till now, up to now; b) (*o przestrzeni*) **aż do** as far as; **aż do Warszawy** as far as Warsaw; **aż dotąd <do tego miejsca>** up to here; c) (*o ilości*) as much as, as many as; **aż tysiąc książek** as many as one thousand books; **aż za dużo** only too much
ażeby *conj zob.* **aby**
ażurow|y *adj* open-work, pierced; **~a robota** open work

B

ba! *int* really!, indeed!, well!
baba *f pot. uj.* old woman; (*wieśniaczka*) country woman
babka *f* grandmother; *pot.* old woman; (*ciasto*) brioche
babrać się *vr* puddle, dabble
babski *adj uj.* old woman's; **~e**

gadanie old wives' tale
bachor *m pot.* brat
baczno|ść *f* attention; (*ostrożność*) caution; **mieć się na ~ci** stand on one's guard, look out; **stanąć na ~ć** come to attention

baczny *adj* attentive (**na coś** to sth); (*ostrożny*) cautious

bać się *vr* be afraid (**kogoś, czegoś** of sb, of sth); fear (**kogoś, czegoś** sb, sth, **o kogoś, o coś** for sb, for sth); be scared; be worried about; (*bardzo się bać*) dread; **nie bój się!** never fear!

badacz *m* investigator, explorer, research worker, scholar

badać *vt* investigate, explore, study, do research work; (*chorego, świadka itp.*) examine

badanie *n* investigation, exploration, research, study, test; (*chorego, świadka itp.*) examination

badawcz|y *adj* searching, scrutinizing; **praca ~a** research work; **zakład ~y** research institution

badminton *m sport.* badminton

badyl *m* stalk

bagatela *f* trifle; bagatelle (*także muz.*)

bagatelizować *vt* slight, belittle, disregard; **~ sobie** make nothing (**coś** of sth)

bagaż *m* luggage, *am.* baggage; **~ ręczny** hand luggage; **oddać na ~** register <deposit> one's luggage; **przechowalnia ~u** left-luggage office; *am.* baggage room; **nadwyżka ~u** excess luggage

bagażnik *m* (luggage-) container; (*w samochodzie*) boot; (*rowerowy*) carrier; (*na dachu*) roof-rack

bagażowy *adj*, **wagon** (**wóz**) **~** luggage-van; *s m* porter

bagnet *m wojsk.* bayonet

bagnisty *adj* marshy, swampy, boggy

bagno *n* marsh, swamp, bog

bajeczny *adj* fabulous

bajka *f* fable, fairy-tale

bajoro *n* puddle

bajt *m komp.* byte

bak *m mot.* tank

bakalie *s pl* sweetmeats, dainties

bakcyl *m* bacillus, germ

baki *s pl* sidewhiskers; *am.* sideburns

bakier *m*, **na ~** *adv* crossways, slant-wise, awry; **w kapeluszu na ~** with one's hat cocked; *przen.* **być z kimś na ~** be cross with sb

bakteria *f* bacterium, bacillus

bakteriobójczy *adj* bactericidal

bakteriolog *m* bacteriologist

bakteriologia *f* bacteriology

bakteriologiczny *adj* bacteriological

bal 1. *m* (*zabawa*) ball; **~ kostiumowy** fancy-dress ball <party>; **~ maskowy** masked ball

bal 2. *m* (*belka*) beam, log

balast *m* ballast; **obciążyć ~em** ballast

baldachim *m* canopy

baleron *m* ham in bladder

balet *m* ballet

baletmistrz *m* ballet-master

baletnica *f* ballerina, ballet dancer

balia *f* wash-tub

balistyczny *adj* ballistic

balistyka *f* ballistics

balkon *m* balkony; *teatr* upper circle

ballada *f* ballad

balon *m* balloon; (*sterowy*) dirigible (balloon); (*wywiadowczy*) blimp; **~ na uwięzi** captive balloon; **zrobić z kogoś ~a** make a fool of sb

balotować *vi* ballot

balsam *m* balsam, balm

balsamiczny *adj* balsamic

balsamować *vt* embalm

balustrada *f* balustrade, railing

bałagan *m pot.* mess, muddle; **narobić ~u** make a mess (**w czymś** of sth)

bałkański *adj* Balcan

bałtycki *adj* Baltic

bałwan *m* (*fala*) billow; (*głupiec*) blockhead; (*ze śniegu*) snowman

bałwochwalca *m* idolater

bałwochwalczy *adj* idolatrous

B

bałwochwalstwo *n* idolatry
bambus *m bot.* bamboo
banalność *f* banality
banalny *adj* hackneyed, banal, commonplace, trite
banał *m* banality
banan *m bot.* banana
banda *f (grupa)* gang, band; *sport (krawędź)* border, railing, barrier
bandaż *m med.* bandage
bandażować *vt* bandage, dress
bander|a *f* flag, banner; **podnieść <opuścić> ~ę** hoist <haul down> a flag
banderola *f* paper band; excise band; banderole
bandycki *adj* bandit's; **napad ~** robbery with assault, mugging
bandyta *m* bandit, robber, mugger
bandytyzm *m* banditry
banicj|a *f* banishment; **skazać na ~ę** banish, outlaw
banita *m* outlaw
bank *m* bank; **~ emisyjny** issuing bank, bank of issue; **~ handlowy** commercial bank
bankier *f* banker
bankiet *m* banquet
banknot *m fin.* (bank-)note; *am.* bill
bankowiec *m* banker, bank employee
bankowość *f fin.* banking
bankructwo *n fin.* bankruptcy; insolvency; **ogłosić czyjeś ~** adjudge sb bankrupt
bankrut *m fin.* bankrupt
bankrutować *vi fin.* go bankrupt, fail
bank|a *f (naczynie)* can; *med.* cupping glass, cup; *(powietrzna, mydlana itp.)* bubble; *(kula)* ball, globe; **puszczać ~i** blow bubbles; *med.* **stawiać ~i** cup *(komuś* sb)
bar 1. *m* bar; **~ kawowy** coffee bar; **~ samoobsługowy** snackbar; *am.* cafeteria
bar 2. *m chem.* barium

barak *m* barrack
baran *m zool.* ram; *przen.* **wziąć na ~a** take pick-a-back; **Baran** *(znak zodiaku)* Aries
baranek *m zool.* lamb
baranina *f* mutton, lamb
barbarzyńca *m* barbarian
barbarzyński *adj* barbarian, barbarous
barbarzyństwo *n* barbarity
barchan *m* fustian
barczysty *adj* broad-shouldered
barć *f* wild beehive
bardziej *adv* more, better; **tym ~** all the more; **coraz ~** more and more
bardzo *adv* very; *(z czasownikiem)* much, greatly; **najbardziej** most, best; **nie ~** not quite, hardly; **~ chętnie** with pleasure
bariera *f* bar, barrier
bark *m anat.* shoulder
barka *f* barge
barkarola *f muz.* barcarole
barkowy *adj anat.* scapular, shoulder-*(joint etc.)*
barłóg *m* pallet
barman *m* barman; *am.* bartender
barmanka *f* barmaid
barok *m* baroque
barometr *m* barometer
barometryczny *adj* barometric(al); **niż ~** depression; low pressure; **wyż ~** high pressure
baron *m* baron
baronowa *f* baroness
barszcz *m* borsch, beetroot soup
bartnik *m* wild-bee keeper
barwa *f* colour, hue, tint; *(farba)* dye; **~ ochronna** protective colouring
barwić *vt* colour, dye, tint
barwnik *m* colouring matter, dye; pigment *(of skin)*
barwny *adj* coloured, colourful
barykada *f* barricade
barykadować *vt* barricade
baryłka *f* barrel
baryton *m* baritone
bas *m* bass; bass-singer

basen *m* basin; tank; **~ pływacki <kąpielowy>** swimming pool
basista *m* (*grający*) bass-player
basta! *int* enough!, that'll do!
bastion *m wojsk.* bastion
baszta *f* turret
baśniowy *adj* fabulous, fairy
baśń *f* fable, fabulous tale
bat *m* whip; **dać <dostać> ~y** give <get> a whipping <a licking, a thrashing>; **trzaskać ~em** crack the whip
batalion *m* battalion
batalista *m* battle-painter
bateria *f* battery
batut|a *f* baton; **pod ~ą** conducted by; under the direction of
batyst *m* cambric, batiste
bawełn|a *f bot.* cotton; *przen.* **owijać w ~ę** beat about the bush
bawić *vt* amuse, entertain; **~ się** *vr* amuse oneself, enjoy oneself; play (**w coś** at sth); **dobrze się ~** have a good time; **~ się z kimś jak kot z myszką** play cat and mouse with sb; *vi* (*przebywać*) stay
bawół *m zool.* buffalo
baza *f* basis, base; **~ lotnicza <morska>** air <naval> base; **~ danych** *komp.* database
bazalt *m* basalt
bazar *m* bazaar, market place
bazgrać *vt* scrawl, scribble
bazgranina *f* scrawl, scribble
bazia *f bot.* catkin
bazować *vi* base, rely (**na czymś** on, upon sth)
bazylika *f rel.* basilica
bażant *m zool.* pheasant
bąbel *m* bubble; *med.* blister
bądź *imp od* **być** be; **~ co ~** at any rate; **~ ... ~ ...** either...or...
bąk *m zool.* (*owad*) bumble-bee; (*zabawka*) (humming) top; *pot.* (*dziecko*) tot; *pot.* **puścić ~a** let one; **zbijać ~i** idle time away
bąkać *vt vi* mumble, mutter
beatyfikować *vt rel.* beatify
beczeć *vt* bleat; *pot.* (*o człowie-*

ku) blubber, whimper
becz|ka *f* cask, barrel, keg; *lotn.* barrel-roll; **piwo z ~ki** beer on draught <*am.* draft>; **~ka wina** caskful of wine; **siedzieć na ~ce prochu** sit on a powder keg
beczkować *vt* barrel
beczułka *f* keg
bednarstwo *n* cooperage, coopery
befsztyk *m* beefsteak
bekas *m zool.* snipe
bekon *m* bacon
beksa *m f pot.* blubberer; crybaby
bela *f* log; (*materiału*) bale; **~ papieru** ten reams of paper; **pijany jak ~** dead drunk
beletrystyka *f* fiction, belleslettres
Belg *m* Belgian
belgijski *adj* Belgian
belka *f* beam; *pot. wojsk.* (*naszywka*) bar; **~ stropowa** tie beam
bełkot *m* (*o mowie*) gabble; mumble
bełkotać *vi vt* (*o mowie*) gabble; mumble
bełtać *vt* stir
bemol *m muz.* flat
bengalski *adj* Bengal(i)
benzen *m chem.* benzene, benzol
benzyna *f* (*czysta*) benzine; (*paliwo*), *am.* petrol, *am.* gasoline, gas; **~ bezołowiowa** lead-free <unleaded> petrol
benzynow|y *adj* benzine; petrol; *am.* gasoline; **stacja ~a** filling-station; *am.* gas station
berek *m* (*zabawa*) tag
beret *m* beret
berło *n* sceptre; **dzierżyć ~** hold the sceptre
bernardyn *m* Bernardine; (*pies*) St. Bernard's dog
bessa *f handl.* slump
bestia *f* beast
bestialski *adj* bestial
bestialstwo *n* bestiality

bestseller *m* best-seller

besztać *vt* scold, rebuke, run down

beton *m* concrete; ~ **zbrojony** reinforced concrete

betonować *vt* concrete

bez 1. *m bot.* lilac; (*dziki*) elder

bez 2. *praep* without; ~ **butów** <**kapelusza**> with no shoes <hat> on; ~ **deszczu, słońca** rainless, sunless; ~ **grosza** penniless; ~ **ogródek** without mincing words; ~ **wątpienia** doubtless; ~ **względu na coś** regardless of sth; ~ **przerwy** unceasingly, incessantly

beza *f* meringue

bezalkoholowy *adj* non-alcoholic; (*o napoju*) soft

bezapelacyjny *adj* unappealable, beyond appeal; final

bezbarwny *adj* colourless

bezbłędny *adj* faultless

bezbolesny *adj* painless

bezbożnik *m* atheist

bezbożny *adj* atheistic, impious

bezbronność *f* defencelessness

bezbronny *adj* defenceless

bezbrzeżny *adj* boundless, limitless

bezcelowość *f* aimlessness, uselessness

bezcelowy *adj* aimless, useless, to no purpose

bezcen, za ~ *adv* dirt-cheap; *pot.* for a mere song

bezcenny *adj* priceless, invaluable

bezceremonialnie *adv* in a free and easy way; unceremoniously; off-hand

bezceremonialność *f* free and easy way; unceremoniousness; bluntness

bezceremonialny *adj* free and easy, unceremonious; off-hand; downright; blunt

bezchmurny *adj* cloudless

bezcielesny *adj* incorporeal, fleshless, immaterial

bezczelność *f* insolence, impertinence, *pot.* cheek

bezczelny *adj* insolent, impudent, impertinent, *pot.* cheeky, outrageous

bezcześcić *vt* desecrate, profane

bezczynność *f* inactivity, inaction, idleness

bezczynny *adj* inactive, idle

bezdenny *adj* bottomless, fathomless, abysmal

bezdeszczowy *adj* rainless

bezdomny *adj* homeless

bezdroże *n* impassable way, unbeaten track; *przen.* **zejść na ~a** go astray

bezdrzewny *adj* treeless, woodless; **papier ~** rag paper

bezduszny *adj* soulless, lifeless, dull

bezdymny *adj* smokeless

bezdzietny *adj* childless

bezdźwięczny *adj* soundless, hollow; *gram.* unvoiced, surd

bezecny *adj* villainous, infamous

bezgorączkowy *adj* feverless

bezgotówkowy *adj* non-cash, by (bank) transfer

bezgraniczny *adj* boundless, infinite

bezgrzeszny *adj* sinless, impeccable

bezimienność *f* namelessness, anonymousness

bezimienny *adj* nameless, anonymous

bezinteresowność *f* disinterestedness

bezinteresowny *adj* disinterested

bezkarnie *adv* with impunity; **ujść ~** go unpunished; *pot.* get off scot-free, get away with it

bezkarność *f* impunity

bezkarny *adj* unpunished

bezkompromisowy *adj* uncompromising

bezkonkurencyjny *adj* unrivalled

bezkresny *adj* boundless

bezprzykładny

bezkrólewie *n* interregnum
bezkrwawy *adj* bloodless
bezkrwisty *adj* an(a)emic
bezkrytyczny *adj* uncritical, indiscriminate
bezksiężycowy *adj* moonless
bezkształtność *f* shapelessness
bezkształtny *adj* shapeless
bez liku *adv* no end (**czegoś** of sth)
bezlitosny *adj* merciless, ruthless
bezludn|y *adj* desolate, uninhabited; **~a wyspa** desert island
bezludzie *n* wilderness, waste
bezład *m* confusion, disorder, chaos
bezładny *adj* confused, disorderly; (*np. o mowie*) disconnected, incoherent
bez mała *adv* nearly, almost, all but
bezmiar *m* immensity, infinity
bezmierny *adj* immense, infinite, immeasurable
bezmięsny *adj* fleshless; (*postny*) meatless
bezmyślność *f* thoughtlessness, carelessness
bezmyślny *adj* thoughtless, careless
beznadziejnie *adv* hopelessly, beyond hope
beznadziejność *f* hopelessness
beznadziejny *adj* hopeless, desperate; pathetic
beznamiętny *adj* dispassionate
beznogi *adj* legless, footless
bezokolicznik *m gram.* infinitive
bezosobowy *adj* impersonal
bezowocny *adj* fruitless, unproductive, ineffectual
bezpańsk|i *adj* ownerless, masterless, unclaimed; **~i pies** stray dog; **ziemia ~a** no man's land
bezpartyjny *adj* non-party *attr*; independent
bezpieczeństw|o *n* safety, security; **klapa ~a** safety-valve; **środki ~a** measures of precaution, precautionary measures;

hamulec ~a emergency brake; **Rada Bezpieczeństwa** Security Council; **~o przede wszystkim** safety first
bezpiecznik *m* safety-cock, safety-tap; *elektr.* fuse
bezpieczny *adj* safe, secure
bezpłatnie *adv* gratuitously, gratis, free (of charge)
bezpłatny *adj* gratuitous, free (*ticket, instruction etc.*)
bezpłciowość *f* sexlessness
bezpłciowy *adj* sexless; *biol.* asexual
bezpłodność *f* barrenness, sterility, infertility
bezpłodny *adj* barren, sterile, infertile
bezpodstawność *f* groundlessness, baselessness
bezpodstawny *adj* groundless, baseless
bezpostaciowy *adj* amorphous
bezpośredni *adj* direct, immediate; (*o człowieku*) straightforward; **pociąg ~** through train
bezpośrednio *adv* directly, immediately
bezpośredniość *f* directness, immediateness
bezpotomnie *adv* without issue <progeny>
bezpotomny *adj* heirless, issueless
bezpowrotnie *adv* irretrievably, beyond retrieve
bezpowrotny *adj* irretrievable, irredeemable, irreparable, of no return
bezprawie *n* lawlessness; illegal action
bezprawny *adj* lawless, unlawful, illegal
bezpretensjonalny *adj* unpretentious, unassuming
bezprocentowy *adj* without interest
bezprzedmiotowy *adj* insubstantial, matterless, purposeless
bezprzykładny *adj* unexampled, unprecedented

B

bezradność *f* helplessness, perplexity

bezradny *adj* helpless, perplexed

bezręki *adj* handless, armless

bezrobocie *n* unemployment

bezrobotn|y *adj* unemployed, out of work; *pl* **~i** the unemployed

bezruch *m* immobility, standstill; **w ~u** at a standstill

bezsenność *f* sleeplessness, insomnia

bezsenny *adj* sleepless

bezsens *m* nonsense, absurdity

bezsensowny *adj* absurd

bezsilnikowy *adj* engineless

bezsilność *f* impotence

bezsilny *adj* powerless, helpless; impotent

bezskutecznie *adv* to no avail, in vain

bezskuteczność *f* ineffectiveness

bezskuteczny *adj* ineffective, unavailing

bezspornie *adv* undeniably, beyond dispute

bezsporność *f* incontestability

bezsporny, bezsprzeczny *adj* incontestable, undisputed

bezterminowo *adv* without time limit

bezterminowy *adj* termless

beztreściowy *adj* void of substance, empty

beztroska *f* unconcern

beztroski *adj* unconcerned, careless, carefree

bezustannie *adv* incessantly, continuously, without intermission

bezustanny *adj* incessant, continuous

bezużyteczność *f* uselessness

bezużyteczny *adj* useless, (of) no use

bezwartościowy *adj* worthless

bezwarunkowo *adv* unconditionally; absolutely

bezwarunkowy *adj* unconditional; absolute

bezwiednie *adv* unknowingly; involuntarily

bezwiedny *adj* unknowing, unconscious; involuntary

bezwład *m* inertia; *med.* paralysis

bezwładnoś|ć *f* inertness, inertia; *fiz.* **siła ~ci** force of inertia

bezwładny *adj* inert; (*np. o inwalidzie*) disabled

bezwłasnowolny *adj* (*prawnie*) legally incapable, disabled

bezwodny *adj* waterless; *chem.* anhydrous

bezwolny *adj* involuntary; passive; undecided

bezwonny *adj* inodorous

bezwstyd *m* impudence, shamelessness

bezwstydny *adj* impudent, shameless

bezwyznaniowy *adj* irreligious; (*o szkole*) undenominational

bezwzględność *f* absoluteness; peremptoriness; ruthlessness

bezwzględn|y *adj* absolute; peremptory; rigorous; ruthless; **wartość ~a** *mat.* absolute value

bezzałogowy *adj* unmanned

bezzębny *adj* toothless

bezzwłocznie *adv* immediately, instantly, without delay

bezzwłoczny *adj* immediate, instant

bezzwrotny *adj* unrepayable, unredeemable

bezżenny *adj i s m* celibate, unmarried

beż *m* beige

beżowy *adj* beige

bęben *m muz.* drum

bębenek *m muz.* side drum, tambourine; *anat.* tympanum, eardrum

bębnić *vi* drum; tattoo; tap

bęcwał *m* dolt, dullard

bękart *m* bastard

biada! *int* woe!

biadać *vi* wail, groan and moan; deplore (**nad czymś** sth)

białaczka *f med.* leuk(a)emia

B

białawy *adj* whitish

białko *n* (*oka, jajka*) white; *chem.* albumen; protein

Białorusin *m* Byelorussian

białoruski *adj* Byelorussian

białość *f* whiteness

białowłosy *adj* white-haired

biały *adj* white; **~a broń** cold steel; **w ~y dzień** in broad daylight; **~y wiersz** blank verse; **czarno na ~ym** black and white

biblia *f* Bible

biblijny *adj* biblical

bibliofil *m* bibliophile

bibliograf *m* bibliographer

bibliografia *f* bibliography

biblioteka *f* library; (*szafa*) bookcase

bibliotekarz *m* librarian

bibuła *f* blotting-paper; *pot.* (*prasa nielegalna*) underground press

bibułka *f* tissue-paper

bicz *m* whip; **~ Boży** scourge; **trzaskać z ~a** crack the whip

biczować *vt* lash, whip, flagellate

biczowanie *n* flagellation

bić *vt vi* beat, strike; **~ brawo** applaud (**komuś** sb); **~ czołem** prostrate oneself; **~ w dzwony** ring the bells, toll; **~ kogoś po twarzy** slap sb's face; **~ pieniądze** mint coins; coin (money); **~ rekordy** break records; **biją piorun** lightning bolts strike; **to bije w oczy** it strikes the eye; **~ się** *vr* fight; (*na pięści*) box; **~ się w piersi** beat one's breast; **~ się z myślami** be in two minds

bidet *m* bidet

biec *zob.* **biegać**

bieda *f* poverty, misery; want, need; (*zły los*) adversity, distress; (*kłopot*) embarrassment; **klepać ~ę** *pot.* bite on the bit; **narobić sobie ~y** get into a mess

biedactwo *n* poor devil <soul, thing>

biedak *m* poor man, pauper

biedny *adj* poor, miserable; *s m* poor man

biedota *f zbior.* (*biedacy*) poor people, the poor, the destitute

biedronka *f zool.* ladybird

biedzić się *vr* take pains (**nad czymś** with, over sth), toil (**nad czymś** at, on sth)

bieg *m* run, race; (*życia, czasu, rzeki*) course; *techn.* gear; **pierwszy ~** first gear; **najwyższy ~** top gear; **skrzynia ~ów** *mot.* gearbox; *sport* **krótki ~** sprint; **~ sztafetowy** relay-race; **~ z przeszkodami** steeple-chase (race); **zostawić sprawy własnemu ~owi** let things drift; **w pełnym ~u** at full speed; **z ~iem lat** in the course of years; *mot.* **zmienić ~** change the gear

biegacz *m* runner, racer

biegać *vi* run (**za czymś** after sth); **~ na posyłki** run errands

biegle *adv* fluently

biegłość *f* (*w mowie*) fluency, proficiency; (*zręczność*) skill, dexterity; (*wprawa*) routine

biegły *adj* proficient, skilful, skilled, expert (**w czymś** in sth); *s m* expert

biegnąć *zob.* **biegać**

biegun *m fiz. geogr.* pole; (*np. kołyski*) rocker; **koń na ~ach** rocking-horse; **krzesło na ~ach** rocking-chair

biegunka *f med.* diarrh(o)ea; **krwawa ~** dysentery

biegunowo *adv* diametrically

biegunowy *adj* polar

biel *f* white; **~ cynkowa** zinc white; **~ do malowania ścian** whitewash

bielić *vt* whiten; (*naczynia metalowe*) tin; (*ściany*) whitewash; (*bieliznę*) bleach

bielizna *f* linen, underclothes; **~ pościelowa** bed-linen; **~ damska** lingerie; **~ osobista** underwear

bielmo *n med.* leukoma, film; **~ na oku** web eye

biernie *adv* passively

B

biernik m gram. accusative (case)
bierność f passivity
bierny adj passive; ~ **stan** (**rachunków**) liabilities
bierzmowanie n rel. Confirmation
biesiada f feast
biesiadować vi feast, banquet
bieżący adj running, current; (o bieżącym miesiącu - w liczbie) instant; **dług** ~ floating debt; **rachunek** ~ current account
bieżnia f sport running track; (na torze wyścigowym) race-course
bigamia f bigamy
bigamista m bigamist
bigos m sauerkraut stew with meat; przen. mess, jumble; **narobić ~u** make a mess (**z czymś** of sth)
bijatyka f scrimmage, scuffle
bikini n bikini
bila f billiard ball
bilans m balance; ~ **handlowy** balance of trade; ~ **płatniczy** balance of accounts; **sporządzić** ~ make up the balance, balance; **zestawić** ~ strike the balance
bilansow|y adj, **zestawienie ~e** balance sheet
bilard m billiards
bilet m ticket; (wizytowy) visiting <call> card; ~ **ulgowy** reduced ticket; ~ **w jedną stronę** single <one way> ticket; ~ **powrotny** return ticket; ~ **z miejscówką** reserved-seat ticket; ~ **okresowy** season ticket
bileter m ticket-collector; (w kinie itp.) usher
bilion m billion
bilon m coins; small change
bimber m moon(shine), rotgut
binarny adj komp. binary
biochemia f biochemistry
biodro n anat. hip, zw. zool. haunch
biograf m biographer
biografia f biography
biograficzny adj biographic(al)

biolog m biologist
biologia f biology
biologiczny adj biologic(al)
bioterapeuta m biotherapist
biret m (księży) biretta
bis int i s m encore
biskup m rel. bishop
biskupstwo n bishopric
bisować vt vi encore
biszkopt m sponge-cake
bit m komp. bit
bitny adj warlike, brave
bitw|a f battle; **pole ~y** battle-field
biuletyn m bulletin; report
biurko n writing-table, desk
biuro n office; ~ **informacyjne** information office; ~ **podróży** travel agency <bureau>; ~ **maklerskie** brokerage firm <house, office>
biurokracja f, **biurokratyzm** m bureaucracy, przen. red tape
biurokrata m bureaucrat, przen. person fond of red tape
biust m breast (piersi); bust
biustonosz m brassiere; pot. bra
biwak m bivouac
biwakować vi bivouac
bizantyjski adj Byzantine
bizmut m bismuth
bizon m zool. bison
biżuteria f jewellery
blacha f (biała) (tin) plate, iron-plate; (ciemna) sheet iron; (kuchenna) (kitchen-)range
blacharnia f sheet-iron works
blacharz m tinsmith
bladoczerwony adj pale-red, pink
bladoróżowy adj pale-pink
bladość f paleness
blady adj pale, pallid
blaknąć vi discolour, fade
blankiet m (blank) form
blanko n, **czek in** ~ handl. blank cheque
blask m brilliance, brightness, splendour; (np. słońca) glare
blaszany adj tin, tinplate

blaszka *f* metal plate; *bot.* lamina, blade

blat *m* sheet, plate; **~ stołu** table top

blednąć *vi* grow pale; (*o barwach*) fade

blef *m* bluff

blichtr *m* tinsel, false show

bliski *adj* near, close; (*zbliżający się np. o nieszczęściu*) imminent; **~ śmierci** on the point <on the verge> of death; **~ znajomy** close <intimate> acquaintance; **pozostawać w ~ch stosunkach** be in close <intimate> relations; **~e podobieństwo** close resemblance

blisko *adv* near(ly), close(ly); **~ spokrewniony** closely related; **~ dwa miesiące** nearly two months; **być ~ czegoś** be quite close to sth; **daleko i ~** far and near; *praep* **~ rzeki** near the river; **~ siebie** close to each other

bliskoznaczny *adj* synonymous

blizna *f* scar

bliźni *m* fellow creature, neighbour

bliźniaczy *adj* twin

bliźniak *m* twin; **Bliźnięta** (*znak zodiaku*) Gemini

bliżej *adv* nearer, closer; more nearly, <closely>

bliższy *adj* nearer, closer

bloczek *m* pad, (small) notebook; *filat.* miniature-sheet

blok *m* block; *techn.* pulley; **~ kasowy** cash-block; **~ mieszkalny** block of flats; **~ rysunkowy** drawing-block

blokada *f* blockade; closure

blokować *vt* block; obstruct

blond *adj nieodm.* fair(-haired), blond

blondyn *m* blond (man); fair-haired man

blondynka *f* blond woman, blonde; fair-haired woman

blotka *f* (*w kartach*) low card

bluszcz *m bot.* ivy

bluza *f* sweatshirt; *wojsk.* tunic

bluzgać *vi* spout, squirt

bluzka *f* blouse

bluźnić *vi* blaspheme

bluźnierca *m* blasphemer

bluźnierstwo *n* blasphemy

błagać *vt* beg, implore, beseech, entreat

błagalny *adj* imploring, beseeching

błaganie *n* imploration; entreaty

błahostka *f* trifle

błahy *adj* trifling, futile

błam *m* fur-lining

bławatek *m bot.* cornflower

błazen *m* fool, buffoon, clown

błazeńsk|i *adj* clownish; **czapka ~a** fool's cap

błazeństwo *n* foolery, buffoonery

błaznować *vi* play the fool, fool around

błąd *m* mistake, error, fault, defect, blunder; **~ drukarski** misprint

błądzić *vi* err, blunder; be mistaken; (*wędrować*) wander, rove, roam, ramble

błąkać się *vr* stray, roam

błędn|y *adj* faulty, incorrect, erroneous; **~e koło** vicious circle; **~y rycerz** knight errant; **~e oczy** wild look; **~y ognik** will-o'-the-wisp; **na ~ej drodze** on the wrong track

błękit *m* sky-blue, azure

błękitnooki *adj* blue-eyed

błękitny *adj* sky-blue

błogi *adj* blissful, happy

błogosławić *vt* bless

błogosławieństwo *n* blessing, benediction

błogostan *m* blissfulness

błona *f* membrane; *fot.* film

błonica *f med.* diphtheria

błonie *n* pasturage; (*wiejskie*) village green

błotnik *m* mudguard, wing, *am.* fender

błotnisty *adj* muddy, swampy

B

błoto n mud, muck, dirt

błysk m glitter, flash; (*rażący*) glare

błyska|ć vt flash, glitter; **~ się** vr it lightens

błyskawica f (flash of) lightning

błyskawicznie adv like lightning, in no time at all; *pot.* like a streak

błyskawiczn|y adj swift, rapid; **wojna ~a** blitz; **zamek ~y** zip fastener, zipper

błyskotliwość f brightness; *uj.* gaudiness

błyskotliwy adj bright; flashy; *uj.* gaudy

błysnąć vi flash

błyszczący adj brilliant, shining

błyszczeć vi shine, glitter, sparkle

bo conj because, for, as, since

boazeria f wainscot(ting)

bobslej m *sport.* bobsleigh, bob-sled

bochen(ek) m loaf

bocian m *zool.* stork

boczek m flank, side; (*wędlina*) bacon

bocznica f siding (track)

boczn|y adj lateral, side *attr*; **~e światło** side-light; **~a ulica** by-street, off street

boczyć się vr *pot.* be sulky (**na kogoś** with sb)

boćwina f red-beet leaves; (*zupa*) red-beet soup

bodaj *part.* may...; **~ by tak było** may it be so

bodziec m stimulus, incentive, goad; **dodać bodźca** stimulate (**komuś** sb)

bogacić vt enrich; **~ się** vr enrich oneself, grow rich

bogactw|o n wealth, riches; **~a naturalne** natural resources

bogacz m rich man

bogaty adj rich, wealthy

bogini f goddess

boginka f nymph

bogobojny adj godly, pious

bohater m hero

bohaterka f heroine

bohaterski adj heroic

bohaterstwo n heroism

bohomaz m daub

boisko n *sport* sports field, playground; (*piłkarskie*) football field <pitch>; (*szkolne*) close

boja f buoy; **~ świetlna** beacon-buoy

bojaźliwość f shyness, timidity

bojaźliwy adj shy, timid

bojaźń f awe, fear

bojer m *sport* iceboat

bojkot m boycott

bojkotować vt boycott

bojler m boiler

bojownik m fighter; champion; **~ o pokój** peace-fighter

bojow|y adj pugnacious, combative; **gotowość ~a** alert; **okrzyk ~y** battle-cry; **szyk ~y** battle-array; **siły ~e** striking force

bojówka f fighting group, armed gang

bok m side, flank; **~iem** sidelong; **patrzeć ~iem** look askance (**na kogoś** at sb); **pod ~iem** near by, at hand; **żarty na ~** joking apart; *przen.* **to mi ~iem wychodzi** I'm fed up with it; **zrywać ~i ze śmiechu** split one's sides with laughing; **wziąwszy się pod ~i** with arms akimbo; **robić ~ami** be on one's last legs; **przy czyimś ~u** at sb's side; **na ~u** aside, apart; **uwaga na ~u** side note; **zarobić coś na ~u** earn sth on the side; **kłucie w ~u** stitch in the side; **stać na ~u** stand aloof; **z ~u** from the side; **widok z ~u** side-view; **uderzenie z ~u** side-blow, by-blow

bokobrody s pl sideboards, side whiskers; *am.* sideburns

boks m *sport* (*pięściarstwo*) boxing

bokser m *sport* boxer

boksować vt *sport* box; **~ się** vr box

bolący adj painful, aching

bolączka f pain; grief, worry

bol|eć vi ache, hurt; (żałować) regret, grieve; **~i mnie głowa <ząb>** I have a headache <a toothache>; **~i mnie palec** my finger hurts, I have a sore finger; **~i mnie gardło** I have a sore throat; **co cię ~i?** what ails <hurts> you?; **~eję nad jego śmiercią** I mourn over his death

bolesny adj painful, sore; (moralnie) grievous

boleś|ć f (moralna) grief; pl **~ci** pains

bomba f bomb; (czekoladowa) ball; (kufel) pint; (sensacja) startling piece of news, sensation; **~ atomowa** atomic bomb, A-bomb; **~ wodorowa** hydrogen bomb, H-bomb; **~ zegarowa** time bomb; **wpaść jak ~** rush in, burst in; **~ pękła** it has come off

bombardować vt bomb, bombard

bombardowanie n bombing, bombardment

bombastyczny adj bombastic

bombonierka f box of chocolates

bombowiec m wojsk. lotn. bomber

bon m bill, bond, ticket, coupon; fin. **~ skarbowy** treasury bond

bonifikata f reduction

bonifikować vt compensate (**komuś coś** sb for sth)

bordo n i adj nieodm. (kolor) crimson-dark red; (wino) Bordeaux

borny adj, chem. **kwas ~** boric acid

borówka f bot. bilberry, whortleberry

borsuk m zool. badger

borykać się vr wrestle, grapple, struggle, cope with

bosak m boat-hook; fire-hook

bosk|i adj divine, godlike; **oddawać cześć ~ą** worship; **na litość ~ą!** for goodness sake!; **rany ~ie!** good heavens!

boskość f divinity

bosman m mors. boatswain

boso, na bosaka adv barefoot

bosy adj barefooted

botaniczny adj botanical

botanika f botany

bowiem conj for, since, because

bożek m idol, god

boży adj divine; **Boże Ciało** Corpus Christi; **Boże Narodzenie** Christmas

bożyszcze n idol

bób m bot. (broad) beans

bóbr m zool. beaver; **płakać jak ~** melt into tears

Bóg m God; **mój Boże!** good God <Lord>!, dear me!; **dzięki <chwała> Bogu!** thank God!; **nie daj Boże!** God forbid!; **szczęść Boże!** God speed you!

bój m fight, battle; **prowadzić ~** fight, battle

bójka f scrimmage, scuffle, brawl

ból m pain, ache; **~ głowy** headache; **~ gardła** sore throat; **~ zębów** toothache

bór m lit. forest, woods

bóstwo n deity

bóść vt gore

bractwo n (con)fraternity

brać vt take; **~ do wojska** enlist; **~ górę** get the upper hand (**nad kimś, czymś** of sb, sth); **~ na serio** take seriously; **~ na siebie obowiązek** take on duty; **~ pod uwagę** take into consideration; **~ ślub** get married (**z kimś** to sb); **~ udział** take part; **~ w rachubę** take into account; **~ coś za dobrą monetę** take sth in; **~ za złe** take amiss; **bierze mnie chęć** I feel like, I have a mind; **bierze mróz** it begins to freeze; **~ kogoś <coś> szturmem** take sb <sth> by storm; vr **~ się do dzieła** set about one's work

brak m lack, deficiency, absence, shortage, want; (wada) fault, shortcoming; (*o towarze*) defective <shoddy> article; **~ mi pieniędzy** I lack money; **cierpieć na ~ czegoś** lack sth; suffer from the lack of sth; **nie ~ mu odwagi** he abounds in courage; **z ~u czasu** for lack of time; **zaspokoić ~** supply a want

brakarz m sorter

brakorób m bungler, botcher

brakować 1. *vt* (*sprawdzać jakość*) reject, sort out

brak|ować 2. *vi* be wanting, be missing, be short of, be deficient; want, miss; **~uje wielu książek** many books are missing; **~uje pieniędzy** money is lacking; **~uje mi pieniędzy** I lack money; **~uje mi ciebie** I miss you; **~uje mi słów** words fail me; **~uje mi siły** power fails me; **nic mi nie ~uje** nothing is the matter with me

brama f gate; **~ wjazdowa** gateway

bramk|a f *sport* goal; **zdobyć ~ę** score a goal

bramkarz m *sport* goalkeeper

bransoletka f bracelet

branża f line (of business); branch; craft

brat m brother; (*zakonny*) brother, friar; **~ cioteczny** first cousin; **~ przyrodni** stepbrother; **być za pan ~** be on easy terms (**z kimś** with sb)

bratać się *vr* fraternize

bratanek m nephew

bratanica f niece

bratanie się *vr* fraternization

bratek m *bot.* pansy

braterski *adj* brotherly, fraternal

braterstwo n brotherhood, fraternity

bratni *adj* = **braterski**

bratowa f sister-in-law

brawo *int* bravo; applause; **bić ~** applaud (**komuś** sb)

brawura f gallantry, bravery, bravado; *muz.* bravura

Brazylijczyk m Brazilian

brazylijski *adj* Brazilian

brąz m bronze; (*kolor*) brown

brązowy *adj* bronze; (*o kolorze*) brown

bredni|a f (*zw. pl* **~e**) bosh; rubbish; *wulg.* bullshit

bredzić *vi* rave, talk nonsense

brelok m trinket

brew f *anat.* brow

brewerie s *pl* uproar, row; **wyprawiać ~** make a row

brewiarz m *rel.* breviary

brezent m canvas, tarpaulin

brnąć *vi* flounder, wade; **~ w długi** incur debts over head and ears

broczyć *vi* (*ociekać*) **~ krwią** bleed, drip with blood

brod|a f *anat.* chin; (*zarost*) beard; **zapuścić ~ę** grow a beard

brodaty *adj* bearded

brodawka f wart; (*sutkowa*) *anat.* nipple

brodzić *vi* wade, flounder

broić *vi* be up to mischief, skylark, romp

brokat m brocade

brom m *chem.* bromide

brona f harrow

bronchit m *med.* bronchitis

bronić *vt* defend (**przed kimś, czymś** against <from> sb, sth); (*pokoju, kraju*) guard, protect; (*poglądów, honoru itp.*) assert; (*orędować*) advocate (**czegoś** sth); **~ czyjejś sprawy** plead sb's cause; **~ się** *vr* defend oneself

bronować *vt* harrow

broń f weapon, arms; service (*branch of army*); **~ biała** cold steel; **~ palna** fire-arms; **~ krótka** small arms; **~ boczna** side-arms; **pod bronią** in arms; **chwycić za ~** take up arms; **zawieszenie broni** armistice

broszka f brooch

broszura f pamphlet; (*prospekt, ulotka*) leaflet; booklet

browar m brewery

bród m ford; **przechodzić w ~** ford

bródka f little beard; **kozia ~** goatee

brud m dirt; filth; grime; pl **~y** (*brudna bielizna*) dirty linen; laundry

brudas m sloven

brudnopis m rough copy

brudny adj dirty, filthy

brudzić vt soil, make dirty; **~ so- bie twarz, ręce** soil one's face, hands; **~ się** vr get soiled, be- come dirty

bruk m pavement, paved road; *przen.* **szlifować ~i** loaf about; **wyrzucić na ~** turn out adrift <into the street>

brukać vt soil, make dirty

brukiew f *bot.* (Swedish) turnip

brukować vt pave, cobble

brukowiec m paving-stone, cob- ble; (*gazeta*) gutter paper, rag

brukow|y adj paving; **prasa ~a** yellow <gutter> press

brukselka f *bot.* Brussels sprouts

brulion m notebook

brunatny adj brown; **węgiel ~** brown coal

brunet m dark-haired man

brunetka f brunette; *am.* brunet

brusznica f *bot.* cranberry

brutal m brute

brutalność f brutality; (*w grze*) roughness

brutalny adj brutal; (*o grze*) rough

brutto adv (in) gross; **cena ~** gross price; **waga ~** gross weight

bruzda f furrow

bruździć vi *pot.* obstruct, muddle

brydż m *sport* bridge

brydżysta m *sport* bridge-player

brygada f brigade

brygadier m brigadier

brygadzista m foreman

bryk m *pot.* crib; *am.* pony

brykać vi (*o koniu*) rear, kick; (*swawolić*) frolic, gambol, jump about

brykiet m briquette; *zbior.* **~y** patent fuel

brylant m brilliant, diamond

bryła f block, lump; (*ziemi*) clod; *mat.* solid

bryłka f lump, clot

bryłkowaty adj cloddy, clotty

bryłowaty adj lumpy, massive

bryndza f ewe's cheese

brytan m mastiff

brytfanna f baking-pan, frying- -pan

Brytyjczyk m British subject; *am.* Britisher

brytyjski adj British

bryza f breeze

bryzgać vi l' splash (**wodą** wa- ter)

brzask m dawn, daybreak; **z ~iem** at daybreak

brzdąc m tot, toddler

brzdąkać vi strum, twang

brzdęk int twang!

brzeg m bank, riverside; (*morza, jeziora*) shore, coast; seaside, sea- shore; (*plaża*) beach; (*przepaści*) brink; (*krawędź*) edge; (*stronicy*) margin; (*sukni, lasu*) skirt; (*kape- lusza, kubka itp.*) brim; **na ~, na ~u** ashore

brzemienność f pregnancy

brzemienny adj pregnant; **~ w skutki** eventful

brzemię n burden, *lit.* burthen

brzezina f birch wood

brzęcz|eć vi (re)sound, ring; (*o metalu*) tin- kle, clink, chink; (*o pieniądzach*) jingle; (*o owadach*) buzz, hum; (*o talerzach*) clatter; **~ąca moneta** hard cash

brzęczyk m buzzer

brzęk m ring, clink, jingle; buzz

brzmi|eć vi (re)sound, ring; (*o tekście, ustawie itp.*) purport; **tekst ~ jak następuje** the text runs as follows; **to ~ dziwnie** this rings <sounds> strange

brzmienie n sound; (*tekstu, umowy itp.*) purport, tenor, word- ing

brzoskwinia f *bot.* peach; peach-tree

brzoza f *bot.* birch

brzuch m *med.* abdomen; *pot.* belly, paunch

brzuchaty *adj* big-bellied

brzuchomówca m ventriloquist

brzuszny *adj* abdominal; *med.* **dur** ~ enteric <typhoid> (fever)

brzydactwo n ugliness; ugly thing <person>

brzydal m ugly man

brzydk|i *adj* ugly; **~a pogoda** nasty weather; **~ie kaczątko** ugly duckling

brzydnąć vi become ugly

brzydota f ugliness

brzydzić się vr abhor, loathe (**czymś** sth), have an aversion (**czymś** to sth)

brzytw|a f razor; *przysł.* **tonący ~y się chwyta** a drowning man catches at a straw

bubel m shoddy article <commodity>

buchać vi (*o płynach*) gush; (*o dymie, ogniu*) belch; *pot.* (*kraść*) pinch, lift, filch; **~ płomieniem** blaze forth

buczeć vi buzz, drone

buczyna f beech wood, beech-grove

buda f shed, shack; (*jarmarczna*) booth; **psia ~** kennel

buddyzm m Buddhism

budka f shelter, cabin; (*np. strażnika*) box; **~ telefoniczna** telephone <call> box; *am.* telephone booth

budow|a f construction, structure; building; **biuro ~y** building office; **plac ~y** building site; **~a ciała** structure of the body, build; **~a zdania** sentence structure; **w ~ie** under construction

budować vi build, construct; (*moralnie oddziaływać*) edify; *przen.* **~ zamki na lodzie** build castles in the air

budowla f building, edifice; construction

budowlan|y *adj* building, architectural; **przedsiębiorca ~y** builder, building contractor; **przedsiębiorstwo ~e** building enterprise

budownictwo n architecture; **~ mieszkaniowe** residential building

budowniczy m builder

budulec m timber; *am.* lumber

budynek m building

budyń m pudding

budzić vt wake (up), waken, awake, awaken, rouse, call; (*uczucie*) prompt; (*sympatię, podejrzenia*) arouse; (*zaufanie*) inspire; **~ się** vr wake (up), awake, start up

budzik m alarm-clock; **nastawić ~ na siódmą** (**godzinę**) set the alarm-clock for seven (o'clock)

budżet m budget

budżetowy *adj* budgetary; **rok ~** fiscal year

bufet m (*dania dla gości*) buffet; (*mebel*) sideboard, cupboard; (*w restauracji*) bar; (*w teatrze, szkole itp.*) refreshment room

bufetowa f barmaid

bufetowy m barman; *am.* bartender

bufon m buffoon

bufonada f buffoonery

bufor m buffer

bujać vi (*unosić się*) float, hover, soar; (*wałęsać się*) roam; (*kiełkować*) sprout, shoot; vt (*huśtać*) rock, swing; *pot.* (*nabierać*) take in, hoax

bujak m rocking chair

bujda f *pot.* hoax

bujny *adj* exuberant, abundant, luxuriant; (*o włosach*) bushy; (*o fantazji, pomyśle*) fertile

buk m *bot.* beech

bukiecik m posy, nosegay

bukiet m bouquet; bunch (of flowers)

bukmacher *m* bookmaker; *pot.* bookie

buksować *vi* (*o kołach*) surge

bukszpan *m bot.* box (tree), boxwood

buldog *m zool.* bulldog

bulgot *m* bubble, gurgle

bulgotać *vi* bubble, gurgle

bulić *vi vt pot.* fork out, cough up

bulion *m* bouillon, broth, clear soup

bulla *f* bull

bulwa *f bot.* bulb, tuber

bulwar *m* boulevard, avenue; (*nad rzeką*) embankment

buława *f* mace, truncheon; (*marszałkowska*) baton

Bułgar *m* Bulgarian

bułgarski *adj* Bulgarian

bułka *f* roll; **~ tarta** (bread) crumbs; **słodka ~** bun

bumelant *m* loafer, shirk(er), absentee; *am. pot.* bum

bumerang *m* boomerang

bunkier *m wojsk.* pill-box

bunt *m* rebellion, revolt, riot, sedition, mutiny; **podnieść ~** rise in revolt

buntować *vt* stir (up), rouse to revolt; **~ się** *vr* revolt, rebel

buntowniczy *adj* rebellious, riotous, seditious

buntownik *m* rebel, mutineer

buńczuczny *adj* cocky, perky

bur|a *f pot.* reprimand, scolding; **dać ~ę** reprimand (**komuś** sb); scold, *pot.* give it hot; **dostać ~ę** get a scold; *pot.* get it hot

burak *m bot.* beet (root); **~ cukrowy** sugar beet; **~ ćwikłowy** red beet

burczeć *vi* rumble; (*gderać*) grumble (**na kogoś** at sb)

burda *f* brawl

burdel *m wulg.* brothel

burgund *m* (*wino*) Burgundy

burmistrz *m* mayor

bursztyn *m* amber

burt|a *f mors.* (ship's) side, (ship) board; **lewa ~a** port side; **prawa ~a** starboard side; **wyrzucić za ~ę** throw overboard

bury *adj* dark-grey, grizzly

burza *f* storm, gale, tempest, thunderstorm; *przen.* **~ w szklance wody** a storm in a tea-cup

burzliwy *adj* stormy, rough, tempestuous, turbulent

burzyciel *m* destroyer

burzycielski *adj* destructive

burzyć *vt* destroy, demolish; (*rozebrać, np. dom, maszynę*) pull down; (*podburzać*) stir up, raise; **~ się** *vr* rebel, rise in revolt

burżuazja *f* bourgeoisie

burżuazyjny *adj* bourgeois

busola *f* compass

buszować *vi* rummage

but *m* shoe; (*z cholewką*) boot; **głupi jak ~** as dull as ditchwater <dishwater>

buta *f* haughtiness, insolence

butelka *f* bottle

butelkować *vt* bottle

butik *m* boutique

butla *f* demijohn, (*opleciona*) carboy

butny *adj* haughty, overbearing, insolent

butonierka *f* buttonhole

butwieć *vi* rot, moulder

buzi|a *f pot.* face; **dać komuś ~** give sb a kiss

buziak *m pot.* kiss

by *zob.* **aby**; *part. warunkowa*: **on by to zrobił** he would do it

byczek *m zool.* bull calf

być *vi, v aux* be; **~ dobrej myśli** be of good cheer; **~ może** perhaps, maybe; **niech będzie, co chce** come what may; **niech i tak będzie** let it be so; **~ u siebie** be at home; **co z nim będzie?** what will become of him?

bydlę *n* beast, brute

bydło *n zool.* cattle

byk *m zool.* bull; (*gafa*) bloomer, howler; **walka ~ów** bullfight; **wziąć ~a za rogi** take the bull

by the horns; *palnąć <strzelić>* **~a** make a bloomer; *jak czerwona płachta na* **~a** like a red rag to a bull; *Byk* (*znak zodiaku*) Taurus

byle *adv* **~ co** anything; **~ kto** anybody; **~ gdzie** anywhere; **~ jaki** any, any...whatever; **to nie ~ jaki uczeń** he is no mean pupil; **nie ~ jak** in no mean fashion

bylina *f bot.* perennial

były *adj* former, past, old, ex-, late, has-been; **~ prezydent** ex-president, the late president

bynajmniej *adv* not at all, by no means, not in the least; (*z oburzeniem*) I should say <think> not

bystrość *f* (*szybkość*) rapidity, quickness; (*bystrość umysłu*) keenness, shrewdness

bystry *adj* (*szybki*) rapid, quick; (*umysłowo*) smart, keen, keen-witted, cute; (*o wzroku*) sharp, keen

byt *m* existence; (*w filozofii, polityce*) entity; *walka o* **~** struggle for existence <life>; *mieć zapewniony* **~** have one's existence <living> secured

bytność *f* sojourn, stay

bytowy *adj* existential; *warunki* **~e** living conditions

bywać *vi* frequent (*w pewnym miejscu* some place); to be <to go> often...; call frequently (*u kogoś* on sb); (*zdarzać się*) happen; **~j zdrów!** farewell!; **tak ~** so it happens

bywalec *m* frequenter, habitué

bywały *adj* experienced

bzdura *f* nonsense, bosh, silly talk, rubbish; *wulg.* bullshit, balls; *pleść* **~y** talk nonsense

bzdurny *adj* nonsensical

bzik *m pot.* eccentricity, craze; (*wariat*) freak, crank, loony; *mieć* **~a** be crazy; *przen.* have a screw loose, have a bee in one's bonnet

bzykać *vi* buzz, hiss

C

cacko *n* knick-knack, trinket

cal *m* inch

calówka *f* folding rule

całka *f mat.* integral

całkiem *adv* quite, entirely, completely

całkować *vt mat.* integrate

całkowicie *adv* altogether, throughout, entirely, completely

całkowity *adj* entire, total, complete; *liczba* **~a** integer

całkowy *adj mat.* integral; *rachunek* **~** integral calculus

cało *adv* safely, unharmed; *wyjść* **~** get off safe and sound

całodobowy *adj* round-the-clock

całodzienny *adj* full day's, day-long

całokształt *m* totality, the whole

całonocny *adj* full night's, night-long

całopalenie *n* holocaust

całoroczny *adj* full year's

całoś|ć *f* totality, entirety, whole, bulk, (complete) body; *w* **~ci** on the whole

całować *vt* kiss; **~ kogoś na pożegnanie** kiss sb good-bye; **~ się** *vr* kiss each other

całun *m* shroud

całus *m* kiss

cał|y *adj* whole, all, entire; (*zdrów*) safe; **~y rok** all the year (round); **~a Europa** all <the whole of> Europe; *przez* **~y dzień** all day long; **~ymi go-**

dzinami for hours and hours; **zdrów i ~y** safe and sound

capstrzyk m tattoo

car m tsar, tzar, czar

carowa f tsarina, tzarina, czarina

ceb|er m tub; *przen.* **leje jak z ~ra** it rains cats and dogs

cebula f *bot.* onion

cebulka f *bot.* onion; (*np. kwiatowa, włosowa*) bulb

cech m guild, corporation

cecha f feature, character, quality; stamp, seal, mark; (*stempel probierczy*) hallmark

cechować vt characterize, brand; (*znaczyć*) mark, stamp

cedować vt cede (**coś na kogoś** sth to sb), transfer

cedr m *bot.* cedar

ceduła f schedule, list; **~ giełdowa** list of quotations, stock-list

cedzak m colander, cullender

cedzić vt filter; *przen.* **~ słówka** drawl one's words

cegielnia f brick-yard, brick-field

cegiełka f (little) brick; (*składka*) share

ceglasty adj brick-coloured

cegła f brick

cekin m sequin

cel m aim, purpose, end, object, goal; (*tarcza strzelnicza i przen.*) target; (*środek tarczy*) bull's-eye; **brać na ~** take aim (**coś** at sth); **mieć na ~u** have in view; **o-siągnąć swój ~** gain one's end; **trafić do ~u** hit the mark; **chy-bić ~u** miss the mark; **~em** for the purpose (**czegoś** of sth); **w ~u** for the purpose of, with this end in view; **w tym ~u** to this end; **strzelanie do ~u** target practice; **~ podróży** destination; **~ pośmiewiska** laughing-stock

cela f cell

celebracja f celebration

celebrować vt celebrate

celibat m celibacy

celnik m customs officer

celność f accuracy (of aiming), precision; (*dobre strzelanie*) marksmanship

celny 1. adj (*trafny*) accurate, accurately-aimed

celn|y 2. adj customs, relating to customs; **deklaracja ~a** custom-house declaration; **opłata ~a** (customs) duty; **rewizja ~a** customs inspection; **urząd ~y** custom-house; **odprawa ~a** customs clearance

celofan m cellophane

celować vi aim, take aim (**do czegoś** at sth); (*z karabinu*) level one's gun (**do czegoś** at sth); (*przodować*) excel (**w czymś** in sth)

celownik m *gram.* dative

celowo adv on purpose, intentionally

celowość f suitableness, purposefulness, expediency

celowy adj suitable, purposeful, expedient

Celsjusz, *x* **stopni ~a** *x* degrees Celsius <centigrade>

Celt m Celt, Kelt

celtycki adj Celtic, Keltic

celujący adj excellent, perfect

celuloza f cellulose

cement m cement

cementować vt cement

cen|a f price, value; **~a detaliczna** retail price; **~a stała** fixed price; **~a zniżona** reduced price; **po tej ~ie** at that price; **za wszelką ~ę** at any price

cenić vt (*wyceniać*) price, value; (*wysoko sobie cenić*) appreciate, prize

cennik m price-list

cenny adj valuable, precious

cent m cent

centrala f head-office, headquarters; (*techniczna*) central station; (*telefoniczna*) exchange; **~ międzynarodowa** international exchange; **~ miejscowa** local exchange; switchboard

C

centralizacja *f* centralization
centralizować *vt* centralize
centralny *adj* central
centrum *n sing nieodm.* centre, *am.* center; **~ handlowe miasta** city <town> centre; *am.* downtown
centymetr *m* centimetre
cenzor *m* censor
cenzura *f* (*urząd*) censorship; (*krytyka*) censure; (*szkolna*) school report
cenzurować *vt* (*przeprowadzać cenzurę*) censor; (*ganić*) censure
cenzus *m* (*spis*) census; **~ naukowy** degree of education; **~ majątkowy** property requirement
cep *m* flail
cera 1. *f* (*twarzy*) complexion
cera 2. *f* (*cerowane miejsce*) darn, darning
ceramiczny *adj* ceramic
ceramika *f* ceramics, pottery
cerata *f* oilcloth
ceregiele *s pl* fuss, ceremony; **robić ~** stand on <upon> ceremony (**z kimś** with sb), make a fuss (**z kimś, czymś** of sb, sth)
ceremonia *f* ceremony
ceremonialny *adj* ceremonial, ceremonious
ceremoniał *m* ceremonial
cerkiew *f* Orthodox church
cerować *vt* darn
cesarski *adj* imperial; **~e cięcie** *med.* Caesarean section
cesarstwo *n* empire
cesarz *m* emperor
cesarzowa *f* empress
cesja *f prawn.* cession
cewka *f* reel, bobbin; *techn.* spool; *elektr.* coil; *anat.* duct; **~ moczowa** urethra
Cezar *m* Caesar
cętka *f* speckle, spot
cętkowany *adj* spotted
chaber *m bot.* cornflower
chałtura *f pot.* pot-boiler, hackwork

chałupa *f* hut, cabin
chałupnictwo *n* outwork, domestic work
chałupnik *m* outworker
chałwa *f* halva(h)
cham *m* cad, boor
chamski *adj* caddish, boorish
chamstwo *n* caddishness, boorishness
chan *m* khan
chandr|a *f* spleen, doldrums, blues; **mieć ~ę** have <get> the blues
chaos *m* chaos
chaotyczny *adj* chaotic
charakte|r *m* integrity; character; (*rola, funkcja*) capacity; **~r pisma** handwriting; **człowiek z ~rem** man of integrity <character>; **brak ~ru** lack of principle, want of backbone; **czarny ~r** villain; **w ~rze dyrektora** in the capacity of director
charakterystyczny *adj* characteristic (**dla kogoś, czegoś** of sb, sth)
charakterystyka *f* (description of the) character
charakteryzacja *f* characterization; *teatr* make-up
charakteryzować *vt* characterize; *teatr* make up (**na kogoś** for sb); **~ się** *vr* make up
charczeć *vi* rattle in one's throat, rattle
charkot *m* rattle
chart *m zool.* greyhound
charytatywny *adj* charitable, charity *attr*
chaszcze *s pl* brushwood, thicket
chata *f* hut, cabin
chcąc|y *adj* willing; *przysł.* **dla ~ego nie ma nic trudnego** where there's a will there's a way
chcieć *vt vi* want, be willing, intend, desire, wish; **chce mi się** I want, I have (half) a mind (**czegoś** to do sth); **chce mi się spać** I feel sleepy; I feel as if I could sleep, I have (half) a mind

to go to sleep; *chce mi się pić* I am thirsty; *chciałbym* I should like; *chcę, żeby wrócił* I want him to come back; *chcąc nie chcąc* pot. willy-nilly; *on sam nie wie, czego chce* he does not know his own mind

chciwość f greed, covetousness

chciwy adj greedy, covetous

chełpić się vr boast (*czymś* of sth), pride oneself (*czymś* on sth)

chełpliwy adj boastful

chemia f chemistry

chemiczny adj chemical; *związek* ~ chemical compound

chemik m chemist

cherlak m pot. weakling

cherubin m cherub

chę|ć f (*wola*) will, willingness; (*życzenie*) desire, wish, inclination; (*zamiar*) intention; *dobre ~ci* good intentions; *mieć ~ć* have a mind; *~ć mnie bierze* I feel like, I have a mind <a wish>; *z miłą ~cią* with pleasure; gladly

chętk|a f fancy, desire; pot. itch; *nabrać ~i* take a fancy (*do czegoś* to, for sth); *mam ~ę* I itch (*na coś* for sth)

chętnie adv willingly, readily

chętny adj willing, ready; ~ *do nauki* eager to learn

chichot m chuckle, giggle

chichotać vi chuckle, giggle

Chilijczyk m Chilean

chilijski adj Chilean

chimera f (*w mitologii*) chimera; (*przywidzenie*) phantom, fancy; (*kaprys*) caprice, whim

chimeryczny adj chimerical; capricious, whimsical, fanciful

chinina f med. quinine

Chińczyk m Chinese

chiński adj Chinese

chiromancja f chiromancy, palmistry

chirurg m med. surgeon

chirurgia f med. surgery

chirurgiczny adj surgical

chlać vi vt pot. booze (up), tank up, soak up

chlapa f pot. foul <nasty> weather

chlapać vi splash

chlasnąć vt whack, flap, slap

chleb m bread; ~ *z masłem* bread and butter; ~ *razowy* brown bread; ~ *powszedni* daily bread; *zarabiać na* ~ earn one's daily bread <one's living>

chlebak m haversack

chlew m sty, pigsty

chlor m chem. chlorine

chloran m chem. chlorate

chlorek m chem. chloride

chlorofil m bot. chlorophyll

chloroform m chem., med. chloroform

chlorować vt chlorinate

chlorowy adj chloric

chlub|a f glory, pride; *to mu przynosi ~ę* this does him credit

chlubić się vr boast (*czymś* of sth), glory (*czymś* in sth)

chlubny adj glorious; (*o opinii*) honourable, excellent

chlupać vi splash; gurgle

chlustać vi spout, splash

chłeptać vt lap up

chłodnia f refrigerator

chłodnica f radiator; cooler

chłodnieć vi cool (down), become cool

chłodnik m cold borsch <soup>

chłodno adv cool; *jest* ~ it is cool; *jest mi* ~ I am <feel> cool

chłodny adj cool; (*oschły*) reserved

chłodzić vt chill, cool; (*zamrażać*) refrigerate; ~ *się* vr cool (down), become cool

chłonąć vt absorb, suck in

chłonność f absorbency, power of absorption

chłonny adj absorbent, absorptive

chłop m peasant; pot. fellow, chap

chłopak, chłopiec m boy, youth, lad; ~ *na posyłki* errand boy

chłopięctwo n boyhood

chłopięcy adj boyish; boy's, boys'

chłopski adj peasant, rustic

chłopstwo n peasantry

chłosta f flogging, lashing

chłostać vt flog, lash

chłód m cool, coolness, cold

chłystek m greenhorn

chmara f (wielka ilość) swarm; (ludzi) crowd

chmiel m bot. hop; (artykuł przemysłowy) hops pl

chmur|a f cloud; przysł. **z wielkiej ~y mały deszcz** much cry and little wool

chmurny adj cloudy; przen. gloomy

chmurzyć vt, **~ czoło** frown, knit the brow; **~ się** vr become cloudy, cloud up

chochla f ladle

chochlik m gremlin sprite, imp, brownie; **~ drukarski** misprint

chochoł m straw-cover

cho|ciaż, cho|ć conj though, although, as; adv even so; at least; **~ć trochę** even so little; **~ć pięć pensów** five pence at least

choćby conj even if; adv at the very last; **~ jeden fakt** a single fact; **~ nie wiem jak (się starał)** no matter how (hard he tried)

chodak m clog

chodliwy adj pot. saleable, marketable, in demand

chodnik m pavement, footpath; am. sidewalk; (dywan) carpet, rug

chodzić vi walk, go; (w kartach) lead; (o pociągach) run; **~ do szkoły** go to school; **~ na wykłady** attend lectures; **~ koło czegoś** busy oneself with sth <about sth>; **~ w czymś** (np. w mundurze) wear sth (e.g. uniform); **~ za kimś** follow sb; **o co chodzi?** what is the matter?; **chodzi o twoje życie** your life is at stake; **o ile o mnie chodzi** as far as I am concerned

choinka f Christmas tree

choler|a f med. cholera; (przekleństwo) damn it!; pot. **idź do ~y!** go to hell!

cholerny adj pot. bloody, damned

choleryczny adj choleric

cholesterol m cholesterol

cholewa f bootleg; **buty z ~mi** top boots

chomąto n horse-collar

chomik m zool. hamster

chorągiew f banner, flag; (kościelna) gonfalon

chorągiewka f pennon; (na dachu) weathercock

chorąży m standard-bearer; wojsk. ensign

choreografia f choreography

chorob|a f illness, ailment; (trwała) disease; **~a morska** seasickness; **~a umysłowa** mental disease <deficiency>; insanity; **~a zakaźna** infectious disease; **historia ~y** case history; **złożony ~ą** bedridden

chorobliwość f morbidity

chorobliwy adj morbid, sickly

chorobowy adj morbid; **urlop ~** sick leave; **zasiłek ~** sick benefit

chorować vi be ill (na coś with sth), suffer (na coś from sth), be afflicted (na coś with sth)

chorowity adj sickly

chorwacki adj Croatian

Chorwat m Croat

chory adj ill (na coś with sth), sick, unwell; **ciężko ~** seriously ill; **izba ~ch** sick-ward; **lista ~ch** sick-list

chować vt (ukrywać) hide, conceal; (przechowywać) keep; (wkładać, np. do szuflady) put (up); (grzebać zwłoki) bury; (hodować) breed, rear; (wychowywać) bring up, educate; **~ do kieszeni** pocket; **~ się** vr hide (przed kimś from sb), conceal oneself (przed kimś from sb); (rosnąć, dobrze się trzymać) grow, thrive

chowan|y *pp od* **chować**; *s m* **bawić się w ~ego** play (at) hide-and-seek

chód *m* gait, walk; (*o koniu*) pace; (*o maszynie*) action, going, working order; **na chodzie** in action, in working order; *pot.* **mieć chody** have connexions

chór *m* chorus; (*zespół śpiewaczy i chór kościelny*) choir; **~em** in chorus

chóralny *adj* choral

chów *m* rearing, breeding

chrabąszcz *m zool.* chafer, beetle

chrapać *vi* snore

chrapliwy *adj* raucous, hoarse

chrobotać *vi* grate

chrom *m* chrome; *chem.* chromium

chromatyczny *adj* chromatic

chromowy *adj* chromic

chromy *adj* limping, lame

chronicznie *adv* chronically

chroniczny *adj* chronic

chronić *vt* protect, preserve, shelter (**przed czymś** from sth), guard (**przed czymś** against sth); **~ się** *vr* protect oneself, guard (oneself); (*chować się*) shelter, take shelter; (*szukać bezpiecznego miejsca*) take refuge

chronologia *f* chronology

chronologiczny *adj* chronological

chronometr *m* chronometer

chropawy *adj* rough, harsh, coarse

chropowaty *adj* rough, rugged

chrupać *vt* crunch

chrupki *adj* crisp

chrust *m* faggots *pl*, brushwood; (*ciasto*) fritter

chrypieć *vi* speak in a hoarse voice

chrypka *f* hoarseness, hoarse voice

chrypliwy *adj* hoarse, husky

chrystianizm *m* Christianity

Chrystus *m rel.* Christ

chryzantema *f bot.* chrysanthemum

chrzan *m* horseradish

chrząkać *vi* hawk; (*ironicznie lub znacząco*) hem; (*o świni*) grunt

chrząstka *f anat.* cartilage

chrząszcz *m zool.* beetle, chafer

chrzciciel *m rel.* Baptist

chrzcić *vt rel.* baptize, christen; **~ się** *vr* be <become> christened

chrzcielnica *f rel.* font

chrzciny *s pl rel.* baptism, christening-party

chrzest *m rel.* baptism, christening

chrzestn|y *adj rel.* baptismal; **ojciec ~y** godfather; **matka ~a** godmother; **rodzice ~i** godparents

chrześcijanin *m rel.* Christian

chrześcijański *adj* Christian

chrześcijaństwo *n rel.* (*religia*) Christianity, Christianism; (*ogół chrześcijan*) Christendom

chrześniaczka *f rel.* goddaughter

chrześniak *m rel.* godson

chrzęst *m* rattle, rattling, clank

chrzęścić *vi* rattle, clank

chuchać *vi* puff, blow

chuchro *n* weakling

chuć *f* lust

chuderlawy *adj* weakly, sickly, meagre

chudnąć *vi* become lean, lose flesh

chudy *adj* thin, lean, meagre

chuligan *m* hooligan, rowdy

chusta *f* wrap, shawl; **zbladł jak ~** he grew pale as death

chustka *f* kerchief; **~ do nosa** handkerchief

chwalebny *adj* glorious, praiseworthy

chwalić *vt* praise, extol; **~ się** *vr* boast (**czymś** of sth)

chwała *f* glory; praise

chwast *m* (*ziele*) weed; (*frędzla*) tassel

chwiać *vt* shake, sway; **~ się** *vr*

shake, sway, totter, reel, rock;
(*wahać się*) hesitate; (*o cenach*)
fluctuate

chwiejność f shakiness, tottering
position; unsteadiness; hesitation,
indecision; (*cen*) fluctuation

chwiejny *adj* shaky, tottering; un-
steady; hesitating

chwil|a f moment, instant, while;
co ~a every moment, every now
and again; **do tej ~i** up to this
moment, until now; **lada ~a,
każdej ~i** any moment
<minute>; **na ~ę** for a moment;
do tej ~i from this time onward,
from now on; **przed ~ą** a while
ago; **przez ~ę** for a while; **w
danej ~i** at the given moment; **w
jednej ~i** at once; **w ostatniej ~i**
at the last moment; **w wolnych
~ach** at one's leisure, in leisure
hours; **nie mieć wolnej ~i** not to
have a moment to spare; **za ~ę** in
a moment; **z ~ą** on, upon; **z ~ą
jego przybycia** on his arrival;
zaczekaj ~ę! wait <just> a moment <a second>!; half a
mo(ment)!; let me see!

chwilowy *adj* momentary, temporary

chwyt *m* grip, grasp, seizure;
(*sposób, zabieg*) catch, trick; (*w
zapasach*) grapple, catch; **mocny
~** firm grasp

chwytać *vt* catch, seize; (*mocno*)
grasp, grip; catch <get> hold (*coś*
of sth); **~ za broń** take up arms; **~
za serce** go to sb's heart; **~ się**
vr catch (*czegoś* of sth), seize
(*czegoś* on, upon sth); **~ się za
głowę** clutch one's head

chyba *part. i adv* probably, maybe; **~ tak** I think so; **~ tego nie
zrobił** he can scarcely have done
it; *conj* **~ że** unless

chybi|ć *vi* miss, fail, miscarry; **na
~ł trafił** at random, at a venture

chybiony *adj* abortive; **~ cios**
<krok> miss

chylić *vt* incline, bow; **~ czoło** do

reverence (**przed kimś** to sb);
bow (**przed czymś** to sth); **~ się**
vr incline; (*ku upadkowi*) decline;
verge (**ku starości** towards old
age)

chyłkiem *adv* furtively, sneaking-
ly

chytrość f cunning, slyness, as-
tuteness

chytry *adj* cunning, sly, astute,
crafty

chyży *adj* swift, brisk

ci *pron. zob.* **ten**

ciałko *n* little body; *biol.* corpuscle; **białe ~ krwi** leukocyte;
czerwone ~ krwi erythrocyte

ciało *n* (*korpus*) body; (*żywe mięso*) flesh; *przen.* (*grono*) staff;
jędrne ~ firm flesh; **budowa
ciała** physique; *fiz.* **~ stałe** solid;
astr. **~ niebieskie** celestial body

ciamajda *m* ninny, slouch

ciarki *pl* creeps; **przechodzą
mnie ~** my flesh creeps, it makes
my flesh creep

ciasno *adv* tightly, closely; **~ nam
w tym pokoju** we are cramped
in this room

ciasnota f narrowness, tightness;
przen. **~ umysłowa** narrow-
mindedness

ciasny *adj* narrow, tight; (*o mieszkaniu*) cramped; (*o butach*) tight;
(*o umyśle*) narrow; **o ~ch poglądach** narrow-minded

ciastko *n* cake, (*owocowe, z kre-
mem*) tart

ciasto *n* cake; (*surowe*) dough;
pastry

ciąć *vt* cut (**na kawałki** into
pieces); (*posiekać, porozcinać*)
cut up

ciąg *m* draught, (*pociągnięcie*)
draw; (*bieg*) course; (*wędrówka
ptaków*) flight (of birds); *mat.* sequence; **~ dalszy** continuation; **~
dalszy** (*poprzedniego tekstu*)
continued; **~ dalszy nastąpi** to
be continued; **jednym ~iem** in a
stretch; **w ~u roku** in (the)

course of the year; **w dalszym ~u coś robić** continue to do sth

ciągle *adv* continually; (*nieprzerwanie*) continuously

ciągłość *f* continuity

ciągły *adj* (*nieprzerwany*) continuous, continual

ciągnąć *vt* draw; pull; (*wlec*) drag, haul; (*pociągać, nęcić*) attract; (*korzyści*) derive; **~ dalej** continue, carry <go> on; **~ się** *vr* (*rozciągać się*) extend, stretch; (*w czasie*) continue, last, drag on

ciągnienie *n* (*loterii*) drawing

ciągnik *m* tractor

ciąż|a *f* pregnancy; **zajść w ~ę** become pregnant; **być w ~y** be pregnant; **zapobieganie ~y** contraception; **środki zapobiegania ~y** contraceptives

ciążenie *n* inclination; *fiz.* gravitation

ciąż|yć *vi* weigh, lie heavy, press heavily; (*skłaniać się*) incline, lean (**do czegoś** to sth); *fiz.* gravitate; **na domu ~ą długi** the house is encumbered with debts; **~y na mnie obowiązek** it is incumbent on me; **~y na nim zarzut ...** he is charged with ...

cichaczem *adv* furtively, stealthily

cichnąć *vi* calm down, become still

cicho *adv* in a low voice, softly, quietly; **bądź ~!** silence!; *pot.* hush!; **~ mówić** speak in a low voice; **~ siedzieć <stać>** sit <stand> still

cich|y *adj* still, silent, quiet; **~a zgoda** tacit consent; **~y wspólnik** sleeping partner; *przysł.* **~a woda brzegi rwie** still waters run deep

ciebie (**cię**) *pron zob.* **ty**

ciec *vi* flow, stream; (*kapać*) drip; (*przeciekać*) leak

ciecz *f* liquid, fluid

ciekawostka *f* curiosity, curious detail; bit of gossip

ciekawoś|ć *f* curiosity; **z ~ci** out of curiosity

ciekawy *adj* curious, inquisitive; (*interesujący*) interesting, curious; **jestem ~** I wonder

ciekły *adj* liquid, fluid

cieknąć *zob.* **ciec**

cielesny *adj* carnal, bodily, corporeal; (*o karze*) corporal

cielę *n* calf; *pot.* (*głuptas*) fool, simpleton

cielęcina *f* veal

cielęc|y *adj* calf, calf's; **pieczeń ~a** roast veal; **skóra ~a** calf skin

cielisty *adj* flesh-coloured

ciemię *n* crown (of the head); *anat.* top, vertex; *przen.* **on jest nie w ~ bity** he is nobody's fool, he is no fool

ciemiężca *m* oppressor

ciemiężyć *vt* oppress

ciemnia *f* darkroom

ciemnieć *vi* darken, grow dark

ciemno *adv* dark; **jest ~** it is dark; **robi się ~** it's getting dark

ciemnobłękitny *adj* dark-blue

ciemnoskóry *adj* dark-skinned, swarthy; *s m pot.* black

ciemność *f* darkness, dark

ciemnota *f* obscurity; ignorance

ciemnowłosy *adj* dark-haired

ciemny *adj* dark; obscure; (*o chlebie*) brown; *przen.* **~ typ** shady person

cieniować *vt* shade off

cienisty *adj* shady, shadowy

cienki *adj* thin, slender; (*o tkaninie*) fine

cienko *adv*, **~ śpiewać** sing small

cienkopis *m* fine liner

cienkość *f* thinness, fineness

cie|ń *m* shade; (*odbicie człowieka, drzewa itp.*) shadow; **chodzić za kimś jak ~ń** shadow sb; **pozostawać w ~niu** keep in the background

cieplarnia *f* hothouse; greenhouse

cieplny *adj* thermic, thermal; **energia ~a** thermal <head> energy

ciepło n warmth, heat; *fiz.* ~ **u-stalone** latent heat; **trzymać w cieple** keep warm; *adv* warmly; **jest** ~ it is warm; **jest mi** ~ I am warm; **ubierać się** ~ dress warmly

ciepłota f temperature

ciepłownia f heating plant

ciepły *adj* warm

ciernisty *adj* thorny

cierń m thorn

cierpi|eć *vt vi* suffer (**coś** sth, **na coś, z powodu czegoś** from sth); (*znosić*) bear; **~eć głód** starve; **~eć na ból zębów** have a toothache; **nie ~ę tego** I cannot bear <stand> it

cierpienie n suffering, pain; (*dolegliwość*) ailment

cierpki *adj* tart, acrid, harsh; **~e słowa** harsh words

cierpkość f tartness, acridity; harshness

cierpliwość f patience; **straciłem** ~ I'm out of patience (**do niego** with him)

cierpliwy *adj* patient

cierpnąć *vi* grow numb, become torpid

ciesielstwo n carpentry

cieszyć *vt* gladden, delight, give pleasure; ~ **się** *vr* be glad (**czymś** of sth), rejoice (**czymś** at sth), be pleased; ~ **się dobrym zdrowiem** enjoy good health

cieśla m carpenter

cieśnina f strait (*zw. pl* straits)

cietrzew m *zool.* black-cock

cię *pron zob.* **ty**

cięcie n cut, cutting; *med.* **cesarskie** ~ Caesarean section

cięciwa f (*łuku*) string; *mat.* chord

cięt|y *pp* cut; *adj* (*ostry, bystry*) smart, quick-witted; (*zgryźliwy*) pungent, caustic; **~y dowcip** ready wit; **~e pióro** ready pen

ciężar m burden, load, weight; ~ **właściwy** <**gatunkowy**> specific gravity; ~ **własny** dead load;

lotn. ~ **całkowity** all-up weight; **być ~em** encumber (**dla kogoś** sb), be a burden (**dla kogoś** to sb)

ciężarny *adj* pregnant

ciężarowy *adj*, **wóz** ~ goods van; **samochód** ~ lorry *am.* truck

ciężarówka f lorry; *am.* truck

ciężki *adj* heavy, weighty; (*o pracy, sytuacji*) hard; (*o chorobie*) serious; (*o ranie*) dangerous; (*trudny*) difficult; **~e roboty** hard labour; (*o bokserze*) **~ej wagi** heavy-weight

ciężko *adv* heavily; hard; with difficulty; **~ pracować** work hard; **~ strawne potrawy** food hard to digest, indigestible, rich food; ~ **mi na sercu** I have a heavy heart; ~ **mu idzie w życiu** it goes hard with him; ~ **mu idzie praca** he finds it hard to work; ~ **myślący** slow of wit; ~ **ranny** badly wounded <injured>

ciężkość f heaviness, weight; **siła ~ci** gravity; **środek ~ci** centre of gravity

cios m blow, stroke; **zadać** ~ strike <deal> a blow; (**zadany**) **w serce** *przen.* a blow to the heart

ciosać *vt* hew

cioteczn|y *adj*, **brat ~y, siostra ~a** first cousin

ciotka f aunt

cipa f *wulg.* cunt, twat, slit

cis m *bot.* yew

ciskać *vt* hurl, fling, chuck, throw; ~ **się** *vr* fret and fume

cisnąć *vt* press; (*o bucie*) pinch; ~ **się** *vr* press, crowd; *zob.* **ciskać**

cisz|a f stillness, calm, peace, quiet; **głęboka ~a** dead silence; **proszę o ~ę!** silence, please!; *mors.* **strefa ~y** (**morskiej**) doldrums *pl*

ciśnieni|e n pressure; **~e krwi** blood pressure; **spadek ~a** pressure drop

ciśnieniomierz *m* pressure-gauge

ciuciubabka *f* blind man's buff

ciułać *vt* scrape together, economize

ciupaga *f* hatchet; (*kij alpinistyczny*) alpenstock

ckliwość *f* mawkishness, nausea

ckliwy *adj* mawkish, nauseating

clić *vt* lay duty (**coś** on, upon sth)

cło *n* duty, customs, customs-duty; tariff; **opłacanie cła** clearance; **wolny od cła** duty-free; **podlegający cłu** dutiable

cmentarz *m* cemetery, burial-ground, graveyard; (*przy kościele*) churchyard

cmokać *vi* smack; **~ językiem** smack one's tongue

cnota *f* virtue

cnotliwość *adj* virtuousness

cnotliwy *adj* virtuous

co *pron* what; *przypadki zależne czego* what; *czemu* what; why; *czym* what; *co do* as regards; *co do mnie* as for me; **co miesiąc** every month; **dopiero co** just now; **co za pożytek z tego?** what's the use of it?, what use is it?; **co za widok!** what a sight!; **co z tego?** what of that?; **co mu jest?** what's the matter with him?

codziennie *adv* every day, daily

codzienny *adj* everyday, daily; (*powszedni*) commonplace

cofać *vt* retire, withdraw; (*odwoływać*) repeal, recall, retract; (*zegarek*) put back; **~ słowo** go back on one's word; **~ się** *vr* draw back, withdraw, retreat, retire

cofnięcie (się) *n* withdrawal, retraction

cokolwiek *pron* anything; whatever; (*nieco*) some, something; **bądź** no matter what; **~ on zrobi** whatever he may do; **~ się stanie** whatever may happen

cokół *m* base

comber *m* saddle (of venison)

coraz *adv*, **~ lepiej** better and better; **~ więcej** more and more

corocznie *adv* every year, yearly, annually

coroczny *adj* yearly, annual

cosinus *m* mat. cosine

coś *pron* something, anything; **~ w tym rodzaju** something like that; **~ niecoś** a little, something, somewhat

cotangens *m* mat. cotangent

córka *f* daughter

cóż *pron* what; **~ to?** what is it?; **no i ~?** what now?; **więc ~ z tego?** well, what of it?; **~ z tego, że** what if

cuchnąć *vi* stink (**czymś** of sth), smell nasty

cucić *vt* bring back to consciousness, try to revive

cud *m* miracle, wonder, prodigy; **dokazywać ~ów** work wonders; **~em** by a miracle, miraculously

cudaczny *adj* queer, odd, freaky

cudny *adj* wonderful

cudo *n* wonder, marvel, prodigy

cudotwórca *m* miracle worker

cudown|y *adj* prodigious, miraculous; (*niezwykle piękny, dobry*) wonderful, marvellous; **~y obraz** miraculous icon <image> **~e dziecko** prodigy

cudzołożyć *vi* commit adultery

cudzołóstwo *n* adultery

cudzoziemiec *m* foreigner, alien

cudzoziemski *adj* foreign, alien

cudzy *adj* somebody else's; other's, another's, others'; alien; strange

cudzysłów *m* inverted commas *pl*, quotation marks *pl*

cugl|e *s pl* reins; **popuścić ~i** give reins

cukier *m* sugar; **~ kryształowy** crystal sugar; **~ miałki** caster sugar; **~ w kostkach** lump sugar

cukierek *m* sweet, sweetmeat; *pl* sweets; *am.* candy

cukiernia *f* confectioner's (shop), confectionery

cukiernica f sugar-bowl
cukiernik m confectioner
cukrownia f sugar-works
cukrownictwo n sugar industry
cukrzyca f med. diabetes
cumować vt mors. moor
cumy s pl mors. moorings, mooring-ropes
cwał m full gallop
cwałować vi ride at full gallop
cwany adj pot. crafty, cunning
cybernetyka f cybernetics
cyberprzestrzeń f komp. cyberspace
cycek s m wulg. tit, boob
cyfra f cipher, digit
cyfrowy adj digital
Cygan m gipsy, gypsy
cyganeria f Bohemia
cygański adj gipsy; Bohemian
cygarniczka f cigarette holder
cygaro n cigar
cyjanek m chem. cyanide
cykl m cycle
cykliczny adj cyclic
cyklon m cyclone
cykoria f bot. chicory
cykuta f bot. (water) hemlock
cylinder m (walec) cylinder; (kapelusz) top hat
cymbał m pot. (dureń) duffer, blockhead; muz. pl **~y** dulcimer
cyna f chem. tin
cynamon m cinnamon
cynfolia f tinfoil
cyniczny adj cynical
cynik m cynic
cynizm m cynicism
cynk m zinc
cynkować vt zinc, coat with tin
cypel m jut, point; (przylądek) promontory; (wierzchołek) peak
cyprys m bot. cypress
cyrk m circus
cyrkiel m (a pair of) compasses pl
cyrkowiec m circus performer
cyrkulacja f circulation
cyrkulacyjny adj circulatory
cysterna f cistern, tank; **statek**

<samochód> ~ tanker
cytadela f wojsk. citadel
cytat m quotation
cytować vt quote, cite
cytra f muz. zither
cytryna f bot. lemon
cywil m civilian
cywilizacja f civilization
cywilizować vt civilize
cywiln|y adj civil; civilian; **stan ~y** marital status; **urząd stanu ~ego** registry office; **po ~emu** in plain clothes
cyzelować vt chase, chisel; przen. smooth
czad m coal smoke; chem. carbon monoxide
czaić się vr lurk
czajka f zool. pe(e)wit, lapwing
czajnik m tea-kettle; (do zaparzania herbaty) teapot
czambuł m, **w ~** adv altogether, in the bulk, wholesale
czapka f cap
czapla f zool. heron
czar m charm, spell; pl **~y** witchcraft, sorcery, magic
czara f bowl
czarci adj diabolical, devilish, devil's
czarno adv blackly; **ubierać się na ~** dress in black; **malować na ~** paint black; **~ na białym** down in black and white
czarnoksięsk|i adj magic; **różdżka ~a** sorcerer's wand
czarnoksiężnik m sorcerer
czarnooki adj black-eyed
czarnowłosy adj black-haired
czarnoziem m humus, chernozem
czarn|y adj black; przen. **~y rynek** black market; **na ~ą godzinę** for a rainy day
czarodziej m sorcerer, wizard
czarodziejka f sorceress, fairy
czarodziejski adj magic(al)
czarować vt charm
czarownica f witch, harridan
czarownik m sorcerer, wizard

czarowny *adj* charming, enchanting

czart *m* devil, fiend

czarter *m* charter plane

czarujący *adj* charming, fascinating

czas *m* time; *gram.* tense; **~ prze-szły** preterite, past; **~ przyszły** future; **~ teraźniejszy** present; **~ miejscowy <lokalny>** local time; **wolny ~** leisure <spare> time; **do ~u aż** till, until; **na ~** in (good) time; **na ~ie** timely, well-timed; **nie na ~ie** untimely, ill-timed; **na jakiś ~** for a time; **od ~u do ~u** from time to time; **~u jak...** since...; **od jakiegoś ~u** for some time now; **od owego ~u** ever since; **po pewnym ~ie** after a while; **przez cały ten ~** all the time; **w sam ~** just in time; **z ~em** in the course of time; **za ~ów** at the time; **za moich ~ów** at my time; **~ dostępu do dysku** *komp.* access time

czasem *adv* sometimes, at times

czasochłonny *adj* time-consuming

czasopismo *n* periodical, magazine

czasownik *m gram.* verb

czasowy *adj* temporal; temporary

czaszka *f anat.* skull

czatować *vi* lurk (**na kogoś** for sb), lie in wait (**na kogoś** for sb)

czat|y *s pl* lying in wait, look-out; **być na ~ach** be on the look-out; keep (a good) watch

cząsteczka *f* particle; *chem. fiz.* molecule

cząstka *f* particle, small part; share

cząstkowy *adj* partial, fractional

czciciel *m* adorer, worshipper

czcić *vt* adore, worship; (*np. ro-cznicę*) celebrate; (*pamięć*) commemorate; (*szanować*) respect

czcigodny *adj* venerable, honourable

czcionk|a *f* letter, type; *pl* **~i** letters, *zbior.* type

czczo, na czczo *adv* on <with> an empty stomach; **jestem na czczo** I have not had my breakfast

czczość *f* emptiness of the stomach; (*daremność*) vanity, futility

czczy *adj* (*pusty*) empty; (*daremny*) vain, futile

Czech *m* Czech

czek *m* cheque; *am.* check; **~iem** by cheque; **wystawić ~** draw <make out> a cheque; **honorować ~** accept a cheque; **zrealizować ~** cash a cheque; **~ podróżny** traveller's cheque

czekać *vi* wait (**na kogoś** for sb), expect (**na kogoś** sb); **kazać ~ na siebie** keep sb waiting

czekan *m* ice-axe

czekolad|a, czekolad|ka *f* chocolate (bar); **pudełko ~ek** box of chocolates

czekow|y *adj*, **książka ~a** chequebook; **rachunek ~y** cheque account; *am.* checking account; **obrót ~y** cheque system, transactions in cheques

czelność *f* insolence, impudence

czeluść *f* chasm, abyss, gulf

czemu *adv* why

czep|ek *m* bonnet, cap; *przen.* **urodzić się w ~ku** be born with a silver spoon in one's mouth

czepiać się *vr* cling, hang on (**czegoś** to sth), catch (**czegoś** at sth); (*szykanować, zaczepiać*) pick (**kogoś** at sb)

czereśnia *f bot.* (sweet) cherry; (*drzewo*) cherry-tree

czernić *vt* blacken, black; paint black

czernieć *vi* blacken, become black

czerń *f* blackness, black (colour)

czerpać *vt* draw; (*wygarniać*) scoop; (*korzyść, przyjemność*) derive

czerpak *m* scoop, ladle

czerstwieć *vi* (*o chlebie*) become stale; (*krzepnąć*) become ruddy, grow vigorous

czerstwość *f* staleness, vigour

czerstwy *adj* (*o chlebie*) stale; (*krzepki*) hale, ruddy; **mieć ~ wygląd** look hale

czerwiec *m* June

czerwienić się *vr* redden, become red; (*na twarzy*) blush

czerwienieć *vi* redden, turn red

czerwień *f* red (colour), redness

czerwonka *f med.* dysentery

czerwony *adj* red

czesać *vt* comb; (*len*) hackle; (*wełnę*) card; **~ się** *vr* to comb one's hair

czeski *adj* Czech

czesne *n* school-fees *pl*, tuition fee

cześć *f* honour, reverence; (*pozdrowienie*) hallo!, hullo!; *bryt. pot.* (*żegnając się z kimś*) cheerio!; **oddawać ~** do honour; *rel.* worship; pay reverence; **ku czci, na ~** in honour (**kogoś** of sb)

często *adv* often, frequently

częstokół *m* palisade

częstokroć *adv* frequently, repeatedly

częstokrotny *adj* frequent, repeated

częstotliwość *f* frequency

częstotliwy *adj* frequent; reiterative; *gram.* frequentative

częstować *vt* treat (**kogoś czymś** sb to sth); **~ się** *vr* treat oneself (**czymś** to sth); help oneself (**czymś** to sth)

częsty *adj* frequent

częściowo *adv* partly, in part

częściow|y *adj* partial, part *attr*; **~y etat** part-time job; **~a spłata** part-payment

częś|ć *f* part, portion; (*udział*) share; **~ć składowa** component (part); **~ć zamienna** spare (part); **lwia ~ć** lion's share; *pl* **pięć ~ci świata** five continents; **po ~ci** partly; **po największej**

~ci for the most part, mostly; *gram.* **~ci mowy** parts of speech

czkawka *f* hiccup

człon *m* member, element, unit

członek *m* member; (*kończyna*) limb; (*męski*) penis

członkini *f* woman member

członkostwo *n* membership

człowieczek *m* little fellow, homunculus

człowieczeństwo *n* humanity; human nature

człowieczy *adj* human

człowiek *m* (*pl* **ludzie**) man (*pl* people), human being; **szary ~** the man in the street

czmychać *vi pot.* scamper off, bolt

czołg *m wojsk.* tank

czołgać się *vr* crawl, creep

czoł|o *n* forehead; (*pochodu, oddziału*) head; **marszczyć ~o** frown; **stawić ~o** face, brave; **wysunąć się na ~o** come to the front; **na czele** at the head; **stanąć na czele** take the lead; **w pocie ~a** in the sweat of the brow

czołobitny *m* servile

czołowy *adj* frontal; (*przodujący*) leading, chief

czołówka *f* forefront, leaders; *wojsk.* spearhead; (*w filmie*) film credits

czop *m* tap, plug, peg

czopek *m* stopper; *techn.* spigot; *med.* suppository

czopować *vt* stop up, plug; tampon

czosnek *m bot.* garlic

czółenko *n* small boat; (*tkackie*) shuttle

czółno *n* boat, canoe

czterdziestka *f* forty

czterdziestoletni *adj* (*o wieku*) forty years old; (*o okresie czasu*) forty years'

czterdziesty *num* fortieth

czterdzieści *num* forty

czternasty *num* fourteenth

czternaście num fourteen

czterokrotny adj fourfold

czteroletni adj attr (o wieku) four-year old; (o okresie czasu) four years'

cztery num four

czterysta num four hundred

czub m tuft; (hełmu, koguta) crest; pot. **mieć w ~ie** be tipsy

czubaty adj tufted, crested, brimful

czubić się vr bicker, squabble

czucie n feeling; **paść bez ~a** fall senseless

czuć vt feel; smell; **~ do kogoś urazę** bear sb a grudge; **~ czosnkiem** it smells of garlic; **~ się** vr feel; **~ się dobrze** feel well <all right>; **~ się jak nowo narodzony** feel like a new person; **~ się szczęśliwym** feel happy

czujka f wojsk. vedette

czujność f vigilance, watchfulness; **zmylić (czyjąś) ~** put (sb) off guard

czujny adj vigilant, watchful

czule adv tenderly, affectionately

czułość f tenderness, sensitiveness

czuły adj tender, affectionate; sensitive (**na coś** to sth)

czupryna f crop of hair

czupurny adj pugnacious

czuwać vi watch (**nad kimś, czymś** over sb, sth); keep vigilance; (nie spać) wake, sit up (**przy chorym** by a sick person)

czuwanie n watch, wake

czwartek m Thursday; **Wielki Czwartek** Maundy Thursday

czwart|y num fourth; **jedna ~a** one fourth; **wpół do ~ej** half past three; **o ~ej** at four

czworak m, **na ~ach** on all fours

czworo num four (children etc.)

czworobok m quadrilateral

czworokąt m quadrangle, quad

czworonożny adj quadruped(al)

czworonóg m quadruped

czwórka f four

czy conj w zdaniach pytających podrzędnych: if, whether; w zdaniach pytających głównych nie tłumaczy się: **~ wierzysz w to?** do you believe that?; **~ ... ~** whether ... or; **~ tu ~ tam** whether here or there; **~ chcesz tego ~ nie?** do you want it or not?

czyhać vi lurk, lie in wait (**na kogoś** for sb)

czyj pron whose; zob. **kto**

czyja pron whose; zob. **kto**

czyje pron whose; zob. **kto**

czyjś pron somebody's, anybody's

czyli conj or, that is...

czyn m deed, act, action, feat; **~ bohaterski** heroic deed, exploit; **wprowadzić w ~** carry into effect; **człowiek ~u** man of action

czynić vt do, act

czynieni|e n doing, acting; **mieć z kimś do ~a** have to do with sb

czynnik m factor, agent; **~ miarodajny** competent authority

czynność f activity, function, action; operation

czynn|y adj active; (pełniący obowiązki) acting; (o maszynie, automacie) in operation; **sklep jest ~y** the shop is open; gram. **strona ~a** active voice

czynsz m rent

czynszowy adj, **dom ~** tenement-house

czyrak m med. boil, furuncle

czystka f purge

czysto adv cleanly, purely, neatly; **dochód na ~** net profit; **mówić ~ po polsku** speak good Polish; **przepisać na ~** make a fair copy (**coś** of sth); **wyjść na ~** get off clear

czystopis m fair copy

czystość f purity, cleanness, tidiness; (moralna) chastity

czyst|y adj clean, pure, neat; (schludny) tidy; (moralnie) chaste; handl. net; filat. mint; **~a angielszczyzna** perfect English; **~a prawda** plain truth; **~e sumienie** clear conscience; **~y arkusz** blank sheet; **~y dochód** net profit

czyszczenie *n* cleaning; *med.* purgation; (*biegunka*) diarrh(o)ea

czyścibut *m* shoeblack

czyścić *vt* clean; purify; *przen. i med.* purge; (*rafinować*) refine; (*chemicznie*) dry-clean

czyściec *m* purgatory

czytać *vt vi* read (**coś** sth, **o**

czymś of, about sth); **~ po angielsku** read English

czytani|e *n* reading; **książka do ~a** reading-book; **nauka ~a** instruction in reading

czytanka *f* piece for reading, piece of reading-matter; (*podręcznik*) reader

czytelnia *f* reading-room

czytelnik *m* reader

czytelny *adj* legible; readable

czyżyk *m zool.* siskin

Ć

ćma *f zool.* moth

ćmi|ć *vt* (*przyciemniać*) obscure, darken; *vi* (*dymić*) reek, smoke; **~ mi się w oczach** my head swims

ćwiartka *f* quarter, one fourth (part); (*mięsa*) joint

ćwiartować *vt* quarter

ćwiczenie *n* exercise, drill; (*na fortepianie, skrzypcach itp.*) practising; (*trening*) training; (*na*

wyższej uczelni) class

ćwiczyć *vt vi* exercise, drill, instruct; (*na fortepianie, skrzypcach itp.*) practise; (*trenować*) train; (*bić*) flog, lash

ćwierć *f* quarter, one fourth (part)

ćwierkać *vi* twitter, chirp

ćwikła *f* beetroot salad (with horse-radish)

D

dach *m* roof; (*odsuwany w samochodzie*) sun-roof; **bez ~u nad głową** without shelter; **mieć ~ nad głową** have a shelter

dachówka *f* tile

dać *vt* give; **~ do zrozumienia** give to understand; **~ komuś spokój** let <leave> sb alone; **~ komuś w twarz** slap sb's face; **~ możność** enable (**komuś** sb); **~ wiarę** give credit; **~ za wygraną** give up; **~ znać** let know, inform; **daj mi znać o sobie** let me hear from you; **dano mi znać** word

came to me; **~ żyć** let live; **~ przykład** set an example; **~ ognia** fire; **~ ognia do papierosa** give a light; **dajmy na to** suppose

daktyl *m bot.* date; (*miara wiersza*) dactyl

daktyloskopia *f* finger-printing

dal *f* distance, remoteness; **w ~i** far away, in the distance; **z ~a** from afar; **z ~a od** off, away from; **trzymać się z ~a** keep off

dalece *adv* greatly, by far; **tak ~,**

że... so far <so much> that...; to such an extent that...

dalej adv farther, further; **i tak ~** and so on; **robić coś ~** keep on doing sth

daleki adj far, far-off, distant, remote

daleko adv far (off), a long way off; **tak ~, że** so far as; **~ idący** far-reaching

dalekobieżny adj long-distance attr

dalekonośny adj long-range attr

dalekopis m bryt. teleprinter, am. teletype writer; (tekst) telex

dalekowidz m long-sighted <am. far-sighted> person; med. presbyope, hyperope

dalekowzroczność f long-sightedness; am. far-sightedness; med. presbyopia, hyperopia

dalekowzroczny adj long-sighted; am. far-sighted

dalia f bot. dahlia

dalszy adj comp farther, further; (następny) next, following

daltonizm m daltonism, colour-blindness

dama f lady; dame; (w kartach) queen; **~ serca** lady-love

damski adj ladies'

dan|e s pl data pl, evidence; (możliwości, kwalifikacje) makings, chance; **bliższe ~e** description; **~e osobiste** personal data <details>; **mieć wszelkie ~e** have every chance; **baza ~ych** komp. database

danie m dish, course; **~ na zamówienie** dish à la carte; **pierwsze <drugie> ~** first <second> course

danina f tribute

dansing m dance, dancing-party; dancing-hall

dany adj i pp given; **w ~ch warunkach** under the given conditions

dar m gift, present; (umiejętność) flair; **w darze** as a gift

daremnie adv in vain

darmo adv (także **za ~**) (for) free, for nothing, gratuitously

darmozjad m sponger

darnina f turf; poet. sod

darować vt give; present (**komuś coś** sb with sth); (przebaczyć) pardon, forgive; **~ komuś dług** remit sb's debt; **~ komuś winę <grzechy>** absolve sb from guilt <sins>; **~ komuś życie** spare sb's life

darowizn|a f donation, gift; **akt ~y** deed of donation

darzyć vt present (**kogoś czymś** sb with sth); (względami) favour; **~ kogoś zaufaniem** put one's trust in sb

daszek m little roof; (osłona) screen; (u czapki) peak

dat|a f date; **świeżej ~y** of recent date

datować vt, **~ się** vr date

datownik m date-stamp, filat. postmark

dawać zob. **dać**

dawca m giver, donor; **~ krwi** blood donor

dawka f dose

dawkować vt dose

dawniej adv formerly, in former times

dawno adv long ago, in times past; **jak ~ tu jesteś?** how long have you been here?; **od dawna** for a long time

dawny adj old, old-time attr; (poprzedni) former; **za ~ch dni** in the old days

dąb m bot. oak; **stawać dęba** (o koniu) rear; jib; przen. **włosy stają mu dęba** his hair stands on end

dąć vi blow; **~ w róg** blow a horn

dąsać się vr sulk (**na kogoś** with sb), be in the sulks

dążenie n aspiration, endeavour, pursuit

dążność f tendency

dążyć vi aspire (**do czegoś** to

sth, after sth), strive (**do czegoś** after sth), aim (**do czegoś** at sth); (*podążać*) make one's way, proceed

dba|ć *vi* care (**o coś** for sth), take care (**o coś** of sth), be concerned (**o coś** for, about sth), look (**o coś** after sth); *nie* **~m o to** I don't care about it

dbałość *f* care, solicitude (**o coś** for sth)

dbały *adj* careful (**o coś** of sth), solicitous (**o coś** for, about sth)

debata *f* debate

debatować *vi* debate (**nad czymś** sth, on sth)

debet *m handl.* debit

debit *m* the right to sell (periodicals)

debiut *m* début

debiutant *m*, **debiutantka** *f* beginner, novice

debiutować *vi* make one's début

decentralizacja *f* decentralization

decentralizować *vt* decentralize

dech *m* breath; *bez tchu* out of breath; *co tchu* as fast as possible, in all haste; *wypić jednym tchem* drink at one gulp; *zaczerpnąć tchu* draw one's breath

decybel *m* decibel

decydować *vi* determine, decide (**o czymś** sth); **~ na korzyść kogoś, czegoś** decide in favour of sb, sth; **~ się** *vr* decide (**na coś** on sth), make up one's mind

decydujący *adj* decisive; **~ moment** decisive moment

decyzj|a *f* decision; *powziąć* **~ę** come to <arrive at> a decision

dedykacja *f* dedication

dedykować *vt* dedicate

defekt *m* defect; *techn.* trouble, failure

defensyw|a *f* defensive; *w* **~ie** on the defensive

deficyt *m* deficit

defilad|a *f* march-past, parade;

przyjmować ~ę review the troops

defilować *vi* march past (**przed kimś** sb)

definicja *f* definition

definiować *vt* define

definitywny *adj* decisive, final

deformować *vt* deform, disfigure

defraudacja *f* embezzlement

defraudant *m* embezzler

degeneracja *f* degeneration

degenerować się *vr* degenerate

degradacja *f* degradation

degradować *vt* degrade

dekada *f* decade

dekadencja *f* decadence

dekagram *m* decagram(me)

Dekalog *m rel.* Decalogue, Ten Commandments

dekatyzować *vt* shrink

deklamacja *f* declamation, recitation

deklamować *vt* recite, declaim

deklaracja *f* declaration

deklarować *vt* declare

deklinacja *f gram.* declension

deklinować *vt gram.* decline

dekolt *m* low neck, décolletage

dekompletować *vt* render incomplete

dekoracja *f* decoration; *teatr.* scenery; (*wystawy sklepowej*) window dressing

dekoracyjny *adj* decorative

dekorator *m* decorator; *teatr.* scene-painter

dekorować *vt* decorate

dekować się *vr. pot.* shirk

dekret *m* decree

dekretować *vt* decree

delegacja *f* delegation; (*z pełnomocnictwem*) commission; *pot.* (*wyjazd służbowy*) business trip

delegat *m* delegate

delegować *vt* delegate, depute

delektować się *vr* relish (**czymś** sth), delight (**czymś** in sth)

delfin *m zool.* dolphin

delicje *s pl* delicacies, dainties

delikatesy s pl dainties; (sklep) delicatessen

delikatność f delicacy, subtlety

delikatny adj delicate, subtle

delikwent m delinquent

demagog m demagogue

demagogia f demagogy

demarkacyjn|y adj: **linia ~a** line of demarcation

demaskować vt unmask, show up, expose

demencja f dementia

dementować vt deny

demobilizacja f demobilization

demobilizować vt demobilize

demograficzny adj demographic; **wyż ~** demographic bulge

demokracja f democracy

demokrata m democrat

demokratyczny adj democratic

demokratyzować vt democratize

demolować vt demolish

demon m demon

demoniczny adj demonic

demonstracja f demonstration

demonstracyjny adj demonstrative

demonstrować vt demonstrate

demontować vt dismantle, dismount

demoralizacja f demoralization

demoralizować vt demoralize; **~ się** vr become demoralized

denat m defunct

denaturat m methylated spirit(s)

denerwować vt get on sb's nerves, irritate, excite; **~ się** vr be nervous, get anxious <excited>, become flustered (**czymś** about sth)

dentysta m dentist

dentystyczny adj dental, dentist's

denuncjacja f information (**kogoś** against sb)

denuncjator m informer

denuncjować vt inform (**kogoś** against sb)

departament m department

depesza f telegram, cable, wire; **~ radiowa** radiogram

depeszować vi telegraph, cable, wire

deponować vt prawn. fin. deposit

deportacja f deportation

deportować vt deport

depozyt m deposit; **do ~u** on deposit

deprawacja f depravation

deprawować vt deprave

deprecjacja f depreciation

deprecjonować vt depreciate; **~ się** vt become depreciated

depresja f depression, dejection, low spirits

deprymować vt depress

deptać vt vi trample, tread (**coś** sth, **po czymś** upon sth); **nie ~ trawy!** keep off the grass!

deptak m promenade

derka f rug, blanket

dermatolog m med. dermatologist

dermatologia f med. dermatology

desant m descent; wojsk. landing, landing-operation

desantowy adj wojsk. landing; **oddział ~** landing party

deseń m design, pattern; (szablon) stencil

deser m dessert

desk|a f board, plank; pot. **od ~i do ~i** from cover to cover, from beginning to end; **do grobowej ~i** till death itself; **~a z żaglem** sailboard; aquaplane; **ostatnia ~a ratunku** one's last resort

deskorolka f skateboard

despota m despot

despotyczny adj despotic

despotyzm m despotism

destrukcja f destruction

destrukcyjny adj destructive

destylacja f distillation

destylarnia f distillery

destylować vt distil

desygnować vt designate

desygnat *m* referent, designation

deszcz *m* rain; ***pada ~*** it rains; *przen.* ***z ~u pod rynnę*** out of the frying-pan into the fire; ***kwaśny ~*** acid rain; ***drobny ~*** drizzle

deszczówka *f* rainwater

deszczułka *f* lath

detal *m* detail; *handl.* retail

detalicznie *adv handl.* by <at> retail; ***sprzedawać ~*** sell by retail

detaliczny *adj* retail *attr*; ***handel ~*** retail trade; ***kupiec ~*** retailer

detektyw *m* detective

detektywistyczny *adj* detective

detergent *m* detergent

determinować *vt* determine

detonacja *f* detonation

detonować *vt* abash, disconcert; *vi* (*eksplodować*) detonate; **~ się** *vr* lose countenance

detronizacja *f* dethronement

detronizować *vt* dethrone

dewaluacja *f* devaluation, depreciation

dewaluować *vt* devaluate; **~ się** *vr* become devaluated

dewiz|a *f* device, motto; *pl* **~y** *fin.* foreign currency

dewocja *f* devotion, piety

dewotka *f* devotee, bigot

dezaktualizować się *vr* become stale

dezercja *f* desertion

dezerter *m* deserter

dezerterować *vi* desert

dezodorant *m* deodorant

dezorganizacja *f* disorganization

dezorganizować *vt* disorganize

dezorientacja *f* disorientation, confusion

dezorientować *vt* disorientate, confuse; **~ się** *vr* become confused, lose one's way

dezynfekcja *f* disinfection; (*gazowa*) fumigation

dezynfekować *vt* disinfect

dezynsekcja *f* treatment with insecticide

dębina *f* oak wood

dętka *f* tube; ***przebić ~ę*** get a puncture

dęty *adj* blown; hollow; *muz.* ***instrument ~y*** wind-instrument; ***orkiestra ~a*** brass band

diabelski *adj* diabolical, devilish

diab|eł *m* devil, fiend; ***do ~ła!*** the devil!; ***idź do ~ła!*** go to hell!

diagnostyka *f* diagnosis

diagnoz|a *f* diagnosis; ***postawić ~ę*** to diagnose, to make a diagnosis

diagram *m* diagram

dialekt *m* dialect

dialektyczny *adj* dialectical

dialektyka *f* dialectic(s)

dialog *m* dialogue

diament *m* diamond

diametralny *adj* diametrical

diatermia *f* diathermy

diecezja *f* diocese

diecezjalny *adj* diocesan

die|ta *f* diet; ***ścisła ~ta*** strict diet; ***być na ~cie*** be on a diet; (*pieniężna*) *zw. pl* **~ty** expanse <travelling> allowance

dietetyczny *adj* dietetic

dinozaur *m* dinosaur

dla *praep* for, in favour of, for the sake of; ***uprzejmy <dobry> ~ kogoś*** kind <good> to sb

dlaczego *adv* why, what for

dlatego *adv* therefore, for that reason, that's why; **~ że** *conj* because, for

dławić *vt* strangle, suffocate, choke; *techn.* throttle; **~ się** *vr* suffocate

dławik *m techn.* throttle

dło|ń *f* palm; ***jasne jak na ~ni*** as clear as by daylight

dłubać *vt vi* dig, bore; (*w zębach*) pick

dług *m* debt; ***wpaść w ~i*** incur debts; ***zaciągnąć ~*** contract a debt; ***spłacić ~*** pay off a debt

długi *adj* long; ***upadł jak ~*** he fell down flat

długo *adv* long, for a long time;

jak ~ as long as; **jak ~?** how long?

długodystansowiec *m sport* long-distance runner

długofalowy *adj* long-wave *attr*; *przen.* long-range *attr*

długoletni *adj* long-time *attr*, of long standing

długonogi *adj* long-legged

długopis *m* ball(-point) pen

długoś|ć *f* length; *geogr.* longitude; **mieć x metrów ~ci** be *x* metres long

długoterminowy *adj* long-term *attr*

długotrwały *adj* lasting, durable

długowieczność *f* longevity

długowieczny *adj* longevous, longeval; long-lived

dłuto *n* chisel

dłużnik *m* debtor

dłużny *adj* owing; **jestem mu ~** I owe him

dłużyć się *vr* (*o czasie*) pass slowly

dmuchać *vi* blow, puff

dmuchawa *f* blower, blast machine

dmuchawiec *m* blow-ball

dna *f med.* gout

dnieć *vi* dawn

dniówk|a *f* day work, day's work; **pracować na ~ę** work by the day

dno *n* bottom; **do dna!** (*wypić do końca*) *pot.* bottoms up!

do *praep* to, into; (*o czasie*) till, until; **aż do granicy** as far as the frontier; **co do mnie** as for me; **do piątku** till <until> Friday; **raz do roku** once a year; **idę do apteki** I am going to the chemist's; **idę do przyjaciela** I am going to see my friend; **iść do domu** go home; **przybyć do Londynu** arrive in London; **wejść do pokoju** enter the room; **wsadzić do więzienia** put into prison; **do zobaczenia do jutra** see you tomorrow

dob|a *f* day (and night), twenty-

four hours; **całą ~ę** the clock round; **w dzisiejszej ~ie** at present time; **~a hotelowa** hotel night; **czynny całą ~ę** open 24 hours

dobiegać *vi* approach, be coming near

dobierać *vt* select, choose; assort (**coś do czegoś** sth with sth); **być dobranym** match (**do czegoś** sth); **~ się** *vr* try to get (**do czegoś** at sth); tamper; **dobrali się** they are well matched

dobijać *vt* deal (**kogoś** sb) a death-blow; **~ targu** strike a bargain; *vi* **~ do lądu** reach land; **~ się** *vr* try to enter; (*osiągnąć*) contend, scramble (**czegoś** for sth); **~ się do drzwi** batter (at/on) the door

dobitny *adj* distinct, emphatic

doborowy *adj* choice, select

dobosz *m* drummer

dobór *m* selection, assortment; *biol.* **~ naturalny** natural selection

dobrać *zob.* **dobierać**

dobranoc *int* good night!

dobrnąć *vi* wade through (**do czegoś** to sth)

dobr|o *n* good; **~o społeczne** public welfare; *handl.* **na moje ~o** to my credit; **dla mojego ~a** for my good; *pl* **~a** fortune, riches; (*ziemskie*) landed property; **~a ruchome** movable <personal> property, personalty

dobrobyt *m* well-being, prosperity, welfare

dobroczynność *f* beneficence, charity

dobroczynn|y *adj* beneficent, charitable; **cele ~e** charities

dobroczyńca *m* benefactor

dobroć *f* goodness

dobroduszność *f* kind-heartedness, good-nature

dobroduszny *adj* kind-hearted, good-natured

dobrodziej *m* benefactor

dobrodziejstwo *n* benefaction,

boon; *prawn.* benefit (of the law)

dobrotliwy *adj* kind-hearted, good-natured

dobrowolnie *adv* of one's own free will, voluntarily

dobrowoln|y *adj* voluntary; free-will *attr;* **umowa ~a** amicable agreement

dobr|y *adj* good, kind; **nie wyjdzie z tego nic ~ego** no good will come of it; **to jest warte ~e 10 tysięcy** it is well worth 10 thousand; **to wyjdzie na ~e** this will come to good, this will take a good turn; **to mu nie wyjdzie na ~e** it will turn out badly for him; **w tej sprawie jedno jest ~e** there is one good part in this; **życzyć wszystkiego ~ego** give one's best wishes; **a to ~e!** I like that!; **co ~ego?** what is the best news?; **przez ~e dwie godziny** for good two hours

dobrze *adv* well, all right; **czuję się ~** I'm (feeling) well; **~ czy źle** right or wrong; **to ci ~ zrobi** this will do you good; **~ ci tak!** it serves <has served> you right!

dobudować *vt* build an annex, build on

dobudówka *f* annex

dobytek *m sing* property, goods (and chattels); *(inwentarz)* cattle

doceniać *vt* (duly) appreciate

dochodowy *adj* profitable, payable; **podatek ~** income tax

dochodzenie *n* investigation, research, inquiry

dochodzi|ć *vi* approach, get near, reach; come about; *(badać)* investigate (**czegoś** sth), inquire (**czegoś** into sth), claim; *(ścigać sądownie)* prosecute; **~ trzecia godzina** it is getting on to three o'clock; **on ~ siedemdziesiątki** he is getting on for seventy, he is close on seventy; **rachunek ~ do stu funtów** the bill amounts to £ 100; **jak do tego doszło?** how did it come about?; **~ć do skut-**

ku come into effect; **~ć do władzy** come to power

dochować *vt* preserve; *(tajemnicy, wiary)* keep; **~ się** *vr (dzieci)* manage to bring up; *(inwentarza)* manage to rear <breed>

dochód *m* income, profit, proceeds *pl;* **~ państwowy** revenue

dociągać *vt vi* draw (**do czegoś** as far as sth); reach; tighten; **~ do końca** reach the end

dociekać *vt* investigate (**czegoś** sth), inquire (**czegoś** into sth)

dociekanie *n* investigation, inquiry

dociekliwy *adj* inquisitive

docierać *vi* reach (**dokąd** a place), advance (**dokąd** to a place); get (**do czegoś** at sth); reach (**do czegoś** sth); *vt (silnik, samochód)* run in; *am.* break in

docinać *vi* taunt, sting (**komuś** sb)

docinek *m* taunt

doczeka|ć się *vr* live to see; **nie ~sz się go** no use waiting for him; **~ć się późnej starości** live to an old age; **nie mogę się ~ć ...** I can hardly wait to ...

doczepiać *vt* attach, append

doczesny *adj* temporal, earthly

dodać *zob.* **dodawać**

dodatek *m* addition; appendix; supplement; *pl* **dodatki** accessories; *(krawieckie itp.)* materials, furnishings; **~ do pensji, wynagrodzenia** benefits, extra pay; **~ drożyźniany** cost-of-living bonus; **~ mieszkaniowy** residence allowance; **~ nadzwyczajny** *(do gazety)* special edition; **~ rodzinny** family bonus <allowance>; **na ~** in addition; besides

dodatkowo *adj* additionally, in addition, extra

dodatkowy *adj* additional, supplementary, extra

dodatni *adj* positive, advantageous; *fin. (o bilansie)* favourable, active; **strona ~a** good side

dodawać *vt* add; *(sumować)* add up, sum up; **~ ducha** cheer up; **~ odwagi** encourage; **~ gazu** step on the gas; **nie trzeba ~, że...** needless to add <say> that...

dodawanie *n* addition

dogadać się *vr* come to an understanding; *(w obcym języku)* make oneself understood

dogadza|ć *vi* gratify, satisfy; pamper; indulge; **~ć sobie** indulge oneself, do oneself well; **to mi ~** this suits me, this is convenient to me

doglądać *vi* look **(kogoś, czegoś** after sb, sth), watch **(kogoś, czegoś** over sb, sth); *(pielęgnować chorego)* tend, nurse; *(pilnować trzody)* tend

dogmat *m* dogma

dogmatyczny *adj* dogmatic

dogmatyka *f* dogmatics

dogmatyzm *m* dogmatism

dogodnie *adv* conveniently; **jak ci będzie ~** at your convenience

dogodność *f* convenience

dogodny *adj* convenient; **na ~ch warunkach** on easy terms

dogodzić *zob.* **dogadzać**

dogonić *vt* catch up **(kogoś** with sb), overtake

dogorywać *vi* be in death-agony, be dying away, be breathing one's last

dogrywka *f sport* play-off

dogrzewa|ć *vi* warm additionally; scorch; **słońce ~** the sun is scorching

doić *vt* milk

dojazd *m* approach, access; *(przed domem)* drive; *(dojeżdżanie)* regular travel

dojechać *vi* arrive **(dokądś** at <in> a place), reach **(dokądś** a place); *(konno, na motorze)* come riding **(dokądś** to a place)

dojeżdżać *vi* travel regularly; *(do pracy)* commute; *zob.* **dojechać**

dojeżdżający *adj i m* non-resident; *(do pracy)* commuting

dojmujący *adj* painful, penetrating; *(o bólu)* acute

dojn|y *adj* **~a krowa** *też przen.* milch cow

dojrzałoś|ć *f* maturity; **egzamin ~ci** *bryt.* examination for the General Certificate of Secondary Education

dojrzały *adj* ripe, mature

dojrzeć 1. *zob.* **dojrzewać**

dojrzeć 2. *vt* *(zobaczyć)* catch sight **(kogoś, coś** of sb, sth); *lit.* behold

dojrzewać *vi* ripen, grow ripe, mature; *(osiągnąć dojrzałość)* grow up, reach the age of manhood <womanhood>

dojście *n* access, approach; *(do władzy)* accession

dojść *vi* arrive **(dokądś** at <in> a place), reach **(dokądś** a place); **~ do skutku** come off <about>; **~ do sławy** win fame; **~ do władzy** take <seize> power; **~ do wniosku** arrive at <to> a conclusion; **~ w czymś do doskonałości** bring sth to perfection; **doszedłem do przekonania** I came to believe; **doszło do porozumienia** an understanding has been established, an agreement has been reached; **jak do tego doszło?** how did this come about?; *zob.* **dochodzić**

dok *m mors.* dock

dokazać *vi* achieve, perform; **~ cudu** work a miracle; **~ swego** accomplish one's design, have one's way

dokazywać *vi* *(swawolić)* skylark, romp; *zob.* **dokazać**

dokąd *adv* where (to); **~ bądź** anywhere, wherever

doker *m* docker, stevedore

dokładać *vt* add, throw in; **~ do interesu** have a losing business; **~ wszelkich starań** do one's best

dokładka *f* *(porcja)* second helping

dokładnie adv exactly, precisely

dokładność f exactness, exactitude, precision

dokładn|y adj exact, precise; ~e badanie close examination

dokoła adv praep round (about), around

dokonać vt achieve, accomplish, bring about; ~ żywota end one's days; ~ się vr take place <effect>, come off <about>

dokonanie n achievement

dokonany adj (o fakcie) accomplished; gram. perfect

dokończenie n conclusion, end(ing)

dokończyć vt finish up, conclude

dokształca|ć vt complete sb's education; szkoła ~jąca continuation school; ~ć się vr complete one's education

doktor m doctor; ~ filozofii Ph.D.; ~ medycyny physician, M.D.; wezwać ~a send for <call in> the doctor

doktorat m doctorate, Ph.D. degree; zrobić ~ receive the doctor's degree

doktorsk|i adj doctor's, doctoral; rozprawa <praca> ~a doctoral thesis <dissertation>

doktoryzować się vr take one's doctor's degree

doktryna f doctrine

dokuczać vi vex, harass, annoy

dokuczliwy adj vexing, annoying, grievous

dokument m document; record; ~ urzędowo poświadczony legalized deed

dokumentalny, dokumentarny adj documentary

dokumentować vt document

dol|a f lot, destiny; w ~i i niedoli through thick and thin

dolatywać vi come flying, reach

dolega|ć vi pain, ail; co ci ~? what's the matter with you?, what ails you?; ~ mi artretyzm I am troubled with arthritis; nic mi nie ~ nothing is the matter with me

dolegliwość f suffering, pain, ailment

dolewać vt pour out some more; ~ sobie herbaty help oneself to more tea

doliczy|ć vt add; throw in, include (in a sum); ~ć się vr, ~łem się tylko pięciu I could count five only; nie mogłem się ~ć I could not make up the sum

dolina f valley; lit. dale

dolny adj lower

dołączyć vt annex, attach, enclose; ~ się vr join (do kogoś sb)

dołek m pit, hole; (na twarzy) dimple

dołożyć zob. dokładać

dom m house; home; do ~u home; poza ~em abroad, away from home; out, out of doors; w ~u at home; prowadzić ~ run the house; czuć się jak u siebie w ~u feel at home; ~ starców old people's home; ~ towarowy department store; general store; nie ma jak w ~u there's no place like home

domagać się vr demand, claim

domator m stay-at-home

domek m little house; ~ jednorodzinny detached house; cottage, bungalow; (bliźniak) semi-detached house

domena f domain

domieszać vt admix

domieszka f admixture

dominium n sing nieodm. dominion

domino n domino; (gra) dominoes pl

dominować vi prevail, predominate (nad kimś, czymś over sb, sth)

dominujący adj predominant

domniemany adj alleged; conjectural

domofon m house-entry system, Entryphone

domokrążca *m* pedlar, hawker

domostwo *n* homestead

domownik *m* housemate

domow|y *adj* domestic, home <house, indoor> *attr*; home-made *attr*; **gospodarstwo ~e** housekeeping; **wojna ~a** civil war

domysł *m* conjecture, presumption

domyślać się *vr* conjecture, surmise; guess

domyślny *adj* quick to understand, quick-witted

doniczka *f* flower-pot

doniesienie *n* (*wiadomość*) report, communication; (*denuncjacja*) denunciation; *handl.* (*komunikat*) advice

donieść *vt* communicate, report, announce; denounce (**na kogoś** sb), inform (**na kogoś** against sb); *handl.* advise; **donoszą nam, że ...** we are informed that ...

doniosłość *f* importance, significance

doniosły *adj* important, significant

donosiciel *m* denunciator, denouncer, informer

donosić *zob.* **donieść**

donośność *f* (*głosu*) sonority; (*strzału*) range

donośny *adj* (*o głosie*) sonorous; (*o strzale*) of long range

dookoła *zob.* **dokoła**

dopadać *vi* get (**czegoś** at sth), reach (**czegoś** sth)

dopalać *vt* burn the rest, finish burning; **~ się** *vr* be burning out

dopasować *vt* fit, adapt, adjust; **~ się** *vr* adapt oneself, conform oneself

dopasowanie *n* adjustment, adaptation

dopełniacz *m gram.* genitive (case)

dopełniać *vi* complete, fill up; fulfil; **~ zobowiązań** meet one's obligations; **~ ślubu** keep one's vow

dopełniający *adj* complementary, supplementary

dopełnienie *n* completion; fulfilment; *gram.* object; **~ bliższe** <**dalsze**> direct <indirect> object

dopędzić *vt* catch up (**kogoś** with sb), overtake

dopiąć *vt* buckle up, button up; (*osiągnąć*) attain, achieve; **~ swego** have one's will, gain one's end

dopiero *adv* only; not until; **~ co** only just, just now; **~ wtedy** not till then; **a co ~** let alone

dopiln|ować *vi* see (**czegoś** to sth); **~uj, żeby to było zrobione** see that it is done

dopingować *vt* spur on, incite, stimulate

dopis|ać *vt* write in addition, add in writing; *vi* (*sprzyjać*) favour, be favourable; **pogoda ~uje** the weather is fine; **szczęście mu ~ało** he met with success; he was successful <lucky>; **zdrowie mi ~uje** I'm well; **pamięć mi nie ~uje** my memory fails me; **szczęście mi nie ~ało** I have failed, I'm down on my luck

dopisek *m* postscript, footnote

dopłacać *vt* pay extra; meet extra charges

dopłata *f* additional payment, extra charge, surcharge; (*do biletu*) excess fare; *filat.* postage due

dopłynąć *vi* reach (swimming, sailing, floating *etc.*)

dopływ *m* (*rzeki*) tributary, affluent; (*ludzi, pieniędzy*) influx, inflow; (*krwi*) afflux; (*towarów, prądu*) supply

dopływać *vi* flow in; *zob.* **dopłynąć**

dopomagać *vi* help, aid, assist

dopominać się *vr* claim (**o coś** sth, **u kogoś** from sb)

dopóki *conj* as long as; **dopóty ~** as long as, till

doprowadzać *vt* conduct, con-

duce, lead, bring; **~ do doskonałości** bring to perfection; **~ do
nędzy** reduce to misery; **~ do
końca** bring to an end; **~ do rozpaczy** drive into despair; **~ do
skutku** carry into effect; **~ do
porządku** put in order; **~ do
szału** drive (sb) mad

dopuszczać vt vi admit; permit;
~ się vr commit (**czegoś** sth)

dopuszczalny adj admissible;
permissible

dopuszczenie n admission; admittance

dopytywać się vr inquire, make
inquiries (**o kogoś, coś** after
<for, about> sb, sth)

dorabiać vt vi pot. work on the
side, make (money) on the side; **~
muzykę do słów** set the words
to music; **~ się** vr pot. make one's
way; grow more prosperous

doradca m adviser, consultant;
(*rządowy*) aide

doradczy adj advisory, consulta-
tive

doradzać vi advise (**komuś** sb)

dorastać vi grow up; rise (**do
zadania, sytuacji** to the task,
situation)

doraźnie adv immediately, on the
spot; for the time being

doraźny adj immediate; extempo-
rary; (*o postępowaniu sądowym*)
summary

doręczać vt hand, deliver

doręczenie n delivery

dorob|ek m possessions, acquisi-
tion, property; (*np. naukowy,
pisarski*) output, attainments pl,
production; **być na ~ku** make
one's way

dorobkiewicz m upstart, parvenu

doroczny adj annual, yearly

dorodny adj handsome

dorosły adj m adult, grown-up

dorożka f horse-driven cab

dorożkarz m cabman

dorównywać vi equal (**komuś**
to sb)

dorsz m zool. cod

dorywczo adv occasionally, irreg-
ularly, by fits and starts

dorywcz|y adj occasional, impro-
vised; **~a praca** odd job

dorzecze n (river-)basin

dorzucać vt throw in, add

dosadny adj strong, emphatic,
blunt

dosiadać vi mount (**konia** a
horse)

dosięgać vi reach

doskonale adv perfectly, splen-
didly

doskonalić vt perfect; **~ się** vr
perfect oneself; improve

doskonałość f perfection

doskonały adj perfect, excellent

dosłown|y adj literal; **tłumacze-
nie ~e** word for word translation

dosłużyć się vr gain through service; be promoted (**stopnia puł-
kownika** to the rank of colonel)

dosłyszeć vt hear, catch; **nie ~**
mishear; be hard of hearing

dostać vt get, receive, obtain, attain; **~ się** vr get; **~ się do domu**
get home; **~ się do środka** get
in; **~ się do niewoli** be taken
prisoner; **~ się w czyjeś ręce**
fall <get> into sb's hands; **~ się
do czegoś** get at sth

dostarczać vt deliver, supply,
provide (**komuś czegoś** sb with
sth); (*żywności*) cater

dostateczny adj sufficient; satisfactory; passable; **stopień ~** fair,
passing grade

dostat|ek m affluence, abun-
dance, plenty; **pod ~kiem** in
abundance, in plenty, enough of

dostatni adj abundant;
(*zamożny*) prosperous, wealthy,
well-to-do

dostaw|a f delivery, supply; **z ~ą
do domu** with home delivery

dostawca m deliverer, supplier,
provider; purveyor; caterer

dostawiać vi supply, deliver; (*np.
więźnia*) convoy, escort

dostąpić vi approach (**do kogoś** sb); attain; ~ **łaski** find favour (**czyjejś** with sb); ~ **zaszczytów** gain <obtain> honours

dostęp m access; approach

dostępny adj accessible, easy of access; (*o książce, wykładzie*) popular; (*o osobie*) approachable

dostojeństwo n dignity

dostojnik m dignitary

dostojny adj dignified, eminent, distinguished, worthy

dostosować vt adapt, adjust, fit; ~ **się** vr adapt oneself, conform

dostosowanie n adaptation, adjustment; conformity

dostroić vt tune (up), attune; ~ **się** vr adapt <adjust> oneself; conform

dostrzec vt catch sight (**coś** of sth), perceive, notice

dostrzegalny adj perceptible, noticeable

dostrzeganie n perception

dosyć adv enough, sufficiently; ~ **tego** enough of that, that's enough, that will do; **mieć** ~ **czegoś** be fed up with sth

do syta adv amply; **najeść się** ~ eat one's fill, eat to the full

doszczętnie adv completely, thoroughly, utterly, down to the ground

doszczętny adj thorough, complete, utter

doścignąć vt overtake, catch up (with)

dość zob. **dosyć**

dośrodkowy adj centripetal

doświadcz|ać vt (*doznawać*) experience (**czegoś** sth), go (**czegoś** through sth); (*próbować, robić doświadczenie*) test out, put to the test, try; **los go ciężko** ~**ył** fate has severely tried him

doświadczalny adj experimental

doświadczeni|e n (*życiowe*) experience; (*naukowe*) experiment; **robić** ~**e** experiment, make an experiment; **wiedzieć z** ~**a** know by experience

doświadczony adj experienced, expert

doświadczyć zob. **doświadczać**

dotacja f donation, endowment; allowance

dotąd adv (*o miejscu*) up to here; thus far; (*o czasie*) till now, up to now, so far; **jak** ~ as yet

dotkliw|y adj acute, severe, painful; ~**a strata** heavy loss

dotknąć vt touch, feel; affect; (*urazić*) offend, hurt; ~ **ważnej sprawy** touch upon an important question; ~ **do żywego** touch to the quick

dotknięcie n touch

dotrwać vi persevere, hold out

dotrzeć zob. **docierać**

dotrzymywać vt keep (**obietnicy, słowa, tajemnicy** a promise, one's word, a secret); ~ **komuś kroku** keep pace with sb, keep up with sb; ~ **komuś towarzystwa** keep sb company; ~ **warunków** stand by <keep> the terms

dotychczas adv up to now, so far

dotychczasow|y adj previous, hitherto prevailing; ~**e wiadomości** the news received up to now

dotycz|yć vi concern (**kogoś, czegoś** sb, sth), refer, relate (**kogoś, czegoś** to sb, sth); **co** ~**y** with regard to, in respect of, relative to; as far as *sth* is concerned; **co mnie** ~**y** as for me; **to mnie nie** ~**y** it is no concern of mine; ~**ący** relative (**kogoś, czegoś** to sb, to sth), concerning, referring

dotyk m touch, feeling

dotykać zob. **dotknąć**

dotykalny adj tangible, palpable

douczać zob. **dokształcać**

dowcip m joke, witticism; (*humor, bystrość*) wit; **stary** ~ stale joke

dowcipkować *vi* joke

dowcipniś *m* joker, wit

dowcipny *adj* witty, clever

dowiadywać się *vr* inquire (**o kogoś, coś** after sb, sth, **od kogoś** of sb)

do widzenia *int* good-bye!; *pot.* bye-bye!

dowiedzieć się *vr* get to know, learn, find out

dowieść *vt* (*doprowadzić*) bring, lead; (*udowodnić*) prove; *zob.* **dowodzić**

dowlec *vt* drag as far as; **~ się** *vr* come dragging along

dowodowy *adj* evidential, demonstrative, conclusive; **materiał ~** evidence

dowodzenie *n* demonstration; (*dowództwo*) command

dowodzić *vi* prove, demonstrate (**czegoś** sth), be demonstrative (**czegoś** of sth); (*argumentować*) argue; (*komenderować*) command; (*przewodniczyć*) lead

dowolnie *adv* (*samowolnie*) arbitrarily; (*według woli*) at will, at one's discretion, freely

dowolność *f* (*samowola*) arbitrariness; (*własne uznanie*) discretion; freedom

dowolny *adj* (*samowolny*) arbitrary; (*do uznania*) discretional, discretionary, optional, free to choose; (*bezpodstawny*) unfounded; (*jakikolwiek*) any, whatever; **w ~m kolorze** of any colour you choose; **w ~m kierunku** in any direction

dowozić *vt* bring, supply

dowód *m* proof, evidence; (*pamięci, wdzięczności*) token, sign; (*dokument*) certificate; **w ~** in token of; **~ osobisty** identity card, ID; **~ odbioru** <**sprzedaży**> receipt; **~ rzeczowy** material proof; **~ rejestracyjny** registration card

dowódca *m* commander; **naczelny ~** commander-in-chief

dowództwo *n* command; (*siedziba*) headquarters; **objąć ~** take command

dowóz *m* supply, delivery

doza *f* dose, amount

dozgonny *adj* lifelong

doznać *vi* experience, go through; (*straty, krzywdy*) suffer; **~ rozczarowania** meet with disappointment; **~ wrażenia** get an impression; **~ ulgi** feel relieved

dozorca *m* guard, overseer; (*domowy*) housekeeper, doorkeeper, caretaker; (*więzienny*) gaoler, jailer

dozorować *vt* oversee, supervise, keep watch

dozować *vt* doze

dozór *m* supervision; (*policyjny*) surveillance

dozwalać *vi* allow, permit

dożyć *vi* live till, live to see; **~ późnego wieku** live to an old age; **~ stu lat** live to be a hundred years old

dożynki *s pl* harvest home

dożywocie *n* life-estate; (*renta*) life-annuity; **na ~** for life

dożywotni *adj* lifelong; **kara ~ego więzienia** imprisonment for life, life sentence

dół *m* pit, hole; lower part; bottom; **na dole** below, down; **z dołu** from below; **na ~, w ~** downstairs; down- hill; **schodzić na ~** go down <downstairs, downhill>

drabina *f* ladder; **~ sznurowa** rope-ladder

dramat *m* *teatr* drama; *przen.* tragedy

dramaturg *m* dramatist, playwright

dramaturgia *f* dramaturgy

dramatyczny *adj* dramatic

drań *m* *pot.* bastard, scoundrel, rascal

drapacz *m* scraper; **~ chmur** skyscraper, tower block

drapać *vt* scrape, scratch; **~ się** *vr*, **~ się w głowę** scratch one's head; (*piąć się*) climb, scramble

drapieżnik *m* predator; beast <bird> of prey

drapieżność *f* rapacity, predacity

drapieżn|y *adj* predatory, rapacious; **zwierzę ~e** beast of prey

drasnąć *vt* scratch, graze; *przen.* (*dotknąć*) hurt

drastyczny *adj* drastic; (*draźliwy*) ticklish; indecent

drażetka *f farm.* dragée, pill

drażliwość *f* susceptibility, ticklishness

drażliwy *adj* susceptible, ticklish, touchy, irritable

drażnić *vt* irritate, gall, tease

drąg *m* pole, bar

drąż|ek *m* stick bar, rod; *pl* **~ki gimnastyczne** bars; **~ek zmiany biegów** *bryt.* gear lever; *am.* gearshift

drążyć *vt* hollow out

dren *m* drain

drenować *vt* drain

dreptać *vi* trip

dres *m* track suit, training suit, running tackle

dreszcz *m* shudder; *pl* **~e** fit of shivers, cold fits

dreszczyk *m* thrill

drewniak *m* (*but*) clog; (*budynek*) wooden house <hut>

drewniany *adj* wooden

drewno *n* log, piece of wood; timber

dręczy|ć *vt* torment, harass, vex; **co cię ~?** what's eating you?; **~ć się** *vr* worry, be vexed

drętwieć *vi* stiffen, grow stiff, numb

drętwy *adj* stiff, numb, rigid, lifeless

drgać *vi* shiver, tremble; (*o sercu, pulsie*) palpitate; (*o głosie, strunie itp.*) vibrate; (*o mięśniach, twarzy*) twitch

drganie *n* trembling; palpitation; vibration

drgawka *f* spasm, convulsion; twitch

drobiazg *m* trifle, detail

drobiazgowość *f* pedantry, punctiliousness, fussiness

drobiazgowy *adj* pedantic, punctilious, fussy

drobić *vt* (*kruszyć*) crumble; (*drobno siekać*) mince; (*nogami*) trip

drobina *f* particle; *fiz.* molecule

drobnica *f handl.* piece-goods

drobnostka *f* trifle

drobnoustrój *m* microbe, microorganism

drobn|y *adj* tiny, minute; (*kupiec, rolnik*) small; (*pomniejszy*) petty; **~e wydatki** pocket expenses; **~a suma** small <petty> sum; **~y błąd** minor mistake; **~e** *s pl* small change

droczyć się *vr* tease (**z kimś** sb)

dro|ga *f* way, road, track, route; **~ga dla pieszych** footpath; **~ga powietrzna** airway; **~ga wodna** waterway; **~ga główna** <*boczna*>main <side> road; **krótsza ~ga** (*na przełaj*) short cut; **wolna ~a** the way is clear; **rozstajne ~gi** cross-roads; **być na dobrej ~dze** be on the right path; **pytać kogoś o ~gę** ask sb the way; **iść tą samą ~gą** go the same way; **wejść komuś w ~gę** get in sb's way; **wybrać się w ~gę** set out on one's way; **zejść z ~gi** (*ustąpić*) give way; **utorować ~gę** pave the way for; **~gą lądową** by land; **~gą na** <*przez*> **Warszawę** by way of Warsaw; **~gą wodną** by water, by sea; **~gą służbową** by <through> official channels; **nie po ~dze** out of the way; **po ~dze** on the way; **pół godziny ~gi** half-an-hour's walk <drive, ride>; **w pół ~gi** half-way; **w ~dze wyjątku** by way of exception; **szczęśliwej ~gi!** have a good journey, have a nice trip; good-bye!

drogeria *f* druggist's (shop); *am.* drugstore

drogi 1. adj (*kochany*) dear

drogi 2. adj (*kosztowny*) expensive, costly

drogo adv dear(ly), at a high price

drogocenny adj precious

drogowskaz m signpost, guide-post

drogow|y adj road attr; **przepisy ~e** traffic regulations; **atlas ~y** road atlas; **znaki ~e** road signs

dromader m zool. dromedary

drozd m zool. thrush

drożdże s pl leaven, yeast

drożeć vt grow dear

drożyźniany adj, **dodatek ~** cost-of-living bonus

drób m poultry

dróżka f path

dróżnik m lineman, railway watchman

druczek m (blank) form; (*drobny druk*) small print

drug|i num second, another, other; **książka z ~iej ręki** second-hand book; **kupować z ~iej ręki** buy second-hand; **co ~i** every other <second>; **co ~i dzień** every other <second> day; **~ie tyle** twice as much; **jeden po ~im** one after another; **po ~ie** in the second place; **po ~iej stronie** on the other side; **~a strona medalu** the other side of the coin; **z ~iej strony ...** on the other hand ...

drugorzędny adj second-class, second-rate, secondary

druh m (*harcerz*) boy scout, friend; pot. crony

druhna f (*harcerka*) bryt. girl guide, am. girl scout

druk m print(ing); (*blankiet*) form; (*przesyłka pocztowa*) printed matter; **w ~u** in (the) press; **drobny ~** small type; **tłusty ~** bold type; **omyłka w ~u** misprint

drukarka f printer; **~ laserowa** laser printer; **~ igłowa** dot-matrix printer

drukarnia f printing-office

drukarsk|i adj printer's; typographical; **farba ~a** printer's <printing> ink; **błąd ~i** misprint; **maszyna ~a** printing machine

drukarz m printer

drukować vt print

drut m wire; elektr. (*sznur*) cord; **~ kolczasty** barbed wire; **~ do robienia pończoch** itp. knitting-needle; **robić na ~ach** knit

druzgotać vt smash, shatter

drużba m best man

drużyna f team, crew, troop; **~ ratownicza** rescue <relief, search> party

drużynowy m group leader

drwa s pl wood, firewood

drwal m woodcutter

drwić vi mock, sneer (**z kogoś, czegoś** at sb, sth)

drwiny s pl mockery, raillery

dryfować vi mors. drift

dryg m pot. knack (**do czegoś** of sth); inclination

dryl m drill

drylować vt (*owoce*) seed, stone

drzazga f splinter, sliver

drzeć vt (*rwać*) tear; (*ubranie, buty*) wear out, use; **~ się** vr (o *ubraniu, butach*) wear out; (*krzyczeć*) scream

drzemać vi doze, nap

drzemka f doze, nap

drzewko n little tree; (*choinka*) Christmas tree

drzewny adj wooden, wood-; **papier ~** wood-paper; **spirytus ~** wood-spirit; **węgiel ~** charcoal

drzewo n tree; (*ścięte*) wood, timber

drzeworyt m woodcut

drzwi s pl door; (*podnoszone*) trap; (*obrotowe*) revolving door; (*rozsuwane*) sliding door; **~ wejściowe** front door; **przy ~ach zamkniętych** behind closed doors

drżeć vi tremble, shiver, vibrate; **~ o kogoś** tremble for sb; **~ z zimna** shiver with cold

drżenie n trembling, tremor, vibration

dubeltówka f double-barrelled gun

dublet m duplicate; double

dublować vt double

duch m ghost, spirit; **dodać ~a** cheer up, encourage; **podnosić na ~u** lose heart; **wyzionąć ~a** breathe one's last; expire; **iść z ~em czasu** keep abreast of the times; **nie ma żywego ~a** there is not a living soul; **zły <dobry> ~** evil <good> spirit <genius>; **spokój ~a** peace of mind

duchowieństwo n clergy

duchowny adj spiritual; ecclesiastical; **stan ~** the clergy; s m clergyman

duchowy adj spiritual, mental, psychical

dudnić vi resound, rumble, drone; (o wodzie) brawl

duma f pride, haughtiness

dumny adj proud (z czegoś of sth); **być ~m z** take pride in

Duńczyk m Dane

duński adj Danish

dupa f wulg. arse; am. ass; pot. bottom

duplikat m duplicate

dur 1. m med. typhus; **~ brzuszny** typhoid fever

dur 2. m nieodm. muz. (tonacja) major

dur|eń m fool; **robić z siebie <kogoś> ~nia** make a fool of oneself <sb>

durny adj silly, foolish

durzyć się vr pot. be infatuated (w kimś with sb)

dusiciel m strangler; zool. **boa ~** boa constrictor

dusić vt strangle, stifle; **~ się** vr choke, stifle, suffocate; (o potrawie) stew

dusz|a f soul; **z całej ~y** with all my soul; **nie ma tu żywej ~y** there is not a living soul here; **mieć ~ę na ramieniu** have

one's heart in one's boots; pot. **nie mam grosza przy ~y** I have not a penny to bless myself with

dusznica f med. asthma

duszno|ść f sultriness; pl **~ci** oppression

duszny adj sultry, close; (o pomieszczeniu) stuffy

duszpasterski adj pastoral

duszpasterstwo n pastoral office, ministry

duszpasterz m pastor, clergyman

dużo adv (z rzeczownikami niepoliczalnymi) much, a great deal of, a lot of; (z rzeczownikami policzalnymi) many, a great many, lots of, a lot of

duż|y adj great, big, large; **~a litera** capital letter; **~y ruch** heavy traffic

dwa num two; **~ razy** twice

dwadzieścia num twenty

dwanaście num twelve

dwieście num two hundred

dwoi|ć vt double; **~ć się** vr double; **~ mu się w oczach** he sees double

dwoistość f doubleness, duality; dualism

dwoisty adj double, dual

dwojaczki s pl twins

dwoje num two

dworek m little manor

dworski adj courtly, court attr

dworzanin m courtier

dworzec m (kolejowy, autobusowy) railway <bus> station; (lotniczy) air terminal

dwója f pot. (nota szkolna) bad <failing> mark

dwójka f two; couple, pair; = **dwója**

dwójkowy adj binary

dwór m court; (wiejski, szlachecki) manor-house, country-house; **na dworze** out, outside, out of doors; **na ~** out

dwudniowy adj two-day attr; two days'

dwudziestka *f* twenty, score
dwudziesty *num* twentieth
dwugłoska *f gram.* diphthong
dwugodzinny *adj* two-hour *attr*; two hours'
dwujęzyczny *adj* bilingual
dwukropek *m* colon
dwukrotnie *adv* twice
dwukrotny *adj* twofold
dwuletni *adj* two-year *attr*; two years'
dwulicowość *f* duplicity; hypocrisy; double-dealing
dwulicowy *adj* double-faced, hypocritical; double-dealing
dwumasztowiec *m mors.* two-master
dwumasztowy *adj mors.* two-masted
dwumian *m mat.* binomial
dwumiesięcznik *m* bimonthly
dwumiesięczny *adj* bimonthly
dwunastnica *f anat.* duodenum
dwunasty *num* twelfth
dwunożn|y *adj* two-legged; **~e stworzenie** biped
dwuosobowy *adj* for two persons; (*pokój*) double; (*o grze*) two-handed
dwupiętrowy *adj* three-storied
dwupłatowiec *m* biplane
dwuręczny *adj* two-handed
dwurzędowy *adj* double-rowed; (*o marynarce*) double-breasted
dwustronny *adj* two-sided; (*o umowie*) bilateral
dwutlenek *m chem.* dioxide
dwutomowy *adj* two-volume *attr*
dwutorowy *adj* double-track *attr*
dwutygodnik *m* biweekly
dwutygodniowy *adj* fortnightly
dwugłoskowy *adj gram.* disyllabic
dwuznaczność *f* ambiguity, double meaning
dwuznaczny *adj* equivocal, ambiguous
dwużeństwo *n* bigamy
dydaktyczny *adj* didactic
dyfteryt *m med.* diphtheria

dyfuzja *f fiz.* diffusion
dyg *m* curtsy
dygnitarz *m* dignitary; high-ranking official; *pot.* big shot
dygotać *vi* shiver
dygresja *f* digression
dykcja *f* diction
dykta *f* plywood
dyktafon *m* Dictaphone
dyktando *n* dictation
dyktator *m* dictator
dyktatorski *adj* dictatorial
dyktatura *f* dictatorship
dykteryjka *f* anecdote
dyktować *vt* dictate
dylemat *m* dilemma
dyletant *m* dilettante, amateur
dyliżans *m* stage-coach
dym *s* smoke; **puścić z ~em** send up in smoke; **pójść z ~em** go up in smoke <flames>
dymić *vi* smoke, reek
dymisj|a *f* dismissal; resignation; **podać się do ~i** hand <send> in one's resignation, resign
dymisjonować *vt* dismiss
dymny *adj* smoky
dynamiczny *adj* dynamic
dynamika *f* dynamics
dynamit *m* dynamite
dynia *f bot.* pumpkin
dyplom *m* diploma
dyplomacja *f* diplomacy
dyplomata *m* diplomat
dyplomatyczny *adj* diplomatic
dyrekcja *f* management; head office
dyrektor *m* director, manager; (*szkoły*) headmaster
dyrygent *m muz.* conductor
dyrygować *vt* conduct
dyscyplina *f* discipline
dysk *m* disc; *sport* discus; *komp.* disk; **stacja ~ów** disk drive; **~ twardy** hard disk; **~ miękki** floppy (disk)
dyskietka *f komp.* diskette, floppy (disk)
dyskoteka *f* discotheque, disco
dyskretny *adj* discreet

dyskryminacja *f* discrimination; **~ rasowa** racial discrimination; apartheid

dyskusja *f* discussion; debate; panel

dyskwalifikować *vt* disqualify

dyspozycj|a *f* disposition; disposal; **być do czyjejś ~i** be at sb's disposal

dysproporcja *f* disproportion

dysputa *f* dispute, disputation

dyskutować *vi* discuss, debate (**o czymś** sth)

dystans *m* distance; **na ~** at arm's length

dystansować *vt* outdistance

dystrakcja *f* distraction

dystrybucja *f* distribution

dystyngowany *adj* distinguished

dystynkcja *f* distinction

dysydent *m* dissident, dissenter

dyszeć *vi* gasp, pant

dyszel *m* shaft

dywan *m* carpet, rug

dywanik *m*, **wezwać kogoś na ~** call sb on the carpet

dywersja *f* subversion

dywidenda *f* dividend

dywizja *f* division

dywizjon *m* *lotn.* wing

dyzenteria *f med.* dysentery

dyżu|r *m* duty; **mieć ~r** be on duty; **nie być na ~rze** be off duty; **ostry ~r** emergency service

dyżurny *adj* on duty; *s m* officer <clerk *etc.*> on duty

dzban *m* jug, pitcher

dzbanek *m* jug

dziać się *vi* go on, happen, take place, occur; **co się tu dzieje?** what's up here?; **niech się dzieje, co chce** happen <come> what may; **co się z nim dzieje?** what's happening to him?

dziad *m* grandfather; old man; (*żebrak*) beggar

dziadek *m* grandpa; (*żebrak*) beggar; (*w brydżu*) dummy; **~ do orzechów** nutcracker(s)

dziadowski *adj* (*żebraczy*) beg-

garly; (*tandetny*) rotten, trashy

dział *m* section, division, part, sphere; (*w gazecie*) column; *geogr.* **~ wód** watershed

działacz *m* man of action; **~ społeczny** social worker; **~ polityczny** politician

działa|ć *vi* act, be active; work, operate; (*o leku*) be effective; (*o wrażeniu*) affect; **~ć komuś na nerwy** get on sb's nerves; **zacząć ~ć** come into operation; **~ć cuda** work wonders; **telefon nie ~** the phone doesn't work; *pot.* the line is dead

działalność *f* activity

działanie *n* activity; effect; operation; *mat.* rule; **~ uboczne** side-effect

działka *f* lot, allotment, parcel

działo *n* gun

dzian|y *adj* knitted; *pl* **wyroby ~e** knitted goods

dziarski *adj* brisk, brave, lively

dziąsło *n* *anat.* gum

dzicz *f* savages, rabble, riffraff

dziczeć *vi* become savage, grow wild

dziczyzna *f* venison

dzida *f* spear

dzieciak *m* kid, child

dzieciarnia *f* children; *zbior.* small fry

dziecięcy *adj* child's, children's; *med.* **paraliż ~** infantile paralysis

dziecinada *f* childishness

dziecinnieć *vi* become childish

dziecinny *adj* childish; childlike; infantile

dzieciństwo *n* childhood

dziecko *n* child; (*do 7 lat*) infant; (*niemowlę*) baby

dziedzic *m* (*spadkobierca*) heir

dziedzictwo *n* (*kulturowe*) heritage; inheritance, legacy

dziedziczn|y *adj* hereditary; **obciążenie ~e** hereditary taint; **to jest ~e** it runs in the family <the blood>

dziedziczyć *vt* inherit

dziedzina f domain, sphere, field
dziedziniec m court, yard, courtyard
dzieje s pl history
dziejopisarstwo n historiography
dziejopisarz m historian
dziejowy adj historic(al)
dziekan m dean
dziekanat m dean's office, deanery
dzielenie n division
dzieli|ć vt divide; distribute; separate; split; break up (into); (*podzielić*) share; mat. **~ć przez** divide by; **~ć się** vr be divided; share (**czymś z kimś** sth with sb); **15 ~ się przez 3** 15 can be divided by 3; **ta książka ~ się na 3 części** this book is divided into 3 parts
dzielna f mat. dividend
dzielnica f quarter; district
dzielnik m mat. divisor
dzielność f bravery
dzielny adj brave
dzieło n work, act, deed; przen. doing; **~ sztuki** work of art
dziennie adv daily, a day; **2 razy ~** twice a day
dziennik m (*gazeta*) daily (newspaper); (*pamiętnik*) diary; (*telewizyjny, radiowy*) TV <radio> news; **~ lekcyjny** class book <register>
dziennikarski adj journalistic
dziennikarstwo n journalism
dziennikarz m journalist; bryt. pot. pressman
dzienn|y adj daily, day's; **praca ~a** (*całodzienna*) day's work; (*wykonywana w dzień*) day-work; **światło ~e** daylight
dzień m day; **~ po dniu** day by day; **~ powszedni** workday, weekday; **~ świąteczny** holiday; **w biały ~** in broad daylight; **cały ~** all day long; **co drugi ~** every other day; **na drugi ~** on the next day; **raz na ~** once a day; **z dnia**

na ~ from day to day; **za dnia** by day, in the day-time; **żyć z dnia na ~** live from hand to mouth; **~ dobry!** good morning!; **pewnego dnia** (*w przyszłości*) one day, some day; **któregoś dnia** (*w przeszłości*) the other day
dzierżaw|a f lease, tenancy; **wziąć w ~ę** take on lease
dzierżawca m tenant, leaseholder, lessee
dzierżawczy adj gram. possessive
dzierżawić vt lease, take on lease, hold by lease
dzierżawn|y adj, **czynsz ~y** rental, rent; **umowa ~a** leasehold deed
dzierżyć vt hold, keep
dziesiątka f ten
dziesiątkować vt decimate
dziesiąty num tenth
dziesięciokroć num ten times
dziesięciokrotny adj tenfold
dziesięciolecie n tenth anniversary; decade
dziesięć num ten
dziesiętny adj decimal
dziewczęcy adj girl's, girlish, maidenly
dziewczyna f girl, maiden
dziewczynka f little girl; pot. (*podlotek*) flapper
dziewiątka f nine
dziewiąty num ninth
dziewica f virgin, maiden
dziewictwo n virginity, maidenhood
dziewicz|y adj virgin(al), maiden; **~a gleba** virgin soil; **las ~y** virgin forest
dziewięć num nine
dziewięćdziesiąt num ninety
dziewięćdziesiąty num ninetieth
dziewięćset num nine hundred
dziewiętnasty num nineteenth
dziewiętnaście num nineteen
dzięcioł m zool. woodpecker
dziękczynienie n thanksgiving

dziękczynny *adj* thankful; *list* ~ letter of thanks

dzięki *s pl* thanks; *praep* thanks to, owing to; ~ **Bogu!** thank God!

dziękować *vi* thank; **dziękuję** (*bardzo*) thank you (very much)

dzik *m zool.* (wild) boar

dziki *adj* wild, savage; *s m* savage

dziobać *vt* peck

dziobaty *adj* (*po ospie*) pockmarked

dziobek *m* (*np. imbryka*) spout, nozzle

dziób *m* beak, bill; (*okrętu*) prow

dzisiaj, dziś *adv* today; ~ *rano* this morning; ~ *wieczór* this evening, tonight; **od** ~ **za tydzień** this day week

dzisiejszy *adj* today's, present, present-day; **w** ~**ch czasach** nowadays, these days

dziura *f* hole, opening; (*w zębie*) cavity

dziurawić *vt* hole, make holes

dziurawy *adj* leaky, full of holes

dziurkować *vt* perforate; (*bilety*) punch

dziwactwo *n* eccentricity, peculiarity

dziwaczeć *vi* become eccentric <queer>

dziwaczny *adj* eccentric, odd, weird

dziwak *m* eccentric; *pot.* crank, freak

dziwić *vt* astonish; ~ **się** *vr* wonder, be astonished (**komuś, czemuś** at sb, sth); **nie ma się czemu** ~ it is no wonder

dziwka *f wulg.* slut, bitch

dziwny *adj* strange, queer; **nic** ~**ego, że ...** no wonder that ...; **cóż** ~**ego, że ...** what wonder that ...

dziwoląg *m* monster, deformed creature, monstrosity, oddity

dzwon *m* bell; **bić w** ~**y** ring the bells

dzwonek *m* (hand-)bell; doorbell; (*dzwonienie*) ring; (*telefoniczny*) call

dzwonić *vi* ring; (*telefonować*) ring up (**do kogoś** sb); ~**ć do drzwi** ring the doorbell; ~ **mi w uszach** my ears tingle

dzwonnica *f* belfry

dzwonnik *m* bell-ringer

dźwięczeć *vi* sound, resound, ring, jingle

dźwięczność *f* sonority

dźwięczny *adj* sonorous

dźwięk *m* sound

dźwiękowy *adj* sound; **film** ~ sound film

dźwig *m* (*winda*) lift; *am.* elevator; (*żuraw*) crane

dźwigać *vt* (*nosić*) carry; (*podnosić*) lift, heave; ~ **się** *vr* raise oneself, rise

dźwignia *f* lever; *mot.* ~ **zmiany biegów** gear-change lever

dżdżownica *f zool.* earthworm, dew-worm

dżdżysty *adj* rainy

dżem *m* jam

dżentelmen *m* gentleman

dżinsy *s pl* jeans, denims

dżokej *m* jockey

dżonka *f* junk

dżuma *f med.* plague

dżungla *f* jungle

ebonit *m* ebonite
echo *n* echo; *przen.* response
edukacja *f* education, instruction
edycja *f* edition
edykt *m* edict
edytor *m* editor (*także komp.*)
efekt *m* effect, result; **~ uboczny** side-effect
efektowny *adj* attractive, showy
efektywny *adj* efficient, effective
efemeryczny *adj* ephemeral
efemeryda *f* ephemera
Egipcjanin *m* Egyptian
egipski *adj* Egyptian
egoista *m* egoist
egoistyczny *adj* egoistic, selfish
egoizm *m* egoism
egzaltacja *f* exaltation
egzaltowany *adj* exalted, filled with exaltation
egzamin *m* examination, *pot.* exam; **zdawać ~** take <sit for> an examination; **zdać ~** pass an examination; **nie zdać ~u** fail (in) an examination
egzaminator *m* examiner
egzaminować *vt* examine
egzaminując|y *adj* examinational; **komisja ~a** board of examiners
egzekucja *f* execution
egzekucyjny *adj* executive; **pluton ~** firing squad
egzekutor *m* executor
egzekutywa *f* executive (power)
egzekwować *vt* execute; (*pieniądze, należność itp.*) exact (**coś od kogoś** sth from sb)
egzema *f med.* eczema
egzemplarz *m* copy; **w dwóch ~ach** in duplicate
egzotyczność *f* exoticism, exoticness; exotica
egzotyczny *adj* exotic
egzystencja *f* existence

egzystencjalizm *m* existentialism
egzystować *vi* exist
ekierka *f mat.* set-square
ekipa *f* crew, team; **~ ratownicza** rescue party
eklektyczny *adj* eclectic
ekolog *m* ecologist
ekologia *f* ecology
ekonomia *f* economy; (*nauka*) economics; **~ polityczna** political economy
ekonomiczny *adj* economic
ekonomika *f* economics
ekonomista *m* economist
ekran *m* screen
ekscelencja *f* excellency
ekscentryczność *f* eccentricity
ekscentryczny *adj* eccentric, quaint
ekscentryk *m* eccentric; *pot.* freak
eksces *m* (*zw. pl ~y*) excesses, disturbances
ekshibicjonizm *m* exhibitionism
ekshumacja *f* exhumation
ekshumować *vt* exhume
ekskluzywny *adj* exclusive
ekskomunika *f rel.* excommunication
ekskrementy *s pl* excrements
eksmisja *f* eviction
eksmitować *vt* evict
ekspansja *f* expansion
ekspansywny *adj* expansive
ekspedient *m* (*w sklepie*) shop-assistant, salesman
ekspediować *vt* dispatch, forward
ekspedycja *f* dispatch; expedition; (*biuro*) forwarding department
ekspedycyjny *adj* expeditionary
ekspedytor *m* forwarding agent
ekspert *m* expert (**w czymś** at, in sth)

ekspertyza f expert's report <inquiry>

eksperyment m experiment

eksperymentować vi experiment

eksploatacja f exploitation

eksploatować vt exploit

eksplodować vi explode

eksplozja f explosion

eksponat m exhibit

eksponować vt expose, exhibit

eksport m export, exportation

eksporter m exporter

eksportować vt export

ekspres m express (train); (list) express letter; (ekspresowe doręczenie) express <special> delivery; **kawa z ~u** espresso

ekspresja f expression

ekstaza f ecstasy

eksterminacja f extermination

eksternista m extramural student

eksternistyczn|y adj, pl **studia ~e** university extension; extramural studies

eksterytorialny adj extraterritorial

ekstrakt m extract

ekstrawagancja f extravagance

ekstrawagancki adj extravagant

ekumeniczny adj ecumenical

ekwipować vt equip, fit out

ekwipunek m equipment, outfit

ekwiwalent m equivalent

elastyczność f elasticity

elastyczny adj elastic; flexible

elegancja f elegance

elegancki adj elegant, smart

elegia f elegy

elektroda f electrode

elektrokardiogram m electrocardiogram, ECG

elektroliza f electrolysis

elektromagnes m electromagnet

elektron m fiz. electron

elektronika f electronics

elektrotechnik m electrician

elektrotechnika f electrical engineering

elektrownia f power-station; ~ **nuklearna** nuclear power-station

elektryczność f electricity

elektryczny adj electric

elektryfikacja f electrification

elektryfikować vt electrify

elektryk m electrician

elektryzować vt electrify; przen. galvanise

element m element

elementarny adj elementary, basic

elementarz m primer, ABC

elewacja f arch. façade; (wyniesienie, promowanie) elevation

elewator m (grain) elevator, grain storehouse

eliksir m elixir

eliminacja f elimination

eliminacyjn|y adj eliminating; pl **zawody ~e** trial heats

eliminować vt eliminate

elipsa f mat. ellipse; gram. ellipsis

elita f élite

emalia f enamel

emaliować vt enamel

emancypacja f emancipation

emancypować vt emancipate

emblemat m emblem

embrion m embryo

emeryt m pensioner, retired (officer, teacher etc.)

emerytowany adj retired

emerytur|a f pension, retired pay; **przejść na ~ę** retire; **wysłać na ~ę** pension off

emfatyczny adj emphatic

emfaza f emphasis

emigracja f emigration, exile

emigracyjny adj emigration attr; **rząd ~** government in exile

emigrant m emigrant; (polityczny) émigré

emigrować vi emigrate

eminencja f eminence

emisja f emission, issue; radio broadcast

emitować vt emit, issue; *radio* broadcast
emocja f emotion
empiryczny adj empirical
empiryzm m empiricism
emulsja f emulsion
encyklika f encyclical
encyklopedia f encyclop(a)edia
encyklopedyczny adj encyclop(a)edic
energetyka f power industry
energia f energy; (*elektryczna*) power; **~ jądrowa** nuclear energy
energiczny adj energetic, active, vigorous
entuzjastyczny adj enthusiastic
entuzjazm m enthusiasm
entuzjazmować się vr be enthusiastic (**czymś** about sth)
enuncjacja f statement, pronouncement
epiczny, epicki adj epic(al)
epidemia f epidemic
epika f epic poetry
epilepsja f med. epilepsy
epileptyk m epileptic
epilog m epilogue
episkopat m episcopate
epitet m epithet
epizod m episode
epoka f epoch
epokowy adj epoch-making
epopeja f epic (poem), epopee
epos m epos
era f era
erotyczny adj erotic
erotyzm m eroticism; erotica
erudycja f erudition
erudyta m erudite (person)
erupcja f geol. med. eruption
esencja f essence
eskadra f mors. lotn. squadron
eskapada f escapade
Eskimos m Eskimo
eskorta f escort
eskortować vt escort
esperanto n Esperanto
esteta m aesthete
estetyczny adj aesthetic
estetyka f aesthetics

Estończyk m Estonian
estoński adj Estonian
estrada f platform, stage, bandstand
etap m stage
eta|t m permanent post; **być na ~cie** hold a regular post, be employed on a permanent basis; **pół ~tu** half-time job
etatowy adj permanent
etatyzm m state control
eter m ether
etniczny adj ethnic
etnograf m ethnographer
etnografia f ethnography
etnograficzny adj ethnographic
etnolog m ethnologist
etnologia f ethnology
etyczny adj ethical
etyka f ethics
etykieta f etiquette; (*napis, kartka*) label, tag
etymologia f etymology
etymologiczny adj etymologic(al)
eugenika f eugenics
eukaliptus m bot. eucalyptus
Europejczyk m European
europejski adj European
eutanazja f euthanasia, mercy killing
ewakuacja f evacuation
ewakuować vt evacuate
Ewangelia f rel. Gospel
ewangelicki adj Protestant
ewangeliczny adj evangelic(al)
ewangelik m Protestant
ewentualnie adv possibly
ewentualność f contingency, eventuality, possibility
ewentualny adj contingent, possible, likely
ewidencj|a f register, registry; record; file; **biuro ~i** registry office
ewolucja f evolution; **~ drogą doboru naturalnego** the survival of the fittest
ewolucjonizm m evolutionism
ewolucyjny adj evolutionary

F

fabryczny *adj* manufactured, *attr* factory; **robotnik ~** factory worker; **znak ~** trade mark

fabryka *f* factory, works; (*tekstylna, papieru*) mill, plant

fabularny *adj*, **film ~** feature film

fabuła *f* plot

facet *m pot.* fellow, chap; *am.* guy

fach *m* occupation, profession

fachowiec *m* expert, specialist

fachowy *adj* professional, expert

fagot *m muz.* bassoon

fajans *m* faience

fajerwerk *m zw. pl* fireworks *pl*

fajka *f* pipe

fajny *adj pot.* super, terrific; tip-top, first-rate

faks *m* fax; (*urządzenie*) facsimile machine

faksować *vt* fax

fakt *m* fact

faktura *f handl.* invoice

faktycznie *adv* in fact, actually, in reality

faktyczny *adj* actual, real

fakultatywny *adj* optional

fakultet *m* faculty

fal|a *f* wave; (*bałwan*) billow; (*duża i długa*) roller; **~a zimna <gorąca>** cold <heat> wave; (*radio*) **zakres ~** wave-band

falbana *f* flounce, furbelow

falisty *adj* wavy, undulating

falochron *m* breakwater

falować *vi* wave, undulate

falset *m muz.* falsetto

falsyfikat *m* forgery, counterfeit, fake

falsyfikować *vt* falsify, forge, counterfeit, fake

fałda *f* fold, pleat

fałsz *m* falsehood, deceit

fałszerstwo *n* falsification, forgery

fałszerz *m* falsifier, forger

fałszować *vt* falsify, forge, counterfeit, fake

fałszywy *adj* false; (*podrobiony*) forged, fake; (*wniosek*) spurious

fanatyczny *adj* fanatical

fanatyk *m* fanatic

fanatyzm *m* fanaticism

fanfara *f* flourish (of trumpets); bugle

fant *m* pawn, pledge; **gra w ~y** game of forfeits

fantasta *m* dreamer; visionary

fantastyczny *adj* fantastic

fantazja *f* fantasy; fancy; imagination

faraon *m* Pharaoh

farb|a *f* dye, paint, colour; **~ drukarska** printer's ink; **~ olejna** oil-colour; **~ wodna** water-colour

farbiarnia *f* dyer's, dye-works

farbować *vt* dye, paint, colour; **~ na czarno** dye black

farmaceuta *m* pharmacist

farmacja *f* pharmacy

farmakologia *f* pharmacology

farsa *f* farce

farsz *m* stuffing

fartuch *m* apron

faryzeusz *m rel.* Pharisee; *przen.* pharisee

fasada *f* façade

fascynować *vt* fascinate, charm; mesmerize

fasol|a *f* bean (*zw. pl* beans); **~ szparagowa** French <string> beans

fason *m* pattern, fashion; (*szyk*) style, chic; **stracić ~** lose shape

faszerować *vt* stuff

faszysta *m* fascist

faszyzm *m* fascism

fatalista *m* fatalist

fatalizm *m* fatalism

fatalny *adj* fatal, disastrous

fatyg|a *f* fatigue, pains, trouble;

zadać sobie ~ę take the trouble, take pains

fatygować vt trouble; bother; **~ się** vr take the trouble, trouble

faul m sport foul play

fauna f fauna; **~ wodna** aquatic fauna

faworek m crisped cake

faworyt m favourite

faworyzować vt favour

faza f phase, stage

febra f med. ague, fever

federacja f federation

federalny adj federal

feler m flaw, fault

felieton m feature article; column

feminista m feminist

feniks m ph(o)enix

fenomen m phenomenon

fenomenalny adj phenomenal

feralny adj disastrous, ominous

ferie s pl holiday, vacation, recess

ferma f farm

ferment m ferment; przen. trouble

fermentacja f fermentation

fermentować vi ferment

festiwal m festival

festyn m festive (garden-)party, feast

fetor m stench

fetysz m fetish

feudalizm m feudalism

feudalny adj feudal

fiasko n fiasco; **skończyć się ~iem** end in fiasco, fizzle out

figa f bot. fig

figiel m joke, trick; **spłatać ~la** play a trick <a practical joke> (**komuś** on sb)

figlarz m jester, joker

figlować vi joke, play tricks; (o dzieciach) romp, frolic

figowy adj fig attr; **drzewo ~e** fig-tree; **listek ~y** fig-leaf

figura f figure; statue; shape; **~ przydrożna** roadside shrine; przen. **wielka ~** VIP

fikać vi vt gambol, kick up; **~ koziołki** turn somersaults

fikcja f fiction, sham; **podtrzymywać ~ę** keep up the sham

fikcyjny adj fictitious

filantrop m philanthropist

filantropia f philanthropy

filar m pillar

filatelista m philatelist, stamp-collector

filatelistyka f philately, stamp-collecting

filc m felt

filharmonia f muz. Philharmonic Hall

filia f branch (office)

filister m philistine

filiżanka f cup

film m film; am. movie; **~ dokumentalny** documentary; **~ długometrażowy** full-length film; **~ fabularny** feature film; **~ krótko-metrażowy** short subject, short film; **~ rysunkowy** animated cartoon, cartoon film; **~ reklamowy** commercial; **~ kryminalny** crime-story film; **nakręcać ~** shoot a film; **wyświetlanie ~u** projection, screening

filmowy adj film attr; **atelier ~e** film-studio; **gwiazda ~a** film star; **kronika ~a** news-reel; news-film

filolog m student <professor> of language and literatures, philologist

filologia f study of language and literature, philology

filologiczny adj philological

filozof m philosopher

filozofia f philosophy

filozoficzny adj philosophic(al)

filtr m filter

filtrować vt filter

Fin m Finn

finalizować vt finish (up)

finał m final; muz. finale

finanse s pl finances; **minister ~ów** bryt. Chancellor of the Exchequer; am. Secretary of the Treasury; **ministerstwo ~ów**

bryt. Exchequer; *am.* Treasury
finansista *m* financier
finansować *vt* finance
finansowy *adj* financial
fiński *adj* Finnish
fiolet *m* violet, purple
fioletowy *adj* violet, purple
fiołek *m bot.* violet
fiord *m geogr.* fjord
firanka *f* curtain
firma *f* firm
firmament *m* firmament
fiszbin *m* whalebone
fiszka *f* slip; (*żeton*) counter; (*w kartotece*) card
fizjolog *m* physiologist
fizjologia *f* physiology
fizjologiczny *adj* physiological
fizjonomia *f* physiognomy
fizyczn|y *adj* physical; **pracownik ~y** manual worker; **wychowanie ~e** physical training <education>
fizyk *m* physicist
fizyka *f* physics
flaga *f* flag, banner; **~ angielska** Union Jack; **~ amerykańska** Stars and Stripes
flak *m* (*zw. pl* **~i**) intestines; *pot.* guts; (*potrawa*) tripe
flakon *m* bottle, phial; (*do kwiatów*) flower-vase, bowl
Flamandczyk *m* Fleming
flamandzki *adj* Flemish
flamaster *m* (text) marker
flanca *f* seedling
flanela *f* flannel
flanka *f wojsk.* flank
flaszka *f* bottle, flask; (*na ocet, oliwę*) cruet
flądra *f zool.* flounder, plaice
flegma *f* phlegm
flegmatyczny *adj* phlegmatic
flet *m muz.* flute
flirciarka *f,* **flirciarz** *m* flirt
flirt *m* flirt, flirtation
flirtować *vi* flirt
flora *f* flora
flota *f* fleet; **~ wojenna** navy; **~ handlowa** merchant marine

fluid *m* fluid
fluktuacja *f* fluctuation
fochy *s pl pot.* sulks; **stroić ~** sulk, be in the sulks
foka *f zool.* seal
foksterier *m zool.* fox-terrier
fokstrot *m* foxtrot
folia *f* foil
folklor *m* folklore
fonem *m gram.* phoneme
fonetyczny *adj* phonetic
fonetyka *f gram.* phonetics
fonoteka *f* record <disc, tape> library
fontanna *f* fountain
foremny *adj* well-shaped, shapely
form|a *f* form, shape; (*w odlewnictwie*) mould; **~y towarzyskie** social conventions; *zbior.* **być w ~ie** be in form; **nie być w ~ie** be out of form
formacja *f* formation
formalista *m* formalist
formalizm *m* formalism
formalność *f* formality
formaln|y *adj* formal; **kwestia ~a** point of order
format *m* size
formatować *vt komp.* format
formować *vt* form, shape, mould; **~ się** *vr* form; come into being
formularz *m* form
formuł(k)a *f* formula
formułować *vt* formulate, word, phrase
fornir *m* veneer
fornirować *vt* veneer
forsa *f pot.* dough
forsować *vt* force; **~ się** *vr* exert oneself; overstrain
forsowny *adj* forced, intensive
fort *m wojsk.* fort
forteca *f wojsk.* fortress
fortel *m* trick, subterfuge
fortepian *m* (grand) piano; **grać na ~ie** play the piano
fortuna *f* fortune
fortyfikacja *f wojsk.* fortification
fortyfikować *vt wojsk.* fortify
fosa *f* ditch; *wojsk.* moat

fosfor *m chem.* phosphorus
fotel *m* armchair; **~ inwalidzki** (*na kółkach*) wheelchair
fotogeniczny *adj* photogenic
fotograf *m* photographer
fotografia *f* (*technika*) photography; (*zdjęcie*) photograph, picture
fotograficzny *adj* photographic
fotografować *vt* photograph, take a picture
fotokomórka *f* photo-cell
fotokopia *f* photocopy
fotomontaż *m* (*technika*) photomontage; (*obraz*) montage (photograph)
fotoreporter *m* cameraman, camera-reporter
fracht *m* freight
fragment *m* fragment
fragmentaryczny *adj* fragmentary
frak *m* dress-coat, tail-coat; full dress; *am.* tuxedo
frakcja *f* fraction; *polit.* faction
francuski *adj* French
Francuz *m* Frenchman
Francuzka *f* Frenchwoman
frank *m* franc
fraszka *f* trifle; *lit.* limerick
fraza *f* phrase
frazeologia *f* phraseology
frazeologiczny *adj* phraseological
frazes *m* cliché; commonplace; *zbior.* **~y** claptrap
frekwencja *f* (*w szkole, na zebraniu itp.*) attendance
fresk *m* fresco
frędzla *f* fringe
front *m* front; *wojsk.* front, front line; **pójść na ~** to go <be sent>

to the front; *przen.* **zmienić ~** shift one's ground
froterować *vt* polish
fruwać *vi* (*latać*) fly; flit
frytki *pl* chips; *am.* French fries
frywolny *adj* frivolous
fryzjer *m* hairdresser (*zw. damski*); barber
fryzura *f* hair-style, hair-do
fujarka *f* pipe
fundacja *f* foundation
fundament *m* foundation; (*podstawa*) groundwork
fundamentalny *adj* fundamental
fundator *m* founder
fundować *vt* found, establish; (*częstować*) treat (**komuś coś** sb to sth), stand (**szklankę piwa** a glass of beer)
fundusz *m* fund; **~ powierniczy** trust fund
funkcja *f* function
funkcjonalny *adj* functional
funkcjonariusz *m* functionary; official; civil servant
funkcjonować *vi* function, act
funt *m* pound; **~ szterling** pound sterling
furia *f* fury, rage; **dostać ~i** fly into a fury
furiat *m* raging fellow
furman *m* driver, carter
furora *f* furore; **zrobić ~ę** make a furore
furtka *f* wicket, gate
fusy *s pl* (*np. w kawie*) grounds, dregs
futerał *m* case, cover
futro *n* fur; (*sztuczne*) fur imitation
futryna *f* window-frame, door-frame

G

gabaryt *m* dimension

gabinet *m polit.* cabinet; (*pokój do pracy*) study; (*lekarza*) surgery

gablota *f* glass-case, show-case

gad *m zool.* reptile

gadać *vt vi pot.* chatter, prattle, talk; **~ od rzeczy** talk nonsense

gadanie *n pot.* talk, prattle

gadatliwość *f* talkativeness

gadatliwy *adj* talkative

gaduła *m pot.* chatterbox, clapper

gaf|a *f* bloomer; *am.* goof; **popełnić ~ę** make a bloomer, drop a brick; *am.* goof

gaj *m* grove

gajowy *m* forester, gamekeeper

galaktyka *f* galaxy

galanteria *f* (*skórzana*) fancy leather goods; fancy-goods *pl*

galaret(k)a *f* jelly

galera *f hist.* galley

galeria *f* gallery; **~ obrazów** picture-gallery; **~ sztuki** art gallery

galernik *m* galley-slave

galimatias *m pot.* mess, muddle, jumble

galon *m* (*miara*) gallon

galop *m* gallop; **~em** at a gallop

galopować *vi* gallop

galowy *adj* gala; **strój ~** gala-suit; gala-dress

galwanizować *vt* galvanize

gałązka *f* twig

gałąź *f* branch, bough

gałganiarz *m bryt.* rag-and-bone man

gałka *f* ball, globe; (*u drzwi, laski*) knob; (*oczna*) eyeball; *bot.* **~ muszkatołowa** nutmeg

gama *f muz. i przen.* gamut, scale

gamoń *m pot.* lout, *am.* galoot; half-wit

ganek *m* porch, veranda(h)

gangrena *f med.* gangrene

gangster *m* gangster, bandit

ganić *vt* blame

gap|a *m f* gull, dupe; **pasażer na ~ę** (*na statku, w samolocie*) stow-away; **jechać na ~ę** stow away

gapić się *vr* gape (**na coś** at sth)

garaż *m mot.* garage

garb *m* hump

garbarnia *f* tannery

garbarz *m* tanner

garbaty *adj* hunch-backed

garbić się *vr* hunch, stoop

garbować *vt* tan

garbus *m* hunchback

garderoba *f* (*szafa*) wardrobe; (*szatnia*) cloakroom; (*odzież*) stock of clothes, clothing; *teatr.* dressing-room

gard|ło *n anat.* throat; *przen.* **wąskie ~ło** bottleneck; **mieć ból ~ła** have a sore throat; **mieć nóż na ~le** be in a fix

gardzić *vi* despise, disdain, scorn (**czymś** sth)

garnąć *vt,* **~ się** *vr* cling (**do kogoś, czegoś** to sb, sth); strive (**do czegoś** after sth); hunger (**do nauki itd.** after learning *etc.*); apply oneself (**do czegoś** to sth)

garncarstwo *n* pottery, ceramic

garncarz *m* potter

garnek *m* pot

garnirować *vt* trim, garnish

garnitur *m* (*ubranie*) suit (of clothes), clothes *pl*; *zbior.* (*komplet*) set, fittings

garnizon *m* garrison; **stać <obsadzić> ~em** garrison

garnuszek *m* little pot, mug

garsonka *f* two-piece dress

garstka *f* handful; a small number of

garś|ć *f* handful; *przen.* **trzymać w ~ci** hold under one's thumb; **wziąć się w ~ć** pull oneself together

gasić *vt* extinguish, put out; (*prag-*

nienie) quench; *(wyłączać światło)* switch <turn> off

gasnąć *vi* go out; *(umierać)* die away; fade away; expire

gastronomia *f (sztuka przyrządzania jedzenia)* gastronomy

gaśnica *f* (fire-)extinguisher

gatunek *m* kind; sort, quality; *biol.* species

gatunkowy *adj* specific, generic; **ciężar ~** specific gravity

gawęda *f* chat; story, tale

gawędziarz *m* story-teller

gawędzić *vt* chat

gawron *m zool.* rook

gaz *m* gas; **~ trujący** poison-gas; **~ ziemny** natural gas; **zatruć ~em** gas; *mot. pot.* **dodać ~u** step on the gas

gaza *f* gauze

gazeciarz *m* newsagent, newspaper-boy

gazela *f zool.* gazelle

gazeta *f* newspaper, daily

gazociąg *m* gas pipeline

gazomierz *m* gas-meter

gazownia *f* gas-works

gazowy *adj* gaseous, gas *attr*; **maska ~a** gas-mask; **kuchenka ~a** gas-range

gaźnik *m mot.* carburettor

gaża *f* salary, pay

gąbczasty *adj* spongy

gąbka *f* sponge

gąsienica *f zool.* caterpillar

gąsienicowy *adj*, **koło ~e** caterpillar-wheel

gąsior *m zool.* gander; *(butla)* demijohn

gąszcz *m (gęstwina)* thicket; *(gęsty osad)* sediment

gbur *m* boor, churl

gburowaty *m* rude, coarse, boorish

gdakać *vi* cackle

gderać *vi* grumble **(na kogoś, coś** at sb, sth)

gdy *conj* when, as, while; **teraz ~** now that; **~ tylko** as soon as

gdyby *conj* if; **jak ~** as if; **~ nie to** but for that

gdyż *conj* for, because

gdzie *conj adv* where; **~ indziej** elsewhere, somewhere else

gdziekolwiek *adv* anywhere

gdzieniegdzie *adv* here and there

gdzieś *adv* somewhere, someplace

gejzer *m* geyser

gen *m biol.* gene

genealogia *f* genealogy

genealogiczny *adj* genealogic(al)

generacja *f* generation

generalizować *vt vi* generalize

generaln|y *adj* general; *teatr* **próba ~a** dress rehearsal

generał *m* general

generator *m elektr.* generator

genetyczny *adj* genetic

genetyka *f* genetics

geneza *f* genesis, origin

genialn|y *adj* full of genius; **człowiek ~y** man of genius; **myśl ~a** stroke of genius

genitalia *s pl anat.* genitals

geniusz *m* genius, man of genius

geodezja *f* geodesy

geograf *m* geographer

geografia *f* geography

geograficzny *adj* geographic(al)

geolog *m* geologist

geologia *f* geology

geologiczny *adj* geological

geometria *f mat.* geometry; **~ wykreślna** descriptive geometry

geometryczny *adj* geometric(al)

geriatria *f* geriatrics

germanista *m* student <professor> of German studies

germański *adj* Germanic

gerontologia *f* gerontology

gest *m* gesture; **mieć ~** be generous

gestykulacja *f* gesticulation

gestykulować *vi* gesticulate

getry *s pl (długie)* gaiters; *(krótkie)* spats

getto n ghetto

gęb|a f pot. mug; wulg. **stulić ~ę** shut up

gęgać vi gaggle

gęsi adj goose attr; **iść ~ego** walk in Indian file

gęstnieć vi thicken

gęstość f thickness, density

gęstwina f thicket

gęsty adj thick, dense; (np. o tkaninie) close

gęś f zool. goose

giąć vt bend, bow; **~ się** vr bend, bow (down)

giełda f stock exchange; **~ pracy** labour exchange

giełdow|y adj, fin. **ceduła ~a** list of quotations, stock-exchange list; **makler ~y** stock-broker

giętki adj flexible, pliant

giętkość f flexibility, pliability

gięt|y adj, pl **meble ~e** bentwood furniture

gigant m giant

gigantyczny adj gigantic, giant

gilotyna f guillotine

gimnastyczn|y adj gymnastic; **sala ~a** gymnasium

gimnastyk m sport gymnast

gimnastyka f sport gymnastics

gimnastykować się vr do gymnastics; exercise, do physical exercises

ginąć vi perish; get lost

ginekolog m gyn(a)ecologist

ginekologia f gyn(a)ecology

gips m plaster

gipsować vt plaster

girlanda f garland

gitara f muz. guitar

glazura f glaze; (materiał) glazing

glazurować vt glaze

gleba f soil

gliceryna f glycerine

glin m chem. bryt. aluminium, am. aluminum

glina f clay; pot. (policjant) cop

glinian|y adj earthen; pl **naczynia ~e** earthenware zbior.

glinka f potter's clay, argil

glista f zool. (earth-)worm

glob m globe

globalnie adv in the gross, in bulk; in total

globalny adj total; global

globus m globe

gloria f glory; (aureola) halo

gloryfikować vt glorify, extol

glosa f gloss

glukoza f chem. glucose

gładki adj smooth; plain; (o włosach, futrze) sleek; (o manierach) polished, refined; **~ materiał** (bez wzoru) plain fabric

gładkość f smoothness, ease; (obejścia) refinement

gładzić vt smoothe, polish

głaskać vt stroke

głaz m rock; (otoczak) boulder

głąb 1. f = **głębia**

głąb 2. m (np. kapusty) heart

głębia f depth, deep; przen. profundity; **w ~ lasu** in the heart of the forest; **z ~ serca** from the bottom of one's heart; fot. **~a ostrości** depth of focus

głębinowy adj deep-sea attr

głębok|i adj deep; przen. profound; **w ~ą noc** in the dead of night

głębokość f depth; profundity

głodny adj hungry, famished

głodomór m starveling

głodować vi starve, hunger

głodow|y adj hunger attr; **kuracja ~a** hunger-cure; **strajk ~y** hunger-strike

głodówka f starvation; (protestacyjna) hunger-strike; (lecznicza) hunger-cure

głodzić vt starve, famish; **~ się** vr starve, famish; **~ się na śmierć** starve oneself to death

głos m voice; (w głosowaniu) vote; (dzwonka) sound; **podnosić ~** raise one's voice; **prawo ~u** right of vote; **większość ~ów** majority of votes; **czytać na ~** read aloud; **dopuścić do ~u** give permission to speak; **mieć ~** have a voice; **oddać ~ na kogoś** give sb one's vote; **prosić o ~** ask for permission to speak; **udzielić ~u** give permission to speak, give the floor; **zabrać ~** begin to speak, stand up to speak, take the floor; **na cały ~** at the top of one's voice

głosić vt proclaim, propagate

głoska f gram. sound

głosować vi vote, (tajnie) ballot; **~ nad czymś** put sth to the vote; **~ na kogoś** vote for sb

głosowanie n voting, poll, (tajne) ballot

głosowy adj vocal

głosujący m voter

głośnia f anat. glottis

głośnik m loud-speaker, megaphone

głośno adv loud(ly), aloud, in loud voice; **zachowywać się ~** be noisy

głośny adj loud; (sławny) famous

głow|a f head; **~a państwa** head of state; **~a kapusty** head of cabbage; **w kapeluszu na ~ie** with one's hat on; **z obnażoną ~ą** bare-headed; przen. **łamać sobie ~ę** rack one's brains (**nad czymś** about sth); **mieć coś na ~ie** have sth on one's hands; **on ma przewrócone w ~ie** he has a queer head; **on ma źle w ~ie** there is sth wrong with his head; **pobić na ~ę** rout, defeat thoroughly; **przychodzi mi do ~y** it occurs to me; **nie mieć ~y do...** have no head for...; **zmyć komuś ~ę** take sb to task; **co ~a to rozum** so many men, so many minds; **~y polecą (za coś)** heads will roll (for sth); **od stóp do głów** from top to toe; **~a do góry!** cheer up !

głowica f techn. head; arch. capital; **~ bojowa** wojsk. warhead

głowić się vr rack one's brains (**nad czymś** about sth)

głód m hunger (**czegoś** for sth); (powszechny) famine; **poczuć ~** become hungry; przen. **~ mieszkaniowy** housing shortage; **~ ziemi** land hunger

głóg m bot. hawthorn

główka f (small) head; **~ maku** poppy-head; **~ szpilki** pin-head

głównodowodzący m commander-in-chief

główn|y adj main, chief, principal, cardinal; (o stacji, zarządzie) central; (o poczcie) general; **~a wygrana** first prize

głuchnąć vi grow deaf

głuchoniemy adj deaf and dumb, deaf-mute

głuchota f deafness

głuch|y adj deaf (**na lewe ucho** in the left ear); (o dźwięku) hollow, dull; **~a cisza** dead silence; **być ~ym na...** turn a deaf ear to ...; **~y jak pień** stone deaf

głupi adj silly, stupid, foolish; **~ jak but** stupid as a donkey

głupiec m fool, blockhead

głupieć vi grow stupid

głupkowaty adj half-witted, dull

głupota f stupidity

głupstw|o n silly thing <stuff>, nonsense; (drobnostka) trifle; **pleść ~a** talk nonsense

głusza f solitude, dead silence

głuszec m zool. wood-grouse

głuszyć vt deafen; (przyciszać) damp; zob. **zagłuszać**

gmach m edifice

gmatwać vt tangle, embroil

gmatwanina f tangle, imbroglio

gmerać vi fumble (**w czymś** at, in, with sth)

gmina f community; (wiejska) parish; (miejska) municipality, municipal corporation, borough; **Izba Gmin** bryt. House of Commons

gminn|y adj communal; (pospolity) vulgar; **rada ~a** parish council

gnać vt drive; vi run

gnębiciel m oppressor

gnębić vt oppress; (dręczyć) worry; (dokuczać) harass, pester

gniady adj bay

gniazdko n (little) nest; elektr. socket

gniazdo n nest; przen. ~ **rodzinne** hearth, home

gnici|e n rotting, decay, putrefaction; **podlegający ~u** liable to decay

gnić vi rot, decay, putrefy

gnida f zool. nit

gnieść vt press, squeeze; (ciasto) knead; ~ **się** vr crush, crowd together; (miąć) crumple

gniew m anger; **wpaść w ~** get angry; fly into a rage, burst out in anger

gniewać vt anger; ~ **się** vr be angry (**na kogoś** with sb, **na coś** at sth)

gniewny adj angry, irritated, cross

gnieździć się vr nest, nestle (down)

gnom m gnome

gnój m dung, manure

gnuśnieć vi stagnate, be slothful

gnuśność f stagnation, sloth

gnuśny adj stagnant, slothful

go pron zob. **on**

gobelin m Gobelin

godło n device; ~ **Polski** Polish ensign <emblem>

godność f dignity

godny adj worthy; (pełen godności) dignified; ~ **podziwu** admirable; ~ **polecenia** recommendable; ~ **pożałowania** lamentable; ~ **szacunku** respectable; ~ **widzenia** worth seeing

godzić vt (jednać) conciliate; vi hit (**w coś** sth), aim (**w coś** at sth); ~ **na czyjeś życie** attempt sb's life; ~ **się** vr agree, consent (**na coś** to sth); reconcile oneself (np. **z losem** to one's lot)

godzin|a f hour; pl ~**y nadliczbowe** overtime; pl ~**y przyjęć** office-hours, consulting-hours; pl ~**y urzędowe** office hours; ~**a**

policyjna curfew; **pracować po ~ach** work overtime; **pół ~y** half-an-hour; **która ~a?** what time is it?; **jest ~a trzecia** it is three o'clock; **co dwie ~y** every two hours; przen. **na czarną ~ę** for a rainy day; **całymi ~ami** for hours (and hours)

godziwy adj suitable, fair

goić vt heal, cure; ~ **się** vr heal (up), be cured

gol m sport goal; ~ **samobójczy** own goal

golenie n shave; **maszynka do ~a** safety-razor

goleń f shin(-bone); anat. tibia

golf m golf

golić vt shave; ~ **się** vr shave, have a shave

golonka f knuckle of pork

gołąb m pigeon; **siwy jak ~** snow-white

gołąbek m (także przen.) dove

gołębiarz m pigeon-keeper

gołębica f dove

gołębnik m pigeon-house

gołoledź f glazed frost

gołosłowny adj unfounded, groundless

goł|y adj naked; (ogołocony) bare; (obnażony) nude; ~**ym okiem** with the naked eye; **na ~ej ziemi** on the bare ground; **z ~ą głową** bare--headed; **pod ~ym niebem** under the open sky; in the open air; **z ~ymi rękoma** empty-handed

gondola f gondola

gong m gong

gonić vt chase, drive, pursue; vi run after, chase, be after; ~ **ostatkami** be short (**czegoś** of sth); ~ **się** vr chase one another; race

goniec m messenger; (w hotelu) bell-boy; (w szachach) bishop

gonitwa f run, chase

gończy adj; **list ~** warrant of arrest; **pies ~** hound

gorąco 1. adv hot(ly); **jest mi ~** I am <feel> hot; ~ **dziękować**

thank warmly; *przen.* **na ~** without a moment's delay

goraco 2. *n* heat

gorąc|y *adj* hot; (*o strefie*) torrid; *przen.* (*płomienny*) ardent, (*żarliwy*) fervent; **~a linia** hot line; *przen.* **w ~ej kąpany** hot-blooded; hot-headed; **złapać na ~ym uczynku** catch red-handed <in the very act>

gorączka *f* fever; *przen.* excitement, passion; **~ złota** gold rush

gorączkować *vi* have a fever; **~ się** *vr* be excited

gorączkowy *adj* feverish; **stan ~** temperature

gorczyca *f bot.* mustard

gordyjski *adj* Gordian; *przen.* **przeciąć węzeł ~** cut the Gordian knot

gorliwiec *m* zealot

gorliwość *f* zeal, fervour

gorszy *adj comp* worse

gorszyć *vt* scandalize, demoralize; **~ się** *vr* be scandalized (**czymś** at sth)

gorycz *f* bitterness

goryl *m zool.* gorilla; *pot.* (*ochroniarz*) muscleman; bodyguard

gorzej *adv comp* worse; **tym ~** so much the worse; **~ się czuję** I am worse

gorzelnia *f* distillery

gorzki *adj* bitter

gorzknieć *vi* become bitter

gospoda *f* inn, public house, tavern

gospodarczy *adj* economic

gospodarka *f* economy; (*domowa*) housekeeping, management

gospodarny *adj* economical

gospodarować *vi* farm; manage, administer; (*w domu*) keep house

gospodarstwo *n* (*rolne*) farm, farming; (*domowe*) household

gospodarz *m* (*rolnik*) farmer; landlord; (*właściciel*) master (of the house); (*pan domu*) host; (*zarządca*) manager

gospodyni *f* mistress (of the house); (*pani domu*) hostess; manageress; landlady

gosposia *f* housekeeper

gościć *vt* receive, entertain; (*przyjąć na nocleg*) put up; *vi* stay (**u kogoś** with sb)

gościec *m med.* gout

gościn|a *f* stay, visit, hospitality, sojourn; **zaprosić w ~ę** extend hospitality to

gościnność *f* hospitality

gościnny *adj* hospitable; **pokój ~** guest-room

gość *m* guest, visitor; (*klient*) customer; (*w pensjonacie*) boarder; **nieproszony ~** intruder, unwelcome guest

gotować *vt* cook, boil; (*przygotowywać*) prepare; **~ się** *vr* (*o wodzie, mleku*) boil; (*o potrawach*) be cooking; (*przygotowywać się*) prepare (**do czegoś, na coś** for sth)

gotowość *f* readiness

gotow|y *adj* ready, prepared (**na coś, do czegoś** for sth); finished; **~e ubranie** ready-made clothes

gotówk|a *f* cash, ready money; **płacić ~ą** pay (in) cash; **za ~ę** cash down

gotycki *adj* Gothic

gotyk *m* Gothic (style); (*pismo*) Gothic letters

goździk *m bot.* carnation, pink

gór|a *f* mountain; (*szczyt, górna część*) top; **~a lodowa** iceberg; **do ~y nogami** upside down; **na górze** up, above, at the top, (*na piętrze*) upstairs; **z ~y** down, downwards, downstairs, from above; **u ~y stronicy** at the top of the page; **płacić z ~y** pay in advance; **ręce do ~y!** hands up!; **traktować z ~y** look down (**kogoś** upon sb); **z ~ą** (*ponad*) over; **brać ~ę** get the upper hand (**nad kimś** of sb); **w ~ę rzeki** upstream; **zbocze ~y** hillside; **pod**

~ę uphill; *przen.* **wierzchołek ~y lodowej** the tip of the iceberg

góral *m* highlander

górnictwo *n* mining (industry)

górniczy *adj* mining

górnik *m* miner; **inżynier ~** mining-engineer

górnolotny *adj* high-flown, lofty

górn|y *adj* upper, superior; **~a granica** upper <top> limit

górować *vi* prevail (**nad kimś** over sb), be superior (**nad kimś** to sb)

górski *adj* (*teren*) mountainous; *attr* mountain; **łańcuch ~** mountain-chain

górujący *adj* prevalent, predominant

górzysty *adj* mountainous

gówno *n wulg.* shit, crap, turd

gra *f* play; game; *teatr* acting; (*hazard*) gamble; **~ słów** play upon words, pun; **wchodzić w grę** come into play; (*być stawką*) be at stake; **~ na przeczekanie** waiting game; **~ komputerowa** computer game

grab *m bot.* hornbeam

grabarz *m* grave-digger

grabić *vt* (*np. siano*) rake; (*rabować*) rob, plunder

grabie *s pl* rake

grabież *f* plunder

grabieżca *m* plunderer

grabieżczy *adj* rapacious

gracja *f* grace, charm

gracz *m* player; (*hazardowy*) gambler; **~ na giełdzie** stock-exchange speculator; **~ na wyścigach** betting-man; (*w tenisie*) **~ podający** server; **~ przyjmujący** striker

grać *vi* play; **~ na giełdzie** operate <gamble> on the Exchange; **~ na loterii** play in the lottery; **~ na skrzypcach** play the violin; **~ na wyścigach** bet in horse-racing; **~ w karty <szachy>** play cards <chess>; **~ na scenie** act; **~ na czas <na zwłokę>** play for

time; **co grają w teatrze <kinie>?** what's on at the theatre <the cinema>?

grad *m* hail; **~ pada** it hails

gradacja *f* gradation

gradobicie *n* hailstorm

graficzny *adj* graphic

grafik *m* graphic artist

grafika *f* graphic art

grafit *m miner.* graphite

grafologia *f* graphology

grafoman *m* scribbler

grajek *m* fiddler, *bryt.* (*uliczny*) busker

gram *m* gram, gramme

gramatyczny *adj* grammatical

gramatyka *f* grammar

gramofon *m* gramophone; **~ kompaktowy** compact disc <CD> player

granat *m* (*kolor*) navy-blue; (*owoc*) pomegranate; (*pocisk*) grenade, shell; (*kamień*) garnet

granatnik *m wojsk.* howitzer

granatowy *adj* navy-blue

graniastosłup *m* prism

graniasty *adj* angular

granic|a *f* (*kres, zakres*) limit; (*geograficzna, polityczna*) border, frontier; (*demarkacja*) boundary; **za ~ą, za ~ę** abroad; **to przechodzi wszystkie ~e** that beats everything; that's the limit; **wszystko ma swoje ~e** there is a limit to everything

graniczn|y *adj* border(ing), frontier *attr;* **kamień ~y** border stone, landmark; **kordon ~y** military cordon, patrolled border; **linia ~a** boundary(-line); **przejście ~e** border <frontier> crossing

graniczyć *vi* border (**z czymś** on sth)

granit *m* granite

grań *f* ridge

grasica *f anat.* thymus

grasować *vi* maraud, prowl; (*o chorobach*) spread, prevail

grat *m pot.* stick; *przen.* (*o starym człowieku*) fossil, fog(e)y

gratis *adv* gratis, free of charge

gratisowy *adj* free of charge, gratuitous

gratka *f pot.* windfall

gratulacja *f* congratulation

gratulować *vi* congratulate (**komuś czegoś** sb on sth)

gratyfikacja *f* gratuity, extra pay

grawer *m* engraver

grawerować *vt* engrave

grawerstwo *n* engraving

grawitacja *f* gravitation

grawitować *vi* gravitate (**ku komuś, czemuś** towards sb, sth)

grdyka *f anat.* Adam's apple

grecki *adj* Greek; (*klasyczny*) Grecian

Grek *m* Greek

gremialnie *adv* in a body, in a mass

gremialny *adj* general

gremium *n sing nieodm.* staff, body

grobla *f* dam

grobowiec *m* tomb, sepulchre

grobow|y *adj* sepulchral; **kamień ∼y** tomb-stone; *przen.* **cisza ∼a** dead silence

groch *m* pea; (*potrawa*) peas *pl*; *pot.* **∼ z kapustą** hotchpotch; **rzucać ∼em o ścianę** talk to deaf ears

grochówka *f* pea-soup

grom *f* thunderbolt; **∼ z jasnego nieba** a bolt from the blue

gromada *f* crowd, throng; troop, group

gromadny *adj* numerous, collective

gromadzić *vt* accumulate, amass, heap up; **∼ się** *vr* assemble, gather

gromić *vt* storm (**kogoś** at sb); (*rozbijać, niszczyć*) rout, smash

gromki *adj* resonant, thunderous

gromnica *f rel.* blessed wax-candle

gromniczny *adj, rel.* **dzień Matki Boskiej Gromnicznej** Candlemas

grono *n* bunch of grapes; (*grupa*) circle, company, staff

gronostaj *m zool.* ermine

gronostajow|y *adj,* **futro ∼e** ermine

grosz *m* grosz; *przen.* penny; **bez ∼a** penniless; **co do ∼a** to a penny; **∼ wdowi** widow's mite

grot *m* pike, dart, bolt, arrow-head

grota *f* grotto, cave

groteska *f* grotesque

grotołaz *m* potholer

groz|a *f* horror, terror; **przejąć ∼ą** strike with awe, terrify

grozi|ć *vi* threaten (**komuś czymś** sb with sth), menace; **∼ nam burza** we are threatened with a storm; **∼ epidemia** an epidemic is imminent

groźba *f* threat, menace

groźny *adj* threatening, imminent

grób *m* grave; (*grobowiec*) tomb; *lit. i rel.* sepulchre; **Grób Nieznanego Żołnierza** Tomb of the Unknown Soldier <Warrior>; **być jedną nogą w grobie** have one foot in the grave

grubas *m* fatty

grubieć *vi* grow stout, become thick, thicken

gruboskórny *adj* coarse-skinned, thick-skinned; callous, coarse

grubość *f* thickness, stoutness; (*objętość*) bulk

gruby *adj* thick, stout, big, bulky; (*o suknie, rysach twarzy*) coarse; (*o błędzie*) gross; (*o głosie*) low, deep

gruchać *vi* coo

gruchot *m* crash, rattle

gruchotać *vt* smash, shatter

gruczoł *m anat.* gland

gruczołowy *adj* glandular

gruda *f* clod (of earth)

grudka *f* (*np. zakrzepłej krwi*) clot; (*kulka*) globule

grudzień *m* December

grun|t *m* ground; (*rolny*) soil; (*dno*) bottom; (*istota rzeczy*) essence; **do ∼tu** thoroughly, to the core; **w ~cie rzeczy** as a matter of fact, at bottom, essentially; **na mocnym ~cie** on solid ground

gruntować vt (*opierać, bazować*) ground; (*sondować*) fathom, sound; vi bottom, touch bottom

gruntownie adv thoroughly

gruntowny adj solid, well-grounded; thorough

gruntowy adj, fin. **podatek ~** land-tax

grupa f group

grupować vi group; **~ się** vr group

grusza f bot. pear-tree

gruszk|a f bot. pear; przen. **~i na wierzbie** castles in the air

gruz m rubbish, rubble; pl **~y** debris zbior., ruin; **rozpadać się w ~y** fall to ruin; **leżeć w ~ach** lie in ruin

Gruzin m Georgian

gruziński adj Georgian

gruźlica f med. tuberculosis, TB; consumption

gruźliczy adj tuberculous

gruźlik m consumptive person

gryczan|y adj, **kasza ~a** buckwheat groats pl

gryf m muz. fingerboard

gryka f bot. buckwheat

grymas m grimace, caprice

grymasić vi be fastidious; (*przy jedzeniu*) be particular

grymaśny adj fastidious, capricious; (*przy jedzeniu*) particular

grypa f med. influenza, pot. flu(e)

grysik m semolina

gryzący adj mordant, corrosive

gryzmolić vt scribble, scrawl

gryzoń m zool. rodent

gryźć vt bite, gnaw, nibble; (*np. o pieprzu*) burn; (*o sumieniu, troskach*) prick, sting; **~ się** vr bicker, wrangle; (*martwić się*) worry, be grieved (**czymś** about sth); **co cię gryzie?** what's eating you?

grzać vt warm, heat; **~ się** vr warm (oneself); (*na słońcu*) bask

grzałka f heater; **~ nurkowa** immersion heater

grzanka f toast

grządka f bed

grząski adj quaggy, boggy

grzbiet m back; (*góry, fali*) crest

grzebać vt bury, inter; rake (up); vi fumble (**w czymś** at sth); dig (*np.* **w kieszeni** in the pocket)

grzebień m comb; (*górski*) crest; **~ koguci** cock's comb, crest

grzech m sin; **~ śmiertelny** deadly <mortal> sin

grzechotać vi rattle

grzechotka f rattle

grzechotnik m zool. rattlesnake

grzeczność f politeness, kindness, courtesy; **wyświadczyć ~** render a (kind) service; **przez ~** by courtesy <favour>

grzeczny adj polite, kind; (*o dziecku*) good; **bądź ~!** be a good boy!

grzejnik m heater, radiator

grzesznik m sinner

grzeszny adj sinful

grzeszyć vi sin

grzęda f bed; (*dla kur*) perch

grzęznąć vi sink, get stuck

grzmi|eć vi thunder; **~ it** thunders

grzmocić vt thrash, thump

grzmot m thunder

grzyb m mushroom, fungus

grzybica f mycosis

grzybnia f mushroom spawn

grzywa f mane

grzywka f fringe; forelock

grzywn|a f fine; **ukarać ~ą** fine

gubernator m governor

gubić vt lose; (*niszczyć*) destroy; **~ się** vr lose oneself, lose one's way, get lost; **~ się w domysłach** be lost in conjectures

gum|a f rubber; **~a do żucia** chewing gum; (*na koła itp.*) rubber; (*elastyczna*) rubber; (*żywiczna*) resin; (*do wycierania*) eraser; pot. **złapać ~ę** get a puncture

gust m taste; **w moim guście** to

my taste; **w dobrym <złym> guście** in good <bad> taste

gustować *vi* take delight (**w czymś** in sth), relish (**w czymś** sth), like

gustowny *adj* in good taste, graceful, elegant

guz *m* bump, bruise; *med.* tumour

guzdrać się *vr* dawdle, dilly-dally

guzik *m* button; **zapiąć na ~** button (up); (*przycisk*) push-button

gwałcić *vt* violate; (*kobietę*) rape; **~ prawo** outrage the law

gwałt *m* violence; rape; **~em** forcibly

gwałtowny *adj* violent

gwar *m* clatter, murmur

gwara *f* dialect; slang

gwarancja *f* guarantee; warranty; security; *prawn.* guaranty

gwarant *m prawn.* guarantor

gwarantować *vt vi* guarantee; assure

gwardia *f* guard (*także pl*); **~ przyboczna** body-guard;

Gwardia Narodowa *am.* National Guard

gwardzista *m* guardsman, guard

gwarny *adj* noisy

gwiazda *f* star; *sport* (*figura gimnastyczna*) cartwheel; **~ filmowa** film-star

gwiazdk|a *f* starlet; (*w druku*) asterisk; (*wigilia*) Christmas Eve; **domagać się ~i z nieba** cry for the moon

gwiazdor *m* (film) star

gwiazdozbiór *m* constellation

gwiaździsty *adj* (*oświetlony gwiazdami*) starlit; (*ozdobiony gwiazdami*) starry

gwint *m* (screw-)thread

gwizd *m* whistle

gwizdać *vi* whistle; **gwiżdżę na to!** I don't care a damn!

gwizdek *m* whistle; buzzer, hooter

gwóźdź *m* nail; **przybić gwoździami** nail; *przen.* **~ do trumny** a nail in sb's coffin

gzyms *m* cornice

H

habit *m* frock

haczyk *m* hook

hafciarka *f* embroiderer

haft *m* embroidery

haftka *f* clasp

haftować *vt vi* embroider

hak *m* hook

hala 1. *f* hall; **~ targowa** market-hall; **~ maszyn** engine-room

hala 2. *f* mountain pasture <meadow>

halka *f* petticoat

halogen *m* fog lamp

halucynacja *f* hallucination

hałas *m* noise, din, fuss; **wiele ~u o nic** much ado about nothing; **robić ~ o coś** make a fuss over sth

hałasować *vi* make a noise

hałaśliwy *adj* noisy

hałda *f* heap, pile (of ore, coal)

hamak *m* hammock

hamburger *m* hamburger, burger

hamować *vt* brake; (*wstrzymywać*) check, slacken; (*tłumić*) repress; **~ się** *vr* restrain oneself

hamulec *m* brake; *przen.* restraint; **~ ręczny** hand-brake; **~ bezpieczeństwa** emergency brake

handel *m* trade; commerce; **~ winem, zbożem** *itd.* trade in wine, corn *etc.*; **~ detaliczny** retail trade; **~ wymienny** barter; **~**

zagraniczny foreign trade; **prowadzić** ~ carry on trade

handlarz *m* trader, dealer (**winem, zbożem** *itd.* in wine, corn *etc.*); ~ **wędrowny** pedlar; ~ **narkotyków** drug trafficker

handlować *vi* trade, deal (**czymś** in sth)

handlowiec *m* businessman, tradesman, merchant

handlow|y *adj* commercial, mercantile; **izba** ~**a** chamber of commerce; **korespondencja** ~**a** commercial correspondence; **marynarka** ~**a** merchant marine; **statek** ~**y** merchant ship; **księga** ~**a** account book; **spółka** ~**a** partnership; **towarzystwo** ~**e** trading company

hangar *m* hangar

haniebny *adj* shameful, disgraceful

hantle *pl* (*gimnastyczne*) dumbbells

hańba *f* shame, disgrace, dishonour

hańbić *vt* disgrace, dishonour

haracz *m* tribute

harce *s pl* (*swawola*) frolics, pranks; **wyprawiać** ~ frolic, play pranks

harcerka *f* girl guide; *am.* girl scout

harcerstwo *n* scouting, boy scouts movement

harcerz *m* boy scout

harcmistrz *m* scoutmaster, scout leader

harcować *vi* (*swawolić*) frolic, romp

hardość *f* haughtiness

hardy *adj* haughty

harfa *f muz.* harp

harfiarz *m muz.* harpist

harmonia *f muz.* harmony; (*instrument*) concertina

harmoniczny *adj* harmonic

harmonijka *f* harmonica, mouth organ

harmonijny *adj* harmonious

harmonizować *vi* harmonize

harmonogram *m* plan of work, timetable, schedule

harować *vi pot.* sweat, drudge, toil

harówka *f pot.* sweat, drudgery, toil

harpun *m* harpoon; spear gun

hart *m* hardiness; *techn.* temper; (*charakteru*) fortitude

hartować *vt* harden; inure; *techn.* temper; *zob.* **zahartowany**; ~ **się** *vr* harden, inure oneself

hasło *n* watchword; slogan; *wojsk.* password; (*w słowniku*) entry, headword

haszysz *m* hashish

haubica *f wojsk.* howitzer

haust *m* draught; **jednym** ~**em** at a draught

hazard *m* hazard; (*w grze*) gamble

hazardować się *vr* gamble

heban *m bot.* ebony

hebel *m* plane

heblować *vt* plane

hebrajski *adj* Hebrew

hegemonia *f* hegemony

hej *int* hey!, ho!

hejnał *m* trumpet-call

hektar *m* hectare

helikopter *m* helicopter; *pot.* chopper

hełm *m* helmet; (*ochronny*) crash helmet

hemoglobina *f biol.* h(a)emoglobin

hemoroidy *s zw pl med.* h(a)emorrhoids

heraldyka *f* heraldry, heraldic art

herb *m* coat-of-arms; (*na sygnecie*) crest

herbaciarnia *f* teashop

herbata *f* tea; (*w torebkach*) tea bags

herbatnik *m* biscuit

heretycki *adj* heretical

heretyk *m* heretic

herezja *f* heresy

hermetyczny *adj* hermetic, airtight, water-tight

heroiczny *adj* heroic
heroizm *m* heroism
herold *m hist.* herald
herszt *m* ringleader
hetman *m hist.* commander-in-chief; (*w szachach*) queen
hiacynt *m bot.* hyacinth
hibernować *vi* hibernate
hiena *f zool.* hyena
hierarchia *f* hierarchy
hierarchiczny *adj* hierarchic
hieroglif *m* hieroglyph
higiena *f* hygiene
higieniczny *adj* hygienic; sanitary
Hindus *m* Hindu
hinduski *adj* Hindu
hiobow|y *adj*, **~a wieść** Job's <dismal> news
hiperbola *f* hyperbole; *mat.* hyperbola
hipnotyczny *adj* hypnotic
hipnotyzer *m* hypnotist
hipnotyzować *vt* hypnotize
hipnoza *f* hypnosis
hipochondria *f* hypochondria
hipochondryk *m* hypochondriac
hipokryta *m* hypocrite
hipokryzja *f* hypocrisy
hipopotam *m zool.* hippopotamus; *pot.* hippo
hipoteczn|y *adj* mortgage *attr*; **bank ~y** mortgage bank; **dłużnik ~y** mortgager; **pożyczka ~a** mortgage loan
hipoteka *f* mortgage
hipotetyczny *adj* hypothetic(al)
hipoteza *f* hypothesis
histeria *f* hysteria, hysterics
histeryczny *adj* hysterical
histeryk *m* hysteric
historia *f* history; story; **nieprawdopodobna ~** a tall story
historyczny *adj* (*dotyczący historii*) historical; (*doniosły, epokowy*) historic
Hiszpan *m* Spaniard
hiszpański *adj* Spanish
hodować *vt* rear, breed, raise; (*uprawiać*) cultivate; (*o jarzynach*) grow

hodowca *m* (*bydła*) breeder; (*jarzyn itp.*) grower
hodowla *f* breeding, growth, culture
hojność *f* liberality, generosity, open-handedness
hojny *adj* liberal, generous, open-handed
hokej *m* (ice) hockey; (*na trawie*) field hockey
hol 1. *m* tow-line
hol 2. *m* (*np. w hotelu*) lounge; lobby
Holender *m* Dutchman
holenderski *adj* Dutch
holocaust *m* holocaust
holować *vt* haul, tow, have in tow, tug
holownik *m* tugboat
hołd *m* homage; **składać ~** pay <do> homage
hołdować *vt* pay <do> homage; (*wyznawać, np. zasady*) profess (**czemuś** sth)
hołota *f* rabble
homar *m zool.* lobster
homilia *f rel.* homily, sermon
homoseksualista *m* homosexual; *pot.* gay
honor *m* honour; **czynić ~y** do the honours
honorarium *n sing nieodm.* fee; (*autorskie*) royalty
honorować *vt* honour, respect
honorowy *adj* honorary; (*zaszczytny*) honourable
horda *f* horde
hormon *m biol.* hormone
horoskop *m* horoscope
horrendalny *adj* horrible, scandalous
horror *m* horror film <movie>, thriller
horyzont *m* horizon; skyline
horyzontalny *adj* horizontal
hospicjum *n* hospice
hossa *f* boom
hostia *f rel.* the Host
hotel *m* hotel; **opuścić ~** check out

hrabia *m* count; (*w Anglii*) earl
hrabina *f* countess
hrabstwo *n* county
huba *f bot.* bracket fungus
hubka *f* tinder
huczeć *vi* roar, resound; make a
noise
huczny *adj* resonant, clamorous;
(*okazały*) sumptuous, pompous
huk *m* roar, bang; (*trzask*) crash
hulać *vi* revel, carouse; run wild
hulajnoga *f* scooter
hulaka *m* carouser
hulanka *f* carousal
hulaszczy *adj* debauched, dissolute
hultaj *m* rogue, scamp
humanista *m* humanist
humanistyczn|**y** *adj* humanistic,
humane; **studia ~e** the Arts
humanistyka *f* the humanities
pl
humanitarny *adj* humanitarian,
humane
humanizm *m* humanism
humor *m* humour, mood;
(*kaprys*) whim, fancy; **poczucie
~u** sense of humour; **czarny ~**
black humour
humoreska *f* humorous story;

muz. humoresque
humorystyczny *adj* humoristic,
humorous
hura *int* hurrah!, hurray!
huragan *m* hurricane; storm
hurt *m* wholesale; **~em** wholesale,
in (the) gross
hurtownia *f* warehouse, wholesale firm
hurtownik *m* wholesaler
hurtow|**y** *adj*, **handel ~y** whole-
sale trade; **sprzedaż ~a** wholesale
huśtać *vt*, **~ się** *vr* rock, swing
huśtawka *f* swing; (*podparta w
środku*) seesaw
huta *f* foundry, steel-works; **~
szkła** glass-works
hutnictwo *n* metallurgy
hutniczy *adj* metallurgic(al)
hutnik *m* founder
hybryda *f* hybrid
hydrant *m* hydrant; hose
hydraulik *m* plumber
hydroplan *m* hydroplane, sea-
plane
hydrostatyka *f* hydrostatics
hydroterapia *f* hydrotherapy
hymn *m* hymn; **~ narodowy** national anthem

I

i *conj* and; also, too; **i tak dalej**
and so on
ich *pron* their, theirs; them; *zob.*
oni, one
idea *f* idea
idealista *m* idealist
idealistyczny *adj* idealistic
idealizm *m* idealism
idealizować *vt* idealize
idealny *adj* ideal
ideał *m* ideal
identyczność *f* identity
identyczny *adj* identical

identyfikować *vt* identify; establish sb's identity
ideolog *m* ideologist
ideologia *f* ideology
ideologiczny *adj* ideological
ideowy *adj* ideological, attached
to an idea
idiom *m* idiom
idiomatyczny *adj* idiomatic
idiosynkrazja *f* idiosyncrasy
idiota *m* idiot, fool
idiotyczny *adj* idiotic
idylla *f* idyll

iglast|y adj, **drzewo ~e** coniferous tree

iglica f needle; (*u broni palnej*) pin; (*na wieży*) spire

igł|a f needle; **~a gramofonowa** stylus; **nawlec ~ę** thread a needle; *przen.* **prosto z ~y** brandnew; **robić z igły widły** make mountains out of molehills

ignorancja f ignorance

ignorancki adj ignorant

ignorant m ignoramus

ignorować vt ignore, disregard

igrać vi play, sport

igraszka f frolic, play; toy, plaything, child's play

igrzyska s pl games, play, spectacle; **~ olimpijskie** Olympic games, the Olympics

ikona f icon (*także inf.*)

ikra f zool. roe; *pot.* spirit

ile adv how much, how many; **tyle ... ~** as much <many> ... as; **~ masz lat?** how old are you?; **o ~** how far, so far as, in so far as, as long as; **o ~ wiem** for all I know, as far as I know; **~ to kosztuje?** how much is it?

ilekroć adv how many times; *conj* whenever, as often as

iloczas m quantity (of a vowel)

iloczyn m mat. product

iloraz m mat. quotient

ilościowy adj quantitative

ilość f quantity, amount; **duża ~a** great number (of); a great many

iluminacja f illumination

iluminować vt illuminate

ilustracja f illustration, picture

ilustrator m illustrator

ilustrować vt illustrate

iluzja f illusion

ił m loam

im pron sg f pl them; *zob.* **oni, one**; adv the; **im... tym ...** the ... the ...; **im więcej, tym lepiej** the more the better

imadło n (hand-)vice, handle

imaginacja f imagination

imbir m bot. ginger

imbryk m teapot

imieniny s pl name-day

imiennik m namesake

imienny adj nominal

imię n name, first <given, Christian> name; denomination; **z ~enia, na ~ę** by name; **w ~eniu** in the name (**kogoś** of sb), on behalf of...; **dobre ~ę** good reputation; **jak ci na ~ę?** what's your name?

imigracja f immigration

imigrant m immigrant

imigrować vi immigrate

imitacja f imitation, fake; **~ skóry** leatherette

imitować vt imitate

immatrykulacja f matriculation

immatrykulować vt matriculate

immunitet m immunity

impas m impasse, deadlock, blind alley; (*w kartach*) finesse

imperialistyczny adj imperialistic

imperializm m imperialism

imperium m sing nieodm. empire

impertynencja f impertinence

impertynencki adj impertinent

impertynent m impertinent person

impet m impetus

implikować vt imply

imponować vt impress (**komuś** sb); brag

imponujący adj impressive, imposing

import m import, importation

importować vt import

impotencja f impotence

impotent m impotent

impregnować vt impregnate

impresjonizm m impressionism

impreza f event; undertaking; (*widowisko*) performance, spectacle, show

improwizacja f improvisation

improwizować vt improvise; (*o aktorze*) extemporize

impuls *m* impulse, stimulus, urge, spur

impulsywny *adj* impulsive, impetuous

inaczej *adv* otherwise, differently; **tak czy ~** one way or another; **bo ~** or else

inauguracja *f* inauguration

inauguracyjny *adj* inaugural

inaugurować *vt* inaugurate

in blanco *adv nieodm.* blank cheque

incydent *m* incident

indagacja *f* interrogation, examination

indagować *vt* inquire, examine, interrogate

indeks *m* index, list; student's (registration) book

indeksacja *f* indexation

Indianin *m* Indian

indiański *adj* Indian

Indonezyjczyk *m* Indonesian

indonezyjski *adj* Indonesian

indukcja *f* induction

indukcyjny *adj* inductive

indyczka *f zool.* turkey-hen

indyjski *adj* Indian, Hindu

indyk *m zool.* turkey

indywidualista *m* individualist

indywidualizm *m* individualism

indywidualność *f* individuality; (*osoba*) personality

indywidualny *adj* individual

inercja *f* inertia, inertness

infekcja *f* infection

inflacja *f* inflation

informacj|a *f* information (**o czymś** on <about> sth); **biuro ~i** inquiry office; (*w napisie*) "inquiries"; **przetwarzanie ~i** information processing

informacyjny *adj* informative

informator *m* informant; (*publikacja*) guide-book

informatyka *f* computer science

informować *vt* inform; **~ się** *vr* inquire (**u kogoś** of sb, **w sprawie czegoś** for <after> sth), get information (**u kogoś** from sb, **w sprawie czegoś** about sth)

infrastruktura *f* infrastructure

ingerencja *f* interference

ingerować *vi* interfere (**w coś** with sth)

inhalacja *f* inhalation

inicjał *m* initial

inicjator *m* initiator

inicjatyw|a *f* initiative; **wystąpić z ~ą** take the initiative; **z własnej ~y** on one's own initiative; **przejąć ~ę** take the initiative

inicjować *vt* initiate

iniekcja *f med.* injection

inkasent *m* collector

inkaso *n* collection

inkasować *vt* collect

innowacja *f* innovation

inny *adj* other, different; **kto ~** somebody else; **~m razem** another time

inscenizacja *f* staging, production; mise en scéne

inscenizować *vt* stage, produce, put on the stage

insekt *m zool.* insect

inspekcja *f* inspection, survey

inspektor *m* inspector

inspiracja *f* inspiration

inspirować *vt* inspire

instalacja *f* installation, system; (*gazowa, hydrauliczna*) fittings *pl*

instalować *vt* install; put in; (*wodę, gaz, elektryczność*) lay on

instancj|a *f* instance, authority; (*sądowa*) court; **niższa ~a** lower court; **wyższa ~a** superior court; **w ostatniej ~i** in the last resort

instrukcj|a *f* instruction; *pl* **~e** (*dyrektywy, wskazówki*) directions; **~a obsługi** service manual, instructions *pl* for use

instruktor *m* instructor

instrument *m* instrument; appliance; **~ dęty** wind-instrument; **~ smyczkowy** string(ed) instrument; **~ dęty drewniany** woodwind instrument; **~ dęty blaszany** brass instrument

instrumentalny *adj* instrumental
instynkt *m* instinct
instynktowny *adj* instinctive
instytucja *f* institution
instytut *m* institute
insygnia *s pl* insignia
insynuacja *f* insinuation
insynuować *vt* insinuate
integracja *f* integration
integralny *adj* integral
integrować *vt* integrate
intelekt *m* intellect
intelektualista *m* intellectual;
pot. highbrow
intelektualny *adj* intellectual;
pot. highbrow
inteligencja *f* intelligence;
(*warstwa społeczna*) the intellectuals *pl*, (the) intelligentsia, educated people
inteligent *m* intellectual; educated person; (*pracownik umysłowy, urzędnik*) white-collar worker
inteligentny *adj* intelligent
intencja *f* intention
intensywność *f* intensity
intensywny *adj* intensive, intense; strenuous
interes *m* business; (*korzyść*) interest, affair; matter; bargain; **człowiek ~u** businessman; **dobry ~** good bargain; **mieć ~ do kogoś** have business with sb; **przyjść w ~ie** come on business; **robić wielkie ~y** do a great business; **to nie twój ~** it is no business of yours; **sprzeczność ~ów** conflict of interests; **to leży w moim ~ie** it is my own interest; **robić ~ na czymś** make a profit on <from> sth
interesant *m* client; (interested) party
interes|ować *vt* interest, concern; **to mnie wcale nie ~uje** it is not of any interest to me; **~ować się** *vr* be interested (**czymś** in sth), be concerned (**czymś** about, with, in sth), take interest (**czymś** in sth)

interesowny *adj* self-interested, selfish
interesujący *adj* interesting
interfejs *m techn. komp.* interface
internat *m* (*szkoła*) boarding-school; dormitory
internista *m* internist
internować *vt* intern
internowany *m* internee; **obóz ~ch** internment camp
interpelacja *f* interpolation
interpelować *vi* interpolate
interpolacja *f* interpolation
interpolować *vt* interpolate
interpretacja *f* interpretation, rendering; rendition
interpretować *vt* interpret; render
interpunkcja *f* punctuation
interwencja *f* intervention
interweniować *vi* intervene
intonacja *f* intonation
intonować *vt* strike up (a tune); (*wymawiać z intonacją*) intone
intratny *adj* lucrative; profitable
introligator *m* bookbinder
introligatornia *f* bookbinder's (shop)
introligatorstwo *n* bookbinding
introspekcja *f* introspection
introspekcyjny *adj* introspective
intruz *m* intruder
intryga *f* intrigue, scheme, machination; plot
intrygować *vi* intrigue, scheme; plot
intuicja *f* intuition, insight
intuicyjny *adj* intuitive
intymny *adj* intimate, private
inwali|da *m* invalid, handicapped person; (*żołnierz*) disabled soldier <sailor>; *pl* **~dzi** the disabled (people)
inwazja *f* invasion
inwektywa *f* insult
inwentaryzować *vt* take stock (**coś** of sth)
inwentarz *m* inventory, stock; **żywy ~** livestock

inwersja *f* inversion
inwestor *m* investor; ~ **indywidualny** individual investor; ~ **instytucjonalny** institution investor
inwestować *vt* invest
inwestycja *f* investment
inwigilacja *f* invigilation
inwigilować *vt* invigilate; watch (**kogoś, coś** over sb, sth)
inżynier *m* engineer
inżynieria *f* engineering; ~ **genetyczna** genetic engineering
irański *adj* Iranian, Persian
ircha *f* chamois (leather)
Irlandczyk *m* Irishman
irlandzki *adj* Irish
ironia *f* irony
ironiczny *adj* ironical
ironizować *vi* speak with irony
irracjonalny *adj* irrational
irygacja *f* irrigation
irygator *m med.* irrigator
irys *m bot.* iris
irytacja *f* irritation
irytować *vt* irritate, annoy; ~ **się** *vr* become irritated (**czymś** at sth)
ischias *m med.* sciatica
iskra *f* spark
iskrzyć się *vr* sparkle; spark
islam *m* Islam
Islandczyk *m* Icelander
islandzki *adj* Icelandic
istnieć *vi* exist
istnienie *n* existence
istny *adj* real; ~ **łajdak** a very rogue
isto|ta *f* being, creature; (*to, co zasadnicze*) essence, substance;

~**ta rzeczy** heart <crux> of the matter; **w ~cie rzeczy** as a matter of fact; **w ~cie** in reality, in fact, in substance; ~**ta ludzka** human being
istotnie *adv* in reality, really
istotny *adj* real, essential (**dla kogoś, czegoś** to sb, sth), substantial, crucial
iść *vi* go, walk; ~ **dalej** go on; ~ **po coś** go and fetch <get> sth; ~ **za kimś, czymś** follow sb, sth; ~ **w czyjeś ślady** follow in sb's steps; **jak ci idzie?** how are you doing <getting on>?; **interes idzie dobrze** the business is a going concern; **idzie o życie** life is at stake; **co idzie w...?** what's on at...?
iwa *f bot.* goat willow
izba *f* apartment, room; (*parlamentu, sala*) chamber; ~ **handlowa** Chamber of Commerce; **Izba Gmin** <**Lordów**> House of Commons <of Lords>; ~ **chorych** sick-room; ~ **porodowa** maternity ward
izolacja *f* isolation; (*elektryczna, cieplna*) insulation
izolacjonizm *m* isolationism
izolacyjny *adj* insulating
izolatka *f* (*w szpitalu*) isolation ward; (*w więzieniu*) separate cell
izolator *m* insulator
izolować *vt* isolate; *fiz.* insulate
izoterma *f fiz.* isotherm
izotop *m fiz.* isotope
Izraelczyk *f* Israeli
izraelski *adj* Israeli
iż *conj* that

J

ja *pron* I; *przypadek dzierżawczy* **mój** (**moja, moje, moi**); *z rzeczownikiem* my; *bez rzeczownika*

mine; *przypadki zależne* **mnie** (**mi**), **mną** me; **to ja** it's me
jabłecznik *m* cider

jabłko *n bot.* apple; **~ Adama** Adam's apple; **zbić kogoś na kwaśne ~** beat sb black and blue

jabłoń *f bot.* apple-tree

jacht *m* yacht

jachtklub *m* yacht-club

jad *m* venom, toxin

jadalnia *f* dining-room

jadalny *adj* eatable, edible

jadłospis *m* bill of fare, menu

jadowity *adj* venomous

jaglan|y *adj,* **kasza ~a** millet-groats

jaglica *f med.* trachoma

jagnię *n zool. i przen.* lamb

jagoda *f bot.* berry; **czarna ~** bilberry, blueberry; **iść na jagody** go berry-picking

jajecznica *f* scrambled eggs

jajk|o *n* egg; **~o na miękko <na twardo>** soft <hard> boiled egg; **~a sadzone** fried eggs; **~o święcone** Easter egg

jajnik *m anat.* ovary

jajo *n* egg; *wulg.* balls, bag, basket

jajogłowy *m uj.* egghead

jak *adv conj part.* how, as; **~ to?** how is that?; **~ najprędzej** as soon as possible; **~ najwięcej** as much <many> as possible; **~ tylko** as soon as; **tak ... ~ ...** as ... as ...; **nie tak ... ~ ...** not so ... as ...; **~ gdyby** as if; **~ również** as well as; **~ on wygląda?** what does he look like?; **on jest taki ~ ja** he is like me; **~ następuje** as follows

jakby *adv conj* as if

jak|i *pron* what; **~a to książka?** what book is this?; **~i bądź** any one; **~im sposobem** in what way, how; **~im bądź sposobem** in any way; **~i ojciec, taki syn** like father like son

jakikolwiek *pron* any, whatever

jakiś *pron* some

jakkolwiek *conj* (al)though; *adv* anyhow, somehow, in any <some> way

jako *adv conj* as; **~ też** also, as well as; **~ tako** in a fashion, tolerably

jakoś *adv* somehow; **~ to będzie (tak czy inaczej)** things will work out (one way or another)

jakościowy *adj* qualitative

jakość *f* quality

jałmużna *f* alms

jałowiec *m bot.* juniper

jałowieć *vi* grow barren, become sterile <unproductive>

jałowy *adj* barren; *(sterylny)* sterile; *przen.* futile, vain, idle

jałówka *f* heifer

jama *f* pit, burrow; *anat.* **~ ustna** oral cavity

jamnik *m zool.* dachshund

Jankes *m* Yankee

Japończyk *m* Japanese

japoński *adj* Japanese

jarmark *m* fair

jarosz *m* vegetarian

jarski *adj* vegetarian

jarzeniówka *f elektr.* fluorescent tube, glow-tube lamp

jarzębina *f bot.* sorb, rowan (tree)

jarzmo *n* yoke; **zrzucić ~** shake off the yoke

jarzyn|a *f* vegetable, *zw. pl* **~y** greens, vegetables

jarzynow|y *adj,* **zupa ~a** vegetable-soup

jasełka *s pl* Nativity play, Christmas play <puppet-show>

jasiek *m pot.* small pillow

jaskier *m bot.* buttercup

jaskinia *f* cave, cavern; pothole

jaskiniowy *adj,* **człowiek ~** cave-man

jaskółka *f zool.* swallow

jaskrawy *adj* glaring; *(o kolorze)* bright, garish; *(wierutny)* arrant, rank; *(rażący)* crass

jasno *adv* clearly, brightly; **~ mówić** speak plainly; **zrobiło się ~** it dawned

jasność *f* clearness, brightness

jasnowidz *m* seer

jasny *adj* bright, clear, light; *(o cerze, włosach)* fair

J

jastrząb *m zool.* hawk

jaszczurka *f zool.* lizard

jaśmin *m bot.* jasmine

jaśnieć *vi* shine, glitter

jatka *f* butcher's shop; *przen.* (*rzeź*) slaughter

jaw *m*, **wyjść na ~** come to light; **wydobyć na ~** bring to light

jaw|a *f* waking; **sen na ~ie** daydream

jawnie *adv* openly, evidently; in public

jawność *f* publicity, evidence, openness

jawny *adj* manifest, evident, open, public

jawor *m bot.* sycamore

jazd|a *f* ride, drive; (*podróż*) journey; (*krótka podróż*) trip; (*statkiem*) sail, voyage; **~a konna** horsemanship; **prawo ~y** driver's <driving> license, driving <*am.* driver's> licence

jazz *m* jazz

jaźń *f* ego, self

ją *pron f* her; it; *zob.* **ona**

jądro *n* kernel; *anat.* testicle; *biol. fiz.* nucleus

jądrowy *adj* nuclear

jąkać się *vr* stammer, stutter

jąkała *m* stammerer, stutterer

jątrzyć *vt* irritate, provoke; excite, chafe; (*podjudzać*) instigate; **~ się** *vr* (*o ranie*) suppurate, fester

je *pron f pl i n* them; it; *zob.* **one, ono**

jechać *vi* go (**pociągiem** by train, **statkiem** by boat, **autobusem** by bus, on a bus, **samochodem** by car); ride (**konno** on horseback, **rowerem** a bicycle, on a bicycle); drive; travel

jed|en *num* one, a; **ani ~en** not a single; **co do ~nego** to the last man <thing>; **~en po drugim** one after another; **sam ~en** alone, all by himself; **wszystko ~no** all the same, no matter; **co to za ~en?** who is he?; **na ~no wychodzi** makes no difference,

it comes to the same thing

jedenasty *num* eleventh

jedenaście *num* eleven

jednać *vt* conciliate, reconcile; (*sobie*) win; **~ się** *vr* become reconciled

jednak *conj adv* but yet, still; however, nevertheless, after all, for all that

jednakowo *adv* equally, alike, in the same way

jednakowy *adj* the same, equal, identical

jednoaktówka *f* one-act play

jednobarwny *adj* one-coloured, unicolour

jednoczesny *adj* simultaneous

jednocześnie *adv* simultaneously, at the same time

jednoczyć *vt*, **~ się** *vr* unite, consolidate

jednodniowy *adj* one day's

jednogłośny *adj* unanimous

jednokierunkowy *adj* one-way; **ruch ~** one-way traffic

jednokomórkowy *adj* unicellular

jednokrotny *adj* single

jednolitość *f* uniformity

jednolity *adj* uniform

jednomyślnie *adv* unanimously, with one consent

jednomyślność *f* unanimity

jednomyślny *adj* unanimous

jednonogi *adj* one-legged

jednoosobowy *adj* (*pokój*) single; one-man *attr*

jednopiętrowy *adj* one-storied

jednopłatowiec *m* monoplane

jednorazowy *adj* single

jednoręczny *adj* one-handed

jednoroczny *adj* one-year *attr*, one year's

jednorodny *adj* homogeneous

jednostajny *adj* monotonous; steady

jednostk|a *f* unit, individual; **kult ~i** personality cult

jednostronność *f* unilaterality; one-sidedness, partiality

J

jednostronny *adj* unilateral, one-sided; partial

jedność *f* unity

jednotorowy *adj* single-track, single-line

jednozgłoskowy *adj* monosyllabic

jednoznaczny *adj* synonymous

jedwab *m* silk

jedwabnik *m zool.* silkworm

jedynaczka *f* only daughter

jedynak *m* only son

jedynie *adv* only, solely, merely

jedynka *f* one

jedynowładca *m* autocrat

jedynowładztwo *n* autocracy

jedyny *adj* only, sole, single; *(wyjątkowy)* unique

jedzeni|**e** *n* eating; meal, food; **po ~u** after meal(s); **~e ciężko strawne** rich food

jego *pron m* his; him; it; *zob.* **on, ono**

jej *pron f* her; hers; it; *zob.* **ona**

jeleń *m* deer; *(samiec)* stag

jelit|**o** *n* intestine; *pl* **~a** intestines, bowels

jełczeć *vi* become rancid

jemioła *f bot.* mistletoe

jemu *pron m* him; it; *zob* **on, ono**

jeniec *m* prisoner, captive; **~ wojenny** prisoner of war (P.O.W.)

jesienny *adj* autumnal, *(o modzie, porze)* autumn *attr*

jesień *f* autumn; *am.* fall

jesion *m bot.* ash(-tree)

jesionka *f* overcoat

jesiotr *m zool.* sturgeon

jeszcze *adv* still, yet; beside; else; more; **co ~?** what else?; **~ długo** for a long time to come; **~ do niedawna** until quite recently; **~ dwie mile** another two miles; **~ do dzisiaj** to this very day; **~ jedna szklanka** one more glass; **~ pięć minut** another five minutes; **~ raz** once more; one more time; **czego ~ chcesz?** what more <else> do you want?; **czy**

(chcesz) **~ trochę chleba?** a little more bread?

jeść *vt vi* eat; **chce mi się ~** I'm hungry; **~ śniadanie** have breakfast; **~ obiad** have dinner, dine; **~ kolację** have supper, sup

jeśli *conj* if; **~ nie** unless

jezdnia *f* road, roadway

jezioro *n* lake

jezuita *m* Jesuit

jeździć *vi* travel, go, ride; **~ po Polsce** travel about Poland; *zob.* **jechać**

jeździec *m* horseman, rider

jeździectwo *n* horsemanship, horse riding

jeż *m zool.* hedgehog

jeżeli *zob.* **jeśli**

jeżyć *vt*, **~ komuś włosy na głowie** make sb's hair stand on end; **~ się** *vr* bristle

jeżyna *f bot.* blackberry

jęczeć *vi* groan, moan; *(utyskiwać)* grumble (**na coś** at, about sth)

jęczmień *m bot.* barley; *(na oku)* style

jędrny *adj* firm, pithy, sappy; vigorous

jędza *f* shrew, vixen

jęk *m* groan, moan

języczek *m* little tongue; *(u wagi)* cock

język *m anat.* tongue; language; **~ ojczysty** mother tongue; vernacular; **~ obcy** foreign language; **~ potoczny** colloquial speech; **~ migowy** sign language; **pokazać ~** put out one's tongue; *przen.* **zapomnieć ~a w gębie** lose one's tongue; **trzymać ~ za zębami** hold one's tongue; **~ prasy** journalese; **~ oficjalnych komunikatów** *pot. uj.* officialese; **~ ciała** body language

językowy *adj* linguistic; *anat.* lingual

językoznawca *m* linguist

językoznawstwo *n* linguistics

jod *m chem.* iodine

jodełk|a *f bot.* small fir; *wzór w* **~ę** herring-bone pattern
jodła *f bot.* fir(-tree)
jodyna *f med.* tincture of iodine; *pot.* iodine
joga *f* yoga
jogurt *m* yoghurt, yogurt
jon *m fiz.* ion
jowialny *adj* jovial
jubilat *m* man celebrating his jubilee
jubiler *m* jeweller
jubileusz *m* jubilee
judaizm *m* Judaism
judzić *vt* instigate, abet
junior *m* junior

jury *n* jury
jurysdykcja *f* jurisdiction
juta *f* jute
jutr|o *adv* tomorrow; *s n* next day; *lit.* morrow; *do* **~a** till tomorrow; *do zobaczenia, do* **~a** see you tomorrow
jutrzejszy *adj* tomorrow's
jutrzenka *f* morning star; (*brzask*) dawn
już *adv* already; **~ nie** no more; **~ niedługo** very soon; not any longer; **~ po wszystkim** it's all over; **~ nigdy** nevermore; **~ o piątej godzinie** as early as 5 o'clock

K

kabał|a *f* (*wróżenie*) fortune-telling; (*trudne położenie*) scrape; *wpaść w* **~ę** get oneself into a bad fix
kabaret *m* cabaret
kabel *m* cable
kabina *f* cabin; (*telefoniczna*) telephone booth <box>; (*w samolocie*) cockpit
kabłąk *m* bow, arch
kabłąkowaty *adj* arched
kabotyn *m* buffoon
kabotyński *adj* buffoonish
kabura *f* holster
kabz|a *f pot.* purse; *nabić* **~ę** load the purse; make one's pile
kac *m pot.* hangover
kacyk *m uj.* (*samowolny dygnitarz*) princeling, petty boss
kaczk|a *f zool.* duck; *przen.* (*fałszywa pogłoska*) canard, hoax; *puszczać* **~i na wodzie** play ducks and drakes; *chodzić jak* **~a** waddle
kaczor *m zool.* drake
kadencj|a *f muz.* cadence, rhythm; (*czas urzędowania*) term

(of office); *pełnić obowiązki przez jedną* **~ę** serve one term
kadet *m* cadet
kadłub *m* trunk; (*statku*) hull; (*rozbitego statku*) hulk; (*samolotu*) fuselage
kadra *f* staff; *wojsk.* cadre
kadzić *vi* incense; *przen.* butter up
kadzidło *n* incense
kafar *m techn.* rammer, pile-driver
kafel *m* tile
kaftan *m* jacket; **~ bezpieczeństwa** strait-jacket
kaganek *m* oil-lamp; *przen.* the torch of knowledge
kaganiec *m* muzzle; (*pochodnia*) torch; *nałożyć psu* **~** muzzle the dog
kajać się *vr* repent (*z powodu czegoś* sth, of sth), do penance
kajak *m* canoe, kayak; *płynąć* **~iem** canoe
kajdany *s pl* chains, fetters; (*kajdanki na ręce*) handcuffs; *zakuć w* **~** put in chains <handcuff>

(**kogoś** sb), put handcuffs (**kogoś** on sb), to handcuff; **skruszyć** ~ throw off the chains

kajuta f cabin

kakao n zw. nieodm. cocoa

kakofonia f cacophony

kaktus m bot. cactus

kalać vt foul, pollute

kalafior m bot. cauliflower

kalambur m pun, play on words

kalarepa f bot. kohlrabi

kalectwo n deformity; lameness

kaleczyć vt cut; maim, mutilate; przen. ~ **angielski** murder English

kalejdoskop m kaleidoscope

kaleka m f cripple, disabled person

kalendarz m calendar; ~ **kartkowy** block calendar

kalesony s pl drawers

kaliber m calibre; gauge

kalina f bot. guelder-rose, snowball tree

kalka f carbon-paper; (kopia przez kalkę) carbon-copy; techn. tracing paper

kalkomania f transfer; am. decal

kalkować vt calk, trace over

kalkulacja f calculation, computation; reckoning

kalkulator m calculator

kalkul|ować vt calculate; speculate; compute; **to się nie ~uje** this is a losing deal

kaloria f calorie

kaloryczny adj caloric

kaloryfer m radiator, heater

kalosz m (rubber) overshoe, galosh

kalumni|a f calumny; **rzucać ~e** calumniate (**na kogoś** sb)

kalwin m rel. Calvinist

kalwiński adj rel. Calvinist

kał m excrement, stool; f(a)eces pl

kałuż|a f puddle; **w ~y krwi** in a pool of blood

kamea f cameo

kameleon m zool. i przen. chameleon

kamelia f bot. camellia

kamera f (wideo, filmowa) video <film> camera

kameraln|y adj, muz. **muzyka ~a** chamber music

kamerton m muz. tuning-fork

kamfora f chem. camphor; **ulotnić się jak** ~ vanish into thin air

kamieniarstwo n stone-cutting

kamieniarz m stone-cutter

kamieniołom m quarry

kamienisty adj stony, rocky

kamienn|y adj stone; **węgiel ~y** (black) coal; **sól ~a** rock-salt; przen. **~e serce** a heart of stone

kamienować vt stone

kamień m stone; ~ **szlachetny** gem, precious stone; ~ **graniczny** landmark; ~ **młyński** millstone; ~ **węgielny** cornerstone; ~ **do zapalniczek** flint; ~ **nazębny** tooth scale; tartar; **spać jak** ~ sleep like a log

kamizelka f waistcoat; (ratunkowa) life-jacket

kampania f campaign; ~ **wyborcza** election campaign

kamyk m pebble (stone); (do zapalniczki) flint

Kanadyjczyk m Canadian

kanadyjski adj Canadian

kanalia f wulg. scoundrel, rascal

kanalizacja f (budowa kanałów) canalization; (urządzenie) sewerage, sewage system <works>

kanalizować vt provide with a sewage system

kanał m canal; (morski, TV) channel; (miejski) sewer; anat. duct; **Kanał La Manche** the English Channel

kanapa f sofa, couch, settee

kanapka f (przekąska) snack, sandwich

kanarek m zool. canary

kancelaria f office

kanclerz m (szef rządu) chancellor

kandelabr m chandelier

kandydat m candidate; applicant

kandydatura f candidature
kandydować vi be a candidate (**do czegoś** for sth); (**do parlamentu**) stand for Parliament, contest a seat (in Parliament); (**w wyborach**) stand for election
kangur m zool. kangaroo
kanister m (petrol) can
kanon m standard; (**także muz.**) canon
kanonada f cannonade
kanoniczny adj canonic(al)
kanonierka f wojsk. gunboat
kanonik m canon
kanonizacja f rel. canonization
kanonizować vt rel. canonize
kant m edge; angle; (**u spodni**) crease; pot. (**oszustwo**) swindle, take-in, fraud
kantor m money exchange office; (**kontuar, lada**) counter; (**biuro**) counting-house
kantyna f canteen
kanwa f canvas
kapa f covering, bedspread, bedcover; (**szata**) cope
kapać vi dribble, trickle, drip
kapary s pl bot. capers
kapeć m slipper
kapela f orchestra, band
kapelan m chaplain
kapelmistrz m bandmaster
kapelusz m hat; **bez ~a** with no hat on
kaperować vt hist. privateer, go privateering; vt capture, win over
kapiszon m hood; (**spłonka**) percussion cap
kapitalista m capitalist
kapitalistyczny adj capitalistic
kapitalizm m capitalism
kapitalny adj capital; pot. (**świetny**) great, splendid; **remont ~** general overhaul
kapitał m capital; **~ zakładowy** capital stock; **~ obrotowy** acting <circulating> capital; **~ akcyjny** joint stock
kapitan m captain
kapitel m arch. capital

kapitulacja f capitulation, surrender
kapitulować vi capitulate, surrender, give up <in>
kapituła f chapter
kaplica f chapel
kapłan m priest
kapłański adj priestly, sacerdotal
kapłaństwo n priesthood
kapłon m capon
kapok m life-jacket
kapral m wojsk. corporal
kaprys m caprice, whim, fad, fancy; **od czyjegoś ~u** at sb's will and pleasure
kapryśny adj capricious, whimsical, fastidious
kapsel m (**u butelki**) cap; (**u broni**) percussion cap; (**okucie**) capping
kapsułka f capsule
kaptować vi win over, win (**sobie kogoś** sb to oneself); (**wyborców, klientów**) canvass
kaptur m hood; cowl
kapturek m hood; **Czerwony Kapturek** Red Riding Hood
kapusta f bot. cabbage; **~ kwaszona** sauerkraut
kapuśniak m sauerkraut soup
kar|a f punishment; (**sądowa**) penalty; (**pieniężna**) fine; (**śmierci**) capital punishment, death-penalty; **podlegać karze** be punishable; **ponieść ~ę** undergo a punishment; **skazać na ~ę pieniężną** fine; **wymierzyć ~ę** inflict a penalty (**komuś** on sb); **pod ~ą** under the penalty of, under <on> pain (**np. śmierci** of death)
karabin m wojsk. rifle, gun; **~ maszynowy** machine-gun
karać vt punish; (**sądownie, w sporcie**) penalize; **~ grzywną** fine
karafka f water-bottle; (**na alkohol**) decanter
karakuły s pl (**futro**) astrakhan (fur)

K

karalny *adj* punishable
karaluch *m zool.* cockroach
karambol *m* collision, clash
karaś *m zool.* crucian
karat *m* carat; *am.* karat
karate *n* karate
karawan *m* hearse
karawana *f* caravan
karawaniarz *m* bearer, undertaker's man
karb *m* notch, score; **kłaść na ~** put sth down (**kogoś, czegoś** to sb, sth); **trzymać w ~ach** keep a tight hand (**kogoś** on sb)
karbid *m chem.* carbide
karbol *m chem.* carbolic acid
karbować *vt* notch, score; (*fałdować*) crease, fold; (*o włosach*) curl
karcić *vt* reprimand, reprove
karczma *f* tavern, inn
karczmarz *m* innkeeper
karczoch *m bot.* artichoke
karczować *vt* (*pnie, krzaki*) root out; grub out; (*ziemię*) clear
kardiografia *f* cardiography
kardynalny *adj* cardinal, fundamental
kardynał *m* cardinal
kareta *f* carriage, coach
karetka *f* chaise; **~ pogotowia** ambulance
kariera *f* career
karierowicz *m* pushing person; *pot.* (social) climber
kark *m* neck; **chwycić za ~** collar, seize by the neck; **mieć na ~u** have on one's hands; **pędzić na złamanie ~u** drive at a breakneck speed; **siedzieć komuś na ~u** be on sb's hand; **skręcić ~** break one's neck
karkołomny *adj* breakneck *attr*
karłowaty *adj* dwarfish
karmazyn *m* crimson
karmel *m* caramel
karmelek *m* caramel, bonbon
karmić *vt* feed, nourish; (*piersią*) suckle; **~ się** *vr* feed, live (**czymś** on sth)

karmin *m* carmine
karnawał *m* carnival
karność *f* discipline
karny *adj* disciplined, docile; (*o prawie*) penal; (*o sądzie*) criminal; (*karzący*) punitive (*expedition etc.*); **rzut ~** *sport* penalty kick
karo *n* (*w kartach*) diamond
karoseria *f mot.* body (of a car)
karp *m bot.* carp
karta *f* card; (*książki*) leaf, page; (*dokument*) charter; (*do gry*) playing-card; **~a tożsamości** identity card; **~a tytułowa** title-page; **~a magnetyczna** magnetic card; **~a kredytowa** credit card; (*roz*)**dawać ~y** deal cards; **mieć dobrą ~ę** have a good hand; *przen.* **odkrycie ~** showdown; **grać w otwarte ~y** lay one's cards on the table; **stawiać na jedną ~ę** stake all on one card
kartel *m* cartel
kartka *f* leaf, slip (of paper); (*na bagażu, towarze*) label; **~ żywnościowa na chleb** bread coupon; **~ pocztowa** postcard
kartofel *m bot.* potato
kartografia *f* cartography
karton *m* cardboard, pasteboard; (*pudło tekturowe*) carton
kartoteka *f* card-index
karuzela *f* merry-go-round
karygodny *adj* punishable, culpable
karykatura *f* caricature, cartoon
karykaturzysta *m* cartoonist
karzeł *m* dwarf
kasa *f* pay desk, cash-desk, cashier's window; (*podręczna*) cash-box, cash-drawer; (*kolejowa*) booking-office; *am.* ticket-office; (*teatralna*) box-office; **~ o-szczędności** savings-bank; **~ pancerna** safe
kasacja *f* annulment
kaseta *f* cassette; **~ wideo** video

cassette; ~ **magnetofonowa** tape cassette

kasetka f casket; cash-box

kasjer m cashier; (*bankowy*) teller

kask m helmet; (*ochronny*) crash-helmet

kaskada f cascade

kaskader m, **kaskaderka** f stuntman, stuntwoman

kasłać *zob.* **kaszleć**

kasować vt cancel, annul

kasownik m *muz.* natural; *filat.* postmark, cancellation; (*datownik*) date stamp; (*w środkach komunikacji*) punch

kasta f caste

kastowość f caste system

kastrować vt castrate

kasyno n casino, club; ~ **oficerskie** officers' mess

kasza f groats; cereals; (*gotowana, płynna*) gruel

kaszel m cough

kaszka f gruel

kaszleć vi cough

kasztan m *bot.* chestnut(-tree); (*koń*) chestnut

kat m executioner, hangman

katafalk m catafalque

kataklizm m cataclysm, disaster

katalizator m *chem.* catalyst; *mot.* catalytic converter

katalog m catalogue; *komp.* directory

katalogować vt catalogue

katamaran m *mors.* catamaran

katapulta f (*w samolocie*) ejection seat

katar m *med.* cold; catarrh; **nabawić się ~u** catch a cold

katarakta f *także med.* cataract

katarynka f *muz.* barrel-organ, street organ

katastrofa f catastrophe, calamity, disaster; (*np. kolejowa*) crash

katastrofalny adj catastrophic

katechizm m catechism

katedra f cathedral; (*na uniwersytecie*) chair

kategoria f category

kategoryczny adj categorical

katoda f *elektr.* cathode

katolicki adj *rel.* Catholic

katolicyzm m *rel.* Catholicism

katolik m *rel.* Catholic

katorga f forced labour, penal servitude

katować vt torment, torture

katusze s pl torture

kaucj|a f security, deposit; (*sądowa*) bail; **za ~ą** on bail

kauczuk m rubber, India-rubber

kaukaski adj Caucasian

kaw|a f *bot.* coffee; **~a palona** roasted beans; **młynek do ~y** coffee-mill, coffee-grinder

kawaler m (*nieżonaty*) bachelor; (*galant*) gallant; (*orderu*) knight; *hist.* cavalier

kawaleria f cavalry

kawalerski adj bachelor's; **stan** ~ single life

kawalerzysta m cavalry man, trooper

kawalkada f cavalcade

kawał m piece, lump; (*dowcip*) joke; (*psota*) practical joke; **brzydki** ~ foul trick; **zrobić komuś** ~ play sb a trick; (*okpić*) bamboozle sb

kawał|ek m bit, morsel, piece; **~ek cukru** lump of sugar; **po ~ku** piece by piece

kawiarnia f coffee-house, café

kawior m caviar

kawka f *zool.* jackdaw

kazać vi bid, order, let

kazanie n sermon; preaching

kazirodztwo n incest

kaznodzieja m preacher

kazuistyka f casuistry

kaźń f torture; (*stracenie*) execution

każdy pron every, each, everybody, everyone; ~ **z dwóch** either

kącik m nook

kądziel f distaff; **po ~i** on the distaff side

kąkol *m bot.* cockle

kąpać *vt* bathe; **~ się** *vr* bathe; (*w łazience*) have a bath; (*w rzece, morzu*) have a bathe

kąpiel *f* (*w łazience*) bath; (*w rzece, morzu*) bathe; **~ słoneczna** sun-bath

kąpielisko *n* (*miejscowość*) spa, watering place; (*zakład*) bathhouse

kąpielowy *adj*, **strój ~** bathing costume <suit>

kąpielówki *s pl* bathing trunks

kąsać *vt* bite

kąsek *m* bit, morsel

kąt *m* corner; *mat.* angle; **~ prosty** right angle; **~ ostry** acute angle; **~ rozwarty** obtuse angle; **~ przeciwległy** alternate angle; **~ przyległy** contiguous angle; **~ załamania światła** angle of refraction; **pod ~em widzenia** from the point of view

kątomierz *m* protractor

kątowy *adj mat.* angular

kciuk *m* thumb; *pot.* **trzymać ~i (za kogoś)** keep one's fingers crossed (for sb)

kelner *m* waiter

kelnerka *f* waitress

kemping *m* camping; (*teren*) campsite

keson *m techn. wojsk.* caisson

kędzierzawy *adj* curly, crisp

kędzior *m* curl, lock

kępa *f* cluster; (*np. włosów*) tuft

kęs *m* bit, morsel

kibić *f* waist, figure

kichać *vi* sneeze

kicz *m* daub; kitsch

kiecka *f pot.* frock, skirt

kiedy *conj* when, as; *adv* ever; **~ wrócisz?** when will you be back?; **rzadko ~** hardly ever; **~ indziej** some other time

kiedykolwiek *conj* whenever

kiedyś *adv* once, at one time, (*w przyszłości*) some day

kielich *m* goblet, cup

kieliszek *m* glass

kielnia *f* trowel

kieł *m anat.* (*u człowieka*) canine tooth; (*u słonia*) tusk; (*u psa*) fang

kiełbasa *f* sausage

kiełek *m* sprout, shoot

kiełkować *vi* sprout, shoot (forth)

kiełznać *vt* bit, bridle

kiepski *adj* poor, shoddy; second-rate

kier *m* (*w kartach*) heart

kierat *m* treadmill

kiermasz *m* fair; **~ książki** bookfair

kierować *vi vt* lead, direct, govern (*czymś* sth); *mot.* drive (*samochodem* a car); (*zarządzać*) manage; **~ się** *vr* proceed in the direction; be guided (*czymś* by sth); act (*czymś* according to sth)

kierowca *m mot.* driver; **niedzielny ~** Sunday driver

kierownica *f mot.* steering-wheel; (*u roweru*) handle bar

kierownictwo *n* management, administration, direction

kierowniczy *adj* managing, directive

kierownik *m* manager, director, head; **~ personalny** personnel officer <manager>; **~ techniczny** chief engineer

kierunek *m* direction, course; *przen.* trend, tendency

kierunkowskaz *m mot.* indicator

kierunkow|y *adj* directional; (*radio*) **antena ~a** beam antenna

kieszeń *f* pocket

kieszonka *f* small pocket

kieszonkowe *n* pocket money

kieszonkowiec *m* pickpocket

kij *m* stick, cane; (*narciarski*) ski pole; **~ golfowy** club; **~ bilardowy** cue

kijanka *f zool.* tadpole

kikut *m* stump

kilim *m* rug, carpet

kilka, kilku *num* some, a few

kilkakrotnie adv several times, repeatedly
kilkakrotny adj repeated
kilkudniowy adj several days'
kilkuletni adj several years'
kilof m pickaxe
kilobajt m komp. kilobyte
kilogram m kilogram(me)
kilometr m kilometre
kim pron who, whom; zob. **kto**
kinematografia f cinematography
kinetyka f kinetics
kino n cinema; am. movies pl **~ parkingowe** drive-in cinema <movies>
kinoman m cinema-goer
kiosk m booth, stall, kiosk; (z gazetami) news stall <stand>
kipieć vi boil
kir m pall, shroud
kisić vt (kwasić) sour; (marynować) pickle
kisiel m jelly, fruit cream
kisnąć vi sour, ferment
kiszka f intestine, gut; (wędlina) pudding, sausage; **~ pasztetowa** liverwurst
kiść f bunch, tuft
kit m putty
kitel m smock-frock
kiwać vi wag, shake; beckon (na kogoś to sb); **~ głową** nod; **~ ręką** wave one's hand (na kogoś to sb); **~ się** vr wag, totter
klacz f zool. mare
klaka f claque
klakson m hooter, horn
klamka f (door-)handle, latch
klamra f clasp, buckle; (nawias) bracket
klan m clan
klapa f flap; techn. valve; (marynarki) lapel; pot. (niepowodzenie) flop; **~ bezpieczeństwa** safety-valve
klarnet m muz. clarinet; **~ basowy** bass-clarinet
klarować vt clear, clarify; (wyjaśniać) explain

klarowny adj limpid, clear
klasa f class; (sala szkolna) classroom; (rocznik szkolny) bryt. form; **~ turystyczna** tourist class
klaskać vi clap (w ręce one's hands); (bić brawo) applaud
klasówka f school-work, schooltest
klasycyzm m classicism
klasyczny adj classic(al)
klasyfikować vt classify
klasyk m classic
klasztor m cloister, monastery
klasztorny adj monastic
klatka f cage; anat. **~ piersiowa** chest; **~ schodowa** staircase
klauzula f clause
klawiatura f keyboard
klawisz m key; muz. **~ biały** natural
kląć vi swear (kogoś at sb); (przeklinać, złorzeczyć) curse (na kogoś sb); **~ się** vr swear (na coś by sth)
klątwa f anathema, curse
klecić vt pot. botch up, concoct
kleić vt stick, glue (together), paste; **~ się** vr stick
kleik m gruel
kleisty adj sticky
klej m glue, gum, paste
klejnot m jewel, gem
klekot m rattle, clatter
klekotać vi rattle, clatter
kleks m (ink-)blot
klepać vt hammer, beat; (ziemię) stamp; (po plecach) slap, clap
klepk|a f stave; przen. pot. **brak mu piątej ~i** he is crackbrained; he has a screw loose
klepsydra f hourglass; (ogłoszenie żałobne) obituary notice
kler m rel. clergy
kleryk m rel. seminarist, seminarian
klerykalizm m clericalism
klerykalny adj clerical; (o kraju, instytucji) priest-ridden
klerykał m clericalist
kleszcz m zool. tick

K

kleszcze s pl (*instrument*) pincers, pliers

klęczeć vi kneel, be on one's knees

klękać vi kneel down (**przed kimś** to sb); genuflect

klęsk|a f defeat, calamity, disaster; **ponieść ~ę** be defeated; **zadać ~ę** defeat

klient m client; *handl.* customer

klika f clique

klimat m climate

klimatyczn|y adj climatic; **miejscowość ~a** health-resort

klimatyzacja f air conditioning

klimatyzować vt condition

klin m wedge; **wbijać ~** drive a wedge

klinga f (sword-)blade

kliniczny adj clinic

klinika f med. clinic ~ **stomatologiczna** dental clinic

klisza f cliché; *fot.* plate

kloaka f sewer

kloc m log, block

klocek m block

klomb m flowerbed

klon m bot. maple

klops m meat-ball

klosz m (*abażur*) globe; lampshade; (*spódnicy*) flare (of a skirt)

kloszard m bum, bummer

kloszow|y adj, **~e spodnie** bell-bottomed trousers

klown m clown

klozet m water-closet, WC; *am.* restroom

klub m club

klucz m key; *muz.* clef; **~ do nakrętek** spanner; **~ francuski** wrench; **zamknąć na ~** lock

kluczow|y adj key, fundamental; **nuta ~a** keynote

kluć się vr hatch

kluska f noodle

kładka f foot-bridge

kłak m flock, wisp

kłam m, **zadać komuś ~** give sb the lie

kłamać vi lie (**przed kimś** to sb)

kłamca m liar

kłamliwy adj lying, deceitful, mendacious

kłamstw|o n lie; **wykrywacz ~o** lie detector, polygraph; **niewinne ~o** white lie

kłania|ć się vr greet (**komuś** sb), bow (**komuś** to sb); **~j mu się ode mnie** remember me to him; give him my regards

kłaść vt lay, set, put; **~ się** vr lie down

kłąb m clew, ball, roll; **kłęby dymu** wreaths of smoke

kłębek m ball, roll; *przen.* **~ nerwów** bundle of nerves

kłębiasty adj billowy; (*o chmurze*) cumulous

kłębić się vr swell, surge; (*o dymie*) wreathe

kłoda f log, block; clog

kłopo|t m trouble, bother; **być w ~cie** be in trouble, be at a loss; **mieć ~ty pieniężne** have money troubles; **narobić sobie ~tu** get into trouble; **narobić komuś ~tu** get sb into trouble; **wprawiać w ~t** embarrass, give trouble

kłopotać vt embarrass, trouble; **~ się** vr be troubled, bother (**o coś** about sth)

kłopotliwy adj troublesome, embarrassing

kłos m bot. ear; **zbierać ~y** glean

kłócić się vr quarrel (**o coś** about sth); (*np. o kolorach, poglądach*) clash

kłódk|a f padlock; **zamknąć na ~ę** padlock

kłótliwy adj quarrelsome

kłótnia f quarrel, row

kłucie n (*w boku*) stitch

kłuć vt vi sting, prick; **~ w oczy** be an eyesore (**kogoś** to sb)

kłus m trot; **~em** at a trot

kłusować 1. vi (*jechać kłusem*) trot

kłusować 2. vi (*uprawiać kłusownictwo*) poach

kłusownictwo *n* poaching
kłusownik *m* poacher
kmin(ek) *m bot.* cumin
knajpa *f pot.* pub, tavern
knebel *m* gag
kneblować *vt* gag (**komuś usta** sb)
knedle *s pl* dumplings with fruit
knocić *vt pot.* bungle, botch
knot *m* wick
knuć *vt* plot, conspire
koalicja *f* coalition
kobieciarz *m pot.* ladies' man
kobiecość *f* womanhood
kobiec|y *adj* womanly, woman-like; woman's; (*o płci*) female
kobiet|a *f* woman; *uj.* female; **prawa ~** women's rights; **~a pracująca zawodowo** career woman; **ruch na rzecz wyzwolenia ~** women's liberation movement
kobra *f zool.* cobra
kobza *f muz. pot.* bagpipes *pl*
kobziarz *m* bagpiper
koc *m* blanket, rug
kocha|ć *vt* love; **~ się** *vr* be in love (**w kimś** with sb); make love (**z kimś** to sb); have sex
kochanie *int* darling, honey, sweetheart; *am.* sugar
kochanek *m* lover, love
kochanka *f* lover, love; mistress
kochliwy *adj* amorous
koci *adj* catty, catlike; feline
kociak *m zool.* kitten
kocioł *m* kettle, cauldron; *muz.* kettle-drum; **~ parowy** steam-boiler
kocur *m pot. zool.* tomcat
koczować *vi* nomadize, migrate
koczowniczy *adj* nomadic, migratory
kod *m* code; (*pocztowy*) *bryt.* postcode; *am.* zip code; **~ paskowy** bar code
kodeks *m* code; **~ karny** penal code
kodyfikacja *f* codification
kodyfikować *vt* codify

koedukacja *f* co-education
koegzystencja *f* co-existence
kofeina *f* caffeine
kogel-mogel *m* yolk stirred with sugar
kogo *pron* who, whom; *zob.* **kto**
kogut *m zool.* cock
koić *vt* soothe
koja *f* berth
kojarzenie *n* association
kojarzyć *vt* match; (*pojęcia*) associate; **~ się** *vr* associate, be associated; pair
kojący *adj* soothing, alleviating
kojec *m* coop
kokarda *f* bow
kokieteria *f* coquetry
kokietka *f* coquette
kokietować *vt* coquet (**kogoś** with sb)
koklusz *m med.* whooping-cough
kokon *m* cocoon
kokos *m* coconut
koks *m* coke
koksownia *f* coking-plant
koktajl *m* cocktail; **~ mleczny** milk shake
kola *f* cola; *pot.* coke
kolaboracja *f* collaboration
kolaborant *m* collaborator
kolaborować *vi* collaborate
kolacj|a *f* supper; (*spożywana między szóstą a siódmą*) dinner; **jeść ~ę** have supper, sup
kolano *n* knee; (*rury*) joint; (*rzeki*) bend, turn
kolarstwo *n* cycling
kolarz *m* cyclist
kolba *f* (*strzelby*) butt-end; *chem.* flask; (*do lutowania*) soldering-iron
kolczasty *adj* prickly, thorny; **drut ~** barbed wire
kolczyk *m* ear-ring; (*u zwierząt*) ear-mark
kolebka *f* cradle
kolec *m* prick, thorn; (*u sprzączki*) tongue
kolega *m* mate, companion; school friend; (*z pracy*) col-

league; (*szkolny*) schoolmate, friend; classmate
kolegialny *adj* collegiate
kolegium *n sing nieodm.* college; (*grono*) staff, board, committee
koleina *f* rut
kolej| *f* railway; *am.* railroad; (*następstwo*) turn, succession; **po ~j** in turn, by turns; **~j na mnie** it is my turn
kolejarz *m* railwayman
kolej|ka *f* (*wąskotorowa*) narrow-gauge railway; (*szynowa, zawieszona nad ulicą*) elevated railway; (*górska*) funicular railway; (*ludzi*) queue, line; (*dań, kieliszków*) round; turn; **stać w ~ce** queue up, line up
kolejno *adv* in turn, by turns, successively
kolejnoś|ć *f* succession, sequence; rotation; **w ~ci** by rotation
kolejny *adj* successive, next
kolekcja *f* collection
kolekcjoner *m* collector
kolekcjonować *vt* collect
kolektura *f* lottery office
koleżanka *f* (woman) friend; (*z pracy*) colleague
koleżeński *adj* friendly
koleżeństwo *n* companionship
kolęda *f* Christmas carol
kolędni|k *m* carol-singer, caroller; *pl* **~cy** waits
kolędować *vi* carol
kolia *f* necklace
kolidować *vi* collide, clash
koligacja *f* affinity, connection
kolisty *adj* circular
kolizj|a *f* collision; (*samochodowa*) car crash; **popaść w ~ę** come into collision
kolka *f med.* (*jelitowa*) colic
kolokwialny *adj* colloquial
kolokwium *n sing nieodm.* colloquy; (*na uczelni*) test, examination
kolonia *f* colony, settlement; (*wakacyjna*) summer camp

kolonialny *adj* colonial
kolonista *m* colonist
kolonizacja *f* colonization
kolonizator *m* colonizer
koloński *adj*, **woda ~a** eau de Cologne
kolor *m* colour; (*w kartach*) suit; **dać do ~u** follow suit
koloratura *f* coloratura
kolorować *vt* colour
kolorowy *adj* coloured, colourful
koloryt *m* colour, colouring
koloryzować *vt* colour
kolos *m* colossus; *przen.* giant
kolosalny *adj* colossal
kolportaż *m* distribution; hawking
kolporter *m* distributor, hawker
kolportować *vt* distribute, hawk
kolumna *f* column, pillar; *wojsk.* column
kolumnada *f* colonnade
kołatać *vi* rattle; knock (**do drzwi** at the door); *przen.* solicit (**do kogoś o coś** sb for sth <sth from sb>)
kołczan *m* quiver
kołdra *f* counterpane, coverlet; (*pikowana*) quilt
kołek *m* peg
kołnierz *m* collar
koło 1. *praep* by, near; about
koło 2. *n* wheel; (*obwód; grupa, stowarzyszenie*) circle; (*do tortur*) rack; **~ napędowe** driving wheel; **~ zębate** cog-wheel; **~ zapasowe** spare wheel; **błędne ~** vicious circle; **~ fortuny** wheel of fortune; **~ ratunkowe** life buoy
kołować *vi* move round, circle; (*o samochodzie*) taxi
kołowrotek *m* spinning-wheel
kołowy *adj* circular; **ruch ~** vehicular traffic
kołtun *m med.* plica; (*człowiek zacofany*) fogey, stick-in-the-mud
kołysać *vt* rock, lull; **~ się** *vr* rock, sway
kołysanka *f* cradle-song, lullaby

kołyska f cradle
komandor m commander; *mors.* commodore
komandos m commando, ranger
komar m *zool.* mosquito
kombajn m combine(-harvester)
kombatant m combatant
kombinacja f combination
kombinator m speculator, dodger
kombinerki pl (combination) pliers
kombinezon m overalls pl; *am.* coveralls pl
kombinować vt combine; speculate
komedia f comedy
komenda f command
komendant m commander, commandant
komenderować vi command
komentarz m commentary; *bez ~a* no comment
komentator m commentator
komentować vt comment (*coś* on <upon> sth), annotate
komercyjny adj commercial
kometa f comet
kometka f badminton
komfort m comfort
komfortowy adj luxurious
komiczny adj comic, funny
komik m comedian
komiks m strip cartoon, comic strip; cartoon (story)
komin m chimney; (*na dachu*) chimney-pot; (*lokomotywy, statku*) funnel
kominek m fire-place, hearth
kominiarz m chimney-sweeper
komis m commission; (*sklep*) commission-house; *wziąć w ~* take on commission
komisariat m commissary's office; *wojsk.* commissariat; *~ policji* police-station
komisarz m commissary
komisja f commission, committee, board; *~a egzaminacyjna* examining board; *zasiadać w ~i* be on the committee

komitet m committee
komitywa f intimacy, friendly terms; *w dobrej ~ie* on good terms
komiwojażer m travelling agent <salesman>
komoda f chest of drawers
komora f chamber; cabin; (*spiżarnia*) larder; *~ celna* custom-house
komorne n rent
komórka f closet; *biol., elektr.* cell; *~ fotoelektryczna* (*fotokomórka*) photocell, photoelectric cell
kompan m *pot.* chum, pal
kompania f company
kompas m compass
kompatybilny adj *komp.* compatible
kompendium n sing *nieodm.* compendium, digest; companion
kompensata f compensation
kompensować vt compensate (*coś* for sth)
kompetencja f competence
kompetentny adj competent
kompilacja f compilation
kompilator m compiler
kompilować vt compile
kompleks m complex
komplement m compliment; *prawić ~y* pay compliments; *dopraszać się o ~y* fish for compliments
komplet m set; *~ stołowy* dinner-set; *~ do herbaty* tea-set; *~ ubrania* suit of clothes; *~ narzędzi* tool kit
kompletny adj complete, thorough
kompletować vt complete
komplikacja f complication
komplikować vt complicate
komponować vt compose
kompost m compost
kompot m stewed fruit, compote
kompozycja f composition
kompozytor m composer
kompres m compress, poultice

kompresja f compression
kompresor m compressor
kompromis m compromise; **iść na ~** compromise (**w czymś** on sth)
kompromisowy adj compromising
kompromitacja f discredit
kompromitować vt discredit, compromise; **~ się** vr discredit oneself
kompromitujący adj compromising, disgraceful
komputer m komp. (desktop) computer; **~ osobisty** personal computer (PC); **~ przenośny** laptop (computer)
komputerowy adj, **sprzęt ~** hardware
komu pron who, whom; zob. **kto**
komuna f commune
komunalny adj communal
komunał m commonplace
komunia f communion
komunikacj|a f communication; (transport) transport service, transportation; **~a autobusowa** bus service; pl **środki ~i** means of transport
komunikat m announcement, news report; communiqué
komunikować vt announce (**komuś coś** sth to sb), inform (**komuś coś** sb about sth); **~ się** vr communicate
komunista m communist
komunistyczny adj communist(ic)
komunizm m communism
konać vi die, die away
konar m bough, branch
koncentracja f concentration
koncentracyjny adj concentrative; **obóz ~** concentration camp
koncentrować vt concentrate
koncepcja f idea, conception
koncept m concept, idea; (zarys) draft
koncern m concern

koncert m concert; (utwór) concerto
koncertować vi give concerts, perform
koncesja f concession, licence
koncesjonować vt license, grant a concession
koncha f conch, shell
kondensator m techn. condenser
kondensować vt condense
kondolencj|a f condolence; **składać ~e** condole (**komuś z powodu czegoś** with sb on <upon> sth)
kondom m condom, (rubber) sheath; contraceptive
kondor m zool. condor
kondukt m, **~ pogrzebowy** funeral procession
konduktor m (kolejowy) guard; (tramwajowy) conductor
kondycja f condition
kondygnacja f floor, level, tier
koneksja f connection
koneser m connoisseur, expert
konewka f watering-can
konfederacja f confederacy, confederation
konfekcja f ready-made clothes
konferansjer m announcer; narrator
konferencja f conference; **~ na szczycie** summit conference; **~ prasowa** press conference
konferować vi confer
konfesjonał m confessional
konfident m informer
konfiskata f confiscation
konfiskować vt confiscate
konfitura f jam
konflikt m conflict
konformista m uj. conformist
konformizm m conformity
konfrontacja f confrontation
konfrontować vt confront
kongregacja f congregation
kongres m congress; am. Congress
koniak m cognac
koniczyna f bot. clover, trefoil

koniec *m* end, conclusion, close; *dobiegać końca* draw near the end; *położyć ~* put an end; *wiązać ~ z końcem* make both ends meet; *aż do końca* up to the end; *bez końca* no end; *do samego końca* to the very end; *na ~* finally; *na końcu języka* on the tip of one's tongue; *w końcu* finally, eventually, in the end; *na <przy> końcu...* at the end of...

konieczność *f* necessity; *z ~ci* of <by> necessity

konieczny *adj* necessary, indispensable

konik *m* pony; (*mania*) hobby; *pot.* (*spekulujący biletami*) tout; *am.* scalper; *zool.* *~ polny* grasshopper

koniokrad *m* horse-thief

koniugacja *f jęz.* conjugation

koniunktura *f* tide of the market; opportunity; *dobra ~* boom; *zła ~* slump, recession

koniuszek *m* tip

konkluzja *f* conclusion

konkordat *m* concordat

konkretny *adj* concrete, real

konkurencja *f* competition

konkurencyjny *adj* competitive

konkurent *m* competitor, rival; (*zalotnik*) suitor

konkurować *vi* compete; (*zalecać się*) court (*do kogoś* sb)

konkurs *m* competition; contest; *~ piękności* beauty contest; *ogłaszać ~ na coś* offer sth for competition; *drogą ~u* by open competition

konkursowy *adj* competitive

konnica *f* cavalry

konno *adv* on horseback

konn|y *adj* mounted; (*o zaprzęgu*) horse-drawn; *jazda ~a* horse-riding; *wyścigi ~e* horse-race

konopie *s pl bot.* hemp

konosament *m handl.* bill-of-lading

konsekwencj|a *f* consequence; consistency; *ponosić ~e* take the consequences

konsekwentnie *adv* in a consistent way, consistently

konsekwentny *adj* consistent

konserwa *f* preserve, *bryt.* tinned <*am.* canned> meat <milk, fruit *etc.*>

konserwacja *f* conservation

konserwatorium *n sing nieodm.* conservatory, conservatoire

konserwatysta *m* conservative

konserwatywny *adj* conservative

konserwatyzm *m* conservatism

konserwować *vt* conserve; (*żywność*) preserve

konserwowy *adj* pickled; tinned, canned; *przemysł ~* canning industry

konsolidacja *f* consolidation

konsolidować *vt* consolidate

konspekt *m* draft; conspectus

konspiracja *f* conspiracy, plot

konspirator *m* conspirator

konspirować *vi vt* conspire, plot

konstatować *vt* state, ascertain

konstelacja *f* constellation

konsternacja *f* consternation, dismay

konstrukcja *f* construction

konstrukcyjny *adj* constructional

konstruktor *m* constructor

konstruktywny *adj* constructive

konstruować *vt* construct

konstytucja *f* constitution

konstytucyjny *adj* constitutional

konstytuować *vt* constitute

konsul *m* consul

konsularny *adj* consular

konsulat *m* consulate

konsultacja *f* consultation

konsultant *m* consultant; (*o lekarzu*) consulting physician

konsultować *vt* consult; *~ się vr* consult, confer

konsument *m* consumer

konsumować *vt* consume

konsumpcja *f* consumption

konsumpcyjn|y *adj* consumptive; **towary ~e** consumer goods

konsylium *n sing nieodm. med.* consultation

konsystorz *m* consistory

konszachty *s pl* collusion; **wchodzić w ~** enter into collusion

kontakt *m* contact; **nawiązać ~** contact (**z kimś** sb), come into contact (**z kimś** with sb); **stracić ~** be out of contact

kontaktować *vt vi* bring into contact, contact; **~ się** *vr* be in contact, keep in touch

kontekst *m* context

kontemplacja *f* contemplation

kontener *m* container

kont|o *n* account; **na ~o** on account; **wyciąg z ~a** statement of account; **stan ~a** balance

kontrabanda *f* smuggling, contraband

kontrabas *m muz.* double bass

kontradmirał *m wojsk.* rear admiral

kontrahent *m* contracting party

kontrakt *m* contract (**w sprawie czegoś** for <of> sth); **~ o pracę** contract for work; **~ sprzedaży** contract of sale; **zawrzeć ~** conclude an agreement

kontraktować *vt vi* contract

kontrapunkt *m muz.* counterpoint

kontrargument *m* counterargument

kontrast *m* contrast

kontrastować *vt vi* contrast

kontratak *m* counter-attack

kontrofensywa *f* counteroffensive

kontrola *f* control; **~ paszportowa** passport control; **~ wyrywkowa** spot check

kontroler *m* controller; **~ paszportów** immigration officer

kontrolny *adj*, **punkt ~** checkpoint

kontrolować *vt* control

kontrować *vt* (**w kartach**) double

kontrowersja *f* controversy

kontrowersyjny *adj* controversial

kontrrewolucja *f* counterrevolution

kontrrewolucyjny *adj* counterrevolutionary

kontrtorpedowiec *m mors.* destroyer

kontrwywiad *m* counterespionage, counterintelligence

kontrybucj|a *f* contribution; **nałożyć na kraj ~ę** lay a country under contribution

kontuar *m* counter

kontur *m* outline, contour

kontuzja *f* contusion

kontuzjować *vt med.* contuse

kontynent *m* continent

kontynentalny *adj* continental

kontyngent *m* contingent, quota; (*żołnierzy*) levy

kontynuować *vt* continue

konwalia *f bot.* lily of the valley

konwenans *m* conventionality, convention

konwencja *f* convention

konwencjonalny *adj* conventional

konwent *m* convention, assembly; (*klasztor*) convent

konwersacja *f* conversation

konwersacyjny *adj* conversational

konwojent *m* escort

konwojować *vt* convoy, escort

konwój *m* convoy, escort

konwulsja *f* convulsion

konwulsyjny *adj* convulsive

koń *m* horse; (*w szachach*) knight; **~ gimnastyczny** vaulting-horse; **~ mechaniczny** metric horsepower; **~ pociągowy** draughthorse; **~ wierzchowy** saddlehorse; **~ na biegunach** rockinghorse; **jechać na koniu** go on horseback; **wsiąść na konia** get on horseback; mount a horse;

stawiać na złego konia back the wrong horse

końcow|y *adj* final, eventual; ultimate; terminal; **stacja ~a** terminus

końcówka *f* ending, end; (*np. węża gumowego*) nozzle

kończyć *vt* end, finish, conclude, close; **~ się** *vr* end, come to a close; (*o nauce, szkole*) break up

kończyna *f* limb

kooperacja *f* cooperation

kooperacyjny *adj* cooperative

kooptować *vt* co-opt

koordynacja *f* coordination

koordynować *vt* coordinate

kopa *f* three-score; (*stos*) pile; **~ siana** haystack

kopać *vt* dig; (*nogą*) kick

kopalnia *f* mine; **~ węgla** coal-mine; **~ soli** salt-mine

koparka *f* excavator

koper *m bot.* dill

koperta *f* envelope

kopia 1. *f* (*odbitka*) copy, transcript; (*dzieła sztuki*) replica

kopia 2. *f* (*broń*) lance

kopiarka *f* copier, photocopier, Xeroxing machine, Xerox

kopiec *m* mound; (*mogiła*) tumulus; (*kupa, stos*) pile; **kreci ~** molehill

kopiować *vt* copy

kopniak *m* kick

kopuła *f* cupola, dome

kopyto *n* hoof; (*szewskie*) last

kor|a *f* bark; **odzierać drzewo z ~y** bark the tree; *anat.* **~a mózgowa** cortex

koral *m zool.* coral

koralik *m* bead

Koran *m rel.* the Koran

korba *f* crank

korcić *vt* tempt

kordon *m* cordon; **otaczać ~em** cordon off

Koreańczyk *m* Korean

koreański *adj* Korean

korek *m* cork; *elektr.* fuse; (*w bucie*) lift

korekt|a *f druk.* proof; **~a kolumnowa** page-proof; **robienie ~y** proof-reading; correction

korektor *m* proof-reader

korektura *f* correction

korepetycja *f* private lesson

korepetytor *m* tutor, coach

korespondencja *f* correspondence

korespondent *m* correspondent

korespondować *vi* correspond

korkociąg *m* corkscrew; *lotn.* spin

korkować *vt* cork

kornet 1. *m* (*strój głowy zakonnicy*) coif, cornet

kornet 2. *m muz.* cornet

korniszon *m* gherkin

korodować *vi* corrode

koron|a *f* crown; *dent.* cap; *dent.* **nałożyć ~ę** cap

koronacja *f* coronation

koronka *f* lace

koronować *vt* crown

korowód *m* procession

korozja *f* corrosion

korporacja *f* corporation

korpulentny *adj* corpulent

korpus *m* trunk, body; *wojsk.* corps; **~ dyplomatyczny** diplomatic corps; (*tekst*) corpus

korsarstwo *n* piracy

korsarz *m* pirate

kort *m sport.* (tennis) court

korupcja *f* corruption

korygować *vt* correct

korytarz *m* corridor; hall

koryto *n* trough; (*rzeki*) bed

korze|ń *m* root; **zapuszczać ~nie** take <strike> root

korzyć się *vr* humble oneself

korzystać *vi* profit (**z czegoś** by <from> sth), avail oneself (**z czegoś** of sth), use (**z czegoś** sth), have the use (**z czegoś** of sth)

korzystny *adj* profitable

korzyść *f* profit, advantage; **na ~** to the advantage (**czyjąś** of sb);

in favour of sb; **na moją ~** to my advantage

kos m zool. blackbird

kosa f scythe

kosiarka f (lawn-)mower

kosiarz m mower

kosić vt mow

kosmaty adj shaggy, hairy

kosmetyczka f (torebka) vanity-bag; (kobieta) cosmetician; am. beautician

kosmetyczny adj cosmetic; **gabinet ~** beauty parlour

kosmetyk m cosmetic

kosmetyka f cosmetics

kosmiczny adj cosmic; **przemysł ~** space industry; **prom ~** space shuttle

kosmonauta m cosmonaut

kosmopolita m cosmopolite

kosmopolityzm m cosmopolitism

kosmos m (outer) space

kosmyk m tuft, wisp

kosodrzewina f dwarf mountain pine

kostium m costume; **~ kąpielowy** bathing <swimming> suit; **~ gimnastyczny** gym suit

kostka f small bone; (w grze) die; (u ręki) knuckle; (u nogi) ankle; (sześcian) cube; (brukowa) flagstone; (cukru) lump

kostnica f mortuary; ossuary

kostnieć vi grow stiff

kostny adj osseous

kosz m basket; **~ do śmieci** waste-paper basket, dustbin; (na ulicy) litterbin

koszary s pl barracks

koszerny adj kosher

koszmar m nightmare

koszt m cost, expense; **~em czegoś** at the cost <the expense> of sth; **~y podróży** travelling expenses; **~y utrzymania** living costs

kosztorys m estimate of costs; cost calculation

koszt|ować vt cost; (próbować)

taste; **to mnie ~owało dużo pracy** this cost me a lot of work; **ile to ~uje?** how much does it cost <is it>?

kosztowności pl valuables

kosztowny adj expensive, costly

koszula f shirt; (damska) chemise

koszulka f (podkoszulka) undershirt; T-shirt

koszyk m basket

koszykarz m basket-maker; sport. basketball player

koszykówka f sport. basketball

kościec m skeleton; **~ moralny** backbone

kościelny adj ecclesiastical, church-(rate etc.); s m sexton

kościotrup m skeleton

kościół m church

kościsty adj bony

kość f bone; (do gry) die (pl dice); komp. chip; **~ słoniowa** ivory; przen. **~ niezgody** a bone of contention

koślawy adj deformed; (kulawy) lame; (np. o meblach) rickety

kot m zool. cat; przen. pot. **kupować ~a w worku** buy a pig in a poke

kotara f curtain

kotek m kitten, pussy-cat

koteria f coterie, clique

kotlet m cutlet, chop

kotlina f dell, hollow, valley

kotłować się vr pot. boil, whirl

kotłownia f boiler-room; (na statku) stokehold

kotwic|a f anchor; **podnieść ~ę** weigh anchor; **zarzucić ~ę** cast anchor

kowadło n anvil

kowal m (black)smith

kowboj m cowboy

koza f zool. goat

kozioł m zool. (he-)goat, buck; (u wozu) box; przen. **~ ofiarny** scapegoat

koziołek m zool. (w zabawie i gimnastyce) somersault; **robić <fikać> ~ki** turn somersaults

Koziorożec *m astr. geogr.* (*także znak zodiaku*) Capricorn

kożuch *m* sheepskin (coat)

kółko *n* little wheel; circle; (*rolka*) truckle; (*obręcz do zabawy*) hoop; (*do kluczy itp.*) ring; (*towarzyskie*) circle

kpiarz *m* scoffer

kpić *vi* scoff, mock (**z kogoś, czegoś** at sb, sth)

kpiny *s pl* mockery

kra *f* floe, floating ice

krab *m zool.* crab

krach *m* crash, slump

kraciasty *adj* chequered

kradzież *f* theft; (*w sklepie*) shoplifting

kraina *f* land, region

kraj *m* country, land; home

kraj|ać *vt* cut; (*o mięsie*) carve; **serce mi się ~e** *przen.* my heart bleeds

krajobraz *m* landscape

krajowiec *m* native

krajowy *adj* native; home-made; home; **przemysł <rynek, wyrób> ~** home industry <market, product>

krakers *m* cracker

krakowiak *m* (*taniec*) Cracovienne

krakowianin *m* man of Cracow

kraksa *f* crash, accident; **~ samochodowa** car crash

kram *m* (*stoisko*) booth, stand; *pot.* (*zamieszania*) mess

kran *m* tap, cock; (*żuraw*) crane; **otworzyć <zamknąć> ~** turn on <turn off> the tap <faucet>

kraniec *m* extremity, extreme, border

krańcowość *f* extremism

krańcowy *adj* extreme

krasnoludek *m* brownie

krasomówca *m* orator, rhetorician

krasomówstwo *n* oratory, rhetoric

kraść *vt* steal

krata *f* grate, grating, bars *pl*;

(*drewniana*) lattice; (*deseń*) chequer

krater *m* crater

kratk|a *zob.* **krata**; **materiał w ~ę** chequered cloth

kratkować *vt* chequer

kratować *vt* grate

krawat *m* (neck)tie

krawcowa *f* dressmaker

krawędź *f* edge, verge, border; (*górska*) ridge

krawężnik *m* kerb(-stone), *am.* curb

krawiec *m* tailor, dress-maker

krawiectwo *n* tailoring, dressmaking

krąg *m* circle; ring; disk; **w kręgu przyjaciół** in the circle of friends

krążek *m* disk

krążenie *n* circulation

krążownik *m wojsk.* cruiser

krążyć *vi* circulate, go round; (*o słońcu, planetach*) revolve; (*po orbicie*) orbit; (*po morzu*) cruise; (*wędrować*) ramble

kreacja *f* creation, production

kreatura *f pog.* low creature

kreci *adj* mole, mole's; *przen.* **~a robota** underhand dealings *pl*

kreda *f* chalk

kredens *m* cupboard

kredka *f* crayon; (*szminka*) lipstick

kredyt *m* credit; **na ~** on credit

kredytować *vt* credit, give on credit

krem *m* whipped cream; **~ do golenia** shaving cream

kremacja *f* cremation

krematorium *n* crematory, crematorium

kremowy *adj* cream-coloured

kreować *vt* create; *teatr.* (*role*) act

krepa *f* crape

kres *m* end, term, limit; **położyć ~** put an end (**czemuś** to sth)

kreska *f* stroke; (*myślnik*) dash; (*pochyła*) slash

kreskować *vt* line

kreskówka f (*film rysunkowy*) animated cartoon

kresy s pl borderland, frontier land

kreślarz m draughtsman

kreślić vt draw, sketch

kret m zool. mole

kretowisko n molehill

kretyn m idiot, fool

krew f blood; *rozlew krwi* bloodshed; *puszczać ~* bleed (*komuś* sb); *związki krwi* blood ties; *przelewać ~* spill blood, shed blood; *zachować zimną ~* keep cool; *pełnej krwi* (*rasowy*) thorough-bred; *z zimną krwią* in cold blood; *dawca krwi* blood donor

krewetka f zool. shrimp; prawn

krewki adj sanguine, impetuous

krewny m relative, relation

kręcić vt vi turn, twist, spin; (*włosy*) curl; pot. (*wykręcać się*) use crooked ways, quibble; *~ć nosem na coś* sniff at sth; *~ć się* vr turn; (*wiercić się*) fidget, fuss about; *~ mi się w głowie* my head turns, I feel giddy <dizzy>; *~ć film* shoot a film

kręcony adj twisted; (*o włosach*) curly; (*o schodach*) winding

kręg m anat. vertebra

kręgle s pl ninepins

kręgosłup m anat. spine, spinal column, backbone

kręgowiec m zool. vertebrate

krępować vt (*wiązać*) tie, bind; (*utrudniać*) constrain, hamper; (*żenować*) embarrass, make uneasy; *~ się* vr be embarrassed, feel uneasy (*czymś* about sth)

krępy adj thickset

krętacki adj crooked

krętactwo n crooked ways pl, quibbling

krętacz m quibbler, shuffler

kręty adj winding, tortuous, crooked

krnąbrny adj refractory, intractable

krochmal m starch

krochmalić vt starch

kroczyć vi stride, pace

kroić vt cut

krok m step, pace; *dotrzymywać ~u* keep up (*komuś* with sb); *przedsięwziąć ~i* take steps <measures>; *~ za ~iem* step by step; *na każdym ~u* at every step; *równym ~iem* in step; *nierównym ~iem* out of step; *wielkimi ~ami* by leaps and bounds; *~i wojenne* hostilities

krokodyl m zool. crocodile

krokus m bot. crocus

kromka f slice

kronika f chronicle; *~ filmowa* newsreel

kronikarz m chronicler, annalist

kropić vt vi (be)sprinkle; drip; *~ deszcz* it drizzles

kropidło n sprinkler

kropielnica f font

kropka f point, dot; (*znak przestankowy*) full stop; am. period; *stawiać ~ę nad „i"* dot the "i"; *w ~i* dotted

kropkować vt dot

kropla f drop; *~ w morzu* a drop in the bucket

krosno n, zw. pl *~a* loom

krosta f pimple

krowa f zool. cow; *święta ~* sacred cow

krój m cut; komp. (*znaków*) font

król m king; rel. *Trzej Królowie* The Magi; (*święto*) Epiphany

królestwo n kingdom; *Zjednoczone Królestwo (Wielkiej Brytanii i Irlandii Północnej)* the United Kingdom (of Great Britain and Northern Ireland)

królewicz m king's son, prince royal

królewna f king's daughter, princess royal

królewski adj kingly, royal

królik m zool. rabbit; *~ doświadczalny* guinea-pig

królikarnia f warren

królowa f queen; **~ piękności** beauty queen

królować vi reign (**nad kimś, czymś** over sb, sth)

krótki adj short; (zwięzły, krótkotrwały) brief

krótko adv shortly; (zwięźle) in brief, in short

krótkofalowy adj short-wave attr

krótkofalówka f pot. short-wave set

krótkometrażówka f pot. short subject film

krótkoterminowy adj short-term attr

krótkotrwały adj brief, short-lived attr

krótkowidz m med myope; short-sighted person

krótkowzroczność f med myopia; short-sightedness

krótkowzroczny adj short-sighted

krówka f zool. small cow; **boża ~** ladybird

krtań f anat. larynx

kruchość f fragility, frailty

kruchta f church-porch

kruch|y adj fragile, frail, brittle; (chrupiący) crisp; (o mięsie) tender; **~e ciasto** shortcake, shortbread

krucjata f crusade

krucyfiks m rel. crucifix

kruczek m pot. (wybieg, sztuczka) trick, shift

krucz|y adj raven's; **~e włosy** raven hair

kruk m zool. raven; **biały ~** rarity

krupier m croupier

kruszec m ore

kruszeć vi become brittle; crumble; (o mięsie) become tender

kruszyć vt crush, crumb; **~ się** vr crumble

kruszyna f crumb

krużganek m gallery

krwawić vi, **~ się** vr bleed

krwawy adj sanguinary, bloodthirsty

krwinka f biol. blood corpuscle

krwiobieg m biol. circulation of the blood

krwiodawca m blood-donor

krwionośn|y adj, **naczynie ~e** blood vessel

krwiożerczy adj bloodthirsty

krwisty adj sanguineous, blood-red

krwotok m h(a)emorrhage

kry|ć vt (pokrywać) cover; (ukrywać) hide, conceal; **~ć się** vr hide; **za tymi słowami coś się ~je** there is sth behind these words

kryjówka f hiding-place

kryminalista m criminal

kryminalny adj criminal

kryminał m detective story, pot. whodunit; (więzienie) jail

krynica f poet. spring, fount

krynolina f crinoline

krypta f vault

kryptonim m cryptonym, code name

krystaliczny adj crystalline

krystalizować vt, **~ się** vr crystallize

kryształ m crystal

kryterium n criterion

krytycyzm m criticism

krytyczny adj critical

krytyk m critic

krytyka f criticism, critique; (recenzja) review

krytykować vt criticize; (recenzować) review

kryza f ruff, frills

kryzys m crisis

krzaczasty adj bushy

krzak m bot. bush, shrub

krzątać się vr busy oneself, bustle (**koło czegoś** about sth)

krzątanina f bustle

krzem m chem. silicon

krzemień m flint

krzemionka f silica

krzepić vt refresh, strengthen

krzepki adj vigorous

krzepnąć vi solidify; (np. o krwi)

coagulate; (*mężnieć*) become vigorous

krzesło *n* chair

krzew *m bot.* shrub

krzewić *vt* spread, propagate; **~ się** *vr* multiply

krzt|a *f*, **ani ~y** not a whit

krztusić się *vr* choke, stifle

krzyczący *adj* clamorous; (*o kolorze*) glaring, loud; (*o niesprawiedliwości*) burning, gross

krzyczeć *vi* shout (**na kogoś** at sb); cry, shriek; **~ z bólu** shout with pain; **~ z radości** shout for joy

krzyk *m* cry, scream, shriek

krzykacz *m* crier, bawler

krzykliwy *adj* noisy

krzywd|a *f* wrong, harm, prejudice; **wyrządzić ~ę** wrong, do harm <wrong> (**komuś** sb); **z moją ~ą** to my prejudice; *prawn.* **spotkała mnie ~a** a harm has come to me

krzywdzący *adj* prejudicial, harmful, injurious (**dla kogoś, czegoś** to sb, sth)

krzywdzić *vt* wrong, harm, do wrong <harm>

krzywica *f med.* rickets, rachitis

krzywić *vt* crook, bend; **~ się** *vr* make a wry face (**na kogoś, na coś** at sb, sth)

krzywo *adv* awry; (*pisać*) aslant, slantwise; (*patrzeć*) askance

krzywoprzysięgać *vt* perjure oneself

krzywoprzysięstwo *n* perjury

krzywoprzysięzca *m* perjurer

krzyw|a *s f mat.* (*linia*) curve; **~y** *adj* crooked; (*o minie, uśmiechu itp.*) wry

krzyż *m także rel.* cross; **Czerwony Krzyż** Red Cross

krzyżacki *adj*, **zakon ~** Teutonic Order

Krzyżak *m* Teutonic Knight, Knight of the Cross

krzyżować *vt* (*układać na krzyż*)

krzyżowiec *m hist.* crusader

krzyżow|y *adj* cross, crossed, cross-shaped; *wojsk.* **ogień ~y** cross-fire; *hist.* **wojna ~a** crusade; *przen.* **~y ogień pytań** cross-questions; **badanie w ~ym ogniu pytań** cross-examination

krzyżówka *f* crossword puzzle

krzyżyk *m* small cross, crosslet; *muz.* sharp

ksenofobia *f* xenophobia

kserograf *m* Xeroxing machine, Xerox, photocopier

kserować *vt* Xerox

ksiądz *m* priest, clergyman

książeczka *f* booklet; **~ oszczędnościowa** savings-bank book; **~ czekowa** cheque-book

książę *m* prince, duke

książęcy *adj* princely, ducal

książka *f* book; **~ szkolna** school-book; **~ w miękkiej oprawie** paperback; **~ z obrazkami** picture-book; **~ teleadresowa** *pot.* yellow pages

księga *f* book; (*urzędowa, rejestracyjna*) register; (*główna w księgowości*) ledger; **~ pamiątkowa** visitors' book

księgarnia *f* bookseller's shop, bookshop, *am.* bookstore

księgarz *m* bookseller

księgować *vt* enter, book

księgowość *m* accountancy, accounting, bookkeeping

księgowy *m* accountant, bookkeeper

księgozbiór *m* library, collection of books

księstwo *n* duchy, principality

księżna, księżniczka *f* duchess, princess

księżyc *m* moon; **przy świetle ~a** by moonlight; **spaść z ~a** drop from the Moon

ksylofon *m muz.* xylophone

kształcący *adj* instructive

kształcić *vt* educate, instruct

kształt m form, shape
kształtny adj shapely
kształtować vt form, shape
kto pron who; przypadki dzierżawcze **czyj** (**czyja, czyje**) whose; przypadki zależne **kogo** (**komu, kim**) who, whom; **~ inny** who else; somebody else; **~ bądź** anybody, anyone
ktokolwiek pron zob. **kto bądź** zob. **kto**
ktoś pron somebody, someone; **~ inny** somebody else
którędy pron which way
który pron who, which, that; **~ bądź** (z dwojga) either
którykolwiek pron any, whichever; whatever
któryś pron some
ku praep towards, to
Kubańczyk m Cuban
kubański adj Cuban
kubatura f cubature, cubic volume
kubek m mug, cup
kubeł m pail, bucket; **~ na śmiecie** dustbin; am. trash can
kubizm m cubism
kucharka f cook
kucharski adj culinary; **książka ~a** cookery-book
kucharz m cook
kuchenka f (urządzenie) cooker, range; **~ mikrofalowa** microwave (oven)
kuchnia f (pomieszczenie) kitchen; (urządzenie do gotowania) stove, range; (jakość potraw) cuisine, cooking; **dobra ~** good cooking
kucnąć vi squat down
kucyk m pony
kuć vt forge, hammer; (konia) shoe; vi pot. (uczyć się na pamięć) cram
kudłaty adj shaggy
kufel m (beer-)mug, tankard
kufer m box, trunk, chest
kuglarstwo n jugglery
kuglarz m juggler

kukiełka f puppet
kukiełkowy adj, **teatr ~** puppet-show
kukła f puppet
kukułka f zool. cuckoo
kukurydza f bot. bryt. maize; am. corn
kul|a f ball; (rewolwerowa itp.) bullet; (geometryczna) sphere; (proteza) crutch; (do gry) bowl; **~a śnieżna** snowball; **~a ziemska** globe; **pchnięcie ~ą** sport shot put
kulawy adj lame
kuleć vi limp, hobble
kulić się vr cower, squat
kulig m sleighing party
kulinarny adj culinary
kulisty adj spherical, round
kulis|y s pl teatr. scenes; wings; przen. **za ~ami** behind the scenes
kulka f small ball, globule; (z papieru, chleba) pellet
kulminacyjny adj, **punkt ~** culminating point, climax
kult m cult, worship
kultur|a f culture, civilization; (uprawa) cultivation; **~a masowa** mass <popular> culture
kulturalny adj cultural, civilized; (o umyśle, manierach) cultured
kulturysta m body-builder; muscleman
kultywować vt cultivate
kuluary m pl lobbies; corridors
kumkać vi croak
kumoterstwo n favouritism, backing for family reasons; przen. log-rolling
kumpel m pot. pal
kumulacja f cumulation
kumulować vt, **~ się** vr cumulate
kuna f zool. marten
kundel m cur, mongrel
kunktator m cunctator
kunszt m art
kunsztowny adj artful, artistic
kup|a f heap, pile; **składać na ~ę** heap up; przen. **wziąć się do ~y** pull oneself together

kupić vt zob. **kupować**

kupiec m merchant, tradesman, dealer; (drobny handlarz) shop-keeper

kuplet m cabaret song; (dwuwiersz) couplet

kupn|o m purchase; bargain; **siła ~a** purchasing power

kupon m coupon

kupować vt buy, purchase; ~ **na raty** buy in <by> instalments; ~ **kota w worku** buy a pig in a poke

kura f zool. hen

kuracja f cure, treatment

kuracjusz m patient; (np. w uzdrowisku) visitor

kuracyjn|y adj curative; **miejscowość ~a** health-resort

kuratela f guardianship, trusteeship

kurator m trustee; guardian, curator

kuratorium n board of trustees; school-board

kurcz m med. cramp, spasm

kurczak n zool. chicken

kurczowo adv spasmodically

kurczowy adj spasmodic

kurczyć vt, ~ **się** vr shrink; fiz. contract

kurek m cock; (kran) tap; (na wieży) weather-cock

kurhan m tumulus, barrow

kuria f curia

kurier m courier

kuriozum n curiosity

kuropatwa f zool. partridge

kurować vt treat, cure (na daną chorobę for a disease)

kurs m course; ~ **walutowy** rate of exchange; **zapisać się na ~** enrol for a course

kursor m komp. cursor

kursować vi run, circulate

kursywa f italics

kurtka f jacket; bomber jacket; baseball jacket

kurtuazja f courtesy

kurtuazyjny adj courteous

kurtyna f curtain

kurwa f wulg. whore; hooker, hustler, slut; int (przekleństwo) fuck (it)!

kurz m dust

kurzawa f dust-storm

kurzyć vi raise dust; ~ **się** vr be <get> dusty; (dymić się) smoke, reek

kusiciel m tempter, seducer

kusić vt tempt; ~ **się** vr seek to obtain, attempt

kustosz m custodian, trustee

kusza f cross-bow

kuśnierz m furrier

kutas m wulg. cock, prick

kuter m mors. cutter

kuzyn m cousin

kuźnia f forge, smithy

kwadra f astr. quarter

kwadrans m a quarter (of an hour)

kwadrat m square

kwadratow|y adj square; **liczba ~a** square number; **5 stóp ~ych** 5 square feet

kwakać vi quack

kwakier m Quaker

kwalifikacja f qualification

kwalifikować vt qualify; ~ **się** vr be qualified, qualify (**do czegoś** for sth)

kwalifikowany adj (o pracowniku) skilled

kwapić się vr be eager (**do czegoś** for, after sth; to do sth)

kwarantanna f quarantine

kwarc m miner. quartz

kwartalnie adv quarterly

kwartalnik m quarterly

kwartalny adj quarterly

kwartał m quarter

kwartet m muz. quartet

kwas m acid; (zaczyn) leaven; pl ~**y** (w żołądku) acidity; przen. (niezadowolenie, dąsy) ill-humour

kwasić vt sour; ferment; (np. ogórki) pickle

kwaskowaty adj sourish, acidulous

kwasota *f* acidity
kwaszony *adj*, **kapusta ~a** sauerkraut
kwaśnieć *vi* sour, become sour
kwaśn|y *adj* sour, acid; **~a mina** a long <wry> face; **zbić kogoś na ~e jabłko** beat sb black and blue
kwatera *f* lodging; *wojsk.* billet; **~ główna** headquarters *pl*
kwatermistrz *m* quartermaster
kwaterować *vt* quarter; *wojsk.* billet; *vi* be quartered <billeted>
kwaterunek *m* quartering; *wojsk.* billeting
kwesta *m* collection
kwestarz *m* collector
kwesti|a *f* question; **~a gustu** matter of taste; **to nie ulega ~i** there is no doubt about it, it's beyond doubt
kwestionariusz *m* inquiry-sheet, questionnaire
kwestionować *vt* question, call in question
kwestor *m* bursar
kwestować *vi* collect (money)
kwestura *f* bursary

kwiaciarka *f* florist; (*uliczna*) flower-girl
kwiaciarnia *f* florist shop
kwiat *m* flower; (*drzewa owocowego*) blossom; *przen.* **w kwiecie wieku** in the prime of life
kwiczeć *vi* squeak
kwiecień *m* April
kwiecisty *adj* flowery; (*o stylu*) florid
kwietnik *m* flower-bed
kwik *m* squeak
kwilić *vi* whimper
kwintesencja *f* (quint)essence
kwintet *m* quintet
kwit *m* receipt; **~ bagażowy** check; **~ celny** certificate of clearance; **~ zastawny** pawn-ticket
kwitariusz *m* receipt-book
kwitnąć *vi* bloom, blossom, flower; *przen.* flourish
kwitować *vt* receipt; **~ odbiór przesyłki** acknowledge the receipt of a parcel
kwoka *f* sitting hen
kworum *n nieodm.* quorum
kwota *f* (sum) total, amount

L

labirynt *m* labyrinth, maze
laborant *m* laboratory assistant
laboratorium *n* laboratory, lab
laboratoryjny *adj* laboratory
lać *vt vi* (*nalewać*) pour; (*odlewać np. metal*) cast; **deszcz leje** it is pouring; **~ się** *vr* pour; (*strumieniem*) gush, flow, stream; **krew się leje** blood is being shed; **pot leje mu się z czoła** sweat trickles from his brow
lada 1. *f* chest, box; (*stół sklepowy*) counter; **~ chłodnicza** refrigerated counter
lada 2. *part.* any, whatever; **~**

chwila any minute; **~ dzień** any day; **~ kto** anybody; **to zawodnik nie ~** he is far from being an average competitor
laguna *f* lagoon
laik *m* layperson; layman
lak *m* sealing wax
lakier *m* varnish, nail polish; lacquer; enamel
lakierki *s pl* patent leather shoes
lakierować *vt* varnish, lacquer
lakmus *m chem.* litmus
lakoniczny *adj* laconic
lakować *vt* seal
lalka *f* doll

lament m lament, lamentation

lamentować vi lament (**nad kimś, czymś** for, over sb, sth)

lamować vt border

lamówka f border; (do ubrań) lace

lamp|a f lamp; **~ka wina** glass of wine

lampart m leopard

lampas m (trouser-)galloon

lampion m lampion, Chinese lantern

lanca f lance

lancet m lancet

landrynka f fruit drop

lanie n pouring; (odlewanie) casting; pot. (bicie) good thrashing, flogging

lanolina f lanolin

lansować vt promote; launch

lapidarny adj pointed, concise

lapsus m slip of the tongue; lapse

larwa f zool. larva

laryngolog m laryngologist, ENT specialist

las m wood(s), forest; **dziewiczy ~** virgin forest; **~ tropikalny** rainforest

laseczka f wand, (small) stick

lasek m grove

laser m laser

laserow|y adj, **drukarka ~a** laser printer

lask|a f (walking) stick, cane; **~a marszałkowska** speaker's staff; bryt. mace; **złożyć wniosek do ~i marszałkowskiej** table a motion

laskowy adj, **orzech ~** hazel-nut

lasować vt slake

latać vi fly; (biegać) run about

latarka f lantern; **~ elektryczna** (electric) torch, flashlight

latarnia f lantern, lamp; **~ morska** lighthouse; **~ projekcyjna** projection lantern

latarnik m lighthouse-keeper

lataw|iec m kite; **puszczać ~ca** fly a kite

lato n summer; **babie ~** (okres) Indian summer; (pajęczyna) gossamer

latorośl f shoot, offshoot; przen. offspring; **winna ~** (grape-)vine

laufer m (w szachach) bishop

laur m laurel

laureat m laureate, prize-winner; **~ nagrody Nobla** Nobel-Prize winner

lawa f lava

lawenda f bot. lavender

laweta f gun-carriage

lawina f avalanche, slide

lawirować vi mors. tack, beat about; przen. veer

lazur m azure, sky-blue

ląd m land; **~ stały** continent; **~em** by land

lądować vi land

lądowisko n lotn. landing-ground

lecieć vi fly; (pędzić) run, hurry; (o czasie) pass, slip away; **~ z góry** fall down

lecz conj but, still

leczeni|e n treatment; therapy; **~e szpitalne** hospitalization; **poddać się ~u** try a cure, follow a course of treatment; **~e się** cure

lecznica f clinic, hospital, nursing home

lecznictwo n therapeutics; health service

leczniczy adj medicinal; **środek ~** medicine

leczyć vt treat (**kogoś na coś** sb for sth); cure (**kogoś z czegoś** sb of sth); (goić) heal; **~ się** vr undergo a treatment, take a cure

ledwie, ledwo adv hardly, scarcely; **~ dyszy** he can hardly breathe; **~ nie umarł** he nearly died; conj no sooner... than...; **~ wyszliśmy, zaczęło padać** no sooner had we left than it started to rain

legalizować vt legalize

legalny adj legal, rightful

legat m (zapis) legacy, bequest; (papieski) nuncio, legate

legawiec *m* pointer; (*długowłosy*) setter
legenda *f* legend
legendarny *adj* legendary
legia *f* legion; **~ cudzoziemska** foreign legion
legion *m* legion
legionista *m* legionary
legitymacja *f* identity card, ID; certificate; (*członkowska*) membership card
legitymować *vt* identify, establish sb's identity; **~ się** *vr* prove one's identity
legowisko *n* couch, bed; (*dzikich zwierząt*) lair
legumina *f* pudding
lej *m* funnel; (*w ziemi*) crater
lejce *s pl* reins
lejek *m* funnel
lek *m* medicine, cure; remedy; **~ uniwersalny** panacea
lekarski *adj* medical; **wydział ~** faculty of medicine
lekarstwo *n* med. medicine, remedy; **zażyć ~** take a medicine
lekarz *m med.* physician, doctor; **~ ogólnie praktykujący** general practitioner; **~ wojskowy** army surgeon
lekceważący *adj* disregardful, disdainful
lekceważenie *n* neglect, disregard, disdain, slight(ing)
lekceważyć *vt* neglect, disregard, disdain, slight; **~ obowiązki** neglect one's duties
lekcj|a *f* lesson; **brać ~e angielskiego** take English lessons; **udzielać ~i angielskiego** give English lessons; **odrabiać ~e** do one's lessons
lekk|i *adj* light; *sport* (*w boksie*) **waga ~a** light weight
lekkoatleta *m sport* athlete
lekkoatletyka *f sport* athletics
lekkomyślność *f* lightmindedness, recklessness
lekkomyślny *adj* light-minded, reckless

lekkostrawny *adj* light (*dish*)
lekkość *f* lightness; (*łatwość*) easiness
leksykografia *f* lexicography
leksykon *m* lexicon
lektor *m* lector, reader; (*prowadzący lektorat*) teacher
lektorium *n* reading-room
lektur|a *f* (*czytanie*) reading; (*materiał do czytania*) reading-matter; **spis ~y** reading list
lemiesz *m* ploughshare
lemoniada *f* lemonade
len *m bot.* flax
lenić się *vr* laze, idle
lenistwo *n* idleness, laziness
leniuch *m* lazybones, idler, sluggard
leniuchować *vi* laze, idle one's time away
leniwiec *m zool.* sloth
leniwy *adj* idle, lazy
leń *m* lazybones, idler
lep *m* glue; **~ na muchy** fly-paper
lepianka *f* shanty
lepić *vt* glue, stick; **~ z gliny** loam, make of loam; **~ się** *vr* stick, be sticky
lepiej *adv comp* better; **tym ~** all the better, so much the better; **~ byś poszedł sobie** you had better go
lepki *adj* sticky; (*przylepny*) adhesive
lepszy *adj comp* better; **kto pierwszy, ten ~** first come, first served
lesbijka *f* lesbian
lesisty *adj* wooded, woody
leszcz *m zool.* bream
leszczyna *f bot.* hazel
leśnictwo *n* forestry, forest district
leśniczówka *f* forester's cottage <lodge>
leśniczy, leśnik *m* forester
leśny *adj* forest-(*law etc.*); wood-(*nymph etc.*)
letarg *m med.* lethargy; *przen.* torpor

letni *adj* (*niegorący*) tepid, lukewarm; *attr* (*dotyczący lata*) summer

letnisko *n* health-resort, summer-resort

leukocyt *m biol.* leukocyte

lew *m* lion; (*znak zodiaku*) Leo

lew|a *f* (*w kartach*) trick; **wziąć ~ę** take <win> a trick

lewar *m* lever; (*hydrauliczny*) siphon

lewatywa *f med.* enema

lewica *f* left hand <side>; *polit.* the left, left wing

lewicowiec *m* leftist

lewkonia *f bot.* stock

leworęczny *adj* left-handed

lewostronny *adj* left-sided

lew|o *adv*, **na ~o** on the left, to the left; **~y** *adj* left; **~a strona** wrong side; **na ~ą stronę** inside out; (*monety*) reverse

leźć *vi pot.* (*wspinać się*) climb, creep upwards; (*wlec się*) drag (oneself) along, shuffle

leżak *m* folding-chair, deck-chair

leż|e *n* lodging, resting-place; *wojsk.* camp, quarters *pl*; **~ zimowe** winter-quarters *pl*

leżeć *vi* lie; (*znajdować się*) be placed, be situated; (*o ubraniu*) **dobrze ~** sit <fit> well; **źle ~** sit <fit> badly

lędźwie *s pl* loins

lęgnąć się *vr* come out of the shell, hatch

lęk *m* fear; (*groza*) awe

lękać się *vr* (**o kogoś, coś** for sb, sth), be anxious (**o kogoś, coś** about sb, sth), be afraid (**kogoś, czegoś** of sb, sth)

lękliwy *adj* timid

lgnąć *vi* adhere, stick; *przen.* cling, be attached

libacja *f* drinking bout

liberalizm *m* liberalism

liberalny *adj* liberal

liberał *m* liberal

liberia *f* livery

libertyn *m* libertine

libretto *n* libretto

licencja *f* licence

liceum *n* secondary <grammar> school

lich|o *n* evil; *pot.* **co u ~a!** what the devil <deuce>!

lichtarz *m* candlestick

lichwa *f* usury

lichwiarz *m* usurer; loan shark

lichy *adj* poor, mean, miserable, shabby

lic|ować *vi* harmonize (**z czymś** with sth), become (**z kimś, czymś** sb, sth); **to nie ~uje z tobą** it does not become you

licytacj|a *f* auction; (*w brydżu*) bid; **oddać na ~ę** put up to auction; **sprzedać na ~i** sell by auction

licytator *m* auctioneer

licytować *vt* sell by auction, put to auction; (*w brydżu*) bid

liczba *f* number; figure; *gram.* **~ pojedyncza** <**mnoga**> singular <plural> (number); *mat.* **~ wymierna** rational number; **szczęśliwa ~** lucky number

liczbowy *adj* numerical

licznie *adv* numerically, in number

liczebnik *m gram.* numeral, number

liczebny *adj* numerous; numerical

liczeni|e *n* calculation; counting, computation; **maszyna do ~a** calculating machine, calculator

licznik *m mat.* numerator; (*automat*) counter, meter; **~ elektryczny** electrometer; **~ gazowy** gas-meter; **~ w taksówce** taximeter

liczny *adj* numerous

liczy|ć *vt* (*obliczać*) count, reckon, compute; (*wynosić*) number, count; (*podawać cenę*) charge; **~ć na kogoś** depend <rely> on <upon> sb; **klasa ~ 20 uczniów** the class numbers 20 pupils; **on ~ sobie około 60 lat** he may be some 60 years old; **~ć się** *vr* count; **to się nie ~** that does not count; **~ć się z kimś, czymś** take sb, sth into account; **on się nie ~ z pieniędzmi** he doesn't count every penny

liczydło *n* abacus

lider *m* leader

liga *f* league

lignina *f* lignin

likier *m* liqueur

likwidacja *f* liquidation

likwidować *vt* liquidate, wind up

lila *adj nieodm.* lilac, pale violet

lilia *f bot.* lily

liliowy *adj* lily *attr*, lily-white; pale violet

limfa *f biol.* lymph

limfatyczny *adj* lymphatic

limit *m* limit

limuzyna *f* limousine

lin *m zool.* tench

lina *f* rope, line, cord

lincz *m* lynch law

linczować *vt* lynch

lingwista *m* linguist

lingwistyka *f* linguistics

lini|**a** *f* line; *(liniał)* rule, ruler; **~a ciągła** solid line; **~a przerywana** broken line; **cienkie ~e** *(na papierze)* faint lines; **~a autobusowa <kolejowa>** bus <railway> line; **~a lotnicza** air-line

linieć, lenieć *vi* moult, shed one's hair; *(o gadach)* slough

linijka *f (liniał)* ruler; *(wiersz)* line

liniowa|**ć** *vt* rule, line; *(o papierze)* **cienko ~ny** ruled <lined> faint

liniow|**y** *adj wojsk. mors.* line *attr*, of the line; **pułk ~y** line regiment; **oddziały ~e** troops of the line; **okręt ~y** *(pasażerski)* liner; *(wojskowy)* ship of the line

linoleum *n nieodm.* linoleum

linoskoczek *m* rope-dancer

linotyp *m druk.* linotype

linow|**y** *adj*, **kolejka ~a** funicular <cable> railway

lipa *f bot.* lime, linden; *przen. pot.* humbug

lipiec *m* July

lira *f muz.* lyre

liryczny *adj* lyrical

liryka *f* lyric poetry; lyrics

lis *m zool.* fox

list *m* letter; **~ polecony** registered letter; **~y uwierzytelniające** credentials; **~ ekspresowy** express <special delivery> letter; **~ polecający** letter of introduction <recommendation>

lista *f* list, register; **~ obecności** attendance record; **~ płacy** payroll, pay-sheet; **~ zmarłych** death-roll; **~ oczekujących** waiting list

listek *m* leaflet

listonosz *m* postman

listopad *m* November

listownie *adv* by letter, in writing

listowy *adj*, **papier ~** letter-paper, note-paper

listwa *f* fillet, batten; *(mała, cienka)* slat

liszaj *m med.* herpes

liszka *f (gąsienica)* caterpillar

liściasty *adj* leafy

liść *m* leaf

litania *f* litany

litera *f* letter; **wielka ~** capital letter

literacki *adj* literary

literalny *adj* literal

literat *m* man of letters, literary man

literatura *f* literature; **~ piękna** belles-lettres

literować *vt* spell

litewski *adj* Lithuanian

litografia *f* lithography

litościwy *adj* merciful

litość *f* mercy, pity; **na ~ Boską!** for heaven's <God's> sake!

litować się *vr* take pity **(nad kimś** on sb); feel sorry for; have mercy on

litr *m* litre

liturgia *f* liturgy

liturgiczny adj liturgical
Litwin m Lithuanian
lity adj massive, solid; (lany) molten, cast
lizać vt lick; pot. **liznął trochę angielskiego** he has a smattering of English
lizak m lollipop, am. też sucker
lizol m chem. Lysol
lizus m pot. toady
lnian|y adj linen; **siemię ~e** linseed; **płótno ~e** linen
loch m dungeon
lodołamacz m ice-breaker
lodowaty adj glacial, icy
lodowiec m glacier
lodowisko n ice field; (tor łyżwiarski) skating-rink
lodow|y adj ice attr, glacial; geol. **epoka ~a** Ice Age; **góra ~a** iceberg
lodówka f refrigerator, ice-box, pot. fridge
lody s pl ice-cream
lodziarz m iceman
logarytm m mat. logarithm
logiczny adj logical
logika f logic
logistyka f logistics
logo n logo
lojalność f loyalty
lojalny adj loyal
lok m lock
lokaj m lackey; manservant
lokal m premises pl, place, room(s), apartment(s); **~ rozrywkowy** place of entertainment; **nocny ~** night-club
lokalizować vt localize, locate
lokalny adj local
lokata f investment
lokator m tenant, lodger
lokaut m lockout
lokomotywa f (railway-)engine; am. locomotive
lokować vt place, locate; (inwestować) invest
lombard m pawnshop
londyńczyk m Londoner
lont m fuse

lora f lorry
lord m lord
lornetka f binoculars; (polowa) field-glasses pl; (teatralna) opera-glasses pl
los m lot, fate; (na loterii) lottery-ticket; (wygrana na loterii) prize; **ciągnąć <rzucać> ~y** draw <cast> lots; **na ~ szczęścia** at a venture, at hazard; **zdać się na ~ szczęścia** chance one's luck
losować vi draw lots
losowanie n drawing of lots, lottery-drawing
lot m flight; **~ czarterowy** charter flight; **widok z ~u ptaka** bird's eye view; **~ odwołany <opóźniony>** flight cancelled <delayed>
loteri|a f lottery; **wygrana na ~i** prize
lotka f zool. pinion; lotn. aileron
lotnia f hang glider
lotnictwo n aviation, aircraft; air force; **~ wojskowe** Air Force; (w Anglii) Royal Air Force
lotnicz|y adj, **baza ~a** air-base; **linia ~a** air-line, airway; **poczta ~a** air-mail
lotnik m airman, flyer, flier
lotnisko n (cywilne) airport
lotniskowiec m aircraft carrier
lotny adj quick, bright; chem. volatile; wojsk. **~ oddział** flying squad; **piasek ~** quick <shifting> sand
lotos m bot. lotus
loża f teatr box; (masońska) lodge
lód m ice; **przełamać pierwsze lody** break the ice
lśniący adj brilliant, lustrous, shiny
lśnić vi shine, glitter
lub conj or
lubić vt like, be fond of, have a liking for; (bardzo) love; **nie ~** dislike
lubieżny adj lewd, voluptuous
lubować się vr take pleasure, delight (w czymś in sth)

łamacz

lud m people, folk
ludność f population
ludny adj populous
ludobójca m genocide
ludobójstwo n genocide
ludow|y adj people's attr; popular; **pieśń ~a** folk song; **stronnictwo ~e** peasant party
ludożerca m cannibal, man-eater
ludzie s pl people, persons
ludzki adj human; (humanitarny) humane; **ród ~** mankind
ludzkość f mankind; (człowieczeństwo) humanity; human nature
luf|a f barrel; **otwór ~y** muzzle
lufcik m vent(-hole)
luk m mors. scuttle, hatch; (okienko) porthole
luka f gap, breach
lukier m sugar-icing
lukratywny adj lucrative
luksus m luxury
luksusow|y adj luxury attr, luxurious; pl **artykuły ~e** fancy articles, articles of luxury
lunatyk m sleep-walker

lunąć vi (o deszczu) come down in a torrent; pot. (uderzyć) slap, hit
luneta f telescope
lupa f magnifying glass
lura f pot. slops; wish-wash
lusterko m pocket-glass, hand-glass; **~ wsteczne** rear-view mirror
lustracja f inspection, survey; review
lustro n mirror, looking-glass
lustrować vt review, pass in review; inspect, survey
luteranin m Lutheran
lutnia f muz. lute
lutować vt solder
luty m February
luz m margin; play; (swoboda) leeway; **~em** loosely; separately; **być na luzie** feel <be> relaxed
luzować vt replace, relay; wojsk. relieve
luźny adj loose
lwi adj lion's, leonine; **~a część** lion's share
lżyć vi insult, abuse (**kogoś** sb)

Ł

łabędź m swan; przen. **~dzi śpiew** swan song
łachman m rag, tatter
łacina f Latin
ład m order
ładny adj pretty, good-looking, fair; nice; neat
ładować vt load, charge
ładunek m load; (okrętowy) cargo; (kolejowy) freight; (nabój) cartridge; (elektryczny) charge; (wybuchowy) blast
łagodnieć vi become mild, soften
łagodność f mildness, softness
łagodny adj mild, soft, gentle
łagodząc|y adj soothing; alleviat-

ing; **okoliczności ~e** extenuating circumstances
łagodzić vt appease, alleviate, soothe, mitigate
łajdacki adj roguish, villainous
łajdactwo n villainy
łajdak m villain, scoundrel, rascal
łaknąć vi be hungry; (pożądać) be desirous (**czegoś** of sth)
łakomić się vr covet (**na coś** sth)
łakomstwo n greediness, gluttony
łakomy adj greedy (**na coś** for sth)
łamacz m breaker; mors. **~ fal**

breakwater; **~ lodów** icebreaker

łamać vt break; **~ głowę** rack one's brains (**nad czymś** about sth); **~ słowo** break one's word; **~ się** vr break

łamigłówka f puzzle, riddle, poser

łamistrajk m strike-breaker

łamliwy adj brittle, fragile

łania f zool. hind

łańcuch m chain; **~ gór** mountain range

łańcuchow|y adj, **most ~y** chain bridge; chem. **reakcja ~a** chain reaction

łańcuszek m little chain; (u zegarka) watch-chain

łapa f paw

łapać vt catch, seize; **~ kogoś za słówka** catch sb in his words; **~ za coś** catch hold of sth

łapanka f round-up; raid

łapczywość f greed

łapczywy adj greedy (**na coś** for, of sth)

łapka 1. f little paw

łapka 2. f (pułapka) trap; **~ na myszy** mouse-trap

łapownictwo n bribery

łapówk|a f bribe; **dać ~ę** bribe

łasica f zool. weasel

łasić się vr fawn (**do kogoś** on, upon sb)

łas|ka f grace, favour; **akt ~ki** act of grace; **na ~ce** at the mercy; **w drodze ~ki** as a favour

łaskawość f kindness, graciousness

łaskaw|y adj kind (**dla kogoś** to sb); gracious; **bądź ~ to zrobić** be so kind as to do it

łaskotać vt tickle

łaskotki s pl tickling

łasy adj greedy (**na coś** for sth)

łata f patch

łatać vt patch, piece together

łatanina f pot. patch-work

łatwopalny adj inflammable; am. flammable

łatwość f easiness, ease, facility

łatwowierność f credulity

łatwowierny adj credulous

łatwy adj easy; **~ w obsłudze** easy to handle <operate>

ław|a f bench; **~a przysięgłych** jury; **kolega z ~y szkolnej** schoolmate

ławica f bank; **~ ryb** shoal of fish

ławka f bench; (kościelna) pew; (szkolna) desk

ławnik m alderman

łazić vi crawl, tramp, loaf; **~ po drzewach** climb trees

łazienka f bathroom

łazik m pot. tramp, vagabond

łaźnia f vapour-bath

łączący adj binding, joining; gram. **tryb ~** subjunctive mood

łącznie adv together, along with

łącznik m link; wojsk. liaison officer; gram. hyphen

łącznoś|ć f communication; connection, connection, contact, union; **służba ~ci** signal-service; wojsk. **oficer ~ci** signal officer

łączn|y adj joint; **~a suma** sum total

łącz|yć vt join, unite, connect, link; associate; **~ się** vr unite, combine; (w liście) **~ę pozdrowienia** yours truly <sincerely>

łąka f meadow

łeb m pot. pate; **na ~, na szyję** headlong, head over heels; **brać się za łby** come to blows

łechtać f tickle

łęk m saddle-bow

łgać vi lie, tell lies

łgarstwo n lie

łkać vi sob

łobuz m urchin; rogue, villain; bastard

łobuzerstwo n petty villainy; knavery

łodyga f stalk, stem

łok|ieć m elbow; **trącać ~ciem** elbow

łom m crowbar; (złodziejski) jemmy; am. jimmy

łomot m crack, din

łono n bosom; womb; lap

łopata f spade, shovel

łopatka f little shovel, spatula; *anat.* shoulder-blade

łopotać vi flap <flutter> (**skrzydłami, żaglami** the wings, the sails)

łoskot m crash, crack, din

łosoś m *zool.* salmon

łoś m *zool.* elk

łotewski adj Latvian; Lettish

łotr m rascal, scoundrel; criminal

Łotysz m Latvian

łowca m hunter

łowczy adj hunting; **pies ~** hound; s m huntsman, master of the chase

łowić vt catch; **~ ryby** fish; (*na wędkę*) angle

łowiectwo n hunting

łowisko n fishery

łowy s pl hunting, chase

łoza s bot. sallow

łoże n bed; **~ małżeńskie** marriage-bed; **~ śmierci** death-bed

łożyć vt lay out; vi (*ponosić koszty*) bear expenses

łożysko n bed; *techn.* bearing; **~ kulkowe** ball-bearing; **~ rzeki** river-bed

łódka f mors. (small) boat

łódź f mors. boat; **~ podwodna** submarine

łój m tallow; (*barani itp.*) suet

łóżeczko n cot

łóżko n bed; (*bez materaca i pościeli*) bedstead; **leżeć w ~u** (*chorować*) keep to one's bed; **położyć się do ~a** go to bed; **słać ~o** make the bed

łubin m bot. lupine

łucznictwo n archery

łucznik m archer

łudzący adj delusive; deceptive

łudzenie się n delusion

łudzić vt delude; **~ się** vr be deluded, deceive oneself

łuk m bow; *arch.* (*sklepienie*) arch; *mat. fiz. elektr.* arc

łukow|y adj, elektr. **lampa ~a** arc lamp; **światło ~e** arc-light

łuna f glow

łup m booty, spoil; **paść ~em** fall a prey (**kogoś, czegoś** to sb, sth)

łupać vt split, cleave; chip

łupek m miner. slate

łupić vt plunder, loot

łupież m dandruff

łupieżca m plunderer, looter

łupina f peel, hull, husk, shell

łuska f (*ryby*) scale; (*owocu*) husk; (*orzecha, grochu, naboju*) shell; *przen.* **~ spadła komuś z oczu** the scale fell from sb's eyes

łuskać vt (*kukurydzę*) husk, peel; (*groch, fasolę*) hull; (*migdały itp.*) scale; (*groch, orzechy*) shell

łuszczyć się vr scale off

łydka f calf

łyk m draught, gulp; **jednym ~iem** at one gulp

łykać vt swallow, gulp

łykowaty adj (*o mięsie*) tough, sinewy

łysieć vi become bald

łysina f bald head

łysy adj bald

łyżeczka f (little) spoon, tea-spoon

łyżka f spoon; (*zawartość*) spoonful; **~ stołowa** tablespoon; **~ do butów** shoe-horn; **~ wazowa** ladle; **~ zupy** spoonful of soup

łyżwa f skate

łyżwiarstwo n skating; **~ figurowe** figure skating; **~ szybkie** speed skating

łyżwiarz m skater

łza f tear; **lać gorzkie łzy** shed bitter tears; **zalewać się łzami** be all in tears; **krokodyle łzy** crocodile tears

łzawi|ć vi water; **gaz ~ący** tear-gas

łzawy adj tearful; (*ckliwy*) maudlin

Ł

M

macać *vt* touch, feel; fumble; ~ **po ciemku** grope

macerować *vt* macerate

machać *vi* wave (**ręką** one's hand); wag (**ogonem** the tail); brandish (**szablą** the sword); ~ **ręką na przywitanie** <**pożegnanie**> wave welcome <farewell>; **machnąć na coś ręką** wave sth aside

machina *f* machine, machinery

machinacja *f* machination

machnąć *zob.* **machać**

macica *f anat.* uterus; ~ **perłowa** mother-of-pearl

macierzanka *f bot.* thyme

macierzyński *adj* maternal, motherly

macierzyństwo *n* maternity, motherhood; **świadome** ~ birth control

macierzysty *adj* mother *attr*; **kraj** ~ mother country; **port** ~ port of registry; home port

macka *f* tentacle, feeler

macocha *f* step-mother

maczać *vt* soak, steep, dip; *przen.* ~ **w czymś palce** have one's finger in the pie

maczuga *f* mace, club

mafia *f* Mafia

magazyn *m* store, storehouse; *wojsk.* magazine; (*czasopismo*) magazine

magazynier *m* store-keeper

magazynować *vt* store up, keep in store

magia *f* magic, sorcery; **czarna** ~ black <magic> art

magiczny *adj* magic(al)

magiel *m* mangle

magik *m* magician

magister *m* Master of Arts

magisterium *n* (*stopień*) MA, master's degree

magistracki *adj* municipal

magistrant *m* candidate for the master's degree

magistrat *m* (*budynek*) town-hall; (*władza*) municipality

maglować *vt* mangle

magnat *m* (*przemysłowy*) tycoon; magnate

magnes *m* magnet

magnetofon *m* tape-recorder; ~ **kasetowy** cassette recorder

magnetowid *m* video; VCR, video tape-recorder

magnetyzować *vt* magnetize

magnez *m chem.* magnesium

magnezja *f chem.* magnesia

magnificencja *f* magnificence

magnolia *f bot.* magnolia

mahometanin *m* Mohammedan, Muslim, Moslem

mahometański *adj* Mohammedan, Muslim, Moslem

mahoń *m bot.* mahogany

maj *m* May

majaczeć *vi* loom, appear dimly in the distance

majaczenie *n* hallucinations; ravings

majaczyć *vi* (*mówić od rzeczy*) talk deliriously, rave; (*rysować się niewyraźnie*) loom

majątek *m* property, fortune; real estate

majeranek *m bot.* marjoram

majestat *m* majesty

majestatyczny *adj* majestic

majolika *f* majolica

majonez *m* mayonnaise

major *m* major

majster *m* foreman, master; *sl.* boss; ~ **do wszystkiego** jack-of-all-trades

majstersztyk *m* masterpiece

majstrować *vi pot.* tamper, fiddle (**koło czegoś** with sth)

majtek *m* sailor, mariner

majtk|i *s pl* drawers; knickers; *pot.* panties

mak *m* poppy; (*ziarno*) poppyseed; *jest cicho jak ~iem zasiał* one might hear a pin drop

makabra *f* horrible <repulsive, hair-raising> sight <repulsive, situation>

makaron *m* macaroni

makat|a *f* piece of tapestry; *pl ~y* tapestry *zbior.*

makieta *f* model

makijaż *m* make-up; *zrobić sobie ~* put on make-up

makler *m handl.* broker; *~ giełdowy* stock-broker

maklerski *adj biuro ~e* brokerage firm <house, office>

makówka *f* poppy-head

makrama *f* macramé

makrela *f zool.* mackerel

maksimum *n nieodm. sing* maximum

maksyma *f* maxim

maksymalny *adj* maximum

makulatura *f* waste-paper

malaria *f med.* malaria; jungle fever

malarstwo *n* painting

malarz *m* painter; *~ pokojowy* house painter

maleć *vi* grow small, dwindle

maleństwo *n* little thing

malina *f bot.* raspberry

malkontent *m* malcontent

malować *vt* paint; (*na szkle*) stain; (*na porcelanie*) enamel; *~ się vr* (*szminkować się*) make up; *„świeżo malowane"* "wet paint"

malowidło *n* painting, picture

malowniczy *adj* picturesque

maltretować *vt* maltreat, ill-treat

malwa *f bot.* mallow

malwersacja *f* malversation, embezzlement

mało *adv* little, few; *~ kiedy* very seldom; *o ~* nearly; *mieć ~ pieniędzy* be short of money

małoduszność *f* pusillanimity

małoduszny *adj* pusillanimous

małoletni *adj* under age, minor

małoletniość *f* minority

małolitrażowy *adj*, *samochód ~* low-capacity car

małomówność *f* taciturnity

małomówny *adj* taciturn

małostkowość *f* petty-mindedness

małostkowy *adj* petty-minded

małowartościowy *adj* of little worth

małpa *f zool.* (*człekokształtna*) ape; (*niższego rzędu*) monkey

małpować *vt* ape

mały *adj* small, little; (*drobny*) tiny

małż *m zool.* crustacean

małżeńsk|i *adj* matrimonial, marital, conjugal; *para ~a* married couple

małżeństwo *n* marriage; married couple

małżonek *m* husband, spouse

małżonka *f* wife, spouse

mama *f pot.* mammy, mum; *am.* mommy, mama

mamić *vt* delude; allure

mamrotać *vt* mumble, mutter

mamut *m zool.* mammoth

manatki *s pl pot.* goods and chattels, bag and baggage

mandat *m polit.* mandate; (*drogowy*) ticket; fine

mandolina *f muz.* mandolin(e)

manekin *m* mannequin, manikin, model

manewr *m* man(o)euvre

manewrować *vi* man(o)euvre

maneż *m* manege, manège, riding-school

mangan *m chem.* manganese

mania *f* mania, obsession; *~ prześladowcza* persecution mania; *~ wielkości* megalomania

maniak *m* maniac

manicure [-kiur] *m* manicure; *robić ~* manicure

maniera *f* manner; (*zmanierowanie*) mannerism

M

manifest *m* manifesto

manifestacja *f* demonstration

manifestować *vi* demonstrate

manipulacja *f* manipulation

manipulacyjn|y *adj* manipulative; **opłaty ~e** handling charges

manipulować *vi* manipulate, handle

mankament *m* defect, fault, weak point

mankiet *m* cuff, wristband

manko *n* cash shortage, deficit, deficiency

manna *f* manna; **kasza ~** semolina

manowce *s pl* wrong ways, impracticable tracts; **sprowadzić na ~** lead astray; **zejść na ~** go astray

mansarda *f* attic

manuskrypt *m* manuscript

mańkut *m* left-handed person

mapa *f* map; *(morska)* chart; *(samochodowa)* road map

mara *f* spectre, phantom

maratoński *adj*, **bieg ~** Marathon race

marcepan *m* marzipan

marchew *f bot.* carrot

margaryna *f* margarine; *pot.* marge

margines *m* margin

margrabia *m* margrave

marionetka *f* marionette, puppet

mark|a *f* mark; **~a fabryczna** trademark; **mieć dobrą ~ę** enjoy a good reputation

markiz *m* marquis

markiza *f (żona markiza)* marchioness; *(osłona)* awning, marquee

markotny *adj* grumbling, discontent

marmolada *f* jam; *(zw. z pomarańcz)* marmalade

marmur *m* marble

marnieć *vi* languish, waste away, perish

marność *f* vanity

marnotrawca *m* spendthrift

marnotrawić *vt* waste, squander

marnotrawny *adj* prodigal

marnotrawstwo *n* waste, prodigality

marnować *vt* waste, dissipate, trifle away; **~ się** *vr* be wasted, go to waste

marn|y *adj* miserable, meagre, second-rate, mean; **wszystko poszło na ~e** it all dissolved into thin air

marsowy *adj* martial

marsz *m* march; *int* **~!** wojsk. forward march!; *(wynoś się!)* clear off!, clear out!; get lost!

marszałek *m* marshal

marszczyć *vt* wrinkle; **~ brwi** knit one's brows; **~ się** *vr* wrinkle, become wrinkled

marszruta *f* itinerary, route

martwica *f med.* necrosis

martwić *vt* vex, grieve, worry; **~ się** *vr* worry (**o kogoś, o coś** about, over sb, sth), grieve, be grieved (**o kogoś, o coś** at, for sb, sth)

martw|y *adj* dead, lifeless; **~a natura** still life; **~y sezon** slack season; **~y punkt** deadlock; **stanąć na ~ym punkcie** come to a deadlock

martyrologia *f* martyrdom

maruder *m* marauder

marudzić *vi (guzdrać się)* loiter; *(gderać)* grumble

mary *s pl* bier

marynarka *f* marine; *(wojenna)* navy; *(część ubrania)* jacket; coat; **~ jednorzędowa <dwurzędowa>** single-breasted <double-breasted> coat

marynarz *m* sailor, mariner

marynata *f* pickle, marinade

marynować *vt* pickle, marinade

marzec *m* March

marzenie *n* dream, reverie

marznąć [-r za-] *vi* freeze, feel <be> cold

marzyciel *m* dreamer

marzyć *vi* dream (**o kimś, o**

maź

czymś of sb, sth); **~ na jawie** daydream

marża f *handl.* margin; **~ zysku** profit margin

masa f mass; (*wielka ilość*) a lot, a great deal; *fiz.* **~ atomowa** atomic ratio <weight, mass>; **~ cząsteczkowa** molecular mass <weight>; **~ drzewna** wood pulp; **~ papiernicza** paper-pulp; *prawn.* **~ upadłościowa** bankrupt's estate

masakra f massacre

masakrować vt massacre

masaż m massage

masażysta m masseur

masażystka f masseuse

maselniczka f butter-dish

mask|a f mask; (*samochodu*) *bryt.* bonnet, *am.* hood; **pod ~ą** under the guise of

maskarada f masquerade

maskotka f mascot

maskować vt mask, disguise

masło n butter; *przen. pot.* **jak po maśle** it's plain sailing

masochizm m *med.* masochism

masoneria f freemasonry

masować vt massage

masowo adv in a mass

masow|y adj massy, mass attr; **~a produkcja** mass production

masturbacja f masturbation

masyw m massif

masywny adj massive, solid

maszerować vi march

maszt m mast

maszyn|a f machine, engine; **~a do pisania** typewriter; **pisać na ~ie** type; **~a do szycia** sewing-machine; **~a parowa** steam-engine

maszynista m engineer; (*kolejowy*) engine-driver

maszynistka f typist

maszynka f, **~ do golenia** safety-razor; electric razor; **~ do mięsa** mincer; **~ do gotowania** cooker; **~ spirytusowa** spirit lamp

maszynopis m typescript

maść f ointment; (*konia*) colour

maślanka f buttermilk

mat m (*barwa*) dull colour; (*w szachach*) mate; **dać ~a** check-mate (**komuś** sb)

mata f mat

matactwo n fraudulence, trickery, machination

matador m matador

matczyny adj maternal

matematyczny adj mathematical

matematyk m mathematician

matematyka f mathematics

materac m mattress

materia f matter; stuff

materialista m materialist

materialistyczny adj materialistic

materializm m materialism

materialn|y adj material; **środki ~e** material means, pecuniary resources

materiał m material, stuff; *przen.* makings pl; **~ wybuchowy** explosive (material); **~ dowodowy** evidence

matka f mother; **~ chrzestna** godmother

matni|a f trap, snare; **złapać w ~ę** ensnare, entrap

matowy adj dull, mat; opaque

matryca f matrix; (*w mennicy*) die

matrymonialny adj matrimonial

matura f *bryt.* examination(s) for GCE (*General Certificate of Education*)

maturzysta m secondary-school graduate

mauretański adj Moorish; (*styl*) Moresque

mazać vt smear, daub

mazgaj m *pot.* sniveller, noodle; cry-baby

mazur m (*muz. i taniec*) mazurka

mazurek m *muz.* mazurka; (*ciasto wielkanocne*) Easter cake

maź m grease

mąci|ć vt trouble, disturb; **~ mi się w głowie** my head reels

mączka f fine flour

mączn|y adj, **produkty ~e** cereals

mądrość f wisdom

mądry adj wise, sage

mąka f flour

mątwa f zool. cuttlefish

mąż m husband; man; **~ stanu** statesman; (w związkach zawodowych) **~ zaufania** shop-steward; **wychodzić za ~** marry, get married; **jak jeden ~** to a man

mdleć vi faint; żart. (z radości) swoon; pot. pass out

mdli|ć v impers. **~ mnie** I feel sick

mdłości s pl sickness, qualm, nausea

mdły adj insipid, dull

mebl|el m piece of furniture; pl **~le** (umeblowanie) zbior. furniture

meblować vt furnish

mecenas m sponsor; (adwokat) lawyer, barrister

mech m moss

mechaniczny adj mechanical

mechanik m mechanic

mechanika f mechanics

mechanizacja f mechanization

mechanizm m mechanism

mecz m sport. match; **~ sparingowy** spar; **~ rewanżowy** return match

meczet m mosque

medal m medal; **odwrotna strona ~u** the other side of the coin

media pl (środki przekazu) (mass) media

mediacja f mediation

medium n medium (pl media)

meduza f zool. jelly-fish

medycyna f medicine; **~ sądowa** forensic medicine; **~ nuklearna** nuclear medicine

medyczny adj medical

medykament m medicine, medicament

medytacja f meditation

megabajt m komp. megabyte

megafon m loud-speaker

megaloman m megalomaniac

megalomania f megalomania

Meksykanin m Mexican

meksykański adj Mexican

melancholia f melancholy

melancholijny adj melancholy

melancholik m melancholic

melasa f molasses pl

meldować vt report, announce; **~ się** vr report oneself; (zgłaszać urzędowo przyjazd) register

meldunek m report, notification; (meldowanie) registration

melioracja f melioration

meliorować vt meliorate

melodia f melody

melodramat m melodrama

melodyjny adj melodious

melon m bot. melon

melonik m bowler

memorandum n memorandum

memoriał m memorial

menażer m manager

menażeria f menagerie

menażka f mess-tin, dish

mennica f mint

menstruacja f menstruation

mentalność f mentality

mentol m menthol

menu [meniu] n nieodm. menu, bill of fare

menuet m minuet

mer m mayor

merdać vi pot. wag (**ogonem** the tail)

mereżka f hemstitch

merynos m zool. merino

merytoryczny adj essential, substantial; **rozważać sprawę pod względem ~m** consider a matter on its merits

Mesjasz m rel. Messiah

meszek m fine moss; (puszek) down

met|a f goal, terminus; **na dalszą ~ę** in the long run, at long range

metafizyczny adj metaphysical

metafizyka f metaphysics
metal m metal
metaliczny adj metallic
metalowy adj metal attr
metalurgia f metallurgy
metamorfoza f metamorphosis
meteor m meteor
meteorolog m meteorologist
meteorologia f meteorology
metoda f method; **~ prób i błędów** trial and error (method, process)
metodyczny adj methodical
metr m bryt. metre; am. meter; **~ kwadratowy** square metre; **~ sześcienny** cubic metre
metraż m living area (in square metres)
metro n underground (railway); pot. tube; am. subway (railway)
metropolia f metropolis
metropolita m metropolitan
metrum n nieodm. lit. metre, measure
metryczny adj (system) metric; (w prozodii) metrical
metryka f (urodzenia) birth certificate; (ślubu) marriage certificate
metyl m chem. methyl
mewa f zool. (sea-)mew, sea-gull
mezalians m misalliance
męczarnia f torment, torture
męczennica f, **męczennik** m martyr
męczeński adj martyr's
męczeństwo n martyrdom
męczyć vt torment, torture; (dokuczać) vex; (nużyć) tire; **~ się** vr get tired; take pains, exert oneself, labour; (umysłowo) rack one's brains
mędrzec m sage
męka f torment, pain; fatigue, toil
męski adj male; masculine; (właściwy mężczyźnie) manly; manlike; (pełen męskości, mężny) manful; macho; **chór ~** chorus of men; **garnitur ~** man's suit; **obuwie ~e** man's boots pl; gram.

rodzaj ~ masculine gender
męskość f manhood, manliness; machismo
męstwo n bravery, valour
mętniactwo n pot. woolliness
mętny adj dull; (nieprzejrzysty) woolly; troubled, turbid
męty s pl grounds, dregs; **~ społeczne** zbior. scum of society
mężatka f married woman
mężczyzn|a m man, male; **„dla ~"** "Gentlemen", "Gents"; **prawdziwy ~** he-man
mężny adj brave, valiant
mgiełka f haze
mglisty adj hazy, misty, foggy
mgła f fog, mist
mgławica f mist; astr. nebula
mgnieni|e n twinkling; **w ~u oka** in the twinkling of an eye
mi pron. me; zob. **ja**
miał m dust; **~ węglowy** coal dust
miałki adj fine
mianować vt name, appoint
mianowicie adv namely; (w piśmie) viz.
mianownik m mat. denominator; gram. nominative
miar|a f measure; (skala) gauge; **ubranie na ~ę** a suit (made) to measure; **~ę** measure (z **kogoś** sb); **w ~ę, jak się zbliżał** as he was approaching; **w jakiej mierze?** to what extent?; **w ~ę możliwości** as far as possible, to the best of my <your etc.> ability; **w pewnej mierze** in some measure, to a certain extent; **żadną ~ą** by no means; **w dużej mierze** in large measure
miarka f gauge
miarodajny adj competent, authoritative
miarowy adj measured; (rytmiczny) rhythmic
miasteczko n little town; **wesołe ~** fun fair, amusement park; **~ uniwersyteckie** campus
miasto n town, city

M

miauczeć vi mew
miazga f (miąższ) pulp; (wyciśnięta masa) squash
miażdżyć vt crush, squash
miąć vt rumple, crumple; ~ **się** vr crumple, get crumpled
miąższ m pulp
miech m (pair of) bellows
miecz m sword
mieć vt have; ~ **kogoś za coś** take sb for sth; ~ **się dobrze** be <feel> well; ~ **zamiar** intend, have the intention; **ma się na deszcz** it is going to rain, it looks like rain; **mam na sobie palto** I have my overcoat on; ~ **do czynienia z** have sth to do with; **miałem wyjechać** I was going to leave; **co miałem robić?** what was I to do?; **czy mam to zrobić?** shall I do it?; **ile masz lat?** how old are you?; **mam 30 lat** I am 30 years old; **jak się masz?** how do you do?, how are you?; **nie ma gdzie pójść** there's no place <there's nowhere> to go; **nie mam przy sobie pieniędzy** I have no money about me; **nie masz się czego bać** you needn't be afraid of anything; **nie ma jak Zakopane** there's nothing like Zakopane
miednica f (wash-)basin; am. washbowl; anat. pelvis
miedza f balk
miedzioryt m copper-plate
miedź f chem. copper
miejsc|e n place; (przestrzeń) room; (posada) situation, employment; ~**e pobytu** residence; ~**e przeznaczenia** destination; ~**e siedzące <stojące>** sitting <standing> room; ~**e do leżenia** (w pociągu) couchette, berth; **czułe** ~**e** tender spot; ~**e urodzenia** birthplace; ~**e pracy** workplace; **nie ma** ~ full up; **płatne na** ~**u** payable on the spot; **jest dużo** ~**a** there is plenty

of room; **zająć** ~**e** (siedzące) take one's seat; **zrobić** ~**e** make room (**dla kogoś, czegoś** for sb, sth); **nie na** ~**u** out of place; **na** ~**e** in place, instead (**kogoś, czegoś** of sb, sth)
miejscownik m gram. locative (case)
miejscowość f locality; ~ **górska** <**nadmorska**> mountain <seaside> resort
miejscowy adj local
miejscówka f seat reservation
miejsk|i adj municipal, town- attr, city- attr; **rada** ~**a** town-council, city-council
mieli|zna f shallow water, shoal; **osiąść na** ~**źnie** run aground
mielony adj pp ground; zob. **mleć**
mienić się vr change colour, shimmer
mienie n property
miernictwo n geodesy, surveying
mierniczy adj geodetic, surveying; s m (land-)surveyor
miernota f mediocrity
mierny adj mediocre, mean
mierzić [-r·z-] vt disgust, sicken
mierzwić vt tousle
mierzyć vt measure; vi (celować) aim (**do kogoś, czegoś** at sb, sth); (ubranie) try on
miesiąc m month; **od dziś za** ~ this day month; ~ **miodowy** honeymoon
miesiączka f menstruation; pot. menses pl
miesić vt knead
miesięcznie adv monthly, a month
miesięcznik m monthly
miesięczny adj monthly
mieszać vt mix; (np. zupę) stir; (peszyć, wprowadzać w zakłopotanie) confuse; ~ **się** vr mix, become mixed; (wtrącać się) interfere, meddle (**do czegoś** with sth)
mieszanina f mixture

mieszanka f blend, mixture

mieszczanin m townsman, bourgeois

mieszczański adj middle-class attr, bourgeois; **stan ~** middle class, bourgeoisie

mieszczaństwo n middle class, bourgeoisie

mieszkać vi live, stay, reside; poet. dwell

mieszkalny adj habitable; **dom ~** dwelling-house

mieszkanie n flat, lodgings pl

mieszkaniec m inhabitant, resident

mieszkaniow|y adj housing; **dzielnica ~a** residential district

mieścić vt comprise, contain; **~ się** vr be comprised; be included; (zmieścić się) find enough room

miewać vt have occasionally <from time to time>

mięczak m zool. mollusc; am. mollusk

między praep (o dwóch osobach, rzeczach) between; (o większej liczbie) among(st), amid(st); **~ nami mówiąc** between you and me; **~ innymi** among other things

międzymiastow|y adj, **rozmowa ~a** long distance call, trunk call

międzynarodowy adj international

międzynarodówka f (organizacja) International

międzyplanetarny adj interplanetary

miękisz m pulp, flesh

miękki adj soft; (o mięsie) tender

miękko adv softly; **jajka na ~** soft boiled eggs

miękkość f softness

mięknąć vi soften, become soft

mięsień m muscle

mięsisty adj fleshy; (muskularny) brawny

mięso n flesh; (jadalne) meat; **~ armatnie** cannon-fodder

mięsożerny adj carnivorous

mięta f bot. mint

miętosić vt knead, crumple

miętówka f peppermint (liqueur)

mig m twinkling; **w ~,** in a twinkling; **mówić na ~i** speak by signs

migacz m blinker; flasher

migać vi twinkle, glimmer

migawka f fot. shutter; **~ sektorowa** diaphragm shutter; **~ szczelinowa** focal-plane shutter

migawkow|y adj, fot. **zdjęcie ~e** snapshot

migdał m bot. almond; anat. tonsil; med. **zapalenie ~ów** tonsil(l)itis

migotać vi twinkle, shimmer

migracja f migration

migrena f med. migraine, sick headache

mijać vt pass, go past; vi (przemijać) pass away; **~ się** vr pass <cross> each other; **~ się z prawdą** depart <swerve> from the truth

mikrob m microbe

mikrofisza f microfiche

mikrofon m microphone; pot. mike

mikrokomputer m microcomputer

mikroprocesor m komp. microprocessor

mikroskop m microscope

mikroskopijny adj microscopic

mikser m mixer, blender

mikstura f mixture

mila f mile

milczący adj silent

milczeć vi be <keep> silent; **~!** silence!

milczenie n silence; **pominąć ~m** pass over in silence

miliard m billion, bryt. także milliard

milicja m militia

milicjant m militiaman

miligram m milligram(me)

milimetr m millimetre

milion m million

M

milioner *m* millionaire

milionowy *adj* millionth

militarny *adj* military

militarysta *m* militarist

militaryzm *m* militarism

militaryzować *vt* militarize

milknąć *vi* become silent; (*cichnąć*) become quiet, calm down

milowy *adj*, **kamień** ~ milestone

miło *adv* agreeably; ~ **mi pana poznać** I'm glad to see you; ~ **to usłyszeć** it's a pleasure to hear that; ~ **było panią poznać** it's been nice meeting you

miłosierdzi|e *n* mercy, charity; **siostra ~a** Sister of Mercy

miłosierny *adj* merciful, charitable

miłosn|y *adj* love *attr*, amatory, amorous; **list ~y** love letter; **przygoda ~a** love affair

miłość *f* love; ~ **własna** self-love; self-esteem; self-respect; ~ **cielęca** calf-love

miłośnik *m* lover, amateur

miłować *vt* love

miły *adj* pleasant, agreeable, nice, dear

mimiczny *adj* mimic

mimika *f* mimics, mimic art

mimo *praep* in spite of; (*obok*) by; *adv* past, by; ~ **to** nevertheless; ~ **woli** involuntarily; ~ **wszystko** after all; for all that

mimochodem *adv* by the way, in passing

mimowolny *adj* involuntary

mimoza *f bot.* sensitive plant

min|a 1. *f* (*wyraz twarzy*) air, countenance; **kwaśna ~a** wry face; **robić ~y** pull <make> faces

mina 2. *f wojsk.* mine

minąć *vi* pass, be past, be over; **dawno minęła 5 godzina** it is long past 5 o'clock; **burza minęła** the storm is over; ~ **się** *vr* pass <cross> each other; ~ **się z powołaniem** miss one's calling; *zob.* **mijać**

mineralny *adj* mineral

mineralogia *f* mineralogy

minerał *m* mineral

mini *n*, **spódniczka** ~ miniskirt, mini

minia *f* minium, red lead

miniatura *f* miniature

minimalny *adj* minimal

minimum *n* minimum

miniony *adj* past, bygone

minister *m* minister; ~ **handlu** President of the Board of Trade; ~ **oświaty** Minister of Education; ~ **skarbu** Chancellor of the Exchequer; *am.* Secretary of the Treasury; ~ **spraw wewnętrznych** Home Secretary; ~ **spraw zagranicznych** Foreign Secretary; *am.* Secretary of State; ~ **opieki społecznej** Minister of Social Welfare; ~ **bez teki** minister without portfolio

ministerialny *adj* ministerial

ministerstwo *n* ministry; ~ **spraw zagranicznych** Foreign Office; *am.* State Department; ~ **spraw wewnętrznych** Home Office; *am.* Department of the Interior

minus *m* minus

minuta *f* minute

miodownik *m* honey-cake

miodowy *adj* honey *attr*, honey-eyed; **miesiąc** ~ honeymoon

miotacz *m* thrower; *wojsk.* ~ **bomb** bomb-thrower; ~ **min** mine-thrower; ~ **płomieni** flame-thrower

miotać *vt* throw, fling, launch

miotła *f* broom

miód *m* honey; (*pitny*) mead

mirra *f* myrrh

mirt *m bot.* myrtle

misa *f* bowl

misja *f* mission

misjonarz *m* missionary

miska *f* pan, bowl

misterium *n nieodm.* mystery

misterny *adj* fine

mistrz *m* master; *sport* champion;

pot. champ; **~ kraju** national champion; **~ świata** world champion

mistrzostw|o *n* mastership, mastery; *pl* **~a** championship

mistrzowski *adj* masterly; master's, master; champion *attr*

mistycyzm *m* mysticism

mistyczny *adj* mystic(al)

mistyfikacja *f* mystification

mistyfikować *vt* mystify

mistyk *m* mystic

miś *m* bear; (*z bajki*) Bruin; (*zabawka*) Teddy bear

mit *m* myth

mitologia *f* mythology

mitologiczny *adj* mythological

mitra *f* mitre

mityczny *adj* mythical

mityng *m* meeting, rally

mizantrop *m* misanthrope

mizantropia *f* misanthropy

mizeria *f* cucumber salad

mizernieć *vi* grow meagre <wan>

mizerny *adj* meagre, wan

mknąć *vi* flit, fleet

mlaskać *vi* smack (**językiem** one's tongue)

mlecz *m bot.* sow thistle; (*rybi*) soft roe

mleczarnia *f* dairy

mleczko *n* milk

mleczn|y *adj* milk *attr*, milky; *chem.* lactic; *astr.* **Droga Mleczna** Milky Way; **bar ~y** milk-bar; **gospodarstwo ~e** dairy-farm; **ząb ~y** milk-tooth

mleć *vt* grind, mill

mleko *n* milk; **~ zbierane** skimmed milk; **~ skondensowane** evaporated milk; **~ zsiadłe** curdled milk

młocka *f* threshing

młockarnia *f* threshing-machine

młode *adj zob.* **młody**; *s n* young <little> one

młodociany *adj* youthful; (*nieletni*) juvenile; **sąd dla ~ch** juvenile court

młodość *f* youth

młod|y *adj* young; **pan ~y** bridegroom; **panna ~a** bride; **~e drzewo** sapling

młodzieniec *m* young man, youth

młodzieńczy *adj* youthful, adolescent; **wiek ~** adolescence

młodzież *f* youth, young people, the young

młodzieżowy *adj* juvenile

młodzik *m* youngster, sapling

młokos *m* stripling

młot *m* hammer; *sport.* **rzut ~em** hammer throw

młotek *m* hammer; (*drewniany*) mallet

młócić *vt* thresh

młyn *m* mill

młynek *m* (*ręczny*) handmill; (*do kawy*) coffee-grinder

młyński *adj* mill *attr*; **kamień ~** millstone, grindstone

mną *pron* me; *zob.* **ja**

mnemotechnika *f* mnemonics

mnich *m* monk; friar

mnie *pron* me; *zob.* **ja**

mniej *adv* less, fewer; **~ więcej** more or less

mniejszość *f* minority

mniejsz|y *adj* smaller, less, minor; **~a o to!** never mind!

mniemać *vi* think, believe

mniemanie *n* opinion

mniszka *f* nun

mnog|i *adj* numerous; *gram.* **liczba ~a** plural (number)

mnogość *f* plurality, multitude

mnożeni|e *n* multiplication; *mat.* **tabliczka ~a** multiplication table

mnożnik *m mat.* factor, multiplier

mnożyć *vt* multiply; **~ się** *vr* multiply, increase in number

mnóstwo *n* multitude, a lot, lots; **całe ~ ludzi** lots of people; a thousand and one

mobilizacja *f* mobilization

mobilizować *vt* mobilize

moc *f* might, power; *pot.* a lot; **~**

prawna legal force; **na ~y** by virtue of, on the strength of; **w mojej ~y** in <within> my power
mocarstwo f *polit.* (great) power
mocarz m potentate, powerful man
mocno *adv* fast, firmly; **~ bić** strike hard; **~ spać** be fast asleep; **~ stać na nogach** stand firm on one's legs; **~ trzymać** hold tight; **~ przekonany** firmly convinced; **~ zobowiązany** deeply obliged
mocny *adj* strong, vigorous, firm
mocować się *vr* wrestle
mocz m urine; **oddać ~** urinate, pass water
moczary s pl marsh, bog
moczopędny *adj* diuretic
moczowy *adj* urinary; (*o kwasie*) uric; **pęcherz ~** urinary bladder
moczyć *vt* wet, drench; soak
mod|a f fashion; **wchodzić w ~ę** come into fashion; **wychodzić z ~y** grow out of fashion; **rewia ~y** fashion show; **ostatni krzyk ~y** the latest fashion <craze>, all the rage
model m model, pattern; **najnowszy ~** the latest model
modelarz m modeller, pattern-maker
modelka f model
modelować *vt* model, shape, fashion
modem m *komp.* modem
modernizm m modernism
modernizować *vt* modernize
modlić się *vr* pray, say one's prayers
modlitewnik m prayer-book
modlitwa f prayer
modł|a f way, form, fashion; **na ~ę** after the fashion
moduł m module
modystka f milliner, modiste
mogił|a f tomb, grave; **~ zbiorowa** common grave
moi *pron* m pl my, mine; *zob.* **ja**
moja *pron* f my, mine; *zob.* **ja**
moje *pron* f i n pl my, mine; *zob.* **ja**

moknąć *vi* grow <get> wet, become moist
mokry *adj* wet, moist
molekularny *adj* *fiz.* molecular
molekuła f *fiz.* molecule
molestować *vt* molest, torment, annoy
molo n pier, jetty
moment m moment
momentalny *adj* instant, instantaneous
monarcha m monarch
monarchia f monarchy
monarchiczny *adj* monarchic(al)
monarchista m monarchist
monet|a f coin; *przen.* **brzęcząca ~a** hard cash; **przyjmować za dobrą ~ę** accept at face value; **rzucić ~ę** flip <toss> a coin
monetarny *adj* monetary
mongolski *adj* Mongolian
Mongoł m Mongolian
monitor m monitor
monitować *vt* admonish
monizm m *filoz.* monism
monochromatyczny *adj* monochrome
monografia f monograph
monograficzny *adj* monographic
monogram m monogram
monolog m monologue, soliloquy
monologować *vi* soliloquize
monopol m monopoly
monopolizować *vt* monopolize
monoteizm m *filoz.* monotheism
monotonia f monotony
monotonny *adj* monotonous
monstrualność f monstrosity
monstrualny *adj* monstrous
monstrum n monster
montaż m mounting, fitting up; (*składanie np. maszyny*) assembly
monter m mechanic, fitter; (*gazowy, wodociągowy*) plumber; (*liniowy, elektryk*) lineman
montować *vt* mount, fit up; (*składać, np. maszynę*) assemble

M

monumentalny *adj* monumental

moralizator *m* moralizer

moralizować *vi* moralize (**na temat czegoś** on sth)

moralnoś|ć *f* (*etyka*) morality; (*moralne postępowanie, obyczaje*) morals *pl*; **nauka ~ci** moral teaching <science>; **świadectwo ~ci** certificate of conduct; **upadek ~ci** corruption of morals <manners>

moralny *adj* moral

morał *m* moral

mord *m* murder, manslaughter

morda *f pot.* muzzle

morderca *m* murderer, assassin

morderczy *adj* murderous

morderstwo *n* murder; **~ z premedytacją** third-degree <premeditated> murder

mordęga *f pot.* toil, drudge

mordować *vt* murder; assassinate; (*dręczyć*) torment; **~ się** *vr* toil, drudge

morela *f bot.* apricot; (*drzewo*) apricot-tree

morfina *f* morphine, morphia

morfologia *f* morphology

mors *m zool.* walrus

morsk|i *adj* maritime; sea- *attr*; **bitwa ~a** sea-fight; **brzeg ~i** sea-coast; **choroba ~a** seasickness; **podróż ~a** voyage; **drogą ~ą** by sea

morwa *f* mulberry; (*drzewo*) mulberry-tree

morz|e *n* sea; **na ~u** at sea; **na pełnym ~u** on the high seas; **nad ~em** at the seaside; **za ~em** overseas

mosiądz *m* brass

mosiężny *adj* brass *attr*; brazen

moskit *m zool.* mosquito

most *m* bridge; **~ powietrzny** airlift; **~ zwodzony** draw-bridge; **~ wiszący** suspension bridge; *przen.* **spalić za sobą ~y** burn one's boats

mostek *m* little bridge, foot-bridge; *anat.* sternum; (*rodzaj protezy*) bridge

moszcz *m* must

moszna *f anat.* scrotum

motać *vt* (*nawijać*) reel, wind

motel *m* motel

motłoch *m* mob, rabble

motocykl *m* motor-cycle

motor *m* motor

motorower, m moped

motorowy, motorniczy *m* motor driver; *am.* motorman

motorówka *f* motor-boat

motoryzacja *f* motorization, mechanization

motoryzować *vi* motorize, mechanize

motyka *f* hoe

motyl *m zool.* butterfly

motyw *m* motif; (*bodziec*) motive

motywować *vt* motive, motivate, substantiate; give reasons (**coś** for sth)

mow|a *f* speech; **~a ojczysta** native tongue; *gram.* **~a zależna <niezależna>** indirect <direct> speech; **części ~y** parts of speech; **wygłosić ~ę** make a speech

mozaika *f* mosaic

mozolić się *vr* toil, drudge (**nad czymś** at sth)

mozolny *adj* toilsome

mozół *m* pains *pl*, exertion

moździerz *m* mortar

może *adv* maybe, perhaps

możliwość *f* possibility, chance

możliwy *adj* possible

można *impers* it is possible, it is allowed, one can; **jak ~ najlepiej** as well as possible; **czy ~ usiąść?** may I sit down?; **jeśli ~** if possible

możność *f* power; possibility

możny *adj* potent, powerful, mighty

móc *vi aux* can, be able; **mogę** I can; I may

mój *pron* my, mine

mól *m zool.* moth; *przen.* **~ książkowy** bookworm

mówca *m* speaker, orator

mówić *vt* speak, say, tell, talk; **nie ma o czym ~** (*grzecznościowo*) don't mention it; **~ na próżno** waste one's breath; **~ (jak) do ściany** speak to a (brick) wall; **mówi się (że)...** they say (that)..., it is said (that)...; **nie mówiąc o...** to say nothing of...

mównica *f* platform

mózg *m anat.* brain; *przen.* (*przedsięwzięcia*) mastermind; **drenaż ~ów** brain drain; *med.* **wstrząs ~u** cerebral concussion

mózgowy *adj* cerebral

mroczny *adj* gloomy, dusky

mrok *m* gloom, dusk

mrowić *vr* teem, swarm (**od czegoś** with sth)

mrowie *n* swarm, teeming multitude

mrowisko *n* ant-hill; **wsadzić kij w ~** stir up a hornet's nest

mrozić *vt* freeze, refrigerate; congeal

mroźny *adj* frosty

mrówka *f zool.* ant

mróz *m* frost

mruczeć *vi* murmur, mumble, mutter

mrugać *vi* wink (**na kogoś** at sb), twinkle; blink

mruk *m* mumbler, grumbler

mrukliwy *adj* mumbling, grumbling

mrużyć *vt* blink

mrzonka *f* fancy, reverie

msz|a *f rel.* mass; **odprawiać ~ę** say mass

mszał *m rel.* missal

mściciel *m* avenger

mścić *vt* avenge; **~ się** *vr* revenge oneself, take revenge (**na kimś** on sb)

mściwy *adj* revengeful, vindictive

mu *pron m* i *n* him; it; *zob.* **on, ono**

mucha *f* fly

mufka *f* muff

Mulat *m* mulatto

mulisty *adj* slimy, oozy

muł 1. *m* slime, ooze

muł 2. *m zool.* mule

mułła *m* mullah

mumia *f* mummy

mundur *m* uniform

mur *m* wall; *przen.* **przyprzeć do ~u** drive into a corner

murarz *m* bricklayer, mason

murawa *f* lawn

murować *vt* mason, build in stone < bricks>; **dom ~ny** house of stone <bricks>

Murzyn *m* Black (man); *zw. uj.* Negro; **~ka** *f* Black (woman); *zw. uj.* Negress

mus *m* (*pianka*) mousse, froth

musieć *v aux* must; have (got) to; **nie ~** need not; not have (got) to

muskać *vt* stroke, touch slightly <gently>

muskularny *adj* muscular, brawny; sinewy

muskuł *m* muscle

musować *vi* effervesce, froth; (*o winie*) sparkle

muszka *f zool.* fly; (*na lufie*) bead

muszkiet *m* musket

muszkieter *m* musketeer

muszla *f* shell, conch; **~ klozetowa** lavatory pan <bowl>

musztarda *f* mustard

musztra *f wojsk.* drill

musztrować *vt* drill

muślin *m* muslin

mutacja *f* mutation

muza *f* Muse

muzealny *adj*, **przedmiot ~** museum-piece

muzeum *n nieodm.* museum

muzułmanin *m* Moslem

muzułmański *adj* Moslem

muzyczny *adj* musical

muzyk *m* musician

muzyka *f* music; **~ kameralna, popularna** chamber, pop(ular) music; **~ poważna** classical music

muzykalność *f* musicality

muzykalny *adj* musical

muzykant *m* musician, bandsman; (*uliczny*) busker

muzykologia *f* musicology

my *pron* we; *przypadki dzierżawcze* **nasz** (**nasza, nasze, nasi**); *z rzeczownikiem* our; *bez rzeczownika* ours; *przypadki zależne* **nas** (**nam, nami**) us

myć *vt* wash; **~ się** *vr* wash oneself

mydlić *vt* soap; (*twarz do golenia*) lather; **~ się** *vr* soap

mydliny *s pl* (soap-)suds

mydło *n* soap

myjnia *f* car-wash

mylić *vt* mislead, misguide; **~ się** *vr* be mistaken (**co do czegoś** about sth), make a mistake, be wrong

mylny *adj* erroneous, wrong

mysz *f* (*także komp.*) mouse

myszkować *vi* mouse about (**za czymś** for sth)

myśl *f* thought, idea; **dobra ~** bright idea; **być dobrej ~i** be of good cheer; hope for the best;

mieć na ~i mean, have in mind; **przychodzi mi na ~** it occurs to me; **na samą ~** at the mere thought (**o czymś** of sth); **po mojej ~i** after my heart; **z ~ą o czymś** with a view to sth

myślący *adj* thinking, thoughtful, reflective

myśl|eć *vt vi* think; (*mniemać, zamierzać*) mean; **co o tym ~isz?** what do you think of it?; **~ę, że tak** I think so; **nie ~ę tego robić** I do not mean to do it; **o czym ~isz?** what are you thinking about?

myślenie *n* thinking, **~ oboczne** lateral thinking; **~ życzeniowe** wishful thinking

myśliciel *m* thinker

myślistwo *n* hunting

myśliwiec *m lotn.* fighter

myśliwy *m* hunter, huntsman

myślnik *m gram.* dash

myślowy *adj* mental

myto *n* (*opłata*) toll

mżawka *f* drizzle

mżyć *vi* drizzle

N

na *praep* on, upon; at; by; for; in; **na dole** down; **na dworze** out of doors; **na górze** up; **na końcu** at the end; **na moją prośbę** at my request; **na pamięć** by heart; **na piśmie** in writing; **na sprzedaż** for sale; **na stare lata** in <for> one's old age; **na wiosnę** in spring; **na zawsze** for ever; **cóż ty na to?** what do you say to it?; **raz na tydzień** once a week; **na mój koszt** at my expense; **na ulicy** in the street; **głuchy na lewe ucho** deaf in his left ear; **na całe życie** for life; **na pierwszy rzut**

oka at first sight; **iść na obiad** go to dinner; **umrzeć na tyfus** die of typhus

nabawić się *vr* bring upon oneself, incur; **~ choroby** contract a disease; **~ kataru** catch a cold; **~ kłopotów** get into trouble

nabiał *m* dairy-goods, dairy-products

nabierać 1. *vt* take; draw in; gather

nabierać 2. *vt pot.* (*oszukiwać*) take in; (*drażnić, żartować złośliwie*) tease

nabijać *vt* (*np. gwoździami*) stud; (*broń*) charge, load; *pot.* **~ sobie**

głowę czymś get an idea into one's head

nabożeństwo *n* divine service

nabój *m* (*jednostka amunicji*) cartridge; *elektr.* charge; **ślepy ~** blank cartridge

nabrać *zob.* **nabierać 1., 2.**

nabrzmiały *adj* swollen

nabytek *m* acquisition, purchase

nabywać *vt* acquire, purchase, obtain

nabywca *m* purchaser

nabywczy *adj* purchasing

nachodzić *vt* importune by coming; intrude (**kogoś** upon sb); *przen.* (*o myślach itp.*) invade, haunt

nachylać *vt* bend, bow, incline; **~ się** *vr* bow, incline, stoop, lean

nachylenie *n* inclination, slope

naciągać *vt* stretch, strain; (*o łuku*) bend; *pot.* (*nabierać*) tease, take in; *vi* (*o herbacie*) draw

naciek *m* infiltration; deposit

nacierać *vt* (*trzeć*) rub; *vi* (*atakować*) attack (**na kogoś** sb)

nacięcie *n* notch, cut; *techn. med.* incision

nacinać *vt* notch, cut, incise

nacisk *m* pressure, stress; **kłaść ~** stress, lay stress; **z ~iem** emphatically; **wywierać ~** urge, press

naciskać *vt vi* press (**na coś** sth, on sth)

nacjonalista *m* nationalist

nacjonalizacja *f* nationalization

nacjonalizm *m* nationalism

nacjonalizować *vt* nationalize

na czele *adv* at the head of

naczelnik *m* head, chief, manager; **~ stacji** station-master

naczeln|y *adj* head-, chief, paramount; **~y dowódca** commander-in-chief; **~e dowództwo** command-in-chief, supreme command; *zool.* **~e** *s pl* primates

naczyni|e *n* vessel, dish; **~a gliniane** *zbior.* earthenware, pottery; **~a kuchenne** kitchen utensils; *anat.* **~a krwionośne** blood-vessels

nać *f* top, leaves *pl*

nad *praep* over, above, on, upon, beyond, at; **~ morzem** at the seaside; **~ chmurami** above the clouds; **~ miarę** beyond measure; **Londyn leży ~ Tamizą** London is situated on the Thames; **niebo jest ~ naszymi głowami** the sky is over our heads

nadal *adv* still; **~ coś robić** continue to do <doing> sth; **on ~ pracuje** he continues <keeps on> working

nadaremnie *adv* in vain

nadaremny *adj* vain, fruitless

nadarz|ać się *vr* present itself, occur; **~yła się okazja** an opportunity presented itself, an occasion arose

nadawać *vt* bestow, confer (**coś komuś** sth on, upon sb); grant; (*na poczcie*) dispatch, post, send off; **~ audycję** broadcast; **~ czemuś wygląd czegoś** make sth look like sth; **~ się** *vr* be fit <fitted>, be suited (**do czegoś** for sth)

nadawca *m* sender, consignor

nadążać *vi* keep pace (**za kimś** with sb); **nie ~** lag behind

nadbałtycki *adj* Baltic, situated on the Baltic

nadbiec *vi* come running

nadbrzeże *n* coast; embankment

nadbrzeżn|y *adj* coastal; **miasto ~e** river-side <sea-side> town

nadbudowa *f* superstructure

nadbudować *vt* raise a structure (**na czymś** above sth)

nadchodzi|ć *vi* approach, come round, arrive; **~ zima** winter is drawing on; **nadszedł pociąg** the train is in

nadciągać *vi* draw near, approach

nadciśnienie *n* high blood-pressure

nadczłowiek *m* superman

nadejście *n* arrival

nadepnąć *vi* tread, step

nader *adv* excessively

nadesłać *vt* send (in)

nade wszystko *adv* above all

nadęty *adj* inflated, puffed up; (*zarozumiały*) bumptious

nadgraniczny *adj* border *attr*, frontier *attr*

nadjechać *vi* arrive, come driving

nadlecieć *vi* come flying

nadleśniczy *m* chief forester

nadliczbow|y *adj* supernumerary, overtime; **godziny ~e** overtime hours *pl*; **praca ~a** overtime work

nadludzki *adj* superhuman

nadmiar *m* excess, surplus

nadmienić *vt* mention

nadmiernie *adv* in <to> excess, excessively

nadmierny *adj* excessive

nadmorski *adj* maritime, coastal, sea-side

nadobowiązkowy *adj* optional, facultative

nadpłacić *vt* overpay, surcharge

nadpłata *f* overpay

nadpłynąć *vi* come swimming <sailing>

nadprodukcja *f* overproduction

nadprogramow|y *adj* extra; **praca ~a** extra <overtime> work

nadprzyrodzony *adj* supernatural

nadpsuty *adj* a little spoiled; (*jedzenie*) off

nadrabiać *vi* make up (**coś** for sth); *vi* work additionally; **~ czas** make up for lost time; *przen.* **~ miną** put on a good face to a bad business

nadruk *m* (*drukowany napis*) letter-head, overprint; *filat.* surcharge

nadrzędny *adj* superior; primary

nadskakiwać *vi* court (**komuś** sb); dance attendance (**komuś** on sb)

nadspodziewany *adj* unexpected, above all expectation

nadstawiać *vt* hold out; *przen.* **~ uszu** prick up one's ears; *pot.* **~ karku** risk one's neck

nadto *adv* moreover, besides; **aż ~** too much, more than enough

nadużycie *n* abuse, misuse

nadużyć *vt* abuse; misuse; take advantage of; **~ czyjejś gościn-ności** trespass upon sb's hospitality

nadwaga *f* overweight

nadwątlić *vt* impair

nadwerężyć *vt* impair, strain

nadwodny *adj* situated on <near> the water, waterside; (*np. o ptaku, roślinie*) aquatic, water *attr*

nadworny *adj* court *attr*; **~ dostawca** court-purveyor

nadwozie *n* body (of a car)

nadwyżka *f* surplus

nadymać *vt* inflate, puff up; (*np. policzki*) blow out; **~ się** *vr* swell

nadymić *vi* fill with smoke

nadziej|a *f* hope; **mieć ~ę** hope (**na coś** for sth), have good hope (**na coś** of sth); **iskra ~i** spark of hope

nadziemny [d-z] *adj* above ground

nadziemski [d-z] *adj* supermundane

nadzienie *n* stuffing, filling

nadziewać *vt* (*np. na rożen*) stick; (*np. gęś*) stuff, fill

nadzór *m* supervision, superintendence; **~ policyjny** police control

nadzwyczajn|y *adj* extraordinary; **wydanie ~e** extra edition; **poseł ~y** envoy extraordinary

nafta *f bryt.* paraffin, *am.* kerosene

naftalina *f* naphthaline, naphthalene

nagabywać *vt* importune, molest

nagana *f* reprimand, rebuke

nagi *adj* naked, bare, nude

naginać vt bend

naglący adj urgent

naglić vt urge, press

nagłość f urgency, suddenness

nagłówek m heading; (w gazecie) headline

nagły adj urgent, sudden; **w ~m wypadku** in case of emergency

nagminny adj (powszechny) common, universal; (epidemiczny) epidemic

nagniotek m corn

nagonka f battue, drive

nagrać vt record; komp. save

nagranie n recording

nagradzać vt reward, recompense; indemnify (**komuś stratę** sb for a loss)

nagrobek m tombstone, tomb

nagroda f reward; (w sporcie, na konkursie itp.) prize

nagrodzić zob. **nagradzać**

nagromadzenie m amassment, accumulation

nagromadzić vt heap up, accumulate

nagrzewać vt warm, heat

naigrawać się vr mock (**z kogoś** at sb), make fun (**z kogoś** of sb)

naiwniak m pot. sucker

naiwność f naivety, simple-mindedness, credulity

naiwny adj naive, simple-minded, credulous

najazd m invasion, raid

najbardziej adv most (of all); **jak ~!** yes, indeed!

najczęściej adv for the most part

najechać vt (wtargnąć) invade, overrun; vi (wpaść) dash (**na kogoś, coś** against sb, sth), run (**na kogoś, coś** into sb, sth); **wóz ~ł na drzewo** the car has struck against the tree

najedzony adj full

najem m hire, lease, leasing

najemnik m hireling

najemny adj hired, mercenary

najeść się vr eat one's fill

najeźdźca m invader

najeżdżać zob. **najechać**

najgorsz|y adj worst; **być przygotowanym na ~e** be prepared for the worst; **w ~ym razie** at (the) worst

najlepiej adv best

najlepsz|y adj best; **wszystkiego ~ego!** best of luck!; **w ~ym razie** at (the) best

najmniej adv least; **co ~** at least

najmniejszy adj least, smallest

najmować vt hire, let

najpierw adv first, first of all

najście n invasion (**na coś** of sth)

najść vi vt invade (**na dom, kraj** a house, a country); come (**kogoś** upon sb); zob. **nachodzić**

najwięcej adv most

najwyżej adv highest; (w najlepszym razie) at most, at best

najwyższy adj highest; (o sądzie, mądrości) supreme; (o władzy) sovereign; **~ czas** high time; gram. **stopień ~** superlative (degree)

nakaz m order, command; **~ rewizji** warrant of search

nakazywać vt order, command

nakleić vt stick, paste up

naklejka f label, sticker

nakład m (koszt) cost, expenditure; (książki) edition, issue, impression

nakładać vt lay on, put on; (podatek, obowiązek) impose; (karę) inflict

nakłaniać vt induce, persuade

nakręcać vt wind up, turn; (film) shoot; **~ numer telefonu** dial

nakrętka f techn. nut (of a screw)

nakrycie n cover(ing); (serwis) tableware, service; **~ głowy** head-gear

nakrywać vt cover; lay (**do stołu** the table)

nalega|ć vi insist (**na coś** on sth); press, urge (**na kogoś** sb); **~ł na**

mnie, żebym to zrobił he urged me to do this

naleganie *n* insistence, solicitation

nalepiać *vt* stick, paste up

nalepka *f* label, sticker

naleśnik *m* pancake

nalewać *vt* pour (out)

należeć *vi* belong

należeć się *vr* be due

należnoś|ć *f* charge, amount due; **cała moja ~ć** the whole amount due to me; **zaległe ~ci** arrears *pl*; **~ć nadal nie uregulowana** the arrears still outstanding

należny *adj* due

należy *v nieodm. (przystoi, wypada; trzeba)* become; **nie ~ trzaskać drzwiami** it doesn't become to slam the door

należycie *adv* duly, properly

należyty *adj* due, proper

nalot *m* raid; *med.* coating; *wojsk.* **~ powietrzny** air-raid

nałogowiec *m* addict

nałogowy *adj* habitual, addicted (to a habit); **~ pijak** habitual drunkard

nałóg *m* addiction, (bad) habit; **wpaść w ~** become addicted

nam *pron* us; *zob.* **my**

namacalny *adj* tangible

namaszczać *vt* grease; *(olejami)* anoint

namaszczenie *n* anointment, unction

namawiać *vt* induce, persuade; *(do przestępstwa)* abet

namazać *vt* besmear, daub over

nami *pron* us; *zob.* **my**

namiastka *f* substitute, ersatz

namiestnictwo *n* regency

namiestnik *m* regent, governor-general

namiętność *f* passion; infatuation

namiętny *adj* passionate

namiot *m* tent; **rozbić ~** put up a tent

namoczyć *vt* steep, soak

namoknąć *vi* become soaked

namow|a *f* persuasion, instigation; **za ~ą** persuaded (**czyjąś** by sb)

namydlić *vt* soap; *(twarz)* lather

namys|ł *m* reflection, consideration; **bez ~słu** *(bez zastanowienia)* inconsiderately; **po ~śle** on consideration

namyślać się *vr* reflect (**nad czymś** on sth); consider

na nowo *adv* anew, afresh

naocznie *adv* with one's own eyes

naoczny *adj* ocular; **~ świadek** eye-witness

na odwrót *adv* vice versa, the other way round; *(wkładać ubranie na lewą stronę)* inside out

naokoło *adv* round, all round, round about; *praep* round

na opak *adv* contrariwise, amiss

na oścież *adv*, **otwarty ~** wide open; **otworzyć ~** fling open

na oślep *adv* blindly; **strzelać ~** shoot wild

napad *m* attack, assault; *(o chorobie, gniewie)* fit; **~ rabunkowy** mugging, robbery by assault, hold-up; **~ z bronią w ręku** armed robbery

napad|ać *vt* attack, mug, assail; **co go ~ło?** what's come over him?

napar *m* infusion

naparstek *m* thimble

naparzyć *vt* infuse, brew

napastliwość *f* aggressiveness

napastliwy *adj* aggressive

napastnik *m* aggressor, mugger; *sport* forward

napastować *vt* attack, mug; *(molestować)* importune, pester

napaść *f* attack, assault, mugging

napawać *vt* imbue, fill; **~ się** become imbued; *(rozkoszować się)* delight (**czymś** in sth)

napełniać *vt* fill (up); **~ ponownie** refill; **~ się** *vr* fill, become filled

na pewno *adv* certainly, surely, to be sure

napęd *m* drive, propulsion; **~ dyskowy** *komp.* disk drive; **~ na przednie koła** *mot.* front-wheel drive

napędow|y *adj* propulsive; **siła ~a** motive power

napędzać *vt* propel; (*wprawiać w ruch maszynę*) drive, run; (*przynaglać*) press, urge; *przen.* **~ strachu** frighten

napić się *vr* have sth to drink; (*alkoholu*) have a drink; **~ kawy** have a cup of coffee

napierać *vi* press; **~ się** *vr* insist (**czegoś** on sth)

napięci|e *n* tension, strain; (*oczekiwanie*) suspense; *elektr.* voltage; **trzymać w ~u** hold in suspense

napięty *adj* tense, taut; (*o stosunkach*) strained

napinać *vt* strain; (*łuk*) string

napis *m* sign, inscription; caption; notice

napiwek *m* tip, gratuity

napływ *m* inflow, influx; (*np. krwi, wody*) flush

napływać *vi* flow in; rush; (*przybyć gromadnie*) flock

napływowy *adj* inflowing, immigrant

napoczynać *vt* (*butelkę*) open; (*beczkę*) broach

napominać *vt* admonish

napomknąć *vt* mention

napomnienie *n* admonishment

napotykać *vt* meet (**coś** with sth), come (**coś** across sth)

napowietrzny *adj* aerial, air *attr*

napój *m* beverage, drink; **~ bezalkoholowy** soft drink; **~ alkoholowy** strong drink, alcoholic liquor; **~ chłodzący** refreshing drink

napór *m* pressure

napraw|a *f* repair, reparation; **muszę oddać zegarek do ~y** I must have my watch repaired

naprawdę *adv* indeed, really

naprawiać *vt* mend, repair, fix, put right; make good; (*nadrabiać*) make up (**coś** for sth); **~ krzywdę** redress the wrong

naprężenie *n* tension, strain; **złagodzić ~** ease the tension

naprężony *adj* = **napięty**

naprężyć *vt*, **~ się** *vr* stretch, strain; tauten

naprowadzać *vt* lead; (*myślowo*) suggest (**kogoś na coś** sth to sb)

na próżno *adv* in vain

naprzeciw *adv* opposite; *praep* opposite, against

na przekór *adv praep* in spite (**komuś, czemuś** of sb, sth)

na przełaj *adv* cross country; **droga ~** short cut

na przemian *adv* alternately

naprzód *adv* forward, on; (*najpierw*) first, in the first place; **iść ~** go ahead

na przykład *adv* for instance, for example

naprzykrzać się *vr* importune (**komuś** sb)

napuszony *adj* inflated, puffed; (*o stylu*) bombastic; (*zarozumiały*) bumptious

napychać *vt* cram, stuff, pack

narad|a *f* consultation, conference; **odbywać <zwoływać> ~ę** hold <call up> a conference

naradzać się *vr* confer; (*radzić się*) consult, take counsel (**z kimś** with sb)

narastać *vi* grow, augment; (*o procentach, dochodach, korzyściach*) accrue

naraz *adv* at once, suddenly

na razie *adv* for the present, for the time being

narażać *vt* jeopardize, endanger; **~ na niewygody** put to inconvenience; **~ się** *vr* risk (**na coś** sth); lay oneself open (**na plotki** to gossip); expose oneself (**na coś** to sth); **~ się komuś** incur sb's displeasure; **~ się na kłopoty**

ask for trouble, get oneself into trouble

narciarstwo n skiing; **~ wodne** water skiing; surfing

narciarz m skier

narcyz m bot. narcissus

nareszcie adv at last

naręcze n armful

narkoman m drug addict

narkotyczny adj narcotic

narkotyk m narcotic, drug; pot. dope; **handel ~ami** drug trafficking

narkotyzować vt narcotize

narkoza f narcosis

narobić vt make, do; **~ długów** get into debts; **~ hałasu** <**zamieszania**> make a noise <trouble>; pot. kick up a row <a fuss>; **~ komuś kłopotu** get sb into trouble; **~ sobie kłopotu** get oneself into trouble

narodowościowy adj national, concerning nationality

narodowość f nationality

narodowy adj national; **hymn ~** national anthem

narodzenie n birth; **Boże Narodzenie** Christmas; Nativity

narodzić się vr be born

narośl f excrescence, overgrowth

narowisty adj (o koniu) restive

narożnik m corner

narożny adj corner attr; **dom ~** corner-house

naród m nation

narta f sport ski; pl **~y** skis; a pair of skis; **jeździć na ~ach** ski

nartostrada f ski-run

naruszać vt violate; (np. honor, uczucie) injure; (np. spokój) trouble, disturb; (np. zapasy) broach; (np. gotówkę) touch; **~ czyjeś interesy** prejudice sb's interests; **~ czyjeś prawa** encroach on <upon> sb's rights; **~ prawo** <**regulamin itp.**> offend against the law <the rules etc.>; **~ terytorium** encroach on <upon> territory

naruszenie n violation; (zasady, umowy, obowiązków itp.) breach; (spokoju publicznego) disturbance, prejudice, injury (**czegoś** to sth, **czyjejś reputacji** to sb's reputation); **~ prawa** offence against the law

narwany adj hot-headed, crazy

narybek m zool. fry

narząd m organ

narzecze n dialect

narzeczona f fiancée

narzeczony m fiancé

narzekać vi complain (**na coś** of sth)

narzekanie n complaint

narzędnik m gram. instrumental (case)

narzędzie n instrument, tool

narzucać vt throw in, cast up, put on; force, obtrude (**coś komuś** sth on sb); **~ się** vr obtrude oneself (**komuś** on sb)

narzucanie się n obtrusion

narzuta f cover

narzutka f cape

nas pron pl us; zob. **my**

nasenny adj soporific; **środek ~** sleeping-pill

nasi pron m pl our, ours; zob. **my**

nasiadówka f hip-bath

nasiąkać vi imbibe (**czymś** sth), become imbued (**czymś** with sth)

nasienie n seed; biol. sperm

nasilenie n intensification, intensity

naskórek m anat. epidermis

nasłuch m (radiowy) monitoring

nasłuchiwać vi listen intently (**czegoś** to sth); (drogą radiową) monitor

nastać vi set in, come on, ensue

nastawać vi insist (**na coś** on sth); attempt (**na czyjeś życie** on sb's life)

nastawiać vt set (right), put, put on <right>; (umysłowo, moralnie) dispose; (radio) tune in (**na dany program** to a programme); **~**

wodę na herbatę put the kettle on; *przen.* **~ uszu** prick up one's ears

nastawienie n disposition; (*postawa*) attitude

nastąpić vi (*mieć miejsce*) take place; occur; (*mieć miejsce po czymś innym*) succeed

następca m successor (**tronu** to the throne)

następnie adv next, subsequently, then

następny adj following, next, subsequent

następ|ować vi follow (**po kimś, czymś** sb, sth); succeed; **jak ~uje** as follows; succeed

następstwo n succession; result; *gram.* **~ czasów** sequence of tenses

następujący adj following; (*kolejny*) consecutive, subsequent

nastolatek m teenager

nastraszyć vt frighten; **~ się** vr be frightened, take fright (**czymś** at sth)

nastręczać vt procure; afford; (*sposobność*) offer; (*trudności*) present; (*wątpliwości*) cause; **~ się** vr occur, be present, present itself

nastroić vt tune (up); (*usposobić kogoś*) predispose

nastroszyć vt erect, bristle up; **~ się** vr bristle up

nastr|ój m mood, frame of mind, disposition, spirits; **w dobrym <złym> ~oju** in high <low> spirits; **mieć ~ój do czegoś** be in the mood for sth; **nie mieć ~u** be in no mood

nasturcja f bot. nasturtium

nasuwać vt shove, push; (*myśl*) suggest; (*wątpliwości*) cause; **~ się** vr occur, arise

nasycać vt satiate; saturate; (*głód*) satisfy

nasycenie n satiation; *chem.* saturation; *handl.* glut

nasycony adj satiate, satiated; *chem.* saturated

nasyłać vt send on

nasyp m embankment

nasypać vt strew, pour (in)

nasz pron our, ours; *zob.* **my**

nasza pron f our, ours; *zob.* **my**

nasze pron f i n pl our, ours; *zob.* **my**

naszpikować vt lard, stuff

naszyć vt sew on, trim (**czymś** with sth)

naszyjnik m necklace

naście num pot. umpteen

naśladować vt imitate

naśladowca m imitator

naśladownictwo n imitation; (*w przyrodzie*) mimicry

naśladowczy adj imitative

naświetlać vt enlighten, light up; (*wyjaśniać*) throw light (**coś** on sth); elucidate; *med.* irradiate; *fot.* expose

naświetlanie n, **naświetlenie** n elucidation; *med.* irradiation; *fot.* exposure

natarcie n rubbing, friction; (*atak*) attack, charge

natarczywość f importunity

natarczywy adj importunate

natchnąć vt inspire

natchnienie n inspiration

natężać vt strain

natężenie n intensity

natężony adj strained, intense

natknąć się vr meet (**na kogoś, coś** with sb, sth), come (**na kogoś, coś** across sb, sth)

natłok m crowd, swarm, mass

natomiast adv but, on the contrary, yet

natrafić vt meet (**na kogoś, coś** with sb, sth); encounter (**na kogoś, coś** sb, sth)

natręctwo n importunity

natręt m importuner

natrętny adj importunate

natrysk m shower-bath

natrząsać się vr scoff (**z kogoś** at sb)

natu|ra f nature; **z ~ry** by nature; (*malować*) from nature; **płacić w ~rze** pay in kind; **martwa ~ra** still life; **wybryk ~ry** freak of nature

naturalizacja f naturalization

naturalizm m naturalism

naturalizować vt naturalize; **~ się** vr naturalize, become naturalized

naturalnie adv naturally; (*oczywiście*) of course

naturaln|y adj natural; **rzecz ~a** matter of course; **portret ~ej wielkości** life-size portrait

naturyzm m naturism

natychmiast adv at once, instantly; immediately, straight off

natychmiastowy adj instantaneous, instant

nauczać vt teach, instruct

nauczanie n teaching, instructing

nauczk|a f lesson; **dać ~ę** teach a lesson (**komuś** sb)

nauczyciel m teacher

nauczyć się vr learn

nauk|a f (*szkolna*) instruction, lessons; (*wyższa*) study; (*wiedza*) learning, science; pl **~i przyrodnicze** natural sciences; pl **~i humanistyczne** the humanities

naukowiec m scholar, researcher, scientist

naukowość f scientific character; (*wiedza*) erudition, scholarship

naukow|y adj scientific; scholarly; **stopień ~y** academic degree; **praca ~a** research work; **towarzystwo ~e** learned society

naumyślnie zob. **umyślnie**

nauszniki s pl ear-muffs, ear-flaps

nawa f arch. nave; przen. **~ państwowa** ship of State

nawadniać vt irrigate

nawalić vt pile up, heap; vi pot. (*zawieść, nie dopisać*) conk out

nawał m mass; pot. heaps

nawała f crowd, invasion

nawałnica f tempest, hurricane

nawet adv even

nawias m parenthesis, bracket, brace; **~em mówiąc** by the way, incidentally

nawiasowy adj parenthetical

nawiązać vt tie (up); **~ do czegoś** refer to sth; **~ korespondencję** enter into correspondence; **~ rozmowę** engage in conversation; **~ stosunki** establish <enter into> relations; **~ znajomość** strike up an acquaintance

nawiązani|e n reference; **w ~u do czego** with reference to sth

nawiedzać vt frequent; (*o myślach, o duchach*) haunt

nawierzchnia f top layer, surface. pavement

nawijać vt wind up, reel

nawilżać vt moisten

nawlekać vt (*igłę*) thread; (*np. korale*) string

nawodnienie n irrigation

nawoływać vt call; (*wzywać*) exhort; (*przynaglać*) urge (**kogoś do czegoś** sb to do sth)

nawozić vt manure, fertilize

nawóz m manure, fertilizer

nawracać vt (*konie*) wheel; (*na inną wiarę*) convert; vi return; **~ się** vr become converted (**na coś** to sth)

nawrócenie n conversion

nawrót m relapse, return

na wskroś adv throughout, clean through

nawyk m habit

nawykać vi become accustomed

nawykły adj accustomed

nawzajem adv mutually, one another, each other; **dziękuję, ~!** thank you, the same to you!

nazajutrz adv (on) the next day, the day after

nazbyt adv too, excessively

naznaczyć vt mark; (*ustalić*) fix; (*mianować*) appoint

nazwa f name, designation

nazwisk|o n name, surname, family name; **~iem Smith** Smith by name; **przybrane ~o** assumed name; **~o panieńskie** maiden name

nazywa|ć vt call, name; **~ć kogoś osłem** call sb an ass; **~ć się** vr be called; **~m się X.Y.** my name is X.Y.; **jak się nazywasz ?** what is your name?; **to się ~ szczęście !** that's what you call good luck!

negacja f negation

negatyw m fot. negative

negliż m undress

negocjacje s pl negotiations

negocjować vt negotiate

negować vt deny, disavow

nekrolog m obituary

nektar m nectar

neofita m neophyte

neologizm m neologism

neon m chem. neon; (reklama) neon sign; (lampa) neon lamp

ner|ka f anat. kidney; med. **zapalenie ~ek** nephritis

nerw m nerve; **działać komuś na ~y** get on sb's nerves

nerwica f neurosis

nerwoból m neuralgia

nerwowość f nervousness

nerwowy adj nervous; przen. touchy, jumpy

neseser m dressing-case

netto adv net(t)

neurastenia f neurasthenia, neurosis

neurastenik m neurasthenic, neurotic

neurotyczny adj neurotic

neutralizować vt neutralize

neutralność f neutrality

neutralny adj neutral

neutron m chem. fiz. neutron

newralgia f med. neuralgia

nęcić vt allure, entice, tempt

nędza f misery

nędzarz m pauper, beggar

nędznik m villain

nędzny adj miserable, wretched

nękać vt torment, molest

ni conj, adv, praef zob. **ani**; **~ stąd,**

~ zowąd without any reason

nią pron f her; zob. **ona**

niej pron f her; zob. **ona**

niańczyć vt nurse

niańka f nurse

niby conj as if; (rzekomo) apparently; praef (pseudo-) sham-, would-be, pseudo-; **~-doktor** sham-doctor, pseudo-doctor

nic pron nothing; **~ podobnego** nothing of the sort; **~ a ~** nothing whatsoever <at all>; **~ mi do tego** it's no business of mine; **~ mi nie jest** nothing is the matter with me; **~ mi po tym** I have no use for it; **~ nie szkodzi** it does not matter; **nie mam ~ więcej do powiedzenia** I have no more to say; **odejść z niczym** go away empty-handed; **skończyć się na niczym** come to nothing; **to na ~** it's no use <good>; **~ z tego** pot. nothing doing; am. no way

nich pron m i f pl them; zob. **oni, one**

nicość f nothingness

nicować vt turn

nicpoń m good-for-nothing

niczyj adj nobody's, no man's

nić f thread

nie part. not; (zaprzeczenie całej wypowiedzi) no; **jeszcze ~** not yet; **już ~** no more; no longer; **także ~** neither, not... either; **ja tego także ~ wiem** I do not know it, either; **wcale ~** not at all; **~ mniej** no less; **~ więcej** no more; **~ ma mowy** nothing doing

nieagresj|a f non-aggression; non-violence; **pakt o ~i** non-aggression pact

niebaczny adj inconsiderate, imprudent

niebawem adv shortly, before long

niebezpieczeństwo n danger; **narazić na ~** endanger

niebezpieczny adj dangerous

niebiański adj celestial, heavenly

niebieskawy adj bluish

niebieski *adj* blue; *zob.* **nie-biański**

niebieskooki *adj* blue-eyed

niebiosa *s pl rel.* Heavens

nieblo *n* (*firmament*) sky; *rel.* Heaven; **na ~ie** in the sky; **w ~ie** *rel.* in Heaven; **pod gołym ~em** under the open sky; **poruszyć ~o i ziemię** move heaven and earth, leave no stone unturned; **jak grom z jasnego ~a** like a bolt from the blue

nieborak *m* poor soul, poor thing

nieboszczyk *m* deceased

niebotyczny *adj* sky-high

niebyły *adj* bygone; *prawn.* null and void

niebywale *adv* uncommonly, unusually

niebywały *adj* uncommon, unheard-of

niecały *adj* incomplete, not all; **~a godzina** a short hour; **~e dziesięć minut** a short ten minutes; **~e pół arkusza** not so much as half a sheet

niech *part.* let; **~ sobie idzie** let him go; **~ żyje!** long live!

niechcący *adv* unintentionally

niechęć *f* unwillingness, reluctance (**do czegoś** to do sth); **czuć ~ do kogoś** bear sb a grudge

niechętny *adj* unwilling, reluctant; ill-disposed (**komuś** towards sb)

niechlujny *adj* dirty, slovenly

niechybny *adj* infallible

nieciekawy *adj* uninteresting

niecierpliwić *vt* try sb's patience; **~ się** *vr* grow impatient

niecierpliwość *f* impatience

niecierpliwy *adj* impatient

niecny *adj* infamous, vile

nieco *adv* a little, somewhat

niecodzienny *adj* uncommon

nieczułość *f* insensibility (**na coś** to sth)

nieczuły *adj* insensitive (**na coś** to sth); (*nie reagujący*) unrespon-

sive, insensible (**na coś** to sth)

nieczynny *adj* inactive; inoperative, out of order; (*zamknięty*) closed

nieczystość *f* uncleanness, impurity, unchastity

nieczysty *adj* unclean, impure, unchaste

nieczytelność *f* illegibility

nieczytelny *adj* illegible

niedaleki *adj* not far <distant>; **w ~ej przyszłości** in the near future

niedaleko *adv* not far (away)

niedawnlo *adv* recently; the other day; of late; **~o temu** not long ago; **do ~a** until recently

niedbalstwo *n* negligence, carelessness

niedbały *adj* negligent, careless

niedelikatność *f* indelicacy

niedelikatny *adj* indelicate

niedługi *adj* not long

niedługo *adv* soon, before long; not long

niedobitki *s pl* wrecks; remains; survivors

niedobór *m* deficit

niedobrany *adj* ill-suited

niedobry *adj* not good, bad; wicked

niedobrze *adv* not well, badly, ill; **czuć się ~** feel sick

niedociągnięcie *n* shortcoming

niedogodność *f* inconvenience

niedogodny *adj* inconvenient

niedogotowany *adj* half-cooked

niedojrzałość *f* immaturity

niedojrzały *adj* immature; (*o owocach*) unripe

niedokładność *f* inaccuracy

niedokładny *adj* inaccurate

niedokonany *adj*, **czas ~** *gram.* imperfect (tense)

nie dokończony *adj* unfinished

niedokrwistość *f med.* an(a)emia

niedola *f* adversity

niedołęstwo *n* awkwardness, inefficiency

niedołężny *adj* awkward, inefficient

niedomagać *vi* be suffering (**na
coś** from sth), be indisposed

niedomaganie *n* indisposition;
defect, imperfection, deficiency

niedomówienie *n* understate-
ment; reticence

niedomyślny *adj* slow-witted,
slow, dull

niedopałek *m* cigarette-end;
(*świecy*) candle-end

niedopatrzenie *n* oversight;
przez ~ through oversight

niedopełnienie *n* not-fulfilment

niedopuszczalność *f* inadmis-
sibility

niedopuszczalny *adj* inadmissi-
ble

niedorostek *m* youngster, stripling; greenhorn

niedorozwinięty *adj* underdeveloped; (*umysłowo*) mentally
deficient <retarded>

niedorozwój *m* underdevelopment; undergrowth; (*umysłowy*)
underdevelopment

niedorzeczność *f* absurdity

niedorzeczny *adj* absurd

niedoskonałość *f* imperfection

niedoskonały *adj* imperfect

niedosłyszalny *adj* inaudible

niedostateczność *f* insufficiency

niedostateczny *adj* insufficient,
inadequate; **stopień ~** bad mark;
am. failure

niedostatek *m* indigence, penu-
ry; (*brak*) deficiency, shortness;
~ artykułów spożywczych
dearth of provisions

niedostępność *f* inaccessibility

niedostępny *adj* inaccessible

niedostrzegalny *adj* impercep-
tible

niedościgły *adj* unattainable, unsurpassable

niedoświadczenie *n* inexperi-
ence

niedoświadczony *adj* inexperienced

niedotykalny *adj* intangible; untouchable

niedowarzony *adj* (*niedojrzały*)
immature

niedowiarek *m* unbeliever

niedowidzieć *vi* be weak-sighted

niedowierzanie *n* distrust, mistrust

niedowład *m med.* paresis

niedozwolony *adj* prohibited,
illicit

niedrogi *adj* inexpensive

nieduży *adj* small, little

niedwuznaczny *adj* unequivo-
cal

niedyskrecja *f* indiscretion

niedyskretny *adj* indiscreet

niedyspozycja *f* indisposition

niedziela *f* Sunday

niedźwiadek *m* cub

niedźwiedzica *f zool.* she-bear;
astr. **Wielka Niedźwiedzica**
Great Bear

niedźwiedź *m zool.* bear

nieestetyczny *adj* un(a)esthetic

niefachowy *adj* unprofessional,
incompetent

nieformalny *adj* not formal, informal

niefortunny *adj* unfortunate, unsuccessful

niefrasobliwy *adj* carefree, unconcerned

niegdyś *adv* once, at one time

niegodny *adj* unworthy, undigni-
fied

niegodziwość *f* wickedness, villainy

niegodziwy *adj* wicked, villainous

niegościnny *adj* inhospitable

niegramatyczny *adj* ungram-
matical, incorrect

niegrzeczność *f* (*nieuprzej-
mość*) unkindness, impoliteness;
(*o dzieciach*) naughtiness

niegrzeczny *adj* (*nieuprzejmy*)
unkind, impolite; (*o dzieciach*)
naughty

niegustowny *adj* tasteless, in bad
taste

nieharmonijny *adj* unharmonious, inharmonious

niehonorowy *adj* dishonourable, dishonest

nieistotny *adj* inessential; irrelevant

niejaki *adj* certain, a, some; ~ **p. Smith** a certain Mr. Smith; **od ~ego czasu** for some time past

niejasność *f* dimness, vagueness, obscurity

niejasny *adj* dim, vague, obscure

niejawny *adj* under cover

niejed|en *adj* many a; **~na dobra książka** many a good book

niejednokrotny *adj* repeated

niekiedy *adv* sometimes, now and then

niekompetentny *adj* incompetent

niekonsekwentny *adj* inconsistent

niekorzystny *adj* unprofitable, disadvantageous

niekorzyść *f* disadvantage, detriment; **na ~** to the detriment (**kogoś, czegoś** of sb, sth)

niekształtny *adj* unshapely

niektóry *adj* some

niekulturalny *adj* uncultured

nielegalny *adj* illegal

nieletni *adj* under age, minor

nieliczn|y *adj* not numerous; **~e wyjątki** a few exceptions

nielitościwy *adj* unmerciful, ruthless

nielogiczność *f* illogicality

nielogiczny *adj* illogical

nieludzki *adj* inhuman

nieludzkość *f* inhumanity

nieład *m* disorder, confusion

nieładnie *adv* unhandsomely; **to ~** it is not nice

niełaska *f* disfavour

niełaskawy *adj* unkind, unfavourable

niemal *adv* almost, nearly

niemało *adv* not a little; not a few; pretty much <many>

niemały *adj* pretty big <great, large>

niematerialny *adj* immaterial

niemądry *adj* unwise

Niemiec *m* German

niemiecki *adj* German

niemiłosierny *adj* unmerciful, merciless

niemiły *adj* unpleasant

niemniej *adv*, **~ jednak** nevertheless, none the less

niemoc *f* impotence, infirmity

niemodny *adj* out of fashion, unfashionable, outmoded

niemoralność *f* immorality

niemoralny *adj* immoral

niemowa *m, f* mute

niemowlę *n* infant, baby, babe

niemożliwość *f* impossibility

niemożliwy *adj* impossible

niemrawy *adj* sluggish, tardy

niemy *adj* dumb, mute; (*o filmie*) silent

nienaganny *adj* blameless, irreproachable

nienaruszalny *adj* inviolable

nienaruszony *adj* intact

nienasycony *adj* insatiable; *chem.* unsaturated

nienaturalny *adj* unnatural, affected

nienawidzić *vt* hate, detest

nienawistny *adj* hateful, detestable

nienawiść *f* hatred

nienormalny *adj* abnormal, anomalous

nieobecność *f* absence; **~ nieusprawiedliwiona** unexcused absence

nieobecny *adj* absent

nieobliczalny *adj* incalculable; (*niepoczytalny*) unreliable

nieobowiązkowy *adj* optional

nieoceniony *adj* inestimable

nieoczekiwany *adj* unexpected

nieodłączny *adj* inseparable

nieodmienny *adj* invariable; *gram.* indeclinable

nieodparty *adj* irresistible; (*np. argument*) irrefutable
nieodpłatny *adj* free of charge
nieodpowiedni *adj* inadequate; unsuitable; unfit
nieodpowiedzialność *f* irresponsibility
nieodpowiedzialny *adj* irresponsible
nieodstępny *adj* inseparable
nieodwołalny *adj* irrevocable
nieodwracalny *adj* irreversible
nieodzowny *adj* indispensable
nieodżałowan|y *adj* ever memorable; **~ej pamięci** the late lamented
nieoficjalny *adj* unofficial, informal
nieoględny *adj* inconsiderate
nieograniczony *adj* unlimited
nieokiełznany *adj* unmanageable, unbridled
nieokreślony *adj* indefinite
nieokrzesany *adj* uncouth, rude, rough
nieomal *adv* nearly, all but
nieomylność *f* infallibility
nieomylny *adj* infallible
nieopanowany *adj* impetuous, vehement, uncontrollable
nieopatrzność *f* improvidence, inconsideration
nieopatrzny *adj* improvident, inconsiderate
nieopisany *adj* indescribable
nieopłacalny *adj* unprofitable
nieopodal *adv praep* nearby
nieoprawiony *adj (o książce)* unbound
nieorganiczny *adj* inorganic
nieosobowy *adj* impersonal
nieostrożność *f* carelessness, incaution, inadvertence
nieostrożny *adj* careless, incautious, inadvertent
nieoswojony *adj (dziki)* untamed
nieoświecony *adj* uneducated, ignorant
nie oznaczony *pp i adj* indefinite, indeterminate

niepalący *adj* not smoking, non-smoking; *s m* non-smoker
niepalny *adj* incombustible; non-flammable
niepamięć *f* oblivion
niepamiętny *adj* unmemorable; forgetful (**czegoś** of sth); **od ~ch czasów** from times immemorial
nieparlamentarny *adj* unparliamentary, nonparliamentary
nieparzysty *adj* odd
niepełnoletni *adj* under age, minor
niepełnoletniość *f* minority
niepełny *adj* incomplete
niepewność *f* uncertainty, incertitude
niepewny *adj* uncertain; unreliable
niepiśmienny *adj* illiterate; *s m* illiterate
niepłatny *adj* unpaid, gratuitous
niepłodność *f* sterility
niepłodny *adj* sterile, barren
niepochlebny *adj* unflattering
niepocieszony *adj* inconsolable
niepoczytalność *f* irresponsibility
niepoczytalny *adj* irresponsible
niepodejrzany *adj* unsuspected
niepodległość *f* independence
niepodległy *adj* independent
niepodobieństwo *n* unlikelihood; improbability, impossibility
niepodobn|y *adj* unlike (**do kogoś, czegoś** sb, sth); **oni są do siebie ~i** they are dissimilar; they are unlike
niepodzielny *adj* indivisible
niepogoda *f* bad weather
niepohamowany *adj* unrestrained, irrepressible
niepojętny *adj* dull, unintelligent
niepojęty *adj* unintelligible, inconceivable
niepokalany *adj* unspotted; immaculate
niepokaźny *adj* inconspicuous
niepokoić *vt* disturb, disquiet; **~**

się *vr* be alarmed, feel uneasy <anxious> (**czymś** about sth)

niepokonany *adj* unconquerable, invincible

niepokój *m* anxiety, uneasiness (**o kogoś, coś** about sb, sth); trouble, disorder

niepolityczny *adj* impolitic

niepomny *adj* oblivious, forgetful (**na coś** of sth)

niepomyślność *f* adversity

niepomyślny *adj* adverse, unfavourable, unsuccessful

niepopłatny *adj* unprofitable

niepoprawność *f* incorrigibility; incorrectness

niepoprawny *adj* incorrigible; incorrect

niepopularność *f* unpopularity

niepopularny *adj* unpopular

nieporadny *adj* awkward, unpractical

nieporęczny *adj* unhandy, inconvenient

nieporozumienie *n* misunderstanding

nieporównany *adj* incomparable

nieporuszony *adj* immovable

nieporządek *m* disorder, mess

nieporządny *adj* disorderly, untidy

nieposłuszeństwo *n* disobedience

nieposłuszny *adj* disobedient

niepospolity *adj* uncommon

nieposzlakowany *adj* unblemished, unspotted

niepotrzebny *adj* unnecessary

niepowetowany *adj* irreparable, irretrievable

niepowodzenie *n* adversity, failure

niepowołany *adj* incompetent, unauthorized

niepowstrzymany *adj* unrestrainable, uncontrollable

niepowszedni *adj* uncommon

niepowściągliwość *f* incontinence

niepowściągliwy *adj* incontinent

niepozorny *adj* inconspicuous

niepożądany *adj* undesirable

niepożyteczny *adj* useless

niepraktyczny *adj* unpractical

nieprawda *f* untruth, falsehood; **to ~** this is not true

nieprawdopodobny *adj* improbable

nieprawdziwy *adj* untrue

nieprawidłowość *f* irregularity, anomaly

nieprawidłowy *adj* irregular, abnormal

nieprawny *adj* illegal

nieprawomyślność *f* unorthodoxy

nieprawomyślny *adj* unorthodox

nieprawość *f* iniquity, wickedness

nieprawy *adj* iniquitous; illegitimate

nieproporcjonalny *adj* disproportionate

nieproszony *adj* unbidden, uncalled-for

nieprzebaczalny *adj* unpardonable; unforgivable

nieprzebrany *adj* inexhaustible

nieprzebyty *adj* impassable

nieprzechodni *adj gram.* intransitive

nieprzejednany *adj* irreconcilable

nieprzejrzysty *adj* nontransparent

nieprzekupny *adj* incorruptible

nieprzemakalny *adj* impermeable, waterproof, rainproof; **płaszcz ~** raincoat

nieprzeniknoiony *adj* impenetrable

nieprzepuszczalny *adj* impermeable, impervious

nieprzerwany *adj* uninterrupted, continuous; (*o locie, jeździe*) *attr* non-stop

nieprześcigniony *adj* unsurpassable

nieprzewidziany *adj* unforeseen

nieprzezorność *f* improvidence

nieprzezorny *adj* improvident

nieprzezroczysty *adj* nontransparent, opaque

nieprzezwyciężony *adj* invincible, insuperable

nieprzychylność *f* disfavour

nieprzychylny *adj* unfavourable, unfriendly

nieprzydatność *f* uselessness

nieprzydatny *adj* useless

nieprzyjaciel *m* enemy, *lit.* foe

nieprzyjacielski *adj* inimical; *attr* enemy; **siły ~e** enemy forces; **działanie ~e** hostilities *pl*

nieprzyjazny *adj* unfavourable, unfriendly; hostile

nieprzyjaźń *f* enmity; hostility

nieprzyjemność *f* disagreeableness

nieprzyjemny *adj* disagreeable, unpleasant

nieprzymuszon|y *adj* unconstrained; voluntary; **~a wola** free will

nieprzystępność *f* inaccessibility

nieprzystępny *adj* inaccessible; (*o cenach*) prohibitive

nieprzytomność *f* unconsciousness; (*roztargnienie*) absentmindedness

nieprzytomny *adj* unconscious; (*roztargniony*) absent-minded

nieprzyzwoitość *f* indecency

nieprzyzwoity *adj* indecent

niepunktualność *f* unpunctuality

niepunktualny *adj* unpunctual

nieracjonalny *adj* irrational; unreasonable

nierad *adj* reluctant, disinclined; **rad ~** willy-nilly

nieraz *adv* many a time, repeatedly

nierdzewny *adj* rustless, rustproof; (*o stali*) stainless

nierealność *f* unreality

nierealny *adj* unreal

nieregularność *f* irregularity

nieregularny *adj* irregular

niereligijny *adj* irreligious

nierentowny *adj* unprofitable

nierozdzielny *adj* inseparable

nierozerwalny *adj* indissoluble

nierozgarnięty *adj* dull

nierozłączny *adj* inseparable

nierozmyślny *adj* unpremeditated

nierozpuszczalność *f* indissolubility

nierozpuszczalny *adj* indissoluble

nierozsądny *adj* unreasonable, imprudent

nierozwaga *f* inconsideration, imprudence

nierozważny *adj* inconsiderate, imprudent

nierozwiązalny *adj* insoluble; (*o zagadnieniu*) irresolvable

nierozwinięty *adj* undeveloped; (*opóźniony w rozwoju*) backward

nierówność *f* inequality

nierówny *adj* unequal, uneven

nieruchliwy *adj* slow, impassive

nieruchomoś|ć *f* immobility; (*o majątku*) real estate; *pl* **~ci** *prawn.* immovables

nieruchomy *adj* immovable, motionless; **majątek ~** real estate

nierzadko *adv* often, not infrequently

nierząd *m* prostitution

nierzeczywisty *adj* unreal

nierzetelność *f* dishonesty

nierzetelny *adj* dishonest, unreliable

niesamowity *adj* uncanny

niesforność *f* unruliness, indocility

niesforny *adj* unruly, indocile

nieskalany *adj* immaculate, stainless

nieskazitelność *f* spotlessness; integrity

nieskazitelny *adj* unblemished, stainless

niesкładny *adj* awkward

nieskończenie *adv* infinitely; ~ **mały** infinitesimal

nieskończoność *f* infinity

nieskończony *adj* infinite

nieskromny *adj* immodest, indecent

nieskuteczność *f* inefficacy, ineffectiveness

nieskuteczny *adj* ineffective, inefficacious

niesławny *adj* disreputable

niesłowny *adj* false to one's word, unreliable

niesłuszność *f* injustice, unfairness

niesłuszny *adj* unjust, unfair

niesłychany *adj* unheard-of; unprecedented

niesmaczny *adj* tasteless

niesmak *m* distaste (**do czegoś** for sth), disgust (**do czegoś** at, for sth)

niesnaski *s pl* dissension, quarrels

niespełna *adv* nearly; ~ **rozumu** crack-brained

niespodziank|a *f* surprise; **sprawić komuś ~ę** give sb a surprise

niespodziewany *adj* unexpected

niespokojny *adj* restless, unquiet

nie sposób *adv* it's impossible

niespożyty *adj* (*niestrudzony*) indefatigable; (*trwały*) everlasting

niesprawiedliwość *f* injustice

niesprawiedliwy *adj* unjust

nie sprzyjający *adj* unfavourable, adverse

niestałość *f* inconstancy, instability

niestały *adj* inconstant, unstable

niestaranny *adj* careless, sloppy

niestawiennictwo *n* non-appearance

niestety *adv* unfortunately; *lit.* alas; ~ **on nie wróci** I'm afraid he will not come back; ~ **nie**

mogę tego zrobić I'm sorry I can't do it

niestosowny *adj* unsuitable, improper

niestrawność *f* indigestion

niestrawny *adj* indigestible

niestrudzony *adj* indefatigable

niestworzon|y *adj pot.* **opowiadać ~e rzeczy** tell tall stories

niesumienność *f* dishonesty, unscrupulousness

niesumienny *adj* dishonest, unscrupulous

nieswojo *adv* not at ease; **czuć się ~** feel uneasy

nieswój *adj* strange, uneasy, ill at ease

niesymetryczny *adj* asymmetrical

niesympatyczny *adj* uncongenial

nieszczególny *adj* not peculiar, mediocre, tolerable, moderate

nieszczelny *adj* leaky, not tight

nieszczerość *f* insincerity

nieszczery *adj* insincere

nieszczęsny *adj* ill-fated, unfortunate; disastrous

nieszczęście *n* misfortune; calamity, disaster; bad luck; **na ~** unfortunately; **na moje ~** to my misfortune

nieszczęśliwy *adj* unfortunate, unhappy, unlucky; ~ **wypadek** accident; ~ **zbieg okoliczności** fatal coincidence

nieszkodliwy *adj* harmless

nieszpory *s pl* vespers

nieścisłość *f* inexactitude, inaccuracy

nieścisły *adj* inexact, inaccurate

nieść *vt* carry, bear, bring; (*o kurze*) lay

nieślubny *adj* illegitimate

nieśmiałość *f* timidity, shyness

nieśmiały *adj* timid, shy

nieśmiertelność *f* immortality

nieśmiertelny *adj* immortal

nieświadomość *f* unconsciousness, ignorance

nieświadomy *adj* unconscious, insensible (of); ignorant
nietakt *m* tactlessness; indelicacy, faux pas; **popełnić** ~ make a slip; *am. pot.* goof
nietaktowny *adj* tactless; *am. pot.* goofy
nietknięty *adj* intact, untouched
nietolerancja *f* intolerance
nietoperz *m* bat
nietowarzyski *adj* unsociable
nietrafny *adj* improper, wrong; (*strzał*) missing the mark
nietrwały *adj* nondurable
nietrzeźwy *adj* inebriate; *pot.* tipsy, tight; **w stanie** ~**m** under the influence of drink; intoxicated
nietykalność *f* inviolability; (*posłów*) privilege; *prawn.* immunity
nietykalny *adj* inviolable; untouchable; *prawn.* enjoying immunity
nie tyle *adv* not so much
nie tylko *adv* not only
nieubłagany *adj* implacable
nieuchronny *adj* unavoidable, inevitable
nieuchwytny *adj* elusive; nowhere to be found
nieuctwo *n* ignorance
nieuczciwość *f* dishonesty
nieuczciwy *adj* unfair, dishonest
nieuczynny *adj* disobliging
nieudany *adj* unsuccessful, abortive
nieudolność *f* inability, incompetence, clumsiness
nieudolny *adj* incapable, incompetent, clumsy
nieufność *f* mistrust; **wotum** ~**ci** vote of censure
nieufny *adj* distrustful
nieugaszony *adj* unquenchable, inextinguishable
nieugięty *adj* inflexible
nieukojony *adj* unappeasable, unappeased, inconsolable
nieuleczalny *adj* incurable

nieumiarkowany *adj* immoderate, intemperate
nieumiejętność *f* inability, unskilfulness
nieumiejętny *adj* incapable, unskilful
nieumyślny *adj* unintentional
nieunikniony *adj* unavoidable, inevitable
nieuprzedzony *adj* unprejudiced, unbiased
nieuprzejmy *adj* unkind, impolite
nieurodzajny *adj* sterile, infertile, barren
niesprawiedliwiony *adj* unjustified; inexcusable
nieustanny *adj* incessant, unceasing
nieustępliwy *adj* uncompromising
nieustraszony *adj* fearless
nieusuwalność *f* irremovability, irremovableness
nieusuwalny *adj* irremovable
nieutulony *adj* inconsolable
nieuwag|a *f* inattention, inadvertence; **przez** ~**ę** by oversight <mistake>; through <by> inadvertence
nieuważny *adj* inattentive, inadvertent
nieuzasadniony *adj* unfounded, unjustified
nieuzbrojony *adj* unarmed
nieużyteczny *adj* useless
nieużyty *adj* disobliging
niewart *adj* unworthy
nieważkość *f* weightlessness
nieważki *adj* imponderable, weightless
nieważny *adj* unimportant, trivial; (*np. dokument*) invalid
niewątpliwie *adv* undoubtedly, no doubt
niewątpliwy *adj* indubitable, undoubted
niewczesny *adj* inopportune; unseasonable, untimely
niewdzięczność *f* ingratitude

niezależny

niewdzięczny *adj* ungrateful
niewesoły *adj* joyless; unpleasant; bad
niewiadom|y *adj* unknown; **~a** *s f mat. i przen.* unknown quantity
niewiara *f* disbelief, unbelief
niewiarygodny *adj* incredible, unbelievable
niewidoczny *adj* invisible
niewidomy *adj* blind; *s m* blind man
niewidzialn|y *adj* invisible, unseen; *fiz. pl* **promienie ~e** obscure rays
niewiedza *f* ignorance
niewiele *adv* little, few
niewielki *adj* small, little
niewierność *f* unfaithfulness, faithlessness, disloyalty
niewierny *adj* unfaithful, faithless, disloyal; **~ Tomasz** doubting Thomas
niewiniątko *n* innocent
niewinność *f* innocence
niewinny *adj* innocent
niewłaściwość *f* impropriety
niewłaściwy *adj* improper
niewol|a *f* slavery, captivity; **wziąć kogoś do ~i** take sb prisoner
niewolniczy *adj* slavish
niewolnik *m* slave; **~ palenia papierosów** a slave to smoking
nie wolno *v nieodm.* it is forbidden, one must not
niewprawny *adj* unskilled, inexpert
niewrażliwy *adj* insensible, insensitive
niewspółmierność *f* incommensurability
niewspółmierny *adj* incommensurate
niewybaczalny *adj* unpardonable, unforgivable
niewyczerpany *adj* inexhaustible
niewydajny *adj* inefficient
niewygoda *f* inconvenience, discomfort

niewygodny *adj* inconvenient, uncomfortable
niewykonalny *adj* impracticable, unfeasible
niewykształcony *adj* uneducated
niewymierny *adj mat.* irrational
niewymowny *adj* ineffable, unspeakable; ineloquent
niewymuszony *adj* unaffected, unconstrained, free and easy
niewypał *m* blind shell, live shell; *pot.* dud
niewypłacalność *f* insolvency
niewypłacalny *adj* insolvent
niewypowiedziany *adj* unsaid
niewyraźny *adj* indistinct; looming; unclear
niewyrobiony *adj* unwrought; (*niewprawny*) unskilled, inexperienced
niewyrozumiały *adj* intolerant, not lenient; ruthless
niewysłowiony *adj* ineffable, unspeakable
niewystarczający *adj* insufficient
niewytłumaczalny *adj* inexplicable
niewytrwały *adj* not persistent
niewytrzymały *adj* = **niewytrwały**
niewzruszony *adj* unmoved, imperturbable
niezaangażowany *adj* uncommitted
niezachwiany *adj* unshaken
niezadowalający *adj* unsatisfactory
niezadowolenie *n* discontent, dissatisfaction (**z czegoś** with sth)
niezadowolony *adj* discontented, dissatisfied (**z czegoś** with sth)
niezakłócony *adj* undisturbed
niezależność *f* independence (**od czegoś, kogoś** of sth, sb)
niezależny *adj* independent (**od kogoś, czegoś** of sb, sth)

niezamężna *adj* unmarried, single

niezamożny *adj* not well-to-do, indigent, of limited means

niezapominajka *f* forget-me-not

niezapomniany *adj* unforgotten

niezaprzeczalny *adj* incontestable, undeniable

niezaradny *adj* helpless, unpractical

niezasłużony *adj* undeserved

niezawisłość *f* independence (**od kogoś, czegoś** of sb, sth)

niezawisły *adj* independent (**od kogos, czegoś** of sb, sth)

niezawodnie *adv* without fail, unfailingly

niezawodny *adj* unfailing, infallible

niezabkowany *adj filat.* imperforate

niezbadany *adj* unexplored, inscrutable

niezbędność *f* indispensability

niezbędny *adj* indispensable

niezbity *adj* irrefutable

niezbyt *adv* not (all) too

niezdarny *adj* awkward, clumsy

niezdatny *adj* unfit

niezdecydowany *adj* undecided; (*w działaniu*) indecisive

niezdolność *f* inability, incapability; **~ do pracy** incapacity for work

niezdolny *adj* incapable, unable; **~ do służby wojskowej** unfit for military service; **~ do pracy** incapable of work

niezdrowy *adj* unhealthy, unwell; (*szkodliwy dla zdrowia*) unwholesome

niezdyscyplinowany *adj* undisciplined

niezgłębiony *adj* unfathomable, inscrutable

niezgoda *f* disagreement, discord, dissent

niezgodność *f* discordance; nonconformity, unconformity; (*charakterów*) incompatibility

niezgodny *adj* disagreeing, discordant; incompatible, inconsistent

niezgrabność *f* clumsiness, awkwardness

niezgrabny *adj* clumsy, awkward

nieziszczalny *adj* unrealizable, unattainable

niezliczony *adj* innumerable, countless

niezłomny *adj* inflexible, unshaken

niezmącony *adj* untroubled, unruffled

niezmienność *f* immutability

niezmienny *adj* immutable, unchanging, invariable

niezmierność *f* immensity

niezmierny *adj* immense

niezmordowany *adj* indefatigable, tireless

nieznaczny *adj* insignificant, trivial, slight

nieznajomość *f* ignorance (**czegoś** of sth); unacquaintance (**czegoś** with sth)

nieznajomy *adj* unknown; *s m* unknown person, stranger

nieznany *adj* unknown, unfamiliar

nieznośny *adj* unsupportable, unbearable, intolerable

niezręczność *f* awkwardness

niezręczny *adj* awkward

niezrozumiałość *f* unintelligibility

niezrozumiały *adj* unintelligible, incomprehensible

niezrównany *adj* incomparable, matchless, unrivalled; **człowiek <przedmiot> ~** nonesuch

niezrównoważony *adj* unbalanced

niezupełny *adj* incomplete

niezwłocznie *adv* immediately, without delay

niezwłoczny *adj* immediate, instant

niezwyciężony *adj* invincible

niezwykły *adj* uncommon, unusual

nieżonaty *adj* unmarried, single

nieżyczliwość *f* unfriendliness; unkindness

nieżyczliwy *adj* unfriendly, ill-disposed (**dla kogoś** towards sb)

nieżyt *m med.* catarrh, inflammation

nieżywotny *adj* inanimate

nieżywy *adj* lifeless, dead

nigdy *adv* never, not ... ever; ~ **więcej** never more; **jak gdyby ~ nic** as if nothing had happened

nigdzie *adv* nowhere, not ... anywhere

nijak *adv int pot.* no way

nijaki *adj* (*nieokreślony*) indeterminate; shapeless, amorphous; *gram.* **rodzaj ~** neuter gender

nijako *adv* indeterminately; **czuć się ~** feel uneasy

nikczemnik *m* villain

nikczemność *f* villainy, meanness

nikczemny *adj* villainous, mean; vile

nikiel *m* nickel

niklować *vt* nickel

nikły *adj* exiguous, scanty

niknąć *vi* vanish, disappear; (*marnieć*) waste away

nikotyna *f* nicotine

nikt *pron* no one, nobody, not anybody; neither, none

nim 1. *conj* = **zanim**

nim 2. *pron m i n* him; it; *zob.* **on, ono**

nimfa *f* nymph

nimi *pron m i f pl* them; *zob.* **oni, one**

niniejszy *adj* present; **~m zaświadczam** I hereby testify

niski *adj* low; (*o wzroście*) short

nisko *adv* low; ~ **mierzyć** aim low; ~ **się kłaniać** bow low

nisza *f* niche

niszczący *adj* destructive

niszczeć *vi* waste away, decay

niszczyć *vt* destroy, spoil, ruin; (*ubranie, obuwie*) wear down; ~ **się** *vr* spoil, deteriorate; (*o ubraniu, obuwiu*) wear (down)

nit *m techn.* rivet

nitka *f* thread

niweczyć *vt* destroy, annihilate; frustrate

niwelować *vt* level

nizać *vt* thread, string

nizina *f* lowland

niż 1. *conj* than

niż 2. *m* lowland; (*barometryczny*) depression

niżej *adv* lower; down, below; ~ **podpisany** the undersigned

niższość *f* inferiority

niższy *adj* lower; (*gatunkowo, służbowo*) inferior

no *part.* well, now, (well) then

noc *f* night; ~**ą** by night, at night; **przez** ~ overnight; **dziś w ~y** tonight; **całą** ~ all night long

nocleg *m* night's rest; (*miejsce*) place to sleep in

nocnik *m* chamber-pot

nocn|y *adj* night(ly); **koszula ~a** night-gown; **służba ~a** night-duty; **spoczynek ~y** night's rest

nocować *vi* stay overnight, stay for the night; ~ **poza domem** sleep out

nog|a *f* leg; (*stopa*) foot; **być na ~ach** be up; **do góry ~ami** upside down; **podstawić komuś ~ę** trip sb up; **wybić do ~i** *pot.* kill to a man; **wyciągnąć ~i** *przen. pot.* kick the bucket

nogawka *f* leg

nokaut *m sport* knockout

nokturn *m muz.* nocturne

nomenklatura *f* nomenclature

nominacja *f* appointment, nomination

nominalny *adj* nominal

nonsens *m* nonsense; *pot.* rubbish; *wulg.* balls, bullshit

nora *f* burrow, hole

norka *f zool.* mink

norma *f* standard, norm

normalizacja *f* normalization

normalizować *vt* normalize, standardize

normalny *adj* normal
normować *vt* regulate
Norweg *m* Norwegian
norweski *adj* Norwegian
nos *m* nose; **wycierać ~** blow <wipe> one's nose; **zadzierać ~a** put up one's nose, put on airs; *pot.* **mieć ~a** have a sharp nose; **wodzić za ~** lead by the nose; **wścibiać ~ do** poke one's nose into
nosacizna *f med.* glanders
nosić *vt* (*dźwigać*) carry, bear; (*mieć na sobie*) wear; (*brodę, wąsy*) grow; **~ się** *vr* (*o ubraniu*) wear; **~ się z myślą** entertain an idea
nosiciel *m* bearer; carrier
nosorożec *m zool.* rhinoceros
nostalgia *f* nostalgia, homesickness
nosze *s pl* stretcher
nota *f* note
notariusz *m* notary public
notatka *f* note
notatnik *m*, **notes** *m* notebook
notoryczny *adj* notorious
notować *vt* take notes (**coś** of sth), put down; (*rejestrować na giełdzie*) quote
notowanie *n* record; (*kurs na giełdzie*) quotation
nowator *m* innovator
nowela *f* short-story; (*dodatkowa ustawa*) amendment
nowicjat *m* novitiate, noviciate, probation time
nowicjusz *m* novice, probationer
nowina *f* news; **to nie żadna ~** that's no news
nowoczesny *adj* modern, up-to-date; (*technicznie*) high-tech
nowo narodzony *adj* new-born
noworoczny *adj* New Year's
nowość *f* novelty
nowotwór *m med.* tumour; **~ złośliwy** malignant tumour
nowo wstępujący *adj i s m* (*do uczelni, zawodu itp.*) entrant
nowożytny *adj* modern(-era),

Christian-era *attr*
nowy *adj* new; **co nowego?** what's the news?; what's new?
nozdrze *n* nostril
nożownik *m pot.* (*bandyta*) cut-throat
nożyce *s pl* shears, clippers
nożyczki *s pl* scissors
nożyk *m* knife, pocket-knife; (*do golenia*) blade
nów *m* new moon
nóż *m* knife
nucić *vt vi* hum; (*o ptakach*) warble
nuda *f* boredom
nudności *s pl* nausea, qualm
nudny *adj* tedious, wearisome, dull, boring
nudziarz *m* bore
nudzi|ć *vt* bore; **mnie to ~** I'm tired of this; **~ć się** *vr* feel bored
numer *m* number; **~ wewnętrzny** extension (number)
numeracja *f* numeration
numerować *vt* number
numerek *m* (*np. w szatni*) check
numizmatyka *f* numismatics
nuncjusz *m rel.* nuncio
nurek *m* diver
nurkować *vi* dive
nurkowanie *n* diving; *lotn.* nose-dive
nurkowy *adj, lotn.* **lot ~** nose-dive
nurt *m* current
nurt|ować *vt* penetrate, pervade; **to mnie ~uje** I feel uneasy about it
nurzać *vt* dip, plunge, immerse; **~ się** *vr* plunge, welter
nut|a *f* note; melody, tune; *pl* **~y** music *zbior.*
nuż *part.* there now; **a ~ przyjdzie** suppose he comes; **a ~ wygram** what if I win?; **a ~ mi się uda** what if I succeed?
nużący *adj* tiring
nużyć *vt* tire (out), weary; **~ się** *vr* grow weary, get tired
nylon *m* nylon

O

o *praep* of, for, at, by, about, with; **boję się o twoje bezpieczeństwo** I fear for your safety; **chodzić o lasce** walk with a stick; **powiększyć o połowę** increase by one half; **prosić o coś** ask for sth; **o co chodzi?** what's the matter?; **o czym mówisz?** what are you speaking of <about>?; **o 5 godzinie** at 5 o'clock

oaza *f* oasis (*pl* oases)

oba, obaj, obie, oboje *num* both

obalenie *n* overthrow; (*zniesienie*) abolition; *prawn.* (*wyroku*) reversal

obalić *vt* overthrow, upset; (*znieść*) abolish

obarcz|yć *vt* burden, charge; **~ony smutkiem** laden with sorrow; **~ony troską** care-laden

obaw|a *f* fear, anxiety; **~y** (*złe przeczucia*) misgivings; **z ~y** for fear (**przed czymś** of sth), **o coś** of sth); **żywić ~ę** be anxious (**o coś** of sth)

obawiać się *vr* be afraid (of), be anxious (about), worry (about), fear (that)

obcas *m* heel; **wysoki ~** high heel

obcesowo *adv* outright

obcęgi *s pl* tongs, pliers

obchodzenie się *n* dealing (**z kimś, czymś** with sb, sth), treatment (**z kimś, czymś** of sb, sth)

obchodzi|ć *vt* walk <go> round; (*prawo*) evade; (*święto, urodziny*) celebrate, observe; **to ciebie nic nie ~** it is no concern of yours; **to mnie szczególnie ~** it is of great concern to me; **to mnie nic nie ~** I don't care (about it); **it is no concern of mine; ~ć się** *vr* do (**bez czegoś**

without sth), dispense (**bez czegoś** with sth), spare (**bez czegoś** sth); deal (**z kimś** with sb), treat (**z kimś** sb); **~ć się ostrożnie** handle with care; **źle się ~ć** ill-treat (**z kimś** sb); **~ć się ostrożnie** handle with care

obchód *m* (*okrążenie*) round; (*obchodzenie święta*) observation; (*rocznicy*) celebration

obciągać *vt* pull down, make tight; (*np. fotel*) cover; *techn.* (*ostrzyć*) whet

obciąża|ć *vt* burden, charge; (*rachunek*) debit; *pl* **okoliczności ~jące** aggravating circumstances

obciążenie *m* charge, burden, ballast; (*rachunku*) debit

obcierać *vt* wipe (away, off); (*np. skórę do krwi*) rub (off)

obcinać *vt* cut; (*pensję, wydatki*) cut down; (*gałęzie*) lop; (*nożyczkami*) clip; (*paznokcie*) pare

obcisły *adj* tight, close-fitting

obcokrajowiec *m* foreigner, alien

obcokrajowy *adj* foreign, alien

obcować *vi* associate

obcowanie *n* association

obcy *adj* strange, foreign; *s m* stranger

obczyzna *f* foreign country

obdarowywać *vt* present (**kogoś czymś** sb with sth)

obdartus *m pot.* ragamuffin

obdarty *adj* ragged

obdarzyć *vt* present (**kogoś czymś** sb with sth); (*nadać*) bestow (**czymś kogoś** sth upon sb); **~ łaską** favour (**kogoś** sb), bestow favour (**kogoś** upon sb)

obdukcja *f* post-mortem examination

obdzielić *vt* give everybody his share; distribute

obdzierać *vt* take <pull> off; rob

(**z czegoś** of sth); ~ **ze skóry** skin; ~ **z kory** bark

obecnie adv at present

obecnoś|ć f presence; **lista ~ci** attendance record <list>; roll; **odczytać listę ~ci** call the roll; **odczytanie listy ~ci** roll-call

obecny adj present; **być ~m na zebraniu** attend a meeting

obejmować vt embrace; (zawierać) comprise, contain; (przejmować, brać na siebie) take over; ~ **obowiązki** enter on <upon> one's duties; ~ **coś w posiadanie** take possession of sth

obejrzeć vt have a glance (**coś** at sth), inspect

obelga f insult, outrage

obelisk m obelisk, needle

obelżywy adj insulting, outrageous

oberwać vt tear off

obezwładnić vt render unable, disable

obfitoś|ć f abundance, profusion, plenty; **róg ~ci** horn of plenty

obfitować vi abound (**w coś** with, in sth)

obfity adj abundant, plentiful, profuse

obiad m dinner; **jeść ~** dine, have dinner

obibok m pot. loafer; am. bum

obicie n (tapeta) wallpaper, tapestry; (pokrycie mebli itp.) covering

obie zob. **oba**

obiecywać vt promise

obieg m circulation; **puścić w ~** circulate; **wycofać z ~u** withdraw from circulation

obiegać vi circulate; run round

obiegowy adj circulating; **pieniądz ~** currency; **środek ~** circulating medium

obiekcja f objection

obiekt m object; **niezidentyfikowany ~ latający** unidentified flying object, UFO

obiektyw m objective; fot. lens

obiektywizm m objectivism

obiektywny adj objective

obierać vt (wybierać) elect, choose; (zawód) embrace; (ziemniaki) peel; (owoce) pare

obieralny adj elective, eligible

obietnic|a f promise; **dotrzymać ~y** keep one's promise

obijać vt beat; (materiałem) cover, line; ~ **gwoździami** nail; ~ **się** vr pot. skive off, shirk

objadać się vr overeat oneself

objaśniać vt explain

objaśniający adj explanatory

objaśnienie n explanation

objaw m symptom

objawiać vt show, reveal

objawienie n revelation

objazd m detour, circuit, round

objazdow|y adj, **droga ~a** by-pass; **sądowa sesja ~a** circuit

objeżdżać vt go <ride> round; tour; (omijać) by-pass

objęcie n (ramionami) embrace; (zajęcie, przejęcie) taking over; (w posiadanie) taking possession; ~ **obowiązków** entering <entrance> on <upon> one's duties

objętość f volume, circumference, bulk

oblegać vt besiege, beleaguer

oblewać vt water, sprinkle, pour on; (egzamin) fail, flunk; ~ **się** vr pour on oneself; ~ **się potem** be bathed in sweat; ~ **się rumieńcem** flush, blush

oblewanie n, ~ **mieszkania** housewarming (party)

oblężenie f siege

obliczać vt count, calculate

oblicz|e n face; **w ~u** in the face of

obliczenie n calculation, computation

obligacja f (zobowiązanie) obligation; (papier wartościowy) bond; bryt. debenture

oblizywać vt lick

oblubienica f bride, betrothed

oblubieniec m bridegroom, betrothed

obładow|ywać vt charge, (over-)

load, (over)burden; **ciężko ~any** heavy-laden

obława f chase, raid, round-up

obłąkanie n zob. **obłęd**

obłąkan|y adj insane, mad; *pot.* crazy, loony; s m madman; s f **~a** (*kobieta*) madwoman; **szpital dla ~ych** lunatic asylum, madhouse

obłęd m insanity, madness

obłędny adj insane, mad

obłok m cloud

obłowić się vr make one's pile, enrich oneself

obłożnie adv, **~ chorować** be bedridden

obłoż|yć vt cover, overlay; (*warstwą czegoś*) layer; *med.* **~ony język** coated tongue

obłuda f hypocrisy

obłudnik m hypocrite

obłudny adj hypocritical

obły adj oval

obmacać vt feel about, finger; *pot.* paw

obmawiać vt gossip (**kogoś** about sb); backbite, slander

obmierzły [-r·z-] adj disgusting, detestable

obmierz|nąć [-r·z-] vi become disgusting; **to mi ~ło** I am disgusted with it

obmowa f backbiting, slander

obmurować vt surround with a wall, wall in

obmyślać vt reflect (**coś** on, upon sth), turn over in one's mind; (*planować, knuć*) contrive, devise

obnażać vt bare, lay bare, uncover, strip; **~ się** vr strip

obnażony adj bare, naked, nude

obniżać vt lower, abate; (*cenę*) reduce; (*zarobki*) cut down; (*wartość*) depreciate; **~ się** vr sink, go down, decrease

obniżenie n lowering, abatement; reduction

obniżka f abatement, decrease; (*cen*) sale; reduction; (*wartości*)

depreciation; (*potrącenie*) deduction

obojczyk m anat. collar-bone

oboje zob. **oba**

obojętnieć vi grow indifferent

obojętność f indifference

obojętn|y adj indifferent, impassive; (*nieważny*) unimportant; **to mi jest ~e** I don't care for it; it's all the same to me

obok adv praep near, by, nearby

obopóln|y adj reciprocal, common; **za ~ą zgodą** by common consent

obora f cow-shed

obosieczny adj two-edged

obowiąz|ek m duty, (*zobowiązanie*) obligation; **spełnić swój ~ek** do one's duty; **uchylać się od ~ku** shirk one's duty; **pełniący ~ki** (*skrót p/o*) acting (*np. kierownika* manager); **mieć ~ki** (*moralne*) **w stosunku do kogoś** be under an obligation to sb

obowiązkowość f sense of duty, dutifulness

obowiązkowy adj (*wierny obowiązkom*) with a sense of duty, dutiful; (*urzędowo obowiązujący*) obligatory, compulsory

obowiązując|y adj obliging, obligatory; **mieć moc ~ą** be in force; **nabrać mocy ~ej** come into force

obowiązywać vt vi oblige, bind in duty; be in force, take effect

obozować vi encamp, be encamped; (*nocować w namiotach*) camp out

obozowisko n camping site; encampment

obozowy adj camp attr; **sprzęt ~** camping outfit <equipment>

obój m muz. oboe

obóz m camp; **~ jeniecki** prison camp; **~ koncentracyjny** concentration camp; **stanąć obozem** encamp; **rozbić ~** pitch

O

a camp; **zwinąć** ~ decamp; break up a camp

obrabiarka f machine tool

obracać vt turn (over); ~ **się** vr turn; (na osi) revolve; (przebywać) move; **gdzie on się teraz obraca?** where may he be now?; **nie wiem, gdzie on się teraz obraca** I don't know his whereabouts

obrachunek m calculation, settlement

obradować vi debate; deliberate (**nad czymś** upon sth), confer; be in session

obrady pl debate, conference

obramować vt frame, border; (oblamować) hem

obrastać vi overgrow

obraz m picture, painting; (wizerunek, podobizna) image

obraza f offence; ~ **majestatu** lese-majesty

obraz|ek m picture; illustration; **książka z ~kami** picture-book

obrazić vt offend, give offence; **nie chciałem** ~ I meant no offence; ~ **się** vr take offence (**o coś** at sth)

obrazowy adj pictorial, picturesque; graphic; (o stylu) figurative

obraźliwy adj offensive; susceptible, touchy

obrażeni|e n offence; (uszkodzenie ciała) injury; **~a cielesne** body injuries

obrąbek m hem

obrączka f ring; ~ **ślubna** wedding ring

obręb m compass; (teren) premises pl; **w ~ie uczelni** on the premises of the college; **w ~ie miasta** within the town <the city>

obrębiać vt hem

obręcz f hoop; (u koła) tyre

obron|a f defence; sport zbior. backs pl; **w ~ie własnej** in self-defence

obronność f defensive power

obronny adj defensive

obrońca m defender; (sądowy) lawyer, counsel for the defence; sport back; ~ **z urzędu** public defender

obrośnięty adj overgrown; hairy

obrotność f activity, adroitness

obrotny adj active, adroit

obrotomierz m tachometer

obrotowy adj rotatory, rotative; **podatek** ~ turnover tax

obroża f (dog-)collar

obróbka f treatment, working

obrócić zob. **obracać**

obrót m rotation, turn; handl. turnover, return; ~ **czekowy** business in checks; ~ **gotówkowy** cash transactions; **przybrać pomyślny** ~ take a favourable turn; przen. **na pełnych obrotach** in full swing

obrus m table-cloth

obrywać vt pluck, tear off

obrządek m rite, ritual

obrzęd m ceremony; rite

obrzędowy adj ceremonial, ritual

obrzęk m swell(ing), tumour

obrzękły adj swollen

obrzucać vt throw (**kogoś czymś** sth on sb), cover (**czymś** with sth), pelt (**obelgami, kamieniami** with abuse, with stones)

obrzydliwość f abomination

obrzydliwy adj abominable, hideous, disgusting, repulsive

obrzyd|nąć vi become abominable; **to mi ~ło** I'm disgusted with it

obrzydzenie n aversion, abomination, repulsion

obrzydzić vt make disgusting

obsada f stock, fitting; (uchwyt) handle; (oprawka) holder; (załoga) crew; (personel) staff; teatr. cast

obsadzać vt (ogród) plant; (miejsce) fill, occupy; (personelem) staff, man; ~ **kimś urząd** nominate sb for an office; *wojsk.* **~ załogą** garrison

obserwacja *f* observation

obserwator *m* observer

obserwatorium *n* observatory

obserwować *vt* watch, observe

obsłu|ga *f* service, attendance; **łatwy w ~dze** user-friendly

obsług|iwać *vi* wait (**kogoś** on, upon sb), serve (**kogoś** sb), attend (**kogoś** to sb); (*w sklepie*) help; **czy pana ktoś ~uje?** are you being helped?; can I help you?

obstawać *vi* insist (**przy czymś** on sth)

obstrukcja *f* obstruction; *med.* constipation

obsypywać *vt* strew (**czymś kogoś** sth upon sb); **~ pudrem** powder

obszar *m* space, area; territory

obszerny *adj* extensive, ample, spacious

obszycie *n* border, trimming

obszywać *vt* border, trim, sew round

obudowa *f* casing; housing

obudzić *zob.* **budzić**

obumarły *adj* half-dead

obumierać *vi* die away, mortify

oburzać *vt* fill with indignation; revolt; **~ się** *vr* become indignant (**na kogoś** with sb, **na coś** at sth)

oburzenie *n* indignation

oburzony *adj* indignant (**na kogoś** with sb, **na coś** at sth)

obustronn|y *adj* two-sided, bilateral; **~a korzyść** mutual advantage

obuwi|e *n* footwear, shoes *pl*; **naprawa ~a** heel bar

obwieszczać *vt* proclaim, make known, announce

obwieszczenie *n* proclamation, announcement

obwiniać *vt* accuse (**kogoś o coś** sb of sth), charge (**kogoś o coś** sb with sth)

obwisać *vi* hang down, droop

obwodnica *f* ring road; *am.* beltway

obwoluta *f* wrapper; (*książki*) book-jacket

obwołać *vt* proclaim, call

obwozić *vt* drive around

obwód *m* circumference; *mat.* perimeter; (*okręg*) district, precinct

obwódka *f* border

oby *part.*, **~ on wyzdrowiał** may he recover; **~ tak było** may it be so

obycie *n* good manners *pl*; (*doświadczenie*) familiarity, experience

obyczaj *m* custom, manner, way

obydwaj *num* both

obyty *adj* experienced, familiar

obywać się *zob.* **obchodzić się**; **bez tego nie mogło się obyć** this could not be spared

obywatel *m*, **obywatelka** *f* citizen; (*członek danego państwa*) national

obywatelsk|i *adj* civic, civil; **komitet ~i** civic committee; **prawa ~ie** civil rights; **straż ~a** civic guard; **duch ~i** public spirit

obywatelstwo *n* citizenship; **nadać ~** naturalize; **przyjąć ~** naturalize

obżarstwo *n* gluttony

ocaleć *vi* remain safe, survive, be rescued

ocalenie *n* salvation, rescue

ocalić *vt* save, rescue

ocean *m* ocean

oceaniczny *adj* oceanic

ocena *f* estimate, estimation; opinion; (*recenzja*) review; (*osąd*) assessment, evaluation

oceniać *vt* estimate, assess, evaluate, value (**na pewną sumę** at a certain sum)

ocet *m* vinegar

ochładzać *vt*, **~ się** *vr* cool (down)

ochłonąć *vi* calm down, compose oneself, recover

ochoczy *adj* willing, eager, ready

ochot|a *f* desire, willingness; **mam ~ę na coś <zrobienie czegoś>** I feel like (doing) sth; I would like, I have a mind (**coś zrobić** to do sth); **z ~ą** willingly, with pleasure

ochotniczy *adj* voluntary

ochotnik *m* volunteer

ochraniać *vt* protect, shelter, preserve (**przed czymś** from sth)

ochrona *f* protection, shelter; **~ środowiska <przyrody>** preservation <protection, conservation> of natural environment; **~ osobista** bodyguard

ochroniarz *m* bodyguard

ochronny *adj* protective, preventive

ochrypły *adj* hoarse

ochrypnąć *vi* become hoarse

ociągać się *vr* tarry, linger; **~ z robieniem czegoś** do sth reluctantly

ociekać *vi* drip (**czymś** with sth)

ociemnia|ły *adj* blind; *s m* blind man; *pl* **~li** the blind

ocienić *vt* shade

ocieplać *vt* warm, make warm; **~ się** *vr* grow warm

ocierać *vt* wipe (off); (*ścierać naskórek*) chafe, gall

ociężałość *f* heaviness, dullness

ociężały *adj* heavy, dull

ocknąć się *vr* awake, come to

oclen|ie *n* clearance; levy; **podlegający ~u** dutiable; **dać do ~a** declare; **mieć coś do ~a** have sth to declare

ocl|ić *vt* impose duty (**coś** on sth); **~ony** duty-paid

octowy *adj* acetic

oczarować *vt* charm, enchant

oczekiwać *vi* wait (**kogoś, czegoś** for sb, sth), look forward (**czegoś** to sth), await, expect (**kogoś, czegoś** sb, sth)

oczekiwa|nie *n* expectation; **przechodzić wszelkie ~nia** surpass all expectations; **nie spełniać czyichś ~ń** fall short of one's expectations; **wbrew ~niom** contrary to expectations

oczerniać *vt* libel, slander, defame

oczko *n* eyelet; (*igły, rośliny*) eye; (*sieci*) mesh; **spuszczone ~** (*w pończosze*) ladder, *am.* runner

oczyszczać *vt* clean, cleanse, clear; (*np. wodę, powietrze*) purify; **~ z kurzu** dust; **~ z zarzutów** clear of blame

oczyszczalnia *f*, **~ ścieków** waste-water treatment plan

oczytany *adj* well-read

oczywistość *f* evidence, obviousness

oczywisty *adj* evident, obvious

oczywiście *adv* evidently, obviously, of course; **~!** absolutely!, certainly!

od *praep* from; off, of, for; (*począwszy od*) since; **na wschód od Warszawy** to the east of Warsaw; **od czasu do czasu** from time to time; **już od dawna go nie widziałem** I have not seen him for a long time now; **od dwóch miesięcy** for the last two months; **od niedzieli** since Sunday; **od owego dnia** from that day on; **odpaść od ściany** fall off the wall; **od ręki** directly, extempore, on the spot; **od stóp do głów** from top to toe; **starszy od brata** older than his brother

oda *f* ode

odbarwić się *vr* discolour

odbici|e *n* beating back; (*odzwierciedlenie*) picture, image; (*np. w wodzie*) shadow; (*światła*) reflection; (*uwolnienie*) relief, rescue; **~e się** (*piłki*) bounce; (*kuli*) ricochet

odbić *zob.* **odbijać**

odbiegać *vi* run away; (*zbaczać*) deviate, stray (**od czegoś** from sth); depart from; (*od tematu*) drift away from

odbierać *zob.* **odebrać**

odbijać *vt* beat away <back>; (*o druku*) print; (*o świetle*) reflect; (*o statku*) put off; take off; (*uwolnić*) relieve, rescue; **~ się** *vr* rebound; (*o głosie*) resound; (*kontrastować*) contrast (**od czegoś** with sth); (*w lustrze*) be reflected

odbiorca *m* receiver; (*nabywca*) buyer, purchaser; client, customer

odbiorczy *adj* receiving; **aparat ~** receiver

odbiornik *m* receiver; (*radio*) receiving set, (radio) receiver

odbiór *m* receipt; **~ radiowy** reception; **potwierdzić ~** acknowledge the receipt

odbitka *f* copy, reprint, off-print; *fot.* print

odblask *m* reflex

odblaskow|y *adj*, **światła ~e** reflecting lights

odbudowa *f* rebuilding, reconstruction; restoration

odbudować *vt* rebuild, reconstruct

odbyt *m anat.* anus

odbywać *vt* execute, perform, do, make; **~ zebranie** hold a meeting; **~ studia** follow one's studies; **~ podróż** make a journey; **~ się** *vr* take place, go on, come off, proceed, be held

odchodzi|ć *vi* go away, leave, withdraw; **~ć od zmysłów** be out of one's senses; **pociąg ~ o godz. 10** the train leaves at 10

odchudzać się *vr* reduce weight, slim

odchylać *vt* draw aside, remove; **~ się** *vr* deviate

odchylenie *n* deviation; swerve

odciągać *vt* draw away, pull back

odciążać *vt* relieve, alleviate

odcień *m* shade, hue

odcięcie *n* cutting off; *med.* amputation

odcinać *vt* cut off; *med.* amputate; (*oddzielać*) detach; **~ się** *vr* (*ostro odpowiadać*) retort; (*kontrastować*) contrast (**od czegoś** with sth)

odcinek *m* sector; (*kupon*) coupon; (*koła*) segment; (*powieści*) instalment; **~ kontrolny** counterfoil

odcisk *m* impression; (*nagniotek*) corn; **~ palca** finger-print

odciskać *vt* impress, imprint

odcyfrować *vt* decipher

odczepić *vt* detach, untie; **~ się** *vr* become detached; *pot.* get rid (**od kogoś** of sb)

odczucie *n* feeling

odczuć *zob.* **odczuwać**; **to daje się ~** it makes itself felt

odczuwać *vt* feel; notice; (*boleśnie*) suffer

odczyn *m chem.* reaction

odczynnik *m chem.* reagent

odczyt *m* lecture; **mieć ~** lecture, give a lecture

odczytać *vt* read over; (*zrozumieć*) make out

oddać *vt* give back, render; (*dług*) pay back; (*np. list*) deliver; *hist.* **~ hołd** pay homage; **~ sprawiedliwość** do justice; **~ przysługę** do a favour; **~ wizytę** pay a return visit; **~ życie** give one's life; **~ się** *vr* (*poświęcić się*) devote oneself; **~ się rozpaczy** abandon oneself to despair

oddalać *vt* remove; (*zwolnić*) dismiss; **~ się** *vr* retire, withdraw

oddaleni|e *n* (*odległość*) distance; (*wydalenie*) dismissal; (*odsunięcie*) removal; **w ~u** in the distance, a long way off; **w pewnym ~u** at a distance; **z ~a** from afar

oddalony *adj* distant, remote

oddany *adj* devoted; given

oddawać *zob.* **oddać**

oddech *m* breath, respiration

oddychać *vi* breathe, respire

oddychanie *n* breathing, respiration

oddział *m* section; (*dział instytucji*) department; *wojsk.* detachment; (*filia*) branch (office); (*w szpitalu*) ward

oddziaływać *vi* affect (**na kogoś, coś** sb, sth), influence (**na kogoś, coś** sb, sth), act (**na kogoś, coś** on, upon sb, sth)

oddziaływanie *n* influence, action; **wzajemne ~** interaction

oddzielać *vt* separate; **~ się** *vr* separate, become separated

oddzielny *adj* separate

oddźwięk *m* echo; (*odzew*) response

odebrać *vt* take away <back>, withdraw; (*otrzymać*) receive; **~ sobie życie** take one's own life

odechci|eć się *vr*, **~ało mi się** I have lost the interest (**robić to** to do this), I no longer care (**tego** for it)

odegrać się *vr* win back, recover (one's money); (*zemścić się, zrewanżować się*) to get one's own back

odejmować *vt* take away; deduct; *mat.* subtract

odejmowanie *n* deduction; *mat.* subtraction

odejście *n* departure

odejść *zob.* **odchodzić**

odemknąć *vt* open; (*zamek*) unlock

odepchnąć *vt* push away <back>, beat off; *zob.* **odpychać**

odeprzeć *zob.* **odpierać**

oderwać *zob.* **odrywać**

oderwani|e *n* tearing away; **w ~u od czego** apart from sth

odesłać *zob.* **odsyłać**

odetchnąć *vi* take a breath; *przen.* **~ z ulgą** heave a sigh of relief

odezwa *f* proclamation, address

odezwać się *zob.* **odzywać się**

odgadywać *vt* guess, unriddle,

make out; **~ czyjeś myśli** read sb's mind <thoughts>

odgałęzienie *n* branch

odganiać *vt* drive away

odgarniać *vt* shove away

odginać *vt* unbend

odgłos *m* echo, report; **~ strzału** report; **~y dzwonów** chime, ringing

odgrażać się *vr* threaten (**komuś** sb), utter threats

odgrodzić *vt* separate; (*np. parkanem*) fence off; (*ścianką*) partition off

odgrywać *vt* play, (*w teatrze*) act, perform

odgryzać *vt* bite off

odgrzebywać *vt* dig up

odgrzewać *vt* warm up again, warm over

odjazd *m* departure

odjeżdżać *vi* depart, leave (**do Warszawy** for Warsaw)

odkazić *vt* disinfect

odkażający *adj*, **środek ~** disinfectant

odkażanie *n* disinfection

odkąd *conj* since; *adv* since when, since what time

odkleić *vt* unglue, unstick; **~ się** *vr* come unstuck

odkładać *vt* set aside, put away; (*pieniądze*) lay by <up>; (*odraczać*) delay, put off, defer, postpone; (*słuchawkę*) hang up; *bryt.* ring off

odkłonić się *vr* return the bow

odkopać *vt* dig up, unearth

odkorkować *vt* uncork

odkręcić *vt* unwind; (*śrubę*) unscrew; (*kurek*) turn on

odkroić *vt* cut off

odkrycie *n* discovery; (*odsłonięcie*) uncovering

odkrywać *vt* discover, find out, detect; (*odsłonić*) uncover; (*karty*) show down

odkupiciel *m* redeemer

odkupić *vt* repurchase; *rel.* redeem

odkupienie n repurchase; *rel.* redemption

odkurzacz m vacuum-cleaner; *bryt. pot.* Hoover

odlać się vr *wulg.* piss, have a piss

odlatywać vi fly away

odległoś|ć f distance; **na ~ć, w pewnej ~ci** at a distance

odległy adj distant, remote

odlepiać vt unstick, unglue

odlew m cast

odlewać vt (*płyn*) pour off; *techn.* (*metal*) cast; mould

odlewnia f foundry

odliczać vt deduct, discount; (*przeliczyć*) count off

odliczenie n deduction, discount

odlot m flight, departure, take-off

odludek m recluse

odludny adj solitary

odłam m fraction, fragment

odłamać vt break away

odłazić vi come off

odłączyć vt separate, set apart, disconnect; **~ dziecko od piersi** to wean the baby; **~ się** vr separate, sever oneself, go apart; (*wystąpić*) secede

odłożyć zob. **odkładać**

odł|óg m (*zw. pl* **~ogi**) fallow; **leżeć ~ogiem** lie fallow

odłupać vt, **~ się** vr split off

odmarznąć [-r·z-] vi thaw, melt off, unfreeze

odmawiać vt refuse, deny; (*modlitwę*) say

odmian|a f change; variety; *gram.* declension; (*czasowników*) conjugation; **dla ~y** for a change

odmieniać vt change, alter; *gram.* decline; (*czasowniki*) conjugate

odmienność f dissimilarity, difference; mutability

odmienny adj dissimilar (**od kogoś, czegoś** to sb, sth), different (**od kogoś, czegoś** from sb, sth); mutable

odmierzać vt measure off

odmłodzić vt make younger, rejuvenate; **~ się** vr grow younger,

rejuvenate, become rejuvenated

odmowa f refusal; **kategorycz-na ~** flat refusal

odmowny adj negative

odmówić zob. **odmawiać**

odmrozić vt thaw; (*spowodować odmarznięcie*) defrost; **~łem so-bie palec** my finger has been frost-bitten, I have a frozen finger

odmrożenie n frostbite; (*np. mięsa zamrożonego*) defrosting

odmrożony adj frost-bitten

odmykać zob. **odemknąć**

odnająć vt lend; hire

odnawiać vt renew, renovate

od niechcenia adv carelessly, negligently

odniesieni|e n carrying back; (*aluzja, zwrócenie się*) reference; **w ~u** with reference <regard> (**do czegoś** to sth)

odnieść vt bring back, carry; **~ korzyść** derive profit (**z czegoś** from sth); **~ wrażenie** get the impression; **~ zwycięstwo** win a victory; zob. **odnosić**

odnoga f branch; (*kolejowa*) branch-line

odnosić vt zob. **odnieść**; **~ się** vr (*traktować*) treat (**do kogoś** sb), behave (**dobrze do kogoś** well towards sb, **źle do kogoś** badly, shamefully towards sb); (*tylko 3 pers (dotyczyć)*) refer, apply (**do kogoś, czegoś** to sb, sth)

odnośnie adv praep concerning, respecting; with reference (**do czegoś** to sth)

odnośnik m mark of reference; (*przypisek*) footnote

odnośny adj relative, respective

odnowa f renewal, restoration; renovation

od nowa adv anew, afresh; from the start

odosobnić vt isolate

odosobnienie n isolation

odór m smell, stink

odpadać vi fall off; (*zerwać, odstąpić*) break away

odpadki s pl waste(s), garbage, refuse, offal zbior.; dregs pl

odparcie n (ataku) repulse; (zarzutu, argumentu) refutation

odparować vt repel, parry; chem. evaporate

odparzenie n scalding

odparzyć vt scald

odpędzać vt drive away

odpiąć vt unbutton, undo

odpieczętować vt unseal

odpierać vt (atak) repel; (zarzut, argument) refute; (atak słowny, oskarżenie) retort

odpis m copy, duplicate

odpisać vt (przepisać) copy; (odpowiedzieć pisemnie) answer in writing, write back

odpłacić vt vi repay, recompense; retaliate; ~ **niewdzięcznością** repay with ingratitude; ~ **pięknym za nadobne** give tit for tat

odpłynąć vi (o cieczy) flow away; (odjechać okrętem) sail away; (oddalić się wpław) swim away; przen. (ubywać) drop away

odpływ m outflow; (morza) ebb (tide)

odpoczynek m rest, repose

odpoczywać vi rest, take <have> a rest

odpokutować vt atone (**coś** for sth), expiate; przen. pay dearly

odporność f resistance (**na coś** to sth); (o chorobie) immunity (np. **na ospę** to/against smallpox)

odporny adj resistant (**na coś** to sth); (o chorobie) immune (np. **na ospę** from smallpox); (o przymierzu) defensive

odpowiada|ć vi answer (**na coś** sth), reply (**na coś** to sth); (być odpowiednim) suit; ~**ć celowi** answer the purpose; **to mi nie** ~ this does not suit me; ~**ć za coś** be responsible for sth

odpowiedni adj adequate; suitable (**do kogoś, czegoś** to

<for> sb, sth); **w ~m czasie** in due course <time>

odpowiednik m equivalent

odpowiedzialnoś|ć f responsibility, liability; **pociągnąć do ~ci sądowej** arraign, prosecute; **ponosić ~ć** bear the responsibility; **ograniczona ~ć** (**finansowa**) Limited Liability (skrót Ltd)

odpowiedzialny adj responsible (**przed kimś** to sb, **za coś** for sth)

odpowie|dź f answer, reply (**na coś** to sth); **w ~dzi na** in reply to

odpór m resistance

odprawa f dispatch; (np. pracownika) discharge, dismissal; (zapłata) separation pay; (udzielenie instrukcji) briefing; (ostra odpowiedź) retort, rebuff; ~ **celna** customs clearance; ~ **paszportowa** passport control; (na lotnisku) check-in

odprawiać vt dispatch; (zwalniać) discharge, dismiss; (np. nabożeństwo) celebrate

odprężać vt relax; ~ **się** vr unwind

odprężenie n relaxation; ease of tension

odprowadzać vt (osobę) accompany, escort, see off; (np. wodę) drain off; ~ **kogoś do domu** see sb home; ~ **kogoś do drzwi** see sb to the door

odpruć vt unsew, rip; ~ **się** vr come unsewn

odprzedać vt resell

odprzedaż f resale

odpust m indulgence; (uroczystość kościelna) church fair

odpuszczenie n (przebaczenie) remission, forgiveness

odpuścić vt (przebaczyć) remit, forgive, pardon

odpychać vt push away; repulse; (odtrącić) repel; zob. **odepchnąć**

odpychający adj repulsive, repellent

odpychanie *n* repulsion

odra *f med.* measles *pl*

odrabiać *vt* do, perform; (*np. zaległości*) work off; **~ stracony czas** make up for lost time; **~ lekcje** do one's lessons <homework>

odraczać *vt* put off, postpone, adjourn

odradzać *vt* dissuade (**komuś coś** sb from sth)

odrastać *vi* grow anew

odraza *f* repugnance (**do czegoś** to sth), disgust (**do czegoś** at, for sth)

od razu *adv* on the spot, at once

odrażający *adj* repulsive

odrąbać *vt* chop off

odrębność *f* separateness, peculiarity

odrębny *adj* separate, peculiar

odręczny *adj* autographic; (*natychmiastowy, od ręki*) off-hand *attr*; (*o rysunku*) free-hand *attr*

odrętwiały *adj* torpid, benumbed

odrętwienie *n* torpor

odrobin|a *f* bit; **ani ~y** not a bit

odroczenie *n* postponement; adjournment

odrodzenie *n* revival, regeneration; (*okres*) Renaissance

odrodzić się *vr* regenerate

odróżniać *vt* distinguish, tell the difference, tell apart; **~ się** *vr* differ

odróżnieni|e *n* distinction; **w ~u** in contradistinction (**od czegoś** to sth)

odruch *m* reflex, instinctive reaction

odruchowo *adv*, **reagować ~** act on impulse

odruchowy *adj* instinctive

odrywać *vt* tear off; (*uwagę od nauki itp.*) divert, distract; (*siłą*) rend; **~ wzrok** turn one's sight away (**od czegoś** from sth); **~ się** *vr* tear oneself away (**od kogoś** from sb); (*o guziku itp.*) come off

odrzec *vi* reply

odrzucać *vt* reject; throw away; drive back; (*nie przyjmować*) decline

odrzutowiec *m* jet-plane, *pot.* jet

odrzutowy *adj* jet-propelled; **napęd ~** jet propulsion

odrzynać *vt* cut off

odsetek *m* percentage

odsetki *s pl fin.* interest; **~ składane** compound interest

odsiadywać *vt* sit out; **~ karę więzienia** serve a sentence

odsiecz *f* relief, rescue; **przybyć na ~** come to the rescue (**miastu** of the town)

odsiew *m* throw-out; screening

odskocznia *f* spring-board; *przen.* stepping-stone

odskoczyć *vi* jump off, bounce

odskok *m* bounce

odsłona *f teatr* scene

odsłonić *vt* reveal, display

odstąpić *vi* step <draw> off; desist (**od czegoś** from sth); depart (**od zasady** from a rule); (*odpaść*) secede; *vt* (*kogoś*) leave; (*coś*) cede; **~ komuś miejsca** give up <resign> one's place <seat> to sb

odstęp *m* interval, margin, distance; (*w druku*) space; **w pewnych ~ach** at intervals; **w krótkich ~ach** at short intervals

odstępca *m* apostate

odstępne *n* compensation

odstępstwo *n* apostasy; (*odstąpienie, odchylenie*) departure

odstraszyć *vt* deter (**od czegoś** from sth), frighten away

odstręczyć *vt* estrange, alienate; (*odwieść, odradzić*) dissuade

odsunąć *vt* shove <put> away, draw aside

odsyłacz *m* mark of reference; (*u dołu stronicy*) footnote

odsyłać *vt* send (back), convey

odsypać *vt* pour off

odszkodowani|e *n* indemnity,

compensation, damages *pl*; **~a wojenne** reparations; **dać ~e** indemnify (**komuś za coś** sb for sth)

odszukać *vt* find out

odśrodkowy *adj* centrifugal

odświeżyć *vt* refresh, renew; **~ się** *vr* refresh oneself; (*wiedzę*) brush up

odświętny *adj zob.* **świąteczny**; **w ~m stroju** in one's Sunday best

odtąd *adv* from now on, from then on, ever since

odtrącać *vt* knock off, push away; (*odstręczać*) repel; (*nie przyjmować*) repudiate

odtrutka *f* antidote, counterpoison, antitoxin

odtwarzać *vt* reproduce, reconstruct

odtwórca *m* reproducer; (*na scenie*) performer

oduczać *vt* unteach; (*odzwyczajać*) disaccustom (**kogoś od czegoś** sb to do sth); **~ się** unlearn; (*odzwyczajać się*) get out of the habit (**od czegoś** of sth)

odurzać *vt* dizzy, stupefy, intoxicate

odurzenie *n* stupor, stupefaction, intoxication

odwadniać *vt* drain; *chem. med.* dehydrate

odwaga *f* courage; **dodać ~i** encourage (**komuś** sb); **nabrać ~i** pluck up one's courage

odwar *m* decoction

odważnik *m* weight

odważny *adj* courageous, brave

odważyć *vt* (*odmierzyć*) weigh out; **~ się** *vr* (*ośmielić się*) dare, venture

odwdzięczyć się *vr* repay (*np.* **za przysługę** the service), return *sb's* kindness, show oneself grateful

odwet *m* retaliation, reprisal, revenge; **w ~ za coś** in revenge <reprisal> for sth

odwetowy *adj* retaliatory

odwiązać *vt* untie, unbind, detach; **~ się** *vr* come loose, get detached

odwieczny *adj* eternal

odwiedzać *vt* call (**kogoś** on sb), visit, come to see; (*uczęszczać*) frequent (**jakieś miejsce** a place)

odwiedziny *s pl* call, visit; **przyjść w ~** make a call (**do kogoś** on sb)

odwijać *vt* unroll, unwrap, unwind

odwilż *f* thaw; **jest ~** it thaws

odwlekać *vt* put off, delay, postpone

odwodnić *zob.* **odwadniać**

odwodnienie *n* drainage; *chem. med.* dehydration

odwodzić *vt* divert, draw off; (*odradzać*) dissuade (**od czegoś** from sth)

odwołać *vt* recall, repeal; (*cofnąć*) withdraw, retract; (*zamówienie*) countermand; **~ się** *vr* appeal

odwołani|e *n* repeal, recall; withdrawal; retractation; **~ się** appeal; **aż do ~a** until further notice

odwód *m wojsk.* reserve

odwracać *vt* turn back, reverse; (*niebezpieczeństwo*) avert; (*uwagę*) divert; **~ się** *vr* turn round; **~ wzrok** look the other way

odwracalny *adj* reversible

odwrotność *f* reverse; *mat.* reciprocal

odwrotn|y *adj* inverse, inverted, contrary, reverse; **~a strona** back, reverse; **~ą pocztą** by return of post <mail>

odwrót *m* retreat; withdrawal; (*odwrotna strona*) back, reverse; **na ~** on the contrary, conversely

odwzajemniać się *vr* requite, repay (**komuś za usługę** sb's service), reciprocate (**komuś przyjaźnią** sb's friendship)

odyniec *m* boar

odzew *m* echo; *przen.* (*reakcja*) response; *wojsk.* countersign

odziedziczyć *vt* inherit

odzienie *n* clothing, clothes *pl*

odzież *f* clothes *pl*, dress, garments *pl*

odzieżowy *adj* clothing *attr*; **przemysł ~** clothing industry <trade>

odznaczenie *n* distinction; (*o egzaminie*) **z ~m** with honours

odznaczyć *vt* distinguish; (*orderem*) decorate; **~ się** *vr* distinguish oneself

odznaka *f* badge

odzwierciedlać *vt* reflect, mirror

odzwierciedlenie *n* reflex, mirror, image

odzwyczajać *vt* disaccustom (**kogoś od czegoś** sb to sth); **~ się** *vr* get out of the habit (**od czegoś** of sth, of doing sth)

odzyskać *vt* regain, recover, retrieve; **~ przytomność** recover one's senses, regain one's consciousness, come round

odzywać się *vr* make oneself heard, reply; (*przemówić*) address (**do kogoś** sb); **nie odezwałem się ani słowem** I did not so much as utter one word

odźwierny *m* porter, doorkeeper

odżałować *vt* put up (**coś** with the loss of sth)

odżyć *vi* revive, come to life again

odżywczy *adj* nutritive, nutritious

odżywiać *vt* nourish, feed; **~ się** *vr* nourish oneself, feed

odżywianie *n* nutrition

ofensyw|a *f* offensive; **w ~ie** on the offensive

ofensywny *adj* offensive

oferować *vt* offer

oferta *f* offer, tender

ofiar|a *f* offering; (*datek*) contribution, charity; (*osoba ulegająca przemocy*) victim; (*wojny, wypad-*

ku itd.) casualty; (*poświęcenie*) sacrifice; **paść ~ą** fall a victim (**czegoś** to sth)

ofiarność *f* generosity, liberality; (*poświęcenie*) self-sacrifice

ofiarny *adj* sacrificial; (*gotowy do ofiar*) generous, liberal; (*pełen poświęcenia*) self-sacrificing

ofiarodawca *m* donor

ofiarować *vt* give, offer; donate, proffer; (*złożyć w ofierze*) sacrifice; **~ usługi** render services

oficer *m* officer

oficjalny *adj* formal; official

oficyna *f* back-premises *pl*, outhouse; (*wydawnicza*) publishing house

ofuknąć *vt pot.* snub, rebuke

ogar *m* hound

ogarek *m* candle-end

ogarniać *vt* embrace; (*przeniknąć*) pervade; (*o strachu*) seize

ogień *m* fire; (*płomień*) flame; (*światło, płonący przedmiot*) light; **sztuczne ognie** fireworks; **dać ognia** (*do papierosa*) give a light; **otworzyć ~** open fire; **podłożyć ~** set fire (**pod coś** to sth); **zaprzestać ognia** cease fire; **słomiany ~** short-lived enthusiasm, *pot.* a flash in the pan

ogier *m zool.* stallion

oglądać *vt* look (**kogoś, coś** at sb, sth), see, inspect; **~ się** *vr* look back <round>

oględność *f* circumspection

oględny *adj* cautious, circumspect

oględziny *s pl* examination, inspection; **~ zwłok** post-mortem examination

ogłada *f* good manners *pl*, polish

ogładzać *vt* polish, refine

ogłaszać *vt* publish, make known; announce; (*w mediach*) advertise

ogłoszenie *n* announcement; (*w gazecie*) advertisement, advert, ad

ogłuchnąć *vi* become deaf

O

ogłupiały adj stupefied

ogłupieć vi become stupid

ogłuszyć vt deafen, stun

ognik m, **błędny ~** will-o'-the-wisp

ogniotrwał|y adj fireproof; **kasa ~a** safe

ogniow|y adj fire attr; **straż ~a** fire brigade; przen. **próba ~a** ordeal

ognisko n fire, hearth; (impreza pod gołym niebem) campfire, bonfire; (punkt centralny) centre, focus; fiz. focus; **~ domowe** hearth, home

ogniskować vt focus; **~ się** vr centre, be focused

ognisty adj fiery, ardent

ogniwo n link; elektr. element

ogolić vt shave; **~ się** vr shave, have a shave

ogołocić vt lay bare, denude (**z czegoś** of sth); (pozbawić) deprive (**z czegoś** of sth)

ogon m tail; (u sukni) train

ogon|ek m tail; pot. (kolejka ludzi) queue, line; **stać w ~ku** queue up, line up

ogorzały adj sunburnt

ogólnie adv generally, in general

ogólnik m generality

ogólnikowy adj general, vague

ogólnokrajowy adj nation-wide

ogólnopolski adj all-Polish, all-Poland

ogólny adj general, universal

ogół m generality, totality, the whole; **~em, na ~** on the whole, in general; **w ogóle** generally, in general

ogórek m bot. cucumber

ogórkowy adj cucumber attr; przen. **sezon ~** silly season

ograbić vt rob (**kogoś z czegoś** sb of sth)

ograniczenie n restraint, limitation, restriction; mot. **~ szybkości** speed limit

ograniczony adj limited, restricted; **~ umysłowo** narrow-minded

ograniczyć vt limit, confine, restrain, restrict; **~ się** vr confine oneself (**do czegoś** to sth)

ogrodnictwo n gardening

ogrodnik m gardener

ogrodzenie n fence, enclosure

ogrodzić vt fence in, enclose

ogrom m immensity

ogromny adj immense, huge, enormous

ogród m garden; **~ warzywny** kitchen-garden

ogryzać vt gnaw away; nibble; bite

ogryzek m fag-end; (owocu) core

ogrzewacz m heater

ogrzewać vt heat, warm

ogrzewanie n heating; **centralne ~** central heating

ohyda f abomination

ohydny adj abominable, hideous

o ile conj as far as

ojciec m father; **~ chrzestny** godfather

ojcostwo n fatherhood, paternity

ojcowizna f patrimony

ojcowski adj fatherly, paternal, father's

ojczym m step-father

ojczysty adj paternal; (np. kraj, miasto) native; **język ~** mother tongue

ojczyzna f motherland, fatherland, homeland

okalać vt surround, encircle

okaleczenie n mutilation; injury

okaleczyć vt mutilate, maim; hurt

okamgnieni|e n, **w ~u** in the twinkling of an eye

okap m (nad kuchnią) hood; eaves pl

okaz m specimen

okazały adj showy, magnificent, stately

okazanie n showing, demonstration; **za ~m** on presentation; handl. **płatny za ~m** payable at sight

okaziciel m holder; handl. (czeku) bearer

okazj|a f occasion; (*sposobność*) opportunity; (*okazyjne kupno*) bargain; **z ~j czegoś** on the occasion of sth; **przy tej ~j** on that occasion; **skorzystać z ~j** take the opportunity

okazowy adj model, specimen attr

okazyjnie adv occasionally, on occasion

okazyjn|y adj occasional; **~e kupno** bargain

okazywać vt show, produce; **~ się** vr appear; turn out, prove; **on okazał się oszustem** he turned out <proved> to be an impostor

okiełznać vt bridle

okienko n window; (*przerwa między zajęciami*) break; (*biletowe*) booking-office window

okiennica f shutter

oklaski s pl applause

oklaskiwać vt applaud

okleić vt paste over

oklepany adj well-worn, trite, commonplace

okład m cover, coating; (*leczniczy*) compress; **z ~em** and more than that; **50 lat z ~em** 50 odd years

okładać vt cover, overlay; (*bić*) thrash

okładka f cover; **twarda ~** hardcover

okłamywać vt lie (**kogoś** to sb)

okno n window; **~ wystawowe** shop-window

oko n eye; (*w sieci*) mesh; (*gra w karty*) pontoon, twenty-one; **mieć na oku** keep an eye on; have in view; **~ za ~** an eye for an eye; **na własne oczy** with one's own eyes; **mieć otwarte oczy** be alive (**na coś** to sth); **patrzeć komuś w oczy** look sb in the face; **stracić z oczu** lose sight (**kogoś, coś** of sb, sth); **zejdź mi z oczu** get out of my sight; **na czyichś oczach** in the eyes of sb; **na pierwszy rzut oka** at first

sight; **w cztery oczy** face to face

okolica f vicinity; environs pl, neighbourhood; area

okolicznik m gram. adverbial

okolicznościowy adj occasional

okoliczność f circumstance; **zbieg ~ci** coincidence; **w tych ~ciach** under such circumstances; *prawn.* **~ci łagodzące** extenuating circumstances

okoliczny adj adjacent, neighbouring

około praep about, near

okop m trench, entrenchment

okopać vt dig up; entrench; (*jarzyny*) hoe; **~ się** vr entrench oneself

okopcić vt smoke, blacken with soot

okólnik m circular; newsletter

okólny adj circular, circuitous

okpić vt cheat, take in; *pot.* bamboozle

okradać vt steal (**kogoś z czegoś** sth from sb), rob (**kogoś z czegoś** sb of sth)

okrakiem adv astraddle

okrasić vt add some fat to

okratować vt rail <wire> in, grate

okratowanie n grating

okrąg m circuit, circumference, circle

okrągły adj round

okrążać vt surround, encircle

okrążenie n encirclement; *sport* lap

okres m period; (*szkolny, kadencja*) term; *mat.* (*ułamka*) recurring decimals pl; (*menstruacja*) period, *pot.* menses pl

okresowy adj periodical

określać vt define, determine

określenie n definition, designation

określony adj definite

okręcać vt wind round

okręg m (*obszar*) district, precinct

okręgowy adj district attr

okręt m ship, vessel, boat; *wojsk.* **~ bojowy <liniowy>** battleship; **~**

handlowy merchantman; **~ podwodny** submarine; **~ wojenny** warship, man-of-war; **wsiąść na ~** go on board, embark; **wziąć towar na ~** take goods on board, embark goods; **~em** by ship; *zob.* **statek**

okrętow|y *adj* naval, ship *attr*, ship's *attr*; **agent ~y** shipping agent; **budownictwo ~e** naval constructions *pl*; **dziennik ~y** log-book; **lekarz ~y** naval surgeon, ship's doctor; **papiery ~e** ship's papers; *pl* **warsztaty ~e** dockyard; **załoga ~a** crew

okręż|ny *adj* circular; roundabout *attr*; **iść drogą ~ą** go a round-about way

okroić *vt* cut around; (*płacę, wydatki*) cut down

okropność *f* horror

okropny *adj* horrible, terrible, awful

okruch *m* crumb, fragment, bit

okrucieństwo *n* cruelty

okruszyna *f* crumb

okrutnik *m* cruel man

okrutny *adj* cruel

okrycie *n* covering; (*wierzchnie ubranie*) overcoat

okrywać *vt* cover

okrzepnąć *vt* recover, become vigorous

okrzyczany *adj* famous; notorious, (ill-)reputed

okrzyk *m* outcry, shout; **~i uznania** applause; **~ wojenny** battle-cry

okrzyknąć *vt* acclaim (*np.* **wodzem** leader)

oktawa *f muz. lit.* octave

okucie *n* ironwork, metal fitting; (*konia*) shoeing

okuć *vt* cover with metal; (*konia*) shoe

okular *m* eyeglass, eye-piece; *pl* **~y** (eye) glasses, spectacles; (*słoneczne*) sunglasses

okularnik *m zool.* cobra, spectacle snake

okulista *m med.* oculist, eye-doctor

okulistyka *f med.* ophthalmology

okultyzm *m* occultism

okup *m* ransom

okupacja *f* occupation

okupant *m* occupant

okupić *vt* ransom; **~ się** *vr* buy oneself off

okupować *vt* occupy

olbrzym *m* giant

olbrzymi *adj* gigantic, huge; giant *attr*; **~a siła** giant strength

olcha *f bot.* alder(-tree)

oleander *m bot.* oleander

oleisty *adj* oily, oleaginous

olej *m* oil; **~ lniany** linseed oil; **~ lotniczy** aeroplane oil; **~ skalny** crude <rock> oil; **~ rycynowy** castor oil; **~ rzepakowy** rape-seed oil; **~ słonecznikowy** sunflower oil

oligarcha *m* oligarch

oligarchia *f* oligarchy

Olimpiada *f sport* the Olympics; the Olympiad

olimpijski *adj* Olympic; Olympian; **igrzyska ~e** the Olympic Games

oliwa *f* olive oil

oliwić *vt* oil, lubricate

oliwka *f bot.* olive (tree)

oliwn|y *adj* olive *attr*; **gałązka ~a** olive branch

olszyna *f* alder forest

olśniewać *vt* dazzle

ołów *m chem.* lead

ołówek *m* pencil; (*do brwi*) brow pencil

ołtarz *m* altar

omack|iem *adv* gropingly; **iść po ~u** grope one's way

omal *adv* nearly, almost

omamić *vt* delude, deceive

omamienie *n* delusion

omawiać *vt* discuss

omdlały *adj* faint(ed)

omdlenie *n* faint, swoon

omen *m* omen; **zły ~** ill omen

omieszka|ć *vi* (*zw.* **nie ~ć**) fail;

nie ~m zawiadomić cię o tym I shall not fail to let you know about it

omijać *vt* pass (**coś** by sth), evade, omit

omlet *m* omelette

omnibus *m* omnibus, bus; (*specjalista od wszystkiego*) Jack-of-all-trades

omotać *vt* entangle

omówić *zob.* **omawiać**

omówienie *n* discussion

omylić się *vr* make a mistake, be mistaken (**co do czegoś** about sth)

omylność *f* fallibility

omylny *adj* fallible

omyłk|a *f* error, mistake; **~a drukarska** misprint; **przez ~ę** by mistake, in error

omyłkowy *adj* erroneous

on *pron m zaimek osobowy* he; *przypadek dzierżawczy* **jego** his; *przypadki zależne* **jego** (**go, jemu, mu, nim**): him; *zaimek nieosobowy* it

ona *pron f zaimek osobowy* she; *przypadek dzierżawczy z rzeczownikiem* **jej** her – *bez rzeczownika* hers; *przypadki zależne* **jej** (**ją, nią, niej**) her; *zaimek nieosobowy* it

ondulacja *f* (*włosów*) wave; **trwała ~** permanent wave, *pot.* perm

one *pron f pl zaimek osobowy* they; *przypadek dzierżawczy – z rzeczownikiem* **ich** their – *bez rzeczownika* theirs; *przypadki zależne* **je** (**im, nimi, nich**) them; *zaimek nieosobowy* they

onegdaj *adv* the other day

ongiś *adv* once, at one time

oni *pron m pl zaimek osobowy* they; *przypadek dzierżawczy z rzeczownikiem* **ich** their – *bez rzeczownika* theirs; *przypadki zależne* **ich** (**im, nimi, nich**) them; *zaimek nieosobowy* they

oniemiały *adj* dumb, stupefied

onieśmielać *vt* intimidate, make <feel> uneasy

onkologia *f med.* oncology

ono *pron n zaimek osobowy* it; *przypadek dzierżawczy* **jego** its; *przypadki zależne* **jego** (**go, jemu, mu, je, nim**): it; *zaimek nieosobowy* it

opactwo *n* abbey; (*godność opata*) abbacy

opaczny *adj* wrong, perverse

opad *m* fall; precipitation; **~y deszczowe** rainfall; **~y śniegu** snowfall; *med.* **~ krwi** blood sedimentation; **~ radioaktywny** radioactive fall-out

opadać *vi* fall, sink, drop; (*o wodzie*) subside; **~ z sił** break down

opak, na ~ *adv* contrariwise, awry

opakować *vt* pack up; wrap up

opakowanie *n* packing; container

opal *m miner.* opal

opalać *vt* scorch; **~ się** *vr* (*na słońcu*) tan, sunburn, become sunburnt

opalanie się *n* sun-bathing, sunburning

opalenizna *f* (sun)tan, sunburn

opalony *pp i adj* scorched; (*na słońcu*), (sun)tanned, sunburnt

opał *m* fuel

opamiętać się *vr* come to one's senses, collect oneself

opancerzyć *vt* armour

opanować *vt* master, subdue, control; **~ się** *vr* calm <cool> down

opanowanie *n* mastery, control; (*np. języka*) command; **~ się** self-control

opanowany *adj* controlled; (*o człowieku*) self-possessed, composed

opar *m* vapour; *pl* **~y** fumes

oparci|e *n* support; **punkt ~a** footing, hold; (*u dźwigni*) fulcrum

oparzelina *f* scald

oparzyć *vt* burn, scorch;

(*gorącym płynem*) scald; *zob.*
sparzyć
opasać vt gird; encircle
opaska f band
opasły adj obese
opatentować vt take out a
patent (**coś** for sth), patent
opatrunek m med. dressing
opatrunkowy adj dressing attr;
punkt ~ dressing-station
opatrywać vt provide (**w coś**
with sth); (*ranę*) dress
opatrznościowy adj providen-
tial
opatrzność f providence
opcja f option
opera f muz. opera
operacj|a f med. operation; **~a
plastyczna** plastic surgery; **~a
plastyczna twarzy** face-lifting;
poddać się ~i undergo an operation
operator m operator; (*chirurg*)
operating surgeon; **~ filmowy**
cameraman; projectionist
operatywny adj operative
operetka f operetta
operować vt operate (**kogoś** on,
upon sb)
opędzać vt drive away<back>; **~
się** vr try to get rid (**przed kimś,
czymś** of sb, sth)
opęta|ć vt ensnare; possess; **co
cię ~ło?** what possesses you?;
być ~nym myślą be possessed
with an idea; **być ~nym przez
diabła** be possessed by the devil
opętanie n possession
opieka f care; protection; custody; (*kuratela*) tutelage, guardianship; **~ medyczna** medical care,
Medicare; **~ społeczna** social
welfare
opiekacz m toaster
opiekować się vr protect, guard
(**kimś** sb); have the custody
(**kimś** of sb); take care (**kimś,
czymś** of sb, sth); **~ chorym**
nurse a patient
opiekun m guardian, protector

opiekuńczy adj tutelary, protective
opierać vt lean, rest; (*uzasadniać*)
found, base; **ten zarzut nie jest
na niczym oparty** this accusation is unfounded; **~ się** vr lean
(**o coś** on <upon, against> sth);
(*polegać*) rely, depend (**na kimś,
czymś** on <upon> sb, sth);
(*przeciwstawiać się*) resist (**komuś** sb)
opieszałość f sloth, sluggishness
opieszały adj sluggish
opiewa|ć vt praise (in song),
chant; vi (*brzmieć, orzekać*) run,
be worded, read; **rachunek ~ na
10 funtów** the bill amounts to £
10; **umowa ~ na 2 lata** the contract runs for 2 years; **ustawa ~
następująco** the law reads as
follows
opięty adj close-fitting, tight
opilstwo n (habitual) drunkenness
opiłki s pl file-dust
opinia f opinion; **~ publiczna**
public opinion
opiniować vt vi pronounce one's
opinion (**coś, o czymś, o kimś**
on sth, sb)
opis m description
opisać vt describe; mat. circumscribe
opisowy adj descriptive
opium n nieodm. opium
oplatać vt wreathe, entwine; (*np.
butelkę*) cover with basket-work
oplątać vt entangle
opluć vt spit
opłacać vt pay (**coś** for sth); **~ z
góry** prepay, pay in advance; **~
się** vr pay
opłacony pp i adj (*o liście, przesyłce*) post-paid; **z góry ~** pre-
paid
opłakany adj deplorable, lamentable; regrettable
opłakiwać vt deplore, lament
opłat|a f charge; (*urzędowa*) duty;
(*składka członkowska itp.*) fee;

(*za przejazd*) fare; **jaka jest ~a za przejazd?** what is the fare?; **wolny od ~y** free of charge, no charge

opłatek *m* wafer

opłotek *m* (wicket-)fence, hurdle

opłucna *f anat.* pleura

opływać *vt* swim <sail> round, flow round; *vi* (*mieć pod dostatkiem*) abound (**w coś** in <with> sth)

opływow|y *adj*, **linia ~a** streamline

opodal *adv* at some distance, nearby

opodatkować *vt* tax; (*w samorządzie*) rate

opodatkowanie *n* taxation; (*lokalne*) rating

opoka *f* rock

opon|a *f* (*u koła*) *bryt.* tyre; *am.* tire; *anat. pl* **~y mózgowe** meninges

oponent *m* opponent, adversary

oponować *vi* oppose (**przeciwko czemuś** sth), object (**przeciwko czemuś** to sth)

opornie *adv* with difficulty

oporny *adj* refractory; stubborn

oportunista *m* opportunist, time-server

oportunizm *m* opportunism

opowiadać *vt vi* tell, relate; **~ się** *vr* declare (**za kimś, czymś** for sb, sth)

opowiadanie *n* narrative, tale, story

opowieść *f* tale, story

opozycja *f* opposition

opozycyjny *adj* opposing

opór *m* resistance; **ruch oporu** resistance movement; **iść po linii najmniejszego oporu** take the line of least resistance; **stawiać ~** offer resistance, resist

opóźniać *vt* delay; retard; **~ się** *vr* be late, be slow; lag behind

opóźnienie *n* delay; (*w rozwoju*) retardation

opóźniony *pp i adj* delayed; **~ w**

rozwoju retarded; (*gospodarczo*) underdeveloped

opracować *vt* work out, elaborate

opracowanie *n* elaboration; (*szkolne*) paper

oprawa *f* frame; holder; (*okładka książki*) binding; (*oprawianie*) mount; **książka w miękkiej oprawie** paperback

oprawca *m* hangman

oprawiać *vt* (*książkę*) bind; (*obraz w ramy*) frame; (*dawać oprawę*) mount

oprawka *f* holder; collet; **~ żarówki** lamp-socket

opresja *f* oppression

oprocentować *vt bank. fin.* pay interest

oprocentowanie *n bank. fin.* interest

oprogramowanie *n komp.* software

oprowadzać *vt* guide <show> round

oprócz *praep* except, save; **~ tego** besides

opróżniać *vt* empty; (*mieszkanie*) quit, leave; (*miasto, obóz*) evacuate; (*posadę, tron*) vacate

opryskać *vt* splash; **~ drzewa** spray trees

opryskliwość *f* brusqueness, abruptness

opryskliwy *adj* brusque, abrupt

opryszczka *f med.* herpes; *pot.* cold spot <sore>

opryszek *m* brigand

oprzeć *zob.* **opierać**

oprzęd *m* cocoon

oprzytomnieć *vi* recover consciousness; come round, come to

optować *vi* opt

optyczny *adj* optical

optyk *m* optician

optyka *f* optics

optymalny *adj* best; optimum *attr*

optymista *m* optimist

optymistyczny *adj* optimistic

optymizm *m* optimism

opublikować vt publish; make public

opuchlina f swelling

opuchły adj swollen

opuchnąć vi swell

opukiwać vt sound; med. percuss

opustoszały adj deserted, desolate

opuszczać vt (*pozostawiać*) leave; abandon; (*np. wyraz w zdaniu*) omit, leave out; (*lekcję, wykład*) miss; (*kurtynę, głowę itp.*) lower, drop; (*cenę*) abate; **~ się** vr go down, let oneself down; (*zaniedbywać się*) grow remiss, become negligent

opuszczenie n omission; (*pozostawienie*) abandonment

oracz m ploughman

orać vt plough; am. plow; till

orangutan m zool. orang-outang, orang-utan

oranżeria f hothouse, greenhouse, orangery

oraz conj and; as well as; and also

orbita f orbit

order m order; decoration

ordynacja f regulation; (*wyborcza*) electoral system; (*majątek*) fee-tail

ordynans m orderly

ordynarny adj vulgar

ordynator m (*lekarz*) head of a ward

orędownik m intercessor

orędzie n proclamation, message

oręż m weapon, arms

orężny adj armed

organ m organ; pl **~a sądowe** magistrates, magistracy; pl **~a władzy** administrative board, police authorities, powers

organiczny adj organic

organista m organist

organizacja f organization

organizator m organizer

organizm m organism

organizować vt organize

organki pl mouth organ, harmonica

organy s pl muz. organ

orgazm m orgasm

orgia f orgy

orientacja f orientation; **zmysł ~i** sense of locality

orientalny adj oriental

orientować vt am. orientate, orient; **~ się** vr orient(ate) oneself; find one's way

orka f tillage, ploughing; przen. (*ciężka praca*) drudgery

orkiestra f muz. orchestra, band; **~ symfoniczna** symphony orchestra; **~ dęta** brass band

orlę n zool. eaglet

orli adj (*o nosie*) aquiline; (*o wzroku*) eagle attr, eagle's attr

ornament m ornament

ornamentacja f ornamentation

orny adj arable

orszak m train; (*świta*) retinue; (*pogrzebowy itp.*) procession

ortodoksja f orthodoxy

ortodoksyjny adj orthodox

ortografia f orthography; spelling

oryginalność f originality

oryginalny adj original; genuine, authentic; (*dziwaczny*) eccentric

oryginał m original; (*dziwak*) eccentric; pot. freak

orzech m bot. nut; **~ kokosowy** coconut; **~ laskowy** hazelnut; **~ włoski** walnut

orzeczenie n pronouncement, statement; gram. predicate; sąd. sentence

orzecznik m gram. predicate

orzekać vt vi pronounce, state

orzeł m zool. eagle; **~ czy reszka?** heads or tails?

orzeźwiać vt refresh

osa f zool. wasp

osaczyć vt drive to bay, beset

osad m sediment; chem. residue

osada f settlement

osadnictwo n colonization

osadnik m settler

osadzać vt settle; set, put; (*powodować osad*) deposit; **~ się** vr settle; be deposited; *chem.* precipitate

osamotnienie *n* isolation, estrangement

osąd *m* judgement

osądzić *vt* judge; (*skazać*) sentence, condemn (**na coś** to sth)

oschły *adj* stiff, cold; arid, dry

osełka *f* whetstone; (*masła*) piece

oset *m* thistle

osiadać *zob.* **osiąść**

osiadły *adj* settled; (*zamieszkały*) resident

osiągać *vt* attain, achieve, obtain, reach

osiągalny *adj* attainable

osiągnięcie *n* attainment, achievement

osiąść *vi* settle; (*opaść*) sink, subside; (*o ptakach*) alight

osiedlać *vt* settle; **~ się** *vr* settle, establish oneself

osiedle *n* settlement; **~ mieszkaniowe** housing estate; **~ willowe** residential district

osiedleniec *m* settler

osiem *num* eight

osiemdziesiąt *num* eighty

osiemnasty *num* eighteenth

osiemnaście *num* eighteen

osiemset *num* eight hundred

osierocić *vt* orphan

osiodłać *vt* saddle

osioł *m zool.* ass, donkey

oskarżać *vt* accuse (**o coś** of sth), charge (**o coś** with sth)

oskarżenie *n* accusation, charge; **wystąpić z ~m** bring an accusation (**przeciw komuś** against sb)

oskarżony *m* the accused

oskarżyciel *m* accuser; **~ publiczny** public prosecutor

oskrzelle *n anat.* bronchus; *pl* **~a** bronchi; *med.* **zapalenie ~i** bronchitis

oskrzydlać *vt wojsk.* outflank

osłabiać *vt* weaken, enfeeble

osłabienie *n* weakness

osłaniać *vt* cover, protect, shelter

osławiony *adj* ill-reputed, notorious (**z powodu czegoś** for sth)

osłupiały *adj* stupefied

osłupieć *vi* become stupefied

osłupienie *n* stupor; **wprawić w ~** stupefy

osmarować *vt* besmear; *przen.* (*oczernić*) libel

osnowa *f* (*tkacka*) warp; (*treść*) tenor, contents *pl*

osobla *f* person; (*osobistość*) personage; *prawn.* **~a prawna** legal person; **~ fizyczna** natural person; **we (własnej) ~ie** in (one's own) person

osobistość *f* celebrity, personage; VIP

osobistly *adj* personal; **dowód ~y** identity card; **rzeczy ~e** personal belongings

osobiście *adv* personally, in person

osobliwość *f* singularity, particularity; curiosity

osobliwy *adj* singular, particular, strange

osobnik *m* individual

osobnly *adj* separate, isolated; **na ~ości** in private

osobowość *f* personality, individuality; **~ prawna** personality at law

osobowy *adj* personal; **pociąg ~** passenger-train

osowiały *adj* depressed

ospa *f med.* smallpox; **~ wietrzna** chicken pox

ospały *adj* drowsy, sluggish

ospowaty *adj* pockmarked

ostateczność *f* finality; (*krańcowość*) extremity, extreme; **w ~ci** in the end, ultimately; **wpadać w ~ć** go to extremes

ostateczny *adj* final, ultimate, eventual

ostatek *m* remainder, rest; **na ~** finally, at last

ostatni *adj* last, final; (*najświeższy, niedawno miniony*) latest, recent; **~a moda** the latest fashion; **~a wola** one's last will; **~e wiadomości** the latest news

ostatnio adv lately, recently

ostemplować zob. **stemplować**

ostentacja f ostentation

ostoja f mainstay

ostroga f spur

ostrokrzew m bot. holly

ostrosłup m mat. pyramid

ostrożność f caution, prudence; **środki ~ci** precautions

ostrożny adj cautious, careful

ostry adj sharp; (o bólu, kącie itp.) acute; (smak) hot; (spiczasty) pointed; (o zimnie itp. - przenikliwy) hard, frosty; **~e pogotowie** instant readiness; med. **~y dyżur** emergency service; wojsk. **~e strzelanie** ball-firing; przen. **~y język** bitter tongue

ostryga f oyster

ostrze n blade; (ostry brzeg) edge

ostrzegać vt warn (**kogoś przed kimś, czymś** sb against <of> sth)

ostrzeżenie n warning (**przed kimś, czymś** of sb, sth)

ostrzyc vt zob. **strzyc; muszę sobie ~ włosy** I must have a haircut

ostrzyć vt sharpen, whet

osunąć się vi sink

oswobodzenie n liberation

oswobodziciel m liberator

oswobodzić vt liberate, free (**od kogoś, czegoś** from sb, sth)

oswoić vt tame, domesticate; (przyzwyczajać) accustom (**z czymś** to sth); **~ się** vr become domesticated; become familiar (**z czymś** with sth), become accustomed (**z czymś** to sth)

oswojony adj tame; (przyzwyczajony) accustomed (**z czymś** to sth), familiar (**z czymś** with sth)

oszacować vt estimate, evaluate, assess

oszaleć vi go mad <crazy>; become insane; **oszalałeś?** are you crazy?

oszczep m spear; sport javelin; **rzut ~em** javelin throw

oszczerca m calumniator, slanderer

oszczerczy adj slanderous, calumnious

oszczerstwo n calumny, slander, libel; **rzucać ~a** slander (**na kogoś** sb)

oszczędnościowy adj economical; **akcja ~a** economical drive

oszczędność f thrift, parsimony, economy; pl **~ci** savings; **kasa ~ci** savings bank; **robić ~ci** economize, practise economy

oszczędny adj frugal, economical (**w czymś, pod względem czegoś** of sth), thrifty

oszczędzać, oszczędzić vt save, spare, economize; **~ić pieniędzy** <**wydatków, czasu, trudu**> save money <expenses, time, trouble>

oszołomić vt stun, stupefy, benumb; (np. alkoholem) intoxicate

oszołomienie n stupor, stupefaction; (np. alkoholowe) intoxication

oszukać vt cheat, deceive, swindle

oszukańczy adj fraudulent

oszust m swindler, impostor

oszustwo n swindle, fraud, hoax, humbug

oś f (koła) axle; mat. astr. przen. axis

ościenny adj adjacent

oścież m, **na ~** adv, **otwarty na ~** wide open; **otworzyć na ~** fling open

ość f (fish-)bone

ślep m, **na ~** adv blindly, at random

oślepiać vt blind; (o słońcu, świetle) dazzle

oślepnąć vi become blind

ośmielać vt encourage, embolden; **~ się** vr venture, dare

O

ośmieszać *vt* ridicule, make fun of; **~ się** *vr* make oneself ridiculous, make a fool of oneself

ośnieżyć *vt* snow over, cover with snow

ośrodek *m* centre; **~ badawczy** research centre

oświadczać *vt vi* declare; **~ się** *vr* declare (**za kimś** for sb); **~ się** propose (**kobiecie** to a woman)

oświadczenie *n* declaration, pronouncement

oświadczyny *s pl* proposal, declaration of love

oświat|a *f* education, civilization; **ministerstwo ~y** *bryt.* Board of Education

oświatowy *adj* educational

oświecać *vt* (*oświetlać*) light; (*kształcić*) enlighten

oświecenie *n* enlightenment; **Oświecenie** (*epoka*) Enlightenment

oświetlenie *n* lightning, illumination

oświetlić *vt* light up

otaczać *vt* surround; *wojsk.* (*okrążać*) envelop, outflank

otchłań *f* abyss

oto *part. i int* here, there, behold!; **~ on** here he is; **~ jestem** here I am

otoczenie *n* surroundings *pl*, environment

otoczyć *zob.* **otaczać**

otóż *adv i part.* now; **~ słuchaj!** now listen!; I say!

otręby *s pl* bran *zbior.*

otrucie *n* poisoning

otruć *vt* poison

otrzaskać się *vr* become at home (**z czymś** with, in sth)

otrząsnąć *vt* shake down; **~ się** *vr* shake oneself free (**z czegoś** from sth)

otrzewna *f anat.* peritoneum

otrzeźwić *vi* sober down, become sober

otrzymać *vt* get, receive, obtain

otuch|a *f* good cheer; courage;

dodać ~y encourage, hearten up (**komuś** sb); **nabrać ~y** take heart

otulić *vt*, **~ się** *vr* wrap up

otwarcie *adv* frankly, openly, outright

otwartość *f* openness, frankness

otwarty *adj* open; (*szczery*) frank, plain; (*bezpośredni*) upfront

otwierać *vt*, **~ się** *vr* open

otwieracz *m* opener

otw|ór *m* opening, aperture; (*wylot*) orifice; (*podłużny*) slot; **stać ~orem** lie open

otyłość *f* obesity

otyły *adj* fat, obese

owa *zob.* **ów**

owacja *f* ovation; cheers; (*na stojąco*) standing ovation

owad *m zool.* insect

owadobójczy *adj* insecticide

owal *m* oval

owalny *adj* oval

owca *f zool.* sheep

owczarek *m zool.* sheep-dog

owczarnia *f* sheepfold

owczarz *m* shepherd

owdowiały *adj* widowed

owdowieć *vi* become a widow <a widower>

owieczka *f zool., także przen.* lamb

owies *m bot.* oat(s)

owijać *vt* wrap up; (*okręcać*) wind; **~ się** *vr* wrap up <oneself>; (*okręcać się*) wind round

owładnąć *vi* take possession (**czymś** of sth)

owo *zob.* **ów**

owoc *m* fruit; **~e konserwowe** tinned <*am.* canned> fruit

owocarnia *f* fruit shop

owocny *adj* fruitful

owocować *vi* fruit, fructify

owrzodzenie *n med.* ulceration

owrzodziały *adj med.* ulcerous

owrzodzieć *vi* ulcerate, become ulcerous

owsianka *f* (*zupa*) porridge

owszem *adv* quite (so), certainly

ozdabiać vt adorn, decorate
ozdoba f adornment; decoration, trimmings
ozdobny adj decorative, ornamental
oziębić vt chill, cool down; **~ się** vr cool down, become cool
oziębłość f frigidity, coolness
oziębły adj frigid
ozimina f winter corn
oznaczać vt mark; (znaczyć, wyrażać) signify, mean; (przez znak) denote
oznajmiać vt announce, make known
oznajmienie n announcement

oznaka f sign, token, mark; (numer np. bagażowego) badge; symptom
ozon m chem. ozone
ozór m tongue
ożenić się vr marry (**z kimś** sb), get married (**z kimś** to sb)
ożyć vi come to life, revive
ożywczy vt vivifying, stimulating
ożywiać vt vivify, enliven, animate; **~ się** vr become animated, brisk up
ożywienie n animation
ożywiony adj animated, brisk; (żyjący) animate

Ó

ósemka f eight
ósmy num eighth
ówczesny adj then, one time; of that time attr; **~ prezydent** the

then president
ówcześnie adv at that time, of the time

P

pach|a f armpit; **pod ~ą** under one's arm
pachnący adj fragrant; odorous
pachnie|ć vi smell, smell sweet (**czymś** of sth); **to mi źle ~** I smell a rat
pachołek m groom, servant; **~ drogowy** (słupek) bollard
pachwina f anat. groin
pacierz m prayer; **odmawiać ~** say one's prayer(s)
pacierzowy adj anat. spinal; **rdzeń ~** spinal column
paciorek m bead
pacjent m patient
pacyfikacja f pacification

pacyfikować vt pacify
pacyfista m pacifist
pacyfizm m pacifism
paczka f packet, parcel; **~ papierosów** packet of cigarettes
paczyć vt, **~ się** vr warp
padaczka f med. epilepsy
pada|ć vi fall; **deszcz ~** it rains; **śnieg ~** it snows; **~ć trupem** drop dead; **~ć na kolana** go down on one's knees; **~ć ofiarą czegoś** fall a victim <prey> to sth; **padł strzał** a shot was fired; zob. **paść**
padalec m zool. slow-worm
padlina f carrion, carcass

paginacja *f* pagination

pagórek *m* hill

pagórkowaty *adj* hilly

pajac *m* harlequin

pająk *m* spider

pajęczyna *f* cobweb

paka *f* pack; (*skrzynia*) case

pakiet *m* packet, package; **~ akcji** block of shares

pakować *vt* pack (up), wrap; **~ się** *vr* pack (up)

pakowani|e *n* packing; **papier do ~a** wrapping-paper

pakowny *adj* capacious; roomy

pakt *m* pact

paktować *vi* negotiate

pakuły *s pl* oakum

pakunek *m* package, parcel, bundle

pal *m* pale, stake; **wbić na ~** impale

palacz *m* stoker; (*palący tytoń*) smoker

palarnia *f* smoking-room

palący *p praes i adj* burning; (*tytoń*) smoking; (*pilny*) urgent; *s m* smoker; **przedział dla ~ch** smoking compartment

palec *m* finger; (*u nogi*) toe; **~ środkowy** middle finger; **~ wielki** thumb; **~ wskazujący** index finger; **~ serdeczny** ring finger; **mały ~** little finger; **stać na palcach** stand on tiptoe; **nie ruszyć palcem** not to stir a finger

palenie *n* burning; combustion; (*w piecu*) stoking; (*papierosów*) smoking; **~ wzbronione** no smoking

palenisko *n* hearth

palestra *f* the Bar

paleta *f* palette

palić *vt vi* burn; (*w piecu domowym*) make fire; (*w piecu fabrycznym, lokomotywie itp.*) stoke; (*papierosy itp.*) smoke; **~ jak komin** smoke like a chimney; **~ się** *vr* burn, be on fire; **Pali się!** Fire!; *pot.* **~ się do czegoś** be keen on sth

paliwo *n* fuel; **~ stałe** solid fuel

palma *f bot.* palm(-tree)

palnąć *vi vt pot.* fire; shoot; (*uderzyć, grzmotnąć*) discharge a shot; strike; **~ głupstwo** put one's foot in it; **~ sobie w łeb** blow out one's brains

palnik *m* burner

paln|y *adj* combustible; **broń ~a** fire-arms

palto *n* overcoat

pałac *m* palace

pałać *vi* glow, be inflamed (**czymś** with sth); **~ zemstą** breathe nothing but vengeance; **~ żądzą władzy** burn with lust for power

pałąk *m* bow, arch

pałąkowaty *adj* bowlike, arched

pałeczka *f wand*, rod; (*do jedzenia*) chopstick

pałk|a *f* stick, club, cudgel; (*policyjna*) truncheon; **bić ~ą** club, cudgel

pamflet *m* lampoon, squib

pamiątk|a *f* keepsake, souvenir; **na ~ę** in token of remembrance, in remembrance; **~i przeszłości** relics of the past

pamiątkowy *adj* memorial, commemorative

pamięciowy *adj* memorial, of memory

pamię|ć *f* memory; **~ć wzrokowa** visual <eye> memory; **uczyć się na ~ć** learn by heart; **uciec z ~ci** escape one's memory; **świętej ~ci mój ojciec** my late father; (*podręczna*) *komp.* cache memory; (**ku**) **pamięci...** in memory of...; **wylecieć z ~ci** slip one's memory

pamiętać *vt* remember, keep in mind

pamiętnik *m* diary, memoirs

pamiętny *adj* memorable; mindful (**czegoś** of sth)

pan *m* gentleman; (*np. domu*) master; (*arystokrata*) lord; **Pan Bóg** our Lord; (*forma grzecznościowa*) you, sir; (*tytuł*)

szlachecki) Sir; (*przed nazwiskiem*) mister (*skr. Mr*); ~ **Kowalski** Mr Kowalski; ~ **młody** bridegroom; (**toaleta**) **dla ~ów** gents
pancernik *m wojsk.*, *mors.* armoured cruiser; battleship; *zool.* armadillo
pancerny *adj* armoured
pancerz *m* armour
panegiryk *m* panegyric
pani *f* lady; (*np. domu*) mistress; (*forma grzecznościowa*) madam; you; (*przed nazwiskiem*) ~ **Kowalska** Mrs Kowalska; (**toaleta**) **dla pań** ladies
paniczny *adj panic attr*; panic-stricken; *pot.* panicky
panienka *f* miss, maiden
panieński *adj* girlish, maiden(ly)
panieństwo *n* maidenhood
panierowany *adj* coated
panika *f* panic, scare
panna *f* miss, maid; ~ **młoda** bride; **stara** ~ old maid, spinster; (*znak zodiaku*) Virgo, Virgin
panorama *f* panorama
panoszyć się *vr* boss
pan|ować *vi* rule, reign (**nad czymś** over sth); command (**nad czymś** sth); **~ować nad sobą** control oneself, be master of oneself, be self-possessed; **powszechnie ~ować** prevail; **~ować nad sytuacją** be in full control of the situation, have the situation well in hand; **~uje piękna pogoda** the weather is lovely; **~uje epidemia tyfusu** there is an epidemic of typhus
panowanie *n* rule, reign, command; ~ **nad sobą** self-control
panteizm *m filoz.* pantheism
pantera *f zool.* panther
pantof|el *m* shoe; **ranne ~le** slippers; *przen.* **być pod ~em** be henpecked
pantomima *f teatr* pantomime
panujący *p praes i adj* reigning, ruling; (*przeważający*) dominant, prevalent

pański *adj* lord's, gentleman's; (*w zwrotach grzecznościowych*) yours
państw|o *n* (*kraj*) state; (*małżeństwo*) Mr and Mrs; **proszę ~a!** ladies and gentlemen!; **~o młodzi** bridal pair, the newly-married couple
państwow|y *adj* state *attr*; public; **przemysł ~y** state-owned industry; **służba ~a** civil service
pańszczyzna *f hist.* serfdom; statute-labour
papa *f* tar-board
papeteria *f* note-paper and envelopes; stationery
papier *m* paper; **arkusz ~u** sheet of paper; ~ **podaniowy** foolscap; ~ **toaletowy** toilet paper; ~ **pakowy** wrapping paper; *pl* **~y wartościowe** bonds and shares
papierek *m* slip (of paper)
papieros *m* cigarette
papierośnica *f* cigarette-case
papiestwo *n rel.* papacy
papież *m rel.* Pope
papilot *m* curl-paper
papirus *m bot.* papyrus
papka *f* pulp, mash
paplać *vi* prattle
paproć *f bot.* fern
papryka *f* paprika, red pepper
papuga *f zool.* parrot
par|a 1. *f* pair, couple; **~a małżeńska** married couple; **do ~y** to match; **rękawiczka nie do ~y** odd glove; **~ę** a few; **za ~ę dni** in a few days; **~ę razy** once or twice; **nieszczęścia chodzą ~ami** it never rains but it pours
para 2. *f* (*wodna*) steam, vapour
parabola *f mat.* parabola
parada *f* parade; pageantry
paradoks *m* paradox
paradoksalny *adj* paradoxical
paradować *vi* parade
parafia *f* parish
parafialny *m* parish *attr*, parochial

pasażer

parafianin m parishioner
parafina f paraffin
paragon m receipt, bill of sale
paragraf m paragraph, section
paralityczny adj paralytic
paraliż m med. paralysis, palsy
paraliżować vt paralyse
parametr m parameter
parapet m parapet; (okienny) window-sill
parapsychologia f parapsychology
parasol m umbrella; (przeciw słońcu) parasol; sunshade
parasolka f umbrella
parawan m screen
parcela f lot, parcel
parcelować vt parcel out
parcie n pressure
parias m pariah
park m park; **~ narodowy** national park
parkan m fence, hoarding
parkiet m parquet
parking m car park; am parking-lot <place>
parkować vt park
parkowanie n parking; **~ wzbronione** no parking
parlament m parliament; **członek ~u** member of parliament; MP; **rozwiązać ~** dissolve parliament
parlamentarny adj parliamentary
parlamentariusz m bearer of a white flag, negotiator
parny adj sultry, close
parobek m farm-hand
parodia f parody
parodiować vt parody
parokrotny adj repeated
paroksyzm m paroxysm; attack
parować vi vaporize; evaporate
parowanie n evaporation
parowiec m mors. steamship, steamboat
parowóz m (steam-)engine; am. locomotive
parowy adj steam attr; fiz. **koń ~**

horsepower; **statek ~** zob. **parowiec**
parów m ravine
parówka f (kiełbaska) frankfurter; (w bułce) hot dog
parsk|ać vi snort; **~nąć śmiechem** burst out laughing
parszywy adj scabby, mangy
partactwo n botching, bungling; botch, bungle
partacz m bungler, botcher
partaczyć vt bungle, botch, make a mess of sth; pot. screw up
parter m ground-floor; am. first floor; teatr pit
parti|a f party; (część) part; (towaru) lot; (rola) role, part; (w grze) game; (w brydżu) **po ~i** vulnerable; **przed ~ą** invulnerable; **~a konserwatywna <liberalna>** conservative <liberal> party
partner m partner
partyjny adj party (tylko attr); s m party-man
partykularyzm m particularism
partykuła f gram. particle
partyzant m guerrilla; partisan
partyzantka f guerrilla war
parweniusz m upstart, parvenu
parytet m fin. parity, par; **~ złota** gold parity <standard>; **według ~u** at par
parzyć vt scald; (np. herbatę) brew, infuse; (poddawać działaniu pary) steam; **~ się** vr (o herbacie) draw
parzysty adj even
pas m belt, girdle; **popuszczać <zaciskać> ~a** loosen <tighten> one's belt; pot. **wziąć nogi za ~** take to one's heels; **~ startowy** runway; mot. **~ ruchu** lane; **~ bezpieczeństwa** safety <seat> belt; (w brydżu) no bid; am. pass
pasat m trade-wind
pasaż m passage; (uliczka) passage-way; (handlowy) shopping arcade <mall>
pasażer m passenger; **~ na gapę** stowaway

Pascha *f rel.* Passover

pas|ek 1. *m* belt, girdle; (*do brzytwy*) strop; (*kreska, wzór*) stripe; bar; **materiał w ~ki** striped cloth;

pasek 2. *m* (*nielegalny handel*) black-market, profiteering

paser *m* black marketeer, profiteer

pasieka *f* apiary

pasierb *m* stepson

pasierbica *f* stepdaughter

pasj|a *f* passion; fury; **wpaść w ~ę** fly into a passion <a fury>

pasjans *m* patience; **stawiać ~a** play patience

pasjonować *vt* fascinate; thrill; **~ się** *vr* be passionately fond of; be keen on

paskarz *m* black-market dealer, profiteer

paskudny *adj* hideous, horrid

pasmo *n* (*gór*) range, chain; (*przędzy*) skein; strand; (*taśma*) band; *elektr. i radio* band; (*smuga*) streak; *elektr.* **~ częstotliwości** frequency band; *przen.* **~ żywota** threat of life

pas|ować 1. *vt* fit, suit; (*być do pary*) match; **krawat ~uje do ubrania** the tie matches the suit; (*o ubraniu*) **~uje do ciebie** it becomes you

pasować 2. *vt*, **~ kogoś na rycerza** dub sb a knight

pasożyt *m* parasite

pasożytniczy *adj* parasitic(al)

passa *f*, **dobra <zła> ~** a run of good <bad> luck

pasta *f* paste; **~ do butów** bootpolish; **~ do podłogi** floor-polish; **~ do zębów** tooth-paste

pastel *m* crayon, pastel; **malować ~ami** crayon

pasterka *f* shepherdess; (*nabożeństwo*) Christmas midnight mass

pasterski *adj* pastoral

pasterz *m* shepherd

pastewny *adj* pasture *attr*; fodder *attr*

pastor *m* pastor, minister

pastuch *m* herdsman, cowboy

pastw|a *f*, **paść ~ą** (**kogoś, czegoś** to sb, sth) fall a prey

pastwić się *vr* treat with cruelty (**nad kimś** sb)

pastwisko *n* pasture

pastylka *f* tablet, pill

pasywa *s pl fin.* liabilities

pasywny *adj* passive

pasza *f* fodder

paszcza *f* jaw, muzzle

paszkwil *m* lampoon, libel

paszport *m* passport; **biuro ~ów** passport office

pasztet *m* pie, pâté

paść 1. *vi* fall down, come down; *zob.* **padać**; **~ trupem** drop dead

paść 2. *vt* (*bydło*) pasture; **~ się** *vr* (*o bydle*) pasture, graze

pat *m* (*w szachach*) stalemate

patelnia *f* frying-pan

patent *m* patent

patetyczny *adj* pathetic; pompous

patolog *m* pathologist

patologia *f* pathology

patos *m* pathos; pomposity

patriarcha *m* patriarch

patriarchalny *adj* patriarchal

patriota *m* patriot

patriotyczny *adj* patriotic

patriotyzm *m* patriotism

patrol *m* patrol

patrolować *vt* patrol

patron *m* patron (*także* saint); sponsor

patronat *m* patronage, auspices *pl*; sponsorship

patronować *vi* patronize (**komuś, czemuś** sb, sth); sponsor

patroszyć *vt* eviscerate; (*kurę*) draw; (*rybę*) gut; (*zająca*) hulk

patrzeć *vi* look (**na kogoś, coś** at sb, sth); **~ na kogoś jak na wroga** look on <upon> sb as a foe; **~ na kogoś z góry** look down upon sb; **~ przez okno** look out of the window; **~ za sie-**

bie look back;**~ przez palce** connive (**na coś** at sth); **~ spode łba** scowl (**na kogoś, coś** at sb, sth); **~ uporczywie** stare (**na kogoś, coś** at sb, sth); **jest na co ~** it is worth seeing

patyk *m* stick, rod

patyna *f* patina

pauza *f* pause; (*szkolna*) break; *muz.* rest; (*myślnik*) dash

pauzować *vi* pause, make a pause

paw *m zool.* peacock; **dumny jak ~** as proud as a peacock

pawian *m zool.* baboon

pawilon *m* pavilion

paznok|ieć *m* nail; (finger)nail, (toe)nail; **obcinać ~cie** clip <pare> nails

pazur *m* claw, (*szpon, także techn.*) clutch

paź *m* page

październik *m* October

pączek *m* bud; (*ciastko*) dough-nut

pączkować *vi* bud

pąk *m* bud

pchać *vt* push, thrust; **~ się** *vr* push one another, crush

pchełki *s pl* (*gra*) tiddlywinks

pchła *f* flea; **pchli targ** flea market

pchnięcie *n* push, thrust

pech *m* bad <hard> luck

pedagog *m* pedagogue

pedagogia *f* pedagogy

pedagogika *f* pedagogics, pedagogy

pedał *m* pedal; (*homoseksualista*) *pot.* gay, fag, pansy

pedant *m uj.* pedant

pedanteria *f uj.* pedantry

pedantyczny *adj uj.* pedantic, priggish

pediatra *m* p(a)ediatrician, p(a)ediatrist

pejcz *m* horsewhip

pejzaż *m* landscape

peleryna *f* cape

pelikan *m zool.* pelican

pełni|a *f* plenty, abundance, full-ness; **~a księżyca** full moon; **w ~** completely, fully

pełnić *vt* perform, fulfil, accomplish; **~ obowiązek** do one's duty

pełno *adv* plenty (**czegoś** of sth); **mieć ~ czegoś** be full of sth

pełnoletni *adj* adult, of age, major

pełnoletniość *f* majority, full age

pełnometrażowy *adj*, **film ~** feature film

pełnomocnictwo *n* (*prawo*) power of attorney; (*dokument*) letter of attorney

pełnomocnik *m* plenipotentiary; authorized agent

pełnomocny *adj* plenipotentiary, authorized

pełnopłatny *adj* with full pay; **~ urlop** full-pay leave

pełnowartościowy *adj praed* of full value

pełny *adj* full; **na ~m morzu** on the high seas

pełzać *vi* (*poruszać się*) crawl, creep

pełznąć *vi* (*płowieć*) fade; lose colour; *zob.* **pełzać**

penicylina *f med.* penicillin

penis *m anat.* penis

pensja *f* (*pobory*) salary

pensjonat *m* boarding-house; pension

perfidia *f* perfidy

perfidny *adj* perfidious

perfumeria *f* perfumer's shop, perfumery

perfumować *vt* perfume, scent

perfumy *s pl* perfume, scent

pergamin *m* parchment

periodyczny *adj* periodical

perkal *m* calico

perkusja *f muz.* percussion

perkusyjny *adj* percussive; **instrument ~** percussion instrument

perliczka *f zool.* guinea-fowl

perła *f* pearl

P

peron *m* platform
Pers *m* Persian, Iranian
perski *adj* Persian, Iranian
personalny *adj* personal
personel *m* staff, personnel
personifikacja *f* personification
perspektywa *f* perspective, prospect, view
perswadować *vt* persuade (**komuś, żeby coś zrobił** sb into doing sth, **komuś, żeby czegoś nie zrobił** sb out of doing sth)
perswazja *f* persuasion
pertraktacje *s pl* negotiations
pertraktować *vi* negotiate (**w sprawie czegoś** sth)
peruka *f* wig
perwersja *f* perversion
perwersyjny *adj* perverse
peryferi|e *s pl* periphery; **na ~ach** on the outskirts
peryskop *m* periscope
pestka *f* stone, kernel; (*w jabłku, pomarańczy*) pip
pesymista *m* pessimist
pesymistyczny *adj* pessimistic
pesymizm *m* pessimism
petarda *f* petard
petent *m* petitioner
petycja *f* petition
pewien *adj* (*niejaki*) a, one, a certain; **po pewnym czasie** after some time; **przez ~ czas** for some time; *zob.* **pewny**
pewnik *m* axiom
pewno, na ~ *adv* certainly, for sure, assuredly; **on na ~ przyjdzie** he is sure to come
pewnoś|ć *f* certainty, certitude; *pot.* dead certainty (*bezpieczeństwo*) security; **~ć siebie** self-assurance; self-confidence; **z ~cią** certainly; sure enough; for certain; sure; **dla ~ci** to be on the safe side
pewny *adj* sure, certain, (*bezpieczny*) safe, secure; **~ siebie** self-assured, self-confident; cocksure; **czuć się ~m** feel sure <safe>

pęcak *m* peeled barley
pęcherz *m anat.* bladder
pęcherzyk *m anat.* vesicle; (*bąbel*) blister; (*bańka*) bubble
pęczek *m* bunch, tuft
pęcznieć *vi* swell
pęd 1. *m* (*szybki bieg*) rush; **całym ~m** at full speed; (*napęd, impuls*) impulse; (*rozpęd*) impetus; *fiz.* momentum; (*dążenie, zamiłowanie*) aspiration (**do czegoś** after <for> sth)
pęd 2. *bot.* shoot, sprout; **puszczać ~y** shoot forth, sprout
pędzel *m* brush
pędzić *vt* rush, drive; (*życie*) lead; (*czas*) spend; (*wódkę*) distil; *vi* rush, run (**za kimś** after sb), race, hurry, scurry
pędzlować *vt* brush
pęk *m* (*kwiatów, kluczy*) bunch; (*papierów*) file; (*wiązka*) bundle
pęka|ć *vi* burst; (*rozłupać się*) crack; fracture; **~ć z zazdrości** burst with envy; **serce mi ~** my heart breaks; **głowa mi ~** my head is splitting
pękaty *adj* bulging, bulged; (*przysadkowaty*) dumpy, podgy
pępek *m anat.* navel
pęta *s pl* fetters, chains; (*końskie*) hobble; **zerwać ~** break the bonds
pętać *vt* fetter; (*konia*) hobble
pętelka, pęt|la *f* loop, noose; (*o samolocie*) **robić ~lę** loop; (*całą*) loop the loop
piać *vi* crow
piana *f* froth, foam; **~ mydlana** lather; (*ubita*) whipped whites
pianino *n muz.* (upright) piano
pianista *m muz.* pianist
pianow|y *adj* foam *attr*; **gaśnica ~a** foam extinguisher
piasek *m* sand
piaskowiec *m* sandstone
piaskownica *f* sand-pit
piaskowy *adj* sandy, sand *attr*
piasta *f* nave, hub

pierś

piastować vt (dzieci) nurse; (urząd) hold
piastun m guardian, foster-father; (godności, urzędu) holder
piastunka f nurse, foster-mother
piaszczysty adj sandy, sand-
piąć się vr climb (**na drzewo** a tree, **po drabinie** a ladder); (o roślinach) creep
piątek m Friday; **Wielki Piątek** Good Friday
piątka num five; szk. very good, A-grade
piąty num fifth
pici|e n drinking; **woda do ~a** drinking water
pić vt vi drink; **~ mi się chce** I'm thirsty
piec 1. m stove, fire-place; (piekarski) oven; techn. furnace; **wielki ~** blast-furnace
piec 2. vt bake; (zw. o mięsie) roast; (palić) burn, scorch; **~ się** vr bake, roast; **świeżo upieczony** newly fledged
piechota f infantry
piechotą adv on foot
piecyk m (little) stove; (do ogrzewania) heater; pot. (piekarnik) oven
piecz|a f care, charge (**nad kimś, czymś** of sb, sth); **mieć ~ę** take care (**nad kimś, czymś** of sb, sth); **powierzyć coś czyjejś ~y** trust sb with sth; **pod czyjąś ~ą** in sb's charge
pieczara f cavern
pieczarka f bot. champignon; mushroom
pieczątka f seal, stamp
pieczeń f roast-meat; **~ cielęca** roast veal; **~ wołowa** roast beef
pieczęć f seal, stamp
pieczętować vt seal, stamp
pieczołowitość f solicitude
pieczołowity adj solicitous
pieczywo n baker's goods; (słodkie) pastry
pieg m freckle
piegowaty adj freckled

piekarnia f bakery, baker's (shop)
piekarnik m baking oven
piekarz m baker
piekieln|y adj infernal, hellish, devilish; **maszyna ~a** infernal machine; przen. **ogień ~y** hellfire
piekło n hell; **zrobić komuś ~** give sb hell; (robić awanturę) raise the hell <the devil>
pielęgniarka f nurse
pielęgniarz m (male) nurse; hospital orderly
pielęgnować vt (chorych) nurse; (rośliny) cultivate; (umiejętność) foster, cultivate; (ręce, fryzurę) take care
pielgrzym m pilgrim
pielgrzymka f pilgrimage
pielucha f swaddling-cloth, napkin; am. diaper
pieniacz m litigious person
pieniądz m coin, piece of money; pl **~e** money; **drobne ~e** (small) change; (gotówka) cash; **~e kieszonkowe** pocket money; am. allowance
pienić się vr foam; (o winie) sparkle; **~ ze złości** foam with rage
pieniężn|y adj pecuniary, money attr; **kara ~a** fine
pień m (trzon, łodyga) trunk; stem; (pniak) stump; **zboże na pniu** standing corn; **głuchy jak ~** stone-deaf
pieprz m bot. pepper; **suchy jak ~** bone-dry
pieprzny adj peppery; (nieprzyzwoity) spicy
pieprzyć vt pepper; (odbyć stosunek seksualny) wulg. fuck, screw
pieprzyk m (na skórze) mole, beauty spot
pierdzieć vi wulg. fart, make a fart
piernik m ginger-bread; honey-cake
pierś f breast; (klatka piersiowa) chest

pierścieniowy *adj* annular
pierścień *m* ring; (*włosów*) ringlet; (*tłoka*) piston-ring
pierścionek *m* ring
pierwiastek *m* element; *chem.* element; *mat.* (*wartość*) root; *mat.* (*znak*) radical; **~ kwadratowy <sześcienny>** square <cube> root; **~ piątego stopnia** fifth root
pierwiastkowy *adj mat.* radical
pierwiosnek *m bot.* primrose
pierworodny *adj* first-born; (*o grzechu*) original
pierwotniak *m zool.* protozoan
pierwotność *f* primordiality; (*prymitywizm*) primitiveness
pierwotny *adj* primordial; (*prymitywny*) primitive; (*pierwszy*) primary
pierwowzór *m* prototype
pierwszeństwo *n* priority; **~ przejazdu** right of way
pierwszorzędny *adj* first-rate, first-class
pierwsz|y *num* first; **na ~ego stycznia** on the first of January; **~a pomoc** first aid; **~y lepszy** just any, at random; **~a godzina** one o'clock; **po ~e** firstly, in the first place; **kto ~y, ten lepszy** first come, first served; **na ~y rzut oka** at first sight
pierzchać *vi* flee, take flight
pierze *n* feathers *pl*
pierzyna *f* eiderdown
pies *m zool.* dog; *pot.* **zejść na psy** go to the dogs; **żyć jak pies z kotem** live <lead> a cat-and-dog life; **potraktować kogoś jak psa** treat sb like a dog
pieszczota *f* caress; petting
pieszczotliw|y *adj* caressing, cuddlesome; **~e imię** pet name; **~e słowo** word of endearment
pieszo *adv* on foot
pieścić *vt* caress, pet, fondle
pieśń *f* song
pietruszka *f bot.* parsley
pietyzm *m* pietism

pięciobój *m sport* pentathlon
pięciokrotny *adj* fivefold
pięcioletni *adj* five-year *attr*; (*o wieku*) five-year old
pięcioraczki *s pl* quintuplets
pięcioraki *adj* fivefold
pięć *num* five
pięćdziesiąt *num* fifty
pięćdziesiąty *num* fiftieth
pięćset *num* five hundred
pięknie *adv* beautifully, finely; **jest ~** it is fine weather; **wyglądać ~** look fine
pięknieć *vi* grow beautiful
piękno *n* beauty, the beautiful
piękność *f* beauty
piękn|y *adj* beautiful, handsome, lovely, fair; **literatura ~a** belles-lettres; **~a pogoda** fine weather; *pl* **sztuki ~e** fine arts
pięściarz *m sport* boxer, pugilist
pięść *f anat.* fist
pięta *f anat.* heel; **~ Achillesa** Achilles heel
piętnastoletni *adj* fifteen-year *attr*; (*o wieku*) fifteen-year old *attr*
piętnasty *num* fifteenth
piętnaście *num* fifteen
piętno *n* stigma, stamp; **wycisnąć ~** impress a stamp
piętnować *vt* stigmatize, stamp
piętro *n* stor(e)y, floor
piętrzyć *vt* pile up; **~ się** *vr* be piled up; (*wznosić się*) tower
pigułka *f* pill (*także antykoncepcyjna*)
pijak *m* drunk, drunkard
pijan|y *adj praed* drunk; drunken *attr*; **jazda po ~emu** drunken driving
pijaństwo *n* drunkenness
pijatyka *f* drinking-bout
pijawka *f zool.* leech
pik *m* (*w kartach*) spade
pika 1. *f* pike
pika 2. *f* (*tkanina*) piqué
pikantny *adj* piquant; hot; (*nieprzyzwoity*) spicy
pikling *m* kipper
piknik *m* picnic

pikować *vt* (*tkaninę*) quilt; *vi lotn.* dive
pilnik *m* file
pilność *f* diligence
pilnować *vt* look after, watch; ~ **swego interesu** mind one's business; ~ **się** *vr* be on one's guard
pilny *adj* diligent, assiduous; (*naglący*) urgent; **nic ~ego** no hurry
pilot *m* pilot; (*przewodnik*) guide; (*telewizyjny*) remote control
pilotować *vt* pilot, guide
pilśń *f* felt
piła *f* saw; *przen. pot.* (*nudziarz*) bore
piłka 1. *f* (*narzędzie*) hand-saw
piłka 2. *f* (*do gry*) ball; *sport* ~ **nożna** (association) football, soccer
piłkarz *m sport* football player, footballer
piłować *vt* (*piłą*) saw; (*pilnikiem*) file; *pot.* (*nudzić, dręczyć*) bore
pinezka *f* tack, drawing-pin
pingwin *m zool.* penguin
piołun *m bot.* wormwood
pion *m* perpendicular; (*narzędzie*) plummet; *przen.* line
pionek *m* pawn; (*w warcabach*) checker
pionier *m* pioneer
pionowy *adj* vertical
piorun *m* thunderbolt; **trzask ~a** thunderclap; **rażony ~em** thunderstruck
piorunochron *m* lightning-conductor <-protector>
piosenka *f* song, ditty
piórnik *m* pen and pencil case, writing-case
pióro *m* feather; (*do pisania*) pen; ~ **wiosła** blade; **gęsie** ~ quill; **wieczne** ~ fountain pen
pióropusz *m* plume
pipeta *f* pipette
piracki *adj* piratical
piractwo *n* piracy; ~ **komputerowe** software piracy
piramida *f* pyramid

pirat *m* pirate; ~ **drogowy** road hog; ~ **komputerowy** software pirate
pirotechnika *f* pyrotechnics
pisać *vt vi* write (*ołówkiem, atramentem* in pencil, in ink); ~ **na maszynie** type; **jak się ten wyraz pisze?** how do you spell this word?; ~ **się** *vr* be written, be spelt; (*zgadzać się*) subscribe (**na coś** to sth)
pisanka *f* Easter egg
pisarz *m* (*autor*) writer
pisemnie *adv* in writing
pisemny *adj* written, in writing; **egzamin** ~ written examination
pisk *m* squeal, squeak
pisklę *n* nestling; (*kurczątko*) chick, hatchling
piskorz *m zool.* loach
pismo *n* writing, letter; (*czasopismo*) newspaper; periodical; (*charakter pisma*) handwriting; **na piśmie** in writing; **Pismo święte** Holy Scripture
pisnąć *vi vt zob.* **piszczeć**; **nie ~ ani słówka** not breathe a word
pisownia *f* spelling
pistolet *m* pistol
piszczałka *f* pipe, fife
piszczeć *vi* squeak, squeal
piszczel *m anat.* shinbone, tibia
piśmiennictwo *n* letters *pl*, literature
piśmienny *adj* literate; (*pisemny*) written; *pl* **artykuły ~e** writing-materials, stationery
piwiarnia *f* pub, beer-house
piwnica *f* cellar
piwny *adj* beer *attr*; (*kolor*) brown
piwo *n* beer; ~ **z beczki** beer on draught; **dać na** ~ give a tip
piwonia *f bot.* peony
piwowar *m* brewer
piżama *f* pyjamas *pl*; *am.* pajamas
piżmo *n* musk
piżmowiec *m zool.* musk-rat
plac *m* ground; (*parcela*) lot; (*okrągły, u zbiegu ulic*) circus; (*kwadratowy*) square; ~ **boju**

battlefield; **~ budowy** building-ground

placek *m* cake

placówka *f* outpost; **~ dyplomatyczna** diplomatic post

plaga *f* plague

plagiat *m* plagiarism; **popełnić ~** plagiarize

plakat *m* poster, bill

plakieta *f* plaque

plam|a *f* spot, stain; (*na honorze*) blemish; **wywabiacz ~** stain remover

plamić *vt* spot, stain; **~ się** *vr* spot

plan *m* plan, scheme; **pierwszy ~** foreground; **dalszy ~** background; **~ filmowy** location; **~ Krakowa** map of Cracow

planeta *f* planet

planetarny *adj* planetary

planować *vt* plan

planowanie *n* planning

planowo *adv* according to plan

planowy *adj* planned

plantacja *f* plantation

plantator *m* planter

plastelina *f* plasticine; modelling clay, *am.* play dough

plaster *m* sticking plaster; **~ miodu** honeycomb

plasterek *m* (*np. szynki*) slice

plastik *m* plastic

plastycznie *adv* plastically

plastyczność *f* plasticity

plastyczn|y *adj* plastic; **sztuki ~e** fine arts; **chirurgia ~a** plastic surgery

plastyk *m* (*artysta*) artist

platerować *vt* plate

platery *s pl zbior.* plate

platforma *f* platform; (*wóz ciężarowy*) lorry

platoniczny *adj* Platonic

platyna *f chem.* platinum

plazma *f* plasma

plaża *f* beach

plądrować *vt vi* plunder

pląsać *vi* hop, toe and heel it

plątać *vt* entangle; **~ się** *vr* tangle, become entangled; *pot.*

(*łazić*) slouch about

plątanina *f* tangle

plebiscyt *m* plebiscite

plecak *m* knapsack, rucksack

plecionka *f* plait; (*wyrób koszykarski*) wickerwork

plec|y *s pl* back; **za ~ami** behind one's back; **obrócić się ~ami** turn one's back (**do kogoś** on sb)

pleć *zob.* **plewić**

pled *m* plaid

plejada *f* pleiad

plemienny *adj* tribal, racial

plemię *n* tribe, race

plenarn|y *adj* plenary; full; **sesja ~a** plenary session

plener *m* the open; **~ filmowy** location

plenić się *vr* multiply

pleść *vt* twist, plait; (*gadać*) babble

pleśnieć *vi* mould

pleśń *f* mould, mildew

plewa *f* chaff

plewić *vt* weed

plik *m* bundle; *komp.* file

plisa *f* pleat

plisować *vt* pleat

plomba *f* lead, leaden seal; (*w zębie*) filling, stopping

plombować *vt* seal up, lead; (*ząb*) fill, stop

plon *m* crop, yield

plotka *f* gossip; (*pogłoska*) rumour

plotkarka *f*, **plotkarz** *m* gossip(er)

plotkować *vi* gossip

pluć *vi* spit

plugawić *vt* (be)foul

plugawy *adj* foul, filthy

pluralizm *m* pluralism

plus *m* (*znak*) plus sign; (*zaleta*) plus, advantage; *adv* (*ponadto*) plus

pluskać *vi* splash; **~ się** *vr* splash

plusz *m* plush

plutokracja *f* plutocracy

pluton *m wojsk.* platoon

płynąć

plutonowy adj wojsk. staff sergeant

plwocina f spittle

płac|a f pay, salary, wages pl; **lista ~** pay-sheet, pay-roll

płachta f sheet

płacić vt pay; **~ gotówką** pay in cash; **~ czekiem** pay by cheque <check>; **~ z góry** pay in advance, prepay; **~ każdy za siebie** pot. go Dutch

płacz m cry; crying, weeping; **wybuchnąć ~em** burst into tears

płakać vi cry, weep

płaski adj flat

płasko adv flatways, flatwise

płaskorzeźba f relief, bas-relief

płaskowzgórze n tableland

płaszcz m overcoat, cloak; **~ nieprzemakalny** raincoat

płaszczyć vi flatten; **~ się** vr become flat; przen. fawn (**przed kimś** on, upon sb)

płaszczyk m cape, mantle; przen. **pod ~iem** under the cloak <the disguise> of

płaszczyzna f plain, level; mat. i przen. plane

płat m (kawał, szmat, mięsa) slice; anat. lobe

płatać vi cut; **~ figle** play tricks (**komuś** on sb)

płat|ek m shred, piece; (plasterek) slice; (kwiatu) petal; (śniegu) flake; pl **~ki zbożowe** cornflakes

płatniczy adj, fin. **bilans ~** balance of <accounts> payments; **środek ~** legal tender

płatnik m payer; **~ podatku** tax payer

płatnoś|ć f payment; **termin ~ci** maturity; **~ć natychmiastowa** money down; **dzień ~ci** pay-day; handl. (o wekslu) date <time> of maturity; **warunki ~ci** terms of payment

płatny adj payable, due; handl. paid; **~ na okaziciela** payable to the bearer

płaz 1. m zool. amphibian

płaz 2. m flat (of a sabre etc.); przen. **puścić coś ~em** pass sth over, connive at sth

płciow|y adj sexual, sex attr; **życie ~e** sexual life; **popęd ~y** sex instinct <urge>

płeć f sex; **~ piękna** the fair sex; **słaba ~** the weaker sex; **~ brzydka** the stronger sex

płetwa f fin; (płetwonurka) flipper

płetwonurek m frogman

płochliwy adj shy

płochy adj frivolous

płodność f fertility

płodny adj fertile

płodozmian m rotation of crops

płodzenie n procreation

płodzić vt procreate

płomienny adj flaming, fiery; (żarliwy) ardent

płomień m flame

płonąć vi burn, be on fire; przen. **~ ze wstydu** burn with shame

płonica f med. scarlet-fever

płonny adj vain

płoszyć vt scare (away); **~ się** vr be scared (**czymś** by sth)

płot m fence, ledge

płot|ek m sport hurdle; **bieg przez ~ki** hurdle race

płowieć vi fade (away)

płow|y adj fallow; **zwierzyna ~a** fallow deer

płoza f runner, skid

płód m fruit, product; anat. f(o)etus

płótno n linen; (malarskie, żaglowe) canvas

płucny adj pulmonary

płuc|o n anat. lung; med. **zapalenie ~** pneumonia

pług m bryt. plough, am. plow; **~ śnieżny** snowplough

płukać vt rinse, wash; **~ gardło** gargle

płyn m liquid; (kosmetyczny) lotion

płynąć vi flow; (pływać) swim; (o statkach) sail; (o podróży mor-

skiej) go by water, sail; **~ łódką** boat

płynny *adj* liquid; fluid; smooth; (*o mowie*) fluent

płyta *f* plate, slab; **~ gramofonowa** record, disc; **~ kompaktowa** compact disc, CD; **~ kamienna** (*do brukowania*) flagstone; *komp.* (mother)board

płytki *adj* shallow; (*np. o talerzu*) flat

płytoteka *f* record library

pływać *vi* swim; (*np. o korku*) float

pływak *m* swimmer; (*w zbiorniku, u wędki itp.*) float

pływalnia *f* swimming-pool

pneumatyczny *adj* pneumatic

pniak *m* stump

po *praep* after; up to; for; past; **zaraz po** on, upon; **po wykładach** after the lectures; **po dzień dzisiejszy** up to the present day; **po uszy** up to the ears; **posłać po taksówkę** send for a taxi; **kwadrans po piątej** a quarter past five; **zaraz po jego powrocie** on his return; **po co?** what for?; **po ile?** how much?; **po kolei** by turns; **każdemu po funcie** one pound each; **po funcie za sztukę** one pound apiece; **po raz pierwszy** for the first time; **po pierwsze** firstly, in the first place; **mówić po angielsku** speak English

pobić *vt* beat, defeat; **~ rekord** break <beat> the record; **~ się** *vr* come to blows

pobielać *vt* (*metal*) tin; (*ścianę*) whitewash

pobierać *vt* (*np. pensję*) receive; (*np. podatek*) collect; (*lekcje*) take; **~ się** *vr* get married

pobieżny *adj* superficial

pobliski *adj* near

pobliże *n*, **w ~u** nearby, in the vicinity of...

pobłażać *vi* be indulgent (**komuś** to sb); be lenient (**komuś** with sb); connive (**czemuś** at sth); **~ sobie** indulge oneself

pobłażliwość *f* indulgence, leniency, permissiveness

pobłażliwy *adj* indulgent, lenient, tolerant, permissive

pobocze *n* shoulder (of the road)

poboczny *adj* lateral; (*o przedmiocie*) secondary

pobojowisko *n* battlefield

poborca *m* (tax-)collector

poborowy *adj* conscript; *s m* conscript

pobory *s pl* salary

pobożn|y *adj* pious; *pot.* **~e życzenie** wishful thinking

pobór *m* (*do wojska*) conscription, levy; (*podatku*) collection, levy

pobranie *n*, **za ~m** to be paid on delivery, cash on delivery

pobrzeże *n* shore land, seashore

pobudka *f* motive, stimulus; *wojsk.* reveille

pobudliwość *f* excitability

pobudliwy *adj* excitable

pobudzić *vt* excite, impel; (*zbudzić*) wake up

pobyt *m* sojourn, stay; **miejsce stałego ~u** residence

pocałunek *m* kiss

pochlebca *m* flatterer

pochlebiać *vi* flatter (**komuś** sb)

pochlebn|y *adj* flattering; **~a opinia** high opinion

pochlebstwo *n* flattery

pochłaniacz *m* absorber

pochłania|ć *vt* absorb, swallow; **~ go nauka** he is absorbed in study

pochmurny *adj* cloudy; *przen.* (*ponury*) gloomy

pochodnia *f* torch

pochodny *adj* derivative, secondary

pochodzenie *n* origin, descent, provenance; **~ społeczne** social background

pochodzić *vi* descend, be descended (**od kogoś** from sb), derive, be derived (**od kogoś, cze-**

goś from sb, sth); (*wynikać*) result (**z czegoś** from sth), proceed (**z czegoś** from sth)

pochopność *f* eagerness, hastiness

pochopny *adj* eager, hasty

pochować *vt* (*pogrzebać*) bury; *zob.* **chować**

pochód *m* procession; march

pochwa *f* sheath; *anat.* vagina

pochwalać *vi* praise; (*uznawać*) approve (**coś** of sth)

pochwaln|y *adj* laudatory; **mowa ~a** eulogy

pochwała *f* praise

pochylenie *n* inclination

pochylić *vt* bend, bow; **~ się** *vr* bow down

pochyłość *f* slope, slant

pochyły *adj* sloping, inclined

pociąg 1. *m* train; **~ osobowy** <**towarowy**> passenger <goods> train; **~ pospieszny, ekspresowy, bezpośredni** fast, express, direct train; **zdążyć** <**spóźnić się**> **na ~** catch <miss> one's train

pociąg 2. *m* (*skłonność*) attraction, inclination; (*upodobanie*) liking, fondness

pociągać *vt vi* pull (**coś** sth, **za coś** at sth), draw; (*nęcić*) attract; **~ do odpowiedzialności** call to account

pociągający *adj* attractive, alluring

pociągły *adj* oblong

pociągnięcie *n* draught, pull; (*np. w grze*) move

pociągowy *adj*, **koń ~** draught <draft> horse

po cichu *adv* in a low voice; (*w tajemnicy*) tacitly; secretly

pocić się *vr* perspire, sweat

pociecha *f* consolation, comfort; **niewielka ~** *pot.* no great shakes

po ciemku *adv* in the dark

pocierać *vt* rub

pocieszać *vt* console, comfort, cheer up; **~ się** *vr* console oneself

pocieszenie *n* consolation, comfort

pocieszny *adj* funny, droll

pocieszyciel *m* comforter

pocisk *m* missile, projectile; **~ armatni** shell; **~ kierowany** guided missile; **~ nuklearny** nuclear missile; *pot.* nuke; (*kula*) bullet

począć *vt* begin, commence; (*zajść w ciążę*) conceive; **co mam ~?** what am I to do?

początek *m* beginning; origin; opening; **na ~ek** to start with; **na ~ku** at the beginning, at the outset; **od ~ku do końca** from beginning to end

początkowo *adv* at first, initially

początkowy *adj* initial, primary

początkujący *m* beginner

poczciwiec *m* good fellow

poczciwy *adj* good, good-hearted

poczekalnia *f* waiting-room

poczekani|e *n*, **na ~u** on the spot; off-hand; there and then

poczernić *vt* black(en)

poczernieć *vi* blacken, become black

poczerwienić *vt* redden, make red

poczerwienieć *vi* redden, become red; (*zarumienić się*) blush

poczesny *adj* honourable, respectable

poczęcie *n* beginning; *biol.* conception; **Niepokalane Poczęcie** *rel.* Immaculate Conception

poczęstunek *m* treat

poczt|a *f* post, mail; (*budynek*) post-office; **~a lotnicza** air mail; **~ą** by post; **odwrotną ~ą** by return of post; **osobną ~ą** under separate cover

pocztow|y *adj* postal, post *attr*; **kartka ~a** postcard; *am.* postal card; **opłata ~a** postage; **stempel ~y** postmark; **unia ~a** postal union; **urząd ~y** post-office; **znaczek ~y** (postage-)stamp; **skrzynka ~a** letter-box, pillar-box

P

pocztówka *f* postcard
poczucie *n* feeling; sense; ~ **obowiązku** <**humoru**> sense of duty <humour>
poczuwać się *vr*, ~ **do obowiązku** feel it one's duty; ~ **do winy** admit one's guilt, feel guilty
poczwarka *f zool.* chrysalis; pupa
poczwórny *adj* fourfold
poczynać *vt vi* begin, originate; ~ **sobie** behave
poczytać *vt* read (a little); *zob.* **poczytywać**
poczytalny *adj* accountable
poczytność *f* popularity
poczytny *adj* widely read, popular
poczytywać *vt* regard (**kogoś, coś** sb, sth; **za kogoś, coś** as sb, sth); ~ **siebie za bardzo ważnego** consider oneself very important; ~ **sobie za wielki zaszczyt** look upon <esteem> sth as a great honour; ~ **coś komuś za przestępstwo** impute sth to sb as an offence
pod *praep* under, beneath, below; ~ **drzwiami** at the door; ~ **karą śmierci** on the penalty of death; ~ **nazwiskiem X.Y.** by the name X.Y.; ~ **ręką** at hand; ~ **tym względem** in this respect; ~ **Warszawą** near Warsaw; **bitwa** ~ **Warszawą** battle of Warsaw; ~ **warunkiem** on condition; ~ **wieczór** towards the evening
podać *zob.* **podawać**
podagra *f med.* gout
podający *m* (*w tenisie*) server
podanie *n* (*prośba*) petition, application; (*legenda*) legend; *sport* service, pass; **wnieść** ~ file an application
podarek *m* gift, present
podarować *vt* make a present
podarty *adj* torn, worn
podatek *m* (*państwowy*) tax; (*samorządowy*) rate; ~ **od wartości dodanej** value-added tax, VAT

podatnik *m* tax-payer; rate-payer
podatny *adj* susceptible (**na coś** to sth); subject (*na choroby* to diseases); *przen.* ~ **grunt** favourable conditions
podawać *vi* give, hand, pass; ~ **rękę** shake hands (**komuś** with sb); ~ **na stół** serve; ~ **do wiadomości** make known; ~ **w wątpliwość** call into question; ~ **się za kogoś** make <give> oneself out to be sb
podaż *f* supply, offer
podążać *vi* go, hurry along; ~ **za kimś** follow sb
podbicie *n* (*kraju*) conquest; (*podszycie*) lining; (*u stopy*) instep
podbiegać *vi* come running
podbiegunowy *adj* polar
podbijać *vt* run up; (*zawojować*) conquer, subdue
podbój *m* conquest
podbródek *m* chin
podburzać *vt* incite, stir (up)
podchodzić *vi* come near, approach
podchwycić *vt* catch up
podciągać *vt* draw up; (*pod kategorie*) subsume
podcinać *vt* undercut; (*np. włosy, skrzydła*) clip
podczas *praep* during; ~ **gdy** *conj* while; whereas
podczerwon|y *adj fiz.* infra-red; **promienie** ~**e** infra-red radiation
poddać *vt* subject; (*np. twierdzę*) surrender; (*podsunąć myśl*) suggest; ~ **próbie** put to trial; ~ **się** *vr* surrender; (*operacji, egzaminowi*) undergo (*an operation, examination*); (*ulec*) submit
poddanie się *n* submission, surrender
poddany *m* subject
poddaństwo *n hist.* serfdom
poddasze *n* attic, garret, loft
podejmować *vt* take up, undertake; (*np. gości*) entertain, re-

ceive; **~ kroki** take steps; **~ pieniądze** withdraw money; **~ się** *vr* undertake (**czegoś** sth)
podejrzany *adj* suspect(ed); (*budzący podejrzenie*) suspicious
podejrzenie *n* suspicion
podejrzewać *vt* suspect (**kogoś o coś** sb of sth)
podejrzliwie *adv* suspiciously; **patrzeć ~** look askance
podejrzliwość *f* suspiciousness
podejrzliwy *adj* suspicious
podejście *n* approach
podejść *vt* (*podstępnie*) circumvent, deceive; *vi zob.* **podchodzić**
podeptać *vt* trample under foot
poderżnąć *zob.* **podrzynać**
podeszły *adj*, **~ wiekiem** aged, advanced in years
podeszwa *f* sole
podgrzewać *vt* warm up, heat up
podium *n* dais, podium
podjazd *m* approach; (*droga do budynku*) drive(way)
podjazdow|y *adj*, **walka ~a** guerrilla warfare
podjąć *vt* pick up; *zob.* **podejmować**
podjechać *vi* drive up, come riding
podjudzać *vt* abet, stir up
podkleić *vt* stick under
podkład *m* base, foundation; *kolej.* sleeper
podkładać *vt* put <lay> under
podkładka *f* pad, bolster
podkop *m* sap, subway
podkopywać *vt* undermine, sap
podkowa *f* horseshoe
podkradać *vt* pilfer; **~ się** *vr* steal secretly
podkreślać *vt* underline; (*uwydatniać*) stress, lay stress; emphasize
podkręcać *vt* twist up, screw up
podkuwać *vt* (*konia*) shoe; (*but*) tap
podlatywać *vi* fly up
podlegać *vt* be subject (**komuś,**

czemuś to sb, sth); (*karze, podatkowi itp.*) be liable
podległy *adj* subject
podlewać *vt* water
podlizywać się *vr* fawn (**komuś** on, upon sb), suck up to, butter up
podlotek *m* young girl, *pot.* flapper, teenage girl
podłoga *f* floor
podłość *f* vileness
podłoże *n* substratum; (*podstawa*) base, background
podłożyć *zob.* **podkładać**
podłużny *adj* oblong
podły *adj* vile, mean
podmalować *vt* ground, paint the background
podmiejski *adj* suburban
podminować *vt* undermine
podmiot *m* subject
podmiotowy *adj* subjective
podmuch *m* blast, puff; gust (of wind)
podmywać *vt* wash away, wash under
podniebienie *n* palate
podniecać *vt* excite; (*także seksualnie*) arouse; stimulate, incite, stir up (**do czegoś** to sth)
podniecenie *n* excitement, elation, arousal; (*podnieta*) incitement
podniecony *adj* excited; elated; (*seksualnie*) aroused; *pot.* (*o mężczyźnie*) horny
podniesienie *n* lifting, hoisting, elevation
podnieść *zob.* **podnosić**
podnieta *f* incitement; stimulus; incentive
podniosłość *f* sublimity
podniosły *adj* sublime, lofty
podnosić *vt* raise, lift, take up; (*z ziemi*) pick up; (*ręce*) hold up; (*ciężary*) lift; (*kotwicę*) weigh; (*pieniądze, ceny, podatki itp.*) raise; (*w banku, zasiłek itp.*) draw; **~ bunt** raise a revolt; **~ na duchu** encourage, *pot.* buoy up; **~**

zarzuty level charges; *mat.* ~ **do kwadratu** square, raise to the square; ~ **się** *vr* rise, get up

podnośnik *m mot.* car lift, jack

podnóż|e *n* (*góry*) foot; **u** ~**a** at the foot

podnóżek *m* footstool; leg-rest

podoba|ć się *vr* like; enjoy; please; ~ **mi się tutaj** I like this place; **czy podobała ci się ta sztuka?** did you enjoy that play?; **rób, jak ci się** ~ do as you please; **on mi się** ~ I like him; **jak ci się to ~?** how do you like this?; **rób, jak ci się** ~ do as you please; **weź, ile ci się** ~ take as much <many> as you please

podobieństwo *n* resemblance, likeness

podobizna *n* photo, image; likeness

podobnie *adv* likewise, alike; ~ **jak** like

podobno *adv* I suppose that, I understand that; **on** ~ **wraca jutro** he is supposed to come back tomorrow; they say...

podobn|y *adj* similar (**do kogoś** to sb), like (**do kogoś** sb); **być** ~**ym** resemble <take after> (**do kogoś** sb); **coś** ~**ego!** fancy that!; **nic** ~**ego** nothing of the kind

podoficer *m wojsk.* non-commissioned officer

podołać *vi* be up (**czemuś** to sth), manage (**czemuś** sth)

podpadać *vi* fall (**czemuś, pod coś** under sth)

podpalacz *m* incendiary

podpalać *vt* set fire (**coś** to sth), set on fire (**coś** sth)

podpalenie *n* arson

podpaska *f* (*higieniczna*) sanitary towel <*am.* napkin>

podpatrywać *vt* watch furtively, peep at; spy

podpierać *vt* support, prop

podpinać *vt* fasten, buckle up

podpis *m* signature; **złożyć** ~ put

one's signature (**na czymś** to sth)

podpisa|ć *vt* sign; subscribe (*pożyczkę* to a loan); **niżej** ~**ny** the undersigned

podpora *f* support, prop; *przen.* (*ostoja*) mainstay

podporucznik *m wojsk.* second lieutenant

podporządkować *vt* subordinate (**komuś, czemuś** to sb, sth); ~ **się** *vr* conform, submit

podpowiadać *vt* prompt (**komuś** sb)

podpowiedź *f* hint

podpułkownik *m wojsk.* lieutenant-colonel

podrabiać *vt* forge; imitate

podrastać *vi* grow up

podrażnić *vt* excite, irritate

podrażnienie *n* excitement, irritation

podręcznik *m* handbook, manual; *szk.* textbook

podręczn|y *adj* (*znajdujący się pod ręką*) handy, at hand; **książka** ~**a** reference book; ~**y bagaż** hand luggage <*am.* baggage>

podroby *s pl* pluck *zbior.*

podróż *f* travel, journey; (*krótka*) trip; (*morska*) voyage; ~ **poślubna** honeymoon trip; business trip; **odbywać** ~ make a journey; **szczęśliwej** ~**y!** happy journey!

podróżnik *m* traveller

podróżny *s m* traveller, passenger; *adj* travelling

podróżować *vi* travel

podrygi *s pl* gambols

podrygiwać *vi* gambol, skip

podrywać *vt przen.* (*np. zdrowie*) sap; *pot.* (*np. dziewczynę*) pick up; ~ **się** *vr* start up;

podrzeć *vt* tear up

podrzędny *adj* inferior; *gram.* subordinate; (*drugorzędny*) second-rate, secondary

podrzucać *vt* throw up, toss; (*np. ulotkę, dokument*) foist; (*niemowlę*) expose

podrzutek *m* foundling
podrzynać *vt* undercut; **~ komuś gardło** cut sb's throat
podsądny *m* accused, defendant
podsekretarz *m* undersecretary
podskakiwać *vi* jump, leap up, bounce; (*o cenach*) rise, shoot up; **~ z radości** leap for joy
podskok *m* jump, leap
podskórn|y *adj* subcutaneous; (*o zastrzyku*) hypodermic; **woda ~a** subsoil water
podsłuch *m* eavesdropping; (*telefoniczny*) wire-tapping; (*radiowy*) monitoring; (*urządzenie*) bug
podsłuchiwać *vt* overhear, eavesdrop; (*w radiu*) monitor
podstarzały *adj* aged, elderly
podstaw|a *f* base, basis, grounds; **na ~ie czegoś** on the grounds of sth
podstawić *vt* put under; substitute (**coś na miejsce czegoś** sth for sth)
podstawow|y *adj* basic, fundamental, rudimentary, essential; **szkoła ~a** elementary <grade, primary> school
podstęp *m* trick, ruse
podstępny *adj* tricky, trickish
podsumować *vt* sum up
podsunąć *vt* shove, slip; (*wsunąć ukradkiem*) foist; (*myśl*) suggest
podsycać *vt* foment, excite; (*ogień*) feed, blow
podszeptywać *vt* whisper furtively; (*podsunąć*) prompt (**komuś pomysł** sb with an idea), suggest
podszewka *f* lining
podszycie *n* (*lasu*) undergrowth
podszyć *vt* (*ubranie*) line; **~ się** *vr* pretend to be (**pod kogoś** sb), assume the character (**pod kogoś** of sb)
podścielić *vt* underlay, litter
podściółka *f* underlay, litter
podświadomość *f* subconsciousness
podświadomy *adj* subconscious

podtrzymywać *vt* support; (*stosunki, poglądy itp.*) maintain; (*życie, nastrój*) sustain; *przen.* (*bronić kogoś, czyjejś sprawy*) advocate
podupad|ać *vi* decline, go down; **~ać na siłach** break up; **~ł na zdrowiu** his health broke down
poduszczeni|e *n* abatement, instigation; **z czyjegoś ~a** at sb's instigation
poduszka *f* (*pościelowa*) pillow; (*ozdobna*) cushion; **~ do stempli** ink-pad
poduszkowiec *m* hovercraft
podwalina *f* foundation
podważyć *vt* lever; (*łomem*) lift up; *przen.* (*osłabić*) weaken, sap, shake
podwiązać *vt* tie up, bind up
podwiązka *f* garter, suspender
podwieczorek *m* afternoon tea
podwieźć *vt* (*dostarczyć*) supply; **~ kogoś** (*samochodem*) give sb a lift
podwinąć *vt* turn up, tuck up
podwładny *adj i s m* subordinate
podwodn|y *adj* underwater *attr*, submarine; *mors.* **łódź ~a** submarine
podwoić *vt* double
podwozie *n mot.* chassis; *lotn.* undercarriage
podwójnie *adv* doubly, twofold
podwójn|y *adj* double, twofold; **~a gra** double-dealing
podwórze *n* (court-)yard, backyard
podwyżka *f* augmentation; (*cen*) rise, boom; (*płacy*) increase
podwyższać *vt* raise, heighten; lift; (*powiększać*) increase
podwyższenie *n* elevation
podzelować *vt* resole
podzia|ć *vt* put somewhere, misplace, lose; **~ć się** *vr* be misplaced, go lost; **gdzie się to ~ło?** what's become of it?
podział *m* division, partition; **~ godzin** timetable

podziałka f scale
podzielać vt share
podzielić vt divide; **~ się** vr share; **~ się z kimś wiadomościami** impart news to sb
podzielny adj divisible
podziemi|e n polit. the underground; basement; **świat ~a** the underworld
podziemn|y adj underground, subterranean; **przejście ~e** underground passage
podziękować zob. **dziękować**
podziękowanie n thanks pl
podziw m admiration
podziwiać vt admire
podzwrotnikow|y [-d-z-] adj tropical; pl **kraje ~e** the tropics
podżegacz m abetter, abettor; **~ wojenny** war-monger
podżegać vt abet, instigate
poemat m poem
poeta m poet
poetka f poetess
poetycki adj poetic(al)
poezja f poetry
pogadać vi pot. (także **~ sobie**) have a chat
pogadanka f chat; (popularny wykład) talk
poganiacz m driver
poganiać vt rush, drive, urge, push on
poganin m heathen, pagan
pogański adj heathen, pagan
pogaństwo n paganism
pogard|a f contempt, scorn, disdain; **godny ~y** contemptible
pogardliwy adj contemptuous, scornful, disdainful
pogardzać vt despise, disdain
pogarszać vt make worse, worsen, deteriorate; **~ się** vr get <become> worse, deteriorate
pogawędka f chat, talk
pogawędzić vi (także **~ sobie**) have a chat
pogląd m view, opinion; **wymiana ~ów** exchange of views; **~ na świat** outlook on life

poglądow|y adj, **lekcja ~a** object-lesson
pogłaskać vt stroke, caress
pogłębiać vt deepen
pogłosk|a f rumour, hearsay; **chodzą ~i** it is rumoured
pogod|a f weather; **prognoza ~y** weather forecast <report>; przen. (ducha) serenity
pogodny adj fair; (na duchu) serene, cheerful
pogodzenie (się) n conciliation, reconciliation
pogodzić vt reconcile; **~ się** vr reconcile oneself (**z kimś** with sb, **z czymś** to sth), become reconciled
pogoń f chase (**za kimś** after sb), pursuit (**za kimś** of sb); **~ za sukcesem** rat race
pogorszenie n change for the worse, deterioration, aggravation
pogorszyć zob. **pogarszać**
pogorzelec m victim of a fire
pogotowi|e n readiness; (ratunkowe) medical emergency service; **karetka ~a** ambulance; **~e policyjne** emergency police squad; **~e górskie** mountain rescue service; **być w ~u** be on the alert <on standby>
pogranicze n borderland
pograniczn|y adj border-, frontier-, bordering; **miasto ~e** frontier-town; **teren ~y** border-territory, frontier land
pogrążyć vt sink, plunge; **~ się** vr sink, plunge; przen. become absorbed; **~ się w żalu** be overwhelmed by sorrow
pogrobowiec m posthumous child
pogrom m pogrom; (rozbicie wojsk) rout
pogromca m conqueror; (zwierząt) tamer
pogróżka f threat
pogrzeb m funeral, interment, burial
pogrzebać zob. **grzebać**

pogrzebowy *adj* funeral; **orszak** ~ funeral procession

pogwałcenie *n* violation

pogwałcić *vt* violate

poić *vt* (*konie*) water

pojawić się *vr* appear, turn up, make one's appearance

pojazd *m* vehicle

pojąć *vt* comprehend, grasp; ~ **za męża <żonę>** take as a husband <wife>; take in marriage

pojechać *vi* go (**dokąd** to a place); leave (**dokąd** for a place); (*samochodem*) drive

pojednać *vt* reconcile; ~ **się** *vr* reconcile oneself, become reconciled

pojednanie *n* reconciliation

pojednawczy *adj* conciliatory

pojedynczo *adv* singly, one by one

pojedynczy *adj* single; *gram.* singular

pojedynek *m* duel; **wyzwać na** ~ challenge to a duel

pojedynkować się *vr* duel, fight a duel

pojemnik *m* container

pojemność *f* capacity

pojemny *adj* capacious

pojezierze *n* lake district

pojęcie *n* idea, notion; **to przechodzi moje** ~ it passes <is beyond> my comprehension; **dawać** ~ **o czymś** give an idea of sth

pojętny *adj* quick of apprehension, clever, intelligent

pojmować *vt* comprehend, apprehend, grasp

pojmowanie *n* comprehension, apprehension

pojutrze *adv* the day after tomorrow

pokarm *m* food, nourishment

pokarmowy *adj* alimentary; **przewód** ~ alimentary canal

pokaz *m* show; display; ~ **lotniczy** air display; **na** ~ for show

pokazywać *vt* show, display,

demonstrate; (*wskazywać*) point (**na kogoś** at sb); ~ **się** *vr* appear, come into sight

pokaźny *adj* considerable; showy, stately

pokątny *adj* clandestine; (*nielegalny*) unlicensed, illegal

poker *m* (*gra w karty*) poker

poklask *m* applause

pokła|d *m* layer; *mors.* deck; **na ~d, na ~dzie statku** on board a ship, aboard

pokładać *vt* lay, place; *przen.* ~ **nadzieję** set hopes (**w kimś, czymś** on sb, sth)

pokłon *m* bow, homage

pokło|nić się *vr* bow; **~ń mu się ode mnie** present him my compliments, give him my regards

pokłosie *n* gleaning; *przen.* aftermath

pokłócić *vt* set at variance; ~ **się** *vr* fall out (**z kimś** with sb), *pot.* fall to <at> loggerheads

pokochać *vt* fall in love (**kogoś** with sb), become fond (**kogoś, coś** of sb, of sth)

pokojow|y *adj* peaceful; peace *attr*; (*znajdujący się w pokoju*) indoor; **okres ~y** peace-time; **układ ~y** peace treaty; **piesek ~y** lap dog; **~e współistnienie** peaceful coexistence

pokojówka *f* chamber-maid

pokolenie *n* generation

pokonać *vt* (*pobić*) defeat, beat; (*przemóc*) overcome, (*trudności*) surmount; ~ **odległość** cover a distance

pokora *f* humility

pokorny *adj* humble

pokój 1. *m* (*pomieszczenie*) room; ~ **stołowy** dining-room; ~ **sypialny** bedroom; **pokoje do wynajęcia** rooms to let; **wynająć** ~ rent a room

pokój 2. *m* peace; **zawierać ~ój** make peace; *rel.* **niech spoczywa w ~oju** may he rest in peace

pokrewieństwo *n* relationship, affinity

pokrewny *adj* related (**komuś** to sb); (*duchowo*) congenial (**komuś** sb, with sb)

pokrowiec *m* cover, dust-cloth

pokr|ój *m*, **innego ~oju** of another cast; **tego ~oju** of this stamp

pokrótce *adv* in short, briefly

pokryci|e *n* (*także fin.*) cover, covering; **~e w złocie** gold backing <cover>; (*na czeku*) **„bez ~a"** "no effects"

pokryć *vt* cover; (*koszty*) defray

po kryjomu *adv* stealthily, secretly

pokrywa *f* cover, lid

pokrywać *vt* zob. **pokryć**; **~ się** *vr* be covered; *przen.* (*zbiegać się*) coincide

pokrzepiać *vt* invigorate, strengthen; refresh; **~ na duchu** fill with high spirits, cheer; **~ się** *vr* refresh oneself

pokrzepienie *n* refreshment; invigoration; (*duchowe*) encouragement

pokrzywa *f* bot. nettle

pokrzywka *f* med. nettle-rash

pokupny *adj* saleable, in great demand

pokus|a *f* temptation, lure; **miałem ~ę żeby...** I felt tempted to...

pokusić się *vr* attempt, venture (**o coś** sth)

pokut|a *f* penance, penitence; **odprawiać ~ę** do penance

pokutować *vi* do penance; *przen.* (*trwać nadal*) linger on

pokwitować *vt* give a receipt

pokwitowanie *n* receipt

Polak *m* Pole

polana *f* glade, clearing

polarn|y *adj* polar; **gwiazda ~a** pole-star; **zorza ~a** polar lights

polaroid *m* Polaroid camera

polaryzacja *f* polarization

pole *n* field, area; **~ bitwy** battlefield; **~ widzenia** field <range>

of vision; *przen.* **wywieść w ~** jockey, hoax

polec *vi* fall, be killed

polec|ać *vt* recommend; (*powierzać*) commend; **list ~ający** letter of introduction; **list ~ony** registered letter

polecenie *n* recommendation; *komp.* command; **~ wypłaty** order of payment

polega|ć 1. *vi* (*ufać*) rely, depend (**na kimś, czymś** on sb, sth); **na nim można ~ć** he can be relied upon

polega|ć 2. *vi* consist (**na czymś** in sth); **nasze zadanie ~ na wspólnym wysiłku** our task consists in a common effort; **rzecz ~ na czymś innym** the matter consists in sth else, the point of the matter is different

polemiczny *adj* polemic(al)

polemika *f* polemic(s)

polepsz|ać *vi* improve, make better; **~ać się** *vr* improve, grow better; (*o zdrowiu*) **~yło mu się** he is better

polerować *vi* polish

polewa *f* glaze, enamel

polewać *vt* (*wodą*) water, sprinkle; (*pokrywać glazurą*) glaze

polędwica *f* loin

polic|ja *f* police; **posterunek ~i** police station; **~a drogowa** traffic police

policjant *m* policeman; *pot.* cop

policjantka *f* policewoman; *pot.* cop

policzek *m* cheek; face; (*uderzenie w twarz*) slap; **wymierzyć komuś ~** slap sb's face

poliglota *m* polyglot

polisa *f* insurance policy

politechniczny *adj* polytechnic(al)

politechnika *f* polytechnic; school of engineering, engineering college

politowanie *n* pity, mercy

politura *f* polish

politurować *vt* polish
polityczny *adj* political
polityk *m* politician
polityka *f* (*taktyka, nauka*) politics; (*działalność, kierunek postępowania, dyplomacja*) policy; ~ **zagraniczna** foreign policy; ~ **kija i marchewki** the carrot or the stick policy
politykierstwo *n uj.* politicking
polka *f* (*taniec*) polka
Polka *f* Pole
polon *m chem.* polonium
polonez *m muz.* (*taniec*) polonaise
polonista *m* student <professor> of Polish studies
polonistyka *f* Polish studies
polot *m* inspiration, imaginativeness; enthusiasm
polować *vi* hunt, chase (*na zwierzynę* the deer); shoot; *pot.* (*poszukiwać*) hunt (**na kogoś, coś** sb, sth)
polowanie *n* chase, hunting; **iść na** ~ go hunting; ~ **na czarownice** witch-hunt
polski *adj* Polish
polszczyzn|a *f* Polish (language); **mówić i pisać dobrą** ~**ą** speak and write good Polish
polubić *vt* take a liking <fancy> (**kogoś, coś** to sb, sth)
polubowny *adj* arbitral; **sąd** ~ arbitration
połać *f* stretch of land, expanse
poławiacz *m* fisherman, diver; ~ **pereł** pearl-diver; ~ **min** minesweeper
połączeni|e *n* combination; communication; connection (*także kolejowe*); union; fusion; **w** ~**u z czymś** in connection with sth; ~**e telefoniczne** telephone communication
połączyć *vt* connect; unite; (*telefonicznie*) put through (**z kimś** to sb); ~ **się** *vr* unite; become connected; (*telefonicznie*) get through (**z kimś** to sb)

połow|a *f* half; (*środek*) middle; ~**a roku** half a year; **w** ~**ie marca** in the middle of March, in mid-March; **na** ~**ę** by half; **za** ~**ę ceny** at half price; **w** ~**ie drogi** half-way; *żart.* **moja lepsza** ~**a** my better half; **dzielić się po** ~**ie** go halves
połowiczny *adj* half; partial
położeni|e *n* situation; (*zw. trudne*) plight; **w ciężkim** ~**u** in a sad <sorry> plight; **w takim samym** ~**u** in the same boat
położna *f* midwife
położnik *m* (*lekarz*) obstetrician
położyć *vt* lay (down), place, put; *przen.* ~ **koniec** put an end (**czemuś** to sth); ~ **trupem** kill; ~ **życie** sacrifice one's life; ~ **się** *vr* lie down, go to bed; *zob.* **kłáść**
połóg *m* delivery, childbirth
połów *m* catch (**ryb** of fish), fishing; (*wynik połowu, ryby w sieci*) haul; ~ **pereł** pearl-fishing; *przen.* **obfity** ~ large booty
południe *n* midday, noon; **w** ~ at noon; (*strona świata*) the South; **na** ~ **od ...** (to the) south of ...; **przed** ~**m** in the morning, before noon
południk *m geogr.* meridian
południowo-wschodni *adj* south-eastern
południowo-zachodni *adj* south-western
południow|y *adj* southern, south; ~**a pora** noontide
połykać *vt* swallow
połysk *m* lustre, glitter, gloss, polish
połyskiwać *vi* glitter
pomadka *f* chocolate cream; ~ **do ust** lipstick
pomagać *vi* help, aid, assist; be good, be of use (**na coś** for sth); **co to pomoże?** what's the use of it?; **płacz nic nie pomoże** it's no use crying
pomału *adv* slowly, little by little
pomarańcza *f* orange

P

pomarańczowy *adj* orange
pomarszczony *adj* wrinkled
pomawiać *vt* impute (**kogoś o coś** sth to sb), charge (**kogoś o coś** sb to sth)
pomazać *vt* smear over, besmear
pomiar *m* measurement; (*geodezyjny*) survey
pomiatać *vi* disdain, spurn (**kimś** sb)
pomidor *m bot.* tomato
pomieszać *vt* mix up, stir up; (*wprowadzić zamęt*) confuse; **~e komuś szyki** thwart sb's designs; *zob.* **mieszać**
pomieszani|e *n* confusion; **~e zmysłów** insanity; **dostać ~a zmysłów** go mad, become insane
pomieszczenie *n* place, lodging, accommodation, room
pomieścić *vt* put, place; (*mieścić w sobie*) contain; (*dać mieszkanie, nocleg*) lodge, accommodate
pomiędzy *zob.* **między**
pomija|ć *vt* pass over, omit, overlook; **~ć milczeniem** pass over in silence, let pass; **~jąc...** apart from...
pomimo *praep* in spite of, despite
pomniejszać *vt* diminish, belittle; reduce; **~ znaczenie** play down
pomniejszy *adj* minor, petty
pomnik *m* monument
pomny *adj* mindful (**czegoś** of sth)
pomoc *f* help, aid, assistance; *sport* half-back; **~ domowa** maid-servant; *pl* **~e naukowe** instructional aids; **udzielenie pierwszej ~y** first-aid treatment; **przyjść komuś z ~ą** come to sb's help; **wzywać kogoś na ~** call on sb for help; **przy ~y <za ~ą> czegoś** with the aid <by means, through the medium> of sth; **przy ~y kogoś** with aid

<help> of sb; **„Na pomoc!", „Pomocy!"** "Help!"
pomocniczy *adj* auxiliary
pomocnik *m* assistant
pomocny *adj* helpful
pomorski *adj* Pomeranian
pomost *m* platform; (*ze statku*) gangway; *med.* **~ wieńcowy** by-pass
pomóc *zob.* **pomagać**
pomór *m* pestilence; (*u bydła*) murrain
pomp|a 1. *f techn.* pump; **~a ssąca** suction pump; **~ka** (*w gimnastyce*) press-up, push-up
pomp|a 2. *f* (*wystawność*) pomp; **z wielką ~ą** in great state
pompatyczny *adj* pompous
pompować *vt* pump
pomsta *f* revenge
pomyje *s pl* slops
pomylić się *vr* make a mistake, commit an error, be mistaken (**co do kogoś, czegoś** about sb, sth)
pomyłk|a *f* mistake, error; **przez ~ę** by mistake; (*telefoniczna*) wrong number
pomysł *m* idea; **wpaść na ~** hit on an idea
pomysłowość *f* ingenuity
pomysłowy *adj* ingenious
pomyślność *f* prosperity, success
pomyślny *adj* successful, favourable; (*o wietrze*) fair; **~ skutek** good effect
ponad *praep* above; **~ miarę** beyond measure; **~ moje siły** beyond my power
ponadto *adv* moreover; besides; in addition, furthermore
ponaglać *vt* urge, press
ponaglenie *n* urgency; (*pismo*) reminder
poncz *m* punch
ponętny *adj* alluring, enticing, attractive
poniechać *vt* give up, abandon
poniedziałek *m* Monday
poniekąd *adv* to some degree <extent>; in a way, sort of, as if

ponieść zob. **ponosić**
ponieważ conj because, as, since
poniewczasie adv too late
poniewierać vt disregard; maltreat
poniewierka f miserable life, life of misery; neglect
poniżać zob. **poniżyć**
poniżej praep under, below; adv underneath, below
poniżenie n humiliation, abasement
poniższy adj under-named, undermentioned
poniżyć vt bring down, lower; degrade; abase, humble; **~ się** vr degrade oneself, humble oneself
ponosić vt carry (away); (o uczuciach, namiętnościach) transport; **~ koszty <odpowiedzialność>** bear the expenses <the responsibility>; **~ karę śmierci <śmierć, stratę>** suffer the death penalty <death, a loss>; **~ klęskę** sustain <suffer> a defeat
ponowić vt renew; (powtarzać) repeat
ponownie adv anew, again
ponowny adj repeated, new, another
ponton m pontoon
ponury adj gloomy, dreary
pończocha f stocking
po omacku adv gropingly; **iść ~** grope one's way; **szukać ~** grope (**czegoś** for sth)
poparcie n support; **na ~** in support (**czegoś** of sth)
popaść vi fall; **~ w kłopoty <długi>** get into trouble <debts>; **~ w nieszczęście** fall into misfortune
popełnić vt commit
popęd m impulse, urge; inclination; **~ płciowy** sex instinct; **z własnego ~u** of one's own free will
popędliwość f impetuosity
popędliwy adj impetuous
popędzać vt drive on, urge

popielaty adj ashen, grey
Popielec m rel. Ash-Wednesday
popielniczka f ash-tray
popierać vt support, back
popiersie n bust
popijać vt vi (małymi łykami) sip; (nałogowo) tipple
popiół m ashes pl, cinders pl
popis m display, show
popisowy adj spectacular; exemplary, show attr, model attr
popisywać się vr display (**czymś** sth), show off (**czymś** sth)
poplecznik m supporter, adherent
popłaca|ć vi pay; **to nie ~** it does not pay, there is no money in it
popłoch m panic
popołudni|e n afternoon; **po ~u** in the afternoon
poprawa f improvement
poprawczy adj corrective; **dom ~** penitentiary, reformatory
poprawiać vt correct, improve; (ustawę, tekst) amend; **~ się** vr improve; (moralnie) mend one's ways; (na zdrowiu) get better, improve
poprawka f correction; prawn. amendment; (egzamin) retake examination; make-up examination
poprawność f correctness
poprawny adj correct
po prostu adv simply; plainly; **mówiąc ~** to be plain
poprzeczka f sport crossbar
poprzecznie adv crosswise
poprzeczny adj transversal
poprzedni adj previous, preceding; **~ego dnia** the day before, on the previous day
poprzednik m predecessor
poprzednio adv previously; formerly
poprzedzać vt precede, go before; **~ przedmową** preface
poprzek, w ~ adv crosswise, athwart, across

poprzestać vi be satisfied (**na czymś** with sth); **na tym nie można ~** the matters cannot rest there

poprzez praep across, through

popularność f popularity

popularny adj popular

popularyzować vt popularize

popuszczać vt slacken, loosen, let loose; relax; (folgować) indulge (**komuś w zachciankach** sb in his whims); **~ wodze swej fantazji** give reins <give full rein> to one's imagination; **~ pasa** loosen one's belt

popychać vt push; **~ się** vr push on, jostle

popychadło n scapegoat

popyt m demand (**na coś** for sth); **~ i podaż** demand and supply

por 1. m anat. pore

por 2. m bot. leek

por|a f season, time; **~a obiadowa** dinner time; **4 ~y roku** 4 seasons of the year; **do tej ~y** till now, up to this time; **o każdej porze** at any time; **w ~ę** in good time; **w samą ~ę** just in time; (punktualnie) on time

porabia|ć vi, **co ~sz?** what have you been doing?, what are you doing?

porachunki m zw. pl reckoning, settling of accounts

porad|a f advice, counsel; **udzielić ~y** give advice; **zasięgnąć czyjejś ~y** take sb's advice; **za czyjąś ~ą** on sb's advice

poradnia f (lekarska) clinic for outpatients, dispensary

poradnik m guide-book, vade mecum

poradz|ić vt advise, give advice; **nic na to nie ~ę** I can't help it; **~ić sobie z czymś** manage sth; **~ić się kogoś** consult sb

poranek m morning; (filmowy) matinee

poranny adj morning attr

porastać vi get overgrown, become grown over; **~ w pierze** feather one's nest

porazić vt strike, shock; paralyze; defeat

porażenie n stroke, shock; paralysis; **~ słoneczne** sunstroke

porażka f defeat

porcelana f china

porcja f portion, share; helping; ration

poręcz f banister, handrail; (u krzesła) arm; pl **~e** sport parallel bars

poręczenie n surety, guarantee

poręczny adj handy

poręczyciel m guarantee, guarantor; prawn. guaranty

poręczyć zob. **ręczyć**

poręka zob. **poręczenie**

pornografia f pornography, porn(o)

pornograficzny adj, **film ~** pot. skin flick, blue movie

poronić vt vi med. miscarry

poronienie n med. abortion, miscarriage

poroniony adj abortive

porost m growth

porowaty adj porous

porozbiorowy adj hist. post-partition attr

porozumieć się vr come to an understanding (**z kimś** with sb); make oneself understood (**z kimś** by sb); combine (**żeby coś zrobić to** do sth); (kontaktować się) communicate (**z kimś** with sb)

porozumieni|e n understanding, agreement; **dojść do ~a** come to an agreement <an understanding>

porozumiewać się vr communicate; zob. **porozumieć się**

poród m med. childbirth, delivery

porównać, porównywać vt compare

porównanie n comparison

porównawczy adj comparative

poróżnić *vt* set at variance; **~ się** *vr* fall out (**z kimś** with sb)

port *m* port, harbour; **~ lotniczy** airport; **komendant ~u** harbourmaster

portfel *m* wallet; *am.* billfold

portier *m* porter, door-keeper, janitor

portiernia *f* porter's quarters <lodge>

portmonetka *f* purse

porto *n* (*opłata*) postage

portret *m* portrait

portretować *vr* portray

Portugalczyk *m* Portuguese

portugalski *adj* Portuguese

portyk *m* portico

poruczać *vt* charge (**komuś coś** sb with sth); entrust (**komuś coś** sb with sth, sth to sb); **~ czyjejś opiece** commit to sb's care

poruczenie *n* commission, charge

porucznik *m wojsk.* lieutenant

poruszać *vt* move; stir; touch (**kwestię** upon a question); **~ się** *vr* move, stir

poruszenie *n* movement, stir

porwanie *n* (*osoby*) kidnapping; (*samolot*) hijacking

poryw *m* impulse; (*zapał*) enthusiasm, rapture; **~ wiatru** gust

porywać *vt* seize; snatch; carry off; (*kobietę*) ravish, rape; (*zw. dziecko*) kidnap; (*samolot*) hijack; (*zachwycać*) enrapture; **~ się** *vr* (*z miejsca*) start up; attempt (**na coś** sth)

porywający *adj* ravishing

porywczy *adj* rash; impetuous

porząd|ek *m* order; **~ek zebrania** agenda; **w ~ku** OK, all right; in (good) order; **nie w ~ku** out of order; **coś nie jest w ~ku** something is wrong with it; **przywołać do ~ku** call to order; **zrobić ~ek** put in order; **~ki** cleanup, cleaning

porządkować *vt* order, put in order

porządkowy *adj* ordinal (number)

porządny *adj* well-ordered; neat; (*uczciwy*) honest, decent

porzeczka *f bot.* currant

porzucać *vt* abandon, give up, leave

posada *f* job, post, position; situation, employment; (*podstawa*) foundation

posadzić *vt* set, seat; (*roślinę*) plant

posadzka *f* (parquet) floor

posag *m* dowry, trousseau

posądzać *vt* suspect (**kogoś o coś** sb of sth)

posądzenie *n* suspicion (**o coś** of sth)

posąg *m* statue

posążek *m* statuette

poselstwo *n* legation; mission

poseł *m* (*pełnomocny*) envoy; (*delegat*) deputy; (*posłaniec*) messenger; **~ do parlamentu** *bryt.* Member of Parliament MP, *am.* Congressman

posesja *f* property, real estate

posępny *adj* gloomy

posiadacz *m* owner, man of property; **~ ziemski** *bryt.* squire, landowner

posiada|ć *vt* possess, own; **nie ~ć się z radości** <**z wściekłości**> be beside oneself with joy <fury>

posiadłość *f* property, possession

posiąść *vt* come into possession (**coś** of sth), get possession (**coś** of sth)

posiedzenie *n* sitting; **odbywać ~** hold a sitting

posiew *m* sowing; grain sown; *przen.* seeds *pl*

posilać się *vr* refresh oneself, get refreshed

posił|ek *m* meal, refreshment; (*pomoc*) *pl* **~ki** reinforcements

posiłkować się *vr* make use (**czymś** of sth)

posiłkowy adj auxiliary (także gram.)

poskramiać vt tame; (konia) break; (wroga, namiętności) due

poskromiciel m tamer

posłać 1. vi send (**po** for); convey, dispatch

posłać 2. vt, ~ **łóżko** make the bed

posłanie n message, mission; (pościel) bed clothes pl, bedding

posłaniec m messenger

posłuch m obedience; **dać** ~ give ear (**czemuś** to sth)

posłuchać vi vt (usłuchać) obey; (przysłuchiwać się) listen (**czegoś** to sth); (o audycji) listen in (**czegoś** to sth); ~ **czyjejś rady** take sb's advice

posłuchanie n audience; **otrzymać** ~ be received in audience

posługiwać się vr make use (**czymś** of sth), use

posłuszeństwo n obedience

posłuszny adj obedient; **być ~m** obey

posmak m aftertaste

pospolity adj low, vulgar, common

pospólstwo n populace, mob

posrebrzać ~ć silver

post m fast; rel. **Wielki Post** Lent

postać ć f form, shape; figure; (osoba) person; (kreacja) character; **przybrać** ~ć take the form <shape>; **w ~ci** in the form <shape> (**czegoś** of sth)

postanawiać vt vi resolve (**coś zrobić** on doing sth); decide, determine, make up one's mind (**coś zrobić** to do sth)

postanowienie n decision, resolution

postawa f (pozycja, prezencja) stature; (ustosunkowanie się) attitude

postawić vt set (up); (budynek) erect; (np. warunek) impose; (pytanie) put; ~ **na swoim** carry one's point, have one's own way;

~ **sobie zadanie** set oneself the task

poste-restante nieodm. poste restante; **pisać na** ~ write to poste-restante

posterunek m post, outpost; wojsk. sentry

postęp m progress, advance

postępek m act, action

postępować vi proceed, go on; (zachowywać się) behave (**w stosunku do kogoś** towards sb); deal (**z kimś** with sb); act (**zgodnie z czymś** up to sth)

postępowanie n (zachowanie się) behaviour (**z kimś** towards sb), procedure, action; ~ **sądowe** legal proceedings

postępowy adj progressive

postój m stay, stop, halting-place; ~ **taksówek** taxi-stand; (w podróży) stopover; **Zakaz postoju** No Parking

postrach m terror, scare

postradać vt lose

postronek m rope; (stryczek) halter

postronny adj side attr, outside attr; alien, strange

postrzał m shot, gunshot-wound; (ból) crick

postrzelić vt wound by a shot

postrzelony adj wounded by a shot; (szalony) crazy

postscriptum n nieodm. postscript

postulat m postulate, demand, claim

postument m pedestal

posucha f drought

posunięcie n move

posuwać vt move (forward), push on; przen. advance; ~ **się** vr move (forward), go along; przen. advance, make progress

posyłać zob. **posłać**

posyłk|a f parcel, packet; (sprawunek) errand; **chodzić na ~i** run errands; **chłopiec na ~i** errand-boy

posypywać *vt* strew over, powder

poszanowanie *n* respect, esteem

poszarpany *adj* rugged, (*strzępiasty*) jagged; *zob.* **szarpać**

poszczególnie *adv* individually, one by one

poszczególny *adj* individual; respective; separate; particular; **każdy ~ wypadek** each particular case

poszczerbiony *adj* jagged; *zob.* **szczerbić**

poszerzać *vt* widen

poszewka *f* pillow-case

poszkodowany *adj* injured, damaged; **zostać ~m** incur damage

poszlaka *f* trace, indication

poszlakowy *adj*, **materiał ~** circumstantial evidence

poszukiwacz *m* searcher, researcher; prospector; **~ złota** gold-digger, gold-prospector

poszukiwa|ć *vt* search (*czegoś* for sth); seek (*czegoś* after sth), be in search (*czegoś* of sth); (*badać*) inquire (*czegoś* into sth); *prawn.* **~ć na kimś szkody** sue sb for damages; **~ny** sought after; (*przez policję*) wanted; (*o towarze*) in demand

poszukiwanie *n* search, quest; **udać się na ~** go in search

pościć *vi* fast

pościel *f* bed-clothes *pl*, bed linen

pościg *m* chase, pursuit

pośladek *m* buttock

pośledni *adj* inferior, mean, mediocre

poślizg *m* slip, skid; **wpaść w ~** skid

poślizgnąć się *vr* slip

poślubić *vt* marry

pośmiertny *adj* posthumous

pośmiewisk|o *n* derision; **przedmiot ~a** laughing-stock

pośpiech *m* haste, hurry, speed; **w ~u** in a hurry

pośpiesznie *adv* hurriedly

pośpieszny *adj* hasty; **pociąg ~** fast train

pośpieszyć (się) *vi vr* hasten, hurry

pośredni *adj* indirect, mediate, middle

pośrednictw|o *n* mediation; **za ~em** through the medium; **biuro ~a pracy** Labour Exchange; **za ~em** by the agency of

pośredniczyć *vi* mediate

pośrednik *m* mediator, intermediary; *handl.* middleman

pośrodku *adv* in the middle

pośród *praep* among(st), amid(st)

poświadczać *vt* attest, testify, certify

poświadczenie *n* attestation, certificate

poświęcać *vt* devote; dedicate; (*czynić ofiary*) sacrifice; (*święcić, wyświęcać*) consecrate; **~ się** *vr* sacrifice oneself; devote oneself

poświęcenie *n* devotion; (*ofiara*) sacrifice

pot *m* sweat, perspiration; **zlany ~em** bathed in perspiration; **w pocie czoła** in the sweat of one's brow

potajemny *adj* secret, clandestine

potakiwać *vi* say yes

potas *m chem.* potassium

potem *adv* afterwards

potencjalny *adj* potential

potencjał *m* potential

potentat *m* potentate; *pot.* tycoon

potęga *f* power, might; *mat.* power; **druga ~** second power, square

potęgować *vt* augment, heighten, raise; **~ się** *vr* increase, intensify

potępiać *vt* condemn; (*skazać na potępienie*) damn, denounce

potępienie *n* condemnation; damnation; denunciation

potężny *adj* powerful, mighty

potknąć się *vr* stumble; *przen.*

(*postąpić niewłaściwie*) make a slip

potknięcie się n stumbling; *przen.* (*niewłaściwy krok*) slip, lapse

potoczny adj current, common, familiar; **język ~** colloquial speech

potoczysty adj flowing, fluent

potok m stream, torrent; *przen.* **~ słów** <*lez*> flood of words <tears>

potomek m descendant, offspring

potomność f posterity

potomstwo n offspring, progeny, issue

potop m flood, deluge

potrafić vi know how to do, manage

potraw|a f dish, course; **spis ~** menu, bill of fare

potrawka f fricassee, ragout

potrącać vt push, jostle; (*pieniądze*) knock off, deduct

potrącenie n push; (*sumy pieniężnej*) deduction

po trochu adv little by little

potroić vt, **~ się** vr treble

potrójnie adv threefold

potrójny adj threefold

potrzask m trap; **wpaść w ~** to be caught in a trap

potrząsać vt shake

potrzeb|a 1. f need, want; (*konieczność*) necessity; **nagła ~a** emergency; **~y życiowe** necessaries of life; **~a naturalna** żart. call of nature; **nie ma ~y** there is no need; **w razie ~y** in case of need; if need be

potrzeba 2. v nieodm. it is needed, it is necessary; **tego mi ~** I need it; **nie ~ mówić** (it is) needless to say; **~ będzie dużo czasu, aby to skończyć** it will take long to finish it

potrzebny adj needed, wanted, necessary

potrzeb|ować vt need, want, be

in need of; **będę ~ował dwóch godzin, aby to skończyć** it will take me two hours to finish it; **pociąg ~uje dwóch godzin, aby tam dojechać** the train needs two hours to get there

po trzecie adv in the third place

potulność f submissiveness, docility

potulny adj submissive, docile

poturbować vt beat, batter

potwarz f slander, calumny

potwierdzać vt confirm, corroborate; (*odbiór czegoś*) acknowledge

potwierdzenie n confirmation, corroboration; **~ odbioru** receipt, acknowledgement of receipt

potworność f monstrosity

potworny adj monstrous

potwór m monster

potyczka f skirmish

potykać się vr (*walczyć*) skirmish; *zob.* **potknąć się**

potylica f anat. occiput

pouczać vt instruct

pouczający adj instructive

pouczenie n instruction

poufałość f intimacy, familiarity

poufały adj intimate, familiar

poufny adj confidential

powabny adj attractive, charming

powaga f gravity, seriousness; (*autorytet*) authority

powalić vt knock down, overthrow, bring to the ground; **~ się** vr collapse

poważać vt respect, esteem

poważanie m respect, esteem; (*w liście*) **z ~m** yours truly, yours sincerely <faithfully>; **z głębokim ~m** yours respectfully

poważny adj grave, serious, earnest; (*znaczny*) considerable; (*autorytatywny*) authoritative; (*o wieku*) advanced; **~ człowiek** (*wpływowy*) man of consequence; (*o kobiecie*) **w ~m stanie** in the family way

powątpiewać *vi* doubt (**o czymś** sth, about sth), be in doubt (**o czymś** about sth)

powetować *vt* make up (**sobie coś** for sth), compensate; **~ sobie stracony czas** make up for lost time

powiadamiać *vt* inform, let know

powiadomienie *n* notice, information

powiat *m* district

powidła *s pl* (plum) jam

powiedzenie *n* saying

powie|dzieć *vt* say; **że tak ~m, ~dzmy** so to say, say; (*komuś*) tell

powieka *f anat.* eyelid

powielacz *m techn.* copier, Xerox; mimeograph, duplicator

powielać *vt* copy, Xerox; mimeograph, duplicate

powiernictwo *n* custody

powiernik *m* confidant; *prawn.* trustee

powierzać *vt* confide, entrust

powierzchnia *f* surface; (*teren*) area

powierzchowność *f* superficiality; (*prezencja*) outward appearance

powierzchowny *adj* superficial; *przen.* shallow

powiesić *vt* hang (up); **~ się** *vr* hang oneself

powieściopisarz *m* novelist

powieść 1. *f* novel

powieść 2. *vt zob.* **wieść 2.**, **~ się** *vr*, **jemu się powiodło** he has been successful

powietrz|e *n* air; **na wolnym ~u** in the open air

powietrzn|y *adj* aerial; air; **droga ~a** airway; **linia ~a** airline; **drogą ~ą** by air

powiew *m* breath of wind, breeze; (*silny*) blast

powiewać *vt* blow; (*na wietrze*) stream; (*pomachać*) wave

powiększać *vt* enlarge, augment,

increase, magnify; **~ się** *vr* increase; (*zw. o dochodach, majątku*) accrue

powiększenie *n* enlargement, increase; *fot.* blow up

powijaki *s pl* swaddling-clothes

powikłać *vt* entangle, complicate

powikłanie *n* entanglement, complication

powinien *praed.* **on ~** he should, he ought to; **ja ~em** I should, I ought to

powinność *f* duty

powitanie *n* welcome, salutation

powlekać *vt* cover

powłoczka *f* pillow-case

powłoka *f* cover; (*warstwa*) coat(ing)

powodować *vt* cause, bring about, effect; (*wywoływać*) provoke

powodze|nie *n* success, prosperity; **~nia!** good luck!; **mieć ~nie w życiu** succeed in life

powodzi|ć się *vr* get on, prosper; **dobrze mi się ~** I am prospering, I am getting on well; **źle mu się ~** he is doing badly; **jak ci się ~?** how are you doing?; how are you getting on?

powojenny *adj* post-war *attr*

powolny *adj* slow; (*uległy*) submissive, compliant

powołanie *n* call; (*pobór*) call-up, conscription; *am.* draft; vocation (*np.* **do stanu duchownego** for the ministry)

powoływać *vt* call; (*na stanowisko*) appoint; (*do wojska*) call; **~ do życia** call into being; **~ się** *vr* refer (**na kogoś, coś** to sb, sth)

powonienie *n* (sense of) smell

powód *m* cause, reason (**czegoś** of sth, **do czegoś** for sth); (*w sądzie*) plaintiff; **z powodu** by reason of, on account of, because of; **bez żadnego powodu** for no reason whatever <at all>

powództwo *n* complaint

powódź *f* flood, inundation
powój *m bot.* bindweed, honeysuckle
powóz *m* carriage
powracać *vi* return, come back; **~ do zdrowia** recover
powrotny *adj* recurrent; **bilet ~** return ticket
powr|ót *m* return; **~ót do zdrowia** recovery; **na ~ót, z ~otem** back, again; **tam i z ~otem** to and fro
powróz *m* rope, cord
powstanie *n* formation; (*zbrojne*) uprising, insurrection; *biol.* origin; **~ gatunków** origin of species
powstaniec *m* insurgent
powstawać *vi* stand up, rise; (*zacząć istnieć*) come into existence, arise; **~ zbrojnie** rise up in arms; **~ przeciw komuś** rebel against sb
powstawanie *n* formation
powstrzymanie *n* repression, suppression, check
powstrzymywać *vt* restrain, keep back, check; **~ kogoś od czegoś** prevent <keep> sb from (doing) sth; **~ się** *vr* refrain (**od czegoś** from sth, from doing sth)
powszechny *adj* universal, general; (*o szkole*) primary; *am.* elementary
powszedni *adj* everyday, daily, common; **chleb ~** daily bread, **dzień ~** weekday; workday
powszednieć *vi* become common
powściągliwość *f* restraint, temperance
powściągliwy *adj* restrained, temperate, self-controlled
powtarzać *vt* repeat
powtórka *f* repetition
powtórnie *adv* anew, again
powtórny *adj* repeated, second
powtórzenie *n* repetition
powyżej *adv* above
powyższ|y *adj* above, above-

mentioned; **~a klauzula** the above clause
powziąć *vt* take, take up; form, frame, conceive; **~ myśl** form <conceive> an idea; **~ postanowienie** make a resolution; arrive at a decision; **~ uchwałę** pass a resolution
poza 1. *f* pose, attitude
poza 2. *praed* beyond, behind; (*oprócz*) except, apart from; **~ szkołą** away from school; **~ tym** *adv* besides; **nikt ~ tym** nobody else
pozagrobow|y *adj*, **życie ~e** afterlife, life hereafter
pozaziemski *adj* extraterrestrial
pozbawiać *vt* deprive (**kogoś czegoś** sb of sth); **~ majątku** dispossess
pozbywać się *vr* get rid of (**czegoś** of sth); (*strachu*) banish; (*nałogu*) abandon
pozdr|awiać *vt* greet, hail, salute; **~ów go ode mnie** give him my (kind) regards <my love>; remember me to him, say "hello" to him
pozdrowieni|e *n* greeting, salutation; **serdeczne ~a** love
pozew *m* summons, writ
poziom *m* level; **~ umysłowy** intellectual level; **wysoki ~ życia** high standard of living; **na ~ie** up to the mark
poziomka *f bot.* (wild) strawberry
poziomy *adj* horizontal; level
pozłota *f* gilding
pozna|ć *vt* get to know; (*rozpoznać*) recognize; **~ć się** *vr* (**z kimś**) make sb's acquaintance, become acquainted with sb; **~łem się z nim** I made his acquaintance; (*witając się*) meet; **miło pana ~ć** (it's) nice to meet you; **~łem się na nim** I saw him through
poznani|e *n* recognition, perception, knowledge; *filoz.* cognition;

zdolność ~**a** perceptive faculty; **nie do** ~**a** out of all recognition

poznawać zob. **poznać**

poznawczy adj cognitive

pozorny adj apparent, seeming

pozostać zob. **pozostawać**

pozostałość f residue, reminder, rest

pozostały adj remaining, left; chem. residual; ~ **przy życiu** surviving

pozosta|wać vi remain; stay behind; be left; ~**wać przy swoim zdaniu** persist in one's opinion; ~**wać w domu** stay at home; ~**wać w łóżku** keep to one's bed; **nie** ~**je mi nic innego jak tylko...** there is nothing left for me but ...; **niewiele mi** ~**je** I have not much left

pozostawiać vt leave; ~ **za sobą** leave behind; ~ **wiele do życzenia** leave much to be desired

pozować vi pose (**na kogoś** as sb), set oneself up (**na kogoś** as sb); ~ **malarzowi do portretu** sit to a painter for one's portrait

poz|ór m appearance, pretence, pretext; **zachowywać** ~**ory** keep up appearances; **na** ~**ór** on the face of it; seemingly; **pod** ~**orem** under the pretence; **pod żadnym** ~**orem** under no account; **według wszelkich** ~**orów** to all appearances

pozwać vt summon

pozwalać vt allow, permit, let; ~ **sobie** allow oneself; (folgować sobie) indulge (**na coś** in sth); ~ **sobie na poufałość** take liberties (**z kimś** with sb)

pozwany m prawn. defendant

pozwolenie n permission, permit

pozwolić sobie vr (mieć finansowe możliwości) afford; **mogę sobie na to pozwolić** I can afford it

pozycja f position; (zapis) item, entry; ~ **społeczna** social standing

pozyskać vt gain, win

pozytyw m fot. positive

pozytywizm m positivism

pozytywny adj positive

pożałować vt (zlitować się) take pity (**kogoś** on sb); (odczuć żal) regret, repent; (poskąpić) begrudge (**komuś czegoś** sb sth)

pożar m fire

pożarn|y adj, **straż** ~**a** fire-brigade

pożądać vt desire, covet

pożądanie n desire; (żądza) lust

pożądany adj desirable; (o gościu) welcome

pożegnać vt take leave (**kogoś** of sb); ~ **się** vr say goodbye (**z kimś** to sb)

pożegnalny adj farewell attr, parting

pożegnanie n leave-taking, leave; farewell

pożerać vt devour

pożoga f fire, conflagration

pożreć zob. **pożerać**

pożyci|e n life; ~**e małżeńskie** married life; **trudny w** ~**u** hard to live with

pożyczać vt lend (**komuś** to sb); borrow (**od kogoś** from sb)

pożyczk|a f loan, credit; **udzielać** ~**i** grant a loan

pożyteczność f utility, usefulness

pożyteczny adj useful

pożyt|ek m use, utility; (korzyść) profit; **odnosić** ~**ek** derive an advantage (**z czegoś** from sth); **jaki z tego** ~**ek?** what's the use of it?

pożywić vt nourish, feed; ~ **się** vr refresh oneself

pożywienie n nourishment, refreshment food

pożywka f nutrient, nourishing substance

pożywny adj nutritious, nourishing

pójść zob. **iść**

póki zob. **dopóki**

pół num half; demi-, semi-; ~ **ceny**

P

half-price; ~ **do drugiej** half past one; ~ **na** ~ half-and-half; ~ **roku** half a year; **dzielić się na** ~ go halves; ~ **na** ~ fifty-fifty

półbut m low shoe

półfabrykat m half-finished product

półfinał m sport semi-final

półgłosem adv half aloud

półgłówek m half-wit

półinteligent m uj. half-educated man

półka f shelf; (na bagaż, narzędzia) rack; ~ **na książki** bookshelf

półkole n semicircle

półksiężyc m half-moon; poet. i godło islamu crescent

półkula f hemisphere

półmisek m dish

półmrok m twilight, dusk

północ f geogr. the North; (pora doby) midnight; **na** ~ **od** ... (to the) north of...; **na** ~**y** in the north; **o** ~**y** at midnight

północno-wschodni adj northeastern

północno-zachodni adj northwestern

północny adj attr north; northern; attr midnight; **Biegun Północny** North Pole

półpasiec m med. shingles

półpiętro n landing

półroczny adj half-yearly

półświatek m demimonde; the underworld

półtora num one and a half

półurzędowy adj semi-official

półwysep m peninsula

później adv later (on), afterwards, then; **prędzej czy** ~ sooner or later

późno adv late

późny adj late

prababka f great grandmother

prac|a f work; (zatrudnienie) job; (trud) labour; ~**a domowa** homework; ~**a akordowa** piece-work; ~**a dniówkowa** time-

-work; **partia** ~**y** Labour Party; **świat** ~**y** labour; **warunki** ~**y** working conditions; **bez** ~**y** out of work; przen. **syzyfowa** ~**a** Sisyphean labours; ~**a na pełny etat** <**pół etatu**> full-time <part-time> job; **pozwolenie na** ~**ę** work permit

pracobiorca m employee

pracodawca m employer

pracoholik m workaholic

pracować vi work; have a job

pracowitość f industry

pracowity adj industrious, laborious

pracownia f workshop; laboratory; studio

pracownik m worker; employee; ~ **fizyczny** <**umysłowy**> manual <office, non-manual> worker; ~ **państwowy** civil servant; ~ **naukowy** research worker, researcher

praczka f washerwoman

prać vt wash

pradziad m great grandfather; (przodek) ancestor

pragnący adj desirous (czegoś of sth); (spragniony) thirsty

pragnąć vt vi desire; be desirous (czegoś of sth)

pragnienie n desire; thirst; **mieć** ~ be thirsty

praktyczny adj practical

praktyk m practitioner

praktyk|a f practice; training, apprenticeship; **odbywać** ~**ę** serve one's apprenticeship, undergo training; **wyjść z** ~**i** be out of practice

praktykant m apprentice; (kandydat przyjęty na próbę) probationer

praktykować vt vi (uprawiać praktykę) practise; (odbywać praktykę) get practical training, be bound apprentice

pralinka f praline

pralka f washing-machine, am. washer

prąd

pralnia *f* wash-house; (*pomieszczenie*) laundry; **~ chemiczna** dry-cleaning shop, dry-cleaner's

prałat *m* prelate

pranie *n* washing; (*bielizna do prania*) laundry

praojciec *m* ancestor

prasa *f* press; (*drukarnia*) printing-machine; (*gazety*) newspapers *pl*, magazines *pl*; (*dziennikarze, reporterzy, itd.*) the press; **~ brukowa** yellow press

prasować *vt* press; (*bieliznę, ubranie*) iron, press

prasow|y *adj*, **kampania ~a** press campaign

prawd|a *f* truth; **to ~a** that's true; **powiedzieć ~ę** tell the truth; **~ę mówiąc...** to tell the truth

prawdomówność *f* truthfulness, veracity

prawdomówny *adj* truthful, veracious

prawdopodobieństw|o *n* probability; **według wszelkiego ~a** in all probability

prawdopodobnie *adv* probably; **on ~ powróci** he is likely to come back

prawdopodobny *adj* probable, likely

prawdziwie *adv* indeed, truly

prawdziwość *f* genuineness, authenticity, reality, truth

prawdziwy *adj* true, genuine, real, authentic

prawica *f* right hand; *polit.* the Right

prawicowy *adj* rightist, right

prawić *vt vi* discourse, talk; **~ kazanie** preach, sermonize, lecture (**komuś** sb); **~ komplementy** pay compliments

prawidłowość *f* regularity

prawidłowy *adj* regular, correct

prawie *adv* almost, nearly; **praca jest ~ skończona** the work is as well as done; **~ nigdy** hardly ever; **~ tej samej wielkości** about the same size

prawniczy *adj* juridical; **wydział ~** Faculty <School> of Law

prawnie *adv* (*na mocy prawa*) by right; by law; rightfully, lawfully

prawnik *m* lawyer

prawnuczka *f* great granddaughter

prawnuk *m* great grandson

prawny *adj* legal, lawful; (*prawnie należny*) rightful

prawo 1. *adv* the right; **na ~** *adv* on the right, to the right

praw|o 2. *n* (*przedmiotowe, ustawa*) law; **~o karne** criminal law; **~o cywilne** civil law; **~o autorskie** copyright; **~o głosowania** voting right; **~o jazdy** driving-licence, driver's licence; **~o własności** right of possession; **~o zwyczajowe** common law; **mieć ~o** have the right; **odwołać się do ~a** go to law; **studiować ~o** read law; **wyjąć spod ~a** outlaw; **domagać się swoich ~** claim one's rights; **~a człowieka** human rights; **~o dżungli** the law of the jungle

prawodawczy *adj* legislative

prawodawstwo *n* legislation

prawomocność *f* validity, legal force

prawomocny *adj* valid

prawomyślny *adj* orthodox

praworządny *adj* law-abiding

prawosławny *adj* Orthodox

prawość *f* righteousness, honesty

prawować się *vr* litigate (**o coś** about sth)

prawowierność *f* orthodoxy

prawowierny *adj* orthodox

prawowity *adj* legitimate

prawoznawstwo *n* jurisprudence

praw|y *adj* right; (*uczciwy*) honest, righteous; **po ~ej stronie** on the right hand <side>

prażyć *vt* roast; (*o słońcu*) burn, beat down

prąd *m* current; (*strumień*) stream; (*kierunek, dążność*) tendency, trend; *elektr.* **~ stały <zmienny>** direct <alternating> current; **pod ~** against the stream, upstream; **z ~em** with the stream, downstream

prądnica f generator

prąż|ek m stripe; **w ~ki** striped

prążkowany adj striped

precedens m precedent; **bez ~u** unprecedented, without example

precyzja f precision

precyzować vt define precisely

precyzyjny adj precise; precision *attr*; **instrument ~** precision instrument

precz adv away; *int* get out <away>!, begone!, out of my sight!; **~ z nim!** away with him!; **~ z wojną!** down with war!

predestynacja f predestination

prefabrykat m prefabricated product

prefabrykować vt prefabricate

prefekt m prefect

prefiks m gram. prefix

prehistoryczny adj prehistoric

prekursor m precursor, forerunner

prelegent m lecturer

prelekcja f lecture

preliminaria s pl preliminaries

preliminarz m preliminary estimate; **~ budżetowy** budget estimates pl

preludium n muz. i przen. prelude

premedytacja f premeditation

premia f premium; *(nagroda)* prize; *(dodatek do płacy)* bonus

premier m prime minister, premier

premiera f first night, premiere

premiować vt pay a premium; pay a bonus; award a prize

prenumerata f subscription

prenumerator m subscriber

prenumerować vt subscribe (**coś** to sth)

preparat m preparation; *med.* microscopic section

preria f prairie

prerogatywa f prerogative, privilege

presj|a f pressure; **wywierać ~ę na kogoś** to bring pressure, to bear on sb; **pod ~ą** under pressure

pretekst m pretext; **pod ~em** on the pretext

pretendent m claimant; *(do tronu, tytułu itp.)* pretender

pretendować vi claim (**do czegoś** sth); pretend (**do czegoś** to sth)

pretensj|a f pretence, *am.* pretense, pretension; *(roszczenie)* claim; **występować z ~ami** lay claims; **mieć ~ę** have a grudge (**do kogoś** against sb)

pretensjonalność f pretentiousness

pretensjonalny adj pretentious

prewencja f prawn. prevention (**przed czymś** of sth)

prewencyjny adj preventive

prezencja f presence

prezent m present, gift

prezenter m *(muzyczny)* disc jockey

prezentować vt present; *(przedstawiać)* introduce; **dobrze się ~** have a good presence

prezerwatywa f condom; *pot.* rubber (sheath)

prezes m chairman, president

prezydent m president

prezydium n presidium, board

prezydować vi preside (**czemuś** over sth)

prędki adj quick, swift, fast

prędko adv quickly, fast

prędkoś|ć f quickness, fastness; *fiz.* velocity; speed; **~ć dźwięku** speed of sound; **~ć jazdy** travelling speed; rate of travel; **ograniczenie ~ci** speed limit; **przekroczenie dozwolonej ~ci** speeding

prędzej adv quicker, more quickly; *(wcześniej)* sooner, rather;

czym ~ as soon as possible; ~ **czy później** sooner or later

pręg|a *f* stripe; **w** ~**i** striped

pręgierz *m hist.* pillory; *przen.* **być pod** ~**em** be pilloried; **stawiać pod** ~**em** pillory

pręgowany *adj* striped

pręt *m* rod, stick

prężność *f* elasticity; *przen.* ex-pansiveness; *techn.* tension

prężny *adj* elastic; *przen.* (*dyna-miczny*) expansive

Prima Aprilis April <All> Fools' Day

priorytet *m* priority, preference

probierczy *adj* test *attr*, testing; *techn. i przen.* **kamień** ~ touch-stone

problem *m* problem

problematyczny *adj* problemat-ic

probostwo *n* parsonage

proboszcz *m* parson

probówka *f* test-tube

proca *f* sling

proceder *m* proceeding; (*interes*) *uj.* underhand dealings

procedura *f* procedure

procent *m* percentage; (*odsetki*) interest; **na 5** ~ 5 per cent; **pożyczać na** ~ lend at interest; **na wysoki** ~ at a high rate of in-terest; **przynosić** ~ bear interest; **stopa** ~**owa** rate of interest; *pot.* (*pewne*) **na sto** ~ it's a (dead) cert

proces *m* process; (*sądowy*) law-suit, trial, action; **wytoczyć** ~ bring an action (**komuś** against sb)

procesja *f rel.* procession

procesor *m* processor

procesować się *vr* be at law, lit-igate

proch *m* powder; (*pył*) dust; ~ **strzelniczy** gunpowder

producent *m* producer

produkcj|a *f* production, output; ~**a sceniczna** performance; *pl* **środki** ~**i** means of production

produkcyjność *f* productivity

produkcyjny *adj* productive

produkować *vt* produce; ~ **się** *vr* perform (**czymś** sth), display (**czymś** sth)

produkt *m* product; *pl* ~**y** prod-ucts; *zbior.* produce; ~ **uboczny** by-product; ~**y spożywcze** pro-visions, victuals; ~ **narodowy brutto** gross national product, GNP

produktywny *adj* productive

profanacja *f* profanation

profanować *vt* profane

profesor *m* professor

profesorski *adj* professorial, professor's

profesura *f* professorship

profil *m* profile; **z** ~**u** in profile

profilaktyczny *adj* prophylactic, preventive

prognoza *f* prognosis; ~ **pogody** weather-forecast

program *m* programme, *zw. am.* program; ~ **studiów** curriculum; *komp.* application, program; (*narzędziowy*) *komp.* utility pro-gram; (*uczący*) tutorial

programista *m* programmer

programowanie *n* programming

programowy *adj* programmatic, according to programme

progresja *f* progression

progresywny *adj* progressive; (*o podatku*) graduated

prohibicja *f* prohibition

projekcja *f* projection

projekcyjn|y *adj*, **aparat** ~**y** pro-jector; **kabina** ~**a** projection room

projekt *m* project; plan; design; blueprint; (*zarys, szkic*) draft; (*ustawy*) bill

projektować *vt* project, design, plan

proklamacja *f* proclamation

proklamować *vt* proclaim

prokurator *m* public prosecutor

prokuratura *f* public prosecu-tor's office

prolog m prologue

prolongata f prolongation, extension of the term

prolongować vt prolong, extend the term

prom m ferry, ferry-boat; **~ kosmiczny** space shuttle

promienieć vi beam, radiate

promieniotwórczość f radioactivity

promieniotwórczy adj radioactive

promieniować vi radiate, beam forth

promieniowanie n radiation; **~ kosmiczne** cosmic rays; **~ słoneczne** solar radiation

promienny adj radiant, beaming

promie|ń m beam, ray; mat. radius; **~ń słoneczny** sunbeam; **~nie Roentgena** x-rays pl

promocja f promotion, advancement

promować vt promote, advance

propaganda f propaganda

propagować vt propagate

proponować vt offer, propose; make an offer

proporcja f proportion

proporcjonalność f proportionality

proporcjonaln|y adj proportional; mat. **odwrotnie** <**wprost**> **~y** inversely <directly> proportional; **średnia ~a** mean proportional

proporzec m banner

propozycja f proposal, suggestion

prorektor m deputy rector; am. vice-president

proroctwo n prophecy

prorok m prophet

prorokować vt prophesy

prosić vt vi ask, beg (**kogoś o coś** sb for sth); request (**o łaskę, odpowiedź** a favour, a reply); **~ kogoś, ażeby coś zrobił** ask sb to do sth; **~ na obiad** invite for dinner; **~ o pozwolenie zrobienia czegoś** request permission to do sth; **proszę przyjść!** come please!; **proszę wejść!** please, come in!

prosię n zool. young pig, piglet

proso n bot. millet

prospekt n (publikacja) prospectus

prosperować vi prosper

prostacki adj boorish, rude

prostactwo n boorishness, rudeness

prostaczek m simpleton

prostak m boor

prost|o adv directly, straight; **po ~u** simply

prostoduszność f uprightness, candidness

prostoduszny adj upright, candid

prostokąt m mat. rectangle

prostokątny adj mat. rectangular

prostolinijny adj rectilinear; (prostoduszny) simple-minded, candid

prostopadła f mat. perpendicular

prostopadły adj mat. perpendicular

prostota f simplicity

prostować vt straighten, make straight; (błąd) rectify, correct

prostownica f techn. straightener

prostownik m elektr. rectifier

prost|y adj direct, straight, right; simple, plain; mat. **linia ~a** straight <right> line

prostytutka f prostitute

proszek m powder; **~ do prania** washing-powder

prośb|a f request, demand; (pisemna) petition; **wnosić ~ę** apply (**o coś** for sth); **zwracać się z ~ą** address a request (**do kogoś** to sb); **na jego ~ę** at his request

protegowa|ć vt patronize; **~na** s f protégée; **~ny** s m protégé

protekcja f patronage, protection; backing

protekcjonizm m protectionism

protekcyjny adj protective

protektor m protector, patron; sponsor

protektorat m protectorate; sponsorship

protest m protest; **założyć ~** lodge a protest

protestancki adj Protestant

protestant m Protestant

protestantyzm m Protestantism

protestować vi vt protest

proteza f (kończyny) artificial limb; (dentystyczna) denture

protokół m record, report; (dyplomatyczny) protocol; (z posiedzenia) minutes; **prowadzić ~** draft the report; **pisać ~** (z posiedzenia) take <draw up> the minutes; (policyjny) take down the evidence

prototyp m prototype

prowadzenie n (przedsiębiorstwa) management; **~ się** behaviour, conduct; **złe ~ się** misbehaviour, misconduct

prowadzić vt lead, guide, conduct; (przedsiębiorstwo, gospodarstwo itp.) manage, keep, run; (rozmowę itp.) carry on, hold; **~ zebranie** chair, preside; **~ handel** carry on trade; handl. **~ księgowość** keep the books; **~ wojnę** wage war; **~ wóz** drive a car; **~ się** vr behave; **źle się ~** misbehave

prowiant m provisions pl; **suchy ~** packed (lunch, etc.)

prowiantować vt provision

prowincja f province; (w przeciwieństwie do stolicy) provinces pl, country

prowincjonalny adj provincial, attr country

prowizja f commission (fee), percentage; **~ maklerska** brokerage

prowizoryczny adj provisional

prowodyr m ringleader

prowokacja f provocation

prowokacyjny adj provocative

prowokator m provocateur

prowokować vt provoke, incite

proz|a f prose; **~ą** in prose

prozaiczny adj prosaic

prozaik m prose writer

prozodia f prosody

prób|a f trial, test, proof; (kandydata do zawodu) probation; teatr rehearsal; (usiłowanie) attempt; **ciężka ~a** ordeal; teatr **~a generalna** dress rehearsal; **~a ogniowa** trial by fire; **~a złota** assay of gold; **na ~ę** by way of trial; handl. on approval; teatr **odbywać ~ę** rehearse (**czegoś** sth); **wystawić na ~ę** put to trial, put to the test; **wytrzymać ~ę** stand the test

próbka f sample, pattern

próbny adj tentative; (o okresie próby) probationary

próbować vt try, test; (usiłować) attempt; (kosztować) taste; **~ szczęścia** try one's luck

próchnica f med. (zębów) caries

próchnieć vi moulder, decay, rot

próchno n rotten wood, rot

prócz praep save, except; **~ tego** besides, apart from this

próg m threshold, doorsill; mot. **~ zwalniający** (dla samochodów) speed breaker <ramp>, żart. sleeping policeman

prószyć vi powder; (o śniegu) flake

próżnia f void; fiz. vacuum

próżniactwo n idleness, laziness

próżniaczy adj idle, lazy

próżniak m idler

próżno adv vainly; **na ~** in vain

próżność f vanity

próżnować vi idle away one's time

próżny adj empty, void; idle; (zarozumiały) conceited; (daremny) vain

P

pruć vt unsew, unstitch; ~ **się** vr get <come> unsewn

pruderia f prudery, prudishness

pruski adj Prussian; chem. **kwas ~** prussic acid

prycza f plank-bed

prym m, **wieść ~** have the lead

prymas m rel. primate

prymitywny adj primitive

prymus m (uczeń) top-boy; (maszynka) Primus (stove)

pryskać vi splash, sputter; (łamać się) burst

pryszcz m pimple

prysznic m shower-bath

prywatka f (dancing) party

prywatnie adv in private

prywatny adj private

prywatyzacja f privatization

pryzmat m prism

praśny adj (o chlebie) unleavened

prządka f spinner

prząść vt spin

przebaczać vt pardon, forgive

przebaczenie n pardon; **prosić kogoś o ~** beg sb's pardon

przebicie n piercing, perforation; (np. opony) puncture

przebieg m course, run; ~ **wydarzeń** course of events

przebiegać vt vi run across, cross; (np. o czasie) pass; (o sprawie) take a course

przebiegłość f cunning, slyness

przebiegły adj cunning, sly, shrewd

przebierać vt vi (starannie wybierać) pick and choose, sort; (zmieniać komuś ubranie) dress anew, change sb's clothes; ~ **miarę** exceed all bounds, beat everything, overdo (sth); **nie ~ w środkach** not to be particular about one's means; ~ **się** vr change (one's clothes); ~ **się za...** disguise oneself as...

przebijać vt pierce, cut through; (w kartach) take; ~ **atutem** trump; ~ **się** vr force one's way

through, break through

przebłysk m glimmer, flash; ~ **nadziei** flash of hope

przebój m (muzyczny) hit; (sukces wydawniczy) best-seller; **iść przebojem** fight one's way through

przebrać zob. **przebierać**

przebranie n disguise

przebrnąć vi muddle through

przebrzmiały adj extinct; **rzecz ~a** a has been

przebrzmieć vi die away, expire, blow over

przebudowa f reconstruction

przebudować vt reconstruct, rebuild

przebudzenie n awakening

przebudzić vt wake up, rouse; ~ **się** vr wake, wake up

przebyć vt cross, pass; (przestrzeń) cover; (doświadczyć) experience; ~ **chorobę** overcome one's illness, pass through an illness; ~ **próbę** go through a trial

przebywać vi stay, live; zob. **przebyć**

przecedzać vt strain, filter

przecena f repricing, sale

przeceniać vt overestimate; (zmieniać cenę) lower the price, reprice

przechadzać się vr walk, take a walk, stroll

przechadzk|a f walk; **pójść na ~ę** go for a walk

przechodni adj transitional; gram. transitive; **pokój ~** connecting room; sport **puchar ~** challenge cup

przechodzi|ć vt vi pass (by), cross, go over; (mijać) pass away <by>; (doświadczyć) experience, undergo; **~ć przez ulicę** cross the street; **to ~ moje oczekiwania** it surpasses my expectations

przechodzień m passer-by

przechowalnia f (bagażu) left-luggage office; cloakroom, am. baggage room

przechowanie n preservation; keeping; **na ~** for safekeeping

przechowywać vt preserve; keep, store

przechwalać vt overpraise; **~ się** vr boast, brag (**czymś** of, about sth)

przechwycić vt intercept

przechylić vt incline; przen. **~ szalę** turn the balance; **~ się** vr incline

przechytrzyć vt outwit, outsmart

przeciąg 1. m draught; am. draft, current of air

przeciąg 2. m (okres trwania) space of time; **na ~ tygodnia** for a week; **w ~u tygodnia** within a week, in the course of a week

przeciągać vt vi draw; move, march along; (przedłużać) prolong, delay, protract; **~ na swoją stronę** win over; **~ się** vr drag on, be protracted; stretch oneself

przeciążać vt overburden, overcharge

przeciążenie n overcharge; (pracą) overwork

przeciekać vi leak, percolate

przecierać vt rub, wipe clear; **~ się** vr (przejaśniać się) clear up; (o materiale) become threadbare

przecierpieć vt endure

przecież adv yet, still, after all; **~ to mówiłeś** you did say it

przecięcie n cut, cutting; section, intersection

przeciętnie adv on (an) average

przeciętność f average; mediocrity

przeciętn|y adj average; (średni) mediocre; **~a** s f average; **powyżej ~ej** above the average

przecinać vt cut through; intersect; (np. rozmowę) cut short; **~ się** vr intersect

przecinek m comma

przeciw praep against; **nie mam nic ~ temu** I have no objections to it; I don't mind it; praef anti-, counter-; **za i ~** the pros and cons

przeciwdziałać vi counteract (**czemuś** sth)

przeciwdziałanie n counteraction

przeciwieństw|o n opposition, contrast, contradistinction; **być ~em** be opposed (**do czegoś** to sth); **w ~ie do czegoś** in contradistinction to sth, in contrast with sth

przeciwko zob. **przeciw**

przeciwległy adj opposite (**czemuś** to sth)

przeciwlotnicz|y adj wojsk. anti-aircraft attr; **działo ~e** anti-aircraft gun; **obrona ~a** air defence

przeciwnie adv on the contrary, just the opposite; the other way round; conversely

przeciwnik m adversary, opponent

przeciwność f adversity

przeciwny adj contrary, opposite; (przeciwstawny) adverse; opposed; **jestem temu ~** I am against it, I object to it; **w ~m razie** otherwise, or else

przeciwprostokątna f mat. hypotenuse

przeciwstawiać vt oppose, set against; **~ się** vr set one's face (**czemuś** against sth), oppose (**czemuś** sth)

przeciwstawienie n opposition, anti-thesis

przeciwwaga f counterpoise, counterweight

przecząco adv negatively, in the negative

przeczący adj negative

przeczenie n negation

przecznica f cross-street

przeczucie n foreboding, presentiment, misgiving

przeczulenie n oversensitiveness, hyper(a)esthesia

przeczulony adj oversensitive

przeczuwać vt forebode, have a presentiment

przeczyć vi deny (**czemuś** sth)

przeczyszczać vt cleanse; med. purge

przeczyszczający adj med. purgative, laxative

przeć vt vi press (on), push

przed praep before; in front of; **~ tygodniem** a week ago

przedawkować vt overdose

przedawnienie n prawn. prescription; expiration (of validity)

przedawniony adj prawn. prescribed, dated

przeddzień m eve; **w ~** on the eve

przede wszystkim adv first of all, above all

przedhistoryczny adj prehistoric

przedimek m gram. article

przedkładać vt submit, present; (woleć) prefer (**coś nad coś** sth to sth)

przedłużacz m elektr. extension cord

przedłużać vt lengthen, extend, prolong

przedłużenie n prolongation, extension

przedmieście n suburb

przedmiot m object; (temat, zagadnienie) subject, subject-matter, topic

przedmiotowość f objectivity

przedmiotowy adj objective

przedmowa f preface

przedmówca m last <previous> speaker

przedni adj frontal, attr front, fore; (lepszy gatunkowo) fine, choice; **~a noga** foreleg; **plan ~** foreground; **straż ~a** vanguard

przednówek m time before the harvest

przedostać się vr penetrate (**do czegoś** into sth), get through, come through

przedobiedni adj attr before-dinner

przedostatni adj last but one;

penultimate; **~ej nocy** the night before last

przedpłata f prepayment, subscription, payment in advance

przedpokój m hall, antechamber, waiting-room

przedpole n foreground

przedpołudnie n forenoon; morning

przedpotopowy adj antediluvian

przedramię n forearm

przedrostek m gram. prefix

przedrozbiorow|y adj, **Polska ~a** Poland before the partitions

przedruk m reprint

przedrzeźniać vt mock, mimic, take off

przedsiębiorca m businessman, contractor, entrepreneur

przedsiębiorczość f (spirit of) enterprise, initiative

przedsiębiorczy adj enterprising; entrepreneurial

przedsiębiorstwo n business, firm

przedsiębrać vt undertake

przedsięwzięcie n undertaking, enterprise

przedsmak m foretaste

przedstawia|ć vt present, represent; (wystawiać na scenie) stage; (przedkładać) submit; (np. sprawę) describe; (osobę) introduce; **~ć się** vr present oneself; (nieznanej osobie) introduce oneself; **jak ~ się sprawa?** how does the matter stand?; **to się ~ inaczej** the matter is different

przedstawiciel m representative; handl. agent

przedstawicielstwo n agency; representation

przedstawienie n presentation; (teatralne) performance, spectacle, show; **~ przedpołudniowe** matinee; (osoby) introduction

przedszkole n infant school, kindergarten

przedtem adv before, formerly

przedterminowo *adv handl.* in anticipation; **zapłacić** ~ anticipate a payment

przedterminow|y *adj handl.* anticipated, anticipatory, anticipating; premature; **~e dokonanie zapłaty** anticipation of payment

przedwczesny *adj* premature; (*zbyt wczesny*) precocious

przedwcześnie *adv* prematurely, before time; **~ dojrzały** precocious

przedwczoraj *adv* the day before yesterday

przedwojenny *adj* pre-war *attr*

przedział *m* partition, division; (*we włosach*) parting; (*w pociągu*) compartment; **~ dla palących, dla niepalących** smoker, nonsmoker

przedzielić *vt* divide, part

przedzierać *vt* tear up, rend; **~ się** *vr* force one's way through, break through

przedziurawić *vt* make a hole (**coś** in sth), pierce, perforate; (*bilet*) punch; (*oponę*) puncture

przeforsować *vt* force through

przegapić *vt* overlook, miss, let slip

przeginać *vt* bend

przegląd *m* review; (*sprawdzenie*) revision; inspection, survey; **~ gwarancyjny, okresowy** guarantee, periodical survey

przeglądać *vt* review; (*sprawdzać*) revise; (*np. gazetę*) skim through; **~ się** *vr* see oneself

przegłosować *vt* carry by vote; (*pokonać większością głosów*) outvote

przegrać *vt* loss at play, gamble away; (*bitwę, sprawę sądową*) lose; *muz.* play over

przegradzać *vt* separate, partition

przegrana *f* lost battle; (*strata*) loss

przegroda *f* partition

przegrupować *vt* regroup

przegryzać *vt* bite through; (*przekąsić*) have a snack

przegub *m anat.* wrist, joint

przegubowy *adj, mot.* **autobus** ~ articulated bus

przeholować *vi* (*przebrać miarę*) go too far; overreach oneself

przeistoczyć *vt* transform

przejaśnić się *vr* clear up

przejaw *s* symptom, sign

przejawiać *vt* manifest; **~ się** *vr* manifest oneself, show

przejazd *m* passage, thoroughfare; (*przez tory*) level crossing; **w przejeździe, ~em** on one's way; **opłata za ~** fare

przejażdżka *f* drive, ride; (*wycieczka*) trip

przejecha|ć *vi vt* pass, ride, travel (*np. przez Warszawę* through Warsaw); (*rozjechać*) run over; **~ć cały kraj** travel all over the country; **~ł go samochód** he was run over by car

przejęcie *n* taking over; (*przechwycenie*) interception; **~ się** high emotion, exaltation

przejęzyczenie (**się**) *n* slip of the tongue

przejmować *vt* take over; (*przechwycić*) intercept; **~ podziwem** fill with admiration; **~ strachem** seize with fear; **~ się** *vr* be impressed, be moved (**czymś** by sth); **nie przejmuj się** take it easy

przejmujący *adj* impressive; (*o mrozie*) piercing; (*o bólu itp.*) keen

przejrzeć *vt vi* (*przeniknąć*) see through; (*odzyskać wzrok*) regain one's sight; *zob.* **przeglądać**

przejrzystość *f* transparency; (*wyrazistość*) clarity

przejrzysty *adj* transparent; clear

przejście *n* passage; (*przez jezdnię*) pedestrian <zebra> crossing; (*stadium przejściowe*) transition; (*doświadczenie*) experience, trial

P

przejść vt vi zob. **przechodzić**; ~ **się** vr take a walk

przekaz m transfer; (historyczny) record; (bankowy) draft; (pocztowy) <postal, money> order

przekazywać vt transfer, pass on, send, hand down, transmit

przekąs m, **z** ~**em** ironically, sneeringly

przekąska f snack, refreshment

przekąsić vt have a snack

przekątna f mat. diagonal

przekleństw|o n curse; pl ~**a** swear words, imprecations, curses

przeklęty adj cursed, damned

przeklinać vt curse (**kogoś** sb), swear (**kogoś** at sb)

przekład m translation

przekładać vt displace, transpose; (przesuwać) shift; (układać na zmianę) interlay; (tłumaczyć) translate; (woleć) prefer (**coś nad coś** sth to sth); (karty) cut

przekładnia f techn. gear, switch; interface

przekłuć vt pierce

przekomarzać się vr tease each other

przekonanie n conviction; **mam** ~ I am convinced

przekon|ywać vt convince, persuade (**kogoś o czymś** sb of sth); **jestem** ~**any** I am convinced; **mocno** ~**any** confident (**o czymś** of sth); ~**ywać się** vr convince oneself

przekonywający adj convincing, persuasive, weighty, potent

przekop m trench, ditch

przekor|a f contradictoriness; **przez** ~**ę** from <out of> spite

przekorny adj contradictory, contradictious

przekór adv, **na** ~ in defiance of, in spite of

przekraczać vt cross; (miarę, uprawnienia) exceed; (prawo) infringe, violate; ~ **stan konta** overdraw an account; ~ **dozwoloną prędkość** speed

przekradać się vr steal through

przekreślać vt cross (out); (skasować) cancel, annul

przekręcać vt twist; (przeinaczać) distort

przekręcenie n twist; (słów, faktów) distortion

przekroczenie n crossing; (prawa) offence, trespass; handl. (stanu konta) overdraft; ~ **szybkości** speeding

przekroić vt cut (into two pieces)

przekrój m section; ~ **podłużny** longitudinal section; ~ **poprzeczny** cross-section

przekrwienie n med. congestion

przekształcać vt transform

przekształcenie n transformation

przekupić vt bribe

przekupka f huckster

przekupny adj venal, corruptible

przekupstwo n bribery, corruption

przekwitać vi cease blooming, fade

przekwitanie n fading; med. climacteric, menopause

przelać zob. **przelewać**

przelatywać vi fly by, flit by, pass

przelew m transfusion; bank. transfer; ~ **krwi** bloodshed

przelewać vt pour over; pour into another vessel; transfuse; bank. transfer; (krew, łzy) shed; (przekazywać władzę) devolve

przelękły adj frightened

przelęknąć się vr take fright (**czegoś** at sth)

przeliczyć vt count over again; ~ **się** vr miscalculate

przelot m flight, passage

przelotn|y adj fleeting, passing; zool. **ptaki** ~**e** birds of passage

przelotowość f (ulic) traffic capacity

przeludnienie n overpopulation

przeludniony adj overpopulated

przeładować vt (przeciążyć)

overload; (*przenieść ładunek*) transship

przeładowanie n (*przeciążenie*) overloading; zob. **przeładunek**

przeładunek m transsshipment

przełaj m cross; *bieg na* ~ cross--country race; *droga na* ~ short cut; *iść na* ~ take a short cut

przełamać vt break through; (*opór*) surmount

przełączyć vt switch over

przełęcz f pass

przełknąć vt swallow

przełom m crisis, (*punkt zwrotny*) turning-point; (*wyłom, przerwa*) breakthrough; (*wyrwa*) breach; ~ *wieku* the turn of the century

przełomowy adj critical, crucial

przełożona f schoolmistress, lady-superior

przełożony m principal, superior

przełożyć zob. **przekładać**

przełyk m anat. gullet, (o)esophagus

przemakać zob. **przemoknąć**

przemarsz m march-past, passage

przemarznąć [-r·z-] vi be penetrated with cold

przemawiać vi vt address; (*publicznie*) harangue (*do kogoś* sb); speak; advocate (*za czymś* sth)

przemądrzały adj sophisticated

przemęczać vt overstrain; ~ *się* vr overwork

przemęczenie n overwork, overstrain

przemian m, *na* ~ alternately, by turns, taking it in turn

przemiana f transformation; biol. ~ *materii* metabolism

przemianować vt rename

przemienić vt transform, turn (*coś w coś* sth into sth)

przemieszczać vt displace

przemieszczenie n displacement

przemijać vi pass away, be over

przemijający adj passing, fleeting, transitory

przemilczeć vt pass over in silence, suppress, conceal

przemoc f force, violence; *ulec* ~*y* yield to a superior force

przemoczyć vt soak, drench; ~ *sobie nogi* get one's feet wet

przemoknąć vi be soaked, get wet; ~ *do nitki* get a nice soaking

przemożny adj predominant, overpowering

przem|óc vt overpower, overwhelm; (*przezwyciężyć*) surmount, overcome; vi (*odnieść przewagę*) prevail; ~*óc się* vr control oneself

przemówić zob. **przemawiać**

przemówienie n speech, address, harangue

przemycać vt smuggle

przemysł m industry; ~ *motoryzacyjny* motor industry; ~ *lekki* <*ciężki*> light <heavy> industry; przen. *żyć własnym* ~*em* live by one's wits

przemysłowiec m industrialist, industrial producer

przemysłow|y adj industrial; *wyroby* <*towary*> ~*e* industrial goods

przemyśleć vt think over

przemyślny adj ingenious

przemyt m smuggling, contraband

przemytnik m smuggler; ~ *alkoholu* bootlegger

przeniesienie n transfer; transmission

przenieść vt transfer; transport; remove; (*w księgowości*) carry over <forward>; ~ *się* vr move (*do innego mieszkania* to another flat)

przenigdy adv nevermore

przenikać vt vr penetrate; pervade; pierce

przenikliwość f penetrability; (*bystrość*) sagacity, perspicacity

przenikliwy adj penetrating; pervasive, pervading; (*bystry*) perspi-

P

cacious, acute; (*o głosie*) shrill; (*o mrozie*) biting, bitter

przenocować *vt* put up for the night; *vi* stay overnight

przenosić *vt* (*światło, ciepło, dźwięk*) transmit; (*udzielać*) convey; (*woleć*) prefer (**coś nad coś** sth to sth); **~ się** *vr* shift (**z miejsca na miejsce** from place to place); *zob.* **przenieść**

przenośnia *f* metaphor

przenośny *adj* portable; (*obrazowy*) metaphorical, figurative

przeobrażać *vt* transform (**w coś** into sth); **~ się** *vr* be transformed, change

przeobrażenie *n* transformation, change

przeoczenie *n* oversight

przeoczyć *vt* overlook, miss

przeor *m* prior

przeorysza *f* prioress

przepadać *vi* be lost, go lost; (*przy egzaminie*) fail; *przen.* **~ za kimś, czymś** be crazy about sb, sth

przepalić *vt* burn through

przepasać *vt* girdle

przepaska *f* band

przepaścisty *adj* precipitous

przepaść *f* precipice, abyss

przepełniać *vt* overfill, cram; (*ludźmi*) overcrowd

przepełnienie *n* overfilling, overcrowding

przepędzać *vt* drive away; (*spędzać czas*) spend

przepierzenie *n* partition-wall

przepiękny *adj* most beautiful

przepiłować *vt* saw through; (*pilnikiem*) file through

przepiórka *f* zool. quail

przepis *m* prescription, regulation; (*kucharski*) recipe; *mot. pl* **~y drogowe** traffic regulations, highway code

przepisać *vt* (*lekarstwo*) prescribe; (*tekst*) rewrite, copy, write over again; **~ na czysto** make a fair copy (**coś** of sth)

przepisowo *adv* according to regulations

przepisowy *adj* regular; *attr* regulation; **strój ~** regulation dress; **~ rozmiar** regulation size

przeplatać *vt* interlace

przepłacać *vt* overpay

przepływać *vt vi* (*o wodzie*) flow over <across, through>; (*o człowieku*) swim over <across>; (*o statku*) cross (**przez morze** the sea)

przepona *f* anat. diaphragm

przepowiadać *vt* prophesy, predict, foretell

przepowiednia *f* prophecy, prediction, prognosis

przepracować się *vr* overwork oneself

przepracowanie *n* overwork

przepraszać *vt* (I'm) sorry!; apologize (**kogoś za coś** to sb for sth); **„~m!"** "excuse me!"; (*prośba o powtórzenie informacji*) "(I beg your) pardon!"

przeprawa *f* passage; (*np. przez rzekę, morze*) crossing; *przen.* (*przykre zajście*) hard business, misadventure

przeprawiać *vt* carry over; **~ się** *vr* cross (*np.* **przez rzekę** a river); **~ się na drugi brzeg** cross over to the other side

przeproszenie *n* apology, excuse; **za ~m** by your leave

przeprowadzać *vt* carry over, convey, lead across; (*wykonywać*) carry out, carry into effect; **~ się** *vr* move, move house

przeprowadzka *f* removal

przepuklina *f* med. hernia, rupture

przepustka *f* pass, permit

przepuszczać *vt* let through; allow to pass; (*marnować np. okazję*) let out, miss

przepuszczalny *adj* permeable

przepych *m* luxury, pomp

przepychać *vt* push through; **~**

się *vr* push through, force one's way

przerabiać *vt* do over again, remake, refashion; (*opracować powtórnie*) revise; ~ **lekcje** do one's lessons; ~ **sztukę na film** adapt a play to the screen; ~ **temat egzaminacyjny** prepare a subject for the examination

przeradzać się *vr* undergo a change, be transformed

przerastać *vt* outgrow, grow over; rise above

przeraźliwy *adj* terrifying; (*o głosie*) shrill

przerażać *vt* appal, horrify; ~ **się** *vr* be appalled (**czymś** at sth)

przerażenie *n* terror

przeróbka *f* recast, revision, adaptation

przerw|a *f* break, pause, interruption, intermission; **bez ~y** without intermission; *sport* (*w połowie gry*) half-time

przerywać *vt* interrupt, break off; rend, tear asunder

przerzedzić *vt* thin, make thin; ~ **się** *vr* thin, become thinner

przerzucać *vt* throw over; shift; (*przeglądać*) look over

przerżnąć [r-ż] *vt* saw, cut in two

przesada *f* exaggeration

przesadzać *vt* exaggerate; (*roślinę*) transplant

przesączać *vt* filter, filtrate, percolate; ~ **się** *vr* filter, percolate, permeate

przesąd *m* prejudice, superstition

przesądny *adj* superstitious

przesądzać *vt* prejudge, foreclose

przesiada|ć się *vr* (*z pociągu na pociąg*) change (trains); **gdzie się ~my?** where do we change?

przesiąkać *vi* be soaked, soak through, be imbued

przesiedlać *vt* remove, displace; ~ **się** *vr* migrate, move

przesiedlenie *n* displacement; ~ **się** migration

przesiedleniec *m* emigrant

przesiewać *vt* sift, sieve

przesilać się *vr* pass through a crisis

przesilenie *n* crisis; *pot.* ~ **dnia z nocą** solstice

przeskoczyć *vi vt* jump over; (*podpierając się rękami*) vault (**przez coś** over sth, sth)

przeskok *m* jump

przesłaniać *vt* screen (off)

przesłanka *f* premise

przesłona *f* screen; *fot.* shutter

przesłuchanie *n* examination, interrogation; (*świadka*) hearing

przesłuchiwać *vt* examine, interrogate

przesmyk *m* (*przełęcz*) pass, defile; *geogr.* isthmus

przestać *vi* cease, stop, discontinue

przestarzały *adj* out of date, out of fashion, obsolete

przestawać *vi* associate (**z kimś** with sb); be satisfied (**na czymś** with sth); *zob.* **przestać**

przestawiać *vt* displace, transpose

przestawienie *n* displacement, transposition

przestąpić *vt* cross, step over

przestępca *m* criminal, offender

przestępczość *f* criminality, delinquency; ~ **wśród nieletnich** juvenile delinquency

przestępczy *adj* criminal

przestępny *adj* criminal; *astr.* **rok** ~ leap-year

przestępstwo *n* offence; ~ **walutowe** foreign currency offence

przestrach *m* fright

przestraszyć *vt* frighten, scare; ~ **się** *vr* be frightened <scared>, take fright (**czegoś** at sth)

przestroga *f* warning, caution

przestronny *adj* spacious, roomy

przestrzegać *vt* (*ostrzegać*) warm (**przed czymś** of sth), caution (**przed czymś** against sth); (*zachowywać np. tradycję*) observe; (*stosować np. zasady, przepisy*) keep, abide by

przestrzenny *adj* spatial

przestrzeń *f* space, room; **~ kosmiczna** outer <cosmic> space

przestworze *n*, **przestwór** *m* infinite expanse

przesunięcie *n* shift, displacement

przesuwać *vt* shift, shove, move; (*wagony*) shunt; **~ się** *vr* move, shift

przesycać *vt* surfeit, glut; *techn.* impregnate

przesyłać *vt* send, forward

przesył|ka *f* parcel; (*wysyłanie*) dispatch; (*towarowa*) consignment; (*pieniężna*) remittance; **w osobnej ~ce** under separate cover

przesyt *m* surfeit

przeszczep *m med.* transplantation; transplant

przeszczepiać *vt* transplant

przeszeregować *vt* regroup

przeszkadzać *vi* hinder, disturb, trouble (**komuś** sb); (*zawadzać*) obstruct (**komuś, czemuś** sb, sth); **~ komuś pisać** prevent sb from writing; **~ komuś w odpoczynku** disturb sb's rest

przeszko|da *f* hindrance, obstacle, impediment; *sport* **bieg z ~dami** steeplechase; **wyścig z ~dami** obstacle race; **stać na ~dzie** stand in the way

przeszkolenie *n* schooling, training; re-education

przeszkolić *vt* school, train; re-educate

przeszł|o *adv* more than, beyond

przeszło|ść *f* the past; **kobieta <mężczyzna> z ~cią** a woman <man> with a past

przeszły *adj* past; *gram.* **czas ~** past tense, preterite

przeszukać *vt* search

przeszyć *vt* sew through, stitch; (*przekłuć*) pierce, transfix

prześcieradło *n* sheet

prześcignąć *vt* outrun; *przen.* (*przewyższyć*) outdo; *dosł. i przen.* get ahead (**kogoś** of sb)

prześladować *vt* persecute; *przen.* (*nie dawać spokoju*) haunt, obsess

prześladowanie *n* persecution

prześladowcz|y *adj* persecutive; **mania ~a** persecution complex

prześliczny *adj* most beautiful, lovely

prześliznąć się *vr* glide through, slip through

przeświadczenie *n* conviction

przeświadczony *adj* convinced

przeświecać *vi* shine through

prześwietl|ać *vt fot.* overexpose; *med.* x-ray; **~ono mi płuca** I had my lungs x-rayed

prześwietlenie *n med.* x-ray examination

przetaczać *vt* roll over; *kolej.* shunt; *med.* **~ krew** transfuse

przetapiać *vt* recast, melt

przetarg *m handl.* auction, tender

przetarty *pp adj* (*o tkaninie*) threadbare

przeterminowany *adj* overdue

przetłumaczyć *vt* translate, interpret; (*nakłonić*) persuade

przetoka *f med.* fistula

przetrawić *vt* digest

przetrwać *vt* outlast, survive

przetrząsnąć *vt* shake up; (*przeszukać*) search; (*teren*) comb out

przetrzymać *vt* keep (waiting); (*przetrwać*) outlast; (*ból, ciężkie położenie itp.*) endure

przetwarzać *vt* transform; turn into; manufacture

przetwór *m* manufacture, produce; *pl* **przetwory** preserves

przetwórczy *adj* manufacturing

przetwórnia *f* factory

przetykać *vt* (*przepychać, przewlekać*) pierce, pass through; (*o tkaninie*) interweave

przewag|a *f* superiority, predominance, preponderance; (*góro-wanie*) advantage; **mieć ~ę** have an advantage (**nad kimś** over sb); **zyskać ~ę** gain an advantage (**nad kimś** over sb)

przeważać *vi* outweigh, outbalance; *vt* prevail (**nad kimś** over sb); ~ **szalę** turn the scale

przeważający *adj* prevailing, prevalent

przeważnie *adv* for the most part, mostly

przewiązać *vt* bind up; (*ranę*) dress

przewidywać *vt* foresee, forecast, anticipate

przewidywanie *n* foresight, anticipation

przewiercić *vt* bore through, pierce

przewiesić *vt* hang over, sling

przewietrzyć *vt* ventilate, air; ~ **się** *vr pot.* take the air

przewiew *m* draught

przewiewny *adj* airy

przewieźć *zob.* **przewozić**

przewijać *vt* swathe, wrap up; (*ranę*) dress

przewinienie *n* offence, guilt

przewlekać *vt* (*opóźnić*) protract, delay; ~ **nitkę przez igłę** thread the needle; ~ **pościel** change the bed linen; ~ **się** *vr* drag on

przewlekły *adj* protracted; *med.* chronic

przewodni *adj* leading

przewodnictwo *n* leadership; *fiz.* conductivity

przewodniczący *m* chairman

przewodniczyć *vi* preside (**zebraniu** over the meeting), chair

przewodnik *m* (*wycieczki*) guide; leader; (*książka*) guide-book; *fiz.* (*ciepła*) conductor

przewodzić *vi* i *vt* lead, command (**czemuś** sth), be at the head

przewozić *vt* bring over, transport, convey

przewozow|y *adj* transport *attr,*

freight; **list ~y** bill of consignment, (*okrętowy*) bill of lading; **środki ~e** means of conveyance

przewoźnik *m* carrier; (*na promie, łodzi*) ferryman, boatman

przewód *m* channel, conduit; (*kominowy*) flue; (*gazowy*) pipe; *elektr.* wire; *prawn.* procedure; *anat.* ~ **pokarmowy** alimentary canal

przewóz *m* transport, conveyance, carriage

przewracać *vt* overturn, turn over, upset; ~ **do góry nogami** turn upside down; ~ **kartki książki** thumb the book; ~ **się** *vr* fall down, overturn, tumble down; (*o statku*) capsize

przewrotność *f* perversity

przewrotny *adj* perverse

przewrót *m* upheaval, revolution, subversion

przewyższać *vt* surpass, exceed; (*liczebnie*) outnumber

przez *praep* through, by, across, over; (*o czasie*) during, for, within, in; ~ **cały dzień** all (the) day long; ~ **cały rok** all the year round; ~ **dwa miesiące** for two months; ~ **drogę** across the road; ~ **telefon** by telephone; ~ **Szekspira** by Shakespeare; ~ **wdzięczność** out of gratitude

przeziębić się *vr* catch (a) cold

przeziębienie *n* cold

przeziębiony *adj,* **jestem ~** I have a cold

przeznacz|ać *vt* destine (**na coś, do czegoś** for <to> sth); devote (**coś na coś** sth to sth); intend (**coś na coś** sth for sth, **kogoś na coś** sb to be sth, **coś dla kogoś** sth for sb); **te książki ~one są do biblioteki** these books are intended for the library

przeznaczenie *n* destination; (*los*) destiny, fate

przezorność *f* prudence, caution, providence

P

przezorny *adj* prudent, cautious, provident
przezrocze *n fot.* slide
przezroczystość *f* transparency
przezroczysty *adj* transparent
przezwisko *n* nickname
przezwyciężać *vt* surmount, overcome
przezywać *vt* (***kogoś***) call sb names
przeżegnać *vt* cross; **~ się** *vr* cross oneself, make the sign of the cross
przeżuwać *vt* chew
przeżycie *n* (*przetrwanie*) survival; (*doświadczenie*) experience
przeży|ć *vt* (*przetrwać*) survive, outlive; (*doświadczyć*) experience; (*spędzić okres czasu*) live through; **on tego nie ~je** this will be the death of him; **~łem okres biedy** I lived through a period of poverty; **~ł niejedną ciężką chwilę** he experienced many a hardship; **~ł swego starszego brata** he outlived his elder brother
przeżytek *m* survival, relic (of the past)
przędza *f* yarn
przędzalnia *f* spinning-mill
przęsło *n* bay, span
przodek *m* ancestor; (*część przednia*) forepart, front
przodować *vt* lead, be ahead
przodownictwo *n* leadership, primacy
przodownik *m* leader; foreman
przód *m* forepart, front; **na przedzie** at the head, in the front of; **z przodu** in front of; **iść przodem** go first; **iść do przodu** go <get> ahead
przy *praep* (near) by, at; with; on; about; **~ filiżance kawy** over a cup of coffee; **~ pracy** at work; **~ świetle księżyca** by moonlight; **~ tej sposobności** on that occasion; **~ twej pomocy** with your help; **~ tym** besides, too; **~**

wszystkich swoich wadach with all his faults; **nie mam ~ sobie pieniędzy** I have no money about <on> me; **usiądź ~ mnie** sit by me <my side>
przybić *vt* fasten; (*gwoździami*) nail; *vi* **~ do brzegu** land
przybiec *vi* come running
przybierać *vt* (*zdobić*) adorn; (*przyjmować*) assume; **~ wygląd** <**imię**> assume a look <a name>; *vi* (*o wodzie*) rise; **~ na wadze** put on weight
przybliżać *vt* bring near(er); **~ się** *vr* come near, approach (**do kogoś** sb); approximate
przybliżeni|e *n* approximation, approach; **w ~u** approximately
przyboczn|y *adj*, **straż ~a** bodyguard
przybi|ór *m* (*wody*) rise; *pl* **~ory** (*komplet użytkowy*) outfit, equipment, fittings *pl*; **~ory do pisania** writing-materials, stationery *zbior.*
przybrać *vt zob.* **przybierać**
przybrzeżn|y *adj* coast *attr*, riverside *attr*; **straż ~a** coast guard
przybudówka *f* annex, penthouse
przybycie *n* arrival
przybysz *m* newcomer, arrival
przybytek *m* (*przyrost*) accruement, increase; (*budynek, miejsce*) haunt, abode; (*święty*) shrine, sanctuary
przyby|wać *vi* arrive (**do Warszawy** in Warsaw, **do Kluczborka** at Kluczbork), come (**do Warszawy** to Warsaw); (*powiększać się, narastać*) be added, increase; (*o wodzie w rzece*) rise; **~wa dnia** the days are longer and longer; **~ło dużo pracy** there is much additional work
przychodnia *f med.* outpatient clinic, clinic for outpatients
przychodzi|ć *vi* come (**dokąd** to a place), arrive (**dokąd** at

<in> a place); **~ć do kogoś** (*w odwiedziny*) come to see sb; **~ć do siebie** come to, recover; **~ mi do głowy** <**na myśl**> it occurs to me; **~ mi ochota** I feel like (**zrobić coś** doing sth); **~ mi z trudnością** I find it difficult

przychód *m* income

przychylać *vt* incline; **~ się** *vr* incline, feel inclined (**do czegoś** to sth); (*skłaniać się*) comply (**do czyjejś prośby** with sb's request)

przychylność *f* favourable disposition, goodwill, favour

przychylny *adj* favourable, friendly, favourably disposed (**dla kogoś** towards sb)

przyciągać *vt* draw; (*pociągać*) attract; *vi* draw <come> near

przyciąganie *n* attraction; *astr. fiz.* **~ ziemskie** gravitation

przyciemniać *vt* darken, dim

przycinać *vt* cut, clip; *vi* taunt (**komuś** sb)

przycisk *m* (*akcent*) stress, accent; (*dzwonka*) button; (*do papierów*) weight

przyciskać *vt* press

przycupnąć *vt* squat down

przyczaić się *vr* lie in ambush (**na kogoś** for sb)

przyczepić *vt* affix, attach; **~ się** *vr* cling, stick (**do kogoś, czegoś** to sb, sth)

przyczepa *f am.* caravan; trailer; (*motocykla*) side-car

przyczółek *m* abutment; *arch.* pediment; *wojsk.* **~ mostowy** bridgehead

przyczyn|a *f* cause, reason; **z tej ~y** for that reason

przyczynek *m* contribution

przyczynić się *vr* contribute (**do czegoś** to sth)

przyczynowość *f* causality

przyczynowy *adj* causal

przyćmiewać *vt* dim, darken

przyda|ć *vt* add; **~ć się** *vr* come in handy, be of some use; **na co**

się to ~? what's the use of it?

przydatność *f* usefulness, utility

przydatny *adj* useful, to the purpose, handy

przydawka *f gram.* attribute

przydech *m* aspiration

przydeptać *vt* tread under foot

przydługi *adj* lengthy

przydomek *m* nickname, assumed name, by-name

przydrożny *adj* wayside *attr*

przydusić *vt* stifle, smother

przydymiony *adj* smoky

przydział *m* allotment; assignment, (*np. chleba*) ration, allowance

przydzielić *vt* allot, assign, ration

przyganiać *vt* blame (**komuś** sb), find fault (**komuś** with sb)

przygarnąć *vt* (*przytulić*) cuddle, snuggle; *przen.* (*dać schronienie*) shelter

przygasać *vi* go out; *przen.* become stifled, subside, abate

przyglądać się *vr* (*przypatrywać się*) look on, watch; look (**komuś, czemuś** at sb, sth), observe

przygłuszać *vt* (*przytłumiać*) stifle, muffle

przygnębiać *vt* depress, deject

przygnębienie *n* depression, low spirits *pl*, dejection

przygnębiony *adj* depressed, downcast; *praed* in low spirits

przygniatać *vt* press down; oppress; (*ciążyć*) weigh heavy (**coś** on, upon sth)

przygoda *f* adventure, accident

przygodny *adj* accidental, casual

przygotowanie *n* preparation, arrangement

przygotowawczy *adj* preparatory

przygotowywać *vt* prepare, get ready; **~ kogoś do egzaminu** prepare <coach> for the examination; **~ się** *vr* make ready, prepare (oneself); **~ się do egzaminu** prepare <study> for the examination; **~ się na najgorsze <na niespodziankę>** prepare oneself for the worst <for a surprise>

przygrywać *vi vt* play the accompaniment (**komuś** to sb); accompany (**komuś** sb)

przygrywka *f* prelude, accompaniment; (*gra*) play

przyimek *m gram.* preposition

przyjaciel *m* friend

przyjacielski *adj* friendly

przyjaciółka *f* friend, girlfriend, lady-friend

przyjazd *m* arrival

przyjazny *adj* friendly

przyjaźnić się *vr* be on friendly terms

przyjaźń *f* friendship

przyjechać *zob.* **przyjeżdżać**

przyjemnie *adv* agreeably; **jest mi ~** I am glad <pleased>; **„~ mi Pana poznać"** "(I am) pleased to meet you"; **tu jest ~** it is nice here

przyjemno|ść *f* pleasure; **znajdować ~ść** take pleasure (**w czymś** in sth); **zrób mi ~ść** do me the pleasure; **z (wielką) ~ścią** with (great) pleasure

przyjemny *adj* pleasant, agreeable

przyjezdny *adj* strange; *s m* stranger, (new) arrival

przyjeżdżać *vi* come (**do pewnego miejsca** to some place), arrive (**do pewnego miejsca** at <in> some place)

przyję|cie *n* reception; (*towarzyskie*) reception, party; (*np. do szkoły*) admission; (*do pracy*) engagement; (*daru, weksla*) acceptation; (*wniosku*) carrying; *pl* **godziny ~ć** reception-hours; office-hours; (*u lekarza*) consulting hours; **możliwy do ~cia** acceptable

przyjęty *adj* (*zwyczajem uznany*) received, customary

przyjmować *vt* receive; (*np. dar,*

weksel) accept; (*np. do szkoły, towarzystwa*) admit; (*do pracy*) engage; **~ wniosek** carry a motion; **~ się** *vr* take root; be successful; prove a success; (*o roślinie, szczepionce*) take; (*o zwyczaju, modzie*) catch on

przyjście *n* arrival (**do pewnego miejsca** at <in> some place)

przyjść *vi zob.* **przychodzić**; **~ na umówione spotkanie** keep an appointment

przykazać *vt* order, command

przykazanie *n rel.* commandment

przyklaskiwać *vi* applaud (**komuś** sb)

przykleić *vt* stick, glue

przyklęknąć *vi* kneel down, genuflect

przykład *m* example, instance; paragon; **na ~** for instance <example>; **brać ~ z kogoś** follow sb's example; **dawać ~** set an example; **ilustrować ~em** exemplify; **iść za ~em** follow an example

przykładać *vt* apply, put on; **~ się** *vr* apply oneself

przykładny *adj* exemplary

przykręcać *vt* screw on

przykro *adv*, **~ mi** I'm sorry; **~ mi to mówić** I regret to say this

przykrość *f* annoyance, pain, trouble; (*ciężka*) tribulation; **zrobić komuś ~** cause sb pain

przykry *adj* annoying, painful, disagreeable

przykrycie *n* cover

przykrywać *vt* cover

przykrywka *f* cover, lid

przykrzy|ć się *vr*, **~ mi się** I am bored

przykucnąć *vi* squat down

przykuwać *vt* chain, nail; (*np. uwagę*) fix, arrest; **~ czyjąś uwagę** fix <draw, absorb> one's attention

przylądek *m* cape, promontory

przylecieć *vi* come flying, arrive; *pot.* (*przybiec*) come running

przylegać *vi* cling, lie close; fit close; adhere; (*o pokoju, domu*) be contiguous

przyleganie *n fiz.* adhesion

przyległość *f* contiguity; (*majątku, terytorium*) dependency

przyległy *adj* contiguous, adjacent

przylepić *vt* stick, glue; **~ się** *vr* stick

przylepiec *m* (*plaster*) adhesive tape

przylgnąć *vi* stick, cling

przylot *m* arrival

przylutować *vt* solder

przyłączenie *n* annexation

przyłączyć *vt* annex, attach; **~ się** *vr* join (**do kogoś, do towarzystwa** sb, a company)

przyłbica *f hist.* visor

przymawiać *vi* taunt (**komuś** sb); **~ się** *vr* allude (**o coś** to sth)

przymiarka *f* (*u krawca*) fitting

przymierać *vi* (*głodem*) starve

przymierzać *vt* (*ubranie*) try on

przymierzalnia *f* fitting room

przymierze *n* alliance

przymiot *m* quality

przymiotnik *m gram.* adjective

przymocować *vt* fasten, fix

przymrozek *m* light frost

przymrużon|y *pp i adj.* **~e oczy** half-closed eyes

przymus *m* compulsion, constraint; obligation; **pod ~em** under compulsion

przymusow|y *adj* compulsory, obligatory; *lotn.* **~e lądowanie** forced landing

przynaglać *vt* urge, press

przynajmniej *adv* at least

przynależeć *vi* belong

przynależność *f* appurtenance; (*członkowska*) membership; (*państwowa*) nationality; *pl* **~ci** belongings; (*o majątku ziemskim*) appendages

przynależny *adj* belonging, appurtenant

przynęta *f* bait; *przen.* lure, enticement

przynosić *vt* bring, fetch; (*dochód*) bring in; (*plon*) yield; (*stratę, szkodę*) cause

przypadać *vi* fall, come; (*o terminie płatności*) be due; **~ do gustu** suit one's taste

przypad|ek *m* event, accident, incident, chance, case; *gram.* case; **w ~ku** (*w razie*) in case (of)

przypadkiem *adv* by chance, accidentally; **spotkałem go ~** I happened to meet him

przypadkowo *adv* accidentally, by accident; **czy masz ~ tę książkę?** do you happen to have this book?; **natknąć się ~** chance (**na kogoś, coś** on <upon> sb, sth)

przypadkowy *adj* accidental, casual

przypadłość *f* ailment, indisposition

przypalić *vt* singe; **~ się** *vr* singe, become singed

przypatrywać się *vr* look on, watch; look (**czemuś** at sth), observe

przypędzić *vt* drive in; *vi* come hurrying

przypieczętować *vt* seal up

przypinać *vt* pin, fasten

przypisek *m* footnote; note, annotation; gloss

przypisywać *vt* assign, attribute, ascribe

przypłynąć *vi* come swimming <sailing, flowing>; arrive; **~ do brzegu** come to shore

przypływ *m* flow; **~ i odpływ** flow and ebb, tide

przypodobać się *vr* endear oneself

przypominać *vt* remind (**komuś coś** sb of sth); **~ sobie** recall, recollect, remember

przypomnienie *n* (*zwrócenie uwagi*) admonition; (*monit*) reminder; **~ sobie** recollection

przypowieść f parable

przyprawa f condiment, spice, seasoning

przyprawiać vt (nadawać smak) season; (przymocować) attach, fix; ~ **o utratę** cause a loss

przyprowadzać vt bring; ~ **do porządku** put in order

przypuszczać vt suppose, admit; ~ **szturm** assault (**do fortecy** a fortress)

przypuszczalnie adv supposedly, presumably

przypuszczalny adj supposed, presumable

przypuszczenie n supposition, admission

przyrod|a f nature; **ochrona ~y** preservation <conservation> of nature; **dzika ~a** wildlife

przyrodni adj, **brat ~** step-brother; **siostra ~a** step-sister

przyrodniczy adj natural

przyrodnik m naturalist

przyrodoznawstwo n natural science <history>

przyrodzony adj natural, innate

przyrost m increment; ~ **naturalny** birth rate

przyrostek m gram. suffix

przyrząd m apparatus, instrument, tool, gadget, device

przyrządzać vt prepare, make ready

przyrzeczenie n promise

przyrzekać vi promise

przysadka f anat. ~ **mózgowa** pituitary gland

przysiad m sport crouch, squat; sit-down

przysiadać vt sit down, crouch; ~ **się** vr sit down close (**do kogoś** to sb), join (**do kogoś** sb)

przysięg|a f oath; **złożyć ~ę** take an oath; **pod ~ą** upon oath

przysięgać vi swear

przysięgły adj sworn; s m juryman; **sąd ~ch** jury

przysłaniać vt veil, shade

przysłowie n proverb

przysłowiowy adj proverbial

przysłówek m gram. adverb

przysłuchiwać się vr listen (**czemuś** to sth)

przysług|a f service; **wyświadczyć ~ę do** <render> a service, do a favour; **oddać ostatnią ~ę** perform the last offices

przysług|iwać vi have a right, be entitled; **~uje mi prawo** I have a right, I am entitled

przysłużyć się vr render a good service

przysmak m dainty, delicacy

przysmażać vt fry

przysparza|ć vt augment, add to, increase; cause; **to mi ~ kłopotu** this adds to my trouble

przyspieszać vt accelerate, hasten, speed up

przyspieszenie n astr. fiz. acceleration

przysporzyć zob. **przysparzać**

przysposabiać vt prepare, make fit <ready>; adept; prawn. adopt

przysposobienie n preparation; adaptation; prawn. adoption; ~ **wojskowe** military training

przyst|ać vi join (**do kogoś, do partii** sb, the party); **~ać na służbę** enter into service; **to nie ~oi** it is unbecoming; **~ać na coś** comply with sth; **~ać na warunki** accept conditions

przystanąć vi stop short, halt

przystanek m stop, halt; ~ **na żądanie** request stop

przystań f harbour

przystawać vi adhere

przystawiać vt put close, place near

przystawka f side seat; (zakąska) appetizer, starter, hors d'oeuvre

przystępność f accessibility

przystępny adj accessible, easy of approach <access>; (o cenie) moderate

przystępować vi join (**do kogoś** sb); come near; accede

(**do organizacji** to organization)

przystojny adj good-looking, handsome; well-shaped

przystrajać vt adorn; decorate

przysuwać vt move <shove, push> nearer; ~ **się** vr draw <move> nearer

przyswajać vt assimilate; (*wiedzę, języki*) acquire; (*poglądy, metody*) adopt; (*przywłaszczać sobie*) appropriate

przysyłać vt send (in); vi send (**po kogoś, coś** for sb, sth)

przysypywać vt (*np. ziemią*) cover; (*cukrem*) powder

przyszłoś|ć f the future; **na ~ć** (*ostrzegając*) in future; **w ~ci** in the future; **oszczędzać na ~ć** (*na dalsze lata*) save for the future

przyszły adj future; ~ **tydzień** *itp.* next week *etc.*

przyszywać vt sew on

przyśnić się vr appear in a dream

przyśpieszać zob. **przyspieszać**

przyśrubować vt screw on

przytaczać vt (*cytować*) quote, cite; (*toczyć*) roll up

przytakiwać vi say yes (**komuś** to sb); assent (**czemuś** to sth)

przytępić vt blunt, dull

przytłaczać vt press down, overwhelm

przytłumiać vt damp, suppress

przytoczyć zob. **przytaczać**

przytomnie adv with presence of mind, consciously

przytomnoś|ć f consciousness; ~ **umysłu** presence of mind; **stracić** ~ lose consciousness; faint (away); **odzyskać** ~ regain consciousness; come round, come to (one's senses)

przytomny adj conscious

przytrafić się vr happen

przytrzymać vt detain, hold up; hold down; (*zatrzymywać*) keep back

przytulić vt snuggle, cuddle, hug (**do piersi** to one's breast); ~ **się** vr cuddle, cling close; ~ **się do siebie** cuddle together

przytulny adj cosy, snug

przytułek m shelter, asylum; ~ **dla ubogich** almshouse; **dawać** ~ shelter (**komuś** sb)

przytwierdzić vt fasten, fix

przytyk m allusion

przywiązanie n attachment

przywiązanie vt bind, tie (up), fasten; ~ **się** vr attach oneself, become attached (**do kogoś, czegoś** to sb, sth)

przywidzenie n illusion, fancy

przywieźć zob. **przywozić**

przywilej m privilege

przywitać vt welcome, greet

przywitanie n welcome, greeting

przywłaszczać vt (*sobie*) appropriate; (*władzę, tytuł itp.*) usurp

przywłaszczenie n appropriation

przywoływać vt call

przywozić vt bring; convey; import

przywódca m leader

przywóz m import, importation; (*dostawa*) delivery

przywracać vt restore

przywrócenie n restoration

przywyknąć vi get accustomed <used> (**do kogoś, czegoś** to sb, sth)

przyznać vt (*np. nagrodę*) award; (*uznać rację*) admit; (*wyznaczyć*) assign; **muszę ~, że ...** I have to admit that ...; ~ **się** vr confess, avow (**do czegoś** sth); *prawn.* ~ **się do winy** plead guilty

przyzwalać vi consent (**na coś** to sth), concede (**na coś** sth)

przyznanie n granting, awarding; ~ **się do winy** acknowledgement of guilt

przyzwoitość f decency

przyzwoity adj decent

przyzwolenie n consent (**na coś** to sth)

P

przyzwyczajać *vt* accustom (**do czegoś** to sth); **~ się** *vr* become accustomed, get used (**do czegoś** to sth)

przyzwyczajeni|e *n* habit; **nabrać złego ~a** fall into a bad habit; **nabrać dobrego ~a** form a good habit; **siła ~a** force of habit

przyzwyczajony *pp i adj* accustomed, used (**do czegoś** to sth)

przyzywać *vt* call

psalm *m* psalm

pseudo- *praef* pseudo-

pseudonim *m* pseudonym; (*literacki*) pen-name

psi *adj* dog's, dog; *attr* **~e życie** dog's life

psiakrew *int* damn it!, dash it!

psiarnia *f* kennel; (*sfora*) pack of hounds

psikus *m* trick; **spłatać ~a** play a trick (**komuś** on sb)

psocić *vi* play pranks, skylark; play tricks

psota *f* mischief, prank, trick

psotnik *m* wag, jester

pstrąg *m zool.* trout

pstry *adj* motley; (*o koniu*) piebald

psuć *vt* spoil; (*pogarszać*) deteriorate, make worse, worsen; (*uszkadzać*) damage; **~ się** *vr* spoil, get spoilt; break down, go wrong

psychiatra *m* psychiatrist

psychiatria *f* psychiatry

psychiczny *adj* psychic(al)

psychika *f* psyche

psycholog *m* psychologist

psychologia *f* psychology

psychologiczny *adj* psychological

pszczelarz *m* bee-keeper

pszczelarstwo *n* bee-keeping

pszczoła *f zool.* bee

pszenica *f bot.* wheat

ptactwo *n* birds *pl*; (*wodne, dzikie*) fowl; (*domowe*) poultry

ptak *m* bird; *pot.* **niebieski ~**

playboy; spiv; *pl* **~i przelotne** birds of passage

ptasi *adj* bird, bird's *attr*; **~e gniazdo** bird's nest; *przen.* **brak mu ~ego mleka** he lives in clover <in the lap of luxury>

publicysta *m* journalist

publicystyka *f* journalism

publicznie *adv* in public

publiczność *f* public; (*na sali*) audience

publiczny *adj* public

publikacja *f* publication

publikować *vt* publish

puch *m* (*ptasi*) down; (*meszek*) fluff

puchacz *m zool.* eagle-owl

puchar *m* beaker, bowl; *sport* **~ przechodni** challenge cup

puchlina *f* swelling; *med.* (*wodna*) dropsy

puchnąć *vi* swell

pucołowaty *adj* chubby

pucybut *m* bootblack

pucz *m* coup (d'état), putsch

pudełko *n* box

puder *m* powder

puderniczka *f* powder compact

pudło *n* box

pudrować *vt* powder

pukać *vi* knock, rap (**do drzwi** at the door)

pukanie *n* knock; tap

pukiel *m* curl, lock

pula *f* pool

pulchny *adj* plump; (*o cieście*) crumbly; (*o glebie*) friable

pulower *m* pullover

pulpit *m* desk, writing-desk; (*do nut*) music-stand, music-desk

puls *m* pulse; **mierzyć ~** feel the pulse

pulsować *vi* pulsate

pułap *m* ceiling

pułapka *f* trap; **~ na myszy** mouse-trap

pułk *m wojsk.* regiment

pułkownik *m wojsk.* colonel

pumeks *m* pumice (stone)

punkt *m* point; (*inwentarza, pro-*

gramu itp.) entry, item; **~ ciężkości** centre of gravity; **~ oparcia** point of support; **~ widzenia** point of view; **~ wyjścia** starting point; **~ zborny** rallying point

punktualnie *adv* punctually, on time

punktualność *f* punctuality

punktualny *adj* punctual

pupil *m* favourite

purchawka *f* puff-ball

purpura *f* purple

purytanin *m* Puritan

pustelnia *f* hermitage

pustelnik *m* hermit

pustk|a *f* solitude, desert; vacancy; **były ~i w teatrze** the house was empty, there was a thin audience in the theatre; **mieć ~ę w głowie** be empty-headed; **stać ~ami** be abandoned <empty>

pustkowie *n* desert, wilderness

pustoszyć *vt* devastate, lay waste

pusty *adj* empty; hollow; deserted

pustynia *f* desert

pustynny *adj* desert; waste

puszcza *f* wilderness; primeval forest

puszczać *vt* let fall, let go; *vi* (*o farbie*) come off; (*o szwach*) come apart; (*o mrozie*) break; **~ coś płazem** pass sth over; *med.* **~ krew** bleed; **~ latawca** fly a kite; **~ pieniądze** squander one's <sb's> money; make ducks and drakes of one's money; **~ pąki** bud; **~ w obieg** circulate, put into circulation; (*w praniu*) fade;

(*o farbie*) come off; **~ w ruch** set going, set in motion; **~ wolno** set free; **~ się** *vr pot.* (*sypiać z wieloma osobami*) sleep around

puszek *m* down; (*do pudru*) powder-puff; (*meszek*) fluff

puszka *f* box; (*blaszana*) tin, *am.* can; **~ na pieniądze** money-box

puszysty *adj* downy, fluffy

puścić *zob.* **puszczać**

puzon *m muz.* trombone

pycha *f* pride, haughtiness

pykać *vi* (*z fajki*) puff

pył *m* dust

pyłek *m* mote; *bot.* pollen

pysk *m* muzzle, snout

pyskować *vt pot.* bark

pyszałek *m* conceited fellow

pyszałkowaty *adj* conceited, bloated

pysznić się *vr* pride oneself (**czymś** on sth)

pyszny *adj* proud; (*wyborny*) excellent; (*smaczny*) delicious

pyta|ć *vt* ask (**o drogę** one's way; **o kogoś, coś** about sb, sth; **kogoś o zdrowie** after sb's health); inquire (**o kogoś, coś** after <for> sb, sth); (*wypytywać*) interrogate, question; (*egzaminować*) examine; **kto ~ł się o mnie?** who has asked for me?

pytanie *n* question; inquiry (**o kogoś** after sb); (*stawianie pytań, badanie*) interrogation; **trudne <podchwytliwe>** ~ poser; **zadać komuś** ~ ask sb a question, put a question to sb

pyzaty *adj* chubby

R

rabarbar *m bot.* rhubarb

rabat *m* discount; **udzielać ~u** give a discount

rabin *m* rabbi

rabować *vt* rob (**komuś coś** sb of sth), plunder

rabunek *m* robbery, plunder

rabunkowy *adj* predatory; **na-**

pad ~ hold-up

rachityczny adj rickety

rachub|a f calculation; (*rachunkowość*) accountancy, book-keeping; **stracić ~ę czasu** lose count of time

rachun|ek m reckoning; account; calculation; (*w sklepie, restauracji*) bill; *fin.* **~ek bieżący** current account; **~ek bankowy** banking account; **~ek oszczędnościowy** savings account; **~ek inwestycyjny** investment account; *mat.* **~ek różniczkowy** differential calculus; *pl* **~ki** (*lekcja*) arithmetic; (*gospodarskie*) house-keeping accounts; **na własny ~ek** on one's own account

rachunkowość f accountancy, book-keeping

racj|a f reason; (*żywnościowa*) ration; **mieć ~ę** be right; **nie mieć ~i** be wrong; **~a stanu** reason of state

racjonalista m rationalist

racjonalizacja f rationalization

racjonalizm m rationalism

racjonalizować vt rationalize

racjonalność f rationality, reasonableness

racjonalny adj rational, reasonable

raczej adv rather, sooner

raczek m zool. (small) crab, crayfish

raczkować vi crawl on all fours

raczyć vi deign, condescend; vt (*częstować*) treat (**kogoś czymś** sb to sth); **~ się** vr treat oneself

rad 1. adj glad (**z czegoś** of sth); pleased (**z czegoś** with sth) **~ bym wiedzieć** I should like to know; **~ nierad** pot. willy-nilly

rad 2. m chem. radium

rad|a f (*porada*) advice, counsel; (*zespół*) council, board; **~a powiernicza** board of trustees; **~a miejska** city council; **Rada Bezpieczeństwa** Security Council;

dać sobie ~ę manage (**z czymś** sth); **nie ma na to ~y** it can't be helped; **pójść za czyjąś ~ą** follow <take> sb's advice; **zasięgać czyjejś ~y** ask sb's advice, consult sb; **jaka na to ~a?** what can be done about it?

radar m radar

radca m counsellor; (*prawny*) counsel, legal adviser

radio n radio; (*aparat*) radio(-set); **przez ~** on the radio, on the air; **nadawać przez ~** broadcast

radioaktywny adj radioactive

radiofonia f broadcasting

radiosłuchacz m listener, listener-in

radiostacja f broadcasting station

radiotelegrafista m radio operator

radioterapia f radiotherapy

radiowy adj attr radio; **aparat ~** wireless set; **program ~** radio programme

radny m city <town> councillor, alderman

radosny adj joyous, joyful, cheerful

radoś|ć f joy; **nie posiadać się z ~ci** be transported with joy; **sprawić komuś ~ć** give sb joy, make sb glad

radować vt gladden; **~ się** vr rejoice (**czymś** at <in> sth)

radykalizm m radicalism

radykalny adj radical

radykał m radical

radzić vt vi advise (**komuś** sb); (*obradować*) deliberate (**nad czymś** on sth); **~ się** vr consult (**kogoś** sb)

rafa f reef

rafineria f refinery; **~ nafty** oil distillery

raj m paradise

rajd m rally, raid, race

rajstopy pl tights; *am.* panty-hose

rak m zool. crab, crayfish; *med.*

geogr. cancer; (*znak zodiaku*) Cancer, Crab

rakiet|a 1. *f* missile; rocket; **~a kosmiczna** space rocket; **odpalenie ~y** lift-off, launching

rakieta 2. *f sport* racket

ram|a *f* frame; **~a okienna** sash, window-frame; **oprawiać w ~ę** frame; *przen.* **w ~ach czegoś** within the framework <limits> of sth

rami|ę *n* arm; (*bark*) shoulder; **wzruszać ~onami** shrug one's shoulders

rampa *f* ramp; (*towarowa*) platform; *teatr* footlights *pl*

rana *f* wound, cut, bruise

randka *f pot.* date; rendezvous; **~ w ciemno** *pot.* blind date

ranga *f* rank

ranić *vt* wound, hurt

ranny 1. *adj* wounded

ranny 2. (*poranny*) *attr* morning; **~ ptaszek** early riser

rano *adv* in the morning; **dziś ~** this morning; **wczoraj** <**jutro**> **~** yesterday <tomorrow> morning; **z rana** in the morning

raport *m* report; account; **stanąć do ~u** appear to account; **wezwać do ~u** call to account

raportować *vt* report

rapsodia *f* rhapsody

raptem *adv* all of a sudden, abruptly

raptowny *adj* abrupt, sudden

rasa *f* race; *zool.* breed

rasizm *m* racism

rasow|y *adj* racial; (*o zwierzętach czystej rasy*) thorough-bred; (*z rodowodem*) pedigree; **dyskryminacja ~a** colour bar, apartheid

rat|a *f* instalment, part payment; **na ~y** by instalments, in part payments; **sprzedaż** <**kupno**> **na ~y** hire-purchase

ratować *vt* save, rescue; **~ się** *vr* save oneself; **~ się ucieczką** take to flight

ratownictwo *n* rescuing; life-saving

ratowni|k *m* rescuer; (*wodny*) life-guard; **ekipa ~cza** rescue party

ratun|ek *m* rescue, salvation; **wołać o ~ek** call <cry> for help; **~ku!** help!

ratunkow|y *adj* saving, life-saving; **łódź ~a** life-boat; **pas ~y** life-belt; **kamizelka ~wa** life jacket

ratusz *m* town hall; *am.* city hall

ratyfikacja *f* ratification

ratyfikować *vt* ratify

raut *m* evening party

raz *s* (*cios*) blow; (*określając częstotliwość*) time; **jeden ~** once; **dwa ~y** twice; **trzy ~y** three times; **innym ~em** some other time; **jeszcze ~** once more; **na ~ie** for the time being; **od ~u** at once; **pewnego ~u** once upon a time; **po ~ pierwszy** for the first time; **~ na zawsze** once for all; **~ po ~** repeatedly, again and again; **tym ~em** this time; **w każdym ~ie** at any rate, in any case; **w najgorszym ~ie** if the worst comes to the worst, at worst; **w najlepszym ~ie** at best; **w przeciwnym ~ie** or else, otherwise; **w ~ie jego śmierci** in the event of his death; **w ~ie potrzeby** in case of need; **w takim ~ie** in such a case, so; **za każdym ~em** every time; *adv* once, at one time

razem *adv* together

razić *vt* strike; offend; shock; **~ oczy** dazzle; **~ strzałami** pelt with arrows; **rażony piorunem** thunderstruck; **rażony paraliżem** stricken with paralysis

razowy *adj*, **chleb ~** brown bread

raźny *adj* brisk

rażący *adj* striking, shocking; (*o świetle*) dazzling; (*o błędzie, postępku*) gross

rąbać *vt* hew; (*drzewo*) chop; (*rozłupywać*) split

R

rąbek *m* hem, border

rączka *f* (*uchwyt*) handle; (*steru*) tiller

rączy *adj* nimble, brisk

rdza *f* rust

rdzawy *adj* rusty

rdzenny *adj* original, true-born, native

rdzeń *m* pith, marrow; core; ~ **wyrazu** *gram.* root; *anat.* ~ **pacierzowy** spinal marrow

rdzewieć *vi* react (**na coś** to sth)

reakcja *f* reaction

reakcjonista *m* reactionary

reakcyjny *adj* reactionary

reaktor *m* *fiz.* reactor

realia *s pl* realities *pl*

realista *m* realist

realistyczny *adj* realistic

realizm *m* realism

realizować *vt* realize, make real; (*czek, rachunek*) cash

realność *f* (*rzeczywistość*) reality

realny *adj* real

reasekuracja *f* reinsurance

reasumować *vt* recapitulate

rebus *m* rebus

recenzent *m* reviewer; critic

recenzja *f* review, critique

recenzować *vt* review

recepcja *f* reception; (*np. w hotelu*) reception desk <office>

recepcyjny *adj* receptive; **pokój** ~ reception-room

recepta *f* prescription

recesja *f* recession

rechot *m* croaking

recital [-czi-, -c·i-] *m* *muz.* recital

recydywa *f* relapse

recydywista *m* recidivist

recytować *vt* recite

redagować *vt* (*szkicować*) draw up; (*gazetę, czasopismo*) edit

redakcja *f* (*czynność*) editing, composition; (*szkic*) draft; (*biuro*) editor's office; (*zespół*) editorial staff

redakcyjny *adj* editorial

redaktor *m* (*gazety, czasopisma*) editor; ~ **naczelny** editor in chief

redukcja *f* reduction; (*zwolnienie z pracy*) discharge, dismissal; ~ **zarobków** wage-cut

redukować *vt* reduce; (*zwolnić z pracy*) discharge; dismiss; (*wydatki, ceny itp.*) cut (down)

reduta *f* *wojsk.* redoubt

refektarz *m* refectory

referat *m* paper; report

referencja *f* reference

referent *m* reporter; clerk

referować *vt* report

refleks *m* reflex

refleksja *f* reflection

refleksyjny *adj* reflexive, reflective

reflektor *m* *mot.* headlight; searchlight

reforma *f* reform

reformacja *f* (*okres*) Reformation

reformować *vt* reform

refren *m* refrain

regał *m* book-shelf

regaty *s pl* *sport* boat-race, regatta

regencja *f* regency

regeneracja *f* regeneration

regenerować *vt* regenerate; ~ **się** *vr* regenerate, become regenerated

regent *m* regent

regionalny *adj* regional

regres *m* regression, retrogression

regulacja *f* regulation

regulamin *m* regulations *pl*

regularność *f* regularity

regularny *adj* regular; **prowadzić** ~ **tryb życia** keep regular hours

regulator *m* regulator

regulować *vt* regulate; (*zegarek*) put right; (*ruch uliczny*) control; (*rachunek*) settle

reguła *f* rule; **z** ~**y** as a rule; ~**y gry** the rules of the game

rehabilitacja *f* rehabilitation; vindication

reja *f* *mors.* yard

rejent *m* notary (public)

rejestr *m* register, record; ledger
rejestracja *f* registration; *mot.*
 tablica ~**yjna** registration plate
rejestrować *vt* register, record;
 wojsk. enrol; ~ **się** *vr* register
rejon *n* region; zone, precinct
rejs *m* cruise, voyage
rekapitulować *vt* recapitulate,
 sum up
rekin *m zool.* shark
reklama *f* publicity, advertising,
 advert; (*telewizyjna, radiowa*)
 commercial
reklamacja *f* claim, complaint;
 złożyć ~**ę** lodge a complaint
reklamować *vt* claim; (*ogłaszać*)
 advertise
rekolekcje *s pl* retreat
rekomendacja *f* recommendation
rekomendować *vt* recommend;
 (*o liście*) register
rekompensata *f* compensation,
 recompense
rekompensować *vt* compensate
 for
rekontrować *vi* (*w brydżu*) re-
 double
rekonwalescencja *f* recovery,
 convalescence
rekonwalescent *m* convales-
 cent
rekord *m* record; **pobić**
 <**ustanowić**> ~ break a record;
 wyrównać ~ equal a record
rekordzista *m* record-holder
rekreacja *f* recreation, pastime
rekrut *m wojsk.* recruit; **pobór**
 ~**ów** conscription
rekrutacja *f wojsk.* recruitment
rekrutować *vt wojsk.* recruit
rektor *m* rector; *bryt.* vice-chan-
 cellor, president
rektyfikacja *f* rectification
rektyfikować *vt* rectify
rekwirować *vt* requisition
rekwizycja *f* requisition
rekwizyt *m* requisite; *teatr pl* ~**y**
 property *zbior.*, props
relacja *f* report, relation; (*sto-*

sunek) relation; ~ **bezpośred-**
nia live coverage
relaks *m* relaxation
relatywizm *m* relativism, relativity
relegować *vt* (*z uniwersytetu*) expel, *bryt.* rusticate
relief *m* relief
religia *f rel.* religion
religijność *f* religiosity
religijny *adj* religious
relikt *m* relic
relikwia *f* relic
remanent *m* remainder, remaining stock; **sporządzanie** ~**u**
 stock-taking; **sporządzać** ~ take
 stock
reminiscencja *f* reminiscence
remis *m sport* tie; draw
remisowy *adj*, **gra** ~**a** tie game
remiza *f* shed; *am.* barn
remont *m* renovation, repair; ~
 kapitalny overhaul repair, general overhaul
remontować *vt* renovate, repair
ren *m zool.* reindeer
renegat *m* renegade
renesans *m* revival, renascence,
 renaissance; (*okres, styl*) Renaissance
renifer *m* = **ren**
renkloda *f bot.* greengage
renoma *f* renown
renomowany *adj* renowned
renons *m* (*w kartach*) void
renta *f* income, annuity; (*starcza*)
 old-age pension; (*inwalidzka*)
 disability payment
rentgen *m* X-ray apparatus; *pot.*
 (*prześwietlenie*) radiograph
rentgenologia *f* radiology
rentowny *adj* paying, profitable
reorganizacja *f* reorganization
reperacja *f* reparation; repair;
 muszę dać buty do ~**y** I must
 have my shoes repaired
reperować *vi* repair, mend
repertuar *m* repertoire, reperto-
 ry
repetent *m* repeater

repetycja f repetition
replika f rejoinder, repartee; (*obrazu, rzeźby*) replica
replikować vi retort, rejoin
reportaż m reportage; coverage; newspaper report
reporter m reporter
represja f reprisal
reprezentacja f representation; **~ narodowa** national team
reprezentacyjny adj representative
reprezentant m representative
reprezentować vt represent
reprodukcja f reproduction
reprodukować vt reproduce
republika f republic
republikanin m republican
republikański adj republican
reputacja f reputation, repute
resor m spring, *mot.* shock absorber
resort m department, province; **to nie należy do mojego ~u** this is beyond my province
respekt m respect
respektować vt respect
restauracja f restaurant; (*odnowienie, przywrócenie*) restoration
restaurator m restaurant-keeper; (*konserwator*) restorer
restaurować vt restore, renovate, repair
restrykcja f restriction
restytucja f restitution
reszka f (*na monecie*) tails; **orzeł czy ~?** heads or tails?
reszta f rest, remainder; (*pieniędzy*) change; (*osad*) residue
resztka f remnant; pl **~ki** relics, remains; (*jedzenia*) leftovers
retorta f retort
retoryczny adj rhetorical
retoryka f rhetoric
retusz m retouch
reumatyczny adj rheumatic
reumatyzm m rheumatism
rewanż m (*odwet*) revenge; (*odwzajemnienie*) reciprocation, re-

quital; *sport* return match, revenge; **dać komuś możliwość ~u** give sb his revenge
rewanżować się vr requite, reciprocate
rewelacja f revelation, sensation
rewelacyjny adj sensational
rewers m receipt; (*biblioteczny*) book receipt, lending form
rewia f *wojsk.* march-past, review; *teatr* revue; **~ mody** fashion show
rewident m controller
rewidować vt revise; examine; (*obszukiwać*) search; (*w procesie sądowym*) revise
rewizja f revision; examination; (*obszukiwanie*) search; (*sądowa*) revision, retrial; **~ osobista** body search
rewizyta f return <reciprocated> visit
rewizytować vt return <repay> a visit
rewolucja f revolution
rewolucyjny adj revolutionary
rewolwer m revolver
rezeda f *bot.* reseda
rezerwa f reserve; **w ~ie** in reserve
rezerwat m reserve, reservation; (*łowiecki, rybny*) preserve; (*dla Indian itp.*) reservation
rezerwista m reservist
rezerwować vt reserve; (*miejsce w pociągu, teatrze*) book
rezerwowy adj reserve attr; (*zapasowy*) spare attr; **części ~e** spare parts
rezerwuar m reservoir
rezolucja f resolution; **podjąć ~ę** pass <carry> a resolution
rezolutny adj resolute, determined
rezonans m resonance
rezultat m result
rezurekcja f resurrection; *rel.* the Resurrection
rezydencja f residence
rezydent m resident
rezydować vi reside

rezygnacja *f* resignation
rezygnować *vi* resign (**z czegoś** sth, **na rzecz kogoś** to sb); give up
reżim *m* regime
reżyser *m* stage-manager; (*filmowy*) director
reżyseria *f* stage-management; (*filmowa*) direction, directed by...
reżyserować *vt* stage-manage; (*film*) direct
ręcznie *adv* by hand; **~ robiony** handmade
ręcznik *m* towel
ręczn|y *adj* hand *attr*, manual; **bagaż ~y** hand <portable> luggage; **robota ~a** handiwork; **wózek ~y** hand-barrow
ręczyć *vt* guarantee, warrant
ręk|a *f* hand; **dać komuś wolną ~ę** give sb a free hand; **iść komuś na ~ę** play into sb's hands; **to jest mi na ~ę** this suits me; **trzymać za ~ę** hold by the hand; **na własną ~ę** on one's own (account); **od ~i** on the spot, offhand; **pod ~ą** at hand; **pod ~ę** arm in arm; **~a w ~ę** hand in hand; **ręce precz od...!** hands off...!
rękaw *m* sleeve
rękawica *f* glove; (*bokserska*) boxing-glove; *hist.* (*rycerska*) gauntlet
rękawiczka *f* glove; (*z jednym palcem*) mitten
rękodzielnik *m* handicraftsman
rękodzieło *n* handicraft
rękojeść *f* handle; (*u szabli*) hilt
rękojmia *f* guarantee, warranty
rękopis *m* manuscript
robactwo *n* vermin
robaczywy *adj* worm-eaten
robak *m* worm
rober *m* (*w kartach*) rubber
robi|ć *vt* make, do; **~ć swoje** do one's duty; mind one's business; **~ć na drutach** knit; **mało sobie z tego ~ę** I make little of it; **to mi dobrze ~** it does me good; **~ć**

się *vr tylko impers*, **~ się ciepło** <**zimno, późno** *itd.*> it is getting warm <cold, late *etc.*>
robocizna *f* workmanship; labour; (*zapłata*) wages *pl*; (*pańszczyźniana*) statute labour
robocz|y *adj* work, working *attr*; **dzień ~y** working day; **siła ~a** manpower; workforce; **ubranie ~e** working clothes; **wół ~y** draught-ox
robot *m* robot; **~ kuchenny** blender, mixer
robot|a *f* work, labour, job; **~y polne** field-labour; **~y przymusowe** forced labour; **~y ziemne** earth works; **~y drogowe** (*napis*) "Road up"; **ciężkie ~y** (*karne*) hard labour, penal servitude; **nie mieć nic do ~y** have nothing to do
robotniczy *adj* workman's, workman *attr*
robotnik *m* (*pracownik*) worker; (*pracownik fizyczny*) workman; (*wyrobnik*) labourer; (*wykwalifikowany*) skilled worker
robótki *s pl* needlework; fancywork
rocznica *f* anniversary
rocznie *adv* yearly, annually
rocznik *m* year-book; *wojsk.* class; *pl* **~i** (*naukowe, literackie*) annals
roczny *adj* yearly, annual
rodak *m* (fellow-)countryman, compatriot
rodowity *adj* true-born, native; **~ Anglik** Englishman by birth, true-born Englishman
rodowód *m* pedigree
rodow|y *adj* (*dziedziczny*) ancestral; clan *attr*; clannish; (*plemienny*) tribal; **majątek ~y** patrimony; **szlachta ~a** *hist.* hereditary nobility
rodzaj *m* kind, species, sort; *biol.* genus; *gram.* gender; **~ ludzki** mankind; **coś w tym ~u** something of the kind; **najgorszego**

~u of the worst description;
wszelkiego ~u of every description

rodzajnik m gram. article

rodzajowy adj generic

rodzeństwo n brother(s) and sister(s)

rodzice s pl parents; **~ przybrani** foster parents

rodzicielski adj parental; parents' attr

rodzić vt bear, give birth to...; **~ się** vr be born; generate, produce

rodzimy adj native

rodzina f family

rodzinn|y adj family attr; natal; native; **majątek ~y** family estate; **miasto ~e** native town; **dodatek ~y** family allowance

rodzynek m raisin

rogacz m stag; przen. pot. (zdradzony mąż) cuckold

rogatka f turnpike; toll-bar

rogatywka f four-cornered cap

rogowy adj attr (z rogu) horny

rogówka f anat. cornea

roi|ć vi dream; **~ć sobie** imagine, fancy; **~ć się od** vr be infested with; swarm, team; **coś mu się ~** he fancies sth, sth runs through his head

rojalista m royalist

rojny adj swarming, teaming

rok s (pl lata) year; **~ przestępny** leap-year; **~ szkolny** school-year; **co drugi ~** every second year; **za ~** in a year; **w przyszłym** <**w zeszłym**> **~u** next <last> year; **przed laty** many years ago; **mam 18 lat** I am 18 years old

rokować vi (pertraktować) negotiate (**w sprawie traktatu, pożyczki** a treaty, a loan); (zapowiadać) augur; **~ nadzieje** bid fair, give fair promise; **można ~ nadzieje, że on będzie miał powodzenie** he bids fair to succeed

rokowani|e n prognosis; pl **~a** (pertraktacje) negotiations

rola 1. f (pole) arable land, field, soil

rol|a 2. f (teatr i przen.) part, role; **odgrywać kluczową ~ę** play a key role; **grać ~ę Hamleta** act the part of Hamlet

roleta f window-blind

rolka f (szpulka) reel; (zwój) roll; (wałek) roller

rolnictwo n agriculture

rolniczy adj agricultural

rolnik m farmer; agriculturist

roln|y adj agrarian; agricultural; land attr; **reforma ~a** agrarian reform; **bank ~y** land bank

romans m (powieść) romance

romansować vi flirt, carry a love-affair

romantyczność f romanticism

romantyczny adj romantic; (przedstawiciel romantyzmu) romanticist

romantyzm m romanticism; (okres) Romanticism

romański adj (język) Romance; (styl) Romanesque

romb m mat. rhomb(us)

rondel m stew-pan

rondo 1. n (kapelusza) brim; muz. rondo

rondo 2. m (plac) circus; roundabout

ronić vt (np. łzy) shed

ropa f med. pus; **~ naftowa** oil, rock-oil, petroleum

ropieć vi fester, suppurate

ropień m med. abscess

ropucha f zool. toad

rosa f dew

Rosjanin m, **Rosjanka** f Russian

rosły adj tall

rosnąć vi grow

rosół m bouillon, beef-soup, clear soup, consommé

rostbef m roast beef

rosyjski adj Russian

roszad|a f (w szachach) castling; **robić ~ę** to castle

roszczenie *n* claim (**o coś** to sth, **pod czyimś adresem** on sb)

rościć *vt* (*np. prawo, pretensje*) claim (**do czegoś** to sth), lay claim (**do czegoś** to sth)

roślina *f bot.* plant; **~ pnąca** creeper

roślinność *f* flora, vegetable, vegetal

rowek *m* (small) channel; *techn.* groove

rower *m* bicycle; *pot.* bike; (*składany*) folding bicycle

rowerzysta *m* cyclist

rozbawić *vt* amuse, exhilarate

rozbicie *n* disruption; (*wrogich sił*) defeat; **~ okrętu** shipwreck

rozbić *vt* crash, smash, disrupt; (*wroga*) defeat; **~ się** *vr* be crashed <smashed>; (*o statku*) be shipwrecked; (*o planie*) be frustrated <thwarted>

rozbierać *vt* undress; (*rozkładać*) decompose; (*dom*) pull down; (*kraj*) partition; (*rozczłonkowywać*) dismember; (*np. maszynę*) dismantle, dismount; (*np. zegarek*) take apart; **~ się** *vr* undress, strip; (*zdejmować wierzchnie odzienie*) take off (*one's overcoat, hat etc.*)

rozbieżność *f* divergence

rozbieżny *adj* divergent

rozbijać *zob.* **rozbić**

rozbiór *m* dismemberment; (*tekstu*) analysis; (*kraju*) partition

rozbiórka *f* (*domu*) pulling down; (*maszyny, itp.*) dismantlement, taking part; demolition

rozbitek *m* castaway, shipwrecked person; *przen.* (*życiowy*) wreck

rozbój *m* robbery, piracy

rozbójnik *m* robber, highwayman; (*morski*) pirate

rozbrajać *vt*, **~ się** *vr* disarm

rozbrat *m* rupture, disunity; **wziąć ~** break, fall out (**z kimś** with sb); become divorced (**z rozumem** from one's senses)

rozbrojenie *n* disarmament

rozbrzmiewać *vi* resound

rozbudowa *f* extension, enlargement

rozbudowywać *vt* extend, enlarge; (*np. praktykę, stosunki*) build up; **~ się** *vr* extend

rozbudzić *vt* awaken, arouse

rozchmurzyć *vt* clear up; *przen.* (*rozweselić*) cheer one's thoughts

rozchodzić się *vr* (*o towarzystwie*) break up, part; (*o zgromadzeniu, grupie uczniów itp.*) disperse; *wojsk.* break ranks; (*rozłączyć się*) separate, get divorced, come apart; (*o wiadomościach itp.*) spread abroad; (*o towarze*) sell well

rozchód *m* expenditure(s), disbursement

rozchwiać *vt* shake, make loose; **~ się** *vr* be shaken, become loose

rozchwytać *vt* snatch up; (*rozkupić*) buy up

rozchylać *vt*, **~ się** *vr* open, draw apart; **~ usta** part one's mouth

rozciągać *vt*, **~ się** *vr* extend, stretch, expand

rozciągłość *f* expansion, extent; **w całej ~ci** at full length; to the full extent

rozciągły *adj* extensive

rozcieńczyć *vt* dilute

rozcierać *vt* grind (**na proch** to powder); (*np. ciało*) rub

rozcinać *vt* cut up

rozczarować *vt* disillusion, disappoint; **~ się** *vr* become disappointed

rozczarowanie *n* disillusionment, disappointment, disenchantment

rozczesać *vt* comb off

rozczłonkować *vt* dismember

rozczłonkowanie *n* dismemberment

rozczulać *vt* move (to pity), touch, affect; **~ się** *vr* be moved, be touched; (*bawić się w senty-*

menty) sentimentalize (**nad kimś, czymś** over sb, sth)

rozczyn *m* solution

rozdarcie *n* rent, tear; *przen.* (*wewnętrzne skłócenie*) disruption

rozdawać *vt* distribute; give out; (*karty*) deal

rozdmuchiwać *vt* (*nadymać*) blow up, inflate; (*podsycać płomień*) fan

rozdrabniać *vt* fritter

rozdrapywać *vt* scratch; (*rozranić*) lacerate

rozdrażniać *vt* irritate

rozdrażnienie *n* irritation

rozdroże *n* crossroad(s)

rozdwoić *vt* divide, split, disunite

rozdwojenie *n* division, disunion, split

rozdymać *vt* blow up, inflate; distend

rozdział *m* (*oddzielenie*) separation; (*podział*) division, (*rozdzielenie*) distribution; (*w książce*) chapter; (*we włosach*) parting

rozdzielać *vt* (*oddzielać*) separate, sever; (*podzielić*) divide; (*rozdawać*) distribute; (*wydzielać*) deal <share> out; (*nagrody*) give away <out>

rozdzielczość *f komp.* resolution

rozdzielcz\|y *adj* distributive; **punkt ~y** distributing point; **tablica ~a** *elektr.* switchboard; (*w samochodzie*) dashboard

rozdziera\|ć *vt* rend, tear up, split; (*otwierać np. list*) tear open; **~jący serce** heart-rending

rozdźwięk *m* dissonance, discord

rozebrać *zob.* **rozbierać**

rozedma *f med.*, **~ płuc** emphysema

rozejm *m* armistice, truce

rozejść się *zob.* **rozchodzić się**

rozerwać się *vr* (*zabawić się*) have a good time, divert oneself; (*pęknąć*) become <get> torn up; (*wybuchnąć*) burst

roześmiać się *vr* burst into laughter

rozeta *f* rosette

rozeznać *vt* discern; distinguish

rozgałęziacz *m elektr.* branch-joint, cluster

rozgałęzić się *vr* branch out, ramify, fork

rozgałęzienie *n* branching; ramification

rozgarniać *vt* pull apart, unroll, rake aside; (*ogień*) stir

rozgarnięty *adj* intelligent, clever

rozglądać się *vr* look round (**za kimś, czymś** for sb, sth)

rozgłaszać *vt* blaze, divulge, spread abroad

rozgłos *m* publicity, renown; resonance; **nabrać ~u** become renowned

rozgłośnia *f* broadcasting station

rozgłośny *adj* resounding, renowned

rozgnieść *vt* crush

rozgniewać *vt* anger, make angry; **~ się** *vr* get angry (**na kogoś** with sb, **na coś** at <about> sth)

rozgoryczenie *n* embitterment

rozgoryczyć *vt* embitter

rozgraniczenie *n* delimitation, demarcation

rozgraniczyć *vt* delimit, demarcate

rozgromić *vt* rout, defeat completely

rozgrywka *f* contest; *przen.* intrigue

rozgryźć *vt* bite through; *pot.* (*odgadnąć*) unriddle, puzzle out

rozgrzebywać *vt* dig up, rake up

rozgrzeszenie *n* absolution

rozgrzeszyć *vt* absolve

rozgrzewać *vt* warm up; **~ się** *vr* warm oneself, get warm, warm up

rozhukany *adj* unbridled, unruly

rozhuśtać *vt* set swinging, set in motion

roziskrzony *adj* sparkling

rozjaśnić vt, ~ **się** vr clear up, brighten

rozjątrzyć vt irritate, exacerbate; chafe, rankle; ~ **się** vr become irritated, get exacerbated; rankle; med. suppurate

rozjechać się vr (o towarzystwie, zgromadzeniu itp.) break up, part

rozjemca m arbiter; sport umpire

rozjuszyć vt enrage, infuriate

rozkapryszony adj capricious, whimsical

rozkaz m order, command; **na** ~ by order; at sb's command

rozkazujący adj imperious, imperative; gram. **tryb** ~ imperative mood

rozkazywać vi order, command

rozkiełznać vt unbridle

rozkleić vt unglue; (rozlepić, np. afisze) post up; ~ **się** vr unglue, come unglued; pot. (stać się nieodpornym) weaken, be moved

rozkład m disposition; (psucie się) decay, disintegration; corruption; (jazdy, godzin) time-table; schedule; **według** ~**u** on schedule

rozkładać vt (rozstawiać) dispose, place apart; (np. mapę) spread open <out>; (rozwijać) unfold; (np. na wystawie) display, lay out; (rozbierać na części) decompose, take to pieces; ~ **się** vr (wyciągać się) stretch out, spread; (psuć się) decay, decompose; (rozpadać się) disintegrate

rozkochać vt inspire with love; ~ **się** vr fall in love (**w kimś** with sb)

rozkojarzony adj pot. spaced out

rozkołysać vt set swinging

rozkopać vt dig up

rozkosz f delight

rozkoszny adj delightful

rozkręcać vt unwind, unscrew

rozkruszać vt crumble, crush

rozkrzewić vt propagate, multiply

rozkuć vt unchain, unbind

rozkulbaczyć vt unsaddle

rozkupić vt buy up

rozkwit m flowering, efflorescence, bloom; **w pełni** ~**u** in full bloom

rozkwitać vi blossom, flourish

rozkwitły adj full-blown

rozlegać się vr spread, extend; (o głosie) resound, ring

rozległy adj extensive, vast

rozleniwiać vt make lazy; ~ **się** vr become lazy

rozlepiać vt (np. afisze) post up

rozlew m (powódź) flood; ~ **krwi** bloodshed

rozlewać vt (np. mleko na podłogę) spill; (wlewać do naczyń) pour out; (krew, łzy) shed; ~ **się** vr (o rzece) overflow; (o płynie) spill

rozliczać się vr settle accounts

rozliczenie n settling (of account), settlement; handl. clearing

rozliczny adj diverse, various; numerous

rozlokować vt accommodate, quarter; ~ **się** vr put up (**w hotelu** at a hotel), find accommodation

rozlosować vt dispose by lots (**coś** of sth)

rozluźnić vt loosen, relax; ~ **się** vr loosen, come loose

rozluźnienie n loosening, relaxation; (obyczajów) laxity

rozładować vt discharge, unload

rozłam m split, disruption, breach

rozłamać vt break asunder, disrupt, split; ~ **się** vr be broken, go asunder

rozłazić się vr straggle, disperse; (rozpadać się) fall to pieces

rozłączać vt disjoin, disconnect; (także techn.) separate; (np. telefon) switch <cut> off; ~ **się** vr become disconnected; separate; (telefonicznie) hang up; switch off

rozłączenie n separation; (także techn.) disconnection

R

rozłożyć zob. **rozkładać**; **~ się obozem** encamp

rozłupać vt split, cleave; (orzech) crack

rozmach m impetus, swing

rozmaito|ść f variety; pl **~ci** miscellany zbior.

rozmaity adj various, diverse

rozmaryn m bot. rosemary

rozmawiać vi talk, chat, converse

rozmiar m (wymiar) size; (zakres) dimension, extent

rozmienić vt (pieniądze) change

rozmieszczać vt dispose, arrange; locate; (rozlokować) quarter, accommodate; (wojsko) deploy

rozmieszczenie n disposition, arrangement; location; (zakwaterowanie) quartering, accommodation

rozmiękczać vt soften, make soft, mollify

rozmiękczenie n softening, emollience; med. **~ mózgu** encephalomalacia

rozmięknąć vi soften, become soft

rozminąć się vr miss (z kimś, czymś sb, sth) cross one another; **~ się z celem** go wide <fall short> of the mark; **~ się z powołaniem** miss one's calling; **~ się z prawdą** deviate from the truth

rozminować vt clear of mines

rozmnażać vt, **~ się** vr multiply, breed

rozmnażanie się n multiplication

rozmoczyć vt wet, soak

rozmoknąć vi become wet, soak

rozmow|a f conversation; (telefoniczna) call; **prowadzić ~ę** have <carry on> a conversation; **~ telefoniczna na koszt rozmówcy odbierającego** reverse charge <transfer> call; am. call collect; **~ międzymiastowa** long-distance call

rozmówca m interlocutor

rozmównica f (także **~ telefoniczna**) telephone booth <box>

rozmysł m, **z ~em** deliberately

rozmyślać vi meditate, ruminate, reflect (nad czymś on <upon> sth), ponder

rozmyślanie n meditation

rozmyślić się vr change one's mind

rozmyślnie adj deliberately

rozmyślny adj deliberate, premeditated

rozniecić vt (rozpalić) kindle; przen. (wywołać żywe uczucie) stir up, inflame

roznosiciel m carrier; **~ gazet** newspaper boy

roznosić vt carry; (rozpowszechniać) spread, distribute

rozochocić vt make merry; **~ się** vr become merry, cheer up

rozpacz f despair; **doprowadzić do ~y** drive to despair

rozpaczać vi despair

rozpaczliwy adj desperate

rozpad m decay, decomposition

rozpadać się vr fall to pieces, collapse, break down

rozpadlina f crevice, cleft

rozpakować vt, **~ się** vr unpack

rozpalać vt (ogień) light a fire; **~ piec** fire a stove; przen. (wzmagać) inflame; (wyobraźnię) fire; **~ ognisko** make a fire

rozpamiętywać vt meditate (coś on sth)

rozpaplać vt pot. blab out

rozparcelować vt parcel out, break up

rozpasanie n profligacy, debauchery

rozpasany adj dissolute, profligate, debauched

rozpatrywać vt consider, examine

rozpęd m impetus, start

rozpędzić vt disperse; (tłum) scatter, break up; (rozruszać) start, set in motion; ~ **się** *vr* break into a run

rozpętać *vt* unchain, unfetter; *pot.* (*np. wojnę*) unleash

rozpiąć *zob.* **rozpinać**

rozpić się *vr* take to drink

rozpieczętować *vt* unseal

rozpierać *vt* distend, extend; ~ **się** *vr* spread oneself

rozpierzchnąć się *vr* disperse

rozpieszczać *vt* pamper

rozpiętość *f* spread; (*mostu, łuku*) span; *przen.* (*zakres*) extent

rozpinać *vt* (*ubranie*) unbutton, undo; (*rozciągać*) stretch out; (*żagiel*) spread

rozplatać *vt* untwist, untwine

rozplątać *vt* disentangle

rozplenić *vt,* ~ **się** *vr* multiply

rozpłakać się *vr* burst into tears

rozpłaszczyć *vt* flatten

rozpłatać *vt* split, cleave

rozpływać się *vr* melt away, vanish; (*o pieniądzach*) melt; *przen.* descant (*nad czymś* on <upon> sth)

rozpocząć *zob.* **zaczynać**

rozpogodzić się *vr* clear up

rozporek *m* fly

rozporządzać *vi* dispose (*czymś* of sth); (*dawać rozporządzenie*) order, decree

rozporządzeni|e *n* disposal (*czymś* of sth); (*dekret*) order, decree; **do twego ~a** at your disposal

rozpościerać *vt,* ~ **się** *vr* spread (out)

rozpowiadać *vt* talk abroad, divulge

rozpowszechniać *vt* disseminate, spread, diffuse, propagate; ~ **się** *vr* spread

rozpowszechnienie *n* dissemination, spread

rozpowszechniony *adj* widespread, prevailing

rozpoznanie *n* discernment; *med.* diagnosis; *mil.* (*terenu*) reconnaissance

rozpoznawać *vt* recognize; discern; *med.* diagnose

rozpraszać *vt,* ~ **się** *vr* disperse, dissipate

rozprawa *f* dissension, debate; (*np. naukowa*) treatise, dissertation, thesis (*pl* theses); *prawn.* (*sądowa*) trial; (*załatwienie sporu*) settlement

rozprawia|ć *vi* debate, discuss (**o czymś** sth); **~ć się** *vr* settle matters; **szybko ~ć się** make short work (**z czymś** of sth)

rozprężenie *n* (*odprężenie*) relaxation

rozpromienić *vt,* ~ **się** *vr* brighten up

rozprostować się *vr* straighten

rozproszenie *n* dispersion, dissipation

rozproszyć *zob.* **rozpraszać**

rozprowadzać *vt* lead; (*smar, farbę*) lay on; (*rozcieńczać*) dilute; (*towar, bilety itp.*) distribute

rozpruwać *vt* unsew, unstitch; (*rozrywać*) rip open

rozprzedawać *vt* sell out

rozprzestrzeniać *vt* spread, extend; proliferate

rozprzestrzenianie *n* spread; proliferation

rozprzęgać *vt* unharness; *przen.* (*rozluźniać*) dissolve, relax

rozprzężenie *n* dissoluteness, relaxation; ~ **obyczajów** laxity of morals

rozpusta *f* debauchery

rozpustnik *m,* **rozpustnica** *f* debauchee

rozpustny *adj* debauched

rozpuszczać *vt* (*płyn*) dissolve; (*odprawiać, zwalniać*) dismiss; (*wojsko*) disband, dismiss; (*puszczać wolno*) let go, dismiss; (*pogłoski*) spread; ~ **się** *vr* dissolve, (*topnieć*) melt

rozpuszczalnik *m chem.* solvent

rozpuszczalny *adj* soluble

rozpychać się *vr* jostle

rozpylacz *m* pulverizer; sprayer

rozpylać

702

rozpylać *vt* pulverize, spray
rozrabiać *vt* (*farbę, pastę itp.*) mix, dilute; (*rozbełtywać*) stir up; *vi pot.* make trouble; intrigue
rozrachunek *m* reckoning; *handl.* clearing
rozrastać się *vr* grow large, develop
rozrąbać *vt* cut asunder, split
rozrodczy *adj* genital; generative, procreative
rozróżniać *vt* distinguish; (*wyodrębniać*) discern
rozruch *m* start, setting in motion; *pl* ~y (*zamieszki*) uproar, riot(s)
rozruszać *vt* set in motion; start; (*ożywić*) stir up, rouse
rozrusznik *m mot.* starter
rozrywać *vt* tear; rend; (*np. związek*) disrupt; (*list itp.*) tear open; ~ się *vr* have a good time, amuse
rozrywka *f* amusement, pastime
rozrzedzać *vt* rarefy; (*rozcieńczać*) dilute
rozrzewnić *vt* move, affect; ~ się *vr* be moved, become affected
rozrzewnienie *n* emotion, touch of tenderness
rozrzucać *vt* scatter; (*pieniądze*) squander
rozrzutność *f* extravagance
rozrzutny *adj* extravagant
rozsada *f* seedlings *pl*
rozsadnik *m* seed-plot
rozsadzać *vt* plant apart; (*rozstawiać*) space; (*rozdzielać*) separate; seat separately; (*prochem*) blow up
rozsądek *m* sense; zdrowy ~ common sense
rozsądny *adj* sensible, reasonable
rozsiewać *vt* sow; *przen.* (*rozpraszać*) disseminate
rozsławiać *vt* render famous
rozstaj *m, zw pl* na ~ach dróg at the parting of the roads
rozstajn|y *adj*, ~e drogi crossroads

rozstanie *n* parting, separation
rozstawać się *vr* part company (z kimś from <with> sb, z czymś with sth)
rozstawiać *vt* place apart, space; (*np. nogi*) spread
rozstąpić się *vr* step asunder, get apart; part; (*o ziemi*) burst, open up
rozstęp *m* spread, space, gap
rozstroić *vt* put out of order, derange; (*nerwy*) shatter; (*instrument*) put out of tune
rozstrój *m* disharmony, discord; disorganization; (*umysłowy*) mental derangement; *med.* ~ nerwowy nervous breakdown; depression; ~ żołądka dyspepsia, upset stomach
rozstrzelać *vt* shoot dead, execute
rozstrzel|ić *vt* (*druk*) space out; ~one głosy scattered votes
rozstrzygać *vt* decide (coś sth), determine (o czymś sth); ~ kwestię decide the question; ~ o wyniku determine the result
rozstrzygający *p praes adj* decisive
rozstrzygnięcie *n* decision
rozsuwać *vt* draw aside; (*zasłonę*) draw; (*stół*) pull out
rozsyłać *vt* send out, distribute
rozsypać *vt* scatter; ~ się *vr* be scattered, disperse; (*rozpadać się*) crumble
rozszarpać *vt* tear to pieces
rozszczepiać *vr* split, cleave
rozszczepienie *n* split
rozszerzać *vt* widen, broaden; enlarge; (*szerzyć*) diffuse, spread; ~ się *vr* widen, broaden; extend
rozszerzenie *n* extension, enlargement, widening, broadening
rozsznurować *vt* unlace
rozszyfrować *vt* decode
rozścielać *vt*, ~ się *vr* spread
rozśmieszać *vt* make laugh
rozświecać *vt* light up
roztaczać *vt*, ~ się *vr* spread, ex-

rozwijać

tend; **~ opiekę** keep guard (**nad kimś, czymś** over sb, sth)
roztapiać *vt* melt; (*metal*) smelt
roztargnienie *n* distractedness
roztargniony *adj* distracted, absent-minded
rozstawać się *vr* part company (**z kimś** with sb)
rozterka *f* distraction; discord; uneasiness; perplexity
roztkliwiać *vt* move to pity; **~ się** *vr* be moved to pity, sentimentalize (**nad kimś, czymś** over sb, sth)
roztłuc *vt* smash
roztoczyć *zob.* **roztaczać**; **~ opiekę nad kimś, czymś** take sb, sth under one's protection
roztopić *zob.* **roztapiać**
roztopy *s pl* thawing snow
roztratować *vt* trample under foot
roztrąbić *vt* blaze abroad, divulge
roztrącić *vt* push asunder
roztropność *f* prudence
roztropny *adj* prudent
roztrwonić *vt* squander away, waste
roztrzaskać *vt* smash
roztrzepanie *n* distractedness, absent-mindedness
roztrzepany *adj* distracted, scatter-brained
roztwór *m* solution; (*nalewka*) tincture
roztyć się *vr* grow fat
rozum *m* (*zdolność pojmowania*) understanding; (*władze umysłowe*) reason; (*umysł*) intellect; (*rozsądek, spryt*) wit; **chłopski ~** common sense; **to przechodzi ludzki ~** this is beyond human understanding; **on ma ~ w głowie** he has his wits about him
rozumie|ć *vt* understand; (*pojmować*) comprehend; **~ć się** *vr* understand (**nawzajem** each other); (*znać się*) understand thoroughly (**na czymś** sth); **co**

przez to ~sz? what do you mean by it?; **to ~ się samo przez się** it stands to reason
rozumny *adj* reasonable; sensible
rozumować *vi* reason
rozumowanie *n* reasoning
rozumowy *adj* rational
rozwadniać *vt* dilute
rozwag|a *f* prudence; (*rozważanie*) consideration; **wziąć pod ~ę** take into consideration
rozwarty *adj* open; *mat.* (*o kącie*) obtuse
rozważać *vt* (*rozpatrywać*) consider; (*zastanawiać się*) reflect (**coś** on <upon> sth); (*ważyć częściami*) weigh out
rozważny *adj* prudent
rozwiać *zob.* **rozwiewać**
rozwiązalny *adj* (*o zagadce, zagadnieniu*) solvable; (*o umowie, stowarzyszeniu itp.*) dissoluble
rozwiązanie *n* (*zagadki*) solution; (*zebrania, małżeństwa, umowy itp.*) dissolution; cancellation; (*przedsiębiorstwa*) winding up; *med.* (*poród*) delivery
rozwiązłość *f* dissoluteness
rozwiązły *adj* dissolute
rozwiązywać *vt* untie, undo; (*zagadki, problemy*) solve; (*stowarzyszenie, małżeństwo, umowę*) dissolve; (*zgromadzenie*) dismiss, dissolve; (*przedsiębiorstwo*) wind up
rozwidniać się *vr* dawn
rozwiedziony *adj* divorced
rozwieszać *vt* hand about
rozwiewać *vt* blow about <off>, scatter; *przen.* (*obawy, wątpliwości*) dispel; **~ się** *vr* be blown away; *przen.* vanish; (*przemijać*) blow over
rozwijać *vt* (*np. paczkę*) unwrap; (*np. gazetę*) unfold; (*np. zwój sukna, papieru*) unroll; (*skrzydła, żagiel*) spread; (*np. umysł, nowy gatunek roślin*) develop; (*np. działalność*) display; **~ się** *vr* de-

velop; unroll; *(o pączkach, krajo-brazie)* unfold

rozwikłać *vt* disentangle; solve

rozwlekły *adj* prolix, lengthy; diffuse

rozwodnić *zob.* **rozwadniać**

rozwodnik *m* divorcee

rozwodzić *vt* divorce; **~ się** *vr* divorce *(z kimś* sb); enlarge, dilate *(nad czymś* on sth)

rozwojowy *adj* evolutionary; developmental

rozwolnienie *n pot.* diarrh(o)ea

rozwozić *vt* convey, distribute

rozwód *m* divorce; **wziąć ~** divorce *(z kimś* sb)

rozwój *m* development, evolution, progress

rozwydrzony *adj* unbridled, wild

rozzłościć *vt* make angry, irritate; **~ się** *vr* become angry

rozżalenie *n* resentment; regretfulness

rozżalony *adj* resentful; regretful

rozżarzyć *vt* make red-hot; **~ się** *vr* become red-hot

rożen *m* roasting-spit

ród *m (pochodzenie)* origin, stock; *(rasa)* race; *(szczep)* tribe, *(w Szkocji)* clan; **~ ludzki** mankind; **rodem z Warszawy** a native of Warsaw; **rodem z Polski** Pole <Polish> by birth

róg *m* horn; *(myśliwski)* bugle; *(zbieg ulic, kąt)* corner; **rogi jelenie** antlers; **~ obfitości** horn of plenty; **na rogu** at the corner; *przen.* **przytrzeć komuś rogów** take sb down a peg or two; **zapędzić kogoś w kozi ~** drive sb into a corner

rój *m* swarm

rów *m* ditch; *wojsk.* **~ łączący** communication-trench; **~ strzelecki** entrenchment, trench

rówieśnik *m adj lit.* coeval; contemporary; **on jest moim ~iem** he is of my age

równać *vt (wyrównać)* even,

make even; level; *(porównywać)* compare; *vi wojsk.* dress; **~ się** *vr* be equal **(komuś, czemuś** to sb, sth)

równanie *n mat.* equation; **~ pierwszego <drugiego> stopnia** linear <quadratic> equation; *(zrównanie)* equalization

równia *f* plane(s), level surface; **~a pochyła** *fiz.* inclined plane; **na ~ z kimś, czymś** on a level with sb, sth; on the same level as sb, sth

równie *adv* equally

również *adv* also, too, as well; **jak ~** as well as

równik *m geogr.* equator

równina *f* plain

równo *adv* even

równoboczny *adj* equilateral

równoczesny *adj* simultaneous; *(współczesny)* contemporary

równoległy *adj* parallel

równoleżnik *m geogr.* parallel

równomierny *adj* equal, uniform

równoramienny *adj, mat.* **trójkąt ~** isosceles

równorzędny *adj* of equal rank, equal

równość *f* equality; *(gładkość)* evenness

równouprawnienie *n* equality of rights

równouprawniony *adj* having the same rights

równowaga *f* equilibrium, balance; **odzyskać ~ę** recover one's balance, **stracić ~ę** lose one's balance, be off one's balance; **utrzymać ~ę** be in equilibrium, keep one's balance; **wyprowadzić z ~i** throw out of balance, unbalance

równowartościowy *adj* of equal value

równowartość *f (rzecz konkretna)* equivalent, *sth* of equal value

równoważnik *m* equipoise, equivalent

równoważny *adj* equivalent

rupiecie

równoważyć *vt* balance; compensate

równoznaczny *adj* synonymous with; tantamount (to)

równ|y *adj* (*gładki, płaski, prosty*) even, flat, level; (*taki sam, jednakowy*) equal; *gram.* **stopień ~y** positive degree; **~y krok** steady pace; **nie mający ~ego sobie** unparalleled; **żyć jak ~y z ~ym** live as equals; **przestawać z ~ymi sobie** mix with one's equals

rózga *f* rod

róża *f bot.* rose; (*polna*) sweet briar; *med.* erysipelas

różaniec *m* rosary

różdżka *f* wand; **~ czarodziejska** magician's <magic> wand

różnica *f* difference; **~ zdań** diversity of opinions

różnicować *vt* differentiate

różniczka *f mat.* differential

różniczkować *vt mat.* differentiate

różni|ć się *vr* differ (**od kogoś, czegoś** from sb, sth; **pod względem czegoś** in sth)

różnobarwny *adj* many-coloured

różnojęzyczny *adj* many-tongued

różnoraki *adj* manifold, diverse

różnorodność *f* heterogeneity; variety

różnorodny *adj* heterogeneous; various

różn|y *adj* (*odmienny*) different (**od czegoś** from sth); (*różniący się, przeciwstawny*) distinct (**od czegoś** from sth); (*rozmaity*) various; sundry; **~e drobiazgi** sundries

różowy *adj* pink, rosy

rtęć *f chem.* mercury, quicksilver

rubaszność *f* coarseness

rubaszny *adj* coarse

rubin *m* ruby

rubryka *f* rubric; (*szpalta*) column; (*wolne miejsce w formularzu*) blank

ruch *m* movement, motion; (*posunięcie, np. w szachach*) move; (*krzątanie się*) bustle; (*chód, np. maszyny*) motion; **~ jednokierunkowy** one-way road; **~ oporu** resistance movement; **~ uliczny** traffic; **~ pasażerski** passenger--traffic; **~ towarowy** goods-traffic; **~ lotniczy** air traffic; **~ pieszy** pedestrian traffic; **zablokować ~ uliczny** jam the traffic; **puszczać w ~** put in motion, start; **w ~u** on the move, on the go

ruchliwość *f* mobility

ruchliw|y *adj* mobile, active; **~a ulica** busy street; **~e życie** busy life

ruchomości *s pl* movables, personalty, personal property

ruchom|y *adj* movable; **~e schody** escalator

ruda *f* ore

rudera *f* hovel, dilapidated house

rudy *adj* brownish-red, rusty; (*rudowłosy*) red-haired

rufa *f mors.* stern

rugować *vt* (*ze służby*) dismiss; (*z miejsca*) eject

ruin|a *f* ruin; **doprowadzić do ~y** bring to ruin

ruletka *f* roulette

rulon *m* roll

rum *m* rum

rumak *m lit.* steed

rumianek *m* camomile

rumiany *adj* ruddy, rosy

rumienić się *vr* become ruddy; (*na twarzy*) blush

rumieniec *m* blush, high colour

rumor *m* noise

rumowisko *n* debris

rumsztyk *m* rump-stake

Rumun *m*, **Rumunka** *f* Rumanian

rumuński *adj* Rumanian

runąć *vi* collapse, tumble down

runda *f* round

runo *n* fleece

rupiecie *s pl* lumber *zbior.*, trash

R

ruptura f med. (*przepuklina*) hernia

rura f pipe, tube; **~ wydechowa** exhaust pipe

rurka f tube, pipe

rurociąg m pipe-line

rusałka f naiad

rusycysta m student <professor> of Russian studies

ruszać vt vi move, stir; (*dotykać*) touch; (*w drogę*) set off, start (**dokąd** for a place); **~ się** vr move, stir; (*być czynnym*) be busy, pot. be up and doing

ruszenie n, **pospolite ~** hist. general levy

ruszt m grill, (fire-)grate

rusztowanie n scaffolding

rutyna f routine

rwać vt tear; (*owoce, kwiaty*) pluck, pick; (*zęby*) pull, extract; vi (*o bólu*) shoot; **~ się** vr (*np. o ubraniu*) tear; (*mocno chcieć*) be eager (**do czegoś** for <after> sth, to do sth); pot. be keen (**do czegoś** on sth)

rwący adj (*o rzece*) rapid; (*o bólu*) stabbing, shooting

rwetes m bustle

ryb|a f fish; **łowić ~y** fish; catch fish, (*na wędkę*) angle; **iść na ~y** go fishing; przen. **gruba ~a** big shot; **zdrów jak ~a** as fit as a fiddle; **Ryby** (*znak zodiaku*) Pisces

rybak m fisher, fisherman, (*wędkarz*) angler

rybołówstwo n fishing, fishery

rycerski adj chivalrous

rycerskość f chivalry

rycerstwo n chivalry; knighthood

rycerz m knight; **błędny ~** knight-errant

rychło adv soon

rychły adj early, speedy

rycina f illustration, picture; (*sztych*) print

rycyna f (*olej*) castor-oil

ryczałt m lump sum; **~em** in the lump

ryczeć vi roar; (*o krowie*) low; (*o ośle*) bray

ryć vt vi (*kopać*) dig, (*rylcem*) engrave; (*w drzewie*) carve

rydwan m poet. chariot

rydz m bot. milk-cap

rygiel m bolt

rygor m rigour

rygorystyczny adj rigorous

ryj m snout

ryk m roar; (*krowy*) low; (*osła*) bray

rylec m chisel

rym m rhyme

rymarz m saddler

rymować vt rhyme

rynek m market, market-place; **czarny ~** black market

rynna f rain-pipe, gutter-pipe

rynsztok m gutter, sewer

rynsztunek m equipment, armour

ryps m rep(p)

rys m (*twarzy*) feature; (*charakteru*) train

rysa f flaw, crack

rysopis m description

rysować vt draw; (*szkicować*) sketch; (*planować*) design; **~ się** vr (*na tle*) loom, appear; (*pękać np. o ścianie*) crack

rysownica f drawing-board

rysownik m draughtsman; (*kreślarz*) sketcher, designer

rysun|ek m drawing, (*szkic*) sketch; (*plan*) design; **lekcja ~ków** drawing-lesson

rysunkowy adj, **film ~** cartoon-film; **papier ~** drawing-paper

ryś m zool. lynx

rytm m rhythm

rytmiczny adj rhythmic

rytownictwo n engraving

rytownik m engraver

rytuał m ritual

rywal m rival

rywalizacja f rivalry

rywalizować vt rival (**z kimś** sb), compete (**z kimś** with sb)

ryza f (*papieru*) ream; **trzymać**

kogoś w ~ch keep a tight hand on sb

ryzyko *n* risk; **narażać się na ~** run a <the> risk

ryzykować *vt* risk, hazard; venture

ryzykowny *adj* risky

ryż *m bot.* rice

ryży *adj* red, red-haired

rzadki *adj* rare; *(nieliczny)* scarce; *(o włosach)* thin; *(o zupie)* clear; *(o tkaninie)* loose

rzadko *adv* seldom, rarely

rzadkość *f* rarity; *(niewystarczająca ilość)* scarcity

rząd 1. *m* row, rank, file; *biol.* order; **drugi z rzędu** next, successive; **8 godzin z rzędu** 8 hours at a stretch; **rzędem** in a row <line>; **ustawić się rzędem** line up; **w pierwszym rzędzie** in the first place, first of all

rząd 2. *m* government; *am.* administration

rządca *m* governor, manager

rządowy *adj* government *attr*, state *attr*; governmental

rządzić *vi* govern; manage *(czymś* sth); rule *(czymś* over sth)

rzecz *f* thing; *(sprawa)* matter; **do ~y** to the point; **przystąpić do ~y** come to the point; **na jego ~** on his behalf; **to nie twoja ~** it is no business of yours; **w samej ~y** in point of fact; **~ jasna** matter of course; **mówić od ~y** talk nonsense; **to nie ma nic do ~y** it is beside the question, it is off the point

rzecznik *m* representative; *(orędownik)* advocate; *(prasowy)* spokesperson, spokesman; **~ praw obywatelskich** ombudsman

rzeczownik *m gram.* noun, substantive

rzeczowo *adv* to the point, matter-of-factly, positively

rzeczowy *adj* matter-of-fact, real, positive, essential; **człowiek ~** matter-of-fact man; **dowód ~** material proof; **materiał ~** evidence

rzeczoznawca *m* expert

Rzeczpospolita *f,* **~ Polska** Republic of Poland

rzeczywistość *f* reality

rzeczywisty *adj* real, actual

rzednąć *vt* become rare; *(o włosach, mgle)* thin; *vi* become thin

rzeka *f* river

rzekomo *adv* allegedly; **on ~ ma talent** he is supposed to have a talent

rzekomy *adj* alleged, supposed, pretended, sham; *(niedoszły)* would-be; **~ bohater** would be hero; **~ lekarz** sham doctor

rzemień *m* strap

rzemieślnik *m* artisan, craftsman

rzemiosło *n* craft, trade

rzemyk *m* strap

rzepa *f bot.* turnip

rzepak *m bot.* rape

rzesza *f* crowd

rześki *adj* brisk; lively, hale

rzetelność *f* honesty, integrity

rzetelny *adj* honest, fair

rzewny *adj* plaintive

rzeź *f* slaughter, massacre

rzeźba *f* *(sztuka)* sculpture; *(dzieło)* piece of sculpture; **~ terenu** relief

rzeźbiarstwo *n* (art of) sculpture

rzeźbiarz *m* sculptor

rzeźbić *vt* carve, sculpture

rzeźnia *f* slaughter-house

rzeźnik *m* butcher

rzępolić *vi pot.* fiddle

rzęsa *f* eye-lash

rzęsist|y *adj* abundant, copious, profuse; **~e łzy** flood of tears; **~e oklaski** thunder of applause; **~y deszcz** heavy rain

rzęzić *vi* rattle

rzodkiewka *f bot.* radish

rzucać *vt* throw, cast; *(opuszczać)*

leave; (*poniechać*) give up; **~ o-kiem** have a glance (**na coś** at sth); **~ rękawicę** challenge (**komuś** sb); **~ myśl** make a suggestion; **~ się** *vr* rush (**na kogoś, coś** at sb, sth); fling oneself; (*nerwowo*) toss; (*w wodę*) plunge

rzut *m* throw, cast; (*plan*) projection; **na pierwszy ~ oka** at first glance; *sport* **~ karny** penalty kick <throw>

rzutki 1. *adj* brisk, lively, enterprising

rzutki 2. *pl* (*gra*) darts

rzutkość *f* briskness, activity

rzutnik *m* (slide) projector

rzutować *vt vi* project

rzymianin *m* Roman

rzymski *adj* Roman

rzymskokatolicki *adj rel.* Roman Catholic

rżnąć *vt* cut, carve; (*zabijać*) slaughter

rżeć *vi* neigh

rżenie *n* neigh

rżysko *n* stubble-field

S

sabotaż *m* sabotage, subversion

sabotażysta *m* saboteur

sabotować *vt* sabotage

sacharyna *f* saccharine

sad *m* orchard

sadło *n* grease, fat, suet

sadownictwo *n* fruit-growing, pomiculture

sadyba *f* abode, habitation, dwelling-place

sadysta *m* sadist

sadyzm *m* sadism

sadza *f* soot

sadzać *vt* seat, place

sadzawka *f* pool

sadzić *vt* plant, set

sadzonka *f* seedling

safian *m* morocco

sak *m* sack; (*sieć*) drag-net

sakrament *m rel.* sacrament

saksofon *m muz.* saxophone

sala *f* hall, room; auditorium; **~ operacyjna** operating theatre; **~ gimnastyczna** gymnasium; *pot.* gym

salaterka *f* salad-plate, dish

saldo *n* balance

saletra *f chem.* saltpetre

salina *f górn.* salt-mine

salmiak *m chem.* ammonium chloride

salon *m bryt.* drawing-room; living-room; **~ kosmetyczny** beauty parlour; **~ wystawowy** showroom

salonka *f bryt.* saloon-carriage; *am.* parlour-car

salutować *vi* salute

salwa *f* volley

sałata *f bot.* lettuce; (*surówka*) salad

sam *adj* alone; -self (myself, yourself *itd.*); same; very; **~ jeden** all alone; **~ na ~** all alone with *sb*; **~ jeden** all by oneself; **na ~ym końcu** at the very end; **już na ~ą myśl** at the very thought; **rozumie się ~o przez się** it is a matter of course; **tak ~o** likewise, as well; **ten ~** the same; **w ~ą porę** (just) in time; **w ~ środek** right in the middle; **on ~ to powiedział** he said it himself

samica *f* female

samiec *m* male

samobójca *m* suicide

samobójczy *adj* suicidal

samobójstwo *n* suicide; **popełnić ~** commit suicide

samochód *m* car, motor-car; ~ **ciężarowy** motor-lorry, van, truck; ~ **turystyczny** touring-car; ~ **dwuosobowy otwarty** roadster; ~ **wyścigowy** racing car; ~ **kombi** estate car; *am.* station wagon; **prowadzić ~ na zmianę** *am.* take spells at the wheel

samochwalstwo *n* boastfulness

samochwał *m* braggart

samodział *m* homespun

samodzielność *f* independence, self-reliance

samodzielny *adj* independent, self-reliant

samogłoska *f gram.* vowel

samogon *f* moonshine, home-brew

samoistny *adj* self-existent, independent

samokrytyka *f* self-criticism

samokształcenie *n* self-instruction, self-education

samolot *m* (aero)plane, airplane; ~ **myśliwski** fighter; ~ **bombowy** bomber; **porwać ~** hijack a plane

samolub *m* egoist

samolubstwo *n* egoism, selfishness

samoobrona *f* self-defence

samoobsługowy *adj* (*o barze, o sklepie, o stacji benzynowej*) self-service *attr*

samopas *adv* all by oneself, loosely, at large

samopoczucie *n* feeling; **dobre ~** (feeling of) comfort; **złe ~** (feeling of) discomfort

samopomoc *f* self-help

samoprzylepny *adj* (self-)adhesive

samorodek *m* (*złota*) nugget

samorodny *adj* autogenous; original, spontaneous

samorząd *m* autonomy, self-government; ~ **gminny** <**miejski** *itp.*> local government

samostanowienie *n polit.* self-determination; self-rule

samotnik *m* recluse, solitary

samotność *f* solitude, loneliness

samotny *adj* lonely, lone; *praed* alone; solitary

samouctwo *n* self-education, self-instruction

samouczek *m* handbook for self-instruction; ~ **języka angielskiego** English self-taught

samouk *m* self-taught person

samowładca *m* autocrat

samowładztwo *n* autocracy

samowola *f* lawlessness

samowolny *adj* lawless; arbitrary

samowystarczalność *f* self-sufficiency

samowystarczalny *adj* self-sufficient

samozachowawczy *adj*, **instynkt ~** instinct of self-preservation

samozapalenie się *n* spontaneous combustion

samozwaniec *m* usurper, false pretender, impostor

samozwańczy *adj* self-styled, false

sanatorium *n* sanatorium

sandał *m* sandal

sanie *s pl* sleigh, sledge

sanitariusz *m* nurse, hospital attendant <orderly>; *wojsk.* stretcher-bearer

sanitariuszka *f* nurse

sanitarny *adj* sanitary; **wóz ~** ambulance; **punkt ~** first-aid station

sankcja *f* sanction

sankcjonować *vt* sanction

sanki *s pl* sledge, sled, toboggan

sanskryt *m* Sanskrit

sapać *vt* pant, gasp

saper *m wojsk.* sapper

sardynka *f zool.* sardine

sarkać *vi pot.* grumble (**na coś** at sth)

sarkastyczny *adj* sarcastic

sarkazm *m* sarcasm

sarkofag *m* sarcophagus

sarna f zool. deer; roe, (samiec) buck; (samica) doe

sarni adj, **~a pieczeń** roast venison; **~a skóra** buckskin, doeskin

Sas m Saxon

saski adj Saxon

satelita m satellite; **~ telekomunikacyjny** communications satellite

satrapa m przen. tyrant

satyna f satin

satyra f satire

satyryczny adj satirical

satyryk m satirist

satysfakcja f satisfaction

sączek m chem. filter

sączyć vt, **~ się** vr trickle, drip

sąd m judgement; (ocena) opinion; (instytucja) prawn. court, law court; **~ dla nieletnich** juvenile court; **~ przysięgłych** jury; **~ wojenny** court-martial; **Sąd Ostateczny** Last Judgement; **Sąd Najwyższy** Supreme Court

sądownictwo n prawn. judicature, the judiciary

sądowy adj judicial; **koszty ~e** court fees; **postępowanie ~e** legal procedure; **sprawa ~a** lawsuit; **wytoczyć sprawę ~ą** bring a suit (komuś against sb); **wyrok ~y** sentence of the court

sądzić vt judge; **~ sprawę** try a case; vi (mniemać) think, believe

sąsiad m neighbour

sąsiadować vi neighbour

sąsiedni adj neighbouring; (przyległy) adjacent

sąsiedztwo n neighbourhood

scalić vt integrate

scena f scene; teatr stage

scenariusz m scenario; script; (filmowy) screenplay

sceneria f scenery

sceniczny adj stage attr

sceptycyzm m scepticism

sceptyczny adj sceptical

sceptyk m sceptic

schab m joint of pork

schadzka f rendezvous; am. pot. date

scheda f inheritance; legacy

schemat m scheme, plan

schematyczny adj schematic

schizma f schism

schizofrenia f med. schizophrenia

schlebiać vt flatter; pot. butter up

schludny adj cleanly, neat, tidy

schnąć vi dry, become dry; (usychać) wither; (marnieć) wane, waste

schodek m step

schodowy adj, **klatka ~a** staircase

schody s pl steps, stairs; **ruchome ~** escalator

schodzić vi go <come> down; (z chodnika, ze sceny itp.) get off; (o czasie) pass; **~ się** vr get <come> together, meet

scholastyczny adj scholastic

scholastyka f scholasticism

schorowany adj sickly, poorly

schować zob **chować**

schowek m hiding-place; (bankowy) safe

schron m shelter; (betonowy) pill-box

schronić vt shelter; **~ się** vr shelter (oneself); take shelter <cover>

schronisko n shelter; (w górach) mountain lodge <shelter, chalet>, shelter-house; refuge; (azyl) asylum; **~ młodzieżowe** youth hostel

schwytać vt seize, catch

schylać vt, **~ się** vr bend, bow, incline

schyłek m decline

scyzoryk m penknife

seans m (w kinie) house, picture-show; am. movie-show; showing; (spirytystyczny) seance

secesja f secession

sedno n core, gist; **trafić w ~** hit the mark; **~ sprawy** heart <crux> of the matter

serwis

sejf *m* safe; safe-deposit box
sejm *m* (*w Polsce*) Sejm, Seym
sekciarski *adj* sectarian
sekciarz *m* sectarian
sekcja *f* section; department;
med. dissection; **~ pośmiertna**
post-mortem examination
sekcyjny *adj* sectional
sekre|t *m* secret; **zachować coś
w ~cie** keep sth secret; **pod
~tem** in secret
sekretariat *m* secretariat
sekretarka *f* secretary; **~ automatyczna** answering machine
sekretarz *m* secretary; **~ stanu**
am. Secretary of State
seks *m* sex
seksualny *adj* sex *attr*; sexual
sekta *f* sect
sektor *m* sector
sekunda *m* second
sekundant *m* second
sekundnik *m* second hand
sekundować *vi* second (**komuś**
sb)
sekutnica *f* shrew
sekwestr *m prawn.* sequestration
seledynowy *adj* sea-green
selekcja *f* selection
seler *m bot.* celery
semafor *m* semaphore
semantyka *f* semantics
semestr *m* semester, term
semicki *adj* Semitic
seminarium *n* (*duchowne*) semi-
nary; (*uniwersyteckie*) seminar;
(*nauczycielskie*) training-college
semiotyka *f* semiotics
sen *m* sleep; (*marzenie senne*)
dream; (*zimowy*) hibernation
senat *m* senate
senator *m* senator
senior *m* senior
senność *f* sleepiness, drowsiness
senn|y *adj* sleepy, drowsy;
marzenie ~e dream
sens *m* sense, meaning; **mieć ~**
make sense; **nie było ~u tego
robić** there was no sense in doing
that; **w pewnym ~ie** in a sense

sensacja *f* sensation
sensacyjn|y *adj* sensational; **film
~y, powieść ~a** thriller
sentencja *f* maxim
sentyment *m* sentiment
sentymentalność *f* sentimen-
talism
sentymentalny *adj* sentimental
separacja *f* separation
separować się *vr* separate
seplenić *vi* lisp
ser *m* cheese; **~ biały** cottage
cheese
serc|e *n* heart; **choroba ~a** heart
disease; **przyjaciel od ~a** bosom
friend; **~e dzwonu** clapper;
brać do ~a take to heart; **ciężko
mi na ~u** I have a broken heart;
mieć na ~u have at heart; **bez
~a** heartless; **~em i duszą** heart
and soul; **z całego ~a** with all
one's heart; **ze złamanym ~em**
broken-hearted
sercowy *adj med.* cardiac
serdeczność *f* cordiality
serdeczny *adj* cordial, hearty,
heart-felt; **~ przyjaciel** bosom
friend
serdelek *m* sausage
serduszko *n* (*pieszczotliwie*)
sweetie, darling
serenada *f* serenade
seria *f* series; *filat.* issue, set
serial *m* serial
serio, na ~ *adv* in (good) earnest,
seriously; **czy mówisz serio?**
are you serious?
sernik *m* cheesecake
serwantka *f* glass-case
serwatka *f* whey
serweta *f* table-cloth
serwetka *f* napkin; (*papierowa*)
serviette
serwilizm *m* servility, servileness
serwis 1. *m* (dinner, tea *etc.*) service, set
serwis 2. *m* (*w tenisie*) service,
serve
serwis 3. *m* (*naprawa, usługa*)
service

S

serwować *vt vi sport* serve
seryjny *adj* serial
sesja *f* session
setka *f* a hundred
setny *num* hundredth
sezon *m* season; **martwy ~** dull <slack, dead> season; **~ ogórkowy** the silly season; **~ turystyczny** tourist season
sędzia *m* judge; *(polubowny)* arbiter; *sport* umpire, referee; **~ śledczy** investigating magistrate; **~ pokoju** justice of the peace
sędziwy *adj* aged, old
sęk *m* knag, knot
sęp *m* vulture
sfer|a *f* sphere; *(np. towarzyska, społeczna)* circle; **wyższe ~y** upper circles, high life
sferyczny *adj* spherical
sfinks *m* sphinx
sfora *f* pack
siać *vt* sow
siadać *vi* sit down, take a seat; **~ na konia** mount a horse
sian|o *n* hay; **szukać igły w stogu ~a** look for a needle in a haystack
sianokosy *s pl* hay-making
siarczan *m chem.* sulphate
siarczysty *adj*, **mróz ~** bitter frost
siarka *f chem.* sulphur
siarkowy *adj chem.* sulphuric
siatka *f* net; netting; *elektr.* grid
siatkówka *f anat.* retina; *sport* volley-ball
siąść *zob.* **siadać**
sidł|o *n (zw. pl ~a)* snare, trap; **zastawiać ~a** lay a trap
siebie, sobie, sobą *pron (siebie samego)* myself, yourself *itd.*; each, other; one another; **mieszkają daleko od siebie** they live far from each other; **blisko siebie** close to each other; *(nawzajem, wzajemnie)* **nie cierpią siebie** they hate each other; **bawią się ze sobą** they play with one another

siec *vt* cut; *(chłostać)* lash; *zob.* **siekać**
sieczna *f mat.* secant
sieć *f* net, network; *(pajęczyna)* web; *elektr.* mains, grid; **~ kolejowa** railway-system; **~ wodociągowa** water piping
siedem *num* seven
siedemdziesiąt *num* seventy
siedemdziesiąty *num* seventieth
siedemnasty *num* seventeenth
siedemnaście *num* seventeen
siedemset *num* seven hundred
siedlisko *n* seat; abode
siedmioletni *adj* seven-year old *attr*; lasting seven years
siedzenie *n* seat; *anat. pot.* bottom
siedziba *f* seat, residence
siedzieć *vi* sit; **~ cicho** keep quiet; **~ w domu** stay at home; **~ w więzieniu** be in prison; **~ przy stole** sit at table
siekacz *m* incisor; *(narzędzie)* chopper
sieka|ć *vt* chop; *(mięso)* hash; **mięso ~ne** hash(ed) <minced> meat
siekanina *f* hash
siekiera *f* axe
sielanka *f* idyll
sielski *adj* rural; idyllic
siemię *n* seed; **~ lniane** flax-seed
sierociniec *m* orphanage, orphan-asylum
sieroctwo *n* orphanhood, orphanage
sierota *m* orphan
sierp *m* sickle
sierpień *m* August
sierść *f* hair, bristle
sierżant *m* sergeant
siew *m* sowing
siewca *m* sower
siewnik *m* sowing-machine
się *pron* oneself; *nieosobowo*: one, people, you, they; **musi ~ przestrzegać reguł** one must observe the rules; **jeśli ~ chce coś**

zrobić natychmiast, lepiej to zrobić samemu if one wants a thing immediately, one had better do it oneself; **nic ~ o tym nie wie** there is no knowing; **mówi ~, że...** people <you, they> say that...; **mówi ~, że zanosi się na bardzo mroźną zimę** people <they> say it's going to be a very frosty winter; **mówi ~, że on jest chory <zachorował>** he is said to be ill <to be taken ill>

sięga|ć *vi* reach (**po coś** for sth); **łąka ~ aż do rzeki** the meadow reaches as far as the river

sikać *vi wulg.* piss, take a piss

sikawka *f* quirt; (*strażacka*) fire-hose; (*pompa strażacka*) fire-engine

silić się *vr* make efforts, exert oneself

silnik *m* engine; motor

silny *adj* strong, robust

silos *m* silo

sił|a *f* strength; *także elektr.* power; force, might; **~a wyższa** act(s) of God; *fiz.* **~a dośrodkowa <odśrodkowa>** centripetal <centrifugal> force; **~a kupna** purchasing power; **~a robocza** manpower; **~a woli** will power; **~y zbrojne** armed forces; **ponad moje ~y** beyond my power; **~ą** by force; **w sile wieku** in the prime of life; **zabrakło mi ~** my strength failed me

siłacz *m* athlete, strong man

siłownia *f elektr.* power-station; *sport.* fitness room

siniak *m* bruise

sinus *m mat.* sine

siny *adj* livid; blue

siodłać *vt* saddle

siodło *n* saddle

siostra *f* sister; (*zakonna*) nun

siostrzenica *f* niece

siostrzeniec *m* nephew

siódemka *f* seven

siódmy *num* seventh

sito *n* sieve

siusiać *vi pot. dziec.* pee, wee-wee

siwieć *vi* grow grey

siwowłosy *adj* grey-haired

siwy *adj* grey

skafander *m* diving-dress; *lotn.* pressure suit

skakać *vi* jump, leap; (*podskakiwać*) skip

skakanka *f* skipping-rope

skal|a *f* scale; **na dużą ~ę** on a large scale

skaleczenie *n* cut, wound, injury

skaleczyć *vt* wound, injure, hurt

skal|isty, ~ny *adj* rocky

skalp *m* scalp

skała *f* rock

skamielina *f geol.* fossil

skamienieć *vi* petrify; *przen.* become petrified

skandal *m* scandal

skandaliczny *adj* scandalous

skaner *m med. komp.* scanner

skanować *vt med. komp.* scan

skansen *m* Skansen museum, open-air museum

skarb *m* treasure; (*państwowy*) *bryt.* Exchequer; *am.* Treasury

skarbiec *m* treasury

skarbnik *m* treasurer

skarbonka *f* money-box

skarg|a *f* complaint (**na kogoś** against sb, **z powodu czegoś** about sth); (*sądowa*) charge; **wnieść ~ę** bring a charge (**na kogoś** against sb)

skarpa *f* scarp

skarpetka *f* sock

skarżyć *vt* accuse (**kogoś o coś** sb of sth); (*do sądu*) sue (**kogoś o coś** sb for sth), bring a suit (**kogoś** against sb, **o coś** for sth); *vi* (*w szkole*) denounce (**na kogoś** sb); **~ się** *vr* complain (**na coś** of sth)

skaza *f* blemish, flaw

skaza|ć *vt* condemn, sentence (**na coś** to sth); **~ na karę pieniężną** fine; *przen.* (*przeznaczony*) **~y na** doomed to

S

skazaniec *m* convict
skazić *vt* corrupt, contaminate; (*żywność, napój*) denature
skąd *adv* from where, where ... from
skądinąd *adv* from elsewhere; on the other hand; otherwise
skąpić *vi* stint (**komuś czegoś** sb of sth); begrudge (**komuś czegoś** sb sth)
skąpiec *m* miser, niggard
skąpstwo *n* avarice, miserliness, stinginess
skąpy *adj* avaricious, miserly, stingy; (*o posiłku*) meagre; (*nie wystarczający*) scanty; **~ w słowach** scanty of words
skiba *f* ridge
skinąć *vi* nod (*głową*); beckon (**na kogoś** to sb)
skinienie *n* nod (*głową*); **na czyjeś ~** at sb's beck and call
sklejka *f* plywood
sklep *m* shop, *am.* store
sklepienie *n* vault; **~ niebieskie** firmament
sklepiony *adj* vaulted
skleroza *f med.* sclerosis
skład *m* composition; (*magazyn*) store, warehouse, storehouse; **~ osobowy** personnel
składać *vt* put together; (*np. list, gazetę*) fold; (*przedstawiać dokumenty, dowody*) submit; (*broń*) lay down; (*pieniądze*) lay by, save; (*pieniądze do banku*) deposit; (*jaja*) lay; (*czcionki*) compose; (*wizytę*) pay; (*egzamin*) undergo; **~ narzędzia** (*po pracy*) down tools; **~ ofiarę** (*poświęcać się*) make a sacrifice; **~ ofiarę pieniężną** offer a money-gift; **~ oświadczenie** make a statement; **~ przysięgę** take an oath (**na coś** upon sth); **~ sprawozdanie** render an account (**z czegoś** of sth); **~ uszanowanie** pay one's respects; **~ się** *vr* be composed of, be made up of; consist (**z czegoś** of sth); compose

(**na coś** sth), go into the making (**na coś** of sth)
składany *adj* (*o odsetkach*) compound; (*o krześle, łóżku*) folding; **nóż ~** clasp knife
skład|ka *f* contribution; (*zbiórka*) collection; (*o krześle, łóżku*) collecting list; **~ka członkowska** dues
składnia *f gram.* syntax
składnica *f* store, warehouse
składnik *m* component; (*potrawy, lekarstwa*) ingredient
składniowy *adj gram.* syntactic(al)
skłaniać *vt* incline; bow; induce (**kogoś** sb to do sth); **~ się** *vr* <feel> inclined (**do czegoś** to do sth)
skłon *m* bend; bow; (*terenu*) slope
skłonność *f* inclination, disposition (**do czegoś** to do sth)
skłonny *adj* inclined, disposed
skłócić *vt* (*zmącić*) trouble, stir up; (*poróżnić*) set at variance
sknera *m* miser, niggard
sknerstwo *n* avarice, stinginess
skoczek *m* jumper, leaper; (*w szachach*) knight; **~ spadochronowy** parachutist
skoczny *adj* brisk, lively
skoczyć *vi* (*rzucić się*) make a dash; *zob.* **skakać**
skok *m* leap, jump; **~ do wody** dive; *sport* **~ w dal** long jump; **~ o tyczce** pole-jump; **~ wzwyż** high jump; **~ narciarski** ski jump; *techn.* **~ tłoka** stroke of a piston
skołatany *adj pot.* shattered
skomleć *vi* whine, whimper
skomplikowany *adj* complicated, intricate; (*złożony*) complex
skonać *vi* die, expire
skończony *adj* finished; complete; (*wytrawny, doskonały*) accomplished, consummate; *zob.* **skończyć**
skończy|ć *vt* finish, end; complete; get through (*np.* **pracę** with work); **~ć się** *vr* be finished,

come to an end; be over; **lekcje się ~ły** the lessons are over; **~ć się na niczym** come to nothing
skoro *adv*, **~ tylko** (*w zdaniu czasowym*) as soon as; (*w zdaniu przyczynowym*) as, now that
skoroszyt *m* file
skorowidz *m* index
skorpion *m* scorpion; (*znak zodiaku*) Scorpio
skorup|a *f* crust, hull; (*np. jajka, żółwia, orzecha*) shell; *pl* **~y** broken glass
skory *adj* quick, speedy
skośny *adj* oblique, slanting
skowronek *m zool.* lark
skowyczeć *vi* whine
skowyt *m* whine
skór|a *f* (*żywa na ciele*) skin; (*zwierzęca surowa*) hide; (*garbowana*) leather; *przen.* **dostać w ~ę** get a hiding <a thrashing>; **obedrzeć ze ~y** skin
skórka *f* skin; (*szynki, sera, owocu, kiełbasy*) rind; (*owocu, ziemniaka*) peel; (*chleba*) crust; (*na futro*) pelt; (*na buty, rękawiczki*) leather; *przen.* **gęsia ~** the creeps, the jitters
skórn|y *adj* dermatic; **choroba ~a** skin disease
skórzany *adj* leather *attr*
skracać *vt* shorten, cut short; (*mowę, tekst*) abbreviate; (*książkę*) abridge
skradać się *vr* steal
skraj *m* (*przepaści, ruiny itp.*) verge, brink; (*granica, kres*) border; (*miasta*) outskirts *pl*
skrajność *f* extreme; extremism
skrajny *adj* extreme; utter
skrapiać *vt* besprinkle, water
skraplać *vt* liquefy; (*gaz, parę*) condense; **~ się** *vr* liquefy; condense
skrawek *m* cutting; (*ziemi*) strip; (*papieru*) slip, scrap
skreślić *vt* (*skasować*) cancel, cross out, erase; **~ z listy** strike off the list

skręcać *vt* twist, turn; (*kark*) break; *vi* turn (*np.* **na prawo** to the right)
skrępować *vt* pinion, tie up
skrępowany *adj* restricted; (*zażenowany*) embarrassed
skręt *m* twirl, torsion; (*zakręt*) turning; *med.* (*kiszek*) twisting
skrobać *vt* scrape, rub, erase; (*ryby*) scale
skromność *f* modesty
skromny *adj* modest
skroń *f* temple
skropić *zob.* **skrapiać**
skrócić *zob.* **skracać**
skrót *m* abbreviation; shortening; (*krótsza droga*) shortcut
skrucha *f* contrition
skrupi|ć się *vr*, **to się ~ na mnie** I'll be the scapegoat, I'll bear the brunt of it
skrupulatność *f* scrupulosity
skrupulatny *adj* scrupulous
skrupuł *m* scruple
skruszony *pp* (*pokruszony*) crumbled; *adj* contrite
skruszyć *vt* crumble; **~ się** *vr* crumble; (*poczuć skruchę*) become contrite
skrypt *m* script; (*uniwersytecki*) textbook
skrytka *f* hiding-place; **~ pocztowa** post-office box, P.O. box
skrytobójca *m* assassin
skryty *adj* (*tajny*) secretive, clandestine; (*powściągliwy w mowie*) reticent
skrzeczeć *vi* scream, (*o żabie, wronie*) croak
skrzep *m* clot; *med.* blood clot
skrzętny *adj* industrious
skrzydło *n* wing; (*np. stołu*) leaf; (*wiatraka*) sail
skrzynia *f* chest, coffer; **~ biegów** gearbox
skrzynka *f* box, case; (*pocztowa*) mail-box
skrzypc|e *s pl muz.* violin; *pot.* fiddle; **grać na ~ach** play the violin

S

skrzypaczka f, **skrzypek** m muz. violinist; pot. fiddler

skrzypieć vi creak; squeak

skrzyżowanie n (dróg) crossroads pl; zool. crossbreeding

skubać vt pick, plume, pull; pot. (kogoś z pieniędzy) fleece, drain; ~ **ptaka** pluck a bird; ~ **trawę** crop grass

skuć vt fetter, chain

skulić się vr cower, squat

skup m purchase

skupiać (vt) assemble, bring together; (uwagę) concentrate; (wojsko) mass; ~ **się** vr assemble, come together; become concentrated; (duchowo) collect oneself

skupienie n concentration

skupiony adj collected, concentrated

skupować vt buy up, purchase

skurcz m med. cramp, convulsion

skurczyć vt, ~ **się** vr shrink

skurwysyn m wulg. son of a bitch

skuteczność f effectiveness, efficacy

skuteczny adj effective, efficacious

skut|ek m result, effect; ~**ki u-boczne** side effects; **bez** ~**ku** to no purpose, of no effect; **na** ~**ek tego** as a result of it; **dojść do** ~**ku** take effect; **doprowadzić do** ~**ku** bring about, bring into effect; **nie odnosić żadnego** ~**ku** have no effect

skuter m (motor-)scooter

skutkować vi have effects, take effect, be effective; work; pot. do the trick

skwapliwy adj eager

skwar m oppressive heat

skwaśniały adj sour

skwer m square; (ogród publiczny) green

slawistyka f Slavic studies

slajd m fot. slide

slalom m sport slalom

slipy s pl briefs

słabnąć vi become weak, weaken; (o kursach walut) decline, go down

słabostka f foible, weak point

słabość f (niedomaganie) illness; (skłonność) weakness (**do czegoś** for sth)

słabowity adj sickly; ~ **człowiek** weakling

słaby adj weak, feeble

słać vt (wysyłać) send; (rozpościerać) spread; ~ **łóżko** make a bed

słaniać się vr totter, faint away

sława f glory, fame, repute; **dobra** <**zła**> ~ good <bad> name

sławić vt glorify

sławny adj famous, renowned

słodkawy adj sweetish

słodk|i adj sweet; ~**a woda** fresh water

słodycz f sweetness; pl ~**e** sweets pl, confectionery zbior.; am. candies pl

słodzić vt sweeten, sugar

słodzik m sweetener

słoik m jar

słoma f straw

słomian|y adj straw attr., grass attr.; ~**a wdowa** grass-widow; ~**y wdowiec** grass-widower

słomka f straw; (łodyga, źdźbło) stem, haulm, halm

słomkowy adj, **kapelusz** ~ straw-hat

słonecznik m bot. sunflower

słoneczny adj sunny, sun attr.; **zegar** ~ sundial; **promień** ~ sunbeam

słonina f fat; lard

słoniow|y adj elephantine; **kość** ~**a** ivory

słoność f saltiness; salinity

słony adj salt(y)

słoń m zool. elephant; ~ **w składzie porcelany** a bull in a china shop

słońc|e n sun; **leżeć na** ~**u** lie in the sun; **wschód** <**zachód**> ~**a** sunrise, sunset

słowacki adj Slovak, Slovakian

Słowak m Slovak
Słoweniec m Slovene
słoweński adj Slovenian
Słowianin m Slav
słowiański adj Slav, Slavonic
słowik m nightingale
słownictwo n vocabulary
słownie adv fin. say
słownik m dictionary; **~ wyrazów bliskoznacznych** thesaurus; **~ kieszonkowy** pocket dictionary
słowny adj verbal; (dotrzymujący słowa) reliable; dependable
słow|o n word; pl **cierpkie** <**gorzkie**> **~a** bitter words; **gra słów** pun, play upon words; pl **piękne ~a** fair words; pl **czułe słówka** words of endearment; **~o wstępne** foreword; pl **wielkie ~a** big words; **innymi ~y** in other words; **na te ~a** at these words; **~em** in short, in a word; **~o w ~o** word for word; **cofnąć dane ~o** come back upon one's word; **daję ~o!** upon my word!; **dotrzymać ~a** keep one's word; **łapać kogoś za ~o** take sb at his word; **mieć ostatnie ~o** get the last word; **napisz mi parę słów** drop me a line or two; pot. **nie pisnąć ani ~a** not to breathe a word; **on nie mówi ani ~a po angielsku** he can't speak a word of English; **zapamiętaj moje ~a!** mark my words!; **wyjął mi te ~a z ust** he took these words out of my mouth; **zamienić z kimś parę słów** have a word with sb; **złamać dane ~o** break one's word
słowotwórstwo n gram. word-formation
słód m malt
słój m jar; (drzewa) vein, stratum
słuch m hearing; pl **~y** (pogłoski) reports, rumours pl; **chodzą ~y** it is rumoured; **aparat ~owy** hearing aid; **zamienić się w ~** be all ears

słuchacz m hearer, listener (także radiowy); (student) student; pl **~e** audience
słucha|ć vt listen (**kogoś, czegoś** to sb, sth); **~m?** (I) beg your pardon?, pardon?; (być posłusznym) obey (**kogoś** sb); **~ć czyjejś rady** take <follow> sb's advice; **~ć radia** listen to the radio; **~ć wykładu** attend a lecture
słuchawka f headphone, earphone; (telefoniczna) receiver; (lekarska) stethoscope
słuchowisko n radio play
sługa m servant
słup m pillar, column, post, pole; **~ graniczny** landmark; boundary-post; **~ telegraficzny** telegraph-pole; **~ ogłoszeniowy** poster pillar; **~ latarni** lamp-post
słupek m bot. pistil; (np. rtęci, wody) column; **~ drogowy** bollard
słusznie adv rightly, with reason; (racja) that's right
słuszność f reason, reasonableness, legitimacy; **mieć ~ć** be right; **masz ~ć** right you are; **nie mieć ~ci** be wrong
słuszny adj right, fair, reasonable, rightful
służalczość f servility
służalczy adj servile
służący m, **służąca** f servant; maid-servant
służb|a f service; zbior. (personel) servants pl.; **na ~ie** on duty; **po ~ie, poza ~ą** off duty; **w czynnej ~ie** on active duty; **odbywać ~ę wojskową** serve one's time in the army; **pełnić ~ę** be on duty; **~a zdrowia** medical service
służbisty adj officious
służbow|y adj service attr., official; **droga ~a** official channels pl; **podróż ~a** business trip; (dłuższa) business tour
służy|ć vi serve (**komuś** sb), be in the service (**komuś, u kogoś** of

sb); (*być pożytecznym*) be of use <service> (**komuś** to sb); agree; **tutejszy klimat mi nie ~** the climate here does not agree with me; (*w sklepie*) **czym mogę panu ~ć?** can I help you?

słychać *vi* be heard; it is rumoured, they say; **co ~?** what's the news?

słynąć *vi* be renowned <famous> (**jako** as, **z powodu czegoś** for sth)

słynny *adj* renowned, famous

słyszalny *adj* audible

słyszeć *vt* hear

smaczny *adj* savoury, tasty; **~ego!** I hope you'll enjoy your lunch <dinner, tea>

smagać *vt* lash

smagły *adj* swarthy

smak *m* taste, flavour; **bez ~u** tasteless, insipid

smakołyk *m* dainty

smak|ować *vi* taste; relish; **jak ci to ~uje?** how do you like it?

smalec *m* lard, fat

smar *m* grease, lubricant

smarkacz *m* stripling; callow youth

smarkaty *adj pot.* snotty, callow

smarować *vt* smear; (*masłem*) butter; lubricate

smażyć *vt*, **~ się** *vr* fry

smecz *m sport* smash

smętny *adj* melancholic

smoczek *m* dummy

smok *m* dragon

smoking *m* dinner-jacket; *am.* tuxedo

smoła *f* pitch

smrodliwy *adj* stinking, smelly

smród *m* stench

smucić *vt* make sad, sadden; **~ się** *vr* be sad; sorrow (**z powodu czegoś** at <over> sth)

smukły *adj* slim, slender

smutek *m* sorrow, sadness

smutny *adj* sad, sorrowful

smycz *f* leash, lead

smyczek *m* bow

smyczkow|y *adj*, **instrument ~y** stringed instrument; **orkiestra ~a** string-orchestra

snop *m* sheaf (*of corn*); **~ światła** shaft (of light)

snowboard *f* (*deska zjazdowa*) snowboard

snuć *vt* snip; **~ domysły** conjecture; **~ marzenia** spin dreams

snycerstwo *n* wood-carving

snycerz *m* wood-carver

sobą *pron zob.* **siebie**

sobek *m pot.* selfish person; egoist

sobie *pron zob.* **siebie**

sobota *f* Saturday

sobowtór *m* double; *pot.* dead ringer

soból *m zool.* sable

sobór *m* synod

socjalista *m* socialist

socjalistyczny *adj* socialist

socjalizacja *f* socialization

socjalizm *m* socialism

socjalizować *vt* socialize

socjalny *adj* social; welfare

socjolog *m* sociologist

socjologia *f* sociology

socjologiczny *adj* sociological

soczewica *f bot.* lentil

soczewka *f* lens

soczysty *adj* juicy

soda *f* soda

sodow|y *adj*, **woda ~a** soda--water

sofa *f* sofa, couch

soja *f* soy-bean

sojusz *m* alliance

sojuszniczy *adj* allied

sojusznik *m* ally

sok *m* juice; (*drzewa, rośliny*) sap

sokół *m zool.* falcon

solanka *f* (*pieczywo*) salt roll; (*źródło*) salt-spring

solenizant *m* person celebrating his <her> name day <birthday>

solić *vt* salt

solidarność *f* solidarity

solidarny *adj* solidary; unanimous

solidny *adj* solid, reliable

solista m soloist
soliter m tape-worm
solniczka f salt-cellar, salt-shaker
solny adj. chem. kwas ~ hydrochloric acid
solo adv solo
sołtys m village administrator
sonata f sonata
sonda f plummet, sound; ~ **kosmiczna** space probe
sondaż m (opinii publicznej) opinion poll
sondować vt sound
sonet m sonnet
sopel m icicle
sopran m soprano
sortować vt sort
sos m sauce; (od pieczeni) gravy
sosna f bot. pine
sowa f zool. owl
sód m chem. sodium
sól f salt; ~ **kamienna** rock salt
spacer m walk
spacerować vi take a walk
spacja f druk. space
spacjować vt druk. space out
spaczenie n distortion; (drzewa) warping; przen. perversion
spać vi sleep; **chce mi się** – I am sleepy; **iść** ~ go to bed; **dobrze** <**źle**> **spałem** I had a good <a bad> night's rest; ~ **jak suseł** sleep like a log; ~ **twardo** be sound asleep
spad m fall; (pochyłość) slope
spadać vi fall (down), drop
spad|ek m fall, drop (**cen, temperatury** in prices, in temperature); (pochyłość) slope; (scheda) inheritance, legacy; **zostawić w** ~**ku** bequeath
spadkobierca m heir
spadkobierczyni f heiress
spadochron m parachute
spadochroniarz m parachutist; wojsk. paratrooper
spadochronow|y adj. **wojska** ~**e** paratroops
spadzisty adj steep
spajać vt weld; (lutować) solder

spal|ać vt burn (out <up>); (zwłoki) cremate; ~**ać się** vr burn (away <out>); elektr. (o żarówce) burn out; (o korkach) blow; ~**ić mosty za sobą** burn one's boats
spalanie n combustion
spalinow|y adj. **gazy** ~**e** combustion gases; **silnik** ~**y** internal combustion engine
spalony adj burnt (down); sport off-side
spartolić vt pot. screw up
sparzyć vt scald, burn; (pokrzywą) sting; ~ **sobie palce** burn one's fingers; ~ **się** vr burn oneself; zob. **oparzyć**
spawacz m welder
spawać vt weld, solder
spawanie n welding
spazm m spasm
spazmatyczny adj spasmodic
specjalista m specialist
specjalizacja f specialization
specjalizować się vr specialize
specjalność f speciality; am. specialty
specjalny adj special
specyficzny adj specific
spedycja f dispatching
spektakl m spectacle, performance; show
spektrum n spectrum
spekulacja f speculation
spekulant m speculator, bryt. pot. uj. spiv
spekulatywny adj speculative
spekulować vi speculate
spelunka f den
spełniać vt (obowiązek) fulfil, do; (wymagania, życzenia, prośby) satisfy; meet; ~ **się** vr come true
spełznąć vi zob. **pełznąć**; ~ **na niczym** come to nothing
sperma f sperm
spędzać vt drive (up, down); (czas) spend; med. ~ **płód** procure abortion
spichlerz m granary
spiczasty adj pointed

spiec vt parch, scorch
spieniężyć vt sell; (czek, weksel itp.) cash, realize
spieniony adj foaming
spieprzyć vt wulg. screw up
spierać się vr contend, argue (z kimś o coś with sb about sth)
spieszny adj hasty, speedy; (naglący) urgent
spieszy|ć się vr hurry, be in a hurry; pot. bustle up; **zegarek ~ się** the watch is fast
spięcie n, elektr. **krótkie ~** short--circuit
spiętrzyć vt pile up; **~ się** vr pile up, be piled up
spiker m (radiowy) announcer; polit. (w parlamencie) speaker
spinacz m (paper-)fastener, clip
spinać vt buckle, clasp, fasten
spinka f (do mankietów) cufflink, stud; (do włosów) clasp
spirala f spiral; techn. coil
spiralny adj spiral
spirytus m spirit; **~ skażony** methylated spirit; **czysty ~** neutral spirit
spis m list, catalogue, register; **~ inwentarza** inventory; **~ ludności** census; (w książce) **~ rzeczy** (table of) contents; **~ potraw** bill of fare, menu; **~ ulic** index of streets
spisać vt list, catalogue, register; write down; **~ się** vr (odznaczyć się) make one's mark, distinguish oneself
spisek m conspiracy, plot
spiskować vi conspire, plot
spiskowiec m conspirator, plotter
spiżarnia f pantry
splatać vt intertwine, interlace; (włosy) plait, braid; (np. linę) splice
spleśniały adj mouldy, musty
splot m (włosów) braid, plait; (liny) splice; (okoliczności) coincidence; anat. plexus; (węża) coil
splunąć vi spit

spłacać vt pay off, repay
spłaszczać vt flatten
spłata f payment; repayment
spłatać vt, **~ figla** play a trick (komuś on sb)
spław m floating; (tratwą) rafting
spławiać vt float; (tratwą) raft
spławny adj navigable
spłodzić zob. **płodzić**
spłonąć vi go up in flames
spłonka f techn. percussion cap
spłowiały adj faded
spłowieć vi fade
spłukiwać vt rinse; (silnym strumieniem) flush
spływ m canoeing rally
spływać vi flow down
spocić się vr be in a sweat <in perspiration>, be all of a sweat
spocząć vi take a rest, repose oneself
spoczyn|ek m rest; **w stanie ~ku (na rencie)** retired
spocz|ywać vi rest, repose; **~nij!** wojsk. at ease!
spod praep from under
spodek m saucer; (latający) flying saucer
spodnie s pl trousers; (do konnej jazdy) breeches; (krótkie sportowe) shorts, plus-fours; (pumpy) knickerbockers; am. pot. pants
spodoba|ć się vr take sb's fancy; **to mi się ~ło** I liked <enjoyed> it
spodziewać się vr hope (czegoś for sth), expect (czegoś sth)
spoglądać vi look (na kogoś, coś at sb, sth); **~ z góry** look down (na kogoś on sb)
spoić vt (np. alkoholem) make drunk; zob. **spajać**
spoistość f compactness, coherence, cohesion
spoisty adj compact, coherent, cohesive
spojów|ka f anat. conjunctiva; med. **zapalenie ~ek** conjunctivitis

spojrzeć *vi* have a glance (**na kogoś, coś** at sb, sth)

spojrzenie *n* glance; **jednym ~m** at a glance

spokojny *adj* quiet, calm, peaceful; **bądź o to ~** set your mind at rest about that

spokój *m* peace, calm; **~ umysłu** peace of mind, composure; **zachować ~** keep calm <cool>; **daj mi ~!** let <leave> me alone!

spokrewnić się *vr* become related (**z kimś** to sb)

spoliczkować *vt* slap (**kogoś** sb's face)

społeczeństwo *n* society; **~ otwarte** open society

społeczność *f* community

społeczn|y *adj* social; **opieka ~a** social welfare

społem *adv* jointly, together

spomiędzy *praep* from among

sponad *praep* from above

sponsor *m* sponsor

spontaniczny *adj* spontaneous

sporadyczny *adj* sporadic

sporny *adj* controversial, disputable; **punkt ~** moot point

sporo *adv* pretty much <many>

sport *m* sport(s); *pl* **~y wodne** aquatic sports, aquatics; *pl* **~y zimowe** winter sports; **uprawiać ~** practise sports

sportowiec *m* sportsman; (*kobieta*) sportswoman

sportow|y *adj* sporting, sports *attr*; (*lekkoatletyczny*) athletic; **plac ~y** playing ground; *pl* **przybory ~e** sports kit; **marynarka ~a** sports jacket; **~e zachowanie się** (*godne sportowca*) sporting conduct; **klub ~y** athletic club

sportsmenka *f* sportswoman

spory *adj* pretty large, considerable, siz(e)able

sporządzać *vt* make, prepare; (*bilans, dokument*) draw up; (*lekarstwo*) make up

sposobić *vt*, **~ się** *vr* prepare (**do czegoś** for sth)

sposobność *f* (*sprzyjająca okoliczność*) opportunity; (*okazja, powód*) occasion; **mam mało ~ci mówienia po polsku** I have little opportunity of speaking Polish; **przy tej ~ci** on this occasion

sposobny *adj* convenient

spos|ób *m* means, way; **~ób myślenia** way of thinking; **tym ~obem** by this means, in this way; **w taki czy inny ~ób** somehow or other; **w żaden ~ób** by no means; (*przeznaczony*) for use; **na ~ób polski** the Polish way

spostrzegać *vt* perceive, notice; catch sight (**coś** of sth)

spostrzegawczość *f* perceptiveness

spostrzegawczy *adj* perceptive, quick to perceive

spostrzeżenie *n* perception; (*uwaga*) observation, remark

spośród *praep* from among(st)

spotkanie *n* meeting; **umówione ~** appointment; **przyjść na ~** keep an appointment; (*towarzyskie*) get-together

spotwarzać *vt* calumniate, slander

spot|ykać *vt* meet (**kogoś** sb); **~ykać się** *vr* meet (**z kimś** sb); (*napotykać*) meet (**z czymś** with sth); **~kać się z trudnościami** meet with difficulties

spowiadać *vt rel.* confess; **~ się** *vr* confess (**z czegoś** sth, **przed kimś** to sb)

spowiedź *f rel.* confession

spowodować *vt* cause, bring about

spoza *praep* from behind

spożycie *n* consumption

spożywcz|y *adj*, **artykuły ~e** foodstuff(s)

spód *m* bottom; **u spodu** at the bottom

spódnica *f* skirt; **~ mini** miniskirt

spójnik *m gram.* conjunction

spójność f cohesion

spójny adj cohesive

spółdzielca m cooperator

spółdzielczość f cooperative movement

spółdzielczy adj cooperative

spółdzielnia f cooperative (society)

spółgłoska f gram. consonant

spółk|a f partnership, company; **~a z kapitałem mieszanym** joint venture; **~a z ograniczoną odpowiedzialnością** limited liability company (skrót Ltd.); **~a akcyjna** joint stock company; **do ~i** in common

spółkować vi copulate

spółkowanie n copulation, coitus

spór m dispute, contention

spóźniać się vr be late; (o zegarze) be slow; **~ na pociąg** miss one's <the> train

spóźnianie n delay

spóźniony adj late, belated, delayed

spracowany adj overworked

spragniony adj thirsty; przen. eager (**czegoś** for sth, to do sth)

spraw|a f affair, matter; (sądowa) lawsuit, case, action; **~a honorowa** a matter of honour; **~a pieniężna** money matter; **ministerstwo ~ wewnętrznych** Home Office; **ministerstwo ~ zagranicznych** Foreign Office; **w ~ie czegoś** in the matter of sth, about sth; **to nie twoja ~a** it is no business of yours; **wytoczyć ~ę** bring an action (**komuś** against sb); **załatwić ~ę** settle the matter; **zdawać ~ę** report (**komuś z czegoś** to sb about sth), give an account (**komuś z czegoś** sb of sth); **zdawać sobie ~ę** be aware (**z czegoś** of sth); realize (**z czegoś** sth)

sprawca m author; doer; (przestępstwa) perpetrator

sprawdzać vt verify, test, check;

~ się vr come <prove> true; (w słowniku) look up

sprawdzian m test, criterion

sprawiać vt effect, bring about; (ulgę, przyjemność) afford; (przykrość, ból) cause; (wrażenie) make; **~ sobie** procure, buy oneself

sprawiedliwość f justice; **oddać ~** do justice; **wymierzać ~** administer justice; **wymierzać sobie ~** take the law into one's own hands

sprawiedliwy adj just, righteous

sprawka f doing

sprawność f skill, dexterity, efficiency

sprawny adj skilful, dexterous, efficient

sprawować vt do, perform; (władzę); exercise; (urząd) hold, fill; (obowiązek) discharge, perform; **~ się** vr behave

sprawowanie n (obowiązku) discharge, exercise; (władzy, urzędu) exercise; (zachowanie) conduct, behaviour

sprawozdanie n report, account; **~ radiowe** running commentary; **składać ~** report (**z czegoś** sth), render an account (**z czegoś** of sth)

sprawozdawca m reporter; (radiowy) commentator

sprawun|ek m purchase; pl **~ki** shopping; **załatwiać ~ki w sklepach** do the shopping

sprężać vt compress

sprężanie n compression

sprężyna f spring

sprężysty adj elastic, resilient

sprostać vi be equal, be up (**czemuś** to sth)

sprostować vt correct

sprostowanie n correction; polit. dementi

sproszkować vt pulverize

sprośność f obscenity

sprośny adj obscene

sprowadzać vt bring (in); lead

down; (*towar*) convey; (*z zagranicy*) import; (*np. nieszczęście*) bring about, cause; (*np. do absurdu*) reduce; ~ **się** *vr* (*do mieszkania*) take up one's quarters, move in

spróchniały *adj* rotten, (*np. o zębie*) decayed

spróchnieć *vi* become rotten <decayed>

spryskać *vt* splash

spryt *m* cleverness, shrewdness; *pot.* cuteness, smartness; **mieć ~** *pot.* have a knack (**do czegoś** for sth)

sprytny *adj* clever, shrewd, cunning; *pot.* cute, smart

sprzączka *f* buckle, clasp

sprzątaczka *f* charwoman

sprzątać *vt* (*usuwać*) remove, carry off; (*gruzy*) cart away; (*porządkować*) put <set> in order; (*pokój*) do up, tidy up; **~ ze stołu** clear the table

sprzątanie *n* tidying up, clearing

sprzeciw *m* objection, protest

sprzeciwiać się *vr* object (**czemuś** to sth), oppose (**czemuś** sth)

sprzeczać się *vr* contend (**o coś** about sth), squabble

sprzeczka *f* argument, squabble

sprzeczność *f* contradiction; **być w ~ci** contradict each other

sprzeczny *adj* contradictory

sprzed *praep* from before

sprzedać *vt zob.* **sprzedawać**

sprzedajność *f* venality

sprzedajny *adj* venal

sprzedawać *vt* sell

sprzedawca *m* seller, (*ekspedient*) shop-assistant; salesman; saleswoman

sprzedaż *f* sale; **na ~** for sale; (*detaliczna*) retail; **w ~y** on sale; **~ uliczna** street vending; **~ posezonowa** clearance sale

sprzeniewierzenie *n* embezzlement

sprzeniewierzyć *vt* embezzle; **~ się** *vr* become faithless

sprzęgać *vt* couple, join

sprzęgło *n techn.* coupling, clutch; **włączyć ~** put in the clutch; **wyłączyć ~** declutch

sprzęt *m* piece of furniture; implement, equipment; **~ kuchenny** kitchen utensils *pl*; **~ wojenny** war material; **~ komputerowy** hardware

sprzężenie *n komp.* interface; **~ zwrotne** feedback

sprzyjać *vi* favour (**komuś, czemuś** sb, sth), be favourable (**komuś, czemuś** to sb, sth)

sprzyjający *adj* favourable

sprzykrzy|ć *vt,* **~ć sobie coś** become fed up with sth, be sick of sth; **~ć się** *vr,* **to mi się ~ło** I am fed up with it <sick of it>

sprzymierzeniec *m* ally

sprzymierzon|y *adj* allied; *pl* **państwa ~e** Allied Powers

sprzymierzyć się *vr* enter into an alliance

sprzysięgać się *vr* conspire

sprzysiężenie *n* conspiracy, plot

spuchnąć *vi* swell up

spuchnięty *adj* swollen

spust *m techn.* slip; (*strzelby, pistoletu*) trigger

spustoszenie *n* devastation

spustoszyć *zob.* **pustoszyć**

spuszczać *vt* down, lower, drop; (*wodę*) let off; (*oczy*) cast down; (*głowę*) droop; (*psa ze smyczy*) unleash; **~ się** *vr* go down, descend; (*statek na wodę*) launch

spuścizna *f* heritage; inheritance

spychacz *m* bulldozer

spychać *vt* push down, shift back

sraczka *f wulg.* the shits

srać *vi wulg.* shit, crap, take a shit <a crap>

srebro *n* silver; **~ stołowe** plate; *pot.* **żywe** quicksilver, mercury

srebrzyć *vt* silver, plate with silver

srebrzysty *adj* silvery

srogi adj cruel, severe, fierce

srogość f severity, fierceness

sroka f zool. (mag)pie

sromotny adj shameful, disgraceful

srożyć się vr rage

ssać vt suck

ssak m zool. mammal

ssanie n suction

ssąc|y p praes i adj sucking; suction attr; **pompa ~a** suction pump

stabilizacja f stabilization

stacja f station; **~ obsługi technicznej** service station; **~ kosmiczna** space station

staczać vt roll down; **~ bój** fight a battle; **~ się** vr tumble <roll> down; przen. get low

sta|ć vi stand; **~ć mnie na to** I can afford it; **~ć na czele** be at the head; **~ć na kotwicy** lie <ride> on the anchor; **~ć na warcie** stand sentry; **~ z założonymi rękoma** stand by with folded arms; **~ć się** vr happen, occur; become; **co się ~ło?** what happened?, what's up here?; **co się z nim ~ło?** what has become of him?; **on ~ł się sławny** he became famous; **gdyby mu się coś ~ło** should anything happen to him

stadion m stadium; sports ground

stadium n stage

stado n herd; (ptaków) flock

stagnacja f stagnation; recession

stajnia f stable

stal f steel

stale adv constantly, always; continually

stalownia f steelworks

stalówka f nib

stałość f constancy, stability

stały adj constant, stable; (o cenie) fixed; (o pogodzie) settled; fiz. solid; **ląd ~** continent; **~ mieszkaniec** resident

stamtąd praep from there

stan m state, condition; (część państwa) state; **~ cywilny** marital status; **urząd ~u cywilnego** registry-office; **~ kawalerski, panieński** single state; **~ małżeński** married state; **~ liczebny** strength; **~ oblężenia** state of siege; **~ prawny** legal status; **~ wyjątkowy** state of emergency; **~ wojenny** martial law; state of war; fin. **~ bierny** liabilities pl; **~ czynny** assets pl; **mąż ~u** statesman; **zamach ~u** coup d'état; **zdrada ~u** high treason; **ludzie wszystkich ~ów** people of every state and condition; **w nietrzeźwym ~ie** under the influence of drink; **być w ~ie** be able (**coś zrobić** to do sth); **w dobrym ~ie** in good condition; **żyć ponad ~** live beyond one's means

stan|ąć vi (powstać) stand up; (zatrzymać się) stop, halt, come to a standstill; **praca ~ęła** work has stopped; **~ąć komuś na przeszkodzie** get in sb's way; **na tym ~ęło** there the matter was dropped

stancja f lodging

standard m standard, norm

standaryzować vt standardize

stanik m (biustonosz) brassiere; pot. bra

stanowczo adv decidedly; absolutely, definitely

stanowczość f firmness, peremptoriness

stanowczy adj firm, decided, peremptory

stanowi|ć vt vi (ustanawiać) establish, institute; (wyjątek, prawa, różnice itp.) make; (decydować) decide (**o czymś** sth); **to ~ 5 funtów** this amounts to 5 pounds

stanowisk|o n post, position; (społeczne) standing; (pogląd) standpoint, opinion; (postawa) attitude; **człowiek na wysokim ~u** man of high standing; **zająć przyjazne ~o** take a friendly at-

S

titude (**w stosunku do kogoś, czegoś** towards sb, sth); **zajmować ~o nauczyciela** fill the position <post> of teacher

starać się *vr* endeavour, make efforts, take pains; (*troszczyć się*) take care (**o kogoś, coś** of sb, sth); (*zabiegać*) solicit (**o coś** sth); **~ o posadę** apply for a job

starani|e *n* (*troska*) care; (*zabiegi*) solicitation, endeavour; **robić ~a** make efforts; apply (*np.* **o posadę** for a job)

staranność *f* accuracy, exactitude

staranny *adj* careful, exact, accurate, solicitous

starcie *n* rubbing, friction; (*skóry*) abrasion; (*walka*) collision, conflict; *wojsk.* engagement

starczy *adj* senile

starczy|ć *vi* suffice; **jeśli mi tylko sił ~** to the best of my power; **to ~** that will do

starodawny *adj* ancient, antique; old-time *attr*

staromodny *adj* old-fashioned, out-of-date *attr*

starosta *m* prefect (of a district); (*kierownik grupy*) senior

starość *f* old age

staroświecki *adj* old-fashioned; old-world *attr*

starożytność *f* antiquity

starożytn|y *adj* ancient, antique; *s pl ~i* the ancients

starszeństwo *n* seniority

star|szy *adj* older, elder, senior; *s* senior, superior; *pl ~si* (*starszyzna*) the elders

starszyzna *f* the elders

start *m* start; *lotn.* take-off

starter *m* starter, self-starter

startować *vi* start; *lotn.* take off

staruszek, **starzec** *m* old man

stary *adj* old, aged

starzeć się *vr* grow old

stateczność *f* steadiness

stateczny *adj* steady; (*zrównoważony*) staid

stat|ek *m* *mors.* vessel; ship; **~ek handlowy** merchantman; **~ek parowy** steamship, steamer; **~ek rybacki** fishing boat <vessel>; **~ek wojenny** man-of-war; **~ek pocztowy** mail boat <ship>; **~ek kosmiczny** spaceship, spacecraft; **~kiem** by ship; **podróżować ~kiem** sail, go by ship; **wysyłać ~kiem** ship, send by ship; **wsiadać na ~ek** take ship, go on board (a ship); **na ~ek, na ~ku** on shipboard, on board ship

statua *f* statue

statuetka *f* statuette

statyczny *adj* static

statyka *f* statics

statysta *m* *teatr* mute

statystyczny *adj* statistic(al)

statystyk *m* statistician

statystyka *f* statistics

statyw *m* tripod, stand

staw *m* pond; *anat.* joint

stawać *zob.* **stanąć**

stawiać *vt* set, put (up); (*np. butelkę, szklankę, drabinę*) stand; (*budować*) build, erect; (*pomnik*) raise; **~ czoło** make a stand (**komuś, czemuś** against sb, sth), brave (**komuś, czemuś** sb, sth); **~ opór** resist (**komuś, czemuś** to sb, sth); **~ wszystko na jedną kartę** stake everything on one card; **~ na konia** back a horse; **~ 10 funtów na konia** bet £ 10 on horse; **~ coś na głowie** stand sth on its head; **~ się** *vr* defy (**komuś** sb), show fight (**komuś** to sb); (*np. w sądzie*) appear, turn up

stawiennictwo *n* appearance

stawka *f* (*w grze*) stake; (*taryfa*) rate

staż *m* probation; training period

stażysta *m* probationer

stąd *praep* (*z tego miejsca*) from here; (*dlatego*) hence

stąpać vi stride, step, tread

stchórzyć vi prove a coward, pot. show the white feather

stearyna f stearin(e)

stempel m stamp; (sztanca) die; (podpora) prop; (pocztowy) postmark

stemplować vt stamp, cancel; (datownikiem pocztowym) postmark; filat. obliterate; (podpierać) prop (up)

stenografia f shorthand, shorthand-writing

stenografować vt write in shorthand

step m steppe

ster m rudder; (koło sterowe) helm; **u ~u** at the helm

sterczeć vi stand <stick> out, (ku górze) stick up

stereo nieodm. stereo

stereofonia f stereo sound

stereofoniczny adj stereophonic; stereo; **magnetofon ~** stereo tape recorder; stereo cassette deck; **wzmacniacz ~** stereo amplifier; **zestaw ~** stereo set

stereoskop m fiz. fot. stereoscope

stereotyp m stereotype

sterling zob. **funt**

sternik m steersman, helmsman

sterować vi steer (**okrętem** the ship)

sterowanie n control

sterta f stack; (stos) pile, heap

sterylizować vt sterilize

sterylny adj sterile

stewardessa f air-hostess, airstewardess

stęchlizna f fustiness

stęchły adj fusty, musty

stękać vi moan, groan

stępić vt blunt; **~ się** vr become blunt

stęskniony pp i adj pining, yearning (**za kimś, czymś** for sb, sth); **~ za ojczyzną** homesick

stężać vt chem. concentrate

stężenie n hardening; chem. concentration

stłoczyć vt compress, cram

stłuc vt smash, break; (np. kolano) bruise

sto num one <a> hundred; **Sto lat!** (śpiewane życzenia) Happy Birthday to You!

stocznia f mors. shipyard

stodoła f barn

stoicyzm m stoicism

stoik m stoic

stoisko n stand

stojak m stand

stok m slope, hillside

stokrotka f daisy

stokrotny adj hundredfold

stolarz m carpenter, joiner

stolec m med. stool; **oddawać ~** move one's bowels; defecate

stolica f capital; rel. **Stolica Apostolska** Holy See

stołeczny adj metropolitan

stołek m stool

stołować vt board; **~ się** vr board (**u kogoś** with sb)

stołownik m boarder

stołówka f canteen; cafeteria

stomatologia f med. stomatology

stonoga f zool. woodlouse

stop m (metalowy) alloy

stop|a f foot; **~a procentowa** rate of interest; **~a życiowa** living standard, standard of life; **na ~ie wojennej** on war footing; **na przyjacielskiej ~ie** on a friendly footing; **od stóp do głów** from top to toe; **u stóp góry** at the foot of the hill

stopić vt melt

stopi|eń m degree; (ocena) mark, grade; (np. schodów) step; **mający ~eń akademicki** graduate; **uzyskać ~eń (akademicki)** graduate; **w wysokim ~niu** to a high degree

stopniały adj (o metalu) molten; (np. o śniegu) melted

stopnieć vi melt down

stopniować *vt* gradate, graduate
stopniowanie *n* gradation
stopniowo *adv* gradually, by degrees
stopniowy *adj* gradual
stora *f* (window-)blind
storczyk *m bot.* orchid
stos *m* pile, heap; *(całopalny)* stake; *fiz.* ~ **atomowy** atomic pile; *ułożyć w* ~ heap (up), pile (up)
stosowa|ć się *vt* apply, employ, use; ~**ć się** *vr* comply *(np.* **do prośby** with a request)*, conform *(np.* **do przepisów, zwyczajów** to rules, to customs); *(odnosić się)* refer *(do czegoś* to sth); *sztuki* ~**ne** applied arts
stosownie *adv* accordingly; ~ **do czegoś** according to sth
stosowny *adj* suitable, appropriate *(do kogoś, czegoś* to sb, sth)
stosun|ek *m* relation; proportion; *(związek)* connection; *(postawa)* attitude; *(płciowy)* intercourse; *pl* ~**ki** *(majątkowe itp.)* means, circumstances; *(polityczne, towarzyskie)* relations; *być w dobrych* ~**kach** be on good terms
stosunkowy *adj* relative; proportional; comparative
stowarzyszenie *n* association, society
stożek *m* cone
stożkowy *adj* conical
stóg *m* stack, rick
stół *m* table; *(wikt, utrzymanie)* board; *nakrywać do stołu* lay the table; *przy stole (jedząc)* at table
stracenie *n* execution
straceniec *m* desperado
strach *m* fear, fright; *napędzać* ~**u** alarm, terrify *(komuś* sb); *ze* ~**u** for fear *(przed czymś* of sth, *o coś* for sth); ~ **na wróble** scarecrow
stracić *vt (ponieść stratę)* lose;

(pozbawić życia) execute; ~ **z oczu** lose from sight
stragan *m* (huckster's) stand, stall
straganiarz *m pot.* huckster
strajk *m* strike; ~ **powszechny** general strike; ~ **głodowy** hunger strike; ~ **okupacyjny** sit-down strike
strajkować *vi* strike, go on strike
strajkujący *m* striker
strapienie *n* affliction, grief
strapiony *adj* afflicted, heartsick
straszak *m* toy pistol; bugbear
straszliwy *adj* horrible
straszny *adj* terrible, awful
strasz|yć *vt* frighten; *(o duchach)* haunt; *w tym domu* ~ this house is haunted
straszydło *n także i przen.* scarecrow
strat|a *f* loss; *ponieść* ~**ę** suffer a loss; *ze* ~**ą** at a loss
strategia *f* strategy
strategiczny *adj* strategic
stratny *adj, być* ~**m** be a loser
stratosfera *f* stratosphere
strawny *adj* digestible
straż *f* guard, watch; *być na* ~**y** keep guard; *pod* ~**ą** under guard; ~ **honorowa** guard of honour; ~ **ogniowa** fire-brigade
strażak *m* fireman
strażnica *f* watch-tower
strażnik *m* guard; *(nocny)* watchman
strącić *vt* throw <hurl> down; precipitate *(także chem.)*, deduct; *(o samolocie)* bring down; ~ **z tronu** dethrone
strączek, strąk *m* pod, husk, hull
strefa *f geogr.* zone; ~ **podzwrotnikowa** torrid zone; ~ **umiarkowana** temperate zone; ~ **zimna** frigid zone
stres *m* stress
streszczać *vt* make a summary *(coś* of sth), summarize; ~ **się** *vr* be brief

streszczenie n summary, précis

stręczyciel m (*pośrednik*) jobber; (*do nierządu*) procurer; *pot.* pimp

stręczyć vt procure

striptiz m striptease

striptizerka f stripper

strofa f stanza

strofować vt reprimand

stroić vt (*ubierać*) attire, deck; (*fortepian*) tune; **żarty** make fun (**z kogoś, czegoś** of sb, sth); **się** vr dress oneself, deck oneself out

strojny adj smart, dressy

stromy adj steep, abrupt

stron|a f side; (*stronica*) page; *gram.* voice, **a czynna** <**bierna**> active <passive> voice; (*okolica*) region, part; **a zawierająca umowę** contracting party; **y świata** quarters of the globe, cardinal points; **stanąć po czyjejś ie** take sides with sb, side with sb; **w tych ach** in these parts; **z jednej y... z drugiej y** on the one hand... on the other hand; **z mojej y** for <on> my part; **z prawej y** on the right hand; **z tej y** on this side; **ze wszystkich** on all sides

stronnictwo n party

stronniczość f partiality

stronniczy adj partial, biased

stronnik m partisan

strop m ceiling

stropić vt put out of countenance; **się** vr be put out of countenance

stroskany adj afflicted, careworn

strój m attire, dress; *muz.* pitch; **wieczorowy** evening dress

stróż m guard, guardian; (*strażnik*) watchman; (*dozorca*) door-keeper; **anioł** guardian angel

strudzony adj wearied

struga f rill, stream

strugać t whittle

struktura f structure

strumień m stream

struna f muz. string, chord; *anat.* **głosowa** vocal cord

strup m crust

struś m zool. ostrich

strych m attic, loft, garret

strychnina f chem. strychnine

stryczek m halter, rope

stryj m uncle

stryjeczn|y adj, **brat y, siostra a** cousin

strzał m shot

strzała f arrow

strzaskać vt smash

strząsać vt shake off

strzec vt guard, protect (**przed kimś, czymś** from <against> sb, sth); **się** vr be on one's guard (**kogoś, czegoś** against sb, sth)

strzecha f thatch

strzelać vi shoot, fire (**do kogoś, czegoś** at sb, sth); **z pistoletu** fire a pistol; **bramkę** shoot <score> a goal

strzelanina f firing

strzelba f rifle, gun

strzelec m rifleman; shot; (*wyborowy*) marksman; (*znak zodiaku*) Sagittarius

strzelnica f shooting-gallery; *wojsk.* shooting-range

strzelniczy adj, **proch** gunpowder

strzemienny m parting drink

strzemię n stirrup

strzęp m tatter, shred

strzępić vt shred, fray; **się** vr fray, become frayed

strzyc vt shear, clip; (*włosy*) cut, crop; **sobie włosy** have a haircut; **włosy krótko** crop the hair close; **uszami** prick up one's ears

strzykać vt vi squirt; (*boleć*) twinge

strzykanie n twinge

strzykawka f syringe; **jednorazowego użytku** disposable syringe

strzyżenie *n* shearing; **~ włosów** haircut

student *m*, **studentka** *f* student; **~ pierwszego <drugiego, trzeciego, czwartego> roku** first <second, third, fourth> year student; *am.* freshman, sophomore, junior, senior

studia *pl* studies; **~ zaoczne** extramural studies

studiować *vt* study

studium *n* study

studnia *f* well

studzić *vt* cool (down)

stuk *m* knocking, noise

stulecie *n* century; (*setna rocznica*) centenary

stuletni *adj* (*człowiek*) hundred years old; **wojna ~a** Hundred Years' War

stwardniałość *f* hardening, callosity

stwardniały *adj* hardened, callous

stwarzać *vt* create; make; (*np. sytuację, warunki*) bring about

stwierdzać *vt* state, assert, affirm; confirm, corroborate

stwierdzenie *n* statement, assertion; corroboration

stworzenie *n* (*czyn*) creation; (*istota*) creature; **żywe ~** living animal

stworzyciel, stwórca *m* creator

stworzyć *zob.* **stwarzać, tworzyć**

styczeń *m* January

styczna *f mat.* tangent

styczność *f* contact, contiguity; **utrzymywać ~** keep in touch (**z kimś** with sb)

stygmat *m* stigma

stygnąć *vi* cool down

stykać się *vr* contact (**z kimś** sb), meet (**z kimś** sb), be in touch (**z kimś** with sb)

styl *m* style; **~ pływacki** stroke; **~ życia** way of life

stylista *m* stylist

stylistyczny *adj* stylistic

stylistyka *f* stylistics

stylowy *adj* stylish

stypa *f* wake

stypendium *n* (*naukowe*) scholarship; (*także studenckie*) fellowship; stipend; grant

stypendysta *f* scholarship-holder

subiektywizm *m* subjectivism

subiektywny *adj* subjective

sublimat *m chem.* sublimate

sublokator *m* lodger

subordynacja *f* subordination

subskrybent *m* subscriber

subskrybować *vt* subscribe (**coś** to sth)

subskrypcja *f* subscription (**czegoś** to sth)

substancja *f* substance

subsydiować *vt* subsidize

subsydium *n* subsidy

subtelność *f* subtlety

subtelny *adj* subtle, fine

subwencja *f* subvention, subsidy; grant

subwencjonować *vt* subsidize

suchar *m* biscuit; *am.* cracker

sucharek *m* rusk

suchy *adj* dry; arid

sufiks *m gram.* suffix

sufit *m* ceiling

sufler *m* prompter

sugerować *vt* suggest

sugestia *f* suggestion

sugestywny *adj* suggestive

suka *f* bitch

sukces *m* success; **odnieść ~** be successful, be a success

sukcesja *f* succession; (*dziedzictwo*) inheritance

sukcesor *m* successor; heir

sukienka *f* dress, frock

sukiennice *s pl* drapers' hall

sukiennik *m* draper

sukinsyn *m wulg.* son of a bitch

suknia *f* dress, frock, gown; **~ wieczorowa** evening gown

sukno *n* cloth

sułtan *m* sultan

sułtanka *f* sultana

S

sum *m zool.* catfish, sheat-fish
suma *f* sum, total; *(msza)* High Mass
sumaryczny *adj* summary
sumienie *n* conscience; **czyste ~** good <clear> conscience; **nieczyste ~** bad <guilty> conscience
sumienność *f* conscientiousness
sumienny *adj* conscientious
sumować *vt* sum up
sunąć *vi* glide; *vt zob.* **suwać**
supeł *m* knot
supremacja *f* supremacy
surdut *m* frock-coat
surogat *m* surrogate, substitute
surowica *f* serum
surowiec *m* raw material
surowość *f* severity, crudeness
surowy *adj* raw; *przen.* severe, stern
surówka *f* raw stuff; *techn.* pig-iron; *(potrawa)* vegetable salad
susza *f* drought
suszarka *f (do włosów)* hair-dryer; *(do naczyń)* dish drainer;
suszarnia *f* drying-shed
suszyć *vt* dry; *przen.* **~ komuś głowę** pester sb; *vi (pościć)* fast
sutanna *f* cassock
sutener *m pot.* pimp
suterena *f* basement
sutka *f* nipple, teat
suwać *vt* shove, shuffle, slide
suwak *m* slide; *(błyskawiczny)* zip (fastener); *am.* zipper
swada *f* eloquence
swat *m* match-maker; *(zawodowy)* matrimonial agent
swatać *vt* make a match
swawola *f* frolics *pl,* pranks *pl,* antics *pl,* wantonness
swawolić *vi* frolic, play pranks, skylark, wanton
swawolny *adj* frolicsome, playful, wanton
swąd *m* reek
sweter *m* sweater, jumper, jersey; *(zapinany)* cardigan
swędzenie *n* itch

swędzić *vi* itch
swobod|a *f* liberty, freedom; *(wygoda)* ease; *(lekkość ruchów, obejścia)* easiness; **~y obywatelskie** civil liberties
swobodny *adj* free; *(wygodny, lekki w obejściu)* easy; *(niewymuszony, powolny)* leisurely; *(o stroju)* informal
swoisty *adj* specific, peculiar
swojski *adj* homely, familiar, congenial
sworzeń *m* bolt
swój *pron* her, his, my, our, your, their; **postawić na swoim** have one's will; **po swojemu** in one's own way; **swego czasu** at one time
sybaryta *m* sybarite
sybarytyzm *m* sybaritism
syberyjski *adj* Siberian
sycić *vt* satiate
syczeć *vi* hiss
syfon *m* siphon
sygnalizacja *f* signalling
sygnalizacyjny *adj* signal *attr;* **system ~** code of signals
sygnalizować *vt vi* signal
sygnał *m* signal; **~ świetlny** flare
sygnatariusz *m* signatory
sygnet *m* signet
syk *m* hiss
sylaba *f gram.* syllable
sylogizm *m* syllogism
sylwester *m* New Year's Eve party
sylwet(k)a *f* silhouette
symbioza *f* symbiosis
symbol *m* symbol
symboliczny *adj* symbolic
symbolika *f* symbolism
symbolizować *vt* symbolize
symetria *f* symmetry
symetryczny *adj* symmetrical
symfonia *f* symphony
symfoniczny *adj* symphonic
sympati|a *f* sympathy; *pot. (o dziewczynie, chłopcu)* girlfriend, boyfriend; **czuć ~ę** have a liking **(do kogoś** for sb)

sympatyczny *adj* lov(e)able, lik(e)able; (*ujmujący*) winning; (*swojski*) congenial

sympatyk *m* sympathizer, supporter, well-wisher

sympatyzować *vi* sympathize

symptom *m* symptom

symptomatyczny *adj* symptomatic

symulacja *f* simulation, malingering

symulant *m* simulator; (*symulujący chorobę*) malingerer

symulować *vi* simulate; (*udawać chorego*) malinger

syn *m* son

synagoga *f* synagogue

synchronizacja *f* synchronization

synchronizm *m* synchronism

synchronizować *vt vi* synchronize

syndykat *m* syndicate

synekura *f* sinecure; *pot.* cosy job

synod *m* synod

synonim *m* synonym

synowa *f* daughter-in-law

syntaktyczny *adj gram.* syntactic

syntetyczny *adj* synthetic

synteza *f* synthesis

sypać *vt* strew, pour, scatter; (*np. kopiec, okopy*) throw up; **~ się** *vr* pour

sypialnia *f* bedroom

sypialny *adj* sleeping *attr*; **wagon ~** sleeping-car, sleeper

sypki *adj* loose; *pl* **ciała ~e** dry goods

syrena *f* (*mitologiczna*) siren, mermaid; (*alarmowa, fabryczna*) hooter; (*okrętowa, mgłowa*) fog-horn; (*okrętowa*) ship's siren

syrop *m* syrup; (*lekarstwo*) medicated syrup

Syryjczyk *m* Syrian

syryjski *adj* Syrian

system *m* system **~ operacyjny** *komp.* operating system; **~ planetarny** planetary system; **~ nerwowy** nervous system

systematyczny *adj* systematic

sytny *adj* substantial, nutritious

sytość *f* satiety

sytuacj|a *f* situation; **w obecnej ~j** as things are

sytuować *vt* situate

syt|y *adj* satiated; **do ~a** to satiety

szabla *f* sabre, sword

szablon *m* model, pattern; (*malarski*) stencil

szach *m* (*panujący*) Shah; (*w szachach*) check; **~ i mat** checkmate

szachista *m* chess-player

szachować *vt* check; *przen.* hold at bay

szachownica *f* chess-board

szachy *s pl* chess

szacować *vt* estimate, assess, rate (**na 5 funtów** at £ 5), appraise

szacun|ek *m* (*ocena*) estimate, assessment, appraisal; (*uszanowanie*) esteem, respect; **z ~kiem** with compliments

szafa *f* (*na ubranie*) wardrobe; (*na książki*) bookcase; (*biurowa, lekarska*) cabinet

szafir *m* sapphire

szafka *f* (*oszklona*) case; (*na papiery itp.*) cabinet; (*nocna*) night-table

szafot *m* scaffold

szafować *vi* lavish

szafran *m* saffron

szajka *f* gang

szakal *m zool.* jackal

szal *m* shawl

szal|a *f* scale; **przeważyć ~ę** turn the scale

szalbierstwo *n* fraudulence, swindle

szalbierz *m* swindler

szaleć *vi* rage; be crazy (**za kimś, czymś** about sb, sth)

szaleniec *m* madman

szaleństwo *n* madness, folly; (*w modzie*) craze

szalet *m* WC; public lavatory; *am.* restroom

S

szalik *m* scarf; (*wełniany*) comforter

szalka *f* scale; bowl

szalony *adj* mad, crazy, frantic

szalować *vt* board

szalupa *f* mors. life boat

szał *m* fury, frenzy; **wpaść w ~** fly into a fury; **doprowadzić kogoś do ~u** drive sb mad

szałas *m* shed, shanty

szambelan *m* chamberlain

szamotać się *vr* scuffle

szampan *m* champagne

szampon *m* shampoo

szaniec *m* rampart

szanować *vt* esteem, respect; (*zdrowie, książki itp.*) be careful (**coś** of sth)

szanown|y *adj* respectable, honourable; **~y Panie** Dear Sir; **~a Pani** Dear Madam

szansa *f* chance; (*życiowa*) chance of a lifetime

szantaż *m* blackmail

szantażować *vt* blackmail

szantażysta *m* blackmailer

szarada *f* charades

szarańcza *f* locust

szarfa *f* sash, scarf

szargać *vt* foul, soil

szarlatan *m* quack, charlatan

szarlotka *f* apple-tart; apple-cake; apple-pie

szarotka *f* bot. edelweiss

szarpać *vt* tear, pull (**coś** sth, **za coś** at sth)

szaruga *f* foul weather

szary *adj* grey; *am.* gray; *przen.* **~ człowiek** the man in the street; **~ koniec** lower end, lowest place

szarzeć *vi* become grey; (*zmierzchać się*) grow dusky

szarża *f* charge; (*ranga*) rank

szarżować *vt* (*atakować*) charge

szastać *vi* squander

szata *f* robe, gown; garment

szatan *m* Satan, devil

szatański *adj* satanic(al), fiendish

szatkować *vt* slice

szatnia *f* cloakroom; *am.* checkroom

szczać *vi wulg.* piss, leak, take a piss <a leak>

szczapa *f* splint, chip

szczaw *m* sorrel

szcząt|ek *m* remnant, rest; *pl* **~ki** debris

szczebel *m* (*drabiny*) rung; (*przen. stopień*) step, degree, grade, level

szczebiot *m* chirrup

szczebiotać *vi* chirrup

szczecina *f* bristle

szczegółnoś|ć *f* peculiarity; **w ~ci** in particular

szczególny *adj* peculiar, particular

szczegół *m* detail; **wchodzić w ~y** go into details

szczegółowo *adv* in detail

szczegółowy *adj* detailed, particular

szczekać *vi* bark

szczelina *f* cleft, crevice, chink

szczelny *adj* close, tight

szczeniak *m* whelp, cub; (*psi*) puppy

szczep *m* (*ogrodniczy*) graft, shoot; (*plemię*) tribe

szczepić *vt* (*drzewko*) graft; *med.* vaccinate; *med. i przen.* inoculate

szczepienie *n* (*drzewka*) graft, grafting; *med. i przen.* inoculation; vaccination

szczepionka *f med.* vaccine

szczerba *f* jag, notch

szczerbaty *adj* jagged; (*wyszczerbiony*) indented, notched; (*o zębach*) gap-toothed

szczerbić *vt* jag; (*nacinać*) indent

szczerość *f* sincerity

szczery *adj* sincere, frank; (*np. o złocie*) genuine

szczędzić *vt vi* spare

szczęk *m* jingle, clang

szczęka *f anat.* jaw; **sztuczna ~** denture; **opada ~ komuś** *przen.* one's jaw drops

szczękać *vi* clink, jingle

szczęścić się *vr*, **jemu się ~** he has good luck, he is successful <prosperous>

szczęściarz *m pot.* lucky beggar <dog>

szczęści|e *n* (*zdarzenie*) good luck; (*stan*) happiness; **na ~e** fortunately; **mieć ~e** be lucky, have good luck; **próbować ~a** try a chance

szczęśliwy *adj* happy; fortunate, lucky

szczodrość *f* liberality, generosity

szczodry *adj* liberal, generous

szczoteczka *f* (*do zębów*) toothbrush

szczotka *f* brush

szczotkować *vt* brush

szczuć *vt* bait; *przen.* (*judzić*) abet

szczudło *n* stilt

szczupak *m zool.* pike

szczupleć *vi* become slim, reduce weight

szczupły *adj* slim; (*niedostateczny*) scare, scanty

szczur *m zool.* rat

szczycić się *vr* boast (**czymś** of sth), pride oneself on sth; glory (**czymś** in sth)

szczypać *vt* pinch

szczypce *s pl* (*obcęgi*) tongs, (*kleszcze*) pincers, (*płaskie*) pliers

szczypiorek *m bot.* chive(s)

szczypta *f* pinch

szczyt *m* peak, top; *także polit.* summit; climax; (*np. ambicji, sławy*) height; **godziny ~u** rush hours; **to ~ wszystkiego!** that beats everything!; that's the limit!

szczytny *adj* sublime

szef *m* principal, chief, *pot.* boss; **~ kuchni** chef

szelest *m* rustle

szeleścić *vi* rustle, (*np. o jedwabiu*) swish

szelki *s pl* braces, *am.* suspenders

szemrać *vi* murmur; (*narzekać*) grumble (**na coś** at sth)

szept *m* whisper

szeptać *vt vi* whisper

szereg *m* row, file, series; (*np. nieszczęść*) succession; (*ilość*) number; **w ~u wypadków** in a number of cases

szeregować *vt* rank

szeregowiec *m wojsk.* private (soldier)

szeregow|y *adj, techn.* **połączenie ~e** connection in series; *komp.* serial; *s* **~y** *wojsk.* private; *pl* **~i** ranks and file

szermierka *f sport* fencing

szermierz *m sport* fencer; *przen.* champion

szeroki *adj* wide, broad; **człowiek o ~ch poglądach** open-<broad-> minded man

szerokość *f* width, breadth; *geogr.* latitude; (*toru*) gauge

szerokotorow|y *adj*, **kolej ~a** broad-gauge railway

szerszeń *m zool.* hornet

szerzyć *vt*, **~ się** *vr* spread

szesnastka *f* sixteen

szesnasty *num* sixteenth

szesnaście *num* sixteen

sześcian *m* cube; *mat.* **podnosić do ~u** cube

sześcienny *adj* cubic

sześć *num* six

sześćdziesiąt *num* sixty

sześćdziesiąty *num* sixtieth

sześćset *num* six hundred

szew *m* seam; *med.* suture

szewc *m* shoemaker

szkalować *vt* slander

szkapa *f pot.* jade

szkaradny *adj* hideous

szkarlatyna *f med.* scarlet-fever

szkarłat *m* scarlet

szkatuła *f* casket

szkic *m* sketch, outline

szkicować *vt* sketch, outline

szkicownik *m* sketch-book

szkielet *m anat.* skeleton; (*zarys*) framework; (*statku, budowli*) frame; (*zwłoki*) carcass

szkiełko *n* glass; (*mikroskopowe*) slide

S

szklanka *f* glass

szklany *adj* glass *attr*

szklarnia *f* glasshouse, green-house

szklarz *m* glazier

szklisty *adj* glassy

szkliwo *n* glaze

szkł|o *n* glass; **~o powiększa-jące** magnifying glass; **~a kontaktowe** contact lenses; (*wyroby*) glassware

szkocki *adj* (*w odniesieniu do ludzi, języka*) Scots, Scottish; (*o produktach*) Scotch

szkod|a *f* damage, detriment, harm; **~a, że...** it's a pity that ...; **~a o tym mówić** it's no use talking about it; **wyrządzić ~ę** do harm (**komuś** to sb); **na czyjąś ~ę** to the detriment of sb; **jaka ~a!** what a pity!

szkodliwość *f* harmfulness

szkodliwy *adj* injurious, harmful, detrimental

szkodnik *m* wrong-doer, mischief-maker; *pl* **~i** *zool.* pest; vermin *zbior.*

szkodzi|ć *vi* do harm, injure; **nie ~!** never mind!; it doesn't matter; **~ na żołądek** bad for the stomach

szkolić *vt* school, train, instruct

szkolnictwo *n* school-system, education

szkoln|y *adj* school *attr*; **kolega ~y** schoolmate; **książka ~a** school-book; **sala ~a** schoolroom; **wiek ~y** school age

szko|ła *f* school; **~ła morska** school of navigation; nautical school; **~ła podstawowa <powszechna>** elementary <primary> school; **~ła średnia** secondary school; *am.* high school; **~ła wyższa** higher school; **~ła zawodowa** technical school; **chodzić do ~y** go to school; **w ~le** at school

szkopuł *m* obstacle

szkorbut *m med.* scurvy

Szkot *m* Scotsman, Scot; **Szkoci** the Scots, Scotsmen

Szkotka *f* Scotswoman

szkółka *f* (*drzew*) nursery

szkwał *m mors.* squall

szlaban *m* barrier, turnpike

szlachcic *m hist.* country gentleman; nobleman

szlachetny *adj* noble, gentle

szlachta *f* gentry, nobility

szlafrok *m* dressing-gown

szlag *m pot.* **niech to <cię> ~ trafi!** damn it <you>!

szlagier *m* hit

szlak *m* border; (*droga*) track, trail

szlam *m* slime

szlem *m* (*w brydżu*) grand slam

szlemik *m* (*w brydżu*) small slam

szlifierz *m* grinder, polisher

szlifować *vt* grind, polish

szlochać *vi* sob

szmal *m pot.* dough, bread

szmaragd *m* emerald

szmata *f* clout, rag

szmelc *m* scrap, scrap-iron; **nadający się na ~** fit for scrap

szmer *m* murmur, rustle

szminka *f* paint, (*kredka*) lipstick

szmugiel *m* smuggle

szmuglować *vt* smuggle

sznur *m* rope, cord; string; **~ pereł <korali itp.>** string of pearls <beads *etc.*>

sznurek *m* string

sznurować *vt* lace (up)

sznurowadło *n* shoe-lace

szofer *m* chauffeur, driver

szok *m* nervous shock

szopa *f* shed

szopka *f* puppet theatre; (*gwiazdkowa*) Christmas crib

szorować *vt* scour, scrub

szorstki *adj* rough; coarse

szorty *s pl* shorts

szosa *f* motorway, highway, freeway

szowinista *m* chauvinist, jingoist

szowinizm *m* chauvinism, jingoism

szóstka *f* six

szósty *num* sixth; **~ zmysł** the sixth sense

szpada *f sport* épée

szpagat *m* string; (*w tańcu, akrobacji*) splits *pl*

szpak *m zool.* starling

szpaler *m* lane, double row

szpalta *f* column

szpara *f* slit, (*w automacie*) slot; (*szczelina*) chink

szparag *m bot.* asparagus

szpecić *vt* uglify, make ugly, disfigure

szpetny *adj* ugly

szpic *m* point; (*sztyft, kolec*) spike

szpicel *m pot.* sleuth

szpieg *m* spy

szpiegować *vt* spy (**kogoś** on sb)

szpik *m* marrow

szpikować *vt* lard

szpilka *f* pin; **siedzieć jak na ~ch** be on pins and needles

szpinak *m* spinach

szpital *m* hospital

szpon *m* claw, talon; (*także techn.*) clutch

szprot *m, pot.* **szprotka** *f zool.* sprat

szpryca *f* syringe

szprycha *f* spoke

szpulka *f* spool, reel, bobbin

szpunt *m* plug, stopper; (*w beczce*) bung

szrama *f* scar

szron *m* hoarfrost

sztab *m wojsk.* staff

sztaba *f* bar

sztachety *s pl* fence, railing

sztafeta *f* courier; *sport* relay race

sztaluga *f zw. pl* easel

sztanca *f* die

sztandar *m* banner, flag

szterling *m* = **sterling** *zob.* **funt**

sztolnia *f górn.* adit

sztruks *m* corduroy

sztucer *m* (*strzelba*) rifle

sztuczka *f* (*fortel*) trick; gimmick

sztuczny *adj* artificial; (*nienaturalny*) affected

sztućce *s pl* cutlery

sztuk|a 1. *f* art; **~i piękne** fine arts; **galeria ~i** art gallery; **~ dla ~i** art for art's sake

sztuka 2. *f* (*kawałek, jednostka*) piece, unit; (*bydła*) head; **~ mięsa** boiled beef

sztuka 3. *f* (*teatralna*) play

sztuka 4. *f* (*fortel*) artifice, trick

sztukateria *f* stucco

sztukować *vt* piece out, patch

szturchać *vt* jostle, prod

szturm *m* storm, attack; **przypuścić ~ do twierdzy** storm a fortress

szturmować *vt* storm, attack

sztych *m* (*uderzenie*) stab, thrust; (*rycina*) engraving

sztyft *m* pin, spike

sztygar *m górn.* foreman

sztylet *m* dagger

sztywnieć *vi* stiffen

sztywny *adj* stiff; (*np. o zapasach, postępowaniu*) rigid; (*o cenach*) fixed

szubienica *f* gallows

szubrawiec *m* scoundrel, rascal

szufla *f* shovel

szuflada *f* drawer

szuja *m pot.* scoundrel

szukać *vt* seek (**kogoś, czegoś** sb, sth); look for <after> (**kogoś, czegoś** sb, sth); (*w słowniku, itp.*) look up (**czegoś** sth)

szuler *m* cardsharp(er)

szum *m* roar, noise

szumieć *vi* roar

szumowiny *s pl* scum *zbior.*

szuter *m* gravel

szuwary *s pl* bulrush

szwadron *m wojsk.* squadron

szwagier *m* brother-in-law

szwagierka *f* sister-in-law

Szwajcar *m,* **~ka** *f* Swiss; **~zy** *pl* the Swiss

szwajcarski *adj* Swiss

Szwed *m,* **~ka** *f* Swede; **~zi** *pl* the Swedes

szwedzki *adj* Swedish
szyb *m* shaft
szyba *f* pane; (*przednia w samochodzie*) windscreen
szybki *adj* quick, swift, speedy, fast
szybko *adv* quick(ly), fast
szybkoś|ć *f* speed, velocity; **z ~cią 60 mil na godzinę** at a speed of 60 miles per hour; **z pełną ~cią** at full speed; **ograniczenie ~ci** speed limit
szybkościomierz *m mot.* speedometer
szybować *vi* soar; *lotn.* glide
szybowiec *m lotn.* glider
szychta *f* shift, relay
szyci|e *n* sewing; **maszyna do ~a** sewing-machine
szyć *vt* sew
szydełko *n* crochet-needle
szydełkow|y *adj*, **robota ~a** crochet
szyderca *m* scoffer
szyderczy *adj* scoffing
szyderstwo *n* scoff
szydło *n* awl

szydzić *vi* scoff (**z kogoś, czegoś** at sb, sth)
szyfr *m* code, cipher
szyfrować *vt* code, cipher
szyj|a *f* neck; **pędzić na łeb na ~ę** rush headlong; **rzucać się komuś na ~** fall upon somebody's neck
szyk 1. *m* (*porządek*) order; *wojsk.* **~ bojowy** battle-array; *gram.* **~ wyrazów** word order
szyk 2. *m* (*wytworność*) elegance, chic
szykanować *vt* persecute; nag, vex
szykan|y *s pl* persecutions; vexations; **z ~ami** in great style
szykowny *adj* chic, smart
szyld *m* signboard
szylkret *m* tortoise-shell
szympans *m zool.* chimpanzee
szyna *f* rail; *med.* splint
szynka *f* ham
szyper *m mors.* skipper
szyszak *m hist.* helmet
szyszka *f bot.* cone

Ś

ścian|a *f* wall; (*skalna*) cliff; **~y mają uszy** (the) walls have ears
ścianka *f* (*przepierzenie*) partition
ściągaczka *f szkol. pot.* crib
ściągać *vt* draw down; pull down; (*zaciskać*) draw together, tighten; (*brwi, mięśnie*) contract; (*ludzi*) assemble; (*zdejmować buty*) pull off; (*ubranie*) take off; (*podatek*) raise, levy; (*pieniądze*) collect (**od kogoś** from sb); (*wartę*) withdraw; *pot.* (*odpisywać*) crib; **~ się** *vr* contract; (*kurczyć się*) shrink
ścieg *m* stitch
ściek *m* sewer, gutter, drain

ściekać *vi* flow down <off>, drip off
ściemniać się *vr* darken, grow <get> dark
ścienny *adj* wall *attr*; mural
ścierać *vt* wipe <rub> off; **~ kurz** dust
ścierka *f* mop, dishcloth; (*do kurzu*) duster
ścierpły *adj* benumbed, numb
ścierpnąć *vi* go numb
ścieśniać *vt* tighten; **~ się** *vr* tighten; stand <sit> closer
ścieżka *f* path, footpath; (*dźwiękowa*) soundtrack
ścięcie *n* cutting off; **~ głowy** beheading, execution

ścięgno n anat. sinew, tendon

ścigać vt pursue, chase; **~ się** vr race, run a race; (sądownie) prosecute

ścinać vt cut off <down>; (drzewo) fell; (głowę) behead; sport smash; pot. (przy egzaminie) flunk; **~ się** vr congeal, coagulate

ścisk m squeeze, crush

ściskać vt compress, press, squeeze, tighten; (obejmować) embrace; **~ komuś rękę** shake sb's hand; vr embrace

ścisłość f (dokładność) exactness, preciseness; (zwartość) compactness

ścisły adj (dokładny) exact, precise, strict; (zwarty) compact, close

ściszać vt (głos) lower; (radio) turn down

ściśle adv closely; (ciasno) tightly; (dokładnie) exactly, precisely, strictly; **~ mówiąc** strictly speaking

ślad m trace, track, vestige; **~ stopy** footmark, footprint; **iść ~em czegoś** trace sth; **iść w czyjeś ~y** walk <follow> in sb's steps; **nie ma ani ~u ...** not the least trace ... is left; **trafić na ~ czegoś** get a clue to sth

ślamazara m f sluggard

ślamazarny adj sluggish

śląski adj Silesian

Ślązak m, **Ślązaczka** f Silesian

śledczy adj inquiry attr; inquiring, examining; **sąd ~** court of inquiry

śledzić vt (obserwować) watch; (tropić) trace; investigate

śledziona f anat. spleen

śledztwo n inquiry, investigation

śledź m zool. herring

ślepiec m blind man

ślepnąć vi grow blind

ślepo adv blindly; **na ~** blindly, at random

ślepota f blindness; **kurza ~** night blindness

ślep|y adj blind; **~y nabój** blank cartridge; **~y zaułek** blind alley

ślęczeć vi pore (**nad czymś** over sth)

śliczny adj lovely, most beautiful

ślimacznica f techn. wormwheel; spiral

ślimak m zool. snail; techn. wormgear

ślina f spittle, saliva

ślinić vt, **~ się** vr slaver

ślinka f spittle; **~ mi idzie do ust** my mouth waters (**na widok czegoś** at sth)

śliski adj slippery

śliwka f plum; (suszona) prune; (drzewo) plum-tree

śliwowica f plum-brandy

ślizgacz m powerboat; glidingboat

ślizgać się vr slide, glide; (na łyżwach) skate

ślizgawica f glazed frost

ślizgawka f (tor) skating-rink

ślub m wedding; marriage-ceremony; **~ kościelny** church wedding; **~ cywilny** registry marriage; (ślubowanie) vow; **brać ~** get married; **czynić ~** make a vow, take a pledge

ślubny adj wedding attr, nuptial

ślubować vt vi vow, make a vow

ślusarz m locksmith, fitter

śluz m slime

śluza f sluice, flood-gate

śmiać się vr laugh (**z czegoś** at sth), make fun (**z czegoś** of sth); **chce mi się z tego ~** that makes me laugh; pot. **~ się do rozpuku** laugh one's head off; pot. **~ się w kułak** laugh up one's sleeve

śmiałek m daredevil

śmiałość f boldness, bravery

śmiały adj bold, brave

śmiech m laughter; **wybuchnąć ~em** burst out laughing; **pękać ze ~u** split one's sides with laughter

śmiecić vi litter, clutter (up)

śmiecie s pl litter, garbage, rubbish; sweepings pl; **kosz na ~** dust-bin, wastebasket

śmieć vi dare, venture

śmiercionośny adj deadly; (broń) lethal

śmier|ć f death; **wyrok ~ci** death sentence; **patrzeć ~ci w oczy** look death in the face; **skazać na ~ć** sentence to death; przysł. **raz kozie ~ć** man can die but once

śmierdzieć vi stink, smell (czymś of sth)

śmiertelnik m mortal

śmiertelność f mortality

śmiertelny adj (o człowieku) mortal; (o grzechu, truciźnie itp.) deadly; fatal; (rana) mortal

śmieszność f ridiculousness, the ridiculous

śmieszny adj ridiculous, funny

śmieszyć vt make laugh

śmietana f sour-cream

śmietank|a f cream; **zbierać ~ę** skim milk; **~a towarzyska** cream of society

śmietnik m dump, dust-heap, refuse heap

śmigło n propeller, bryt. airscrew

śmigłowiec m helicopter

śniadanie n breakfast; **jeść ~** breakfast, have breakfast

śniady adj swarthy

śni|ć vi dream; **~ło mi się** I had a dream; I dreamt

śnieg m snow; **~ z deszczem** sleet; **pada ~** it snows

śniegowce s pl snowboots, overshoes

śnieżka f snow-ball

śnieżny adj snowy

śnieżyca f snow-storm, blizzard

śpiący adj (be) sleepy, drowsy

śpiączka f sleepiness; med. ~ (afrykańska) sleeping-sickness

śpieszny zob. **spieszny**

śpieszyć zob. **spieszyć**

śpiew m song, singing; **~ kościel-**

ny chant; **nauczyciel ~u** singing-master

śpiewać vt vi sing; (intonować) chant

śpiewak f singer

śpiewnik m song-book

śpiewny adj melodious

śpioch m sleepyhead

śpiwór m sleeping-bag

średni adj middle, average, middling, medium; (mierny) mediocre; **~a szkoła** secondary school; **~ wzrost** medium height, middle size; (radio); **~e fale** medium waves; pl **wieki ~e** Middle Ages

średnica f diameter

średnik m semicolon

średnio adv on the average; tolerably, pot. middling

średniowiecze n Middle Ages pl

średniowieczny adj medi(a)eval

średniówka f lit. caesura

środa f Wednesday; **~ popielcowa** Ash Wednesday

środ|ek m middle, centre; (sposób) means; fiz. **~ek ciężkości** centre of gravity; **~ek drogi** midway; **~ek leczniczy** remedy; handl. fin. **~ek płatniczy** legal tender; pl **~ki do życia** means; pl **~ki ostrożności** measures of precaution; pl **~ki masowego przekazu** mass media; **złoty ~ek** golden mean(s); med. **~ek przeczyszczający** (przeciwbólowy, uspakajający) laxative (analgesic, sedative); med. **~ek antykoncepcyjny** contraceptive

środkowy adj central, middle

środowisk|o n environment; **ochrona ~a** conservation of environment; milieu

śródmieście n centre (of a town), am. downtown

śródziemny adj Mediterranean

śrub|a f screw; **przykręcić ~ę** put on the screw; **zwolnić ~ę** loosen the screw

śrubokręt *m* screwdriver

śrubować *vt* screw (up)

śrut *m* shot, grapeshot

świadczeni|e *n* service; *pl* ~**a społeczne** social services; *pl* ~**a lekarskie** medical benefits; *pl* ~**a w pieniądzach i naturze** disbursements in money and in kind

świadczyć *vi* attest, testify; bear witness (**o czymś** to sth); (*składać zeznania*) give evidence, depose; ~ **usługi** render services

świadectwo *n* evidence, testimonial, certificate; testimony; (*szkolne*) report; ~ **pochodzenia** certificate of origin; ~ **dojrzałości** *bryt.* General Certificate of Education, GCE; ~ **urodzenia** birth certificate; ~ **depozytowe** deposit certificate

świad|ek *m* witness; ~**ek naoczny** eyewitness (**czegoś** sth); ~**ek koronny** crown witness; **być** ~**kiem** witness (**czegoś** sth)

świadomość *f* consciousness

świadomy *adj* conscious

świat *m* world; **tamten** <**drugi**> ~ the next world; **przyjść na** ~ come into the world; **na świecie** in the world; **po całym świecie** all over the world; **wielki** ~ highlife society; **stary jak** ~ as old as the hills; ~ **jest mały!** It's a small world

światł|o *n* light; ~**o drogowe** traffic light; ~**o dzienne** daylight; ~**o księżyca** moonlight; ~**o słoneczne** sunlight; **w świetle** in the light of; **przy świetle księżyca** by moonlight; *mot. pl* ~**a główne** <**mijania, postojowe, tylne, stopu**> head <passing, parking, tail, stop> lights

światłomierz *m fot.* light meter

światłość *f* brightness

światły *adj* bright; (*o umyśle*) enlightened

światopogląd *m* world outlook, philosophy of life

światowiec *m* man of the world

świąteczny *adj* festive, festival; (*np. o ubraniu*) holiday *attr*

świątki *s pl,* **Zielone** ~ Whitsuntide

świątobliwość *m, rel.* **Jego** ~ His Holiness

świątynia *f* temple

świder *m* drill

świdrować *vt* drill, bore

świeca *f* candle; *techn.* ~ **zapłonowa** sparking-plug; **przy** ~**ch** by candlelight

świecić *vi* shine; *vt* (*zapalać*) light; ~ **się** *vr* shine, glitter

świecidełko *n* tinsel; Christmas decoration

świecki *adj* lay, secular

świeczka *f* candle

świecznik *m* candlestick

świergot *m* chirp

świergotać *vi* chirp

świerk *m bot.* spruce

świerszcz *s zool.* cricket

świerzb *m* itch, *med.* scabies

świerzbić *vi* itch

świetlany *adj* luminous

świetlica *f* club

świetlik *m zool.* glow-worm

świetlny *adj* light *attr*, lighting; **gaz** ~ lighting-gas; **rok** ~ light-year

świetnie *int* splendid!, excellent!, well done!

świetność *f* splendour

świetny *adj* splendid, glorious; excellent

świeżość *f* freshness

świeży *adj* fresh; recent, new

święcić *vt* consecrate; (*obchodzić*) celebrate

święto *n* holiday, festivity

świętojański *adj* St. John's; *zool.* **robaczek** ~ glow-worm

świętokradztwo *n* sacrilege

świętoszek *m* hypocritical bigot

świętość *f* sanctity, holiness

świętować *vi* have a holiday

święt|y *adj* holy, sacred; (*przed imieniem*) saint; ~**y** *s m,* ~**a** *s f*

Ś

saint; *rel.* ***Wszystkich Świętych***
All Saints' Day; ***Św. Mikołaj***
Santa Claus, Father Christmas;
~a krowa sacred cow; ***Ojciec***
Święty the Holy Father; ***Pismo***
Święte the (Holy) Scriptures,
the (Holy) Bible

świnia *f zool.* swine, pig

świnka *f zool.* little pig; *med.*
mumps; *zool.* ~ ***morska*** guinea-

świństwo *n* dirty trick

świst *m* whistle, whiz(z)

świstać *vt vi* whistle

świstak *m zool.* marmot; *am.*
groundhog

świstek *m* scrap of paper

świt *m* daybreak, dawn; **o ~cie** at
daybreak

świtać *vi* dawn

T

ta *pron f* this; *zob.* ***ten***

tabaka *f* snuff

tabela *f* schedule, table, list

tabletka *f* tablet

tablica *f* board; (*szkolna*) black-
board; (*tabela*) table; *mat.* array;
(*do ogłoszeń*) notice board; *techn.*
~ ***rozdzielcza*** switchboard, (*w*
samochodzie) dashboard; *mot.* ~
rejestracyjna number <li-
cence> plate

tabliczka *f* tablet; (*np. czekolady*)
bar; *mat.* ~ ***mnożenia*** multiplication table

tabor *m wojsk.* retrenched camp;
army service columns *pl*; ~ ***kole-***
jowy rolling-stock

taboret *m* stool

tabu *n* taboo

taca *f* tray, salver

taczać się *vr* wallow, roll; (*zataczać się*) stagger, reel

taczka *f* wheelbarrow, barrow

tafla *f* sheet, plate

taić *vt* hide, conceal (***przed kimś***
from sb)

tajać *vi* thaw

tajemnica *f* secret, mystery; **w**
~**y** in secret, secretly; ***publiczna***
~**a** open secret; ***otoczony*** ~**ą**
shrouded in mystery

tajemniczość *f* mysteriousness

tajemniczy *adj* mysterious

tajemny *adj* secret, clandestine

tajność *f* secrecy

tajny *adj* secret; under cover

tak *part.* yes; *adv* thus, so, as; (*w*
ten sposób) like this <that>; ~ **...,**
jak as ... as, **nie ~ ..., jak** not so
... as; ~ ***sobie*** so-so; ~ ***czy owak***
anyhow; **i ~ dalej** and so on;
niech ~ będzie so be it; **czy ~?**
is that so?; ***bądź ~ dobry i poin-***
formuj mnie be so kind as to inform me

taki *adj* such; **co ~ego?** what's
the matter?; **nic ~ego** nothing of
the sort; ~ ***biedny, ~ mądry*** so
poor, so wise; ~ ***sam*** just the
same; **on jest ~ jak ty** he is like
you

takielunek *m mors.* (*olinowanie*)
rigging

taksometr *m* taximeter

taksówk|a *f* taxi; *am.* cab; **jechać**
~**ą** travel <go> by taxi; ***zatrzy-***
mać ~ę hail <thumb> a taxi

taksówkarz *m* taxi-driver

takt *m* tact; (*w muzyce*) time;
(*odstęp w pięciolinii*) bar, measure; ***trzymać ~*** keep time; ***wy-***
bijać ~ beat time

taktowny *adj* tactful

taktyka *f* tactics

także *adv* also, too, as well; ~ ***nie***
neither, not ... either

talent *m* talent, gift

talerz *m* plate

talia *f* waist; (*kart*) pack

talizman *m* talisman

talk *m* talc(um)

talon *m* coupon

tam *adv* there; (*wskazując*) over there; **co mi ~** I don't care; **kto ~?** who's there?; **~ i z powrotem** to and fro

tamci *pron pl* those; *zob.* **tamten**

tam|a *f* dam; *przen.* check, stop; **położyć ~ę** put a stop (**czemuś** to sth)

tamować *vt* dam; (*np. ruch*) obstruct; *przen.* check; (*krew*) staunch

tampon *m* tampon; plug

tamta *pron f* that; **tamten**

tamte *pron pl* those; *zob.* **tamten**

tamtejszy *adj* from there, of that place

tamten *pron m* (*wskazujący*): that; **tamta** *f*: that; **tamto** *n*: that; *pl* **tamci, tamte** those

tamtędy *adv* that way

tamto *pron n* that; *zob.* **tamten**

tance|rz *m*, **~rka** *f* dancer

tandem *m* tandem

tandeta *f* rubbish, trash, shoddy article

tandetny *adj* shoddy, trashy

tangens *m mat.* tangent

tani *adj* cheap; **~ jak barszcz** dirt-cheap

taniec *m* dance

tanieć *vi* become cheap

tantiema *f* bonus

tańczyć *vi* dance, *pot.* hop

tapczan *m* couch, sofa-bed

tapeta *f* wallpaper

tapetować *vt* cover with wall-paper, paper

tapicer *m* upholsterer

tapicerka *f* upholstery

tara *f handl.* tare

taran *m hist.* battering-ram

taras *m* terrace

tarasować *vt* block, barricade

tarcie *n* friction

tarcza *f* target; (*osłona*) shield; (*np. słońca*) disc; (*np. zegarka*) dial

tarczyca *f anat.* thyroid gland

targ *m* market; **pchli ~** flea market; **dobić ~u** strike a bargain; **~i** fair

targać *vt* tear, pull

targnąć się *vr* attempt (**na czyjeś życie** on sb's life)

targować się *vr* bargain, haggle (**o coś** about sth)

tarka *f* grater, rasp

tarnina *f* blackthorn

tartak *m* sawmill

taryfa *f* tariff; **~ celna** customs tariff

tarzać się *vr* wallow, roll

tasak *m* chopper

tasiemiec *m zool.* tapeworm

tasiemka *f* tape

tasować *vt* shuffle

taśma *f* band; *techn.* tape; **~ filmowa** band, film-band; **~ izolacyjna** insulating tape; **~ karabinu maszynowego** cartridge belt; **~ miernicza** measuring tape; **~ samoprzylepna** (self)adhesive tape; **~ montażowa** assembly line

Tatar *m* Tartar

tatarski *adj* Tartar

taternictwo *n* mountain-climbing; mountaineering

taternik *m* mountain-climber; mountaineer

tatuować *vt* tattoo

tatuś *m zdrob.* dad, daddy

tchawica *f anat.* trachea

tchnąć *vt vi* breathe, inspire

tchnienie *n* breath

tchórz *m zool.* polecat; (*człowiek*) coward

tchórzliwy *adj* cowardly

te *pron pl* these; *zob.* **ten**

teatr *m* theatre; **~ muzyczny** music-hall, music theatre

teatraln|y *adj* theatrical; **sztuka ~a** play

techniczny *adj* technical

T

technik m technician

technika f technics, technology; (*umiejętność, sposób*) technique

technologia f technology; (*zaawansowana*) high tech

teczka f case; briefcase, (*na dokumenty*) folder

tegoroczny adj this year's

teka f briefcase; (*ministerialna, bankowa itp.*) portfolio

tekst m text

tekstylny adj textile

tektura f cardboard

teledysk m video clip

telefon m telephone; **przez ~** over the telephone, by phone; **~ wewnętrzny** extension; **~ komórkowy** cellular <mobile> telephone; **~ bezprzewodowy** cordless telephone

telefoniczn|y adj telephonic, telephone; **rozmowa ~a** telephone call; **międzymiastowa rozmowa ~a** long-distance <trunk> call; **rozmównica <budka> ~a** telephone booth <box>; **książka ~a** directory, telephone book; **rozmowa ~a** telephone call; **podsłuch ~y** wire tapping

telefonistka f operator

telefonować vt vi telephone; pot. ring <call> sb up (**do kogoś** sb)

telegazeta f Teletext, Videotext

telegraf m telegraph

telegraficznie adv telegraphically; pot. by wire

telegraficzn|y adj telegraphic; pot. wire attr; **~a wiadomość** telegraphic message; **słup ~y** telegraph-pole

telegrafować vt vi telegraph, pot. wire, cable

telegram m telegram, cable; am. wire; **pilny ~** urgent telegram

telekonferencj|a f teleconference

teleks m telex

teleobiektyw m fot. telephoto lens; zoom lens

telepatia f telepathy

telereklama f television commercial

teleskop m telescope

teleskopowy adj telescopic

teletekst m Teletext

telewidz m (tele)viewer

telewizja f television, TV; pot. telly; **~ kablowa** cable television; **~ satelitarna** satellite television, TV by satellite

telewizor m television <TV> set

temat m theme, subject, subject-matter; **odbiegać od ~u** drift away from the subject

temblak m sling

temperament m temperament

temperatur|a f temperature; **~a topnienia** melting-point; **~a wrzenia** boiling-point; **~a zamarzania** freezing-point; **mierzyć ~ę** take the temperature

temperować vt temper; (*ołówek*) sharpen

temp|o n time, measure, rate, tempo; **w szybkim ~ie** at a fast rate; **w żółwim ~ie** at a snail's pace

temu adv, **rok ~** one year ago; **dawno ~** long ago

ten pron m (*wskazujący*) this; **ta** f this; **to** n this; pl **ci, te** these

tendencj|a f tendency; (*kierunek*) trend; **~ zniżkowa** downward tendency

tendencyjny adj biased

tender m techn. tender

tenis m tennis; **~ stołowy** table tennis

tenisówki pl plimsolls, canvas shoes; am. sneakers

tenor m tenor

tenże pron the (very) same

teolog m theologian

teologia f theology

teoretyczny adj theoretical

teoretyk m theorist, theoretician

teoria f theory

terakota f terracotta

terapeuta m therapist

terapia f therapy, therapeutics

teraz adv now

teraźniejszość f present time, the present

teraźniejszy adj present (day); gram. **czas ~** present tense

tercet m tercet; muz. trio

teren m area, site, territory, ground, country; (instytucji, budynku) premises pl

terenowy adj local; country- attr; (np. o samochodzie) cross-country attr

terenoznawstwo n topography; local knowledge

terkotać vi rattle

termin m term; (czeladnika) apprenticeship; **przed ~em** ahead of time; **w ~ie** on time; **~ ostateczny** deadline; **~ ważności** expiry date

terminal m lotn. komp. terminal

terminator m apprentice

terminologia f terminology

terminowo adv in time; at a fixed time, at fixed intervals

terminow|y adj term attr; fixed; (np. egzamin) terminal; **kalendarz ~y** memorandum; **~a dostawa** delivery on term; **~a zapłata** term payment

termit m zool. termite, white ant

termofor m hot-water bottle

termometr m thermometer

termos m thermos (flask); vacuum flask

termostat m techn. thermostat

terpentyna f chem. turpentine

terror m terror

terrorysta m terrorist

terrorystyczny adj terrorist

terroryzm m terrorism

terroryzować vt terrorize

terytorialny adj territorial

terytorium n territory

testamen|t m testament, will; **zapisać w ~cie** bequeath, leave as a legacy; **Stary <Nowy> Testament** rel. the Old <New> Testament

teściowa f mother-in-law

teść m father-in-law

teza f thesis

też adv also, too; **~ nie** neither, not ... either

tęcza f rainbow

tęczówka f anat. iris

tędy adv this way

tęgi adj stout; solid; (mocny) robust; able

tępić vt blunt, dull; (niszczyć) exterminate

tępota f dullness, bluntness

tępy adj blunt; (pojmujący z trudem) dull

tęsknić vi long, yearn (**za kimś** for <after> sb); **~ za krajem** be homesick

tęsknota f longing, yearning; **~ za krajem** homesickness

tęskny adj longing, melancholic

tętent m tramp (of horses), hoofbeat

tętnica f artery

tętnić vi tramp, resound; (o pulsie) pulsate

tętno n pulse, pulsation

tężec m med. tetanus

tężeć vi stiffen; (twardnieć) solidify

tężyzna f vigour

tkacki adj textile

tkactwo n weaving, textile industry

tkacz m weaver

tkać vt weave

tkanina f fabric, cloth

tkanka f anat. biol. tissue

tkliwość f tenderness, affectionateness

tkliwy adj tender, affectionate

tknąć vt touch

tkwić vi stick

tleć vi smoulder, burn faintly

tlen m chem. oxygen

tlenek m chem. oxide

tlić się vr burn faintly, smoulder

tło n background

tłocznia f press

tłoczyć vt press, crush; (drukować) impress; **~ się** vr crowd, crush

tłok m (ścisk) crowd, crush; techn. piston

tłuc vt pound, grind; (rozbijać) break, smash; (np. orzechy) crack; **~ się** vr be broken, be smashed; pot. (np. po świecie) knock about

tłuczek m pestle

tłum m crowd, throng, mob

tłumacz m translator; (ustny) interpreter; **~ przysięgły** sworn translator

tłumaczenie n translation; interpretation; (wyjaśnienie) explanation; excuse

tłumaczyć vt translate (**z polskiego na angielski** from Polish into English); (ustnie) interpret; (wyjaśniać) explain, account for; **~ się** vr excuse oneself

tłumić vt stifle, muffle; (np. bunt, uczucie) suppress

tłumik m muz. sordino; techn. silencer, muffler

tłumnie adv in crowds

tłumny adj multitudinous, numerous

tłusty adj fat; (o plamie, smarze) greasy; (gruby) obese, stout; **~ druk** boldface <bold type> (letters pl)

tłuszcz m fat, grease

tłuścić vt grease

to pron n this; zob. **ten**; **to moja książka** it is my book; **to twoja wina** it's your own fault

toaleta f toilet; **~ka** (mebel) dressing-table; (ubikacja) WC; lavatory; pot. loo; am. restroom; **~ damska** Ladies; **~ męska** Gents

toaletowy adj toilet attr; **mydło ~e** toilet soap; **papier ~y** toilet paper; **przybory ~e** articles of toilet

toast m toast; **wznosić ~ za czyjeś zdrowie** propose sb's health

tobą pron you; zob. **ty**

tobie pron you; zob. **ty**

toczyć vt roll; (nóż) whet; (obrabiać w tokarni) turn; (płyn z beczki) draw; (o robactwie) gnaw, nibble, eat; (niszczyć) wear away; (sprawę sądową) carry on; (wojnę) wage; **~ć się** vr roll; (o sprawie, akcji itp.) be in progress; (o wojnie) be waged; (o płynie) flow, run, gush; **rozmowa ~ła się o pogodzie** the conversation was carried on about the weather; **~ly się rokowania** negotiations were held <were proceeding>

toga f gown, robe

tok m course, progress; **w ~u** in progress

tokarka f turning-lathe

tokarz m turner

tolerancja f tolerance

tolerancyjny adj tolerant

tolerować vt tolerate

tom m volume

tomograf m tomograph

ton m tone, sound

tona f ton

tonacja f muz. key, mode

tonaż m tonnage

tonąć vi drown, be drowned; (o okręcie) sink

toniczny adj tonic

tonik m tonic

toń f depth, poet. deep

topaz m topaz

topić vt drown, sink; (roztapiać) melt, fuse; **~ się** vr drown, be drowned; sink; (roztapiać się) melt (away)

topielec m drowned man

topnieć vi melt

topografia f topography

topola f bot. poplar

toporek m hatchet

topór m axe, chopper

tor m track; (pocisku) trajectory; wojsk. (pocisku) trajectory; **~ boczny** side-track; **~ główny** main-track; **~ kolejowy** railway-track; **~ wyścigowy** am. racecourse; racetrack

torba *f* bag; (*na zakupy*) shopping bag

torebka *f* (hand-)bag; *am.* purse

torf *m* peat

torfowisko *n* peat-bog

tornado *n* tornado

tornister *m* knapsack; (*szkolny*) satchel

torować *vt* clear; *przen.* ~ **komuś drogę** pave the way for sb

torpeda *f* wojsk. torpedo

torpedować *vt* torpedo

torpedowiec *m* (*statek*) torpedo-boat; (*samolot*) torpedo-plane

tors *m* torso

torsje *pl* vomiting, nausea

tort *m* fancy-cake; (*przekładany*) layer-cake

tortur|a *f* torture; **brać na ~y** put to torture

torturować *vt* torture

totalitarny *adj* totalitarian

totalitaryzm *m* totalitarianism

totalizator *m* totalizator; ~ **sportowy** pools

totalny *adj* total

towar *m* article, commodity; **~y** *pl* goods; **~y codziennego użytku** consumers' <consumer> goods; *pot.* **~y chodliwe** marketable goods

towarowy *adj*, **dom ~** department store; **pociąg ~** goods-train, *am.* freight train

towaroznawstwo *n* knowledge of mercantile wares

towarzyski *adj* social; (*o człowieku*) sociable

towarzystwo *n* society, company

towarzysz *m* companion; ~ **podróży** fellow traveller

towarzyszyć *vi* accompany (**komuś** sb)

tożsamoś|ć *f* identity; **dowód ~ci** identity card, ID

tracić *vt* lose; (*zadawać śmierć*) execute

tradycja *f* tradition

tradycjonalizm *m* traditionalism

tradycyjny *adj* traditional

traf *m* chance, accident; **~em** by chance, accidentally

trafiać *vi* hit (**w coś** sth; **na coś, kogoś** on <upon> sth, sb); **nie ~** miss, fail; ~ **do przekonania** convince; **na chybił trafił** at a guess, at random; ~ **się** *vr* happen

trafność *f* aptness, pertinence, accuracy

trafny *adj* (*o strzale*) well-hit; (*odpowiedni*) just, exact; (*o odpowiedzi*) suitable; (*o sądzie, uwadze itp.*) pertinent, to the point

tragarz *m* porter

tragedia *f* tragedy

tragiczny *adj* tragic

tragikomedia *f* tragicomedy

tragizm *m* tragedy, the tragic

trakcja *f* traction

trak|t *m* highroad; (*przebieg*) course; **w ~cie działania** in the course of action

traktat *m* (*układ*) treaty; (*rozprawa*) treatise, tract; ~ **pokojowy** peace treaty

traktor *m* tractor; ~ **gąsienicowy** caterpillar-tractor

traktować *vt* handle, treat (**kogoś, coś** sb, sth)

tramwaj *m* tram, tramway; *am.* streetcar; **jechać ~em** go by tram

tran *m* cod-liver oil; ~ **wielorybi** whale-oil

trans *m* trance

transakcja *f* transaction

transatlantycki *adj* transatlantic

transformacja *f* transformation

transformator *m elektr.* transformer

transformować *vt* transform

transfuzja *f* transfusion

transkrybować *vt* transcribe

transmisja *f* transmission

transmitować *vt* transmit

transparent *m* banner, streamer; (*przezrocze*) transparency

transport *m* transport; *am.* transportation; (*środek przewozowy*)

T

conveyance; **~ wahadłowy** shuttle service

transportować *vt* transport, convey

tranzystor *m elektr.* transistor

tranzyt *m* transit

trapez *m mat.* trapezium, trapezoid; *sport* trapeze

trapić *vt* vex, molest, pester; **~ się** *vr* worry, grieve (**czymś** about sth)

trasa *f* route, track; **~ podróży** itinerary; (*lotnicza*) air-route

tratować *vt* trample

tratwa *f* raft

trawa *f* grass

trawić *vt* digest; *techn.* etch; (*żerać*) consume

trawienie *n* digestion; (*metalu*) etching

trawnik *m* lawn

trąba *f* trumpet; (*słonia*) trunk; (*powietrzna*) whirlwind

trąbić *vi* trumpet

trąbka *f muz.* trumpet; (*zwój*) roll

trącać *vt* push, jostle; (*łokciem*) elbow; **~ się** *vr* knock, jostle; (*kieliszkiem*) clink <click>

trącić zob. **trącać**; *vi* (*pachnieć*) smell (**czymś** of sth)

trąd *m med.* leprosy

trefl *m* (*w kartach*) club

trema *f* stage fright; *pot.* jitters *pl*

tren 1. *m lit.* elegy, threnody

tren 2. *m* (*u sukni*) train

trener *m* trainer, coach

trening *m* training, coaching

trenować *vt* train, coach; *vi* train, practise

trepanacja *f med.* trepanation

tresować *vt* train, drill; (*konia*) break in

tresura *f* training, drill

treść *f* content, substance; (*zawartość książki*) contents *pl*; (*fabuła*) plot

trębacz *m* trumpeter

trędowaty *adj* leprous; *s m* leper

trio *n muz.* trio

triumf *m* triumph

triumfować *vi* triumph

trochę *adv* a little, a few; **ani ~** not a little, not a bit

trociny *s pl* sawdust

trofe|um *n* trophy, *zw. pl* **~a** trophies

trojaczki *s pl* triplets

trojaki *adj* triple

troje *num* three

trolejbus *m* trolley-bus

tron *m* throne; **wstąpić na ~** come to the throne; **złożyć z ~u** dethrone

trop *m* track, trace

tropić *vt* trace; (*śledzić*) shadow

tropikaln|y *adj* tropical; **kraje ~e** the tropics

troska *f* care, anxiety

troskliwy *adj* careful (**o kogoś, coś** of sb, sth); attentive (**o kogoś, coś** to sb, sth)

troszczyć się *vr* care (for), be anxious (**o kogoś, coś** about sb, sth)

trójbarwny *adj* three-coloured

trójca *f* trinity

trójka *f* three

trójkąt *m* triangle

trójkątny *adj* triangular

truciciel *m* poisoner

trucizna *f* poison

truć *vt* poison

trud *m* pains *pl*; toil; **zadawać sobie ~** take pains, take the trouble

trudnić się *vr* be engaged (**czymś** in sth), occupy oneself (**czymś** with sth), work (**czymś** at sth)

trudno *adv* with difficulty, hard; (*ledwie*) hardly; **~ mi powiedzieć** I can hardly say; **~ to zrozumieć** it is hard to understand; **~!** it can't be helped!

trudność *f* difficulty

trudny *adj* difficult, hard

trudzić *vt* fatigue, trouble; **~ się** *vr* take pains

trujący *adj* poisonous

trumna *f* coffin

trunek *m* drink

trup *m* corpse, dead body; **paść ~em** drop dead

trupa *f teatr* company, troupe

trupi *adj* cadaverous; **~a główka** death's-head

truskawka *f bot.* strawberry

trust *m fin.* trust

truteń *m zool.* drone

trutka *f* poisonous bait

trwać *vi* last, persist

trwale *adv* fast, firmly

trwałość *f* durability, fastness

trwały *adj* durable, lasting, permanent, fast

trwoga *f* fear, fright, awe

trwonić *vt* waste, squander

trwożyć *vt* alarm; **~ się** *vr* feel alarmed (**czymś** at sth); be in fear (**czymś** of sth); (*niepokoić się*) be anxious (**o coś** about sth)

tryb *m* mode, manner, course; *gram.* mood; *techn.* cog, gear *zbior.*; **~ życia** way <mode> of life; **~ warunkowy** conditional mood

trybun *m* tribune

trybuna *f* platform; (*np. na wyścigach*) stand; (*mównica*) rostrum

trybunał *m* tribunal

trychina *f zool.* trichina

trychinoza *f med.* trichinosis

trygonometria *f* trigonometry

trykotaże *s pl* hosiery

trylion *num bryt.* trillion

tryskać *vi* spurt, spout; (*o krwi, łzach*) gush; (*dowcipem*) sparkle

trywialność *f* triviality

trywialny *adj* trivial

trzask *m* crack, crash

trzaskać *vi* crack (**z bicza** the whip); crash; bang, slam (**drzwiami** the door)

trząść *vt vi* shake; **~ się** *vr* shake; tremble; (*z zimna*) shiver

trzcina *f* reed, cane; **~ cukrowa** sugar-cane

trzeba *v imp* it is necessary; **~ ci wiedzieć** you ought to know; **~**

to było zrobić I ought to have done it; **~ na to dużo pieniędzy** this requires much money; **~ mi czasu <pieniędzy>** I need time <money>

trzeci *num* third

trzeć *vt* rub

trzepaczka *f* dusting-brush; (*do dywanów*) carpet-beater

trzepać *vt* dust; (*dywan*) beat; shake

trzepotać *vi* flap (**skrzydłami** the wings); **~ się** *vr* flutter

trzeszczeć *vi* crackle

trzeźwić *vt* sober, make sober, refresh

trzeźwieć *vi* sober, become sober

trzeźwość *f* sobriety

trzeźwy *adj* sober

trzęsawisko *n* quagmire

trzęsienie *n* shakes, trembling, shaking; **~ ziemi** earthquake

trzmiel *m zool.* bumble-bee

trzoda *f* herd, flock; **~ chlewna** swine zbior.

trzon *m* (*podstawowa część*) substance; (*rękojeść*) handle, hilt; *techn.* shaft, stem

trzonowy *adj* molar; **ząb ~** molar

trzustka *f anat.* pancreas

trzy *num* three

trzydziesty *num* thirtieth

trzydzieści *num* thirty

trzykrotny *adj* threefold

trzyletni *adj* three-year old, three-years'

trzyma|ć *vt* hold, keep; **~ć język za zębami** hold one's tongue; **~ć kogoś za słowo** keep sb to his word; **~ć za rękę** hold by the hand; **~ć z kimś** side with sb; **~ć w szachu** keep at bay; **~ć się** *vr* keep (oneself); hold out; **~ć się czegoś** keep to sth, hold to sth, *przen.* abide by sth; **~ć się tematu** stick to the point; **~ć się dobrze** keep well; **~ć się razem** hold together, *pot.* stick together; **~ć się w pobliżu** keep close (**czegoś** to sth); **~ć się z dala**

T

keep away, keep aloof (**od kogoś** from sb); **~j się!** take care
trzynasty *num* thirteenth
trzynaście *num* thirteen
trzysta *num* three hundred
tu *adv* here
tuba *f muz.* tube; speaking-trumpet
tubka *f* tube
tubylczy *adj* indigenous, native
tuczyć *vt* fatten; **~ się** *vr* fatten, grow fat
tulić *vt* hug, fondle; **~ się** *vr* hug, cuddle together
tulipan *m bot.* tulip
tułacz *m* wanderer
tułać się *vr* wander
tułów *m* trunk (of the body)
tuman *m* dust-cloud; *pot.* (*głupiec*) blockhead
tunel *m* tunnel; **~ pod kanałem La Manche** Channel Tunnel; *pot.* Chunnel
tuner *m* tuner
tunika *f* tunic
tupać *vi* stamp (**nogami** one's feet)
tupet *m* nerve, cheek
turban *m* turban
turbina *f techn.* turbine
Turczynka *f* Turkish woman
turecki *adj* Turkish
Turek *m* Turk
turkot *m* rattle
turkus *m* turquoise
turniej *m* tournament, contest
turnus *m* shift, turn
turysta *m* tourist
turystyczny *adj* tourist; **samochód ~y** touring car; **biuro ~e** tourist agency, travel bureau
turystyka *f* tourism; sightseeing, touring
tusz *m* ink; (*prysznic*) shower-bath; **~ do rzęs** mascara
tusza *f* corpulence; stoutness
tutaj *adv* here
tuzin *m* dozen
tuż *adv* nearby; **~ obok** next door
twardnieć *vi* harden

twardo *adv* hard; **jajko na ~** hard-boiled egg
twardość *f* hardness
twardy *adj* hard; (*np. o mięsie*) tough; **~ orzech do zgryzienia** a tough nut to crack
twaróg *m* cottage cheese; (*cheese*) curds *pl*
twarz *f* face; *pl* **rysy ~y** features; **dostać w ~** be slapped on the face; **uderzyć kogoś w ~** slap sb's face; **jej jest z tym do ~y** this suits her; **zmieniać się na ~y** change one's countenance; **zachować ~** save face; **~ą w ~** face to face
twierdza *f wojsk.* stronghold, fortress, citadel
twierdząco *adv* affirmatively, in the affirmative
twierdzący *adj* affirmative
twierdzenie *n* statement; affirmation, assertion; *mat.* theorem
twierdzić *vi vt* state, assert, maintain
twoja *pron f* your, yours; *zob.* **ty**
twoi *pron m pl* your, yours; *zob.* **ty**
twoje *pron f i n* your, yours; *zob.* **ty**
tworzenie *n* creation; **~ się** formation, origin
tworzyć *vt* create; form; **~ się** *vr* form, be formed, arise, rise
tworzywo *n* material; (*sztuczne*) plastic
twój *pron m* your, yours
twór *m* creation, creature; piece of work, product
twórca *m* creator, author, maker
twórczość *f* creativity, creative power; production, output
twórczy *adj* creative, constructive
ty *pron sing* you; *przypadki dzierżawcze* **twój** (**twoje, twoje, twoi**) *z rzeczownikiem* your; *bez rzeczownika* yours; *przypadki zależne* **ciebie/cię** (**tobie/ci, tobą**) you
tyczka *f* pole, perch

tyczy|ć się *vr* concern, regard; **co się ~** as for <to>, concerning

tyć *vi* grow fat, put on weight

tydzień *m* week; **dwa tygodnie** *bryt.* fortnight; **za ~** in a week's time; **od dziś za ~** this day week

tyfus *m med.* typhus; **~ brzuszny** enteric fever

tygiel *m* crucible, melting-pot

tygodnik *m* weekly

tygodniowo *adv* weekly

tygodniowy *adj* weekly

tygrys *m zool.* tiger

tykać *vi* (*o zegarze*) tick

tykwa *f bot.* gourd

tyle as much <many>, so much <many>

tylekroć *adv* so <as> many

tylko *adv* only, solely; **~ co** just now; **skoro ~** as soon as

tyln|y *adj* back, hind, posterior; **~a straż** rearguard; **~e światło** rear-light

tył *m* back, rear; **obrócić ~em** turn one's back (**do kogoś** on sb); **do ~u** back, backward(s); **z ~u** (from) behind

tyłek *m pot. am.* tush, tushie; *wulg.* ass, bum

tym *w zwrotach:* **~ więcej** all the more; **im... tym...** the... the...; **im więcej, ~ lepiej** the more the better

tymczasem *adv* meanwhile, in the meantime

tymczasowość *f* temporariness, provisional state

tymczasowy *adj* temporary, provisional

tymianek *m bot.* thyme

tynk *m* plaster

tynkować *vt* plaster

typ *m* type; character; **podejrzany ~** queer customer, suspicious character

typować *vt* indicate, mark out, destine; *sport* rate

typowy *adj* typical (of)

tyrada *f* tirade

tyran *m* tyrant

tyrania *f* tyranny

tyrański *adj* tyrannical

tysiąc *num* thousand

tysiąclecie *n* millennium

tysiączny *num* thousandth

tytan *m* titan; *chem.* titanium

tytoń *m* tobacco

tytularny *adj* titular(y)

tytuł *m* title; **z jakiego ~u?** on what grounds?; **~ naukowy** academic degree

tytuł|ować *vt* entitle; address; **~ują go doktorem** he is spoken to as doctor

tytuł|owy *adj* title *attr*; **strona ~a** title-page

U

u *praep* at, by, in, with; **u jego boku** by his side; **u krawca** at the tailor's; **u nas w kraju** in this <our> country; **u mnie** at my place; **u Szekspira** in Shakespeare; **tu u dołu** down here; **tu u góry** up here; **mam u niego pieniądze** he owes me money; **mieszkam u niego** I stay with him; **zostań u nas** stay <live> with us

uaktualnić *vt* update

ubawić *vt* amuse; **~ się** *vr* amuse oneself, have much amusement

ubezpieczać *vt* insure (**od ognia** against fire), assure, secure; **~ się** *vr* insure oneself; **~ się na życie** insure one's life

ubezpieczalnia *f* (*instytucja*) National Insurance Centre; (*sys-*

tem) National Health Insurance
ubezpieczenie *n* insurance, assurance; **~ na życie** life insurance; **~ od ognia** fire insurance; **~ społeczne** social insurance, National Insurance Scheme; **~ na wypadek choroby** insurance against health risks
ubezpieczeniow|y *adj*, **polisa ~a** insurance-policy; **agent ~y** insurance agent
ubezwłasnowolnić *vt prawn.* incapacitate
ubiec *vt* (*wyprzedzić*) get the start (**kogoś** of sb); (*uprzedzić*) forestall, anticipate
ubiegać się *vr* apply, contend (**o coś** for sth), solicit (**o coś** for sth), compete (**o coś** for sth); *zob.* **ubiec**
ubiegły *adj* past, last
ubierać *vt* dress, clothe; **~ się** *vr* get dressed, dress
ubijać *vt* batter <ram> down; kill; (*jajka, śmietanę*) beat; **~ interes** *pot.* strike a bargain
ubikacja *f* toilet, water-closet, WC, lavatory; *am.* restroom
ubiór *m* dress, attire
ubliżać *vi* offend, disparage (**komuś** sb)
ubliżający *adj* offensive
ubocz|e *n*, **na ~u** out of the way
ubocznie *adv* incidentally; marginally
uboczny *adj* incidental; (*nieistotny*) marginal; accessory; (*boczny*) lateral; **produkt ~** by-product
ubogi *adj* poor
ubolewać *vi* be sorry; feel sympathy (**nad kimś** for sb); deplore (**nad kimś, czymś** sb, sth)
ubolewani|e *n* sympathy, condolence; **godny ~a** deplorable
ubożeć *vi* get poor
ubożyć *vt* impoverish, pauperize
ubój *m* slaughter
ubóstwiać *vt* idolize, adore
ubóstwianie *n* idolatry, adoration

ubóstwo *n* poverty
ubóść *vt* gore; *przen.* (*urazić*) hurt
ubrać *zob.* **ubierać**
ubranie *n* clothes *pl*; suit; **~ gotowe** ready-made suit; **~ wieczorowe** evening dress; (*dekoracja*) decoration
ubytek *m* loss; decrease, decline
ubywać *vi* decrease, diminish
uch|o *n* ear; **ból ~a** ear-ache; (*uchwyt*) handle; (*igły*) eye; *przen.* **nastawiać ~a** prick up one's ears; **słyszeć na własne uszy** hear with one's own ears; **puszczać coś mimo uszu** turn a deaf ear to sth; **zakochać się po uszy** be head over heels in love; **po uszy w długach** over head and ears in debts; **zaczerwienić się po uszy** blush to the roots of one's hair
uchodzić *vi* go away, escape, flee; pass (**za kogoś** for sb); **~ czyjejś uwadze** escape sb's attention <notice>
uchodźca *m* refugee, emigrant, émigré
uchodźstwo *n* emigration, exile
uchować *vt* preserve, save
uchronić *vt* safeguard, protect; **~ się** *vr* protect oneself
uchwalać *vt* decree, (*ustawę*) enact; (*powziąć*) carry; **~ przez aklamację** carry by acclamation
uchwała *f* resolution, decision
uchwyt *m* handle, grip
uchybiać *vi* fail (*np.* **obowiązkom** to do one's duty); transgress (**prawu** the law)
uchybienie *n* fault; offence
uchylać *vt* (*kapelusza*) raise, lift; (*uchwałę itp.*) abolish, repeal; **~ się** *vr* duck; avoid (**od czegoś, kogoś** sth, sb); (*stronić*) shun (**od czegoś, kogoś** sth, sb); shirk (**od obowiązku, odpowiedzialności** responsibility, duty)
uciążliwość *f* nuisance, difficulty, importunity

uciążliwy *adj* burdensome, difficult, onerous

uciecha *f* pleasure, delight, joy

ucieczk|a *f* flight, escape; **ratować się ~ą** flee for life; **zmusić do ~i** put to flight

uciekać *vi* flee, fly, escape; **~ się do...** *vr* resort to...; **bez uciekania się do...** without recourse to...

uciekinier *m* fugitive; refugee

ucieleśniać *vt* embody

ucieleśnienie *n* embodiment

ucierać *vt* rub; (*rozcierać*) grind

ucieszyć *vt* delight, make happy <glad>; **~ć się** *vr* be <become> glad (**czymś** of <at> sth), find pleasure (**czymś** in sth), rejoice at; **~łem się na jego widok** I was glad to see him

ucinać *vt* cut (off)

ucisk *m* pressure, oppression

uciskać *vt* press, oppress; (*np. o bucie*) pinch

uciszyć *vt* appease, calm; silence; **~ się** *vr* calm down; become silent

uciśniony *adj* oppressed

uczciwość *f* honesty

uczelnia *f* university, college

uczennica *f* school-girl, pupil

uczeń *m* school-boy, pupil; apprentice; (*zwolennik*) disciple

uczepić *vt* hang on, append, fasten; **~ się** *vr* hang on, become attached (**czegoś** to sth)

uczesanie *n* hair-do, hair-style; hairdressing

uczestnictwo *n* participation

uczestniczyć *vi* participate, take part

uczestnik *m* participant, partner; (*przestępstwa*) accomplice

uczęszczać *vi* frequent; attend (*np.* **na wykłady** lectures); **~ do szkoły** go to school

uczęszczanie *n* attendance

uczony *adj* erudite, learned; *s m* scholar, erudite

uczta *f* feast

ucztować *vi* feast

uczucie *n* feeling, emotion, sentiment; (*doznanie*) sensation; (*przywiązanie*) affection

uczuciowość *f* sensibility

uczuciowy *adj* sensitive, emotional

uczulać *vt* make sensitive; *med. fot.* sensitize

uczulenie *m med.* allergy

uczy|ć *vt vi* teach (**kogoś** sb, **czegoś** sth), instruct (**kogoś** sb, **czegoś** sth); **~ć się** *vr* learn (*np.* **angielskiego** English); study; **jak długo ~sz się angielskiego?** how long have you been learning English?

uczyn|ek *m* deed, act; **złapać kogoś na gorącym ~ku** catch sb red-handed <in the act of...>

uczynność *f* readiness to help, helpfulness

uczynny *adj* obliging, kind

uda|ć *zob.* **udawać**; **robota mu się nie ~ła** his work was not a success; **~ł mu się jego plan** he succeeded in his plan; **~ło mi się to zrobić** I have succeeded <I have been successful> in doing it; **jego plany nie ~ły się** all his plans have failed; **~ło mi się zdać egzamin** I was successful in passing the examination

udany *adj* successful; fine

udar *m med.* stroke; *med.* apoplexy; **~ słoneczny** sunstroke

udaremnić *vt* frustrate, baffle

udawać *vt* feign, pretend, simulate, sham; **~ chorobę** sham <pretend> sickness; **~ się** *vr* (*iść*) go, proceed, resort, make one's way; (*zwrócić się*) apply (**do kogoś** to sb, **w sprawie czegoś** for sth); (*poszczęścić się*) be successful, succeed, be a success

uderzać *vt* strike, hit; attack; **~ pięścią w stół** strike one's fist on the table; (**w kogoś, coś** on, upon sb, sth); **~ komuś do głowy** go to one's head

uderzenie *n* blow, strike; (*np. wiosłem, rakietą*) stroke; attack; **za jednym ~m** at one stroke

udo *n anat.* thigh

udogodnienie *n* convenience, facilities *pl*

udoskonalić *vt* bring to perfection; improve

udostępnić *vt* make accessible

udowodnić *vt* prove; (*wykazać*) show

udręczenie *n* vexation, distress

udusić *vt* strangle, choke; (*potrawę*) stew; **~ się** *vr* choke, suffocate

uduszenie *n* suffocation, strangulation

udział *m* share; part; (*w przestępstwie*) complicity; (*los, dola*) lot; **brać ~** take part

udziałowiec *m* partner, shareholder

udzielać *vt* give, impart; (*użyczać*) grant; **~ nagany** reprimand; **~ się** *vr* be imparted; spread; (*o chorobie*) be contagious

udzielenie *n* imparting, giving; (*pozwolenia, pożyczki itp.*) grant

ufać *vi vt* trust (**komuś** sb, in <to> sb), confide (**komuś** in sb)

ufność *f* confidence

ufny *adj* confident, (*pewny siebie*) self-confident

uganiać się *vr* run (**za czymś** after sth)

uginać *vt* bend, bow; **~ się** *vr* bow down; (*np. o podłodze*) give in; *przen.* (*pod ciężarem*) strain

ugłaskać *vt pot.* wheedle, coax

ugniatać *vt* knead; press; (*ziemniaki*) mash

ugoda *f* agreement

ugodowy *adj* conciliatory

ugodzić *vt* hit; *zob.* **godzić**

ugór *m* fallow

ugruntować *vt* consolidate

ugryźć *vt* bite

ugrzązć *vi* stick

uiścić *vt* (*dług*) acquit, pay

ujadać *vi* bay

ujarzmić *vt* subjugate, subdue

ujawnić *vt* reveal, disclose

ująć *vt* (*objąć*) seize, grasp; (*myślą*) conceive; (*sformułować*) formulate; (*zjednać*) win, captivate; (*odjąć*) deduct, take away; **~ się** *vr* intercede (**za kimś** sb's cause), take (**za kimś** sb's part)

ujednolicić *vt* make uniform, standardize

ujemny *adj* negative, unfavourable; (*bilans*) adverse, unfavourable

ujeżdżać *vt* (*konia*) break in

ujęcie *n* seizure, grasp; (*sformułowanie*) expression

ujmujący *adj* winning, prepossessing

ujrzeć *vt* see, perceive

ujście *n* escape; (*rzeki*) mouth; *przen.* **znaleźć ~** find a vent <an outlet>

ukamienować *vt* stone to death

ukartować *vt* concert; (*podstępnie*) plot, conspire; frame (up)

ukartowan|y *adj* concerted; **~a sprawa** put-up affair

ukazywać *vt* show; **~ się** *vr* appear, show

ukąsić *vt* bite

ukąszenie *n* bite, sting; (*rana*) bite

układ *m* disposition; (*ułożenie*) arrangement; (*umowa*) agreement; (*plan*) scheme; (*system*) system; (*rozmieszczenie geogr., terenowe itp.*) configuration, layout; **~y** *pl* (*pertraktacje*) negotiations; **~ scalony** chip; **wchodzić w ~y** enter into negotiations (**z kimś w sprawie czegoś** with sb for sth)

układać *vt* arrange, dispose; (*np. posadzkę*) lay; (*drzewo, siano itp.*) stack; (*porządkować*) put in order; (*pertraktować w sprawie warunków*) negotiate the terms; (*np. tekst, opowiadanie*) compose, set down; (*planować*, *ustalać*) make; **~ się** *vr* settle down; come all right; (*zgadzać się*) agree, come to an arrangement <agreement>

układanka *f* jigsaw puzzle

układny *adj* well-mannered, polite

ukłon *m* bow; **~y** *pl* (*pozdrowienia*) regards, respects; *zob.* **pokłon**

ukłonić się *vr* bow (**komuś** to sb)

ukłucie *n* prick, puncture, sting

ukłuć *vt* prick, sting

ukochany *adj* beloved, favourite

ukoić *vt* soothe, relieve, appease

ukojenie *n* relief, alleviation

ukończenie *n* completion; (*wyższych studiów ze stopniem*) graduation

ukończyć *vt* complete, finish; (*studia wyższe*) graduate

ukos *m* slant, obliquity; **na ~** aslant; **patrzeć z ~a** look askance

ukośny *adj* oblique, slant(ing), diagonal

ukradkiem *adv* furtively, stealthily

Ukrainiec *m*, **Ukrainka** *f* Ukrainian

ukraiński *adj* Ukrainian

ukraść *vt* steal, (*porwać*) snatch

ukręcić *vt* twist, wring

ukrop *m* boiling water

ukrócić *vt* repress, check

ukrycie *n* concealment, hiding-place

ukryty *adj* hidden; disguised; secret; obscure

ukrywać *vt* conceal, hide (**przed kimś, czymś** from sb, sth); cover; disguise; **~ się** *vr* hide (oneself), conceal oneself; cover oneself

ul *m* beehive

ula|ć *vt* pour out; *techn.* cast, mould; *pot.* **pasuje jak ~ł <~ny>** fits to a miracle

ulatniać się *vr* leak; evaporate, volatilize

ulatywać *vi* fly up, soar up

uleczalny *adj* curable

uleczyć *vt* cure, heal (**z czegoś** of sth)

ulega|ć *vi* give way, yield, succumb (**komuś** to sb); (*podporządkować*) submit; undergo (**czemuś** sth); **nie ~ wątpliwości** this is beyond all doubts; **~ć czyimś wpływom** be influenced by sb, undergo sb's influence; **~ć pokusie** yield to temptation; **~ć zepsuciu** be subject to deterioration; **~ć zmianie** undergo a change; **~ć zwłoce** be delayed

uległość *f* submission, submissiveness

uległy *adj* submissive

ulepszać *vt* better, improve, ameliorate

ulepszenie *n* betterment, improvement, amelioration

ulewa *f* downpour, shower

ulewny *adj* pouring; **~ deszcz** downpour

ulg|a *f* relief, ease; (*ułatwienie*) facilitation; (*zniżka*) reduction, facility; **doznać ~i** be relieved, feel relief; **sprawić ~ę** relieve, alleviate; **~a podatkowa** tax relief

ulgowy *adj* reduced

ulic|a *f* street; **iść ~ą** go down <up> the street; **boczna ~a** by-street, off-street, side street; **ślepa ~a** dead-end street

uliczka *f* lane; **boczna ~** by-lane

ulotka *f* leaflet; (*uliczna*) handbill

ulotnić się *zob.* **ulatniać się**

ulotny *adj* (*zmienny*) volatile; (*przemijający*) passing, transitory

ultimatum *n* ultimatum; **postawić ~** deliver an ultimatum

ultrafioletowy *adj* ultraviolet

ultramaryna *f* ultramarine

ulubieniec *m* favourite; darling

ulubiony *adj* favourite, beloved

ulży|ć *vi* relieve (**komuś** sb);

U

(*złagodzić np. ból*) alleviate; **~ć sumieniu** ease sb's conscience; *pot.* **~ło mi** I felt relieved

ułamać *vt* break off

ułamek *m* fragment; *mat.* fraction

ułamkowy *adj* fragmentary; *mat.* fractional

ułaskawić *vt* pardon

ułaskawienie *n* pardon

ułatwić *vt* facilitate, make easier

ułatwienie *n* facilitation

ułomność *f* infirmity, disability

ułożenie *n* arrangement, composition

ułożony *pp* composed; *adj* well-mannered

ułożyć *vt* arrange, put in order; *zob.* **układać**

ułuda *f* illusion, delusion

ułudny *adj* illusive, delusive

umacniać *vt* fortify, confirm; (*utrwalać*) strengthen; **~ się** *vr* consolidate; **~ się w przekonaniu** be confirmed

umarły *adj i s m* deceased, dead

umartwiać *vt* mortify

umartwienie *n* mortification

umawiać się *vr* make an arrangement <an appointment>; agree (**co do czegoś** on <upon> sth); **~ z kimś** arrange with sb (**co do czegoś** about sth); **~ co do dnia** fix the day; **~ co do spotkania** make a date; (*z sympatią*) have a date with...; **~ co do ceny** settle the price

umeblowanie *n* furniture, furnishings *pl*

umiar *m* moderation

umiarkowanie *n* moderation; (*wstrzemięźliwość*) temperance

umiarkowany *adj* moderate; (*wstrzemięźliwy*) temperate; (*o cenach*) reasonable

umie|ć *vt vi* know, be able, **~m czytać i pisać** I know how to read and write; **czy ~sz czytać?** can you read?; **czy ~sz to na pamięć?** do you know it by heart?

umiejętność *f* science; (*zdolność, wprawa*) skill

umiejscowić *vt* locate, localize

umiejscowienie *n* localization

umierać *vi* die (**z choroby, głodu** of an illness, of starvation; **od rany** of a wound); **~ śmiercią naturalną** die a natural death; *przen.* **~ ze strachu <ciekawości>** die of fear <curiosity>

umieszczać *vt* place, locate, put; (*np. ogłoszenie*) put up, set up; (*w gazecie*) insert

umilać *vt* render agreeable, make pleasant

umiłowany *adj* beloved, favourite

umizgać się *vr* (*zalecać się*) court, woo (**do kogoś** sb); (*przymilać się*) blandish, wheedle (**do kogoś** sb)

umizgi *s pl* (*zaloty*) courtship, wooing; (*przymilanie się*) blandishment(s)

umknąć *vi* escape

umniejszać *vt* diminish, lessen

umocnić *vt zob.* **umacniać**

umocnieni|e *n* fixing, consolidation; *pl* **~a** *wojsk.* fortifications, fieldwork

umocować *vt* fasten, fix

umorzenie *n fin.* sinking, remission; **~ postępowania** discontinuation of the trial

umorzyć *vt* sink, discontinue (a trial)

umowa *f* agreement, contract; convention

umowny *adj* conventional

umożliwiać *vt* enable; make possible

umówić się *zob.* **umawiać się**

umundurować *vt* put in uniform

umundurowanie *n* supply of uniforms; uniforms *pl* (*of soldiers etc.*)

umyć *vt* wash; **~ się** *vr* wash (oneself)

umykać *vi* escape; fly away, flit (away)

umy|sł *m* mind; **przytomność ~słu** presence of mind; **zdrowy na ~śle** of sound mind

umysłowość *f* mentality

umysłowy *adj* mental, intellectual; **pracownik ~** *pot.* white-collar worker

umyślnie *adv* on purpose, intentionally, specially

umyślny *adj* intentional; (*specjalny*) special, express

umywalka *f*, **umywalnia** *f* washbasin; *am.* wash-bowl

unaocznić *vt* demonstrate, make evident

uncja *f* ounce

unia *f* union; **Unia Europejska** European Union

unicestwić *vt* annihilate

uniemożliwić *vt* make impossible

unieruchomić *vt* immobilize

uniesienie *n* (*gniew*) burst of passion, fit of anger; (*zachwyt*) enchantment, ecstasy

unieszczęśliwić *vt* make unhappy

unieszkodliwić *vt* render harmless

unieść *vt* lift, carry up <away>; **~ się** *vr* (*w górę*) soar up; (*zachwycić się*) become enraptured; **~ się gniewem** fly into a passion

unieważnić *vt* annul, nullify, invalidate, cancel

unieważnienie *n* annulment, nullification, invalidation, cancellation

uniewinnić *vt* acquit (**kogoś od czegoś** sb of sth); (*uwolnić*) exonerate (**kogoś od czegoś** sb from sth)

uniezależnić *vt* make independent; **~ się** *vr* become independent (**od kogoś, czegoś** of sb, sth)

unifikacja *f* unification

uniform *m* uniform

unikać *vi* avoid (**kogoś, czegoś** sb, sth); (*stronić*) steer clear (**kogoś, czegoś** of sb, sth), shun

unikat *m* unique specimen <thing>

uniwersalny *adj* universal; all-purpose *attr*

uniwersytet *m* university

uniżoność *f* humbleness

uniżony *adj* humble

uniżyć *vt*, **~ się** *vr* humble, humiliate

unosić *vt zob.* **unieść**; **~ się** *vr* ascend; (*o ciężarze*) heave; (*np. na falach*) float; (*wisieć w powietrzu*) hover; soar; (*gniewem*) fly into a passion

unowocześniać *vt* modernize; update

uodpornić *vt* make proof, immunize

uogólnić *vt* generalize

uosabiać *vt* impersonate, personify

uosobienie *n* impersonation, personification

upadać *vi* fall down, drop, collapse; **~ na duchu** be disheartened; **~ na kolana** drop on one's knees

upadek *m* fall, downfall; decline, collapse

upadłość *f* bankruptcy; insolvency

upadł|y *adj* fallen; *handl.* bankrupt; **do ~ego** to the utmost, *pot.* right to the bitter end; **pracować do ~ego** work oneself to death

upajać *zob.* **upoić**

upalny *adj* torrid

upał *m* heat

upamiętnić *vt* render memorable, commemorate

upaństwowić *vt* nationalize

uparty *adj* obstinate, stubborn

upaść *zob.* **upadać**

upatrywać *vt* watch for, track (**kogoś, coś** sb, sth); be on the look-out (**czegoś, coś** for sth); **~ sposobności** watch for one's opportunity; ~ **sobie następcę** single out a successor

upełnomocnić *vt* empower, authorize

upełnomocnienie *n* power of attorney

upewnić *vt* assure, make sure (**o czymś** of sth); ~ **się** *vr* make sure (**o czymś** of sth)

upić się *vr* get drunk; be intoxicated (**sukcesem** with success)

upierać się *vr* persist (**przy czymś** in sth); insist

upiększenie *n* embellishment, decoration

upiększyć *vt* embellish, beautify

upiorny *adj* ghostly, ghostlike, lurid

upiór *m* ghost

upływ *m* flow, discharge, flux; ~ **czasu** lapse of time; ~ **krwi** loss of blood

upływać *vi* flow away; (*o czasie*) pass, elapse; (*o terminie*) expire, elapse

upodlić *vt* debase

upodlenie *n* debasement

upodobanie *n* liking (**do czegoś** for sth)

upodobnić *vt*, ~ **się** *vr* assimilate, conform

upoić *vt* make drunk; intoxicate; ~ **się** *vr przen.* (*zachwycić się*) enchant, enrapture

upojenie *n* intoxication; *przen.* (*zachwyt*) ravishment, rapture

upokorzenie *n* humiliation

upokorzyć *vt* humiliate, humble; ~ **się** *vr* humiliate oneself

upominać *vt* admonish, reprimand, rebuke, scold; ~ **się** *vr* claim (**o coś** sth)

upominek *m* souvenir, present, gift

upomnienie *n* admonition, reprimand; warning

uporać się *vr* get through (**z czymś** with sth)

uporczywość *f* persistence, obstinacy

uporczywy *adj* persistent, obstinate, stubborn

uporządkować *vt* order, put in order, adjust; (*np. ubranie, pokój*) tidy up

uposażenie *n* (*pobory*) salary, pay

upośledzenie *n* (*fizyczne*) handicap, debility; (*umysłowe*) feeblemindedness, mental handicap

upośledzić *vt* wrong (by nature), debilitate

upośledzony *adj* handicapped, debilitated; (*umysłowo*) mentally handicapped

upoważniać *vt* authorize, empower, entitle

upoważnienie *n* authorization; warrant

upowszechniać *vt* disseminate, diffuse, generalize, spread

upowszechnienie *n* dissemination, diffusion

upór *m* obstinacy

upragniony *adj* desired

upraszać *vt* request

upraszczać *vt* simplify

uprawa *f* (*np. roli, zbóż itp.*) cultivation; (*pszczół, jedwabników, bakterii*) culture

uprawiać *vt* cultivate; grow; (*gimnastykę, sporty itp.*) practise, exercise; (*praktykę lekarską itp.*) profess

uprawniać *vt* legalize; entitle, authorize

uprawnienie *n* right, title; authorization

uprawniony *pp i adj* entitled, authorized

uprawny *adj* arable, cultivated, cultivable

uprawomocnić *vt* legalize; ~ **się** *vr* come into force; *prawn.* become valid

uprościć *vt* simplify

uprowadzenie *n* ravishment, abduction; (*osoby*) kidnapping; (*samolotu*) hijack(ing)

uprowadzić *vt* carry off; (*por-*

wać) ravish, abduct; (*np. dziecko*) kidnap; (*samolot*) hijack

uprzątać *vt* remove; (*pokój*) tidy up

uprząż *f* harness

uprzedni *adj* previous, former

uprzedzający *adj* (*ujmujący*) prepossessing; (*uprzedzająco grzeczny*) obliging, complaisant

uprzedzenie *n* (*np. faktu, pytania*) anticipation; (*niechęć*) prejudice; (*ostrzeżenie*) warning

uprzedzić *vt* (*poprzedzić*) precede, come before; (*np. fakt, pytanie*) anticipate; (*zapobiec*) avert, prevent; (*ostrzec*) warn; (*ujemnie zainspirować*) prejudice; (*życzliwie usposobić*) prepossess; **~ się** *vr* become predisposed, become prejudiced

uprzejmość *f* kindness; **przez ~** by courtesy; **prosić o ~** ask a favour (**kogoś** of sb)

uprzejmy *adj* kind, obliging; **bądź tak ~ i pomóż mi** be so kind and help me

uprzemysłowić *vt* industrialize

uprzemysłowienie *n* industrialization

uprzykrzyć *vt* make unpleasant, render annoying; **~ komuś życie** make life unbearable for sb; **~ się** *vr* be fed up

uprzystępnić *vt* render accessible; facilitate

uprzytomnić *vt* bring home (**komuś coś** sth to sb); **~ sobie** realize (**coś** sth)

uprzywilejować *vt* privilege

upust *m* letting off, outlet; vent; (*krwi*) bloodletting; (*wody*) drain, drainage, floodgate; **dać ~** give vent (**czemuś** to sth)

upuścić *vt* drop, let fall

upychać *vt* stuff, pack

urabiać *vt* form, fashion; *polit.* (*poglądy*) lobby; (*np. glinę, ciasto*) knead, work

uradować *vt* make glad; **~ się** *vr* become glad (**czymś** at <of> sth)

uradzić *vt* agree, decide

uran *m chem.* uranium

uratować *vt* save, rescue

uraz *m* (*fizyczny*) hurt, injury; (*moralny*) shock; *med.* complex

uraz|a *f* resentment, grudge; **mieć ~ę do kogoś** bear <have> a grudge against sb

urazić *vt* hurt, injure, offend

urągać *vi* deride (**komuś** sb); **~ przyzwoitości** outrage decency

urbanistyka *f* town planning

uregulować *vt* put in order; settle

urlop *m* leave (of absence); **~ macierzyński** maternity leave; **~ zdrowotny** sick leave; **na ~ie** on leave; **~ naukowy** sabbatical (leave)

urna *f* urn; (*wyborcza*) ballot box

uroczy *adj* charming

uroczystość *f* celebration, solemnity, festivity

uroczysty *adj* solemn, festive

uroda *f* beauty, good looks *pl*

urodzaj *m* abundance (of crops), good harvest

urodzajność *f* fertility

urodzajny *adj* fertile

urodze|nie *n* birth; **z ~nia** by birth; **od ~nia** from birth; **świadectwo ~nia** birth certificate; **kontrola ~ń** birth control

urodz|ić *vt* give birth to, beget, bear; **~ się** *vr* be born; **~łem się w 1943 r.** I was born in 1943; **w czepku ~ony** born with a silver spoon in one's mouth

urodziny *s pl* birthday

uroić *vt*, **~ coś sobie** imagine sth, dream sth, take sth into one's head, see things

urojenie *n* dream, delusion

urojon|y *adj* imaginary; *mat.* **liczba ~a** abstract number

urok *m* charm, fascination

uronić *vt* shed, drop, let fall

urozmaiceni|e *n* variety, diversity; **dla ~a** for variety's sake

urozmaicić *vt* vary, diversify

urozmaicony adj varied, diversified

uruchomić vt put in motion, set going, start; **~ silnik** start the engine

urwa|ć vt tear off, pluck, pull off; (np. rozmowę) break (off), pot. snap; **~ć się** vr tear away, rush off; **~ł się guzik** the button has come off

urwis m urchin

urwisko n precipice

urwisty adj precipitous, steep

urywek m fragment, excerpt, extract

urywkowy adj fragmentary

urząd m office, charge, function; **piastować ~** hold office; **objąć ~** come into office; **z urzędu** ex officio, officially; **~ stanu cywilnego** registrar's office, registry; **~ celny** customs house; **~ skarbowy** the Inland Revenue; am. Internal Revenue

urządzać vt arrange; organize; install; set up; **~ się** vr make one's arrangements; set oneself up; (mieszkanie) furnish

urządzenie n arrangement; organization, installation; appliance, gadget; (umeblowanie) furniture

urzec vt bewitch, enchant

urzeczenie n bewitchment, enchantment

urzeczywistnić vt realize, make real; **~ się** vr (o śnie, marzeniu) come true

urzędnik m official, (niższy) clerk, (państwowy) civil servant

urzędować vi be on duty, work; hold an office

urzędowanie n office work; **godziny ~a** office hours; **koniec ~a** closing time

urzędowy adj official

usadowić vt place, settle; **~ się** vr (np. w fotelu) make oneself comfortable; (osiąść) settle down, establish oneself

usamodzielnić vt render independent; **~ się** vr become independent

uschły adj dried, withered

uschnąć vi dry, wither

usiąść vi sit down, take a seat; (o ptaku) perch

usidlać vt ensnare

usilny adj strenuous, intense

usiłować vi vt make efforts, endeavour, attempt

usiłowanie n endeavour, attempt

uskrzydlić vt wing

usłuchać vt obey; **~ czyjejś rady** follow <take> sb's advice

usług|a f service, favour; **oddać ~ę** do a service; **do pańskich ~** at your service

usługiwać vi serve; wait (komuś on sb), **przy stole** at table)

usługowy adj, **punkt ~** servicing station

usłużność f complaisance

usłużny adj complaisant

usłużyć vi do a service; zob. **usługiwać**

usnąć vi fall asleep, get to sleep

uspokajać vt quiet, quieten, soothe down, appease, calm; **~ się** vr become quiet; calm down, ease oneself

uspokajający adj (środek) sedative; soothing, relaxing

uspokojenie n tranquillization; appeasement (zw. polit.)

uspołecznić vt nationalize; socialize

usposobić vt dispose

usposobienie n temper, disposition

usprawiedliwić vt justify; give reasons (coś for sth), excuse; **~ się** vr excuse oneself; apologize (z powodu czegoś for sth, przed kimś to sb)

usprawiedliwienie n justification; excuse (za coś for sth); apology

usprawnić vt improve, render more efficient, rationalize

usta s pl anat. mouth

ustać *vi* stop, cease

ustalać *zob.* **ustalić**

ustalenie *n* settlement, consolidation, stabilization; fixing

ustalić *vt* settle; (*ustanowić*) establish, consolidate; stabilize; (*utwierdzić, naznaczyć np. termin*) fix; (*np. zasadę*) lay down

ustanawiać *vt* constitute; enact; fix, establish; **~ rekord** set up a record

ustanowienie *n* constitution; enaction, establishment

ustatkować się *vr* settle down

ustawa *f* act, law

ustawać *vi* cease, stop; (*być zmęczonym*) weary

ustawiać *vt* set, arrange, place, dispose; **~ się** *vr* range <place> oneself

ustawiczny *adj* incessant, unceasing

ustawodawca *m* legislator

ustawodawczy *adj* legislative; **ciało ~e** legislature

ustawodawstwo *n* legislation

ustawowy *adj* legal

usterka *f* fault, deficiency, defect; (*w telewizji*) **przepraszamy za ~i** stand-by, please

ustęp *m* (*w książce*) paragraph, section; (*klozet*) lavatory, WC

ustępliwy *adj* yielding

ustępować *vi* resign, withdraw, concede, give in <way>, yield; (*mijać*) abate

ustępstwo *n* concession; resignation

ustnie *adv* by word of mouth, orally

ustnik *m* mouthpiece

ustny *adj* oral; verbal

ustosunkować się *vr* take an attitude (**do kogoś, czegoś** towards sb, sth)

ustosunkowany *adj* having relations, well-connected

ustronie *n* recess, solitude

ustronny *adj* secluded, retired

ustrój *m* political system, constitution; organization; (*system rządzenia*) policy

ustrzec *vt* preserve, guard (**od czegoś** from sth); **~ się** *vr* guard (**przed czymś** against sth), avoid (**przed czymś** sth)

usunięcie *n* removal; (*dymisja*) dismissal

usuwać *vt* remove; dismiss; **~ się** *vr* withdraw; **~ się z drogi** keep out of the way

usychać *vi* wither, dry, become dry

usypać *vt* pour out; (*wznieść*) raise, heap up

usypiać *vi* fall asleep; *vt* lull to sleep; *zob.* **uśpić**

usypiający *adj* soporific

uszanować *vt* respect

uszanowanie *n* respect; **składać ~e** pay one's respects; **przesyłać wyrazy ~a** send one's respects; **proszę złożyć mu ode mnie wyrazy ~a** please give him my respects <regards>

uszczelka *f* packing; (*np. w kranie*) washer; seal

uszczerbek *m* detriment; **z ~kiem dla kogoś** to the detriment of sb

uszczęśliwić *vt* make happy

uszczknąć *vt* pluck; pick (up)

uszczuplić *vt* curtail, cut short

uszczypliwość *f* mordacity, causticity

uszczypliwy *adj* mordacious

uszko *n* ear; (*igły*) eye

uszkodzenie *n* damage, impairment

uszkodzić *vt* damage, impair

uszlachetnić *vt* ennoble; refine

uścisk *m* embrace; grasp; **~ dłoni** handshake; (*chwyt*) hug

uścisnąć *vt* embrace; grasp; **~ ręce** shake hands (**komuś** with sb)

uśmiać się *vr* have a good many laughs (**z czegoś** over sth)

uśmiech *m* smile; **radosny ~** beam; **szyderczy ~** sneer

U

uśmiech|ać się *vr* smile (**do kogoś** at <on> sb); **szczęście ~nęło się do mnie** fortune has smiled on me; **uśmiechaj się!** *int* keep smiling!

uśmiercić *vt* kill, put to death

uśmierz|yć *vt* appease, alleviate, soothe; calm; (*bunt*) suppress; *med.* **środek ~ający ból** painkiller, analgesic

uśpić *vt* lull to sleep; make drowsy; (*sztucznie*) narcotize, put to sleep

uświadomić *vt* make (**komuś** sb) conscious; initiate; bring home (**kogoś** to sb); **~ sobie niebezpieczeństwo** realize the danger

uświadomienie *n* making sb conscious; initiation; **~ sobie czegoś** realization <awareness> of sth

uświetnić *vt* illuminate, give splendour

uświęca|ć *vt* hallow, sanctify; (*przysłowie*) **cel ~ środki** the end justifies the means

utajon|y *adj* latent, secret; *fiz.* **ciepło ~e** latent heat

utalentowany *adj* talented, gifted

utarczka *f* skirmish; (*słowna*) squabble

utarty *adj* commonplace; *zob.* **ucierać**

utensylia *s pl* utensils

utknąć *vi* stick, become fixed; (*o rozmowie*) break down; *przen.* **~ na martwym punkcie** come to a standstill

utlenić *vt* oxidize

utlenienie *n* oxidation

utonąć *vi* be drowned; (*np. o statku*) sink

utonięcie *n* drowning; sinking

utopia *f* Utopia

utopić *vt* drown, sink; **~ się** *vr* be drowned

utopijny *adj* Utopian

utożsamiać *vt* identify

utożsamienie *n* identification

utracjusz *m* spendthrift

utrapienie *n* worry, nuisance; affliction

utrata *f* loss

utrudnić *vt* make difficult, impede

utrudnienie *n* difficulty, impediment

utrwalić *vt* consolidate, fix, stabilize; *techn. fot.* fix; **~ się** *vr* become fixed <consolidated>

utrzymani|e *n* maintenance, living; **mieszkanie i ~e** room and board; *pl* **środki ~a** cost of living; **zarabiać na ~e** earn one's living; **z pełnym ~em** with full board

utrzymywać *vt vi* keep; (*stosunki*) maintain; hold; (*np. korespondencję*) keep up; (*twierdzić, podtrzymywać*) maintain; **~ na wodzy** restrain; **~ się** *vr* maintain oneself; (*trzymać się mocno*) keep steady, hold one's own; **~ się z pracy umysłowej** live by intellectual work

utulić *vt* hug, (*uspokoić*) appease

utwierdzić *vt* confirm, consolidate, fix

utwór *m* work, composition, production; *muz.* tune

utyć *vi* put on (weight)

utykać *vi* limp; *vt* fill

utylitarny *adj* utilitarian

utylitaryzm *m* utilitarianism

utyskiwać *vi* complain (**na coś** of sth)

uwag|a *f* attention; observation; remark; **brać pod ~ę** take into consideration; **zwracać ~ę** pay attention (**na coś** to sth), mind (**na coś** sth); **nie zwracać ~i** take no notice (**na coś** of sth); **z ~i na coś** considering sth; **„~a, winda!"** "mind the lift!"

uwalniać *vt* release, liberate, set free; deliver (**od czegoś** from sth)

uważa|ć vt vi pay attention (**na coś** to sth), be attentive; regard, count (**za coś** as sth); mind (**na coś** sth); take care (**na coś** of sth); see; think; reckon; **~m za właściwe** I think it proper; **~m to za dobry film** I think it is a good film; **~ się go za najlepszego ucznia** he is reckoned to be the best student

uważny adj attentive; careful

uwertura f muz. overture

uwiąd m biol. marasmus, decrepitude

uwiązać vt bind, attach

uwidocznić vt make evident, make clear, render conspicuous, exhibit, manifest

uwiecznić vt immortalize

uwiedzenie n seduction

uwielbiać vt adore, worship

uwielbienie n adoration, worship

uwieńczyć vt crown

uwierać vt (o bucie) pinch; chafe

uwierzyć vt believe

uwierzytelniając|y adj, pl **listy ~e** credentials

uwierzytelnić vt legalize

uwiesić vt, **~ się** vr hang on

uwijać się vr busy oneself, bustle (**dookoła czegoś** about sth)

uwikłać vi involve

uwłaczać vi defame (**komuś** sb); derogate (**czemuś** from sth)

uwłaszczać vt bestow property (**kogoś** on <upon> sb); denationalize

uwłaszczenie n bestowal of property (**kogoś** on sb); denationalization

uwodziciel m seducer

uwodzić vt seduce

uwolnić vt set free (**kogoś** sb, **od czegoś** from <of> sth), set at liberty; deliver (**kogoś** sb, **od czegoś** from sth), release

uwolnienie n liberation, deliverance, release; prawn. acquittal

uwydatnić vt bring into prominence; enhance, set off

uwypuklić vt bring into relief, set off; bring forth

uwzględnić vt take into consideration

uwziąć się vr set one's mind (**na coś** on <upon> sth), pot. become crazy (**na coś** about sth)

uzależnić vt make dependent (**od kogoś, czegoś** on <upon> sb, sth); **~ się** become addicted (**od czegoś** to sth)

uzależniony adj contingent (on), conditional (on); (od narkotyków) addicted to

uzasadnić vt substantiate, justify; give reasons (**coś** for sth)

uzasadnieni|e n substantiation, justification; **w ~u** in support (**czegoś** of sth)

uzbraj|ać vt, **~ się** vr arm

uzbrojony adj armed (**po zęby** to the teeth)

uzbrojenie n armament, arming, arms pl

uzda f bridle

uzdolnić vt enable

uzdolnienie n gift, talent, ability, capability

uzdolniony adj gifted, talented, able, capable

uzdrawiać vt heal, cure, restore to health; przen. (np. finanse) put on a healthy basis

uzdrowienie n cure, recovery, restoration (to health); **~ poprzez wiarę i modlitwę** faith healing

uzdrowisko n health-resort; spa

uzewnętrzniać vt manifest, show

uzębienie n anat. dentition; techn. toothing

uzgadniać vt square, agree; (zharmonizować) adjust; coordinate

uziemiać vt elektr. ground, earth

uziemienie n elektr. ground, earth

uzmysłowić vt demonstrate,

make clear, objectify; **~ sobie** realize

uznani|e *n* acknowledgement, regard, appreciation, recognition; **do twego ~a** at your discretion; **możesz postąpić według własnego ~a** you may use your own discretion; **zasługujący na ~e** worthy of acknowledg(e)ment, praiseworthy; **z ~em** appreciatively

uznawać *vt* acknowledge, recognize, appreciate; (*potwierdzać*) admit; (*uważać za*) find

uzupełniać *vt* supplement, complete, complement

uzupełniający *adj* supplementary, complementary

uzupełnienie *n* supplement, completion, complement; **~ leczenia** follow-up

uzurpator *m* usurper

uzurpować *vt* usurp

uzwojenie *n techn.* winding

uzyskać *vt* gain, win, obtain

użądlić *vt* sting

użerać się *vr pot.* bicker (**o coś** about sth), quibble

użyci|e *n* use; (*np. życia*) enjoyment; **przepis ~a** directions for use; **wyjść z ~a** go out of use, fall into disuse; **w codziennym ~u** in daily use

użyczać *vt* grant, lend

użyć *vt* use; **~ sobie** enjoy (**czegoś** sth), indulge (**czegoś** in sth)

użyteczność *f* utility

użyteczny *adj* useful

użytek *m* use; **zrobić dobry <zły> ~ z czegoś** make good <bad> use of sth

użytkować *vt* use, utilize

użytkownik *m* user

używać *vt* use; make use of; (*np. życia*) enjoy; (*np. siły*) exert; utilize

używalność *f* utilization, use

używany *adj* used; (*nie nowy*) second-hand

użyźniać *vt* fertilize

W

w, we *praep* in, into, at, by, on; **w Anglii** in England; **w ogrodzie** in the garden; **w domu** at home; **w Krakowie** in Cracow; **w dzień** by day; **w środę** on Wednesday; **grać w karty, w szachy, w piłkę nożną** *itd.* play cards, chess, football *etc.*; **wpaść w długi** get into debts

wabić *vt* decoy, allure, lure

wachlarz *m* fan; *przen.* (*np. spraw, zagadnień*) gamut, spectrum

wachlować *vt* fan; **~ się** *vr* fan (oneself)

wada *f* fault, defect; drawback, shortcoming

wadliwy *adj* faulty

wafel *m* wafer

wag|a *f* weight; *przen.* importance; (*przyrząd*) balance, pair of scales; **na ~ę** by weight; *sport* **~a papierowa** light flyweight; **~a musza** flyweight; **~a kogucia** bantamweight; **~a piórkowa** featherweight; **~a lekka** lightweight; **~a lekkopółśrednia** light welterweight; **~a lekkośrednia** light middleweight; **~a półśrednia** welterweight; **~a średnia** middleweight; **~a półciężka** light heavyweight; **~a ciężka** heavyweight; *przen.* **przykładać ~ę** set store (**do czegoś** by sth); (*znak zodiaku*) Libra

wagary s pl pot. truancy; **iść na ~** play truant, wag it; am. play hook(e)y

wagon m (kolejowy) carriage, am. car; (sypialny) sleeping car; wagon, coach; (towarowy) truck

wahać się vr hesitate, waver; pot. hang back; (chwiać się) shake, totter; (o cenach, kursach) fluctuate; fiz. oscillate

wahadło n pendulum

wahadłowiec m space shuttle

wahanie n hesitation; (cen, kursów) fluctuation

wakacje s pl holiday(s), vacation; (z programem) package holiday <tour>

walc m waltz

walcować vi waltz

walcownia f rolling mill

walczący adj combatant

walczyć vi fight, struggle (**o coś** for sth); combat; **~ z wiatrakami** fight at windmills

walec m cylinder; (drogowy) (steam-)roller

waleczność f valour

waleczny adj valiant, brave

walet m (w kartach) knave, jack

walić vt (burzyć) demolish, pull down, break down; (uderzać) strike; bang, pound; **~ się** vr tumble down; (rozpadać się) decay, crash down; **~ głową w mur** bang one's head against the wall

Walijczyk m Welshman

walijski adj Welsh

walizka f case, suitcase

walka f struggle, fight, combat

walny adj general, plenary, complete; **~e zgromadzenie** general assembly

walor m value

waluta f currency; **~ wymienialna** convertible currency

wał m embankment, rampart; techn. shaft

wałek m roller; techn. shaft; **~ do ciasta** rolling-pin

wałęsać się vr roam, loiter

wam pron pl you; zob. **wy**

wami pron pl you; zob. **wy**

wampir m vampire; (zool.) vampire-bat

wandal m vandal

wandalizm m vandalism

wanna f bathtub

wapień m limestone

wapno n lime; **~ lasowane** slaked lime; **~ niegaszone** quick lime; **~ do bielenia** whiting

wapń m chem. calcium

warcaby pl draughts; am. checkers

warczeć vi growl

warga f anat. lip; **~ dolna** <**górna**> lower <upper> lip

wargowy adj i anat., gram. labial

wariacja f variation; (szaleństwo) madness; (także w modzie) craze

wariacki adj mad, crazy, insane

wariant m variant

wariat m madman, lunatic; **robić z kogoś ~a** make a fool of sb

wariometr m polygraph, lie detector

wariować vi be <go> mad

warkocz m plait; am. braid

warownia f fortress; wojsk. fort

warowny adj fortified

warstwa f layer, stratum; (pl strata)

warszawiak m **warszawianin** m inhabitant of Warsaw

warsztat m workshop; (tkacki) loom

wart adj worth; worthy; **nie ~e zachodu** it is not worth the trouble

war|ta f guard; **stać na ~cie** stand guard; **stanąć na ~cie, zaciągnąć ~tę** mount guard

wartki adj rapid

warto v impers it is worth; **nie ~ tego czytać** it's not worth reading

wartościow|y adj valuable; **papiery ~e** securities, bonds; **człowiek ~y** man of great worth

wartość f value, worth; **~ dodat-**

kowa surplus value; **~ ujemna** negative value; **to ma małą ~** it's of little value; **~ bezwzględna** *mat.* absolute value

warun|ek *m* condition, term; **pod ~kiem, że...** on condition that, provided that...; **~ki atmosferyczne** weather conditions

warunkowy *adj* conditional; **odruch ~** conditioned reflex

warzelnia *f* (*soli*) salt-works

warzywa *s pl* vegetables, greens

warzywny *adj*, **ogród ~** kitchen-garden

was *pron pl* you; *zob.* **wy**

wasal *m hist.* vassal

wasi *pron m pl* you, yours; *zob.* **wy**

wasz *pron m* your, yours; *zob.* **wy**

wasza *pron f* your, yours; *zob.* **wy**

wasze *pron f i n pl* your, yours; *zob.* **wy**

wata *f* cotton-wool

wawrzyn *m* laurel

waza *f* bowl, vase; *sport* cup

wazelina *f* Vaseline

wazon *m* vase, bowl

ważka *f zool.* dragon-fly

ważki *adj* weighty

ważność *f* importance; significance; *prawn.* validity; **utracić ~** expire

ważny *adj* important; significant; *prawn.* valid

ważyć *vt vi* (*odważać*) weigh; **~ słowa** weigh one's words; (*śmieć*) dare; **~ się** *vr* dare

wąchać *vt* smell, sniff

wąs *m* (*zw. pl* **~y**) moustache

wąski *adj* narrow

wąskotorow|y *adj* narrow-gauged; **kolej ~a** narrow-gauge railway

wątek *m techn.* woof; *przen.* matter, motif; **stracić ~** lose the thread

wątły *adj* frail

wątpić *vi* doubt (**w coś** sth)

wątpliwość *f* doubt

wątpliwy *ad* doubtful; dubious

wątroba *f anat.* liver

wąwóz *m* ravine, gorge

wąż *m* snake; (*gumowy*) hose; (*pożarniczy*) fire hose

wbiec *vi* run in <into>

wbijać *vt* drive in

wbrew *praep* in spite of, despite, against, in defiance of

w bród *adv* in abundance; *zob.* **bród**

wcale *adv* quite, fairly; **~ nie** not at all

wchłaniać *vt* absorb

wchodzić *vi* go <come> in, enter; **~ na górę** go up; **~ komuś w drogę** get in <cross> sb's way; **~ w czyjeś położenie** realize sb's position; **~ w grę** come into play; **~ w posiadanie czegoś** gain possession of sth

wciągać *vt* draw in

wciąż *adv* continually, still

wcielać *vt* incarnate, embody; (*włączać*) incorporate; (*do szeregów*) enlist

wcielenie *n* incarnation; (*włączenie*) incorporation; *wojsk.* enlistment

wcielony *adj* incarnate; *pp* (*włączony*) incorporated; *wojsk.* enlisted; **diabeł ~** devil incarnate

wcierać *vt* rub in <into>; *med.* embrocate

wcięcie *n* incision, notch

wcinać *vt* incise

wciskać *vt* press in; notch

wczasowicz *m* holiday-maker

wczasy *s pl* holidays

wczesny *adj* early

wcześnie *adv* early

wczoraj *adv* yesterday; **~ wieczorem** last night

wdawać się *vr* meddle (**w coś** with sth), interfere

wdowa *f* widow; **słomiana ~** grass widow

wdowiec *m* widower; **słomiany ~** grass widower

wdrapać się *vr* climb up (**na coś** sth); (*z trudem*) clamber up

wdrażać vt inculcate (**jakieś pojęcie komuś** an idea on sb); implement (**praktycznie**); implant; prawn. start; **~ kroki (sądowe)** take steps; **~ się** vr get implanted

wdychać vt inhale

wdzierać się vr break into; (**na górę**) clamber up

wdzięczność f gratitude; (**uznanie**) appreciation

wdzięczny adj grateful; (**powabny**) graceful; **być ~m** feel grateful (**za coś** for sth), appreciate (**za coś** sth)

wdzięk m grace, charm

według praep after, by, according to

wegetacja f vegetation; przen. hand-to-mouth existence

wegetarianin m vegetarian

wegetarianizm m vegetarianism

wegetować vi vegetate; przen. keep body and soul together

wejrzeć vi glance in; przen. investigate

wejrzenie n glance; **na pierwsze ~** at first sight

wejście n entrance; **~ wzbronione** no entry, no admittance, private

wejść vi enter, go <come> in; **~ w modę** <**w użyciu**> come into fashion <into use>; (**o ustawie**) **~ w życie** come into force; take effect

weksel m fin. bill (of exchange)

wektor m vector

welon m veil

welwet m velveteen

wełna f wool

wełniany adj woollen

weneryczny adj venereal

wentyl m air-regulator; vent; (**w instrumencie**) valve

wentylacja f ventilation

wentylator m ventilator

wentylować vt ventilate

weranda f porch, veranda(h)

wersja f version

wertować vt (**książkę**) thumb, browse

werwa f verve

weryfikacja f verification

weryfikować vt verify

wesele n wedding

wesołek m jester, wag

wesołość f merriment, gaiety

wesoł|y adj merry, joyful, jolly, glad; **~e miasteczko** fun fair, amusement park

westchnąć vi sigh; **ciężko ~** heave a sigh

westchnienie n sigh

wesz f louse

wet m w zwrocie: **~ za ~** tit for tat

weteran m veteran

weterynarz m veterinary surgeon; pot vet

wetknąć vt stick, thrust; (**do ręki**) slip

weto n veto; **założyć ~** veto (**przeciwko czemuś** sth)

wewnątrz praep i adv in, inside, within

wewnętrzn|y adj inside, internal, inward, inner; **sprawy ~e** home affairs

wezbrać zob. **wzbierać**

wezwać zob. **wzywać**

wezwanie n call; (**sądowe**) summons

węch m smell, smelling

wędk|a f fishing-rod; **łowić na ~ę** angle (**na coś** for sth); fish

wędkarz m angler

wędlin|a f (zw. pl **~y**) (smoked) meat products

wędliniarnia f ham and sausage shop

wędrować vi wander, roam; saunter, stroll

wędrowiec m wanderer

wędrowny adj wandering; (**o ptakach**) migratory

wędrówka f wandering, migration

wędzić vt smoke; cure

wędzidło n bit

węgiel m coal; chem. carbon; **~**

kamienny hard coal; ~ *drzewny* charcoal; ~ *brunatny* brown coal

węgielny *adj*, **kamień** ~ cornerstone

Węgier *m*, **Węgierka** *f* Hungarian

węgierski *adj* Hungarian

węglan *m chem.* carbonate

węglarz *m* coaler, coal-dealer

węglowodan *m chem.* carbohydrate

węglowodór *m chem.* hydrocarbon

węglow|y *adj* coal *attr*, *chem.* carbon *attr*; **pole** ~**e** coal-field; **zagłębie** ~**e** coal basin

węgorz *m zool.* eel

węszyć *vt* scent

węzeł *m* knot, tie; *mors.* knot; (*kolejowy*) junction

węzłow|y *adj*, **punkt** ~**y** vital point; point of junction; **stacja** ~**a** junction station

wgląd *m* inspection, insight; **mieć** ~ **w** have access to

wglądać *vi* look into, inspect

wgryzać się *vr* eat into; *przen.* penetrate (**w coś** through <into> sth)

wiać *vi* blow; (*ziarna*) winnow

wiadomo *v impers* it is known; **nic nie** ~ there is no knowing; **o ile mi** ~ for all I know, as far as I know; **o ile mi** ~ **to nie** not to my knowledge

wiadomoś|ć *f* news, a piece of information; *pl* ~**ci** information *zbior.*; **dobra** ~**ć** a piece of good news; *pl* **najnowsze** ~**ci** the latest news, hot news

wiadomy *adj* known

wiadro *n* pail, bucket

wiadukt *m* viaduct

wianek *m* wreath

wiara *f* faith, belief, creed; **w dobrej wierze** in good faith

wiarołomność *f* faithlessness, perfidy

wiarołomny *adj* faithless, perfidious

wiarygodność *f* credibility; authenticity

wiarygodny *adj* credible; authentic

wiatr *m* wind; ~**em podszyty** thinly lined; **rzucać słowa na** ~ speak idly; *pot.* **szukać** ~**u w polu** run a wild-goose chase

wiatrak *m* windmill; (*wentylator*) fan

wiatrówka *f bryt.* windcheater; *am.* windbreaker

wiąz *m bot.* elm

wiązać *vt* bind, tie; *chem.* combine; ~ **ręce, nogi** pinion

wiązadł|o *n* band, link; *anat.* ligament

wiązanie *n* binding; bond

wiązanka *f* bunch, nosegay

wiązka *f* bundle; ~ **laserowa** laser beam

wibracja *f* vibration

wibrować *vi* vibrate

wice *praef* vice-, deputy-

wiceadmirał *m* vice-admiral

wiceprezydent *m* vice-president

wicher *m* windstorm; whirlwind, gale

wichrzyciel *m* fomenter, troublemaker

wichrzyć *vi* trouble, foment trouble

wić *vt* wreathe, twine; ~ **się** *vr* writhe

widać *vi* show; be clear; be seen

widelec *m* fork

wideo *nieodm.* video

wideokamera *f* video(film) camera

wideokaseta *f* video cassette

wideomagnetofon *m* video, video cassette recorder, VCR

wideopłyta *f* videodisc

widły *s pl* pitchfork

widmo *n* spectre; *fiz.* spectrum

widmowy *adj* spectral

widno *adv*, **robi się** ~ it's getting light

widnokrąg *m* horizon

widny *adj* visible, clear

wierzyć

widocznie *adv* apparently, evidently
widoczność *f* visibility
widoczny *adj* visible; evident
widok *m* view, sight, prospect, vista; **mieć na ~u** have in view; **~ od przodu** <**tyłu**> front <rear> view; **~ z lotu ptaka** bird's-eye view
widokówka *f* (picture-)postcard
widowisko *n* spectacle, show
widownia *f* house; (*publiczność*) audience; (*teren*) scene; **pełna ~** full house
widywać *vt* see (frequently *etc.*)
widz *m* spectator, onlooker
widzeni|e *n* sight, view; vision; **do ~a** good-bye; **punkt ~a** point of view
widzialność *f* visibility
widzialny *adj* visible
widzieć *vt* see; **~ się** *vr* see (**z kimś** sb)
wiec *m* meeting, rally
wieczność *f* eternity
wieczny *adj* eternal
wiecz|ór *m* evening; **~orem** in the evening
wiedza *f* knowledge, learning; (*wdrożeniowa, praktyczna*) know-how
wiedzieć *vt vi* know; **chciałbym ~** I would <should> like to know; **o ile wiem** as far as I know
wiedźma *f* witch
wiejski *adj* country *attr*, rural
wiek *m* age; (*stulecie*) century; **~ dziecięcy** infancy; **~ męski** manhood; **~ młodzieńczy** youth, adolescence; **~ starczy** old age; **w średnim ~u** middle-aged
wieko *n* lid, cover
wiekopomny *adj* memorable, immortal
wiekowy *adj* aged
wielbiciel *m* lover, admirer; fan
wielbić *vt* adore, admire, fan
wielbłąd *m* camel
wielce *adv* much, greatly, highly

wiele *adv* much, many
wielebny *adj* reverend
Wielkanoc *f* Easter
wielki *adj* great, large, big; (*okazały, doniosły*) grand; **~ czas** high time
wielkoduszność *f* magnanimity, generosity
wielkoduszny *adj* magnanimous, generous
wielkoś|ć *f* largeness; greatness; magnitude; **naturalnej ~ci** life-size
wielmożny *adj* mighty; (*w tytule*) honourable
wielokąt *m* polygon
wielokrotn|a *f mat.* multiple; **~y** *adj* manifold;
wieloletni *adj* of many years; **~a umowa** long-term agreement
wieloryb *m zool.* whale
wielostronny *adj* multilateral
wielozadaniowość *f komp.* multitasking
wieniec *m* wreath, crown
wieńczyć *vt* crown
wieprz *m zool.* hog
wieprzowina *f* pork
wiercić *vt* drill, bore; **~ się** *vr* fidget
wierność *f* fidelity, faithfulness
wierny *adj* faithful
wiersz *m* poem, verse; (*linijka*) line; **czytać między ~ami** read between the lines
wierszokleta *m uj. lit.* poetaster
wiertarka *f* drill(er), boring machine
wierzba *f bot.* willow
wierzch *m* top, surface; **jechać ~em** ride on horseback
wierzchni *adj* upper
wierzchołek *m* top, peak, summit; *mat.* vertex; **~ góry lodowej** the tip of the iceberg
wierzchowiec *m* saddle-horse
wierzgać *vi* kick up
wierzyciel *m* creditor
wierzyć *vi* believe (**komuś** sb, **czemuś, w coś** sth)

W

wieszać *vt*, **~ się** *vr* hang

wieszak *m* hanger, rack, peg

wieszcz *m* seer, bard

wieś *f* village; (*w przeciwieństwie do miasta*) country; **na wsi** in the country; **mieszkaniec wsi** countryman

wieść 1. *f* news, a piece of news, information; report; **~ hiobowa** alarming news

wieść 2. *vt* (*prowadzić*) lead, conduct

wieśniaczka *f* countrywoman

wieśniak *m* countryman

wietrzeć *vi* decay, moulder; become vapid, lose smell; (*o skałach*) weather, be weathered; *przen.* (*z głowy*) evaporate

wietrzyć *vt* air, ventilate; *techn.* aerate; (*np. zwierzynę*) scent, smell

wiewiórka *f zool.* squirrel

wieźć *zob.* **wozić**

wieża *f* tower; (*w szachach*) rook; **~ stereo** stereo (system)

wieżowiec *m* tower block

wieżyczka *f* turret

więc *conj adv* so, now, well, therefore

więcej *adv* more; **mniej lub ~** more or less; **mniej ~** some, about, approximately

więdnąć *vi* wither, fade

większość *f* majority; **~ ludzi** most people

większ|y *adj* greater, bigger, larger; **w ~ej części** for the most part

więzić *vt* detain, imprison

więzieni|e *n* prison, *bryt.* gaol; *am.* jail; **wtrącić do ~a** imprison

więzień *m* prisoner

wigili|a *f* eve; **~a Bożego Narodzenia** Christmas Eve; (*posiłek*) Christmas Supper; **w ~ę** on the eve

wihajster *m bryt. pot.* gimmick, gadget

wikariusz, wikary *m* vicar

wiklina *f* osier, wicker

wikłać *vt* entangle, complicate

wikt *m* board

wilgoć *f* moisture, humidity

wilgotny *adj* moist, humid

wilia *zob.* **wigilia**

wilk *m zool.* wolf; *przysł.* **nie wywołuj ~a z lasu** let sleeping dogs lie; **~ w owczej skórze** a wolf in sheep's clothing

willa *f* villa

win|a *f* guilt, fault; **poczuwać się do ~y** feel guilty; *prawn.* **przyznać się do ~y** plead guilty

winda *f bryt.* lift; *am.* elevator

winiarnia *f* wine-shop, wine bar

winić *vt* blame (**kogoś** sb, **o coś** for sth), inculpate

winien *adj* guilty; (*dłużny*) owing, indebted; **jestem mu ~ pieniądze** I owe him money

winieta *f* vignette

winnica *f* vineyard

winn|y 1. *praed* (*winien*) guilty (**czegoś** of sth); (*o należności, szacunku, płatności itp.*) due (**komuś** to sb); **być ~ym komuś pieniądze** owe money to sb

winn|y 2. *adj* wine *attr*; *bot.* **~a latorośl** vine

wino *n* wine

winobranie *n* vintage

winogrona *s pl* grapes

winowajca *m* culprit, offender

winszować *vi* congratulate (**komuś czegoś** sb on sth)

wiolonczela *f muz.* cello

wiosenny *adj* spring *attr*

wioska *f* hamlet

wiosło *n* oar

wiosłować *vi* row

wiosn|a *f* spring; **na ~ę** in (the) spring

wioślarski *adj* rowing; **wyścigi ~e** boat-race

wioślarstwo *n* rowing

wioślarz *m* oarsman, rower

wiotki *adj* flimsy, frail

wiór *m* shaving

wir *m* whirl; (*wodny*) whirlpool, eddy

wiraż *m* turn(ing), bend

wirować *vi* whirl, rotate

wirówka *f* centrifugal machine, centrifuge

wirtuoz *m* virtuoso

wirus *m biol.* virus

wisieć *vi* hang; **~ na włosku** hang by a thread <a hair>

wisielec *m* hanged man

wisiorek *m* pendant

wiśnia *f bot.* cherry; (*drzewo*) cherry-tree

witać *vt* greet, welcome

witamina *f* vitamin

witraż *m* stained glass (window)

witryna *f* shopwindow, glass case

wiwatować *vi* cheer

wiwisekcja *f* vivisection

wiz|a *f* visa; **~a wjazdowa** <**wy-jazdowa, tranzytowa, poby-towa, turystyczna**> entry <ex-it, transit, visitor's, tourist> visa; **otrzymać ~ę** get one's visa <passport visaed>; **udzielać ~y** visa

wizerunek *m* effigy, portrait, likeness

wizja *f* vision

wizyt|a *f* call, visit; **złożyć ~ę** pay a visit, call (**komuś** on sb)

wizytacja *f* inspection, visitation

wizytator *m* inspector, visitor

wizytować *vt* inspect, visit

wizytówka *f* visiting card; call card

wjazd *m* entrance, gateway, door-way; **~ wzbroniony** no entry

wjeżdżać *vi* drive in, enter

wkleić *vt* stick into

wklęsły *adj* concave

wkład *m* (*inwestycja*) investment; (*depozyt*) deposit; (*przyczynek*) contribution; (*np. do notesu*) fill-er; (*np. do długopisu*) refill; *techn.* input

wkładać *vt* put <in>; (*buty, u-branie itp.*) put on; (*kapitał*) invest; (*deponować*) deposit

wkładka *f* insertion; (*dodatek do książki itp.*) inset; *techn.* insert

wkoło *praep* round (about)

wkradać się *vr* steal in, sneak in

wkręcać *vt* screw in; **~ się** *vr pot.* (*wciskać się*) sneak <steal> in

wkroczyć *vi* enter

wkrótce *adv* soon

wkupić się *vr* pay for admission

wlec *vt* drag; **~ się** *vr* drag, trail along

wlepić *vt* stick in; *przen.* **~ oczy w** fix one's eyes on

wlewać *vt* pour in; **~ się** *vr* (*wpływać*) flow in

wleźć *vi* creep in; (*na drzewo*) climb up

wliczyć *vt* include (**do rachunku** into an account)

w lot *adv* quickly, in a flash

wlot *m* inlet

władać *vi* be master (**czymś** of sth), have mastery (**czymś** over sth); (*panować*) rule (**czymś** over sth); **~ biegle językiem angielskim** have a good com-mand of English

władca *m* ruler, master

władz|a *f* power; *pl* **~e** (*urząd*) au-thorities; (*fizyczna, umysłowa*) faculty; **dojść do ~y** come to power; **~e miejscowe** local au-thorities

włama|ć się *vr* break (*np.* **do sklepu** into the shop); **~no się do sklepu** the shop was broken into

włamanie *n* burglary

włamywacz *m* housebreaker, burglar

własnoręcznie *adv* with one's own hand

własnoręczny *adj* authentic, written with one's own hand; **~ podpis** sign manual

własność *f* property; quality

własn|y *adj* own; **miłość ~a** self-love; **na ~ą rękę** on one's own; **oddać do rąk ~ych** deliver per-sonally

właściciel *m* owner, proprietor

właściwość *f* property, peculiarity

W

właściwy adj proper, peculiar, right, specific

właśnie adj just, exactly; **~!** int precisely!, exactly!

włączać vt include; elektr. connect, switch on; **~ wtyczkę** plug in

włącznie adv inclusively; **~ z ...** inclusive of ...

Włoch m Italian

włochaty adj hairy

włos m hair; **~y** pl hair zbior.; **jasne ~y** fair hair; **farba do ~ów** hair-dye; **wypadanie ~ów** fall of the hair; **chcę sobie ostrzyc ~y** I want to have my hair cut; przen. **nie ustąpić ani o ~** not to yield an inch; **~y od tego stają mi na głowie** it makes my hair stand on end; **o ~** within a hair's breath, narrowly; **o ~ (uniknąć nieszczęścia)** have a narrow escape; **rozdzielać ~ na czworo** split hairs

włoski adj Italian

włoskowaty adj capillary

włoszczyzna f soup-greens pl

Włoszka f Italian

włośnica f bot. trichinosis

włożyć vt zob. **wkładać**

włóczęga m (wędrówka) ramble; (osoba) tramp, bum, bummer, vagabond

włóczka f woollen yarn

włócznia f spear

włóczyć vt drag, shuffle; **~ się** vr roam, stroll

włókiennictwo n textile industry

włókienniczy adj textile

włókniarz m textile worker, weaver

włóknisty adj fibrous

włókno n fibre

wmawiać vt make (**komuś** sb) believe (**coś** sth), suggest (**coś w kogoś** sth to sb)

wmieszać się vr interfere (**w coś** with sth), involve (**w coś** in sth)

wnęka f niche

wnętrze n interior

wnętrzności s pl bowels, intestines; anat. viscera pl

Wniebowstąpienie n rel. Ascension

Wniebowzięcie n rel. Assumption

wnieść vt bring in; enter

wnikać vi penetrate, enter, get in

wnios|ek m conclusion; (na posiedzeniu) motion; petition; **dojść do ~ku** come to <drive at> a conclusion; **przyjąć <odrzucić> ~ek** carry <reject> a motion; **wyciągnąć ~ek** draw a conclusion; **stawiać ~ek, ażeby odroczyć zebranie** move that the meeting be adjourned

wnioskować vt vi conclude, infer

wnioskowanie n inference, conclusion

wniwecz adv, **obrócić ~** bring to nothing, annihilate

wnosić vt zob. **wnieść**; (prośbę) put up; conclude, infer; vi (stawiać wniosek) move, propose

wnuczka f granddaughter

wnuk m grandson

woal m veil

wobec praep in the face of, in the presence of, before; **~ tego, że ...** considering that ...

woda f water; **~ podskórna** ground water; **~ słodka** fresh water; przysł. **cicha ~ brzegi rwie** still waters run deep

wodewil m vaudeville

Wodnik m (znak zodiaku) Aquarius

wodnisty adj watery

wodnopłat m lotn. hydroplane

wodn|y adj water attr; (o roztworze) aqueous; (o sportach) aquatic; **znak ~y** watermark; **drogą ~ą** by water; sport **piłka ~a** water-polo

wodociąg m water-pipe; pl **~i** (sieć) water supply system

wodolecznictwo n med. hydrotherapy

wodolot *m* hydrofoil (boat)

wodorost *m bot.* seaweed

wodorow|y *adj* hydrogen *attr*; **bomba ~a** hydrogen bomb, H-bomb

wodospad *m* waterfall; (*w nazwie*) falls *pl*

wodoszczelny *adj* watertight, waterproof

wodotrysk *m* fountain

wodować *vi lotn.* land <alight> (on water); *mors.* launch (a ship)

wodowstręt *m* hydrophobia

wodór *m chem.* hydrogen

wodz|a *f zw. pl* rein(s), bridle; *przen.* **trzymać na ~y** keep a tight rein (**kogoś** on sb); **puścić ~e** give (free) rein to

wodzić *vt* lead, conduct; **~ rej** have the lead

wodzirej *m* cheerleader

w ogóle *adv zob.* ogół

wojenny *adj* war, military; **sąd ~** court-martial; **stan ~** martial law, state of war

województwo *n* province, voivodship

wojn|a *f* war; **~a domowa** civil war; **prowadzić ~ę** wage (a) war; **wypowiedzieć ~ę** declare war; **~a nerwów** war of nerves; **zimna ~a** cold war; **~y gwiezdne** star wars

wojować *vi* war

wojowniczy *adj* warlike, belligerent

wojownik *m* warrior

wojsk|o *n* army, troops *pl*, the military; **zaciągnąć się do ~a** enlist

wojskowość *f* military system, military forces <affairs> *pl*

wojskowy *adj* military; *s m* army <military> man; soldier; **były ~** ex-serviceman

wokalny *adj* vocal

wokoło, wokół *adv praep* around, round

wol|a *f* will; **siła ~i** will power; **do ~i** at will, to one's heart's content;

freely; **z własnej ~i** of one's own free will

wol|eć *vt* prefer (**kogoś, coś** sb; sth; **niż kogoś, niż coś** to sb, to sth), like better; **~ę tańczyć, niż czytać** I'd rather dance than read

wolno 1. *adv* (*powoli*) slowly; (*swobodnie*) freely

wolno 2. *v nieodm.* be allowed; **nie ~** one must not; **każdemu tu ~ wejść** everyone is allowed to come in

wolno|ść *f* liberty, freedom; **na ~ci** at liberty; **wypuścić na ~ć** set free <at liberty>

wolny *adj* free; (*o miejscu*) vacant; (*od podatku, obowiązku itp.*) exempt (**od czegoś** from sth); (*powolny*) slow; **dzień ~ od pracy** day off, day off duty; **~ czas** leisure, extra <spare> time; **~ stan** single life; **~ od opłaty pocztowej** post free

wolt *m elektr.* volt

woltomierz *m elektr.* voltmeter

wołacz *m gram.* vocative

wołać *vt* call

wołanie *n* call

wołowina *f* beef

wonny *adj* aromatic

woń *f* aroma, fragrance

worek *m* bag, sack

wosk *m* wax

woskować *vt* wax

wotum *n* vote; *prawn.* **~ zaufania** vote of confidence; **~ nieufności** vote of non-confidence <censure>

wozić *vt* carry, convey, transport

woźnica *m* driver

wódka *f* vodka

wódz *m* leader, commander; **~ naczelny** commander-in-chief

wójt *m* (village-)mayor

wół *m zool.* ox

wór *m* bag, sack

wówczas *adv* at the time, then

wóz *m* (*fura*) cart, carriage; (*auto*) car; (*ciężarowy*) truck; (*cięża-*

W

rowy kryty) van; *pot.* (*kolejowy*) *bryt.* carriage, *am.* car; **~ me-blowy** furniture van; *astr.* **Wielki <Mały> Wóz** Great <Little> Bear

wózek *m* hand-cart, (*kolejowy, ręczny*) truck; **~ dziecięcy** perambulator; *pot.* pram; *am.* baby carriage; (*sklepowy*) trolley; **~ spacerowy** push-chair

wpad|ać *vi* fall in; (*nagle wbiegać*) rush in; (*napotkać*) run (**na kogoś** across sb); (*w oczy*) strike; (*w czyjeś ręce*) get (*into sb's hands*); get (**w długi** into debts), incur (**w długi** debts); (*w gniew*) fly (*into a rage*); **wpaść pod samochód** get run over by a car; **~ło mi na myśl** it occurred to me

wpajać *vt* inculcate (**coś komuś** sth in <into> sb)

wpaść *zob.* **wpadać**; **~ do kogoś** drop in on sb

wpatrywać się *vr* stare (**w coś** at sth)

wpędzać *vt* drive in

wpierw *adv* first

wpis *m* registration, inscription

wpisać *vt* register, write down; **~ się** *vr* register, enter one's name

wpisowe *n* entrance fee, registration (fee)

wplątać *vt* entangle; **~ się** *vr* get entangled

wpłacać *vt* pay in

wpłata *f* payment

wpław *adv*, **przebyć rzekę ~** swim across the river

wpływ *m* influence; (*pieniędzy*) income, accruement; **wywierać ~** exert an influence

wpływać *vi* flow in; (*do portu*) enter; (*o pieniądzach, listach itp.*) come in; (*wywierać wpływ*) influence (**na kogoś** sb)

wpływowy *adj* influential

w poprzek *adv* across; crosswise

wpół *adv* half, by half; (*w środku*) in the middle; **na ~** half; **~ do**

trzeciej half past two; **na ~ skończony** half-finished

wpraw|a *f* skill, practice; **wyjść z ~y** be out of practice

wprawdzie *adv* while it is true that...

wprawić *vt* put in, set in; (*wyćwiczyć*) train; **~ się** *vr* become skilled

wprawny *adj* skilled, skilful

wprost *adv* straight, directly

wprowadzać *vt* introduce, lead in, bring in; **~ się** *vr* (*do mieszkania*) move in

wprzęgać *vt* put (**konie do wozu** horses to the cart), yoke harness

wpust *m* inlet; (*wąski otwór*) slot

wpuszczać *vt* let in

wpychać *vt* push <stuff> in

wracać *vi* return, come back; **~ do zdrowia** recover

wrak *m* wreck

wrastać *vi* grow (**w coś** into sth)

wraz *praep* together with, alongside with

wrażenie *n* impression; **robić ~** impress (**na kimś** sb); **być pod ~m** be impressed by

wrażliwość *f* sensitivity; sensibility

wrażliwy *adj* sensitive, susceptible (**na coś** to sth); vulnerable

wreszcie *adv* at last

wręcz *adv* plainly; **walka ~** hand-to-hand fight, close encounter

wręczać *vt* hand in, deliver

wręczenie *n* delivery

wrodzony *adj* innate, inborn

wrogi *adj* hostile

wrogość *f* hostility

wrona *f zool.* crow

wrotki *s pl* roller skates

wróbl|el *m zool.* sparrow; **~le o tym ćwierkają** a little bird told me

wrócić *zob.* **wracać**

wróg *m* foe, enemy

wróżba *f* omen, augury

wróżbiarstwo *n* fortune-telling

wróżka *f* fortune-teller; (*w bajkach*) fairy

wróżyć *vt vi* augur, tell fortunes, tell the future

wryć *vt* engrave (*np.* **w pamięć** on memory); sink; **~ się** *vr* sink; become impressed

wrzask *m* shriek, scream, uproar

wrzawa *f* noise, uproar

wrzący *adj* boiling

wrzątek *m* boiling water

wrzeciono *n* spindle

wrzeć *vi* boil

wrzeni|e *n* boiling; **punkt ~a** boiling point

wrzesień *m* September

wrzeszczeć *vi* scream, bawl, shriek

wrzos *m bot.* heather

wrzosowisko *n* heath, moor

wrzód *m med.* abscess, ulcer

wrzucać *vt* throw in

wsadzać *vt* put in, place; (*np. kapelusz, buty*) put on

wschodni *adj* eastern, east

wschodzić *vi* rise, come forth

wschód *m* the East; (*kulturowy*) the Orient; **na ~ od ...** (to the) east of...; **~ słońca** sunrise

wsiadać *vi* get (**do pociągu** in <into, on> the train; mount (**na konia** <**rower**> on a horse <a bicycle>); **~ na okręt** go on board, board a ship

wsiąkać *vi* infiltrate, permeate (**w coś** sth, through sth)

wskakiwać *vi* leap in <on>

wskazówk|a *f* index, indication; (*u zegara*) hand; (*rada*) suggestion, hint; *pl* **~i** (*pouczenia*) instructions, directions

wskazujący *adj,* **palec ~** forefinger; *gram.* **zaimek ~** demonstrative pronoun

wskazywać *vt vi* point (**na coś** at <to> sth), indicate, show

wskaźnik *m* index; indicator; *komp.* pointer

w skos *adv* askew, aslant

wskroś *adv,* **na ~** throughout, through and through

wskrzesić *vt* resuscitate, revive; resurrect

wskrzeszenie *n* resuscitation, revival; resurrection

wskutek *praep* on account of, owing to, as a result of, in consequence of

wsławić *vt* make famous; **~ się** *vr* become famous

wspaniałomyślność *f* magnanimity

wspaniałomyślny *adj* magnanimous

wspaniałość *f* magnificence, splendour

wspaniały *adj* magnificent, splendid, superb

wsparcie *n* support, assistance, back-up

wspierać *vt* support, assist

wspinaczka *f* climbing

wspinać się *vr* climb up (**na górę, na drzewo** a hill, a tree)

wspomagać *vt* aid, help, assist; support

wspominać *vt* remember; recall, recollect; (*robić wzmiankę*) mention

wspomniany *adj* mentioned; **wyżej ~** above-mentioned; in question

wspomnienie *n* remembrance, reminiscence; recollection

wspólnie *adv* in common, jointly

wspólnik *m* partner, co-partner; (*współpracownik*) associate; (*zbrodni, złego uczynku*) accomplice; **cichy ~** sleeping partner; *am.* silent partner

wspólnota *f* community, partnership; **Wspólnota Narodów** Commonwealth of Nations

wspóln|y *adj* common; **mieć niewiele ~ego z** have little in common with

współczesność *f* contemporaneity, the present time

współczesny *adj* contemporary,

contemporaneous; present-day *attr*

współczucie *n* sympathy, compassion

współczuć *vi* sympathize; have compassion

współczynnik *m* (*także gram.*) coefficient

współdziałać *vi* cooperate

współdziałanie *n* cooperation

współistnieć *vi* coexist

współistnienie *n* coexistence

współmierny *adj* commensurate

współobywatel *m* fellow-citizen

współpraca *f* cooperation, collaboration

współpracować *vi* cooperate, collaborate

współpracownik *m* collaborator; (*prasowy, literacki*) contributor

współrzędność *f* coordination

współrzędny *adj* (*także gram.*) coordinate

współuczestnictwo *n* participation

współuczestniczyć *vi* participate

współudział *m* participation, cooperation

współwłaściciel *m* joint proprietor

współzawodnictwo *n* competition, contest

współzawodniczyć *vi* compete, contest (**o coś** for sth)

współzawodnik *m* competitor

współżycie *n* companionship, living together; coexistence

współżyć *vi* live together

wstawać *vi* get up, rise

wstawiać *vt* put in, set in; insert; **~ się** *vr* (*orędować*) intercede (**u kogoś za kimś, za czymś** with sb for sb, sth); (*błagać*) plead (**się u kogoś o coś** with sb for sth)

wstawiennictwo *n* intercession

wstawka *f* insertion; (*np. w tekście*) interpolation, inset

wstąpić *vi* enter, go in, come in; (*odwiedzić*) call (**do kogoś** on

sb); *pot.* drop in (**do kogoś** at sb's place)

wstąpienie *n* entrance; (*na tron*) accession (to the throne)

wstążka *f* ribbon

wstecz *adv* backwards, back

wstecznictwo *n* backwardness

wsteczn|y *adj* reactionary, backward, retrograde; *techn.* **bieg ~y** reverse gear; **lusterko ~e** rearview mirror

wstęga *f* ribbon

wstęp *m* entrance, admission; (*przedmowa*) preface, introduction; **~ wolny** admission free; **~ wzbroniony** no entrance; private; no admittance

wstępny *adj* preliminary, introductory; **egzamin ~** entrance examination

wstępować *zob.* **wstąpić**

wstręt *m* abomination, aversion

wstrętny *adj* abominable; lousy; repulsive, hideous, nasty

wstrząs *m* shock; *med.* **~ mózgu** concussion of the brain

wstrząsający *adj* shocking, stirring

wstrząsnąć *vt* shock, stir, shake

wstrzemięźliwość *f* temperance, moderation

wstrzemięźliwy *adj* temperate, moderate

wstrzykiwać *vt* inject

wstrzymywać *vt* stop, hold up, keep back, suspend; **~ się** *vr* abstain (**od czegoś** from sth); put off, delay (**z czymś** sth)

wstyd *m* shame; disgrace; **~ mi** I am ashamed; **jak ci tego nie ~?** aren't you ashamed of it?; **przynosić ~** bring shame (**komuś** on sb)

wstydliwość *f* bashfulness, shyness

wstydliwy *adj* bashful, shy

wstydzić się *vr* be ashamed (**kogoś, czegoś** of sb, sth); **wstydź się!** shame on you!

wsunąć *vt* put in, slip

wsypać *vt* pour in; *pot.* (*zdekonspirować*) slip, peach (**kogoś** on sb)

wszakże *conj adv* however, yet, but

wszczepiać *vt* (*szczepić*) inoculate; (*np. zasady*) inculcate (**komuś** in sb)

wszczynać *vt* begin, start (up)

wszechmoc *f* omnipotence

wszechmocny *adj* omnipotent, almighty

wszechnica *f* (*szkoła wyższa*) university

wszechstronność *f* universality, many-sidedness

wszechstronny *adj* all-purpose, universal, versatile; many-sided

wszechświat *m* universe

wszechświatowy *adj* universal; cosmic

wszechwiedzący *adj* omniscient

wszechwładny *adj* omnipotent, all-powerful

wszelki *adj* every, all, any

wszerz *adv* across, in breadth

wszędzie *adv* everywhere

wszystko *pron* all, everything; **~ jedno** (*bez różnicy*) (it's) all the same; (*nie ma się o co martwić*) never mind, no matter

wściebiać *vt*, **~ nos** meddle (**w coś** with sth)

wścibski *adj* meddling, interfering; *s m* meddler, busybody

wściekać się *vr* rage (**na kogoś** at <against> sb), become furious (**na kogoś** with sb)

wścieklizna *f med.* rabies

wściekłość *f* fury

wściekły *adj* furious, mad; (*o psie*) rabid

wślizgnąć się *vr* sneak in

wśród *praep* among, amid

wtajemniczać *vt* initiate (**w coś** into sth)

wtajemniczenie *n* initiation

wtargnąć *vi* invade, make an inroad

wtedy *adv* then

wtoczyć *vt* roll in

wtorek *m* Tuesday

wtórować *vi* accompany (**komuś** sb)

wtrącać *vt* put in, insert; **~ się** *vr* meddle (**do czegoś** with sth)

wtyczk|a *f elektr.* plug; **włączyć ~ę** plug in

wtykać *vt* put in, insert; *zob.* **wetknąć**

w tył *adv* back, backwards

wuj *m* uncle

wulgarny *adj* vulgar; obscene

wulkan *m* volcano

wulkaniczny *adj* volcanic

wulkanizować *vt* vulkanize

wwozić *vt* import

wy *pron pl* you; *przypadki dzierżawcze* **wasz** (**wasza, wasze, wasi**) *z rzeczownikiem* your; *bez rzeczownika* yours; *przypadki zależne* **was** (**wam, wami**) you

wybaczać *vt* pardon, excuse, forgive

wybaczalny *adj* pardonable

wybaczenie *n* pardon

wybaczyć *zob.* **wybaczać**; **proszę ~** I beg your pardon, excuse me

wybawca *m* rescuer, saviour

wybawić *vt* save; redeem; deliver (**od czegoś** from sth)

wybawienie *n* deliverance, salvation

wybi|ć *vt* knock, beat out, strike out; (*np. szybę*) break; (*wytłoczyć*) stamp; (*wychłostać*) thrash; (*wyścielić np. suknem*) line, cover; (*godzinę*) strike; (*ząb, oko*) knock out; **~ć komuś coś z głowy** put sth out of sb's head; **~ła piąta** it has struck five; **~ć się** *vr* (*dojść do znaczenia*) come to the top, make one's way; distinguish oneself; excel

wybiec *vi* run out, dash out

wybieg *m* evasion, shift, subterfuge

W

wybielać *vt* whiten, bleach
wybierać *vt* choose, select; elect; (*np. owoce*) pick out; (*pocztę*) pick up; (*wyjmować*) take out; ~ **się** *vr* set out (**w drogę** on one's way); ~ **się do kogoś** be going to call on sb, prepare to go on a visit
wybieralny *adj* eligible
wybijać *zob.* **wybić**; ~ **takt** beat time
wybitny *adj* prominent, remarkable, outstanding
wyblakły *adj* faded, discoloured
wyblaknąć *vi* fade, discolour
wyboisty *adj* full of holes
wyborca *m* voter, elector
wyborcz|y *adj* electoral; **okręg ~y** constituency; **ordynacja ~a** electoral system
wyborny *adj* excellent, superior
wyborowy *adj* choice *attr*
wybory *s pl* election; ~ **uzupełniające** by-election
wybój *m* hole, pothole
wyb|ór *m* choice, selection; election; **z ~oru** by choice
wybrakowany *adj*, ~ **towar** shoddy article <goods *pl*>
wybredny *adj* fastidious, particular
wybrnąć *vi* get out, find a way out
wybryk *m* excess
wybrzeże *n* coast, seaside, strand; (*plaża*) beach
wybuch *m* outburst; explosion; outbreak; (*np. wulkanu, epidemii*) eruption
wybuchnąć *vi* explode; *przen.* (*o wojnie*) break out; (*o uczuciach*) burst out; ~ **płaczem** burst into tears; ~ **radością** burst with joy; ~ **śmiechem** burst out laughing
wybuchowy *adj* explosive; **materiał** ~ explosive
wybujać *vi* shoot up
wychodzi|ć *vi* go out, come out; (*o oknach*) open (**na coś** on sth); ~**ć komuś na dobre** turn to sb's account; ~**ć za mąż** marry (**za kogoś** sb); ~**ć na spacer** go out

for a walk; ~**ć z mody** go out of fashion; **to na jedno** ~ it amounts to the same; ~**ć z domu** leave home; (*w kartach*) lead
wychować *zob.* **wychowywać**
wychowanek *m* foster-son; (*uczeń*) pupil
wychowanie *n* education, upbringing; **dobre <złe>** ~ good <bad> manners *pl*
wychowawca *m* tutor, educator
wychowawczy *adj* pedagogical; educational
wychowawczyni *f* woman tutor
wychowywać *vt* bring up, educate; ~ **się** *vr* be brought up, be educated
wychwalać *vt* praise
wychylać *vt* put out; (*wypijać*) empty, drain off; ~ **się** *vr* lean out (*np. z okna* of a window), lean forward
wyciąg *m* extract; *techn.* hoist, lift; *am.* elevator; (*narciarski*) ski-lift
wyciągać *vt* draw out, stretch out; take out; (*korzyści*) derive (**z czegoś** from sth); (*pieniądze*) extort; (*wniosek*) draw; (*np. ząb, pierwiastek*) extract; (*szufladę*) pull open; (*np. żagiel, flagę*) hoist; ~ **naukę moralną** draw a moral; ~ **się** *vr* stretch oneself out
wycie *n* howl(ing)
wycieczk|a *f* excursion, trip; **pójść na ~ę** go on an excursion, take a trip
wyciek *m* leak
wyciekać *vi* leak, flow out
wycieńczać *vt* extenuate, exhaust
wycieńczenie *n* extenuation, exhaustion
wycieraczka *f* (*do butów*) (door-)mat, shoe-scraper; (*w samochodzie*) (windscreen) wiper
wycierać *vt* wipe (off), wipe out; scrape; (*np. buty*) sweep
wycięcie *n* cutting out

wycinać vt cut out; (żłobić) carve out; (las) clear

wycinek m cutting; mat. ~ **koła** sector; ~ **prasowy** press-cutting, press-clipping

wyciskać vt squeeze, extort; (wytłaczać) impress, imprint

wycofać vt withdraw, retire; ~ **się** vr withdraw; (z czynnej służby itp.) retire

wyczekiwać vt expect

wyczerp|ać vt exhaust, draw out, wear out; **~ać się** wear out; (np. o zapasie) run short; **moje zapasy ~ują się** my supplies are running short; **~ała się moja gotówka** I've run short of cash

wyczuwać vt sense, feel

wyczyn m feat; stunt, performance; achievement; exploit

wyć vi howl, yell

wyćwiczony adj trained, skilled

wyćwiczyć vt train; ~ **się** vr get training (**w** in), acquire skill

wydać zob. **wydawać**

wydajność f productivity, yield, efficiency, output

wydajny adj productive, efficient

wydalać vt remove; (np. z posady) dismiss, pot. sack, fire

wydanie n edition, issue; (kieszonkowe) pocket edition; (nadzwyczajne) special issue (of a newspaper); ~ **poprawione i uzupełnione** revised and enlarged edition

wydalenie n removal; (z posady) dismissal

wydarzenie n event, occurrence

wydarzyć się vr happen, occur

wydatek m expense, expenditure

wydatny adj protruding; considerable

wydawać vt (pieniądze) spend; (płody) bring forth, produce, yield; (książki) publish, issue; (lekarstwo) dispense; (światło, ciepło itp.) emit; (np. obiad, przyjęcie) give; deliver; (w ręce sprawiedliwości) deliver;

(zapach) give out; ~ **resztę** give the change; ~ **za mąż** marry, get married; ~ **się** vr seem, appear

wydawca f publisher, editor

wydawnictwo n publishing house; (publikacja) publication

wydąć vt (nadmuchać) inflate, swell; (rozszerzyć) expand; (usta) blow out, puff up

wydech m exhalation, breathing out; mot. **rura ~owa** exhaust pipe

wydeptać vt tread (out)

wydłużać vt lengthen, prolong

wydma f dune

wydmuchać vt blow <puff> out

wydobycie n górn. output

wydobywać vt bring <draw> out, extract, get out; ~ **się** vr extricate oneself; get out

wydostać vt bring out, take out, get out; ~ **się** vr get out; extract oneself

wydra f zool. otter; **ni pies ni ~** pot. neither fish nor foul

wydrapać vt scratch out

wydrążać vt hollow out; excavate

wydrążenie n hollow; cavity

wydruk m komp. printout

wydusić vt pot. (wymusić) squeeze out, extort

wydychać vt vi breathe out, exhale

wydymać vt swell (out), puff up, inflate, blow out; ~ **się** vr swell (out), become inflated

wydział m department; section; (uniwersytecki) faculty

wydziedziczać vt disinherit

wydziedziczenie n disinheritance

wydzielać vt set apart, detach; (o zapachu, substancji) emit, secrete; (przydzielać) allot; (rozdzielać) distribute; ~ **się** vr be secreted

wydzielina f secretion

wydzierać vt tear out, wrench out

wyga m, pot. **stary ~** old hand; cunning fellow

wygadać vt pot. blab out; **~ się** vr blab out (a secret)

wygarniać vt rake out; pot. speak out one's mind

wygasać vi go out; (o terminie) expire; be extinct

wygasić vt put out, extinguish

wygięcie n bend, curve; dent

wyginać vt bend, curve

wygląd m appearance, looks

wyglądać vi look out; (mieć wygląd) look, appear; **~ć na coś** look like sth; **~ na deszcz** it looks like rain; **~ć wspaniale** look splendid; **jak to ~?** what does it look like?

wygłodzić vt starve

wygłosić vt pronounce, express; (odczyt, mowę) deliver

wygnać vt drive out, expel

wygnanie n exile

wygnaniec m exile

wygniatać vt press out; (ciasto) knead

wygoda f comfort; convenience

wygodny adj comfortable, convenient

wygórowany adj excessive; **~a cena** exorbitant price

wygrać vt win

wygrana f win; (np. na loterii) prize; (zwycięstwo) victory; przen. **dać za ~ą** throw up the game

wygryzać vt bite out; pot. (wyrugować) oust

wygrzebywać vt dig out

wygrzewać się vt warm oneself; (na słońcu) bask

wygwizdać vt hiss off (the stage)

wyjałowić vt make sterile, sterilize

wyjaśniać vt explain; **~ się** vr clear up

wyjaśnienie n explanation

wyjawiać vt reveal, disclose

wyjazd m departure

wyjątek m exception; **z ~kiem** except, save, but for (kogoś, czegoś sb, sth)

wyjątkowy adj exceptional

wyjąwszy praep except

wyjechać vi go out, go away, drive out; leave (np. **do Warszawy** for Warsaw); **~ w podróż** go on a journey

wyjednać vt obtain

wyjmować vt take out

wyjści|e n (czynność) going out, exodus; (miejsce) way out, exit; **~ awaryjne** emergency exit; przen. issue; (w kartach) lead; **punkt ~a** starting-point; **nie mieć ~a** have no way out, pot. be in a fix; **przed ~em z domu** before leaving home; **~e po angielsku** taking French leave; komp. output

wyjść zob. **wychodzić**

wykałaczka f tooth-pick

wykarmić vt breed, feed; (wychować) bring up

wykaz m list, register, specification

wykazywać vt show, demonstrate; (udowodnić) prove, indicate

wykipieć vi boil over

wyklarować vt clarify, clear up

wykląć vt curse

wykleić vt line

wyklinać zob. **wykląć**

wykluczać vt exclude; rule out

wykluczenie n exclusion

wykład m lecture; **chodzić na ~y** attend lectures; **prowadzić ~y** give lectures

wykładać vt (pieniądze) lay out, advance; (np. towar) display; (pokrywać) lay, line; (nauczać) lecture (**coś** on sth); (tłumaczyć) explain

wykładnik m mat. exponent; index

wykładowca m lecturer

wykładowy adj, **język ~** language of instruction

wykładzina f lining; **~ podłogowa** floor finish

wykoleić vt derail; **~ się** vr run off the rails, derail; przen. swerve

from the right path, go on the wrong track
wykolejenie *n* derailment
wykonać *zob.* **wykonywać**
wykonalność *f* feasibility, practicability
wykonalny *adj* practicable, feasible
wykonanie *n* execution, realization; (*artystyczne itp.*) performance; (*jakość*) workmanship
wykonawca *m* performer; (*testamentu*) executor
wykonawczy *adj* executive
wykonywać *vt* execute, accomplish; (*artystycznie*) perform, realize, carry out
wykończenie *n* finish
wykończyć *vt* finish (off)
wykop *m* excavation; *sport* kick-off
wykopać *vt* dig out; excavate
wykopaliska *s pl* excavations
wykorzenić *vt* root out
wykorzystać *vt* make the most (**coś** of sth), utilize; take advantage of, exploit
wykpić *vt* deride
wykraczać *vi* step over, go over; (*naruszać np. prawo, ustawę*) infringe (**przeciw czemuś** sth, upon sth); ~ **przeciw prawu** infringe the law
wykradać *vt* steal; (*dzieci, ludzi*) kidnap; ~ **się** *vr* steal out
wykres *m* graph, diagram, chart
wykreślić *vt* (*nakreślić*) trace, chart, delineate; (*usunąć*) strike out, cross out, cancel
wykręcić *vt* turn round; (*np. śrubę*) unscrew; (*skręcać*) twist; distort; ~ **się** *vr* turn round; *pot.* (*wytłąć się*) extricate oneself; ~ **się tyłem** turn one's back (**do kogoś** on sb)
wykręt *m* pretext, trick
wykrętny *adj* shifty, evasive, tricky
wykroczenie *n* infringement, offence

wykroić *vt* cut out
wykruszyć *vt* crumble out
wykrycie *n* detection, discovery
wykryć *vt* reveal, detect
wykrzesać *vt* (*ogień*) strike
wykrzyczeć *vt* shout out
wykrzykiwać *vi* vociferate
wykrzyknąć *vi* cry out
wykrzyknik *m gram.* interjection, (mark of) exclamation
wykrzywiać *vt* twist, curve; ~ **twarz** make a wry face
wykształcenie *n* education; **podstawowe** <**średnie, wyższe**> ~ elementary <secondary, university> education; ~ **zawodowe** vocational <technical> education
wykształcić *vt* educate
wykształcony *adj* educated, well-read
wykup *m* ransom
wykupić *vt* ransom; (*towar*) buy up; (*zastaw, dług itp.*) redeem
wykuwać *vt* forge, beat out; *pot.* (*lekcje*) learn by rote
wykwalifikowany *adj* skilled, qualified
wykwintny *adj* elegant, refined, exquisite
wylatywać *vi* (*wyfrunąć*) fly out <away>; (*w powietrze*) blow up; *pot.* (*wybiegać*) run out; (*spadać*) fall out; *pot.* (*być wyrzuconym z pracy*) be fired
wyląg *m* brood
wylecieć *zob.* **wylatywać**
wyleczyć *vt* cure, heal (**z czegoś** of sth); ~ **się** *vr* be cured, recover
wylew *m* flood, inundation; (*np. krwi*) effusion
wylewać *vt* pour out <forth>; *vi* (*o rzece*) overflow (its bank); ~ **dziecko z kąpielą** throw out the baby with the bath water
wylęgać *vt*, ~ **się** *vr* brood, hatch
wyliczać *vt* enumerate; *sport* count out
wylosować *vt* draw out by lot
wylot *n* (*odlot*) flight, departure;

W

(*otwór*) orifice, nozzle; (*np. komina*) vent; outlet; **~** throughout, through and through

wyludniać *vt* depopulate; **~ się** *vr* become depopulated

wyludnienie *n* depopulation

wyładować *vt* unload, discharge

wyłamać *vt* break open <down>

wyłaniać *vt* evolve, call into existence; **~ się** *vr* emerge, appear

wyłączać *vt* exclude; *elektr.* switch off, disconnect; **~ się** *vr* (*automatycznie*) shut off

wyłączenie *n* exclusion; *elektr.* disconnection

wyłącznik *m elektr.* switch

wyłączność *f* exclusiveness

wyłączny *adj* exclusive

wyłom *m* breach, break

wyłożyć *zob.* **wykładać**

wyłudzić *vt* trick (**coś od kogoś** sb out of sth)

wyłuskać *vt* husk, shell

wyłuszczyć *zob.* **wyłuskać**; (*przedstawić coś*) explain

wymagać *vt* require, exact

wymaga|nie *n* requirement; **spełnić ~nia** meet the requirements

wymarcie *n* extinction

wymarły *adj* extinct

wymarsz *m* departure

wymaszerować *vi* march off

wymawiać *vt* pronounce, articulate; (*zarzucać*) reproach (**komuś coś** sb for <with> sth); (*służbę, mieszkanie itp.*) give notice; (*pracę*) dismiss; *pot.* fire; **~ się** *vr* decline (**od czegoś** sth)

wymazać *vt* efface, blot out, delete, erase

wymeldować *vt* announce departure; **~ się** *vr* announce one's departure; *am.* (*w hotelu*) check out

wymiana *f* exchange

wymiar *m* dimension; measure; (*podatku*) assessment; (*sprawiedliwości*) administration

wymiatać *vt* sweep out

wymieni|ać *vt* change (**coś na coś** sth for sth), exchange (**coś z kimś** sth with sb); (*przytaczać*) mention; **wyżej ~ony** abovementioned

wymienny *adj* exchangeable, exchange-(*copy etc.*); **handel ~** barter

wymierać *vi* die out, become extinct

wymierny *adj* measurable; *mat.* rational

wymierzać *vt* measure out; apportion; (*podatek*) assess; (*sprawiedliwość*) administer; **~ cios** deal a blow

wymię *n* udder

wymijać *vt* pass (**kogoś** by sb), cross; (*uchylać się*) elude, evade

wymijający *adj* evasive; noncommittal

wymiotować *vt* vomit, throw up; *wulg.* puke

wymowa *f* (*sposób wymawiania*) pronunciation; (*krasomówstwo*) eloquence

wymowny *adj* eloquent; (*wiele znaczący*) expressive, significant

wymóc *vt* extort

wymówka *f* (*zarzut*) reproach; (*pretekst*) pretext, excuse

wymuszać *vt* extort, force; **~ pierwszeństwo przejazdu na kimś** force the right of way from sb

wymuszenie *n* extortion

wymuszony *adj* extorted; (*nienaturalny*) affected, constrained

wymykać się *vr* escape, elude (**komuś, czemuś** sb, sth)

wymysł *m* invention, fiction

wymyślać *vt* think out, invent; *vi* (*lżyć*) abuse, revile; (*łajać*) scold (**komuś** sb)

wymyślić *vt* think up, find out; (*np. fabułę*) frame

wymyślny *adj* (*pomysłowy*) inventive, ingenious; (*wyszukany*) refined, sophisticated

wynagradzać *vt* reward

wynagrodzenie *n* reward; (*zapłata*) payment; (*pensja*) salary

wynajdywać *vt* find out

wynajmować *vt* (*coś komuś*) let; (*od kogoś*) hire, rent

wynalazca *m* inventor

wynalazek *m* invention

wynaleźć *zob.* **wynajdywać**; (*wymyślić*) invent; discover

wynarodowić *vt* denationalize

wynędzniały *adj* emaciated

wynędznieć *vi* become emaciated

wynieść *zob.* **wynosić**

wynik *m* result, issue; outcome; *sport* score; **w ~u czegoś** as a result of sth

wynikać *vi* result, follow; arise

wyniosłość *f* elevation, height, eminence; (*zarozumiałość*) haughtiness

wyniosły *adj* lofty, high, eminent; (*zarozumiały*) haughty

wyniszczać *vt* destroy, exterminate, waste

wyniszczenie *n* destruction, extermination, waste; **wojna na ~** war of attrition

wynos|ić *vt* carry out; (*podnosić*) elevate; raise; (*wychwalać*) extol; (*o kosztach*) amount; **koszty wynoszą 1000 funtów** the expenses amount to £ 1,000; **~ić pod niebiosa** extol to the skies; **~ić się** *vr* (*wyjechać*) depart; **wynoś się!** *pot.* get out!; *pot.* clear out; (*pysznić się*) elevate oneself; (*danie*) **na ~** takeaway; *am.* takeout

wynurzać *vt* bring to the surface; utter; reveal; **~ się** *vr* emerge, come forth; (*zwierzać się*) unbosom oneself (*przed kimś* to sb, **z czymś** with regard to sth); disclose (**z czymś** sth; **przed kimś** to sb)

wynurzenie *n* emergence; (*myśli, uczuć*) effusion

wyobcować *vt* alienate

wyobraźnia *f* imagination

wyobrażać *vt* represent, figure; **~ sobie** imagine, fancy; *pot.* figure out

wyobrażalny *adj* imaginable, conceivable

wyobrażenie *n* (*pojęcie*) idea, notion; image

wyodrębniać *vt* (*oddzielać*) separate; (*wydzielać, wyróżniać*) single out

wyodrębnienie *n* (*oddzielenie*) separation; (*wydzielenie, wyróżnienie*) isolation, distinction

wyolbrzymić *vt* magnify

wypaczyć *vt*, **~ się** *vr* warp

wypad *m wojsk.* sally

wypad|ać *vi* fall out; (*nagle wybiegać*) rush out; turn out; *impers* **~a** (*zdarza się*) it happens; (*godzi się*) it becomes; **to ci nie ~a** this does not become you; **ile na mnie ~a** how much is due to me?; **na jedno ~a** it comes to the same; **to dobrze ~ło** it turned out well; **to szczęśliwie ~ło** it has turned out fortunately; **to za drogo ~ło** it cost too much

wypad|ek *m* case, event; (*nieszczęśliwy*) accident; **w każdym ~ku** in any event; **w żadnym ~ku** in no case; **w nagłym ~ku** in case of emergency; **na wszelki ~ek** just in case

wypadkowa *f fiz. mat.* resultant

wypalać *vt* burn; *med.* cauterize; **~ się** *vr* burn out <down>

wypaplać *vt pot.* babble out

wypaść *zob.* **wypadać**

wypatrywać *vt* watch out (**kogoś, czegoś** for sb, sth), look out (**kogoś, czegoś** for sb, sth)

wypełniać *vt* (*druk*) fill up <in>; (*polecenie, rozkaz*) carry out; (*spełniać*) fulfil; (*czek*) make out

wypełnienie *n* filling (up) (*spełnienie*) fulfilment

wypędzać *vt* drive out, expel, turn out

wypić vt drink (off <up>)

wypiek m baking; (na twarzy) flush

wypierać vt oust, push out; ~ **się** vr deny (**czegoś** sth)

wypisywać vt write out

wyplatać vt intertwine, interweave

wyplątać vt extricate; ~ **się** vr extricate oneself, become disentangled

wyplenić vt weed out

wypluć vt spit out

wypłacać vt pay out; (gotówką) pay down; (np. robotnikom) pay off

wypłacalność f solvency

wypłacalny adj solvent

wypłat|a f payment; (np. robotnikom) paying off; **dzień ~y** payday

wypłoszyć vt scare away

wypłowieć vi fade, discolour

wypłukać vt rinse, wash out

wypływ m outflow, issue

wypływać vi flow out; (wypłynąć) swim out; (o statku) sail out; (na powierzchnię) emerge; (wynikać) result, ensue

wypoczynek m rest

wypoczywać vi rest, take a rest

wypogadzać się vr clear up

wypominać vi vt reproach (**komuś coś** sb with sth)

wyporność f mors. displacement

wyposażenie n endowment; equipment

wyposażyć vt endow; equip

wypowiadać vt (wygłaszać) pronounce; (pracę, mieszkanie) give notice; (wojnę) declare; utter; speak; **wypowiedziano mu** (**pracę, mieszkanie**) **na miesiąc z góry** he was given a month's notice to quit

wypowiedzenie n pronouncement; (wojny) declaration; (np. pracy, mieszkania) notice, note to quit; **dać <otrzymać> mie-**

sięczne ~ give <get> a month's notice; (wyrażenie) expression; elocution

wypożyczać vt lend out

wypożyczalnia f lending shop; ~ **książek** lending-library; ~ **samochodów** rent-a-car service

wypracować vt elaborate, work out

wypracowanie n elaboration; (szkolne) composition, paper

wyprać vt wash (off); launder

wypraszać vt, ~ **za drzwi** show the door

wyprawa f expedition; (ślubna) trousseau; (skóry) tanning

wyprawiać vt dispatch, send; (skórę) tan; ~ **się** vr (wyruszać) set out

wyprężać vt stretch out

wyprostować vt straighten

wyprowadza|ć vt lead out; (wywodzić) trace back (**od czegoś** to sth); **~ć wniosek** draw a conclusion; **~ć w pole** take in, deceive; **~ć z błędu** undeceive; **niejeden Amerykanin ~ swoje pochodzenie od polskich przodków** many an American traces his genealogy back to Polish ancestors; **~ć się** vr move out (into new quarters)

wypróbować vt test, try (out)

wypróbowany adj well-tried

wypróżniać vt empty; ~ **się** vr defecate

wyprysk m med. eczema

wyprzedawać vt sell out

wyprzedaż f sale, clearance-sale; ~ **używanych, zbędnych przedmiotów** garage sale

wyprzedzać vt precede, come before; (np. ubiegać wypadki) forestall; get ahead (**kogoś** of sb), overtake

wypukłość f convexity; bulge

wypukły adj convex

wypuścić vt let out <off>, let go; ~ **na wolność** set free, set at liberty

wypychać vt oust, push out; (*wypełniać*) stuff

wypytywać vt question, examine

wyrabiać vt manufacture, make; form; (*uzyskiwać*) procure; ~ **się** vr (*polepszać się*) improve, develop

wyrachowany adj scheming, calculating, cold-hearted

wyraz m word; expression

wyrazisty adj expressive

wyraźny adj distinct, marked, explicit

wyrażać vt express; ~ **się** vr express oneself

wyrażenie n expression; phrase

wyrąb m cutting; (*lasu*) clearing

wyrąbać vt cut out; (*las*) clear

wyręczać vt (*zastąpić*) replace; (*dopomóc*) succour, relieve, help out; ~ **się** vr, **on się zawsze kimś wyręcza** he always has sb doing his work for him

wyrocznia f oracle

wyrodny adj degenerate

wyrodzić się vr degenerate

wyrok m sentence, verdict; **wydać** ~ pass a sentence

wyrostek m outgrowth; (*starszy chłopak*) stripling; anat. **~ek robaczkowy** appendix; med. **zapalenie ~ka** appendicitis

wyrozumiałość f indulgence, understanding

wyrozumiały adj indulgent, understanding

wyrozumować vt reason out

wyr|ób m manufacture, make, article; **~oby krajowe** home-made articles; **~oby żelazne** hardware

wyrównać vt equalize, level, make even; (*rachunek*) settle, pay; handl. balance

wyrównanie n equalization, levelling; (*rachunku*) settlement, payment; handl. balance

wyróżniać vt distinguish, mark out

wyróżnienie n distinction, honours pl

wyrugować vt remove; dislodge

wyruszyć vi start, set out <off> (**w drogę** on a journey)

wyrwa f breach, gap

wyrwać vi pull out, tear out, extract

wyrządzać vt do, make, administer; ~ **krzywdę** do wrong

wyrzec się vr renounce, recant

wyrzeczenie n renouncement, renunciation

wyrzucać vt throw out, expel; (*zarzucać*) reproach (**komuś coś** sb for <with> sth); (*wysuwać*) eject; ~ **z pracy** fire

wyrzut m (*zarzut*) reproach; med. eruption; pl **~y sumienia** pricks <pangs> of conscience; **robić** <**czynić**> **~y** reproach (**komuś z powodu czegoś** sb with sth)

wyrzutek m outcast

wyrzynać vt cut out, carve; (*mordować*) slaughter

wysadzić vt set out; (*podróżnych*) drop, set down; (*na ląd*) land, strand; (*w powietrze*) blow up

wyschnąć vi dry up, become dry; (*wychudnąć*) become lean

wysiadać vi get out <off>

wysiedlać vt expel, remove; dislodge

wysiedlenie n expulsion, removal

wysilać vt exert; ~ **się** vr exert oneself, make efforts

wysił|ek m effort; **nie szczędzić ~ków** spare no efforts

wyskakiwać, wyskoczyć vi spring out, jump out

wyskok m jump; (*wypad*) sally; (*ekscesy*) zw pl excesses

wyskrobać vt scrape (out), scratch off, erase

wyskubać vt pluck out, pull out

wysłać vt send, dispatch; zob. **wysyłać**

wysłaniec m messenger, envoy

wysławiać 1. vt (*wychwalać*) extol, glorify

wysławiać 2. *vt* express; **~ się** *vr* express oneself

wysłuchać *vt* give ear, hear

wysługiwać się *vr* lackey (**komuś** sb)

wysmażony *adj* fried, well-done

wysmukły *adj* slender, slim

wysnuwać *vt* spin out, unravel; (*wnioski*) draw, deduce

wysoki *adj* high; (*o wzroście*) tall

wysokogórski *adj* high-mountain *attr*

wysokoś|ć *f* height, altitude; (*sumy*) amount; (*zapłata*) **w ~ci...** (payment) to the amount of...; **stanąć na ~ci zadania** rise to the occasion

wyspa *f* island; (*w nazwie*) isle

wyspać się *vr* get enough sleep

wyspiarski *adj* insular

wyspiarz *m* islander

wyssać *vt* suck out

wystarczający *adj* sufficient

wystarczy|ć *vi* suffice, be enough; **to ~** that will do

wystawa *f* exhibition; (*pokaz*) display, show; (*sklepowa*) shop-window

wystawać *vi* stand out, jut, protrude

wystawca *m* exhibitor; (*np. czeku*) drawer

wystawiać *vt* put out; (*pokazać*) exhibit; (*w oknie sklepowym*) display; (*narażać*) expose; (*sztukę*) stage; (*czek*) draw, make out; (*budować*) erect; **~ kogoś do wiatru** *pot.* stand sb up

wystawność *f* splendour, pomp

wystawny *adj* pompous, ostentatious, showy

wystawow|y *adj*, **okno ~e** show window, shop window

wystąpić *vi* step <come> forward, step out; (*ukazać się*) appear; (*w sądzie*) bring an action <accusation>; (*np. z organizacji*) withdraw, retire; **~ w teatrze** appear on the stage; **~ publicznie** make a public appearance

występ *m* (*coś wystającego*) projection; (*publiczne wystąpienie*) appearance; **gościnny ~** guest performance

występowanie *n* appearance; (*np. zjawiska*) occurrence

wystosować *vt* (*np. pismo*) address

wystraszyć *vt* frighten; **~ się** *vr* take fright (**czegoś** at sth)

wystroić *vt* attire, dress up; **~ się** *vr* dress oneself up

wystrzał *m* shot

wystrzałowy *adj* *pot.* (*efektowny*) terrific, fantastic

wystrzegać się *vr* guard (**czegoś** against sth), avoid

wystrzelić *vt* *vi* fire (a shot); shoot; **~ rakietę** launch a rocket

wysuszyć *vt* dry up

wysuwać *vt* move forward, push out; (*np. szufladę*) pull open; **~ się** *vr* draw ahead, put oneself forward

wysyłać *vt* forward; *fiz.* emit; *zob.* **wysłać**

wysypać *vt* pour out

wysypka *f* *med.* rash

wyszczególnienie *n* specification

wyszczerbić *vt* jag

wyszukać *vt* find out; search out; (*np. w słowniku*) look up

wyszukany *adj* (*wykwintny*) choice, exquisite; (*wymyślny*) elaborate, sophisticated

wyszydzać *vt* deride

wyszywać *vt* embroider

wyścielać *vt* line, bolster up; (*np. ściółkę*) litter

wyścig *m* race; (*ubieganie się o pierwszeństwo*) competition, contest; **~i konne** horse races *pl* <racing>; **~ zbrojeń** armament-race, arms race; *przen.* **robić na ~i** try to outdo (**z kimś** each other); **~ z czasem** race against time

wyśledzić *vt* trace out, find out, discover

wyślizgnąć się *vr* slip out

wyśmiać *vt* deride

wyśmienity *adj* excellent, exquisite

wyświadczyć *vt* do, render

wyświetlać *vt* (*np. sprawę*) clear up; (*film*) show, project, screen

wytarty *adj* threadbare, worn-out

wytchnienie *n* rest, repose

wytępić *vt* exterminate

wytępienie *n* extermination

wytężać *vt* strain

wytężenie *n* strain, exertion

wytężony *adj* intense, strained

wytknąć *vt* put out; (*błąd*) expose, point out

wytłaczać *vt* (*wyciskać*) squeeze out, extract; (*drukować*) imprint, impress; (*nadawać kształt*) emboss

wytłumaczyć *vt* explain; **~ się** *vr* excuse oneself

wytoczyć *vt* roll out; (*sprawę sądową*) bring a law-suit (**komuś** against sb), sue

wytrawny *adj* experienced, consummate; (*o winie*) dry

wytrącić *vt* push out, knock out; **~ kogoś z równowagi** throw sb out of balance

wytropić *vt* track, trace, search out

wytrwać *vi* hold out, endure; persevere (**w czymś** in sth)

wytrwałość *f* perseverance, endurance

wytrwały *adj* enduring, persevering

wytrych *m* skeleton key

wytrysk *m* spout, jet; ejaculation

wytryskać *vt vi* spout, jet; ejaculate

wytrząść *vt* shake out

wytrzebić *vt* exterminate

wytrzeszczyć *vi*, **~ oczy** goggle

wytrzeźwieć *vi* become sober, sober down

wytrzyma|ć *vt* (*znieść*) stand, endure; *vi* (*przetrzymać*) hold out, last (out); **to nie ~ przez zimę**

this will not last out the winter

wytrzymałość *f* endurance, stamina

wytrzymały *adj* resistant; durable; (*zahartowany*) enduring; (*o rzeczach*) fast, lasting

wytrzymani|e *n*; **nie do ~a** unbearable, past all bearing

wytwarzać *vt* produce, manufacture; (*tworzyć*) form

wytworność *f* distinction, exquisiteness

wytworny *adj* distinguished, exquisite

wytwór *m* product; piece of work

wytwórczość *f* productivity, production

wytwórczy *adj* productive

wytwórnia *f* factory, plant, mill

wytyczać *vt* (*granicę*) delimit, delimitate; (*linię*) draw, trace

wytyczny *adj* directive

wytykać *zob.* **wytknąć**

wyuzdany *adj* unbridled, licentious

wywabia|ć *vt* lure out, coax away; (*plamy*) take out, remove; **~cz plam** stain remover

wywalczyć *vi* fight out

wywalić *vt* pot. (*np. drzwi*) break open; (*wyrzucić*) shove out

wywar *m* decoction

wyważyć *vt* weight; (*np. drzwi*) force, unhinge

wywiad *m* interview; *polit. wojsk.* intelligence; secret service; *wojsk.* (*zwiad*) reconnaissance

wywiązać się *vr* acquit oneself (**z czegoś** of sth); (*o chorobie, rozmowie*) set in, develop

wywierać *vt* (*np. wpływ*) exert

wywieść *zob.* **wywodzić**; **~ w pole** deceive

wywietrzeć *vi* evaporate, volatilize

wywietrzyć *vt* air, ventilate

wywijać *vi* wave, flourish, brandish; **~ się** *vr* elude

wywlekać *vt* drag out, draw out

wywłaszczać *vt* expropriate, dispossess

wywłaszczenie *n* expropriation, dispossession

wywnętrzać się *vr pot.* unbosom oneself (**przed kimś** to sb, **z czymś** regarding sth)

wywnioskować *vt* infer, conclude

wywodzić *vt* (*wyprowadzać*) lead out; (*np. pochodzenie*) derive; (*wywnioskować*) infer, deduce; (*dowodzić*) argue; **~ się** *vr* be derived, originate

wywoływać *vt* call out <forth>; (*powodować*) evoke, cause, bring about; *fot.* develop

wywozić *vt* carry out; export

wywód *m* deduction, inference

wywóz *m* removal, carrying out; export

wywracać *vt* overturn, upset; **~ się** *vr* overturn; (*o łodzi*) capsize; **~ do góry nogami** turn upside down

wywyższać *vt* elevate, raise; extol

wywyższenie *n* elevation

wyzbyć się *vr* get rid of (**czegoś** of sth); deprive oneself (**czegoś** of sth)

wyzdrowieć *vi* recover

wyzdrowienie *n* recovery

wyziew *m* exhalation; fumes *pl*

wyznaczać *vt* (*mianować*) appoint; (*zaznaczać*) mark out; (*przydzielać*) allot

wyznacznik *m mat.* determinant

wyznać *zob.* **wyznawać**

wyznanie *n* (*przyznanie*) avowal; (*religijne*) denomination; (*wiary*) confession; (*miłości*) declaration

wyznawać *vt* (*przyznawać*) avow, confess; (*np. religię*) profess; (*miłość*) declare

wyznawca *m* confessor, believer

wyzuć *vt* deprive, bereave (**kogoś z czegoś** sb of sth)

wyzwać *vt* challenge, provoke, defy

wyzwalać *vt* liberate, free; emancipate

wyzwanie *n* challenge, defiance; **rzucić ~** throw down the gauntlet

wyzwolenie *n* liberation, deliverance

wyzwolić *vt* liberate, free; **~ się** *vr* free oneself

wyzysk *m* exploitation

wyzyskiwać *vt* exploit

wyzywać *zob.* **wyzwać**; (*przezywać*) call names (**kogoś** sb), abuse

wyzywający *adj* provocative, outraging

wyżej *adv* higher; above

wyżeł *m zool.* pointer

wyżłobić *vt* hollow out, groove

wyższość *f* superiority

wyższy *adj* higher; (*rangą itp.*) superior

wyżyć *vi* manage to live; **~ się** *vr* live a full life

wyżymaczka *f* wringer

wyżymać *vt* wring

wyżyna *f* upland

wyżywić *vt* feed, nourish; **~ się** *vr* make a living

wyżywienie *n* living, maintenance

wzajemność *f* mutuality, reciprocity; **na zasadzie ~ści** on mutual terms

wzajemny *adj* mutual, reciprocal

w zamian *adv* in exchange, in return (**za coś** for sth)

wzbierać *vi* swell; rise

wzbogacać *vt* enrich; **~ się** *vr* become rich

wzbogacenie *n* enrichment

wzbraniać *vt* forbid; **~ się** *vr* refuse, decline (**przed czymś** sth)

wzbudzać *vt* excite, cause, inspire

wzbudzenie *n* excitement, inspiration; *fiz.* excitation

wzburzenie *n* stir, excitement

wzburzony *adj* stirred, troubled; (*o morzu*) rough

wzburzyć *vt* stir up, agitate, trouble

wzdłuż *praep* along; *adv* alongside, lengthwise, lengthways

wzdrygać się *vr* shrink (**przed czymś** from sth)

wzdychać *vi* sigh (**za kimś, czymś** for sb, sth)

wzdymać *vt* inflate, puff up

wzgarda *f* contempt (**dla kogoś, czegoś** for sb, sth)

wzgardliwy *adj* contemptuous, scornful

wzgardzić *vt* despise, spurn

wzgląd *m* regard, respect; consideration; **pod ~ędem** with regard (**czegoś** to sth); **przez ~ąd** in regard (**na coś** of sth); **ze ~ędu** with regard (**na kogoś, na coś** to <for> sb, to <for> sth); **pod wieloma ~ędami** in many respects

względność *f* relativity

względny *adj* relative

wzgórek *m* hillock

wzgórze *n* hill

wziąć *vt* take; zob. **brać**; **~ do niewoli** take prisoner; **~ górę** get the upper hand; **~ za złe** take amiss; **~ się** *vr*, **~ się do pracy** set to work

wzięty *adj* popular, fashionable

wzlot *m* flight, ascent; **~y i upadki kogoś** ups and downs (of sb)

wzmacniacz *m techn.* amplifier

wzmacniać *vt* strengthen, reinforce; intensify; *radio* amplify; **~ się** *vr* gather strength

wzmagać *vt* increase, grow more intense

wzmianka *f* mention (**o czymś** of sth); notice

wzmożony *adj* increased

wznak, na ~ *adv* on one's <the> back

wzniecać *vt* stir up, excite

wzniesienie *n* elevation; **~ się** (*statku kosmicznego*) lift-off

wznieść zob. **wznosić**

wzniosłość *f* sublimity; loftiness; (*wzniesienie*) elevation

wzniosły *adj* sublime; elevated; lofty

wznosić *vt* raise, lift, elevate, erect; **~ toast** propose a toast; **~ się** *vr* rise, ascend; *lotn.* climb, lift off

wznowić *vt* revive, renew; resume; (*np. książkę*) reprint

wzorcowy *adj* standard, model *attr*

wzorować *vt* pattern; (*modelować*) model; **~ się** model oneself (**na kimś, czymś** on sb, sth); pattern (**według czegoś** after sth); follow the example

wzorow|y *adj* exemplary; model *attr*; **~a szkoła** model school

wzorzec *m* standard, pattern

wzorzysty *adj* figured; **~ materiał** fancy cloth

wzór *m* pattern, model; design; *mat.* formula; (*do naśladowania*) paragon

wzrastać *vi* grow up

wzrok *m* sight; eyesight

wzrokowy *adj* optical; visual

wzrost *m* growth, development; (*cen, kosztów*) rise, increase; (*człowieka*) stature, height; **człowiek średniego ~u** man of medium height

wzruszać *vt* move, affect, touch; **~ się** *vr* be moved, be affected

wzruszający *adj* moving, touching; pathetic

wzruszenie *n* emotion, affection

wzwyż *adv* up, upwards

wzywać *vt* bid, order, call; (*np. lekarza do domu*) call in; (*urzędowo, np. do sądu*) summon; **~ pomocy** call for help

Z

z, ze *praep* with; from, of, out of; through; by; off; ***razem z kimś*** together with sb; ***jeden z wielu*** one out of many; ***jedno z dzieci*** one of the children; ***zrobiony z drzewa*** made of wood; ***pić ze szklanki*** drink out of a glass; ***przychodzę ze szkoły*** I am coming from school; ***wyjść z domu*** leave home; ***zdjąć obraz ze ściany*** take the picture off the wall; ***zejść <zboczyć> z drogi*** go out of one's way; ***żyć z hazardu*** live by gambling; ***ze strachu*** for fear; ***z nieświadomości*** through ignorance; ***to uprzejmie z twojej strony*** it is kind of you; *adv* (*około*) about

za *praep* for; behind; after; by; in; ***biegać za kimś*** run after sb; ***mieć kogoś za nic*** have no regard for sb; ***trzymać za rękę*** hold by the hand; ***wyjść za mąż*** get married; ***dzień za dniem*** day by day; ***za czasów*** at <in> the time; ***za dnia*** by day; ***za godzinę*** in an hour; ***za gotówkę*** for cash; ***za każdym krokiem*** at each step; ***za miastem*** outside the town; ***za pokwitowaniem*** on receipt; ***za ścianą*** behind the wall; ***za zapłatą*** on payment; ***co to za człowiek?*** what (kind of) man is he?; ***co to za książki?*** what (kind of) books are these?

zaawansowany *adj* advanced; (*technicznie*) high tech(nology)

zabarwienie *n* hue, stain, dye

zabawa *f* amusement, entertainment, play; fun; **~ taneczna** dance

zabawiać *vt* amuse; **~ się** *vr* amuse oneself, have some fun

zabawka *f* toy, plaything

zabawny *adj* amusing, funny

zabezpieczenie *n* guarantee, security, protection; providing (**kogoś** for sb); placing (**czegoś** sth) in safety

zabezpiecz|yć *vt* safeguard, secure, place in safety; guarantee; **~yć rodzinę** provide for one's family; **~yć się** *vr* assure oneself, secure oneself, take measures of precaution; **być ~onym** be provided for; be placed in safety

zabić *zob.* **zabijać**

zabieg *m* measure, resource, endeavour; (*lekarski*) intervention; **czynić ~i** take measures; take pains

zabiegać *vi* strive (**o coś** for sth); make great endeavours (**o coś** towards sth); **~ komuś drogę** cross sb's path

zabierać *vt* take, take off <away>; **~ dużo czasu** take much time; **~ głos** take the floor; **~ się** *vr* get off, clear out; set (**do czegoś** about sth); **~ się do roboty** set to work

zabijać *vt* kill; (*gwoździami*) nail up; fix; **~ czas** kill time

zabliźnić się *vr* close up

zabłądzić *vi* go astray, lose one's way

zabłocić *vt* splash <cover> with mud; soil, make dirty

zabobon *m* superstition

zabobonny *adj* superstitious

zabol|eć *vi* begin to ache; *przen.* **to mnie ~ało** this has hurt me

zaborca *m* occupant; invader

zaborczy *adj* rapacious; predatory; grasping; invasive

zabójca *m* killer, homicide, murderer

zabójczy *adj* murderous, killing, homicidal; destructive

zabójstwo *n* manslaughter, murder

zabór *m* conquest, occupation, annexation; annexed territory

zabrak|nąć *vi* fall short, run short (**czegoś** of sth); **to nam benzyny** we ran short of petrol

zabrania|ć *vt* forbid, prohibit, interdict; **~ się pod karą...** it is forbidden on <under> penalty <on pain> of...

zabudowa|ć *vt* cover with buildings, build upon; close a passage with brick and mortar; **plac został ~ny** the plot has been built upon

zaburzenie *n* disorder, trouble

zabyt|ek *m* monument, relic; historic building; **ochrona ~ków** preservation of historic monuments

zachcianka *f* fancy, caprice

zachęcać *vt* encourage

zachęta *f* encouragement

zachłanność *f* greed

zachłanny *adj* greedy

zachłysnąć się *vr* be choked

zachmurz|yć *vt* cloud; **~yć się** *vr* cloud, be covered with clouds; become gloomy; **~one czoło** frown

zachodni *adj* western, west

zachodzić *vi* arrive; (*o wypadku*) happen, occur; (*o słońcu*) set; (*o kwestii*) arise; **~ komuś drogę** cross sb's path; **~ w ciążę** become pregnant

zachorować *vi* fall ill, be taken ill (**na coś** with sth)

zachowanie (**się**) *n* behaviour, conduct

zachowawczy *adj* conservative

zachowywać *vt* preserve, keep; **~ ciszę** keep silent; **~ ostrożność** be on one's guard, be cautious; **~ pozory** keep up appearances; **~ obyczaje** observe customs; **~ się** *vr* behave, bear oneself; **~ się źle** misbehave

zachód *m* the West; (*trud*) pains *pl*, endeavour; (*o słońcu*) sunset; **na ~ od** (to the) west of

zachrypnąć *vi* get <grow> hoarse

zachrypnięty *adj* hoarse

zachwalać *vt* praise

zachwiać *vt* shake, cause to tremble; **~ się** *vr* shake, be shaken, reel

zachwycać *vt* charm, enchant, fascinate; **~ się** *vr* be charmed, be enraptured (**czymś** with sth), rave (**czymś** about sth)

zachwyt *m* enchantment, rapture

zaciąg *m* *wojsk.* enlistment, recruitment

zaciąg|ać *vt* (*do wojska*) enlist, recruit; (*ciągnąć*) draw, drag; **~ać dług** contract <incur> a debt; **~nąć się** *vr* enlist, join up; **~ać się papierosem** inhale the smoke

zaciekawić *vt* intrigue, puzzle, arouse curiosity

zaciekły *adj* embittered; rapid; (*o wrogu*) sworn

zaciemnić *vt* obscure, eclipse; (*np. okna*) black-out

zaciemnienie *n* obscurity; (*przeciwlotnicze*) black-out

zacierać *vt* efface, obliterate

zacieśnić *vt* tighten up

zacięty *adj* obstinate, stubborn

zacinać *vt* notch, slit, cut; **~ się** *vr* (*w mowie*) stutter, stammer, falter; (*o zamku, maszynie itp.*) get stuck <jammed>, jam

zaciskać *vt* press together, compress, tighten up; **~ pięść** clench one's fist; *przen.* **~ pasa** tighten one's belt

zacisze *n* retreat, solitude

zacny *adj* honest, good

zacofanie *n* backwardness

zacofany *adj* backward, reactionary, rusty; **~ gospodarczo** underdeveloped

zaczadzenie *n* asphyxia, suffocation

zaczadzieć *vi* become asphyxiated

zaczaić się *vr* lie in ambush; **~ na kogoś** lay an ambush for sb

zaczarować *vt* enchant, bewitch

Z

zacząć zob. **zaczynać**

zaczepiać vt hook on; (*podejść do kogoś*) accost; (*napaść*) attack; (*czepiać się*) pick (**kogoś** on sb)

zaczepk|a f attack; **szukać ~i** pick a quarrel

zaczepn|y adj aggressive; **przymierze ~o-odporne** offensive and defensive alliance

zaczerwienić vt redden, make red; **~ się** vr redden, (*zarumienić się*) blush

zaczyn m ferment

zaczynać vt vi begin, start, commence; **~ się** vr begin, start, commence

zaćmić vt obscure, eclipse

zaćmienie n eclipse

zad m rump

zada|ć vt give, put; (*o zadaniu do opracowania*) set a task; **~ć cios** deal a blow; **~ć pytanie** put a question; **~ć sobie trud** take the trouble; **~ne lekcje** homework, home lessons; **mamy dużo ~ne** we have much homework to do

zadanie n task; **dać ~** set a task; (*domowe*) homework

zadatek m prawn. earnest, fin. advance payment

zadatkować vt pay in earnest <advance>

zadawać zob. **zadać**; **~ się** vr associate (**z kimś** with sb)

zadłużony adj (deeply) in debt; indebted

zadłużyć się vr get into debt

zadośćuczynić vi give satisfaction, do justice; **~ prośbie** comply with the request

zadowalający adj satisfactory

zadowolenie n satisfaction, contentment; **~ z samego siebie** self-complacency

zadowolić vt satisfy, gratify; **~ się** vr content oneself

zadowolony adj satisfied, content(ed), glad, pleased

zadrapać vt scratch open, make sore with scratching

zadrasnąć vt scratch open; *przen.* hurt

zadrażnienie n irritation

zadrzewianie n afforestation

zaduch m stifling air

zaduma f meditation, day-dream

zadusić vt stifle, choke, smother

Zaduszki s pl All Souls' Day

zadymka f snow-storm, blizzard

zadyszany adj breathless

zadzierać vt vi lift <pull> up; tear open, rend; *pot.* **~ nosa** give oneself great airs; **~ z kimś** seek a quarrel with sb

zadziwiać vt astonish, amaze

zadzwonić vi ring; **~ do kogoś** ring <call> sb up

zagadka f riddle, puzzle

zagadkowy adj puzzling, enigmatic

zagadnienie n question, problem

zagaić vt (*np. posiedzenie*) open

zagajnik m grove

zagarniać vt take, capture

zagęszczać vt condense, compress

zagiąć vt bend, turn down

zaginąć vi get <be> lost, be missing

zaginiony adj lost

zaglądać vi peep; look up (**do książki** the book); call (**do kogoś** on sb)

zagłada f extinction, extermination

zagłębić vt plunge, sink; **~ się** vr plunge, dive, sink; **~ się w studiach** be engaged in study

zagłębie n basin; **~ naftowe** oilfield; **~ węglowe** coal-basin

zagłębienie n hollow, cavity

zagłuszać vt deafen; (*audycję*) jam

zagmatwać vt entangle

zagmatwanie n entanglement

zagniewany adj angry (**na kogoś** with sb)

zagnieździć się vr nestle; *przen.* get a footing

Z

zakomunikować

zagorzały adj zealous, keen, ardent

zagotować vt boil; **~ się** vr boil up

zagrabić vt seize, appropriate by force

zagranic|a f foreign countries; **z ~y** from abroad

zagraniczny adj foreign, overseas; **handel ~** foreign trade

zagrażać vt threaten, menace

zagroda f farm, farm-house, cottage

zagrodzić vt enclose

zagrożeni|e n menace, threat; **stan ~a** state of emergency

zagrożony adj menaced

zagrzebać vt hide in the ground; bury; **~ się** vr (o zwierzętach, np. o krecie) burrow; przen. **~ się w książkach** be buried in the books

zagrzewać vt warm up; przen. (np. do boju) rouse, inflame

zahamowanie n check, stoppage

zahartowany adj inured (**na coś** to sth)

zaimek m gram. pronoun

zainteresowanie n interest

zaintonować vt strike up (a tune)

zajadły adj fanatical, furious

zajazd m inn; (najazd) foray

zając m hare

zająć zob. **zajmować**; **~ się czymś** set about doing sth; **~ się od ognia** catch fire

zajechać vi put up (**do gospody** at an inn); drive up

zajezdnia f depot

zajęcie n occupation, business, activities; (np. mienia) seizure, arrest

zajmować vt occupy, take possession (**coś** of sth); (stanowisko) fill; **~ się** vr occupy oneself (**czymś** with sth), be engaged (**czymś** in sth)

zajście n incident

zajść zob. **zachodzić**; **~ w ciążę** become pregnant

zakamieniały adj obdurate

zakatarzony adj having a cold, sniffing; sniffler

zakaz m prohibition, ban; **~ wjazdu** no entry; **~ wstępu** no admittance

zakazić vt infect

zakaz|ywać vt forbid, prohibit (**czegoś** sth); **~any owoc** a forbidden fruit

zakaźny adj infectious, contagious

zakażenie n infection

zakąsić vt vi have a snack

zakąska f snack; (przystawka) hors d'oeuvre

zakątek m corner, nook; recess

zaklęcie n spell; conjuring

zaklinać vt conjure, charm; (błagać) conjure

zakład m (instytucja) establishment, institution, institute; (założenie się) bet; **~ pracy** working place; **~ krawiecki** tailor's shop; **~ przemysłowy** industrial plant; **~ ubezpieczeń** insurance company; **iść o ~** make a bet

zakłada|ć vt establish, found, institute; (np. okulary) put on; (ręce) cross; (fundament) lay; vi (logicznie) presume, assume; **~ć się** vr bet, make a bet, stake; **~m się z tobą o 5 funtów** I bet you 5 pounds

zakładka f tuck, fold, (w książce) bookmark(er)

zakładnik m hostage

zakłopotanie n embarrassment, uneasiness

zakłócać vt trouble, disturb

zakłócenie n trouble, disturbance; **~ porządku** disorder

zakochać się vr fall in love (**w kimś** with sb); become infatuated with sb

zakochany adj in love, enamoured; **~ po uszy** head over heels in love

zakomunikować vt communicate

zakon m order
zakonnica f nun
zakonnik m monk
zakontraktować vt contract (**coś** for sth), arrange by contract; (*samolot, statek*) charter
zakończenie n conclusion, end(ing); **na ~** to end with, at the end; **szczęśliwe ~** happy end(ing)
zakopać vt bury
zakorzenić się vr strike root; *przen.* become deeply rooted
zakorzeniony adj deep-rooted, inveterate
zakradać się vr steal into, creep, sneak up
zakres m range, sphere, domain, scope
zakreślić vt (*koło*) circumscribe; (*np. plan*) outline; (*zaznaczyć ołówkiem*) mark
zakręci|ć vt turn, twist, screw up; **~ć się** vr turn round, wheel about; **~ło mi się w głowie** I'm feeling dizzy
zakręt m turning, bend
zakręcić vt cover
zakrwawić vt stain with blood
zakrzyczeć vt shout down; **~ kogoś** storm at sb
zakrzywić vt crook, curve, bend
zakuć vt, **~ w kajdany** (en)chain, put in chains
zakup m purchase; **robić ~y** do the shopping; **iść na ~y** go shopping
zakuty adj (*w kajdany*) enchained; *pot.* **~ łeb** thick-skulled, dull-witted; dumb
zakwitnąć vi (begin to) blossom
zalążek m germ, embryo
zalecać vt recommend, commend; **~ się** vr court (**do kogoś** sb), woo (**do kogoś** sb); make love (**do kogoś** to sb)
zalecenie n recommendation
zaledwie adv scarcely, hardly, merely
zalegać vi be behind, be in arrears (**z czymś** with sth); (*o pieniądzach*) remain unpaid
zaległość f arrears pl
zaległy adj overdue
zalepić vt glue over
zalesienie n afforestation
zaleta f virtue, advantage
zalew m inundation, flood; (*zatoka*) fresh-water bay
zalewać vt pour over; (*o powodzi*) inundate, flood
zależ|eć vi depend (**od kogoś** on sb); **~y mi na tym** I am anxious about it; **nie ~y mi na tym** it does not matter to me; I don't care for it; **to ~y** it depends; **to ~y od ciebie** it depends on you; it's up to you
zależność f dependence
zależny adj dependent (**od czegoś** on sth)
zaliczać vt reckon, advance, pay in advance; (*szeregować*) classify, class, rank; (*wliczać*) include
zaliczenie n inclusion; attestation; *handl.* **za ~m** cash on delivery
zaliczk|a f *prawn.* earnest; *fin.* advance (money); **tytułem ~i** in earnest <advance>
zaludniać vt populate
zaludnienie n population
załadować vt load, charge
załagodzenie n mitigation, softening, appeasement
załagodzić vt allay, mitigate, compose, appease
załamać vt break down
załamanie n break-down, collapse; *fiz.* refraction
załatwiać vt settle, arrange; (*interesy*) go about one's business, do business; transact; **~ sprawunki** shop; go <do> shopping; **~ się** vr manage (**z czymś** sth); **~ się szybko** make short work (**z czymś** of sth); **załatwione!** (*umowa zawarta*) it's a deal!
załatwienie n settlement, ar-

rangement; (*interesów*) doing business, transaction

załącz|**ać** *vt* enclose (**do czegoś** with sth); **w ~eniu do...** enclosed with...

załącznik *m* (*dodatek*) annex

załoga *f* crew; *wojsk.* garrison

założeni|**e** *n* foundation; (*przesłanka*) presumption, premise; assumption, principle; **wychodzić z ~a** assume, take for granted

założyciel *m* founder

założyć *zob.* **zakładać**

zamach *m* attempt **~ na życie** attempt on life; **~ stanu** coup (d'état); stroke; **za jednym ~em** at one stroke

zamachowiec *m* assassin

zamarły *adj* dead

zamarzły[-r·z-] *adj* frozen

zamarznąć [-r·z-] *vi* freeze up, get frozen up

zamaskować *vt* mask, camouflage

zamaszysty *adj* vigorous, brisk

zamawiać *vt* (*np. towar*) order; (*rezerwować*) reserve (**sobie** for oneself)

zamazać *vt* efface, smear over

zamącić *vt* disturb, trouble

zamążpójście *n* marriage

zamek 1. *m* (*budowla*) castle

zamek 2. *m* (*u drzwi*) lock; **~ błyskawiczny** zip-fastener, zipper; **~ szyfrowy** combination lock

zameldować *vr* report, register; **~ się** *vr* report oneself, register; *am.* (*w hotelu*) check in

zamęt *m* confusion, disturbance

zamężna *adj* married

zamglony *adj* hazy, foggy, misty; (*szkło, oczy*) cloudy

zamiana *f* exchange, swap, change (**na coś** for sth)

zamiar *m* purpose, aim, design, intention; **mieć ~** intend, mean

zamiast *praep* instead of

zamiatać *vt* sweep

zamieć *f* (*śnieżna*) blizzard

zamienić *vt* change, exchange (**coś na coś** sth for sth)

zamienny *adj* exchangeable; (*zapasowy*) reserve, spare; **handel ~** barter

zamierać *vi* die off, expire

zamierzać *vt* intend, mean, be going; **~ się** *vr* raise one's hand to strike

zamierzchły *adj* remote, old, immemorial

zamieszać *vt* stir <mix> up

zamieszanie *n* confusion, fuss

zamieszczać *vt* place, put; (*w prasie*) insert, have printed

zamieszkać *vi* take lodgings; put up; reside

zamieszkały *adj* resident, living, domiciled

zamieszkani|**e** *n*, **miejsce ~a** dwelling-place, abode, domicile

zamieszkiwać *vi* live; *vt* inhabit

zamilknąć *vi* become silent

zamiłowanie *n* predilection, fancy, love, liking (**do czegoś** for sth)

zamiłowany *adj* passionately fond (**w czymś** of sth)

zamknąć *vt* close, shut; (*na klucz*) lock; (*w czterech ścianach*) shut in, lock in, lock up

zamknięcie *n* closing device; lock; fastener; (*pomieszczenie*) seclusion; (*zakończenie*) close, closing; (*ulicy*) blocking

zamoczyć *vt* wet, soak, dip

zamorski *adj* overseas

zamożność *f* prosperity, wealth

zamożny *adj* well-off, well-to-do, wealthy

zamówić *zob.* **zamawiać**

zamówienie *n* order; **uszyty na ~** made to measure

zamrażać *vt* freeze, refrigerate

zamrażarka *f* freezer

zamroczenie *n* stupefaction, numbness

zamroczyć *vt* benumb, stupefy

zamsz *m* chamois-leather, suede

Z

zamurować vt wall up

zamykać zob. **zamknąć**

zamysł m design

zamyślenie n meditation

zamyślić vt design; **~ się** vr be lost in thoughts

zamyślony adj lost in thoughts

zanadto adv too, too much, too many

zaniechać vt give up

zanieczyszczenie n contamination, pollution, impurity; **~ powietrza** air pollution; **~ wody** water pollution

zanieczyścić vt pollute, foul

zaniedbanie n neglect, negligence

zaniedbywać vt neglect; (np. okazję) miss

zaniemówić vi become dumb

zaniepokoić vt alarm, make anxious

zaniepokojenie n alarm, anxiety, uneasiness

zanieść vt carry; take; (prośbę) address

zanik m disappearance, loss, decay, atrophy

zanikać vi disappear, decline, dwindle

zanim conj before, by the time

zanocować vi stay for the night

zanosi|ć vt take, fetch; **~ się na deszcz** it is going to rain; zob. **zanieść**

zanotować vt vi make a note (**coś** of sth), note, put down, take down

zanurzyć vt plunge, submerge; (np. pióro) dip; **~ się** vr plunge, submerge

zaoczn|y adj, **studia ~e** extramural <non-resident> studies; **wyrok ~y** verdict by default

zaognić vt inflame

zaokrąglić vt round off

zaopatrywać vt provide, supply (**w coś** with sth); stock; (na przyszłość) provide (**kogoś** for sb)

zaopatrzenie n supply; (wyposażenie) equipment; (aprowizacja) provision, maintenance

zaopatrzony adj provided for

zaostrzyć vt sharpen, whet; (sytuację) aggravate

zaoszczędzić vt save, economize

zapach m smell, odour

zapadać vi sink, fall in; (o nocy) set in; (o wyroku) be pronounced, be passed; **~ na zdrowiu** fall ill; **~ się** vr fall in, sink, decay

zapadł|y adj sunken; **~a wieś** out-of-the-way village

zapakować vt pack up

zapalczywość f impetuosity, vehemence

zapalczywy adj impetuous, vehement

zapalenie n ignition; (światła) lighting; med. inflammation; **~ płuc** pneumonia

zapaleniec m fanatic, enthusiast

zapalić vt (światło) light; (podpalić) set on fire; **~ ogień** make fire; **~ się** vr catch fire; przen. become enthusiastic (**do czegoś** about sth); **~ silnik** start the engine

zapalniczka f (cigarette-)lighter

zapalny adj inflammable

zapał m ardour, enthusiasm

zapałka f match

zapamiętać vt remember, memorize; retain in memory, note

zapamiętałość f frenzy, fury

zapamiętały adj frantic, furious

zapanowa|ć vi become prevalent; control; (pokonać) overmaster; (nastać) set in; **~ła piękna pogoda** a fine weather has set in

zaparzenie n infusion

zaparzyć vt infuse

zapas m stock, store, reserve; **~ do ołówka, pióra** refill; pl **~y** supplies

zapasow|y adj reserve, spare; pl **części ~e** spare parts

zapasy s pl sport wrestling(-match)

z

zapaśnik *m sport* wrestler

zapatrywać się *vr* be of the opinion that...; fix one's eyes (**w coś** on sth)

zapatrywanie się *n* view, opinion

zapełnić *vt* fill up

zapewne *adv* surely, certainly

zapewnić *vt* assure; (*zabezpieczyć*) secure

zapewnienie *n* assurance

zapieczętować *vt* seal up

zapierać się *vr* deny (**czegoś** sth)

zapinać *vt* button up, do up, buckle

zapis *m* record; (*wpis*) registration; (*testament*) legacy, bequest; (*np. w grze*) score

zapisać *vt* write <take> down, record, enter, note; (*lekarstwo*) prescribe; **~ w testamencie** bequeath; *vr* **~ się na kurs** enrol (in), register, sign up for <subscribe to> a course of lectures

zaplątać *vt* entangle

zaplecze *n* back-up

zapłacić *vt* pay

zapłakany *adj* in tears

zapłata *f* payment

zapłodnić *vt* fructify; (*kobietę*) impregnate; inseminate

zapłodnienie *n* fructification; impregnation; **sztuczne ~** artificial insemination

zapłon *m mot.* ignition; **wyłącznik ~u** ignition switch

zapobiegać *vi* guard (**czemuś** against sth), prevent, obviate (**czemuś** sth); **~ ciąży** practice birth control

zapobiega\|nie *n* prevention; **środki ~nia ciąży** contraceptives

zapobiegawczy *adj* preventive

zapobiegliwy *adj* industrious; provident

zapoczątkować *vt* inaugurate, start

zapominać *vt* forget; **~ się** *vr* forget oneself

zapomnienie *n* oblivion

zapomoga *f* aid, subsidy

zapora *f* (*przeszkoda*) obstacle; (*zagrodzenie*) bar; **~ wodna** barrage; (water) dam

zaporowy *adj* barrage; *wojsk.* **ogień ~** curtain-fire

zapotrzebowanie *n* demand, requirement

zapowiadać *vt* announce; **~ się** *vr* promise

zapowiedź *f* announcement; (*przedślubna*) banns *pl*

zapoznać *vt* acquaint; **~ się** get acquainted

zapoznanie *n* acquaintance

zapożyczać się *vr* contract a debt, get into debt

zapracować *vi* earn

zapracowany *adj* (*przemęczony*) overworked

zapragnąć *vt* be desirous (**czegoś** of sth)

zapraszać *vt* invite

zaprawa *f* (*murarska*) mortar; (*sportowa*) training

zaprawiać się *vr* train (**do czegoś** for sth)

zaprosić *zob.* **zapraszać**

zaproszenie *n* invitation

zaprowadzić *vt* lead, conduct; **~ nową modę** start a new fashion; **~ nowe porządki** establish a new order of things; **~ zwyczaj** introduce a custom

zaprowiantowanie *n* provisioning; *zbior.* provisions *pl*

zaprzeczać *vt* deny (**czemuś** sth)

zaprzeczenie *n* denial

zaprzeć się *zob.* **zapierać się**

zaprzepaścić *vt* lose, dissipate, waste

zaprzestać *vi* desist (**czegoś** from sth), discontinue, stop

zaprzęg *m* team, harness

zaprzyjaźnić się *vr* make friends (**z kimś** with sb)

zaprzyjaźniony *adj*, **być ~m z** be on friendly terms with

zaprzysiąc *vt* swear, confirm by oath

zaprzysiężenie *n* (*kogoś*) swearing-in; (*czegoś*) confirmation by oath

zapychać *vt* stuff, cram

zapytać, zapytywać *vt* ask; inquire, query

zapytani|e *n* question; inquiry, query; **znak ~a** question-mark

zarabiać *vt* earn, gain; **~ na życie** earn one's living <one's bread>

zaradczy *adj* preventive; **środek ~** preventive (*means*)

zaradny *adj* resourceful

zaraz *adv* at once, directly

zaraza *f* infection, pestilence

zarazek *m* bacillus, virus, microbe

zarazem *adv* at the same time, at once

zarazić *vt* infect; **~ się** *vr* become infected

zaraźliwy *adj* infectious, contagious

zarażenie *n* infection

zaręczyć się *vr* become engaged (to be married)

zaręczyny *s pl* engagement, betrothal

zarobek *m* earning, gain

zarobkować *vi* earn by working

zarodek *m* germ, embryo

zarosły *adj* overgrown

zarost *m* hair, beard

zarośla *s pl* thicket

zarozumialec *m* presumptuous fellow, haughty person

zarozumiałość *f* conceit, (self-) conceitedness

zarozumiały *adj* presumptuous, conceited, bumptious

zarówno *adv*, **~ jak** as well as

zarumienić się *vr* redden, become red; (*np. ze wstydu*) blush

zarys *m* outline, sketch, draft

zarysować się *vr* become delineated; (*pojawiać się*) become visible, loom

zarząd *m* administration, management; **~ główny** board, council

zarządca *m* administrator, manager

zarządzać *vt* administer, manage (*czymś* sth), run

zarządzenie *n* regulation, law, order

zarządzić *vt* order, ordain, decide

zarzucać *vt* (*zaniechać*) give up; (*coś na siebie*) put on; reproach (**coś komuś** sb for <with> sth); (*zasypywać*) pelt; (*pytaniami*) molest; (*towarem*) flood; *vi* (*o aucie*) skid

zarzut *m* reproach, objection; **bez ~u** faultless; **czynić ~y** raise objections (**komuś** to sb); **pod ~em** on a charge of

zasad|a *f* principle, maxim; *chem.* alkali, base; **z ~y** as a rule, in principle

zasadniczy *adj* principal, fundamental, essential, cardinal

zasadzka *f* ambush

zasępiony *adj* gloomy, mournful

zasiadać *vi* take a seat, sit; **~ do roboty** get <set> to work

zasiew *m* sowing; seed-corn

zasięg *m* (*np. ramienia*) reach; (*zakres*) domain, scope, sphere; *wojsk.* (*np. ognia*) range; **w ~u** within reach

zasięgać *vt* consult (**czyjejś rady** sb); **~ informacji** inquire

zasilać *vt* reinforce; (*np. pieniędzmi*) support

zasi|łek *m* aid, subsidy; **~ek chorobowy** sick benefit <allowance>; **~ek dla bezrobotnych** unemployment benefit; **być na ~ku** *pot.* be on the dole

zaskarżyć *vt* accuse, bring an action

zaskoczenie *n* surprise

zaskoczyć *vt* surprise; take by surprise

zasłabnąć *vi* faint

zasłaniać vt (*zakrywać*) cover, veil, cloak, (*osłaniać*) screen, shelter

zasłona f cover, veil, screen; (*żaluzja*) blind

zasług|a f merit; **położyć ~i** deserve well (**dla kraju** of the country)

zasługiwać zob. **zasłużyć**

zasłużon|y adj well-deserved; **~a kara** well-deserved punishment; **~y człowiek** man of merit

zasłużyć vi deserve, merit (**na coś** sth); **~ się** vr render service; distinguish oneself

zasłynąć vi become famous

zasmucić vt make sad, sadden; **się** vr become sad

zasnąć vi fall asleep; zob. **zasypiać**

zasobny adj wealthy, well-to-do; well stocked

zas|ób m store, stock; supply; **~oby pieniężne** financial resources; **~oby żywnościowe** provisions; **~ób wyrazów** vocabulary; stock of words

zaspa f (*piasku*) snow-drift

zaspać vi oversleep

zaspokoić vt satisfy; (*głód, ciekawość*) appease; (*pragnienie*) quench

zaspokojenie n satisfaction

zastać vt find

zastanawiać vt make (**kogoś** sb) think; **~ się** vr reflect (**nad czymś** on sth)

zastanowienie n reflection

zastarzały adj inveterate

zastaw m pawn, pledge; **dać w ~** put in pawn

zastawa f (*zapora*) barrage; (*stołowa*) tableware

zastawić vt bar, block; (*stół*) serve; (*w lombardzie*) pawn, pledge

zastawka f anat. valve

zastąpić vt replace (with), substitute (for); (*drogę*) bar

zastęp m host

zastępca m deputy, representative, proxy

zastępczo adv in sb's place, temporarily

zastępczy adj substitute

zastępstwo n replacement, substitution, (*np. handlowe*) representation

zastosować vt apply, use; **~ się** vr comply (**do czegoś** with sth), conform (**do czegoś** to sth)

zastosowanie n adaptation, application

zastój m stagnation; recession

zastraszyć vt intimidate, frighten

zastrzegać vt reserve; **~ się** vr stipulate (**, że** that); **~ sobie prawa autorskie** copyright

zastrzelić vt shoot dead

zastrzeżenie n reservation, provision, restriction

zastrzyk m injection; **~ domięśniowy <dożylny, podskórny>** intramuscular <intravenous, hypodermic> injection

zastygnąć vi (*zakrzepnąć*) congeal

zasuszyć vt dry up

zasuwa f bar, bolt

zasypać vt cover, fill up; (*obsypać*) strew; przen. (*towarami*) flood

zasypiać vi doze off, drop off, fall asleep; (*na zimę*) hibernate

zaszczycać vt honour

zaszczyt m honour; **przynosić ~ do** credit (**komuś** to sb), be an honour

zaszczytny adj honourable

zaszkodzić vt injure, prejudice, do harm

zasznurować vt lace, tie

zasztyletować vt stab

zaszyć vt sew up; **~ się** vr hide oneself, shut oneself in

zaś conj but

zaślepienie n blindness; przen. infatuation

zaświadczenie n certificate; attestation

z

zaświadczyć *vt* certify; attest

zaświecić *vt* light, make light; *vi* begin to shine

zaświta|ć *vi* dawn; *~ła mu myśl* the idea dawned upon <on> him

zataić *vt* conceal

zatamować *vt* stop

zatarasować *vt* block, barricade

zatarg *m* conflict; **popaść w ~** to get into conflict

zatem *conj* then, therefore, accordingly

zatęchły *adj* musty

zatęsknić *vi* (begin to) pine <long> (*za kimś* for sb)

zatkać *vt* stop; (*szpary*) caulk, calk

zatłuścić *vt* grease

zatoka *f* bay, creek; *anat.* sinus

zatonąć *vi* sink

zatopić *vt* sink, drown

zatracenie *n* ruin, perdition

zatracić *vt* lose, waste

zatroskać się *vr* become anxious (*o coś* about sth)

zatrucie *n* poisoning

zatruć *vt* poison; **~ się** *vr* get poisoned

zatrudniać *vt* employ

zatrudnie|nie *n* employment; (*zajęcie*) occupation; **biuro ~nia** employment agency

zatrwożyć *vt* alarm, frighten; **~ się** *vr* become alarmed

zatrzask *m* thumb-lock; (*do drzwi*) safety-lock; (*do ubrania*) (snap-)fastener

zatrzasnąć *vt* slam

zatrzymać *vt* stop; (*nie oddać*) retain, keep; (*przetrzymać, aresztować*) detain; **~ się** *vr* stop; remain

zatwardzenie *n med.* constipation

zatwierdzenie *n* confirmation; ratification

zatwierdzić *vt* confirm, sanction; ratify

zatyczka *f* plug

zatykać *zob.* **zatkać**

zaufać *vi* trust (**komuś** sb), confide (**komuś** in sb)

zaufani|e *n* trust, confidence, credence; **godny ~a** trustworthy; **darzyć ~em** put trust (**kogoś** in sb); **cieszyć się wielkim ~em** be in a position of great trust; **w ~u** confidentially; **wotum ~a** *zob.* **wotum**; **mąż ~a** shop-steward

zaufany *adj* reliable, trustworthy, trusted

zaułek *m* backstreet; *przen. ślepy ~* blind alley

zausznik *m* sycophant

zauważyć *vt* notice; (*napomknąć*) remark; **dający się ~** perceptible, noticeable

zawada *f* hindrance, obstacle

zawadzać *vi* (*przeszkadzać*) hinder, impede

zawalić się *vr* collapse, break down

zawał *m med.* cardiac infarction; heart failure <condition>

zawartość *f* capacity, contents *pl*

zawarty *pp i adj* contained, enclosed, included

zaważyć *vi* weigh

zawczasu *adv* in good time

zawdzięczać *vi* be indebted; owe

zawezwać *vt* call, summon, call in

zawiadamiać *vt* inform, let known; (*urzędowo*) advise

zawiadomienie *n* notice; information, announcement; (*urzędowe*) advice

zawiadowca *m*, **~ stacji** stationmaster

zawias *m* hinge

zawiązać *vt* tie(up), bind; *zob.* **wiązać**

zawieja *f* storm; (*śnieżna*) blizzard

zawierać, zawrzeć *vt* (*mieścić w sobie*) contain, include; (*znajomość*) make; (*małżeństwo*) contract; (*pokój*) conclude

zawiesić *vt* hang up; (*w*

obowiązkach) suspend; (*wypłatę*) stop; (*odroczyć*) adjourn

zawieszenie *n* suspension; **~ broni** armistice; **~ ognia** cease-fire

zawieść *zob.* **zawodzić**

zawieźć *zob.* **zawozić**

zawijać *vt vi* wrap up; **~ do portu** enter a harbour

zawikłać *vt* entangle, complicate

zawikłanie *n* entanglement, complication

zawiły *adj* intricate, complicated

zawini|ć *vi* be guilty (**w czymś** of sth); **on w tym nie ~ł** this is no fault of his; **w czym on ~ł?** what wrong has he done?

zawisły *adj* dependent (**od czegoś** on sth)

zawistny *adj* invidious, envious

zawiść *f* envy, invidiousness

zawładnąć *vi* come into possession, take possession (**czymś** of sth)

zawodnik *m* competitor

zawodny *adj* unreliable, untrustworthy

zawodowiec *m* professional

zawodowy *adj* professional

zawody *s pl* competition, contest; games *pl*

zawodzić *vt vi* (*prowadzić*) lead; (*rozczarować*) let down, disillusion, disappoint; (*nie udać się*) fail

zawołać *vt* call; **~ taksówkę** hail <thumb> a taxi

zawołanie *n* call, appeal; (*hasło*) watch-word; **na ~** on <at> call; at any time

zawozić *vt* carry, convey

zawód *m* occupation, profession; (*rozczarowanie*) disappointment, disillusion; **zrobić ~** let down, disappoint, disillusion

zawracać *vi* turn back; (*samochodem*) do a U-turn; *vt* **~ komuś głowę** bother sb; **~ komuś w głowie** turn sb's head

zawrócić *zob.* **zawracać**

zawrót *m* (*głowy*) dizziness

zawrzeć *zob.* **zawierać**

zawstydzić *vt* put to shame, make feel ashamed; **~ się** *vr* feel ashamed

zawsze *adv* always, ever; **na ~** for ever; **raz na ~** once for all

zawziąć się *vr* be (dead) set (**na coś** upon sth), set one's mind on sth

zawziętość *f* persistence; obstinacy

zawzięty *adj* persistent; obstinate; **~ na coś** keen on sth

zazdrosny *adj* jealous, envious (**o kogoś, o coś** of sb, sth)

zazdrościć *vt* envy (**komuś czegoś** sb sth)

zazdrość *f* jealousy, envy

zazębiać się *vr* couple; (*łączyć się*) overlap (**z czymś** sth)

zazębienie *n* coupling; overlapping

zaziębić się *vr* catch (a) cold

zaziębienie *n* cold

zaznaczyć *vt* mark; (*podkreślić, wspomnieć*) remark

zaznać *vt* experience

zaznajomi|ć *vt* make acquainted; **~ć się** *vr* become acquainted (**z kimś** with sb); make the acquaintance (**z kimś** of sb); **~łem się z nim** I have made his acquaintance

zazwyczaj *adv* usually, generally

zażalenie *n* complaint; **wnieść ~** lodge a complaint

zażarty *adj* furious, fierce

zażądać *vt* demand, require

zażegnać *vt* ward off, prevent

zażyłość *f* intimacy

zażyły *adj* intimate

zażywać *vt* enjoy; taste; (*lekarstwo*) take

ząb *m* tooth; *pl* teeth; **~ mądrości** wisdom-tooth; **~ mleczny** milk-tooth; **~ trzonowy** molar; **ból zębów** toothache

ząbkować *vi* teethe

ząbkowany *adj* notched; *filat.* perforate

Z

zbaczać vi deviate

zbankrutować vi go bankrupt

zbankrutowany adj bankrupt

zbawca, zbawiciel m saviour; (*Chrystus*) the Redeemer, the Saviour

zbawiać vt save, redeem

zbawienie n salvation

zbędność f superfluity

zbędny adj superfluous, redundant

zbić vt beat up <down>; nail together; (*stłuc*) break; (*np. twierdzenie*) refute

zbiec vi run down; run away; escape, make off; *zob.* **zbiegać**

zbieg m fugitive, escaped prisoner, escapee; (*zbieżność*) coincidence, concurrence; **~ okoliczności** coincidence

zbiegać vi run down, run away; **~ się** vr come hurriedly together; (*kurczyć się*) shrink; (*o liniach*) converge; (*o wypadkach*) coincide; *zob.* **zbiec**

zbiegowisko n concourse, throng

zbieracz m collector

zbierać vt collect, gather, hoard; (*np. owoce*) pick; (*np. płyn gąbką*) sop; **~ się** vr gather, assemble

zbieżność f convergence

zbieżny adj convergent

zbiornik m receptacle, reservoir

zbiorowisko m gathering, crowd

zbiorowy adj collective

zbiór m collection; (*zboża*) harvest, crop

zbiórk|a f meeting, rally, assembly; (*pieniężna*) collection; **miejsce ~i** rallying-point; **zbiórka!** fall in!

zbir m ruffian, mugger

zbity adj beaten; (*zwarty*) compact

zblednąć vi turn pale; (*o barwie*) fade away

z bliska adv from near, closely

zbliżać vt bring near; **~ się** vr approach (**do kogoś** sb), come

<draw> near, near

zbliżenie n approach; (*w filmie*) close-up

zbliżony adj approximate; related; (*podobny*) similar

zbłądzić vi err; (*zabłąkać się*) lose one's way

zbłąkany adj erring, stray

zbocze n slope

zboczenie n deviation; (*psychiczne*) aberration

zbolały adj aching

zborny adj, **punkt ~** rallying-point

zboże n corn, grain

zbór m Protestant church

zbroczony pp i adj, **~ krwią** blood-stained

zbrodnia f crime; **~ wojenna** war crime

zbrodniarz m criminal

zbroić vt arm; **~ się** vr arm

zbroja f armour

zbroje|nie n (*zw. pl ~nia*) armament; **wyścig ~ń** armaments race

zbrojn|y adj armed; **siły ~e** armed forces

zbrojony adj (*np. beton*) armoured

zbrojownia f arsenal, armoury

zbrzyd|nąć vi become ugly; (*stać się wstrętnym*) become repulsive; **to mi ~ło** I am disgusted with it, I am sick of it

zbudzić vt wake (up), awaken; **~ się** vr wake (up)

zburzenie n destruction, demolition

zburzyć vt destroy, demolish; (*o budynku, rozebrać*) pull down

zbutwiały adj mouldy; *am.* moldy

zbutwieć vi moulder; *am.* molder

zbyć vt *zob.* **zbywać**; **~ pięknymi słówkami** put off with fine words

zbyt 1. adv too; **~ dużo** too much; **~ wiele** too many

zbyt 2. m sale; **rynek ~u** market

zbyteczny adj superfluous, redundant

zbytek *m* luxury

zbytnio *adv* excessively

zbywać *vt* sell, dispose (**coś** of sth); (*brakować*) lack; **na niczym mi nie ~** I don't lack anything

zdać *vt*, **~ egzamin** pass the examination; *zob.* **zdawać**

z dala from afar

zdalnie *adv* from afar; **~ sterowany** with remote control; (*o pocisku*) guided

zdanie *n* opinion, view; *gram.* sentence; **~ główne <podrzędne>** main <subordinate> clause; **moim ~m** in my opinion; **zmienić ~** change one's mind

zdarzać się *vr* happen, occur

zdarzenie *n* occurrence, event, incident, happening

zdatny *adj* fit, suitable, apt

zdawać *vt* render, give over; (*egzamin*) take; *zob.* **zdać**; **~ się** *vr* (*wydawać się*) appear, seem; surrender (*np.* **na los** to the fate); rely (**na kogoś** upon sb)

zdawkowy *adj* commonplace

zdążyć *vt* come in time; **~ coś zrobić** succeed in making sth in time

zdechły *adj* dead

zdecydować *vi* decide; **~ się** *vr* decide

zdejmować *vt* take off, remove; **strach go zdjął** he was seized by fear; **zdjęty podziwem** struck with amazement

zdenerwowany *adj* nervous, irritated, flustered, on edge

zderzak *m* buffer; (*samochodu*) *mot.* bumper

zderzenie *n* crash, collision

zderzyć się *vr* crash, collide

zdjąć *zob.* **zdejmować**

zdjęcie *n* *fot.* picture, photo(graph), *pot.*(snap)shot; *med.* **~ rentgenowskie** radiograph, x-ray; **zrobić ~** take a picture

zdmuchnąć *vt* blow off

zdobić *vt* decorate, adorn

zdobniczy *adj* decorative

zdobycz *f* acquisition, spoil(s); trophy; catch

zdobywać *vt* conquer

zdobywca *m* conqueror

zdolność *f* ability, capacity

zdolny *adj* able, capable, clever

zdołać *vi* be able

zdrada *f* treachery, infidelity, betrayal; **~ stanu** high treason

zdradliwy *adj* treacherous

zdradzać *vt* betray

zdradziecki *adj* treacherous, perfidious

zdrajca *m* traitor

zdrapywać *vt* scratch off

zdrętwiały *adj* rigid, benumbed, torpid; (*z zimna*) numb with cold; **~a ręka** numb hand

zdrętwieć *vi* stiffen, become torpid

zdrętwienie *n* torpor, numbness

zdrobniały *adj* diminutive

zdrowi|e *n* health; **służba ~a** health service; Medicare; **wznieść czyjeś ~e** drink sb's health; **twoje ~e!** here's to you!

zdrowy *adj* healthy, sound; (*służący zdrowiu*) salubrious, wholesome; **~ rozum** common sense; **cały i ~** safe and sound

zdrój *m* spring, well; spa

zdruzgotać *vt* smash, shatter

zdrzemnąć się *vr* have a nap, doze (off)

zdumienie *n* astonishment

zdumiewać się *vr* wonder, be astonished <amazed> (**czymś** at sth)

zdumiewający *adj* amazing

zdumiony *adj* amazed, astonished (**czymś** at sth)

zdychać *vi* die

zdyszany *adj* breathless

zdyszeć się *vr* be short of breath, pant for breath

zdziałać *vt* perform, accomplish

zdziecinniały *adj* in one's dotage; **~ człowiek** dotard

zdziecinnienie *n* dotage

Z

zdzierać vt tear away; (skórę) skin; (np. odzież) wear out; przen. overcharge

zdzierstwo n pot. overcharge

zdziwić vt surprise, astonish; ~ **się** vr be surprised <astonished> (czymś at sth)

zdziwienie n surprise, astonishment

ze praep zob. **z**

zebra f zebra; (na jezdni) zebra crossing

zebrać zob. **zbierać**

zebranie n meeting, assembly; (towarzyskie) party, get-together; **prowadzić** ~ chair a meeting

zecer m druk. compositor

zechcieć vi become willing; **czy ~ałbyś to zrobić?** would you like to do this?

zegar m clock; ~ **słoneczny** sundial

zegar|ek m watch; **żyć z ~kiem w ręku** live by the clock; **na moim ~ku** by my watch

zegarmistrz m watchmaker

zejście n descent; (ze świata) decease

zejść vi descend, go down; (ze świata) decease; ~ **na psy** go to the dogs

zelować vt sole

zelówka f sole

zemdleć vi faint, swoon; pot. pass out

zemdlenie n fainting, swoon

zemdlony adj faint, unconscious

zemst|a f revenge; **z ~y** out of revenge

zepchnąć vt push down

zepsucie n damage; corruption; depravation

zepsuć vt spoil, corrupt; deprave; (uszkodzić) damage; ~ **się** vr spoil, be spoiled; be corrupted, be depraved

zepsuty adj spoilt; (uszkodzony) damaged; (zgniły) rotten; przen. depraved, corrupted

zerkać vi look askance, cast furtive glances (**na kogoś** at sb)

zero n zero, nought, null

zerwać zob. **zrywać**

zeskoczyć vi jump <leap> down

zeskrobać vt scrape off

zesłać vt send down; (wygnać) deport

zesłanie n deportation

zespołow|y adj collective; **praca ~a** team-work

zespół m group, body, team; (artystyczny) ensemble, troupe

zestarzeć się vi grow old

zestawiać vt compare, confront, put together, combine; (np. bilans) draw up

zestawienie n comparison, combination

zestrzelić vt shoot down

zeszłoroczny adj last year's

zeszpecenie n disfiguration, deformation

zeszpecić vt disfigure, deform

zeszyt m exercise-book; notebook

ześliznąć się vr glide down

zetknąć zob. **stykać się**

zetknięcie n contact

zetrzeć vt zob. **ścierać**; ~ **kurz** dust; ~ **na miazgę** crush; ~ **na proch** grind to dust

zew m call

zewnątrz adv praep outside, outward; **z ~** from outside; **na ~** outside

zewnętrzny adj outside, exterior; external; outer

zewsząd adv from everywhere, on every side

zez m squint

zeznanie n prawn. testimony, declaration

zeznawać vt testify, declare, give evidence

zezować vi squint

zezwalać vi allow, permit

zezwolenie n permission, permit; consent

zębowy adj dental

zgadywać vt guess

zgadzać się vr consent, agree (**na coś** to sth); harmonize

zgaga f heartburn

zgarnąć vt rake together

zgęszczać vt, **~ się** vr thicken, condense

zgęszczenie n condensation

zgiełk m bustle, tumult

zgięcie n bend, turn

zginać vt bend, turn, bow; **~ się** vr bend, bow

zginąć vi be killed; (*przepaść*) be lost; perish; (*zapodziać się*) get lost

zgliszcza s pl cinders; ruins

zgładzić vt kill, exterminate

zgłaszać vt report; (*do oclenia*) declare; present; **~ wniosek** present a motion; **~ się** vr come forward, present oneself

zgłębiać vt sound, probe, fathom

zgłodniały adj starving

zgłosić zob. **zgłaszać**

zgłoska f syllable

zgłoszenie n announcement, report, declaration, presentation; **~ się** vr appearance

zgnieść vt crush, squash

zgnilizna f rot; corruption, decay; (*moralna*) depravity, moral debasement

zgniły adj rotten, putrid; (*moralnie*) depraved

zgo|da f consent (**na coś** to sth); (*zgodność*) harmony, concord; **w ~dzie** in agreement; **za ~dą** with the consent; „**~da!**" "agreed!"; "it's a deal!"

zgodnie adv according (*np. z planem* to plan), in conformity, in compliance (*np. z rozkazem* with the order); (*jednomyślnie*) unanimously

zgodność f conformity, compliance; (*jednomyślność*) unanimity; (*dostosowanie*) compatibility

zgodny adj (*skłonny do zgody*) compliant; conformable (*np. z tekstem* to the text); (*jedno-*

myślny) unanimous; (*dostosowany*) compatible

zgon m decease; death; **świadectwo ~u** death certificate

zgorszenie n offence, scandal

zgorzel f med. gangrene

zgorzkniały adj sour, rancid; *przen.* embittered, sullen

z góry adv dosł. down (hill); beforehand; (*płatność*) in advance

zgrabny adj dexterous, skilful; (*dorodny*) well-shaped; (*szczupły*) slim

zgraja f gang

zgromadzenie n gathering, assembly

zgromadzić vt gather, assemble; **~ się** vr gather, assemble

zgroza f horror

zgrubsza adv roughly, in the rough

zgryźliwy adj sarcastic

zgrzać się vr get hot, be sweating

zgrzybiały adj decrepit, senile

zgrzyt m rasp

zgrzytać vi rasp, grate; (*zębami*) gnash

zgub|a f loss; (*klęska*) perdition; **doprowadzić do ~y** bring to ruin

zgubić vt lose; ruin; **~ się** vr get lost

zgubny adj pernicious, ruinous

ziać vi exhale

ziarnisty adj granular

ziarnko n grain, granule

ziarno n grain, corn, seed; (*kawy*) bean; (*np. w owocu*) kernel

ziele n herb; weed

zielenić się vr grow green

zieleń f green (colour); (*np. drzew*) verdure; (*w mieście*) green

zielnik m herbarium

zielony adj green

ziemia f (*kula ziemska*) earth; (*gleba*) soil; (*ląd*) land; (*powierzchnia*) ground; **~ obiecana** the promised land

ziemiaństwo n hist. landed gentry

Z

ziemiopłody s pl agricultural products

ziemniak m potato

ziemsk|i adj earthly, terrestrial; **kula ~a** terrestrial globe; **skorupa ~a** the crust of the earth; **właściciel ~i** landowner

ziewać vi yawn

zięba f zool. finch

ziębić vt make cold, refrigerate

zięć m son-in-law

zima f winter

zimno adv coldly; **jest ~** it is cold; **jest mi ~** I am cold; s n cold

zimny adj cold, frigid; **z ~ą krwią** in cold blood

zimorodek m zool. kingfisher

zimować vi pass the winter; (o zwierzętach) hibernate

zioło n herb

ziomek m pot. fellow-countryman

ziścić vt fulfil

zjadać vt eat

zjadliwy adj sarcastic

zjawa f phantom, apparition

zjawić się vr appear

zjawisko n phenomenon (pl phenomena)

zjazd m (zebranie) congress, meeting; (koleżeński) reunion; (zlot, zbiórka) rally; (w dół) descent

zjechać vi go down, descend; **~ z drogi** make way; **~ się** vr come together, assemble, meet

zjednać vt gain; **~ sobie** win the favour (**kogoś** of sb)

zjednoczenie n unification; (organizacja) union, association

zjednoczony adj unified, joint; **Organizacja Narodów Zjednoczonych** United Nations Organization

zjednoczyć vt unify, unite

zjełczały adj rancid

zjeść vt eat (up); **~ obiad** have dinner

zjeżdżać zob. **zjechać**

zjeżdżalnia f slide

zlecać vt commission, charge (**komuś coś** sb with sth), order

zlecenie n commission, order; handl. **~ wypłaty** order of payment

z lekka adv lightly, softly

zlepek m conglomerate, cluster

zlepiać vt, **~ się** vr stick together

zlew m sink

zlewisko n geogr. watershed

zlewka f chem. beaker

zlewki s pl slops

zliczyć vt count, add up, compute

zlot m rally; (np. harcerski) jamboree

złagodnieć vi soften, become mild

złagodzenie n softening, mitigation

złagodzić vt soothe, alleviate; mitigate

złamać vt break; **~ się** vr break, get broken; zob. **łamać**

złamanie n break, breaking; med. (kości) fracture; (zobowiązania) breach

złazić vi come <climb> down

złącze n techn. joint, connector

złączenie n junction; connection; unification

złączyć vt join, connect, unite; **~ się** vr join (**z kimś** sb); unite

zło n evil; **~ konieczne** necessary evil; **wybrać mniejsze ~** choose the lesser of two evils

złocić vt gild

złodziej m thief; (kieszonkowy) pickpocket

złodziejstwo n larceny, theft

złom m scrap-iron, waste stuff

złościć vt annoy, make angry; **~ się** vr be angry (**na kogoś** with sb, **na coś** at sth), be annoyed <vexed> (**na kogoś, coś** at <with> sb, sth)

złość f anger, spite; **na ~** just to spite (**komuś** sb)

złośliwość f malice

złośliw|y adj malicious; spiteful; med. **~a anemia** pernicious an(a)emia; **nowotwór ~y** malignant tumour

złotnik *m* goldsmith

złoto *n* gold

złot|y 1. *adj* gold, *przen.* golden; **~y wiek** golden age; **~a rączka** *przen. pot.* Jack-of-all-trades

złoty 2. *m* (*jednostka monetarna*) zloty

złowieszczy *adj* ominous, sinister

złowrogi *adj* ill-omened

złoże *n geol.* deposit; bed

złożony *adj* folded; (*skomplikowany*) complicated; complex, compound; **~ chorobą** bedridden

złożyć *vt* fold; (*np. pieniądze*) deposit; (*przysięgę*) take; (*z urzędu*) dismiss; (*urząd*) resign; (*wizytę*) pay; (*oświadczenie*) make a statement; *zob.* **składać**

złudny *adj* illusory, deceptive

złudzenie *n* illusion; delusion

zły *adj* evil, bad, ill, wicked; (*zagniewany*) angry (**na kogoś** with sb); **złe czasy** hard times; **nic złego** no harm; **brać za złe** take amiss

zmagać się *vr* struggle, grapple (with)

zmaganie *n* struggle

zmaleć *vi* grow smaller, diminish, decrease

zmanierowany *adj* mannered, affected

zmarły *adj* dead; *s m* deceased; **jego ~ ojciec** his late father

zmarnować *vt* waste; **~ się** *vr* get wasted; **~ okazję** lose <miss> an opportunity

zmarszczka *f* wrinkle, crease

zmarszczyć *vt*, **~ się** *vr* wrinkle (up), crease

zmartwić *vt* worry, grieve, afflict; **~ się** *vr* become grieved (**czymś** at sth)

zmartwienie *n* worry, grief, affliction

zmartwychwstać *vt* resurrect, rise from the dead

zmartwychwstanie *n rel.* the Resurrection

zmarznąć [-r-z-] *vi* be <get> frozen

zmądrzeć *vi* be reasonable

zmęczenie *n* weariness, fatigue

zmęczony *adj* tired, weary

zmęczyć *vt* tire, fatigue; **~ się** *vr* be <get> tired

zmian|a *f* change, alteration; (*kolejność pracy*) shift, turn; **na ~ę** by turns, in turn, alternately; **~a na lepsze** a change for the better

zmiatać *vt* sweep

zmiażdżyć *vt* crush, smash

zmieniać *vt* change, alter; **~ się** *vr* change

zmienna *f mat.* variable; **~ niezależna** <zależna> independent <dependent> variable

zmienność *f* changeability, variability, mutability

zmienny *adj* changeable, variable, mutable

zmierzać *vi* aim, drive (**do czegoś** at sth), head (for)

zmierzch *m* dusk, twilight

zmierzchać się *vi* grow dusky

zmieszać *vt* mix up; (*speszyć*) confuse, perplex, disconcert; **~ się** *vr* become mixed up; (*speszyć się*) become confused, be disconcerted

zmieszanie *n* mixing up; (*speszenie*) confusion

zmieścić *vt* put, accommodate, place; **~ się** *vr* find enough room (for sth)

zmiękczyć *vt* soften

zmięknąć *vi* soften, become soft

zmiłować się *vr* have mercy, take pity (**nad kimś** on sb)

zmniejszać *vt* reduce, diminish, lessen; **~ się** *vr* diminish, lessen, decrease, dwindle

zmniejszenie *n* reduction, diminution, decrease

zmoczyć *vt* moisten, wet, soak

Z

zmoknąć vi get wet, be soaked, *pot.* get a soaking

zmora f nightmare

zmorzy|ć vt, **sen mnie ~ł** I was overcome with sleep

zmotoryzowany adj motorized

zmowa f collusion, conspiracy, plot

zmówić vt, **~ modlitwę** say one's prayer

zmrok m dusk, twilight

zmuszać vt force, compel

zmykać vi bolt, scamper off

zmylić vt mislead, hoodwink

zmysł m sense; **być przy zdrowych ~ach** be in one's right senses <mind>

zmysłowość f sensuality

zmysłowy adj sensual; sexy

zmyślać vt invent; make up

zmyślenie n invention, fiction

zmyślony adj fictitious, invented

zmywać vt wash up

zmywarka f (do naczyń) dish washer

znachor m medicine-man, witch-doctor

znaczący adj significant, meaningful

znaczek m sign, mark; (pocztowy) (postage-)stamp; (odznaka) badge

znaczeni|e n significance, meaning, importance; **być bez ~a** be of no account, be unimportant

znacznie adv considerably

znaczny adj considerable, notable

znaczony adj labelled, marked

znaczyć vt vi mean, signify, mark; be of importance

znać vt know; **~ kogoś z nazwiska <z widzenia>** know sb by name <by sight>; **dać komuś ~** let sb know; **nie chcę go ~** I want to have nothing to do with him; **nie dać o sobie ~** send no news; **~ się** vr be acquainted (**z kimś** with sb); be familiar (**na czymś** with sth); *pot.*

be well up (**na czymś** in sth); **nie ~ się** be ignorant (**na czymś** of sth)

znajd|ować vt find; **~ować się** vr be (found); **gdzie on się ~uje?** where is he?; where can he be found?; *zob.* **znaleźć**

znajomość f acquaintance; **zawrzeć ~** make acquaintance; (wiedza) knowledge

znajomy m acquaintance; adj known, familiar

znak m sign, mark, token; signal; **~ fabryczny** brand, trade mark; *komp.* character; **~i drogowe** road signs; **~ orientacyjny** (w terenie) landmark; **~ wodny** watermark; **~ zapytania** interrogation <question> mark, query; **~ czasu** a sign of the times; **zły ~** ill omen; **na ~** in token (**czegoś** of sth)

znakomitość f excellence; celebrity

znakomity adj excellent; exquisite

znalazca m finder

znalezienie n finding, discovery

znaleźć vt find; (odkryć) discover; **~ się** vr (odnaleźć) be found; (być) find oneself; *zob.* **znajdować**

znaleźne n finder's reward

znamienny adj characteristic

znamię n sign, stigma; *przen.* (piętno) impress

znamionować vt characterize; (znakować) brand

znany adj known; celebrated

znarowić vt (konia) make restive

znawca m expert (**czegoś** in sth); authority

znawstwo n thorough knowledge

znęcać się vr torment, maltreat; torture

znękany adj depressed, worn out

zniechęcać vt discourage; **~ się** vr be discouraged

zniechęcenie n discouragement

zniecierpliwić *vt* put out of patience; ~ **się** *vr* lose patience; grow impatient

zniecierpliwienie *n* impatience

znieczulający *adj*, ~ **środek** an(a)esthetic

znieczulenie *n* insensibility; *med.* an(a)esthesia

znieczulić *vt* make insensible; *med.* an(a)esthetize

zniedołężnieć *vi* become decrepit

zniekształcić *vt* disfigure, deform, distort

znienacka *adv* all of a sudden

znienawidzić *vt* come to hate

znienawidzony *adj* hated, odious

zniesieni|e *n* (*usunięcie*) abolition; **nie do** ~**a** intolerable, unbearable

zniesławić *vt* defame

zniesławienie *n* defamation

znieść *vt zob.* **znosić**

zniewaga *f* insult

znieważać *vt* insult

zniewieściałość *f* effeminacy

zniewieściały *adj* effeminate, womanish

zniewolenie *n* constraint; violation; (*kobiety*) rape

znikać *vi* vanish, disappear

znikąd *adv* from nowhere

znikomy *adj* (*nieznaczny*) inconspicuous; negligible

zniszczenie *n* destruction, ruin

zniszczyć *vt* destroy, ruin

zniweczyć *vt* annihilate, destroy, thwart

zniżać *vt* lower, (*cenę*) reduce; ~ **się** *vr* go down, lower, be lowered

zniżk|a *f* reduction; discount; (*giełdowa*) slump; **sprzedawać ze** ~**ą** sell at a discount

zniżony *adj*, **po** ~**ch cenach** at reduced prices

znosić *vt* carry down; (*usuwać*) abolish; (*unieważniać*) annul, lift; (*ścierpieć*) suffer, endure; (*jaja*)

lay; **nie** ~ can't stand; ~ **się** *vr* (*o ubraniu, obuwiu*) wear; be worn (down); (*utrzymywać stosunki*) have contacts

znośny *adj* tolerable, bearable

znowu *adv* again

znudzenie *n* boredom

znudzi|ć *vt* bore, weary; ~**ć się** *vr* become bored, be fed up (**czymś** with sth); **to mi się** ~**ło** I am fed up with it

znużenie *n* weariness

znużyć *vt* fatigue, weary; ~ **się** *vr* grow weary, become tired

zobaczyć *vt* catch sight (**coś** of sth), see; ~ **się** *vr* see (**z kimś** sb)

zobojętnić *vt* neutralize

zobojętnieć *vi* become indifferent <unconcerned>

zobowiązanie *n* obligation, pledge; **wziąć na siebie** ~ take on an obligation

zobowiązywać *vt* oblige, bind; ~ **się** *vr* pledge (oneself)

zodiak *m*, **znaki** ~**u** zodiac <sun> signs

zoolog *m* zoologist

zoologia *f* zoology

zoologiczny *adj* zoological

zorza *f* dawn; ~ **północna** <**polarna**> northern lights, aurora borealis

z osobna *adv* separately; **wszyscy razem i każdy** ~ jointly and severally

zosta|ć *vi* remain; (*stać się*) become; **dom** ~**ł zburzony** the house was destroyed; ~**ć na obiedzie** stay to dinner

zostawiać *vt* leave

zrastać się *vr* grow together, coalesce

zrażać *vt* discourage; ~ **się** *vr* become discouraged; become prejudiced (**do kogoś** against sb)

zresztą *adv* after all, anyway

zręczność *f* dexterity, skill

zręczny *adj* dexterous, skilful; (*sprytny*) clever

zrobi|ć *vt* make, do, perform; ~**ć**

się *vr* become, grow, get; **~ło mi się niedobrze** I felt sick; **~ło się zimno** it grew cold; **~ła się wiosna** spring has come

zrosnąć się *vr zob.* **zrastać się**

zrozpaczony *adj* desperate, in despair

zrozumiały *adj* comprehensible, intelligible, understandable

zrozumieć *vt* understand, comprehend; *pot.* catch, get

zrozumienie *n* understanding, comprehension

zrównać *vt* even, level; equalize

zrównanie *n* levelling; equalization

zrównoważyć *vt* balance

zrywać *vt* tear off; (*np. kwiaty*) pick; pluck; (*stosunki*) break off; *vi* break (**z kimś** with sb); **~ się** *vr* start up; (*ze snu*) get up with a start; (*o wietrze*) rise

zrządzi|ć *vt* cause, ordain; **los ~ł** the fate has ordained

zrzeczenie się *n* renunciation, resignation

zrzekać się *vr* renounce, resign (**czegoś** sth)

zrzeszać *vt*, **~ się** *vr* associate

zrzeszenie *n* association

zrzędzić *vi* grumble (**na coś** at sth)

zrzucać *vt* throw off <down>, drop, dump; **~ odpowiedzialność** shift off responsibility

zrzut *m* drop(ping)

zsiadać *vi* dismount, descend; **~ się** *vr* (*o mleku*) curdle

zsiadły *adj* (*o mleku*) curdled

zstępować *vi* descend

zsyp *m* chute

zszyć *vt* sew together

zszywka *f* (*do papieru*) staple

zubożały *adj* impoverished

zubożeć *vi* impoverish, become poor

zuch *m* brave fellow; *pot.* dare devil; (*w harcerstwie*) (Scout) Cub

zuchwalstwo *n* arrogance;

(*śmiałość*) audacity

zuchwały *adj* arrogant, audacious

zupa *f* soup

zupełny *adj* complete, entire, total

zużycie *n* (*energii itp.*) consumption; (*zniszczenie*) wear, waste

zużyć *vt* consume; use (up); **~ się** *vr* be used up, wear

zużytkować *vt* utilize

zużyty *adj* used up, worn out

zwalczać *vt* fight (off), combat, overpower, overcome

zwalić *vt* throw down; (*np. dom*) pull down; **~ winę na kogoś** put all the blame on sb; **~ się** *vr* tumble down, collapse

zwalniać (*tempo*) slow down; (*uwolnić*) free, set free; (*pracownika*) dismiss; (*z opłaty, itp.*) exempt (**z** from); (*z obowiązku*) exonerate

zwarcie *n elektr.* short circuit

zwapnienie *n* calcification

zwariować *vi* go mad

zwariowany *adj* mad, crazy (**na punkcie czegoś** about sth)

zwarty *adj* compact, close

zważać *vi* mind (**na coś** sth); (*uwzględniać*) pay attention (**na coś** to sth)

zważyć *vt* weigh; *przen.* (*rozważyć*) consider

zwątpić *vi* doubt, feel a doubt (**w coś** about sth)

zwątpienie *n* doubt, uncertainty

zwędzić *vt pot.* (*ukraść*) snatch, snaffle, pinch

zwężać *vt* narrow; (*spodnie itp.*) take in

zwiać *vr zob.* **zwiewać**

zwiastować *vt* announce

zwiastun *m* harbinger

związać *zob.* **wiązać**

związ|ek *m* union, bond, alliance, conjunction; connection; *chem.* compound; **~ek zawodowy** trade union; **w ~ku z ...** in connection with ...

zwichnąć vt sprain, dislocate

zwichnięcie n sprain, dislocation

zwiedzać vt go sightseeing, see, visit; (*kraj*) tour

zwiedzanie n sightseeing

zwierciadło n looking-glass, mirror

zwierzać się vr open one's heart (**komuś** to sb), unbosom oneself

zwierzchni adj upper, superior

zwierzchnictwo n superiority, supremacy

zwierzchnik m superior, principal, head

zwierzenie n confession

zwierzę n animal; (*dzikie*) beast; (*domowe*) domestic animal

zwierzęcy adj animal; brutal; **świat ~** animal kingdom

zwierzyna f zbior. fauna; (*dzika*) game; **gruba ~** big game

zwietrzały adj decomposed; (*o skałach*) weathered

zwietrzeć vi decompose, evaporate; (*o skałach*) weather

zwiewać vi pot. (*uciekać*) cut and run, scurry

zwiędły adj faded

zwiędnąć vi fade away

zwiększyć vt magnify, increase; **~ się** vr increase, augment

zwięzłość f brevity, conciseness

zwięzły adj brief, concise

zwijać vt roll, wind; (*żagle*) furl; (*interes*) wind up; **~ się** vr roll <curl up> oneself; (*krzątać się*) bustle (**koło czegoś** about sth)

zwilżyć vt moisten, dampen, wet

zwinąć vt zob. **zwijać**

zwinny adj nimble, quick, agile

zwitek m scrap, scroll, roll

zwlekać vt vi delay, linger, protract; (*odkładać*) put off

zwłaszcza adv particularly, especially

zwłok|a f delay; (*odroczenie terminu*) respite; **bez ~i** without delay

zwłoki s pl corpse, mortal remains pl

zwodz|ić vt delude, deceive; **most ~ony** drawbridge

zwolennik m follower, adherent

z wolna adv slowly

zwolnić zob. **zwalniać**

zwolnienie n (*uwolnienie*) release; (*o tempie*) slackening; (*z pracy*) layoff, dismissal; (*lekarskie*) sick leave; medical certificate; **~ od cła** exemption from customs duty

zwoływać vt call together

zwozić vt carry, bring in <together>

zwój m scroll, roll

zwracać vt give back, return; (*pieniądze*) reimburse; **~ uwagę** pay attention (**na coś** to sth); (**komuś na coś** call sb's attention to sth); **on zwrócił mi na to uwagę** he called my attention to it; **~ się** vr apply (**do kogoś o coś** to sb for sth), address (**do kogoś** sb)

zwrot m return; (*obrót*) turn; (*wyrażenie*) (set) phrase

zwrotka f stanza

zwrotnica f switch

zwrotnik m tropic; **~ Raka <Koziorożca>** the tropic of Cancer <Capricorn>

zwrotnikowy adj tropical

zwrotny adj returnable; (*o pieniądzach*) repayable; gram. reflexive; **punkt ~** turning-point

zwrócić zob. **zwracać**

zwycięski adj victorious; (*w zawodach itp.*) champion attr

zwycięstwo n victory; sport. win

zwycięzca m victor; (*w zawodach*) winner, champion

zwyciężać vt vi win, conquer, be victorious

zwyczaj m custom, practice, habit (**czegoś** of sth); wont; **wejść w ~** grow into a habit, become a custom, become customary; **starym ~em** according to the old custom

zwyczajny adj usual, common;

ordinary; *profesor* ~ full professor

zwyczajow|y *adj* customary; *prawn.* **prawo** ~**e** common law

zwykle *adv* usually; *jak* ~ as usual

zwykły *adj* common; ~ *człowiek* the man in the street

zwyrodniały *adj* degenerate

zwyrodnienie *n* degeneration

zwyżka *f* rise, increase

zwyżkować *vi* rise

zwyżkow|y *adj*, *tendencja* ~**a**

upward tendency

zygzak *m* zigzag

zysk *m* gain, profit; *czysty* ~ net profit

zyskać *vt* profit; (*na czymś* by sth), gain

zyskowny *adj* profitable

zza *praep* from behind, from beyond

zziębnięty *adj* chilled

zżymać się *vr* fret and fume; *pot.* be cross (*na kogoś* with sb)

Ź

źdźbło *n* stalk; (*trawy*) blade

źle *adv* bad, badly, ill, wrong, poorly

źrebak *m*, **źrebię** *n* zool. foal

źrenic|a *f* pupil; *przen.* the apple of the eye; *strzec jak* ~**y oka** cherish like the apple of one's eye

źródlany *adj* spring (water)

źródł|o *n* spring, well; *przen.*

source; authority; *pl* **gorące** ~**a** hot springs; *przen.* ~**o zła** origin <root> of evil; *mieć swoje* ~**o w czymś** to rise <spring> from sth; ~**o dochodu** source of income

źródłosłów *m gram.* etymology

źródłowy *adj* (*oparty na źródłach*) first-hand, original

Ż

żaba *f zool.* frog

żaden *pron* no, none; ~ *z dwóch* neither

żag|iel *m* sail; *rozwinąć* <*zwinąć*> ~**le** unfurl <furl> the sails, spread <take in> the sails

żaglowiec *m* sailing ship

żaglow|y *adj*, *płótno* ~**e** canvas, sail-cloth

żaglówka *f mors.* sailing-boat

żakiet *m* jacket

żal *m* regret, grief, pity; ~ *mi* (*przykro mi*) I am sorry; (*żałuję*) I regret; ~ *mi go* I pity him; *czuję* <*mam*> *do niego* ~ I

bear him a grudge; (*skrucha*) repentance

żalić się *vr* complain (*na coś* of sth)

żaluzja *f* blind; (*sklepowa*) shutter

żałoba *f* mourning; (*odzież*) mourning-dress

żałobny *adj* mourning, mournful; (*orszak, marsz*) funeral *attr*

żałosny *adj* lamentable, deplorable; pathetic

żałować *vt* regret; grudge (*komuś czego* sb sth)

żandarmeria *f* the military police

żar *m* glow, red-heat; (*zapał*) ardour

żargon *m* jargon; slang

żarliwość *f* ardour

żarliwy *adj* ardent

żarłoczność *f* gluttony

żarłoczny *adj* gluttonous, greedy

żarłok *m* glutton

żarna *s pl* hand mill

żarówka *f* bulb

żart *n* joke, jest; **~em** in joke, in jest

żartobliwy *adj* jocular, facetious, jocose

żartować *vi* jest, joke; **~ sobie z kogoś** make fun of sb; pull sb's leg

żartowniś *m* joker

żarzyć się *vr* glow

żądać *vt* demand, require

żądanie *n* demand, request; **na ~** on request; **płatny na ~** payable on demand

żądło *n* sting

żądny *adj* desirous (**czegoś** of sth), eager (**czegoś** for sth); **~ sławy** anxious for fame

żądza *f* eagerness, desire; (*pożądanie*) lust

że *conj* that; *part.* then; **przyjdźże! come** then!; do come!

żebrać *vi* ask alms, beg

żebrak *m* beggar

żebro *n* rib

żeby *conj* that, in order that <to>; **~ nie** lest

żeglarski *adj* nautical

żeglarstwo *n* sailing; yachting

żeglarz *n* seaman, sailor, navigator

żeglować *vi* sail, navigate

żeglowanie *m* sailing; navigation; **~ na desce** wind surfing

żegluga *f* navigation; **~ powietrzna** aviation

żegnać *vt* bid farewell; **~j!** farewell!; **~ć się** *vr* say goodbye to sb; take leave (**z kimś** of sb); *rel.* cross oneself; *zob.* **pożegnać**

żel *m* gel

żelatyna *f* gelatine, jelly

żelazko *n* iron

żelazn|y *adj* iron *attr*; **kolej ~a** railway; *am.* railroad

żelazo *n* iron; **~ kute** wrought-iron; **~ lane** cast-iron; **~ surowe** pig-iron

żelazobeton, żelbeton *m* reinforced concrete, ferroconcrete

żeliwo *n* cast-iron

żenić się *vr* marry (**z kimś** sb), take a wife; get married (to)

żeński *adj* female, woman's, women's; feminine *także* gram.

żeton *m* counter, token; (*w grach*) chip

żłobek *m* crib; (*dla dzieci*) crèche, nursery

żłobić *vt* groove

żłopać *vt* pot. gulp

żłób *m* crib, manger

żmija *f* adder, viper

żniwiarka *f* (*maszyna*) harvester, reaping machine

żniwo *n* harvest

żołądek *m* stomach

żołądź *f/m bot.* acorn

żołd *m* (soldier's) pay; **na ~dzie** in the pay

żołdak *m pog.* mercenary, hireling

żołnierski *adj* soldier's, military

żołnierz *m* soldier

żona *f* wife

żonaty *adj* married (**z kimś** to sb)

żonglować *vt* juggle

żółciowy *adj* bilious; *med.* **kamień ~** gall-stone

żółć *f anat.* bile

żółknąć *vi* turn yellow

żółtaczka *f med.* jaundice

żółtawy *adj* yellowish

żółtko *n* yolk

żółtodziób *m pog.* greenhorn; *am.* rookie

żółty *adj* yellow

żółw *m zool.* tortoise, (*morski*) turtle

żółwi *adj*, **~m krokiem** at a snail's peace

Ż

żrący adj caustic, corrosive

żreć vt pot. devour, eat greedily; chem. corrode

żubr m zool. (European) bison, wisent

żuchwa f anat. jaw-bone

żuć vt chew, munch

żuk m zool. beetle, scarab

żuławy s pl marsh-lands pl

żur m sour soup

żuraw m zool. crane; (studzienny) draw-well; techn. crane

żurnal m fashion-journal, ladies' magazine

żużel m slag, cinder; ~ **wielkopiecowy** furnace slag; sport (wyścigi) speedway

żwawy adj brisk, quick

żwir m gravel

życie n life, living; (utrzymanie) subsistence; **zarabiać na** ~ earn one's living; **na całe** ~ for life; **wprowadzić w** ~ implement; **pozagrobowe** afterlife; **takie jest** ~! that's life!

życiorys m life (history), biography, curriculum vitae, CV

życiow|y adj vital; **mądrość** ~**a** worldly wisdom, sagacity

życzeni|e n wish, desire; **na** ~**e** on request; ~**a** congratulations; **z najlepszymi** ~**ami z okazji imienin** <**urodzin**> many happy returns of the day; **z najlepszymi** ~**ami z okazji Nowego Roku** (a) Happy New Year; **pobożne** ~**a** wishful thinking

życzliwość f benevolence, goodwill

życzliwy adj well-wishing, friendly, favourably disposed (**dla kogoś** towards sb); s m well-wisher

życz|yć vt wish; ~**ę ci szczęścia** I wish you the best of luck; ~ **sobie** wish

żyć vi live, be alive; ~ **powietrzem** live on air; ~ **przeszłością** live in the past

Żyd m Jew

żydowski adj Jewish

Żydówka f Jewess

żylaki m pl varicose veins

żylasty adj (o mięsie) tough; (o człowieku) wiry

żyletka f (ostrze) razor-blade

żyła f vein; (minerału) seam

żyrafa f giraffe

żyrandol m chandelier

żyrant m handl. endorser

żyro n handl. endorsement

żyroskop m gyroscope

żyrować vt handl. endorse

żyto n rye

żywcem adv alive

żywica f resin

żywiczny adj resinous

żywić vt nourish, feed; (np. rodzinę) maintain; (nadzieję) entertain; ~ **się** vr feed, live (**czymś** on sth)

żywiec m zbior. cattle for slaughter

żywienie n feeding

żywioł m element

żywnościow|y adj alimentary; **artykuły** ~**e** victuals, provisions, food articles

żywność f food, victuals; ~ **z mórz i oceanów** seafood; **zdrowa** ~ health food; ~ **z odpadów** pot. junk food

żywo adv quickly, briskly, vivaciously; **na** ~ live

żywopłot m hedge

żywot m life; (życiorys) biography

żywotność f vitality, life

żywotny adj vital

żyw|y adj living, alive; (kolor) bright; (ruchliwy) lively, vivacious, brisk, quick; pot. snappy; ~**e srebro** quick-silver, mercury; **jak** ~**y** true to life; **kłamać w** ~**e oczy** lie with impudence; **nie widzę** ~**ej duszy** I see no living creature; **do** ~**ego** to the quick; **ledwie** ~**y** half-dead

żyzność f fertility

żyzny adj fertile

GEOGRAPHICAL NAMES

* NAZWY GEOGRAFICZNE

* Skróty: *Ils* i *Mts* odpowiadają wyrazom *Islands* i *Mountains*.

Adriatyk, Morze Adriatyckie Adriatic, Adriatic Sea
Afganistan Afghanistan
Afryka Africa
Alpy Alps
Ameryka America; **~ Północna** North America; **~ Południowa** South America
Anglia England
Antarktyda Antarctic; Antarctic Continent
Arabia Saudyjska Saudi Arabia
Argentyna Argentina
Arktyka Arctic
Ateny Athens
Atlantyk, Ocean Atlantycki Atlantic, Atlantic Ocean
Australia Australia; **Związek Australijski** Commonwealth of Australia
Austria Austria
Azja Asia
Azerbejdżan Azerbaijan
Bałkany Balkans; **Półwysep Bałkański** Balkan Peninsula
Bałtyk, Morze Bałtyckie Baltic, Baltic Sea
Belgia Belgium
Belgrad Belgrade
Berlin Berlin
Berno Bern(e)
Białoruś Byelorussia
Bośnia Bosnia
Brasilia Brasilia (*stolica*)
Brazylia Brasil (*państwo*)
Bruksela Brussels
Brytania Britain; **Wielka ~** Great Britain
Budapeszt Budapest
Bukareszt Bucharest
Bułgaria Bulgaria
Chiny China; **Chińska Republika Ludowa** Chinese People's Republic
Chorwacja Croatia

Cieśnina Kaletańska Strait of Dover
Cypr Cyprus
Czechy Czech Republic, Czechia
Dania Denmark
Dunaj Danube
Edynburg Edinburgh
Egipt Egypt
Estonia Estonia
Europa Europe
Finlandia Finland
Francja France
Gdańsk Gdansk
Gdynia Gdynia
Genewa Geneva
Grecja Greece
Gruzja Georgia
Haga the Hague
Himalaje Himalayas
Hiszpania Spain
Holandia Holland, the Netherlands
Indie India
Irlandia Ireland, (*Republika Irlandzka*) Eire
Islandia Iceland
Izrael Israel
Japonia Japan
Jerozolima Jerusalem
Kair Cairo
Kanada Canada
Kanał La Manche English Channel
Karpaty Carpathians, Carpathian Mts
Katowice Katowice
Kaukaz Caucasus
Kijów Kiev
Kopenhaga Copenhagen
Kornwalia Cornwall
Kraków Cracow
Krym Crimea
Litwa Lithuania
Lizbona Lisbon
Londyn London

Łotwa Latvia
Łódź Lodz
Macedonia Macedonia
Madryt Madrid
Meksyk Mexico
Mińsk Minsk
Mołdawia Moldavia
Morze Bałtyckie Baltic Sea
Morze Czarne Black Sea
Morze Kaspijskie Caspian Sea
Morze Północne North Sea
Morze Śródziemne Mediterranean Sea
Moskwa Moscow
Niemcy Germany
Norwegia Norway
Nowy Jork New York
Ocean Atlantycki = **Atlantyk**
Ocean Spokojny = **Pacyfik**
Odra Odra, Oder
Oksford, Oxford Oxford
Pacyfik, Ocean Spokojny Pacific Ocean
Paryż Paris
Pekin Beijing, Peking
Polska Poland
Portugalia Portugal
Poznań Poznan
Praga Prague
Ren Rhine
Rosja Russia
Rumunia Romania, R(o)umania
Ryga Riga
Rzym Rome
Sekwana Seine
Serbia Serbia

Skandynawia Scandinavia
Słowacja Slovakia
Słowenia Slovenia
Stany Zjednoczone Ameryki United States of America
Sycylia Sicily
Szczecin Szczecin
Szkocja Scotland
Sztokholm Stockholm
Szwajcaria Switzerland
Szwecja Sweden
Śląsk Silesia
Tamiza Thames
Tatry Tatra Mts
Turcja Turkey
Ukraina Ukraine
Walia Wales
Warszawa Warsaw
Waszyngton Washington
Watykan Vatican City
Węgry Hungary
Wiedeń Vienna
Wielka Brytania Great Britain
Wilno Vilnius
Wisła Vistula
Włochy Italy
Wołga Volga
Wrocław Wroclaw
Zatoka Gdańska Gulf of Gdansk
Zjednoczone Królestwo Wielkiej Brytanii i Północnej Irlandii United Kingdom of Great Britain and Northern Ireland

LIST OF COMMON ABBREVIATIONS
SPIS NAJCZĘŚCIEJ UŻYWANYCH SKRÓTÓW

a. *albo* or
am. *amerykański* American
ang. *angielski* English

b. *były* ex; *bardzo* very
bm. *bieżącego miesiąca* of the current month
br. *bieżącego roku* of this year, the current year

cd. *ciąg dalszy* continued
cm *centymetr* centimetre
cz. *część* part
czł. *członek* member

dag, dg *dekagram* decagram

dł. *długość* length
dn. *dnia* day ...
dol. *dolar* dollar
dot. *dotyczy* refers; *dotyczący* concerning
dr *doktor* doctor
Dw. *Dworzec* station

egz. *egzemplarz* copy

f.szt *funt szterling* pound sterling

G., g. *góra* mountain
g *gram* gram[me]
g. *godzina* hour
gr *grosz* *100th part of a zloty*

ha *hektar* hectare

i.e. *id est* *łac.* (= *to jest*) i.e., that is
im. *imienia* named after, memorial to
in. *inny* other; *inaczej* or, otherwise
it *informacja turystyczna* tourist information
itd. *i tak dalej* and so on
itp. *i tym podobne* and the like

jez. *jezioro* lake
jęz. *język* language
jw. *jak wyżej* as above

k. *koło* near
kg *kilogram* kilogram
kier., Kier. *kierownik* head, manager
kl. *klasa* class
km *kilometr* kilometre; *karabin maszynowy* machine gun
KM *koń mechaniczny* horse-power (h.p.)
km/g *kilometry na godzinę* kilometres per hour
kw. *kwadratowy* square; *kwartał* three months

lek. *lekarz* physician

Lot *zob.* **PLL Lot**

M *metro* Underground
m *metr* metre
m. *miasto* town, city; *miesiąc* month
mg *miligram* milligram(me)
mies. *miesiąc* month; *miesięcznie* monthly
mieszk. *mieszkaniec, mieszkańców* inhabitant(s)
min *minuta* minute
m.in. *między innymi* among others
m kw. *metr kwadratowy* square metre
mld *miliard* milliard, billion
mln *milion* million
mm *milimetr* millimetre

n. *nad* on
nad. *nadawca* sender
NBP *Narodowy Bank Polski* National Bank of Poland
n.e. *naszej <nowej> ery* Anno Domini (A.D.)
np. *na przykład* for instance
n.p.m. *nad poziomem morza* above sea level
nr *numer* number

ob., Ob. *obywatel, obywatelka* citizen
os. *osiedle, osada* settlement; *osoba* person

p., P. *pan, pani, panna* Mr, Ms, Mrs
p. *patrz* see; *piętro* floor
PBP Orbis *Polskie Biuro Podróży Orbis* Polish Travel Office Orbis
PKO BP *Powszechna Kasa Oszczędności* National Savings State Bank
PKO, Pekao *Polska Kasa Opieki* Polish Guardian Bank, Ltd
PKP *Polskie Koleje Państwo-*

816

we Polish State Railways
PLL *Lot Polskie Linie Lotnicze Lot* Polish Airlines Lot
płd. *południe* south; *południowy* South; southern
płd.-wsch. *południowowschodni* south-east
płd.-zach. *południowo-zachodni* south-west
płn. *północ* north; *północny* North; northern
płn.-wsch. *północno-wschodni* north-east
płn.-zach. *północno-zachodni* north-west
p.n.e. *przed naszą erą* before Christ (B.C.)
pol. *polski* Polish
por. *porównaj* compare
pow. *powierzchnia* area
poz. *pozycja* item
pp., PP. *panowie, panie, państwo* Messrs, Mesdames, Mr and Mrs
prof. *profesor* professor
p-ta *poczta* post office

r. *rok(u)* year
RP *Rzeczpospolita Polska* Republic of Poland

s. *strona* page; *siostra, syn* sister, son
SA, S.A. *spółka akcyjna* Joint Stock Company, *am.* Incorporated Company
SAM, sam *sklep samoobsługowy* self-service shop
sek. *sekunda* second
sp. zo.o. *spółka z ograniczoną odpowiedzialnością* limited liability company; Ltd.
st. *starszy* older; senior; *stopień, stopnie* degree(s); *stacja* station
str. *strona* page
St. Zjedn. *Stany Zjednoczone* United States

św. *święty* saint

t *tona* ton
t. tom volume
tj. to jest that is (i.e.)
tow. towarzysz(ka) comrade; *towarzystwo* society
tys. tysiąc thousand
tzn. to znaczy that is to say, namely
tzw. tak zwany so-called

ub. ubiegły last (*month, year etc.*)
UE Unia Europejska European Union
ul. ulica street
UP-T Urząd Pocztowo-Telekomunikacyjny Post and Telecommunication Office
ur. urodzony born

w. wiek century
W. Bryt. Wielka Brytania Great Britain
wg według according to
w m. w miejscu local
woj. województwo province, land
wsch. wschód east; *wschodni* East; eastern
ww. wyżej wymieniony above mentioned
wym. wymawiaj pronounce
wys. wysokość height

zach. zachód west; *zachodni* West; western
zał. założony; założył established; founded
z d. z domu maiden name
zł złoty zloty
zm. zmarł(a) died
zob. zobacz see
z o.o. (*spółka*) *z ograniczoną odpowiedzialnością* limited liability (*company*); Ltd
zw. związek union, association

A
B
C
Ć
D
E
F
G
H
I
J
K
L
Ł
M
N
O
Ó
P
R
S
Ś
T
U
W
Z
Ź
Ż